开平区志

（1987—2008）

开平区地方志编纂委员会 编

方志出版社

图书在版编目（CIP）数据

唐山市开平区志．1987～2008/唐山市开平区地方志编纂委员会编．—北京：方志出版社，2016.5
ISBN 978－7－5144－1985－6

Ⅰ．①唐… Ⅱ．①唐… Ⅲ．①区（城市）－地方志－唐山市－1987～2008 Ⅳ．①K292.23
中国版本图书馆 CIP 数据核字（2016）第 088329 号

唐山市开平区志（1987－2008）

编　　者：唐山市开平区地方志编纂委员会
责任编辑：黄　彦

出 版 人：冀祥德
出 版 者：方志出版社
地址　北京市朝阳区潘家园东里 9 号（国家方志馆 4 层）
邮编　100021
网址　http：//www.fzph.org
发　　行：方志出版社发行中心
电话（010）67110500
经　　销：各地新华书店
印　　刷：保定市北方胶印有限公司

开　　本：889×1094　　1/16
印　　张：44.75
字　　数：1350 千
版　　次：2016 年 5 月第 1 版　　2016 年 5 月第 1 次印刷
印　　数：0001～2000 册

ISBN 978－7－5144－1985－6　　定价：260 元

新苑路南口

王盼庄立交桥

位于市东外环一侧的开平城标

开平公园

夜色中的半壁店新村

东港龙城小区

贾庵子新村

开平区机关办公大楼

区政务服务中心

大唐国际陡河发电厂

▲北方佳源

◀汽车 4S 店

住友重机产品▼

唐山现代装备制造工业区园区路

住友重机械(唐山)有限公司外景

唐山市国亮特殊耐火材料有限公司

河北银水实业集团有限公司外景

唐山市凤凰花卉内景 ▲

唐百大楼(集团)志方超市

唐山市凤凰花卉外景

上海 APCE 首脑宴会指定用瓷

隆达骨质瓷

唐山天汇制衣有限公司生产线

双桥镇果园樱桃红了

刘家洼村千亩葡萄园

鼎晨食品有限公司速冻玉米生产线

思萌园艺场花卉温室

个体农机户为村民收割玉米

小麦收割机在田间作业

少儿舞蹈

群众文化活动的小演员

开平小学体育场

半壁店联欢会

群众文化生活

开平职校

唐山二十三中科技楼

开平玉清观

开平清真寺

国画　周祖光

国画　张红武

国画　孙志鸿

木雕　孙正鹤

书法　宋景瑞

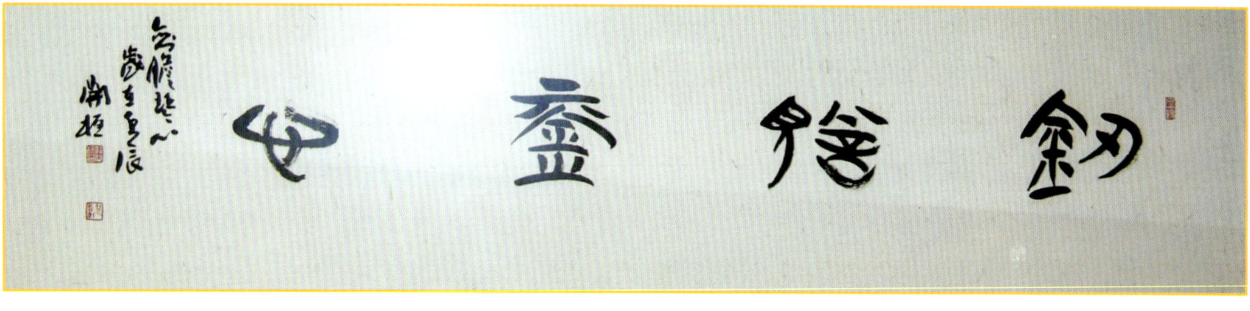

书法　韩开桓

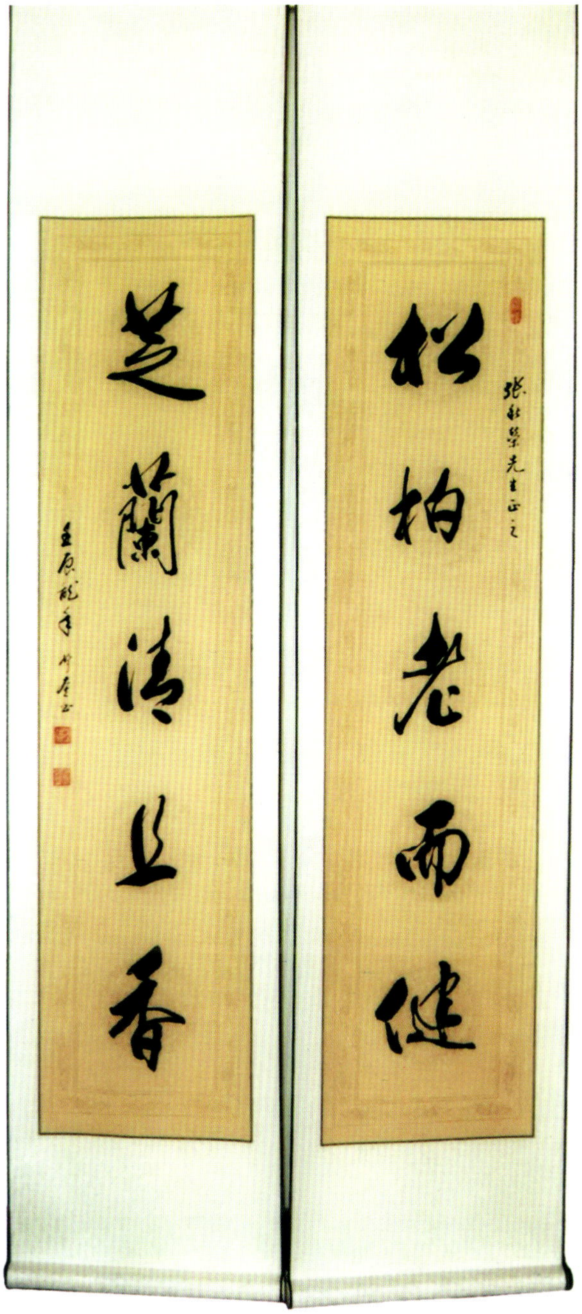

书法　彭声奎

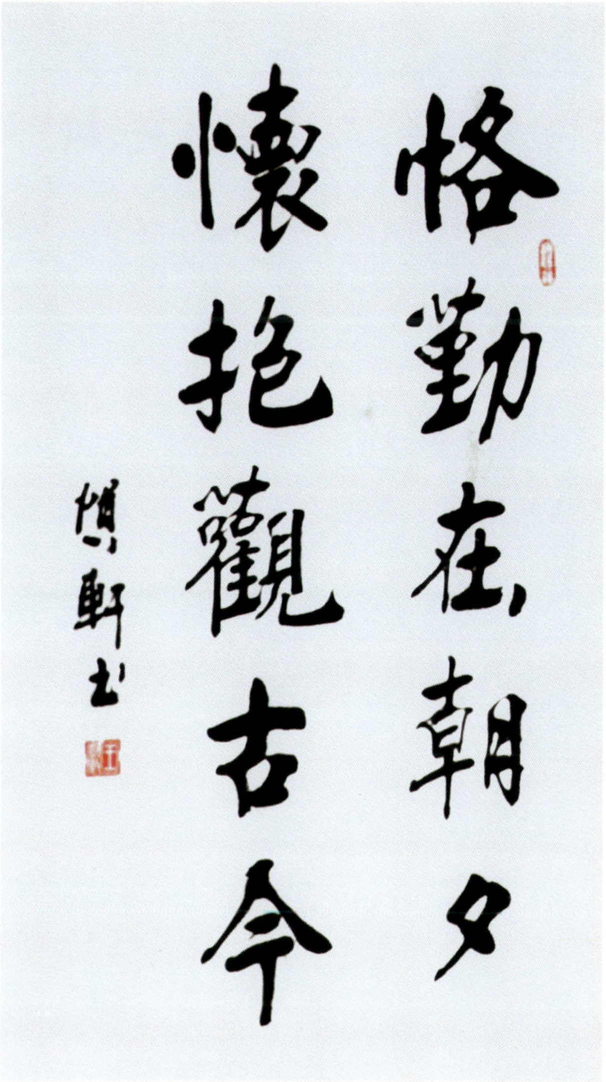

书法　王贺轩

2014 年 11 月 11 日，《唐山市开平区志（1987-2008）》评稿会在唐山宾馆召开。图为区领导与专家及编修人员合影。

前排：区委常委、副区长褚兆利（左四），区人大副主任杨锦刚（右二），区政协副主席周祖光（右一），中国地方志指导小组办公室联络处处长张英聘（左三），河北省地方志办公室原副主任王广才（右三），河北省地方志办公室市县指导处处长王蕾（左二），唐山市地方志办公室主任果爱民（左一）

后排：保定市地方志办公室主任孙进柱（右四），衡水市地方志办公室原主任武铁良（左六），唐山市地方志办公室副主任赵鹤鸣（右二），唐山市地方志办公室原副主任刘德山（右三），开平区政府办公室主任赵希强（左二），开平区政府研究室主任、地方志办公室主任徐素平（左一），执行主编阎景新（左五），副主编刘静远（左四），副主编李树生（左三），编辑张建雄（右一）

唐山市开平区地方志编纂委员会

（2009 年 3 月至 2011 年 8 月）

名 誉 主 任： 白春明
主　　　任： 常庆久
常务副主任： 苏广钧
副　主　任： 马俊斌　李春普　杨锦刚　周祖光
委　　　员： 褚兆利　刁化儒　窦志强　刘玉梅　马汝成　陈云弟　黄　辉
付智利　高学军　王金生　李向东　王宗朝　蒋海洪　赵得平
王建利　于敬武　周瑞霞
办公室主任： 阎　寒

唐山市开平区地方志编纂委员会

（2011 年 9 月至 2013 年 4 月）

名 誉 主 任： 和春军
主　　　任： 常庆久
常务副主任： 戚永和
副　主　任： 马俊斌　李春普　杨锦刚　周祖光
委　　　员： 赵希强　宋　亮　王学民　苗卫东　马占甲　陈云弟　周　勇
于庆利　高学军　赵国庆　李向东　刘晓曼　蒋海洪　赵得平
陈丽莉　于敬武　马玉和
办公室主任： 徐素平

唐山市开平区地方志编纂委员会

（2013年5月至2015年—）

名誉主任：和春军
主　　任：杜庆勇
常务副主任：戚永和
副 主 任：马俊斌　李春普　杨锦刚　周祖光
委　　员：赵希强　宋　亮　王学民　苗卫东　马占甲　陈云弟　周　勇
于庆利　高学军　赵国庆　李向东　刘晓曼　蒋海洪　赵得平
陈丽莉　于敬武　马玉和
办公室主任：徐素平

《开平区志（1987－2008）》编审人员

主　　审：赵希强
执行主编：阎景新
副 主 编：刘静远　李树生
编　　辑：张建雄

《开平区志（1987－2008）》专家评审人员

（2014 年 11 月）

张英聘　王广才　王　蕾　孙进柱　武铁良　果爱民　赵鹤鸣　刘德山

《开平区志（1987－2008）》唐山市初审人员

（2013 年 11 月）

果爱民　赵鹤鸣　刘德山

《开平区志（1987－2008）》河北省终审人员

（2015 年 10 月）

王广才　杨胜旗　徐振田　阴记东　王　蕾　任丽英　贾辉铭

《开平区志（1987－2008）》撰稿及提供资料人员

（排名不分先后）

李　述	王奕翔	周瑞霞	张艳丽	高秀青	赵丽君	郑　娜	王　蕾	佟晓蕾
王　静	吴晓辉	郝海琴	杨　坤	孙丽清	李　敬	宋慧艳	张爱儒	卢　楠
熊旭霞	云　彤	刘寿江	张晓爽	孙国栋	马丽丽	赵志鹏	孟凡尘	夏春来
王佩玉	马玉和	刘晨燕	史志凤	袁宝爱	王　倩	李宏艳	孟宏伟	赵宇博
马兆一	马海雨	张广才	佟玉和	王秀芬	王小龙	高学军	王士军	章海军
梁媛媛	桑晓玉	刘春霞	何春梅	王兰英	徐建华	熊　健	于丽英	王晓常
朱冬玲	杜　鑫	张守义	李红梅	范会刚	王晓青	王晓娜	苏爱军	胡　静
张志娟	刘海云	吴竹影	吕　燕	张素香	陈丽欣	张　旭	戴玉清	王建利
李树生	邓林祥	李淑丽	杨素丽	张卫华	甘胜武	刘晓妹	孙　超	张春和
韩开桓	杨兆庆	秦　茹	张　炜	赵明春	刘庆长	范　鹏	王二曼	张冬平
国续民	王　伟	刘福华	田子源	郭炳顺	付利敏	刘　征	莫　超	王瑞玲
李　楠	鲁红莲	郑爱蕊	董绍妍	于艳梅	杨晓菲	刘建勇	郭建欣	吴　琼
沈立国	姬素春	徐学玲	周秋梅	焦志红	郭建国	唐向群	王艳华	王久艳
贾振洁	张雅菲	刘满秋	陈佳生	刘树明	郝跃琳	石　友	赵瑞海	何树金
雷福星	陈剑勇	于路阳	李志全	簿立权	刘大兴	赵东深	杨海涛	孙得奎
宋冰天	冯国顺	陈贵申	孙志鸿	王国新	周贺群	刘效来	赵学玲	赵晓楼
李　燕	张春明	孟　玲	李久安	高　华	韩作生	李树全	许　宁	赵玉珍
郝兆生	王必正	齐会征	张雅婧	杨瑞光	刘桂芝	李文秋	王学民	秦　弈
崔光华	李　锋	郑爱蕊	谭春明	张新才				

序

在深入学习贯彻党的十八大和十八届三中、四中全会精神，共圆中华民族伟大复兴中国梦的征程中，《开平区志（1987－2008）》付梓成书，是一件值得志贺的事。这是一部较为全面、系统、客观记述开平区新的历史时期伟大历程的断代志，也是一部开平区改革开放史。

开平，素有“滦州四大集镇之首”的美誉，亦有“填不满的开平城”之说。深厚的人文积淀和资源禀赋，成就了它军事重镇、商贸名城、工业摇篮的历史辉煌。续志上限1987年，下限2008年，记述了22年间开平区坚持改革开放，持续推进农村工业化、农业现代化、城乡一体化，实现经济发达、人民富裕、社会和谐的历史进程。

“方志乃一方之信史”。习近平总书记曾多次强调指出：历史是最好的教科书，总能给人以深刻启示。《开平区志（1987－2008）》精心汇集了开平区经济建设、政治建设、文化建设、社会建设、生态文明建设等领域的重要资料，从中我们看到前任领导在改革开放实践中的新思路、新创造、新经验，这些宝贵思路和经验，是留给后人的思想宝库和精神滋养。对于全面建成小康社会和全面深化改革提供历史借鉴，汲取历史经验，提高科学执政水平，有着不可替代的资治作用。

由于种种原因，《开平区志（1987－2008）》编纂工作起步较晚。于2009年4月正式启动，历时5载有余而成书。其间恰逢区档案馆拆迁，档案资料封存，加之机构改革，人事更迭频繁，资料散失，档案保存不全，给志书编纂带来重重困难。区地方志办公室的同志们迎难而上，以高度的历史责任感和时代使命感，以传承文明、记录历史、弘扬文化、服务社会为己任，采取多种方式和措施，加大资料搜集整理的力度。志书编纂者大多为初次涉此领域的新手，他们甘于寂寞，乐于奉献，边干边学，摸索实践，史海钩沉，秉笔直书，以科学认真的态度和精益求精的学风，搜集整理开平区新的历史时期基本情况和珍贵资料，字斟句酌，反复推敲，数易其稿，力求将志书打造成无愧于历史、无愧于人民的精品。《开平区志（1987－2008）》的成书离不开省、市地方志办公室领导和专家学者的关怀和悉心指导。我们谨代表区委、区政府和全区人民，向全体编修人员和为志书倾注心血的各级领导和专家学者，致以崇高的敬意和衷心的感谢！

以志为鉴，观照古今。古老文明与现代气息交融的开平，将矢志不渝地全面深化改革，锐意开拓创新，传承前人精神，铸造新的辉煌。

中共开平区委书记　和春军

开平区人民政府区长　杜庆勇

2015年7月

凡 例

一、本志为1998年版《开平区志》续志，记事时限与前志下限1986年衔接，上限起于1987年，下限断至2008年，时间跨度22年。

二、本志以马克思列宁主义、毛泽东思想、邓小平理论、“三个代表”重要思想和科学发展观为指导，深入贯彻落实习近平系列重要讲话精神，以改革开放为主线，遵循实事求是基本原则，力求翔实记述开平区22年间经济社会发展变化，反映改革开放大潮中涌现的各类新生事物。

三、本志采用中小编结合之体例。为突出本区特色，篇目设计将河北第一村半壁店、乡镇企业分别作升格处理。概述列于志首，大事记采用编年体，时间跨度大的事件以首发日编年，简要纪事本末。专志依次为建置区划与辖区环境、人口、城乡建设与环境保护、交通·邮电·水利·电力、河北第一村半壁店、改革开放、经济总览、人民生活、乡镇企业、工业·建筑业、商贸服务业、金融保险业、农业、经济综合管理、中国共产党、人大·政协、政府、民主党派与人民团体、法治、武装、精神文明建设、教育·科技、文化、卫生·体育、人物共25编。

四、本志采用述、记、志、传、图、表、录和索引等体裁，以志为主。

五、本志采用“层层设概”的方法，除全志设总述外，编下设概述，章下设无题小序。图与表随文插入，彩照彩图集中于志首。具有资政、存史价值的调查报告、典型事例等则随文设附。志后设限外辑要、文史补遗，并设索引以备检索。

六、本志除引用文字外，均使用现代汉语语体文，力求文约事丰，通俗流畅。用词执行《中华人民共和国国家通用语言文字法》、国家语言文字委员会1992年公布的《出版物汉字使用管理规定》。

七、本志使用公元纪年，所涉历史传统纪年括注公元纪年。本志中“新中国成立前（后）”指1949年10月1日前（后）；“十一届三中全会前（后）和改革开放前（后）”均指1987年12月前（后）。对上世纪（20世纪）年代的表述，一般直书年代。

八、本志以第三人称记述。人名，直书其姓名，必要时贯以职务；地名，以现行标准地名为准，涉及古地名时括注现标准地名。政党、团体、组织、机构、会议等名称，首次出现时记全称，名称过长且反复出现时括注并使用简称。

九、本志数据以统计部门提供数据为准。统计部门没有的，以业务主管部门提供数据为准，业务部门没有的，以调查数据为准。表格中的数据尽量保持原貌，无统计数字的用“－”表示。

十、本志数字使用遵循中华人民共和国国家标准《出版物上数字使用法》（GB/T15835－2011）。

十一、本志所用计量单位，原则上以1984年国务院公布的《中华人民共和国标准计量单位》为准，并兼用习惯用法，如“亩”等。引文及附录中计量单位保持原貌。

十二、本志坚持“生不立传”原则，为当地社会发展有重大贡献和影响的开平籍和客籍人士立传，并以卒年先后排序。业绩卓著的在世人物，一般采用“以事记人”的方法，或列入相关名表。

十三、本志资料大多源于各承编部门提供的原始资料，以及区档案馆现存资料、统计资料、党史组织史资料、图书资料、碑刻资料、相关报刊、互联网资料、摄影爱好者的资料，并辅之以经过考订的口碑资料。

目　录

第三编　城乡建设与环境保护

第四编　交通·邮电·水利·电力

第五编　“河北第一村”半壁店

第六编 改革开放

第七编 经济总览

第八编 人民生活

第九编　乡镇企业

第十编　工业·建筑业

第十一编 商贸服务业

第十二编 金融保险业

第十三编 农 业

第十四编　综合经济管理

第十五编 中国共产党

第十六编　人大·政协

第十七编　政　府

第十八编 民主党派·人民团体

第十九编 法 治

第二十编　武　装

第二十一编　精神文明建设

第二十二编　教育·科技

第二十三编　文　化

第二十四编　卫生·体育

第二十五编　人　物

附　录

概 述

一

开平区原为唐山市郊区，建置于1956年，治所开平镇。1987年，全区辖1镇、11乡、1街道，214个行政村、45个居民委员会，31.65万人，面积351平方公里。1992年11月，唐山市区划调整，开平区划出4乡，划入4街道，撤并缸窑乡，辖区由众星拱月般环绕唐山市中心城区，变为弦月形位于城区东侧。2007年，开平区被列为唐山市中心城区。2008年，全区辖6镇、5街道，132个行政村、32个社区居民委员会，人口24.7万，其中非农业人口13.8万，面积251平方公里。西与路南区、路北区、高新技术开发区相接，东与古冶区毗邻，南接丰南区，北连丰润区，东北与滦县接壤。

开平，水土丰美，矿藏丰富。位于北纬39°33′－39°48′，东经118°9′－118°22′，属冀东滦河冲积扇而成的山麓平原，地势北高南低，中部平原占75%。气候四季分明，季风显著。年平均日照2654小时，平均气温11.2℃，无霜期183天。境内陡河纵穿南北，石榴河横贯东西。位于陡河上游的陡河水库，为总库容量5.15亿立方米的大型水库。功能以唐山市防洪为主，兼为工农业生产和生活用水提供水源。已探明矿产资源13种，其中煤炭保有储量8780万吨、溶剂灰岩保有储量1.9亿吨、耐火黏土保有储量1000多万吨。

开平，人文荟萃，底蕴厚重。素有“滦州四大集镇之首”的美誉。军事重镇、商贸名城、工业摇篮是开平的三张历史名片。

明永乐元年（1403年）开平中屯卫由真定府迁徙至此，开平镇从而得名。作为明代京东“三大卫所”之一，乃拱卫京城的咽喉要地，曾有4位伯爵在此镇守。明成祖朱棣3次到开平巡视。永乐十二年（1414年），成祖赴蒙古御驾亲征，归途中曾驻跸开平。清光绪二十一年（1895年），直隶提督聂士成创办开平武备学堂，督练新式军队。宣统三年（1911年），清廷在滦州一线举办永平秋操，“观操团”行辕设在开平。

开平，不仅是明清时的军事重镇，还是名闻遐迩的商品集散地。明成化四年（1468年）始开平兴办集日，历时500余载，至今长盛不衰。清末民初，鼎盛时期的开平城有商铺200余家，年纳粮万石，捐银万两。斯时，“酒烧锅”和粮铺多达40余家，因粮食吞吐量巨大，故民间有“填不满的开平城”之说。

唐山是中国近代工业摇篮，开平则是“因煤而生”唐山市的摇篮。清光绪二年（1876年），上海招商局总办唐廷枢，受命于直隶总督、北洋大臣李鸿章筹办开平煤矿。光绪四年（1878年）六月二十五日，开平矿务局在开平镇正式开局，九月迁至唐山乔头屯，开凿了“中国第一佳矿”——唐山矿。不仅开现代机械化采煤之先河，创出有史以来年产78万吨煤炭的峰值，还派生出众多诸如中国第一条标准轨距铁路、中国第一台蒸汽机车等“中国第一”，在晚清乱象纷呈的时局中，开平矿务局的升平景象卓尔不群。

优越的人文地理和历史际遇，成就了开平独有的禀赋和个性。“开平、开明、开放”这一展示开平区形象的标志性口号，曾得到我国著名经济学家于光远的赞誉。

二

改革开放前10年，农村改革的成功及乡镇企业的“异军突起”，促进了全区经济持续快速稳定发展。1987年以来22年间，开平区不断解放思想，大胆改革开放，一以贯之的推进农村工业化、农业现代化、城乡一体化，走出了一条富民强区的新路径。经济社会发展取得前所未有的成就，人们的物质生活和精神面貌发生深刻变化。地区生产总值（不含市及市属以上企业），由1987年的2.19亿元，2008年达到112.5亿元。2005－2008年，开平区连续进入河北省县域经济发展前10强。涌现出“河北第一村”半壁店、“全国政治思想工作先进单位”刘庄煤矿等先进典型。

乡镇企业成为工业强区的中坚。作为中国近代工业的发祥地，开平区冲开“以农为本”“以粮为纲”的羁绊，1987年提出以乡镇企业为主体发展全区经济的战略构想，开启了农村工业化的历史进程。是年，全区完成工业产值3.01亿元，占工农业总产值的82.06%，其中乡镇工业产值完成2.51亿元，占全区工业产值的83%。乡镇企业作为“草根”的崭新事业，由小到大，由弱到强迅速成长壮大。即使在治理整顿期间，开平区乡镇企业仍保持了较高的发展速度，在市场疲软，经济滑坡的情势下，成为拉动经济增长的一匹“黑马”。1993年在区划调整减少4个乡的情况下，乡镇工业总产值达到25亿元。这一年，开平区以及4个乡镇、5个企业被命名为全国发展乡镇企业先进单位和先进企业。在河北省50个“三沿”县（市、区）乡镇企业综合评比中开平区位列第三名，有3个乡镇、9家企业进入河北省“百强乡镇”“百强企业”，并夺得“双百强”之冠。是年，开平镇半壁店村被省委、省政府命名为“河北第一村”称号，成为全省发展乡镇企业的一面旗帜。1995年，乡镇工业总产值比1993年翻一番，1993－1997年乡镇企业总产值以年均38.9%的速度递增。到进入产权制度改革的2001年，乡镇工业总产值达到83.4亿元，占全区工业总产值的87%。2008年，全区完成全部工业增加值73.68亿元，其中由改制后乡镇企业组建的年销售收入500万元以上股份制工业企业比重达70.1%。

培育市场构筑商贸流通平台。1987年，开平区从第三产业发展相对滞后的实际出发，立足再现商贸名城历史辉煌，把培育建设市场作为“兴商富区”的一项战略任务。1990年，确立以环区内三条主要公路为依托的建材市场，以开平大集为日常生活商品市场和以河沿庄站前市场、西郊家具市场、蔬菜批发市场为主的果园乡商业片区的“三线、一镇、一片”带动商贸流通业发展思路。区委、区政府出台优惠政策，加大市场建设力度，集贸市场、农贸市场、专业市场、批发市场遍地开花，先后新建、改扩建小佛头、开平南关和唐钱路农贸市场三座；唐山市开平区奶牛交易所、唐柏路陶瓷批发市场、唐山旧物市场相继建成开业。1992年，区工商分局与河沿庄村建起占地20多亩交易大棚、2430平方米的唐山粮油市场以及女织寨乡岳各庄村建起的唐山市首家竹木市场。到年底，全区仅集贸市场达42处，年成交额逾亿元。1993年，区政府提出“从培育和发展市场入手，建设大跨度、全方位、多层次的大市场体系”。是年，被河北省政府授予“市场建设先进单位”称号。1995年，陡河发电总厂投资180万元，建成2000平方米市场大厅、洼里乡夏庄村建起建筑面积2500平方米全市最大的牛羊肉市场。到1996年，全区建起各类市场22个，个体商户发展到4602户，年成交额3.34亿元。1998年后，结合境内3条高速公路建设和开越路通车，开平区提出搞活大流通，发展大贸易，开发商贸物流经济带，大力发展生产资料市场，完善商品市场，培育要素市场，积极推行代理、连锁、物资配送等现代营销方式。1999年，投资5500万元建成华北建材市场，2001年，投资2.5亿元对开平老城进行改造，建成温州商城。是年，社会消费品总额达9.28亿元，市场从业人员3.14万人。2003年，全区各类市场达47个，商户8000多户。

“十五”期间，开平区利用区位优势，瞄准生产型物流和生活型物流，大力发展现代服务业。2008年，社会消费品零售总额30.5亿元。

鲜活产品彰显城郊农业特色。1987年，开平区围绕“以乡镇企业为主体，种植养殖为两翼”发展城郊型经济战略，大力发展以鲜活农产品为主的菜、果、肉、蛋、奶、鱼生产，为丰富市民“菜篮子”做出贡献。大力推广畜禽良种，发展质量型养殖业。先后实施奶牛、黄牛品种改良工程，鸡、猪的良种繁育工程，养殖品种不断优化。区制订《科技推广规划》，大力推广肉牛、瘦肉型猪、羔羊快速育肥技术等，并使畜牧生产方式由散养为主发展到集中连片养殖、标准化养殖小区，使畜牧生产规模化、集约化、标准化水平不断提高。1996年，半壁店万头养猪场兴建，被列为科技示范园区。2002年，立冬屠宰场建成，被唐山市政府指定为生猪屠宰场。2003年全区养殖专业户2600多户，到2008年，肉、蛋、奶产量分别达到1.83万吨、9525吨、7.3万吨，水产品1720吨，牧渔业产值7.41亿元，占农业总产值的70%。以丰富市民“菜篮子”主为攻方向，开平区先后开展“常青杯”竞赛和“特菜基地建设年”活动，并狠抓补农建农措施的落实，鼓励乡镇企业反哺农业，发挥支农建农资金主渠道作用。1987年，投入近800万元用于发展蔬菜、畜牧和林果生产。1993年，区划调整开平区在划出4个乡的情况下，高效农业总投资却达到1188万元，是1988年的148%。栗园镇茅草营村投资148.5万元建起占地547亩的“高效农业园区”，使高效农业与粮田比为1.18∶1。1995年，全区设施蔬菜种植面积突破万亩，2002年达到1.64万亩，日光温室达到6000亩。全区万亩菜田和万亩果树通过省级无公害认证。民营企业积极参与农业产业经营，重点兴办农产品深加工龙头企业及与之配套的包装、仓储、配送等产业，开发建设休闲观光农业、体验农业。2008年，开平区农业总产值10.57亿元。

城乡一体推进城镇化进程。20世纪90年代初，开平区委、区政府按照“开发新城区，改造老城区，辐射小城镇”的思路，大力推进农村城镇化，城镇现代化，城乡一体化。从改变“农市混居”“不城不乡”，震后恢复建设欠账较多的实际出发，加速城镇建设，改善居民生活环境。1990年，铺设大口径引水管道7000米，与唐山市北郊水厂并网，结束了开平城镇不能24小时供水的历史。1991年启动五街小区平改楼项目，并加大基础设施建设，到1996年，开平区城市化建设取得历史性突破。投资逾亿元的新城区一期工程7.5万平方米公民建陆续投入使用。1997年，完成天然气入户工程，全区90.2%的村通油路。2002年，总投资8亿元、竣工面积45万平方米的开平新城拔地而起。投资4.2亿元对老城区进行改造，在东西、南北两条大街建成16万平方米的仿古沿街商业房，于10月17日举行盛大的温州商城落成暨开平得名600年庆典。开平在原有老城区4平方公里的基础上，2008年达到13平方公里，相当于原有的3倍多。大力推进新农村建设。1991年半壁店村作为全国村镇建设试点，5年间投入1.3亿元，在180亩宅基地上进行新农居改造，于1997年全部工程完工，500多户村民迁入140栋每户150平方米的二层别墅式连体楼，11栋五层点式楼和1栋五层条式楼。住宅楼水、电、暖、宽带、有线电视一应俱全，居民小区医院、学校、商店等公用服务设施齐全。1998年后，半壁店村又投资6000万元铺设了天然气管道及绿化、美化工程，并建设每户216平方米高标准别墅楼36栋、连体别墅楼8栋、高层楼4栋、底商楼12栋。在全区第一个实现了农村社区化。进入21世纪，开平区按照“土地集中经营、项目集中落户、农民集中居住”的原则，统筹谋划，合理布局，引导企业向园区集中，农民居住向中心镇、中心村集中，对农村发展布局进行调整。总投资5亿元、占地390亩、总建筑面积37万平方米、容纳住户4100户的郑庄子镇银联花苑小区等一批新农村率先实现村居向社区、农民向市民的转变。2008年，全区城市化率达到56%。

科教兴区实现社会全面进步。1992年，区划变动后中学减至13所，小学减至64所。1994年，开平区“双基”（基本普及九年制义务教育、基本扫除青壮年文盲）工作通过国家教委和省政府达标验收。1997年，被评为“河北省幼教工作先进单位”，全区免除了义务教育阶段学生学杂费和普通高中公助生学费。2001年，组建开平区信息技术教育中心，成立城域网网络中心，信息化管理，教研、教学居全省领先地位。2008年，全区拥有各级各类中小学及职业学校57所，专任教师2341人，在校学生24326人。科技事业硕果累累。1987年以来，全区有19项科研成果通过国家级和省级鉴定，获得省、市科技成果奖。有4项产品获“全国星火计划成果展览会金奖”，培育省级特色产业基地1个。2008年，高新技术产值达3.83亿元，科技进步对经济增长贡献率达55%左右，被评为“全国科技先进县（区）”。全区各类科技人员是1987年的8.5倍。文化体育事业蓬勃发展。各乡镇、村均建有文化站、室以及文化广场、文化大院等群众文娱活动场所。2002年，区投资750万元建成占地1800平方米的区文化馆和图书馆，投资500余万元建成占地5250平方米的文化广场，并对区影剧院进行改造。2008年，全区拥有文化辅导员220多名、文艺骨干3000余人、业余文艺队伍92支。20世纪90年代初，开平兴起“消夏文化夜市”，并逐渐演变成颇具影响的“夏季彩色周末乐园暨基层群众文化展演”活动。广播电视事业不断发展。在区广播站基础上，1990年，成立区广播电视局，1995年，开办有线电视节目，2008年，全区发展有线电视用户近3万户，实现有线电视“村村通”。公共卫生体系进一步健全。1987年以来，因区划调整和企事业单位机构改革，医疗机构发生很大变化。投资8600万元进行开平医院改扩建工程，巩固完善新型农村合作医疗制度，不断提高参合农民的受益水平。医疗病床由235张增加到605张，救护车由2辆增加到10辆，万元以上医疗设备149台（件），全区医疗卫生人员由600多人增加到1100多人，全年诊疗人员24.52万人次。群众体育方兴未艾。1993年，开平区被命名为“全国体育先进区”，洼里乡被命名为“全国亿万农民健身活动先进乡”，全区6个乡镇均被省、市评为体育先进单位。90个行政村建有篮球场、乒乓球室或健身房，占农村总数的75%以上，有45个村建有健身路径或农民健身工程。15个街道居民小区全部建有文体活动室、健身房和健身路径，全区拥有健身活动站点35个，遍布全区的体育场所266处，体育场面积39.17万平方米，人均1.7平方米，有社会体育指导员332名，每年举办综合和单项赛事20余场次。2005年，区文体局荣获“全国群众体育工作先进单位”称号。

小康建设提高人民生活幸福指数。1991年，开平区提出“瞄准全国先进县区找差距，提前三至五年奔小康”的奋斗目标。1994年，确定全区工作重点“以建设小康村总揽经济工作全局”的思路。全区117个村被区委、区政府命名为“小康村”，占总村数的88%。1995年，农民人均纯收入2459元，被命名为河北省首批小康县（区）。1996年，开平区制订“九五”计划目标，“到本世纪末国内生产总值比1995年翻一番，城乡人民生活水平在实现小康基础上向宽裕小康区过渡”。2000年，全区国内生产总值比“八五”末增长90%多，人均国内生产总值翻了近一番。经济的快速发展增加了城乡居民收入，生活水平显著提高。2008年，城镇居民可支配收入由1987年的1100多元增长到13581元。农民人均纯收入由800多元增长到6665元；农村居民每百户家庭拥有彩电110台、洗衣机101台、电冰箱100台、移动电话122部。居住条件大大改善。城镇居民人均居住建筑面积25.13平方米；农村居民人均住房面积30.87平方米。城乡居民储蓄存款连年大幅增加，人均储蓄余额由1987年不足800元增长到22404元。共享改革开放成果，城乡社会保障体系初步确立。20世纪末，全区养老保险覆盖率达到96%，国有企业失业保险覆盖率达100%。1997年，开平区实行城镇低保，标准为人均每年1100元，2005年增加到1400元。2004年，实行农村最低生活保障，标准为人均每年530元。全区孤老病残、地震截瘫人员和因变故造成生活困难的人员全部纳入低保。社会养老走在全市前列。全区有敬老院6所，其中4所达到省甲级标准，栗园镇敬老院获评省级先进敬老院。

三

坚持解放思想，赢得改革开放先机。1987年后的22年间，开平区坚持大胆解放思想，敢于冲破一切束缚生产力发展的旧观念、旧思想、旧框框，坚持用改革的办法破解经济社会发展中的矛盾和问题。

20 世纪 80 年代中后期，开平区牢牢抓住大力发展乡镇企业这个农村第二次改革的“牛鼻子”，坚持不断强化发展意识，思想上引导，政策上激励，服务上保障。一面大胆改革，在 90% 以上乡村集体企业推进集体承包、厂长负责制，区政府还颁布了《关于扶持发展联合体个体企业的规定》，促进多种经济成分发展。一面在 1990－1991 年治理整顿期间，组织区、乡、村干部赴山东临沂、胶东，并南下无锡，北上大连学习参观，开阔眼界，增强赶超意识。全区上下坚持“投入不断档，发展不停步”，有效防止了思想和经济上的滑坡。同时，提出“瞄准全国先进县区找差距”的口号，在全区开展以学习半壁店村为主要内容的“五〇”工程，进一步破除“小进则满、小富即安”的小农意识，抢抓机遇，加快发展。特别是在邓小平视察南方重要讲话的鼓舞下，进一步坚定“发展是硬道理”的信心。1992 年，仅乡镇企业投入近 3 亿元，新上 500 万－1000 万元项目 12 个，千万元以上项目 11 个，全年完成工农业总产值 20.68 亿元（90 年不变价），比 1991 年增长 68.93%。

乡镇企业“二次创业”相对于一次创业是又一场深刻革命。开平区的乡镇企业是在当年社队企业基础上发展起来的，走的是一条以集体经济为主的发展路子，“四轮驱动，村轮必动”是当时乡镇企业发展的真实写照，并曾一度被演绎成凝固的发展模式和僵化理念。为摆脱这一思维定势，开平区组织干部三下温州参观学习，提高对推进个体私营经济发展的认识。1993 年，区委、区政府提出了大力推进股份合作经济的具体要求和部署。1994 年，组建了两大（集团）公司、7 家股份制企业，16 家企业推行了“公有民营”。为加大产权制度改革力度，1997 年开平区先后到山东诸城、辽宁海城学习取经，结合开平实际，积极推行产权制度改革。到 1998 年，全区 29 家乡镇集体企业实行了股份制、股份合作制改造，17 家嫁接改造，兼并 10 家，拍卖 15 家，组建企业集团 3 家。企业产权结构的重组，对激活集体资产、释放生产潜能，起到极大的促进作用。实践证明，乡镇企业改革“改到深处是产权，改到难处是机制，改到最后是管理”。到 2001 年，全区 330 家乡村集体企业产权制度改革基本完成，成为民营企业。之后，又相继实行了企业机制创新、科技创新和科学化管理，使企业市场竞争力不断提高。

坚持实事求是，走有特色的区域经济发展之路。20 多年间，开平在发展区域经济过程中，始终注意把贯彻党的路线、方针、政策同本地实际结合起来，找准上级精神与本地实际的结合点，形成自己的特色。作为重工业城市近郊区，开平有较为丰富的矿产资源，同时聚居着一批有技能的产业工人，走农村工业化之路，可谓占尽了天时、地利、人和。乡镇企业发展初期，开平区充分利用与开滦煤矿、唐山钢铁公司毗邻的地缘、人缘和资源优势，大力发展钢铁、煤炭、陶瓷、耐火、建材企业。1993 年，在区十一届人大一次会议上，把钢铁、水泥、陶瓷、建材作为“八五”期间的投资重点。据对 150 家村集体企业统计，其中钢铁及钢铁制品企业达 44 家、陶瓷耐火企业 39 家、水泥建材企业 12 家、煤矿 10 家，占企业总数的 70%。是年支柱工业总产值 33 亿多元，占全区工农业总产值的 82%，成为支撑开平经济发展的中坚力量。

开平区人多地少。1987 年，全区有农业人口 24 万，占总人口的 76%，1992 年区划调整后，农业人口为 13.97 万，占总人口的 54%。农业在经济发展中的比重逐年下降，但农业在农村经济中的基础地位仍然至关重要。面对唐山市区的广阔消费市场，早在 1988 年开平区就确定了以生产鲜活农产品为主，“种（植）、养（殖）、加（工）”相结合，建立城郊型农业结构的方针。1992 年，开平区棚菜面积达 1.2 万亩，其中高效菜田 6000 亩，是 1987 年的 3 倍，蔬菜产量达 1.9 亿公斤，并且实现四季常青。随着农村工业化和城乡一体化的迅速推进，开平区进一步确立大力发展都市农业的思路，真正实现由传统农业向现代农业的转变。在不断为丰富市民“菜篮子”助力的同时，开发建设休闲农业、观光农业、体验农业，以农业项目为龙头的南部农产品加工物流、环线特色种植、东部肉禽加工、北部食品加工和水库库区游钓等具有鲜明特色的城郊型现代农业已具雏形。

坚持城乡一体，推动城镇化进程。作为曾经的唐山市郊区，城乡交错，农市混居，基础设施不完善等问题十分突出。20 世纪 90 年代以来，开平区把城镇化建设作为经济社会发展的立足点、增长点、竞争点和两个文明建设最佳结合点来抓。为破解城镇化进程中的资金问题，开平区大胆探索投融资体制改革，以思路求财路、找出路，在投资体制上实行政府投资、群众集资、社会融资、招商引资多管齐下。2001年，开平区在河北省小城镇建设工作会议上介绍了经验。2003年后，开平区在开发新城区，改造老城区的基础上，以一连串统筹城乡发展的大动作，着力打造城乡一体化示范区。首先，树立全域统筹理念，以新农村建设为契机，实施李各庄小区、栗园小区小城镇示范点和开平镇、越河乡、洼里乡、双桥乡三乡一镇小城镇建设，并将全区132个行政村整合为20个中心片区，从组织体系、资金使用、工作力量、公共设施建设等方面，一体谋划、一体推动、一体组织、一体落实。覆盖城乡的规划体系逐步落实，城镇发展框架初步形成。水、暖、气及污水排放等与市区并网，垃圾处理和卫生保洁实现全覆盖。截至2008年，规划建设了唐山市东部商住区、开平新城区、郑庄子商住区，将唐津高速公路沿线46个村作为重点区域建设中心镇、中心村，改造农村生产生活条件。投资3亿元的税西税中新村一期工程建成高标准住宅楼15万平方米，投资5亿元的屈庄中心村一期工程建成高档住宅楼16万平方米。新民居建设让农民过上了和城区人一样的生活。

从“开平、开明、开放”到“融入城市中心、打造经济强区、建设和谐开平”，22年间开平区坚定不移以改革开放的胆魄，传承前人精神，弘扬历史辉煌，将生态立区、工业强区、开放活区、创新兴区的理念一以贯之。让一个历史与现代交融，经济与生态共赢的开平，焕发出更加灿烂的光芒。

大 事 记

1987年

1月25日　开平区推行乡镇级财政管理体制改革，实行“定收定支、收支挂钩、超收奖励”制度。

2月21日　经唐山市计委批准，开平区与唐山钢铁公司共同建立唐山市煤化工联合总厂，并组建董事会和筹建处。

3月31日　开平区第九届人民代表大会第一次会议召开，选举崔雅先为区人大常委会主任，王锡倬、刘伯英、李树元、高庆为副主任。杜仲勋为区政府区长，李荣阁、陈绍贤、尚幸全、李凤翔为副区长。大会于4月4日闭幕。

同日　开平区政协第二届委员会第一次会议召开，选举赵忠为区政协主席，刘希明、李述、韩日新、张在成为副主席。大会于4月4日闭幕。

4月5日　开平区出台《关于鼓励土地逐步向种田能手集中实行土地适度规模经营的意见》。

4月18日　唐山市刀具厂生产的开平刀在河北省轻工业厅评比会上获质量第一名，不锈钢刀创河北省优质产品称号。

4月28日　郑庄子乡周赵庄瓷厂生产的“豆青大盖杯”、栗园村瓷厂生产的“十一头菩萨酒具”在河北省陶瓷产品质量评比会上荣获“优胜产品”称号。

5月10日　开平瓷砖厂生产的“开字牌”釉面砖在河北省建筑材料质量评比中荣获第一名。

5月14日　开平区梁家屯乡农民张利民在河北省第一届残疾人运动会上夺得男子截瘫轮椅100米、1500米和标枪比赛3块金牌。

10月15日　河北省副省长王祖武由唐山市副市长冯国安陪同，在开平区视察工作，并参观开平区农业技术学校试验场。

10月31日　国家教委中教司副司长、中央讲师团河北省分团团长王文湛考察开平区农业技术学校。

12月20日　开平镇完成工农业总产值1.03亿元，其中乡镇企业产值达到9195万元，两项指标均位居全市乡镇首位，成为开平区和唐山市第一个“亿元镇”。

是年　开平区籍解放军战士陈亮、刘国柱在云南边防保卫战分别荣立一等功和二等功。

是年　果园乡苗圃引进“早熟桃优质高产技术及苗木开发”项目，当年为开平区6个乡、19个村提供早熟桃树苗9万多株、桃接穗4万多株、可繁殖桃树苗24万多株。此成果以后逐步推广到唐山市各县区及全国18个省市。

1988年

2月3日　全区11个乡镇卫生院全部下放到乡镇政府管理。

2月9日　开平瓷砖厂生产的“开字牌”釉面砖和越河陶瓷厂生产的“华丽牌”卫生洁具，被农牧渔业部命名为优质产品。

3月12日　中国残疾人康复中心一行13人在开平区普查地震截瘫伤员情况。

同日　唐山市屈庄煤矿、印子沟煤矿、东风煤矿、刘庄煤矿、缸窑煤矿5个地方国营煤矿下放开平区管理。

4月10日　开平区举办首届乡镇企业职工田径运动会，350多名运动员参加比赛。

4月19日　越河瓷厂厂长吴殿芳、唐山市北新金属结构总厂厂长刘泽文被评为“河北省优秀农民企业家”。

5月15日　开平区洼里乡农民王世伟在河北省农民武术运动会上表演长拳和梨花枪，荣获优秀奖。

7月8日　河北省省长岳岐峰由唐山市市长陈立友陪同，在果园乡北新金属结构总厂检查指导工作。

8月24－30日　发生群众抢购粮油现象，造成议价粮油价格上涨。区政府采取平价只供当月粮、挂面限供、议价粮油实行限价限量供应等措施，稳定粮油市场。

10月29日　区政府以开政字［1988］79号文件印发《关于将乡镇企业经营机制引入区属企业的意见》。

11月28日　河北省委副秘书长、办公厅主任侯磊在开平区调研乡镇企业情况。

12月25日　郑各庄小学教师杨洪山被评为1987－1988年度河北省中小学推行“国家体育锻炼标准”优秀工作者。

12月30日　河北省人民检察院在开平区召开监所工作现场会，开平区人民检察院大会发言材料被呈报最高人民检察院，以文件形式转发全国。

是年　开平区政府制订《关于放活科技人员的暂行规定》，区农牧渔业局42名科技人员下乡开展技术承包服务工作，签订技术承包服务合同70份，承包大田作物5.02万亩、蔬菜201亩、林果2000亩、生猪养殖4215头，为农村培训技术骨干4300名。

是年　开平区兴办唐山市南野针织品有限公司等4家三资企业。

1989年

1月25日　开平区郑庄子乡前泉河头村、双桥乡李家峪村、栗园乡奔各庄和栗园村作为无地村被唐山市人民政府批准农业户口转为非农业户口，共涉及2355户、6845人。

2月13日　唐山市刀具厂与江南大学共同研发的半自动菜刀磨床投入生产，该磨床填补国内空白。

2月27日　北新金属结构总厂被国务院机电产品出口办公室和对外经济贸易部批准为“机电产品出口基地企业”。是年，该厂作为唐山市唯一一家乡镇企业通过国家二级企业验收。

4月5日　傅家屯乡农民梁亚琼，在河北省农民中国象棋比赛中获得个人比赛第一名。

5月23日　唐山市刀具厂生产的“开平王牌”不锈钢菜刀被轻工业部评为“部优产品”。

6月16日　唐山市床单厂被纺织部命名为“三无企业先进单位”，被河北省纺织厅评为先进企业，被唐山市纺织局评为市纺织行业“三无企业先进单位”。

8月11－17日　河北省城市小学生小足球锦标赛在开平区体育场举行，梁家屯乡小足球队代表唐山市参赛。

12月7日　开平区科技新产品、唐山市利民电器厂研制的“TXH－1型多功能绞车信号系统”在开滦钱家营矿通过国家级鉴定，该系统为国内首创，具有20世纪80年代先进水平。1991年该产品获河北省科技进步三等奖，1992年获国家星火三等奖。

12月18－21日　中共唐山市开平区第三次代表大会在区委党校会议室召开。三届一次会议选举常务委员会委员，杜仲勋任区委书记，张希维、尚幸全、常德永为副书记。

是年　栗园乡养殖场“塑料大棚罗非鱼越冬试验”获得成功，利用陡河电厂余热水源辅以塑料大棚，使罗非鱼种苗在本地安全越冬。

是年　开平区对外贸易实现零的突破，出口创汇50万美元。

1990年

2月6－9日　开平区政协第三届委员会第一次会议召开，选举刘希明为区政协主席，李述、张在成、贾连贵、刘静远为副主席。

2月11－15日　开平区第十届人民代表大会第一次会议召开，选举李荣阁为区人大常委会主任，李树元、王锡倬、夏守志为副主任；尚幸全为区政府区长，潘起来、李凤翔、苏仲宇、王开来、绳国柱为副区长，周尚德为首任科技副区长。

2月24日　中共河北省委发出《关于认真学习刘庄煤矿经验的通知》。

3月7日　河北省委书记邢崇智在唐山市委书记刘善祥等陪同下，视察刘庄煤矿和缸窑乡半壁店村。

3月10日　洼里乡蒋凤山和开平镇庆宝顺代表唐山市参加河北省农民中国象棋赛，夺得团体亚军，蒋凤山获个人比赛冠军。

3月31日　非洲15个国家驻华大使夫人在果园乡兴华蜡扎染服装公司参观。

4月6日　经河北省、唐山市联合检查验收，开平区94所小学全部达到省政府规定的义务教育小学阶段必备办学条件标准，开平区成为河北省首批达标县区之一。

6月20日　开平区在郑庄子乡召开“人口理论与计划生育基础知识教育”现场会议，郑庄子乡、傅家屯乡和梁各庄村介绍办好人口学校的经验。

6月28日　中共唐山市委下发《关于认真学习半壁店村经验的通知》。

7月1日　第四次全国人口普查，开平区总人口32.56万人。

8月11日　开平区遭受暴风雨袭击，6.7万亩粮田受灾，11户房屋损坏严重，折断大树1700多棵、电线杆32根。

9月26日　半壁店村投资1600万元的3吨转炉氧气顶吹炼钢厂和600立方米氧气厂落成。

10月20日　中央电视台《观察与思考》播报开平区唐钱楼葡萄园复垦和梁家屯乡塌陷地复垦栽种40亩稻田的做法。

11月9日　中共中央顾问委员会常委刘澜涛、河北省委顾问委员会常委苏锋等在开平镇半壁店村考察。

11月15日　刘庄煤矿科研成果“直接注浆堵水工艺的研究及应用”获河北省煤炭厅科技进步三等奖。

12月8日　唐山市开平墙地砖厂生产的“低温磷锆釉面砖”获河北省建材优质新产品一等奖，1991年获河北省星火二等奖。

12月8日　唐山市双桥耐火材料厂生产的“低水泥浇注料预制品”获河北省优秀新产品三等奖。

12月20日　在河北省“名优特新高产品”评选会上，越河陶瓷厂等企业生产的6种产品荣获“振兴河北经济奖”。是年越河陶瓷厂通过国家二级企业验收。

是年　区乡企局被评为农业部全国乡镇企业系统“企业管理年”活动先进单位。

是年　开平老城区铺设大口径引水管道7000米，与唐山市北郊水厂并网，结束开平城镇不能24小时供水的历史。

是年　开平区农机水电局“发挥农机作用综合构建节水农业”项目获国家农机协会农机科普成果一等奖。

1991 年

1月3日　开平区获唐山市委、市政府“计划生育目标管理工作”一等奖。

4月12日　唐山市政协主席李汉带领驻唐省政协委员50余人，在开平区视察城郊型经济。

4月22－30日　截至30日22时，全区4.2万户居民三、四月份未供粮油3200万公斤全部供出，保证国务院和河北省政府调整粮油统销价格政策5月1日平稳出台。

5月1日　马砖小区建成开平区第一座垃圾转运站。至2008年，全区有垃圾转运站9座。

5月9日　果园乡被农业部、国家体委和全国农民体协评为“全国亿万农民健身活动先进乡”。中央人民广播电台予以报道。

5月30日　开平镇半壁店村被建设部列为全国村镇建设试点，拉开半壁店新农村建设序幕。5年间投入1.3亿元，在180亩老村宅基地上进行新农居改造，1997年竣工。500多户村民迁入140栋150平方米×2连体别墅楼，11栋五层点式楼和1栋五层条式楼，人均住宅建筑面积50平方米。

6月30日　全国地方煤矿学石圪节、学刘庄煤矿经验交流会在唐山召开。

9月19日　河北省体育先进县检查验收工作会议在开平区召开。开平区在全省第一个通过检查验收。

11月9日　国家工商总局市场司司长李建忠、河北省工商局副局长李西平出席开平区马家沟市场竣工开业典礼。

12月25日　河北省体委、农业厅、文化厅、教委、农民体育协会、共青团河北省委授予双桥乡“河北省体育先进乡”称号。

12月26日　开平区被国家爱卫会命名为“全国农村自来水普及区”。开平区采取以工补农的方式，多方筹措资金3110万元，在农村新打自来水井234眼、压水井6055眼，全区农村90%以上人口用上自来水。

12月29日　果园乡刘火新庄被河北省司法厅评为“河北省普法先进单位”。

12月31日　开平区乡镇企业综合位次排名居全省29个市辖区之首。

是年　区档案馆被评为省级先进档案馆。开平区被评为保险先进区。

是年　开平区农机水电局科普论文《改善农机学校培训质量的思考》获国家农机协会农机科普一等奖。

是年　利民电器厂生产的多功能矿井提升信号系统，在全国“七五”星火成果展览会上荣获金奖。

1992 年

3月15日　卫生部在开平区召开全国疾病监测现场会议。开平区加强对重大传染病的常规监测，对乡以上医疗单位主动监测与督导检查，做到法定传染病基本无漏报。出现疫情，组织医务人员深入现场，采取综合性防控措施。

3月30日　开平区按照省、市部署开展“土地利用现状调查”，调查结果开平区土地总面积37.35

万亩。

4月22日　开平区创建全国体育先进县工作通过国家体委体育先进县验收组检查验收。

5月20日　缸窑乡半壁店村人均社会生产总值名列全国农村第十位，中国社会科学院农村发展研究所向半壁店村颁发证书。

5月31日　坐落于果园乡的唐山市旧机动车交易市场搬迁至唐山市吉祥路。

8月27日　半壁店村向成功发射“澳星”的功臣捐赠10万元。《人民日报》8月28日以《农民奖励澳星发射功臣》为题予以报道。

9月4日　开平区乡镇企业总产值14.37亿元（1991年），居河北省各市辖区榜首，名列河北省乡镇三资企业第二名。其中缸窑乡半壁店村产值1.68亿元，名列河北省乡镇十强村榜首。

10月27日　中国长城工业公司副总裁、火箭专家陈寿椿在半壁店村考察。

11月10日　经河北省政府批准，女织寨乡、梁家屯乡划归路南区，果园乡、傅家屯乡划归路北区；撤销缸窑乡，其所辖半壁店、上村、耿家营、国各庄划归开平镇管辖，贾庵子、李各庄划归郑庄子乡管辖。

11月25日　经唐山市政府批准，原路北区荆各庄街道、二十二冶街道、陡电街道和路南区税务庄街道划归开平区管辖。

12月27－30日　中共唐山市开平区第四次代表大会在区委党校会议室召开，选举产生中共开平区第四届委员会。四届一次会议选举常务委员会委员，杜仲勋任区委书记，尚幸全、常德永、刘新柱为副书记。

12月30日　开平镇半壁店村年内完成工农业总产值4.6亿元、利税8400万元，居全省农村之首。

是年　开平区开展旨在强化村级经济的“五〇工程”，推动全区经济基础较好的50个村将村办企业做强做大。年终统计，50个村完成社会总产值14.13亿元、工农业总产值11.5亿元，分别占全区的41%和49.54%。

是年　区残联连续3年被评为省级先进单位。

是年　唐山市栗园乡福利耐火厂生产的“硅酸铝熔融石英匣体”获国家新技术新产品博览会金奖，1993年该产品获河北省科技进步四等奖。

是年　唐山冶金矿山机械厂三分厂（唐山市矿山设备厂）生产的“GZY－1530振动给料机”获能源部科技进步三等奖和河北省乡企局科技进步二等奖。

1993年

2月3－6日　开平区政协第四届委员会第一次会议召开，选举陈福田为区政协主席，张维林、王锡倬、刘静远、杨占起为副主席。

2月8－12日　开平区第十一届人民代表大会第一次会议召开，选举张希维为区人大常委会主任，夏守志、王开来、王德顺、许志明、孔宪荣为副主任；尚幸全为区政府区长，潘起来、李凤翔、苏仲宇、高振江、绳国柱、周尚德为副区长。

3月17日　开平区民政局被河北省政府评为“有奖募捐工作先进单位”，名列全省第二名。

3月28日　开平区被国家体委命名为“全国体育先进区”，洼里乡被命名为“全国亿万农民健身活动先进乡”。

4月5日　半壁店村的事迹作为全国新农村典型入选《中国年鉴》。

4月28日　开平区与北京农业大学建立科学技术协作关系，为全区发展高效农业培训专业人才65

名。

5月1日　区内放开除军供和水库移民以外的粮食销售价格，实行40年的城镇居民粮食供应制度（即统销制度）被取消，粮票停止流通。

5月6日　河北省委副书记宋叔华、副省长顾二熊在郑庄子乡二瓷厂视察。

5月12日　开平区设立人口调查队，1998年更名为城市经济调查队，并增设计算站。

7月17日　唐山市委、市政府为利税超亿元的半壁店村举行庆功授匾大会，命名半壁店为“唐山第一村”。

7月28日　全国政协副主席、统战部长王兆国在河北省省长叶连松等省市领导陪同下考察半壁店村。

8月6日　河北省委、省政府决定授予半壁店村“河北第一村”荣誉称号。

8月9日　河北省委、省政府在半壁店村举行“河北第一村”命名大会，副省长顾二熊代表河北省委、省政府向半壁店村党总支书记韩振国授匾。

同日　河北省人大常委会副主任李炳良在半壁店村视察。

9月1日　由半壁店村出资750万元、建筑面积6470平方米的育才学校在半壁店村落成并投入使用。

9月22日　越河乡税西村税西海运公司自筹资金购买的万吨货轮停靠在京唐港8号泊位，结束唐山市没有万吨货轮的历史。

9月25日　经省政府批准，栗园乡改为栗园镇。

10月5日　“开平大集”从开平城内搬迁到唐古路陶瓷市场南侧，新址占地121亩。

10月23日　河北省委检查团在开平区检查指导反腐倡廉工作。

11月8日　经市政府批准，马路街道改称马家沟街道。同时成立开平街道。

是年　开平区工资制度改革，公务员实行职务级别工资制度，简称职级工资制。

是年　开平区乡镇工业总产值实现25亿元，开平区及开平镇、越河乡、郑庄子乡和洼里乡被命名为“全国发展乡镇企业先进单位”。在河北省50个“三沿”县（市、区）乡镇企业综合评比中，开平区位列第三，开平镇和越河乡、郑庄子乡进入河北省“百强乡镇”。

是年　开平区分别被河北省、唐山市命名为“发展个体私营经济先进单位”。

1994年

1月1日　国家实行分税制，开平区分设国家税务局和地方税务局。

1月20日　开平区乡镇由财政管理包干制改为分税制，继续实行“预算包干、财政包干”的财政体制。

2月15日　国家教委副主任王明达、河北省教委主任田洪波在育才学校考察。

3月6日　半壁店钢铁集团挂牌成立，为唐山市第一家村办钢铁集团公司。

4月20日　由栗园镇及唐山发电总厂、开滦荆各庄矿、二十二冶等单位集资修建的标准乡间柏油公路——银陡路破土动工。

4月27日　全区学校勤工俭学开展率100%，人均收入居全市第一名，区教委被河北省教委评为“河北省勤工俭学先进单位”。

6月　区初级卫生保健工作通过河北省评审组检查验收，取得总分第二名的好成绩，提前三年实现农村初级卫生保健达标。

6月13日　唐家庄集贸市场建成开业，市场占地15亩，可容纳400多个摊位。

8月18日　中共中央政治局原常委、组织部原部长宋平在河北省委副书记许永跃、唐山市委书记张士儒陪同下视察半壁店村。

同日　越河陶瓷二厂与台湾一阳工业有限公司合资成立唐山越阳陶瓷有限公司。

8月20日　栗园镇郝庄409户、1165人被唐山市人民政府批准农业户口转为非农业户口。1995年4月，又办理农业户口转为非农业户口738户、1980人。

9月16日　开平区召开首批小康村命名表彰大会，为117个小康村颁发铜匾。

9月21日　河北省省长叶连松在半壁店村指导新农村建设。

10月20日　开平区普及九年制义务教育和农村青壮年扫盲两项基础教育（“双基”）工作通过河北省政府达标验收。

11月20日　马家沟百货大楼建成开业。开平区全年投资1215万元，新建、改扩建各类市场6个，被省政府命名为“市场建设先进单位”。

11月30日　双桥乡孙家庄村出土辽代石函棺，该棺长80厘米，宽70厘米，高70厘米，为辽代大安九年（1093年）葬物，后移至唐山市文物管理处保存。

12月30日　开平区五保户入保率100%，被省民政厅命名为“五保工作先进区”。

12月31日　全区个体私营户6301户，其中私营企业104户，从业人员10870人，被省、市政府命名为“发展个体私营经济先进单位”。

是年　唐山市微晶玻璃装饰厂生产的“微晶玻璃装饰板”在首届中国金榜技术与产品博览会上获金奖。

是年　唐山市凯东玻璃厂生产的“系列轻量化饮料瓶”获河北省优秀新产品二等奖，1995年获河北省轻工厅科技进步一等奖和河北省科技进步三等奖，1996年获国家科技新产品博览会金奖和国家名牌产品称号。

1995年

2月14日　半壁店工业小区被国家农业部命名为“首批全国乡镇企业示范区”。

3月24日　开平区在全市“龙虎工程”综合评比中连续三年位居榜首。

3月29日　半壁店钢铁公司总经理韩振国被农业部命名为全国优秀乡镇企业家，越河陶瓷二厂厂长吴殿芳、唐山市第四轧钢厂厂长秦绍彬连续两次被农业部命名为全国乡镇企业家。

4月17日　开平区第十一届人民代表大会第三次会议选举常德永为区政府区长。

4月20日　开平区小康建设工作通过河北省综合验收。

5月5日　栗园镇小佛头村、开平镇前屈庄村的1597户、4525人被唐山市人民政府批准农业户口转为非农业户口。

6月15－18日　开平区农村初级卫生保健工作通过国家验收。

8月30日　开平镇被第五十届国际统计大会中国组委会、国家统计局及中国技术进步评价中心命名为“中国乡镇之星”。

11月　唐山市燕山电器厂实行股份制经营，成立唐山市燕山电器有限责任公司，拉开开平区工业系统产权制度改革序幕。

12月　栗园镇敬老院被评为省先进敬老院。

是年　开平区商业和供销系统开始推行企业产权制度改革，经过连续几年的抽本经营、出租经营和拍卖等改革，至2000年2月，全系统15个企业、103个自然网点基本完成产权制度改革。

是年　开平区广播电视局成立，筹建有线电视，逐步具备网络建设和自制节目的各种要件，实现与市广播电视联网。

1996年

1月24日　开平大集从唐古路南侧迁回开平镇东环路。

2月8日　开平区推行“两公开、一监督”（公开办理程序、公开办事结果、接受村民监督）村务公开。

4月14日　零时10分，几名持枪蒙面歹徒闯入栗园镇荆各庄村周志合家中，打死2人，打伤3人。5月23日，中央电视台《新闻联播》播出此案侦破情况。

5月9日　中共中央委员、国防大学政委王茂润中将在半壁店村参观考察。

5月21日　河北省委常委、宣传部长韩立成在开平区视察“严打”工作。

6月12日　刘庄煤矿点燃12槽炉区产生高热值煤气，中央、省、市有关领导和记者等150多人参加点火仪式。

6月22日　开平区降雨55至57毫米，风力7至8级，持续40多分钟，部分地区夹降冰雹，全区各乡镇均有灾情。

7月18日　建设部部长侯捷视察刘庄煤矿地下气化工程。

7月25日　河北省委书记程维高、省长叶连松在唐山市市长张和陪同下，参观半壁店村民住宅小区和村医院。

7月28日　半壁店村民别墅入选《震后新唐山》特种邮票之一“农舍”画面，全套4枚邮票在唐山举行首发式。

8月2日　河北省百点农业示范工程——华丰养殖公司淡水白鲳孵化养殖一条龙生产体系，形成库区712个标准箱及周围2000多亩高产池塘的渔业生产基地。

8月8日　经省政府批准，撤销岔道乡，并入开平镇。

9月27日　开平区、开平镇、越河乡税务庄后街村、唐山市大成线材厂分别位列唐山市“九五”乡镇企业“龙虎工程”榜县（区）、乡（镇）、村、企各项指标之冠。

10月8日　全国人大常委会副委员长王丙乾在半壁店村视察。

10月14日　国务院副总理邹家华在中央人民广播电台第153期内参上关于《刘庄煤矿地下气化取得世纪性突破》一文上做出重要批示。

12月　唐山矿山设备厂等18家企业进入“河北省千家骨干乡镇企业”行列。

12月　开平区成立预算外资金管理局，以收支两条线为主要管理内容。

是年　开平区城市化建设实现历史性突破，开发新城区一期工程7.5万平方米公民建陆续投入使用。截至2002年，总投资8亿元，竣工面积45万平方米的开平新城拔地而起。

是年　开平区根据精简、统一、效能原则进行党政机构改革，党政工作部门精简为24个、派出机构1个、靠挂机构2个、部门管理机构2个，分流人员267人，清理混岗人员73人。

是年　开平区实行国家公务员制度，进行“定职能、定机构、定编制”的三定机构改革。

1997 年

1月13日 开平区成立物业管理领导小组，组建物业管理处，靠挂在房管局，指导、督查和协调全区各居民小区实施物业管理。

1月14日 开平区被中华全国总工会评为“新组织工会工作先进单位”。

2月6日 开平区出台《关于鼓励扩大对外开放，加快发展外向型经济的若干规定》。

3月5日 煤炭部在刘庄煤矿召开“急倾斜煤层地下气化工程技术研究”项目可行性研究报告专家论证会，煤炭部和国家计委、科委及河北省、唐山市领导与专家30余人参加。

3月18日 河北省委副书记、省政法委书记许永跃，省检察院检察长侯磊，省政法委副书记刘宝宣，在开平区进行预防犯罪专项调研。

4月9日 开平区通过国家科委创建“全国科技工作先进区”验收。

4月10日 河北省委副书记卢展工带领“全省精神文明乡村现场会”与会人员参观半壁店育才学校和村民住宅。

5月5日 开平镇马路村400户、1400人被唐山市人民政府批准由农业户口转为非农业户口。

5月9日 开平区包揽唐山市“四强工程”全部第一，其中开平区获“强县（市）区”第一名，开平镇获“强乡镇”第一名，越河乡税务庄后街获“强村街”第一名，唐山市宝新钢铁集团公司获“强企业”第一名。

6月10日 河北省省长叶连松在刘庄煤矿视察，对煤炭地下气化试验项目资金及并网情况做出三项指示。

6月26日 国家科委和河北省科委在刘庄煤矿召开“煤炭地下气化提取纯氢项目可行性研究报告专家论证会”。

7月12日 开平区燃气公司成立，建设一座200立方米储气罐，铺设输气管道2万米，开始为1200户居民供应天然气。至2008年，全区用气居民达1.2万户。

7月23日 开平区在河北省学邯钢表彰大会上被河北省政府授予“全省学邯钢先进单位”称号。

10月7日 半壁店钢铁集团公司和宝新钢铁制品集团公司分别以第五十名和第九十八名位列“97中国最大经营规模乡镇企业100家”行列。

10月16日 中共中央总书记、国家主席江泽民亲自打电话给中国矿业大学教授余力，详细询问刘庄煤矿煤炭地下气化项目进展情况。

11月23－25日 全国人大常委会和河北省人大常委会分别派团在刘庄煤矿考察煤炭地下气化项目开发及推广应用前景。

是年 唐山市栗园镇福利耐火厂生产的“石英——堇青石陶瓷窑具”获河北省科技进步三等奖。

1998 年

1月1日 杜仲勋辞去开平区委书记职务，王汉平被唐山市委任命为开平区委书记。

2月6－9日 开平区政协第五届委员会第一次全体会议召开，选举潘起来为区政协主席，绳国柱、贾连贵、苏仲宇、李惠珍为副主席。

2月7－11日 开平区第十二届人民代表大会第一次全体会议召开，选举刘新柱为区人大常委会主任，李凤翔、孔宪荣、王德俊、王惠珍为副主任，陈学军为区政府区长，冯振山、高振江、孙战友、杨振坤、解光弟、王福燕为副区长。

3月9－12日　中共唐山市开平区第五次代表大会在区委党校会议室召开，选举产生中共开平区第五届委员会。五届一次会议选举常务委员会委员，王汉平任区委书记，陈学军、邱建华、李印新为副书记。

7月25日　公安部治安局局长朱家华在河北省公安厅副厅长刘金国的陪同下，视察开平区增华楼小区、马路派出所、开平派出所。

同日　刘庄煤矿煤炭地下气化项目被科技部列入对外交流项目。

8月20日　开平区依据省政府196号令，对事业单位进行登记管理，共登记事业单位142个，全部核发登记证书，并在《唐山劳动日报》公告。

9月16日　唐山佳丽陶瓷花纸有限公司通过河北省外经贸厅先进技术型企业验收。

9月23日　河北省军区司令员陈玉田在开平区检查指导武装工作。

9月25日　开平区政府采购制度改革开始运行。

9月21日　开平区邀请首都科技集团、北京科技大学、北京机电研究所等7家科研单位的专家在开平区召开项目现场发布会。

10月22日　澳大利亚共产党中央委员布鲁斯·康沃尔和马库斯·克莱顿一行在半壁店村参观考察。

12月　开平区荣获“全国田径之乡”称号。

是年　唐山市博亚科技开发公司生产的“博亚”高吸水系列产品荣获第十届国家新技术新产品博览会金奖、世界华人发明博览会银奖、全国发明展览会优秀新产品金杯奖和全国发明协会铜奖。1999年获河北省科技成果证书和全国专利发明博览会金奖，2001年定为全国农业技术重点推荐产品。

是年　开平区132个村实现村村通公路，其中通水泥路109村、163.4公里，通柏油路23个村、65.4公里。

是年　开平区粮食系统深化流通体制改革，5个中心粮站、31个基层粮站整体分离。2004年对两家附营企业进行改制。2004年6月，对直属库进行改制。至此，全面完成粮食企业改制。

1999年

1月9日　河北省委常委、组织部长刘德旺在半壁店村调研。

2月11日　7时45分，双桥煤矿1号井因工人违章作业，发生着火事故，11名矿工遇险。事故发生后，河北省委书记叶连松、省长钮茂生、副省长郭世昌要求千方百计抢救遇险者。唐山市委、市政府13位主要领导先后赴现场组织抢险，并成立以市长张和为总指挥的“2·11”事故抢险总指挥部。抢险工作历时14天，在生还无望、遗体不能取出的情况下，抢险总指挥部研究决定于2月25日实施封井灭火。此次事故共投入人力3360人次、车辆784辆次，其中消防队出动256人次、消防车32辆次，喷撒高泡灭火原料2.3吨，同时出动医务人员70人次。

3月15日　西新苑小区被评为国家级城市物业管理优秀小区、河北省城市物业管理优秀小区和省级花园式小区。

5月10日　唐山市大成线材股份有限公司注册的“森达”牌商标被河北省工商局评为河北省著名商标。

5月17－22日　国家关井压煤工作河北督导组和省安全生产检查团到唐山检查工作，并在开平区进行图表核查和现场检查。

6月6日　由银水实业集团有限公司主办的“银水杯”网球联谊邀请赛在北京国际网球中心结束。中央领导吴邦国、贾庆林、李瑞环、罗干等参加比赛，李瑞环向公司总经理赵利颁发组织奖杯。

7月8日　栗园华丰养殖公司从美国引进的大口胭脂鱼、彩虹鲷、银鲈、异育银鲫繁育成功。

9月14日　开平区政府与唐山市环保局、陡河水库管理处等单位组成联合执法大队清理水库网箱养鱼，到年底共清理网箱890个、围栏160公顷、水下渔网2000余米。

9月23日　半壁店村被中央文明委评为“全国创建文明村镇工作先进单位”。

10月27日　开平大众包子馆房顶突然坍塌，造成顾客一死一伤。

11月8日　唐榛路冶里至双桥路段正式通车。

11月9日　河北省委常委、政法委书记冯文海等在开平派出所视察，对该所软硬件建设给予高度评价。

11月22日　个体股东买断区属企业燕山电器厂正式签订出售合同，此举为开平区首例。

11月28日　半钢集团二炼铁厂投资1.6亿元的首座179立方米高炉正式投产。

是年　郑庄子乡引进“小尾寒羊饲养技术”获得成功，推广到全区及周边县域，辐射承德、秦皇岛等地市。

是年　中医杜豁然的论文《加减车舟丸、虫草软肝丸治疗肝腹水100例》获世界肝病学研究会一等奖和第十一届中国新技术新产品博览会金奖。

2000年

4月6日　开平区第五届村民委员会换届选举开始依法直选。

5月9日　唐山现代模板股份合作公司生产的“改性增强聚丙烯板材”试车成功，为国内首创。

5月15日　河北省政协副主席杨国春、秘书长张玉书等一行5人在开平区检查指导工作。

6月8日　14时35分至15时，全区刮起6至7级大风，随后突降冰雹，造成2000亩设施菜田、1万亩果树和5.3万亩麦田受灾，部分建筑物被砸坏。

7月1日　第五次全国人口普查，开平区总人口25.82万人。

7月12日　唐山市土地流转现场会议在开平区召开。开平区于1997年建立土地流转机制，允许土地使用权依法有偿转让。至1999年底，全区进行土地流转61个村，涉及农户6550户，流转耕地面积1.18万亩。

9月6－15日　国家中西部地区乡镇领导干部培训班在半壁店村举行，中组部领导出席培训班开班仪式。半壁店村捐资40万元，分3批培训中西部16省、自治区300多名乡镇干部。

9月19日　马家沟街道增华楼体育指导站建成开平区第一条全民健身路径。

9月25日　《中共中央关于控制我国人口增长问题致共产党员、共青团员的公开信》发表20周年之际，开平区委、区政府做出《关于表彰农村百名党团员计划生育先进个人的决定》。

是年　开平区农业局的《农业生态环境与资源可持续利用研究》论文获河北省农业区划科技成果一等奖。

2001年

1月5日　投资近3000万元的西城路南延及两侧商业用房建设项目启动，该路段长350米，宽18

米，房屋建筑面积近2万平方米。

1月31日　半壁店养猪场通过唐山市农委、市科委和市畜牧水产局专家验收组验收。

2月6日　唐山市银水运输有限公司、唐山佳丽陶瓷花纸有限公司、唐山市鸿达热轧有限公司被评为河北省优秀私营企业。

3月12日　投资5492万元、占地200亩的华北建材市场一期工程奠基。

5月23日　投资520万美元的三资企业——唐山利中陶瓷有限公司在开平区挂牌成立。该企业由开平区利中工贸有限公司与英属维尔京群岛胜景有限公司合资兴建。

5月31日　总投资3.2亿元的唐山华歧焊管厂一期工程投产。

6月6日　唐山市送法进家、进校、进企、进市场现场经验交流会在开平区召开，推广开平区送法“四进”经验，司法部、河北省司法厅、唐山市委有关领导出席会议。

6月23日　唐山市委任命陈学军为开平区委书记。王汉平辞去区委书记职务。

9月10日　由自强民办高中创办的唐山市第一个“宏志班”开学。

9月19日　河北省委副书记赵金铎在唐山市委书记白润璋陪同下视察开平新城区以及开平老城区改造工程。

9月19日　开平区在河北省重点小城镇建设现场观摩交流会上介绍经验。

11月15日　开平区举行开平清真寺复建落成典礼仪式。

是年　唐山隆达骨质瓷公司生产的“隆达牌”骨质瓷作为中华著名特产，被定为2001年上海APEC首脑宴会用瓷。

是年　民营企业家刘国义、韩文友分别买断国有开滦巍山矿、唐山市第一印刷厂。半壁店钢铁公司租赁陕西省大型钢铁企业——汉江钢铁厂。

2002年

2月18日　开平区实行国库集中收付试点制度，目的是建立以国库单一账户体系为基础，资金缴拨以国库集中收付为主要形式的财政国库管理制度。

3月11日　区计生局宣传站被中共中央宣传部和国家计生委评为“全国婚育新风进万家先进单位”。

3月15日　区政府投资500万元建设的教育信息网正式开通。该信息网覆盖全区所有直属学校、乡镇总校和乡镇窗口学校。

是月　开平区文化馆和图书馆拆迁至开平影剧院南侧，新馆建筑面积2050平方米。馆前建成占地面积5250平方米的文化广场。

5月16日　在第九十一届广交会上，开泰、利中、天汇等近10家企业参展，并首次获设摊位。

6月3日　唐山地区热轧带钢营销座谈会在半壁店钢铁有限公司召开。

8月21日　越河乡大史马村酥糖加工大户佟秀功生产的花生芝麻酥糖获准注册“鑫日升”商标。这是全市同类产品中第一个拥有注册商标及条形码的产品。

9月16日　唐山隆达骨质瓷有限公司被中国轻工总会认定为“中国陶瓷十强企业”，其产品为“中国陶瓷十强品牌”。

10月17日　开平区委、区政府隆重举行温州商城落成暨开平得名600年庆典。

是年　投资4.2亿元、建筑面积16万平方米的开平温州商城投入运营。同时在东西、南北两条大街的进出口处修筑四座大型牌楼，设计均出自名家之手，四门牌楼内外均刻楹联。

是年　根据省、市机构改革精神，开平区设置区直党政工作部门26个、直属事业单位9个、议事协调办事机构 3 个、部门管理机构 2 个、其他机构 1 个，核定编制 922 人。批准提前退休、离岗 561 人。

是年　开平区委、区政府决定以华岐焊管厂为依托，在越河乡境内谋划建设一个较大规模的区级工业区。2008 年被河北省政府确定为“省级产业聚集园区”。

是年　开平区区、乡、村国有集体企业产权制度改革基本完成，盘活存量资产 5.3 亿元，吸纳增量投入 10 亿多元。

2003 年

2 月 20 日　河北省纪委领导陪同陕西省有关部门领导在开平区行政审批服务中心参观考察。

4 月 7－9 日　中共唐山市开平区第六次代表大会在开平会堂召开，选举产生中共开平区第六届委员会。六届一次会议选举常务委员会委员，王洪胜为区委书记，卢宏秋、何汇东、杨清波、王新春为副书记。

4 月 14－17 日　开平区政协第六届委员会第一次会议召开，选举孙战友为区政协主席，谭春明、李惠珍、李晓东、周祖光为副主席。

4 月 15－18 日　开平区第十三次人民代表大会第一次会议召开，选举钱洪禧为区人大常委会主任，杨锦刚、郭长荣、岳中银为副主任；卢宏秋为区政府区长，秦英臣、王福燕、王文彬、叶永盛、刘国、吕来存、朱文礼为副区长。

4 月 26 日　民营企业家韩文臣为防治“非典”工作捐款 10 万元。

4 月 30 日　撤销二十二冶街道建置。

6 月 18 日　越河乡西马各庄村农民王宝文发明的“播种机用多功能播种器”获国家实用新型专利。

7 月 11 日　薛建国研制的冷风机获国家实用新型专利。

7 月 21 日　中央电视台《焦点访谈》以《群众利益无小事》为题，播出前屈庄村因采煤塌陷波及民房及 20 号煤井的相关问题。

7 月 23 日　半壁店村投资 150 多万元建成全市第一个村级公园。

8 月 1 日　唐山立冬食品有限公司生猪产品取得“进京证”。这是唐山市生猪产品首次被批准在北京销售。

8 月 12 日　开平区 6 个乡镇的 1.7 万亩蔬菜基地通过省级无公害农产品产地认证，包括 64 个行政村，年产量 12 万吨。

8 月 29 日　全国人大代表、半壁店村党委书记韩振国病逝。

9 月 19 日　唐山隆达骨质瓷有限公司在河北省日用瓷行业中首家获得国际标准采标标志使用权。该企业生产的“隆达”牌骨质瓷获评省著名商标。

10 月 23 日　唐山银水集团投资 2 亿元建设的 450 立方米高炉及其配套工程正式投产。

10 月 29 日　半壁店村党委书记韩文臣代表半壁店村向成功发射“神舟”5 号飞船的功臣捐赠 20 万元。

11 月　开平区被省政府授予“秸秆禁烧工作先进单位”。

12 月 29 日　唐山宝业集团和河北滦河实业集团有限公司进入全国 500 强，分别排名 72 位和 75 位。

12 月 31 日　开平区中小学微机室普及率达 76%，学生人均微机拥有率全市领先，通过河北省第三轮“两基”复查。开平小学被命名为“河北省素质教育示范性学校”。

是年　开平区设立“新能源办公室”，专门负责新能源开发和管理以及生态家园工程的建设管理工作。

是年　开平区通过国家科技工作先进县（区）验收。

2004年

3月29日　半壁店村被河北省档案局评为“河北省档案工作示范村”。

4月28日　利比亚驻华大使穆斯塔法带领企业界人士在半钢集团公司考察。

5月14日　开平区农村教育网正式开通，填补唐山市农村教育专业网站的空白。

5月20日　开平区被评为河北省群众体育工作先进单位。

6月21日　7点3分至42分，开平、越河、洼里、郑庄子、双桥等5个乡镇普降暴雨夹冰雹，并伴有大风，冰雹直径1－3厘米，厚度100－150毫米。全区受灾面积3万亩，其中绝收1.3万亩，越河乡受灾最为严重。

6月30日　宝业集团公司、滦河集团公司、兴业工贸有限公司被河北省委、省政府评为“河北省百强民营企业”。

同日　半壁店村与唐山市工人医院实现联合办医，建成集医疗、保健、康复于一体的综合性医院——唐山工人医院集团半壁店医院。

8月27日　开平区被国家科技部评为“全国科技工作先进县（区）”。

8月“河北第一村”半壁店村被市委、市政府命名为爱国主义教育基地。

9月24日　唐山大成不锈钢有限公司正式投产200系、300系不锈钢产品，填补开平区钢铁行业不锈钢生产的空白。

10月　唐山市绿色庄园净菜配送中心成为全市首家产加销一体化农业龙头企业。

12月15日　河北省新能源办验收组检查验收开平区沼气池建设。年内全区新建沼气池1373个，为唐山市下达建池任务的1.52倍，走在全省前列。

12月15日　开平区养猪协会正式成立。全区50余家养猪企业及相关单位和个人成为首批会员。

12月24日　开平区在温州商城北大街举行“开平古艺一条街”开业庆典。

是年　唐山市国亮特殊耐火材料公司研发的“铁水包高性能AS浇注料”获河北省“科技成果奖”“科技进步三等奖”。2008年获评河北省科技领先产品。

是年　河北世创食品机械公司生产的“SYBW系列无菌包装机”获河北省“高新技术产品”称号。

2005年

2月22日　半壁店村被河北省司法厅、民政厅命名为“省级民主法制示范村”。

3月15日　唐山华岐焊管有限公司二车间被评为“河北省创新示范岗”。这是唐山市唯一一家获此殊荣的企业。

3月18日　半壁店村被中央文明委授予“全国文明村镇”称号。

3月25日　唐山市国亮特殊耐火材料有限公司被农业部授予“全国诚信守法乡镇企业”称号。

4月5日　开平镇司法所被司法部授予“全国先进司法所”荣誉称号。

4月16日　开平区被河北省评为“省沼气建设先进单位”和“省生态家园富民工程建设先进单位”。

4月30日　开平区计划开发百万平方米高档居民住宅小区——东城绿庭项目启动。

5月13日　唐山宝业实业集团有限公司总裁韩文臣、河北滦河实业集团有限公司董事长姚小东、河北银水实业集团有限公司董事长赵利被河北省政府评为“河北省优秀民营企业家”。

5月24日　开平区与北京师范大学海威教育集团举行在唐山市第二十三中学合作建立“基础教育实验学校”签约仪式。

5月27日　开平区被国务院授予“全国民族团结进步模范集体”荣誉称号。

6月10日　唐山华丽陶瓷公司生产的“华丽”牌卫生洁具被中国建筑卫生陶瓷协会评为“中国建筑卫生陶瓷知名品牌”。

8月23日　开平区国税局被人事部、国家税务总局授予“全国税务系统先进集体”荣誉称号。

8月26日　唐山宝业集团入围2005年中国企业500强。

9月8日　唐山市开平区思萌园艺协会成立。

9月19日　第八届唐山中国陶瓷博览会开平分会场——唐山开平古玩奇石暨陶瓷艺术品展示会在开平温州商城开幕。

9月21日　唐山宝业集团有限公司、河北滦河实业集团有限公司、唐山市兴业工贸有限公司列入中国1000家大型工业企业排行榜。

10月19日　开平区投资80余万元，开通8条辐射全区各乡镇的教师通勤班车。

10月27日　开平区被国家发改委和农业部审查批准为2005年全国农村沼气国债项目建设县（区），获国家沼气池建设基金108万元、河北省基金20万元，荣获“全国沼气池建设示范区”称号。

12月7日　15时10分许，刘官屯煤矿发生特大瓦斯爆炸，死亡108人，伤29人，直接经济损失4870.67万元。

2006年

2月1日　河北省副省长宋恩华在半壁店村视察。

2月14日　开平区委、区政府，以开平［2006］2号文件印发《财政体制改革的实施意见》，决定将乡镇现行的统收统支财政体制改革为统收统支加超收分成的奖励性财政体制，从2006年1月起执行。

3月　开平区进入河北省新一轮县域经济发展30强，名列第8位。

4月21日　以全国政协常委、人口资源环境委员会副主任张宝明为组长的全国政协赴河北调研组一行20多人，在半壁店村参观新农村建设。

5月19日　唐山冀东氯碱公司、唐山华岐焊管公司产品荣获“河北省名牌产品”称号。唐山宝业集团、唐山隆达骨质瓷公司、唐山华丽陶瓷公司、唐山鸿达热轧公司产品荣获“河北省优质产品”称号。

7月1日　开平区实行公务员工资制度深化改革，事业单位实行岗位绩效工资制度。

7月11-13日　中共唐山市开平区第七次代表大会在开平会堂召开，选举产生中共开平区第七届委员会。七届一次会议选举常务委员会委员，刘建国任区委书记，卢宏秋、王克先、王新春为副书记。

8月3日　中共开平区委七届二次常委会议讨论通过《关于在全区开展“融入城市中心，打造经济强区，建设和谐开平”主题调研讨论活动的意见》。

8月11日　全国人大常委会副委员长李铁映在唐山隆达骨质瓷公司调研。

9月5日　傍晚双桥乡安家庄村遭受特大风雨灾害，受灾面积218亩，减产约11万公斤，受灾农户123户、295人。

9月9日　傍晚越河、洼里、栗园和开平四个乡镇遭受大风袭击，农作物发生大面积倒伏，直接经济损失204万元，间接经济损失25万元。

10月20日　中共开平区委印发区委、区政府《关于开平区人民政府机构改革的实施意见》（开平［2006］76号）。在机构改革中新组建发展改革局、工业经济促进局（同时挂中小企业局牌子）、商务局、安全生产监督管理局和农林畜牧水产局。

10月24日　河北省委书记白克明一行在双桥乡境内凤山北侧参加曹妃甸输水工程开工典礼。

12月1日　中共唐山市委、市政府做出《关于认定农业产业化市级重点龙头企业的决定》，开平区神农果树高科技示范园、唐山市开平区诺瑟苗木场、唐山市开平区半壁店养殖场、唐山市开平区绿色庄园、唐山市立冬食品公司、唐山市开平区鹏发鸡场、唐山市鼎晨食品公司、唐山市香美佳食品公司、唐山市开平区康新奶牛养殖基地9家企业入选。

是年　开平区132个村实现村村通公交车，至2008年公交线路达17条。

是年　开平区农林局“开平区农业资源区划调查”（主持人李海梅）及“林业资源区划调查和分析评估”项目，分别获河北省“科技成果二等奖”和“农业区划科技三等奖”。

2007年

1月　开平区启动二十二冶基地旧址复垦，旧址土地面积2010亩，其中国有土地976.5亩、集体土地1033.5亩。

1月28日　全区安全生产会议将28家煤矿、32家非煤矿山、13家危化企业纳入动态监管网络。煤矿以防“水火、瓦斯、煤尘、顶板”事故为重点，非煤矿山以无证开采、超深越界、破坏资源、污染环境为打击重点，加强危化企业生产、储存、经营以及废弃物处置的安全管理。

2月2日　年逾六旬的开平区四街村民马瑞福历时9个多月只身走完长征路。

2月18日　区政府初步完成开滦荆各庄矿采煤塌陷地10平方公里的北湖高新技术工业区总体规划编制。

3月9日　唐山市委、市政府表彰文明生态村镇建设先进单位。开平镇半壁店村荣获“2006年度新农村建设示范村”称号；越河乡税西村，栗园镇茅草营村，郑庄子乡东新庄村、郑庄子村荣获“文明生态示范村”称号。

5月24日　河北省民政厅以冀民函［2007］48号文批复开平区郑庄子乡、越河乡设立郑庄子镇、越河镇。

6月3日　开平区开展环境整治百日攻坚行动，拆除污染严重的小石灰窑96座，推填非法矾土井8眼，对11家污染超标的企业进行限期治理。

7月6日　河北省民政厅以冀民函［2007］72号文批复开平区双桥乡、洼里乡设立双桥镇、洼里镇。

7月10日　开平区第十三届人大常委会第二十九次会议同意卢宏秋辞去开平区区长职务，任命白春明为开平区副区长、代理区长。

7月18日　6时25分至11时，郑庄子镇境内遭受暴雨袭击，造成三益庄村325亩玉米、30亩花生、15亩果树被水淹达72小时，全部绝收，直接经济损失286.4万元。

7月24－26日　开平区政协第七届委员会第一次会议召开，选举杨清波为区政协主席，李晓东、周祖光、秦英臣为副主席。

7月26日　全国人大常委会副委员长李铁映到唐山隆达骨质瓷公司等单位调研。

7月24－27日　开平区第十四届人民代表大会第一次会议召开，选举王克先为区人大常委会主任，何汇东、杨锦刚、郭长荣、张志新为副主任；白春明为区政府区长，郑汉军、朱文礼、江洁、刘国、岳中银为副区长。

8月10日 中共唐山市委、市政府授予开平镇、越河镇、郑庄子镇为唐山市“2006年度发展民营经济先进乡镇”。

8月14日 河北省民政厅以冀民［2007］62号文命名开平区为“和谐社区建设示范区”。

8月 开平区按照省、市部署开展第二次土地调查，调查结果开平区土地面积37.32万亩，其中农用地19.25万亩，占土地总面积52.91%。

9月14－17日 全国人大常委会副委员长、中国科学院院长路甬祥到唐山隆达骨质瓷公司视察。

9月18日 唐山硅业股份公司举行项目开工奠基仪式，河北省委常委、唐山市委书记赵勇，河北省信息产业厅厅长陈国鹰，河北省科技厅厅长贾红星，唐山市市长张国栋参加奠基仪式。

11月27日 中共唐山市委、市政府授予开平镇为“发展特色经济先进乡镇”，唐山市鼎臣食品公司为“农业产业化先进龙头企业”。

是年 唐山隆达骨质瓷公司研制的“骨质瓷釉中彩技术”“深刻瓷装饰工艺方法”两项技术获第十七届全国发明展览会银奖，“无铅高热稳定性骨质瓷技术”获铜奖。“日用骨质瓷”获河北省出口名牌产品称号。

2008年

1月16日 中共河北省委、省政府、省军区表彰开平区马家沟新工村民兵连连长郭建军的家庭为民兵预备役人员“百佳和谐家庭”。

3月 “隆达”骨质瓷荣获全国驰名商标称号。“京化”焊管被评为河北省名牌产品。

4月1日 区政府印发《开平区新型农村合作医疗制度实施方案（修订）》（开政函［2008］19号），方案规定参合农民每人每年交纳20元，财政补贴每人每年80元。

4月25日 中共唐山市委决定：白春明任开平区委书记，免去刘建国书记职务，提名常庆久为区长候选人。

4月26日 日本住友集团投资的建筑工程机械项目和减速机项目在开平区举行开工典礼。

4月29日 唐山市政府主持召开唐山冀东氯碱公司整体搬迁会议。该公司坐落在开平区东环路，占地231亩，前身是唐山市开平化工厂。2009年6月30日前完成整体搬迁任务。

5月6日 开平区人大常委会十四届七次会议决定接受白春明辞去开平区区长职务，任命常庆久为开平区副区长、代理区长。5月23日，开平区第十四届人大第三次会议选举常庆久为开平区区长。

5月28日 中共唐山市委、市政府授予唐山市宏忠钢铁有限公司“外贸出口骨干企业”称号。

7月4日 中共唐山市委、市政府表彰文明生态村镇建设先进单位，开平区越河镇为“文明生态乡镇”；税后村、贾庵子村为“新农村建设示范村”；前屈庄村、马路村、东越河村、郝庄村、西新庄村为“文明生态示范村”。

7月8日 开平区委托北京中影佳联国际规划设计与咨询有限公司、北京中元工程设计顾问公司编制《唐山市开平区控制性详细规划与城市设计》《唐山市开平区三镇总体规划》（双桥、栗园、洼里）《唐山市开平区城市道路、排水专业规划》和《唐山市开平区东湖生态园城市设计》。

7月16日 市领导主持召开有关煤矿关闭协调会议，决定从7月16日起关闭开平区刘庄煤矿。

8月初 开平镇四街村民马瑞福被唐山市选定为第二十九届奥运会火炬手。

9月14日 唐山市政府办公厅印发《马家沟矿业公司由开滦集团托管协调会议纪要》。马家沟矿业公司成立于2004年8月，是原开滦马家沟矿破产后组建的股份制煤矿，自成立以来其安全生产监管由开平区政府负责。会议议定：2008 年 9 月 14 日 18 时以后由开滦集团公司负责马家沟矿业公司的安全管理。

10 月 1 日　区政府印发《开平区奶站专项整治行动实施方案》。方案要求坚决杜绝添加三氯氰胺等有害化学物质和各种掺杂使假行为，将奶站 100% 纳入监管范围，规范奶站经营秩序，确保生鲜奶质量安全。

11 月　开平区实现事业单位人事管理由身份管理向岗位管理转变。全区共有事业单位 98 个，设置管理岗位 350 个、专业技术岗位 3200 个、工勤岗位 628 个，全面实行聘用合同鉴证，并对 4100 名事业人员进行动态管理。

12 月 8 日　中共唐山市委、市政府表彰唐山市奥运工作先进集体、先进个人。开平区越河镇政府、区信访局、区公安分局为先进集体，龚树礼为先进个人。

12 月 25 日　区长办公会议议定《关于开平大集整体搬迁的实施方案》，将设置在主城区内的开平大集搬迁到开平二街东、赵庄南的新址。开平温州商城内北大街古艺市场、东大街旧物市场仍在原处经营。

是年　开平区高新技术产值 3.83 亿元，科技进步对经济增长贡献率 55% 左右，被科技部评为“全国科技先进县（区）”。

是年　唐山隆达骨质瓷公司与陕西科技大学合作生产的“高耐热震性骨质瓷”获河北省科技进步三等奖，“日用骨质瓷”被定为“2008 北京奥运会特许商品”。

是年　开平医院与张北县医院合作开展的“颅内血肿微创清除术加头针治疗高血压脑出血临床研究”获河北省科技进步三等奖。

第一编　建置区划与辖区环境

开平区原为唐山市郊区。1987年开平区总面积351.4平方公里，辖1镇、11乡、1街道，214个行政村和45个居民委员会。1992年，唐山市区划调整，4个乡分别划归路南区、路北区。辖区面积减少100平方公里，由原来环绕唐山城区，变为弦月型位于城区东部。2007年，开平区被列为唐山市中心城区。截至2008年底，全区辖6镇、5街道，132个行政村、18个社区、14个居委会。总人口24.7万，总面积251.3平方公里。开平区位于燕山沉降带，属滦河冲积扇堆积而成的山麓平原，北高南低，中部隆起，水土丰润，四季分明，自然环境优越，矿产资源丰富，宜工宜耕宜牧。

第一章　建置区划

据出土文物考证，早在商代境内就有人类生息繁衍，春秋战国以后，县域归属不断变化，明永乐元年开平中屯卫徙此开平镇得名，迄今已逾600年。1956年10月正式建立唐山市郊区，隶属唐山市管辖，2007年被列为唐山市中心城区。区政府驻地开平镇。

第一节　地理位置与建置沿革

一、地理位置

开平区位于唐山市东侧，北纬39°33′－39°48′，东经118°9′－118°22′。属燕山沉降带滦河冲积扇堆积而成的山麓平原，北高南低，中部隆起，陡河自北向西南流入路南区，陡河水库位于北部双桥镇境内。境域东与古冶区毗邻，西与路北区、高新技术开发区相连，南与丰南区、西南与路南区接壤，北与丰润区、东北与滦县搭界。开平区地处冀东平原腹地，西北距首都北京市164公里，西南距天津市118公里，距省会石家庄376公里，东距秦皇岛131公里，京哈铁路，京沈、唐津、唐港高速公路贯穿全境。

二、建置沿革

春秋时辖境为山戎国属地，战国时为燕国所辖。秦、西汉属右北平郡，东汉分属辽西郡海阳县、新安平县、土垠县。三国时属海阳县。隋时由肥如县入新昌县，又改属卢龙县。唐代为石城县。元时曾为清州，后改属义丰县，清辖境并入滦州和丰润县。民国辖境属直隶省津海道滦县、丰润县分管。抗日战争期间，辖境曾先后属丰（润）、滦（县）、迁（安）抗日联合县以及丰玉遵和丰玉宁联合县。解放战争期间，辖境先后属冀东行属唐滦办事处、滦西县和丰南县。

1949年，新中国成立后，今开平区境内，除唐山市第十一区、十二区外，大部分村庄仍为丰润、滦县、丰南三县所属。1956年10月，将碑子院区、洼里区、缸窑区农村部分合并建立唐山市郊区。1958年9月，唐山市郊区在17个乡镇基础上建立6个农村人民公社。1960年1月，撤销唐山市郊区建置，将其所属洼里公社划归东矿区，其余5个人民公社划归唐山市市区。1961年10月，建立唐山市开平区，下辖3个人民公社。1963年4月，将唐山市直属的7个人民公社和东矿区所属的洼里人民公社划归开平区，至此下辖11个人民公社。1965年7月，撤销开平区建置，恢复唐山市郊区，将原开平区、东矿区的农村人民公社、唐山果园的农业生产统一由郊区领导，至此全市19个农村人民公社全部划归郊区。1979年4月，原丰润县所属李庄子、刘家营、常庄3个人民公社划入唐山市郊区，下辖范围扩大到22个人民公社，是辖区范围最大的时期。同年10月，将郊区东部王辇庄等7个人民公社划归东矿区，将原丰润县划入的3个人民公社划为唐山市新区，将果园人民公社改为唐山市果园管理委员会，由市直属，唐山市郊区范围缩小到11个人民公社。1982年4月，唐山市郊区再次更名为开平区。1984年3月，撤销唐山市果园建制，作为果园人民公社划入开平区。4月依照修改的《中华人民共和国各级人民代表大会和各级人民政府组织法》规定，将全区12个人民公社改为11个乡、1个镇，直至1987年。

第二节　行政区划

一、区划变动

1987年，全区辖1镇、11乡和1个街道，即东部的洼里乡、岔道乡、开平镇、越河乡，北部的缸窑乡、双桥乡、栗园乡、郑庄子乡以及马路街道，南部的女织寨乡、梁家屯乡，西部的果园乡、傅家屯乡。群星捧月般环绕在市区周边。

1992年11月，经省政府批准唐山市区划变动，女织寨乡、梁家屯乡计38个村划归路南区，果园乡、傅家屯乡计44个村划归路北区，同时撤销缸窑乡，其所辖半壁店、上村、耿家营、国各庄划归开平镇，贾庵子、李各庄划归郑庄子乡。路南区的税务庄街道和路北区的荆各庄、冶金部第二十二冶金建设公司（以下简称二十二冶）、陡电3个街道划归开平区。至此，开平区辖1镇、6乡、5个街道，即开平镇、洼里乡、双桥乡、栗园乡、郑庄子乡、岔道乡、越河乡、马路街道、二十二冶街道、荆各庄街道、陡电街道、税务庄街道，共计132个行政村和93个居民委员会。由原来环绕唐山市区，缩小到位于市区东部。

1993年9月，栗园乡改为栗园镇。同年11月，马路街道改称马家沟街道。1994年11月开平街道成立。1996年8月，撤销岔道乡，并入开平镇。至此，开平区辖2镇（开平、栗园）、4乡（双桥、洼里、郑庄子、越河）、6个街道（开平、马家沟、税务庄、陡电、荆各庄、二十二冶）。

2003年4月，二十二冶迁往新区，开平区撤销二十二冶街道建置。至此，开平区辖2镇、4乡、5个街道。

2007年，双桥乡、洼里乡、郑庄子乡、越河乡改为镇，开平区辖6镇、5个街道。

1987 年开平区乡镇一览表

表 1－1

乡镇名称	所辖村名称
开平镇	一街村、二街村、三街村、四街村、五街村、六街村、七街村、赵庄村、丰山村、马路村、马家沟村、前屈庄村、中屈庄村、小屈庄村、前陡河村、后陡河村、后屯村和 19 个城市居委会
栗园乡	双庙村、奔各庄村、尤各庄村、马各庄村、郝庄村、郑庄村、栗园村、大六甲村、小六甲村、荆各庄村、大佛头村、小佛头村、刘庄村、于庄村、沈庄村、曹庄村、茅草营村、刘官屯村、大戴庄村
越河乡	大史马村、大丰谷村、小丰谷村、郭坨村、前于家店村、后于家店村、朱庄子村、东王盼庄村、西王盼庄村、中王盼庄村、东马各庄村、西马各庄村、越河村、东塔头村、西塔头村、北塔头村、康各庄村、罗各庄村、东刘屯村、税东村、税后村、税北村、税西村、税中村
郑庄子乡	寨子村、北泉河头村、贾庄子村、任信屯村、安各庄村、于家新房子村、周赵庄村、王千庄村、太平庄村、马庄子村、东新庄村、西新庄村、中新庄村、北白寺口村、中白寺口村、前白寺口村、梁各庄村、王官庄村、前泉河头村、新庄子村、刘家洼村、郑庄子村、小戴庄村、三益庄村、田庄村
双桥乡	徐庄子村、冶里村、鞠家岭村、双桥村、张庄村、小马峪村、大马峪村、大柳树村、唐家庄村、孙家庄村、李家峪村、安家庄村
洼里乡	鼓楼庄村、杨家庄村、小港村、狮子湾村、新立庄村、胶泥庄村、楼子庄村、蒋庄村、洼里村、孩儿屯村、周家桥村、东尚庄村、西尚庄村、伍家庄村、后营村、夏庄村
岔道乡	马大寨村、东帅甲河村、西帅甲河村、欢套村、石泉庄村、聂各庄村、石家庄村、东八里村、中八里村、西八里村、大岔道村、岔道村、陈庄村
缸窑乡	贾庵子村、李各庄村、上村、耿家营村、半壁店村、国各庄村
果园乡	常各庄村、谢家庄村、寿王庄村、卫家庄村、许各寨村、边各寨一村、边各寨二村、边各寨三村、边各寨四村、曹家口村、刘火新庄村、张大里村、李官屯村、李家庄村、八神庄村、郭家庄村、袁家庄村、赖王庄村、丁家屯村、陈家屯村、马驹桥村、碑子院村、周官屯村、马家崖村、冯大里村、兴隆庄村、许家庄村、河沿庄村
傅家屯乡	傅家屯村、张思庄村、富家庄村、龙王庙村、马家屯村、新城子村、许郪子村、王郪子村、瓦官庄村、宋学新庄村、大官庄村、吴家庄村、甄家庄村、娘娘庙村、张各庄村、杨家口村
女织寨乡	大红桥村、荷花坑村、和平街村、南刘屯村、东礼尚庄村、西礼尚庄村、赵田庄村、侯边庄村、曹家庄村、张丁庄村、女织寨村、西越河村、老谢庄村、岳各庄村、郑家庄村、刘营庄村、檀庄村
梁家屯乡	铁艾庄村、新艾庄村、新袁庄村、郑各庄村、小艾东街村、小艾西街村、刘家过道村、木匠庄村、赵各庄村、程各庄村、王禾庄村、马庄村、将军坨村、季家屯村、梁家屯村、南陈庄村、新太平庄村、石庄村、王前街村、定福庄村、铁匠庄村

1987 年开平区街道一览表

表 1－2

街道名称	所辖居委会名称
马路街道	东山第一居委会　东山第二居委会　东山第三居委会　东山第四居委会　东山第五居委会　东山第六居委会　东山第七居委会　石灰厂工房居委会新工村第一居委会　新工村第二居委会　新工村第三居委会　新工村第四居委会　光华第一居委会　光华第二居委会　跃华第一居委会　跃华第二居委会　马矿新区第一居委会　马矿新区第二居委会　马矿新区第三居委会　马矿新区第四居委会　六号小区第一居委会　六号小区第二居委会　六号小区第三居委会　六号小区第四居委会　中屈北工房居委会　冶里工房居委会

1993 年开平区乡镇一览表

表 1－3

乡镇名称	所辖村名称
开平镇	一街村、二街村、三街村、四街村、五街村、六街村、七街村，赵庄村、丰山村、马路村、马家沟村、前屈庄村、中屈庄村、小屈庄村、前陡河村、后屯村、后陡河村、上村、耿家营村、半壁店村、国各庄村
栗园镇	双庙村、奔各庄村、尤各庄村、马各庄村、郝庄村、郑庄村、栗园村、大六甲村、小六甲村、荆各庄村、大佛头村、小佛头村、刘庄村、于庄村、沈庄村、茅草营村、刘官屯村、大戴庄村、曹庄村
越河乡	大史马村、大丰谷村、小丰谷村、前于家店村、后于家店村、郭坨村、朱庄子村、东王盼庄村、西王盼庄村、中王盼庄村、越河村、东马各庄村、西马各庄村、东塔头村、西塔头村、北塔头村、康各庄村、罗各庄村、东刘屯村、税东村、税西村、税北村、税后村、税中村
郑庄子乡	寨子村、前泉河头村、贾庄子村、任信屯村、安各庄村、于家新房子村、周赵庄村、王千庄村、太平庄村、马庄子村、东新庄村、中新庄村、西新庄村、前白寺口村、中白寺口村、北白寺口村、梁各庄村、王官庄村、张庄子村、刘家洼村、郑庄子村、小戴庄村、三益庄村、北泉河头村、田庄村、贾庵子村、李各庄村
双桥乡	徐庄子村、冶里村、鞠家岭村、双桥村、张庄村、大马家峪村、小马家峪村、大柳树村、李家峪村、孙家庄村、唐家庄村、安家庄村
洼里乡	鼓楼庄村、杨家庄村、小港村、狮子湾村、新立庄村、胶泥庄村、楼子庄村、蒋庄村、洼里村、孩儿屯村、周家桥村、东尚庄村、西尚庄村、伍家庄村、后营村、夏庄村
岔道乡	欢套村、石泉庄村、大岔道村、岔道村、陈庄村、东帅甲河村、西帅甲河村、马大寨村、石家庄村、聂各庄村、东八里村、中八里村、西八里村

1993 年开平区街道一览表

表 1－4

街道名称	所辖居委会名称
开平街道	普光南里一居委会、普光南里二居委会、普光南里三居委会、开平一街居委会、开平二街居委会、开平三街居委会、开平四街居委会、开平五街居委会、开平六街居委会、开平七街居委会、新四街一居委会、新四街二居委会、新四街三居委会、赵庄居委会、周家街居委会、东窑大街居委会、车站居委会、站东居委会、新风楼居委会、化工居委会、矾土矿居委会、国耿居委会

续表 1-4

街道名称	所辖居委会名称
马家沟街道	东山第一居委会　东山第二居委会　东山第三居委会　东山第四居委会　东山第五居委会　东山第六居委会　东山第七居委会　石灰厂工房居委会　新工村第一居委会　新工村第二居委会　新工村第三居委会　新工村第四居委会　光华第一居委会　光华第二居委会　跃华第一居委会　跃华第二居委会　马矿新区第一居委会　马矿新区第二居委会　马矿新区第三居委会　马矿新区第四居委会　六号小区第一居委会　六号小区第二居委会　六号小区第三居委会　六号小区第四居委会　中屈北工房居委会　冶里工房居委会　增华楼居委会　增合楼居委会
税务庄街道	税东第一居委会、税东第二居委会、税东第三居委会、纺织居委会、建陶居委会、税务庄居委会 税钢第一居委会、税钢第二居委会、税钢第三居委会、税钢第四居委会、税钢第五居委会、税钢第六居委会、税钢第七居委会、税钢第八居委会、华北居委会 河联二街居委会、河联三街居委会、河联四街居委会、河联楼居委会、河联第一居委会华南、河联第二居委会华南、轻机桥东居委会 唐钱第一居委会、唐钱第二居委会、园丁楼居委会、迎新楼居委会、河北楼居委会
荆各庄街道	荆庄矿工房第一家属委员会、荆庄矿工房第二家属委员会、荆庄矿工房第三家属委员会、荆庄矿工房第四家属委员会、荆庄矿工房第五家属委员会、荆庄矿工房第六家属委员会
陡电街道	陡电工房第一家属委员会、陡电工房第二家属委员会
二十二冶街道	机修厂家委会、物资家委会、建材家委会、机电家委会、服务公司家委会、管铁公司家委会、筑炉家委会、一公司家委会、二公司家委会、三公司家委会、金法公司第一家委会、金法公司第二家委会

2008 年开平区各镇一览表

表 1-5

乡镇名称	所辖村名称
开平镇	后屯村、前陡河村、后陡河村、前屈庄村、中屈庄村、小屈庄村、马家沟村、马路村、上村、开平一街村、开平二街村、开平三街村、开平四街村、开平五街村、开平六街村、开平七街村、赵庄村、陈庄村、东帅甲河村、西帅甲河村、大岔道村、岔道村、欢套村、马大寨村、石泉庄村、丰山村、半壁店村、耿家营村、国各庄村、石家庄村、东八里村、西八里村、中八里村、聂各庄村
栗园镇	双庙村、奔各庄村、尤各庄村、马各庄村、郝庄村、郑庄村、大六甲村、小六甲村、栗园村、刘庄村、大佛头村、小佛头村、荆各庄村、沈庄村、曹庄村、于庄村、茅草营村、刘官屯村、大戴庄村
越河镇	大史马村、大丰谷村、小丰谷村、前于家店村、后于家店村、郭坨村、朱庄子村、东王盼庄村、西王盼庄村、中王盼庄村、越河村、东马各庄村、西马各庄村、东塔头村、西塔头村、北塔头村、康各庄村、罗各庄村、东刘屯村、税东村、税西村、税北村、税后村、税中村
郑庄子镇	寨子村、前泉河头村、北泉河头村、贾庄子村、任信屯村、安各庄村、于家新房子村、周赵庄村、太平庄村、马庄子村、王千庄村、东新庄村、中新庄村、西新庄村、田庄村、王官庄村、前白寺口村、中白寺口村、北白寺口村、张庄子村、梁各庄村、刘家洼村、小戴庄村、郑庄子村、三益庄村、贾庵子村、李各庄村
双桥镇	徐庄子村、冶里村、鞠家岭村、双桥村、张庄村、大马家峪村、小马家峪村、大柳树村、李家峪村、孙家庄村、唐家庄村、安家庄村
洼里镇	鼓楼庄村、杨家庄村、小港村、狮子湾村、新立庄村、胶泥庄村、楼子庄村、蒋庄村、洼里村、孩儿屯村、周家桥村、东尚庄村、西尚庄村、伍家庄村、后营村、夏庄村

2008 年开平区街道一览表

表 1－6

街道名称	所辖社区及居委会名称
开平街道	东新苑社区、西新苑社区、普光南里社区、东城社区、西城社区 另 8 个居委会：赵庄居委会、车站居委会、站东居委会、矾土矿居委会、化工居委会、国耿居委会、周家街居委会、东窑大街居委会
马家沟街道	南贵里社区、葡萄园社区、爱国里社区、新工村社区、新华楼社区、增华楼社区、新区社区 另 2 个居委会：冶里居委会、福利楼居委会
税务庄街道	税东社区、唐钢社区、河联社区、唐钱社区 另 3 个居委会：园丁楼居委会、迎新楼居委会、河北楼居委会
荆各庄街道	荆各庄矿社区
陡电街道	陡电社区 另 1 个家委会：水库家委会

二、乡镇

（一）开平镇

开平镇是开平区政府所在地，西距市中心 5.5 公里，境内有 205 国道、京山铁路、京沈高速、津唐高速和市中心环线穿过，交通发达，区位优越，为开平镇的经济社会发展提供了良好的条件。2008 年，全镇辖 34 个行政村，面积 61.1 平方公里，人口 5.14 万人，耕地 4.17 万亩，其中水浇地 6050 亩。1987 年，农村经济总收入 1.1 亿元，2008 年为 40.83 亿元，增长 36 倍。1987 年，农民纯收入 1084 元，2008 年为 8867 元，增长 7.2 倍；1987 年，人口自然增长率为 16‰，2008 年为－1.48‰，下降 17.48‰。

1987 年，开平镇工业总产值 6116 万元。1993 年，实现工业总产值 15.4 亿元，利税 2.58 亿元。在河北省“双百强”评比中被评为“河北第一镇”。半壁店村和半壁店钢铁公司也分别荣获“河北第一村”和“河北第一乡镇企业”称号。1995 年 8 月，开平镇被第 50 届国际统计大会授予“中国乡镇之星”荣誉称号；1994－1997 年，连续 4 年夺得唐山市“龙虎工程”之冠；2003 年 2 月，被省委、省政府批准为“省级改革发展重点镇”。2008 年，实现工业总产值 101.56 亿元，是 1987 年的 166 倍。是年，全镇工业企业 202 家，其中市级农业龙头企业 3 家，资产超亿元的企业 4 家，年营业收入 500 万元以上的企业 18 家，省名牌产品企业 1 家，通过 ISO9000 国际质量体系认证企业 14 家，省高新技术企业 1 家，省级科技型企业 12 家；全镇地区生产总值 37.30 亿元，工农业总产值 103.54 亿元，利税 3.87 亿元。

1987 年，开平镇粮田面积 1.19 万亩，粮食总产量 5885 吨。2008 年，粮田面积 3.13 万亩，粮食总产量 1.38 万吨。进入 21 世纪以来，大力发展以果、畜、菜为主的高效农业。占地 275 亩的市级优质苗木生产基地——神农果园、市级无公害生产基地——开春草莓园、被市政府命名为养殖科技园区的半壁店养殖场、生产排酸猪肉的市级重点龙头企业——立冬食品公司等，成为发展城郊现代农业的排头兵。

开平镇第三产业蓬勃发展，2002 年，与温州客商联办“开平温州商城”。到 2008 年，境内共建成建材市场、封闭农贸市场、超市 7 个，另有集贸市场 2 个，常日市场 7 个，商业、饮食业、服务业和修理业网点 3748 个。

开平镇卫生院也不断发展壮大，2008 年，有医护人员 42 人，床位 18 个。全镇参加新型农村合作医疗的农民达到 2.05 万人。

（二）郑庄子镇

郑庄子镇地处开平区西北部，唐遵、京山铁路，唐山市区干道银河路、大庆道、唐丰路贯穿境内，与京秦铁路呈井字型分布。西南接市高新技术开发区，北靠丰润区，西临唐丰路，东与开平镇、栗园镇相连。镇政府所在地距区政府4.3公里。1956年建乡，1958年建立公社，1984年复置乡。1992年11月25日，开平区区划调整，将原缸窑乡所属的贾庵子村和李各庄村划入郑庄子乡。2007年7月，撤销郑庄子乡设立郑庄子镇，镇辖27个行政村、3个社区，面积33.4平方公里。2008年底，全镇9770户，总人口2.79万人。1987年耕地面积2.61万亩，2008年耕地面积2.48万亩，其中水浇地2万亩。1987年农村经济总收入5091万元，2008年为81.93亿元，增长近160倍；1987年农民人均纯收入905元，2008年为5023元，增长4.5倍。1987年人口自然增长率为14.3‰，2008年为0.94‰，下降13.36个千分点。

1987年，实现工业总产值2992万元，2008年实现工业总产值75.57亿元，增长253倍。是年，全镇共有各类企业138家，其中规模以上企业10家，第二产业产值占全镇总产值的95%。全镇企业涉及钢铁、陶瓷等30余种行业，重点为钢铁、陶瓷、电力、装备制造四大产业。河北银水实业集团有限公司是郑庄子镇一家民营企业，创建于1984年，有员工1800名。主要生产经营水泥、塑料编织袋、烧结球团等产品，以及运输、汽车配件等。公司下辖银水运输公司、唐山贾庵子烧结厂、唐山银河水泥厂、银水汽车配件有限公司等支柱企业。先后被省、市授予“河北省百强私营企业”“唐山市先进私营企业”“唐山市私营企业纳税模范”等多项殊荣。隆达骨质瓷公司是境内的陶瓷支柱企业，其生产的“隆达”牌骨质瓷，作为中华著名特产被定为上海APCC馈赠各国首脑特定产品，并曾为香港回归特制1997个酒瓶。其他产品卫生瓷、美术瓷、日用瓷等系列产品亦畅销国内外。2008年3月被定为“中国驰名商标”。

1987年，郑庄子镇粮田面积2万亩，粮食总产量8745吨。2008年，粮田面积1.9万亩，粮食总产量7619吨。1989年，全镇开始大力发展棚室农业，培育建设无公害蔬菜生产基地。该镇任信屯村2008年有蔬菜专业户226户，占全村总户数的78.7%，蔬菜种植面积1063亩，占总耕地面积的84.36%。该村1989年引进琴弦式高效节能日光温室，进入21世纪又进行“温室多茬蔬菜栽培”“温室蔬菜二氧化碳施肥技术”等科学技术的试验、示范和推广。该村生产的“小屯牌”西红柿畅销唐山市场，并远销东北及京津。该镇已初步形成了以刘家洼村千亩葡萄和郑庄子村300亩皖秋黄梨为依托，辐射带动周边村户的果品生产基地，以思萌园艺场为龙头，吸收周边村户参加的花卉生产基地。思萌园艺场采取“公司+农户”的模式，使鲜切花棚室面积达到450亩，年产鲜切花500万扎。“思萌”牌花卉与韩国签订出口协议，实现“订单农业”“品牌农业”的新突破。该镇还大力发展蛋鸡养殖基地，有周赵庄、新房子、北泉等3个万只蛋鸡场，形成年存栏20万只的生产能力，年鲜蛋产量2000多吨。

全镇有集贸市场4个，随着小城镇建设初具规模，农村批发零售业、餐饮服务业发展迅速。2008年，从业人数达3660人。

境内有中学1所（唐山市第五十九中学）、小学5所、幼儿园6所。2008年，郑庄子镇卫生院有医务人员26人，12个床位。全镇参加新型农村合作医疗制度的农民达1.75万人。该镇还投资24万元打深井2眼，实行自来水入户，解决了2个村人畜饮水难的问题。并先后建成沼气池256个，方便了村民生活。

（三）越河镇

越河镇地处唐山市城区东部，北靠开平新城，西邻陡河，东部和南部分别与路南区和丰南区接壤，是唐山市区的东大门。镇政府距区政府5.26公里。全镇辖24个行政村，面积42平方公里。1987年，全镇共有7818户，2.47万人；2008年，全镇8114户，2.56万人，耕地3.53万亩。1987年，农村经济总收入5494万元，2008年为40.85亿元，增长73倍；1987年，农民人均纯收入750元，2008年为3996元，增长4.3倍。1987年，人口自然增长率10.5‰，2008年为4.08‰，下降6.42个千分点。

越河镇地势平坦，南部略低，市中心环线、205国道贯穿全境，唐津、唐港两条高速公路在此交会。境内有开越路、唐钱路等主要道路，市区主干道新华道、南新道延伸至镇内。有陡河、石榴河贯穿境内。

1987年，越河镇实现工业总产值2664万元，2008年实现工业总产值67亿元，增长252倍。2008年，越河镇有规模以上工业企业17家，以钢铁、陶瓷、机械加工、焦化为主，第二产业产值占全镇总产值的90%以上。唐山兴业工贸集团有限公司1996年开始筹建炼钢厂，至2008年，已经拥有烧结、炼铁、炼钢、连铸、制氧、线材厂及110KV变电站，具备年产100万吨以上连铸坯生产能力，有员工3500人。唐山华丽陶瓷有限公司始建于1973年，有员工1000多名，主要从事卫生洁具及配件的生产。公司先后被授予“国家二级企业”“国家建材局优质产品”“中国建筑卫生陶瓷知名品牌”“河北省著名商标”“河北省名牌产品”“河北省守合同、重信用企业”和“国际认证联盟管理优秀奖”等多项荣誉，并通过ISO9001认证、2008质量管理体系认证、中国节水产品认证、韩国KS标志产品认证、澳大利亚AS标志产品认证、美国cUPC标志产品认证、欧洲CE安全标志产品认证，产品全部出口30多个国家和地区。

1987年，越河镇粮田面积2.96万亩，粮食总产量1.06万吨。2008年，粮田面积2.14万亩，粮食总产量8225吨。是年，越河镇农业龙头企业唐山绿色庄园，占地189亩，采取公司+农户模式，为全镇6600多亩无公害蔬菜提供产销服务。大史马庄是传统制糖专业村，2004年，有制糖大户14家，实行联合体统一价格对外出售，年产量达到120万公斤左右。唐山市盛联物贸有限公司实行订单农业，带动农户3000户，2008年销售收入2700万元。作为特种养殖的唐山市恒信赛鸽公棚，总投资400万元，建成鸽棚48间、观察棚6间，给广大鸽友和信鸽创造良好的环境。

2008年，越河镇境内有中学1所（唐山五十八中）、小学6所、幼儿园2所。医疗机构2个，有医务人员20人，床位31张。

（四）栗园镇

栗园镇位于开平区北部、陡河水库西岸，东南与双桥镇相连，南与开平镇接壤，西接郑庄子镇，北与丰润区毗邻，东北与滦县隔河相望。镇政府距开平区政府9公里。1993年撤乡建镇，辖19个行政村。马陡路、唐津高速公路、银陡公路从镇境内穿过。全镇面积21.45平方公里，水域3.15平方公里。1987年，全镇有8297户，2.86万人；2008年，全镇9167户，2.88万人，人口自然增长率2.32‰，比1987年下降10.43个千分点。耕地面积1.58万亩，其中水浇地7125亩。1987年，农村经济总收入4227.41万元，农民人均纯收入752元。2008年，农村经济总收入27.47亿元，农民人均纯收入5384元，分别比1987年增长64倍和6倍多。

栗园镇地势平坦，土地肥沃，地下蕴藏着丰富的煤炭资源。钢铁和陶瓷是全镇的主导产业。1987年，工业总产值1467万元，2008年实现工业总产值25.68亿元，增长175倍。2008年，境内共有工业企业66家，其中，钢铁厂3家、陶瓷厂17家、耐火砖厂3家、保温砖厂1家、洗煤厂4家、制水厂2家。

1987年，栗园镇粮田面积1.63万亩，粮食总产量6120吨。2008年，粮田面积1.33万亩，粮食总产量6220吨。2008年，全镇林木面积8040亩。21世纪以来，先后在采煤塌陷区栽植白杨2万多棵、果树18万棵。2008年，全镇蔬菜大棚发展到180个，另有果树大棚20个，种植桃9000余株。

22年间，境内相继恢复和新建了栗园村和小佛头村集贸市场。各村的餐饮、美容、小商品、小工艺品店铺逐年增多。居民小区陆续建成，临街摊点相继开业。至2008年，全镇经商户已达456家，从业人员1230人。

唐山市第二十中学坐落境内，另有小学11所，幼儿园9所。2008年，全镇参加新型合作医疗的农民2.45万人，达85%以上。栗园镇卫生院建筑面积1200平方米，床位30个，有医务人员20人，全部具有卫校专科以上学历。各村设立卫生所，有持证个体医护人员15人。境内建有敬老院3所。

栗园镇历史遗迹较多。1956年，栗园村东发现十几座秦代古墓，出土平底罐、铜镜和钧窑瓷碗等文物。村西南曾发现金、元文化遗址，出土有大铁锅、龙凤四耳瓷瓶等文物。栗园的万寿庵始建于明永乐二年（1404 年），依然有一对石柱对联保存完好。截至 2008 年，境内共发现寺庙遗址 16 处。

2003 年，电信网络进入农家，2008 年全镇共有手机 7000 多部，联网用户 2800 多户。

（五）洼里镇

洼里镇地处开平区东部，东与古冶区相邻，205 国道、津唐高速及京山铁路、陡吕铁路贯穿全境，镇政府距津唐高速入口、京沈高速入口各 1 公里。京山铁路洼里货运站位于洼里镇政府对面。石榴河流经境内。2007 年 7 月撤乡设镇。全镇辖 16 个行政村，其中夏庄村为回民聚居村。2008 年底，全镇总户数 6133 户，总人口 1.97 万人；耕地 2.68 万亩，其中水浇地 6000 亩。1987 年，农村经济总收入 3825 万元，2008 年为 21.05 亿元，增长 54 倍；1987 年，农民人均纯收入 721 元，2008 年为 5113 元，增长 6 倍。1987 年，人口自然增长率为 12‰，2008 年为 0.35‰，比 1987 年下降 11.65 个千分点。

1987 年，洼里镇实现工业总产值 1290 万元，2008 年，实现工业总产值 16.42 亿元，增长 126 倍。耐火、保温材料，水泥生产是洼里镇支柱工业。2008 年，全镇共有工业企业 45 家，其中规模以上企业 4 家，耐火、保温企业 19 家，水泥厂 1 家，第二产业产值占全镇总产值的 65%。境内管辖 4 个煤矿、2 个矾土矿，煤炭年生产能力 12 万吨，矾土年产 2 万吨。

1987 年，洼里镇粮田面积 2.41 万亩，粮食总产量 6700 吨。2008 年，粮田面积 1.97 万亩，粮食总产量 7882 吨。改革开放以来，洼里镇依托夏庄回民聚集村，确定“东部发展家禽养殖，南部发展肉奶牛养殖，西部发展肉牛屠宰加工，北部发展林果特菜种植，搞好矿山资源开发利用，中间沿国道建起个体私营经济带”的经济发展格局。洼里镇充分发挥龙头企业的带动作用，大力推进农业结构调整。鹏发鸡场拥有固定资产 130 万元，年出售鸡雏 200 万 - 300 万只。2008 年，全镇奶牛规模养殖户达到 150 户，禽类规模养殖户达到 245 户，肉、蛋、奶产量分别达 3168 吨、740 吨和 1.16 万吨，畜牧养殖业产值在大农业中所占比例达到 81%。

洼里镇以开发商业街建设为切入点，推动第三产业的发展。2008 年，205 国道洼里段商业街共有餐饮、商贸、运输、配载等服务业 106 家，以集贸市场、牛羊交易市场为主导的三产经济带辐射作用明显增强，三产在整个经济中的比重有所提高。回民饭店是洼里镇商业街一道亮丽的风景，“王连明肉饼”闻名遐迩，许多远道的客人慕名而来。境内周桥、夏庄两个集贸市场，年交易额 5000 多万元。

2008 年，镇内有中学（唐山市第十八中学）1 所、小学 7 所、幼儿园 4 所。全镇农民新型合作医疗参合率达 85%。镇卫生院有医务人员 19 人，25 个床位。有证个体行医户 51 人。回民聚集村——夏庄村，有享誉京东的夏庄清真寺。该村自 2001 年举办“民族团结杯”篮球邀请赛，至 2008 年已举办 5 届赛事，是开平群众体育活动的一大亮点。

（六）双桥镇

双桥镇坐落在开平区北部的燕山余脉，陡河水库东侧，北与滦县接壤，东与古冶区毗邻，南与洼里镇、开平镇相连。镇政府所在地距开平区政府 10 公里。2007 年 7 月撤乡设镇，辖 12 个行政村。境内主要有唐榛公路、京沈高速公路。全镇总面积 53.46 平方公里，其中山地 18.38 平方公里，水域 12.46 平方公里，素有“五山四水一分田”之说。1987 年，全镇有 3645 户，1.45 万人；2008 年底，全镇总户数 4387 户，总人口 1.5 万人；耕地 6849 亩，其中水浇地 500 亩。1987 年，农村经济总收入 1909 万元，2008 年 13.37 亿元，增长 70 倍。1987 年，农民人均纯收入 946 元，2008 年 4450 元，增长 5 倍。1987 年，人口自然增长率为 14‰，2008 年 1.37‰，下降 12.63 个千分点。

双桥镇地下蕴藏煤炭、矾土、石灰石等矿产资源。1987 年，全镇实现工业总产值 1576 万元。第二产业产值占全镇总产值的 60%，煤炭是全镇的主导产业。1987 年，共有大小煤矿 16 个，后经改制、整合为 11 个。2005 年，又投入民间资本 400 万元兴建大型洗煤厂，进行煤炭深加工，延长了煤炭生产的产业链。还利用境内陶土、矾土发展保温砖生产。截至 2008 年，共有工业企业 122 家，规模以上企业 6

家，其中有耐火保温厂27家，形成了耐火工业园区。镇内石灰石储量丰富、品位高，全镇有采石场36家、水泥厂2家、石灰窑15家。2008年，实现工业总产值21.91亿元，比1987年增长139倍。

双桥镇根据山地多、耕地少的特点，20世纪80年代初，依托昌黎果树研究所，利用荒山荒沟发展果品生产。1987年，全镇各类果树5.6万株，其中苹果树4万多株。果树最多的10个村果树面积1800亩，年果品产量200吨。果品收入超过种植粮食的收入，成为农民致富的重要途径。鼓励农户发展庭院经济，在庭院内栽植葡萄。1988年，全镇庭院葡萄达1万多株。镇政府还指导张家庄、鞠家岭、安家庄3个村围绕街道、村庄周围栽植柿子树。1999年，镇成立“绿源科技开发有限公司”，引进冬梨枣苗木4万多株，对部分果园进行更新换代，同时又开发荒山荒地1500亩发展林果。并利用水面开发坑塘养鱼1600多亩，利用荒山放养牛、柴鸡、兔，为市场提供绿色鲜活农产品。1987年，全镇粮田面积5327亩，粮食总产量2355吨。2008年，粮田面积3500亩，粮食总产量1002吨。

第三产业是双桥镇新的经济增长点。1987年开始，冶里村、唐家庄、安家庄先后建立集贸市场。各村的餐饮、服务业逐年增多，临街的各种摊点相继开业。至2008年，全镇个体工商户已达519家，从业人数5300人。1998年，经省民政厅批准，兴建唐山市第二家标准公墓——巍山公墓。一期工程投资300万元，2006年又投资500万元对公墓进行了整体扩建，开发墓位5000多个。截至2008年，公墓累计营业额达3000万元。

境内有中学1所（唐山市第六十中学）、小学4所、幼儿园4所，学校总建筑面积1.26万平方米。2005年，新建占地5.6亩、建筑面积1200平方米、配备先进医疗设备的镇卫生院。2008年，卫生院有医务人员13人，25张床位。各村设立卫生所，有证个体行医者37人。2008年，全镇新型合作医疗参合率达90%以上。1994年，孙家庄发现辽代石函棺，截至到2008年，境内共发现商周、战汉古文化遗址6处，重要寺庙遗址2处。镇设文化站。2006－2008年，又投资3万多元，陆续在3个村建立文化健身场所。1991年，举办首届双桥镇农民运动会。是年，被评为“河北省体育先进乡”。双桥镇村村通油路，各村建沼气池270个，1990年，程控电话进入农家，到2008年全镇共有手机3000多部。

1987年、2008年开平区各镇基本情况表

表1－7

镇名称	1987年						2008年					
	乡村户数（户）	乡村人口（人）	人口自然增长率（‰）	耕地（亩）	水浇地（亩）	粮食总产量（吨）	乡村户数（户）	乡村人口（人）	人口自然增长率（‰）	耕地（亩）	水浇地（亩）	粮食总产量（吨）
开平镇	12382	40933	16	16240	8643	5858	17159	51439	－1.48	41702	6050	13838
郑庄子镇	5596	19944	14.3	26097	18820	8745	9396	27324	0.94	24836	20000	7619
越河镇	7818	24468	10.5	39465	22226	10555	8114	25641	4.08	35325	21483	8225
栗园镇	8297	28585	12.75	23170	10314	6120	9106	26260	2.32	15837	7125	6220
洼里镇	5383	19713	12	29525	7913	6700	6133	19715	0.35	26805	6000	7882
双桥镇	3645	14475	14	6967	3391	2355	4387	14993	1.37	6849	500	1002

三、街道

（一）开平街道

开平街道位于205国道北侧，西邻路北区，北与开平镇交界，东与洼里镇相连，原属开平镇，1994

年11月成立，为开平区委、区政府所在地。辖区面积4平方公里，下设20个居委会，居民8601户、2.29万人。2002年，经开平区民政局批准，居委会合并改建为5个社区、8个居委会。2008年，辖区居民总计9014户、17159人。居民以汉族为主，回族次之，另有少量满族和壮族。东新苑社区位于205国道以北，马家沟矿铁路以南，占地约1平方公里，成立于2001年10月。2008年，社区辖54栋住宅楼和64栋别墅，2470户，总人口6000余人。政府投资60万元，将原社区服务中心改扩建成社区市民中心，建筑面积800平方米。2005年7月，组建成立社区党委，下设5个党支部。为打造“亲情服务型”特色社区，使广大居民参与社区建设，社区建有以党员为骨干、居民广泛参与的志愿者服务队，共计350余人。从亲情服务、安全巡防、文化宣传、民事调解、卫生整治等方面满足居民的服务需求。东新苑社区2006年成立残疾人康复活动中心，引导广大残疾人树立自尊、自信、自强、自立的决心，积极参与社会生活。并针对社区空巢老人日益增多的现状，开展“空巢行动”，为空巢老人解决生活上的困难。为活跃居民的文化生活、满足居民的健身需求，社区在东游园添置健身器材70多件，组建秧歌队、舞蹈队、合唱队、戏曲队，并经常举办文艺演出和体育比赛。东新苑社区先后被评为省市级文明社区、市级诚信平安社区、市级党建示范社区、市级先进基层党组织和市最具幸福感社区等荣誉称号。

丰富多彩的社区居民文化生活

1994年，街道集体企业有唐山市缸窑耐火材料厂、唐山市石城墙地砖厂、唐山市冀东墙地砖厂、唐山市开平区第四建筑安装工程公司、开平综合修配社、开平五金土产总店、第五轧钢厂、唐山市金达耐火材料厂、唐山市开平建安耐火材料厂等9家。当年完成产值约780万元，实现利润230万元。开平五金土产总店等6家企业于2000年5月至2001年1月先后整体出售，1家破产还债。2001年5月，开平综合修配社拆迁，2002年改制。2008年，街道有企业3家，完成工业产值731万元，工业增加值150.4万元，利税35.3万元。

开平医院位于辖区境内，另有唐山二十三中等4所学校和开平幼儿园等7所幼儿园。

（二）马家沟街道

马家沟街道坐落在开平城北，陡河南岸，唐马路横贯东西，矿西路纵穿南北，境内居民大多数是开滦马家沟矿、马家沟耐火材料厂和唐山一瓷厂、九瓷厂、福利瓷厂、釉面砖厂等企业的职工及家属。

马家沟街道始建于1956年10月，原称马路街道，因机关驻地马路街而得名。1984年，移至马砖小区境内。1993年11月，更名为马家沟街道。辖区面积1.4平方公里，设26个居委会，1992年增至28个。2002年，经开平区民政局批准，居委会合并改建为7个社区、2个居委会。2008年，辖区居民总计9014户、2.56万人。

1986年，街办企业有汽修、纸箱、缝纫、饮食、机械加工，完成产值80.2万元，实现利润2.17万元。1991－1994年，街办企业进行改制。2008年，街道境内有唐山市宏强机械厂、唐山市鑫隆建筑安装工程有限公司、开平区汽车大修厂、唐山市远东耐火材料设备厂4家私营企业。是年，实现工业总产值2510万元、工业增加值602.4万元、利税100.3万元。

辖区内有唐山四十六中、开平区综合职校、唐马路小学等7所学校，开平二幼等3所幼儿园，另有医院2所、社区卫生服务中心1个、市属企业2家。

（三）税务庄街道

税务庄街道地处唐山市东出口立交桥南侧，北临205国道，东与越河镇相连，辖区面积3.76平方公里。境内交通便利，南有唐津高速，东有外环路，为商业流通旺地，素有唐山“东大门”之称。

税务庄街道于1982年1月由唐山市革命委员会批准建立，属路南区管辖。1987年，全境新组建17个居委会，居委会总数达到27个。1991年7月和1992年1月，经上级批准，自来水工房居委会和唐钢7个居委会改建家委会，新建税钢五家委会，至此全境共辖28个居（家）委会。1992年11月，唐山市人民政府决定将税务庄街道划归开平区管辖，将唐古路以西的晨光楼居委会、自来水工房家委会划归路北区文北街道。1993年全境共有居（家）委会26个。2002年，经开平区民政局批准，居委会合并改建为4个社区，即税东社区、唐钢社区、唐钱社区、河联社区。2008年，辖区居民总计8597户，18505人；有中学1所，即税东中学；小学3所，即唐钱楼小学、税钢小学、河联小学；幼儿园4所，即开平三幼、博文幼儿园、税钢幼儿园、河联幼儿园。

1987年，街道集体企业有汽修、农机、饮食、加工、幼儿园，完成产值170万元，实现利润22.67万元。1991－1994年，街道工业企业进行改制。2008年，街道境内有河东农业机械加工厂和永兴铸造厂两家私营企业。年实现工业总产值813万元，工业增加值234万元，利税50.3万元。

（四）荆各庄街道

荆各庄街道地处开平区北部，东距陡河水库3公里，南距茅草营村1.5公里，西距大佛头村0.5公里，北靠陡河发电厂，面积2.5平方公里。1979年成立的荆各庄矿居民委员会隶属于路北区。1986年2月，经河北省政府批准成立荆各庄街道，1992年隶属开平区人民政府，下辖荆各庄矿居委会。2008年，辖区总人口7336人，人口自然增长率0.27‰。

辖区内有幼儿园1所，在园幼儿360人，专任教师20人；小学1所，在校学生700人，专任教师54人。有一级医疗卫生机构1个，门诊部（所）4个；有床位60张，执业医师36人，执业助理医师24人，注册护士18人。境内有室外体育场1个，看台设座椅85张。

（五）陡电街道

陡电街道地处开平区北部，东至陡河水库，南邻栗园村，西与郑家庄接壤，北与陡河发电厂相望，面积1.1平方公里。1973年，陡河发电厂建厂，1975年，成立陡电居民委员会，隶属于路北区。1993年2月，经河北省政府批准成立陡电街道，隶属开平区人民政府，下辖陡电社区居民委员会。

2008年底，辖区总人口3820人，人口自然增长率－0.1‰。

陡电小学和唐山市第三医院分院位于辖区境内，另有社区文化活动中心1处，图书室藏书3万多册。

第二章　辖区环境

开平区位于燕山沉降带，地质构造复杂，地层依次为中上元古界长城系、蓟县系、古生界寒武系、奥陶系、石炭系、二叠系、新生界第四系。地势北高南低，中部隆起。属东部季风温带滨海半湿润气候，四季分明。河流有陡河、石榴河、青龙河，土地资源丰富，褐土占耕地总面积98.02%，其中，稳产产高产田面积近半。植被以杨树分布最广，其次为柳、槐。老鼠、家燕、麻雀、喜鹊为常见动物。由于地表水污染，地下水位下降，水资源匮乏。境内矿产资源较为丰富，已发现矿产资源13种，以煤炭、溶剂灰岩、水泥用灰岩为主。

第一节　地质地貌

一、地质

开平区地质构造以寒武系、奥陶系石灰岩为主，岩面凹凸，形成开平向斜带和碑子院背斜带，中间分布褶皱和断层。

在古生界以前，辖区曾有多次地壳构造运动，其中五台运动和吕梁运动最为强烈。两次构造运动，使地壳发生了重大变化。地壳震荡，时升时降，海水时退时进，沉积海陆相间的地层。在海西运动等地壳运动的影响下，沉积形成开平煤田。燕山运动使太行山地区不断上升，并产生了一些北东、南西走向的断裂和褶皱，岩层大多向东和东南倾斜，形成单斜构造。

（一）地层

开平区地层由老到新依次为中上元古界长城系、蓟县系，古生界寒武系、奥陶系、石炭系、二叠系，新生界第四系。

中上元古界

长城系高于庄组　以中厚层含燧石条带、结核的硅质白云岩为主夹叠层石白云岩、薄层白云岩、砂岩等。

蓟县系杨庄组　上部紫色白云质泥灰岩夹燧石白云岩，下部紫色－灰白色粘土质白云岩，底部鲕状硅质白云岩。

蓟县系雾迷山组　岩性以灰色燧石条带白云岩间夹白云质泥灰岩，顶部为巨厚层白云岩，底部为燧石条带及沥青质白云岩。

古生界

寒武系　底部为厚层、巨厚层豹皮状灰岩（工业石灰岩赋存层位），中下部以紫色泥页岩为主，中部至上部为鲕状灰岩、竹叶状灰岩、薄层泥质条带灰岩等。

奥陶系　只发育下统和中统。下部为中厚层、厚层灰岩（工业石灰岩赋存层位），中上部以含燧石结核白云质灰岩、泥质条纹灰岩为主。

石炭系　只发育中上统。岩性以深灰色粉砂岩和浅灰色泥岩为主，下部夹泥质灰岩、铝土质泥岩，上部含煤2－3层。

二叠系　下部以深灰色粉砂岩和浅灰色中粗粒砂岩为主，含煤3－5层及铝土矿一层；上部则为中粗粒砂岩、砾岩、含砾粗砂岩、细砂岩及粉砂岩等。

新生界

第四系　辖区地处滦河中期冲洪积扇的中部，区域内有巍山、高山、长山、尖山以南地表被第四系覆盖。厚度由北向南逐渐增加，由几米至300米，可分为下更新统、中更新统、上更新统、全新统。

（二）构造

开平区地处中朝准地台燕山台褶带马兰峪复式背斜开滦台凹东部。燕山运动奠定了区域构造格局，塑成区域的主要构造骨架。

区内褶皱构造主要为开平向斜及其次级构造。断裂构造主要是唐山断裂、陡河断裂。

开平向斜为一隐伏的大型不对称向斜，地表大部被第四系所覆盖。向斜总体走向北东—南西，北东端翘起，向南西倾伏；两翼产状不对称，北西翼较陡，构造复杂，岩层倾角一般大于45°，局部直立或倒转；南东翼较缓，构造简单。向斜最大宽度约20公里，已知长度大于50公里。轴部由含煤的石炭二叠系组成，石炭二叠系之外在北翼山区依次有奥陶系、寒武系、蓟县系、长城系出露。

唐山断裂　北起古冶区赵各庄西，南至安机寨，长约30公里，走向25°－35°，倾向北西，倾角70°－80°是高角度逆断层，为唐山断块隆起带东部边界。该断裂位于辖区西北，为区域性主要活动断裂。

陡河断裂　北起陡河水库，经唐山市区，南到丰南区，长约35公里，总体走向NE30°－40°，倾向NW，倾角70°－80°的高角度正断层，该断裂在第四纪前曾频繁活动，全新世以来未见活动。

开平区地处华北地震区唐山－河间地震带的唐山地震带，地质构造复杂，大小不一的断裂构造活动频繁，为地震多发区。历史上曾发生过6－6.9级地震11次，7－7.9级地震4次。

1976年7月28日发生唐山7.8级地震，开平区地震基本烈度为10度。

二、地貌

开平区属冀东滦河（近期陡河）洪冲积扇堆积而成的山麓平原的中部，全区地貌为丘陵、平原、洼地依次北南分布，分别占总面积的18%、75%和7%，南北地面海拔高差约50米。

（一）山麓平原

双桥镇的燕山丘陵区山麓以南，中部隆起带的后屯和开平镇的浅丘两侧，均为洪冲积扇连接而成的山麓平原；西至郑庄子镇，东到石榴河，南抵越河镇，占全区面积的41%。海拔高度一般在50米以下，坡降为1.5%。其中由梁各庄、刘家洼汇集到李各庄一带，呈狭条分布，季节性积水，适宜栽植水稻；越河一带河流两岸相对低洼，积水期长，易有内涝。

（二）冲积平原

系滦河冲积平原，分布洼里镇和越河镇的东部。

（三）丘陵

主要在双桥镇、洼里镇和开平镇的北部，与平原没有明显界限，相对高度在50至200米之间。

（四）塌陷洼地

由于煤矿积年开采，地层渐空，局部范围自然沉陷，形成的人工地貌。

（五）河流

区内主要河流大体为北南流向，陡河由双桥镇流经陡河水库和路北区、路南区后，从女织寨乡进入丰南区。石榴河经洼里镇、开平镇，从越河镇西王盼庄汇入陡河。青龙河流经果园乡和梁家屯乡，进入丰南区。

（六）山峰

区内山峰均系燕山余脉，海拔100米以上的13座，其中200米以上的5座，有12座分布在双桥镇。高山主峰海拔296.6米，为全区最高峰。

第二节　气象·水文

一、气象

开平区属东部季风暖温带滨海半湿润气候，四季分明，雨热同季，季风显著。四季的特点是：春季短促，干旱风沙盛行；夏季炎热多雨，时有冰雹发生；秋季最短，天空晴朗，冷暖适中；冬季较长，寒冷，干燥多风。

（一）气象要素

日照

开平区日照充足，全年日照总时数2654.1小时，历年日照百分率为68%，属北方长日照地区。其中5月份最多为288.4小时，12月份最少，为171.2小时。大田作物生长季节的5－8月份，日平均日照时数7.5小时，对春播短日照作物玉米、水稻、谷子和夏菜较为适宜。3－5月份为早春菜和长日照作物小麦的生长盛期，平均每天日照时数为7.7－9.6小时。

辐射

境内太阳辐射年总量为121.588千卡/平方厘米，生理辐射年总量为51.19千卡/平方厘米，生理辐射总量相当于太阳辐射年总量的49%。从太阳辐射年变化看，开平区4－6月份空气干燥，大气透明度好，云量少，日照射时数多，因而辐射量高，日平均为453卡/平方厘米。有利于小麦等夏熟作物光合作用，对春播作物苗期生长有利。7－8月份雨季，大气透明度低，云量多，日照时数少，日辐射量在388卡/平方厘米左右，对大秋作物的光合效能不利，是增产的障碍性因素。

气温

境内常年平均气温为11.2℃，1月最冷，平均气温－5.4℃，极端最低气温－24.8℃，7月最热，平均气温25.6℃，极端最高气温39.6℃。随着工业化的加速，城镇化的加快，特别是地球温室效应的影响，气温总的趋势是略有升高。气温季节变化的特点是：春、秋变化大于冬、夏，秋温高于春温，且春温升温较慢，秋温降速较快。

霜期

境内平均无霜期为183天，最长202天，最短162天，80%保证率为173天。平均初霜期在10月18日，最早在10月2日，最晚在10月30日；终霜期最早在4月3日，最晚在4月28日，平均结束日期为4月18日。由于霜期长短与霜期早晚之间的差幅都很明显，对喜温作物和晚熟作物的影响较大。各界限温度的积温，均按90%保证率为≥0℃，始于3月3－8日，终于11月19－28日，持续257－270天。90%保证率250天，积温为4483.6℃。≥15℃，始于5月11日，终于9月25日，持续168天，积温3570.8℃。≥20℃，始于5月底6月初，终于9月上中旬，持续为90－110天，积温为2552℃。负积温年平均为－386.6℃。

湿度与蒸发

本区相对湿度年平均60%左右。夏季湿度最大，7、8两月平均相对湿度达80%左右，冬季湿度最小，12月至次年1月，一般为45%－50%。年内湿度最小出现在冬春季，相对湿度可达零。一日中相对湿度最大值通常出现在日出前，最小值出现在午后2－3点。蒸发量一般年为1600－1800毫米，约为降水量的2－3倍。一年中5、6月蒸发量最大，月均蒸发量220－320毫米，1月最小，平均30－50毫米。

风向风速

境内风向变化有明显的季节性，冬季多为西风和西北风；春季以偏东风为主，春末西南风逐渐增多；夏季多西南风和东南风，后转为偏东风为主；秋季以偏西风为主。全年风频率以8－11月最大，最多风向为东风，频率8%；其次是西风，频率7%。全年大风日数平均9－14天。春季大风日数占全年大风一半左右，夏秋两季较少。风速年平均2.5米/秒，极端最大风速（10级）25米/秒。平原风速较大，丘陵山区较小，年平均风速1.9－3.6米/秒。春季最大，冬季次之，夏、秋季两季相近，月平均风速2－3米/秒。风速日变化，一般白天大于夜晚，中午前后最大。

（二）物候

春季　初春，土壤表面开始日消夜冻，冬小麦开始返青，大雁从南方飞来，时间大约在3月4日－25日。仲春，榆蕾如豆，杏树开始开花，霜雪终止，大体时间在3月20日－4月13日。季春，桃花开，青蛙开始鸣叫，春燕飞来，时间大体在4月15日－5月4日。

夏季　初夏，冬小麦抽穗扬花，布谷鸟鸣叫，枣、槐开花，时间大约在5月5日－30日。仲夏，冬小麦开始黄熟，棉花吐蕾开花，蝉开始鸣叫，时间大体在6月5日－25日。季夏，蟋蟀开始鸣叫，谷子成熟，芦苇杨花，时间大体在7月25日－8月31日。

秋季　初秋，棉花吐絮，狗尾草开始发黄，花生成熟，时间大体在9月5日－25日。仲秋，野菊开花，冬小麦出苗，臭椿树始落叶，时间大体在9月25日－10月15日。季秋，初霜开始，大雁南飞，洋槐始落叶，时间大体在10月15日－25日。

冬季　初冬，枣树叶、臭椿树叶落尽，北京杨叶落，时间大体在10月25日－11月15日。隆冬，土壤开始冻结，北京杨叶、柳树叶落尽，开始降雪，大体时间在11月15日至翌年1月5日。

二、水文

水库

陡河水库位于双桥镇境内，是一座具有防洪、灌溉、供水等综合效益的大型水利枢纽工程。其控制流域面积530平方公里，原设计总库容2.08亿立方米。工程于1955年兴建，1956年建成并拦洪蓄水，1971年10月完成扩建，总库容3.37亿立方米。1974年，根据兴建陡河发电厂需要，坝长由5930米增为6115米。1977年5月完成震毁修复工程。1989年11月完成提高保坝标准工程，坝顶高程达到44米，防浪墙高程达到45.3米，总库容5.152亿立方米。

陡河水库大坝

工程由大坝、输水洞、溢洪道等建筑物组成。大坝分为主坝和副坝，均为土坝。主坝全长1700米，坝顶宽5米。最大坝高25米，坝顶筑有高1.3米防浪墙和照明设施。主坝西北侧接筑副坝，坝长5664米，最大坝高13.5米。主坝左侧设溢洪道，为开敞式使用堰，堰顶高程34米，最大泄量1190立方米/秒。输水洞位于主坝左侧，型式为钢筋混凝土压力圆洞，平板钢闸门，最大泄量150立方米/秒。

水库建成以来，消除了陡河水患，至2003年共拦蓄18次致灾洪水，保证了下游尤其是唐山市区人民生命财产安全和工农业生产的正常进行。1959年后兴利供水，并于70年代建设以水库作为冷却水源的陡河发电厂。1984年引滦入唐工程建成通水，陡河水库成为唐山市工农业用水的终端调节枢纽工程。1989年开始供城市居民生活用水，成为唐山市区饮水水源地，每年为下游丰南陡河灌区调节农业用水1.5亿立方米，灌溉面积34万亩，为陡河电厂、唐山发电总厂、唐山碱厂、唐山钢铁公司等一批国有大型企业用水提供可靠的保障；年供陡河电厂循环水11.33亿立方米，消耗水0.15亿立方米，供市区居民用水0.53亿立方米，远期引水量1.8亿立方米。作为曹妃甸工业区主水源地，曹妃甸输水工程于2006年10月在陡河水库凤山北侧开工，时任河北省委书记白克明参加开工典礼。该工程分取水、输水、净水及配水四大工程，年供水8200万立方米。

陡河水库位于燕山南部的山地丘陵区，东部的凤山、巍山、高山、长山等山，高程在200－250米之间，构成了三面高山屏障，一面平原的地貌特点。陡河水库依凤山而建，在凤山上凿石挖坑栽种500多亩松柏。20世纪80年代，树木已长大成林，形成了山清水秀的自然风光。此后在凤山建造了具有园林特色的亭、塔、阁、牌楼等仿古建筑，成为唐山市近郊最具吸引力的风景区。1995年2月，唐山市人大常委会颁布实施《唐山市陡河水库生活饮用水水源保护区污染防治管理条例》，正式确定陡河水库为唐山市区居民的生活用水水源地，并立法予以保护，至此停止旅游活动。加强水源保护，保护库区水质达到国家规定的饮用标准，成为陡河水库管理的一项重要职责。1999年，市政府组织公安、交通、环保、林业、水利等部门及库周县、区政府，取缔库区养鱼网箱1080个、围栏2400亩，并全面禁止群众自发性的旅游活动。投资加大水环境治理力度，到2003年，库区植树2万余株，种植草坪300亩，查处违法污染水源案件170余件，使库区水源达到国家二级水质标准。根据水库功能，把治理库区上游水土流失与生态环境综合治理有机结合起来。1987年后，加大对库区上游水土流失综合治理力度，坚持预防为主，防治结合，开发性治理和可持续发展的原则，以重点水土流失区、重点水系为依托，以小流域为单元，因地制宜，因害设防，山、水、林、田、路统一规划，整体推进水土保持工作。通过水土流失治理，使当地生态环境和生产条件得到很大改善，群众生活水平明显提高。库区环境的逐步改善，形成了独具特色的自然小气候。不仅山林郁郁葱葱，库区内还吸引了野鸭、天鹅、鸳鸯、鹤、白鹭等多种珍禽到此栖息。

河流

陡河　是境内最大的河流，发源于燕山余脉南侧，流经迁安、丰润、滦县入陡河水库，出泄洪闸向南流经开平区双桥镇的冶里村、徐庄子村，开平镇的后屯村、后陡河村、前陡河村、中屈庄村，至河北桥入路北区，过胜利桥经路南区再入开平区，在西王盼庄村与石榴河相汇后，流入路南区。陡河纵穿全区南北，过境河段13.5公里，境内流域面积约150平方公里。河床多为黏土结构，河宽20－30米，水深0.7－2米左右，行洪能力为600立方米/秒。

石榴河　发源于古冶区水峪乡抹轴峪村北城山南，由洼里镇胶泥庄村流入开平区，经楼子庄村、洼里村、夏庄村、后营村，入开平镇的东师甲河村、西帅甲河村、欢套村、石泉庄村、石家庄村、聂各庄村，再进入越河镇的东刘屯村、康各庄村、北塔头村、西塔头村、东马各庄村、中王盼庄村，在西王盼庄村西南汇入陡河。石榴河横贯全区东西，过境河段18.75公里，河宽10－15米，境内流域面积185平方公里，积水面积93平方公里，行洪能力150立方米/秒。河床多为沙土结构，兼有黏土结构。河道首尾高差275.7米。

青龙河　从丰润区韩城方向流入开平区果园乡马驹桥村东，流经果园乡刘火新庄、河沿庄，梁家屯乡定福庄、郑各庄、刘家过道、木匠庄，在王禾庄东南出境入丰南区，过境河道13公里。沿岸村庄利用河水灌溉农田。20世纪70年代中期，因规划方田使河道变窄，最窄处仅有1.5－2.5米，有的河段处于断流状态。1992年，随着区划调整划出。

裁弯取直后的石榴河

第三节　土壤·植被·野生动物

一、土壤

开平区土壤有褐土15.65万亩，其中稳产高产土壤7.2万亩，分别占全区耕地面积的98.02%和45.09%。土壤缺氮、缺钾、富磷，养分为中下等水平。

（一）分类与分布

受地貌的影响，全区土壤有褐土、潮土两个土类，五个亚类，九个土属，十六个土种。全区土壤（耕地）总面积为15.97万亩。其中以褐土为主，面积15.65万亩，占土壤总面积的98.02%。

褐土

全区褐土有四个亚类，七个土属，十三个土种，是辖区内最大的土壤分类系统。

草甸褐土　面积 14.91 万亩，占土壤总面积的 93.38%。其中轻壤质草甸褐土 7.58 万亩，土层深厚，空隙较多，质地均匀，不沙不黏，疏松而潮湿，透水通气性好，适宜粮、油、菜作物种植。在全区六个镇均有分布。沙壤质草甸褐土面积 4.18 万亩，沙壤土质偏粗，通透性好，土壤温差较大，含水量少，容易受旱灾威胁，土壤养分偏低。

淋融褐土　分布在丘陵下部，土层较厚，是林果生产的主要用地。面积 4493 亩，占土壤总面积的 2.81%。主要分布在双桥镇、洼里镇境内。

褐土性土　在开平区只有一个土种，碳酸盐薄层多砾质褐性土分布在丘陵区的双桥镇境内，面积为 896 亩，占全区土壤总面积的 0.56%。

石灰性褐土　在开平区有两个土属，三个土种，面积 2032 亩，占全区土壤面积的 1.27%，主要分布在双桥镇的凤山以北、张庄以南的下部梯田。

潮土

开平区只有一个亚类，两个土属，三个土种，分别为沙壤质潮土、轻壤质潮土和中壤质潮土。

潮土面积 3154 亩，占土壤面积的 1.97%。潮土具有水成作用的特点，在陡河下游河旁洼地和排水沟两侧，土壤潮湿，底层土紧。潮土多为轻壤、中壤，保水肥能力强，土壤肥沃易耕作，宜种各种作物。其中沙壤质潮土 721 亩、轻壤质潮土 994 亩，分布在郑庄子镇境内，中壤质潮土 1439 亩，分布在越河镇。

（二）土质及养分含量

土壤质类

沙性土　包括沙土和沙壤土，面积 4.91 万亩，占全区土壤面积的 30.67%。特点是沙多土少，土质松散，通透性强，保水保肥能力低。宜种薯类、花生、谷子等，也可栽植果树。主要分布在开平镇、越河镇、洼里镇和栗园镇境内。

壤质土　主要是轻壤土，面积 7.25 万亩，占全区土壤面积的 45.29%。特点是兼有沙土和黏土的优点，通透性、持水性好，保水保肥力较强。适宜种值小麦、玉米、高粱、大豆、棉花和蔬菜。六个镇皆有分布，以京山铁路线两侧为主。

黏性土　面积 3.57 万亩，占全区土壤面积的 22.30%。特点是质地偏黏，通透性差，降水和灌溉渗水速度慢。土温低，不耐涝，保肥保水能力强。适宜种小麦、蔬菜，低洼地适种水稻。主要分布在越河镇、洼里镇、双桥镇。

砾石土和沙土　面积 2785 亩，占全区土壤面积的 1.74%。其特点是通透性强、不保水，肥力不足。主要分布在双桥镇的丘陵地带。

养分含量

有机质 2.3%，三级；全氮 0.118%，三级；有效磷 79ppm，一级；速效钾 120ppm，三级；土壤酸碱度为中性，pH 值范围在 6－8。北部偏酸，南部偏碱，属于缺氮、富磷、缺钾，土壤养分为中下等水平。

养分与质地组成有明显的规律性，土壤质地黏粒增多，养分也逐渐增多

（三）土壤改良

全区稳产高产耕地面积约为 7.2 万亩，占耕地总面积的 45.09%。其土壤类型多为壤质草甸褐土，复种指数较高，一般为二年三熟或一年二熟。适种多种作物，但地力消耗较大。为保持土壤肥力，各乡镇采取多种培肥途径。发展路网、渠网防护林，在护路、护渠的同时，也使网内农田受益。在陡河、石榴河两岸和塌陷坑、池塘、冲沟、旱溪周边造林，既起到护岸、护坑、护沟的作用，也防止对耕地的蚕

食和肥力的流失。推广管灌、滴灌、微灌等节水技术和因地而异的配方施肥，保证稳产高产田的可持续利用。

郑庄子镇和栗园镇境内有红河质土壤4.11万亩，占全区耕地面积的25.73%。由于土壤中含有大量红沙黏粒，有机质少，胶体性能差，氮、磷等主要营养元素缺乏，结构不良，土质黏重板结，不耐旱，作物产量低。为了增强土壤保水保肥能力，农业技术人员指导农民采取秸秆还田、增施人畜粪便、沤制绿肥等方法，增加土壤有机肥含量，改变土壤结构。在没有灌溉条件的地块，种植耐旱又耐瘠薄的花生、甘薯、谷子等作物。同时采用薄膜覆盖保墒，创造较好的生长条件，提高作物产量。

双桥镇和洼里镇境内有丘陵坡地4.66万亩，土壤瘠薄粗糙，既不耐旱也不耐涝，作物产量低而不稳。两镇组织农民因地制宜，兴修梯田、拦坡蓄水、造林种草等农、林、水结合，山、水、田兼治，收到坡地稳产的效果。

二、植被

乔木

杨树　是开平区分布最广的树种。主要包括毛白杨、欧美107、108杨、中林46杨、84K杨等。毛白杨又称大叶杨或响杨，为乡土树种。各乡镇作为村庄绿化行道树、农田林网的主要造林树种。2001年，开始实施京沈、唐津、唐港高速公路绿色通道工程，引进栽植三倍体毛白杨、雄株毛白杨等不飞絮优良品种，不再栽植飞絮的雌株毛白杨。毛白杨主要分布于高速公路两侧绿色通道及开平城西、城南环城林。欧美107、108杨是优良的速生杨新品种，在2003年实施的退耕还林工程中得到大面积推广，各镇村均有分布。

柳树　主要有旱柳（河柳）、簸箕柳（垂柳）、金丝垂柳等品种。全区潮湿地带与河流两岸多有分布。簸箕柳、金丝垂柳多栽植公园、水库、娱乐场所周围。

槐树　有国槐、刺槐、香花槐三种。国槐变种龙爪槐，园林及村镇街道两侧中多有栽植。刺槐又名洋槐，因其成材迅速，木质坚硬，适应性强，全区分布最广，主要片林在开平镇赵庄北山林场、陡河水库西北岸边、鞠家岭村北等地。香花槐又名富贵树，观赏性强，在园林绿化中多有栽植。

油松　常绿乔木，多在北部丘陵山区栽植，在通道两侧、园林绿化中作为点缀树种。

侧柏　常绿乔木，是阴坡造林的优良树种，在北部丘陵山区多有栽植。

法桐　落叶乔木，具有吸收有害气体、隔离噪音能力，在街道、广场、校园、村镇栽植广泛。

银杏　多用于园林、行道、公路的绿化和田间林网、防风林带。

臭椿　春季嫩叶紫红，秋季红果满树，是良好的观赏树和行道树。在工厂、矿区、农村庭院有零星分布。

香椿　多在庭院栽植。

云杉　树冠呈圆锥形，喜阳光，耐严寒，分布于公园、水库等处。

白蜡　又称青榔木，形体美观，多栽植于路旁。

合欢　俗称绒花树，花似绒毛，气味芳香，多在公园、庭院内零星栽植。

桑树　庭院周围零星栽植。

灌木

紫穗槐　适应性强，耐旱涝，是保土固沙的优良树种，全区各地多有栽植。

酸枣　野生乡土树种，多分布于北部丘陵山区。

草本植物

草本植物有禾本科草与蒿类等，主要分布于田间地头、河流沿岸、沟渠两侧及北部丘陵荒山荒坡。

果树

果树有苹果、梨、桃、杏、樱桃、枣、核桃、柿子、山楂等。鲜果类多分布在平原地区，干果类多分布于北部丘陵山区，柿子多在庭院内零星栽植。

三、野生动物

兽类

野兔 活动于田间、荒山荒地，20世纪80年代以后，因人为捕杀、环境恶化，呈逐年减少趋势。

黄鼬 俗称“黄鼠狼”，数量稀少。

老鼠 随着创建卫生城灭鼠活动的开展，数量有所减少。

蝙蝠 已不多见。

刺猬 对农业有益，境内可见。

鸟类

天鹅 曾落于北部陡河水库、北湖周边湿地。

大雁 曾落于北部山区草地。

家燕 于屋檐筑巢，农村多见。

野鸭 境内水库、坑塘可见“大红腿”“大白脖”“小秋鸭”等品种。

鸢（老鹰） 境内偶见。

猫头鹰 夜晚林中可见。

啄木鸟 境内树林中可见。

布谷鸟 麦熟时节可见。

乌鸦 已少见。

喜鹊 较常见。

麻雀 分布较广。

爬行类

蛇 多为无毒蛇。在丘陵、山地、农田、宅院等处栖息。

蜥蜴 俗称“四车子”，在干旱沙壤地可见。

壁虎 在屋檐常见。

两栖类

青蛙 在坑塘常见，因施农药、人工捕杀，数量逐年减少。

蟾蜍 在坑塘、低洼地带常见。

第四节 自然资源

一、土地资源

据1992年3月结束的“土地利用现状调查”，开平区土地总面积52.65万亩；耕地19.65万亩，其中水田7140亩、水浇地7.43万亩、旱地8.94万亩；菜地6930亩、园地4735亩；林地1.05万亩；居民点及工矿用地7.95万亩，交通用地2.02万亩；水域3.96万亩；未利用土地4.21万亩，其中荒草地8069亩、田坎7900亩、其他2.61万亩。

工业用地和城镇化非农占地尤其是建设占地越来越多，耕地逐年减少。2000－2007年，耕地面积减少6405亩。

据2009年10月31日为标准时点的第二次土地利用现状调查，开平区土地总面积37.32万亩。农用地19.74万亩，占土地总面积的52.91%。其中，耕地14.40万亩，占土地总面积的38.58%；园地5644亩，占土地总面积的1.51%；林地2.72万亩，占土地总面积的7.29%；其他农用地2.06万亩，占土地总面积的5.53%。建设用地15.96万亩，占土地总面积的42.77%。其中，城镇建设用地2.25万亩，占土地总面积的6.03%；农村居民点8.20万亩，占土地总面积的21.97%；采矿用地1.82万亩，占土地总面积的4.87%；交通水利用地3.53万亩，占土地总面积的9.47%；其他建设用地1646亩，占土地总面积的0.44%；其他土地1.61万亩，占土地总面积的4.31%。

二、水资源

大气降水　据区水务局1987－2008年雨量资料统计分析，22年平均降水量473.6毫米，产水量292万立方米，其中最大降水年份（1988年）810.6毫米、最小降水年份（2002年）219.9毫米，年内降水多集中在6－9月份，降水利用率较低。

地表径流　陡河年平均径流量0.93亿立方米，开平区境内陡河段建有陡河水库，总库容5.15亿立方米，为下游平均年供水量6.23亿立方米。石榴河年平均径流量1885万立方米，枯水年径流量为610万立方米，20世纪80年代，由于开平化工厂、合成化工厂工业废水排放，中下游严重污染，造成生物灭绝，完全失去用水价值。

地下水　境内地下基岩以寒武纪、奥陶纪的石灰岩为主，岩面凹凸，有裂隙和溶洞，岩缝中储藏着丰富的地下水。据水利部门测算，境内地下水总储量为0.432亿立方米，其中降水渗入水量年均为0.411亿立方米，中等干旱年为0.331亿立方米。20世纪90年代以来，由于经济的发展，工业用水不断增加，造成地下水位下降，储量持续减少。2002年，经水务部门测算，全区水资源总量约为0.5844亿立方米（地表水约为0.2190亿立方米，地下水约为0.3654亿立方米），其中可利用水总量约为0.5490亿立方米。全区年实际缺水量为696.37万立方米，预测到2010年将缺水1189.45万立方米。水资源缺乏对开平区经济社会发展的制约将逐年加大。

水质　作为重工业城市近郊区，唐山市每年有大量工业废水和生活污水排入陡河、石榴河、青龙河，水中含有酚、氰、铬、砷、汞等污染物质，以及合成洗涤剂、油脂类等有机物和病毒、病菌，既影响居民生活用水质量，对工农业用水也造成一定影响。1987年仅铬污染面积即达14平方公里，辖区内女织寨乡南刘屯村、岳各庄、大洪桥均为重污染区，其菜田用被污染的水浇灌后，也受到严重污染。

地下水属低矿化度重碳酸盐淡水。总硬度140－400毫克/升，pH值在6.8－7.9之间，水温12－15℃，基本符合二级地下水质量标准。

三、矿产资源

境内矿产资源较为丰富，以沉积型非金属矿产为主。2008年，已发现矿产资源13种，已开发利用的有煤、耐火黏土、铝土矿、铁矾土矿、水泥灰岩、熔剂灰岩、陶瓷用白云岩、砖瓦用砂岩、水泥配料黏土等。煤炭是开平区的优势矿产，其次为工业石灰岩矿和耐火黏土矿。煤层气和地热尚未进行勘察，其余矿种多为不成规模的矿点。

煤炭　开平区已有120多年采煤的历史。全区有含煤构造3处（开平主向斜、缸窑盆地、荆各庄—刘官屯盆地），8处主要产地。其中，有开滦现已生产的3大矿井：马家沟煤矿、荆各庄煤矿、国各庄煤矿；地方国有煤矿：唐山市屈庄煤矿、唐山市东窑煤矿、唐山市印子沟煤矿、唐山市东风煤矿、唐山市刘官屯煤矿。到2010年保有储量8780.9万吨，保有基础储量1.8亿吨，保有资源量1.3亿吨，保有资源储量3.1亿吨。

开平煤田大致以主向斜轴为界，其北西翼变质程度稍低，浅部以气煤、气肥煤为主，深部以焦肥煤。1/3焦煤为主；而南东翼变质程度增高，浅部以肥煤为主，深部以焦肥煤、焦煤为主，局部可见瘦煤。荆各庄井田处于孤立盆状向斜内，变质程度最低，均属气煤。

泥炭　开平区内发现与古河床、古湖泊及牛轭湖等有关的泥炭资源矿点2处，资源储量73万吨，但目前尚未开发利用。

溶剂灰岩　溶剂灰岩分布3处：开平镇后屯、巍山西段、尖山，2010年保有储量1.8亿吨，保有资源储量3.5亿吨，保有基础储量1.9亿吨，保有资源量1.6亿吨。

水泥用灰岩　水泥用灰岩分布4处：开平小梁山、张庄－小马家峪、巍山、陡河。2010年保有资源储量506.3万吨，保有储量285万吨，保有基础储量351.3万吨，保有资源量209万吨。

铝土矿　主要分布在缸窑、开平、洼里等乡镇。2010年保有资源储量83.8万吨。

制碱用灰岩　主要分布在洼里、开平等乡镇。2010年保有储量3921.8万吨，保有基础储量4013万吨，保有资源量4216.4万吨，保有资源储量8229.4万吨。

冶金用白云岩　主要分布在开平镇后屯一带。2010年保有资源量185.6万吨。

耐火黏土　主要分布在缸窑、双桥、洼里等乡镇。2010年保有储量1019万吨，保有基础储量2349.3万吨，保有资源量1727.3万吨，保有资源储量4076.6万吨。

铁矾土　主要分布在开平、双桥等乡镇。2010年保有资源量129.2万吨。

第五节　自然灾害

一、地质灾害

开平区主要的地质灾害为地下采煤引发的地面塌陷及少量伴生地裂缝，其产生的时间与地下采煤历史基本一致。随着各煤矿开采强度的增加，生产水平的延伸，地面变形、塌陷的幅度也随之增加。除了新形成的采空塌陷区之外，大部分采空区已经稳沉。但随着个体煤矿对老矿山老采区进行回采、复采，使得原本稳沉的区域又出现新的地面变形、塌陷、裂缝等情况。1987－1989年，受开滦荆各庄矿采煤塌陷波及，郑庄子乡太平庄、马庄278户，780间民房下沉开裂，后征地157亩搬迁。1992年，受开滦唐山矿采煤塌陷波及，梁家屯乡福利锻造厂、女织寨乡砖厂、女织寨乡织布厂地面沉降，因而停产维修。1994－1996年，因开滦马家沟矿采煤波及，赵庄村159户村民房屋开裂翻建。2003年7月21日，因个体煤井采煤塌陷造成前屈庄民房开裂事件曾被中央电视台《焦点访谈》栏目，以“群众利益无小事”为题予以报道。2006年，因马家沟矿采煤塌陷波及建华东道半壁店村境内地面下沉开裂250米。

2003年以来，成立以区政府主要领导为组长的地质灾害防治领导小组，有关部门为成员，设立专门办公室，建立应急组织，组成灾情调查、抢险救灾、后勤保障、技术指导和信息联络等应急分队，配备专用车辆和抢险救灾所需工具物资等。经过周密的勘测调查，确定26个地质灾害重点监测区、点，根据变化及时完善年度《地质灾害防治方案》和《地灾防治应急预案》，为政府防灾决策提供依据。2008年，投资5万元在全区范围内开展野外地质灾害调查工作，在此基础上编制上报并由区政府转发《开平区汛期地质灾害防治方案》，作为全区地质灾害防治的指导性纲领。投资1万余元对地灾隐患区警示牌进行补充完善，在地灾重点隐患区设立警示牌53块，明确责任人。对灾害隐患区内的居民、学校、企业等发放地灾防治明白卡。坚持定期、定时检查，发现问题及时上报处理。本着综合利用的原则，加强地质灾害治理。

开平区地质灾害隐患点一览表

表1-8

隐患点位置	隐患类型	威胁对象及范围	发展趋势
开平区东风煤矿范围内	地面沉降	地面建筑	较不稳定
开平区东窑煤矿范围内	地面沉降	地面建筑	较不稳定
开滦矾土矿四号井	地面沉降	地面建筑	较不稳定
开平区屈庄煤矿	地面沉降	地面建筑	较不稳定
开平区恒源煤矿	地面沉降	地面建筑	较不稳定
开滦马家沟矿业公司西风井	地面沉降	地面建筑	不稳定
马家沟矿东开平煤矿	地面沉降	地面建筑	不稳定
鼓楼庄村西南部洼里煤矿	地面沉降	地面建筑	不稳定
陡吕铁矿	地面沉降	陡吕铁矿	较不稳定
双桥镇巍山矿北窑沟	地面沉降	农田林地	较不稳定
双桥镇七座山区域	地面沉降	山地	较不稳定
开平镇唐钢后屯石矿	地面沉降	地面建筑	较不稳定
马家沟矿业公司北墙外	地面塌陷	民房人员	不稳定
国各庄矿业公司广场东部	地面塌陷	地面建筑及输气管道	不稳定
双桥村张庄村长山	地裂缝	山地	较不稳定
鼓楼庄村中部高速公路	地裂缝	高速公路	较不稳定
鼓楼庄村西南部	地裂缝	民房30户	不稳定
开平区印子沟煤矿西南	地裂缝	输电线路农田	较不稳定
双桥煤矿二井南	地面沉降	碱厂输水管道	不稳定
栗园镇茅草营村北、于庄村西、荆各庄南部区域	地面塌陷	地表电力设施、农田	较不稳定
双桥镇蝎子岭	地裂缝	人员	不稳定
洼里镇与双桥镇结合部	地面沉降	高压输电线塔	较不稳定

二、气象灾害

开平区境内气象灾害以风雨、冰雹灾害为主。1990年8月11日，境风遭受暴风雨袭击，12个乡镇6.7万亩粮田受灾，11户房屋严重受损，折断大树1700多棵、电杆32根。1996年6月20日，境内遭受风雨冰雹袭击，全区降雨55至57毫米，风力7-8级，持续时间40多分钟。1997年夏季，全区6个乡镇普遍遭受旱灾，受灾面积6.7万亩，因灾减产粮食9.5万吨、油料268吨。2000年6月8日，全区6个乡镇遭受冰雹灾害，冰雹直径1.5-5毫米，受灾时间5-20分钟，造成5.45万亩玉米减产40%-60%，2.8万亩小麦减产5%-60%。2004年6月21日7点30分至42分，全区5个乡镇普降暴雨夹冰雹，并伴有大风，冰雹直径1-3厘米，厚度100-150毫米。受灾粮田3万亩、果树4030亩、林木116亩、经济作物1685亩、蔬菜大棚280亩，直接经济损失2783万元；越河乡冰雹持续12分钟，造成1.54万亩农田受灾，其中1.14万亩粮田绝收、3015亩小麦成片刮倒、4452亩蔬菜绝收。2006年9月上旬，境内遭受风雨灾害。9月5日，双桥乡安家庄遭受特大风雨灾害，218亩玉米减产约10.9万公斤。9月9

日傍晚，越河乡、洼里乡、栗园镇和开平镇部分村庄遭受大风袭击，其中灾情较重的越河、洼里乡受灾面积6130亩。2007年7月18日6时25分至11时，郑庄子镇遭受暴雨袭击，造成三益庄村370亩农作物和果树绝收，直接经济损失286.4万元。

三、生物灾害

开平区主要生物灾害有蚜虫、玉米钻心虫、黏虫等，由于防治及时，受灾面积和灾害程度均呈逐年下降趋势。美国白蛾20世纪90年代传入开平区，进入21世纪逐年加重。2006年全区发生美国白蛾9万余亩，其中严重面积5万亩，是最为严重的一年。为控制蔓延成灾，先后储备农药快毙、灭幼脲2吨，购置高压机动喷雾器12台，全部无偿提供各乡镇群众使用。每年投入资金10万多元，喷药防治1.5万亩，防治效果较好。

黏虫在开平区一年发生三代，主要危害玉米、花生、小麦等大田作物，由于它南北迁飞的特点，以二、三代发生较重。90年代初进行耕作制度改革，套作玉米小麦改为平作，破坏了二代黏虫的滋生环境，二代黏虫逐年减轻。1991年二代黏虫发生较重，受灾面积达5万余亩，严重地块每平方米小麦有幼虫150只，单株玉米最高有蚜虫6只。1997年，开平、越河和栗园3个乡镇发生三代黏虫，成灾面积1245亩，因灾减产粮食177吨。小麦蚜虫也是常发性的主要害虫，每年都有不同程度的发生，平均虫口密度为百株有虫3000－5000只。

第二编　人　口

1987年，开平区有人口31.65万人。1992年唐山市区划调整，人口减少到26.24万人。2008年，全区有人口24.72万人，其中非农业人口13.84万人，占全区总人口的56%。民族11个，汉族占96%以上，少数民族有回、满、朝、蒙、藏族等。

20世纪80年代以来，区委、区政府牢牢抓住计划生育基本国策，逐步纳入依法管理轨道，实现了由突击型向经常性的转变，形成综合治理的长效机制，人口稳定在低水平增长。人口自然增长率由1987年的11.47‰，下降到2008年的1.47‰。

第一章　人口总量与分布

22年间，开平区人口呈现“两少一多”趋势，即总人口、农业人口逐年减少，城镇非农业人口逐年增多。全区人口正逐渐向经济发达、交通便利的中心镇、中心村集中，人口密度亦因此发生变化。人口自然增长率不断下降，是开平区人口逐年减少的主要因素，至2008年，人口自然增长率比1987年下降10个千分点。

第一节　人口总量

一、统计（普查）人数

1987年，开平区总人口31.65万人。其中农业人口24.08万人、非农业人口7.57万人。1992年，唐山市区划变动，将果园乡、傅家屯乡、女织寨乡、梁家屯乡的12.13万人分别划归路北区和路南区，再加上划入的税务庄、荆各庄、二十二冶和陡电4个街道人口，总人口减少到26.24万人。2000年，第五次全国人口普查（以下简称“五普”）开平区人口26.64万人。1987－2003年，全区人口总量呈逐年减少趋势。随着经济的快速发展，城市化进程加快，从2004年开始，城镇居民人口逐年增加。2004－2008年，年均增加324人。2008年，全区总人口24.72万人，其中农业人口10.88万人、非农业人口13.84万人。2008年和1993年相比，总人口减少1.52万人，城镇人口增加1.57万人。

二、人口增长速度

1987年，开平区出生5211人，死亡1407人，人口自然增长率为11.47‰。1990年，全区出生5578人，死亡1765人，人口自然增长率为11.82‰，均为22年来最高的年份。1987－1995年为开平区第三次人口增长高峰期，年平均出生率为13.72‰。原因是20世纪50年代出生人口过多、过快，因而进入

80 年代后，出现了一个时间较长、人口绝对量增加较多的生育高峰期。由于加强计划生育工作，1996 年以后，人口出生率一直在 10‰以内。1998 年，出生率 7.02‰，为 22 年来出生率最低年份。2003 年人口自然增长率最低，仅为 0.17‰。2008 年，人口出生率和自然增长率平稳下降，人口自然增长率为 1.47‰，与 1987 年相比下降 10 个千分点。1987 - 2008 年，辖区人口死亡率总体上变动幅度较小，其中 1991 年最低，为 4.48‰，2002 年最高，为 6.11‰。

三、人口机械变动

随着改革开放的深入，开平区工业、建筑业、餐饮业以及农产品加工业吸纳外地民工和个体经营者逐年增多。1996 - 2008 年，全区省内间迁入暂住人口总量为 1.22 万人，省外迁入暂住人口 6951 人。省外人口主要来自四川、贵州、河南等地，多在钢铁、陶瓷、水泥、煤炭、建筑行业中务工，从事个体餐饮服务者也逐年增多。外来人口的增多，对发展全区经济、服务群众生活起到了积极作用。

1996 - 2008 年，全区迁往省外人口 1.04 万人。流出人口去向主要是升学和参军，其次是季节性和临时性外出打工，长期性外出工作生活者相对较少。

1987 - 2008 年开平区人口变动情况表

表 2 - 1

年度	自然变动					机械变动			
	出生	出生率（‰）	死亡	死亡率（‰）	自然增长（‰）	迁入总人口	其中省外迁入	迁出总人口	其中迁往省外
1987	5221	16.57	1407	5.10	11.47	2888	534	1457	712
1988	4451	13.97	1629	5.11	8.86	2921	476	1157	209
1989	4031	12.42	1646	5.07	7.35	3103	560	2082	523
1990	5578	17.30	1765	5.48	11.82	2423	414	1890	821
1991	5082	15.57	1594	4.88	10.69	2587	409	1151	466
1992	4582	14.02	1691	5.17	8.85	3446	565	1453	409
1993	2941	11.35	1418	5.47	5.88	2066	447	1314	510
1994	3168	12.21	1560	6.01	6.20	1725	576	1600	912
1995	2619	10.10	1465	5.65	4.45	2049	792	1167	496
1996	2390	9.25	1469	5.69	3.57	400	335	306	332
1997	2636	8.76	1566	5.94	2.82	2357	660	917	472
1998	1794	7.02	1475	5.77	1.25	2080	790	1758	1259
1999	2114	8.12	1453	5.58	2.54	1535	505	1561	431
2000	1996	7.71	1550	5.99	1.72	1919	962	1319	920
2001	2101	8.19	1484	5.78	2.40	1299	563	1388	484
2002	2470	9.67	1561	6.11	3.56	361	361	1169	488
2003	1477	8.92	1435	5.75	0.17	1088	382	1081	558
2004	2142	8.77	1343	5.50	3.27	1178	390	1147	545
2005	2113	8.61	1460	5.95	2.66	1091	389	3743	3342

续表 2-1

年度	自然变动					机械变动			
	出生	出生率（‰）	死亡	死亡率（‰）	自然增长（‰）	迁入总人口	其中省外迁入	迁出总人口	其中迁往省外
2006	1988	8.10	1353	5.51	2.59	1388	472	803	435
2007	1939	7.99	1348	5.55	2.44	1242	477	905	651
2008	1783	7.40	1428	5.93	1.47	1494	635	719	411

第二节　人口分布

一、人口密度

开平区境内人口分布的特点是：城区和城乡接合部的人口密度高于远离城区的乡镇，平原地区人口密度高于北部丘陵地区。1987 年开平区每平方公里 901 人，1992 年每平方公里 937 人，2008 年每平方公里 984 人。人口密度最高的马家沟街道，因其震后最早作为开平区经济文化中心，人口增加一直高于其他地区，1987 年每平方公里 28519 人，2008 年每平方公里 18300 人，开平镇 2008 年每平方公里 944 人。税务庄、荆各庄、陡电街道和栗园镇，均高出全区平均人口密度。双桥镇、越河镇、郑庄子镇、洼里镇人口密度低于全区平均人口密度，其中位于北部丘陵的双桥镇每平方公里只有 473 人。

二、城乡分布

1987 年，城区（开平、马家沟地区）人口 4 万多人，占全区总人口的 12%左右。1992 年区划变动，又历经岔道乡和开平镇合并、新城区的开发以及乡改镇等一系列变迁后，全区的工商企业和公共设施增多，城镇规模迅速扩大，城镇人口增加。1993 年，城区人口 10.17 万人，占总人口的 38.76%。2008 年，全区城镇非农业人口为 13.84 万人，占总人口的 56%。据 2008 年统计，开平区政治、经济、文化中心开平镇，总人口 5.15 万人，而边远的双桥镇人口最少仅为 1.50 万人。事实表明，全区人口正在逐渐向经济发达、交通便利的中心城镇集中。

“四普”、“五普”、“六普”开平区人口分布统计表

表 2-2　单位：人、%、人/平方公里

行政区划	1990 年“四普”					2000 年“五普”					2010 年“六普”				
	人口数			占总人口比例	人口密度	人口数			占总人口比例	人口密度	人口数			占总人口比例	人口密度
	合计	男	女			合计	男	女			合计	男	女		
总计	307685	155891	151794	100	876	266378	137266	129112	100	1060	262571	133779	128792	100	1045
开平镇	51432	21062	20470	13.49	927	57070	29546	27524	21.42	1112	60134	30554	29580	22.90	984
栗园乡	28194	14182	14012	9.16	934	28363	14252	14111	10.65	990	29470	14689	14781	11.22	1048
越河乡	24758	12527	12231	8.04	606	27439	14121	13318	10.30	579	32707	16846	15861	12.46	779
郑庄子乡	20228	10135	10093	6.57	727	29936	15110	14826	11.24	770	22344	11179	11169	8.51	663
双桥乡	14780	7551	7229	4.80	460	15348	8164	7184	5.76	445	13725	6925	6800	5.23	433

续表2－2

行政区划	1990年“四普”					2000年“五普”					2010年“六普”				
	人口数			占总人口比例	人口密度	人口数			占总人口比例	人口密度	人口数			占总人口比例	人口密度
	合计	男	女			合计	男	女			合计	男	女		
洼里乡	20102	10126	9976	6.35	628	20742	10678	10064	7.79	648	20373	10259	10114	7.76	636
岔道乡	15031	7671	7360	4.88	620	–	–	–	–	–	–	–	–	–	–
缸窑乡	4565	2359	2206	1.48	332	–	–	–	–	–	–	–	–	–	–
果园乡	43644	22055	21589	14.18	1288	–	–	–	–	–	–	–	–	–	–
傅家屯乡	26149	13130	13019	8.49	1153	–	–	–	–	–	–	–	–	–	–
女织寨乡	21545	10851	10694	7.00	845	–	–	–	–	–	–	–	–	–	–
梁家屯乡	17553	8837	8716	5.70	955	–	–	–	–	–	–	–	–	–	–
马家沟街道	29604	15405	14199	9.62	20061	28952	14888	14064	10.89	20663	25804	13363	12441	9.83	18431
开平街道	–	–	–	–	–	19944	10455	9489	7.49	112	30183	15305	14878	11.50	1683
税务庄街道	–	–	–	–	–	21298	10704	10594	8.00	8660	18275	9438	8837	6.96	7615
陡电街道	–	–	–	–	–	4632	2420	2212	1.74	–	2812	1458	1354	1.07	1876
荆各庄街道	–	–	–	–	–	7177	4015	3162	2.69	–	6744	3763	2981	2.57	4496
二十二冶街道	–	–	–	–	–	5477	2913	–	2.06	–	–	–	–	–	–

注：1993年栗园乡改镇，2007年越河、郑庄子、双桥、洼里4乡改镇

1987－2008年开平区人口密度表

表2－3　　单位：人/平方公里

年度/名称	1987	1988	1989	1990	1991	1992	1993	1994	1995	1996	1997	1998	1999	2000	2001	2002	2003	2004	2005	2006	2007	2008
全区	901	909	912	927	981	937	1044	1049	1030	1035	1040	1039	1036	1028	1022	1020	976	977	970	975	979	984
开平镇	1480	1441	1482	1500	1509	1494	1355	1386	979	777	793	784	775	1112	1120	1132	916	919	925	932	1211	944
栗园镇	911	921	902	934	947	951	1053	1065	1022	1027	1007	997	991	990	988	986	986	990	994	1007	1014	1024
越河乡	590	590	600	606	609	594	591	588	586	599	595	594	581	579	578	578	582	586	590	598	606	611
郑庄子乡	705	713	721	727	733	735	765	772	772	770	767	767	771	770	774	774	779	783	791	803	817	827
双桥乡	457	457	458	460	467	466	468	467	459	459	454	450	447	445	444	443	438	438	440	457	465	473
洼里乡	619	616	614	619	620	616	618	614	613	613	619	621	621	626	626	624	623	622	622	624	619	616
岔道乡	609	612	618	620	321	618	615	611	608	–	–	–	–	–	–	–	–	–	–	–	–	–
缸窑乡	305	313	323	332	338	855	–	–	–	–	–	–	–	–	–	–	–	–	–	–	–	–
果园乡	1218	1238	1273	1288	1308	1296	–	–	–	–	–	–	–	–	–	–	–	–	–	–	–	–
傅家屯乡	1131	1144	1145	1153	1166	1195	–	–	–	–	–	–	–	–	–	–	–	–	–	–	–	–
女织寨乡	837	837	838	845	848	1081	–	–	–	–	–	–	–	–	–	–	–	–	–	–	–	–
梁家屯乡	973	978	982	955	999	1089	–	–	–	–	–	–	–	–	–	–	–	–	–	–	–	–
开平街道	–	–	–	–	–	1494	1355	1386	979	777	793	784	775	1112	1120	1132	916	919	925	932	1211	944
马家沟街道	28519	19328	19970	20061	20276	20369	20446	20492	20677	20846	21494	21425	21043	20663	20195	19841	19514	19307	19139	18782	18538	18300
税务庄街道	–	–	–	–	–	–	8402	8140	8253	8516	8735	8801	8739	8660	8493	8441	8332	8221	8188	8088	8003	7970

第二章　人口结构

开平区人口男女性别比例略不平衡，但基本正常。人口年龄结构比例呈少儿、婚龄、成年人、老年人递次增长的势头，到20世纪末，0－14岁少年儿童人口比重较10年前下降7.71个百分点，而60岁以上老年人口比重则增长2.26个百分点。家庭规模户由多代大规模向少代小规模发展。随着农村工业化和城镇化进程的加快，从事农业劳动人口下降，从事非农业的劳动人口增加。2000年第五次全国人口普查，开平区从事农业的劳动人口占总人口比重比1990年第四次全国人口普查下降5.87个百分点，而从事第二产业、第三产业劳动人口则分别增长13.58个百分点和3.24个百分点。辖区居民以汉族为主，并有回、满等少数民族聚居村落。

第一节　人口构成

一、性别构成

开平区人口性别结构虽然略不平衡，但均未超出103－107∶100的正常范围。1990年第四次人口普查，全区男性人口为15.59万人，女性人口为15.18万人，男女性别比为103∶100。2000年第五次人口普查，男性人口为13.72万人，女性人口为12.91万人，男女性别比为106∶100，比1990年增长3个百分点，已接近性别比例失衡的红线。2008年男性12.33万人、女性12.39万人，性别比为99.45∶100。

1990年“四普”开平区人口性别比例统计表

表2－4　　单位：人

年龄	男	女	性别比（女为100）	出生年份	年龄	男	女	性别比（女为100）	出生年份
0	1987	1962	100.97	1990	15	1709	1629	104.91	1975
1	1902	1875	101.44	1989	16	1956	1898	103.06	1974
2	2280	2224	102.54	1988	17	2589	2461	105.20	1973
3	2466	2442	100.98	1987	18	2460	2357	104.37	1972
4	2154	2133	100.98	1986	19	2793	2751	101.53	1971
5	1870	1705	109.68	1985	20	2749	2602	105.65	1970
6	2133	1942	109.84	1984	21	2895	2876	100.66	1969
7	2741	2574	106.49	1983	22	2573	2424	106.15	1968
8	3579	3301	108.42	1982	23	2451	2339	104.79	1967
9	2796	2539	110.12	1981	24	2906	2981	97.48	1966
10	3263	3010	108.41	1980	25	3348	3357	99.73	1965
11	3421	3309	103.38	1979	26	4061	3858	105.26	1964
12	3715	3505	105.96	1978	27	4421	4214	104.96	1963
13	2298	2098	109.53	1977	28	1820	1859	97.90	1962
14	1973	1918	102.87	1976	29	1694	1731	97.86	1961

续表2－4

年龄	男	女	性别比（女为100）	出生年份	年龄	男	女	性别比（女为100）	出生年份
30	2813	2620	107.37	1960	66	846	857	100.82	1924
31	2921	2754	106.06	1959	67	787	818	96.21	1923
32	3526	3254	108.36	1958	68	722	702	102.85	1922
33	3412	3228	105.70	1957	69	621	630	98.57	1921
34	3532	3312	106.64	1956	70	534	548	97.48	1920
35	3671	3701	99.17	1955	71	616	578	106.57	1919
36	3467	3362	103.12	1954	72	492	476	103.36	1918
37	3214	3363	95.57	1953	73	344	372	92.47	1917
38	3334	3388	98.41	1952	74	364	390	93.33	1916
39	3004	3121	96.25	1951	75	371	366	101.37	1915
40	2869	2864	100.17	1950	76	417	500	83.40	1914
41	2337	2487	93.97	1949	77	312	369	84.55	1913
42	2103	2304	91.28	1948	78	253	258	98.06	1912
43	2029	2025	100.20	1947	79	199	270	73.70	1911
44	1748	1725	101.33	1946	80	187	290	64.48	1910
45	1489	1437	103.62	1945	81	223	281	79.36	1909
46	1270	1191	106.63	1944	82	147	174	84.48	1908
47	1242	1174	105.79	1943	83	64	112	57.14	1907
48	1347	1188	113.38	1942	84	74	122	60.66	1906
49	1226	1166	105.15	1941	85	72	112	64.29	1905
50	1290	1075	120.00	1940	86	42	91	46.15	1904
51	1349	1228	109.85	1939	87	38	51	74.51	1903
52	1262	1250	100.96	1938	88	32	43	74.42	1902
53	1271	1215	104.61	1937	89	14	27	51.85	1901
54	1275	1252	101.84	1936	90	7	26	26.92	1900
55	1424	1346	105.79	1935	91	7	13	53.85	1899
56	1161	1205	96.35	1934	92	7	14	50.00	1898
57	1227	1284	95.56	1933	93	1	7	14.29	1897
58	1153	1146	100.61	1932	94	1	2	50.00	1896
59	1128	1056	106.82	1931	95	1	–	–	1895
60	1173	1120	104.73	1930	96	–	–	–	1894
61	1020	968	105.37	1929	97	–	–	–	1893
62	1062	991	107.16	1928	98	1	1	100.00	1892
63	833	846	98.46	1927	99	–	–	–	1891
64	1007	926	108.75	1926	100及以上	1	–	–	1890
65	891	848	105.07	1925					

2000 年“五普”开平区人口性别比例统计表

表2－5　单位：人

年龄	男	女	性别比（女为100）	出生年份	年龄	男	女	性别比（女为100）	出生年份
0	1227	1194	102.76	2000	35	3012	2773	108.62	1965
1	1330	1229	108.22	1999	36	3145	2836	110.90	1964
2	1231	1090	112.94	1998	37	4010	3645	110.01	1963
3	1316	1260	104.44	1997	38	2562	2310	110.91	1962
4	1323	1233	107.30	1996	39	1164	1104	105.43	1961
5	1431	1355	105.61	1995	40	2580	2199	117.33	1960
6	1584	1403	112.90	1994	41	2035	1937	105.06	1959
7	1485	1371	108.32	1993	42	2809	2500	112.36	1958
8	1480	1421	104.15	1992	43	2871	2582	111.19	1957
9	1688	1524	110.76	1991	44	2644	2507	105.46	1956
10	1668	1608	103.73	1990	45	2935	2818	104.15	1955
11	1520	1498	101.47	1989	46	2936	2718	108.02	1954
12	1650	1618	101.98	1988	47	2434	2508	97.05	1953
13	2106	2072	101.64	1987	48	2523	2547	99.06	1952
14	1824	1762	103.52	1986	49	2368	2389	99.12	1951
15	1512	1483	101.96	1985	50	2096	2181	96.10	1950
16	1693	1397	121.19	1984	51	1943	1953	99.49	1949
17	1914	1568	122.07	1983	52	1536	1619	94.87	1948
18	2821	2400	121.71	1982	53	1434	1549	92.58	1947
19	2162	1894	114.15	1981	54	1361	1342	101.42	1946
20	2267	1911	118.63	1980	55	1072	1062	100.94	1945
21	2502	2253	111.05	1979	56	961	1026	93.66	1944
22	2852	2603	109.57	1978	57	955	940	101.6	1943
23	2154	1974	109.12	1977	58	993	881	112.71	1942
24	1942	1763	110.15	1976	59	955	937	101.92	1941
25	1686	1508	111.80	1975	60	910	864	105.32	1940
26	1744	1574	110.80	1974	61	924	927	99.68	1939
27	2445	2178	112.26	1973	62	972	999	97.30	1938
28	2579	2351	109.70	1972	63	879	909	96.70	1937
29	2857	2534	112.75	1971	64	917	912	100.55	1936
30	2971	2647	112.24	1970	65	950	1026	92.59	1935
31	2784	2630	105.86	1969	66	839	892	94.06	1934
32	2894	2525	114.61	1968	67	838	900	93.11	1933
33	2267	1980	114.49	1967	68	786	759	103.56	1932
34	2636	2385	110.52	1966	69	648	699	92.70	1931

续表 2 - 5

年龄	男	女	性别比（女为100）	出生年份	年龄	男	女	性别比（女为100）	出生年份
70	760	797	95. 36	1930	86	70	113	61. 95	1914
71	600	586	102. 39	1929	87	43	73	58. 90	1913
72	597	604	98. 84	1928	88	41	48	85. 42	1912
73	473	477	99. 16	1927	89	23	50	46. 00	1911
74	478	501	95. 41	1926	90	21	42	50. 00	1910
75	445	471	94. 48	1925	91	12	35	34. 29	1909
76	408	410	99. 51	1924	92	6	22	27. 27	1908
77	350	406	86. 21	1923	93	6	11	54. 55	1907
78	292	319	91. 54	1922	94	4	21	19. 05	1906
79	236	241	97. 93	1921	95	2	6	33. 33	1905
80	185	215	86. 05	1920	96	2	7	28. 57	1904
81	166	208	79. 81	1919	97	-	3	-	1903
82	126	160	78. 75	1918	98	-	3	-	1902
83	108	141	76. 60	1917	99	-	1	-	1901
84	101	110	91. 82	1916	100 及以上	-	1	-	1900
85	69	84	82. 14	1915					

2010 年“六普”开平区人口性别比例统计表

表 2 - 6　　单位：人

年龄	男	女	性别比（女为100）	出生年份	年龄	男	女	性别比（女为100）	出生年份
0	961	940	102. 23	2010	15	1277	1216	105. 02	1995
1	1357	1233	110. 06	2009	16	1486	1314	113. 09	1994
2	1366	1227	111. 33	2008	17	1433	1329	107. 83	1993
3	1364	1272	107. 23	2007	18	1408	1306	107. 81	1992
4	1332	1248	106. 73	2006	19	1564	1342	116. 54	1991
5	1401	1275	109. 88	2005	20	1611	387	116. 15	1990
6	1328	1240	111. 45	2004	21	1582	1456	108. 65	1989
7	1001	958	104. 49	2003	22	1757	1677	104. 77	1988
8	1310	1182	110. 83	2002	23	2240	2268	98. 77	1987
9	1151	1155	99. 65	2001	24	2001	2101	95. 24	1986
10	1062	1000	106. 20	2000	25	1747	1795	97. 33	1985
11	997	943	105. 73	1999	26	1796	1728	103. 94	1984
12	911	890	102. 36	1998	27	2069	1987	104. 13	1983
13	1091	1073	101. 68	1997	28	3008	2984	100. 80	1982
14	1115	1087	102. 58	1996	29	2514	2453	102. 49	1981

续表 2-6

年龄	男	女	性别比（女为100）	出生年份	年龄	男	女	性别比（女为100）	出生年份
30	2518	2303	109.34	1980	66	763	835	91.38	1944
31	2669	2482	107.53	1979	67	778	756	102.77	1943
32	2909	2632	110.52	1978	68	782	677	115.51	1942
33	2146	1933	111.02	1977	69	742	709	104.65	1941
34	1898	1740	109.08	1976	70	642	659	97.42	1940
35	1689	1382	122.21	1975	71	637	698	91.26	1939
36	1630	1504	108.38	1974	72	660	704	93.75	1938
37	2207	1888	116.90	1973	73	537	625	91.68	1937
38	2341	2166	108.08	1972	74	570	565	100.88	1936
39	2514	2270	110.75	1971	75	570	656	86.89	1935
40	2596	2426	107.01	1970	76	494	542	91.14	1934
41	2402	2346	102.39	1969	77	468	518	90.35	1933
42	2501	2253	111.01	1968	78	403	470	85.74	1932
43	1993	1810	110.11	1967	79	318	411	77.37	1931
44	2245	2211	101.54	1966	80	328	431	76.10	1930
45	2693	2589	104.02	1965	81	245	281	87.19	1929
46	2796	2624	106.55	1964	82	219	280	78.21	1928
47	3600	3349	107.49	1963	83	176	224	78.57	1927
48	2259	2122	106.46	1962	84	164	193	84.97	1926
49	1024	1031	99.32	1961	85	133	190	70.00	1925
50	2312	2129	108.60	1960	86	116	135	85.93	1924
51	1824	1815	100.50	1959	87	89	117	76.07	1923
52	2622	2302	113.90	1958	88	64	94	68.09	1922
53	2560	2437	105.05	1957	89	47	64	73.44	1921
54	2445	2364	103.43	1956	90	31	56	55.36	1920
55	2656	2648	100.30	1955	91	15	34	44.12	1919
56	2645	2492	106.14	1954	92	17	30	56.67	1918
57	2183	2335	93.49	1953	93	13	24	54.17	1917
58	2256	2367	95.31	1952	94	2	11	18.18	1916
59	2144	2143	100.05	1951	95	7	10	70.00	1915
60	1867	2002	93.26	1950	96	6	9	66.67	1914
61	1665	1751	95.09	1949	97	2	4	50.00	1913
62	1336	1461	91.44	1948	98	1	4	25.00	1912
63	1252	1336	93.71	1947	99	-	8	-	1911
64	1133	1176	96.34	1946	100及以上	-	1	-	1910
65	880	881	99.89	1945					

二、年龄构成

2000年和1990年相比，开平区人口少年儿童所占比重下降，婚育年龄人口比重增加，年龄构成类型由成年型迈进老年型，60岁以上人口1990年占9.1%，2000年占11.3%，比1990年增长2.26个百分点。这种年龄结构对全区社会发展和人口生产有着重要影响。

1990年，开平区人口年龄构成比较规则。全区0－14岁少年儿童人口75108人，占总人口比重为24.42%；60岁以上老龄人口28002人，占总人口的比重为9.10%；30岁以上成年人的比重加大。人口年龄构成呈现出由年轻型向成年型过渡的特征。

20世纪末，由于落实计划生育政策，新生人口比重得到控制。2000年，全区0－14岁少年儿童人口为44501人，占总人口比重为16.71%，比1990年下降7.71个百分点。随着生活水平和医疗水平的提高，老年人口逐年增加，全区60岁以上人口占总人口比重为11.36%，比1990年增长2.26个百分点。已经进入国际规定的老年人所占比重超过10.0%、少年儿童所占比重低于30.0%的老年型社会。

1990年和2000年开平区老龄人口结构表

表2－7

年龄组（岁）	1990年		2000年	
	人数	百分比	人数	百分比
合计	28002	100	29340	100
60－69	17686	63.16	17550	59.82
70－79	8029	28.67	9451	32.21
80及以上	2287	8.17	2339	7.97

三、民族构成

开平区是一个以汉族为主的多民族居住的区域。1987年全区有汉族、回族、满族、朝鲜族、蒙古族、壮族、藏族、维吾尔族、俄罗斯族、哈尼族、土家族、彝族、苗族、瑶族、侗族等15个民族。2000年第五次全国人口普查，全区增加傣族、佤族、拉祜族、水族、东乡族、纳西族、仡佬族、锡伯族、布依族等9个民族，共24个民族。2003年，随着冶金部第二十二冶金建设公司迁出，开平区的少数民族锐减，至2008年，有回族、满族、朝鲜族、蒙古族、藏族、侗族、壮族、彝族、苗族、土家族、维吾尔族等11个。

1987年有汉族30.08万人，占全区总人口的97.8%；1993年25.51万人，占全区总人口的96.74%；2000年25.66万人，占全区总人口的96.33%。2008年23.73万人，占全区总人口的96%。

1987年有回族4884人，占全区总人口的1.38%；1993年6029人，占全区总人口的2.2%；2000年5671人，占全区总人口的2.16%；2008年5674人，占总人口的2.2%。

1987年，满族1587人，占总人口的0.52%；朝鲜族358人，占总人口的0.1%；蒙古族、壮族各占总人口的0.05%；其他少数民族20人，占总人口的0.06%。2002年，满族2825人，占总人口的1%；朝鲜族384人，占总人口的0.14%；侗族285人，占总人口的0.1%；苗族154人，占总人口的0.05%；土家族104人，占总人口的0.04%；蒙古族214人，占总人口的0.08%；壮族49人，占总人口的0.018%；其他少数民族91人，占总人口的0.034%。2008年，满族2538人，占总人口的0.98%；朝鲜族395人，占总人口的0.15%。

开平区没有少数民族自治村，只有5个回族聚居村、3个满族聚居村和1个朝鲜族聚居村。

洼里镇夏庄村和周家桥村是开平区回族聚居的主要村落。尤其是夏庄村，2008年回族人口3228人，占全村人口82.26%，夏庄村清真寺素有“京东第一寺”之称。开平镇一街村、七街村、马家沟村也是回族人口较多的村，回族人口分别为402人、562人和188人，分别占全村总人口的10.87%、27.37%和14.64%。开平一街建有清真寺。

郑庄子镇三益庄村、梁各庄村和越河镇大史马庄村是满族聚集的主要村落。2008年，大史马庄村满族人口493人，占全村总人口40.47%，是远近闻名的酥糖加工村。三益庄的满族村民469人，占全村总人口45.50%，先后被评为唐山市“文明生态示范村”、“市级卫生村”、“诚信平安村”等称号。

双桥镇冶里村是朝鲜族聚集的主要村落，2008年，朝鲜族村民395人，占全村总人口11.48%。该村朝鲜族村民和汉族村民一样，从事一般的生产和工作。

1990年与2000年人口普查开平区人口民族构成统计表

表2－8　单位：人、%

民族	1990年		2000年	
	人口数	占总人口比例	人口数	占总人口比例
汉族	300806	97.76	256601	96.33
回族	4884	1.59	5671	2.16
满族	1587	0.52	2825	1.06
朝鲜族	358	0.12	384	0.14
侗族	11	0.0036	285	0.11
苗族	2	–	154	0.058
蒙古族	15	0.0049	214	0.08
土家族	1	–	104	0.04
壮族	15	0.0049	49	0.018
其他少数民族	6	–	91	0.034

第二节　婚姻与家庭构成

一、婚姻构成

1990年第四次全国人口普查，20－25岁有配偶人数占全部有配偶人数的6.63%，2000年第五次全国人口普查这一比例下降到3.3%，说明婚龄有所推迟。1990年，全区15岁及以上共21.76万人。其中有配偶17.65万人，占75.90%；未婚4.10万人，占17.65%；离婚1019人，占0.44%；丧偶1.40万人，占6.01%。2000年第五次全国人口普查，据10%抽样调查，全区未婚人数结构比为17.54%，比1990年下降0.11%；有配偶人数结构比为76.52%，比1990年上升0.62%；离婚人数结构比为1.11%，比1990年上升0.67%；丧偶人数结构比4.83%，比1990年下降1.18%。呈现有配偶人数、离婚人数比例提高，未婚人数、丧偶人数比例下降的“两高、两低”趋势。

二、家庭构成

1990 年和 2000 年人口普查资料显示，开平区家庭户类别以二代户为主，比重都在 60% 以上。1990 年，全区总户数 8.72 万户，平均每户 3.5 人。2000 年总户数 8.14 万户，平均每户 3.2 人。2000 年，除一代户比 1990 年上升 15.09 个百分点外，其余的二代户、三代户、四代户分别下降 9.32、0.78、0.03 个百分点，说明开平区的家庭规模以三口之家发展最快。

1990 年和 2000 年人口普查开平区家庭构成对比表

表 2－9　　单位：户、%

项目	1990 年		2000 年		2000 年比 1990 年增减百分点
	户数	结构比	户数	结构比	
总计	87245	100	81446	100	－
一代户	6930	7.94	18758	23.03	15.09
二代户	61788	70.82	50088	61.50	－9.32
三代户	12534	14.37	12338	15.15	－0.78
四代户	306	0.35	262	0.32	－0.03
其他户	5687	6.52	－	－	－

注：资料来自开平区第四次、第五次人口普查资料

1990 年和 2000 年开平区家庭户规模对比表

表 2－10　　单位：户、%

项目	1990 年		2000 年		2000 年比 1999 年增减百分比
	户数	结构比	户数	结构比	
总计	87245	100	81446	100	－
一人户	4120	4.72	4916	6.04	1.32
二人户	9436	10.82	16101	19.77	8.95
三人户	35056	40.18	35103	43.10	2.92
四人户	24197	27.73	16429	20.17	－7.56
五人户	10172	11.66	6815	8.37	－3.29
六人户	2956	3.39	1710	2.10	－1.29
七人户	897	1.03	276	0.34	－0.69
八人户	270	0.31	75	0.09	－0.22
九人户	94	0.11	13	0.02	－0.09
十人及以上户	44	0.05	8	0.01	－0.04

注：资料来自开平区第四次、第五次人口普查

第三节　农业与非农业构成

1987－2008年，开平区从以农业为主的城市郊区，发展到以二、三产业为主的城市中心区。全区劳动就业规模不断扩大，工业企业就业人数迅速增长，第三产业就业人数也呈快速增长之势。

1987年，开平区就业人口12.19万人，占总人口的38.52%。就业人口中，女性6.33万人，占总人口的20%；从事第一产业的5.15万人，从事第二产业的3.64万人，从事第三产业的3.40万人，分别占总人口的16.07%、11.34%、10.59%。

1990年，第四次全国人口普查，全区总人口30.77万人，其中就业人口18.31万人，占总人口的59.51%，比1987年增加20.99个百分点。就业人口中，女性6.62万人，占总人口的21.51%；从事第一产业的8万人，占总人口的26%，比1987年增加9.93个百分点；从事第二产业的7.28万人，占总人口的23.66%，比1987年增加12.32个百分点；从事第三产业的3.03万人，占总人口的9.85%，比1987年下降0.74个百分点。

1992年，因唐山市区划变动，开平区人口相应减少。

2000年，第五次全国人口普查，全区总人口26.64万人，其中就业人口13.92万人，占总人口的52.25%，比1990年下降7.26个百分点。就业人口中，女性5.65万人，占总人口的21.21%，与1990年基本持平；从事第一产业的3.97万人，占总人口的14.90%，比1990年下降11.1个百分点；从事第二产业的6.05万人，占总人口的22.71%，比1990年下降0.95个百分点；从事第三产业的3.90万人，占总人口的14.64%，比1990年上升6.79个百分点。

2008年，全区总人口24.72万人，其中就业人口11.70万人，占总人口的47%，比2000年下降了7个百分点。许多一产从业人员也兼及第三产业，如农副产品加工、贸易、季节性打工等，传统意义上的农民正日益减少。第二产业已成为吸纳农村劳动力就业的主要行业。第三产业的兴起也使全区职业构成格局发生了变化。

部分年度开平区从事三次产业人数统计表

表2－11　单位：人

年度	总人口	从业人数	其中					
			从事一产		从事二产		从事三产	
			人数	占%	人数	占%	人数	占%
1987	316497	121898	51535	42.28	36391	29.85	33972	27.87
1990	325611	127076	51052	40.17	37143	29.23	38881	30.60
2000	258220	139240	28610	20.55	68290	49.05	42340	30.41
2008	247188	116960	27757	23.73	46135	39.45	43068	36.82

第三章　劳动人口

据1990年与2000年人口普查，开平区劳动人口占总人口的65%－70%左右，男性所占比例大于女性所占比例，男、女适龄人口平均年龄呈增长趋势。总抚养比呈下降趋势，但老年抚养比呈上升趋向，少年儿童抚养比呈下降趋向。随着产业结构调整，在业人口中从事第一产业人口比例下降，从事第二产业和第三产业人口比例上升。

第一节　劳动适龄人口

一、数量

按15岁－64岁为劳动适龄人口的国际标准，1990年“四普”，开平区劳动适龄人口21.45万人，占人口总数的69.72%。2000年“五普”劳动适龄人口20.18万人，占人口总数的75.74%。

按男16岁－59岁、女16岁－54岁为劳动适龄人口的国内标准，1990年“四普”开平区劳动适龄人口20万人，占人口总数的65.21%。2000年“五普”劳动适龄人口18.47万人，占人口总数的70.84%。

二、年龄性别构成

（一）年龄

按男16岁－59岁、女16岁－54岁为劳动适龄人口的国内标准，1990年“四普”，开平区劳动适龄人口平均年龄34.39岁，其中男性平均34.57岁、女性平均33.47岁。20岁－44岁是劳动适龄人口的骨干力量，占71.96%。2000年“五普”，全区劳动适龄人口平均年龄35.61岁，其中男性平均35.88岁、女性平均34.78岁。20岁－44岁是劳动适龄人口的骨干力量，占65.31%。

（二）性别

按劳动适龄人口的国内标准，1990年“四普”，男性劳动适龄人口102438人，占50.96%；女性劳动适龄人口98564人，占49.04%。当时35岁－39岁和40岁－44岁两个年龄组女性比例大于男性比例。2000年“五普”，男性劳动适龄人口98604人，占53.39%，较“四普”高2.43个百分点；女性劳动适龄人口86088人，占46.61%，较“四普”低2.43个百分点。

1990 年与 2000 年开平区劳动适龄人口年龄性别构成统计表

表 2－12 单位：人、%

年龄组	1990 年“四普”						2000 年“五普”					
	小计	按国家标准所占比例	男	比例	女	比例	小计	按国家标准所占比例	男	比例	女	比例
15	3573	－	1804	50.49	1769	49.51	2995	－	1512	50.48	1483	48.52
16－19	19030	9.47	10426	54.79	8604	45.21	15945	8.63	8690	54.50	7259	45.50
20－24	26786	13.33	13574	50.66	13222	49.34	22221	12.03	11717	52.70	10504	47.30
25－29	30361	15.10	15344	50.54	15017	49.46	21456	11.62	11311	52.70	10145	47.30
30－34	31372	15.61	16204	51.65	15168	48.35	25719	13.93	13552	52.69	12167	47.31
35－39	33625	16.73	16690	49.64	16935	50.36	26561	14.38	13893	52.31	12668	47.69
40－44	22491	11.19	11086	49.29	11405	50.71	24664	13.35	12939	52.46	11725	47.54
45－49	12730	6.33	6574	51.64	6156	48.36	26176	8.76	13196	50.41	12980	49.59
50－54	12467	6.20	6447	51.71	6020	48.29	17014	9.21	8370	49.18	8644	50.82
55－59	12130	6.03	6093	50.23	6037	49.77	9782	5.30	4936	50.46	4846	49.54
60－64	9946	－	5095	51.23	4851	48.77	9213	－	4602	49.95	4611	50.05
按国家标准合计	201002	100.00	102438	50.96	98564	49.04	184692	100.00	98604	53.39	86088	46.61
按国际标准合计	214521	－	109337	50.97	105184	49.03	201750	－	104718	51.90	97032	48.10

三、抚养比

1990 年“四普”，全区有需要抚养人口 9.32 万人，其中 65 岁以上老人 1.81 万人、少年儿童（0 岁－14 岁）7.51 万人。人口总抚养比为 43.43%，其中老年抚养比为 8.42%，少年儿童抚养比 35.01%。

2000 年“五普”，全区有需要抚养人口 6.46 万人，其中 65 岁以上老人 2.01 万人、少年儿童 4.45 万人。人口总抚养比为 32.03%，其中老年抚养比为 9.98%，少年儿童抚养比为 22.06%。

1990 年与 2000 年人口普查开平区人口抚养比统计表

表 2－13 单位:%

年度	占总人口比			抚养比		
	劳动年龄人口（15 岁－64 岁）	老年人口（65 岁以上）	少年儿童（0 岁－14 岁）	总抚养比	老年抚养比	少年儿童抚养比
1990	69.72	5.87	24.41	43.43	8.42	35.01
2000	75.74	7.55	16.71	32.03	9.97	22.06

第二节　劳动人口就业状况

一、在业人口

（一）在业人口数量

1990年“四普”，15岁以上在业人口18.3万人，占全区总人口的56.22%，占15岁以上人口的85.34%。2000年“五普”，15岁以上在业人口13.9万人，占全区人口的52.27%，较“四普”所占比例下降3.95个百分点；占15岁以上人口的69.02%，较“四普”所占比例下降16.32个百分点。

（二）在业人员产业结构

1990年“四普”，开平区从事第一产业的有8万人，占全部在业人口的43.70%；从事第二产业的有7.28万人，占全部在业人口的39.77%；从事第三产业的有3.03万人，占全部在业人口的16.53%。其后，随着产业结构调整，从事第一产业的人口比例逐渐下降，从事第二产业、第三产业的人口比例逐渐上升。2000年“五普”，从事第一产业人口3.97万人，占全部在业人口的28.54%，较“四普”下降15.16个百分点。从事第二产业人口6.05万人，占全部在业人口的43.49%，较“四普”上升3.72个百分点。从事第三产业人口3.9万人，占全部在业人口的27.97%，较“四普”上升11.44个百分点，其中增长较快的是交通运输、批零贸易餐饮仓储业、房地产及社会服务业。

1990年与2000年人口普查开平区在业人员产业构成统计表

表2－14　　　　单位：人、%

产业类别	1990年				2000年			
	在业人数	男	女	比例	在业人数	男	女	比例
总计	183073	98445	84628	100	139240	82790	56450	100
第一产业	80006	28025	51981	43.70	39740	9704	18906	28.54
农业	78837	27275	51562	－	38945	13194	25751	－
林业	65	51	14	－	60	47	13	－
畜牧业	607	285	322	－	372	175	197	－
水利业	229	197	32	－	159	137	22	－
农林牲畜水产服务业	139	113	26	－	95	77	18	－
第二产业	72814	51490	21324	39.77	60549	42817	17732	43.49
工业	65620	45101	20519	－	55817	38363	17454	－
建筑业	7194	6389	805	－	4732	4378	254	－
第三产业	30253	18930	11323	16.53	38951	24375	14576	27.97

二、非在业人口

1990年“四普”，开平区15岁以上非在业人口49504人，其中在校学生8623人，占17.42%；料理家务17808人，占35.97%；待升学91人，占0.18%；待业526人，占1.06%；离休退休人口12589

人，占25.43%；丧失工作能力8764人，占17.70%；其它1103人，占2.22%。2000年“五普”，开平区15岁以上非在业人口128067人，其中在校学生839人，占10.40%；料理家务2820人，占34.96%；离退休人口2066人，占25.61%；丧失工作能力912人，占11.31%；从未工作正在找工作人口679人，占8.42%；失去工作正在找工作人口521人，占6.35%；其它239人，占2.95%。

第四章　人口素质

1987年以来，随着经济持续发展，居民收入水平逐年提高，医疗卫生条件和技术手段的不断完善，以及计划生育政策的贯彻执行，全区人口得到有效控制，加之九年义务教育的普及、全民健身活动的开展，人口身体素质和文化素质都有明显提高。

第一节　身体素质

一、人口生命指数

1987－2008年，开平区人口生命指数（出生人数与死亡人数之比）均大于1，人口呈增殖型。

1987－2008年开平区人口生命指数统计表

表2－15

年度	生命指数	年度	生命指数	年度	生命指数
1987	3.71	1995	1.79	2003	1.03
1988	2.73	1996	1.63	2004	1.60
1989	2.28	1997	1.68	2005	1.45
1990	3.16	1998	1.22	2006	1.15
1991	3.19	1999	1.46	2007	1.44
1992	2.71	2000	1.55	2008	1.25
1993	2.07	2001	1.42		
1994	2.03	2002	1.58		

说明：1998年和2000年为普查数据，其余年份为年度统计数据。

二、人口寿命

根据2000年第五次人口普查资料，全区人口的平均预期寿命达到74.63岁，比1990年第四次人口普查时的71.23岁增加3.4岁，比全国的人口平均预期寿命高近3岁。

三、职业病人口

鉴于开平区的企业结构，尘肺为区内主要职业病。1987年，企业职工体检发现3例。是年制订《开平区职工卫生专项调查方案》，确定钢铁、陶瓷、耐火、水泥和使用有机溶剂企业为重点的职业监督、检查单位。截至1990年，尘肺病呈增加态势，是年发现8例。至2008年，发现最少的是1991年、2002年和2003年，分别为1例；发现最多的是1993年和1998年，分别为27例和18例。

四、残疾人口

1987年，开平区有残疾人7912人，占总人口的2.5%。2000年，全区有残疾人5901人，占总人口的2.29%。2004年，全区有残疾人6506人，占总人口的2.65%。2008年，全区持证残疾人6314人，占总人口的2.55%。其中肢体残疾3916人，占残疾人口的62.02%；视力残疾380人，占残疾人口的6%；听力残疾316人，占残疾人口的5%；言语残疾49人，占残疾人口的0.78%；精神残疾338人，占残疾人口的5.35%；智力残疾448人，占残疾人口的7.1%；其他残疾867人，占残疾人口的13.73%。60岁以上残疾人1477人，占残疾人口的22.70%；0－7岁残疾人15人，占残疾人口的0.24%。

第二节　文化素质

1990年第四次人口普查，全区大学文化程度的人数占总人口的0.62%，高中（包括中专）占8.7%，初中占33.35%，小学占37.37%，文盲半文盲占11.83%。2000年第五次人口普查，全区大学及以上文化程度的人数占总人口的2.75%，高中（包括中专）占14.91%，初中占42.31%，小学占28.18%，文盲半文盲占6.14%。2000年第五次人口普查资料，与1990年第四次人口普查资料比较，10年间全区人口文化素质普遍上了一个层次，其中初中文化程度提高最多，同等学历人口中女性比重在上升。2000年，全区6岁及其以上、小学及以上文化程度人口占总人口的比重为89.4%，比1990年提高9.4个百分点；小学及文盲半文盲所占6岁及其以上人口的比重减少17.15个百分点；初中文化程度人口占总人口的比重增长8.78个百分点；高中以上文化程度人口占总人口的比重提高8.34个百分点，占总人口的17.66%；研究生从无到有。体现了普及九年义务教育的成果。

随着社会经济的快速发展和教育体制的改革，建立了严格的中、高考制度，教育质量得到保障。多种形式办学的兴起及高中、职中和大中专院校的扩招，全区人口的整体文化素质在不断提高。但总的看，开平区人口尤其是劳动人口整体文化素质仍偏低，高层次文化人口比重更低。主要原因是，55岁以上的人少年时期入学机会较少。据2000年统计，在55－59岁年龄段文盲半文盲比例占同龄组人口的5.04%，60－64岁年龄段文盲半文盲比例占同龄组人口的27.79%，65岁以上年龄段文盲半文盲比例占同龄组人口的54.39%. 解放初期中小学尚未普及，也使一部分45－50岁的劳动人口没有接受中小学教育。15岁及其以上各年龄组和各种文化程度人口比重，除小学外基本呈上升趋势，特别是初中文化程度的人口在全区人口中占有绝对优势。

2000 年开平区 15 岁以上各年龄段文化程度表

表 2－16　单位：人、%

项目 年龄组	合计	大学	大专	中专	高中	初中	小学	文盲 半文盲	文盲半文盲占同龄组人口%
15 岁－19 岁	18944	16	150	2129	4160	11174	1254	61	0.32
20 岁－24 岁	22221	120	842	4360	2749	12414	1641	95	0.43
25 岁－29 岁	21453	407	1223	1414	2946	12848	2488	127	0.59
30 岁－34 岁	25708	462	1018	939	3841	15358	3908	182	0.71
35 岁－39 岁	26551	272	800	768	5808	14726	4012	165	0.62
40 岁－44 岁	24663	63	364	471	3842	13425	6226	272	1.10
45 岁－49 岁	26176	71	398	620	1705	12143	10753	486	1.86
50 岁－54 岁	17014	90	272	580	670	6807	8187	408	2.40
55 岁－59 岁	9782	124	126	520	720	3983	3816	493	5.04
60 岁－64 岁	9213	122	155	539	410	1747	3680	2560	27.79
65 岁以上	20127	82	117	256	262	1421	7042	10947	54.39

注：资料来源于开平区第五次人口普查资料

第五章　人口控制

1987 年，开平区的计划生育工作，大力提倡晚婚晚育，少生优生，一对夫妇只生一个孩子。1989 年，《河北省计划生育条例》颁布，增加了“平原独女户”可以生育二胎的规定。全区计划生育工作逐步走上依法管理的轨道，实现了由突击型向经常型的转变和齐抓共管、综合治理的长效机制，使人口稳定在低增长水平。全区人口自然增长率由 1987 年的 11.47‰，下降到 2008 年的 1.47‰。2007 年开平区被市委、市政府授予“人口和计划生育工作创新奖”。

第一节　管理机构与宣传教育

一、管理机构

1987 年成立的开平区计划生育委员会（简称计生委），是全区计划生育管理机构。是年 5 月 3 日，经区长办公会研究决定，区计生委设综合股、综计规划股、药具管理股。1988 年，计生委共聘用合同制干部 5 人、合同制工人 37 人。1996 年，区计生委设办公室和综合科，下设宣传站、药具站、技术服务站和计划生育协会。7 月 18 日，根据区委、区政府机构改革的通知，区计生委改称区计划生育局（简称区计生局），为区政府行政部门，行政编制 11 人，事业编制 20 人，内设办公室、综合科、宣传药具站和技术服务站。1997 年 8 月 5 日，区计生局增设计划生育三结合办公室。2006 年，区计生局更名为开平区人口和计划生育局。

二、宣传教育

（一）网络建设

1990年，开平区下发《关于办好人口业校，加强计划生育宣传工作的通知》和《关于明确各乡镇街道和村计划生育宣传员工作职责的通知》，要求各乡镇街道和500人以上的村配备1名宣传员。同时，编印计划生育基础知识教育讲课材料6讲、3000份，购置省计生委编印的计划生育知识读本400册，下发到全区各乡镇和街道。6月20日，区政府在郑庄子乡召开“人口理论与计划生育基础知识教育现场会”。傅家屯乡、郑庄子乡和梁各庄村介绍了如何办好人口业校的经验。到6月底，全区各乡镇街道都建成了人口业校，其中乡（镇）村两级建校194所，培训骨干1493人，讲课248次，受众5万多人。至此，计划生育宣传教育网络基本覆盖全区。

（二）宣教活动

1987年1月，区委下发《关于春节期间开展计划生育宣传活动的通知》。区政府编印《继续提倡和推行计划生育》的宣传材料3万份，发至全区一孩户家庭。1月21日，区委、区政府举办家庭教育知识竞赛，各乡镇街道的21个代表队参加竞赛。1987年11月11日、1988年6月20日、1989年11月，分别开展全区“计划生育宣传日”和“亚洲30亿人口日”宣传活动。累计出动宣传车18辆次、制作展牌34块、张贴标语2万多条、绘制挂图1000套、编写板报60多期、召开座谈会122次、入户宣传1.74万户次。1990年4月24日，区委、区政府下发《关于加强计划生育宣传教育工作的意见》。5月8日，区计生委举办全区计划生育演讲比赛，26人参赛，9人获奖。9月28日，举办计划生育宣传展牌比赛。10月26日，举办计划生育基础知识教育竞赛。1992年9月28日，区政府下发《关于在全区范围内普及“优生优育优教”教育的实施意见》。文件规定凡是准备生二胎的夫妇，必须在区人口业校接受2天培训，合格后统一发放培训证，持培训证方可领取2胎准生证。1993年9月10日开始的全区计划生育宣传月，先后出动宣传车100多辆次，6个文艺宣传队演出18场，举办“树立远大理想，做晚婚晚育模范”演讲比赛。1996年8月20日至23日，栗园镇举办各村分管领导计划生育讲课比赛。区计生局宣传站就此撰写的通讯《滥竽充数不行了—记栗园镇举办村分管领导讲课比赛》，发表在《河北人口报》上，并被河北省记者协会评选为好新闻二等奖。1997年，依据政府的计划生育优惠政策，编印3万本宣传手册，发放至全区一孩户和两女户；其中1715户受到优惠、530户受到帮扶，并培养了310户少生快富文明户。1999年10月12日，世界人口达到60亿。区计生局利用10月8日开平集日，在区委党校门前组织召开纪念大会，摆放展牌30块、发放宣传材料2500份，并演出文艺节目。2000年9月25日，《中共中央关于控制我国人口增长问题致共产党员、共青团员的公开信》发表20周年之际，区委、区政府作出《关于表彰农村百名党团员计划生育先进个人的决定》。2002年，在中共中央宣传部、国家计生委召开的全国“婚育新风进万家”活动表彰大会上，区计划生育宣传站和宣传站站长唐向群，分别被授予先进单位和先进个人。2003年7月，唐向群被中国人口学会吸纳为会员。2004年，区委宣传部等10部门联合下发《开展婚育新风进万家活动的安排意见》，落实直面工程，全区绘制宣传板块2100块，新建宣传橱窗50多个，建新型生育文化大院18个。开平镇、栗园镇和税务庄街道制作了印有“婚育新风”的布兜、围裙、背心万余件。

1989年11月11日，开平区计划生育宣传日

2006 年 4 月 6 日，越河镇被评为 2001 - 2005 年“全国婚育新风进万家活动先进单位”。

第二节　计划生育管理

一、生育指标管理

1989 年《河北省计划生育条例》颁布前，开平区的计划生育工作依据河北省委〔1984〕30 号文件和〔1986〕7 号文件精神，大力提倡晚婚晚育，少生优生，一对夫妇只生一个孩子。采取奖励一胎、控制二胎、杜绝三胎的行政措施，严格生育指标管理，有效遏制全区人口过快增长。1989 年《河北省计划生育条例》实施后，增加“平原农村独女户”可以生育二胎的规定。为了控制生育指标有序增加，凡照顾二胎夫妇所在的村，必须是上年无计划外生育的合格村。为此，1989 年 3 月 22 日，下发《关于做好平原农村独女户调查工作的通知》，以便将合格的二胎户纳入全区的计划生育指标。是年 5 月 8 日至 20 日，区计生委对 25 个合格村进行审查验收。6 月 15 日，在傅家屯乡召开全区照顾平原农村独女户二胎工作现场会。当年，共为 131 个村的 1361 户独女户办理了二胎手续。1990 年开平区荣获唐山市“计划生育目标管理工作”一等奖。至 2008 年，全区农村共有 3118 户独女户放弃二胎生育指标。

1987 - 2008 年开平区计划生育情况表

表 2 - 17　　单位：人

年度	期末总人口	期初总人口	出生人数			一孩人数				二孩人数				多孩人数				符合政策生育率%
			合计	男	女	合计	男	女	其中：政策内	合计	男	女	其中：政策内	合计	男	女	其中：政策内	
1987	316646	-	5221	-	-	4282	-	-	-	916	-	-	-	23	-	-	-	97. 13
1988	320215	316927	4451	-	-	3836	-	-	3826	608	-	-	573	7			3	98. 90
1989	325577	323791	4031	2037	1994	3588	1789	1799	3586	436	246	190	408	7	2	5	7	99. 26
1990	324419	320259	5578	2889	2689	3366	1731	1635	3366	2196	1149	1047	2189	16	9	7	16	99. 87
1991	328264	324419	5082	2659	2423	2891	1527	1364	2887	2167	1124	1043	2160	24	8	16	23	99. 76
1992	327840	325789	4582	2343	2239	3037	1537	1500	3037	1533	799	734	1533	12	7	5	10	99. 96
1993	259099	259219	2947	1536	1411	2191	1141	1050	2190	742	383	359	742	8	6	2	8	99. 76
1994	259740	259099	3168	1653	1515	2219	1173	1046	2218	938	474	464	938	11	6	5	11	99. 97
1995	255833	262802	2619	1365	1254	2017	1048	969	2013	597	312	285	596	5	5	0	5	99. 81
1996	258019	258469	2396	1229	1167	1803	922	881	1802	578	306	272	576	9	1	8	9	99. 62
1997	253753	258019	2241	1150	1091	1645	832	813	1645	591	314	277	589	5	4	1	5	99. 91
1998	253617	251155	1891	987	904	1548	809	739	1545	329	166	163	325	5	3	2	4	99. 10
1999	260490	261160	1979	1039	940	1537	793	744	1536	437	245	192	435	5	1	4	4	99. 80
2000	256330	260490	2030	1028	1002	1583	785	798	1583	441	241	200	439	6	2	4	5	99. 85
2001	255935	256330	2153	1075	1078	1741	878	863	1740	405	193	212	396	7	4	3	5	99. 44
2002	255776	252935	2250	1202	1048	1858	988	870	1858	384	208	176	380	8	6	2	7	99. 78

续表2－17

年度	期末总人口	期初总人口	出生人数			一孩人数				二孩人数				多孩人数				符合政策生育率%
			合计	男	女	合计	男	女	其中：政策内	合计	男	女	其中：政策内	合计	男	女	其中：政策内	
2003	243620	255776	1941	999	942	1638	838	800	1638	301	159	142	300	2	2	0	2	99.95
2004	245119	243002	2142	1111	1031	1866	974	892	1866	273	136	137	271	3	1	2	2	99.86
2005	245561	245119	2113	1082	1031	1769	916	853	1769	340	164	176	337	4	2	2	4	99.86
2006	236566	245561	1988	1019	969	1652	834	818	1651	331	182	149	325	5	3	2	5	99.65
2007	240847	244566	1939	1009	930	1543	809	734	1541	392	198	194	366	4	2	2	3	98.50
2008	240848	240847	1783	932	851	1418	725	693	1418	362	205	157	351	3	2	1	2	99.33

二、节育措施

根据计划生育政策规定，开平区积极落实育龄妇女长效避孕措施。对40岁以下的育龄妇女，已有两孩或两孩以上的，除夫妇双方都有禁忌证外，一方要实行结扎手术。规划外生育，又无禁忌证者，必须做结扎手术，不受年龄限制。生一个孩子的，除禁忌证外，要采取放环手术。

2005年6月10日开民区农村育龄妇女生殖健康检查启动仪式

1987年上半年，全区实现无多胎生育，全区214个村有147个村无计划外生育。缸窑乡成为无计划外生育乡。1988年8月8日至13日，区计生局依据冀传〔1988〕54号文件精神，对全区12个乡镇进行人口规划检查。9月，又下发关于进行计划生育六查回头看的紧急通知。六查中，共查出早婚518人（其中男312人、女206人）；实有计划生育3970例，比掌握的4017例少47例（其中计划外二胎少38例，多胎少9例）；全年一孩放环，实放30578人，占应放93.50%。1989年，126个村为2464个独女户办理二胎手续，为107对育龄夫妇办理养老保险。1990年8月11日，占地2.3亩，建筑面积1015平方米、投资33万元的开平区计划生育技术服务站动工兴建。依据省计生委1990年8月17日《关于认真执行全省计划生育活动日的通知》精神，开平区决定每季度对育龄妇女进行一次孕检，具体时间为每年的3月、6月、9月、12月的25日至月底。区计划生育技术服务站1991年4月开始接受四项手术，至年底共作手术1560例。1995年7月1日，开始实施开计育字〔1995〕23号文件《关于申请结婚的育龄妇女实行婚前孕检的实施办法》，由区计划生育技术服务站具体负责。2000年，开始实行已婚育龄妇女避孕方法知情选择，至2003年底全部完成。2005年6月10日，区在越河乡后于家店村召开农村育龄妇女免费查体工作启动现场会。是年，区计生局技术科科长孙玉萍被国家计生委评为“全国人口和计划生育药具管理工作先进个人”。2008年，区下发《关于全区优生优育暨“出生缺陷干预工程”启动仪式的通知》。

全区符合政策生育率由1987年的97.13%，提高至2008年的99.33%，一孩率家庭由1987年的82.19%降至2008年的79.53%。

三、目标责任管理

1987年，开平区计划生育工作改变历年来向乡镇街道下达各项指标的做法，将其纳入党委、政府的责任目标，从单纯的部门职能转为党委政府的整体工作任务，逐级签订生育合同。区委、区政府转发区计生委《关于加强综合治理，实行各部门齐抓计划生育工作的意见》。1988年4月11日，区政府制订计划生育目标考核办法，决定从全区总体目标管理方案中提出30%，为考核奖励计划生育工作部分，对各乡镇街道全年人口出生率、计划生育率、多胎率、结扎率、放环率、超生子女费兑现率按达标分数和浮动分数两个档次相结合的办法计算得分数，按实际分数评比，达标者将总体目标中30%的奖金如数兑现，未达标者从30%的奖金中按比例扣罚一定数额的奖金。1996年1月8日，区委、区政府做出进一步加强计划生育工作的决定，建立并强化年终考核责任制，实施计划生育一票否决制。

四、奖励与处罚

1987年3月25日，区政府办公室转发市政府办公厅转发的市计生委、保险公司、妇联《关于大力开展独生子女保险报告》的通知。4月9日，区政府召开独生子女保险工作会议，落实市政府通知精神。

1999年9月26日，区政府召开“少生快富十面旗、百颗星”表彰大会。2005年9月14日，区计生局在开平会堂举办计划生育奖励扶助金首发式，100名奖励对象各领取600元扶助金。2006年10月10日，区计生局、区社会保障局和区财政局联合下发《关于落实独生子女父母奖励有关问题的通知》，决定从2006年1月1日开始，落实由双方所在单位每月发给不低于10元的奖励；按规定可以生第二胎而不愿意再生育的夫妻，领证后分别给予不低于1000元的一次性奖励；独生子女父母2003年10月1日后退休的，所在机关和企业给予3000元奖励，1972年8月15日以来实行计划生育并持证的，分别由原单位奖励3000元。2008年，开始实施计划生育家庭救助金。按规定1933年1月后出生的独生子女父母，1973－2001年间没有违反计划生育法规、规章和政策规定生育，持有《独生子女父母光荣证》的家庭，符合下列条件之一的，区计划生育家庭专项救助工作领导小组予以救助：（一）对独生子女死亡的家庭，给予一次性救助5000元。（二）独生子女伤残，符合二等乙级伤残军人以上标准或相当于照顾生育二胎要求的病残儿以上标准的家庭，给予每年2000元救助；二等以下“有残疾证”的独生子女家庭，给予每年500－1000元的救助。（三）由于其他原因造成生活特别困难的独生子女家庭，视情况给予一次性救助1000－6000元。2008年，全区符合救助条件的独生子死亡的家庭6户，二等乙级以上伤残的7户（2007年17户），二等乙级以下3户，救助资金合计8.1万元。

五、流动人口计划生育管理

随着经济的发展，开平区流动人口不断增加，1992年已达9262人。为此，区计生局下发《关于加强流动人口管理的通知》，要求对全区流动人口摸清底数，单独建账。人在户不在建卡，户在人不在建户，逐人填写，每月汇总。对区内流动的妇女，与户口流入地共同管理，户口地为主，负责节育措施的落实，月访季视普查。人在本村，户在外县区与常住人口一样管理，居住地访视普查。外县区、外地区来区内的，在办理营业执照、暂时户口手续时，除原户口地证明外，还要与户主签订计划生育合同，交纳一定数量的计划生育保险金，坚持每季普查一次，发现问题及时与户口所在地联系。户口在区内，随夫长期在外的空挂户，限定时间内回村签订普查合同，交保证金1000元；户口所在地计生办必须每次将普查的时间地点通知到位，因路途远无法参加普查的，每季首月将居住地的普查证明寄回，每拖延一天，罚款20元，从保证金中扣除。

为加强对流动人口管理，切实做到“流动人口户籍所在地和现居住地共同管理”，2003年4月1日至6月10日，开展促进流动人口管理的服务调查。8月14日，计生局与安易公司联手建立机关局域网，实现计生局内部科室、计生局与各乡镇街道政务信息网上流转。

2003年10月，计生局分别组织各乡镇街道微机操作员和政法员、流动人口管理员进行育龄妇女信息网络系统和信息交换平台工作培训。2005年5月10日，又组织各乡镇街道主管计生工作的领导，到石家庄市桥东区参观学习流动人口双居工程典型经验。2007年，制订加强流动人口管理方案。落实流动人口现居住地管理制度和计划生育双居工程。为流动人口免费提供避孕药具，主动送药上门，指导到人，同时进行三查：查环、查孕、查病。同时，加强对流动人口的宣传教育，形成管理氛围。针对流动人口用工单位、房主，主要宣传“流动人口婚育证明”的领证范围，以及须提交的审批材料，到流入地后如何查验证明，跨省流动人口用工单位和房屋出租者对流动人口的管理义务。

第三编　城乡建设与环境保护

由于开平区未被列入震后唐山市恢复建设规划，城乡建设多年处于低水平缓慢发展状态。1987 年，城区 30 万平方米公有住房 70% 为平房和各自楼（上下两层分别有两户居住各有院门的简易小楼），仅有 30%6 层以下楼房，且均无暖气、燃气，供水时断时续。1988 年，为改善城区居民居住条件，开平区着手住宅楼建设，至 1991 年共开发住宅楼 439 套、2. 56 万平方米，并铺设大口径管道 7000 米，结束了城区不能 24 小时供水的历史。是年，开平区把城乡建设作为争创河北省首批小康县（区）的重点，实施以五街小区平改楼项目为主的老建成区改造计划，5 年间累计建设 5 –6 层住宅楼 20 栋、1300 套、7 万多平方米，并实现了暖气入户。1996 年，开平区提出“开发新城区、改造老城区、辐射小城镇”和“城区现代化、农村城市化、城乡一体化”战略，拉开了新城区建设序幕，1997 年，新城区投资 3 亿元，建成 30 万平方米公建、民建项目，实现天然气入户工程。2001 年老城改造全面铺开。至 2002 年，总投资 8 亿元、占地 1125 亩、布局合理、功能完备的开平新城区落成。自来水普及率、生活垃圾无害化处理率均达到 100%，并先后荣获“河北省园林式小区”“全国城市物业管理优秀小区”称号。进入 21 世纪，开平区以一连串统筹城乡发展的举措，着力打造城乡一体化示范区。截至 2008 年，以东港龙城、河联片区危房改造工程为重点的现代居住小区加速推进，以东城绿庭项目为代表的老城区改造工程紧锣密鼓，以郑庄子镇贾庵子银联小区为依托的小城镇建设稳步推进。城市配套日益完善，绿、美、亮化市容工程全面提升。城区面积由 1987 年的 4 平方公里扩展到 13 平方公里，城市化率达到 56%。

进入 20 世纪 80 年代，随着工业化进程的加速，也给环境治理带来巨大压力。1987 年，由于矿山资源无节制开采和小钢铁、小煤矿、小水泥、小化工、小矿山等“五小企业”无序发展，烟尘、废水、废气、废渣直接排放，致使境内环境日趋恶化。1995 年，组建唐山市环境保护局开平区分局，环境保护工作得到加强。1996 年，随着中央可持续发展战略的实施，开平区把环境保护作为基本国策列入重要日程，加强环境监测、监察，严格落实项目审批制度，企业防污治污能力得到加强，污染程度得到控制。到 2008 年，虽经多种措施防治，水污染治理收效明显，大气污染仍是环境治理的顽疾。

第一章　城乡建设

20 世纪 90 年代，开平区城乡建设进入快速发展轨道。1991 年重点启动居民平改楼工程，1996 年拉开新城区建设序幕，同年半壁店别墅式新农村落成。2002 年实施老城改造，城乡住宅建设与公共设施建设、营业性建设协调发展，小城镇和新农村规模迅速扩大，布局不断完善，管理日益规范，人居环境绿、美、亮、活。至 2008 年，开平城区已改变昔日“不城不乡”的旧貌，初具现代城区的功能载体。新城区拔地而起，开平、郑庄子、越河等镇新民居脱颖而出，全区城乡面貌欣欣向荣。

第一节 城区规划

一、规划工作

1985 年版《2000 年唐山市市区城市建设总体规划（纲要）》中，明确了中心区在严格控制人口规模的情况下，适当向北扩展，开平区严格控制规模。形成以中心区为中心城市，包括东矿区、新区、丰润城关、开平镇等大中小城市（镇）相结合的城镇群。1990－2000 年，开平区城区人口规模从 4.6 万增长到 5 万，用地规模 6.18 平方公里。

1994 年，唐山市规划管理局委托中国城市规划设计研究院编制《唐山市城市总体规划（1994－2010 年）》，1999 年报经国务院批准。总体规划明确规划市区主要由中心区、新区、丰润城关、古冶区、开平区、海港区和南堡区六片构成，城市总体布局呈分散组团式格局。开平区近期向南发展，局限于京山铁路以北、半壁店村以东至开平镇老建成区之间的范围内，远期对老建成区改造为主，同时加强西部与市中心之间的采煤塌陷区的治理利用，提高城市绿化水平。

开平区规划范围包括马家沟工矿区及开平老城镇两部分。工业用地：开平区内工业用地主要分为两个组团，即马家沟矿工业组团和镇南工业组团。此次规划马家沟矿工业组团不作调整，对镇南工业组团则是限制发展。在新规划区的西南角，规划一片无污染的工业区。居住用地：在新片区内规划一部分居住用地，同时对开平老城镇的居住区将进行逐步调整。公共服务设施：规划在老城镇和新片区各形成一个商业中心和行政中心。在新规划区内配套设置医疗、金融、科研、教育用地。绿化布局：利用开平老城镇两侧塌陷区建设城市公园，在马家沟矿工业广场东南角规划一片公共绿地，在开平影剧院南侧建一片公共游园绿地。道路交通：新规划片区的道路网是开平老城镇道路网的有机延续，同时加强开平老城镇与马家沟工矿小区的联系。加宽东西大街、南环路和西环路。开平区排水工程规划，雨水主要排入石榴河及采煤塌陷区。开平区为独立的排水系统，污水汇入开平污水处理厂集中处理，处理厂规划处理能力近期为 3 万立方米/日，远期为 10 万立方米/日。2000－2010 年，开平区城区人口规模从 8 万人增长到 10 万人，用地规模从 7 平方公里增长到 9 平方公里。

2002 年，唐山市规划局委托中国城市规划设计研究院和唐山市规划建筑设计研究院，编制《唐山市城市总体规划（2002－2020）》，首次提到中心城区（包括中心区、开平区和丰南区的城区部分），开平片区主要向西北、向北发展。截至 2008 年底，此轮修编工作正在进行。

2008 年，开平区人民政府委托北京中新佳联国际规划设计与咨询有限公司、北京中元工程设计顾问公司唐山分公司，编制《唐山市开平区控制性详细规划与城市设计》。

为了全面查明开平区地下管线空间分布和属性情况，建立具有权威性的开平区地下管线综合数据库和专业数据库，实现地下管线信息计算及网络化管理。2008 年 4 月，开平区人民政府委托保定金迪地下管线探测工程有限公司，负责《唐山市开平区管线普查及建立管线信息管理系统工程》的普查工作，测区面积约 12 平方公里。按照区政府 2008 年度规划编制计划，委托北京中新佳联国际规划设计与咨询有限公司、北京中元工程设计顾问公司唐山分公司，编制《唐山市开平区控制性详细规划与城市设计》《唐山市开平区三镇总体规划》（双桥、栗园、洼里）《唐山市开平区城市道路、排水专业规划》和《唐山市开平区东湖生态园城市设计》。2008 年 11 月，唐山市城乡规划局开平区分局委托煤炭科学研究总院唐山研究院，编制《唐山市开平区规划区域采动地基稳定性评价》和《唐山市开平区拟建两院建设项目地质灾害危险性评估》，为下一步规划选址、城市建设提供地质依据。

二、机构设置

1988 年 2 月，唐山市规划处城市规划实施分级管理，各区下设规划办公室，为市规划处的派出机构，由区城建局代管。1996 年 4 月，成立唐山市规划管理局开平区规划分局，挂靠在区城建局。2003 年 3 月，区分局更名为唐山市规划局开平区规划分局。2008 年 1 月，区分局更名为唐山市城乡规划局开平区分局，根据《中华人民共和国城乡规划法》，区规划分局正式行使规划审批管理权。

第二节　城区建设

由于开平城区处于开滦马家沟矿井田范围，震后唐山市恢复建设未被列入规划。多年来，城区建设见缝插针，因陋就简，居民住宅以平房为主，只有少数各自楼和 6 层以下的楼房，且基础设施建设起点较低、功能较差，道路狭窄，给排水不畅。1991 年，以五街小区平改楼工程为契机，城区居民住宅楼建设加速，并大力实施路、水、暖为重点的基础设施建设，城区面貌发生显著变化。特别是 1996 年新城区开发拉开序幕，短短 5 年时间，占地 1125 亩、建筑面积 53.08 万平方米的新城区落成。2002 年，以建筑面积 16 万平方米温州商城的运营，标志着老城改造的加速推进，城区配套设施一应俱全。城镇自来水普及率、生活垃圾无害化处理率均达到 100%，初步实现城区现代化。

一、城区建筑

（一）老城改造

1976 年，唐山大地震将开平城区夷为平地，古镇风貌荡然无存。震后 10 年恢复建设，基本形成以开平和马家沟为中心的开平区城区格局。但处于唐山市近郊的开平城区，其农市混居和城中村现实，严重掣肘着城区建设的发展。

1987 年底，城区共有公有住房 30 万平方米。其中 30% 为 2－6 层楼房，30% 为各自楼，40% 为平房，另有市民自建平房 10 万多平方米，均无暖气和燃气。人均居住面积 8.2 平方米。1988 年 1 月 29 日，区政府印发开政字〔1988〕5 号文件，决定成立开平区房地产开发公司。3 月 26 日，依据开编字〔1988〕9 号文件，成立开平区房地产管理局（简称房管局），与区房地产开发公司一套人员两块牌子。1988－1991 年，先后建成马家沟六号小区住宅楼 10 栋、66 套，建筑面积 3754.9 平方米；在马砖小区北侧开发商住楼 9 栋、225 套，建筑面积 1.29 万平方米；在开平普光道建成税务局宿舍楼 2 栋、48 套，建筑面积 3064 平方米。1991 年初，区人大十届二次全会上，区政府作为 4 件实事之一，提出五街小区改造计划，并于 4 月 3 日成立五街小区改建工程领导小组，从而启动开平老城改造。是年底，五街小区改造一期工程 5 栋住宅楼竣工 2 栋，建筑面积 5900 多平方米，提供住宅 100 套。1992 年 10 月，另外 3 栋竣工，又提供住宅 204 套。1993 年，投资 120 万元建教师楼，建筑面积 3135 平方米，54 户教师喜迁新居。建成普光南里 B 组 314 套住宅楼，建筑面积 1.84 万平方米。1994 年，投资 135 万元，在五街小区建成第二栋教师楼，建筑面积 2635 平方米，为 45 户教师解决住房困难。1995 年，五街小区改造工程——普光南里 C、D 组团 5 栋住宅楼竣工，建筑面积 1.8 万平方米，并被评为市优工程。五街小区获评省级优秀小区。1992－1997 年，还先后完成五街小区 260 户搬迁倒面，累计建成住宅楼 20 栋、1300 套，总建筑面积 7 万多平方米；完成马家沟小区插建住宅楼 2 栋、56 套，建筑面积 3500 平方米，铺筑小区道路 3500 米。同时，开发马砖小区商住楼 2800 平方米、开平五街小区经济适用性住房 4.6 万平方米。1995 年，投资 600 万元，为马家沟六号小区 7.2 万平方米住宅楼、1484 户，安装暖气设施；为开平新风楼 207 户安装散热气，增加供热面积 3 万平方米。截至 1999 年底，城区累计建成居民住宅 51.19 万平方米，其中商住房 1. 57 万平方米。

位于老城中心的温州商城碑

2001 年 5 月，开平老城改造全面铺开。当年投资 3 亿多元，完成“三横（东西大街、普光道、南环道）、三纵（南北大街、西城路、东城路）”拓宽改造及沿街商业楼开发建设。至 2002 年，共拆迁居民住房和公建单位 700 多家、9. 91 万平方米，沿街长 5480 米。在东西大街、南北大街投资 6000 多万元，建商住楼 400 套、4. 44 万平方米；普光道投资 1000 万元，建商住楼 87 套、8968 平方米；南环道投资 1000 多万元，建商住楼 100 余套、近万平方米；东城路投资 900 多万元，建商住楼 90 多套、9000 多平方米。设计新颖、古韵犹存的 4 座石牌楼也相继在开平老城 4 门落成。同时，在西城路投资 4700 万元，建商住楼 120 套，建筑面积 2. 9 万平方米。投资 1500 万元、建筑面积 8500 平方米的志方超市，在普光道与西城路交汇处落成，其外装饰采用干挂高档花岗岩材料，转角处采用大型圆弧玻璃幕墙，美观大方，堪称地域标志性建筑。普光道西端，建筑面积 2050 平方米文化馆和占地面积 8004 平方米的文化广场相继投入使用。坐落在文化广场南北的怡景花园和瑞景花园共建成住宅 700 多套，楼体为欧式建筑风格。五街小区一隅的 100 多套开平街道住宅楼也相继落成。2002 年 10 月 17 日，总投资 4. 2 亿元、总建筑面积 16 万平方米的开平温州商城正式投入运营。同日，区委、区政府隆重举行开平温州商城暨开平得名 600 年庆典。2005 年，计划开发百万平方米高档居民住宅小区的东城绿庭项目启动，2008 年完成住宅楼 3 栋，建筑面积 1. 75 万平方米。截至 2008 年底，老城区累计建成居民住宅 91. 54 万平方米，人均住房面积达到 25. 13 平方米。

附录：

开平老城的新牌楼

2002 年，开平老城改建主体工程竣工后，在东西、南北两条大街的进出口处，修筑了四座大型牌楼。

东西门牌楼内体用钢筋水泥浇注而成，外部使用天然大理石贴面，南北门牌楼则是用“草汉白玉”雕琢而成。四座牌楼的设计均出自名家之手。东西门牌楼由北京仿古设计院设计，为三间四柱三重楼形状。东门牌楼，南北跨度 33. 6 米，高 9. 6 米，四柱双层顶帽为仿明清古宫殿形状。西门牌楼是仿汉阙造型，南北跨度长 33. 6 米，高 9. 95 米，柱顶为道冠状。南北门牌楼由中国雕琢家协会河北省分会理事孙正鹤、会员甄世军及古稀之年的老雕塑家甄龙蛟共同设计，河北新乐甄氏牌楼制作基地制作。两座牌楼用材均为“草汉白玉”。北门牌楼东西跨度长 22 米，高 12 米，四柱方形方柱的浮雕龙蛇盘绕玉柱，横梁雕琢的是飞翔的凤凰及多种花卉，柱脚底座是鼓状石雕，整座牌楼用石材达 110 多立方米，重量超过 200 吨。牌楼主间内外两侧还坐有两对高约 2. 5 米的大型石狮。南门牌楼略小于北门牌楼，为垂花造型。东西跨度长 20 米，高 10 米，柱体及横梁均为剔地浮雕。四

开平老城北门

座牌楼还蕴涵着东青龙、西白虎、南朱雀、北玄武四方之神的传统意念。

为提高四座牌楼的艺术品位，区政府在全市征联，从300多副应征联语中选取了贴切开平实际的6副，并邀请中国书法艺术界名人走笔。东门牌楼内外联均由中国作家协会河北省分会会员阎景新所撰。外联是："唐石城，元义丰，明开平，古邑千载，曾是滦州首镇；兴商贸，繁经济，富百姓，新城一座，堪称冀省明星。"此联由中国书法家协会副主席李铎书写。内联是："迎旭日，接紫气，兆祥瑞，业崇财裕，财如旭日腾空起；纳春潮，沐甘霖，承恩泽，攸德利丰，利似春潮动地来"。此联由中国书法家协会副主席杨再春走笔。南门牌楼外联是连月波所撰："古镇千年逢盛世；新城百代遇中兴"由中国书法家协会副主席刘秉森挥毫。内联是阎景新撰："经商无术诚为本；生财有道信是根"由中国书法家协会秘书长苏适所书。西门牌楼外联由开滦马矿工人李嘉生所撰："民意顺，国运兴，开平呈盛世；商贸旺，财源广，古城现祯容"是中国书法家协会副主席、资深书法家沈鹏老先生的墨宝。内联是："广交朋友古邑迎东西南北客；信守商德新城招春夏秋冬财"，由中国作家协会河北省分会会员刘静远撰联，杨再春书写。另外，在东、南、西门牌楼的跨梁上方内外和北门牌楼外侧，均雕刻有苏适的行书"东门""南门""西门""北门"。

（摘自《开平区志附书》作者李述）

（二）新城开发

1996年，区委四届七次全会做出开发新城区的决策，决定建设占地1125亩、建筑面积53.08万平方米的唐山市最大住宅小区。其中公共建筑3.5万平方米、住宅面积49.58万平方米。经市政府唐名办〔1996〕1025号文件命名为新苑小区，以主干道新苑路为界，路东称东新苑，路西称西新苑。新城区共建有13个条式楼组团和2个点式楼组团，每个组团由7栋住宅楼组成，寓意为"七星高照"。至1997年底，完成建筑面积11.7万平方米，城区新修道路6.67公里、14.97万平方米，城区道路累计52.17万平方米，人均路面7.8平方米。新增树木7.5万棵、绿地38.17万平方米，城区绿化率37.6%，人均公共绿地3.14平方米。1999年，新城竣工公建民建项目12项、1.47万平方米，住宅楼9栋、4.2万平方米；新修道路15.58公里，铺设便道板1327平方米、路沿石4834米。年内，投资160万元的西游园建成，完成东、西新苑和新苑路、荣盛道的绿化工程，计植树3051棵、花木760丛、花坛8个，380平方米。至2002年，新城区累计建成住宅楼建筑面积36.33万平方米、荣盛道商住楼1.1万平方米和其他外延工程1.68万平方米。年内，铺设彩便道板1.19万平方米，路沿石5086米，道路铺油盖被5.41万平方米。2003－2006年，投资1.5亿元，开发经济适用房25栋、1426套，总建筑面积12.3万平方米；投资680万元，完成荣盛道翻修及雨污水改造1.78万平方米；更新雨水管道1110米、污水管道960米。2007年，投资7000万元，开发建设东新苑8组团456套住宅楼，建筑面积4.13万平方米。2008年，投资2267.86万元，修建道路2.47公里，铺设便道板2.28万平方米、给水管道2920米、雨污水管道5700米，完善城区建设配套设施。截至2008年底，开平新城区累计建成居民住宅53.86万平方米。

建设中的开平新城区

1987－2008年开平区城区主要公共建筑一览表

表3－1

行业分类	名称	建筑面积（平方米）	投资（万元）	竣工时间
文体卫生	计划生育技术服务站	1015	33	1991.4
	区体育中心	－	340	1992
	离退休职工和老干部活动中心	－	200	1998
	区妇幼保健站	2000	420	2001
	开平影剧院（装修改建）	3500	300	2002
	文化馆	2050	750	2002.3
	半壁店村文化中心	4000	2800	2004.6
	青少年校外活动中心	2595	348	2007.11
	开平医院	18000	8600	2008
	开平体校	6000	600	2008
教育	开平第一幼儿园	1207	48	1987
	马矿新区小学	1330.28	58	1988
	四十九中教学楼、宿舍楼等	15698	1468	1989－2003
	二十三中教学楼、宿舍楼等	9817.87	912	1993－2003
	农校实验楼、宿舍楼	4300	155	1993.8
	自强高中教学楼、图书馆	3160.60	219	1994
	四十六中实验楼、宿舍楼	4654	299	1994
	开平小学	13865.53	1414	1996－2003
	开平小学幼儿园	1788	199.13	2006.9
	综合职校教学楼	4645	550	2007.8
	东山小学教学楼	8054	364.8	2008
机关办公	交警六大队办公楼	1200	50	1991.11
	人武部办公楼	1600	188.8	1995
	地税局办公楼	3318	390	1996.12
	土地局办公楼	1980	247.6	1996
	法院办公楼	3203	390	1997
	民政局办公楼	1208	145.96	1997
	开平派出所办公楼	2296	275.56	1997
	地矿局办公楼	1100	132	1997
	环保局办公楼	1485	185.43	1998
	交通局办公楼	4841	629.33	1999
	劳动人事局办公楼	3685	479.05	1999

续表3-1

行业分类	名称	建筑面积（平方米）	投资（万元）	竣工时间
机关办公	开平街道办公楼	1016	203.2	2000
	公安分局办公楼	6321	1264.2	2000
	区政府办公楼（西院）	4211	-	2001
	区政府办公楼（东院）	16700	-	2001
	国税局办公楼	7900	1000	2002.9
商贸服务	开平邮电大楼	3160	320	1993
	志方超市	8500	1500	2002
	劳动就业服务大厅	300	60	2003.9
	开平燃气公司	3262	652.4	2002

1987-2008年开平城区住宅楼建设一览表

表3-2

名称	层数	结构	竣工时间	建筑面积（平方米）
马矿新区南1楼	3	砖混	1987	1960.92
马矿新区南2楼	3	砖混	1987	1960.92
马矿新区南3楼	3	砖混	1987	1960.92
马矿新区南4楼	3	砖混	1987	1960.92
跃华7楼	3	砖混	1990	1015.02
普光南里普西104楼	3	砖混	1990	1369.68
普光南里普西105楼	3	砖混	1990	1369.68
普光南里普西106楼	4	砖混	1990	1447.2
马矿新区34楼	3	砖混	1991	1939.2
马矿新区35楼	3	砖混	1991	1458.24
普光南里107楼	5	砖混	1991	4224
普光南里110楼	5	砖混	1991	2640
普光南里111楼	6	砖混	1992	3600
普光南里108楼	6	砖混	1992	4224
普光南里109楼	6	砖混	1992	3522
二街北环楼101楼	5	砖混	1992	2130
二街北环楼102楼	5	砖混	1992	2130
新区南5楼	3	砖混	1993	1641.1
新工村-10楼	4	砖混	1993	1943
化工冀化楼101楼	5	砖混	1993	3766.4
化工冀化楼102楼	6	砖混	1993	2954.94

续表 3－2

名称	层数	结构	竣工时间	建筑面积（平方米）
怡景 107 楼	5	砖混	1993	3740
凤华楼	5	砖混	1993	2031.06
增华 1 楼	3	砖混	1993	2062.08
增华 2 楼	3	砖混	1993	1375.2
增华 3 楼	3	砖混	1993	1568.88
增华 4 楼	3	砖混	1993	1509.66
增华 5 楼	4	砖混	1993	1353.92
增华 6 楼	4	砖混	1993	1266.84
增华 7 楼	4	砖混	1993	1396.56
增华 8 楼	3	砖混	1993	1558.8
增华副 15 楼	5	砖混	1993	1272.6
普光南里 101 楼	6	砖混	1993	3132
普光南里 102 楼	6	砖混	1993	3132
普光南里 103 楼	6	砖混	1993	2280
普光南里 104 楼	6	砖混	1993	5832
普光南里 105 楼	6	砖混	1993	3132
普光南里 106 楼	6	砖混	1993	3132
六街粮库楼	4	砖混	1994	800
普光南里 113 楼	5	砖混	1994	3150
普光南里 114 楼	6	砖混	1994	2700
普光南里 115 楼	5	砖混	1994	2700
普光南里 116 楼	6	砖混	1994	3513.6
二街园丁楼	4	砖混	1994	1836
六街国税楼	6	砖混	1995	4678.8
七街园丁楼	5	砖混	1995	2686.5
福利楼南楼	5	砖混	1995	3184
福利楼北楼	5	砖混	1995	3184
普光南里 117 楼	6	砖混	1996	3513.6
普光南里 118 楼	6	砖混	1996	4684.8
普光南里 119 楼	6	砖混	1996	4224
普光南里 121 楼	5	砖混	1996	1040
普光南里 122 楼	5	砖混	1996	2790
东工房 1 楼	5	砖混	1996	2080
东工房 2 楼	5	砖混	1996	1560

续表 3-2

名称	层数	结构	竣工时间	建筑面积（平方米）
东工房 3 楼	5	砖混	1996	2080
东工房 4 楼	5	砖混	1996	1560
东工房 5 楼	5	砖混	1996	2880
东工房 6 楼	5	砖混	1996	2160
东工房 7 楼	5	砖混	1996	2880
东工房 8 楼	5	砖混	1996	2160
医院前楼 1 楼	3	砖混	1996	1440
医院前楼 2 楼	4	砖混	1996	1440
普光南里交警楼	6	砖混	1996	4800
普光南里商业楼	6	砖混	1996	3150
普光南里 200 楼	6	砖混	1996	4224
东新苑 201 楼	6	砖混	1996	3552
东新苑 202 楼	6	砖混	1996	5328
东新苑 203 楼	4	砖混	1996	3552
东新苑 204 楼	6	砖混	1996	3456
东新苑 205 楼	6	砖混	1996	3456
东新苑 206 楼	5	砖混	1996	3456
东新苑 207 楼	5	砖混	1996	2640
东新苑 700 楼	6	框架	1996	2311
东新苑 701 楼	5	框架	1996	4440
东新苑 702 楼	5	框架	1996	4440
东新苑 703 楼	5	框架	1996	3510
东新苑 704 楼	5	框架	1996	3510
普光南里 112 楼	5	砖混	1997	3312
四十六中教师楼	5	砖混	1997	2564. 73
地矿楼	3	砖混	1997	1620
西新苑 201 楼	6	砖混	1997	5220
西新苑 202 楼	6	砖混	1997	4752
西新苑 203 楼	5	砖混	1997	3600
西新苑 204 楼	5	砖混	1997	3200
西新苑 205 楼	5	砖混	1997	3345
西新苑 206 楼	5	砖混	1997	4920
西新苑 207 楼	5	砖混	1997	3760
西新苑 101 楼	6	砖混	1997	3744

续表 3－2

名称	层数	结构	竣工时间	建筑面积（平方米）
西新苑 102 楼	6	砖混	1997	5136
西新苑 103 楼	5	砖混	1997	2850
西新苑 104 楼	5	砖混	1997	3000
西新苑 105 楼	5	砖混	1997	3600
西新苑 106 楼	5	砖混	1997	3160
西新苑 107 楼	5	砖混	1997	4680
马矿新区副 9 楼	5	板楼	1998	1368.72
西新苑 304 楼	5	砖混	1998	4200
东新苑 302 楼	6	框架	1998	4320
东新苑 304 楼	5	框架	1998	3726
东新苑 306 楼	5	框架	1998	3726
东新苑 309 楼	5	框架	1998	3726
西新苑 307 楼	5	砖混	1998	3100
西新苑 302 楼	5	砖混	1999	3290
西新苑 402 楼	6	砖混	1999	5624.52
西新苑 404 楼	6	砖混	1999	4968
东新苑 208 楼	6	框架	1999	5808
东新苑 209 楼	5	框架	1999	2116.8
朝阳 101 楼	6	框架	1999	5160
朝阳 102 楼	6	框架	1999	5160
朝阳 103 楼	6	框架	1999	2460
朝阳 104 楼	6	框架	1999	5280
朝阳 105 楼	6	框架	1999	2350
朝阳 106 楼	6	框架	1999	2350
西新苑 501 楼	6	砖混	1999	4944
西新苑 502 楼	3	砖混	1999	1308
西新苑 503 楼	6	砖混	1999	5232
西新苑 504 楼	3	砖混	1999	1308
西新苑 505 楼	3	砖混	1999	1308
东新苑别墅 1 排 6 户	2	砖混	1999	1000
东新苑别墅 2 排 13 户	2	砖混	1999	2340
东新苑别墅 3 排 11 户	2	砖混	1999	1980
东新苑别墅 4 排 9 户	2	砖混	1999	1620
东新苑别墅 5 排 7 户	2	砖混	1999	1260

续表 3-2

名称	层数	结构	竣工时间	建筑面积（平方米）
东新苑别墅 6 排 5 户	2	砖混	1999	900
东新苑别墅 7 排 2 户	2	砖混	1999	360
朝新 201 楼	5	砖混	2000	4850
朝新 202 楼	6	砖混	2000	3168
朝新 203 楼	5	砖混	2000	3480
朝新 204 楼	6	砖混	2000	3024
朝新 205 楼	6	砖混	2000	6883.2
朝新 206 楼	6	砖混	2000	3163.2
朝新 207 楼	6	砖混	2000	2640.96
朝新 101 楼	6	砖混	2000	2328
朝新 102 楼	6	砖混	2000	3648
朝新 103 楼	6	砖混	2000	2328
朝新 104 楼	6	砖混	2000	2328
朝新 105 楼	6	砖混	2000	2328
朝新 106 楼	6	砖混	2000	2328
朝新 107 楼	6	砖混	2000	3648
朝新 108 楼	6	砖混	2000	2328
普光南里 100 楼	5	砖混	2000	2208
朝阳 107 楼	6	框架	2000	6012
朝阳 108 楼	6	框架	2000	6012
朝阳 109 楼	6	框架	2000	6012
东新苑 106 楼	5	框架	2001	3306
东新苑 107 楼	5	框架	2001	3600
新工村-11 楼	4	砖混	2001	2395
新工村-14 楼	4	砖混	2001	2395
怡景 101 楼	5	砖混	2001	2360
怡景 102 楼	5	砖混	2001	3044
怡景 103 楼	5	砖混	2001	2360
怡景 104 楼	5	砖混	2001	2360
怡景 105 楼	5	砖混	2001	2360
怡景 106 楼	5	砖混	2001	1085
朝新 301 楼	6	砖混	2001	5202
朝新 302 楼	5	砖混	2001	4720
朝新 303 楼	6	砖混	2001	5082

续表 3－2

名称	层数	结构	竣工时间	建筑面积（平方米）
朝新 304 楼	5	砖混	2001	4720
朝新 305 楼	6	砖混	2001	9840
朝新 306 楼	5	砖混	2001	8200
朝新 307 楼	6	砖混	2001	4272
朝新 401 楼	5	砖混	2001	2100
朝新 402 楼	5	砖混	2001	2100
朝新 403 楼	5	砖混	2001	5600
朝新 404 楼	5	砖混	2001	2100
普光南里 99 楼	4	砖混	2001	2460
普光南里 125 楼	6	砖混	2001	3072
普光南里 123 楼	6	砖混	2002	4690
普光南里 124 楼	6	砖混	2002	4956
新华河滨 1 号楼	6	砖混	2002	7126.14
西新苑 406 楼	6	砖混	2002	5196
西新苑 407 楼	5	砖混	2002	5590
西新苑 408 楼	6	砖混	2002	4260
瑞景花园 101 楼	6	砖混	2002	3200
瑞景花园 102 楼	6	砖混	2002	2800
瑞景花园 103 楼	6	砖混	2002	2800
瑞景花园 104 楼	6	砖混	2002	5200
瑞景花园 105 楼	6	砖混	2002	4500
瑞景花园 106 楼	6	砖混	2002	4500
瑞景花园 107 楼	6	砖混	2002	4500
瑞景花园 108 楼	6	砖混	2002	2850
瑞景花园 109 楼	6	砖混	2002	5500
瑞景花园 110 楼	6	砖混	2002	3500
西新苑 410 楼	6	砖混	2003	4422
西新苑 412 楼	6	砖混	2003	4272
西新苑 414 楼	6	砖混	2003	5160
西新苑 416 楼	6	砖混	2003	3696
东新苑 601 楼	6	框架	2003	4608
东新苑 602 楼	6	框架	2003	4680
东新苑 603 楼	6	框架	2003	4680
东新苑 604 楼	6	框架	2003	4680

续表 3－2

名称	层数	结构	竣工时间	建筑面积（平方米）
东新苑 605 楼	6	框架	2003	2880
东新苑 606 楼	6	框架	2003	6216
东新苑 607 楼	6	框架	2003	3906
东新苑 608 楼	6	框架	2003	4560
东新苑 300 楼	6	框架	2004	2956
普光南里 126 楼	6	砖混	2004	3128
普光南里 127 楼	6	砖混	2004	3024
普光南里 128 楼	4	砖混	2004	1456
新华河滨 2 号楼	6	砖混	2004	8305. 43
新华河滨 3 号楼	6	砖混	2004	2106. 21
西新苑 418 楼	2	砖混	2004	752
新华增 1 楼	6	砖混	2005	5400. 53
普光南里 129 楼	6	砖混	2005	5400
普光南里 130 楼	6	砖混	2005	5400
普光南里 132 楼	5	砖混	2005	3401. 4
普光南里 133 楼	5	砖混	2005	3846
朝新 308 楼	6	砖混	2005	5832
朝新 309 楼	6	砖混	2005	5232
朝新 310 楼	6	砖混	2005	5832
朝新 311 楼	6	砖混	2005	5232
朝新 312 楼	6	砖混	2005	5616
朝新 313 楼	6	砖混	2005	5616
朝新 314 楼	6	砖混	2005	6504
马矿新区副 33 楼	5	砖混	2006	3080
新工村－29 楼	4	砖混	2006	1401
新工村－31 楼	4	砖混	2006	1401
新工村－33 楼	5	砖混	2006	1751
东新苑 609	6	框架	2006	6856
东新苑 610	6	框架	2006	8160
东新苑 611	6	框架	2006	6246
东新苑 612	6	框架	2006	5520
东新苑 613	6	框架	2006	5400
东新苑副别墅 1 排 5 户	2	砖混	2006	1400
东新苑副别墅 2 排 2 户	2	砖混	2006	660

续表 3－2

名称	层数	结构	竣工时间	建筑面积（平方米）
东新苑副别墅 3 排 4 户	2	砖混	2006	1200
普光南里 39 楼	6	砖混	2007	2448
普光南里 40 楼	4	砖混	2007	784
普光南里 205 楼	6	砖混	2007	6156
普光南里 206 楼	6	砖混	2007	5220
东新苑 801 楼	6	框架	2007	1596
东新苑 802 楼	5	框架	2007	1956
东新苑 803 楼	6	框架	2007	3642
东新苑 804 楼	6	框架	2007	2988
东新苑 805 楼	6	框架	2007	4082
东新苑 806 楼	6	框架	2007	6900
东新苑 807 楼	6	框架	2007	4236
东新苑 808 楼	6	框架	2007	8304
东新苑 809 楼	6	框架	2007	3818
东新苑 810 楼	6	框架	2007	3252
东新苑 811 楼	6	框架	2007	1122
东城绿庭 13 楼	6	砖混	2008	4415.65
东城绿庭 15 楼	5	砖混	2008	5434.11
东城绿庭 25 楼	5	框架剪力墙	2008	7612.62

（三）物业管理

开平区居民小区的物业管理工作，随着公有直管公房出售量的增加和城区建设进程而逐步开展起来。1997 年初，开平区成立物业管理领导小组。是年 5 月，区物业管理处成立，负责指导、督查和协调全区各居民小区实施物业管理。按市政府要求，在马家沟增华楼小区率先试行物业管理。1998 年，区政府投资 16 万元对该小区进行综合治理，先后硬化道路 1150 平方米，栽种草坪 6505 平方米，喷涂花墙 3400 平方米，清运废墟 3000 多立方米，使其基本具备实施物业管理的条件。该小区于 2000 年正式实施物业管理，并先后被评为省、市安全文明小区。2000 年 5 月，开平区新城区建设指挥部将新苑小区物业管理权整体移交给开平区新苑物业管理有限公司。该公司在区物业管理工作领导小组的领导下，实行社会化管理与企业化管理相结合的方法，逐步探索物业管理的新途径。新苑小区先后被评为“全国城市物业管理优秀住宅小区”“河北省城市物业管理优秀住宅小区”“省级花园式小区”。至 2008 年底，除城区的新苑物业管理有限公司外，区内陡电街道还有唐山市陡河电力物业管理有限公司。

二、市政设施

（一）道路

1987 年，开平城区主要道路有大件路、东城路、普光道、北环道、东西大街、南北大街。1998－2008 年，根据市城管局调整，开平区城建局又先后接收唐古路、唐钱路、唐马路、银河路、建华东道等

5 条主干道；新建新苑路、开越路、西城路、荣盛道等道路。至 2008 年底，开平城区共有主干道 11 条、次干道 13 条、支路 27 条、街坊路 21 条。

主干道

银河路　全长约 7000 米，1985 年由市城建局组织开平市政处、市交通局等联合建设，1986 年建成，市城管局和交通局各占一半产权。1989 年，市政道路分别由路北区和开平区管理维护，路权性质不变。1993 年和 2008 年，市城管局两次组织翻修。开平区管辖段为银河路中段，南起唐钢二炼铁厂桥北，北至交通界。全长 1578 米，车行道宽 15 米，两侧人行道宽 2－5 米，普通砼便道砖。

唐马路　1975 年修建，产权归市城管局。1989 年，划归开平区代维护管理。2002 年，由市政总公司进行翻建，全长 4202 米。其中归开平区管理段长 3202 米，即西起唐山第一瓷厂铁路道口，东至马冶路交通界。车行道宽 21 米，两侧各 3 米人行便道，普通砼板。其中一座铁路桥主体产权归唐山钢铁公司所有。

唐古路　原路为 G205 一部分，后移交市城管局。1989 年，市城管局交开平区市政处代理维护。2002 年，由市城管局翻修，并由唐山路桥建设总工程公司在新华东道交叉口处建立交桥一座，产权由路桥公司代管。划归开平区市政处管理段长 3387 米，西起胜利桥，东至交通界，车行道宽 21 米，南侧便道为彩色人行道砖，北侧人行道由路北区市政处管理。

东城路　1983 年修建，原为护城河，为城区东部一条南北主干道，南起 G205 道，北至北环道，全长 1954 米，车行道宽 12－18 米。2005 年，重新翻建并新建污水管道一条。两侧彩色便道板各 3 米宽，其余为普通砼板。

新苑路　建于 1996 年，是开平新城内一条主干道。两侧建有区政府机关和商业网点多家。南起 G205 道，北至南环道，全长 1471 米，是一条设置比较完善的景观大道。车行道宽 14 米，非机动车道两侧各 5.5 米，两侧人行道为彩色板，各宽 10 米。

荣盛道　建于 1997 年，西起建华东道，东至新苑路，是开平区进入市中心的一条主干道。全长 986 米，车行道 18 米，两侧彩色人行道各宽 10 米。

开越路　全长 6300 米，1999 年修建完成。北起开平新城道口 G205 道，南至交通界，长 1512 米，由区城建局管理。快车道宽 24 米，慢车道 2×7 米，两侧人行道各 2 米，普通砼道板。

开平工业园区二期道路（尚未定名）　西起开越路，东至石榴河支流段，2003 年由开平区市政处修建，车行道宽 14 米，全长 1600 米。

园区道　西起开越路，东至石榴河，位于二期道南 1000 米处，全长 1308 米，车行道 2×12 米，两侧彩色人行道砖。

新华东道东延段　建于 2008 年，西起新华东道交叉口立交桥，东至开越路，全长 1825 米，道路宽 2×12 米，两侧人行道各宽 5 米，彩色砖。

建华东道　建于 2003 年，全长 3900 米，产权归唐山市管处。西起唐钢东道口，东至荣盛道，长 2830 米，由区城建局管理。车行道宽 21 米，两侧为彩色砼方砖，各宽 5 米。该路位于采煤塌陷地段，2006 年因地面下沉开裂翻修 250 米，并将沥青砼路面改成水泥砼连锁砖。

建华东道

次干道

矿西路　原为大件路的一部分，是连接开平城区和马家沟北小区片的主要通道。全长 1660 米，车行道宽 12 – 14 米。北起唐马路，两侧为普通水泥砼人行道板，各宽 2 米。该道始建于 20 世纪 70 年代，1988 年和 2003 年先后两次翻修。

新兴路　北起矿西路，南至城西路，全长 925 米，路宽 12 米。1978 年重修，2003 年全路盖被养护。

北环道　西起唐山市中心环线东线，东至东城路北口（原至 G205，后东城路北口至 G205 段长 2015 米作废），全长 1740 米，宽 12 – 18 米，始建于 1981 年。两侧为彩色人行道板，各宽 3 米。

唐钱路　西起 G205，东至交通界，产权为唐山市城管局，由开平区市政处代为管理。车行道全长 1279.5 米，宽 12 米，两侧普通砼人行道板，各宽 3 米。

南北大街　是开平老街道，北起北环道，南至普光道，全长 739 米，车行道宽 10 米。北环道至东西大街段，2002 年进行调直翻修，两侧为彩色人行道板。

普光道　建于 1984 年，东起东环路，西至马家沟矿铁路，全长 1407 米，车行道宽 12 米。2002 年盖被养护。

东关大街　西起东环路，东至东关幼儿园，全长 732 米，车行道宽 5 – 15 米，2006 年进行翻修改造。

东西大街　为开平老城区最早街道之一，西起西路城，东至东城路，全长 689 米，车行道宽 15 米，两侧为花岗岩人行道板。

西关大街　西起开西路，东至城西路，全长 738 米，车行道宽 7 – 15 米。1982 年兴建，2002 年盖被养护。

南环道　1978 年兴建，1998 年调直。东起东城路，西至西城路，全长 1296 米。1998 年两侧铺设彩色人行道板，各宽 3 米，以外部分铺设普通水泥砼人行道板。

西城路　始建于 1978 年，北起北环道，南至普光道，2000 年延至南环道。全长 1046.8 米，车行道宽 12 – 18 米，两侧为彩色人行道板。

新苑南道　西起唐山市燃气公司开平分公司，东至东苑别墅，2000 年建成。全长 954 米，车行道宽 7 米，两侧为普通人行道板。2006 年改建时接通排水管道，并将新苑路至东苑别墅段 557 米翻建更换成彩色人行道砖。

住友西路　2008 年修建，北起石榴河南岸，南至新华东道东延线，全长 620 米，车行道宽 15 米，两侧人行道为彩色砖，各宽 5 米。

1987 – 2008 年开平城区主要支路、街坊路一览表

表 3 – 3

名称	起止点	长（米）	宽（米）	路面结构	翻改建年度	备注
车站路	东城路—车站货场	399	7	水泥砼	2000	翻建
粗瓷小路	东城路—车站路	343	5	沥青砼	1992	翻建
谢家胡同	东城路—普光道	427	3.5	沥青砼	1990	新建
一街大夏庄子路	东关大街向东	770	3.5 – 5	沥青砼	1989	新建
四眼井街	北大街—东城路	405	5	沥青砼	1990	翻建
三街二条	北大街—城西路	285	3.5	沥青砼	1989	翻建
三街三条	北大街—城西路	277	5	沥青砼	1989	翻建
党校住宅路	南环路向南	216	3.5	沥青砼	1987	新建
普光新村路	新市场路—公祭堂路	818	3.5	沥青砼	1987	新建

续表 3－3

名称	起止点	长（米）	宽（米）	路面结构	翻改建年度	备注
高家胡同	西关大街向北	246	4	沥青砼	1989	新建
市场路	党校住宅路—普光新村	567	3.5－5	沥青砼	1990	新建
十五中西胡同	新兴路向北	243	3.5	沥青砼	1990	新建
马矿马砖小区路	唐马路—职校	228	6	沥青砼	1991	新建
铁西路	西关大街—普光道	167	7	沥青砼	1993	新建
清真寺路	东城路—清真寺	350	4.5	水泥砼	2000	新建
马矿工房路	马矿工房—北环路	415	4	沥青砼	2003	新建
五街小区路	西城路－马矿铁路	1497	3.5	沥青砼 水泥砼	1993	改建
新城东环路	新苑路—小区	320	7	沥青砼	1996	新建
怡静路	荣盛道—新苑路	827	7	沥青砼	2001	新建
新城 4#路	新苑路—开小	263.5	7	沥青砼	1997	新建
西新苑花园路	新苑路—新苑路	442	3	沥青砼	1999	新建
西新苑外环路	新苑路—新苑路	460	7	沥青砼	1999	新建
康宁路	新苑路—开小	502	7	沥青砼	1989	新建
中屈北委路	唐马路－中屈庄村	205	2	沥青砼	2000	新建
政府路副道	南环道—文教路	290	2.5	沥青砼	2000	作废
开半路副道	荣盛道—交通路	310	7	沥青砼	2000	作废

（二）排水

1987－1997 年，开平老城区排水基本上沿用 1976 年唐山大地震后重建的排水模式，即两污合流。主出水口有两处，位于普光道和东城路，最后汇合排向石榴河。1987 年，城区共有各种排水管道 2.45 公里。1993 年，铺设排水管道 2.5 公里，城区地下排水管道累计达到 39.5 公里。1997 年，开平城区建设采用两污分流式，新城区雨水排入石榴河，其他城区雨水向北排入陡河，污水排入唐山市污水主管网。2000 年，唐山市成立排水总公司，将开平区境内原市政管辖的主、次、支路管网接收，由开平市政处管辖各小区主管网和污水、雨水排放，污水排入市污水主管网，雨水排放方式不变。2005 年后，随着老道路的翻、改、扩建，实现了两污分流。

道路下主管网管理段有：

1. 东城路污水管道 1807.3 米，检查井 2 座。
2. 园区二期道路雨水管道 637 米，污水管道 529 米，检查井 31 座（暂未用）。
3. 园区路雨水管道 1242.5 米，污水管道 1269 米，检查井 55 座。
4. 新华东道东延（一期东延）雨水管道 2381.5 米，污水管道 2436.5 米，检查井 136 座。
5. 住友西路雨水管道 875 米，污水管道 877.5 米，检查井 49 座。
6. 西城路南延雨水管道 190 米，检查井 6 座。

2008 年开平城区主要排水设施建设一览表

表 3 – 4

序号	道路名称	排水类别	长度（米）	管径（毫米）	排水去向
1	矿西路	雨水	1089	300 – 800	陡河
2	普光道	雨水、污水	197	2×2（方沟）	石榴河
3	西城路	雨水	290	400 – 500	石榴河
4	东城路	污水	1807	800 – 1000	市污水处理厂
5	园区道路	雨水	1600	600 – 1000	石榴河
		污水	1239	500	市污水处理厂
6	园区二期道路	雨水	1374	500 – 1200	石榴河
		污水	909	400 – 500	市污水处理厂
7	新华东道东延	雨水	2381. 5	1000 – 1500	石榴河
		污水	2436	400 – 500	市污水处理厂
8	住友西路	雨水	875	800 – 1200	石榴河
		污水	877. 5	300 – 400	市污水处理厂
9	一街大夏庄	雨水、污水合流	815	300	石榴河

（三）照明

1987 年，城区街道共有路灯 871 盏，以汞灯为主，大部分安装在供电、通信等线杆上。居民小区多为白炽灯，除市管下拨小区外，基本都安装在就近房屋墙壁上。1990 年，路灯增至 986 盏，线路总长 35. 84 公里。1994 年，为解决大库、开马两条道路照明，延长线路 1560 米，安装路灯 96 盏。1997 年，新城道路延伸，新添路灯 51 盏。2000 年，开始对城区照明设施进行改造和完善，街道路灯实现灯杆专用，主次干道全部使用钢制灯杆，光源控制开始向自动化过渡。年内，四街小区、二街二道胡同、四眼井、车站路新安路灯 31 盏。2002 年，投资 160 万元，完成新苑路 111 基（794 盏）、垂柳灯 4 基（864 盏）、槐花灯 12 组、礼花灯 14 组、多柱彩灯 6 基、龙门灯 1 座的安装，使城区主干道路灯由亮化向美化迈进。2005 年，东城路翻修，更新路灯 96 盏。2006 年，投资 559 万元，完成唐古路城区段 6700 米亮化工程，共设变电 7 座，安装双侧单挑路灯 286 盏，结束了唐古路无路灯的历史。2008 年，新城区又安装路灯 84 基。截至 2008 年底，城区共有市政管辖路灯 6584 盏、变电 15 座、光控箱 13 个。

三、公用设施

（一）供水设施

开平城区的自来水工程源于 1967 年，由唐山市自来水公司开平水站负责。20 世纪 80 年代，唐山市自来水公司北郊水厂开始供应马砖小区居民楼和工商户用水。1987 年 12 月，唐山市自来水公司开平分公司划归开平区，称开平区自来水公司，隶属区城建局。是年，有自备水源井 4 眼，日供水 3000 立方米，可供开平老城区居民用水。1990 年，铺设大口径引水管道 7000 米，与唐山市北郊水厂并网，结束了开平城区不能 24 小时供水的历史。1992 年 10 月，开平区自来水公司回归唐山市自来水公司管理。为了适应新城的开发，1996 年，在西新苑建水厂 1 座，打水源井 3 眼，日供水能力 2000 立方米。随着人口的增加，1999 年，水源井增至 4 眼，基本满足了新城居民用水。至 2008 年，开平区拥有新城区、五街小区、瑞景花园和税务庄小区等自来水泵站 4 座，水源井 5 眼，环形配水管网 3. 5 公里，日供水量约

5500 立方米，自来水普及率 100%。

（二）供热设施

1988 年以前，开平区没有统一的供热设施，一些有条件的单位和厂企，自备锅炉，安装设施，各自供热。1988 年，区政府投资 120 万元，马砖小区 127 户居民和 5 个公建单位实现集中供热。供热面积 4.7 万平方米。1992 年，在五街小区建设锅炉房，为普光南里 2.24 万平方米居民楼供热。

1993 年，区房管局成立热力公司。当年，全区集中供热达到 8 万平方米。1997 年，在西新苑建设供热锅炉，集中供应西新苑和东新苑居民楼 11.7 万平方米。至 2001 年，供热面积增加到 33 万平方米。2003－2008 年，又先后投资 2117.5 万元，对开平新城区、马砖小区、五街小区、税东小区、唐钱楼小区的供热设施进行改造，并增设供热加压站。全区城镇居民集中供热率达到 49.4%，供热面积达到 126 万平方米。

铺设供热管道

（三）供气设施

开平区的供气设施建设始于 1996 年。是年，建造气水交换站及变电站。1997 年 7 月，成立唐山市开平区燃气公司，并建成一座 200 立方米储气罐，铺设高、中、低压输气管道 2 万米，辅助设施 1000 平方米，为 1200 户居民安装燃气表。由冀东油田（唐海）管道直接供气。开平区燃气公司与唐山市燃气输气公司签订日供 2 万立方米的合同，期限 20 年。1997 年 12 月，首批 700 户开始供气。从而，结束了开平区无燃气的历史，开创全市民用天然气之先河。1999 年 9 月，新城区 3000 户、普光南里小区 2250 户和新风楼小区居民，相继接通使用天然气。同时，完成新城区 4 万多平方米住宅楼的外网铺设工程和室内燃气管道安装扩供工程，以及开平街道住宅楼、工商银行住宅楼、马砖小区住宅楼的内外管网铺设。2000 年，投资 700 万元，兴建一座 3000 立方米储气罐，完成四街小区、增华楼小区、六号小区的输气主管道和调压站建设，新增供气 800 余户。2001 年，铺设燃气管道 2500 米，新增供气 865 户。2003－2006 年，累计投资 103.89 万元，对新城区、新一家小区、开平街道住宅楼、五街小区进行管网改造。又与冀东油田签订日供气 3500 立方米的协议。是年，新增用气居民 1800 户。2007 年，又增加 868 户。至 2008 年，全区用气居民达 1.03 万户。2008 年 5 月 29 日，开平燃气公司移交唐山市燃气公司管理。

（四）公交设施

1987 年以来，随着经济社会的发展和城市化进程的加快，公交设施建设进入快速发展时期。2008 年，城市公交线路由 1987 年的 1 条增加到 17 条，方便了群众出行。

1987 年，开平通往市区的公交车只有 10 路线，最近的站点距开平城内还有 2 公里，乘公交车出行很不方便。随着唐古路的拓宽，区内站点也相应增加，至 2008 年，10 路车（唐山站至古冶车场）途经开平区的站点有税钢小区、税东小区、八里庄、新苑路道口、开平老道口、开平水指工房、帅甲河、东方耐火公司、后营、夏庄、周桥、唐山市第一水泥厂、洼里大桥等 13 个。20 世纪末，随着开平新城的开发，城镇交通的改观，1998 年，市公交公司开通 8 路车，方便了开平北部、西部、南部和新城区的居民。8 路车（大钊公园至开平职校）途经开平区的站点有税钢小区、税东小区、八里庄、新苑路道口、新苑路、开平区政府、开平西关、开平镇、东山工房、开平体育场、马路村、新工村、马砖、马砖新区、开平职校 15 个。2002 年，随着市区新华东道东延，与开平新城荣盛道相连接，42 路车应运开通。42 路车（唐山站至国亮公司）途经开平区的站点有鸿达公司、半钢、凤凰花卉、半壁店村、新一家小

开往唐山火车站的42路公交车

区、新苑楼、新苑路、开平区政府、开平区工商分局、东城绿庭、东城路南口、东城路北口、开平一街、新生耐火材料厂、国亮公司等15个。2005年，市公交公司又从北部开通67路，使开平又多了一条通往市区的公交车。67路车（蓝天楼至古冶车场）途径开平区的站点有屈庄大桥、开平职校、马矿新区、马砖、新工村、马路村、开平体育场、东山工房、开平北环道、开平温州商城、北环道东口、开平一街西口、一街东口、新生耐火材料厂、国亮公司、帅甲河、东方耐火公司、后营、夏庄、洼里、唐山市第一水泥厂等24个。2008年春，随着开平区纳入市中心区，市公交公司又开通50路车，从开平温州商城可直达唐山南站，途经开平区的站点有温州商城、开平北环道口、开平西关、普光道、开平区政府、新苑路、开平新华超市、新苑路道口、开平建材市场、八里庄、东刘屯、开越中路、开越路口、宝新钢铁公司、税务庄西口、东立交桥、税务庄等共17个。至2008年底，途经开平区境内公交车还有15路（风井枢纽站至开平职校，境内站点有屈庄大桥、开平职校）、20路（税钢小区至丁家屯车场，境内站点有税钢小区、税务庄）、32路（蓝天楼至大刘各庄路口，境内站点有后于家店、东王盼庄、越河镇卫生院、唐钱楼、越河镇政府）、36路（三利购物中心至开平职校，境内站点有开平职校、屈庄大桥、屈庄小学）、47路（新立庄车场至小集镇，境内站点有后于家店、清雅园、西马各庄、唐钱楼、唐钱路口、汇力公司、税务庄）、51路（南刘屯至唐山现代装备制造园区，境内站点有工业园区、住友西路、康各庄、公交五公司、开平工业区、开越路口、宝新钢铁公司、税务庄西口）、57路（唐山东站至银河路车场，境内站点有新房子、周赵庄、周赵庄东、郑庄子沥青厂、钢材市场、泉河头、唐钢二炼铁、二瓷厂、贾庵子、银河路车场）、9路（风井枢纽站至陡河水库，境内站点有屈庄大桥、屈庄、马矿新区、马矿、前陡河、后陡河、后屯、博鳌煤业、唐山六十中学、冶里、陡河水库）、58路（公交五公司至清泉钢铁厂，境内站点有公交五公司、康各庄、住友西路、现代装备工业园区东）、102路（唐山南站至丰润11小区，境内站点有贾庵子、安各庄、郑庄子、钢材市场、泉河头）。另外，还有2条市区通往开平凤凰花卉的专线。

2008年，开平区境内客运班车有一条线路，即孙家庄至开平车管所，每天有两辆班车运行，运行时间为早6点到下午4点，途经站点为：孙家庄、大柳树、马家峪、张庄、双桥、冶里、开平职校、马家沟、玻璃厂、开平区政府、新城道口、开平车管所。

四、园林绿化

（一）园林

开平公园

始建于1987年，位于开平镇与马家沟街道之间，占地面积8.3万平方米，东西宽160－210米，南北长380米。相继建成了围栏、温室、锅炉房和园路，至2001年，公园始见雏形。是年10月，由于开平城区的整体规划改造，原公园改为企业生产场地和市自来水公司开平分公司给水基地。

西游园

建于1997年，位于新苑路南段西侧，占地面积2.53万平方米，其中，道路广场5011平方米、建筑小品421平方米、水面314平方米、花坛喷水池176.7平方米。园内植有乔木、灌木千余株，花卉色块3000余平方米，草坪1200多平方米。游园东侧建有新城建设碑。

附录

新城建设碑记

开平，因永乐元年于此设开平中屯卫而得名。曾享有滦州“四大集镇”之首的美誉，亦有“填不满的开平城”之说。然世事沧桑，几经兴衰，大地震尤为惨烈，二十四年前这一冀东古镇被夷为瓦砾。

“安得广厦千万间”。为提高生活质量，改善居住环境，繁荣一方经济，开平区决策者殚精竭虑，于1995年谋划在老城之南，辟地七十五公顷，筹建新城，翌年六月十八日交通局大楼奠基，拉开新城建设序幕。决策者锐意进取，克服诸多困难，坚持“规划高起点，设计高品位，建设高标准，管理高水平”。广大建设者栉风沐雨，披星戴月，昼夜鏖战，历经五载，斥资五点五亿元，竣工面积四十万平方米，一座布局合理，格调新颖，配套齐全，质量优良，公共设施一应俱全的现代化居民小区拔地而起。新苑路纵贯南北，东、西新苑遥相呼应。条式楼组团，点式楼组团，别墅住宅错落有致，小区道路呈环形，各种管线皆埋地下，颇具现代城市建设之风范。今日开平，一改往昔“农市混居”，城乡交错之旧貌，成为冀东大地一道亮丽的风景，如诗如画的生活乐园。放眼新城彩楼林立，绿草如茵，入夜霓虹闪烁，流光溢彩。

新城区一草一木无不沐浴改革开放之雨露，一砖一瓦无不寄托决策者惠泽一方之深情，一灯一盏无不闪耀开平人勇于开拓之斗志，“致富思源，富而思进”，值此千年之首，世纪之交，抚今追昔，我们奋然前行。

唐山市开平区人民政府

二〇〇〇年十二月

东游园

建于1997年，位于新苑路中段东侧，占地面积1.26万平方米，其中建筑小品124平方米。园内植有乔木、灌木近千株，花卉2200平方米，草坪近千平方米。园中安装有健身路径一组。游园西入口处建有石雕《蒸蒸日上》，石雕高6.18米（含底座），为绿孔雀石雕成的三只孔雀竞相开屏，共同托起一个硕大洁白的汉白玉球体造型，象征着开平古镇蒸蒸日上。

东游园

文化广场

开平文化广场建于2002年，位于普光南里社区东侧，占地面积8004平方米，设喷水池一座，园内植有各种乔木、灌木700余株，另有女贞、小檗、黄杨2668株，草坪1615平方米，花卉2223平方米。

（二）绿化

小区绿化

西新苑南苑小区　位于荣盛道南侧，绿化建设始于1997年。是年，小区内植有草坪3155平方米、乔木35株、灌木63株。1998年，增植乔木11株、灌木9株、草坪2690平方米。2001年，增植乔木76株、灌木167株。2006年，增植草坪1000平方米、乔木152株、灌木12株。2008年，增植乔木598株。

西新苑北苑小区　位于荣盛道北侧，绿化建设始于1997年。是年，植有草坪5000平方米、乔木63

西新苑朝新楼小区

株、灌木81株。1998年，增植乔木18株、灌木16株、月秀161株、草坪2431平方米。2001年，增植乔木92株、灌木582株、色块71.15平方米。2008年，增植乔木74株。

东新苑小区　位于康宁路北侧，绿化建设始于1998年。是年，植有草坪920平方米。1999年，增植草坪1.2万平方米、乔木47株、灌木57株。2001年，增植乔木189株、灌木2175株、色块470平方米。2008年，增植乔木1200株。

朝阳楼小区　位于新苑路东侧，绿化建设始于2000年。是年，植有草坪7980平方米。2001年，增植乔木15株、灌木33株、色块334平方米。2006年，增植乔木240株。

朝新楼小区　位于新苑路西侧，绿化建设始于2000年。是年，植有草坪1.06万平方米。2001年，增植乔木321株、灌木61株、色块510平方米、花卉500平方米、草坪3910平方米。2002年，增植色块285平方米、草坪9715平方米。2007年，增植草坪1.06万平方米、乔木240株。

朝新楼小区B组团　位于朝新楼小区南侧，绿化建设始于2001年。至2008年，植有草坪1.25万平方米、灌木1.57万株、色块240平方米、草花434平方米。

新城西别墅区　位于西新苑西侧，绿化建设始于2002年。时有草坪787平方米、色块42平方米。2007年，增植乔木505株、灌木1492株、色块158株、宿根花卉78平方米。

街道绿化

1986年底，开平城区约有树木2.27万棵，沿街绿篱1984米、草坪9248平方米。1987年，加强对街道绿化的管理，区园林队与城建局签订责任状，承诺苗圃除草5次、行道树打药6次等年度花木维护措施。是年，植行道树3000棵，增加绿篱1200米、草坪6500平方米。1988年，城区绿化覆盖率由1986年的9.1%增加到11%。1989－1993年，投资235.1万元，栽植行道树20.4万棵、绿篱1.73万米、草坪6.88万平方米，使城区街道绿化上了一个档次。1994－1997年，城区新修道路6.67公里，14.97万平方米，累计52.26万平方米。本着“建筑一条，配套一条，绿化一条”的思路，4年新增树木7.5万棵、绿地38.17万平方米，人均公共绿地3.14平方米，城区绿化覆盖率增至37.6%。1999年，完成新苑路、荣盛道等街道的绿化工程，共植树3051棵、花木760丛、花坛8个，380平方米。2000年，城区老树更新13.7万棵，沿街以法桐、银杏、柿树为主，配以塔松、雪松，绿地一律美国冷草，花坛多栽植月季，基本实现三季开花，四季常绿。2003年，补栽道旁花木9万株，新增绿地3.99万平方米。2004年，投资445万元，完成工业园区主干道和建华东道绿化工程，道路绿化总面积8.6万平方米，栽树2.67万棵、花木2.89万丛、草坪1.5万平方米。2005年，投资34万元，完成东城路、新开路等道路绿化1.64万平方米，植树10.8万棵。年内，城区新增绿化面积2.5万平方米，绿化覆盖率达42%。2006年，投资246万元，完成建华东道绿化面积1.68万平方米；投资20万元，植树3200棵，完成唐古路城区段4800平方米绿化。年内，新增绿化面积13.18万平方米，人均绿化面积达5.43平方米，绿化覆盖率42.3%。至2008年，城区主、次干道和支路50余条，总长34.48公里，两侧全部绿化，总面积达65.61万平方米，城区街道绿化率100%。

苗圃

开平区原有苗圃5处，由于建设规划占地，至1987年已剩3处。其中良种场苗圃位于唐马路中段北侧，占地150亩。1995年，归开平区管理，苗圃内植有桧柏等12种苗木近5万株。1998年，开始作为区园林处苗木基地。2008 年，因修市外环线被占用。

五、市容卫生

（一）环境卫生

城区街道清扫

1987 年，开平区有环卫职工 85 人，其中清扫员 27 人。日清扫面积近 10 万平方米，人均 3700 多平方米。清扫范围有开平东西大街、南北大街、普光道、东城路、西城路、唐马路等主要街道。随着新城开发和老城改造的进程，1996 年，清扫街道增加到 14 条，日清扫面积增加到 40 万平方米。新城区新苑路、荣盛道等街道的陆续开通和老城街道的拓宽取直，2004 年，清扫街道增加到 28 条、76.32 万平方米。2008 年，日清扫面积增加到 114.94 万平方米，80% 全天保洁；清扫人员也相应增加到 121 人，清扫保洁仍以人工为主。

1996 年，添置洒水车 1 辆。2000 年，雪天街道清扫开始使用融雪剂，但仅限在城区主干道和公交车站点使用。

公厕设施与管理

1987 年，城区有公厕 320 座，多为 1976 年大地震后匆匆建成的，结构简易，蹲位偏少。城区建设进程中，公厕历经撤并、改造和新建，卫生状况不断改善。1993 年，新建水冲公厕 3 座，改造旱厕 8 座。1995－1996 年，新建旱厕 5 座。1997 年，新建水冲公厕 6 座。2002 年，新建水冲公厕 6 座，改造旱厕 10 座。2004 年，新建水冲公厕 6 座，改造旱厕 55 座。2007 年，依据市城市管理局〔2007〕18 号文件《关于取消公共厕所收费的通知》，3 月 15 日起全区公厕停止收费。至 2008 年，城区共有公厕 278 座，其中社会公厕 136 座、单位公厕 142 座；公厕以旱厕为主，水冲公厕只有 19 座。年清掏粪便 2 万多吨，日消杀面积 2.5 万平方米。

2000 年以前，公厕清掏以人工为主，清掏、消杀、保洁责任到人。1995 年，改造吸污车 1 辆。2000 年底，添置吸污设备，开始机动清掏公厕。

垃圾清运

1987 年，城区设有垃圾池 325 个，由环卫工人定时清运。1992 年，城区垃圾存放实现“杆斗化”，装卸方便的铁杆斗取代了过去的垃圾池。2000 年，出台《城区公共卫生管理暂行办法》和《加强建筑垃圾和工程渣土处置管理的通知》，界定了生活垃圾和建筑垃圾的清运责任。

1987 年，城区主干道共摆放果皮箱 31 个。1993 年，添置果皮箱 80 个。2002 年，更新添置果皮箱 110 个，其中环保果皮箱 80 个、喷塑不锈钢果皮箱 30 个。2006 年，投资 11 万元，再次添置更新 200 个。至 2008 年，城区主干道共摆放果皮箱 250 多个。

1987 年，城区垃圾清运车辆共有小拖拉机、马车、人力三轮车 25 辆，日均清运垃圾近百吨。2000 年，开始配备专用垃圾清运车。2004 年，有专用垃圾清运车 20 辆，日均清运垃圾 130 多吨。2008 年，垃圾清运车增加到 35 辆，日均清运垃圾 180 多吨。

1991 年，马砖小区建成开平区第一座垃圾转运站。2008 年，垃圾转运站增加到 9 座。城区垃圾通过垃圾转运站，运至丰南垃圾填埋场集中处理。

（二）市容管理

1987 年，将唐马路沿线、开平农贸市场等 12 处作为市容整治重点，年内纠正、处理违章摊点 706 个，督促清理废墟 2500 吨，开具临时占地许可证 101 份。1988 年，清理侵街占道 87 家、门前“三修”摊点 18 个，拆除私搭乱建 57 家，停建非法建筑 11 处，取缔违章电话亭 5 个。1989 年，制订发放《城市市容市貌居民小区卫生管理规定》2000 多份，主干道沿街商户和单位开始实行门前“三包”。1992 年，与城区沿街 600 个门前“三包”单位和商家签订责任书，门前挂责任牌，年内落实率 85%。1997

年，拆除私搭乱建153处，治理乱堆乱放637处，治理违规摆放牌匾320块，清理废墟1689吨。1999年，城管中队注重加强队伍建设和依法行政管理市容市貌，坚持“团结、奋斗、务实”六字方针，实行分段包干岗位责任制，队伍化整为零，分班组分段监察，实行奖优罚劣，与经济挂钩。年内清理侵街占道、乱堆乱放956处，收缴违章乱放牌匾360块，拆除主干道旁私搭乱建503间，处理污水外溢76处，清运废墟185吨。2002年，治理取缔侵街占道摊点425个、烧烤点52个、不规范牌匾625块、乱写乱画965处，拆除违章建筑74处。2005－2008年，以创建国家卫生城为契机，加大市容市貌整治力度，采取全面治理与专项治理相结合，开展“人人树窗口，人人树形象”活动。至2006年，取缔侵街占道摊点452个、不规范牌匾1148块、市场外溢126家、乱写乱画726处，拆除私搭乱建29家。2007－2008年，沿街户外广告实行“一点一牌”制，城管人员实行“每日一巡”，及时清除“视觉污染”。累计清理不规范落地广告牌匾650块、乱写乱画2000多处，取缔违章烧烤167家、市场外溢29家。

拆除违章建筑

第三节　小城镇与新农村建设

一、建设规划

20世纪80年代，开平区镇、村建设相对滞后。90年代初，以争创全省首批小康县（区）和开平镇半壁店村被列为全国村镇建设试点为契机，加快小城镇的规划与建设。1996年，区政府提出“城区现代化、农村城市化、城乡一体化”的建设目标和“开发新城区，改造老城区，辐射各乡镇”的总体思路，为小城镇与新农村建设规划制订了框架。2002年，开平区从除区政府驻地开平镇外没有中心镇实际出发，要求各乡镇结合自身实际，制订出小城镇建设规划。越河乡加快实施税务庄后街、西街、中街3个村的平改楼进程，建设居民小区，搞好沿新华东道商业楼开发。开平镇、郑庄子乡依托境内交通优势，从改善基础设施入手，提高沿街门店档次。栗园镇、双桥乡、洼里乡完成乡镇政府门前“商业一条街”建设，使其成为本地经济商贸中心。2003年，区政府以争取开平区列为中心城区为动力，要求以各乡镇政府所在地为依托，引进现代化村镇设计理念，谋划、修订好小城镇和新农村建设的规划和布局。2007年，按照唐山市总体规划中“西进东连”的思路，谋划制订村镇建设发展规划，抓好小屈庄平改楼工程，小戴庄、张庄子搬迁和李各庄平改楼、贾庵子新农村建设等工程，推进投资3.7亿元的税务庄西街平改楼工程。2008年，在完成唐山市东出口税务庄中街、西街两个村2.1平方公里平改楼规划的基础上，编制205国道以南、开越路以西，占地10平方公里的唐山东部现代商住区和市中心环线两侧控制性详规和设计，编制包括周边村庄在内的改造控制性详规，完成栗园、双桥、洼里3个建置镇以及43个村的规划编制。将境内北起郑庄子镇李各庄，南至越河镇王盼庄20公里的市中心环线两侧作为先行示范区，率先完成开平、郑庄子、越河3镇的统筹谋划，制订实施方案。开平镇充分发挥半壁店村的辐射带动作用，启动与周边村庄的改造。越河镇谋划唐山市现代装备制造园区内的村庄改造。郑庄子镇重点推进贾庵子村和李各庄的平改楼工程。

二、小城镇建设

1987 年，全区 12 个乡镇中，仅区政府驻地开平镇和毗邻开滦荆各庄矿、陡河发电总厂的栗园镇小有规模。其余 10 个乡均处于乡村之中或仅有集市水平。由于开平镇没有列入唐山市震后恢复建设规划，因此基础设施建设起点低、欠账多。虽然 1991 年起，区政府启动五街小区平改楼工程，加大自来水、供暖等公用设施投入力度，但农市混居、不城不乡的状况没有彻底改观，成为进入省级小康县（区）的短板。1995 年，区政府决定以乡镇驻地为基础，以集市、工矿区和工业小区为依托，抓好小城镇建设试点。启动栗园、双桥、洼里、开平“三乡一镇”小城镇建设。1996－2000 年，全区小城镇建设累计投资 6527 万元，完成建筑面积 8.2 万平方米。其中郑庄子乡李各庄小区和栗园镇栗园小区初具规模。1996 年，双桥乡以人口大村冶里村西为中心建设小城镇。截至 1998 年，镇政府投资 360 万元，完成商业一条街路政工程，达到亮化、美化、绿化标准，新建商业住宅楼 1 万多平方米。在完成 1.5 公里商业街的基础上，又将驻军某部 1000 亩闲置土地纳入发展规划，至此，双桥中心城镇已具雏形。栗园镇政府以毗邻开滦荆各庄矿的小佛头村为中心，向南、北、东三面开发 1.4 公里的商业街和 2 公里的工业小区，形成工贸一体长廊。截至 2005 年，先后建起二层商住楼 8700 平方米和公用设施 12.9 万平方米。该镇还在毗邻陡河发电总厂的栗园村，开发商铺 6000 平方米、居民楼 2 万平方米，形成“一镇双核”（小佛头村中心区、栗园村中心区）的模式。2003－2006 年，洼里乡依托 205 国道、津唐高速公路、京山铁路交会的地理优势，以开发沿路商业街为切入点，并发挥境内牛羊交易市场、集贸市场的辐射作用，100 余家沿街服务业网点，吸引大量人流、物流，形成小城镇聚集效应。

越河镇税中和税西村新民居

三、新农村建设

开平区新农村建设起步于 20 世纪 90 年代初。1991 年，开平镇半壁店村被列为全国村镇建设试点，实施平改楼工程。到 1996 年，累计投资 1.3 亿元，在 180 亩旧村址上建起 150 平方米 ×2 连体别墅楼 140 栋、5 层点式楼 11 栋、5 层条式楼 1 栋。1998 年，又建成 216 平方米单体别墅楼 36 栋、150 平方米 ×2 连体别墅楼 8 栋、高层商住楼 4 栋。截至是年底，半壁店住宅小区总建筑面积达到 15.6 万平方米，人均居住面积 60 平方米，公用设施一应俱全，昔日农村成为高标准居民住宅小区。1994 年，越河镇税后村在建成 4 栋 6 层新民居的基础上，又分三期建成 180 平方米二层住宅楼 73 栋 428 套，成为继半壁店之后又一高标准新农村。2000 年后，开平区着力打造城乡一体化示范区。本着“农民居住向中心镇中心村集中”的原则，对农村布局进行调整。将全区 132 个行政村整合为 20 个中心片区，规划建设唐山东部商住区、开平新城区、郑庄子商住区。郑庄子镇将贾庵子、李各庄、小戴庄、张庄子 4 个村整合建设银联花苑小区，总投资 5.8 亿元，占地 390 亩，总建设面积 37 万平方米，入住 4100 户，同时成立银联社区服务中心，实现村庄向社区的转变。2008 年底，越河镇在唐山市新华道东延道路两侧税西、税中村开发东港龙城项目，打造唐山东部商住区，两村 789 户、1980 人已回迁。开平五街、六街平改工程稳步推进，前屈庄村建成 21 栋 8 万平方米 5 层以上住宅楼，中屈庄村投资 5 亿元，建成 16 万平方米高档住宅楼。同时，开平镇率先在城中村推行垃圾村收集、区装运管理模式，提高新农村的管理水平。

第二章　环境保护

唐山市环境保护局开平区分局（以下简称区环保分局）前身为唐山市开平区城乡建设环境保护局环保股，1995年5月，由市环保局接收，成立分局。区环保分局受唐山市环境保护局和开平区人民政府双重领导，是环境保护工作依法实施统一监督管理的职能部门。

2008年，区环保分局设办公室、监理站、管理科，事业编制14人。

第一节　环境污染

开平区是以钢铁、水泥、耐火、陶瓷、化工为主导产业的重工业区。1987年有冶金企业2家，陶瓷企业19家，耐火企业6家，小水泥、小石灰等建材企业44家，极易造成大气和水污染。22年间，按照可持续和科学发展观的要求，努力转变经济增长方式，不断加大产业结构调整力度和节能减排力度，至2008年，区政府累计投资1亿多元对工业企业进行大规模环保改造和综合治理。2008年，全区纳入环境保护排污申报的工业企业153家，据测算，全区工业企业年排放烟尘3985吨、二氧化硫1.03吨、工业粉尘9427吨。

一、水污染

（一）地表水污染

陡河、石榴河是流经开平区的主要河流。陡河市区段水质全年平均属于劣五类水质。主要污染物为COD、NH3－N，来源于工业废水和生活污水。虽然已经建成东郊污水处理厂，但因城市管网尚未完善配套，仍有部分工业废水及生活污水未经处理直接排入陡河。20世纪80年代末石榴河河段上游水质尚好，CODCr和BOD5的浓度分别是17.93mg/l和5.03mg/l。而开平区的工业废水和生活污水排入后致下游水质恶化，石榴河河段入陡河前的监测断面CODCr和BOD5的浓度分别是43.82mg/l和9.93mg/l。

（二）地下水污染

开平区共有3处地下饮用水水源地保护区。荆各庄饮用水水源地一级保护区内有唐山市开平区银水钢铁厂1家企业；北郊饮用水水源地一级保护区内有唐山市华美陶瓷有限公司、红玫瑰骨质瓷有限公司、唐山市锅炉厂、唐山市第一陶瓷厂等4家，均为市属企业；北郊饮用水水源地二级保护区内有唐山市开平区大明瓷厂、唐山市开平区华龙陶瓷厂等2家企业；大洪桥饮用水水源地一级保护区有德利佳加油站、唐山市窑业耐火材料厂、唐山华骏机电制造有限公司、唐山金山冶金设备有限公司等10家企业；大洪桥饮用水水源地二级保护区有唐山金宇粉末冶金厂、唐山市天南新型保温材料有限公司、唐山市联友塑料厂、中石化胜利加油站等15家企业。至2008年，这些企业或治理，或搬迁，或取缔，已无生产废水直接排入外环境，地下水饮用水源地得到有效保护。

二、大气污染

20世纪90年代区内大气SO_2（二氧化硫）日均浓度范围为0.016－0.028mg/立方米，每小时浓度范围为0.011－0.042mg/立方米，均没有超过国家二级标准。进入21世纪，随着工业化进程的加快TSP

（总悬浮颗粒物）日均浓度范围为0.103－0.799mg/立方米，日均浓度超标率为76.7%，环境容量处于饱和状态，已经没有污染物排放的空间。从污染成因分析，污染源点多面广，结构性污染突出，污染物排放量大，部分污染源不能稳定达标排放，加之建筑施工、物料堆放、裸露地面以及交通运输车辆引起的二次扬尘，是造成区内大气环境中TSP浓度居高不下的主要原因。

三、噪声污染

根据监测，2008年城区域环境噪声和交通噪声与上年相比均有所下降，功能区环境噪声昼间全部达标，夜间仅三类区达标。2008年，监测均值为54.9分贝。

四、固体废物污染

由于煤炭开采造成了地表塌陷，地面建筑物出现不同程度的损坏现象，土地利用功能降低，大量工业固体废物如矸石、钢渣、粉煤灰堆存占用农田，污染环境。城市自然生态环境受到人类经济活动的破坏，北部山区更为明显。

第二节　污染治理

一、水污染治理

1988年，利用市环保局专项拨款114.5万元，对境内开平化工厂、合成化工厂的污水排放进行治理。1992年，完成水污染治理项目8个，增加废水处理量3万吨，达到2.4亿标准立方米。依据唐山市人大《唐山市陡河水库生活饮用水水源保护区污染防治管理条例》，1999年，开平区取缔养鱼网箱1080个，查处违法水源案件170余起，并全面禁止库区旅游活动。是年，库区水源达到国家二级水质标准。随着老城区改造和新城区开发，不断加大地下排污管道建设。至2008年，累计铺设排污管网8280.5米。2008年，开平区开始实施城市污水并网工程，城镇生活污水和工业废水已分别排入唐山市东郊污水处理厂和北郊污水处理厂，污水集中处理率达到87.5%。

二、大气污染治理

1990－1992年，3年累计征收排污费115万元，发放治理费70多万元，对20家企业进行监测，对10家污染严重企业监督治理，对1200辆汽车检测，发放合格证。2000－2005年，累计投资8770万元，完成环保治理项目343项，重点开展取缔倒焰窑、整治违法排污企业、秸秆禁烧等一系列环保专项活动。其中2001年拆除68家耐火企业的165座倒焰窑，年减少排放烟尘1.2万吨。

拆除唐峰水泥厂

2002年4月，开平区对陶瓷和耐火材料企业能耗大、污染严重的倒焰窑进行专项治理，确定淘汰倒焰窑，改煤烧为煤气发生炉的整改方案。通过综合治理，到2003年10月，全区共拆除倒焰窑186座，整改企业80家。2006年，以化产回收及煤气净化、煤矸石综合利用为重点，14家企业通过资源综合利用认证，全区万元增加值降低4.5%。2007年，区政府开展环境整治百日攻坚行动，拆除污染严重的小石灰窑96座，对11家污染超标企业进行限期整改。投入环境治理资金3500万元，完成环境治理项目22项。2008年，区环保分局督促唐山宏业轧钢有限公司、唐山市开发水泥厂、开平区富鑫通源灰料厂和开平区冶金灰厂共投资1098万元，安装布袋除尘器、改造煤气发生炉气封装置，抑制粉尘污染。对全区轧钢、耐火企业实施清洁能源替代工程，引进煤气和天然气。唐山市国亮特殊耐火材料有限公司、马家沟耐火材料制品有限公司、唐山市兴业轧钢厂、唐山市东方轧钢有限公司等企业先后拆除煤气发生炉，改用煤气或天然气，每年可减排烟尘0.12万吨、二氧化硫0.26万吨、氮氧化物0.08万吨。同时，还淘汰了水泥企业所有机立窑，每年可减排二氧化硫0.11万吨、氮氧化物0.068万吨、烟（粉）尘1.25万吨。全区陶瓷和耐火保温材料行业全部实现天然气、煤气烧成工艺。2008年初，区环保分局办公楼上安装了大气自动监测设施，对开平城区实施主要污染物（二氧化硫、氮氧化物、烟尘）连续监测。是年，开平城区空气质量二级及二级以上天数增加到310天，占全年总天数的85%。

第三节　环保管理

一、环境监察

1993年，查处环境污染案件23起，结案率92%。1995年，开平区设置环境监理站，后更名为环境监察大队，负责对污染源进行检查。国省控重点污染源每月至少1次，一般污染源每季度至少1次，确保企业污染防治设施正常运转和稳定达标排放。21世纪开始，又将农村环境监察列入重要工作日程，重点对畜牧养殖、农村生活污水等进行现场监察。至2008年，先后参与开展“燕赵环保世纪行”和“整治违法排污企业保障群众健康”环保专项行动。查处环境违法、违规企业15家，查处群众举报案件180起，对违法违规企业罚款100多万元。

二、建设项目管理

建设项目管理坚持“控制新污染源产生，治理老污染源”的原则，审批立项严格执行环境评价“三同时”（立项、设计、评审）制度。1991年，执行率达85%。2007年3月，根据市工促局、市环保局《唐山市2006年清洁生产审核工作实施方案》，唐山华丽陶瓷有限公司、隆达骨质瓷有限公司通过清洁生产审核专家组验收，成为开平区清洁生产示范性企业。截至2008年底，共审批建设项目769个，累计投资超60亿元，其中环保投资超过5.8亿元，占建设项目投资的9.7%，建设项目“三同时”执行率100%。

三、环保执法

1995年，区政府制订《开平区环保检查法》，并于7月31日至8月2日对区属13家企业进行检查。2007年11月，在唐山市开展的“安全整顿、治污减排百日攻坚联合行动”中，共查处60家不符合产业政策、无环保手续、污染严重的小企业。其中2家重点监管、2家深度治理、6家水泥企业挂牌督办进行全面整治。行动中还关闭取缔煤矿2家、非煤矿山8家，拆除境内无环保手续、污染严重的小石灰土窑96座，淘汰唐山宝业实业集团有限公司等3家企业转炉5座（年炼钢能力112万吨）、唐山市民通联营水泥厂等2家企业机立窑3座（年生产能力26.6万吨）。通过整治，全区二氧化硫、化学需氧量和粉尘每年削减1388吨、612吨和680吨。2007年12月，开平区被列为省“双三十”重点县区之一，时任区长白春明代表开平区与省政府签订未来3年完成节能减排任务责任状，组织发改、工促、环保等部门编制《开平区节能减排实施方案》。依据实施方案，2008 年上半年，先后拆除银河水泥厂、唐山市水泥厂、唐峰水泥厂等共 8 座小于 2.9×10 米的机立窑，淘汰落后产能 76.6 万吨，年削减二氧化硫排放 508 吨。

按照省“双三十”要求，2008 年全区共组织实施减排项目 14 项，净削减二氧化硫排放 314.86 吨，削减率 3.48%；净削减化学需氧量 755.46 吨，削减率 27.34%。是年 3 月，唐山东方轧钢有限公司投资 300 万元，完成煤气管道技术改造工程，实现年削减二氧化硫排放 750 吨，在治污减排领域实现精细化管理。同年 4 月，唐山市国亮特殊耐火材料有限公司拆除煤气发生炉，投资 500 万元，将燃煤窑改造成燃煤气窑炉，使该公司成为开平区第一家“无煤工厂”，年实现削减二氧化硫排放 350 吨。

第四编 交通·邮电·水利·电力

1987年后，在改革开放大潮中，“要致富，先修路”成为人们共识，开平区的交通运输业进入迅速发展的快车道。以“九五”国家重点项目——京沈高速公路开工建设为标志，由1987年境内有2条国道，到2003年已有3条高速公路过境。1987年起，开平区加大基础设施建设力度，1998年全区132个村实现村村通油路，2006年实现村村通客车。22年间，开平区公路运输呈“马鞍型”。1987年有货运机动车3332辆。1997年达到8418辆，2003年减少到1800辆，2008年又回升到3182辆（由于取消收缴养路费，仅据交通局统计数据）。客运则呈稳步增长态势，客运班车由1987年的38辆，达到2008年165辆。运输市场管理逐步规范，汽车维修服务由乱入治，纳入正规有序管理。

1987年，由于开平区环绕唐山市区的特殊地理位置，邮政电信业务分属唐山市5个邮电支局。1999年邮政、电信分营。至2008年，开平区设报刊发行投递站、营业支局和联通开平分公司、移动开平分公司。

历史上开平区水资源较为丰富。20世纪80年代，由于开滦矿采煤塌陷以及石榴河水污染，地下水位下降，水浇地面积80年代末较70年代末减少近20%。1987年后，不断加大水利设施建设力度，实行小型水利工程产权制度改革，推行节水灌溉技术，实施人饮解困和饮水安全工程，加强水资源管理和水政管理，1991年被命名为“全国农村自来水普及区”。2008年，全区有效灌溉面积达到10.94万亩，比区划变动前的1992年增加近2万亩。

开平区电力设施随着20世纪80年代乡镇企业和农村工业化的迅速发展，也步入加速发展阶段。截至2008年，全区有110千伏线路12条112.027公里，35千伏线路10条65.017公里，有110千伏变电站8座、35千伏变电站9座，总容量138.27万千伏安。

第一章 交通运输

1987年开平区有国道2条、省级公路1条，市级公路8条、区乡级公路26条。1988－1990年，新建、改建乡村道路66.85公里。1991－1999年，投资3661.76万元，新建公路146.68公里，其中柏油路84.15公里、水泥路13.85公里。1998年，全区132个村实现村村通油路，其中109个村通水泥路，23个村通柏油路。2000－2008年，开平区投资2亿元，新建柏油路40条74.61公里，其中北环、东环路基宽40米，路面宽21米。截至2008年，有市、区级道路111条，全长244.43公里。

第一节　公　路

一、高速公路

京沈高速开平段　京沈高速公路于1996年9月开工建设，2000年9月15日全线贯通，为国家“五纵七横”国道主线，“九五”国家重点建设项目，总投资近200亿元。开平区境内京沈、津唐连接线中段设唐山东出口，连接线为唐山环城高速公路的一部分，出口位于终点沈阳497公里处。

津唐高速开平段　津唐高速公路是国道主干线京沈高速的支线，自开平境内接京沈高速，2001年3月开工建设，2003年11月19日竣工通车，境内长22.6公里。

唐港高速开平段　唐港高速公路于2000年建成通车，境内长2公里，双向六车道，路基宽33.5米，设计时速120公里，实行家庭承包式养护。

二、普通公路

205线（亦称津榆公路）　是天津至秦皇岛市山海关的国家干线公路。其中天津至唐山段长120公里，俗称津唐公路；唐山至秦皇岛段长138公里，俗称唐秦公路；唐山市区至古冶区段28公里，俗称唐古公路，在开平境内为18.5公里。1988年，唐古路进行大修改造，于东立交处建收费站一座，隶属市交通局。2004年，收费权转让给唐山市路桥公司，收费站迁至开平区与古冶区交界处。

坐落于205线的东立交

112线（原名唐兴公路）　是唐山至兴隆的国家干线公路，全长148公里。唐山至丰润段称唐丰公路，其中开平境内由建设路北端起至丰润交界处，长4.8公里。为沥青混凝土路面，为国标一级公路。

唐柏公路　是唐山市区至滦南县柏各庄的省级干线公路，全长52公里，其中1992年区划调整前由复兴路南端至丰南区交界处，境内长3公里。

唐玉宝公路　是由唐山市区经玉田县城至宝坻县的市级公路。其中1992年区划调整前，开平境内由刘火新庄至丰润区交界处，境内长3公里，为沥青路面，宽7米。

唐乐公路　是唐山市区至乐亭县城的市级公路。开平境内由胜利桥东至丰南区交界处，长6.1公里，俗称唐（山）钱（营）路，沥青路面，宽9米。

唐胥公路　是唐山市区至丰南胥各庄的市级主要道路。1992年区划调整前，开平境内由大学路南端至胥各庄镇，长4.4公里，沥青路面，宽6米。

唐榛路　是唐山市区至滦县榛子镇的市级公路，全长17.5公里，开平境内由河北桥经开平镇、双桥镇至滦县交界处，长11.5公里，沥清路面。

马陡路　是开平区马家沟至陡河发电总厂的市级公里，长9.5公里，沥青路面，宽10米。

唐韩路　是唐山市区至丰润区韩城的市级公路。1992年区划调整前，开平境内长7公里，沥青路面，宽10米。

银河路　是河北小区至丰润银城铺的市级公路，从开平区郑庄子镇穿过，境内长6.5公里，水泥路面，宽7米。

中心环线开平段　是唐山市封闭式环城公路，2007年动工，2009年通车，开平境内长19.6公里。

三、区道·乡道

20世纪80年代中期，开平区境内有区级公路6条，即开平至后营公路、周家桥至古冶公路、开平至耿家营公路、学警路至赵田庄公路、梁家屯至刘家过道公路、部家庄至市自动化研究所公路，全长22公里，境内为宽9米左右的土路面。1987年，集资167.3万元，修建区、乡公路26条，长85.5公里，其中砂石路82.3公里、油路3.2公里。1988－1990年，新建、改建道路66.85公里，其中砂石路52.6公里，柏油路、水泥路10.63公里。1991－1994年，投资1294.76万元，新建砂石路48.6公里、柏油路24.08公里。1996－1999年，投资2367万元，修建道路78公里，其中新建柏油路60.15公里、水泥路13.85公里，拓宽4公里。1997年，新建高速公路开平连接线（开越路）6.7公里，宽24.5米，为一级路。1998年，全区132个村提前两年实现村村通油路。进入21世纪，开平区不断加大道路建设投资力度，先后投入近2亿元，新建柏油路40条，74.61公里。其中，2007年完成的北环路东延工程2.36公里，路基宽40米，路面宽21米；2008年，投资1.1亿，完成北马路二级公路7.19公里。截至2008年底，全区有市、区道路111条，长244.43公里。

1998年开平区实现村村通油路

2008年开平区境内主要区、乡公路建设一览表

表4－1

序号	路线起止点	初建时间	里程（公里）	路面		公路等级	备注
				结构	宽度（米）		
1	周赵庄－唐山北站	1988	2.647	沥青混凝土	6	四级	
2	半壁店－建华东道	1988	2.810	沥青混凝土	6	三级	2004年改建
3	唐榛线－前陡河	1990	2.810	1.557公里为沥青混凝土铺设 1.253公里为水泥混凝土铺设	6	四级	
4	普光道－半壁店	1992	1.723	沥青混凝土	6	四级	1998年改建
5	冶里－唐家庄	1992	12.513	沥青混凝土	6	四级	
6	开平北环路－唐榛线	1995	4.541	4.073公里为沥青混凝土铺设 0.468公里为水泥混凝土铺设	6	三级	2007年重建
7	G205－鼓楼庄	1995	3.332	0.226公里为沥青混凝土铺设 3.106公里为水泥混凝土铺设	6	四级	
8	YF16－大史马村	1996	2.007	水泥混凝土	6	四级	2007年大修
9	碾唐线－任信屯	1997	4.409	水泥混凝土	6	四级	

续表 4－1

序号	路线起止点	初建时间	里程（公里）	路面		公路等级	备注
				结构	宽度（米）		
10	唐榛线－银陡路	1998	7.562	沥青混凝土	6	三级	2007 年改建
11	岔道－聂各庄道	1998	2.164	沥青混凝土	6	四级	
12	胜利桥－开平连接线	1998	4.211	水泥混凝土	6	四级	
13	税西－开平连接线	1988	3.203	水泥混凝土	6	四级	13
14	G205－税后	1998	1.850	水泥混凝土	6	四级	14
15	后屯－YD04	1998	5.407	水泥混凝土	6	四级	
16	栗园－双桥	2000	3.384	2.875 公里为水泥混凝土铺设 0.509 为简易铺设	6	四级	
17	YD04－小代庄	2000	2.358	水泥混凝土	6	四级	
18	刘家洼－郑庄子	2000	2.454	水泥混凝土	6	四级	
19	G205－夏庄	2000	2.537	水泥混凝土	6	四级	
20	开平北环－半壁店（西外环）	2001	2.803	水泥混凝土	6	二级	
21	YE02－双庙	2001	5.530	水泥混凝土	6	四级	
22	唐马路－上村	2002	2.065	水泥混凝土	6	四级	
23	碾唐线－田庄	2002	2.337	0.622 公里为沥青混凝土铺设 1.715 公里为水泥混凝土铺设	6	四级	
24	碾唐线－田庄	2004	5.783	水泥混凝土	6	四级	
25	碾唐线－大佛头	2004	3.009	未铺设	6	四级	
26	碾唐线－太平庄	2004	2.266	水泥混凝土	6	四级	
27	G205－唐港线	2004	8.300	水泥混凝土	6	四级	
28	开平连接线－康各庄	2004	3.574	水泥混凝土	6	四级	
29	YD02－冶里	2005	6.209	沥青混凝土	6	二级	
30	南环线	2007	6.329	沥青混凝土	6	一级	
31	北环路东延路	2008	2.208	沥青混凝土	6	一级	
32	唐马路－北湖工业园区（马北路）	2008	5.820	水泥混凝土	6	一级	
33	刘家洼－郑庄子	2008	2.527	水泥混凝土	6	四级	

第二节　桥梁·铁路

一、桥梁

1987 年，开平区境内有公路桥梁 17 座，1992 年唐山市区划变动，划出桥梁 6 座。15 年来，又先后修建了 11 座，2008 年桥梁总数达 22 座。新建桥梁有：

前屈庄桥　1989年11月1日建成通车，桥长80米，宽6米，为一类桥。

石家庄桥　1993年2月1日建成通车，桥长30米，宽6米，为四类桥。

前陡河桥　1996年8月1日建成通车，桥长25.3米，宽11.5米，为二类桥。

后屯桥　1996年7月12日建成通车，桥长6.8米，宽10米，为二类桥。

园区桥　2002年11月1日建成通车，桥长50米，宽15米，为二类桥。

东环高速桥　2002年11月30日建成通车，桥长40米，宽9米，为二类桥。

西王盼桥　2004年11月1日建成通车，桥长45米，宽9米，为二类桥。

东环保电桥　2005年11月1日建成通车，桥长50米，宽9米，为二类桥。

陡河桥　2007年12月27日建成通车，桥长204.3米，宽17米，为一类桥。

康庄一桥　2008年11月30日建成通车，桥长51米，宽8米，为一类桥。

康庄二桥　2008年11月30日建成通车，桥长15米，宽6米，为四类桥。

二、铁路

京山铁路开平段及七滦铁路开平段

京山铁路亦称京哈线，截至2008年，境内西起开平区与路北区交界处，东至洼里镇楼子庄，长13公里。自20世纪80年代起，由于开滦等煤矿开采，导致地下出现巨大的空洞，七滦线部分下沉，严重影响行车安全，时而无法正常通行。铁道部决定从土道桥上行站唐坊站开始到滦县，再修一条新的京山铁路，绕过七滦线，此工程称“京山压煤改线”工程，于1994年完工，成为京山铁路的正线。

从土道桥到滦县的绕京山线改称“七滦线”，成为专线。工程于1978年开工，1980年下马，1994年复工，同年完工，1995年7月运营。1996年开平站停止客运，改为货运站。

唐遵铁路开平段

唐遵铁路为唐山钢铁公司炼铁厂至遵化市石人沟铁矿的专用铁路，自路北区建华道东端北侧的唐钢站起向北，途经开平区的贾庵子、王官庄、梁各庄、周赵庄等村进入丰润区，境内长10.5公里。

厂矿铁路支线

陡吕铁路　为吕家坨煤矿至陡河发电厂的运煤专用线，全长24公里，途经栗园镇的新五村、栗园村、刘庄村、于庄村，双桥镇的徐庄子村、冶里村，洼里镇的杨家庄村、小港村、楼子庄村、周家桥村，穿越京山线，从夏庄村西出境，区内长16.5公里。

马陡铁路　南起开平火车站，北至陡河发电厂，全长12公里，为陡河发电厂运煤专用线。

唐钢至白云石矿专用线　长9公里，为唐山钢铁公司运输矿石专用线。

2008年开平区境内铁路一览表

表4-2

铁路名称		境内站点	境内里程（公里）	客货类型
京山铁路		洼里站　开平站	24	客货
七滦铁路		开平站　洼里站	24	货
唐遵铁路		贾庵子	10.5	客货
厂矿铁路支线	陡吕铁路	–	16.5	货
	马陡铁路	–	12	货
	唐钢至白云山石矿专用线	–	9	货

第三节　公路运输与规费管理

一、公路运输

1987 年，机动车在全区公路运输业中基本取代了非机动车。全区有货物运输企业 3190 个，其中货运个体、联户 2850 个，拥有营运机动车 3332 辆，其中货运汽车 1684 辆，拖拉机 1648 辆；全年运输总收入 4300 万元。1987 年、1988 年、1989 年，分别完成货运量 626 万吨、773 万吨、905 万吨。1990 年，运输市场疲软，年内封存车辆 10972 辆次，合载重 42291.85 吨；全区持证营运机动车 3125 辆，其中汽车 1770 辆、拖拉机 1425 辆。1995 年，全区营运机动车 4496 辆，其中汽车 2498 辆。1997 年，全区营运车辆 8418 辆，其中汽车 4722 辆、正三轮 1271 辆、拖拉机 2425 辆，分别比区划调整前的 1992 年增加 112.7%、115.79%、110%。1999 年，组建联合车队 8 个，拥有货车 880 辆。21 世纪初，全区营运货车出现逐年递减态势，2002 年减至 1912 辆，2003 年减至 1800 辆，2008 年，全区货运车辆又增加至 3075 辆，其中大、中型汽车 1388 辆，营业性运输企业 22 家，货运联合车队 9 家。

1987 年，全区有客运班车 38 辆，由开平发往北京、天津、白沟以及市辖各县区。是年，客运量 87 万人次，客运周转量 2627 万人次。1988 – 1989 年，客运业有所萎缩，2 年分别完成客运量 71 万人次、42 万人次，客运周转量 2012 万人次、1856 万人次。1993 年，班线客车增至 40 辆，完成客运量 28.6 万人次，客运周转量 865.9 万人次。1994 年，班线客车增至 57 辆。1995 年，成立开平区发达汽车出租公司，15 辆汽车从事出租业务，62 辆面包车从事班线客运，总里程 2149 公里。1996 年，客运班线公开招标，全区 7 条客运班线的 65 辆客车中标投入运营。1997 年，班线增至 10 条，客运车辆增至 73 辆。2002 年，客运班车增至 74 辆，2008 年达到 165 辆。

开平区交通局是主管全区道路运输行业的区政府直属机构。1987 年，局下设运输站、监理站、养路费征收站和开平、栗园、傅家屯、果园、女织寨等 5 个交通管理所。1992 年区划变动，将傅家屯、果园、女织寨 3 个交通管理所分别划归路北区和路南区。2008 年，下设运输管理站、汽车综合性能检测站、地方道路站和稽查队。1990 年，完成 1770 辆汽车、1425 辆拖拉机的年审换证工作，建立机务档案 1768 份，占应建档案的 98%。1992 年，检车 1162 辆，占应审核验证车辆的 68.4%。1993 年，配合保险公司推行货物保险制度，年内征收保险费 24.3 万元，出险勘查 7 次，理赔 1.6 万元。完成客运班线有偿使用工作，共征收班线使用费 21.2 万元；全区 40 辆客运班车成立客运组，民主选举组长；交通局成立出租汽车公司，选派经理，将松散的客运车辆纳入组织管理。1994 年，审验营运证 2900 个，审核发放营运证 894 个。1996 年，举办危险货物运输操作人员培训班，12 个单位的 58 人参加培训，并取得资格证书；年内审验机动车 1719 辆，其中拖拉机 603 辆、正三轮 282 辆，并为 161 辆新车办理道路运输证。1997 年，举办司乘人员培训班两期，92 人参训。1998 年，开平实行客运车主每月例会制度。2000 年，全区组建 8 个联合车队、4 个运输服务组织，个体靠挂机动车 1009 辆。并对完成培训并取得准驾证的 1786 人，做到“一人一档”。1999 – 2000 年，在“唐山 – 开平”和“刘官屯 – 新区”两条客运班线开展“情满旅途，优质服务”竞赛活动。2000 年，交通货运联合车队和栗园联合车队，分别被市交通局评为唐山市“十佳”车队和市先进车队。2002 年，为规范运输市场秩序，对全区 1912 辆运营车辆进行经营资格和经营行为整治工作，重点进行道路运输证年审换证和规范运输安全管理。区交通局成立安全运输领导小组，与各有关业务部门签订《安全生产责任状》。整治中发现冀东化工厂的停车场、车库等均达不到安全规定，责令停业整顿。该厂投资 20 万元，年内新建 9 间车库，完善洗车场和地沟等设施。经审查达标，恢复行车营运。2003 年，对 1800 辆营运车辆进行整顿，完成道路运输证的年审换证工作。同时开展危险品运输车辆专项治理工作，规定少于10辆危险品运输车辆的运输单位和达不到一级标准的危险品运输车辆一律取缔，司机和押运员必须通过岗前培训方可上车。年内，22人培训考试合格上岗。整顿后，全区危险品运输企业由17家集中合并为3家，车辆由74辆减少为55辆，并为32辆危险品运输车安装GPS定位仪。在客运班线的整治中，发现违规营运21起，分别作了处理。是年“非典”期间，为了减轻客运车主的负担和损失，决定对客运班线的74辆客车的运输管理费和客票附加费实行减免，5月、6月全免，7－9月减半，共计减免13.1万元。2006年，开展“交通安全年”宣传活动，6月15日，在区文化广场发放宣传材料500多份。2008年，为了加强对危险品运输企业的行政监管，坚持每月28日的车主例会制度，做到防微杜渐，警钟长鸣。

二、规费征收

1987年，国家规定地方征收的费种有养路费、运输管理费和车辆购置附加费；是年分别完成694.9万元、45万元和11万元。1988年10月1日开始，养路费征收标准由90元/月提高到110元/月，加之车辆增加较快，3项征费分别完成740万元、74万元和25万元，分别比上年提高6%、64.4%和127.2%。1990年，规费增加了客票附加费，当年完成3.56万元；同时完成养路费924万元、运输管理费76.3万元、车辆购置附加费7.66万元，分别比1988年增加24.8%、3.2%和减少69%。1993年，由于区划变动，划出纳费车辆747辆（载重2686.9吨），划进纳费车辆108辆（载重207吨），实际减少纳费车辆639辆（载重2479.9吨）。年内4项征费除客票附加费有所减少，其他征费仍有所增加。养路费完成1763.26万元，比上年增16.6%；运输管理费完成117.82万元，比上年增11%；车辆购置附加费34.5万元，比上年增近5%；客票附加费3.14万元，比上年减少94.4%。1996年，养路费由市交通局统一管理，区交通局代为征收。完成养路费2067.56万元、运输管理费122.1万元、车辆购置附加费60.16万元、客票附加费24.4万元，收费总额达到历年最高值。1998年，按国务院规定，将运输管理费中的维修管理费剔除免予征收。当年完成养路费196万元、运输管理费99.1万元、车辆购置附加费73.8万元、客票附加费39万元；与1996年相比，养路费减少954.4%，运输管理费减少60%，车辆购置附加费增加22.6%，客票附加费增加60%。2003年，完成养路费428万元、运输管理费100万元、车辆购置附加费50万元，客票附加费46万元。2004年，停止征收养路费。2006年，完成运输管理费98.07万元、车辆购置附加费87.08万元、客票附加费10.89万元，与2003年比除车辆附加费有较大增幅外，其余两项均呈下降趋势。2008年，运输管理费和车辆购置附加费都有所增加，分别达到139.86万元和121.78万元，客票附加费减少为7824元。

1987－2003年开平区养路费征收情况表

表4－3　　单位：万元

年度	征收额	年度	征收额
1987	540	1996	2067.56
1988	740	1997	1921
1989	841.46	1998	196
1990	928	1999	210
1991	982.08	2000	182
1992	1510	2001	286
1993	1763.26	2002	399
1994	1750	2003	428
1995	1920		

注：2004年开始，停止征收养路费

第二章　邮　电

1987年，开平区12个乡镇有9个乡的邮电业务分属于市邮电局下属的5个邮电支局管辖，开平邮电支局只负责3个乡镇和1个街道的业务。20世纪末，根据国家邮政、电信分营要求，开平邮电支局业务由唐山市邮电局缸窑分局管辖。进入21世纪，开平区移动通讯取得突飞猛进的发展，至2008年百户城镇居民拥有移动电话212部。移动开平分公司拥有用户17.6万户，年营业额8000多万元；联通开平分公司拥有用户1.9万户。

第一节　邮　政

1987年，开平区各乡镇和街道均有邮路相通。但是，由于地理位置制约，在12个乡镇中，越河、女织寨、梁家屯、果园、傅家屯、郑庄子、缸窑、双桥、栗园等9个乡和所属村庄的邮政业务，分属路南、路北、缸窑和二十二冶等邮电支局管辖。隶属于缸窑邮电分局的开平邮电支局服务范围只有开平、岔道、洼里3个乡镇和马家沟街道。由于国民经济快速发展，邮政业务大量增加，开平邮电支局狭窄的业务室已不再适应。1993年，开平区政府投资320万元，在开平镇西北端建设开平邮电大楼。主楼4层，两侧辅楼3层，建筑面积3160平方米。1999年，邮政、电信分营。2000年，唐山市邮政局开平分局分工细化，剥离出唐山市营业分局开平支局、唐山市邮政储蓄银行开平支行和唐山市物流速递配送中心开平站。

唐山市邮政局开平支局负责报刊发行投递工作。投递范围，西至郑庄子乡（包括大庆3号、4号、78小区），北至双桥乡孙家庄（安家庄归滦县榛子镇），西北至栗园乡，东至洼里乡胶泥庄，东南至开平镇聂各庄。另外，开平新老城区有6个投递段，马家沟1个投递段，共计17个投递段，20名投递员。投递方式全部使用电动车。年投递收入20余万元。2008年底，改称唐山市报刊发行投递公司开平投递部，全员23人。

唐山市营业分局开平支局服务项目有信函、挂号、汇兑、包裹、集邮、特快专递，代收电费、电话费。2005年开始，代售火车票、飞机票。下辖开平新城营业室。2008年，全员7人。

第二节　电　信

一、联通开平分公司

联通开平分公司成立于2008年12月1日，经营区域为全区除越河镇之外的5个镇、3个街道。拥有固网模块局21个、G网基站56个（其中6个基站与电信共享）、室内分布直放站4个。分公司设营销服务部、建设维修部、综合部、集团客户中心、开平社区营维中心、马家沟社区营维中心。分公司有2个自建厅和8个合作厅，以及分布在各镇的9个专营店、3个连锁店、24个村级缴费站。2008年，网上手机用户达1.9万余户。

二、移动开平分公司

中国移动通信集团河北有限公司开平分公司（以下简称开平分公司）的前身是缸窑营业部。1999 年 7 月，从唐山电信局缸窑分局剥离。2002 年 9 月改名缸窑分公司；2006 年 4 月，为开平分公司。下设综合部、网络部、市场部、集团客户中心。到 2008 年，发展到 7 个营业厅，员工 48 人。

1999 年，开平区范围内只有移动通信基站 17 座，从 2002 年起加大基站建设投入力度。2008 年，基站总数增至 43 座，传输 184 公里，直放站 2 座，基本实现移动信号城镇全覆盖，乡村大部分覆盖。

分公司成立之初，经营模拟和数字两种制式的移动手机通信。主营移动电话通信业务（包括语音、数据、多媒体等）、IP 电话及互联网接入服务。2001 年 12 月，模拟全部退网。2003 年 5 月，移动通信网升级为 2.5 - GPRS 网络，从此移动通信进入数字时代。2004 年，根据市场消费群体的划分，由“全球通”单一品牌，发展为“全球通”、“神州行”、“动感地带”三大品牌，并在“神州行”品牌下开发适合本地大众消费的系列品牌。2008 年，网上手机用户达 17.6 万余户，年营业额达 8000 余万元。

第三章　水　利

开平区水资源主要有水库、河流和地下水。20 世纪 80 年代初，石榴河受开平化工厂污染，下游河水不能使用。1995 年，陡河水库被确定为唐山市居民生活用水水源地，立法予以保护，禁止农业取用水。开平区工农业生产和居民生活用水主要依靠地下水源。1987 年后，开平区把水利设施作为农田基本建设的投资重点。先后经历大田管灌、温室滴灌、大田喷灌和温室微喷系统四个阶段，到 1999 年，低压管道、温室滴灌取得较快发展。至 2008 年，全区节水灌溉面积 8.1 万亩，占有效灌溉面积的 80%。1987 - 1991 年，投资 3000 多万元，大力普及农村自来水工程，90% 以上农村人口用上自来水，被命名为“全国农村自来水普及区”。2005 年，由人饮解困向饮水安全转变，至 2008 年，全区农村自来水普及率达 99.25%。

第一节　水利设施

一、农田水利设施

（一）机井

20 世纪 80 年代，机井是开平区农田灌溉的主要水源。1987 年，全区有农用配套机井 3284 眼，有效灌溉面积 11.6 万亩，占全区水浇地的 80%。进入 90 年代，由于农田基本建设投资减少和唐山市区划变动，1992 年底，全区农用配套机井减至 1521 眼，有效灌溉面积减至 9 万亩。1993 年，机井增至 1662 眼。1995 年增至 1738 眼，全区有效灌溉面积止减回增至 9.78 万亩。1997 年，全区农用配套机井达到 1921 眼，比 1992 年增加 400 眼，有效灌溉面积 10.6 万亩，比 1992 年增加 1.2 万亩。1998 - 2002 年，共打机井 251 眼，全区农用配套机井增至 2088 眼。但因地下水位下降，单井浇地面积相应减少，全区有效灌溉面积减至 7.22 万亩，比 1997 年减少 3 万多亩。2008 年，全区农用配套机井达到 2184 眼。由于节水灌溉设施和技术的推广，全区有效灌溉面积增加到 10.94 万亩，比区划变动前的 1992 年底增加 1.94 万亩。

（二）水池雨窖

1987年后，水资源匮乏的状况日益显现，不仅地下水位下降，而且降水量也在减少，通常年降水量仅为400多毫米，降水频率60%左右。为缓解用水紧张的状况，广大农户纷纷投资建设施工简易的微型水利工程。平原集水池和山地集雨窖因此应运而生，这些池窖多建在田间地头或农家庭院，用于农作物播种、菜园浇灌和人畜饮水。20世纪80年代，已散见于距河流较远的南部平原和北部山区。进入21世纪，在政府的鼓励和支持下，逐渐发展起来。2002年，建集雨窖9个，蓄水量5万立方米。2003年，建集水池14个、集雨窖15个，蓄水量12万立方米。2004年，建集水池10个、集雨窖19个，集水量9.05万立方米。2005年，建集水池6个、集雨窖24个，蓄水量3.2万立方米。截至2008年，全区共建集水池、集雨窖136处，总蓄水量50多万立方米。

（三）节水灌溉设施

1987年，开平区开始实施低压管道工程和推广节水技术，先后经过大田管灌、温室滴灌、大田喷灌和温室微喷系统四个阶段。1992年，全区地下输水管道发展到70万米，喷灌示范区4700亩。1993年因区划调整，开平区耕地面积减少30%多。1997年，全区地下输水管37万米（当年铺设1.68万米），防渗水渠达到1.6万米（当年修建2840米），大田喷灌设备达到16台，新增灌溉面积3000亩，温室滴灌面积达到150亩。1998年，区政府提出“大田灌溉管道化，温室大棚滴灌化”的奋斗目标。至2002年，5年铺设地下输水管道5万米，总长度达到43万米，实现年节水280万立方米，节电100万千瓦时，节省耕地900亩；累计温室滴灌达到2173亩，年可节水160万立方米，节电50万千瓦时。2003年，铺设地下输水管道6000米、防渗水渠2620米，增加温室滴灌面积210亩、大田管道灌溉面积2250亩。2004年，铺设地下输水管道6500米、防渗水渠8300米，增加管道灌溉面积2354亩。2005年，铺设地下输水管道3100米、防渗水渠1950米，增加管道灌溉面积2242亩，增加温室滴灌面积200亩。2006年，越河乡康各庄村投资8万元，铺设输水软管800米、铝管1800米，建成半固定式喷灌1000亩；东刘屯、税务庄北街、东王盼庄、罗各庄等4个村，推广应用IC卡节水计量智能管理体系47套，用于农田节水灌溉。2007年，推广安装机井IC卡80套，发展节水管灌2500亩。2008年，铺设地下输水管道5.82万米、防渗水渠1470米，增加管道灌溉面积1420亩、温室滴灌面积160亩。截至2008年底，全区节水灌溉面积达到8.14万亩，占全区有效灌溉面积的74.39%。其中喷灌3900亩、管灌6.03万亩、防渗渠灌溉1.28万亩、温室滴灌2950亩，其他形式节水灌溉1435亩。

二、引水工程

陡河引水：分为陡河水库引水和陡河河道引水两部分。20世纪60年代初期，原郊区水电局牵头，在陡河水库沿岸兴建了大口灌区、马家峪灌区、安家庄扬水站等动力引水工程，但使用效果不佳。1995年，市政府把陡河水库划为唐山市饮用水源保护区，禁止库区旅游活动和农业取水。由此，陡河水库库区内的所有农用引水工程至今搁置未用，闲置的设施完全报废。陡河河道引水工程现存西王盼庄扬水机站和屈庄固定抽水点两项工程。

西王盼庄扬水机站是1991年迁建工程，按原机站规模设计，受益农田4000亩，成为陡河河道唯一能用、并且在用的引水工程。屈庄固定抽水点早已废置。

石榴河引水：主要通过闸涵蓄水抬升水位、动力机提水等过程实现，石榴河开平段共有蓄水闸涵6座。

孩儿屯闸　石榴河开平段第一道水闸，砖混结构，三孔单吊点木质平板闸门，过水能力170立方米，蓄水35万立方米，通过动力提水，可灌溉1500亩耕地，是石榴河利用效益最好的水闸。

洼里闸　石榴河开平段第二道水闸，砖混结构，三孔单吊点木质平板闸门，过水能力170立方米，蓄水30万立方米，通过提水控制抽水点4个，可灌溉本村800亩耕地。

石榴河开平段的后营闸

后营闸　石榴河开平段第三道水闸，重力墩钢筋混凝土结构，三孔双吊点混凝土钢丝网闸门，动力启动，闸门过水能力200立方米，蓄水35万立方米，通过蓄水抬升水位环村流动和动力提水过程，控制抽水点4个，可灌溉本村1000亩耕地。

帅甲闸　石榴河开平段第四道水闸，砖混结构，四孔单吊点木质平板闸门，过水能力200立方米，蓄水30万立方米，通过提水控制抽水点3个，可灌溉东、西帅甲河两村500亩耕地。

欢套闸　石榴河开平段第五道水闸，砖混结构，四孔单吊点木质平板闸门，过水能力200立方米，蓄水30万立方米，通过提水控制抽水点2个，可灌溉本村200亩耕地。

聂各庄闸　石榴河开平段第六道水闸，重力墩钢筋混凝土结构，三孔双吊点混凝土钢丝网闸门，动力启动，闸门过水能力200立方米，蓄水35万立方米，通过蓄水抬升水位环村流动和提水过程，控制抽水点3个，可灌溉本村200亩耕地。

另外，在石榴河流域开平段主河道和支流上，还有抽水点7个，灌溉面积530亩。1991年，开平区农机水电局与洼里乡、开平镇签订协议，上述工程的管理权移交所在地镇（乡）政府。

排放水利用：开平区主要有城镇排水利用、荆各庄矿疏干水利用、国各庄矿疏干水利用。

城镇排水利用　城镇排放水流经开平镇段，所辖大岔道村、石泉庄村村民自发修建小型闸涵，抬高水位，自流灌溉农田，受益面积500亩。1997年开平城污水并入城市污水管网后，原排水沟来水量大为降低。

荆各庄矿疏干水利用　疏干水流经于庄和后屯村，群众自发引用该水源自流灌溉，受益面积2000亩。

国各庄矿疏干水利用　1973年，半壁店村自筹资金，经过一年施工，铺设直径8寸，长2400米的地下管道和容量8万立方米的蓄水池一座，集蓄国各庄矿疏干水，用于工业生产和农田灌溉，受益农田400亩。2004年，半壁店村又投资20万元，将蓄水池扩容至10万立方米。

三、防洪防涝

1976年震后开始对石榴河裁弯取直，展宽加深，加固加高河堤。治理后缩短河道10.65公里，行洪能力达到150立方米/秒，防洪标准为20年一遇。

大丰谷排水泵站位于越河镇大丰谷村西部低洼易涝区，是开平区唯一的排水泵站。20世纪60年代初期国家投资建成，并对曹家沟进行疏通，1976年地震被毁。震后国家再次投资修复，1987年重建。按三套立式轴流泵组合，排水能力2400立方米/小时，承担着附近大丰谷、小丰谷、郭坨、中王盼庄、东王盼庄等村5000余亩耕地的排涝出沥任务。

四、农村自来水

1987－1991年，开平区用以工补农的方法，多方筹措资金累计3110万元，在农村新打自来水井234眼、压水井6055眼，全区农村90%以上人口用上自来水，被全国爱国卫生运动委员会命名为“全国农村自来水普及区”。

1998－2002年，随着中央国债资金的投入和省、市人饮解困工程建设进程的加快，开平区累计投资

200多万元，打深水井7眼，维修大口井5眼，铺设输水管道2.6万米，双桥乡大马家峪村、大柳树村和洼里乡狮子湾村、夏庄村、鼓楼庄村、东尚庄村的2043户6122人，先后实现集中供水和自来水入户。2003年，投资107万元，打深水井5眼，累计进尺1020米，铺设引水进村管道1.7万米、入户管道7500米，双桥乡5个村1227户实现自来水入户，1个村246户实现集中供水。2004年，投资118万元，打深水井8眼，铺设主管道1.75万米。架设低压线路2650米，杨庄、小港、大戴庄等8个村的人饮解困工程通过唐山市验收。2005年，投资90万元，打饮水井6眼，铺设主管道1.45万米、入户管道9000米，架设低压线路2650米，动土石方1.5万立方米，郑庄子乡王千庄、寨子、田庄等6个村实现自来水入户。同年，投资56万元，打人饮井3眼，铺设入户管道7000米，动土石方8800多立方米，为越河乡税务庄北街、中王盼庄、康各庄3个村解决水污染，实现人饮安全。2007年，投资202.1万元，打人饮井14眼，铺设主管道3.82万米、入户管道2.31万米，7个村3118户7333人实现人饮解困。截至2008年，全区农村自来水普及率达到99.25%，其中37个村6.14万人实现饮水安全转变，供水量、水质保障、用水方便程度、供水保证率四项指标均达到饮水安全标准。

2000年以前的农村饮水工程均由集体投入、集体管理。之后的人饮解困工程和饮水安全工程均采用“国家补助、地方投入、群众自筹”三级投资方式，管理权归村委会集体，管理方式有集体统管、个人承包、电工管理、个人买断等。

第二节　水务管理

1987年后，开平区以实施取水许可证制度为重点，逐步形成并完善取水审批签证、年度审验，期满换证制度，遏制无序取水状态。90年代初，加大《水法》宣传力度，开展《水法》宣传周活动，提高广大干部群众依法管水用水意识。积极开展节水工作，重点抓好工业用水大户、投资污水处理和重复用水程，取得显著经济社会效益。

一、管理机构

开平区水务局是区政府主管全区水利的职能部门。1987年称开平区农机水电局，下设办公室、财务科、农机监理站、农田水保办公室、农机管理办公室、农机技术培训学校、凿井公司。1993年5月，农机水电局退出政府序列，改为事业单位。2002年，撤销农机水电局，组建开平区水务局，内设办公室、财务科，行政编5人；下设农田水保办公室、防污工程管理办公室、水政监察大队、抗旱服务站、农机管理办公室、农机监理站、农机技术培训学校，事业编40人。至2008年，开平区水务局机构设置、人员编制无变化。

二、《水法》宣传

开平区把《水法》宣传作为水务工作的一项重点工作来抓，采取形式多样的方法，在全区广泛开展《水法》及保护水资源方面的宣传教育。从1992年开始，区水务部门每年在3月22日“世界水日”，都组织《水法》宣传周活动，至2002年，累计出动宣传车19辆，绘制展牌24块，发放宣传材料12万余份。2002年，编印《水法》宣传手册1000本，分别发送到全区200多个用水单位和企业。2003年，组织“水资源可持续利用，支持经济可持续发展”为主题的联合宣传活动，利用集日出动宣传车4次，发放宣传材料7000余份，并在区有线电视台制作专题节目，宣传《水法》。2004年，组织开平小学师生共同在集贸市场举行大型《水法》宣传活动，在主要街道悬挂宣传横幅，向过往群众发放宣传材料2万余份。2005年，深入洼里镇周桥村进行《水法》宣传，向村民发放宣传材料1000份。2006年，宣传小分队到鸿达热轧和半壁店钢铁有限公司进行《水法》宣传，发放材料1000余份。2007年，制订《开平区关于加强节水型社会建设基层宣传实施方案》，《水法》宣传工作有了制度保证。

三、水资源管理

1987年以来，开平区落实《取水许可证管理办法》，着力遏制取水无序状态。1991年，水资源管理办公室规范新打机井审批程序，规定单位和企业必须依次申请领取取水许可证和施工许可证，方可获准打井。1992年，对全区用水大户进行调查摸底，逐乡逐企业核准用水来源，新装和改装水表53块，统一建立台账；当年征收水资源费10万元，为1991年的3.3倍。1993年，开始进行定点水质采样和水位调查，并完成大口灌区大口机站和石榴河道划界工作。同年，开始实行打井押金制度，新打工业用井验收合格并安装水表后，再退回押金。1997年，全区实现用水管理企业180户，水表安装率90%。2002年5－9月，经过5个月的调查、测量，完成开平区水资源评价工作，提出充分利用石榴河地表水，控制开采地下水的意见。2003年，停止批准新打机井，查处无证打井取水企业9家。2004年，对全区农业用井进行全面普查，涉及11个村的2027眼机井，其中浅水井1947眼，深水井80眼，年取水量总计3773.3万立方米，涵盖5家企业、115个农业单位。在全区20家企业分设20个地下水位常年观测点，每旬记录观测数字，上报唐山市水务局；每年两次配合唐秦水文站完成夏庄、三益庄、果园乡3个井点的地下水质抽样化验。2007年，对辖区124家用水企业和单位进行取水许可证专项检查，对水源井的数量、位置、口径、计量、设施及使用情况进行全面调查，为下一步实施智能卡计量管理提供依据。2004－2008年，累计征收水资源费297.3万元。22年来，在实施取水许可证管理过程中，初步形成审批签证、年度审验、期满换证等工作程序，有效地遏制了无序取水状态。

四、节水工作

随着工业经济的发展和人民生活水平的提高，对水资源的需求越来越大。开平区大力提倡节约用水，鼓励重复用水，提高水资源利用率。2002年，唐山市兴业工贸有限公司投资730多万元，完成年节水224万立方米的节水工程。2003年，半壁店钢铁集团公司投资1029万元，修建利用地表疏干水的管道7000多米，每年可减少地下取水350多万立方米，节约企业循环工业水140多万立方米，直接经济效益达1040多万元。2006年，鸿达热轧有限责任公司投资680万元的工业节水工程投入使用后，区水务部门及时总结经验广泛宣传。9月，鸿达热轧有限责任公司被河北省水利厅批准为唐山市14家节水型企业之一。2007年，唐山京华制管有限公司兴建综合污水回收及处理节水工程项目，共投资552.76万元，先后完成焊管车间冷却水池、高频水池、循环水池各2座和冷却塔3座，轧钢车间污水处理站和热镀车间污水处理站各1座，生活污水与城市污水管网连接等节水项目，使企业生产用水全部达到闭路循环使用，最大限度地减少水资源的浪费，年节水效益120万元。同年，年检取水许可证58套，核实批准取水量290万立方米。2008年，唐山申唐不锈钢制品有限公司投资500万元，建设大型污水处理池1座，大修并改造450－705吨晾水塔21座、沉淀池4座、污泥处理池4座，产生了良好的经济效益和社会效益。

第四章 电 力

20世纪80年代后，开平区电网建设、供电、用电仍沿袭由唐山供电公司负责，其所属开平营业站负责3000瓦以下小动力及居民生活用电。企业用电由区城建局负责向市供电公司申请审批。2006年7月15日，原市供电公司开平营业站更名为唐山市供电公司开平客户服务分中心，下辖开平和新苑路两个营业站及栗园、洼里、越河3个城郊供电所，现有职工176人，10个基层班站，担负着开平区6个乡镇、3个街道及丰润区常庄乡、丰南区钱营镇计126个村庄，近100平方公里范围内10千伏及以下业务报装、装表接电、电费抄核收、用电检查等多项电力服务保障工作。辖区内共管理72条线路，营业总户数8.94万户，其中居民8.29万户，动力6534户，高压2242户，公用台区578户，专线12户。1987年后，开平区乡镇企业崛起，农村工业化推进，用电需求和用电量逐年大幅度增加，促进了电力事业加速发展。截至2008年，运行的变电站17座、总容量138.27万千伏安；新建输电线路177.05公里。

第一节　发　电

开平区境内有特大型火力发电企业1家，地方小型火电企业2家。

一、大唐国际陡河发电厂

位于开平区北部陡河水库西侧，始建于1973年12月。一期工程为2×12.5万千瓦机组，1号机组于1975年底发电并网，1976年2号机组试运行期间发生唐山大地震，厂房、机组遭到严重破坏，1977年11月，震后复建投产运行。至1987年10月，四期工程全部建成，8台机组总容量155万千瓦，成为当时全国最大的火力发电厂。陡河电厂以220千伏接入系统。20世纪90年代，分别向北京、天津、秦皇岛供电。1999年后，主要供唐山本地，年发电量105亿千瓦时。

二、缸窑热电厂

位于开平区西北部的陶瓷企业聚集区。为减少企业分散供热、用汽造成能源浪费、环境污染，并解决市区东北部居民集中供热，1990年市政府筹建缸窑热电厂。规模为2×1.2万千瓦，2台机组分别于1992年、1993年投入运行，接入后屯110千伏变电站并网。

三、富兴热电有限公司

位于开平南部越河镇境内，21世纪初为解决开平城区集中供热而建，装机容量4.8万千瓦。

第二节　输电·变电

一、输电

1987年，随着陡河电厂并网，开平区初步形成110千伏网络覆盖全区，35千伏网络覆盖各乡镇、村的输电格局。为适应经济快速发展的需求，22年间，开平区电网也有了较快发展，110千伏网络进一步发展完善。2008年，全区有110千伏线路12条，112.027公里，35千伏线路10条，65.017公里。

2008 年开平区 110 千伏输电线路表

表 4－4

线路名称	起止开关号	线路长度（公里）	导线规格
洼半Ⅰ	洼里 113/半壁店 112	5. 849	LGJ－240
洼半Ⅱ	洼里 112/鸿达 111	5. 849	LGJ－240
洼大Ⅰ	洼里 116/大城山 112	7. 794	LGJ－300×2
洼大Ⅱ	洼里 115/大城山 111	7. 794	LGJ－300×2
洼宝线	洼里 117/宝新 111	4. 8	LGJ－240
洼东线	洼里 118/东南郊 114	10. 886	LGJ－240
洼钱线	洼里 120/钱营 111	11. 521	LGJ－150
洼习古线	洼里 121/习家套 111/古东 112	23. 062	LGJ－240×2（240）
洼开线	洼里 122/开平 111	4. 976	LGJ－240
吕开线	吕家坨 115/开平 112	11. 9	LGJ－240
后吕线	后屯 111/吕家坨 112	17. 306	LGJ－240
洼里 114	洼里 114－冀东化工厂	0. 29	LGJ－240

2008 年开平区 35 千伏输电线路表

表 4－5

线路名称	起止开关号（地点）	线路线度（公里）	导线规格
后双线	后屯 312－双庙 301	11. 587	LGJ－150
后荆线	后屯 313－荆矿 311	4. 5	LGJ－70
后马线	后屯 314－马家峪 311	11. 695	LGJ－120
马矿线	后屯 322－马家沟矿 382	1. 8	LGJ－120
马砖线	后屯 323－马家沟耐火砖厂	1. 323	LGJ－120
开马线	开平 321－马家沟矿 381	4. 702	LGJ－150
开国线Ⅰ	开平 311－国各庄矿 312	10. 04	LGJ－150
开国线Ⅱ	开平 321－国各庄矿 322	10. 756	LGJ－150
缸后Ⅰ	缸窑热电 311－后屯 311	4. 498	LGJ－240
缸后Ⅱ	缸窑热电 321－后屯 324	4. 116	LGJ－240

二、变电

20世纪90年代以来，随着唐山市220千伏站点的增加，为110千伏电网建设提供了有利条件。1992－2002年的10年间，开平区新建扩建110千伏变电站工程5项，由于钢铁企业的迅速增加，新增用户电力负荷大，企业自备110千伏变电站增加较快，至2008年，有企业自备变电站13座，主变27台，容量39.37万千伏安。

开平22万伏变电站一角

2008年开平区110千伏变电站统计表

表4－6

变电站名称	主变运行号	主变型号	额定容量（千伏安）
后屯	1	SSZ－50000/110	50000/50000/50000
	2	SSZ－50000/110	50000/50000/50000
开平	1	SFSZ7－31500/110	31500/31500/31500
	2	SFSZ7－31500/110	31500/31500/31500
双庙	1	SFSZ9－50000/110	50000/50000
	2	SFSZ9－50000/110	50000/50000
八里庄	1	SFSZ9－50000/110	50000/50000/50000
	2	SFSZ9－50000/110	50000/50000/50000

2008年开平区企业自备110千伏变电站统计表

表4－7

企业名称	主变运行号	主变型号	名牌容量（万千伏安）
唐山兴业工贸有限公司	1	SFZ9	4.0
	2	SFZ9	4.0
唐山世纪晨晖钢铁有限公司	1	SF7	4.0
	2	SF7	2.0
唐山鸿达热轧有限公司	1	SFS	3.15
	2	SFS	3.15
唐山市开平区银水钢铁厂	1	SFS7	3.15
	2	SFS7	3.15

2008 年开平区企业自备 35 千伏变电站统计表

表 4－8

企业名称	主变台数	总容量（万千伏安）	投入时间
唐山世纪晨晖钢铁有限公司	2	2.00	1993.1
唐山丰达钢铁有限公司	3	2.60	2002.8
唐山市开平区银河金属加工厂	1	1.25	2003.3
唐山冀东三友水泥有限公司	2	1.88	2002.3
马家沟耐火材料厂	2	0.57	1950.1
开滦马家沟矿	3	1.63	1955.1
开滦荆各庄矿	3	1.89	1974.1
开滦国各庄矾土矿	2	0.35	1981.1
缸窑热电厂	1	0.315	1990.6

第三节　用　电

一、城乡用电

随着开平区农村经济发展，农业机械、农田水利等基础设施不断增加，用电负荷也逐年增加。唐山供电公司连续多年的农网改造，供电能力大幅度提高，为农村经济发展提供了保障。1987 年，全区农林牧渔水利用电 6966 万千瓦时，用电量最高的年份 1995 年为 4.8 万千瓦时，是 1987 年的 6.8 倍。2008 年，全区城乡用电户数 7.23 万户，用电量 7.4 万千瓦时。

2006 年－2008 年开平区城乡用电量统计表

表 4－9　单位：万千瓦时

年度	用电量	其中		用电户数	其中农业户数
		农业用电量	城镇用电量		
2006 年 7 月 15 日以后	27193	927	955	－	－
2007	72028	2186	10910	20605	338
2008	74035	2546	8615	72347	1650

注：表内数据由开平客户服务分中心提供

1987－2008年开平区农业用电统计表

表4－10　　单位：万千瓦时

年度	用电量	年度	用电量
1987	6966	1998	27002
1988	7859	1999	29350
1989	11284	2000	4115
1990	9921	2001	46614
1991	15109	2002	39015
1992	21409	2003	15206
1993	12927	2004	15760
1994	30225	2005	16947
1995	47522	2006	16926
1996	31082	2007	16925
1997	28560	2008	16988

二、供电服务

开平客户服务分中心进一步拓宽收费渠道，在营业厅设置客户等待区和各种便民措施，为客户提供优质、方便、规范、真诚的服务，安装穿墙式ATM机，柜式ATM机。为方便群众，在农网区域继续建立邮政一站通网点，安装邮储POS机，扩大邮储银行代收电费业务范围。采取安装预付费计量装置、分次付费、收取预收电费、银行代扣等多种方式，有效开展优质服务。

附录

供电服务“十项承诺”

1. 城市地区：供电可靠率不低于99.90%，居民客户端电压合格率96%；农村地区：供电可靠率和居民客户端电压合格率，经国家电网公司核定后，由各省（自治区、直辖市）电力公司公布承诺指标。

2. 提供24小时电力故障报修服务，供电抢修人员到达现场的时间一般不超过：城区范围45分钟；农村地区90分钟；特殊边远地区2小时。

3. 供电设施计划检修停电，提前7天向社会公告。对欠电费客户依法采取停电措施，提前7天送达停电通知书，费用结清后24小时内恢复供电。

4. 严格执行价格主管部门制定的电价和收费政策，及时在供电营业场所和网站公开电价、收费标准和服务程序。

5. 供电方案答复期限：居民客户不超过3个工作日，低压电力客户不超过7个工作日，高压单电源客户不超过15个工作日，高压双电源客户不超过30个工作日。

6. 装表接电期限：受电工程检验合格并办结相关手续后，居民客户3个工作日内送电，非居民客户5个工作日内送电。

7. 受理客户计费电能表校验申请后，5个工作日内出具检测结果。客户提出抄表数据异常后，7个工作日内核实并答复。

8. 当电力供应不足，不能保证连续供电时，严格按照政府批准的有序用电方案实施错避峰、停限电。

9. 供电服务热线“95598”24小时受理业务咨询、信息查询、服务投诉和电力故障报修。

10. 受理客户投诉后，1个工作日内联系客户，7个工作日内答复处理意见。

第五编 “河北第一村”半壁店

1993年8月9日，时任河北省副省长顾二熊（右）代表省委，省政府向韩振国颁发“河北第一村”匾牌

半壁店村得名于清康熙三年（1664年），原村址坐落于唐山市路北区东缸窑。1963年因开滦马家沟矿采煤塌陷波及，农民户东移搬迁至开平镇境内。1987年隶属于开平区缸窑乡，全村341户、1122人，耕地1919亩。1993年因区划调整，缸窑乡撤销，半壁店村划归开平镇管辖。2008年，全村540户、1756人，总面积1.34平方公里，耕地848.5亩。半壁店村区位优越，交通便捷，东与开平新城区相连，西距唐山市中心不足5公里，南邻京哈铁路、205国道，北与开平老城接壤，唐山市环城路从村西穿过。

历史上的半壁店是个贫困落后的城市近郊村。1978年，全村固定资产仅有18.8万元，总收入31.6万元，农民人均纯收入不足200元。中共十一届三中全会，使半壁店人站在时代的历史新起点上，他们解放思想，敢于突破传统经济体制束缚，抢抓改革开放先机，发扬艰苦创业精神，以坚持发展集体经济，实现村民共同富裕为目标，大力实施农村工业化、农业现代化，闯出一条建设社会主义新农村的小康之路。1993年8月6日，被省委、省政府授予“河北第一村”荣誉称号，成为全省农村的一面旗帜。2008年，半壁店村实现工农业总产值58.68亿元，村民人均纯收入1.5万元，分别是1987年的48.9倍和13.6倍。并先后被评为“省级民主法治示范村”“省级卫生村”和“全国文明村镇”。

第一章 经 济

半壁店村从1978年创办第一个村办机械厂，至1987年先后建起高频焊管厂、小型轧钢厂、汽车运输队等8家村办企业，实现工业产值1100万元，1991年达到1.66亿元。1993年，半壁店村办企业发展到18家，形成一个占地5公顷的工业园，1995年被农业部命名为“首批全国乡镇企业示范区”。20世纪90年代中期，面对钢材市场疲软、企业资金周转困难，以及机制性弊端的显现，半壁店加大企业改组改制力度，1999年与区外民营企业联营，成立唐山市鸿达热轧有限公司，2000年与民间投资人联合组建半壁店钢铁有限责任公司，步入民营经济新阶段。村办企业改制，使一度陷入困境的村集体经济重现生机，2002年，工业产值突破20亿元，2008年达到58亿元。

抓工业不忘农业。1982年，半壁店办起农业公司，下设农场、养殖场、果树队，实行企业化经营。

工业反哺农业，大力支农建农。20世纪90年代就实现农业机械化、优种化和管理科学化，农业产值由1991年40多万元，2008年达到553万元，增长12倍多。

第一节　工　业

一、机械厂

1978年，唐山钢铁公司因倾倒工业垃圾需要占用半壁店村的部分土地，为此钢铁公司付给半壁店村9万元占地费和青苗补偿费。9万元当时能买22.5万公斤大米或36万公斤玉米，分到各户，一家能得到几百元。分与不分两种意见相持不下，经过党支部会、干部会、村民大会反复研究，统一思想，最后形成共识：半壁店人要想走共同富裕道路，必须利用邻近大厂矿的优势，开办为大厂矿拾遗补阙的加工企业才能致富。最后决定用这笔钱兴办半壁店村第一家企业——机械厂。建厂之初，为节省有限的资金，20多个村民用一个月时间从旧村址和矾土矿废墟挖石料、拣砖头400多排子车，省下6700多元。经过半年紧张施工，一座占地2000多平方米、建筑面积800平方米的工厂落成。为节约设备资金，又从邻村请来机械加工师傅，到济南机床厂买来4台车床和刨床等设备。同时，从唐山钢铁公司请来6名退休技术人员，对村里12名青年进行技术培训；并挑选初、高中毕业生到矾土矿、陶瓷公司、唐山钢铁公司等12家国有大企业学习技术。1979年初，机械厂正式投产，当年盈利2万元。经过两年发展，1981年机械厂已成为占地30万平方米的中型企业，产值达到100万元。1981－1985年，机械厂累计创造利润近百万元。机械厂的发展壮大，使半壁店人尝到了甜头，从此走上“工业兴村”的道路。至1986年，用“滚雪球”的办法，又相继办起铁屑压块厂、高频焊管厂、小型轧钢厂、运输队、商店等8家小型企业。1991年，机械厂实现产值291万元。1992年，实现产值327万元，利税35万元。2008年，产值突破1000万元，是1981年的10倍。

二、钢铁企业

1985年7月，由唐山市物资公司中介，半壁店村与电子工业部物资处签订500万元的钢铁补偿贸易协议。协议规定：半壁店村用此笔货款投资建厂，两年后向对方兑现钢材。在开平区委、区政府的支持下，半壁店人背着户均万元外债的压力，终于建成钢铁厂，并于1987年元旦炼出第一炉钢水。是年，炼钢7442吨，轧材8424吨，创产值1100万元，实现利润161.4万元。但是，由于不懂生产技术，缺乏管理经验，钢铁厂轧钢车间的生产能力，一直达不到设计能力的三分之一，产品合格率也只有74%。1988年1－5月即亏损34万元。面对困境，在区委区政府的支持帮助下，1988年5月10日，半壁店村与唐山钢铁公司签订联营协议，由唐山钢铁公司原第二炼钢厂厂长出任厂长。引进24名管理人员和技术骨干，充实厂领导班子，实行全面质量管理，扩大销售队伍，以销定产，以产促销。5月21日，联营厂正式投产。当月轧钢1816吨，比联营前5个月的产量还多400吨。6月，轧钢5000吨。7月，突破6000吨。至9月，仅轧钢就收入300多万元。当年，实现产值550万元，扭亏并盈利10万元。1989年，盈利20多万元。经过两年规范化治理，钢铁厂的管理水平得到很大提高，生产能力和技术水平都达到国有大企业的标准，并为半壁店村培养出一批管理和技术人员。村投资1600万元，建成第一个3吨转炉氧气顶吹炼钢厂和第一个600立方米的氧气厂。1990年，尽管遭遇钢铁市场疲软，钢铁厂仍然盈利360多万元。1991年，全村年产值200万元以上的钢铁企业已发展到4家，即半壁店第一炼钢厂、半壁店第一轧钢厂、半壁店第二轧钢厂和半壁店炼铁厂，全年共计实现产值1.59亿元。是年，在全国500家最大乡镇企业中排名第五，在全国乡镇黑色金属行业100家中名列第二，列入中国乡镇企业千家最高利税企业，中国千家最大规模乡镇企业第四十七名，并获河北省乡镇企业第一名等称号。1992年，年产值200万元以上的企业达到6家，增加了半壁店第四轧钢厂和半壁店电炉厂。全年6家钢铁企业共计实现产值4.48亿元，利税8075万元。1993年，投资2亿多元，建成3座8吨氧气顶吹转炉的第二炼钢厂和3套1500立方米制氧设备，以及原料厂、耐火材料厂等辅助企业。全村钢铁企业实现产值9.46亿元，利税1.14亿元。

1994年，半壁店村已形成以钢铁为龙头，从炼到轧的联合企业。其中，年产值超千万元的企业7家，超亿元的企业5家，总资产达到4亿元，形成炼钢17万吨、轧钢50万吨的年生产能力。5000多名职工中有各类技术人员260多名，具有工程师及以上的技术干部60多名。企业占地1.2平方公里，建筑面积50多万平方米。生产的2.5#－5#角钢销往香港地区和韩国，18#－25#螺纹钢被北京亚运会工程选用，同时打进南方钢材市场，并荣获全国冶金博览会金奖，被授予信得过产品称号。然而，在发展过程中，也暴露出企业各自为政、资金不能集中使用、不能形成闯市场的合力等问题。为此，经过反复论证，于1994年3月6日，成立半壁店钢铁集团公司，建立起责任分明、政企分开、管理科学的企业管理制度，为全市乃至全省第一家村办钢铁集团公司。1996年，钢材市场急剧滑坡，企业流动资金周转困难。1997年初，集体公司将所属企业的法人资格全部撤销，由集团公司作为一级法人，独立行使经营自主权，实行人、财、物和产、供、销统一管理的经营模式。并借鉴邯钢经验，优化工艺结构，强化管理水平，实行目标成本和目标利润管理，推行“内部核算”办法。5月，半壁店第二炼钢厂第一台连铸机投产，当年生产连铸钢坯9.42万吨，与模铸相比，钢坯合格率提高1.5%，成材率提高3%，降低成本4825万元。企业扭亏为盈，并实现税金680万元。1998年6月，第二台连铸机投产，从而结束了模具炼钢的历史。集团公司产钢37万吨、钢材35万吨，实现利税3510万元，上缴税金960万元，产品成本比上年下降6.2%。1999年11月23日，一号高炉建成投产，结束了第二炼钢厂化铁炼钢的历史，实现铁水直接热装炼钢，年创效益7000多万元。

半壁店钢铁企业一瞥

随着国家宏观调控政策的相继出台，半壁店村的钢铁企业面临越来越大的生存压力。1999年，集团公司5个轧钢厂已全部停产，带钢厂也停产5年。启动闲置资产，盘活沉淀资金，当务之急是寻找合作伙伴。1999年10月10日，半壁店钢铁集团公司与古冶区滦河集团公司签订联营协议，半壁店村以5000万元的固定资产入股，占股份的49%，滦河集团公司投入3000万元现金，占股份的51%，并作为控投人，组建唐山市鸿达热轧有限公司。公司成立至11月8日，先后完成化铁扩容、除尘技改和第二期连铸工程，第一炼钢厂也结束了模铸炼钢的历史。2000年3月，完成带钢厂设备改造，安装全闭数控连锁钢生产线和稳压数控高频焊管生产线，同时完成3000立方米和1500立方米制氧设备工程，累计投入资金7700万元。这年，产钢12.77万吨、焊管2.25万吨。

2000年，开平区委、区政府依据全区乡村集体企业改制工作会议精神，将半壁店钢铁集团公司作为全区改制工作的重点。在上级工作组的指导下，对集团公司进行资产审计和评估，制订改制方案。4月16日，半壁店钢铁集团公司与韩文臣签订联合组建半壁店钢铁有限责任公司合同。合同规定：韩文臣投入现金3000万元，占股份的70%，半壁店钢钢铁集团公司以净资产1286万元，占股份的30%（20%的优先股和10%的普通股）。半钢有限公司成立当年，即投入资金1亿元，至2001年5月，相继建成179立方米高炉、24平方米烧结机和11万伏变电站，并对原中型轧钢厂进行技术改造，建成热轧带钢生产线。新项目投产，产品结构得以调整，资产配置进一步优化，规模扩大，实现规范化经营，增强了市场竞争力。企业改制，激活沉淀资产 5000 万元，半壁店钢铁集团公司由一个设备陈旧、工艺落后的企业改造成为一个拥有先进技术、装备和工艺的钢铁联合企业，2001 年 5 月通过 ISO9002 国际质量体系认证。实现产值 19.8 亿元，比改制前的 1999 年增长 51.2%。2005 年，钢铁企业总产值达到 40.19 亿元。2008 年，达到 58.62 亿元。形成年产铁、钢、材各 200 万吨的生产能力，实现炼铁、炼钢、轧材、加工一条龙钢铁生产线。

第二节　农　业

一、种植业

20 世纪 60 年代，半壁店是个以种植玉米、小麦为主的传统农业村，全村时有耕地 700 亩，人口近千人，人均耕地不足一亩，在“以粮为纲”的年代，村民生活贫穷落后。1963 年，半壁店村因采煤塌陷搬迁后，旧村址变成一片荒地。1971 年，全村以生产队为单位，开始在旧村址上开荒造地。经过 3 个冬春的努力，共清除废墟 7 万多立方米，造耕地 250 亩、林地 300 亩。全村耕地增加到近千亩。搬迁后的半壁店村由于地质原因，缺少水源，严重制约着农业的发展。提高粮食产量，兴修水利是关键。1972 年，在市、区政府的支持下，经市政府与开滦矿务局协商，决定由开滦矿务局拨款，启动半壁店村的“南水北调”工程，将村南 2.5 公里的开滦四号井水，往北引至半壁店。工程于 1973 年春季设计，经过近一年的施工，共铺设直径 26.5 厘米的铸铁管道 2400 米，并修建一座 8 万立方米蓄水池。“南水北调”工程扩大水浇地 400 亩，使全村 70% 的耕地成为稳产高产田。1975 年，全村粮食产量由 1971 年的 29 万公斤，增加到 42.35 万公斤。1976 年，大地震之年粮食总产量仍达到 40 万公斤。

1984 年，半壁店取消生产队建置，成立半壁店农业公司。农业公司系半壁店村的集体企业，下设农场和养殖场。农场内部实行不同形式的生产责任制，按行业划分为种植、林果、小型副业 3 个各自独立经营管理的单位。其中种植业划分 4 个承包组。农场向各专业承包组提供产前、产中、产后服务，成为三级管理形式的联合公司。农场作为一级核算单位，依据公司制订的各项经济指标，做出本场的具体安排，又作为发包方与各专业代表签订承包合同。农场为各承包组提供土地、生产工具、种子、肥料、资金等，承包方负责播种、管理、收获以及工资报酬。截至 1987 年，农场先后购置载重汽车 2 辆、拖拉机 6 台、电动机 20 台、胶轮大车 35 辆，打机井 9 眼。农场有水浇地 500 亩；有林地 160 亩，其中果树 100 亩。1988 年，平均亩产粮食 390 公斤，总产 37 万公斤。1991 年，有水浇地 325 亩，粮食总产 37.9 万公斤，农业总产值（含养殖业，下同）40.8 万元。1993－1995 年，先后购置大型农机具 12 台，实现农业生产机械化。2000 年，农场有职工 75 人，总产值 303 万元，利税 28 万元。2002 年，投资 13 万元，打深水井 2 眼，铺设配套水管 3500 米，增加水浇地 300 亩。2008 年，农业总产值达到 553 万元，为 22 年最高。

二、养殖业

1987 年，半壁店村的养殖业仅有猪只饲养，且均为农户散养。全村生猪存栏 80 头，另有大牲畜 53 头，多为役畜。1991 年，生猪存栏增至 255 头，羊存栏 20 只，大牲畜减至 26 头。1993 年，农场投入 30 万元修建牛棚，引进肉牛 250 头。1997 年，建成万头猪场，被市政府列为科技示范园区。2002 年，投资 1280 万元，猪场搬迁，占地 100 亩、建筑面积 1.5 万平方米的半壁店养殖场建成。养殖场建有定位猪舍 6 栋、猪产房 10 栋、保育舍 10 栋、育肥舍 17 栋、种猪舍 1 栋，另建有鸡舍、鹅舍 6 栋和饲料加工车间。养殖场与中国农业大学、河北科技职业技术学院建立长期合作关系，为养殖场提供技术保证，另聘请 2 名副高级兽医师和 5 名中级技术人员驻场参与管理。年生猪存栏 8000 多头，其中种猪 1200 多头，品种为杜洛克、长白、大白3个品系。年出栏三元杂交生猪1.5万头，提供二元母猪2000多头。养殖场还养殖鸡1.2万多只、鹅2400多只。2004年，养殖场被河北省科技厅评为“科技企业”，被唐山市政府授予农业产业化“市级重点龙头企业”和“环京津菜篮子基地”称号。2005年，开平区成立以半壁店养殖场为核心的养猪协会，在全区推广人工授精和科学养猪技术，该场发展成为全区优良猪精液集散地和养殖培训、服务中心。2007年，作为国家农业部示范工程，投资330万元建成半壁店养殖场1000立方米的大型沼气池。

半壁店养殖场

三、副业

半壁店村的副业生产始于1961年。先后搞起马车运输、挖红砂、打红土等副业生产，并利用境内闲置厂房、窑炉，兴办小陶瓷厂。1962年，副业收入增加使工分值由不足1元增长到2.4元，副业生产的贡献率占70%以上。1974年，停办近10年的副业生产又相继恢复，并增加了打石头、石灰窑、打草帘、扎墩布、绑笤帚等项目。1975年，全村副业收入12万元。1976年，达到15万元。1986年，村组建运输队和商店。有胶轮大车35辆、载重汽车2辆。1988年，有胶轮大车16辆、载重汽车4辆。1991年，有胶轮大车7辆、载重汽车37辆。1995－2003年，全村运输业和批零贸易分别累计实现营业收入2256万元和5455万元。

2001年批零贸易业，2004年运输业先后纳入半壁店钢铁有限责任公司统一管理，至2008年，各类经营数据不再单独入统。

部分年度半壁店村工农业产值表

表5－1 单位：万元

年度	工农业总产值			年度	工农业总产值		
	合计	工业	农业		合计	工业	农业
1987	1200	–	–	2000	165803	165500	303
1989	6493	–	–	2001	198314	198000	314
1991	16674.8	16634	40.8	2002	200522	200197	325
1992	45270	54260	10	2003	237156	236872	284
1993	95139	95130	9	2004	324308	324000	308
1995	98566	98560	6	2005	402251	401918	333
1996	96107	96100	7	2006	454729	454381	348
1997	100786	100779	7	2007	646958	646519	439
1998	124542	124280	262	2008	586801	586248	553
1999	131174	130853	321				

1995－2003年半壁店村运输业、批零贸易业营业收入一览表

表5－2　单位：万元

年度	运输业	批零贸易业	年度	运输业	批零贸易业
1995	312	128	2000	195	8
1996	272	328	2001	165	－
1997	365	3956	2002	500	－
1998	151	352	2003	113	－
1999	183	683	累计	2256	5455

第二章　政　治

半壁店村的发展实践证明，关键有一个以实现共同富裕为已任、一心一意干事业求发展的领导班子。他们大胆改革开放，勇于开拓进取，心怀“致富路上不能丢下一个群众”的信条，全心全意为集体，一心想着共同富裕。这个团结合作、不断进取的领导班子，1995年被评为“全国优秀村委会”，1996－2006年，4次被评为“河北省先进基层党组织”。村班子4名主要领导先后荣获全国、省、市劳动模范、优秀共产党员等荣誉称号24次。其中老书记韩振国被选为八届、九届全国人大代表，被省委评为“连续任职30年优秀农村党支部书记”，党委书记、村委会主任韩文臣被授予“全国劳动模范”称号。

第一节　中共地方组织

一、组织沿革

1961年，半壁店生产大队党支部建立，郑连清任书记，韩振国任副书记（兼生产大队长），时有党员12人。1964年开始，“四清”和“文化大革命”期间，村党组织处于瘫痪状态。1971年4月10日，半壁店生产大队党支部恢复活动，韩振国任书记，唐瑞兰任副书记，时有党员12人。1984年，由于村办企业的发展和党员人数的增加，经上级党委批准，半壁店生产大队党支部改建为半壁店村党总支，韩振国任书记，唐瑞兰任副书记，1986年刘桂芝继任副书记。党总支下设企业支部和退休支部，共有党员45人。1994年3月，经河北省委和唐山市委批准，半壁店村党总支改建为半壁店村党委，韩振国任书记，刘桂芝任副书记。村党委下设企业党总支和村委会机关、在半壁店

2003年4月“华夏第一村”——华西村党委书记吴仁宝（左）与“河北第一村”党委书记韩振国

农业公司、退休3个支部，共有党员75人。2003年8月29日，韩振国因病去世。9月12日，开平镇党委任命韩文臣为半壁店村党委书记。2006年，选举刘桂芝、谷孝武为党委副书记。截至2008年，村党委领导班子和下属基层组织没有变动，党员增至105人。

二、主要决策

1961年党支部建立后，首先整顿全村劳动组织，组建3个生产队，选配生产队长，将土地经营权下放到生产队。为了增产粮食，让村民吃饱肚子，对社员实行小段包工、定额定工等激励措施，生产队不便耕种的小片荒地，允许社员“见缝插针”自由种植。党支部一班人都到生产第一线与社员一起劳动，将党的各项方针政策落到实处，调动社员群众的生产积极性。1961年，粮食亩产比1960年增加41公斤。社员口粮标准达到210公斤，是当年全市农业人口口粮标准最高的生产大队。党支部在抓粮食生产的同时，又提出“要抓副业，以副养农，以副分红”的奋斗目标。生产队有了自主权，搞起马车运输、小陶瓷等副业。1961年，副业收入3.91万元，占农副业总收入的40%。1962年，全村拥有大牲畜41头，胶轮大车12辆和一座年产值8万元的小瓷厂，成为开平区的先进生产大队。1971年4月，党支部恢复后，第一件事就是取消生产大队“一层楼”式的管理体制，恢复生产小队的体制。其次是遍请“能人”回村，用其所长，负责各关键岗位的工作。领导班子健全后，党支部便开始谋划实施半壁店村艰苦创业的蓝图。是年冬，大队党支部提出“向废墟要粮”的口号，做出在老村址上开荒造地的决策，经过3个冬春的努力，全村增加耕地250亩、林地300亩。1972年，大队党支部又开始谋划“南水北调”工程。1973年，终将村南的开滦地下水引到半壁店，扩大水浇地400亩。1976年7月28日，唐山大地震，半壁店村1000多间房屋全部倒塌，128人震亡。当天下午，大队党支部组织党员在废墟上召开群众大会，鼓励大家化悲痛为力量：“有党支部在，再大的困难也能克服！”1981年，半壁店震后复建完成，成为开平区第一个消灭简易房的村庄。1978年，大队党支部面对唐山钢铁公司付给的9万元青苗补偿费，在村民大会上算了一笔账：“全村300户1000口人，如果分到一家一户，每人才90元，钱花完了还照样穷，过不了几天好日子；不分，拿这笔钱办个厂子，兴许年年有好日子过，半壁店村有可能一步步走上富裕路。”经过耐心工作，大家终于形成共识，于1979年建成半壁店第一家村办企业——机械厂，当年盈利2万元，蹚出了一条“办厂兴村”共同富裕之路。中共十一届三中全会后，半壁店大队党支部一班人，结合本村实际，认真学习中共中央《关于进一步加强和完善农业生产责任制的几个问题》等重要文件，根据中央因地制宜，不可“一刀切”的精神，从本村70%的劳动力都转移到工副业生产的实际出发，征得市、区党委的同意，于1984年决定保留集体经济，取消生产队建置，成立农业公司，集体经营。

1984年，村党总支成立伊始，即提出“勒紧裤腰带，也要求发展”的口号，将“艰苦创业”作为凝聚全体村民的村魂。坚持将集体收入的80%用于再生产，20%用于分配和村民福利。1985年，面对改革开放的大潮，党总支告诫全体党员：“机遇面前人人平等，改革开放是个大机遇，我们要放开胆量干，大干大富，小干小富，快干快富，不干不富，不发展就会倒退”。做出利用靠近唐山钢铁公司的优势和改革开放的机遇，大干快上，兴建钢铁厂的决定。1988年，钢铁厂投产后，面对由于不懂技术，缺乏经验，而出现的亏损局面，村党总支又提出“打开村门求发展，要钱不要权”的意见，实现了与唐山钢铁公司联营，很快扭转了亏损局面。

随着村党组织的壮大，村党委从加强全村党员、干部、群众的政治文化素质教育入手，提高精神文明建设水平，将半壁店村建设成为生产发展、生活宽裕、乡风文明、村容整洁、管理民主的社会主义新农村。1994年，村两委先后制订《关于开展社会主义精神文明建设的决议》《精神文明示范村实施方案》，全面实施创建精神文明活动。以半壁店育才学校活动中心为阵地，开展形式多样的文化娱乐和体育比赛活动，利用文艺阵地宣传党的政策和好人好事。每年“五一”前后，开展评选表彰先进生产（工作）者活动，“七一”前后，开展评选表彰优秀共产党员和先进基层党支部活动，树立先进典型，以弘扬正气。村党委坚持把党的思想工作贯穿到经济活动中去，努力培养过硬的党员干部队伍。村党委在日常经济活动中，结合生产经营和各项任务指标，给党员干部提出具体要求。天津静海县大邱庄部分领导干部违法犯罪事件发生后，对村党委一班人触动很大，在全村党员干部大会上，大家共同回忆起半壁店村艰苦创业的历程。吸取教训，莫忘村魂。在企业中党员干部带头围绕“经济发展了，如何防止思想滑坡”展开讨论。开展发扬艰苦奋斗传统，反对挥霍浪费、吃喝玩乐等不良风气的教育，并联系实际制定有关廉政建设的规定。1995 年，村党委做出《加强党的建设，再创两个文明建设辉煌的决定》，号召全体党员发扬半壁店村 20 世纪 60 年代艰苦奋斗、全心全意为人民服务的精神，增强 90 年代的市场经济观念，进行第二次创业。2004 年，村党委提出“优化经济结构，提高产业层次，促进第一、二、三产业协调发展，走规模化经营之路，不断扩大集体经济，完善社会福利设施，把半壁店建设成经济更繁荣，生活更福裕，精神、政治更文明的社会主义新农村”的发展思路。8 月，实录半壁店村发展历程的《小康之路》展览，在村文化中心开展，作为半壁店人的教科书，激励后人。2005 年 7 月开始的保持共产党员先进性教育活动中，村党委及下属总支、支部组织党员重温入党誓词，增强党员意识，牢记党的宗旨，人人争做工作先锋、岗位模范。9 月，村党委书记韩文臣赴山东省威海市，参加中组部召开的全国党建研究会农村党建研究专业委员会成立暨农村党建研讨会，并作题为《实现农村现代化，共同富裕奔小康》的大会发言。2006 年，村党委 1 号文件《谋划新思路，实现新发展》出台，要求全体党员、全体村民增强忧患意识，谋划切实可行的发展项目。8 月，村党委承办开平区“心系村民，携手致富，当好建设新农村带头人”研讨会。村党委副书记刘桂芝作题为《缅怀韩振国精神，为融入城市中心，打造经济强区，构建和谐开平作贡献》的大会发言。村党委书记、村委会主任韩文臣代表与会村干部向全区农村基层干部和广大农民发出“争当新农村建设带头人”的倡议书。2008 年，在学习实践科学发展观活动中，村党委要求各支部在全面系统学习的基础上，根据各支部成员的工作性质和实际情况，各提出不少于 5 个议题，每个议题召开 1 次研讨会，研讨会上的 10 多项议题被半壁店村谋划制订科学发展规划所采纳。

第二节　村委会·群团组织

一、村民委员会

1984 年 9 月，半壁店村撤销生产大队管委会，组建半壁店村民委员会，截至 2008 年，村民委员会历经七届。其间 1984－1999 年，韩润祥为村委会主任；2000－2003 年，谷孝武为村委会主任；2004－2008 年，韩文臣兼任村委会主任。村委会下设 5 个村民小组，每月召开 1 次村民小组长会，了解民情，安排工作。每半年召开 1 次村民代表大会，讨论决定重要村务事项。截至 2008 年，先后讨论通过了《半壁店村住宅小区精神文明建设公约》《半壁店村住宅小区管理规定》《半壁店村住宅小区管理岗位责任制》和《半壁店村村民自治章程》，并做出《关于专项治理村民违章建筑的决定》。每年年初召开的村民、党员代表大会上，都要作上年度的工作总结和本年度的工作设想，听取代表的意见和建议。

二、群团组织

（一）工会

村工会下设经费审查、女职工、劳动争议调解、劳动纪律监督检查、劳动保护检查 5 个委员会，下辖半壁店钢铁集团有限公司工会和鸿达热轧有限公司工会。

2005年，半壁店钢铁集团有限公司炼铁厂原料车间工会小组，获“唐山市模范职工小家”称号。2006年，村工会被市总工会授予“工会基层组织建设工作优秀村工会标兵”称号。2007年，宝业集团工会被市总工会授予“唐山市模范职工之家”称号。2008年，村工会共有会员5399人，其中半壁店钢铁集团公司工会5个工会分会有会员3199人，鸿达热轧有限公司工会4个工会分会有会员2200人。

（二）妇联

村妇联在村党委领导下开展工作。1987－2008年，历任村妇联主席为张玉萍（1987－1990年）、杨瑞光（1991－2008年）。2006年，半壁店召开第一届妇女代表大会，正式选举杨瑞光为村妇联主席。是年，在“十星级”（即致富星、守法星、计生星、养教星、和睦星、科技星、文教星、义务星、卫生星、新风星）文明家庭创建活动中，村妇联以“环保进家庭”为主题，开展家庭读书竞赛和征集生活环保小窍门等系列活动。当年，全村星级文明户挂牌率100%，“十星级文明户”达到97%。2007年6月19日，村妇联组织妇女代表在村公园举行“创建和谐家庭”宣誓仪式。7月，组织“我为创建作贡献”讲用会，由村民小组评选的5位“好媳妇”讲述各自家庭中的故事，台上台下互动，气氛热烈。村妇女合唱团和舞蹈队不仅经常活跃在村文化中心舞台，而且在2007年唐山市“和谐新农村，风采新农民”文艺演中获得好评，并被唐山电视台选播。是年，村民王淑荣一家获评“唐山市文明家庭标兵户”。2008年，在开展“创建科学发展示范家庭”活动中，举办“科学发展示范家庭知识竞赛”。竞赛以村妇联编写的《环保知识50题》为内容，全村妇女6个代表队18名选手参赛。同时，制作环保知识展牌10块，摆放在村主街宣传橱窗和村文化中心。

（三）共青团

共青团半壁店村支部设书记1人，1987－2008年由村党委委员刘文涛兼任。

第三节　代表和政协委员

一、党代表

2001年，韩振国当选中国共产党河北省第六次代表大会代表。

2006年，韩文臣当选中国共产党河北省第七次代表大会代表。同年当选中国共产党唐山市第八次代表大会代表。

二、人大代表

1993－2002年，韩振国连续当选全国第八届、第九届人民代表大会代表。

1997－2008年，刘桂芝连续当选开平区第十二届、十三届、十四届人民代表大会代表。

2003年，韩文臣当选河北省第十届人民代表大会代表。

2007年，韩凤奎当选开平区第十四届人民代表大会代表。

三、政协委员

1993－1998年，韩振国任政协唐山市第七届委员会委员。

1987－2008年，刘桂芝连任政协开平区第二至七届委员会委员。

第四节　荣　誉

一、集体荣誉

1990 年春天，唐山市委、开平区委联合调查组进驻半壁店村，总结村党总支带领半壁店村民走共同富裕之路的经验。4 月 13 日－5 月 18 日，《唐山劳动日报》分别以《社会主义道路越走越宽》《坚定的信念之光》《依靠自身积累发展经济》《要共同富裕必须有个好支部》《铸起村魂的人》为题共发表 5 篇半壁店村依靠村集体走共同富裕道路的文章。6 月 28 日，《唐山劳动日报》又全文发表市委、区委联合调查组撰写的长篇报告《新农村建设的蓝图正在这里展现——开平区半壁店村依靠集体经济实现共同富裕的报告》，同时还刊登了《中共唐山市委关于认真学习半壁店村经验的通知》。1992 年 10 月 6 日，《人民日报》头版头条发表通讯《河北第一村》，10 月 11 日《河北日报》头版头条发表通讯《河北第一村的火车头》。1993 年 8 月 6 日，河北省委、省政府做出授予半壁店"河北第一村"的决定。10 月 8 日，唐山市委、市政府发出《关于在全市农村基层党组织中深入开展向半壁店村党总支学习活动的通知》。被唐山市委、市政府荣记"振兴唐山"集体二等功。1995 年，被民政部命名为"全国优秀村委会"。1996 年、2000 年、2001 年、2006 年，先后 4 次被河北省委评为"先进基层党组织"。1999 年和 2005 年，分别被中央文明委评为"全国创建文明村镇工作先进单位"和"全国文明村镇"。2004 年，被河北省司法厅、民政厅命名为"省级民主法治示范村"。被唐山市委、市政府命名为"爱国主义教育基地"。2005 年，被河北省爱国卫生运动委员会评为"省级卫生村"。2006 年、2007 年，分别被唐山市委、市政府评为"文明生态精品村""创建文明生态示范村先进单位"和"振兴唐山先进单位"。

二、个人荣誉

韩振国　1989－1992 年、1994 年、2000 年、2002 年，先后 7 次被唐山市委、市政府授予"唐山市劳动模范"称号。1990 年、1991 年、1994 年，先后 3 次被河北省委评为"河北省优秀共产党员"。1992 年，获评"河北省劳动模范"。1993 年，被唐山市委、市政府荣记"振兴唐山"个人一等功。1994 年，被农业部、人事部评为"全国农业劳动模范"。被农业部授予"全国优秀乡镇企业家"称号。1996 年，被唐山市委评为"唐山市优秀人民公仆"。1999 年、2001 年，两次被唐山市委授予"唐山市优秀共产党员"称号。2003 年，被河北省委组织部评为"连续任职 30 年优秀农村党支部书记"。

韩润祥　1993 年，被唐山市委、市政府荣记"振兴唐山"个人二等功。

刘桂芝　1993 年，被唐山市委、市政府荣记"振兴唐山"个人二等功。2004 年，被唐山市委、市政府授予"唐山市劳动模范"称号。2006 年，被唐山市委授予"优秀共产党员"称号。

韩文臣　2003 年，被河北省总工会授予"五一劳动奖章"。2005 年，被国务院授予"全国劳动模范"荣誉称号。

第三章　新农村建设

半壁店村从 1990 年谋划新农村建设。1991 年 5 月被建设部列为全国新农村建设 4 个试点之一，1992 年开工建设，1996 年底竣工。1997 年 1 月，全村 500 户村民迁入 150 平方米 ×2 连体别墅楼或 5 层点式、条式楼，人均居住面积50平方米，公用设施一应俱全，居住条件优于城市小区水平。2008年，人均居住面积增加到60平方米。

半壁店村坚持两个文明建设协调发展。20世纪90年代初就制订了《半壁店村精神文明示范村实施方案》，全村遵纪守法，文明和谐蔚然成风，1999年被中央文明委授予“全国创建文明村镇先进单位”，2005年被评为“全国文明村镇”。

随着集体经济不断壮大，村民福利也不断增加。半壁店村从1985年实行村民退休劳保制，到1992年有43名男60周岁、女50周岁退休村民，每月从村委会领取原基本工资的70%作为退休金。2004年，为330名村民办理社会养老保险，为全省农村实施社保第一家。先后实行义务教育和公费医疗，并从1990年开始，由村委会出资每年组织退休村民外出旅游。

第一节 民居建设

一、村民住宅

半壁店村得名于清康熙三年（1664年）。明永乐三年（1405年），大批移民从山东、山西陆续来到开平地域。其中山西介休和山东章丘的移民就地取材，利用当地盛产的矾土和煤炭烧制缸盆等日用品，开创了唐山的陶瓷行业。到明嘉靖（1522－1566年）年间，开平地域的陶瓷业渐成规模，业主雇用外来民工就地建窑、开锅伙、建工棚。随着雇工的增多，锅伙成为饭铺，工棚成为宿店，临时住所有了固定住户，在原唐山焦化厂东侧、唐山六中南侧，渐成半面街。清朝初年，全面核查“地户人丁”。村庄命名一般以居民姓氏、地理风物或永久标志为参照。当时此地居民多为外地迁居，姓氏不一，只有半面街，于是取名半壁店。

震后复建的半壁店村

半壁店村地下蕴藏着丰富的煤炭资源，1910年，马家沟矿开始深层开采，到20世纪50年代末，村址下早已采空，地面逐渐下沉，房屋出现裂纹。1962年夏，地面沉降严重，民居多成危房，危及村民生命财产安全。唐山市人委与开滦矿务局协商，半壁店村搬迁重建，决定市民迁往弯道山一带，归路北区管辖，将农民迁到开平镇政府南一公里处重建，仍称半壁店村。搬迁工作从1963年春节后开始，到5月底完成，只用了4个多月时间。其间村集体还建成80多间办公室、仓库和牲口棚。1976年7月28日唐山大地震，全村1000多间房屋全部倒塌，128人震亡，占全村人口的14%，80多人受伤转往外地，50多头大牲畜只剩下10头，财产损失逾百万元。8月1日，全村人都住进了能遮风挡雨的简易棚。1978年开始，村里统一规划在废墟上重建家园，要求街道宽窄、院落大小、房屋高低三统一。为了解决建房木材，村里筹资派人到东北购进檩条300多立方米，按需分发到各户。1981年，半壁店全村237户全部搬进宽敞明亮的平房，成为开平区第一个消灭简易房的村庄。村民甄文素地震时只有12岁，父母双双震亡，只剩下一个7岁的弟弟，只好投奔远在衡水老家的奶奶。1982年，村里派人专程将一家三口接回，并为他们盖了三间新房。

半壁店新村

随着经济的发展、生活水平的提高和人口的增加，震后复建的平房已满足不了村民日渐增长的需求。1991 年 3 月，村党总支做出在 180 亩宅基地上就地进行住宅改造的决议。4 月 1 日，半壁店村住宅改造工程项目被建设部批准为全国村镇建设试点工程。整个工程按建设部《村镇建设试点程序》进行，设计方案经专家论证、群众讨论之后择优选定。1992 年，半壁店村成立住宅改造领导小组，出台《半壁店村住宅改造方案》。6 月 2 日，举行半壁店村部级试点建设开工典礼，建设部、河北省建委和市、区领导为工程奠基。整个工程历时 4 年半，于 1996 年底竣工。总投资 1.3 亿元，共建成 150 平方米 ×2 连体别墅楼 140 栋、5 层点式楼 11 栋、5 层条式楼 1 栋，总建筑面积 11 万平方米。住宅楼统一供水、供电、供暖，电话、有线电视相继接通。是年，半壁店村的农民别墅作为《震后新唐山》特种邮票 1 组 4 枚之一“农舍”，在全国发行。1997 年 1 月 10 日，全村 500 户村民全部入住。1998－2008 年，投资 6000 万元，陆续建成 216 平方米别墅楼 36 栋、150 平方米 ×2 连体别墅楼 8 栋、高层楼 4 栋、底商楼 12 栋，并接通了燃气和宽带网。全村总建筑面积增加到 15.6 万平方米，人均居住面积 60 平方米。

二、公共设施

1983 年，投资 20 万元，修整村内外道路，震后复建的村庄，交通更加通畅。1984 年 6 月，铺设村内自来水管网，实现自来水入户，结束了半壁店村担水吃的历史。1988 年，建成村浴池，为村民提供免费洗浴。1990 年，在区政府的协调帮助下，修通半壁店村分别通往唐山钢铁公司北门、唐古路和开平普光道的 3 条全长 9 公里的道路，方便了半壁店村乃至开平城区通往市中心区的出行。1993 年 9 月 1 日，投资 750 万元、建筑面积 6470 平方米的育才学校举行开学典礼。学校建有 40 多间教室和实验室，还有宽敞的封闭操场。学生从学前班、小学、初中一直可升入职业高中。学校各种教学实验设备齐全，堪称全国一流。1994 年 2 月，国家教委副主任王明达到育才学校参观考察。9 月 21 日，全国农村教育改革工作现场会在唐山市召开，半壁店村育才学校被选定为现场会的示范学校。1996 年，半壁店村住宅改造工程竣工之前，建成水场 2 个，以满足村民的自来水供应。2002 年，由半壁店钢铁集团有限责任公司、鸿达热轧有限责任公司和村委会共同出资 800 万元，将半壁店村通往市中心区和开平普光道的 3 条道路拓宽重修，铺设水泥路面。2003 年，投资 130 万元的洗浴中心扩建工程竣工，既扩大了社会服务范围，每年还可创收约 4 万元。投资 140 万元扩建村医院，完善医疗设备。2004 年 6 月 30 日，村医院与唐山工人医院联合，成立唐山工人医院集团半壁店医院。医院设 17 个科室，有医护人员 30 多名，备有二等甲级医院的医疗设备，村民不出村即可享受高水平的医疗服务。7 月，投资 2800 万元的村文化中心落成。文化中心占地面积 1.17 万平方米，建筑面积 6790 平方米，其主体建筑为设有 1126 个座位的大礼堂，并有建筑面积 300 平方米的多功能厅和图书阅览室、健身房、台球室、乒乓球室和棋牌室等设施，有专兼工作人员 6 名。文化中心的建成为半壁店村乃至开平城区增加了一个设备齐全的文化活动场所。2005 年 5 月，投资 140 万元的农民公园搬迁扩建工程完成。新公园占地 9775 平方米，备有健身路径等休闲健身设施。园中矗立着毛主席塑像和半壁店新村建设碑，碑面镌刻着半壁店村在党的领导下，艰苦创业的历程。8 月 20 日，新创办的半壁店幼儿园开园。幼儿园由原村办公楼改建，占地面积 8000 多平方米，建筑面积2158.74平方米，教师在全市范围内择优选聘，幼教设施齐全，不仅方便了本村幼儿的学前教育，也是周边幼儿家长的首选。2006年2月11日，河北省副省长宋恩华等领导到园指导工作；4月21日，全国政协人口资源环境委员会副主任张宝明率调研组到幼儿园考察。10月19日，组建开平镇卫生院半壁店医院，为全体村民交款加入开平区农村合作医疗。截至2008年，全村街道全部硬化，300多盏路灯夜夜通明，10万平方米的绿地草木葱茏，鲜花烂漫，村边580亩观光防护林似一道绿色的屏障，呵护着半壁店村居民小区人与自然和谐相处的生态环境。

三、物业管理

随着半壁店村住宅改造工程的竣工，1997年1月，村委会组建绿化队、保洁队和机修组，负责住宅小区的绿化、美化、消杀、保洁和水、电、暖等管网的维护和检修。2004年，投资50万元，对取暖锅炉进行大修，部分管网更新改造。为了规范和完善文明生态村的长效管理机制，村委会制订《半壁店村住宅小区管理规定》和《半壁店村住宅小区管理岗位责任制》。对住宅小区实行物业管理。为解决村南组团住户冬季供暖效果不达标等问题，2005年4月15日，邀请唐山建设集团及市内有关专家，召开供暖改造论证会，设计改造方案，投资42万元进行改造。同年，村保卫处与半壁店派出所结合，从保安公司聘用保安人员，制订严格的保卫制度和纪律，负责居民小区的治安和门卫工作，并在居民小区内安装6个远程监控探头，在配备保险柜的单位财务室安装遥控报警器，为居民小区设置安全保护网。2006年，全村污水排放实现与唐山市排污管道联网。2007－2008年在住宅小区植树2000多棵，对原有花木和草坪进行修剪和补植，提高住宅小区的绿化、美化水平。

第二节 文明村建设

一、《小康之路》展览

2003年8月29日，半壁店村党委书记韩振国因病去世。30多年，韩振国和村党组织带领半壁店人艰苦创业，将一个远近闻名的贫困村建设成为精神、物质双文明的“河北第一村”。2004年，新一届村党委为了铭记历史，将半壁店人“艰苦创业”的村魂发扬光大，使“河北第一村”铸就的辉煌继往开来，组织举办《小康之路》展览。展览实录半壁店村30多年艰苦创业、共同富裕的历程，是中国农村改革开放锐意发展的缩影。两个展室共同展出照片302幅、实物100多件。其中有在全国人大会议上党和国家领导人江泽民、李鹏、胡锦涛接见韩振国的珍贵照片，以及宋平、王兆国、刘澜涛、姜春云、王丙乾等领导到半壁店参观考察时的题字和照片。《小康之路》展览在社会上产生较大影响，是年，获评唐山市委宣传部“思想政治工作创新奖”。截至2008年，展览累计接待省内外3000多人参观考察。

二、文体活动

1997年开始，半壁店钢铁集团公司开始承办开平区“半钢杯”乒乓球比赛，截至2008年，共举办12届，已成为开平区的传统体育赛事。2002年，半壁店钢铁集团有限责任公司创办《半钢报》，每月一期。至2008年，其副刊《家园》共发表半壁店村民和职工的文艺作品近千件。2007年第三期《唐山文学》以专辑形式选发诗歌21首；另有5首诗被《燕赵都市报》转载。2004年3月，半壁店村与中央电视台（七套）《乡村大世界》栏目组联合，在村公园录制《小康之路》专题节目，800多名村民、职工参与。半壁店人第一次走进央视荧屏。“三八”妇女节，村妇联举办妇女歌咏比赛，20多人登台，6人获奖。2005年“六一”儿童节前夕，村举办首届儿童卡拉OK比赛，24名小歌手登台献艺。村党委书记韩文臣个人当场为村育才学校学生每人捐赠一身校服。8月29日，村党委编辑的诗文集《缅怀》问世。全书约15万字，编有村民、职工和社会知名人士70多人撰写的缅怀已故村党委书记韩振国的诗文。同日，纪念韩振国逝世两周年专题演唱朗诵会和书画摄影展览在村文化中心举行，1200多名村民、职工和各界人士参加，共演唱歌曲、朗诵诗歌20多首，展出书画摄影作品200多幅。是年，在村主干道建成精神文明一条街，长街两侧设置10个宣传橱窗，共60块展牌，内容涉及社会主义荣辱观、党风建设、廉政教育、法制教育、健康知识、村务公开等。图文并茂，通俗易懂，村民寓教于休闲之中。2006年4月，半壁店村再度与中央电视台（七套）《乡村大世界》栏目组合作，录制《新农村路上》专题节目，1000多村民、职工参与。是年，村委会出资4万元，承办“半壁店杯”群众文化展演暨开平区第十届彩色周末乐园颁奖晚会，观众2000多人。2000－2008年，连续5年春节与唐山电视台先后举办《明天更壮丽》《金鸡起舞唱和谐》《人和万事兴》《家和万事兴》《和谐共吉祥》等大型联欢会，现场录制，春节期间在省、市、区电视台播放。《明天更壮丽》《三唱半壁店》《老书记，我们永远怀念您》等自创歌曲，成为村老年合唱团的保留节目。2008年，村委会组织书画学习班，由本区书画家为爱好书画的村民、职工讲课辅导，之后将村民、职工学员的优秀品在村文化中心展出，引来村内外众多书画爱好者参观。

三、公益事业

致富思源，富裕起来的半壁店人不忘党和国家，热心回报社会。1992年8月，半壁店村向成功发射“澳星”的功臣捐赠10万元。农民奖励科技人员尚属首次。8月28日，《人民日报》第一版以《农民奖励“澳星”发射功臣》为题予以报道。1997年1月，半壁店村建立扶贫基金制度，每人每月捐出工资的百分之一，作为村扶贫基金。1997－1998年，向张家口贫困地区的4所希望小学捐助30万元现金和实物；出资60万元，帮助唐山市两个县的3个贫困村打井、办企业和救助失学儿童。1998－1999年，在全国社会力量扶贫协调小组的倡导下，先后捐资40万元，分3批培训300多名中西部16个省、自治区的乡镇干部。1999年6月26日，青海省赴唐培训的16名学员，从长江、黄河源头寄给半壁店情深意切的感谢信：“你们是新中国农民的典型代表，是新中国农民形象的真实写照……”是年，帮助新疆乌鲁木齐市八家户村兴办带钢厂，不仅派工程技术人员赴疆进行项目设计，而且接待30名八家户村民进行岗位技能培训，直至2000年底八家户村带钢厂建成投产。1999－2004年，捐资20多万元，为康保县和张北县的两个贫困村打井，解决人畜饮水困难。2002年3月，为甘肃省“爱心水窖工程”捐款12万元，帮助200多户农民解决饮水困难和发展庭院经济。2003年10月29日，半壁店村又向神舟五号成功发射的功臣捐款20万元。《人民日报》《农民日报》《北京青年报》，以及《河北日报》《唐山劳动日报》等省内报纸都竞相报道。2004－2005年，累计向张北、尚义两县贫困村捐款10万元。2006年6月17日，半壁店村与河北电视台《非常帮助》栏目组，在村文化中心联合举办父亲节特别节目《拿什么拯救父亲的生命》。众多村民踊跃捐款。2007年4月，半壁店村被唐山市委、市政府评为“社会救助献爱心先进单位”。截至2008年，半壁店村累计为社会公益事业捐款200多万元。

第三节　村民生活

一、生活水平

1983年，随着半壁店村经济的发展，劳动力不断向工副业转移，从事农业生产的村民已不足劳动力的30%，人们的劳作习惯也逐渐由过去的“日出而作，日落而息”转变为8小时工作制。是年12月8

日，村出台《半壁店大队工资试行规定》，工资标准按国家重工二级。男社员最高为六级，女社员最高为五级。最低级别日工资为1.17元，最高级别日工资为2.99元，每月工资按实际出勤天数计算发放。1984年1月开始实行工资制，取消农村长期实行出勤记工分年终结算的分配制度。是年，人均工资500元。1987年，人均纯收入1104元。1991年达到1600元。1993年1900元。2000年5051元，2003－2008年，人均生活水平稳定在1.5万元左右。

1999年9月，外国友人参观半壁店村民家庭

二、公共福利

（一）退休劳保制

1985年，半壁店村实行退休劳保制，村办企业职工和村委会工作人员，男满60周岁，女满50周岁即可退休，每月可领取基本工资70%的退休金。是年，首批26人办理退休手续，开始领取退休金，人均月退休金35元。之后，随着在职村民、职工工资的增加，退休金的标准也不断调整。2004年，人均每月退休金达到459.5元。村委会为330名村民办理社会养老保险，变“土劳保”为“铁劳保”。2005年4月26日，村两委印发《关于落实村民职工就业、工资和社会养老保险的决定》，要求所属各企业必须为在本企业就业的半壁店村民办理社会养老保险。2008年，全村共发放退休金140多万元，人均每月达到800元。

1988年6月村民领取退休金

（二）公费医疗

1991年，半壁店村在原合作医疗的基础上，开始实行公费医疗。村民在村医院就诊免费，大病转院，在职村民报销70%，其他人员报销50%。2004年，为村民支付医疗费68万元。2006年支付77.3万元，2008年支付80多万元。村民刘春娟因眼疾先后在唐山市人民医院、开滦总医院和天津眼科医院做手术4次，村里为她报销医疗费3万多元，终于使他几近失明的双眼恢复健康，重回企业上班。

（三）退休村民公费旅游

1990年开始，村委会每年出资组织退休村民外出旅游，让这些为半壁店村艰苦创业几十年的老年人饱览祖国的大好河山。旅游地从开始的北京天安门观光，到南戴河海滨疗养，

1998年5月退休村民游览天安门广场

发展到21世纪长江两岸的名山古迹。参加旅游的村民从开始时的几十人到2006年后的200多人。截至2008年，村累计出资200多万元。

（四）粮食补贴

1992年，半壁店村住宅改造工程启动后，村两委考虑到村民搬进楼房后，再用大缸储存原粮，既不方便也不协调。1993年底决定由村农场负责加工粮食，村建粮站，村民凭本购粮，实行粮价倒挂，村补贴差价，村民节约粮食归己。1994年元旦，村民领到购粮本，可以像市民一样直接买成品粮，并享受低于市价20%的优惠。随着村集体土地的减少和国家粮食市场和价格的开放，2003年5月开始，村两委决定取消购粮本，实行粮价补贴制度。

附录

中共河北省委
河北省人民政府
关于授予唐山市开平区半壁店“河北第一村”荣誉称号的决定

（一九九三年八月六日）

在党的十一届三中全会后兴起的改革开放的大潮中，唐山市开平区半壁店村发生了翻天覆地的变化。1978年，这个冀东平原上仅有400户、1100人的穷村，社会总产值只有31.6万元，固定资产不过18.8万元，人均收入不足200元。到1991年社会总产值达到1.68亿元，实现利税1244万元，集体固定资产总值8500万元，人均收入1600元，进入国家农业部等五个单位评定的全国村级人均社会产值前十名之列。在此基础上，他们继续大踏步前进。1992年社会总产值达到4.65亿元，实现利税8450万元，集体固定资产达1.5亿元，人均收入1800元。今年1－7月份，仅工业产值实现6.55亿元，利税1.103亿元。随着集体经济实力的增长，社会福利设施日臻完善，村民的物质生活和精神生活，正由小康水平向富裕水平迈进。一个经济繁荣、科教兴旺、生活丰裕、村民健康、环境整洁的社会主义新农村展现在人们面前。半壁店在村党总支的领导下，成为我省集体经济实力最强的村，在坚持党的基本路线、实现翻番致富奔小康的道路上发挥了先锋带头作用，为全省农村作出了榜样，提供了典型经验。为此，省委、省政府决定，授予唐山市开平区半壁店村“河北第一村”的荣誉称号。

省委、省政府要求，全省农村都要学习和推广半壁店的经验。他们的主要经验是：不断地解放思想，开拓进取，善抓机遇，求大发展。14年前，在改革刚刚启动的时候，他们就开始闯市场经济的大潮，办起了村办企业。几年前，当不少地方的乡村企业还处于“小打小闹、土打土闹”的阶段时，他们就敢于承担风险，瞄准市场，负债经营，筹建钢厂，开始上规模、上水平，向现代化迈进；当不少人还奉行着“万事不求人”的自我封闭原则时，他们就打开村门、走出村寨，同城市的大企业搞联合生产经营，把国有企业的科学管理方法和乡镇企业的灵活机制融合为一体，大大提高了村办企业的素质。在过去的14年里，他们审时度势，敢闯敢干，平均一年上一个新项目，一年跨一个新台阶。

自力更生、艰苦创业，坚持走农村工业化、农业现代化的道路。他们从长期“土里刨食”的经历中认识到，要尽快脱贫致富，就必须发挥自己靠近大城市的优势，艰苦奋斗，工业兴村，以工补农。1978年，他们说服群众，没有把外单位付给的9万元青苗补偿费分掉，而是利用这笔钱办起了第一家村办机械厂。在此之后，他们始终正确处理积累与消费的关系，利用该厂的积累，采取“滚雪球”的办法，先后办起了18个集体工业企业，其中有5个到今年底产值可突破亿元大关。在大力发展工业的同时，他们始终没有放松农业，坚持以工补农，以工建农，使农业生产从种到收实现了机械化，三分之二的耕地建成了稳产高产的“吨粮田”。

充分依靠科技、尊重人才，使科技力量成为经济腾飞的巨大推动力。开拓农村现代化事业的半壁店人从实践中认识到，缺乏科学管理先进技术，经济建设即不可能有高水平，也不可能出高效益。因此，他们求贤若渴，从外地引聘各类技术人员250名。其中，工程师以上的专业干部60多名。他们还投资600多万元建成了从幼儿园到高中“一条龙”的育才学校，并把40多名初、高中毕业生送往大中专院校学习，以培养扎根本地的人才队伍。去年8月，他们捐资10万元奖励“澳星”发射有功人员，充分体现了他们尊重知识、崇尚科学的远见卓识。

坚持两个文明一起抓，努力培养有理想、有道德、有文化、有纪律的新型农民。村党总支始终没有放松党的思想政治工作，把培养社会主义“四有”新人作为自己的神圣职责。他们坚持结合实际，不断向干部群众进行党的基本路线教育，进行理想、道德和法制教育。多年来，全村遵纪守法蔚然成风，没有发生过一起重大刑事案件。各公司依法经营，照章纳税，受到有关部门好评。近三年来，共向国家纳税2000多万元。半壁店村连续几年被省、市、区命名为文明村，党总支被评为市级先进基层党组织。

半壁店村的繁荣与发展，关键在于有一个坚强的党的领导核心。以省优秀共产党员、村党总支书记韩振国为代表的村党总支“一班人”，具有强烈的革命事业心、高度的政治责任感和大公无私的奉献精神。这个班子的7名成员都是村里的能人，如果自己干，都可以先富起来，但他们始终把目标盯在引导群众共同致富路上，一心一意为集体、一心一意干事业、一心一意求发展，“在致富路上决不让一个群众掉队。”他们“一班人”把全部心血和精力贡献给了集体，而在个人的住房、分配问题上却从来不搞特殊。他们以自己的好思想、好作风，把广大群众凝聚在一起，真正成了带领群众团结奋斗，建设社会主义新农村的坚强领导核心。

坚持党的“一个中心，两个基本点”的基本路线，不断开辟致富门路，带领广大群众早日实现小康目标，是当前农村工作的中心任务。省委、省政府号召各级党委、政府和广大农村干部群众，要认真学习半壁店的宝贵经验，普遍开展比先进、学先进、赶先进的活动，加快本地农村两个文明建设的步伐，为建设经济强省、实现小康的宏伟目标而努力奋斗。

开平区半壁店村党总支带领群众共同致富的事迹

唐山市委组织部、开平区委组织部、唐山劳动日报社联合调查组

1993年3月12日清晨，半壁店村沸腾了。全村的父老乡亲喜笑颜开，欢送村党总支书记韩振国赴京参加八届全国人大会议。祖祖辈辈受苦受穷的庄稼人，如今过上了“小康”生活，他们的带头人又当上了全国人大代表，怎不令人扬眉吐气！

韩振国是全国人民代表大会第八届、第九届两届人民代表，在参加会议期间，受到国家主席、国务院总理的接见。他所获得的殊荣，创造了唐山市开平区的历史之最。作为一个普普通通的农民，能够进入国家最高权力的顶峰，不仅是他个人的荣誉，也是开平区各界人民的光荣

将历史翻回12年前，这里是唐山有名的穷村，每个工值只有几毛钱，集体还欠外债8万多元。再看看如今的半壁店：村外一溜排开十几座工厂，俨然一个现代化的工业小区，村内新建的由两层小楼组成的别墅式的居民区，可与大城市的生活区媲美。1992年全村工农业总产值达到4.65亿元，实现利税8450万元，村有固定资产1.5亿元，人均生活水平1800元，成为闻名遐迩的“河北第一村”。

世世代代土里刨食的半壁店人，向着工业化、城市化迈进。凡在村里工作过的老年人，每月都可领到100至150元的养老金，学生上学有助学金，村民享受公费医疗。村里拿出6000万元统一兴建的村民住宅，一家一座140平方米的二层小楼，4室2厅，煤气；暖气、闭路电视、电话一应俱全。中国农民梦寐以求的生活在这里实现了。

“就是要永远走艰苦奋斗的路”

半壁店村委会的楼前，镌刻着“艰苦创业”4个大字，它道出了半壁店发展的“秘诀”，是半壁店党组织精神面貌的真实写照。

就从起步发展工业的1978年说起吧，身无分文的半壁店人，收到了唐山钢铁公司的9万元青苗补偿费。这么多钱谁见过！老支书韩振国接过支票时，手都颤抖了。穷怕了的庄稼人纷纷拥至村干部家，伸着手要分钱。围绕这笔巨款，总支开了几天会。最后，深思熟虑的老书记坚定地对大家说：“要想彻底扒掉穷皮，就得靠集体。这9万元分到一家一户，花几个月就没影了。要是聚到一起干点事，兴许能成大气候。”“一班人”决定走办厂兴村之路。他们带着全村群众，从几里外的废墟中捡来砖瓦石块，盖起厂房，9万元全部买了机器和设备，建成了半壁店村的第一个集体企业——机械加工厂。当年投产当年盈利2万元。钱虽不多，却使半壁店人尝到了艰苦创业的甜头，鼓起了共同致富的信心。

艰苦奋斗是党总支“一班人”倡导的“村魂”，而总支“一班人”就是这“村魂”的身体力行者。1985年初村里筹建钢铁厂。韩振国三下东北、两进北京，终于跑来了电炉设备，而他却因此病倒住了院。副书记刘桂芝和村主任韩润祥挑起了建厂的重担。韩润祥和支委赵广勤马不停蹄地奔波于天津、丰南等地，为了给集体省点钱他们自己掏路费，在购进设备的同时买来图纸自己加工零配件。韩润祥白天在工地上操劳，晚上搞设计，一干就是一个通宵，两个多月设计出16份图纸，使工期比原计划缩短了3个多月。区、乡领导在半壁店最困难的时候送来了贷款，帮他们安了变压器。几百个日夜的苦熬，几千里路途的奔波，终于迎来了激动人心的一刻。1987年元旦第一炉火红的钢水跃出了炉门。十几年来，他们先后建成了5个轧钢厂和转炉、电炉炼钢厂、带钢厂、炼铁厂等十几个骨干企业，为共同富裕奠定了雄厚的基础。

在半壁店，老一辈艰苦创业做出了好样子，年轻党员干部更不逊色。谷孝武、刘艳召、刘新生这些年轻的支委和党员，既是创业者又是新一代的管理者。去年9月的一天，新投产的转炉突然出现了“挂炉”，20多吨铁挂在炉壁上化不开。熄火处理得10多天，要损失十几万元。副厂长刘新生和老师傅商量，决定采用带温处理。他头一个拿起氧枪，披上淋湿了的棉袄冲向炉门口，高温把他的脸烤出了火炮，棉袄直冒烟，他全不在乎，一连在炉旁干了3天3夜。到第3天的夜间12时，终于排除了故障。他拖着疲惫的身子硬撑着回到家，便一下子倒在床上。妻子连忙把他送到市里医院，医生诊断为心肌梗塞。老书记韩振国闻讯赶来，看着躺在病床上的刚强汉子，不禁流出了热泪，他动情地对刘新生的妻子张秀珍说：“你给我把他看好了，他是为咱们半壁店累倒的呀！”像刘新生这样的青年党员干部，在半壁店何止一个、两个？

半壁店富了，富得流油。可党总支“一班人”始终保持着清醒的头脑。他们告诫党员干部们任何时候都不能丢掉艰苦奋斗这个传家宝，告诫大家“富莫骄奢”。在大家业面前，他们精打细算，“抠”得更紧了。该投入的，一掷千金。该省下的尽量省下，新建的高炉和炼钢厂，除电机、风机是购进外，高炉的热风体本体、化铁炉、炼钢炉的除尘设备，他们都坚持自己加工安装，节约100多万元。今年兴建高炉时，施工单位将土建工程预算造了90万元，副书记刘桂芝和支委谷孝武一笔一笔地算账，最后把费用压到40万元，整整节约了50万元！

“时代给了机遇就要干出一番事业来”

在半壁店的发展史上显示着这样一组数字：1989年全村农业总产值6493万元、1990年8888万元、1991年1.68亿元、1992年4.65亿元。这样高的发展速度显示着党总支“一班人”干事的雄心和胆略，记录着党总支带领干部群众创新务实，实现共同富裕的历程。

前来参观的人往往要问：半壁店这么大的家业，是靠什么发展起来的？村干部如实相告：靠自我积累、自我发展。积累是发展的基础，多投入才能快发展。十几年来他们坚持把收入的70%用于再生产，30%用于分配，共投入2亿多元，建新厂、上项目、使集体家业越滚越大。

1990年全国治理整顿，一个又一个信息都预测钢材市场不景气。轧钢也面临原材料短缺的局面，半壁店的发展又一次遇到困难。困难与机遇同在！老韩和总支成员冷静地分析了形势，认为目前国家对经济规模实行宏观控制是就全国而言的，半壁店轧钢企业已形成了一定规模，能经得住一定风浪了，正是发展自己的好时机。韩振国幽默地说：“小猪子贱了，有人就卖母猪、杀母猪，可有人偏偏买母猪，结果买母猪的赶上了行市，赚了大钱，这就是抓机遇。”他们千方百计筹措了1600万元资金，争时间抢速度新建了一座600立方米制氧顶吹3吨转炉炼钢厂。投产之日，正是钢材市场由冷变热之机，加上质量上乘，异常抢手，“小猪子”成了快货，一年就收回了全部投资，到1991年8月全村工农业总产值首次突破了亿元大关。

一步占先，步步主动。1992年邓小平同志的南巡谈话给半壁店人提供了大展宏图的机遇。党总支成员分几路外出考察，先后走访了鞍钢、无锡等全国有名的钢铁企业，参观了海南、广东、深圳等地的经济开发区，各地的大好形势使他们敏锐地感到我国经济发展将有一个历史性的突破，激励着他们立下了走超常规发展钢铁企业的决心。他们投资1亿元，建成了年产20万吨的热带钢厂，扩建了3吨转炉和800立方米制氧设备，又一次抓住了机遇，到去年底，全村工农业总产值实现了4.65亿元，利税8450万元。

今年经过周密的考察，他们果断决定投资2亿元，新上8吨转炉炼钢、1500立方米制氧厂和180立方米高炉炼铁，直接吃铁精粉，争取实现炼铁、炼钢、轧钢“一条龙”。新上企业投产后，轧钢和炼钢能力均可达到50万吨，不久的将来，半壁店钢铁公司将成为一个拥有20多个厂家、门类较为齐全的中型联合钢铁企业。今年上半年，全村工农业总产值超过了6亿元，预计年底可创产值12亿元。今年4月郭洪岐副省长来半壁店检查工作，当问到半壁店的发展前景时，韩振国胸有成竹地表示：“今后我们要朝着高科技企业发展，还要修铁路专用线。我们的目标是，到2000年全村工农业总产值达到100个亿！”

“干部把钱看重了群众就把你看轻了”

半壁店总支“一班人”带领群众创下了数以亿计的家业，而他们却始终遵循着，“多奉献”“少索取”的路一直走了十几年。韩振国说：“官清才能民富，共产党员什么时候也不要忘记带领群众走共同致富这条路。”刘桂芝、韩润祥也说：“干部把钱看重了，群众会把干部看轻了。”正是如此，半壁店的党组织在群众中才会有崇高的威信和强烈的凝聚力。自创业至今，不管社会上刮什么风：半壁店在分配问题上始终坚持走自己的路。面对潮水般涌来的钞票，他们首先想到的是发展再生产、兴办集体福利事业，想的是工程技术人员和一线工人。在这村，一线工人工资奖金最高，有的每月可拿到七八百元，中层干部次之，而将领导层和所属各厂厂长的月工资限制在不得超过500元。

近年来各地纷纷重奖有功之臣。按区委、区政府规定，年创利税千万元以上的企业，主要领导可得“奥迪”车一辆，奖金几十万元。半壁店党总支成员一般可名正言顺地拿到十几万元，若按1992年的利税额，总支3位主要领导可得14万元、“奥迪”车8辆。但他们分文不取，全部留给了集体。

近年来半壁店基建项目一个比一个大，投入的资金有几亿元。钢材又是紧俏物资，手握这些权力的村党总支成员，自然成为一些人重点进攻的目标。韩振国是总经理，刘桂芝主管全村财务大权，韩润祥、谷孝武长期负责基建工作，他们都经受过来自四面八方的金钱“袭击”。在这些“袭击”面前，他们保持了共产党人的凛然正气。送礼的人被村干部送出来时，总有些莫名其妙：回扣、送礼风这么盛行，可这村干部竟然对几寸厚的百元票子瞅都不瞅一眼。望着他们不解的神情，韩振国直言相告：“别说是几千、几万元，我韩振国共产党员的名誉，你花100万元也买不动！”

（原载1993年6月24日《唐山劳动日报》）

第六编　改革开放

从中共十一届三中全会到1982年的十二大是开平区改革的起步阶段。改革伊始，农村家庭联产承包责任制的推行，不仅解决了困扰多年的温饱问题，而且跨上致富之路。1984年后，经济体制改革由农村率先突破转向城市，政府部门与之配套的财税、金融、计划、投资等改革相继出台，工业、商业、粮食、外贸系统的改革不断深化。1992年，邓小平视察南方重要讲话的发表，激起新一轮改革开放高潮，健全民主政治制度、完善民主监督制度、精简机构、实行政企分开等政治体制改革、社会事业体制改革全面展开。抓改革，促开放。对外开放形成多层次、有重点、点面结合的格局。出口创汇额由1989年的50万美元，2008年达到2.53亿美元；实际利用外资由1992年的632.4万美元，2008年达到8926万美元。“三资”企业从无到有，2008年达到12家。

第一章　经济体制改革

1987年，在稳定和完善家庭联产承包责任制的基础上，积极建立土地流转机制，推进土地适度规模经营。是年，全区90%以上区属企业和乡镇企业实行集体承包责任制，随之大力推行股份制以及破产、兼并重组、整体出售等形式的产权制度改革。1996年，完成区属国有、集体企业的产权制度改革，“国退民进”，基本改制为民营企业。截至2000年，93.3%的乡村集体企业完成产权制度改革，并初步建立起现代企业制度。区属工商企业改革以及与社会主义市场经济相适应的配套改革相继逐步深化。

第一节　农村经济体制改革

一、稳定完善家庭联产承包责任制

1985年，开平区12个乡镇、214个行政村、7.36万个农户，除半壁店村外全部实行家庭联产承包责任制。各村分别与农户签订3－5年、10年或15年不同期限土地承包合同。1987年，区出台《关于鼓励土地逐步向种田能手集中实行土地适度规模经营的意见》，明确承包大户的土地承包期要适当延长，鼓励承包大户增加土地投资，培养地力，实行集约经营。允许承包大户在土地上实行多种经营、雇工，以补充劳力不足。全区出现岔道乡刘宏图等5户承包大户。1983年，刘宏图承包本村150多亩低洼易涝地，到1988年，6年间向国家交售粮食196吨，成为远近闻名的种粮专业户，被选为第八届开平区人大代表和市、区政协委员。1993年，落实土地承包期限再延长30年。凡土地承包到期或未到期，均根据农民意愿，按政策进行调整完善，组织签订土地承包合同3.04万份，占应签合同的83.13%。1994年，区制订《关于进一步完善农业承包责任制的实施意见》，放活土地经营权，实行土地有偿转让、转租、

拍卖、个人经营等各种承包形式，土地承包合同期满再延长30年，逐步建立并实行土地流转机制。99个村共签订鉴证合同3.1万份。根据中央农村工作会议精神，1995年全区7个乡镇分别成立“农业承包合同调解委员会”，设管理人员36名；各村成立“农村承包合同管理小组”，有管理人员399名。落实农业承包合同的村达到109个，占应签合同村的93%。是年，建立土地流转机制起步，有13个村实行土地规模经营，经营面积2373亩。1996年，市委确定开平区为土地适度规模经营试点区，郑庄子和越河两个乡为区级规模经营试点乡。年底，全区74个村初步实现土地适度规模经营，经营土地4.4万亩，分别占全区村数的56.1%和耕地面积的26.1%。其中实行统种分管的57个村、大户承包和家庭农场的28个村、924户，经营面积5238亩；股份合作制农场7个村、13户，土地653亩；集体农场有2个村，土地850亩。是年，区发出《关于积极推进土地适度规模经营的意见》和《关于积极推进土地适度规模经营的实施方案》。1997年，开始建立土地流转机制，允许土地使用权依法有偿转让，对已完成新一轮土地承包，但承包期不足30年的直接承包，并因村制宜实行“两田分离，适当集中，连片种植，统一服务”的办法，引导土地适度规模经营。1999年，区发出《关于建设农村土地流转机制的意见》，按照“明确所有权、稳定承包权、放活使用权”的思路，坚持“大稳定、小调整”的原则，以倒包租赁、转包、兑换、耕作方向调整和以土地使用权入股等多种形式，建立土地流转机制。全区扣除14个无地市民村、4个集体经营村，有土地延包任务村114个，耕地13.44万亩。是年，完成土地承包期延长30年的村106个，延包面积12.87万亩，分别占92.9%和95.7%，发放土地经营权证书3.1万份。全区农村进行土地流转61个村，涉及农户6550户，流转耕地面积1.18万亩。2000年，市委农村工作部把开平区确定为建立土地流转机制试点，区将郑庄子和栗园两乡定为试点乡。7月12日，唐山市土地流转现场会议在开平区召开。推广开平区顺应产业化发展方向，为农业结构调整助力的土地流转经验。9月11日《科技日报》头版头条发表题为《明确所有权、稳定承包权、放活使用权，唐山市开平区土地流转加速农技推广》的报道。2001年，针对土地延包中的遗留问题，区农工部发出《关于加强农村土地制度化、法制化建设的意见》，组织乡镇和各村对土地延包“回头看”。2002年，落实“一证一书”发放到人。2005年，全区有113个村完成土地延包任务，111个村完成延包合同档案进馆。

二、“四荒”开发利用

1985年，开平区将1000亩荒山、荒地、废弃地及有林山、自留山、责任山等，下放到个人经营管护，耕地四旁树木随地走，53个集体果园有48个实行个人承包。1997年，对营造林地、“四荒”地治理等开发性生产的承包期延长至50年。把宜林“四荒”使用权长期卖给农民，拍卖宜林“四荒”450亩。2000年，探索“四荒”开发机制，鼓励不断增加集体和农民投入，总结推广双桥乡“四荒”开发利用的经验。双桥乡地处半山区，辖区内荒滩、荒地、荒山和采煤塌陷地资源丰富，从1999年开始加大“四荒”和废弃地开发利用力度。是年2月，乡组织部分村的支部书记、村主任，到遵化市学习“四荒”综合开发利用经验，并制订《农业补助及奖励办法》，对开发“四荒”的农户承包年限进行规范，最低不能少于15年，最高不超过50年，承包费适当优惠。乡农业技术站协助农户对“四荒”进行规划，联系苗木，为改良品种、科学管理作技术指导。并规定每年村综合开发“四荒”地100亩以上500亩以下的，奖励村干部200元，开发500-1000亩的奖励500元，1000亩以上的奖励1000元。是年，各村通过公开招标开发“四荒”及废弃地740亩。乡以建设唐山市城乡绿化观光工程为契机，集体投入15万元，对鞠家岭332亩采煤塌陷区进行改造开发，栽植苗木5800余株，其中油松300株、刺槐3100株、侧柏1000株、杨树1400株。到2000年初，全乡已投入100多万元，开发利用“四荒”和废弃地1172亩，从业人员69人，年总收入33万元，纯收入14万元。推广借鉴双桥乡经验，各乡镇依照“谁开发、谁投资、谁使用、谁受益”的原则，因地制宜，采取承包、租赁、拍卖使用权等多种形式开发“四荒”。是年，全区累计投资2237万元，开发“四荒”1.25万亩，形成固定资产1208万元，总收入1806万元。

2002 年，全区拍卖宜林“四荒”累计 540 亩，占宜林“四荒”总面积的 53.97%。

三、农田水利设施承包拍卖

2000 年，区政府出台《关于小型水利工程产权制度改革实施意见》，要求明晰所有权、放开建设权、搞活经营权。通过几年实践，集中国家、集体、个人力量，逐步建设起开发、建设、经营、管理相结合的农村小型水利产业体系，形成股份制办水、企业化管水、商品化用水的新格局。截至 2008 年，实行承包管理 984 处，共收回承包资金 130.85 万元，扩大水浇地 3000 亩；实施拍卖 419 处，拍卖资金 32.1 万元，扩大水浇地 1400 亩；农民采用入股形式实行股份制办水利 404 处，个人入股投资 204 万元。郑庄子镇于家新房子村共有机井 11 眼（含饮水井 2 眼），其中 10 眼铁管井、1 眼水泥管井。改制前浇地周期长，村民意见大。2002 年，将原有 11 眼机井一次性拍卖产权。在区水务局技术人员指导下，确定机井标底为 1500－4000 元。11 眼井一次拍卖成功，拍卖资金 2.4 万元，中标户与村委会当场签订拍卖合同，并由镇政府颁发确权证。拍卖后每年节电 3.9 万千瓦时，节水 11 万立方米，节省人工费、机泵维修费近 2 万元。

四、乡镇兽医站改革

开平区乡镇兽医站于 1968 年相继建立，1992 年，全区 11 个乡镇兽医站有兽医 36 人，多年来为畜牧业发展发挥了重要作用。但也存在经营管理混乱、财务和其他管理制度不健全等弊端。1992 年 12 月，开平区对全区乡镇兽医站管理体制进行改革，实行人事、财务、业务由区统管，党团组织和政治思想工作由所在乡镇负责的管理体制。成立“唐山市开平区兽医管理委员会”，隶属区农牧渔业局领导，由一名副局长兼任管委会主任，设副主任、委员 4 名，由兽医民主选举产生。在经营管理上实行统一管理、两级（区管委会和乡镇站）积累，各站单独核算。区管委会按各站收入的一定比例提取管理费和福利基金，用于养老保险和劳保福利。管委会有权根据各站技术力量、畜禽数量调剂平衡技术骨干，统一制订财务管理制度。区管委会坚持“立足畜牧、服务畜牧、防治为主、参与流通”的指导思想，走“一业为主，综合发展”的路子。1993 年 7 月，农业部下发《乡镇畜牧兽医站管理办法》。区兽医管委会认真落实，加强对全区兽医的管理和服务。1997 年，在机构改革中，乡镇兽医站全部实行个人承包经营。

五、建立合作经济组织和社会化服务组织

农村改革初期，由于强调“分”而忽视了“统”，暴露出集体经济被削弱、农田水利设施丢失损坏等问题。按照省委 1984 年关于组建乡村合作经济组织的意见，开平区 1985 年起，着手组织乡村经济联合社。截至 1987 年，12 个乡（镇）全部建起经济合作社，214 个行政村有 87 个建立起农工商联合社或经济联合社。1992 年，开平区在不断完善统分结合的双层经营体制前提下，进一步搞好“以区级服务单位为龙头，乡镇服务单位为主体，村级服务单位为基础，民间自我服务单位为补充”的服务网络建设。1998 年底，仅区供销社系统就建成傅家屯供销社草莓专业合作社、越河供销社三轮摩托运输合作社等 10 个专业合作社，入社农户 407 户，销售收入 206.5 万元。民营农业龙头企业唐山市鼎晨食品有限公司，实行农户＋基地，产、供、销“一条龙”，公司本着“以个体带群体”的经营理念，将基地种植面积扩大到 3 万亩，受益农户达万家。他们以咨询、供种、植保和产中管理、产后销售的配套服务，调动菜农的积极性。被命名为农业产业化经营“市级重点龙头企业”。2001 年 4 月 5 日，市委农村工作委员会印发《唐山市农民专业合作社示范章程》。区委、区政府把发展农民专业合作社作为调整产业结构、活跃农产品流通、推动科技进步、增加农民收入、促进农业产业化和现代化的重要手段。强化龙头带动，推进农民专业合作社组织，并把农业重点项目建设作为培育主导产业、建立特色基地的主要措施。2002 年，以发展养殖业为重点，以龙头项目为带动，初步形成“龙头围着市场转，农民跟着龙头干”的新格

局。全年投资2630万元，培育壮大半壁店猪场、鹏发鸡场、立冬绿色食品公司、唐山市乐乐食品有限公司等10个龙头企业，使全区龙头企业达到60个。并抓好夏庄、曹庄奶牛养殖小区等专业小区建设。曹庄奶牛养殖小区占地122亩，投资600多万元建成51个养殖单元和1个挤奶站，存栏奶牛150头。立冬食品公司在完成日屠宰生猪150头和商标注册的基础上，又投资533万元，实现排酸分割肉的生产，日产排酸肉10吨，产品远销京津等地。鹏发鸡场投资5万元，购进“AA”种鸡1.6万套，存栏近3万套，年孵化雏鸡200万只。全区奶牛、种鸡、生猪屠宰初步实现产业化经营。同时，依托主导产业和新兴产业，巩固和发展奶牛协会、思萌花卉协会、蓝狐养殖协会、开春草莓协会等专业合作经济组织。始建于1999年的郑庄子乡思萌花卉协会为农民提供种苗，回收产品，带动周边村庄的200多户农民入会，种植非洲菊等鲜切花230亩。协会与台湾独资的中国花卉种球种苗有限公司建立合作关系，所生产的“思萌”牌鲜切花打入韩国市场。截至2008年，全区建成农民专业合作社50个，入社成员337户，共筹资1.18亿元，专业涉及养殖、种植、农机、花卉、加工、测土配方等。

2008年开平区农民专业合作社发展情况统计表

表6－1

乡镇名称	专业合作社数量	入社成员（个）	出资金额（万元）	专业类别				
				养殖	种植	综合	农机	其他
开平	14	68	1620	4	2	–	8	3
栗园	11	80	2515	9	–	1	–	1
双桥	7	40	930	6	–	1	–	–
洼里	7	52	946	5	1	–	1	–
郑庄子	5	25	383	3	1	–	–	1
越河	6	72	5415	3	–	1	–	2
合计	50	337	11809	30	4	3	6	7

2008年开平区专业合作社情况表

表6－2

专业合作社名称	地址	理事长	入社成员	出资金额（万元）	是否注册	是否加入农联社	专业
唐山市开平区凤禽养殖专业合作社	双桥镇	于凤琴	5	120	是	是	养殖
唐山市开平区思萌园艺专业合作社	郑庄子镇	吴振强	5	70	是	是	花卉
唐山市开平区贺信养殖专业合作社	洼里镇	孙贺信	5	240	是	是	养殖
唐山市开平区群利养殖专业合作社	双桥镇	侯俊杰	5	110	是	是	养殖
唐山市开平区青元特禽养殖专业合作社	双桥镇	李志青	5	20	是	是	养殖
唐山市开平区曹文山养殖专业合作社	栗园镇	曹文山	5	450	是	是	养殖
唐山市开平区惠强农产品专业合作社	越河镇	高杰	40	280	是	是	综合
唐山市开平区国勤农产品专业合作社	双桥镇	王国勤	5	100	是	是	综合
唐山市开平区清晨生态养殖专业合作社	郑庄子镇	赵光伟	5	70	是	是	养殖
唐山市开平区向阳养猪专业合作社	税中村	孟兆宽	11	409	是	是	养殖

续表 6－2

专业合作社名称	地址	理事长	入社成员	出资金额（万元）	是否注册	是否加入农联社	专业
唐山市开平区栗园镇春波养殖专业合作社	栗园镇	杨春波	5	80	是	是	养殖
唐山市开平区富民农产品专业合作社	郑庄子镇	方志满	14	15	是	是	种植
开平区德才双赢农产品专业合作社	洼里镇	王德才	10	11	是	是	种植
唐山市开平区绿色农业苑专业合作社	栗园镇	刘凤桐	6	1200	是	是	种养综合
唐山市开平区荣辉奶牛专业合作社	洼里镇	王亚萍	20	500	是	是	养殖
唐山市开平区万顺养殖专业合作社	栗园镇	蒋小波	5	150	是	是	养殖
唐山市开平区三源种猪专业合作社	栗园镇	胡广	5	180	是	是	养殖
唐山市开平区勤富特禽专业合作社	越河镇	吴殿品	12	1680	是	是	养殖
唐山市开平区大史马酥糖加工合作社	越河镇	张守亭	10	400	是	是	加工
唐山市开平区福宝植保专业合作社	开平镇	李爱静	5	50	是	否	植保
唐山市开平区小光养殖专业合作社	开平镇	李春光	5	75	是	否	养殖
唐山市开平区梓铭农牧综合农民专业合作社	开平镇	冯善舞	6	120	是	否	养殖
唐山市开平区平安快乐农机专业合作社	洼里镇	郭宝明	6	80	是	否	农机
唐山市开平区国东农机专业合作社	开平镇	郗满国	5	50	是	否	农机
唐山市开平区鑫鑫农机专业合作社	开平镇	姬存新	5	50	是	否	农机
唐山市开平区春兴农机专业合作社	开平镇	李春兴	5	50	是	否	农机
唐山市开平区农家福农机专业合作社	开平镇	李国富	5	50	是	否	农机
唐山市开平区新民农技服务农民专业合作社	开平区荣盛道 65 号	李凌阁	11	150	是	否	综合
唐山市开平区双诚生态畜牧家民合作社	马家沟村东	王利双	5	1000	是	否	养殖
唐山市农院测土配方施肥专业合作社	唐山市农业科学研究院技术市场 6 号	李顺义	5	55	是	否	测土配方
唐山市开平区金友养殖专业合作社	栗园镇双庙村北	王金友	9	100	是	否	养殖
唐山市开平区福源生猪繁育养殖农民专业合作社	栗园镇大六甲	王耕	6	120	是	否	养殖
唐山市开平区六合养殖专业合作社	开平一街柳树园	谭义芹	6	15	是	否	养殖
唐山市开平区双庙村为民渔业专业合作社	栗园镇双庙村北	张磊	5	100	是	否	渔业
唐山市开平区华利养殖专业合作社	栗园镇双庙村	张海华	5	15	是	否	养殖
唐山市开平区唐穆养殖专业合作社	夏庄村南	王成普	5	500	是	否	养殖
唐山市开平区天宇奶牛专业合作社	欢套村	王天宇	22	1042.2	是	否	养殖
唐山市开平区利民种植专业合作社	开平镇	尚国武	5	10	是	否	种植
唐山市开平区于庄兴业奶牛专业合作社	栗园镇	于海芳	5	20	是	否	养殖
唐山市开平区通盛达林农产品专业合作社	唐马路九瓷厂西	王守奎	6	180	是	否	种植
唐山市开平区民太奶牛专业合作社	郑庄子镇	李金太	5	68	是	否	养殖
唐山市开平区白马山养殖合作社	洼里镇	孟凡良	5	15	是	否	养殖
唐山市开平区为民养殖服务农民专业合作社	双桥镇	刘世来	10	20	是	否	养殖

续表6－2

专业合作社名称	地址	理事长	入社成员	出资金额（万元）	是否注册	是否加入农联社	专业
唐山市开平区盛达养殖专业合作社	越河镇	贾永辉	5	3000	是	否	养殖
唐山市开平区穆民养殖专业合作社	洼里镇	杨忠太	6	100	是	否	养殖
唐山市开平区贺春花卉产业合作社	建华道与外环交叉口花卉大世界院内	刘和春	5	80	是	否	花卉
开平区兰荣养殖专业合作社	双桥镇	刘国生	5	80	未注	是	养殖
金峰生态示范养殖专业合作社	郑庄子镇	张金峰	10	160	未注	是	养殖
唐山市开平区刘翠凤养殖专业合作社	栗园镇	刘翠凤	5	100	未注	是	养殖
唐山市开平区玉凯养殖专业合作社	双桥镇	王玉凯	10	480	未注	是	养殖

第二节　农村经济管理改革

一、农村经济经营管理总站

为转变农经部门工作职能，1992年3月，区政府在原农林局农经股基础上，组建开平区农村经济经营管理总站。1993年机构改革，从农林局剥离，转为事业实体，退出政府系列，独立行使职能。内部机构设综合办公室、农村经济审计检察室、农村财务管理办公室。1995年，机构设置为行政办公室、农村经济检察室、农村财务管理审计办公室、农民负担合同管理办公室、农村合作基金会管理办公室，下设开平农经站、马家沟农经站、缸窑农经站和各乡镇农经站以及区合作基金联合会。1992－2000年，区农经管理总站开展农村集体财务管理、稳定土地承包关系、减轻农民负担、规范农村合作基金管理等方面的工作，对推动农村经济发展发挥了一定作用。进入21世纪，其管理职能并入区委农村工作部。

二、农村合作基金联合会

开平区农村合作基金会始建于1987年，至1992年成立开平区农村经济经营管理总站，属一套人马两块牌子。共有8个独立核算单位，即区联会和7个乡镇基金会。是年底，区联会统管全区农村资金1560万元，是1991年统管资金的2.7倍；经营总收入128万元，是1991年的2.25倍。1993年6月，中国人民银行唐山分行发出《关于撤销开平区农村合作基金会联合会营业部的通知》。是年11月，唐山市整顿金融秩序领导小组将开平区农村合作基金会联合会营业部纳入继续清理的范围。12月底，全区农村合作基金会资金总量达8000万元，比上年增加73.91%。区联会拥有资金3390万元。

1994年，农村合作基金会逐步实现规范化管理，本着“稳定规模，强化收贷，保证支付，上下协调，正常运转”的指导思想，将原入股分红利率由13.176%降至11.52%；并积极回收借款。11月，会同司法及市主管部门共同完善11套手续，使资金入股和投放都纳入规范化管理。1995年，编制《唐山市开平区农村合作基金会示范章程》。1996年，国务院出台《关于农村金融体制改革的决定》，对农村合作基金会的行为进行规范。是年，开平区农村合作基金会联会总资金量达到1.21亿元，其中集体资金3700.61万元，占资金总量的26%；个人股金6640.38万元，占总量的47%。农村合作基金会是在农村生产队解体后，实行村有账目和资金由乡镇代管的资金管理形式。在实际运转中超规模的投入给资金正常运转带来一定困难。在全区农村合作基金会投放的1.11亿元资金中，不良资产（逾期）达1亿元，占总投入额的90%，其中有74.4%是行政干预造成的。资金投向存在严重问题，投入到基本建设上的资金占80%，基金会支持资金的55个企业，大多数已关闭，造成呆滞资金6915万元，占投入资金余额62%。有51个企业（其中乡镇基金投放43家）亏损、微利，不能按期归还本息，逾期资金达4152万元，占投放余额的37%。同时备付金严重不足，备付率仅为11.69%。为此采取措施，规范资金运作行为，不向城镇居民吸纳股金，坚持资金在会员内部融通和使用。加大投放资金的回收力度，停止放款，确保备付率达到30%。1997年，基金会实现规范化管理，并成立区法院驻联会“依法收贷执行室”，确保会员合法收益不受侵犯。1999年8月，召开全区农村合作基金会清理整顿工作会议。自5月11日全省开展农村合作基金会清理整顿，3个半月完成9个独立核算农村合作基金会的清产核资工作。其中区联会、岔道乡基金会、洼里乡基金会和双桥乡基金会通过验收，同意并入农村信用合作社。开平镇、栗园镇、郑庄子乡和马家沟街道4个基金会被列为清盘关闭。

三、农村财务管理

1987年8月，开平区开展乡镇清财建制工作。9月，组织区相关部门对12个乡镇清财工作进行全面检查验收。之后，区政府制订《关于乡村财务管理的有关规定》。1993年1月，成立唐山市开平区人民检察院农村经济检察室，对全区农村财务进行拉网式审计，对于发现的农村财务“双代管”不到位，资金管理仅占应管资金的77.4%；资金横向流通，私自补拆；坐支坐收，逃避资金代管；收支两条线不尽落实，账簿设置及科目运用混乱等问题进行整改。1995年7－10月，在全区普遍开展农村财务清理、检查验收工作。根据17条标准，对各项财务工作考核记分，7个乡镇平均80分以上。共检查票据12.3万张，检查金额1031万元。检查发现部分村会计科目设置使用不当和白条下账等问题，就此对全区村级会计210人进行为期一周的培训。为进一步落实“双代管”制度，修订《关于村有资金账目由乡镇代管的规范化标准》，同时立案经济案件3起。1997年9月，对全区村级会计和乡镇代管会计进行培训，重点学习村合作经济组织会计制度。1998年，农业部、监察部印发《村集体经济组织财务公开暂行规定》，全区实行村级财务公开。2000年，进一步规范农村集体财务管理，确保农村集体财产保值增值，制订《开平区农村财务管理暂行办法》。5－6月，对洼里、双桥、栗园3个乡镇的9个村进行财务检查，发现村级财务管理中存在问题，之后利用半年时间对全区农村财务进行清理整顿。区农经总站编印12种表格发至各村，同时对村级会计和乡代管会计分别进行培训。

四、减轻农民负担

农村实行家庭联产承包责任制以来，开平区一直把减轻农民负担视为维护农民合法权益的一项重要工作。每年年初，各乡镇均编制以村为单位的农民负担预算，然后区农经总站对乡和村两级预算进行一次全面审计，加强监督和管理。1992年全区预算987.67万元，农民人均负担37.63元，占上年人均生活水平的3.52%。其中有30个村的预算超过《条例》规定的5%，及时进行调整。1994年5月，农经总站会同农工部、区纪委在全区实行“三三制”的监测手段，即，按经济发展状况确定上、中、下三个乡镇（开平、栗园、双桥），每个乡镇按上、中、下确定三个村，双桥乡的大柳树、冶里、孙家庄，栗园镇的大佛头、大六甲、刘庄，开平镇的赵庄、丰山、五街，每个村按上中下确定3户，共计27户。每月初总站向各户发“日记支出卡片”，及时掌握全区农民负担动态。11月，对全区农民负担的提留、统筹费提取和使用情况开展一次专项审计。1994年农民负担预算较1992年下降一个百分点，受到市检查团的肯定。1997年5月，对农民负担监督卡发放及落实情况进行审计，审计6个乡镇、24个村、120户，着重检查村对农户收取的提留、统筹费是否按负担监督卡的规定执行。对农民反映强烈的小学收费问题进行执法检查，调查14所小学及7个教育组，使存在问题基本得到解决。同时对全区电费收缴情况进行彻底清查。发现由于供电线路老化，跑漏电严重，导致个别村电费偏高。对这些问题区政府进行专题研究，使问题基本解决。1999年，根据中央关于农民负担大检查的通知精神，开平区组成以区委副书记为组长、各涉农单位一把手为成员的减轻农民负担检查小组，并于10月24日召开全区农民负担工作会议，对全区自查、检查工作进行具体部署。2000年，开平区确定农民减负工作总体目标和要求是："三不、一降低、一不变、三加强"。按照"合理负担，坚持定项限额，保持相对稳定，一定三年不变"的方针，2000年预算额严格控制在1997年的预算限额比例以内。预算总额为1029.48万元，人均负担为72.19元，占上年人均生活水平的2.01%，2000年预算比1997年预算降低0.19%。按照《省人大常委会关于进一步规范和加强村提留、乡统筹征收管理的决定》的要求，是年5月底前将负担监督卡发到农户。全区总户数为5.04万户，应发农民负担监督卡10万份，发卡9.87万份，入户率达98%以上。配合市减负办对全区6个乡镇132个行政村进行检查。通过检查有效地遏制了中小学收费、农村用电、宅基地审批中出现的乱收费问题。

第三节　工业企业体制改革

一、区属企业改革

1987年，32家区属企业通过竞争承包选择经营者，实行1988－1990年连续3年滚动承包，利润递增包干经营责任制。1988年，区政府制订《关于将乡镇企业经营机制引入区属企业的意见》，本着"包死基数，确保上交，超收多留，欠收自补，资产增值"的原则，经委系统先后将陡河水泥厂、马家沟电瓷厂、开平汽车队等3家国有企业作为承包试点。截至1989年底，区属企业实行不同形式的承包经营，其中有4家企业为乡镇企业承包或由乡镇管理。承包经营给企业充分的自主权，激发了企业自主创新能力。在第一轮承包期的两年多时间里，区经委系统各企业开发新产品50多项，其中5项通过省、市鉴定，6项获省、部优产品称号。根据国务院关于《在治理整顿中深化企业改革强化企业管理的意见》，开平区从1990年下半年开始，对区属企业进行以企业内部改革、转换企业经营机制、进一步落实厂长负责制为主要内容的第二轮承包。选择部分企业作为超前性改革试点：燕山电器厂为劳动、人事、工资制度改革试点，凤山制药厂为新企业、新制度试点，区建筑安装公司为组建企业集团试点。1993－1995年，开平区积极探索中小型国有企业和集体企业建立现代企业制度的路子。突出抓好"三改三创一深化"，即企业改制、改组、改造，机制创新、管理创新、技术创新和深化企业内部三项制度改革。进一步调整不合理的企业组织机构，促进存量资产优化。重点抓好燕南水泥厂与陡河水泥厂的重组工作。对资不抵债的困难企业，加大转、租、卖、破的力度，实行国（公）有资产整体转移。1995年11月，经唐山市和开平区经济体制改革委员会批准，燕山电器厂实行股份制经营，成立唐山市燕山电器有限责任公司。12月，开平区建筑安装公司、开平第三建筑公司、开平第四建筑公司、开平房屋开发公司及开平北郊建筑公司5家企业组建河北唐山广厦建设集团有限公司。是年，区属企业产权制度改革达到70%。1997年，开平区继续加大产权制度改革力度，加快区属企业转机建制步伐。鼓励支持优势企业通过承担债权控股、购买或无偿划转等方式，全部或部分兼并劣势企业。对第二木器厂、硫磺厂、巍山瓷厂、福利瓷厂等企业，根据实际情况，分别采取先售后股、增量扩股的办法，进行股份制改造。1998年，开平区按照建立现代企业制度的要求，继续对区属企业进行以拍卖、股份制为主要形式，以兼并、嫁接改造为辅助形式的企业产权制度改革，推进企业资产的流动重组。大力发展多种形式的集体经济和混合所有制经济，鼓励各类投资主体之间相互参股、控股或买断。先后对马家沟电瓷厂、唐山市床单厂、唐山市第七塑料厂、开平刀具厂、唐山市玻璃仪器厂等5家企业实施破产。1998－2002年，屈庄煤矿、唐山市电力器材厂、开平区锅炉安装公司、原唐山市马家沟耐火材料厂医院、凯东玻璃厂等进行整体出售。截至2002年底，开平区区属企业改制基本完成，走在全市各县（区）前列。同时，区内民营企业家成功买断开滦巍山矿、唐山市第一印刷厂，半壁店钢铁有限公司租赁陕西省属大型企业——汉江钢铁厂，实现民营企业参与区外国有大中型企业改制的突破。至此，开平区区属企业国有资本和集体资本全部退出。2003年，开平区组织企业改制“回头看”，对全区已改制企业的合同执行情况（国有资产退出情况、资产过户情况、职工身份置换情况等）进行全面调查摸底，妥善解决改制中的遗留问题。

二、乡镇企业改革

1985年，开平区制订《关于发展乡镇企业若干规定》，乡镇企业发展驶上快车道。1987年，全区有乡镇办、村办企业800家。企业初创时由乡、村两级集体投资，企业经营者为乡、村领导任命。产权关系模糊和行政集权使乡镇企业机制性衰退的弊端日益明显，改革势在必行。是年，借鉴区属企业推行承包经营责任制经验，按照政企分开，所有权与经营权分离的原则，在乡村集体企业中推行以厂长（经理）负责制为主的多种形式经营责任制。1988年，在骨干乡镇企业推行公开招标、竞争承包，打破行政区划界限，更大范围地选贤任能。区政府制订《关于发展股份制乡镇企业的试行办法》，以促进多种经济成分、各种股份制形式的乡镇企业发展。全区588家乡村以上企业实行承包经营责任制。1989年，对企业承包经营责任制进行完善，并将竞争机制、风险机制引入车间、班组，深化企业内部配套改革。20世纪90年代初，开平区进行乡镇企业“二次创业”的新探索，为化解发展中积累的问题，着手通过改革解决所有制结构不合理、产权关系不明晰的深层次矛盾。1993年，区委、区政府成立发展股份合作经济领导小组，确定郑庄子乡和越河乡税后村为试点，明确过渡一批、嫁接一批、引导一批、提高一批、新建一批的工作思路。11月2日，开平区在郑庄子乡召开发展股份制乡镇企业现场会议。年底，全区乡村两级480个集体企业，具有股份制性质的181家，较规范的33家。1994年，以产权制度改革为突破口，加大改革力度。本着“整体推进，重点突破”的原则，以转换企业经营机制、建立现代企业制度为重点，大力发展农村股份合作经济。区委、区政府印发《关于在全区农村全面推行股份合作制改革的实施意见》《开平区农村股份合作制企业规范化建设和试行意见》《开平区乡镇股份合作制企业资产评估折股试行办法》，先后组建半壁店钢铁集团公司和宝新钢铁集团公司；组建规模化股份制企业58家，股份总额达4.55亿元，从业人员8679人。在16家小型企业中推行“公有民营”，其中4家企业实行委托经营、2家企业实行兼并、10家企业实行租赁经营。“三项制度改革”全面推进。1997年，29家乡村两级集体企业实行股份制、股份合作制，嫁接改造17家、兼并10家、拍卖15家、组建企业集团3家。1998年，区委、区政府制订《关于大力推进企业产权制度改革的补充决定》，加大乡镇企业以出售为主要形式的产权制度改革力度。1999年，区政府印发《关于开平区1999年经济体制改革工作安排意见》。全区村以上集体企业371家，累计完成改制330家，占88.95%。改制形式有出售、承包、租赁、股份制、嫁接、拍卖。截至2002年，全区乡村两级企业基本完成产权制度改革，盘活存量资产5.3亿元，吸纳增量投入10亿多元。

第四节　商业供销体制改革

由于开平区城市近郊区的地域特点，国有商业和供销合作社商业在全区流通领域平分秋色。1984年后，随着从“计划经济为主，市场经济为辅”到“有计划商品经济”理论的确立，个体商业迅猛发展，国有商业和供销体制转换经营机制迫在眉睫。1986年10月，经唐山市政府《关于调整开平区商业、供销机构管理体制的批复》，开平区供销社改为开平区商业局，保留开平区供销社名称，负责商业、供销两个系统的管理、协调、调剂工作。1987年，全区国有商业有百货五金、糖业烟酒副食、饮食服务、生产土杂、物资回收、食品等6个公司和1个食品总厂。有基层供销合作社12个，以及集体组店商业36

个，商品销售额7302万元。由于国有商业大面积亏损，效益下滑，1991年社会商品销售额只占到全区社会商品销售总额的29.4%，不足乡镇集体、个体商品销售额的二分之一。1992年3月，根据市政府有关文件精神，将区食品公司从畜牧水产局划出，由商业局接管。11月，撤销合作商品管理所，各合作商店归口管理。即国光、国华商店划归糖烟酒蔬菜公司代管；理发店、宴宾楼饭店划归饮食服务公司代管；洼里合作商店划归洼里供销社代管。1993年1月，区商业局正式退出政府序列，组建国有商业总公司，开平区供销合作社更名为开平区供销合作总社，一套人马，两块牌子。3月，成立开平区盐政管理公司，与副食品盐业公司一套人马两块牌子。新机构运转后，以提高经济效益为中心，进一步完善下属企业各种形式的经营责任制。截至1995年底，全系统159个门店部组，实行目标管理的11个、承包经营超利分成的71个、大包干的32个、三自两包的18个、门店出租的27个，并在全系统实行全员劳动合同制和大额风险抵押制度。

1997年，进一步加大企业产权制度改革的力度。全系统15个企业的103个自然网点，15个采取目标管理、7个保本经营、18个超利分成、10个包死基数、12个出租经营、1个拍卖、40个抽本经营。其中实行抽本经营的企业网点涉及全系统企业近90%，占网点总数38.84%，涉及职工202人，占全系统人员的11.2%，收回商品资金160万元，协议年收缴承包费60.5万元。为支持农村产业化经营，到1998年底，开平区供销社系统共建成10个专业合作社和两个龙头企业。入社农民407户，销售收入206.5万元，股金11.9万元，盈利4.13万元。

1999年，区商业总公司和供销社因地制宜，因企施策，加大企业改制力度。实行抽本经营的网点75个，占网点总数的72%；承包经营6个，占网点总数的5.8%；租赁经营20个，占网点总数的20%。将经营分散、规模较小的开平、洼里、缸窑、岔道供销社四社合一，将果园、越河供销社合并为一，扩大经营规模，减少管理人员，压缩费用开支。对严重亏损的物资回收公司实行法人整体承包，自负盈亏，自主经营。将资不抵债的马家沟百货大楼52名合同制工人终止劳动合同，分流管理人员29名，当年即减亏62万元。是年底，在结构调整的基础上，把业务开展和规模经营放在首位。傅家屯供销社1999年4月与“郎酒”建立总代理业务关系，当年代理业务量达到581万元，占批发销售总额的67.5%。果园供销社依托建国路供销大楼的针纺织品批发，分别与恒源祥毛线、双鹿毛线、舒尔美毛毯、雪柔毛线、飞燕内衣、营口装饰布等厂家建立业务关系，1999年销售额达405万元。2000年2月25日，经开平区政府决定，开平商业总公司机关由企业性质改为事业单位，核定事业编制27人，经费自收自支，设综合办公室、财务审计科、劳动人事科、业务保卫科。2002年2月，开平区政府决定取消开平区商业总公司，保留开平区供销合作总社。

第五节 粮油经营改革

一、购销体制改革

改革开放以前，粮食购销一直实行国家统购统销的体制。1985－1992年，取消粮食统购，分别实行合同定购和市场收购。1993年放开粮食销售市场，彻底取消实行40年的城镇居民口粮定量供应。1994－1997年，粮食销售价格放开后，按照省政府、市政府要求，国有粮店公开挂牌限价限量销售，销售品种与价格由市政府统一确定；建立99万元的区级粮食风险基金，增强宏观调控能力；粮食部门所属国有粮食企业实行政策性业务和商业性经营“两条线运行”政策。

1998年，按照国务院《关于进一步深化粮食流通体制改革的决定》，实行政企分开，粮食储备和经营分开，加强粮食市场的监督管理。当年收购粮食1.52万吨，其中按保护价敞开收购农民余粮0.34万吨，粮食顺价销售1.55万吨。将4个核算单位的政策性业务集中管理，成立1个收储企业，将有政策性收购任务的赵各庄粮站、马各庄粮站、洼里粮站、郑庄子粮站、傅家屯粮站及负责军供任务的粮油供应部划归购销企业管理。对全区9个个体面粉厂进行登记造册并对其经营业务进行监督。建立粮食市场管理稽查组织，加大市场监管力度，查处各类违反《粮食收购条例》的案件160起。

2001年10月，将稻谷、玉米退出保护价收购范围。2002年夏粮上市起，小麦退出保护价粮食收购范围，在全省率先放开粮食购销市场。2001年5月1日，取消《城镇居民粮食供应转移证明》，城镇居民口粮供应体制结束。2002年起，逐步放宽多种所有制主体从事粮食收购的资格条件，对符合粮食收购准入条件的经营者审批发放“粮食收购许可证”。2004年，取消粮食批发经营资格许可的审核。到2008年，全区取得收购资格的企业4家，其中国有企业1家、民营企业3家。

二、价格改革

1987年4月1日，按照省粮食局、物价局规定，调整玉米和抵顶玉米合同定购任务的其他杂粮品种比例收购价和统销价，玉米比例收购价每50公斤提高1元，统购价每50公斤提高0.78元。抵顶玉米合同定购任务的其他杂粮品种，也比照玉米提价金额和办法相应进行调整。同时将花生果、花生仁（油）合同收购价从“倒四六”比例价提高到超购价，棉籽（油）合同收购价从“正四六”比例价提高到超购价。1988年4月，将小麦、稻谷定购价格每50公斤分别提高1.5元和2元。1989年4月，在现行合同定购价格基础上，每50公斤（下同）稻谷提高6元，小麦提高1.50元，玉米提高1元。1991年5月1日，按照国务院决定和省物价局、粮食局通知精神，较大幅度调整粮油统销价格。调整后的统销价格除主要原粮（小麦、玉米、谷子、高粱、春麦、稻谷）保留原有的地区差价外，其他成品粮、油脂、油料、小杂粮及粮油复制品，均执行全省一价。

1991年开平区原粮统销价格调整表

表6-3　　单位：50公斤、元

花小麦		春小麦		稻谷		谷子		玉米		高粱	
调前销价	调后销价	调前销价	调后销价	调前销价	调后销价	调前销价	调后销价	调前销价	调后销价	调前销价	调后销价
14.26	21.60	13.35	20.20	13.92	23.40	10.31	14.90	10.31	14.90	9.51	13.70

1992年4月1日，国务院决定全国范围内实行粮食购销同价。在执行全省一价的基础上，对省管以外的部分粮食品种也作了相应调整。

1992年开平区部分粮食定购价格调整表

表6-4　　单位：50公斤、元

品　名	等级规格	现行价格		调后价格	
		统购价	定购价	统购价	定购价
白小麦	三等	20.00	27.50	24.59	33.20
红小麦	三等	19.17	26.40	23.63	31.90
早稻谷	三等	20.41	28.60	24.00	32.40
稻谷（芦、汉）	三等	23.16	32.40	27.19	36.70

续表 6 - 4

品　名	等级规格	现行价格		调后价格	
		统购价	定购价	统购价	定购价
芦台大米	标二	30.69	43.00	37.78	51.00
甘薯	二等	2.97	3.90	3.40	4.60
杂小豆	二等	28.82	37.90	30.52	41.20
青白高粱	二等	13.84	18.20	15.93	21.50

1992 年开平区部分粮食统销价格调整表

表 6 - 5　　单位：50 公斤、元

品　名	等级规格	现行销价	调后销价	提价金额
白小麦	三等	22.00	33.20	11.20
红小麦	三等	21.20	31.90	10.70
早稻谷	三等	21.10	32.40	11.30
稻谷（芦、汉）	三等	24.30	36.70	12.40
芦台大米	标二	34.00	51.00	17.00
甘薯	二等	3.70	4.60	0.90
杂小豆	二等	29.90	41.20	11.30
青白高粱	二等	14.50	21.50	7.00

1993 年 5 月 1 日起，放开除军供用粮和水库移民以外的粮食销售价格，实行市场调节。1996 年，根据国务院和省政府规定，从新粮上市起，适当提高小麦、玉米、稻谷的定购价格。即：冬小麦（花麦、中等质量）每 50 公斤 76 元，玉米（中等质量）每 50 公斤 63 元，稻谷（中等质量）每 50 公斤 78 元。在调整粮食定购价格的同时，调整粮食销售价格。从 6 月 1 日起，每 500 克特一粉 1.47 元、标粉 1.28 元。1998 年，实行主要粮食品种的收购保护价政策。从 2002 年夏粮上市起，小麦退出保护价收购范围，在全省率先实行粮食购销市场化

三、粮食企业改革

1987 - 1997 年，全区国有粮食企业推行经营机制改革，普遍实行厂长经理负责制、经营目标管理责任制、多种形式承包经营责任制。1998 年，进一步深化粮食流通体制改革，全区 31 个粮站，整体分离 26 个，保留主业人员 98 人，分流 320 人。1999 年底前，有粮食局直属库、开平粮油公司和粮食局面粉厂 3 个国有企业，下辖 31 个站点。其中粮食局直属库为政策性购销企业，其余 2 家为附营企业。2000 年 4 月，根据区委、区政府关于《2000 年经济体制改革工作安排意见》和市粮食局《关于转发省粮食局〈关于进一步深化粮食附营企业体制改革的意见〉》精神，对附营企业进行改制。将开平区粮食局面粉厂整体承债式出售给原法人代表。改制中，269 人自愿解除与企业的劳动关系，45 人办理内部退养手续。2001 年 4 月 9 日，开平粮油公司宣告破产。2000 年 12 月到 2004 年 5 月间，所属国有法人企业只有粮食局直属库 1 家。为增强库站间的竞争，提高经济效益，在系统内部将直属库划分为开平粮库、岔道粮库和马各庄粮站 3 个报账制模拟法人单位，对外统称粮食局直属库。成立核算中心和检化中心，负责购销

企业的财务核算和粮油保管、化验管理和服务。2004 年 6 月，对区内唯一国有粮食购销企业——开平区粮食局直属库进行改制。至此全面完成国有粮食购销企业布局调整和改制任务。共有 43 人自愿解除与企业的劳动关系，7 人办理内部退养手续。其中，7 人按合同制领取补偿金并享受失业保险待遇，36 人按每年工龄 600 元一次性领取安置费。圆满解决了“老人”“老粮”“老账”问题，在全市率先完成粮食企业改制任务。

第六节　财政体制改革

一、乡镇级财政管理体制改革

1984 年，开平区财政体制由过去市财政局下属会计核算单位，建立区一级财政。1987 年，开始实行乡（镇）级财政管理体制。实行“定收定支、收支挂钩、超收鼓励”管理体制。区政府将产品税、营业税、增值税、所得税、交易税、屠宰税下放给乡（镇），将乡（镇）机关行政经费、计划生育费、乡财政费、小学教育费作为乡级财政支出内容。截至年底，全区 12 个乡镇财政收支均高于 1986 年。1988 年，根据市财政局对开平区实行“划分税种、核定收支、上解递增包干、增长全留”的新财政体制，区对各乡镇财政管理体制也进行相应改革。针对财权与事权不统一的问题，将公安派出所经费、卫生事业费和公共医疗下放乡镇直接管理，由过去区财政大包干变为乡镇结余留用，超支区、乡（镇）两级按比例分担。对超支较多的乡镇公费医疗管理办法进行改革，超支部分由原来区乡两级分担，改为全部由乡镇自己负担，从而调动了乡镇加强医疗费管理的积极性，各乡镇重新制定行之有效的公费医疗管理办法，使支出得到适当控制。1990 年，乡镇公费医疗支出同比增长 9%，大大低于区直机关增长 43.3% 的速度。1993 年是实行预算包干体制的最后一年。1994 年，实行由包干制向分税制财政管理体制的转变，继续实行“预算包干、财政包干”的财政体制。2006 年，开平区印发《财政体制改革的实施意见》，决定将现行的统收统支财政体制，改革为统收统支加超收分成的奖励性财政体制。区财政坚持有保有压的原则，保障乡镇供养人员的工资及补助村级的农村税费改革转移支付、乡村两级的上级专款等，其他经费从乡镇税收分成、奖励中支付。全年仅以全部财政收入和地方财政收入为考核对象，以 2006 年实际完成为基数，按照高于全区财政收入增幅的增长比例，确定其不同的增长率。根据各乡镇全部财政收入和地方财政收入任务完成情况及分成比例确定当年分成金额和超收奖励。2007 年兑付各乡镇资金 216.7 万元。

二、农村税费改革

从 2002 年开始，农村税费改革试点工作坚持“减轻、规范、稳定”的原则，实现“三取消、二调整、一改革”的目标。全区农民人年均负担由改革前的 116.8 元，减少到 36.13 元，人均减负 80.67 元，下降 69.07%。2004 年，在取消特产税、逐步降低农业税的基础上，认真落实中央各项惠农政策，切实减轻农民负担，农业税因灾歉收减负款 58 万元，发放直补款 11 万元。

三、财政国库管理制度改革

2002 年，开平区进行国库集中收付试点改革，目标是建立以国库单一账户体系为基础，资金缴拨以国库集中收付为主要形式的财政国库管理制度。年初，区财政局设置国库科，建立国库单一账户体系。2004 年，国库集中收付工作全面展开，正式运转，共审核业务 4323 笔，审核资金 1.08 亿元，纠正和拒绝不合理支出 124 笔、64.6 万元，“阳光理财”效果初显。2005 年，继续深入国库集中收付管理制度改革，共审核业务5605笔、1.65亿元，纠正和拒绝不合理支出68笔、38万元，财政资金的支付管理逐步趋于规范化。2007年，共审核办理业务6961笔、2.4亿万元，纠正和拒绝手续不健全、不合理开支42笔、60.9万元，拒付率0.25%。

四、“收支两条线”改革

1996年12月，开平区成立预算外资金管理局，以收支两条线为主要管理内容，全年收入预算外资金992万元。2005年，继续深化“收支两条线”改革，严格落实“收支两条线”规定，不断加大管理力度。坚决取缔乱收费、乱罚款、乱摊派，真正实现非税收“财政统管、政府统筹”，切实优化税费环境，努力减轻企业和群众负担。2006年，进一步规范非税收管理，完善征管措施，加大票款分离和罚缴分离的推行力度，提高非税收入管理水平。加强财政支出管理，开展财政支出资金运行全过程监督。是年，完成对农村中小学危房改造和学校布局工程资金的绩效评价。2004－2005年，全区投入改造资金3400万元，改造危房面积1.3万平方米，废除危险学校9所，布局调整减少学校10所，使584名教师、5589名学生搬进新校舍。2007年11月，经区编委办公室批准，在区财政局设立绩效评价科，强化对财政收支政策执行情况和财政资金运行质量跟踪监督，健全财政支出绩效考评制度。

五、政府采购改革

1998年，政府采购制度改革开始运行。2004年，完成采购资金413.27万元，节约资金47.03万元，节约率10.22%。2005年，完成采购项目132项，完成采购资金911.29万元，节约资金109.11万元，节约率11.97%。2006年，进一步简化采购项目审批手续，严格按照管办分离的原则，把工作重点落实在采购项目审批和监管上，使政府采购工作纳入制度化、规范化轨道。全年完成采购项目110项，采购资金1444.89万元，节约资金140.66万元，节约率8.87%。2007年，采购范围进一步扩大，完成采购项目297项，采购金额1138万元，节约资金114万元，节约率9.14%。

第二章　政治体制改革

发端于中共十一届三中全会解放思想大潮中的政治体制改革，开平区在1987－2008年的22年间，开平区以充分发挥社会主义制度优越性，促进生产力快速发展为目的，扎实推进，步步深化。以发展社会主义民主政治为核心内容，加强和改善中国共产党的领导，完善人民代表大会制度、政治协商制度和推进农村民主政治建设，积极推进党政机构改革，深化人事制度改革，引入竞争激励机制，完善公务员制度，提高行政管理干部队伍总体素质，适应改革发展新形势的需要。

第一节　健全民主政治制度

一、完善人民代表大会制度

22年间，开平区把加强人民代表大会制度建设作为政治体制改革的重点，努力做好常委会和代表工作、监督工作和自身建设工作。1987年，区九届人大常委会制订《区人大常委会会议制度（草案）》《人事任免暂行办法》以及《人大常委会与“一府两院”的联系办法》等，成为人大常委会恢复设置后的第一批制度。1988 年 8 月起，区人大常委会建立健全一整套人大代表意见、建议交办、转办、催办和检查监督制度，每年 1－2 次听取区政府办理人大代表建议、批评和意见情况的报告。1990 年，区十届人大常委会修订完善《人大常委会议事规则》《主任会议议事规则》《关于联系代表开展活动的办法》《关于贯彻落实区人大常委会决议、决定、意见的试行办法》，对人大常委会一系列决议、决定、办法、意见进行细化和规定。1991 年，区人大常委会制订《关于实施〈河北省乡镇人民代表大会条例〉的暂行办法》，努力实现乡镇人大工作制度化、规范化、法制化。截至 2008 年，共做出重大决策决议 77 项。

二、完善政治协商制度

1987－2008 年，开平区政协历经二至七届 22 年的不断探索，认真履行政治协商、民主监督、参政议政的基本职能，逐步完善开平区政协 19 个界别委员参政议政的渠道。

不断健全适应基层政协参政议政的机构设置。1990 年 9 月，三届开平区政协伊始，为了理顺参政议政的渠道，政协机关设立经济建设、学习、提案、教科文卫、祖国统一联谊 5 个专门委员会。1998 年 3 月，开平区第五届政协决定按委员工作单位或系统划分联络组，即开平镇、栗园镇、越河乡、郑庄子乡、双桥乡、洼里乡、街道，民主党派、文教卫体、科技金融、农林水利、工青妇、工商联、区直（一）、区直（二）等 15 个联络组。至 2008 年七届开平区政协，虽然委员联络组数目有所增减，但基本构架一直未变。

不断优化政协委员撰写提案的环境和条件。为了开阔政协委员的视野，提高委员提案的质量，政协经常组织委员进行专题学习、培训、调研、视察，为委员提供提案参考题目和有关资料，并先后进行 6 次优秀提案和先进提案者评选。政协在众多委员提案中，择优选送主席办公会，进一步丰富补充提高，作为政协建议案提交政府。

不断完善政协的规章制度。22 年来，区政协先后制订《政协专门委员会通则》、《开平区政协党组关于加强自身建设的若干规定》《开平区政协常委会工作规则》《关于加强同民主党派、工商联联系的意见》《进一步加强同委员联系的意见》《开平区政协委员工作规范》《先进联络组条件》《优秀政协委员条件》等多项工作制度，使政治协商、民主监督、参政议政有章可循。

三、推进农村民主政治建设

20 世纪 90 年代后，开平区将推进村民自治实现“三自”（自我管理、自我教育、自我服务）“四民主”（民主选举、民主决策、民主管理、民主监督）作为农村民主政治建设的具体目标。

1996 年，开平区推行“两公开、一监督”（公开办事程序、公开办事结果、接受村民监督）的村务公开。1998 年，区委出台《开平区农村基层民主政治建设纲要》，全区 132 个行政村全部设置统一的村务公开栏，公示内容由原来的“两议六公开”扩展到 13 项。2001 年，全区 95% 以上的村能按月逐笔逐项公开财务收支明细表，并开辟“回音壁”专栏，在公开栏设置意见箱，群众满意率达到 98%。2002 年，区委、区政府制订《关于加强基层民主建设考核实施方案》，将村务公开等内容与年终干部考核挂钩。2007 年，按照省、市农村工作委员会要求，又将村务公开内容由 13 项拓展到 23 项，由区农工委统一设计印发公开表，使村务公开阵地建设、公开内容、公开时间、公开程序和档案管理进一步完善。

1998 年，《中华人民共和国村民委员会组织法》颁布。1999 年，《河北省实施〈中华人民共和国村民委员会组织法〉办法》和《河北省村民委员会选举办法》发布执行，村民委员会直选纳入法制化轨道。2000 年，第五届村民委员会换届选举开始依法直选。在区工作组协动下，各乡（镇）、村分别成立选举委员会，村成立村民代表大会，制订选举实施方案，全体选民以无记名投票方式直接投票选举村民委员会委员，以及村委会主任、副主任。2003、2006 年进行村民委员会第六届、第七届换届选举，直接选举出村委会委员和正、副主任。

附录

越河乡村务公开简介

2000年，越河乡党委加大村务公开工作力度，全乡村务公开质量比上年有明显提高，一跃成为全区开展村务公开工作的先进乡。

改进工作方法。这乡党委把村务公开工作纳入重要议事日程，坚持每月深入村督导检查的同时，一改过去重面上督导为重点深入解决问题的方法。乡党委组织员办公室将各村存在的问题，分出轻重缓急，按先易后难、先急后缓的原则排出时间表，逐个加以解决。对个性问题，乡党委主管副书记、组织员办公室主任深入到村，帮助村解决。2000年6月，这乡组织各村分管村务公开工作的干部和工作人员到本乡的典型村参观学习，现场说教，交流经验，取长补短，起到了鼓励先进、鞭策后进的效果。此外，这乡党委还制订奖惩措施，到年底进行考核验收，对好的奖励，差的处罚，极大地调动了各村的积极性。

加强公开栏的改造。这乡的村务公开栏大多建于1996年，经过4年多的风雨，损坏严重。乡党委决定对达不到标准的村务公开栏全部更新。他们在逐村做好思想工作的同时，多方筹集资金，进行公开栏的更新改造。截至2000年底，全乡共投资2.61万元，将6个村的公开栏改造成为高标准铝合金公开栏，在硬件上保证了公开质量的进一步提高。

建立健全民主决策、民主监督组织网络。第五届村委会换届选举结束后，这乡严格按照上级的要求，组织村民直接选举产生新的村民代表，推举产生村务公开监督小组和民主理财小组成员，并建立健全民主决策、民主监督的组织网络，为村务公开工作的顺利开展提供组织保障。同时，这乡适时开展对村民代表、村务公开监督小组、民主理财小组成员的培训，提高他们对村务公开工作的认识和严格按照程序开展工作的能力。此外，这乡还建立民主决策、民主监督组织成员的档案，规范完善村务公开档案，进一步巩固和深化村务公开。

促进后进村的转化。西王盼庄、朱庄子、税北村是村务公开后进村，有的村集体经济薄弱，有的班子不团结，有的不稳定因素较多。这乡利用村委会换届和区“帮扶”工作队驻村的有利时机，因村制宜采取措施，促进转化。首先投资4000元，帮助朱庄子、税北两个村改造村务公开栏。帮助西王盼庄重新设计更新公开版面。其次是协调工作队帮助村投资77.4万元修水泥路2300米、整修街道500米，密切了党群、干群关系。再次是逐村指导建立健全民主监督组织，并按照法定程序开展活动，从而规范完善村务公开程序，增强村务公开的真实性、可信性，提高群众的满意度。3个村的转化，带动全乡村务公开整体工作的提高。

（摘自区农工部《农村工作简报》2001年1月16日第2期）

第二节　其他改革

一、党政机构改革

按照“小机构，大服务”实现党政管理综合化的要求，1993年，开平区相继下发《关于机关分流人员兴办经济实体的暂行规定》《关于机关工作人员到基层工作的规定》《关于机关工作人员提前退岗休养的规定》，进行党政机构改革，将大部分专业经济部门改为经济实体或服务实体。机构改革后，党政工作部门和办事机构由69个精简到34个，分流人员217人。

根据精简、统一、效能原则，1996 年党政机构改革中，区直党政工作部门精简为 24 个、派出机构 1 个、靠挂机构 2 个、部门管理机构 2 个，分流 267 人，调整清理混岗人员 73 人。为控编减员，巩固改革成果，1997 年，开平区规定全年不再组建由财政供给的事业机构，对财政开支的事业单位不再增加编制，对区所辖学校进行人员核定，落实编制定员，安排大中专毕业生顶替代课教师。全年清退机关事业单位人员及代课教师 318 人。

2002 年，按照省、市机构改革有关精神，设置区直党政工作部门 26 个、直属事业单位 9 个、议事协调办事机构 3 个、部门管理机构 2 个、其他机构 1 个，核定编制 922 人。区印发“三定”规定。根据《开平区区直机关、乡（镇）、街道机构改革科级及以下人员分流实施方法》，批准提前退休、离岗 561 人。2006 年政府机构改革中，设置工作部门 18 个、直属事业单位 5 个、议事协调办事机构 2 个、其他机构 1 个。2008 年，开平区在全市首家对编制管理总量控制，实现编制管理电子管理。

二、事业单位改革

依据市政府关于《认真贯彻省政府 196 号令对事业单位进行登记管理的通知》精神，1998 年，开平区共登记事业单位 142 个，全部核发登记证书，并在《唐山劳动日报》进行公告。在此基础上，全面推行人员聘用制和岗位管理制，并实行公开招聘，严把事业单位人员“进口”关。2008 年，根据唐山市《事业单位岗位设置管理实施细则（试行）》，制订开平区实施细则，实现事业单位人事管理，由身份管理向岗位管理转变。根据不同单位实际，科学设置管理岗位、专业技术岗位和工作技能岗位，明确岗位职责、责任制条件和聘用期限。按照实施细则，开平区共有 98 个单位，其中全额拨款单位 88 个、差额拨款单位 7 个、自收自支单位 3 个，设置管理岗位 350 个、专业技术岗位 3200 个、工勤岗位 628 个，全面实现聘用合同鉴证，并对 4100 名事业人员进行动态管理。

1992 年，区劳人局增设职称改革领导小组办公室，1996 年，改为专业技术人员管理科。负责全区机关、企事业单位专业技术人员的全面管理，以及事业单位聘任方案的审批、高中级专业技术职务任职资格初审、初级职务资格认定。截至 2008 年底，全区共有专业技术人员 4008 人，其中高级职称 451 人、中级职称 2448 人、初级职称 1109 人。

三、实行公务员制度

1993 年 3 月，八届全国人大一次会议通过的关于国务院机构改革方案，用 3 年时间基本完成各级政府机构改革任务，实行国家公务员制度。1996 年，开平区进行“定职能、定机构、定编制”的三定机构改革。按照规定的标准和审批程序确定公务员的职务和级别，并开始建立和实施公务员录用、升降、培训、奖励、交流、回避、退休等制度。对参加过渡的人员进行培训考核，对不能过渡为公务员的人员进行妥善安置。

公开招录公务员。对报考公务员实行“四公开”，即职务条件公开、报考公开、考试成绩公开、录用公开。2005 年，根据省、市统一安排，开平区为党政机关公开招录 9 名公务员。

公务员考核。每年对公务员的德、能、勤、绩进行一次全面考核，并以此作为公务员晋升的重要依据和享受工资待遇主要条件。对不称职的公务员分别情况予以降职和辞退。

公务员队伍培训。落实人事部《“十一五”行政机关公务员培训纲要》，组织开展初任培训、任职培训、专门培训和更新知识培训，重点进行依法行政知识、电子政务、MPA 核心课程等培训。截至 2008 年，开平区基本建立了切合本区实际的公务员教育培训体系。

1985 年 7 月 1 日起，废止实行 30 年的职务等级工资制，实行以职务（岗位）工资为主要内容的结构工资制，按照不同职能分为基础工资、职务（岗位）工资、工龄津贴、奖励工资四个组成部分。1993 年工资制度改革，公务员实行职务级别工资制，简称职级工资制，按照工作人员的职务、级别、工龄和实际贡献等确定工资标准，工资分为职务工资、级别工资、基础工资和工龄工资四个组成部分。机关工人分为技术工人和普通工人两大类，机关技术工人实行岗位技术等级（职务）工资制，工资由岗位工资、技术等级（职务）工资和奖金三部分组成。机关普通工人实行岗位工资制，工资由岗位和奖金两部分组成，奖金占工人基本工资的30%。根据事业单位特点和经费来源的不同，对全额拨款、差额拨款、自收自支三种不同类型的事业单位实行分类管理，工资由职务工资和活工资两部分组成。这次工资制度规定机关与事业单位工资制度相互脱钩，使工资制度更符合机关、事业单位各自特点；体现“尊重知识、尊重人才”的方针，保证工作人员工资的正常增长，明确提出建立正常增资机制的原则；进一步贯彻“按劳分配”原则；对离退休人员进行适当照顾，体现对离退休人员生活待遇略为从优的原则；突出机关事业单位工人工资制度的改革。从1995年10月1日起，机关事业单位建立正常增资机制，凡1994、1995两年考核均为称职（合格）及其以上的人员，在本职务（技术等级）所对应的工资标准内晋升一个工资档次，事业单位工作人员工资构成中活的部分相应增加，机关工人相应增加工资构成中的奖金。根据省、市有关文件，从1997年5月1日起，执行误餐补贴每人每月100元标准，1998年4月起执行200元的标准。1997年7月1日、1999年7月1日、2001年1月1日、2001年10月1日、2003年7月1日五次调整工资标准。2006年7月1日，对实行近13年的工资制度进行深化改革。公务员和已经批准参照公务员制度管理的事业单位的工作人员基本工资构成，由四项调整为职务工资和级别工资两项。2007年7月1日开始，将原来的职务津贴、职务津贴补贴、保留津贴等多项合并为工作津贴和生活补贴两项，2008年1月1日又进行规范公务员津贴补贴第二步调标。

2006年工资改革，事业单位实行岗位绩效工资制度。岗位绩效工资由岗位工资、薪级工资、绩效工资和津贴补贴四部分组成，其中岗位工资和薪级工资为基本工资。在绩效工资实施办法出台之前，按照唐山市文件要求，2007年1月和2008年1月以不同的标准适当给事业单位人员预发工资性补贴。

第三章　对外开放

1987年后，开平区对外开放经历了缓慢增长、加速增长、高速增长阶段。特别是进入21世纪，实施“外向带动”战略，连续出台鼓励支持对外开放的有关规定、优惠政策和实施意见，努力改善软硬投资环境。2008年，12家三资企业实现产值4.2亿元，实际利用外资8926万美元，创历史新高，是1989年的297.5倍；出口创汇2.6亿多美元，是1989年的526倍。是年，开平区被市委、市政府评为“2007年度发展外向型经济先进单位”并予以奖励。

第一节　对外贸易与三资企业

一、对外贸易

1987年后的22年间，开平区对外贸易不断发展。1989年，出口创汇实现零的突破，达到50万美元。1995年，出口额172万美元。2000年，开平区抓住国家对企业自营进出口权放开的机遇，引导协助企业积极申办自营进出口权，放权企业迅速发展成为出口创汇的主力军。同时，依托广交会、唐山陶瓷博览会等对外贸易窗口和平台，积极开拓商品出口渠道，当年出口额达353万美元。2001年，出口商品总额突破500万美元，达到555万美元。2005年突破5000万美元。2008年实现出口创汇2.63亿美元，出口额位列全市第6名。出口商品也由过去单纯以陶瓷为主，发展到钢铁、陶瓷、服装、农副产品、五金等5大类40多个品种，出口到50多个国家和地区。其中钢铁产品跃升为出口商品的大头，占出口总额的80%多，陶瓷产品占13.5%，服装、耐火材料、农产品占4%多。为优化出口商品结构，打造出口商品基地，培植外经贸龙头企业，开平区从本区实际出发，发挥自身产业优势，建设出口基地。陶瓷生产是开平区传统支柱产业和出口商品，全区陶瓷产品出口基地共有各类陶瓷企业74家，年销售收入4亿多元。同时，以国际市场需求为导向，开发适销对路出口产品，实施名牌战略。并以科技进步为动力，增强出口企业自主创新研发能力，通过技术改造提高企业装备水平。隆达骨质瓷和华丽陶瓷均为国家、省知名品牌，在国内外同行享有盛誉，产品畅销50多个国家和地区。截至2008年，全区进出口企业发展到60家，其中放权企业49家、三资企业11家。并培育出唐山市宏忠钢铁有限责任公司、唐山隆达骨质瓷有限公司、唐山市世宇商贸有限公司等出口创汇的龙头企业。唐山市宏忠钢铁有限责任公司始建于1999年，到2008年，已由一个小型流通企业发展为集投资、研发和国内外贸易为一体的民营钢贸企业，是远近闻名的“中国型钢供应商”。公司成立之初，国内钢材市场正处于低迷时期。他们在市场调研中发现，唐山地区的不等边角钢开发尚是空白，市场潜力巨大。于是把开发不等边角钢生产定位在大厂不想生产，小厂又无能力生产的小型材上，并开发新、特、异型角钢，形成自己独有的拳头产品。经过3年的快速发展，宏忠公司在业内创造了三个第一：即唐山地区第一家引进型材国际标准的企业，第一家把小型材产品直接卖给国外的中小型材企业，中国小型材出口量第一大户。总经理王子忠被业内人士称之为“角钢大王”。他们又联合唐山地区13家轧钢企业，整合资源，由宏忠公司投资1600多万元，做为新产品开发费用，对日标、美标、欧标产品全面开发，生产一代，研发一代，储备一代，根据市场需求及时供货。2008年下半年，宏忠公司扩大日标、美标、欧标小型规格角钢、工字钢、槽钢和H型钢的生产，形成产品系列化，达到100多个规格，产品远销欧洲、北美洲、南美洲、非洲以及韩国、东南亚、中东等30多个国家和地区。钢材销售量从2005年的16万吨，猛增到2008年的76万吨，实现销售收入46亿元，创汇2.5亿美元。2006年，公司成为河北省工商联金属材料商会首届常务副会长单位。2007年和2008年，连续两年跻身河北省钢贸企业20强和唐山市民营钢贸企业第一名，成为唐山市“外贸出口骨干”企业。

2005年之前，开平区进口贸易发展缓慢，当年进口商品额仅为2021万美元。之后进口贸易发展提速，2006年，进口商品4621万美元，比上年增长129%，2008年，又跃升到1.3亿美元，是2005年的6.4倍。进口商品以铁矿砂和机械设备为主。

二、三资企业

1988年，借助国务院批准秦（皇岛）唐（山）沧（州）环渤海经济区开放的机遇，开平区加快对外开放步伐。是年，兴办唐山市南野针织品有限公司等4家三资企业。1989年，引进三资企业5家，其中2家正式投产。1991年，7家投产的三资企业创汇257万美元。截至1992年，实际利用外资632.4万美元，三资企业发展到14家。是年9月，开平区被评为全省乡镇三资企业第二名。1995年，开平区提出“外向带动，两环结合，内联入手，外引突破”全方位开放的思路，当年新建三资企业9家，增资1家，实际利用外资133.26万美元。到1997年，合资企业达到21家，注册资金4269万美元，其中外方资本1734万美元。2000年，13家三资企业完成工业产值1.52亿元，净利润306万元，上缴税金558万元。为进一步加大吸引外资力度，搭建外商投资平台，2002年，开平区在越河镇境内谋划建设工业园区，借助园区模式，聚集内外资企业。2003年，实现“三通一平”，当年有14家企业签订入园协议，其中10家动工兴建。2007年11月，全省最大的单体外资项目，住友建机（唐山）有限公司和住友重机械（唐山）有限公司落户园区。该项目为世界500强日本住友株式会社兴办的独资项目。住友建机投资总额9800万美元，注册资本4000万美元，从事液压式挖掘机、沥青摊铺机等建筑工程机械及零部件的生

住友重机械（唐山）有限公司

产和销售。住友重机械（唐山）有限公司总投资4365万美元，注册资本1455万美元，从事减速机、电机、传动及控制装置等机械及零部件的生产销售。住友项目落户开平区，不仅带动相关配套产业的发展，促进产业结构优化调整，而且成为对外开放的窗口和桥梁，吸引更多外商在园区建设现代装备制造的外资项目群。继住友之后，又有10家日资企业相继入园，使园区成为全省重要的日资企业聚集区，园区也被命名为省级现代装备制造工业园区。2008年，开平区实际利用外资5240万美元，是历史上利用外资最多的一年。是年，12家三资企业完成工业产值4.2亿元，增加值3.13亿元，实现利润6049万元，实缴税金6419万元。

2008年开平区三资企业基本情况

表6－6　　金额单位：万美元

企业名称	地方企业名称	外资及港台资企业名称	行业类别	注册时间	注册资本	外方资本	登记注册类型	董事长	备注
唐山佳丽陶瓷花纸有限公司	唐山市龙义花纸厂	日本日光贸易株式会社	陶瓷花纸	1993.04.01	138	38	合资	李冠群	营业
唐山汇源煤炭地下气化有限公司	唐山市刘庄煤矿	台湾张一熙	煤炭地下气化项目的研发技术	1995.09.01	120	72	合资	贺广祥	停业
唐山华龙陶瓷有限公司	唐山市新明瓷厂	维高贸易有限公司	日用瓷	1997.02.01	92	23	合资	李敬臣	营业
唐山亚洲时代陶瓷有限公司		香港亚洲时代有限公司	日用瓷	2002.10.21	150	150	独资	刘李国琴	营业
唐山富兴热电有限公司	唐山市兴业工贸有限责任公司	宏兴国际投资有限公司	生产和销售电能和热能	2004.07.02	907	242	合资	庄连生	营业
唐山马家沟矿业有限责任公司	河北永胜实业马家沟矿开滦马家沟服务公司	澳洲董事企业有限公司	原煤耐火黏土莫来石砂粉的开采加工	2004.08.19	2590	863	合资	徐冀	营业
唐山奇隆洁具有限公司		克林博尔有限责任合伙公司	开发生产和销售浴室内卫生陶瓷	2007.10.29	25	25	独资	裘益群	筹建
唐山丰石汽车配件有限公司	松美可（天津）汽车配件有限公司	丰和锻工株式会社美可石川	汽车及其他运输机械悬架装置	2008.07.03	722	404	合资	鸟海友也	筹建
唐山和凌雷克萨斯汽车服务有限公司		上海和裕（BVI）投资有限公司	汽车的保养检测装潢和维修	2008.07.14	360	360	独资	王通州	筹建
唐山唐龙新型建材有限公司	唐山钢铁集团有限责任公司	新加坡昂国企业有限公司	生产加工销售磨细矿渣粉硅酸盐	2002.11.28	1235	494	合资	王天义	营业
住友建机（唐山）有限公司		住友建机株式会社	液压机挖掘机沥青摊铺机等	2007.11.26	4000	4000	独资	角昭男	筹建
住友重机械（唐山）有限公司		住友重机械工业株式会社	减速机电机传动及控制装置	2007.12.26	2255	2255	独资	神泽章	筹建

第二节 招商引资

一、优惠政策

1997年，区委、区政府出台《关于鼓励扩大对外开放，加快发展外向型经济的若干规定》，就外商投资企业优惠政策、引进项目及资金奖励办法，对乡镇、街道、企业主管部门领导奖惩办法做出详细规定。经营期在10年以上的外商投资企业，享受免五减五企业所得税，免征房产税、城乡维护建设税和车船使用牌照税优惠。外商投资高新技术、能源交通、农业、社会公益事业项目免收10年土地使用金；凡引进外商投资项目者奖励引进外资的1%，投产后前三年每年按实现纯利润的3%奖励项目引进人；对乡镇、街道、区直单位完成实际利用外资考核目标奖励5000元，每出口创汇100万美元，奖励1万元。1998年3月，区政府出台《唐山市开平区人民政府关于鼓励进一步扩大对内对外开放的有关规定》，再次重申区外投资企业优惠政策和引进项目资金的奖励办法。凡区外各投资主体在开平区兴办企业，固定资产投资1000万元以上人民币，按实际投资额10%予以奖励，外商投资企业只收取征地费用50%。对引进国内外资金者，根据使用年限利率按引进资金15%奖励资金引进人。是年5月，区委、区政府又出台《关于进一步扩大对外开放提高对外开放水平的实施意见》，就解放思想，增强对外开放紧迫感和主动性；拓宽领域，实现利用外资新突破；优化环境，提高服务和管理水平；改革体制，完善大经贸发展格局；严格目标，强化激励约束机制5个方面提出具体要求。

二、招商活动

为宣传推介开平形象，展示开平良好投资环境，20世纪90年代起，积极组团参加香港投洽会、厦门经贸洽谈会、深圳高交会以及京、津经贸洽谈会等各项招商活动，编印《唐山市开平区项目投资指南》《前进中的开平区》和《冀东明珠开平区》3本画册，向国内外客商宣传推介开平区。同时，采取多种形式广泛招商。由发改、商务、工信、农林、科技和工业园区组成专业招商队伍，有目的性、针对性地进行招商。密切与唐山市日本事务所、德国CBN、旅日华人韩晓菲女士的联系，发挥他们的中介作用，打造常态化、专业化招商平台。以现有外资企业为媒介，鼓励配套企业到开平区投资，实现“引进一个、带动一批、影响一片”的效果。同时，密切与开平工作外籍人士的感情，用他们到开平投资的亲身感受，吸引客商到开平投资置业。并依托重点地域的商会、政府经济部门、行业协会聘请跨国公司中有影响力的人士为招商顾问进行招商。

三、组织机构

1988年，开平区对外经济贸易委员会成立。1990年、1993年先后在深圳、北京设立办事处，作为招商引资的窗口。1996年8月，组建对外经济贸易合作局。2006年10月，成立开平区商务局，下设外经科，负责对外贸易管理工作。

1988－2008年开平区利用外资统计表

表6－7　　单位：万美元

年度	利用外资金额	年度	利用外资金额
1988	135	1999	204
1989	65	2000	303
1990	117	2001	332
1991	221	2002	346
1992	286	2003	402
1993	135	2004	1105
1994	99	2005	255
1995	133	2006	606
1996	203	2007	689
1997	22.75	2008	5240
1998	35.22		

第七编　经济总览

经历了“以家庭联产承包责任制”为发端的改革开放前期，1987年，随着改革的深化，开平区坚持从本区实际出发，大力发展以乡镇企业为主体的城郊型经济。20多年间，非农产业蓬勃发展，成为开平区国民经济中最为显著的变化。1997年，全区乡镇企业总产值达到86亿元（1990年不变价），占全社会总产值的93.32%。从1998年起，开平区加大乡镇企业产权制度改革力度，到2000年，改制面达90%多。2008年，地区生产总值达到112.45亿元，与1987年比GDP增长35倍以上，人均GDP也由1987年不足700元，增长到4.5万多元。以生产鲜活农产品为主的城郊型农业发展迅速。21世纪初，粮、经作物种植面积比由20世纪末的7.4：2.6，调整为5.5：4.5。到2008年，牧渔产值占大农业比重的70.08%，比1987年提高48.09个百分点，农业产业化经营率达到50.9%。1987年以来的22年间，开平区经济虽然保持持续快速增长态势，但经济结构性矛盾比较突出。以钢铁、建材、煤炭、陶瓷为代表的传统产业所占比重较大，市场竞争力相对薄弱，自主创新能力不强，新兴产业发展滞后，开放型经济格局尚不成熟，可持续发展能力不强。

第一章　主要经济指标与国民经济发展

1987年后，是开平区迈向市场经济过程中由农业向非农业和农村工业化转变的关键时期。20多年间，乡镇企业高速发展，经济总量持续增长。1990年人均国民生产总值1463元，高出全省人均286元。1993－1995年，在全市“龙虎工程”综合评比中连续三年位居全市榜首。1995年，开平区人均国民生产总值7204元，高出全省人均2765元，跨入全省首批小康县（区）行列。2006－2008年，开平区连续进入全省县域经济发展前10强。2008年，全区人均国民生产总值4.56万元（折合6448美元），进入中等国家收入水平。

第一节　主要经济指标

一、地区生产总值

20世纪80年代，改革全面展开，经济蓬勃发展。随着乡镇企业异军突起，开平区国民经济实现“隔几年上一个台阶”的加速发展。1987年地区生产总值达到2.19亿元，1989－1990年“治理整顿”期间，经济总量仍保持持续增长势头。“七五”末，地区生产总值达到3.62亿元，比1987年增长66%。

1992年，在邓小平视察南方重要讲话鼓舞下，开平区紧紧抓住经济建设中心不动摇，实施“工业富区，强农扶农”发展战略，实现工业持续发展，农业优化发展。1995年，国民生产总值达到18.8亿元，人均7204元，高出全省61.5%，跨入全省首批小康县（区）行列。继1993－1995年连续三年获得唐山市“龙虎工程”综合评比第一名，1996年又包揽唐山市强县（市、区）、强乡镇、强村街、强企业（四强工程）全部第一名。

20世纪90年代末，开平区推进企业产权制度改革，结构升级和产业升级，促进投资、消费和出口三大需求，国民经济保持健康、快速发展。2000年，地区生产总值达到35.86亿元，比“八五”末增长91%，年均增长18.2%。

进入21世纪，开平区以科学发展观统领全局，统筹推进经济结构调整和产业升级，经济总量实现历史性跨越。2005年，地区生产总值71.82亿元，比“九五”末翻了一番，人均国民生产总值近3万元。进入河北省县域经济发展10强行列。

2006年，开平区深入实施“工业立区、项目强区、开放活区和可持续发展”战略，推进工业结构优化升级，加快发展现代服务业和农业产业化进程。2008年，开平区地区生产总值达到112.5亿元，人均国民生产总值4.56万元，增长幅度分别高出唐山市和河北省平均增长水平1.9个百分点和2.1个百分点，继2005年之后，又连续三年进入河北省县域经济发展前10强。

1987－2008年开平区地区生产总值统计表（当年价）

表7－1

年度	生产总值（万元）	第一产业（万元）	第二产业（万元）	第三产业（万元）	人均GDP（元）
1987	21853	4347	11135	6371	691
1988	29304	4434	15834	9036	918
1989	35469	3991	20484	10994	1107
1990	36226	3643	20048	12535	1463
1991	45136	4521	26009	14606	1831
1992	65708	4952	44000	16756	2554
1993	97093	5340	68285	23468	3700
1994	139614	8225	93122	38267	5294
1995	188026	13494	125846	48686	7261
1996	225083	15586	139535	69962	8655
1997	258971	17554	153505	87912	9922
1998	290848	19135	172006	99707	11144
1999	320854	19518	190782	110554	12307
2000	358580	19737	214713	124130	14045
2001	401928	20459	242052	139417	15609
2002	457171	26120	276715	154336	17823
2003	537172	27166	334448	175558	21418
2004	626943	30696	406110	190137	25537
2005	718205	31049	483899	203257	29362
2006	809500	25499	538985	235016	33135
2007	974930	42343	646338	280977	39810
2008	1124532	48694	755569	320314	45583

二、工农业总产值

1987年，开平区工农业总产值4.82亿元，其中，工业总产值占74.5%，农业总产值占25.5%。随着乡镇企业不断发展壮大，农业总产值比重逐年下降。区划调整后的1993年，农业总产值仅占工农业总产值的4.5%。到2008年，实现工农业总产值319亿元，其中工业总产值占96.7%，农业总产值占3.3%，较1987年减少22.2个百分点。而在农业内部结构中，畜牧业比重快速上升。1987年，在农业总产值中，种植业占70%，畜牧业占24.18%，而2008年，畜牧业升到占70.07%，比1987年提高了48.09个百分点。

1987－2008年开平区工农业总产值情况表（现价）

表7－2　　单位：万元

年度	工农业总产值	其中		在农业总产值中				
		工业总产值	农业总产值	农业（种值业）	林业	畜牧业	渔业	副业·服务业
1987	48827	36587	12240	8563	74	2960	84	559
1988	71438	55827	15611	10943	67	4306	98	197
1989	87444	71652	15792	11148	47	3942	46	609
1990	95997	79270	16727	10657	79	4703	80	1208
1991	123287	113880	9407	11248	121	5141	53	905
1992	168527	156885	11642	14689	117	6187	62	1689
1993	317884	303529	14355	8663	66	5571	55	－
1994	415695	391751	23944	15055	74	8327	488	－
1995	468491	435708	32783	21279	84	10859	561	－
1996	662212	625773	36439	22984	88	12658	709	－
1997	682187	643055	39132	26211	132	11954	844	－
1998	712783	668329	44454	26939	108	16619	788	－
1999	721490	676590	44900	26618	134	17198	950	－
2000	828898	783082	45816	25180	210	19435	991	－
2001	925472	878047	47425	23509	155	22671	1090	－
2002	1081297	1032194	49103	22083	342	25298	1380	－
2003	1261491	1212209	49282	16039	496	30301	1796	650
2004	1610005	1554318	55687	17259	244	35595	1855	734
2005	1889600	1833275	56325	18134	295	35683	1471	742
2006	2264263	2199833	64430	23810	239	38115	1442	824
2007	2639457	2553360	86097	26109	237	56328	1118	2305
2008	3197304	3091612	105692	29186	524	72434	1638	1910

三、财政收入

1987年，开平区实现财政收入3327万元。22年间，随着深化改革，扩大开放，开平区以乡镇企业和民营经济为主体，实现经济快速发展，带来全区财力的增加。1992年区划变动，在划出4个乡的情况下，1993年仍实现财政收入6654万元，比1987年翻了一番。到2008年，全区财政收入达到16.18亿元，是1987年的48.7倍。1987年，开平区一般预算支出1237万元，2008年，全区地方财政一般预算支出达到6.89亿元，是1987年的20.71倍。其中科技支出1500万元、教育支出1.70亿元，均为开平区历史最高水平。

1987－2008年开平区财政收入与支出情况表

表7－3 单位：万元

年度	财政收入	财政支出
1987	3327	1237
1988	4614	2131
1989	5869	3218
1990	6193	3966
1991	6550	3815
1992	7669	4604
1993	6654	5348
1994	7356	4368
1995	8464	5121
1996	10041	5764
1997	11906	7374
1998	13845	8457
1999	15643	9365
2000	16931	10789
2001	21581	14321
2002	27397	16498
2003	40562	20695
2004	61653	30382
2005	71207	35765
2006	72373	35765
2007	91728	51696
2008	161756	68905

四、社会商品（消费品）零售总额

1987年，开平区社会商品零售总额1.38亿元。其中城乡集市交易和国营、集体商业销售平分秋色。

1990年后，开平区把培育建设市场作为“兴商富区”的一项战略任务，到1992年全区集贸市场发展到42处。1996年个体商户发展到4602户，年成交额3.38亿元。2001年，随着开平区投资2.5亿多元，将开平老城区打造成温州商城，全区市场从业人员达3.14万人，社会消费品总额9亿多元。2003年，开平区各类市场达到47处，商户8000多户。2008年，社会消费品零售总额达30.5亿元，是1987年的22倍多。

部分年度开平区社会商品（消费品）零售总额统计表

表7－4　单位：万元

年度	零售总额	年度	零售总额
1987	13741	2000	82994
1989	18941	2003	115548
1992	28767	2006	217248
1996	50457	2008	305625

五、城乡居民储蓄存款

1987年，境内城乡居民储蓄存款余额为2.44亿元，人均储蓄771元；1990年，存款余额达到4.6亿元，人均储蓄1408元，翻了近一番。1992年，境内城乡居民储蓄存款余额6亿多元，人均储蓄1841元。随着经济发展，居民收入快速增长，带动了储蓄存款逐年大幅度提高，2000年达23.6亿元，2008年达55亿多元，人均储蓄2.24万元。

部分年度开平区城乡居民储蓄存款表

表7－5

年度	储蓄存款余额（万元）	人均储蓄（万元）	年度	储蓄存款余额（万元）	人均储蓄（万元）
1987	24391	771	1998	150099	5751
1990	45856	1408	2001	207914	8096
1992	60520	1841	2004	278832	11355
1995	133367	5150	2008	552607	22356

第二节　国民经济发展

一、“七五”期间（1986－1990年）

开平区坚持治理整顿，深化改革，制订“双调整”方案（调整产业结构、调整产品结构），强化基础管理，推动企业升级。工农业生产在调整中保持了较快发展速度。1990年，完成地区生产总值3.62亿元，是“六五”末的3倍，年均增长39.01%。财政收入6193万元，是“六五”末的2.29倍，年均增长18.04%。城镇居民可支配收入1612元，农民人均纯收入1029元，分别比“六五”末，增长38.7%和47%。

二、“八五”期间（1991－1995年）

开平区在继续治理整顿，深化改革基础上，以乡镇企业为支柱，以农业生产为根本，发展城郊型经济，实现持续增长。1995年，地区生产总值达到18.8亿元，是“七五”末的5.19倍，年均增长83.8%。财政收入8464万元，增长36.67%（受区划调整因素影响增长幅度），年均增长7.33%。城镇居民可支配收入4255元，农民人均纯收入2459元，分别比“七五”末增长163.96%和142.47%。

三、“九五”期间（1996－2000年）

开平区以经济建设为中心，以经济结构调整为主线，抓项目、抓技改、抓改制、抓特色农业和推进城乡一体化，经济社会生活发生深刻变化。到2000年底，实现地区生产总值35.86亿元，比“八五”末增长90.74%，年均增长13.8%。财政收入1.69亿元，比“八五”末翻了一番，年均增长14.87%。城镇居民可支配收入6460元，农民人均纯收入3661元，分别比“八五”末增长69.1%和48.9%。

四、“十五”期间（2001－2005年）

开平区落实科学发展观，以改革促发展，以开放增活力，牢牢把握发展第一要务，以项目建设为支撑，推进经济结构调整和体制更新，经济社会实现快速健康发展，人民生活水平显著提高。2005年，完成地区生产总值72亿元，比“九五”末翻了一番，年均增长15%。人均生产总值2.92万元，是“九五”末的1.9倍。财政收入7.12亿元，比“九五”末增长3.2倍，年均增长35.1%。城镇居民人均可支配收入8495元，农民人均纯收入4800元，分别比“九五”末增长31.5%和31.1%。

五、“十一五”期间（2006－2010年）

开平区积极应对金融危机冲击，抓发展，保增长；抓转型，调结构；抓投资，上项目；抓聚集，扩园区；抓创新，增活力；综合实力跃上新台阶，社会事业开创新局面，人民生活得到新提高。2010年，地区生产总值达到142亿元，比“十五”末增长97.2%，年均增长14.6%。财政收入15.5亿元，是“十五”末的2.2倍，年均增长16.6%。城镇居民可支配收入1.79万元，农民人均纯收入8175元，分别比“十五”末增长107%和70.3%。

第二章　经济结构

1987－2008年，开平区经济结构发生明显变化。在所有制结构中，国有、集体企业呈逐年减少趋势，个体私营经济逐步成为国民经济运行的支柱；在产业内部结构中，第一产业在地区生产总值中的比例逐年下降，第二、三产业比例逐年上升。农业中，种植业比例下降，养殖业比例上升；工业中，轻工业比例下降，重工业比例上升。在投资结构中，向交通、房地产、支柱工业等行业倾斜，市场建设和环境治理亦列为重点；投资主体和筹资渠道呈现出国家、集体、联营、私营、个体多元化，国内贷款、群众集资、单位和集体自筹、引进外资和私人自筹等多渠汇流局面。

第一节　所有制结构

一、国有经济

1987年，开平区国有企业18个（不含市属以上企业），完成工业产值5002万元，社会商品零售总额6742万元，分别占全区工业总产值的21.34%和社会商品零售总额的49%。此后，乡、村、个体私营经济发展较快，国有企业虽有增加，但市场份额呈下降趋势。1991－1996年，国有企业工业产值占工业总产值的比重分别为4.75%、4.71%、4.21%、3.70%、3.22%、3.29%。1997年后，国有企业个数和市场份额，随着“国退民进”产权制度改革持续减少和降低。1999年，开平区国有工业企业9个，完成工业产值7310万元，占全区工业总产值的1.08%，比1987年下降20.26个百分点，社会商品零售总额1986万元，占全区社会商品零售总额的2.68%。2004年，开平区产权制度改革力度加大，工业企业市场份额继续降低，国有工业企业5个，完成产值4551万元，仅占工业总产值的0.25%。2008年，有年销售收入500万元以上国有工业企业1家，完成产值3830万元。

二、集体经济

1987年，开平区集体工业企业发展到117个（含区属和乡办），基层供销社12个。完成工业产值1.32亿元，社会商品零售额3392万元，分别占全区该两项总产值的56.10%和24.68%。1992年，社会主义市场经济体制目标确立后，个体私营经济发展强劲，集体经济进入转型（转入私营或其他形式）期，所占市场份额下滑态势明显。1992－1996年，集体企业工业产值占工业总产值的比重分别为35.60%、28.00%、21.90%、14.95%、13.77%。1997年，产权制度改革全面展开，集体企业转型步伐加快。开平区乡以上集体工业企业100个，完成产值9.02亿元，占全区工业总产值的14.03%，比1990降低39.55个百分点；同年，集体企业完成社会消费品零售额2664万元，占社会消费品零售总额的4.41%。1999年，全区供销社系统进行经营体制改革，将原有6个基础供销社合并成两个，是年完成社会商品零销额3.5亿元，占全区总额的6.8%。2001年，开平区规模以上集体企业21个，完成工业产值31.41亿元，占全区工业总产值的35.77%，比1990年下降17.81个百分点；同年，实现社会消费品零售额7284万元，占全区社会消费品零售总额的7.85%。此后集体经济继续呈萎缩态势。2008年，年销售收入500万元以上集体工业企业8个，实现产值61.12亿元，占全区工业总产值的20.96%。社会消费品零售额不再按所有制形式统计。

三、个体私营经济

1987年，开平区个体私营工业企业1647个，实现工业产值（含农村合作工业）5290万元，完成社会商品零售总额6999万元，分别占两项总产值的22.65%和50.93%。1992年，尽管个体私营经济进入快速发展期，但由于区划变动，开平区个体私营经济结构发生较大变化。1993年，开平区个体私营企业达到9372户，其中工业1746户，商业由1987年的5726户，减少到3969户，完成工业产值3.59亿元，所占比重由1990年的26.13%下降到11.82%。完成社会商品零售总额23.39亿元，占社会商品零售总额的76.20%。1997年，区制订优惠政策，鼓励支持个体私营企业通过购买、兼并、参股、承包、租赁、合作、联营等方式参与国有、集体企业产权制度改革。2002年，开平区委、区政府立足区情，制订完善支持和保护政策，进一步优化个体私营经济发展环境，鼓励私营企业参与国有、集体企业的改制和重要项目建设，引导私营企业采取合伙经营、股份制形式进行资本重组，培植了一批支柱企业。2008年，年销售收入500万元以上私营工业企业达到35个，完成工业产值107亿元，占全区工业总产值的36.76%。

四、其他类型经济

随着改革开放力度加大，外商及港、澳、台商投资企业逐年增加。1989年有三资企业2家，完成工业总值922万元，占工业总产值的1.79%。1992年有三资企业14家。到1997年，三资企业发展到21家，完成工业产值1.37亿元，占工业总产值的11.55%。1998年后，随着产权制度改革的推进，股份合作企业、有限责任公司、股份有限公司等所有制形式逐步壮大。到2008年，开平区年销售收入500万元以上其他类型工业企业30个，完成工业产值（现价）126.9亿元，占工业总产值的39.69%。社会商品零售总额无统计。

附录：

念活“动”字经私营企业兴

——开平区发展个体私营经济调查

开平区个体经营经济发展迅猛，已成为全区经济发展的新增长点。1999年个体工商户达到1.4万多个，从业人员达4.2万人，注册资金和营业收入分别比上半年增长51.69%和28.47%，个体私营经济的经济总量和税收都占全区经济总量的一半左右。

念活政策启动经　创造优良好环境

1999年初，这区重新修订了帮促措施，补充完善了《关于发展个体私营经济的有关规定》，进一步明确规定了支持鼓励个体私营经济发展的各项政策，指出对个体发展经济不限发展比例，不限发展建设，不限经营模式，不限经营范围，不限经营规模“五个不限”，提出了对个体私营经济要加大政策扶持，加大依法保护，加大环境整治的三个力度。真正让个体经营者经济上有实惠，社会上有地位，政治上有荣誉。为了促进私营经济发展，这区专门成立了民营企业管理委员会，实行“全程一站式”的服务。当了解到郑庄子乡一家私营企业准备上大项目，需要资金投入时，区领导多次登门到这家企业调查论证，谋划发展策略，帮助申报项目，协调资金，使4000万元的项目资金及时到位。

念活市场拉动经　创造市场大空间

这区个体私营经济规模超常发展，与大力开发扩建市场分不开。去年以来，这区先后投资460多万元，在马矿新区与6号小区之间开发建设了一个占地面积为8460平方米的综合性市场，在越河乡罗各庄建起一个集日市场与常日市场相结合的唐山市蔬菜集贸市场，对税钢市场进行了扩建改造，使1100多个个体工商户有了水电设施齐全的棚台摊位，使200多名个体经营户有了固定的铝合金板房。市场的扩建，有效地推动了个体私营经济的发展，使1000多名城镇待业人员和农村剩余劳动力走上了从事个体经营致富的道路，同时，还使10多个蔬菜专业村的万亩蔬菜有了可靠的营销渠道。1999年10月中旬，这区又与天津贵商房地产开发有限公司唐山分公司联合投资5400多万元，兴建占地面积800多亩的唐山市建材市场。一期工程正在加紧建设中，已有180户经营者购买了固定门市。

念活龙头带动经　千家万户齐发展

这区个体私营经济快速发展的又一条主要原因是充分发挥龙头企业带动作用。以多次荣获“河北百强私营企业”和“唐山市私营企业二十强”称号的唐山市银水运输有限公司为龙头，不断鼓励这家公司扩大规模，强化管理，增加效益，同时协助解决资金等难题。1999年8月，公司整体买断了银河水泥厂。现在公司已有汽车队、烧结厂、水泥厂，塑料编织等4家企业，成为拥有亿元资产的私营企业。这区还以年产雏鸡300万只的鹏发养鸡场为龙头，大力推广新技术新工艺自动化养鸡法，推广雏鸡新品种。目前，这家养鸡场的种鸡已辐射到周边的20多个村1000多个养鸡户，部分雏鸡销往滦县、乐亭、迁西等地。

念活科技推动经　长足发展有保证

结合实际、分类指导，鼓励支持私营企业加强科技进步与技术创新，不断提高产品质量和推进产品更新换代，是这区选准的又一突破口。个体私营企业瞄准"科技型"和"外向型"这一主攻方向，取得了令人可喜的进步。1992年就与外商打交道的佳丽陶瓷花纸有限公司，经过多次论证，与日本日光公司联营，使贴花纸与各陶瓷企业生产的陶瓷配套销往美国、东南亚、西欧等国际市场。1996年5月，公司又建成建筑面积1万平方米的综合大楼，投资200万元引进桌面制版系统和丝网印刷机，研制开发小膜花纸、高温花纸、釉中花纸等新产品，陶瓷贴花纸技术工艺水平又上一个新台阶，贴花纸生产能力由700万张增加到1200万张。使这家过去土打土闹的私营企业，一跃跨入"科技型"企业行列。

（原载《唐山劳动日报》2000年1月31日　作者赵晓楼）

第二节　产业结构

一、三次产业结构

1987年，开平区地区生产总值2.19亿元，一、二、三产比例为19.89：50.95：29.16，经济以工业为主，三产发展相对滞后。1991年，第一产业增加值占GDP比重由1987年的19.89%降至10.02%，第二产业增加值比重由50.95%上升到57.62%，第三产业增加值比重由29.16%上升到32.36%。1992年，由于开平区将果园乡、傅家屯乡、梁家屯乡、女织寨乡分别划归路北区和路南区，对三次产业结构产生一定影响。一产、三产比重较1987年分别下降12.35和3.65个百分点。1993－2008年，区三次产业结构处于"一产平稳下降，二产居高不下，三产缓步发展"态势，整体经济形成第二产业为主体，一、三产业为辅助的局面。2008年，全区GDP突破百亿元大关，达到112.45亿元，一、二、三产比例为4.33：67.19：28.48。

1987－2008年三次产业结构表

表7－6　　单位:%

年度	GDP	第一产业	第二产业	第三产业
1987	100	19.89	50.95	29.16
1988	100	15.13	54.03	30.84
1989	100	11.25	57.75	31.00
1990	100	10.06	55.34	34.6
1991	100	10.02	57.62	32.36
1992	100	7.54	66.96	25.50
1993	100	5.50	70.33	24.17

续表 7－6

年度	GDP	第一产业	第二产业	第三产业
1994	100	5. 89	66. 70	27. 41
1995	100	7. 18	66. 93	25. 89
1996	100	6. 92	61. 99	31. 09
1997	100	6. 78	59. 27	33. 95
1998	100	6. 58	59. 14	34. 28
1999	100	6. 08	59. 46	34. 46
2000	100	5. 50	59. 88	34. 62
2001	100	5. 09	60. 22	34. 69
2002	100	5. 71	60. 53	33. 76
2003	100	5. 06	62. 26	32. 68
2004	100	4. 90	64. 78	30. 32
2005	100	4. 32	67. 38	28. 30
2006	100	4. 39	66. 58	29. 03
2007	100	4. 13	68. 22	27. 65
2008	100	4. 33	67. 19	28. 48

二、产业内部结构

（一）第一产业结构

1987 年，农、林、牧、渔、副业产值所占比重为 65. 7∶0. 73∶24. 04∶0. 88∶8. 65，林、牧、渔业产值总和占第一产业产值的 25. 65%。2008 年，农、林、牧、渔和农林牧渔服务业产值所占比例为 27. 61∶0. 5∶68. 53∶1. 55∶1. 81。与 1987 年相比，其中种植业下降 38. 09 个百分点，牧、渔业产值分别提高 44. 49 和 0. 67 个百分点。牧业产值在第一产业中占据“半壁江山”。

种植业

1987 年，实现种植业产值 4326 万元，占农林牧渔总产值的 65. 7%，同年粮食作物与经济作物所占面积比重为 57. 35% 和 5. 51%。1992 年区划变动后，粮经作物所占面积比重调整为 89. 37% 和 6. 38%。2008 年，种植业占农林牧渔总产值的 27. 61%，比 1987 年降低 38. 09 个百分点。

林业

1987 年，实现林业产值 48 万元，占农林牧渔总产值的 0. 73%。2008 年实现林业产值 524 万元，比 1987 年增长 9. 9 倍，林业占农林牧渔总产值的比重由 1987 年的 0. 73% 下降到 0. 5%。2008 年，全区当年造林面积为 333 公顷，植树 35 万株，成林抚育面积为 15750 亩。随着林业的发展，水果产量也不断提高，到 2008 年，全区水果产量达 5006 吨。

牧业

1987 年，实现畜牧业产值 1583 万元，占第一产业产值的 24. 04%。此后由于政策引导、政府扶持、推广优良品种和先进饲养技术，涌现出专业村、养殖大户、万头生猪示范区等，带动了畜禽专业化和规模化养殖。1999 年，畜牧业产值占农林牧渔业产值比重首次超过种植业达到 38. 3%，超出种植业所占比重 1. 75 个百分点。2000 年，增至 42. 4%，2002 年超过 50%，2003 年超过 60%，到 2008 年达到 68. 53%。1999 年，大牲畜存栏 1. 09 万头、生猪 4. 63 万头、羊 0. 91 万只、禽 96. 94 万羽。2008 年，大牲畜存栏2.25万头、生猪9.37万头、羊1.68万只、禽57.11万羽，实现畜牧业产值7.24亿元，超过种植业产值所占比重40.92个百分点。

渔业

2008年，鱼类养殖总产量1720吨，比1992年增长7.21倍。实现产值1638万元，占农林牧渔业产值的1.55%，比1987年上升0.67个百分点。

副业

1987年，副业产值在农林牧渔业中占比重8.65%。1993年取消副业产值计算，其中的工、商、建、运、服按产业类型析出，统计口径改设“其他农业”，2003年设“农林牧渔服务业”。2008年，农林牧渔服务业产值占第一产业总产值的1.81%。

1987－2008年开平区第一产业结构表

表7－7 单位:%

年 度	农业总产值	种植业	林业	牧业	渔业	其他农业
1987	100	65.70	0.73	24.04	0.88	8.65
1988	100	67.19	0.50	29.13	0.58	2.60
1989	100	64.66	0.44	26.09	0.29	8.52
1990	100	62.88	0.46	29.63	0.66	6.37
1991	100	64.39	0.69	29.43	0.31	5.18
1992	100	64.58	0.80	27.20	0.27	7.15
1993	100	51.86	0.46	38.81	0.35	8.52
1994	100	49.99	0.30	35.23	1.29	13.19
1995	100	47.91	0.26	33.12	1.71	17.00
1996	100	46.65	0.24	34.74	1.95	16.42
1997	100	44.32	0.24	35.20	1.99	18.25
1998	100	39.08	0.24	37.38	1.77	21.53
1999	100	36.55	0.30	38.30	2.12	22.73
2000	100	35.22	0.46	42.42	2.16	19.74
2001	100	33.89	0.33	47.80	2.30	15.68
2002	100	32.56	0.70	51.52	2.81	12.41
2003	100	32.55	1.01	61.48	3.64	1.32
2004	100	30.99	0.44	63.92	0.33	4.32
2005	100	32.40	0.44	61.82	4.08	1.26
2006	100	36.95	0.37	59.16	2.24	1.28
2007	100	30.33	0.28	65.42	2.00	1.97
2008	100	27.61	0.50	68.53	1.55	1.81

（二）第二产业结构

工业

开平区工业基础雄厚，1987年，实现工业总产值1.11亿元（现价）。以当时的乡及乡以上工业企业计算，全区轻重工业比重为22：78。重工业比重高于轻工业。轻工业产品主要有陶瓷、食品加工、床上用品等；重工业产品主要有钢材、水泥、煤炭、石灰、焦炭等。进入20世纪90年代，随着以钢铁加工和水泥制造等传统工业及自然资源型工业占较大比重的乡镇企业异军突起，重工业所占比例一直居于高位。到1998年，轻、重工业比例为6.44: 93.56。1999年，为适应国家产业政策要求，促进经济增长方式转变，开始对工业结构进行战略性调整，取缔不符合国家产业政策的“两小”（小钢铁、小水泥）企业，经济结构得到优化。着力培育壮大战略支撑产业，整合提升传统产业，经济运行质量逐步提高。2008年，全区形成钢铁加工、水泥制造、食品饮料加工、装备制造、金属制品业等工业生产格局，轻、重工业比重为1.48: 98.52。

1987 - 2008年开平区第二产业结构表

表7 - 8　　单位:%

年度	规模工业产值	轻工业	重工业
1987	100	22.00	78.00
1988	100	22.00	78.00
1989	100	22.00	78.00
1990	100	23.07	76.93
1991	100	25.15	74.85
1992	100	15.00	85.00
1993	100	14.00	86.00
1994	100	12.00	88.00
1995	100	12.00	88.00
1996	100	11.43	88.57
1997	100	11.75	88.25
1998	100	6.44	93.56
1999	100	6.47	93.53
2000	100	5.04	94.96
2001	100	3.74	96.26
2002	100	4.11	95.89
2003	100	1.04	98.96
2004	100	1.96	98.04
2005	100	2.57	97.43
2006	100	2.43	97.57
2007	100	1.32	98.18
2008	100	1.48	98.52

建筑业

1987年，包括乡办、村办、联户、个体在内的建筑业企业共有214个，从业人员8349人。之后统计口径发生多次变化。到2008年末，全区入统等级内建筑企业16个，从业人员3903人；其中房屋和土木工程建筑企业10个，从业人员2058人。建筑安装企业中，具备施工总承包的企业9个，其中二级资质等级1个、三级及以下8个；专业承包的企业7个，其中二级资质3个、三级及以下4个。建筑业增加值占全区第二产业增加值比重较小，20多年间，只有1996－1999年、2001和2002年度占10%左右，其余年度均在10%以下，2008年完成建筑企业增加值1.88亿元，占第二产业增加值的2.49%。

（三）第三产业结构

在第三产业入统的14个大类中，以交通运输和批零贸易、住宿餐饮为主，所占比重一直保持在60%左右。2008年，全区第三产业增加值由1987年的0.64亿元增加到32.03亿元。其中，交通运输和仓储业所占比重为38.03%、批发和零售所占比重为30.41%、住宿餐饮所占比重为3.42%、房地产业所占比重为7.16%、金融业所占比重为5.48%、公共管理和社会组织所占比重为6.63%、其他服务业所占比重为8.87%。

交通运输业

随着经济快速发展，道路建设不断加强。1992年区划变动前，全区通油路村128个，占行政村总数的59.81%，油路共计27条，总里程为86公里。通沙石路村81个，占行政村总数的37.85%，沙石路共计65条，总里程为164公里。1993年区划变动后，全区通水泥路村64个，占行政村总数的48.48%，油路共计11条，总里程为33公里。通沙石路村63个，占行政村总数的47.73%，沙石路共计49条，总里程为134公里。当年，全区拥有机动车总量2678辆，其中大客车3辆、小客车39辆、小货车2034辆。1998年全区132个村实现村村通公路，其中水泥路109个村，通柏油路23个村，总里程为163.4公里。当年，全区拥有机动车总量3184辆，其中大货车883辆、小货车505辆，2008年，全区拥有机动车总量3075辆，其中大、中型汽车1388辆（由于2004年开始年不再收缴养路费，全区拥有机动车总量只包括区交通局提供的数据）。

批发零售和社会服务业

1987年，商业部门商品购、销、存总值分别为2305万元、6742万元、1195万元。1990年，三项指标分别达到3952万元、9189万元、1631万元，比1987年分别增长71.45%、36.29%、36.49%。当年商业、餐饮业、物资供销和仓储业从业人员达到8530人；社会服务业从业人员2001人。此后20多年间，国家、集体和个体不断加大投资力度，营业网点增加，建成城乡集贸市场22个，餐饮、住宿、理发、修理、信息传输、公共管理等服务业发展迅速。2008年，实现社会消费品零售总额30.56亿元，其中限上企业实现消费品零售总额1.38亿元、限下及个体户实现消费品零售总额29.19亿元。

房地产业

开平区的房地产业起步于1995年。1996年，完成投资2121万元，竣工住宅面积1.58万平方米。随着开平新城区开发和城乡建设力度的加大，房地产业保持强劲的发展态势。1998年，完成房地产投资1.3亿元，竣工面积22.9万平方米。2000年，房地产投资2.59亿元，竣工面积16.8万平方米。2008年，开平区有房地产开发有限责任公司5家，年内完成投资3.47亿元，开发住宅面积51.34万平方米，竣工12万平方米。城镇居民人均住房面积达到25平方米，比1995年翻了近一番。

金融保险业

1987年，开平区有银行机构4个，分别是工商银行、农业银行、建设银行和农村信用联社。年末各项存款和贷款余额分别为2.44亿元和3742万元。2008年，银行机构发展到5个，增加了商业银行。各项存款和贷款余额为77.27亿元、26.99亿元，分别是1987年的31.7倍和72.1倍。

1986年，中国人民保险公司开平支公司成立，1987年保险业务收入115.5万元。随着经济社会的进步，金融保险业取得长足发展。保险机构增到4家，分别是财产保险、人寿保险、太平洋保险、平安保险，在统的财产保险和人寿保险业务费收入达到1.32亿元。

第三节　投资结构

一、投资规模结构

1987年后，开平区在大力发展乡镇企业，壮大区属企业过程中，项目建设围绕主导产业优化升级，不断加大投资力度，一大批重点项目建成投产，为全区经济实现又好又快发展奠定了基础。“七五”期间，全社会固定资产2.9亿元。“八五”期间，完成全社会固定资产投资19.78亿元。1995年开发开平新城区，居民住宅小区和机关办公楼并举，不断加大房地产投资。“九五”期间，全区共完成全社会固定资产投资36.25亿元，年均增速16.65%。完成和在建百万元以上项目289个，其中千万元以上项目52个、亿元以上项目2个。“十五”期间，完成全社会固定资产投资66.43亿元，比“九五”期间增长83.26%，年均增速16.65%。完成和在建百万元以上项目413个，其中千万元以上项目112个、亿元以上项目18个。2001年，投资2.15亿元改造开平老城，建成温州商城。投资2亿多元建设华歧管厂，当年投资当年投产。2008年，全社会固定资产投资32.9亿元，完成和在建百万元以上项目103个，其中千万元以上项目55个、亿元以上项目16个。世界500强日本住友重机、建机的减速机和挖掘机项目投资4亿多元。20多年间，固定资产投资呈现出三个时期的不同特点。20世纪80年代，处于铺摊子阶段，投资规模小，项目建设科技含量低，低水平重复建设项目较多。90年代投资结构有所改善，技改投入比重明显增加，每年技改投入资金占全部固定资产投资的30%以上。2000年的技改资金占全部固定投资的63.96%。进入21世纪，投资结构进一步优化，投资主体向科技型、新兴产业倾斜，经济发展后劲持续增强。2003年之后，加快生产力布局调整，着力打造项目建设新平台。以唐山现代装备制造工业区为主的工业园区基础设施建设步伐大、进度快，服务功能逐步完备，为新兴工业入园奠定了基础，初步实现企业聚集、产业集中和资源集约，成为全区新的经济增长点。

1987－2008年开平区固定资产投资情况表

表7－9　　　　单位：万元

年度	全社会固定资产投资	其中农村固定资产投资	年度	全社会固定资产投资	其中农村固定资产投资
1987	4221	3844	1998	85028	19265
1988	5569	4895	1999	71009	20091
1989	7169	5810	2000	88092	47843
1990	7127	4786	2001	90220	47442
1991	14096	-	2002	99289	45814
1992	40559	38636	2003	125933	61286
1993	48236	42887	2004	158482	67080
1994	36569	26846	2005	190425	93649
1995	47275	21149	2006	226917	106030
1996	58402	28840	2007	316000	1475826
1997	59926	22588	2008	329000	129800

1992－2008 年开平区全社会固定资产投资类型结构统计表

表 7－10 单位：万元

年度	全社会固定资产投资	投资类型							
		基本建设		技术改造		房地产		其他	
		金额	占%	金额	占%	金额	占%	金额	占%
1992	40559	28748	70.88	11811	29.12	–	–	–	–
1993	48236	34659	71.85	12434	25.78	–	–	1143	2.37
1994	36569	16021	43.81	19782	54.09	–	–	766	2.10
1995	47275	7172	15.17	20191	42.71	19524	41.30	388	0.82
1996	58402	42639	73.01	13600	23.29	2090	3.57	73	0.13
1997	59926	37517	62.61	21205	35.39	1010	1.69	194	0.31
1998	85028	50564	59.47	32164	37.83	2300	2.70	–	–
1999	71009	27907	39.30	35789	50.40	6630	9.34	683	0.96
2000	88092	28541	32.40	56346	63.96	2755	3.13	450	0.51
2001	90220	42304	46.89	38906	43.12	8860	9.82	150	0.17
2002	99289	43241	43.56	47328	47.67	8720	8.78	–	–
2003	125933	49137	39.02	72486	57.56	4310	3.42	–	–
2004	158482	129880	81.95	20362	12.85	8240	5.20	–	–
2005	190425	83172	43.68	94999	49.89	6126	3.21	6128	3.22
2006	226917	103746	45.72	111000	48.92	4885	2.15	7286	3.21
2007	316000	131045	41.47	155274	49.14	6301	1.99	23380	7.40
2008	329000	228425	69.43	65902	20.03	34673	10.54	–	–

注：1992 年开始计统全社会固定资产投资类型结构

二、投资产业结构

开平区全社会固定资产投资一直以工业建设为主导。“八五”期间，三次产业结构投资保持着“一产很低、二产趋热、三产适度”的态势。1992 年在全社会固定资产投资中，一、二、三产投资比例为 2.54∶85.40∶12.06。“九五”期间，交通运输、房地产业和绿色农业等投资成为热点，三次产业投资结构成发生明显变化，对二产投资有所减少，对一、三产业投资显著增加。1997 年全社会固定资产投资，一、二、三产投资比例为 32.93∶28.57∶38.50。随着国有和集体企业改制，“十五”期间新的业主加大技改力度，增加投资，使二产投资又居高位。2003 年在全社会固定资产投资中，一、二、三产投资比例为 5.11∶90.01∶4.88。2008 年全社会固定资产投资 32.9 亿元，一、二、三产投资比例为 0∶63.53∶36.47。

1992－2008年开平区全社会固定资产投资三次产业结构统计表

表7－11　　单位：万元

年度	投资金额	第一产业		第二产业		第三产业	
		金额	占%	金额	占%	金额	占%
1992	40559	1028	2.54	34638	85.40	4893	12.06
1993	48236	162	0.36	39734	82.37	8340	17.27
1994	47739	455	0.95	40495	84.83	6789	14.22
1995	47242	176	0.37	41829	88.54	5237	11.09
1996	58402	13444	23.02	22082	37.81	22876	39.17
1997	59926	19731	32.93	17118	28.57	23077	38.50
1998	85028	11737	13.80	39167	46.06	34124	40.14
1999	71009	6923	9.75	42322	59.60	21764	30.65
2000	88092	8962	10.17	53909	61.20	25221	28.63
2001	90220	4908	5.44	66411	73.61	18901	20.95
2002	99289	1142	1.15	70426	70.93	27721	27.92
2003	125933	6430	5.11	113352	90.01	6151	4.88
2004	158482	1200	0.76	138157	87.16	19125	12.08
2005	190425	1850	0.97	163435	85.83	25140	13.20
2006	226917	3353	1.48	180199	79.41	43365	19.11
2007	263257	66	0.03	223312	84.83	38979	15.14
2008	329000	－	－	209000	63.53	120000	36.47

注：1992年开始计统全社会固定资产投资三次产业结构

三、投资主体结构

“七五”期间，开平区全社会固定资产投资主体是机关、企事业单位和农村集体，在2.9亿元投资中，全民单位投资6574万元，占22.69%，农村集体投资22401元，占77.31%。1987年，全社会固定资产投资4221万元，其中全民单位投资377万元，占8.93%，农村集体投资3844万元，占91.07%。“八五”期间，增加了城镇居民和农村个人投资。“九五”时期，国企改革逐步深化，股份制企业、外商和港台商合资企业相继涌现，投资主体呈多元化格局，农村集体投资份额明显下降。此间全社会固定资产投资36.25亿元，其中农村投资13.86亿元，占投资总额的38.06%，比“七五”下降39.25个百分点。而城乡各种经济逐渐成为投资主体，共投资12.48亿元，占投资总额的34.44%。“十五”时期全民单位依然保持稳定的投资，五年累计投资7.33亿元，占投资总额的11.03%，较“九五”所占比例提高0.7个百分点。2008年，全社会固定资产投资32.9亿元，其中全民单位投资9.55亿元，占29.02%，城镇集体投资8.84亿元，占26.86%，农村集体投资14.51亿元，占44.12%。

1993－2008 年开平区全社会固定资产投资主体结构统计表

表 7－12　　单位：万元

年度	金额	全民		城镇集体		农村集体		城乡个人	
		金额	占%	金额	占%	金额	占%	金额	占%
1993	48236	3393	7.04	－	－	40983	84.96	3861	8.00
1994	47739	3796	7.95	－	－	31079	65.10	12864	26.95
1995	47242	4226	8.95	－	－	21149	44.77	21867	46.28
1996	58528	6215	10.62	－	－	28840	49.28	23473	40.10
1997	59926	5057	8.44	1003	1.67	22588	37.69	31278	52.20
1998	85028	8144	9.58	16908	19.89	19265	22.66	40711	47.87
1999	71009	9235	13.01	24182	34.05	20091	28.29	17501	24.65
2000	88092	8809	10.00	19555	22.20	47843	54.31	11885	13.49
2001	90220	10760	11.93	19929	22.09	47442	52.58	12089	13.40
2002	99289	20550	20.70	21063	21.21	44155	44.47	13521	13.62
2003	125933	16086	12.77	41575	33.01	61286	48.67	6986	5.55
2004	158482	10980	6.93	71995	45.43	67080	42.33	8427	5.31
2005	190425	14901	7.83	80692	42.37	93649	49.18	1183	0.62
2006	226917	35969	15.85	83415	36.76	106030	46.73	1503	0.66
2007	316000	10680	3.38	136480	43.19	168840	53.43	－	－
2008	329000	95476	29.02	88369	26.86	145155	44.12	－	－

注：1992 年开始计统全社会固定资产投资主体结构

四、投资来源结构

开平区全社会固定资产投资资金来源有预算内拨款、国内贷款、利用外资、自筹资金、群众集资等渠道。“七五”时期，区街工业主要靠银行贷款和自筹资金，乡镇投资主要依靠自筹、贷款和群众集资。从 1988 年开始，一些企业与外商和港台商人合资合作，利用外资起步。“八五”时期利用外资成为常态。1995 年，全社会固定资产投资 4.72 亿元，其中预算内资金 893 万元，占 1.89%；国内贷款 1.04 亿元，占 22.02%；利用外资 516 万元，占 1.09%；自筹资金 1 亿元，占 21.19%；群众集资 2.53 亿元，占 53.66%。2008 年，全社会固定资产投资 32.9 亿元，其中国内贷款 9.73 亿元，占 29.56%；利用外资 4.03 亿元，占 12.25%；自筹资金 17.15 亿元，占 52.13%。

部分年度开平区固定资产投资资金来源结构统计表

表7－13　　单位：万元

年度	投资总额	预算内		国内贷款		利用外资		自筹资金		群众集资		其他	
		金额	占%	金额	占%	金额	占%	金额	占%	金额	占%	金额	占%
1992	40559	－	－	21060	51.92	－	－	15501	38.22	－	－	3998	9.86
1993	48236	401	0.83	12698	26.35	571	1.18	23904	49.56	9210	19.09	1452	3.00
1995	47242	893	1.89	10404	22.02	516	1.09	10010	21.19	25348	53.66	71	0.15
1996	58528	985	1.68	6227	10.64	1912	3.27	19631	33.54	－	－	29773	50.87
2008	329000	－	－	97252	29.56	40307	12.25	171508	52.13	－	－	19933	6.06

第八编　人民生活

1987年后，开平区经济跨越式发展，城乡居民收入逐年提高，生活水平发生巨大变化，衣、食、住、行日益高档，消费观念更趋时尚。2008年，农民人均纯收入6665元，是1987年的8.2倍；职工平均年工资29828元，是1987年的23.16倍；城镇居民人均可支配收入13581元，是1995年的3.2倍。摩托车、电冰箱、彩电、移动电话、电脑等高档耐用品从无到有，2008年农村百户拥有量分别达到54辆、100台、100台、122部和17台。城镇居民百户拥有量分别为26辆、106台、126台、212部和62台。

经济改革大潮也冲击着人们固有的传统观念与思维定式，一些传统的民间习俗悄然消亡，一些习俗在嬗变中得以沿袭，而一些新兴习俗正逐渐走进百姓生活。回族居民生活习俗在与汉民族的长期融合中，一些趋于同化，一些特有的民族习俗则在传统伊斯兰信仰和穆斯林生活方式的影响下，特别是在老一辈穆斯林中得以传承。

第一章　农村居民生活

农村家庭联产承包责任制的实行和乡镇企业的快速发展，使农民收入由1987年前的缓慢增长，到90年代后的快速增长。高收入户大量增加，低收入户不断减少，消费观念日益更新，消费结构发生变化。2008年，农民人均总收入6893元，是1987年的7.1倍；人均总支出6801元，是1987年的8.2倍，其中生活消费支出4993元，是1987年的7.8倍。衣着类支出2008年是1987年的5.9倍。而恩格尔系数2008年比1987年下降了10.72个百分点。

第一节　农民收入

一、收入渠道

1987年以后，随着农村土地联产承包责任制的实施，农民种田和从事多种经营的积极性不断提高。农民以家庭为单位从事经济活动，家庭经营收入（包括从事农林牧渔、工业、建筑、贸易、餐饮服务业等取得的收入）是农村居民收入的主体。据开平区农村百户调查，1987－1992年，农民家庭经营收入占总收入的42%－62%。1993年以后，乡镇企业规模不断扩大并快速发展，农民就业渠道增加，收入呈多元快速增长趋势。1993－1999年，家庭经营收入占总收入的33%－40%，工资性收入占56%－59%。其后，区属和乡镇集体企业产权制度改革，个体私营经济快速发展，农民工资性收入越来越多。2000－2003年，家庭经营收入占总收入的22%－23%，工资性收入占60%－65%。2008年，农民工资性收入已占总收入的70.06%，比1987年提高31.44个百分点；家庭经营收入占总收入的11.36%，比1987年下降31.28个百分点。同时，随着多种所有制经济的发展和多种经营方式的出现，以及理财观念的增强，自1993年开始，财产性收入和转移性收入所占比重逐年上升。2008年，财产性收入和转移性收入占总收入的18.58%，比1993年增加15.52个百分点。

二、收入结构

20世纪80年代，农民以家庭经营为主，农闲时节或到乡镇企业工作，或到城里经商打工，来自非农产业的收入所占比重不大，1987年为38.61%。随着农村土地流转制度改革和乡镇企业产权制度改革，农民有更多精力投入到非农产业中来，农民的收入结构由以农为主向农业与非农业并举的方向发展，收入结构不断优化。2008年，农民人均纯收入6665元，来自非农产业的收入占88.63%，比1987年提高50.02个百分点。

1987－1991年开平区农村百户调查人均收入统计表

表8－1　　单位：元

年度	总收入	集体经营收入	经济联合体收入	家庭经营收入	其他非生产性收入	纯收入
1987	971	375	7	414	175	809
1988	1503	486	5	791	220	1027
1989	1639	576	－	807	256	1221
1990	2006	515	－	1253	238	1233
1991	1597	432	－	948	217	1210

1992－2008年开平区农村百户调查人均收入统计表

表8－2　　单位：元

年度	总收入	工资性收入	家庭经营收入	财产性收入	转移性收入	纯收入
1992	1816	353	1165	12	286	1311
1993	1931	1096	776	27	32	1589
1994	2461	1415	909	73	63	2138
1995	2990	1734	1042	119	95	2688
1996	3360	1977	1220	62	101	3021
1997	3674	2167	1378	26	103	3302
1998	3989	2352	1384	79	174	3495
1999	3978	2372	1314	35	257	3582
2000	4068	2682	1046	8	332	3611
2001	4303	2656	977	42	628	3869
2002	4515	2810	1077	31	597	4059
2003	4777	2878	1740	35	124	3942
2004	4789	3445	726	82	536	4306

续表 8-2

年度	总收入	工资性收入	家庭经营收入	财产性收入	转移性收入	纯收入
2005	5107	3629	735	68	675	4592
2006	5357	3890	648	51	768	4816
2007	6018	4019	910	40	1049	5864
2008	6893	4829	783	117	1164	6198

三、收入差别

20 世纪 80 年代，作为城市郊区，地处近郊围绕市区周围的乡（镇）村，乡镇企业发达，农业上又多为蔬菜队，农民收入较高。而地处远郊的村庄相对经济发展缓慢，土地又多为丘陵薄地，农民收入偏低。1987 年，全区农民人均纯收入 841 元，在 12 个乡镇中，开平镇、女织寨、缸窑、郑庄子等乡农民人均收入千元左右，而双桥、洼里、梁家屯等乡农民人均收入 700 多元。在 214 个村庄中，农民人均收入相当于全区平均水平的 44 个村，占 20.56%；低于全区平均水平的 111 个村，占 51.87%；高于全区平均水平的 59 个村，占 27.57%，其中超过千元的 31 个村。鞠家岭村农民人均收入最高 1610 元，相当于农民人均收入最低的程各庄的 3.27 倍。随着农村经济发展，全区农民收入普遍增加，但仍存在收入差异。1992 年，全区农民人均纯收入 1195 元，傅家屯、女织寨、栗园、果园和洼里 5 个乡镇相当于全区平均水平，梁家屯、双桥、岔道 3 个乡镇低于全区平均水平，郑庄子、越河、缸窑和开平 4 个乡镇高于全区平均水平，开平镇农民人均收入 1480 元，缸窑乡农民人均收入 1539 元。缸窑乡高于双桥乡 53.75%。107 个村庄相当于全区平均水平，占 50%；低于平均水平的 49 个村，占 22.89%；高于平均水平的 58 个村，占 27.11%。

1992 年底，开平区划调整后，7 个乡镇的农民收入仍存在一定差距。1993 年，全区农民人均纯收入 1360 元，越河、栗园和洼里 3 个乡相当于全区平均水平，双桥和岔道乡低于全区平均水平，郑庄子乡和开平镇高于全区平均水平，开平镇达到 1548 元，高于岔道乡 40%。在 132 个村庄中，达到全区平均水平的 38 个村，占 28.79%；低于平均水平的 53 个村，占 40.15%；高于平均水平的 41 个村，占 31.06%，其中开平镇前屈庄村农民人均收入 3600 元。2000 年，开平区农村居民人均纯收入 3661 元，郑庄子和双桥镇相当于全区平均水平，越河和洼里乡低于全区平均水平。开平镇（岔道乡合并到开平镇）和栗园镇高于全区平均水平。在 132 个村庄中，相当于全区平均水平的 22 个村，占 16.67%；处于全区平均水平以下的 57 个村，占 43.18%；高于全区平均水平的 53 个村，占 40.15%，其中开平镇丰山村、东帅甲村、聂各庄村和越河乡税西村人均收入达到 4000 元以上，开平镇半壁店村和前屈庄村人均收入达到 5000 元以上，比人均收入最低的越河乡西王盼庄 2002 元高出 1.5 倍。

据 2001－2004 年开平区农村住户人均收入抽样调查，开平镇一直处于高水平，越河、郑庄子和栗园 3 个乡镇处于中等收入。双桥乡和洼里乡处于低收入行列，比开平镇低 42%－55%。

2001－2004 年开平区农村住户人均收入抽样调查统计表

表 8－3　单位：元

年度	指标＼乡镇	开平镇	越河乡	郑庄子乡	栗园镇	双桥乡	洼里乡
2001	总收入	4949	4435	4898	3980	3865	4434
	工资性收入	3438	2017	2528	2956	3189	1606
	家庭经营收入	1155	2264	2215	940. 70	622	2828
	财产性收入	47. 70	100	106	－	25. 66	－
	转移性收入	308	50. 73	48. 17	83. 60	10	－
	农民人均纯收入	4637	3733	3750	3689	3249	3013
2002	总收入	5099	4755	5288	4591	3578	4175
	工资性收入	3498	1677	2737	3318	2990	1642
	家庭经营收入	560	2802	2497	1164	547	2533
	财产性收入	88. 76	22. 44	8. 83	－	23	－
	转移性收入	952. 24	253. 56	45. 17	109	18	－
	农民人均纯收入	4784	3955	3800	3910	3396	3079
2003	总收入	5280	4488	5182	5088	3680	4315
	工资性收入	3619	2381	2601	3090	3061	2336
	家庭经营收入	1270	2026	2527	1060	542	1979
	财产性收入	71. 79	1	8. 83	28	31	－
	转移性收入	319	80	45. 75	110	15	－
	农民人均纯收入	4880	4073	3830	4150	3484	3232
2004	总收入	5372	4708	5474	5400	3838	4727
	工资性收入	3741	3047	2886	3362	2638	1610
	家庭经营收入	1248	1550	2544	1931	1059	2972
	财产性收入	70	16	8. 83	33	57. 70	145
	转移性收入	313	95	35. 64	74	83. 61	－
	农民人均纯收入	4992	4277	4025	4360	3670	3408

第二节　农民消费

1987 年，随着农民收入的显著增长，消费支出大幅度增加，消费水平明显提高。2008 年，开平区农民人均消费性支出 4993 元，比 1987 年支出 637 元增长 6. 8 倍。农民的食品消费质量不断提高，恩格尔系数逐年下降。

一、食品消费

1987 年，农民人均食品支出 332 元，恩格尔系数为 52.14。是年人均购买肉蛋奶支出 84.5 元，购买蔬菜 41 元。1993 年，人均购买肉蛋奶 143.5 元，蔬菜 55.46 元，增加支出水产品 33.5 元、植物油 10 元、水果 23.6 元。2000 年，支出肉蛋奶 283 元、蔬菜 92 元、水产品 58.4 元、植物油 56.31 元、水果 66.83 元。2008 年，恩格尔系数为 41.42 元，比 1987 年下降 10.72 个百分点。人均支出购买肉蛋奶 609.40 元、蔬菜 145.71 元、水产品 127 元、植物油 257 元。22 年间，农民食品消费水平由过去简单的吃饱吃好，转变为品种更加丰富，营养更加全面。同时在外饮食逐步增加，1987 年在外饮食人均消费 11 元，2008 年达到 97.36 元。

二、衣着消费

1987 年，农民人均衣着支出 91.58 元，占生活消费支出的 15.33%。农民穿衣以买布料自制或到裁缝店加工为主。随着生活水平的逐步提高，市场上衣服种类、花色越来越丰富，人们的穿着逐渐从一衣多季、一衣多年转变为花色多样的一季多衣、一年多款。1993 年农民人均衣着支出 155.60 元，占生活消费支出的 12.67%。购买成衣、毛线及毛线制品的数量增加，并开始购买皮毛制品。穿鞋突破了胶皮底的布面鞋或解放牌胶鞋，也穿上较高档的皮鞋。2000 年农民人均衣着支出 254.93 元，占生活消费支出的 7.44%。鞋帽类消费增加，人均支出 72.25 元。2008 年，农民人均衣着消费支出 439.97 元，占生活消费支出的 10.81%，时装化、名牌化、个性化倾向更加明显，成衣化成为主流。

三、居住消费

1987 年，开平区农民人均居住支出 40.21 元，占生活消费支出的 6.31%。1993 年，农民人均住房价值 3191.72 元，人均住房面积 22 平方米，人均居住消费 140.78 元。其后，随着生活水平提高，以及子女结婚需要房屋等原因，农村修建和购买住房费用逐渐增加，住房支出逐年提高。富裕农民开始向楼房庭院式和别墅式方向发展。到 2008 年，农民人均住房价值 33491 元，人均住房面积 30.87 平方米，人均居住消费支出 1099.40 元，占家庭生活消费的 20.22%。其中，居住楼房用水用电、清洁费、卫生费和其它服务性支出 170.15 元，这是几年前不曾有的消费支出。居住条件普遍得到改善，39% 的农户使用暖气取暖，86% 的农户做饭使用燃气，92% 使用自来水，17% 使用水冲式厕所，这些均增加了居住消费。

四、耐用品及通信消费

20 世纪 80 年代，开平区农村自行车、手表、缝纫机已经普及，并开始使用黑白电视机、电风扇、录音机。90 年代，彩色电视机、冰箱、洗衣机、摩托车等快速进入农民家庭。据调查，2000 年每百户农民拥有彩色电视机 103 台、黑白电视机 41 台、影碟机 24 台、录放机 16 台、组合音响 14 台、电冰箱 82 台、电风扇 152 台、洗衣机 93 台、摩托车 58 辆、电话机 60 部、移动电话 17 部、寻呼机 24 个。随着人们生活水平不断提高，日常耐用品不断更新换代，计算机、汽车等逐步进入农民的生活。至 2008 年，每百户农民家庭拥有彩色电视机 110 台，其中 96 台接入有线电视网，有影碟机 45 台、摄像机和照相机 12 架、电冰箱 100 台、洗衣机 101 台、空调机 29 台、热水器 70 台、自行车和电动自行车 177 辆，摩托车 54 辆，家用计算机 17 台、汽车 5 辆，固定电话机 83 部、移动电话 122 部。是年，人均家庭设备用品消费支出 433.92 元，占家庭生活消费的 8.69%。

五、文教娱乐消费

20 世纪 80 年代，开平区农村居民的娱乐活动主要是看电视，听广播，偶尔看一场露天电影，农户用于文教娱乐的支出占生活消费总支出的比例很小。据农村经济百户调查，1987 年用于文教娱乐的支出人均 12.87 元，占生活消费支出的 2.02%。90 年代，学前班、幼儿园和高中阶段收费增加，加之高中、大学扩招，自费生、择校生增多，农户用于教育的支出增大。2000 年，人均文教娱乐支出 164.29 元，占生活消费总支出的 4.79%。2008 年，人均文教娱乐消费支出 286.1 元，占生活消费支出的 5.73%。

六、医疗保健消费

20 世纪 80 年代，农民老年人患病很少住医院治疗，医疗支出相对较少。进入 90 年代，随着家庭经济收入增加，社会上医疗保健条件不断改善，农民医疗保健意识增强，有病早治，无病早防，购买各种医疗卫生器械和药品、保健品。一些富裕农民到足疗馆、按摩院休闲，一些女性做美容购买高档化妆品。加之医药费用越来越高，导致医疗保健消费支出增长较快。据农村经济百户调查，2000 年人均医疗保健支出 166.39 元，占生活消费总支出的 4.85%。2008 年人均医疗保健支出 362.54 元，占生活消费总支出的 7.26%。

1987－1999 年开平区农村居民主要耐用品百户调查表

表 8－4

年度	自行车（辆）	缝纫机（架）	钟（只）	手表（只）	电风扇（台）	洗衣机（台）	摩托车（辆）	电冰箱（台）	收音机（台）	黑白电视（台）	彩电（台）	收录机（架）	照相机（台）	大型家具（件）	电话机（部）	抽油烟机（台）	空调机（台）
1987	223	93	68	240	63	70	2.5	–	90	88	2.5	33	5	268	–	–	–
1988	230	92.5	75	242	65	65	2.5	5	92.5	90	2.5	35	10	280	–	–	–
1989	245	95	70	248	68	68	3	3	95	90	5	18	5	278	–	–	–
1990	253	98	85	248	88	78	3	8	88	93	5	38	2	270	–	–	–
1991	243	73	93	250	95	78	–	23	83	65	35	48	–	268	–	–	–
1992	208	64	80	202	82	62	2	14	72	54	30	34	–	160	–	–	–
1993	219	75	–	–	98	77	12	32	–	54	45	–	–	–	–	–	–
1994	242	81	–	–	110	83	17	41	–	55	56	–	–	–	–	–	–
1995	261	89	–	–	119	93	22	53	–	56	69	5	5	570	–	–	–
1996	258	90	–	–	109	97	24	63	–	45	79	9	9	520	–	–	–
1997	246	92	–	201	116	–	32	56	–	46	77	–	7	489	–	7	–
1998	236	97	–	217	132	–	35	68	–	46	92	3	11	542	23	7	–
1999	239	97	–	–	145	98	53	71	49	41	93	3	11	585	38	5	3

注：1995 年开始，“收录机”项目内容为“录像机”。

2000－2008 年开平区农村居民主要耐用品百户调查表

表 8－5

年度	自行车（辆）	摩托车（辆）	电风扇（台）	洗衣机（台）	电冰箱（台）	黑白电视（台）	彩色电视（台）	录放像机（台）	摄像机（台）	影碟机（台）	组合音响（台）	收录机（架）	照相机（台）	空调机（台）	抽油烟机（台）	热水器（台）	电话机（部）	移动电话（部）	寻呼机（部）	家用计算机（台）	中高档乐器（架）	大型家具（件）	微波炉（台）	家用汽车（辆）	吸尘器（台）
2000	234	58	152	93	82	41	103	16	3	24	14	36	14	5	10	1	60	17	24	2	–	133	–	–	–
2001	244	67	144	97	83	27	106	12	1	29	17	41	17	4	18	9	66	21	27	2	1	122	–	–	–

续表8－5

年度	自行车（辆）	摩托车（辆）	电风扇（台）	洗衣机（台）	电冰箱（台）	黑白电视（台）	彩色电视（台）	录放像机（台）	摄像机（台）	影碟机（台）	组合音响（台）	收录机（架）	照相机（台）	空调机（台）	抽油烟机（台）	热水器（台）	电话机（部）	移动电话（部）	寻呼机（部）	家用计算机（台）	中高档乐器（架）	大型家具（件）	微波炉（台）	家用汽车（辆）	吸尘器（台）
2002	227	67	152	95	87	22	113	8		25	16	23	8	5	9	15	84	45	22	8	–	155	3	1	–
2003	209	58	151	100	94	9	101	8	3	45	17	32	16	15	23	30	99	77	–	8	–	189	3	1	–
2004	217	65	117	100	96	–	102	9	4	48	26	2	20	17	17	24	98	86	–	9	–	180	4	1	5
2005	217	57	124	100	98	–	109	5	1	45	19	9	12	12	22	32	100	90	–	14	–	108	7	1	2
2006	193	57	120	88	91	1	101	8	5	50	18	10	8	16	28	31	81	102	–	8	2	90	31	4	2
2007	188	63	–	98	100	–	105	–	2	8	–	–	8	17	27	66	85	125	–	6	3	–	28	3	8
2008	177	54	–	101	100	–	110	–	1	45	–	– –	11	29	27	70	83	122	–	17	2	–	28	3	1

第二章　城镇居民生活

1987年后，随着经济改革由农村向城市推进，逐步建立和完善职工工资正常增长机制和各项社会保障制度，城镇居民生活收入快速增长。其中非工资收入呈递增趋势，转移性收入、财产性收入、经营性收入占全年可支配收入的比例逐年增高。消费品市场货源丰富，城镇居民在收入稳步增长同时，居民消费心里实现由量的满足向质的追求、从低档向高档、从物质向精神的转化。

第一节　城镇居民收入

20世纪90年代起，开平区先后进行了工资、劳动用工制度改革，逐步建立职工工资的正常增长机制。为提高人民生活水平，多次增加职工工资，提高最低工资标准，制订了城镇居民最低生活费标准，逐步建立和完善各项社会保障制度，这一时期是居民收入增长最快的时期。

一、收入

（一）工资收入

1987年，职工平均年工资为1288元，月均107元。到1997年，职工平均年工资为4589元，月均达到382元，是1987年的3.6倍。进入21世纪，城镇居民就业、再就业率提高，有工资收入者增多。据对城镇居民调查，1996年，有工资收入者占家庭人口的64.26%，2008年，有工资收入者占家庭人口的75.35%。2008年，职工年平均工资为29828元，月均达到2486元，是1987年的23.2倍。

（二）收入渠道

1987年，职工工资收入是居民收入的唯一来源。随着社会主义市场经济的逐步建立和完善，居民非工资收入呈现递增之势，逐渐形成以职工工资收入为主，第二职业收入、个体经营收入、离退休再就业收入为辅的的多元化格局。1995年，城市居民人均可支配收入为4255元，来自职工工资的收入为3306

元、财产性收入 79.4 元、转移性收入 774.3 元、个体经营收入 69.6 元、家庭副业收入 32.5 元。2008 年，城镇居民可支配收入为 13581 元，是 1995 年的 3.2 倍，其中来自职工工资收入为 10044 元，财产性收入、转移性收入、经营性收入分别为 53 元、3157 元和 1131 元。

1987－2008 年开平区职工工资情况表

表 8－6　单位：元/人

年度	职工平均工资	年度	职工平均工资	年度	职工平均工资	年度	职工平均工资
1987	1288	1993	2901	1999	5042	2005	13885
1988	1832	1994	3592	2000	6037	2006	15224
1989	2166	1995	4044	2001	6950	2007	20021
1990	2291	1996	5214	2002	8034	2008	29828
1991	2377	1997	4589	2003	8648	－	－
1992	2829	1998	5431	2004	12491	－	－

1995－2008 年开平区城镇居民住户调查收入情况表

表 8－7　单位：元

年度	家庭总收入	其中					出售财物收入	借贷收入
		可支配收入	工薪收入	经营净收入	财产性收入	转移性收入		
1995	4256	4255	－	－	－	－	－	－
1996	4645	4645	4163	－	－	－	－	2185
1997	4836	4810	－	－	－	－	－	－
1998	5499	5439	4863	－	－	－	－	1818
1999	6123	6044	5345	－	－	－	－	2800
2000	6507	6462	5400	－	－	－	－	4771
2001	7003	6919	5666	－	－	－	－	3871
2002	7295	6822	4767	100	25.39	2403	－	2759
2003	7851	7331	4886	123	33.70	2808	－	3556
2004	8484	7872	5374	186	32.13	2892	0.25	2316
2005	9232	8495	6658	304	23.07	2247	－	5022
2006	10290	9510	7098	805	50.49	2337	6.83	2049
2007	12182	11414	8191	841	17.69	3131	3.05	4596
2008	14384	13581	10044	1131	53.39	3157	5.29	3605

二、收入差别

1987 年，开平区全部职工年平均工资 1288 元，采矿业、农林牧渔业、教育系统和建筑业工资较高，批发零售贸易餐饮业、制造业工资较低，最高的采矿业工资 1634 元，最低的商饮服务业工资 1099 元，两者比为1.48:1。2000年，全区职工年平均工资6037元，较1987年增长3.69倍。商业批发零售贸易餐饮业、教育文艺及广电业和社会服务业增长较快。职工平均工资最高的社会服务业8881元，最低的水生产和供应业2143元，两者比为4.14:1。企业、事业、机关职工工资分别为5102元、9264元和10695元。2008年，全区职工平均29828元，较2000年增长3.94倍。燃气及水生产供应业、采矿业、建筑业增长较快。较高的采矿业28932元，较低的交通运输业10672元。企业、事业、机关职工工资分别为26261元、32294元和40036元。外国及港澳台地区投资企业从业人员3007人，平均工资94573元，是区内职工平均工资的3.27倍。

1987、2000和2008年开平区分行业职工劳动报酬统计表

表8-8　单位：元

行业		1987年		2000年		2008年	
		职工人数	工资平均金额	职工人数	工资平均金额	职工人数	工资平均金额
全部职工		13212	1288	11045	6037	12025	29828
农村牧渔业及服务业		146	1432	63	8190	-	-
采矿业		2325	1634	1620	4305	2952	28932
制造业		5573	1144	1100	6340	1037	18203
电力燃气及水生产供应业		-	-	56	2143	244	15574
建筑业		737	1307	463	2816	1154	12524
交通运输仓储邮电业		54	1241	134	5761	237	10672
批发零售贸易餐饮业		2197	1099	240	8667	106	25071
社会服务业		335	1340	404	8881	329	19097
卫生体育社会福利业		317	1240	265	8849	279	22383
教育文艺及广电业		2075	1381	2731	8765	2979	34910
党政机关和社会团体		1389	1353	2476	10265	2672	37348
其他行业		-	-	25	7480	-	-
大单位性质	企业	-	-	3203	5102	5672	26261
	事业	-	-	4044	9264	4455	32294
	机关	-	-	1811	10695	1898	40036

第二节　城镇居民支出

20世纪80年代，受收入水平的限制，居民在吃、穿、住、用等方面都保持在较低水平。随着教育、医疗、住房、社会保障等市场性改革及居民收入的增加，1995年，城市居民人均消费性支出为3620元。2008年达到10465元，是1995年的2.9倍。

一、食品支出

1987年，城镇居民的口粮和主要副食还是凭本凭票供应，数量有限。食品消费主要以粮食为主，蔬菜品种单一，水果、肉、蛋，尤其是奶类很少摆上居民的餐桌。食品消费支出占生活消费支出的大部分。随着物质的日益丰富，统购统销政策的取消，粮本、粮票、商品票退出历史舞台。居民对食品的消费从量的满足逐步向质的追求转化，由“温饱型”向“营养型”发展。据城镇居民住户调查，1995年，人均食品支出1804元，恩格尔系数为49.8；人均主食消费352元，占全部食品消费支出的19.5%。2000年，人均食品支出1848元，恩格尔系数34.50，较1995年下降15.33个百分点。2008年，人均食品支出4095元，人均主食消费为236元，占全部食品消费支出的5.8%。随着生活水平的提高和生活节奏的加快，在外就餐人次数明显增多，2008年人均在外用餐支出达到822元。

二、衣着支出

1987年，居民的衣着消费虽较改革开放前有较大变化，但大多仍以购买布料和低档次产品为主。进入90年代，城镇居民越来越注重外在形象，美观时尚、彰显个性的时装在城镇居民尤其是年轻人中流行。1995年，城市居民人均用于衣着消费支出为545元，占生活消费支出的15.06%。2005年，衣着消费支出1118元，占生活消费支出13.03%，所占比重略有下降，但实际支出增加。到2008年，成衣成为主流，人均消费已增加到1625元，占生活消费支出的15.53%。

三、住房支出

1987年，职工住房还在享受福利分房待遇。一些企业、事业、机关单位的工作人员拥有单位住房，但住房大都是平房，住宅楼屈指可数。随着住房制度改革，福利分房的取消，1996年开平区开发新城区，一些单位出现集资建房热。2000年，开始公房出售，大多数居民纷纷拿出多年积蓄购房，先后拥有了自己的住房，人均住房建筑面积16平方米。到2008年底，城镇居民人均住房建筑面积达到25.13平方米。从住房的配套设施看，100%的居民自来水入户，94%的居民拥有卫生设备，82%的居民炊用燃料使用管道天然气。

四、耐用品支出

城镇居民耐用品消费的“三大件”，从1987年的“电风扇、黑白电视机、录音机”，到之后的“彩电、冰箱、洗衣机”，直至21世纪的“录放机、电脑、家用汽车”，都比农村居民较先拥有。且在功能、质量、档次上也跨上一个新台阶。数字、大屏幕彩电越来越普及；冰箱向多门、大容量、节能、环保方向发展；洗衣机更注重全自动、多功能产品。住宅电话已普及，手机、家用电脑等现代化的通讯、娱乐工具已逐步进入居民家庭。同时，随着人们住房和生活水平的提高，厨房的电磁炉、微波炉、消毒碗柜、排油烟机等电器渐渐成了家庭必备。据对城镇百户居民调查，2008年购买家庭耐用消费品支出540元，占家庭消费性支出5.16%。每百户拥有彩色电视机126台、电冰箱106台、洗衣机104台、空调64台、家用电脑62台、照像机44架。

五、交通和通信支出

1987年，自行车是人们出行的主要代步工具，信息传递则主要靠信函。1995年，城镇居民摩托车百户拥有量12辆。电话开始入户，但因几千元的初装费，也只是富裕家庭才有，手持大哥大、腰挎BP机还是时尚和身份的象征。年人均交通和通信支出195元。到2008年，交通工具日益向现代化、多样化发展。电动自行车、摩托车不仅数量增加，档次也不断提高，家用汽车开始进入寻常百姓家，每百户拥有6辆汽车。电话、手机等已经普及，移动电话每百户居民拥有212部。年人均交通和通信支出1021元，占家庭消费支出的9.76%，是1995年的5.2倍。

六、精神文化生活支出

1987 年，城镇居民用于教育方面的投资很少，娱乐方面也只不过看场电影或文艺演出，文化生活单调。随着物质生活的提高，城镇居民的精神文化生活日趋丰富。一方面，居民越来越舍得在孩子身上进行教育投资；另一方面，人们在工作之余，更懂得去放松自己，享受生活，去各种娱乐休闲场所消费或外出旅游，文化娱乐消费明显增加。1995 年，城镇居民人均用于教育文化娱乐服务支出 293 元，占家庭消费支出的 8.19%。2008 年为 990 元，占家庭消费性支出的 9.46%，是 1995 年的 3.4 倍。医疗保健条件不断改善，城镇居民健康水平进一步提高。1995 年医疗保健支出 129 元，占家庭消费性支出的 3.56%。2008 年，医疗保健支出 1021 元，占家庭消费性支出的 9.76%。

1995－2008 年开平区城镇居民支出统计表

表 8－9　　单位：元/人

年度	家庭总支出	消费性支出	其中								非消费性支出	其中	恩格尔系数
			食品	衣着	家庭设备用品	医疗保健	交通和通讯	教育文化娱乐	居住	杂项商品服务		购建房支出	
1995	5221	3620	1804	545	308	129	195	293	208	138	1601	204	49.83
1996	5374	3721	1852	512	368	174	167	406	138	105	1653	-	49.77
1997	6348	4216	1880	451	631	212	150	353	384	117	2132	-	44.78
1998	5295	4281	1757	453	210	345	367	559	474	115	1014	439	41.05
1999	7045	4646	1922	528	389	221	309	513	597	168	2399	1650	41.37
2000	7796	5358	1848	560	759	452	459	713	345	213	2438	1331	34.50
2001	7849	5123	1802	584	535	600	393	530	473	206	2726	1413	35.17
2002	7140	5088	1798	631	250	576	522	661	512	138	2052	-	35.33
2003	8656	5834	1983	581	399	843	604	549	746	135	2822	796	33.99
2004	9372	7076	2473	692	370	785	534	1016	996	210	2296	105	34.95
2005	12366	8580	2785	1118	826	597	736	1116	1171	232	3786	1388	32.46
2006	10216	7697	2823	1134	408	592	903	869	677	288	2519	-	36.68
2007	13698	9068	3374	1258	475	693	851	1027	1021	370	4630	2069	37.21
2008	13945	10465	4095	1625	540	1021	1021	990	714	459	3480	275	39.13

1996 年和 2008 年开平区城镇居民耐用品百户拥有量对比表

表 8－10

项目	单位	1996 年	2008 年
摩托车	辆	12	26
洗衣机	台	41	104
电冰箱	台	40	106
彩电	台	50	126
淋浴热水器	台	9	94
组合音响	套	8	28

续表 8－10

项目	单位	1996 年	2008 年
移动电话	部	－	212
空调器	台	1	64
家用电脑	台	－	62
照相机	架	19	44
摄像机	架	－	4
家用汽车	辆	－	6

第三章　居民习俗

开平区位于冀东平原腹地，自古工商业繁盛，与外界联系广泛，故民俗风情随着交流与渗透，以及受社会发展、思想观念和生产、生活方式的影响，亦不断嬗变演进。开平区的民风民俗，既有其历史演变的渐进性，又有其历史因袭的保守性，因此有些习俗如婚嫁、丧葬等，即使形式发生了许多变化，而其心理内核仍不能挣脱传统习俗之窠臼。

第一节　生活习俗

一、饮食

10 年改革开放，到 1987 年人们从温饱开始步入小康。作为农市混居的开平区，居民饮食逐渐从家庭走向社会。随着消费水平的不断提高，人们的生活方式和饮食习惯正在潜移默化地发生变化，传统的以家庭自我料理为主的餐饮习惯，正逐步向省时省力的社会化服务发展。在外用早餐的家庭越来越多，买成品或半成品主食的更是普遍。各种方便食品，从生食到熟食应有尽有，大大减轻了居民家务负担。外出饮食消费，逐渐成了城镇居民的日常行为，越来越多的居民一日三餐不再拘泥于自家厨房，多选择单位食堂和饭店就餐。

富裕起来的开平城乡居民健康意识不断增强，食品消费不再满足于吃饱，进而向吃出健康转变。人们的主副食结构正在逐渐变化，20 世纪 80 年代前以粮食消费为主，90 年代粮食比重下降，受消费偏好的影响，粗粮有所回升。进入 21 世纪，副食渐成餐桌上的主宰。居民饮食逐渐步入“蔬菜、动物＋粮食”格局，动物性食品取代粮食成了餐桌上的主体。

二、服饰

开平区居民着装无论款式或面料，受城市服饰潮流影响较大，尤其中青年人，与城市居民无大差异，没有明显的地域特点。

20 世纪 90 年代之后，是开平城乡服饰变化最快的时期。这既是社会发展和人民生活水平的重要体现，更是人民精神面貌和生活情趣的客观反映。人们的衣着观念从追求结实耐穿向追求时尚转变。“不管多大官儿/都穿夹克衫儿/不管多大肚儿/都穿牛仔裤/不管孙子爷/都穿旅游鞋。”这段顺口溜就是人们衣着观念的真实写照。这时期西服逐渐取代中山服、军便服成为“正装”，牛仔装风行，旗袍、唐装走俏，纯棉制品成为新宠。进入21世纪，休闲服渐成主流，昔日人们钟情的西服渐被冷落。而身着超短裙、吊带衫、露背装的女性青年，则成为夏日的一道风景。随着社会的发展和生活节奏的加快，自家手工裁衣几近绝迹，家用缝纫机也多闲置，购买成衣或到制衣店量体裁衣，已成为习惯。

俗语说“穿衣戴帽，各有所好”，改革开放以来随着收入提高，精神面貌的变化，鞋帽消费亦趋时尚。昔日的布鞋、胶鞋、五眼棉鞋等，渐由各种款式的旅游鞋、高跟儿鞋、高筒皮靴、雪地靴取代。春秋时节，男性喜戴鸭舌帽、棒球帽、礼帽、旅游帽之类；女性则戴五颜六色的纱巾、丝绒围巾之类，多为装饰之用。繁多的绒线编织帽，成为男女老幼皆宜的冬季御寒用品。

三、居住

开平区传统的农村住宅多为正房坐北朝南，东西两侧厢房，两进或三进的大院。前院一侧盖有猪圈、茅厕，后院则有牲畜棚、车棚之类。房屋结构以砖墙（窗台以下为石砌）、灰焦顶为主，亦有少量的苇草苫顶的草房和起脊的瓦房。1976年大地震后，草房基本绝迹，伙居的大院亦被单门独院的一进宅院所取代。

20世纪80年代后农村建房，为了防震，多为以石筑基，墙体上下均以钢筋混凝土浇筑圈梁，再浇注若干柱脚相连，使房屋形成整体框架。房顶则架以木檩，上钉木椽，铺苇箔、上笆泥，再抹上一层石灰沙泥。一般等到一年后，房顶再完成最后一道工序——打焦子。即用石灰、焦砟合制的焦灰盖顶，先用脚反复踩踏，待浆水稍干，再以木掴板反复掴打，最后用鹅卵石打磨光滑。

住房多为每院三间正房，东、西两间为居室，中间为堂屋。有老人的人家，东屋（有以东为大之说）多搭火炕，供老人居住。年轻人的居室多以床代炕，冬季用土暖气取暖。多数人家还在院子南端再盖三间较正房低、面积小的倒座，作为洗澡间、杂物间或居室。进入21世纪，农村建房逐渐打破了传统的“一明两暗”堂屋搭灶的布局。一些人家将正房“进深”由传统的6米延至9米，甚至更多，扩大房屋面积，并形成“客厅、卧室、厨房、浴室”的现代格局。盖房上梁放鞭炮和迁入新居前将斧子放进新房（谓之“一斧（福）压百祸”），迁入新居后，亲朋好友携带火柴（象征日子红火）、鱼（象征富富有余）等礼物前往添宅等习俗仍有传承，随着生活水平的提高，添宅的礼物变成了礼金。

第二节　婚嫁习俗

虽然婚嫁新风已成主流，然旧俗中的一些程式如相亲、定亲、婚礼依然沿用，只不过增加了新的时代元素。

一、相亲

男女自我交往或经人介绍相识、相知到相恋乃至谈婚论嫁时，需到彼此家中，被双方父母或其他亲属分别相看。男到女家去，一般携点心、白酒，女家设宴款待。女到男家时，男方父母亲属需给女方“看钱”。改革开放以来，婚介机构问世，为未婚男女提供相识相恋的平台。随着大龄青年的增多，一些单位、企业还通过举办舞会、联谊、旅游等活动，以及电视征婚节目、网络征婚等为男女婚恋牵线搭桥。

二、定亲

相亲成功，择日定亲。届时，双方家长齐聚男方家中相见。男方盛宴待客，并邀部分亲属参加。宴罢，男方家长要给女方“定钱”（即定亲礼金）。进入 21 世纪，定金一路水涨船高，由数百元直至数千元、上万元，有的定金为一万零一元，寓为万里挑一之意。定金之外，一些人家还送女方“三金”（即金戒指、金项链、金耳环）。之后，择吉日完婚。婚期一般定在阴历双日，阳历亦为双日最佳，更以“六”“八”为首选；城镇则在考虑上述因素的同时，一般在节假日举行。婚前男方布置新房，女方置办嫁妆。不论城乡，新房越来越高档，家具越来越新潮。嫁妆则由原来的“老三件”（自行车、手表、缝纫机）、新三件（彩电、冰箱、洗衣机）演变成数以万计的“存折”，继而，陪送轿车的也逐渐增多。

三、婚礼

20 世纪 80 年代，路途较近的迎亲多为自行车，较远的多为马车、拖拉机或面包车。进入 90 年代，逐渐演变为小轿车。至 21 世纪初，迎新车队越来越豪华，从本田、奥迪，直至宝马、奔驰，动辄 10 辆 8 辆。随着人民生活水平的提高，追求奢华，相互攀比之风，渐成社会隐忧。

婚宴水准与时俱进，大鱼、大肉已渐被各色海鲜取代，成为主打菜肴。昔日农村自家造厨坐桌的已很少见。一般村子都有专司红白事宴席的业主，备有全套人员和设备，随时为事主上门服务；有的业主还建有餐厅，供宴席使用。也有的人家租用大轿车将客人拉到城镇饭店，和城里人一样举办婚礼和酒宴。进入 21 世纪，随着新农村建设的日臻完善，很多村子成立了红白理事会，协助事主操办喜事，对移风易俗勤俭节约，起到一定引导和促进作用。婚庆公司这一新兴行业应运而生，为事主提供从策划到婚礼，从主持人到歌手，从彩虹门到音响等全套服务和设备。宴席规模逐渐庞大，一般 20－30 桌，多者 50－60 桌，甚者百桌以上。礼金亦不断攀高，少则 50 元到 100－200 元，多则 500－1000 元，“人情份子”不堪重负。如此婚事大办，也为个别权势者敛财提供了机会。在城镇，男女双方联手同时操办新婚暨回拜庆典的逐渐增多。

第三节　丧葬习俗

唐山市殡仪馆坐落在开平区境内。得风气之先，开平区城乡实行火化较早，并形成一套新的丧葬习俗，如停灵祭奠、遗体告别、火化与骨灰安放等仪式。但一些原有的程序和习俗，在城乡特别是农村依然传承至今。

一、入殓与祭奠

死者入棺为入殓。实行火化后，过去的冗繁程序已简化。若死者在医院故去，给亡者换上寿衣后，暂移尸太平间。若在家中去世，在农村均租用可拆装的木棺或玻璃棺（夏季为防腐棺内配装空调），将装裹好的亡者入殓。然后将灵柩安放在院内灵棚中，城区则将灵棚搭在楼下空地上，供灵柩安放。棺前放一供桌，桌正中为死者遗像，像前摆有供品、长明灯、香烛等，桌前亦有一焚烧纸钱的瓦盆。在农村，尚有在灵棚摆放“纸扎”的旧俗，而纸扎的式样也由原来的童男、童女、车、马、库之类，衍生为彩电、冰箱、轿车之类，融进了现代元素。在城区和一些农村，则多摆放花圈。灵棚搭就，亲朋好友前来吊唁，三鞠躬者居多，跪拜叩首者寥寥。一些农村，还保存着“送倒头纸”和一日“送三遍纸”的旧习；孝子贤孙以长幼为序排成一列，为首者双手端一托盘，次者提灯笼，到村头小庙送纸。现小庙已无，多搭三块砖以代之，请响器班子是农村丧葬的重头戏，城镇亦有所抬头，由最初的唢呐、锣、鼓、笙、钹，已发展到时下的电子琴、架子鼓，并有歌手演唱。个别有钱人家甚至请两支民间鼓乐队对垒，哀悼的背后亦不无炫耀之嫌。“哭丧”竟成为一种新职业。有的人家请专职哭丧者在灵前号啕，以渲染悲伤气氛。虽为个别现象，亦令人深思。

二、出殡与安葬

遗体从家中送往殡仪馆或去安葬为出殡，将骨灰盒安放墓穴为下葬。个别农村还传承着“摆路祭”的旧俗。即出殡前抬着棺木，亲属其后列队，在村主街一路行祭。所经门口，男主人送上一包点心，在灵柩前祭拜，孝子皆跪谢。在开平无论城乡，一般在午饭后将遗体送到殡仪馆火化，有的则上午火化，将骨灰带回家中入殓，傍晚再安葬。火化前死者家属及亲朋与遗体告别，焚烧花圈。有的还在殡仪馆大厅举办遗体告别仪式。若死者是机关领导或工作人员，还由单位印发死者生平简介。吊唁者胸戴白花，列队依次向死者行鞠躬礼，绕遗体一周默哀。在农村遗体火化后骨灰再土葬的现象依然普遍，也有的将骨灰寄放在殡仪馆。还有的村子兴建骨灰堂，方便骨灰寄放和亲人祭奠。有些村子利用荒山开辟树葬林，提倡树葬，在改变人们旧观念的同时，也绿化了环境。还有的乡镇利用荒山修建公墓，供骨灰安放，根据墓穴的位置和规模收取不同的费用。

死者葬后的第三天，亲属到墓地“圆坟”的习俗仍在城乡延续，然形式及内容已与前不尽相同。在农村，将骨灰土葬者，亲属将坟丘培土，再用秆桔折成门状，插在坟丘前、中、后三处。骨灰安葬在公墓的，亲人则在墓碑前献花或焚纸。葬后第35天，亲属再到墓地，摆果供，烧纸钱，痛哭一场，称之过“五七”。

第四节　节日娱乐习俗

一、节日习俗

传统的节日习俗保留至今，如春节仍是最为隆重的节日。自1995年随着国家7天长假的实行，机关、企业、学校从正月初一至初七，阖家团聚，走亲访友。而腌腊八蒜、吃腊八粥，腊月二十三过“小年”、祭灶、做糖瓜，以及节前蒸黏豆包、炸油糕等习俗逐渐淡化。贴春联不再拘泥于“二十四，贴对子”的局限，贴福字的人家仍很普遍，贴窗花亦有之。除夕夜饭前和午夜新年钟声敲响之际，是燃放烟花爆竹的高峰，届时夜空绚丽多彩，鞭炮震耳欲聋。20世纪90年代，城区曾一度禁放，后又改为从腊月二十三到正月十五之外限放。大年初一，孩子穿新衣给长辈拜年，长辈给“压岁钱”；正月初五为“破五”，家家户户吃饺子以图吉利；正月十五元宵节，除了吃元宵，政府有关部门还组织花会、灯展，依然红火；正月二十五过“填仓”，吃粘米饭意为粘“仓棍”；二月二“龙抬头”，吃煎饼，意为揭“龙鳞”的习俗已少见；清明节上坟祭奠亲人，机关、学校组织职工、学生为烈士扫墓；端午节吃粽子，农村有的插艾蒿、戴香包，避瘟驱邪；八月十五中秋节，阖家团圆吃月饼、赏明月仍是仅次于春节的民间重要节日；九月初九重阳节，随着进入老龄社会，亦为老人节；十月初一“寒衣节”，俗语“十月一，鬼穿衣”，大地震后，此俗犹盛，这天在街口村头但见青烟袅袅，纸灰如蝶。节日的内涵也有所变化，由过去的企望年节改善生活，转向着重休闲娱乐和外出旅游。

新中国成立后，相继出现了一批新兴的节日，如元旦、三八国际妇女节、植树节（3月12日）、五一国际劳动节、五四青年节、六一国际儿童节、八一建军节、教师节（9月10日）、国庆节（10月1日）等。改革开放以来，一些国外节日被城镇的年轻人追捧，并渐成一种时尚，如情人节、母亲节、父亲节、圣诞节等，送鲜花、吃西餐、上歌厅也逐渐风行。

二、娱乐习俗

历史上开平城庙宇、寺院、道观、尼姑庵颇多，每逢农历正月初一至十六、四月十八、四月二十

八、五月初五、十月十五……四里八乡的人们拜佛进香纷至沓来，日久年深便形成了群众自发的娱乐盛会，即庙会。最为群众喜闻乐见的有开平镇一街村的旱车会、武术会，四街村的龙灯会、独杆轿、跑驴，二街村的旱船，六街村的狮子会，七街村的高跷会等。此外，农闲和节日期间，一些农村常自发组团，为乡亲们演出皮影和评剧；解放后，又增加了演出文艺节目的乡村业余社团，大秧歌也开始在民间流行。

随着历史的发展和社会的进步，人们的审美取向也发生了变化，一些传统的娱乐习俗悄然消失，一些新的娱乐习俗应运而生。20 世纪 80 年代以来，诸如旱车会、旱船、独杆轿、跑驴、狮子会等已几近绝迹。而大秧歌为主的花会则仍在流行，区文化部门曾多次在农历正月十五组织一些农村花会进城演出和比赛。最壮观的一次是 2001 年灯会，各单位、商户在正月十五之夜，用数百盏造型各异的花灯，将新建成的新苑路装点得五光十色，吸引来万千游人观灯、猜灯谜，可谓盛况空前。武术会渐被太极拳、太极扇之类取代，成为人们的健身项目。大秧歌长盛不衰，成为中老年人（主要为女性）集娱乐健身于一体的项目，除了严冬和雨天，每晚街头、广场都有铿锵的锣鼓和大秧歌的舞姿，为生活平添了几分喜气。

第五节　新兴习俗

一、电信拜年

进入 21 世纪，随着电话、手机、电脑的普及，由风行一时的贺卡拜年，逐步演变为电话、短信、网络拜年，即方便快捷，又文明节俭。

二、点歌祝寿

为亲人或朋友祝寿，除了摆寿宴、送鲜花、吃蛋糕外，通过电台、电视台点歌，渐成表达孝道和友谊的时尚，亦有通过快递公司为远方亲人和朋友送生日蛋糕和祝寿鲜花的。

三、歌厅休闲

20 世纪 80 年代以来，卡拉 OK 逐渐成为人们娱乐休闲和人际交往的方式之一。特别是青年人、恋人、朋友聚会，多在舞厅、KTV 歌厅、迪厅、酒吧唱歌、跳舞，消遣娱乐。官场应酬、商务洽谈亦有在这些场合进行。小姐陪侍现象的出现，龌龊了正当的休闲。

四、上网成风

20 世纪末，电脑开始进入寻常百姓家，并逐渐普及。2005 年，百户农民家庭有电脑 14 台，其中 3 台上网。2008 年则达到 17 台，有 12 户上网。人们通过网络了解市场信息，学习农业技术以及购物、游戏……网吧业应运而生，成为众多青少年的新爱。网络世界在拓宽人们视野同时，也有不少人特别是未成年人，因上网成瘾不能自拔，荒废了学业，甚至走向犯罪，成为一大社会问题。

五、刷卡流行

21 世纪初，从银行卡开始，各种磁卡迅速风行。人们可以持卡在银行存款、取款，而且可以购物、乘车以及交纳多种费用。在方便人们生活的同时，磁卡也被一些单位和个人异化为滥发奖金、贿赂、送礼之用，污染了社会风气。

六、健身普及

随着生存型消费向享受型、发展型消费的转变，城乡居民的健身意识普遍提高，特别是中老年人，尤为注重生活质量，寓健身娱乐为一体的各种活动，如太极、秧歌、街舞、慢跑、散步等，成为人们日常尤其是早晚生活的重要内容，并渐成风。

第六节　称谓、流行语及其他

一、称谓与流行语

20世纪90年代以来，社会主义市场经济的确立，在给生活带来巨大变化的同时，也给人们的交往方式带来一系列变化。作为思想外在表现的语言，特别是在人际交往中，出现了一批流行称谓词，其变化体现了社会的变迁。诸如"先生"取代了"同志"，"小姐"一度成为对年轻女性的称呼，"老板、经理、总裁、董事长"等旧称谓再度流行。对领导的称呼，则姓氏加职务，有的还将"长"字省去，如"×处"、"×局"等；对企业的负责人则称之为"×总"、"×老板"之类。一般对年长者则泛称"大爷"、"大妈"、"大姨"、"大姐"、"你老"等。工人之间多称"师傅"。知识分子之间多称"老师"。随着南风北渐，一些新称谓进入人际交往，如"打工仔"、"打工妹"、"大款"、"大腕"，妻子称丈夫"老公"，儿子称父母"老爸"、"老妈"等，亦有人将父母称作"年纪人"、"我家老爷子"、"我家老太太"等。一些原来指有规模、成系统的工作被冠之以"意识"、"工程"，如"风险意识、服务意识、自我保护意识……"、"希望工程、再就业工程、送温暖工程……"等在社会上广泛使用。一些原本局限于商业领域的词汇如"推销、包装、成交、上市"等意义泛化，而"牛市、熊市、套牢、解套"等股市用语也进入社会生活及其他领域。一些外来词语如"巴士、卡通、桑拿浴、麦当劳、卡拉OK"等尤其在青年群体中广泛流行。

二、其他

为婴儿庆生，为老人祝寿的习俗仍沿袭至今。产妇"坐月子"，娘家人送鱼、肉、蛋、糖……补身子、下奶；孩子过"满月"摆酒席，娘家人送"斗"（即99个小馒头，每个馒头上点以红点，象征孩子长寿健康），亲朋好友由送衣服鞋帽以示祝贺，逐渐衍变为礼金所取代。也有人家当婴儿出生一百天时过"百岁"，客人的礼品多为银制的长命锁、手镯、脚镯之类。老人六十、七十、八十……逢十的寿辰称之为大寿，较其他生日更为隆重，生日蛋糕取代了传统的寿桃，但吃长寿面仍得以延续；生日宴也逐渐由家庭改为在饭店酒楼举办，更有的年轻人在电台、电视台点歌为老人祝寿。

第七节　陋习歪风

一、卖淫嫖娼死灰复燃

早已绝迹的卖淫嫖娼现象，20世纪90年代以来又死灰复燃。色情活动除洗浴、洗头房等场所外，还渗透到宾馆、酒吧、舞厅。

二、赌博恶习禁而不止

曾被扫除殆尽的赌博恶习，20 世纪 80 年代开始又成为一种严重的社会问题。开平城乡打麻将一度成风，“打怕四”、“推牌九”、“一翻两瞪眼”等纸牌赌博花样繁多。赌资从几十、几百甚至成千上万不一而足。特别是境外赌博业的渗透，“百家乐”等网络赌博有所蔓延，出境参赌人员有所增多。作为经济发达的开平区，个别先富起来的“大款”利用旅游等途径到澳门、缅甸参赌。

三、吸毒现象打而复生

20 世纪 90 年代，毒品犯罪和吸毒现象日益突出。毒品案件及吸毒人数呈上升势头和低龄化趋势。毒品的蔓延引发出大量的社会问题，并诱发出其他刑事犯罪活动，严重危害社会治安，毒化社会风气，成为侵蚀毒害青少年的潜在危险。

四、封建迷信沉渣泛起

20 世纪 80 年代末，封建迷信活动有所抬头。算命、看相、抽签、打卦的摊点逐渐出现在街头、公园或闹市，亦有走街串巷、出门入户。也有算命先生、大仙在家中坐堂。迷信者不仅有中老年人，也有年轻人，甚至党员干部。他们求官、求财、问命，为建房、迁居、下葬问风水、卜良辰。一些人甚至不远千里去名山古刹进香、拜佛……

第八节　回族民俗

回族是开平区第一大少数民族，2008 年全区有回族人口 5674 人，占全区总人口 2.2%。洼里镇夏庄村是开平区境内最大的回民聚居村，全村 3200 多人，回族占 82%。明宣德元年（1426 年），伊斯兰教随移民传入夏庄村，嘉靖三年（1524 年）建起清真寺，曾有“京东第一大寺”之称。500 多年间，夏庄村回民虽然在衣食住行、婚丧嫁娶、社交往来等方面渐与汉族同化，但在传统的伊斯兰信仰和穆斯林生活方式影响下，亦保留了特有的风俗习惯。

一、饮食习俗

夏庄村回民对伊斯兰教的饮食规定严格遵守。尤其是肉食必须经四师傅（回民专职宰牲人员）或阿訇下刀方可食用。而对按教规屠宰的牛羊，也不是全身都可食用，如血、鞭、胞、蛋、衣，夏庄回民绝不食用。其他如螃蟹、乌龟、海蜇、蛤蚌等水产品老一辈回民亦不食用。

每逢回民节日，家家户户都炸油香，亲朋之间互相馈赠。同时，炸油香也是办丧事的一项重要礼仪。有人去世后马上炸油香叫“倒头油”，发丧当天下葬前“炸油香”叫“下土油”。给亡人做七日、四十日、周年都要炸油香，家人拿着油香去亲朋家请客人，去清真寺请阿訇……一般要炸一袋面（25 公斤）的油香，多是亲友赶来帮忙，操作前需身带大净，事先举意点上香，之后操作，边炸边送，油香虽小，情深谊重。

回民普遍都有饮茶习惯。闲暇之时，沏一壶茶，自斟自饮；招待宾客，献一杯清茶已成礼节。茶是回民生活的必备饮料，饮茶之风潜移默化，也融入了汉民的生活习俗之中，许多汉族村民也改变了多年来喝生水的习惯。饮茶盛行，茶庄兴旺，小小夏庄竟有茶行六七家。

二、婚姻习俗

回民的婚姻基本是回族内部，异族婚姻是以汉族女方嫁到回族男方为多数，信仰及生活习俗基本依附男方；回族女方嫁到汉族男方为少数，有的汉族男方还皈依了伊斯兰教。由于夏庄村比较富裕，许多女孩子不愿离开本村，所以出现了一些男到女家落户的婚姻。当代回民婚姻习俗，在保留旧时礼仪的基础上，程序更加烦琐，婚礼豪华气派。而区别于汉族婚俗的主要仪式是请阿訇写“依扎布”。“依扎布”是穆斯林的结婚证书，是回族男女必须完成的主命。在写“依扎布”之前，男女双方都要做大净。婚前头一天在男方家写。男女双方面对阿訇而跪，阿訇念新婚赞词，念毕，男女双方说出自己的经名，若无经名，阿訇临时给起一个写在“依扎布”上。男女双方父亲均参加这一仪式，亦将经名写在“依扎布”上。之后，阿訇问同意与否，男方答“该比洛图”，意为我同意娶她；女方答“达丹”，意为我愿意嫁他。双方答后，阿訇叫男方给女方象征性的聘礼，称“卡宾钱”。阿訇随后高声诵读结婚赞言，并将准备好的花生、枣、栗子扔向新郎、新娘头上，称“撒喜”。最后，双方家长口念“赞经词”互相祝贺，为酬谢阿訇，双方家长用红纸包份“海迪业”呈送，以表谢意。

三、丧葬习俗

殡葬礼仪不仅是传统习俗，更是穆斯林必须履行的宗教功课。穆斯林十分注重临终前的忏悔过白。如病人神智已不清醒，就请阿訇来念古兰经“押辛尼”章，乞求得到真主的宽恕。病人即将咽气，立刻将其仰卧，并引领他念“清真言”，在临终前有认主记圣的意念。病人去世后，马上通知去清真寺取水板，夏庄村取水板有固定人员。水板取到后，赶紧脱掉死者衣服，头朝北、脚朝南，面稍向右安放在水板上，用布把尸体盖好。安排妥当后，亲属举哀。伊斯兰对哭有一规矩，不准没完没了号啕，更不准捶胸跺足大哭。对亡人的料理和安置必须严守教规，给死者脱衣服，男女有别，男女不能相见，夫妻亦如此。因伊斯兰不崇拜偶像，必须把停放逝者房间的图画、照片全部遮挡起来。亲人守“埋体”必须大净，病人咽气后马上炸油香，给亡人散“赛得盖”。上经礼是夏庄回民的传统，一是表达对亡者的哀思，也体现了穆斯林之间互帮互助的美德。这种风俗也影响了本村的汉民，回民有丧事，主动上礼帮忙，促进了回汉民族团结。经礼数目，上世纪五六十年代几角钱，八九十年代 10－20 元，进入 21 世纪 30－50 元，百元不等。女儿为表达对父母的哀悼，在上经礼之外，一般都买两只羊，一只下土，一只过七日。侄女、孙女每人还要定做一二百只烧饼，为亡人散“甩得盖”。“埋体”一般隔天发葬。上午 10 点钟，当阿訇、海里凡到达亡人家门时，家属身穿孝服，跪在门口迎接，并一一拿手共诵“赞经词”。殡葬礼仪开始，念“塔哈”与洗“埋体”同步进行。洗“埋体”有三人，一人灌水，一人领水，一人拿重。拿重者要轻拿轻放，不能过于用力。洗“埋体”前，家属包三份“海迪叶”，分放“埋体”一侧上中下三处。洗完后给亡人穿克番。克番是一位穆斯林告别人世的全部行装。穿好后停放在经匣内。之后给亡人传经。阿訇和海里凡们围成半圆接受亲属全部给亡人传经一遍，传经先由亡者最亲近的人，然后按辈分大小排序，由一位有声望的乡老点名，站在阿訇面前，双手捧一放有古兰经的托盘，阿訇念经时接过托盘表示承领，再送还传经人，在诵经声中，海里凡接过又送还传经人，依此类推。传完经，阿訇开始讲“卧儿滋”，主要讲一些经典教义和亡人功德。之后，家属亲友依次瞻望亡人遗容，称为“闪面”。阿訇把用棉球包好的七粒米，放在亡人的七窍内，然后把“埋体”用经匣罩好，抬到院内或院门口，在“埋体”西面遮挡一布帘。众穆民围着经匣开始传香，即点燃三支安息香由阿訇传起，并不停诵念“赞圣词”，最后传回阿訇手中熄灭。殡葬最重要部分“站者那赞”，是由众穆民为亡人向真主求赦免罪过的站祷，站祷者必须是身带大小净的男性穆民。站祷者在“埋体”东面肃立，面对亡人胸部，双手下垂，二目平视仰诵“安拉乎艾克白嘞”三次。至此，殡葬礼仪全部完毕，“埋体”运往墓地。夏庄“埋体”下葬是由人抬地平运送。地平是一副木制担架，中间是一长方形木框架，外罩绿色毡布，经匣放在里面。过去地平由槐木制做，又高又大，现在则比较轻便，由 16 人抬送。到墓地后，孝子们把“埋体”安置在墓坑内，头朝北、脚朝南，解开“埋体”上的布带，让亡人脸向西，亲属见最后一面，在坟坑内撒上花椒八角以驱虫类，然后用砖砌封堵坑门，堆土成长方型坟墓，北高南低。堆土时，阿訇与众穆民跪在坟头恭诵“古兰经”，孝子们在坟旁跪经。众穆民面前放一块土坷垃，阿訇开经，众人先后接经。“坟头经”罢，众穆民都做“都洼伊”。孝子把众人面前的土坷垃集中到坟头，阿訇诵读“法提哈”殡葬至此结束。

从坟头回到家中要念“回头经”。从亡人入土第二天起要念“坑头经”，到第七天为止。亡人入土后，孝子还要坚持“五时拜”七天。

附记

已经或正在消失的方言与行当

撞客	迷信称遇见邪气
老抢	强盗土匪
庄稼耙子	对农民的贬称
脓包踹	对无能者的贬称
潦倒帮子	泛指潦倒失意游手好闲者
老赶	没见过世面
大咧子	指不拘小节之人
耿更儿	性子直，说话生硬
香油果子	油条
瓜嚼	用黄豆肉皮等做成的冬令小菜
吊子	水壶
笆拉筐	柳条编制的柴筐
四六不知	指缺乏教育不懂道理的人
打八叉	打杂的别称
小六九	心里打的“小算盘”
铃铛筐	三系儿筐
嚼咕儿	饭菜
猴顶灯	“粉条上点缀些猪肉片”的农家菜
曲虫	蚯蚓
酱母子	辣椒
扎估	打扮
差换	调换、错了
掂掇	斟酌
化魂儿	经过思索明白了
拔创	代人争辩
数落	责备
撒皴	说脏话
谄浅儿	讨好别人
占香赢	占便宜
害巴	故意损坏
没咒儿念	束手无策
沾包	受牵连

溜沟子	奉承讨好
膈应	讨厌
嘎咕	坏
酱蒲冷	一种伞形的苇编凉帽
麻根	打听
破米粥（亦称糊涂粥）	玉米渣粥
零沥粥	过水米粥
诎磨	亲昵的纠缠
讨唤	设法寻找
走道	寡妇再嫁
打腰	吃得开
没溜儿	没正形
三七儿	说没用的话
刹利	利落
个色	特殊
鸟尼	自命清高
一服纳心儿	一心一意
翻话	不讲道理
丢秀	形容人小巧玲珑
二破子	技艺不高
提另	另外
就手	顺便
么蛾子	鬼点子、坏主意
踅摸	寻找
巴斥	贬损
铺扯	废旧布，用于打“袼褙”，做鞋底，俗语云：“破铺扯，烂棉花”。
插兜	柳条编织用于马车车厢前后挡板的器具。
把锨	用手掐高粱、谷穗的铁制农具。
磕撞	原指物体撞击，演绎为年老体弱易得病，如“岁数大了经不住磕撞”。
牛酿（轭）子	牛拉车套在脖子上的弓形木制器具。
花搭色儿	泛指差不多的意思
八档儿	有八成把握
竞故意儿	故意
末后了儿	最后或后来
叠堵	肛门
罢园	果菜收获末期拔掉秧苗
扒拉汤	疙瘩汤，俗语云：三分有病七分装，成心要吃扒拉汤
拔不开麻	事务繁杂脱不开身
冷不丁	突然
狗蹦子	跳蚤
老骒猪	母猪

掏灰耙	从灶膛掏火灰的家什
马勺子	铁勺
背黑锅	蒙受不白之冤
胡嘞	胡说八道
长脖老等	一种水鸟的名称，亦指人伸着脖子待着
抹脖子	用利刃割断喉管
不远遐	很近便
钦（读侵）刀	杀猪的尖刀
呱打板	说快书的竹板
茓子	用芦苇编织围成粮囤的席片
麻花被	家织土布，土法染成兰白花做的被子
麻溜	很快
折杆	不结棒的玉米秸，汁多味甜似甘蔗
咂咂	乳房
拉洋片	一种民间文娱活动，在装有凸透镜的木箱中挂着各种画片，表演者一边拉换画片，一面说唱画片的内容。观众从透镜里可以看到放大的画面。
接染	民间旧时经营棉布，棉线染色、漂白业务的作坊派出走村串户的接活儿人。
游学	串学校兜售文具的小贩。
焊洋铁壶	用熔化的焊料修补家用铁器皿者。
锔锅锔碗	在锅碗炸璺的地方，用金刚钻打孔，再用两端弯曲的铁锔子钉好。
缝穷	旧时在街头为他人缝补、浆洗衣服的穷人。
货郎	走村串户贩卖针头线脑，日用百货的小贩。
勒风箱的	修理风箱的匠人。
吹拨郎登	将玻璃管一端加热，匠人从另一端将几近熔化的玻璃吹制成底部平且薄的桃形泡，冷却后，从管口轻轻吸吹，玻璃泡底部便发出清脆悦耳的声音，为孩童喜欢的一种玩具。
剃头挑子	肩担一头为炭火水盆，一头为板凳的挑子，走街串巷的理发匠。故有歇后语：剃头的挑子——一头热。

（区地方志编辑部搜集整理）

第九编　乡镇企业

1984年中共中央四号文件发出后，开平区发挥区位优势，大力发展乡镇企业，初步形成农村工业体系，跻身于唐山市、河北省经济强县（区）之列。1987年，全区乡镇、村办企业871个，从业人员近6万人，占全区劳力总数的一半以上；完成乡镇企业总产值5亿多元，占全区社会总产值的74%。治理整顿期间，在外有压力，内有困难的情势下，1990年区政府制订《关于继续鼓励、扶持乡镇企业发展意见》，出台激励政策。是年，完成乡镇企业总产值10.06亿元，比1988年增长36.13%，比1989年增长16.59%。1991年，区委、区政府实施以学习半壁店经验为核心的“五〇工程”。1992年，占全区村庄23.47%的50个村，完成社会总产值占全区的48.02%；完成工农业总产值占全区的55.55%。这年开平区乡镇企业综合位次排名居全省29个市辖区之首。全区有产值超亿元的乡镇9个，其中超2亿元的乡镇5个。半壁店村工农业总产值连续2年超亿元，成为全市第一个亿元村，被省委、省政府命名为“河北第一村”。1993年，实施以发展壮大农村经济为核心内容的“亿元村工程”。对纳入“亿元村工程”的重点村建立科学的激励机制，实行多方位政策倾斜。年底，有半壁店、贾庵子、税后和安各庄4个村跨入亿元村行列，45个村工业总产值越过千万元。从而使开平区在区划调整减少4个乡的情况下，全区乡镇企业总产值仍突破30亿元。在河北省50个“三沿”县（市）区乡镇企业综合评比中开平区名列第3位。在河北省乡镇企业百颗星中，开平区10家企业名列其中。1994年，乡镇企业总产值达到45亿元。在全市乡镇企业综合评比中，开平区连续3年名列第一。1996年，开平区、开平镇、税务庄后街村、唐山市大成线材厂分别位列唐山市“九五”乡镇企业发展“龙虎榜”县（区）、乡（镇）、村、企四个第一名。1993－1997年，开平区乡镇企业从起步阶段的“遍地开花”，转变为抓技改、上新品、扩规模的跨越式发展，并逐渐形成产业聚集和块状经济，各项经济指标一年一个台阶。1997年乡镇企业总产值86.44亿元，比1992年增长4倍多。1998－1999年，加大以制度创新、机制转换力度，企业产权制度改革进度加快。2000年，全区乡镇企业总产值突破百亿大关达到125.07亿元。到2001年底，全区乡村两级集体企业基本完成产权制度改革，一批企业实施股份制改造并建立现代企业制度。企业产权制度改革，促进了民营经济发展，全区经济所有制结构发生了深刻变化。从2001年始，统计部门不再单设乡镇企业统计科目。2002年，撤销乡镇企业管理局。

第一章　二次创业

从中共十一届三中全会后的乡镇企业“异军突起”，到1987年后实施二次创业的22年，是开平区乡镇企业迅猛发展时期，其间经历了从不认可到认可、从限制到支持、从零星发展到全面推进，实现了创建农村工业化，形成城郊型区域经济，率先奔向小康的目标，是一部改革开放的创业史。

1987年，开平区乡镇企业实现数量型扩张，初步建立起农村工业体系，成为全区经济的首要经济支柱。20世纪90年代初，刚刚经历了宏观经济治理整顿，邓小平视察南方重要讲话极大鼓舞了开平区上下加快发展的积极性。1993 – 1997 年的 5 年间，开平区乡镇企业总产值以年均 38.9% 的速度递增。1998 年开平区从乡镇企业自身内在矛盾和问题出发，提出以改革、开放、发展并重，改制与重组相结合，实施“二次创业”的新思路。2002 年，乡村集体企业产权制度改革基本完成，实现了集体经济向民营经济的蜕变。全年完成乡镇企业总产值 145.43 亿元，比 1987 年增长近 28 倍。取得了“二次创业”的新成果。

第一节　发展趋向

一、推行“苏南模式”

从 20 世纪 70 年代末到 90 年代初，开平区依托地处城乡接合部，易于接受城市经济辐射和工业扩散转移的优越条件，学习借鉴乡镇企业发源地之一无锡市的经验，利用乡村自身的土地、劳力资源优势发展乡村集体企业。“六五”期间，乡村集体企业产值以年均 30% 的速度递增。1985 年全区有乡办企业 22 个，完成乡办工业产值 4750 万元，占全区工业总产值近五分之一。1988 年开平区提出继续以发展集体企业为主，大、中、小并举；以开发利用本地资源为主，资源开发与市场开发为主；重点上一批规模大、水平高的“四新”（新厂房、新设备、新工艺、新产品）企业，并在乡村骨干企业中推行公开招标，竞争承包经营制，促进企业所有权与经营权分离。1989 年全区有乡村集体企业 850 个，年产值 30 万元以上企业 263 个，其中百万元以上 103 个、500 万元以上 10 个、千万元以上 4 个，基本形成以采矿、陶瓷、冶金、建材、机械加工的支柱行业为主，以轻工、化工、电子、食品等行业为辅的乡镇工业体系，全年完成乡镇企业总产值 8.6 亿元，比 1986 年增长 162%。1989 年在市场疲软、资金短缺、价格上涨等不利因素困扰下，开平区认真治理整顿，不断深化改革，制定“双调”政策，主动调整产业结构、产品结构，积极适应市场变化。对乡村集体企业把好“优生关”，全年压缩 14 个高耗能、低效益、产品缺乏竞争力的项目，72 家前途无望，亏损严重的企业关、停、并、转，对 803 个企业承包责任制进行完善，3 家企业实行了滚动承包。1990 年，按照中共十三届五中全会关于“调整、巩固、充实、提高”的八字方针，面对外部压力和内在困难，开平区在制定《关于继续鼓励支持乡镇企业发展意见》基础上又出台 13 条激励政策，并组织区直和乡镇主要负责人先后三次赴山东参观学习，开阔眼界，解放思想，振奋精神，继续坚持投入不断档，看准了还要上。全年投入 4786 万元，完成新建、扩建、技改项目 138 项。乡镇企业产值、利润也扭转上半年停滞下滑的颓势，从 6 月份逐月回升。全年完成乡镇企业总产值 10.06 亿元，实现利润 1.54 亿元，分别比上年增长 16.6% 和 2 倍多。1991 年，开平区以“学无锡、学山东、赶超石家庄郊区”为目标，组织实施以学习半壁店村工业强村为主要内容的“五〇工程”，即从全区各乡镇选择 50 个集体经济比较发达的村作为重点率先发展，带动全区农村发展壮大集体经济。全年完成乡镇企业总产值 14.37 亿元、实现利润 1.9 亿元，分别比 1990 年增长 42.84% 和 23.38%。乡村集体企业发展尤为迅速，完成工业总产值 8.37 亿元，比 1990 年增长 48.74%。全区 12 个乡镇有 7 个乡镇企业产值超亿元，其中开平镇、缸窑乡超 2 亿元。有 3 个乡镇进入唐山市 10 强乡镇行列，这一年，开平区乡镇企业综合位次排队居全省 29 个市辖区之首。

二、推进跨越发展

邓小平视察南方重要讲话极大地鼓舞了开平区干部群众加快经济发展的积极性。尽管外部环境差强人意，在乡镇企业内在矛盾和问题尚未充分显示的情况下，“胆子再大一点，步子再快一点”成为本地新的发展思路和指导思想。1992 年，开平区提出“瞄准市场，扭住主业，发挥优势，加快发展”，把钢铁、水泥、陶瓷等作为投资重点，全年乡镇企业投入近 3 亿元，上项目 257 个，其中投资 500 – 1000 万元项目12个，千万元以上项目11个。全年完成乡镇企业总产值23.75亿元，比1991年增长75.1%。全区有9个乡镇的乡镇企业产值超亿元，有7个乡镇进入河北省乡镇百颗星行列。1993年，开平区乡镇企业继续保持强劲发展势头，在1992年区划调整减少4个乡（占原全部乡镇三分之一）的情况下，仍实现乡镇企业总产值30.94亿元，比1992年增长30%。这一年，在全国乡镇企业工作会议上，开平区的开平镇、越河乡、郑庄子乡、洼里乡和5个企业被命名为全国发展乡镇企业先进单位和先进企业，在河北省乡镇企业百颗星评比中有10家企业入选，占全省十分之一。乡镇企业整体规模扩大，实力增强，全区有年营业收入500万元以上企业58家，其中千万元以上29家。1993－1994年，开平区组织实施“1213”工程，即到1995年1个镇（开平镇）乡镇企业产值达到30亿元、两个乡（越河乡、郑庄子乡）达到10亿元、1个镇（栗园镇）达到5亿元、3个乡（双桥乡、岔道乡、洼里乡）达到2亿元。各乡镇充分发挥各自优势，抓住主导行业和产品，发展与提高并重，开放与开发并举，大力推进企业上规模、技术上水平、产品上档次，管理上等级，发展上台阶。1994年，开平区完成乡镇企业总产值45.31亿元，比1993年增长46.47%，其中工业产值33.2亿元，比1993年增长32.86%。1992－1994年，开平区连续三年在唐山市乡镇企业评比中排名第一。有5个乡、9个企业、18个村跨入唐山市“龙虎”工程榜，其中开平镇、半壁店村分别为唐山市第一“龙”和第一“虎”。1993－1997年，是开平区乡镇企业跨越式发展的五年。乡镇企业总产值年均增长38.9%。期间在全省50个“三沿”县（市、区）乡镇企业综合评比中，开平区位列第三名，有3个乡（镇）、9家企业分别进入河北省百强乡镇和百强企业，并分获双百强之冠。连续三年囊括唐山市“龙虎工程”县区级、乡镇级、村级、企业级全部第一名。半壁店村跨入全国10强村行列，半壁店钢铁（集团）公司、宝新钢铁制品（集团）公司进入“全国千家最大经营乡镇企业”前百名行列。从20世纪90年代中期开始，在乡镇企业发展过程中，开平区乡村工业日益呈现与市属国有企业偏重趋同倾向，一些国有企业原有弊端也在乡村集体企业开始显现，企业自我约束、自我调节能力差，不少企业产品无销路，生产出现滑坡，发展后劲不足。面对乡镇企业政企不分，产权模糊、机制弱化的问题，1998年开平区提出推进两个转变（经济体制和增长方式转变），实现两大突破（产权制度改革和对外开放突破），实施“二次创业”的发展方略。强调以产权制度改革为主攻方向，加快乡村集体企业改制、改组、改造和建立现代企业制度，加速传统产业现代化、支柱产业高效化，努力实现产业结构优化升级。到2002年的5年间，全区累计新上技改项目90项，其中千万元以上17项。通过技术改造，延伸了钢铁产业生产链条，实现铁水热装热运全连铸，形成由高炉炼铁到钢坯、棒材、带钢、焊管、床垫弹簧的产业链。累计投资43亿多元，建起一批立区大项目和新兴项目，其中投资千万元项目52项，投资亿元项目7项，有2项被列入省重点项目，增强了经济发展后劲。2002年，乡镇企业总产值145.43亿元，营业收入146.8亿元。

第二节　改革创新

一、强化管理

针对乡镇企业发展中存在的“重外延，轻内涵；重速度，轻效益；重数量，轻质量”以及经营管理水平低，产品更新换代慢，市场竞争能力差的问题，1987年起开平区首先在50家骨干乡村企业推动全面质量管理和标准计量管理。到年底乡村集体企业生产有标率达51%，一家企业获省三级资质证书，3家企业获市三级计量单位。越河陶瓷厂华丽牌卫生洁具采用国家标准和国际先进标准通过省级“双采”验收，成为全市仅有的两家通过省级验收的企业之一。开字牌釉面砖、华丽牌卫生洁具获农牧渔业部优质产品称号。强化基础管理，层层抓培训，1989年全区年产值30万元企业消灭无证厂长，无证会计和无证统计。9 家企业通过全面质量管理合格验收，51 家企业通过标准计量验收，5 家企业通过省“双采”验收，110 家企业实现升级。唐山市北新金属结构厂成为全市乡镇企业系统唯一一家国家二级企业。全区年内开发名、优、新、特产品 47 种，其中 3 种被评为部优，6 种被评为省优。1990 年治理整顿中，开平区以开展“企业管理年”活动为契机，对 600 多名乡村骨干企业管理人员，1500 多名班组长进行培训。并对年产值 30 万元以上企业分别进行“四方会诊”，有 54 家企业通过计量合格验收，三分之一企业实现财务达标。越河陶瓷厂跨入国家二级企业行列，唐山第四轧钢厂通过省级先进企业验收，4 家企业通过省乡镇企业系统优秀企业验收。1991 年按照“行业树标杆，推行小‘名牌’”实施方案，有针对性解决企业经营管理、生产工艺、产品质量等方面问题。唐山起重电器厂晋升为农业部先进企业，半壁店联营钢铁厂等 4 家企业晋升为省级先进企业，8 家企业通过市一级企业验收。有 10 项科技开发项目通过省、部级鉴定。利民电器厂生产的多功能矿井提升信号系统，在全国“七五”星火成果展上获金奖。1994 年开平区把优化结构，提高效益摆在首位，围绕“抓强项，创龙头，出名牌”，重点抓主导行业适应性调整。1995 年把企业改制与内涵挖潜结合起来，开展“转机制，抓管理，练内功，增效益”活动，乡镇企业连续保持较好发展势头，年产值超千万元以上企业达到 47 家，其中超亿元产值企业 6 家。3 名企业厂长（经理）被命名为全国乡镇企业家，5 人被命名为河北省先进乡镇企业家。1996－1998 年，开平区深入开展“学邯钢，促管理”活动，以强化基础管理为重点，节约降耗，降低成本，有效遏制增速回落，效益下滑局面，各项经济指标逐月攀升。1998 年乡镇企业增加值、利润、税收分别比 1997 年增长 27%、22.47% 和 23.60%。

二、改组改制

借鉴城市国有企业改革的经验，1987 年开平区 90% 的乡村企业推行了集体承包、厂长负责制。1988 年继续深化改革，在乡村骨干企业中推行公开招标，竞争承包责任制，促进企业所有权与经营权分离，并改革企业内部分配制度。1990 年全区抓好 30% 乡村集体企业承包经营责任制的完善和 50% 企业的内部配套改革，并试行股份合作经营，鼓励兼并、拍卖、转让劣势企业。1992 年进一步完善深化乡镇企业内部改革，要求凡是实行“大包干”的乡村企业必须改为集体承包，厂长负责，防止短期行为的发生。1993 年，开平区针对乡村集体企业中不同程度存在的“旱涝保收”平均主义“大锅饭”、“铁饭碗”以及机构臃肿、人浮于事等机制性衰退问题，提出大力推进股份合作经营和企业集团化的进程。1994 年，半壁店村整合 7 个村办企业成立了全区第一家有限责任公司——河北唐山半壁店钢铁（集团）公司。全区新组建股份制企业 7 个，实现了乡镇企业股份制的突破。1996 年开平区再次提出以骨干优势企业为龙头，以产权制度改革为重点，推进乡村集体企业股份制和股份合作制改造，进而实现企业间的联合和集团化。1997 年 10 月，河北唐山半壁店钢铁（集团）公司与河北滦河集团有限公司签订股份合作协议，组建唐山市鸿达热轧有限责任公司，成为区外企业参与开平乡镇企业改制第一家。1998－1999 年，放活乡镇集体企业，全区企业改制实现重大突破。半数企业实行了多种形式的产权制度改革，其中出售企业 30 家，出售资金逾亿元，通过改制启动停产半停产企业 14 家，盘活存量资产 2.68 亿元。2000 年全区 115 家乡村集体企业完成改制，其中产权出售 93 家，通过改制启动栗园钢铁总厂等停产、半停产企业 14 家。产权制度改革促进了民营经济迅速发展壮大，涌现出注册资产超亿元的民营企业 3 家、超千万元的 13 家、超百万元的 55 家，有 2 家企业进入河北省民营企业百强行列。2001 年，98% 乡村集体企业实现产权制度改革，开平区乡镇企业步入民营经济为主导的新阶段。全区注册资金超亿元的民营企业达到 15 家、超千万元的 56 家，有 2 家企业进入全国民营企业 500 强。有 3 家民营企业相继成功买断开滦巍山矿、唐山第一印刷厂，租赁陕西省属国有大型企业——汉江钢铁厂。2003 年，开平区在基本完成企业产权制度改革基础上，积极引导企业建立现代企业制度，对规模较大、管理机制完善的民营企业进行股份制改造，鼓励他们参与市属以上国有企业改革。在河北省经济工作会议上，唐山兴业工贸集团公司被授予2002年度“河北省十大民营纳税企业”称号。2004年，全区有规模以上私营独资企业32个，完成工业产值62.5亿元，利税1.05亿元；有规模以下私营工业企业241个，完成工业产值6.13亿元，税润784万元。2005年，实施企业“二次改制”，重点理顺企业与社会、企业与职工等关系。2008年，全区有规模以上民营工业企业股份有限责任公司39个，从业人员1.8万人，完成工业总产值202亿元，实现利税2.6亿元，分别占全区规模以上工业企业的69.41%和41.04%。

第二章　企业结构

1987年，开平区乡镇企业体制结构形式为乡镇办、村办、联合体和个体，简言之“四轮驱动”。乡镇办企业作为“领头羊”，一般规模较大、管理水平较高，总产值和税金占到全部乡镇企业近四成。在乡镇企业跨越式发展过程中，随着“四轮驱动、村轮必动”战略的实施，村办企业后来居上，1995年，村办企业产值和税金分别占到全部乡镇企业的57.47%和50.39%，成为乡镇企业的“半壁江山”。到1998年，乡镇办企业占全部乡镇企业产值和税金总量下降为11%和20%。借鉴温州模式，联户办和个体企业发展迅速，截至2008年，产值和利润均比1987年翻了一番，成为乡镇企业向民营企业过渡的中坚力量。

第一节　经营体制

一、乡镇办企业

开平区乡镇企业发展中，乡镇办企业起步早，发展快，相对规模较大，低水平重复建设项目较少，各项经济指标所占比例较大，对全区乡镇企业的发展起到带动和支撑作用。1987年，全区乡镇办企业168家，从业人员1.7万人，完成总产值1.7亿元、利润1338万元、税金1136万元，分别占全部乡镇企业的34.14%、12.97%和38.26%。随着实施乡、村、联合体和个体四轮驱动策略，乡镇办企业在全部乡镇企业所占比重逐步下降。在全区乡镇企业呈现跳越发展阶段的1995年，乡镇办企业98个，从业人数1.34万人，完成总产值7.2亿元、利润3469万元、税金2916万元，分别占全部乡镇企业的13.80%、8.53%和27.51%，比1987年分别下降了20.34、4.26和10.75个百分点。到企业开始改制的1998年，乡镇办企业83个，从业人员1.14万人，完成产值9亿元、税金2789万元，分别占全部乡镇企业的11.08%和20.25%。由于体制机制等弊端的显现，乡镇办企业经营出现亏损。

二、村办企业

开平区村办企业从业人数及各项经济指标，都在全部乡镇企业中占有较重要的地位。1987年，全区村办企业632个，从业人数2.3万人。完成总产值1.6亿元、利润2643万元、税金846万元，分别占全部乡镇企业的33.46%、25.63%和28.49%。1992年，旨在强化村级经济的“五〇工程”，推动村办企业做强做大。1995年，村办企业总产值猛增到29.8亿元、利润1.53亿元、税金5330万元，分别占全部乡镇企业的57.47%、37.59%和50.29%，分别是1987年的17.68、5.78和6.3倍。1997年有村办企业230个，从业人员1.7万人，实现产值22.30亿元。在1999年度唐山市乡镇企业“强村街”排序（前50名）中，半壁店村位居第一，前屈庄村位居第三。

三、联户办企业

1987 年，开平区拥有联合体企业 405 个，从业人员 6976 人。完成总产值 5021 万元、利润 1325 万元、税金 313 万元，分别占全部乡镇企业的 9.98%、12.84% 和 10.54%。1990 年，总产值突破 1 亿元。1995 年，总产值突破 4 亿元，达到 4.49 亿元。“国退民进”给联合体企业创造了发展机遇，2001 年，联合体企业 266 个，从业人员 1.16 万人。总产值突破 23 亿元、利润突破 1 亿元、上缴税金 2883 万元，分别占全部乡镇企业的 18.49%、18.85% 和 14.73%，是联合体企业占全部乡镇企业比重最大的年份。2002 年，有联合体企业 309 个，从业人员 1.3 万人，完成总产值 35.29 亿元、实现利润 1.3 亿元。固定资产原值 11.76 亿元，固定资产净值 7.4 亿元。

四、个体企业

1987 年，开平区乡镇企业中拥有个体企业 9235 个，从业人员 1.3 万人。完成总产值 1.13 亿元、利润 5011 万元、税金 674 万元，分别占全部乡镇企业的 22.42%、48.57% 和 22.70%。随后几年间稳步发展，1994 年完成产值 15 亿元，1996 年突破 20 亿元。进入 21 世纪，随着私营企业规模不断扩大，规模较小的个体企业呈下降趋势。2001 年，有个体企业 9956 个，从业人员 2.36 万人，完成现价总产值 55.84 亿元。2002 年，有个体企业 4729 个，从业人员 1.14 万人，完成现价总产值 30.07 亿元、实现利润 1.54 亿元。固定资产原值 4.23 亿元，固定资产净值 2.36 亿元。2008 年，有个体工商企业 4204 个，从业人员 1.03 万人，注册资金 1.51 亿元，完成工业总产值 1.45 亿元、营业收入 9.78 亿元。

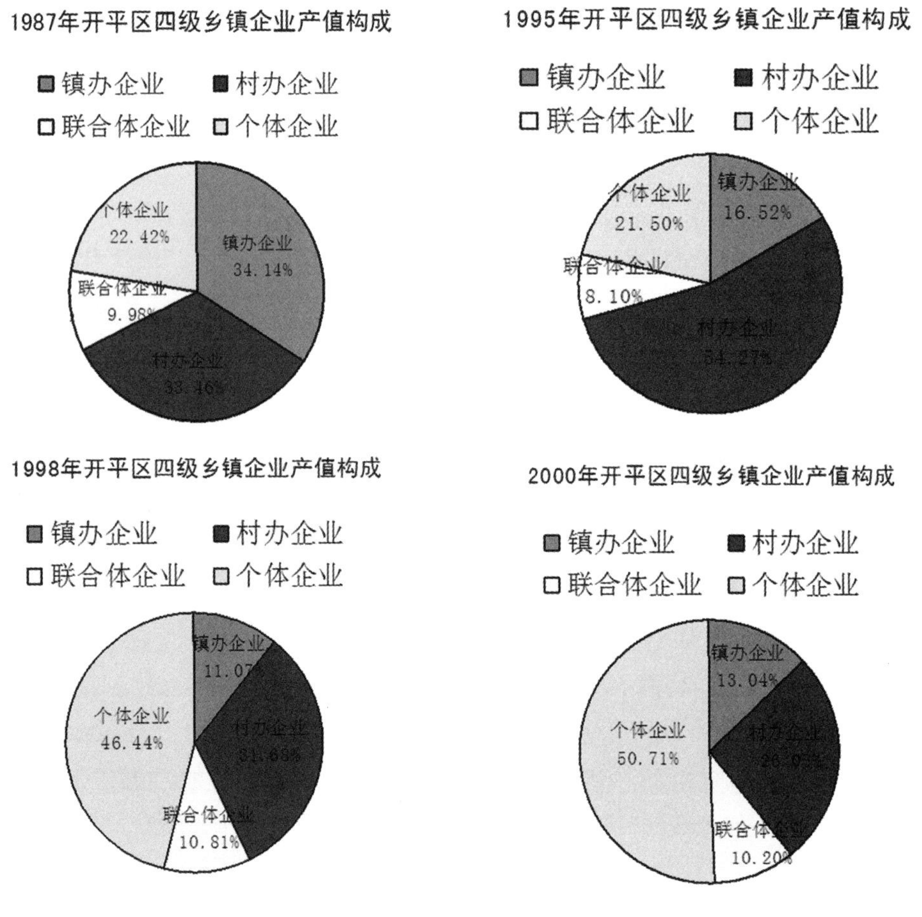

图 9－1　部分年度开平区四级乡镇企业产值构成示意图

1987－2000 年开平区乡镇企业产值利税统计表

表 9－1

年度	企业个数	从业人数	现价总产值（万元）	利润（万元）	税金（万元）
1987	10596	59422	50356	9941	3279
1988	12280	65911	73892	13135	4985
1989	10441	61814	86249	13701	6210
1990	12291	62710	100588	15410	5882
1991	12363	66238	143716	13565	5141
1992	14568	76016	257659	23054	8084
1993	9852	54313	346752	36263	11237
1994	11469	60224	497316	49691	14281
1995	10774	54898	582114	40662	10598
1996	10792	54188	744277	51989	13550
1997	10131	54464	348762	52344	14642
1998	10632	49896	836315	29292	12226
1999	9830	49859	923763	37735	15550
2000	10370	51583	1098695	39486	16359

1987－2008 年开平区个体工商户统计表

表 9－2

年度	户数	从业人员	注册资金（万元）	工业总产值（万元）	营业收入（万元）	社会消费品零售额（万元）	增加值（万元）
1987	13213	21840	2232	6886	15274	6999	－
1988	12195	16363	1916	4551	10557	26937	－
1989	9776	15345	2014	8993	9088	23413	－
1990	7819	11698	2482	7735	8659	29781	－
1991	7563	10496	2233	16978	9239	17055	－
1992	6836	9107	2567	15094	14660	23418	－
1993	6305	9174	3205	23701	16287	12057	－
1994	8297	13661	3686	38267	15474	10818	－
1995	10569	17401	4690	48686	17021	13295	－
1996	12790	21495	7105	69962	11888	19365	69962
1997	13563	22794	8702	43776	56869	60365	87912
1998	13861	26410	10300	26300	97200	68389	99707
1999	14065	29974	15500	39900	100800	73970	110554
2000	14320	30678	17600	62200	178200	82995	124130

续表9－2

年度	户数	从业人员	注册资金（万元）	工业总产值（万元）	营业收入（万元）	社会消费品零售额（万元）	增加值（万元）
2001	14226	31250	21256	86482	196695	92789	139417
2002	3947	8803	7717	30273	89494	104109	115005
2003	4282	10354	10032	67216	93471	115547	175558
2004	3396	7604	9638	20761	32164	166750	190137
2005	3253	7369	9602	18551	49712	192596	23257
2006	4197	9701	11138	20883	27248	217248	235016
2007	4276	9941	12713	22867	39209	254242	269523
2008	4204	10317	15122	14504	97750	305626	296475

第二节　产业类型

乡镇企业涵盖一、二、三产业各个类型。1987年工业企业从业人数、工业产值均占全部乡镇企业六成多，到2000年，上述两项指标分别占全部乡镇企业的71.45%和98.60%。农业企业产值由1987年的295万元，2008年达到1.10亿元，取得突破性进展。商业、服务业发展迅速，1987年总收入1.6亿元，2008年社会消费品零售总额达到30亿元。

一、工业企业

开平区乡镇工业企业是全区乡镇企业的主体。1987年，全区共有乡镇工业企业1600个，从业人员3.62万人，占全部乡镇企业人数的60.88%。完成工业产值2.5亿元，占乡镇企业总产值的61.41%，占全区工业总产值的84.52%。1990年，乡镇工业企业2857个，从业人员3.89万人，完成产值6.97亿元，占乡镇企业总产值的69.2%，占全区工业总产值的87.88%。1993年，乡镇工业企业2138个，从业人员3.12万人，完成工业产值28.72亿元，占乡镇企业总产值的81%，占全区工业总产值的91%。2000年，乡镇工业企业2492个，从业人员3.59万人，完成工业产值77亿元，占乡镇企业总产值的71.45%，占全区工业总产值的98.60%。2004年，全区有民营工业企业1468个，完成工业产值138.37亿元，2008年，全区有民营工为企业1672个，完成工业产值309亿元。

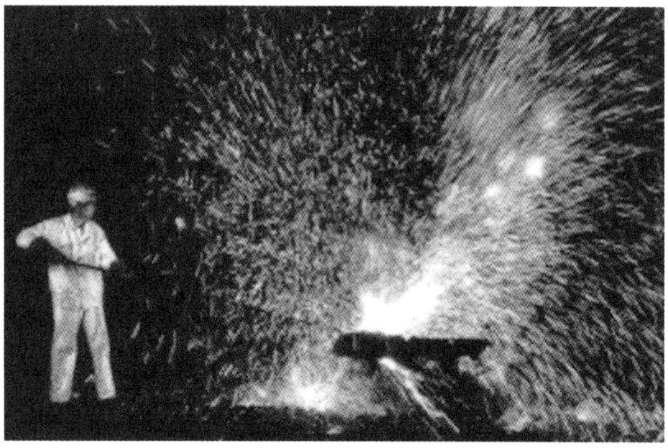

半壁店钢铁集团公司炼钢车间

二、农业企业

鼎晨公司农产品加工生产线

开平区农业产业化起步较早，初期主导产业为传统的农场和养殖场等农业企业。1987 年，全区有农业企业 6 个，从业人员 326 人，完成产值 295 万元，占全部乡镇企业产值的 0.59%。进入 21 世纪，农产品加工型企业和特种种植、养殖基地纷纷落成，2006 年全区投资 1.3 亿元，完成农业项目 11 项，其中市级重点项目 5 项。唐山市鼎晨食品有限公司投资 2300 万元，年加工速冻果菜 4 万多吨，日加工糯鲜玉米 80 吨，产品出口东南亚，成为农业产业化的龙头企业。2008 年有规模以上农业企业 3 个，实现产值超亿元。

2008 年开平区规模以上农业企业主要经济指标一览表

表 9－3

企业名称	从业人数	工业总产值（万元）	利税总额（万元）	固定资产原值（万元）	辐射农户
鼎晨食品有限公司	200	9000	500	5600	10000
香美佳食品有限公司	70	710	75	3000	3000
鹏发鸡场	70	600	60	960	6000
合计	340	10310	635	9560	19000

三、商贸服务业

1987 年，经营商品批发和零售的乡镇企业 5481 个，从业近万人。主要经营五金交电、日用百货、烟酒茶糖及副食糕点等商品。完成产值 4841 万元，占全部乡镇企业的 9.6%。随着产业结构调整和“退二进三”的实施，从 2002 年开始，商品批发零售业产值连年均在 10 亿元左右。1987 年，服务型乡镇企业 526 个，完成产值 2045 万元。进入 21 世纪，经营范围扩大到信息传输、计算机服务及软件业、文化体育、娱乐业、教育卫生业、租赁中介、典当业等。2008 年，完成社会消费品零售总额 30.56 亿元，其中批发业 1.3 亿元、零售业 23.36 亿元、住宿餐饮业 5.46 亿元。

1987－2000 年开平区乡镇企业商业企业经济指标统计表

表 9－4　　单位：万元

项目/数字/年度	企业个数					企业人数					总产值					总收入				
	合计	乡办	村办	合作	个体	合计	乡办	村办	合作	个体	合计	乡办	村办	合作	个体	合计	乡办	村办	合作	个体
1987	5980	26	157	71	5726	9801	511	2178	361	6751	8369	918	1329	580	5542	8463	1099	1572	722	5070
1988	6365	28	178	83	6076	10703	556	2476	430	7241	10552	1150	1676	731	6995	27726	3599	5150	2366	16611
1989	4609	26	192	69	4322	10158	577	3230	563	5788	8993	1109	1660	502	5722	24147	2913	5636	1891	13707

续表9－4

项目/数字/年度	企业个数					企业人数					总产值					总收入				
	合计	乡办	村办	合作	个体	合计	乡办	村办	合作	个体	合计	乡办	村办	合作	个体	合计	乡办	村办	合作	个体
1990	5685	22	182	56	5425	10354	463	2159	369	7363	13141	769	2341	391	9640	30623	2912	5392	1088	21231
1991	5789	23	192	35	5539	9951	584	1788	224	7355	16978	1245	2344	791	12598	18103	1269	2591	859	13384
1992	4539	21	190	72	4256	7551	466	3100	454	3531	17071	867	953	570	14681	47416	2758	3699	934	40025
1993	3969	17	35	33	3884	6603	196	433	211	5763	20469	1039	1143	683	17604	56852	3307	4436	1120	47989
1994	4479	16	30	35	4398	5913	186	372	90	5265	16970	1615	2529	4155	8671	–	–	–	–	–
1995	4686	10	17	35	4624	6583	564	506	86	5427	23715	1003	3343	4286	15083	–	–	–	–	–
1996	3964	19	35	27	3883	7854	558	498	97	6701	61092	1898	22167	5813	31214	–	–	–	–	–
1997	4241	41	12	4188	7448	668	116	6664	42404	2254	655	39495	23707	535	277	22895				
1998	4518	42	11	4465	7934	709	107	7118	50918	2707	786	47425	28466	642	332	27492				
1999	4306	42	10	4254	6837	640	79	6118	79973	2783	606	76584	44015	5251	176	42588				
2000	4458	38	14	4406	7571	364	161	7046	133502	3948	2049	127505	62090	2503	927	58660				

第三章　经营管理

1987年，开平区90%以上的乡村企业推行集体承包责任制，责、权、利结合，给企业的经营管理增添了活力。通过强化基础管理，企业素质进一步提高，到1989年底，全区有110家乡村企业实现升级。20世纪90年代中期，以产权制度改革为突破口，加大乡镇企业改革力度，规模化股份制企业的组建，公司治理结构和现代企业制度的实行，使企业经营管理更加规范和完善。

第一节　经营形式

一、承包经营

开平区兴办乡镇和村级集体企业之初，是由乡、村两级投资，企业经营者由乡、村领导聘任。随着时间的推移，产权关系模糊和行政干预过多而导致的企业经营机制弊病日益暴露。1987年，区委、区政府决定，借鉴区属企业实行承包经营责任的经验，在乡村集体企业中推行厂长（经理）负责制。在不改变企业集体所有制性质和隶属关系的前提下，按照所有权与经营权分离的原则，明确所有者与经营者的责权利关系，由企业自主经营，自负盈亏。1988年，在乡村集体企业中推行公开招标、竞争承包，改企业经营者委任制为招聘、职工推荐和自荐制。全区588个乡村集体企业实行承包经营责任制，占集体企业的90%。承包经营责任制在一定程度上促进了乡村集体企业的发展，但也存在承包内容不够完整周密，没能兼顾到各个方面。如只重视产量、质量、利润等指标，没有注意到设备完好率、技术进步和安全生产等问题，更忽略了资产保值增值、发展后劲等关键指标，从而导致少数承包者拼设备、吃积累，不提取各项基金，搞掠夺性经营，短期行为严重。1989年，对承包经营责任制进行完善，制定了产量、质量、产值、收入、利润、资产增值、专项基金提高、设备完好率、技改项目、新产品开发、安全生产等综合性指标。仅据固定资产数据显示，1988 年乡村两级集体企业固定资产净值 1.28 亿元，其中乡镇办企业 5799 万元，村办企业 7008 万元。1989 年乡村两级集体企业固定资产净值 1.81 亿元，其中乡镇办企业 8944 万元，村办企业 9136 万元，同比分别增长 41.41%、54.23% 和 30.37%。之后，深化企业承包经营责任制，将竞争机制、风险机制引入车间、班组，完善企业内部经营机制配套改革，使承包经营责任制向纵深阶段发展，进一步推动乡镇企业发展。1992 年，涌现出年产值 200 万以上的乡村集体企业 92 个，占乡村两级企业的 10.56%，比 1991 年提高 4.05 个百分点；涌现年利税总额百万元以上企业 36 个，占两级企业的 4.13%，较 1991 年提高 3.44 个百分点。

二、股份制

开平区乡村集体企业实行承包经营责任制的实践，逐渐暴露出承包者负盈不负亏、“旱涝保收”、企业盈利无积累等问题，企业发展机制、营销机制、分配机制、用人机制、调控机制等机制性衰退显现。股份制不仅能够促进企业转换经营机制，而且有利于集中社会资金形成规模。在 1992 年 12 月下旬召开的中共开平区第四次代表大会上，提出搞好规范化股份制企业的要求。1993 年，区委、区政府成立发展股份合作经济领导小组，以郑庄子乡和越河乡税后村作为两级集体企业改制，建立现代化企业制度的试点，出台《关于在全区农村全面推行股份合作制改革的实施意见》。1994 年 3 月 6 日，河北唐山半壁店钢铁（集团）公司成立。之后，河北唐山宝新钢铁制品（集团）公司挂牌。是年，在乡村两级集体企业，实现租赁经营的企业 16 个，委托经营的企业 4 个，组建规范化股份制企业 7 家。以出售为主导模式的产权制度改革不断深化，至 1998 年，全区 380 个村以上集体企业完成改制，占两级集体企业总数的 86.7%。其中出售企业 47 家，占改制企业的 12.37%。截至 2002 年，全区乡村两级集体企业基本完成产权制度改革。通过改制，累计启动停产半停产企业 203 个，盘活闲置资产 5.3 亿元，吸纳增量资金 10 亿多元。共组建各种类型企业 430 个，其中有限责任公司 23 个，股份有限公司 8 个，股份合作企业 8 个，私营企业 293 个，集体企业 83 个，港澳台商投资企业 8 个，中外合资企业 7 个。

第二节　企业管理

一、劳动管理

开平区乡镇企业的员工主要来自五个方面。乡村企业所在辖区的农民、招用的外地民工、企业退休的专业技术人员、掌握专业知识的大学生和定向培养的本村大学生。各类企业对录用的新工人都组织岗前培训。随着大中专毕业生的增多，乡镇企业工人的文化程度和技能素质不断提高，加之机械化程度提高、生产工艺的改进，企业生产效率迅速增长。1996 年，工业企业职工全员劳动生产率（按增加值计算）1.86 万元/人，2001 年达到 4.05 万元/人，较 1996 年提高 117.74%。2004 年 11.35 万元/人，2005 年达到 13.4 万元/人，2008 年提高到 28.64 万元/人。

二、财务管理

1987 年以后，开平区乡镇企业根据“建立健全企业内部财务管理制度，做好财务管理基础工作，如实反映企业的财务状况，依法计算和缴纳国家税收，保证投资者权益不受侵犯”的原则，制订适合本企业实际的财务管理制度，并不断修改完善。1993 年 7 月 1 日实行的财政部《工业企业财务制度》，使乡镇企业财务管理进一步规范化。企业主管部门加强对乡镇企业的财务审计监督管理，开平区税务和审计部门加强财务审计监督。企业改制前，对乡村两级集体企业建立厂长（经理）离任审计制度，使企业财务管理纳入制度化、规范化管理的轨道。1995年以后，部分骨干企业先后购置微机，实现财会电算化。一些规模较大的企业还聘请总会计师管理财务工作。到2008年，全区主要乡镇企业和民营企业普遍实现计算机网络化管理。

三、生产管理

开平区乡镇企业从起步开始，在生产上就努力摆脱计划经济的束缚，实行产销衔接，以销定产，狠抓营销龙头的管理方式。随着企业的发展，逐步建立了一套严格的生产管理制度，注重生产现场管理和降低成本，在节能降耗上下功夫。1995年以后，全区乡镇企业开展学邯钢、抓管理、降成本活动，普遍推行成本一票否决方式，实行生产成本倒算管理，使工厂生产与市场进一步接轨。还在乡镇企业中开展“质量、品种、效益年”活动。从而不断提高乡镇企业的生产管理水平，使生产管理走向正规化、标准化和系统化。1995年3月，越河陶瓷厂被命名为市级“现场管理样板企业”。1987－2008年，全区有14个企业入选“唐山市一级乡镇企业”，有13个企业入选“河北省明星企业”。

四、质量管理

开平区乡镇企业从初期就比较重视产品质量管理工作，对生产过程中影响质量的各个因素实行质量控制。20世纪80年代中期，随着科学技术的迅速发展和市场竞争的日趋激烈，新技术、新工艺、新设备、新材料大量涌现，产品更新换代速度加快，使乡镇企业更加重视现代化质量管理，普遍推行全面质量管理，把质量管理的核心放在提高人的因素，调动人的积极性上。把专业技术、数理统计、经营管理与思想教育结合起来，建立产品的研究、开发、生产（作业）、服务等全过程的质量体系，有效地利用人力、物力、财力和信息等资源，向社会提供符合规定要求和用户期望的产品及服务。随着全面质量管理的深入开展，全区乡镇企业的产品普遍提质升级。为了与国际接轨，促进乡镇企业的对外开放，从20世纪90年代中期开始，一些乡镇企业引进ISO9002国际质量体系，按照体系标准规范企业质量管理行为，使一批企业质量管理登上一个新台阶。规模以上工业企业先后通过ISO9002国际质量体系认证，争创出许多名优产品。1987－2008年，有18种产品创市级优质产品、5种产品创省级优质产品、3种产品创部级优质产品。进入21世纪，一些企业率先实施名牌战略，注册商标。2003－2008年，有5个商标被认定为“河北省著名商标”，“隆达（Longda）”被认定为“中国驰名商标”，天汇制衣“夫人梦”商标在香港注册。

开平区乡镇企业商标认定统计表

表9－5

商标名称	企业名称	认定名称	认定部门	认定时间
Longda（隆达）	隆达骨质瓷公司	河北省著名商标	河北省工商局	2003.9.4
唐特耐火材料	国亮特耐公司	河北省著名商标	河北省工商局	2004.10.8
Huali（华丽）	华丽陶瓷公司	河北省著名商标	河北省工商局	2004.10.18
“夫人梦”睡衣	天汇制衣公司	河北省著名商标	河北省工商局	2007.1
“万升”电缆	万通电缆集团	河北省著名商标	河北省工商局	2007.1
Longda（隆达）	隆达骨质瓷公司	中国驰名商标	国家工商总局	2008.3

五、技术管理

开平区乡镇企业技术管理工作，在20世纪80年代和90年代中期，侧重于产品设计、工艺规程、材料消耗定额、新产品开发等方面的管理。进入90年代后期，则着重抓技术改造。首先在钢铁、水泥、陶瓷、耐火材料等支柱行业淘汰落后设备和产能。然后推广新工艺、新设备，实现节能降耗减排，提高工艺装备水平，转变增长方式，促进产业升级。"九五"期间，实施工业技改和技术创新项目90个，完成投资23亿元。"十五"期间，实施工业技改和技术创新项目277个，完成投资34亿元。"十一五"的前3年，实施工业技改和技术创新项目160个，完成投资28亿元。冶金行业结束了土烧球团的历史，实施高炉喷煤粉工程，以及铁水热装、连铸连轧工艺等。在能耗大户陶瓷耐火材料行业，淘汰倒焰窑，改烧煤为天然气、煤气。2000年以后，每年固定资产投资30%以上用于工业技改工程。

六、营销管理

开平区乡镇企业在营销管理上比较灵活，采取多种形式以提高适应市场能力，扩大市场占有率。产销结合，以销定产，企业按照订货合同（订单）有计划地组织生产，避免或减少产品积压。组织来料加工，由用户提供原材料，企业按照用户对品种、规格的要求进行加工，收取合理的加工服务费。利用用户预付货款，企业按计划组织生产、定期发货，在产品价格上有所优惠。市场细分，选择市场需求，如陶瓷行业，把全国陶瓷市场细分为京津、江南、东北和西北4个大市场，按照不同的市场目标，分别组织产品生产和销售。在外埠设立办事处，建立销售网点，就近组织用户。积极参加全国性或国际性行业博览会、展销会和交易会，为企业争取市场。

七、管理机构

1979年7月，国务院《关于发展社队企业若干问题的规定》下达后，开平区于1980年成立区级职能部门社队企业局。1984年机构改革，将社队企业局和工业局合并，组建区经委，内设乡镇企业科。1986年，乡镇企业科从区经委分离出来，组建开平区乡镇企业局。2002年2月，将区乡镇企业局、区计经贸委、工业总公司和民营委合并，组建区经济贸易局，负责全区国民经济运行和安全生产监督管理。2006年10月，组建开平区工业经济促进局（简称工促局，同时挂开平区中小企业局牌子）、发展改革局和安全生产监督管理局。工促局掌握全区经济运行，对各类经济成分的工业企业实施宏观管理和指导。

开平区乡镇企业除接受唐山市行业管理外，还成立两个行业协会。2003年11月，成立全区第一个工业行业协会——开平区耐火材料协会，首批吸纳会员企业40家。2006年3月，成立开平区煤炭行业协会，首批吸纳会员企业29家。

第四章　经济社会效益

"异军突起"的乡镇企业，作为农村现代化的核心内容，转移大批农村剩余劳动力，提高农民收入，壮大区域经济实力，较好解决了"三农"问题，促进农业现代化、农村工业化和农村人口城市化。1987年，全区地区生产总值3.2亿元，全部财政收入3327万元，农民人均收入841元。1995年，分别达到8.8亿元、8464万元和2459元。2000年，分别达到35.86亿元、1.69亿元和3661元。不仅安排了绝大多数农村剩余劳力，而且吸纳了大批外来务工人员、下岗失业人员和大学毕业生就业。

第一节　经济效益

一、国民经济贡献率

从十一届三中全会到1984年，开平区社会总产值实现第一个翻番，其中乡镇企业的贡献率占57%。1987年，实现第二个翻番，乡镇企业的贡献率达74.1%。在以后年度的经济发展中，乡镇企业的贡献率逐年提高。在全区社会总产值突破10亿元的1990年，乡镇企业贡献率提高到77.41%。在全区社会总产值突破60亿元的1995年，乡镇企业贡献率达到83.27%。1993－1997年的5年间，全区国民生产总值以年均23.7%的速度增长，而乡镇企业总产值以年均38.9%的速度递增，远远高于全区综合经济的增长速度。乡镇企业的崛起，促使乡镇和村级经济实力壮大。1995年工农业总产值，越河乡超亿元，开平镇超过2亿元。2000年，6个乡镇的工农业总产值均在5亿元以上，其中越河乡、郑庄子乡超过10亿元，开平镇超过30亿元。到1995年，全区涌现出亿元村9个、10亿元村1个。2000年，全区亿元村27个、16亿元村1个。

开平区乡镇企业的快速发展，既提供了税源，又增加了财政收入。1990年，全区完成工商税收5450万元。1994年，国地税机构分设。至2008年，国税累计实现税收收入11.38亿元，地税累计实现税收19亿元。从而使地方财政收入增加。1995年，全区全部财政收入8464万元，1996年开始突破亿元，2001年突破2亿元，2003年4亿元，2005年7亿元，2008年达到12.05亿元。

二、产业反哺支农建农

乡镇工业不仅使以种植业为主的农业结构发生根本变化，而且成为支持农业，实现产业反哺的主要形式，其支农建农资金远远大于政府投入。1987年投入近800万元用于发展蔬菜、畜牧和林果生产，棚菜生产扩大2000多亩、改造低产果园4000亩，建沙地、塌陷地果园6000亩，开发精养高产鱼池1100亩，植树造林6811亩，年产蔬菜1.7亿公斤、果品938.5万公斤。1988年，全区蔬菜保护地发展到7200亩，棚菜产值占到蔬菜总产值的44%。1989年，全区向农业投入2300多万元，兴修农田水利。随着投入的增加，开平区平原绿化力度加大，5项指标均达到国家标准，到1990年，全区共完成工程造林1.71万亩，四旁植树78.7万株，育林地面积6.22万亩，林木覆盖率达13.2%，被国家林业部批准为“平原绿化先进单位”。1993年，开平区乡镇减少三分之一，高效农业总投资却达到1188万元，是1988年的148%。以丰富市民“菜篮子”为主攻方向，城郊农业特色日益突出。全年肉、蛋、奶和水产品产量分别达到6976吨、2968吨、9387吨和140吨。1995年，全区设施蔬菜种植面积突破万亩，2002年达到1.64万亩，日光温室达到6000亩。养殖业迅猛发展，2003年全区养殖专业户2600多户，养殖业产值占大农业产值的54.3%，全区万亩菜田和万亩果树通过省级无公害认证。2008年，开平区农村固定资产投资达12.98亿元，乡镇企业和民营企业积极参与农业产业经营，重点兴办农产品深加工龙头企业及与之配套的包装、仓储、配送等产业，开发建设休闲观光农业、体验农业。这一年，开平区农业总产值10.57亿元。

第二节　社会效益

一、促进农村小康建设

乡镇企业发展与农村经济生活息息相关，使农民收入来源多元化。1987 年，全区农民人均纯收入 841 元，以后农民收入逐年增加。1994 年，农村小康建设迈出决定性的一步，农民人均纯收入 1906 元。按照省、市小康村标准，区委、区政府命名 117 个村为小康村，占全区村级总数的 88%。开平区和 6 个乡镇也具备了小康县（区）和小康镇的条件。开平镇被确认为全省首批“小康乡镇”。半壁店村被命名为“全国十佳小康村”，被确定为“全国村镇建设示范点”。1997 年，全区农民人均纯收入突破 3000 元，2000 年实现 3661 元，2008 年达到 6665 元。

二、促进农村剩余劳动力转移

开平区原处于城市近郊，由于国家基本建设占地等缘由，使农村耕地面积逐年减少。1993 年，全区实有耕地 16.96 万亩，1995 年减少到 16.85 万亩，2000 年为 16.61 万亩，2005 年 15.97 万亩。12 年间减少耕地 0.99 万亩。耕地面积的大量减少，使无地、少地农民越来越多，农村劳动力过剩现象日益突出。而四级乡镇企业的发展，吸纳了大量农村劳动力。像半壁店、税后、贾庵子、前屈庄等乡镇企业发达的村庄，不仅安排了本村劳动力，还招录外地人员，以满足企业生产需要。1987 年，乡镇企业从业人员 5.9 万人，占农村劳动力的 48.75%。1995 年，乡镇企业从业人员 5.5 万人，占农村劳动力的 67.15%，即使剔除 20% 的外地人员，仍然占 47% 以上。2000 年，乡镇企业从业人员 5.6 万人，占农村农动力的 65.36%。同时，乡镇企业还为下岗失业人员再就业、大学毕业生就业提供了机会，为城镇登记失业率控制在 4% 以下做出贡献。

三、促进农民生活富裕

20 世纪 80 年代，随着家庭联产承包责任制的推行和乡镇企业的发展，农民从“土里刨食”的传统中解放出来，“离土不离乡”从事工业、建筑业、商业、服务业等经济活动。1987 年，农民人均家庭经营性收入 414 元，占纯收入的 51.17%，1991 年农民人均家庭经营收入达到 948 元，占纯收入的 78.35%。1993 年，开平区乡镇企业进入跨越式发展阶段，农民家庭经营收入、工资性收入亦呈现大幅度提高之势，农民人均工资性收入 1096 元，占人均纯收入 69%。进入 21 世纪的 2001 年，农民人均工资性收入达到 2656 元，2008 年增长到 4829 元，占人均纯收入的 78%。22 年间农民人均纯收入翻了近 7 番。

前屈庄村民喜领“土劳保”

收入的大幅度增长，提高了农民的生活水准和幸福指数。1987 年农民人均肉蛋奶消费 84.5 元，2000 年达到 283 元，2008 年增加到 609.4 元。衣着类消费也由 1987 年的人均 91.56 元，2008 年达到 439.97 元。特别是高档耐用消费品在普通农民家庭普及。由 1987 年的自行车、缝纫机、手表老“三大件”，到20世纪90年代，彩电、冰箱、洗衣机新“三大件”，再到21世纪初摩托车、电话、手机、电脑等纷纷进入寻常百姓家。2008年，百户农民家庭有彩电110台、空调29台、摩托车54辆、移动电话122部、电脑17台、汽车5辆。富裕起来的农民更加注重生活质量。1987年文教娱乐消费人均只有12.87元，2008年达到286.1元。医疗保健的消费也由2000年人均166.39元，增加到2008年的362.54元，翻了一番多。

第五章　骨干企业和名优产品

开平区坚持对乡镇企业扶优扶强，使其成为全区经济发展的支柱和栋梁，全区62家年销售收入500万元以上企业，全部是乡镇企业（民营企业）。这些企业将争创名牌产品作为企业发展目标，牢固树立创新精神，实现了“发展中创名牌，提高中保名牌”。截至2008年，共创名牌产品20个，其中部优2个、省优11个、市优7个。

第一节　骨干企业

一、唐山华丽陶瓷有限公司

唐山华丽陶瓷有限公司坐落在唐山市胜利桥东越河镇境内，是专业生产建筑卫生陶瓷的民营企业。其前身是始建于1973年越河公社投资的集体企业河北越河陶瓷厂。年产140万件卫生陶瓷洁具，是国内知名的较大规模专业卫浴企业。2008年，完成工业总产值8081万元（当年价格），实现利税1146万元，资产总计7823万元，拥有员工1060人。

华丽陶瓷卫生洁具生产线

河北越河陶瓷厂兴办初期，主要生产低压电瓷和小型工艺瓷。1982年，投资195万元建成一座108米长的隧道窑和一座推板窑，购置大型球磨机等生产设备，提高生产能力。1986年，生产卫生瓷、工业耐酸瓷20余万件，轴面砖30万平方米，完成产值536万元，实现利税159万元。产品畅销国内10个多省市，远销东南亚。1996年12月，时任国务院副总理李鹏参观全国卫生洁具展览时，详细观看了参展的越河陶瓷厂产品，还与该厂参展工作人员王廷勋合影。该厂生产的华丽牌卫生洁具被农牧渔业部评为1988年部优产品，仿意大利和美式标准连体坐便器曾两次在全国评比中获奖。

在乡镇集体企业产权制度改革中，2000年越河陶瓷厂整体出售，2001年4月，成立唐山华丽陶瓷有限公司。2004年，投资新建110米宽断面节能自动化隧道窑和120米立体浇注生产线，工业总产值达到3641万元。公司被评为“河北省重合同守信用企业”和省、市文明单位。先后通过韩国KS标志产品认证、澳大利亚AS标志产品认证、美国CUPC标志产品认证和欧洲CE安全标志产品认证，产品远销多个国家和地区。2005 年 6 月，“华丽”牌卫生洁具被中国建筑卫生陶瓷协会评为“中国建筑卫生陶瓷知名品牌”。

二、唐山市国亮特殊耐火材料有限公司

国亮特耐公司坐落于开平镇东北部，占地 315 亩，下属 3 个分厂，员工 800 人，总资产超亿元，年生产各种耐火材料 15 万吨，是开平区耐火材料行业的领军企业。

国亮特耐公司的前身是始建于 1994 年开平镇兴办的集体企业开平区特殊耐火材料厂，主要从事定型耐火制品和不定型耐火材料的研发和生产。2000 年企业改制以来，以技术改造为先导，坚持科技强企，公司得到快速发展。2002 年，公司对能耗大、污染重的倒焰窑进行改造，改烧煤为煤气发生炉，开全区耐火材料行业之先河。2008 年，又拆除煤气发生炉，改烧天然气，实现提质降耗。公司按照环保要求，兴建 8 个现代化的生产车间和设备完善的检验室。定型制品有耐火砖、隔热砖、含碳砖、滑板砖和绝热板等 5 大类 30 多个品种，年产量 8.6 万吨；不定型耐火材料有浇注料、捣打料、喷补料、干式振动料和预制块等 15 大类 60 多个品种，年产量 6.8 万吨。产品主要供应钢铁、有色金属、建材和石化行业。不仅覆盖京、津、冀、鲁、豫和东北三省，而且远销美国、日本、韩国、马来西亚、泰国、澳大利亚等国家和地区。2004 年，公司研发的“铁水包高性能 AS 浇注料”获河北省科技成果奖和科技进步三等奖。还开发出适合工艺新要求的特级高铝砖等新产品。2007 年，产品销售量在全省同行业排名第二。2008 年，完成工业总产值 1.35 亿元，上缴增值税 637 万元。

铁水包用高性能 AS 浇注料成果证书

公司坚持诚信经营，成为开平区唯一一家获得国家、省、市三级“重合同守信用单位”称号的企业，通过质量、环境和职工健康安全三体系认证，并获评“河北省高新技术企业”、“河北省重点扶持成长型民营企业”和“开平区优秀民营企业”。2003 年 11 月，被选为开平区耐火材料行业协会会长单位。

三、河北唐山半壁店钢铁有限公司

河北唐山半壁店钢铁有限公司坐落在开平镇半壁店村工业园区，其前身是村办企业半壁店钢铁（集团）公司，2000 年村办集体企业产权制度改革中整体改制为私营企业。2008 年，实现工业总产值（当年价格）58.63 亿元，拥有资产总计 10.64 亿元，员工 3700 人。

半壁店村从 1985 年筹建第一座钢铁厂起步，到 1993 年已形成从冶炼到轧制 6 个厂的联合企业，达到年炼钢 17 万吨、轧钢 50 万吨的生产能力。工业总产值 9.46 亿元，利税 1.14 亿元，固定资产 2.4 亿元。为了充分发挥整体优势，整合资源，1994 年 3 月成立河北唐山半壁店钢铁（集团）公司，建立起政企分开、责任分明、科学管理的企业管理制度。在村办集体企业产权制度改革中，于 2000 年 4 月，半壁店钢铁（集团）公司与本村个体业主韩文臣以股份投资形式签订了组建河北唐山半壁店钢铁有限公司，由韩文臣出任公司董事长、总经理。

2000 年，公司投资 1 亿元，建设 179 立方米高炉、24 平方米烧结机和 11 万伏变电站各一座，对中型轧钢厂进行技术改造，建成热轧带钢生产线一条。从而使产品结构得以调整，资源配置进一步优化。企业改制激活沉淀资产 5000 万元。2005 年，公司投资 3 亿元建设高炉富氧喷煤工程，高炉综合焦化较前下降 140 公斤/吨，年节约焦炭 16.8 万吨。2000－2008 年，共投入技改和新项目建设资金 37.7 万元，

形成年产铁、钢、材各200万吨的生产能力，实现炼铁、炼钢、轧材、加工一条龙生产线。2002年7月，整体买断国营陕西汉江钢铁厂，实现民营企业跨省参与大型企业产权制度改革的突破。公司取得《全国工业产品生产许可证》，通过ISO9002质量体系认证。

公司下属主要分公司有：（一）唐山市半壁店钢铁有限公司，年产钢150万吨。2008年，职工3700余人，注册资本4286万元。（二）陕西汉中钢铁集团有限公司，2002年被买断后，已经建设成为集采矿、磁选、焦化、铁合金、发电、炼铁、炼钢、轧钢为一体的钢铁联合企业，系陕西省最大的钢铁企业之一。公司年产钢150万吨、中宽带钢100万吨、高速线材60万吨。有员工5500余人，其中专业技术人员1098人，具有中高级职称人员214名。注册资本4亿元。

2000年改制至2008年，半钢公司获得诸多荣誉称号。2003年9月，被农业部授予“全国诚信守法乡镇企业”称号；12月，进入全国500强企业，排名第72位。2004年，公司被河北省委、省政府评为“河北省百强民营企业”，韩文臣被农业部评为“第五届全国乡镇企业家”。2005年8月，公司入围“中国企业500强”，9月被列入“中国1000家大型工业企业排行榜”；韩文臣被省政府评为“河北省优秀民营企业家”。2006年5月，公司产品荣获“河北省优质产品”称号。

四、唐山兴业工贸集团有限公司

唐山兴业工贸集团坐落在越河镇税后村，占地700余亩，下属12个分厂，有员工2300人，资产总计近20亿元，是唐山市大型私营企业集团之一。

兴业工贸集团的前身为始建于1984年的税后村办集体企业宝新钢铁制品厂。经过多年改造扩建，已形成烧结、炼铁、炼钢、连铸、轧钢、制氧为一体，并自备110KV变电站1座的中型钢铁联合企业。1996年9月，投资960万元的连铸连轧生产线投产，为全区钢铁企业的技改提供了成功经验。2003年8月，投资1500万元的高炉喷煤粉工程投产，高炉综合焦比下降64公斤/吨，年节约焦炭4.8万吨。2005年4月，投资1.2亿元的∮650带钢生产线开工建设，2006年3月投产，具有年产85万吨中宽带钢的能力，结束了开平区只能生产窄带钢的历史。公司主要产品包括碳素钢、低合金钢连铸坯、钢筋混凝土用热轧带肋钢筋、热轧圆钢、盘条等。2008年，完成工业总产值66亿元，主营业务收入60亿元，上缴增值税1.4亿元。2004年和2007年，先后两次被河北省评为“百强民营企业”。2005年9月，列入中国1000家大型工业企业排行榜。2006年8月，经市“钢整办”批复，确定兴业工贸集团整体搬迁。

五、唐山隆达骨质瓷有限公司

唐山隆达骨质瓷有限公司建于1994年，坐落在唐山市银河路郑庄子镇境内，占地180亩，建筑面积7万平方米，职工1500多人。是一家集骨瓷设计、研发、制造、营销为一体的民营企业，已形成年生产2000万件世界最大的骨质瓷生产基地。2008年，公司资产1.8亿元，实现总产值1.6亿元。

隆达公司实施品牌战略。2005年，隆达率先在德国注册LONGDA商标；获评“河北省创名牌重点民营企业”“河北省轻工优秀企业”。2006年，获得国家产品质量免检证书和输美日用陶瓷生产厂认证证书。产品出口到德国、英国、美国、日本、韩国等50多个国家和地区。被确定为2008年北京奥运会特许生产商和2010年上海世博会特许生产商。2006年以来，全国人大常委会副委员长李铁映，全国政协副主席刘延东、阿不来提·阿布杜热西提，外交部原部长李肇星，中央军委原副主席、国防部长迟浩田等国家领导，先后到隆达公司考察。2008年5月14日，全国政协副主席张克辉携台商到隆达公司考察。2008年7月18日，美国中国商会柏迈高一行39人到隆达公司参观考察。

六、开平区双桥煤矿

双桥煤矿位于巍山脚下，原属双桥乡乡办集体企业，在产权制度改革中改为私人企业。最初是迁西县于1977年建设的矿井，后闭矿。双桥乡于1981年复矿。该矿开采开滦赵各庄矿西翼煤田。煤质为烟煤、焦煤，灰分28%，发热量4500－5500大卡。采用立井多水平开拓，落垛式采煤，中央边界式通风方法。1987年，全矿占地8.1亩，固定资产净值100万元。年产原煤17.78万吨，现价工业总产值406万元，拥有职工430人。经过多次技术改造，不断提高生产能力。1995年，完成现价工业总产值1246万元，比1987年分别增长2倍。资产总值1298万元。2000年，完成现价工业总产值2189万元，利润204万元，税金236万元。

2000年企业改制后，煤矿经营者连续投入技改资金，提高矿井设备水平，坚持科学采煤，加强安全生产管理，制订应急救援预案，提高了采煤生产能力。2006年，实现工业总产值5335万元，利税547万元，分别比改制前提高144%和24.32%；全员劳动生产率18.4万元/人，是2000年的3倍多。2008年，根据区政府统一部署，双桥煤矿停产整顿。

第二节 名优产品

一、隆达骨质瓷

隆达骨质瓷系唐山隆达骨质瓷有限公司的主导产品，2001年第四届唐山中国陶瓷博览会上，隆达骨质瓷以其“精良细腻、温润柔和、高贵典雅、超凡脱俗”的品质，被中华著名特产认证委员会认定为“中华著名特产”，被中国轻工总会陶器行业协会评为“全国十强品牌”。骨瓷灯罩产品具有透光度好、光线温润、形体美观、艺术欣赏性强的特点。骨瓷灯具作品《松鹤延年》和骨瓷大碗《漯河女神》，是胡锦涛主席参加G20峰会时送予英国女王伊丽莎白二世的国礼。

隆达骨质瓷产品展柜

二、华丽牌卫生洁具

华丽牌卫生陶瓷洁具系唐山华丽陶瓷有限公司的主导产品。产品具有工艺精湛，色釉均匀，制作精良等特点。早在1984年获河北省乙组陶瓷质量评比第一名。1986年在河北省建筑材料卫生陶瓷质量评比中获甲组第三名。被农牧渔部评为1998年度部优产品。企业改制后，不断改进烧成工艺，采用新型燃气窑炉，进一步提高产品洁白度，质地更加优良。在全国和河北省建筑材料卫生陶瓷产品展览及评比会议上，受到国家、河北省领导及国内外用户的好评。华丽牌商标在香港注册，产品打入国际市场。2004年，被评为“河北省名牌产品”，华丽牌商标被省工商局评为“河北省著名商标”，成为我国建筑材料卫生陶瓷行业的重点产品之一。

三、铁水高性能AS浇注料

“铁水包用高性能AS浇注料的研制与应用”项目是唐山市国亮特殊耐火材料有限公司承担的2002年河北省科技计划项目。本项目采用超低水泥结合技术，以优质矾土为骨料，加入适量碳化硅以减少浇注料高温下裂纹的产生，同时保证高温结构强度及提高抗渣性；加入适量膨胀剂以使浇注料不仅具有良好的抗渣渗透性，还具有良好的施工性能及体积稳定性。本产品具有可以快速烘烤、强度高、耐侵蚀、抗剥落和易施工等特点。在100吨铁水包上使用，包龄达到2400炉次。使用过程包壁光滑无裂纹，无剥落、不粘渣，铁渣渗透层薄且侵蚀均匀。于2004年通过河北省科技厅组织的成果鉴定，并获得河北省科技成果证书和唐山市三等奖，综合技术水平国内领先。

四、霸主牌水泥

霸主牌水泥系唐山市第一水泥厂主导产品。该厂是洼里乡政府利用本地石灰石、黏土等资源优势，于20世纪90年代初投资2000万元兴建的较为现代化的水泥厂。1993年生产275#、325#矿渣硅酸水泥6万吨。2000年，在乡办集体企业产权制度改革中转为私营企业。企业经营者连续投入技改资金，不断提高产品产量和质量，增加花色品种。按照优质水泥标准组织生产，控制水泥早期强度技术条件，把握焙烧工艺，实现熟料优质高产。2007年3月，霸主牌水泥被评为“河北省中小企业名牌产品”。

开平区入选唐山市乡镇企业家名录

表9－6

序号	姓名	企业名称	命名时间	序号	姓名	企业名称	命名时间
1	吴殿芳	越河陶瓷厂	1987.6	14	张明惠		1996.3
2	李玉荣	唐山市起重电器厂	1987.6	15	王玉茹		1996.3
3	李三立	开平耐火材料厂	1987.6	16	陈永珍	贾庵子	1996.3
4	张玉勤		1995.3	17	赵金星	洼里耐火厂	1996.3
5	屈国余	栗园耐火厂	1995.3	18	孙学成	唐山市第一水泥厂	1997.3
6	徐景玉	唐山市第六轧钢厂	1995.3	19	高玉锁	税西工业气体	1997.3
7	刘茂盛	大成线材厂	1995.3	20	唐顺来	荆各庄瓷厂	1997.3
8	易学宝	开平耐火厂	1995.3	21	王晓晖	冶里保温耐火材料厂	1997.3
9	袁成义		1995.3	22	王柱金	昌盛瓷厂	1997.3
10	许存华	双庙砖厂	1995.3	23	朱永利	利丰水泥厂	1997.3
11	马志友		1996.3	24	刘宝平	兴华水泥厂	1998.3
12	孙英	双桥矿业公司	1996.3	25	周天珠	兴华资厂	1998.3
13	于庆利	于庄水泥厂	1996.3	26	边立国	越河瓷厂	1998.3

开平区入选省部乡镇企业家名录

表 9－8

序号	姓名	企业名称	称号级别	命名部门	命名时间
1	刘泽文	北新金属结构总厂	河北省机电行业优秀企业家	省机电电子工业厅	1988
2	李玉荣	唐山市起重电器厂	河北省机电行业优秀企业家	省机电电子工业厅	1988
3	韩振国	半壁店钢铁公司	全国乡镇企业家	农业部	1991 和 1994
4	秦少彬	唐山第四轧钢厂	全国乡镇企业家	农业部	1991 和 1994
5	李冠群	佳丽陶瓷花纸厂	全国优秀私营企业家	全国工商总局	1998
6	闫占新	兴业工贸集团	2002 年度河北省优秀民营企业家	省委、省政府	2003. 4
7	姚晓东	滦河实业集团	2003 年度河北省优秀民营企业家	省委、省政府	2003. 4
8	韩文臣	宝业实业集团	第五届全国乡镇企业家	农业部	2004. 10
9	闫占新	兴业工贸集团	第五届全国乡镇企业家	农业部	2004. 10

开平区入选唐山市一级乡镇企业名录

表 9－9

序号	企业名称	隶属	性质	厂长	批准时间
1	开平耐火材料厂	开平镇	集体	李三立	1995. 3
2	唐峰水泥厂	双桥村	集体		1995. 3
3	兴华水泥厂	国各庄村	集体	刘宝平	1995. 3
4	荆各庄工业瓷厂	荆各庄村	集体	孙宝琴	1995. 3
5	银河瓷厂	三益庄村	集体	刘文坦	1995. 3
6	后于家店铁塔厂	后于家店村	集体	朱文友	1995. 3
7	开平金具铁塔厂	开平镇	集体	贺全会	1995. 3
8	银河运输公司	贾庵子村	集体	苗连生	1995. 3
9	唐山市第一水泥厂	洼里乡	集体	孙学成	1996. 3
10	燕山轧钢厂		集体		1996. 3
11	双桥煤矿	双桥乡	集体	孙　英	1996. 3
12	冶里保温材料厂	冶里村	集体	王晓晖	1996. 3
13	银河水泥厂	贾庵子村	集体	赵　利	1997. 3
14	开平第三建筑工程公司	开平镇	集体	赵国良	1997. 3

开平区入选省部级明星乡镇企业名录

表9－10

序号	企业名称	隶属	性质	厂长	命名名称	批准部门	批准时间
1	越河陶瓷厂	越河乡	集体	吴殿芳	省三级明星企业	省乡镇企业局	1994
2	越河陶瓷二厂	越河乡	集体	边立国	省二级明星企业	省乡镇企业局	1994
3	于家店铁塔厂	越河乡	集体	朱文友	省一级明星企业	省乡镇企业局	1994
4	兴业工贸集团公司	越河乡	民营	闫占新	省十大民营纳税企业	省地税局	2003.4
5	宝业实业集团	开平镇	民营	韩文臣	全国诚信守法乡镇企业	农业部	2003.9
5	宝业实业集团	开平镇	民营	韩文臣	河北省百强民营企业	省委、省政府	2004.6
6	滦河实业集团	开平镇	民营	姚晓东	河北省百强民营企业	省委、省政府	2004.6
7	兴业工贸集团公司	越河乡	民营	闫占新	河北省百强民营企业	省委、省政府	2004.6
8	国亮特耐公司	开平镇	民营	董国亮	全国诚信守法乡镇企业	农业部	2005.1
9	京华制管公司	开平镇	民营	杜双华	河北省百家知名民营企业	省民营企业家联谊会	2007.1
10	兴业工贸集团	越河镇	民营	闫占新	河北省第二届百强民营企业	省委、省政府	2007.5
11	唐银实业集团	郑庄子镇	民营	赵利	河北省第二届百强民营企业	省委、省政府	2007.5
12	国亮特耐公司	开平镇	民营	董国亮	全国守合同重信用单位	国家工商总局	2007.7
13	隆达骨质资公司	郑庄子镇	民营	张志强	河北省创名牌重点民营企业		2007
14	隆达骨质资公司	郑庄子镇	民营	张志强	河北省轻工优秀企业	省轻工业厅	2008

第十编　工业·建筑业

开平区作为开滦煤矿的发祥地和城市近郊区，矿产资源丰富，区位优势突出，发展工业得天独厚。但20世纪80年代之前，在“以农为本”“以粮为纲”思想禁锢下，开平区工业经济弱小而落后。中共十一届三中全会后，乡镇企业异军突起，开平区工业经济步入快速发展阶段。1987年，全区拥有各种所有制的工业企业1631家，年创产值4.4亿元，占当年工农业总产值的74.93%。1990年，全区工业企业达到3020个，实现工业产值8.07亿元，占全年工农业总产值的89%。治理整顿期间，开平区坚持发展不停步，投入不断档，工业生产继续快速增长，1992年，实现工业产值20.93亿元，比上年增长83.3%，占全年工农业总产值90.2%。1993年，在区划调整减少4个乡的情况下，仍然实现工业产值30.35亿元，比上年增长82.9%，占全年工农业总产值的95.48%。1987年后，全区工业企业推行承包经营责任制。1996年，大力推进股份制、股份合作制、兼并重组、破产、出售等形式的产权制度改革。引导民间资本、外资等进入企业，形成多元化投资主体。1998年，企业改制实现重大突破，做到整体改制到位、法人治理结构建立到位、产权和职工劳动关系调整到位、改革成本措施到位。2001年底，国有资本和集体资本退出，“国退民进”使全区工业经济进入民营化发展新时期。2003年，完成工业产值121.22亿元，占全区工农业总产值的96.09%。2005年工业产值达到183.33亿元，占全区工农业总产值的97.02%。2008年，全区完成工业产值309亿元，是1987年的70倍；实现利税10.8亿元，是1987年的40倍。

随着震后恢复建设和城镇化步伐的加快，建筑业出现了80年代中期和90年代中期两次较快发展时期。1987年，全区有建筑企业214个，1996年达到501个。2008年，有等级建筑企业13个，完成建筑业总产值3.76亿元，是1987年的5.6倍。

第一章　工　业

20世纪80年代，区属企业处于全区工业经济的主导地位。1987年乡镇企业异军突起，区属工业通过增加投入，更新改造，仍在全区经济中占有一席之地。1996年后，随着经济体制改革的不断深化，由计划经济逐步向社会主义市场经济转变，经营体制逐步打破全民和集体企业一统天下的格局，开平区工业企业的主体地位逐步由乡镇工业企业、进而由私营工业所替代，出现国有、集体、私营和其他所有制多种形式并存的新局面。

第一节　经营体制

一、国有企业

1987年，全区有全民所有制工业企业11家，分别是唐山市陡河水泥厂、唐山市燕南水泥厂、开平水泥制管厂、开平粗瓷厂、巍山高压电瓷厂、马家沟电瓷厂、唐山市氧气厂、唐山市硫磺厂、燕山电器厂、开平玻璃厂、开平食品厂，共有职工2819人，完成工业产值2133万元，实现利润271.14万元，上缴税金234.25万元。1995年，国有工业企业9家，增加了唐山凤山制药厂，减少了粗瓷厂和食品厂，陡河水泥厂与燕南水泥厂合并为唐山市渤海水泥总厂。共有职工2520人，完成工业产值7227万元，相当于1987年的3.39倍；上缴税金689.3万元，比1987年增长194%。1996年以后，随着企业产权制度改革，区属国有企业陆续改制为民营企业。2000年，区属国有企业仅剩3家，职工941人，工业总产值5102万，占全区工业总产值的2.61%。到2008年，改制后的开平区国有工业企业开平玻璃厂更名为"唐山天诚玻璃制品有限公司"，继续生产玻璃制品。唐山市陡河水泥厂使用唐山市渤海水泥总厂名称，投资420万元对生产线进行技术改造，实现工业总产值3827万元，从业人员314人。其他9个企业发生5种变化。位于古冶区卑家店的燕南水泥厂整体出售给古冶区一家私营企业。陡河水泥厂整体出售给太原华绵煤炭气化有限公司后，进行生产线技术改造。但到21世纪初，因设备落后被整体淘汰。巍山高压电瓷厂和马家沟电瓷厂改制后不再生产高低压电瓷产品，而改为保温材料产品。唐山市氧气厂和唐山市硫磺厂被路南区一家私人企业收购后变产。位于路南区的唐山市燕山电器厂纳入南湖片区被改造。开平粗资厂、开平水泥制品厂和开平食品厂21世纪初被开发为居民住宅楼。

1987年，开平区拥有国有采矿企业5家，即唐山市东窑煤矿、东风煤矿、刘庄煤矿、屈庄煤矿和印子沟煤矿，拥有职工2311人。完成工业产值562万元，占当年全区工业总产值的13.28%；实现利税40万元。1995年，5家煤矿完成工业产值856.7万元，占当年全区工业总产值的8.86%。销售收入2180万元，经营亏损152万元。1996年以后，5家煤矿先后改制为民营企业。2000年，改制后的5家煤矿销售收入2501万元，应缴各种税金146.5万元，亏损58.3万元。2005年，5家煤矿销售收入2854万元，上缴各种税金26万元，实现利润201万元。2008年，刘庄煤矿于7月16日闭矿，其他4个矿正常生产，全年完成工业产值2203万元，销售收入1667万元，实现利税8.9万元。

二、集体企业

1986年，区办集体工业企业10家，即唐山市床单厂、唐山市玻璃仪器厂、开平区福利瓷厂、唐山市开平区玻璃纤维厂、唐山市开平区印刷厂、唐山市开平区服装厂、唐山市开平区福利综合厂、唐山市义盛食品厂、唐山市开平区劳动服务公司缝纫厂和马路街道机修厂。1987年6月，唐山市移交给开平区集体工业企业8家，即唐山市第三服装厂、唐山市第五服装厂、唐山市第二布鞋厂、唐山市第二木器厂、唐山市第七塑料厂、唐山市刀具厂、唐山市电力器材厂和唐山市开平综合修配社。至此，区办集体工业企业达到18家，职工2737人。1987年，全部区属集体工业企业完成工业产值2083万元，经营亏损99.36万元。1995年，区办集体工业企业9家，职工2537人，完成工业产值2442万元，经营亏损202万元。1996年以后，对区办集体工业企业采取出售、转让等形式进行产权制度改革。到2008年，改制后的开平区区属集体工业企业中，开平区福利瓷厂、福利综合厂和印刷厂继续生产原产品，马路街道机修厂更名为唐山市宏强机械厂，厂区规模扩大，生产能力提高。其他14个企业发生3种变化。位于路南区的唐山市第三服装厂、唐山市第二布鞋厂、唐山市电力器材厂均纳入南湖片区被占用改造；位于开平东城路的唐山市玻璃仪器厂、开平区玻璃纤维厂、义盛食品厂、唐山市第七塑料厂、唐山市第五服装厂和开平西城路的唐山市床单厂及开平南部的唐山市第三木器厂，被开发为居民小区；唐山市刀具厂改为私人企业后，变为轧钢企业。

乡村集体工业企业是开平区工业经济的主体。1987年，全区共有乡办、村办工业企业545个，从业人员3万人。完成工业产值2.5亿元（现价，下同），占全区工业总产值的69.75%。1993年，全区乡、村办工业企业392个，完成工业产值25.13亿元，占全区工业总产值的91.63%。1995年，全区乡、村办工业企业338个，完成工业总产值37.97亿元，占全区工业总产值的87%。2000年，有乡、村办工业企业184个，完成工业产值40亿元，占全区工业总产值的51.28%。是年，基本完成乡镇和村办集体企业产权制度改革。2001年，区统计部门不再对乡镇企业单独进行数据统计。

1987－2000年开平区区属工业企业发展情况

表10－1　单位：万元

年度	企业数	职工数	资产总额	销售收入	工业产值	增加值	工业利润	上缴税金
1987	34	8048	－	6212	6218	－	538	175
1988	34	8227	－	7499	7693	－	936	169
1989	23	5580	－	6929	5021	－	510	219
1990	24	5021	4594	5797	4769	－	444	518
1991	22	4414	7392	6911	8247	－	5	743
1992	22	4316	9482	9135	8294	4295	352	843
1993	21	5034	－	10296	7923	4109	792	766
1994	20	5016	－	8204	8041	2959	－164	56.3
1995	23	5535	－	10935	9670	4131	－273	79
1996	11	3856	23027	10541	9226	4053	－170	693
1997	11	3784	21342	9644	9638	4480	12	－
1998	11	3475	21761	5789	9598	2556	－34	407
1999	9	2422	19464	5307	7310	2061	－31	447
2000	8	1643	12190	4893	5102	2036	－30	494

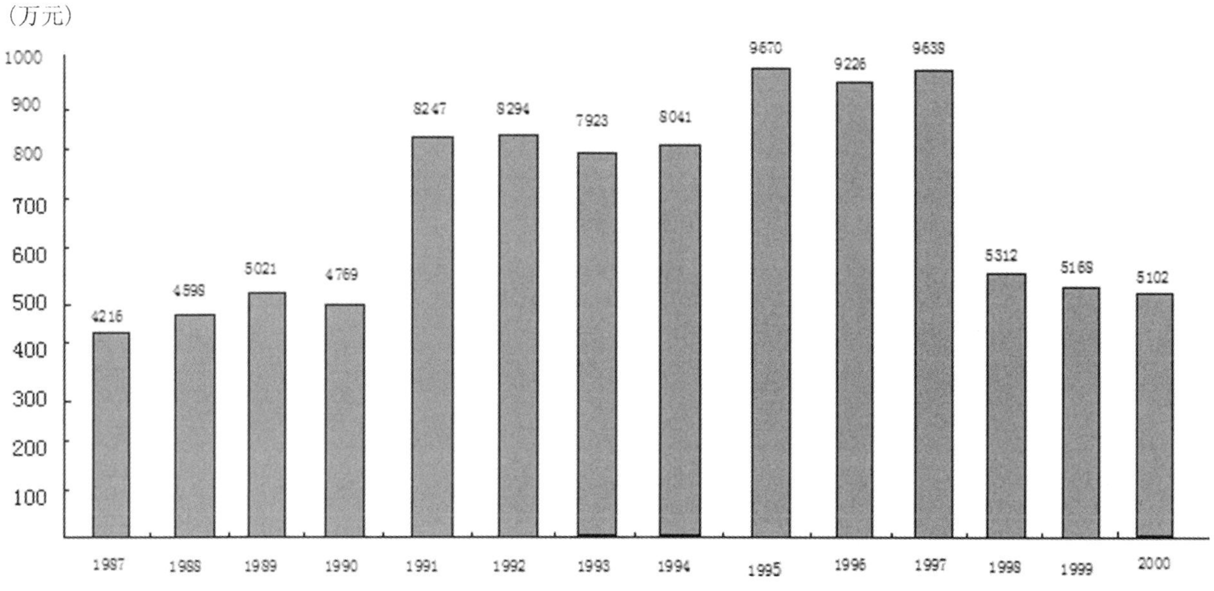

图10－1　1987－2000年开平区区街工业产值发展变化示意图

1989－1991年开平区区属工业企业主要工业产品产量表

表10－2

序号	产品名称	计量单位	产量		
			1989年	1990年	1991年
1	针棉织品折用纱线	吨	415	757	680
2	服装	万件	38.36	43.26	119.89
3	布鞋	万双	12	4.7	1.72
4	家具	万件	1.49	1.2	1.23
5	印刷品	万令	1.7	2	1.6
6	塑料制品	吨	1100	724	366
7	水泥熟料	万吨	4	4.1	7.74
8	水泥	万吨	12	11.45	13.07
9	水泥预制构件	万立方米	0.23	0.73	0.17
10	玻璃纤维布	万米	150	152	119.2
11	日用玻璃制品	万吨	0.5	0.3	0.4
12	玻璃仪器	台（件）	10000	10000	12000
13	卫生陶瓷	吨	11396	6276	4955
14	日用陶瓷	万件	18.3	16	9
15	高低压电瓷	吨	780	690	－
16	电器	台（件）	625	806	986
17	电线	万公里	0.12	0.1	0.05
18	菜刀	万把	51	60	60
19	硫磺粉	万吨	0.06	0.0903	0.1
20	氧气	万立方米	58	53	67
21	化学原料药	吨	5	17.3	－

三、个体私营企业

20世纪80年代初期，开平区个体和私营工业企业随乡镇企业发展而兴起，并获得快速发展。1987年，全区有私营工业企业1055个，从业人员6222人。完成工业产值5875万元，占全区工业总产值的16.36%。1993年，私营工业企业1746个，从业人员7374人，完成工业产值3.59亿元，占全区工业总产值的11.13%。20世纪末期，随着国营和集体工业企业产权制度改革推进，私营工业企业取得长足发展，经济实力不断壮大。2001年，私营工业企业2406个，从业人员1.67万人，工业总产值11.93亿元，占全区工业总产值的24.62%。2005年，私营工业企业1412个，从业人员1.93万人，工业总产值62.72亿元，占全区工业总产值的48.31%。2008年，全区规模以上工业企业呈现多元化格局，私营工业企业一马当先，38个年销售收入500万元以上的私营工业企业完成工业产值107.30亿元，占全区工业总产值的36.80%。

四、三资企业

1988年，开平区三资工业企业起步，建立3个合资企业，利用外资99.39万美元。随着对外开放力度的加大，外商及港澳台商投资的工业企业逐年增加。1993年，三资企业发展到11家，合资的国家和地区涉及日本、新加坡、澳大利亚和我国香港、台湾地区，其中香港占6家。合同审批投资总额1020.13万美元，其中合同利用外资370.21万美元，占投资总额的36.28%。按行业分类，陶瓷业5家，针织服装业3家，汽车总成、精化油脂、激光全息模压产品各1家。合作期限10年的4家，15年的6家，20年的1家。三资工业企业存在着不稳定性，到2001年，按合作协议继续经营的只剩下唐港印刷有限公司、唐山佳丽陶瓷花纸有限公司、唐山东联陶瓷有限公司和唐山金鸿利瓷业有限公司4家。2002-2004年又新发展9家三资工业企业，其中6家为日用陶瓷业，合资的国家和地区扩展到法国、意大利和英属维尔京群岛。合同审批总投资1730万美元，比1993年增长69.6%。其中合同利用外资676.76万美元，占总投资的39.12%，比1993年增长82.9%。2005年，三资工业企业比较稳定，除合同到期的唐山东联陶瓷有限公司和唐山金鸿利瓷业有限公司解除合约外，其他10家企业均继续正常经营。同时又发展5家企业，共15家三资工业企业。合同审批总投资7591.72万美元，相当于2001年的4.38倍，其中合同利用外资211.32万美元，是2001年的3.12倍。2008年，三资工业企业12家，行业类别开始从传统的陶瓷业向装备制造业转型。合同审批总投资2.63亿美元，相当于2005年的10倍多，其中合同利用外资1.01亿美元，占总投资的40%，是2005年利用外资的5倍多。三资工业企业资产总额8.74亿元人民币（下同），固定资产原值4.8亿元，当年完成现价总产值4.2亿元，增加值3.1亿元，主营业务收入5.14亿元，利润总额0.6亿元，实缴税金0.64亿元，全部从业人员3007人。

五、市属以上企业

（一）陡河发电厂

陡河发电厂地处陡河水库西岸，栗园镇境内，是全国特大型火力发电企业，隶属于中国大唐集团公司大唐国际发电股份有限公司，是大唐国际发电股份有限公司的全资电厂。

1973年底开工建设，共安装8台燃煤发电机组，其中1、2号机组于2008年底关停。到2008年底，在役机组6台，总装机容量1300兆瓦。其中包括2台250兆瓦、4台200兆瓦机组。曾经是全国最大的火力发电厂，连续8年发电量居全国第一，京津唐电网的主力电厂之一，担负着为首都供电的重任。陡河发电厂由发电主体、检修分公司和实业总公司三部分组成。从建厂到2008年底，共发电2763亿千瓦时。

陡河发电厂曾荣获“全国五一劳动奖状”“全国一流火力发电厂”“全国精神文明建设工作先进单位”全国电力系统“双文明单位标兵”“中央企业先进基层党组织”等荣誉称号；多次被中国大唐集团公司授予“一流企业”称号；到2008年，连续12年被河北省委、省政府授予“文明单位”称号。建厂以来，党和国家领导人李鹏、万里、乔石、邹家华等曾先后到厂视察，其中李鹏4次到厂并题写厂名。

陡河发电厂作为境外上市公司——大唐国际发电股份有限公司骨干电厂，从20世纪90年代初开始，随着“厂网分开，竞价上网”的电力体制改革措施的实施，把企业的发展融入改革发展大潮中。1997年，归属大唐国际发电公司后，在大唐国际的战略发展框架之中，不断推进内部体制改革，内部管理不断优化，管理效率不断提高，为企业可持续发展奠定了基础。

在稳定主业的同时，1997年，冀东电力检修公司成立，2002年，更名为唐山冀东电力检修有限责任公司。到2008年，唐山冀东电力检修有限责任公司赢得陡电检修的品牌。其足迹遍及河北、北京、天津、山西、江西、内蒙、福建、广东等地，并涉足外国检修市场，多次承揽越南协孚电力公司检修任务。并成功迈入了核电检修市场。已在河北、天津、内蒙建立3个检修维护项目部，长期驻扎。

实业总公司的经营范围包括工业生产、商业贸易、货物运输、建筑安装、粉煤灰销售、脱硫石粉加工、饮食服务业以及电力系统仿真机培训等，并担负陡河发电厂的生活后勤服务工作，是集经营、安置、服务等多种职能于一体的都中经营企业联合体。

河北大唐信息科技股份有限公司是一家专门从事发电企业信息化应用的高科技企业，主要业务包括：物资采购网站、工控自动化、网络集成、应用软件开发、大型应用系统实施与维护等。

作为特大型国有企业，陡河发电厂一直积极履行社会责任，努力建设资源节约型和环境友好型企业，积极落实节能行动方案，投入巨资对全部在役机组实施脱硫改造。到2008年底，在役的6台锅炉全都进行脱硫改造，其中8#炉脱硫项目于2005年3月20日投入使用，成为国内200兆瓦机组第一套具有自主知识产权脱硫项目。6台锅炉脱硫设施投入后，年减少二氧化硫排放约6.4万吨，减少烟尘排放量约2000吨。陡河发电厂建厂初期设计采用的除灰方式是水利除灰，将锅炉燃烧后排出的灰和渣与水混合后通过管道输送到距离厂区10公里以外的李家峪灰场储存。由于储灰场面积较大，随着灰场使用年限的延长、灰面的增高，极易造成二次扬尘污染。2007年，陡河电厂将水利除灰、除渣全部改造成干除灰、干除渣，并在灰场植树，彻底解决储灰场扬尘污染问题。为落实国家关停小火电的节能减排工作要求，于2008年12月31日彻底关停2台125兆瓦机组。

（二）唐山机务段

唐山机务段位于郑庄子镇境内，铁路京山线278公里处，占地20万平方米，隶属于北京铁路局。主要担负京山线天津—唐山—山海关、京秦线丰西—唐山北—山海关间的货运及部分旅客列车的牵引任务，年货运量748亿吨公里，具有内燃、电力机车的“四定二架”的检修生产能力。DF46047机车安全运行700多万公里，位居全路第三位。先后获得“全国企业文化建设实践奖”“中国企业文化优秀奖”及“全国企业文化建设先进单位”称号，2002年，荣获铁道部“火车头”奖杯。

（三）开滦集团荆各庄矿业公司

矿区位于栗园镇境内，因坐落在荆各庄附近而得名。1979年1月1日正式投产。矿区地处开平煤田北部，占地1100余亩，建筑面积6.3万平方米，有职工4400人。是一座采煤机械化和掘进机械化程度较高的现代化矿井，自投产至2008年，累计产煤2亿吨。1982－1984年，综采一队曾连续3次打破全国综采记录，荣获“三连冠”。811采煤队坚持正循环作业，成为荆各庄矿业分公司乃至开滦集团的一面旗帜，曾经17次获得全国炮采冠军，3次打破全国炮采记录，被命名为“铁循环采煤队”，并于1989年荣获全国“五一劳动奖状”。1989年以后，公司连续8年被命名为“现代化矿井”，多次被河北省委、省政府授予“文明单位”称号。2000年以后，公司首创市场化精细管理模式，获得2000年度河北省煤炭工业行业协会企业管理现代化成果一等奖和河北省企业管理现代化创新成果二等奖。

（四）唐山市马家沟矿业有限责任公司

马家沟矿业公司的前身是开滦集团马家沟矿业分公司，位于开平区人民政府驻地北2.7公里处，因坐落在马家沟村而得名。21世纪初，产权制度改革，矿区整体出售给个人，现为民营企业，由开滦集团托管。矿区地处开平煤田中西部，煤质为肥煤与气肥煤。矿区占地4214亩，建筑面积15万平方米。2008年，有职工3700人，产煤80万吨，完成工业总产值2.4亿元，完成增值税2500万元。

（五）唐山钢铁集团公司炼铁厂

该厂位于郑庄子镇政府驻地南端、银河公路东侧。其前身为唐钢第二炼铁厂，始建于1986年10月15日，建有1299立方米高炉1座，年产生铁80万吨。21世纪初，与唐钢第一炼铁厂整合为炼铁厂。时有高炉总容积6520立方米，具备年产800万吨铁的生产能力。

（六）马家沟耐火材料厂

位于开平区人民政府驻地西北2公里处，开马公路北端东侧，因坐落在马家沟村附近而得名。厂区占地550亩，建筑面积8.36万平方米。年产耐火砖10万吨、建筑砖2000万块。该厂生产的玻璃窑用黏土砖与耐火可塑大型预制块，分别荣获冶金部“优质产品”称号和全国“优秀产品”金质奖。20世纪90年代末期，在国有企业产权制度改革中破产。后将部分场地和车间租赁给个人，成为专业化生产轻质保温耐火砖的企业。

（七）唐山冀东氯碱有限公司

位于开平镇东城路南端，原名唐山市开平化工厂。占地195亩，建筑面积2.2万平方米。主要产品有烧碱、硫酸、聚氯乙烯、漂液和盐酸。1998年曾隶属三友集团。2002年整体转让为民营企业。根据唐山市城市规划，厂区需异地搬迁，于2008年8月停产。

（八）唐山市兴达化工有限公司

位于开平区人民政府驻地东侧，原名为唐山市合成化学厂。占地142亩，建筑面积1.13万平方米。主要产品为皂用酸、高碳酸、黏结剂、脂肪醇等。1996年5月破产，由大清河盐化集团兼并，更名为唐山市兴达化工有限公司，复产不足1年又停产。

第二节　工业门类

从20世纪80年代开始，开平区工业得到突飞猛进的发展。特别是世纪末的企业产权制度改革，实现了由计划经济向社会主义市场经济、由粗放型经济向集约型经济的历史性转变。“十五”计划以来，按照“存量调强、增量调优”的原则，大力实施传统产业高新化、高新技术产业化的策略，推动产业结构优化升级。全区已形成精品钢材、优质陶瓷、高端耐火材料、装备制造和水泥行业五大工业门类，竞争实力明显提高。2008年，五大产业中规模以上企业完成工业总产值285亿元，占规模以上工业总产值的97.62%，占全区工业总产值的92.07%。进入21世纪，涌现出一批大型骨干企业和企业集团，成为全区经济发展的中流砥柱。2008年，年销售收入500万元以上工业企业产值占全区工业总产值309亿元的94.31%；利税总额6.36亿元；资产总计145.97亿元，同比增长63.30%。全区销售收入超亿元的企业19家，其中超过10亿元的6家。企业的规模化发展，对全区经济的辐射力和带动力日益增强。

一、钢铁工业

开平区钢铁工业于20世纪80年代中期起步，90年代中期快速发展。通过政府引导和市场选择，以钢和成品钢材等产品为代表的精品钢材工业初具规模，产业聚集度明显提高，主导产业的支撑作用明显增强。1995年，全区营业收入50万元以上的钢铁企业23家，从业人员7572人，产值15.72亿元，占全区工业总产值的36.08%。1999年，有年销售收入500万元以上钢铁企业7家，从业人员6516人，产值19.76亿元，占全区工业总产值的29.20%。2001年，年销售收入500万元以上的黑色金属冶炼及轧延加工企业7家，从业人员9717人，产值40亿元，占全区工业总产值的45.57%。2004年，有年销售收入500万元以上企业16家，从业人员1.45万人，产值11260亿元，占当年全区工业总产值的72.59%。2005年，钢铁企业大力推广炉外精炼、高炉富氧喷煤粉等先进技

兴业工贸集团连铸钢坯生产线

术，实施钢铁资源整合，等量置换，上大压小，提高钢铁产业的整体竞争力。“热轧钢坯、薄板保护渣”技术，填补河北省空白，是年销售收入500万以上钢铁企业14个，从业人员1.49万人，产值133.63亿元，占全区工业总产值的72.89%。钢铁行业全部实现高炉炼铁、转炉炼钢、全连铸、全连轧生产工艺。兴业工贸集团、宝业集团和滦河集团入围“中国千家大型工业企业”和“全国冶金工业企业百强”行列，宝业和兴业还分别跨入全国民营企业500强。2008年，7个规模以上钢铁企业完成产值221.72亿元，占全区工业总产值的71.72%。主要产品有棒材、带钢、角钢、螺纹钢、线材和焊管等。

部分年度开平区冶金行业占全区工业总产值变化表

表10－3　　单位：万吨、亿元

年度	企业个数	从业人数	产品产量			工业产值	占比重%	备注
			生铁	粗钢	钢材			
1987	2	430	－	－	12.13	0.24	5.43	
1989	3	482	－	－	25.17	0.32	4.50	
1993	30	7378	－	－	32.56	13.76	45.33	
1995	23	7572	20.31	－	32.43	15.72	36.08	
1996	16	6839	22.76	37.50	39.39	27.31	43.65	独立核算企业
1998	8	6246	23.22	44.30	18.38	18.37	27.49	500万元以上企业
1999	7	6516	25.14	71.12	32.43	19.76	29.20	
2000	7	5663	29.07	24.78	35.15	19.76	25.24	
2001	7	9717	42.32	166.00	100.09	40.01	45.57	
2002	8	9878	135.22	163.84	145.95	44.53	43.15	
2003	8	12978	185.44	247.83	354.86	59.91	49.42	
2004	16	14454	154.7	112.60	287.26	112.83	72.59	
2005	14	14887	320.86	285.47	261.86	133.63	72.89	
2006	10	14623	328.21	344.00	371.90	159.69	72.59	
2008	7	12369	174.05	179.63	340.63	221.72	71.72	

二、煤炭工业

煤炭开采是开平区的传统工业，明清时期即有采煤小矿井。20世纪70年代，洼里、双桥、缸窑等公社办起5个集体小煤矿，均在1976年大地震中震毁。1980年，全区拥有社办煤矿8个，从业人员1192人，年产煤炭13.3万吨。1984年8月，全区掀起兴办小煤矿热潮。1986年，唐山市委、市政府决定，将原隶属市管的唐山市东窑煤矿、唐山市东风煤矿、唐山市印子沟煤矿、唐山市屈庄煤矿、唐山市刘庄煤矿等5个地方国有煤矿移交给开平区。1987年，全区有煤矿179个，其中群采煤矿167个，年产煤炭160万吨，工业产值3245万元，占全区工业产值的13.95%。20多年来，煤炭行业的发展经历三次起伏。1987－1996年，呈下降趋势，1996年因整顿煤炭企业大量减少，年产值6595万元，占全区工业总产值的5.84%。1997－2003年，煤炭工业进入低谷，年产值占全区工业总产值在2.3%－3.98%之间徘徊。2004－2008年，随着洗选煤和煤焦化的兴起，煤炭工业在全区工业经济中所占比重逐年回升。2008年，7个煤炭生产和洗选、焦化企业生产原煤70万吨、焦炭30万吨、洗煤161万吨，完成产值

27.16亿元，占全区工业总产值的8.78%。

部分年度开平区煤炭行业占全区工业总产值变化表

表10－4　单位：万元

年度	企业个数	从业人数	产品产量（万吨）			工业产值	占全区工业产值%	备注
			原煤	洗煤	焦炭			
1987	14	3438	160	－	－	3245	7.35	乡以上煤炭企业
1989	14	3715	197	－	－	4003	5.63	同上
1993	22	4454	202	－	－	4104	1.35	同上
1995	28	4226	127.56	－	－	6378	1.55	同上
1996	11	2816	145.25	－	－	6596	1.05	同上
1998	30	4467	117.62	－	－	8987	1.35	年销售收入500万元以上企业
1999	28	2557	140.42	－	－	11363	1.68	同上
2000	8	2523	233.25	－	－	12141	1.55	同上
2001	8	2815	199.21	－	－	14569	1.66	同上
2002	8	2990	200.68	－	－	15590	1.80	同上
2003	14	2912	119.75	－	－	18177	1.50	同上
2004	12	2880	86.93	－	38.64	29840	1.92	同上
2005	15	3149	85.35	62.70	31.92	59489	3.25	同上
2006	14	5287	94.35	105.49	28.10	97322	4.42	同上
2008	7	870	70.16	160.73	30.06	271555	8.78	同上

三、陶瓷、耐火材料工业

以陶瓷、耐火材料生产为主的非金属矿物制品业是开平区的传统产业。企业主要集中在开平、洼里、双桥、栗园等乡镇。

唐山华丽陶瓷有限公司生产车间

1987年，全区有乡以上陶瓷企业19家，从业人员4750人，生产日用瓷49万件、卫生瓷1574吨，产值3501万元。1995年，乡以上陶瓷企业27个，从业人员6138人，产值1.34亿元，占全区工业总产值的3.08%。陶瓷行业经过连续的技术改造，全部实现天然气、煤气烧成工艺，既提高了产品质量，又增加了产量。2000年，生产日用陶瓷制品4933万件、卫生陶瓷制品1.5万吨。2004年，生产日用陶瓷7620万件、卫生陶瓷制品1.46万吨。2008年，生产日用陶瓷制品2697万件、卫生陶瓷制品3.5万吨。涌现出一批在全国全省知名的大型骨干企业，具有37年生产历史的华丽陶瓷有限公司，曾是我国生产卫生陶瓷洁具的第一家乡镇企业，具备年生产中高档卫生陶瓷140万件的能力，在线生产品种110个，每年开发新产品80个。年销售收入突破亿元。产品远销韩国、澳大利亚等30多个国家和地区。现代化陶瓷企业隆达骨质瓷公司，已成为闻名中外的大型骨质瓷生产基地，年生产能力达到2000万件。

1987年，耐火材料企业10家，从业人员3370人，产值1108万元，占全区工业总产值2.51%。1995年，有企业19家，从业人员1726人，产值4224万元，占全区工业总产值0.97%。进入21世纪，耐火保温材料行业普遍采用新型窑炉，全部应用天然气、煤气烧成工艺，实现经济效益和环境效益双赢。主要产品有普通耐火保温材料、碳化硅、氮化硅等。2000年，规模以上企业生产耐火材料制品3.3万吨。2004年，生产耐火材料制品20.57万吨。2008年，生产耐火材料制品107万吨，开发出适合冶金工艺新要求的特级高端产品。

部分年度开平区陶瓷行业占全区工业总产值变化表

表10－5　　单位：万元

年度	企业个数	从业人数	产品产量		工业产值	占全区工业总产值%	备注
			日用瓷（万件）	卫生瓷（吨）			
1987	19	4750	49.08	1574	3501	7.39	乡以上陶瓷企业
1989	21	4589	18.30	11396	4686	6.59	同上
1993	41	5738	－	－	9520	3.14	乡以上陶瓷企业
1995	27	6138	－	－	13369	3.08	同上
1996	25	5413	1280	43962	29211	4.67	同上
1998	26	5112	5334	28369	30882	4.62	年销售收入500万元以上企业
2000	20	5209	4933	15263	23481	3.00	同上
2002	24	1867	9193	13084	34676	3.38	同上
2004	24	7317	11642	14646	49782	3.83	同上
2006	24	5258	8352	24826	84678	3.85	同上
2008	26	4528	2697	35315	118800	3.84	同上

部分年度开平区耐火材料行业占全区工业总产值变化表

表10－6　　单位：万元

年度	企业个数	从业人数	产品产量（吨）	工业产值	占全区工业总产值%	备注
1987	6	1108	61600	1108	2.51	
1989	8	1235	－	1334	1.88	
1993	17	2481	－	4935	1.63	年营业收入50万元以上
1995	19	1726	－	4224	0.97	同上
1996	21	2587	68311	5524	0.88	同上

续表 10－6

年度	企业个数	从业人数	产品产量（吨）	工业产值	占全区工业总产值%	备注
1998	16	1410	71623	11137	1.67	同上
1999	15	1369	9628	8177	1.21	同上
2000	13	1411	33331	3678	0.47	年营业收入500万元以上
2001	6	1016	54157	3457	0.39	同上
2002	6	778	48110	5862	0.57	同上
2003	6	1019	77045	7377	0.61	同上
2004	8	1322	205703	16159	1.04	同上
2005	7	1499	352525	26888	1.47	同上
2006	8	1439	295314	34542	1.57	同上
2008	5	942	1070285	26298	0.85	同上

四、建筑材料工业

开平区依托资源优势，于20世纪70年代发展起水泥、石灰、砖瓦、石材等建筑材料工业。1987年，有建筑材料工业企业44家，从业人员8711人，产值8180万元。主要产品有水泥、水泥制品、机制砖、大理石、水磨石和石材、石灰等。1993年，营业收入百万元以上的建材工业企业25家，从业人员4793人，产值1.79亿元。2000年，营业收入50万元以上的建材工业企业18家，从业人员2874人，产值1.76亿元。2008年，年销售收入500万元以上的建材工业企业7家，从业人员1160人，产值1.36亿元。

20世纪70年代前期，开平区兴办唐山市燕南水泥厂。1986年，唐山市政府将隶属市建材局的唐山市陡河水泥厂划归开平区管理。1987年，有地方国营、乡办和村办水泥企业4家，从业人员1328人，生产水泥16万吨，产值2538万元，占全区工业总产值的5.75%。1993年，水泥企业发展到9家，从业人员2344人，产值1.27亿元，占全区工业总产值的4.18%。1996年，生产水泥65.52万吨。1998年，生产水泥98.12万吨，创历史最高年产量。1999－2007年，水泥企业保持在9家，水泥产量稳定在50万至60万吨，但产值占全区工业总产值的比例逐年下降，由2001年的1.21%下降到2008年的0.44%。

开平区水泥制品工业于20世纪60年代起步。1968年，开平区兴建唐山市开平区水泥制管厂，职工不足百人。主导产品为小口径城建地下污水管道。1987年，产值78万元。1988年，通过技术改造，生产出1000厘米×1000厘米大口径撑插管。是年，生产各种水泥管35千米。1995年，产值115万元。1998年，产值88.9万元。90年代后期企业改制被个体购买。开平镇和傅家屯乡兴建的水泥制品厂，主要生产路牙石、步道砖和公园用花墙砖。1987年，从业人员68人，产值67万元。1989年，产值71万元。进入90年代，两个水泥制品厂先后停业。

20世纪80年代初，随着震后城乡恢复建设，机制砖工业兴起。1987年，全区有机制砖厂33家，从业人员1860人，生产机砖2.57亿块。其中乡镇办9个、村办24个，分布在开平、岔道、双桥、栗园、越河、女织寨、傅家屯、果园等乡镇。1993年，营业收入百万元以上的机砖厂11家，从业人员2012人，产值2702万元。双桥和洼里乡利用陡河发电厂粉煤灰建起2座粉煤灰砖厂，从业人员196人。90年代末，国家为保护耕地，限制实心黏土砖生产，砖厂逐年减少，到2000年，营业收入50万元以上的机砖厂剩下5家，从业人员265人，工业产值663万元。21世纪，大力推广新兴建筑材料，国家禁止黏土砖生产，砖厂陆续停产。

开平区境内石料有石灰石、白云石两大类，主要分布在北部丘陵的双桥、开平、洼里和栗园等乡镇。1987年，全区石料生产场12家，以开平、洼里、双桥、栗园和郑庄子等乡镇办和村办为主。从业人员310人，年产石料20万吨，产值405万元。其中年产值10万元以上的有开平第一采石场、洼里乡灰石厂和栗园乡采石场等5家。1993年，营业收入50万元以上的石场、灰场6家，从业人员306人，产值534万元。2000年，营业收入50万元的石场、灰场3家，从业人员265人，产值1942万元。其中，后屯灰石厂200人，产值1827万元。进入21世纪，随着加大治理环境污染的力度，不断对规模小、设备落后、污染严重的企业进行整顿，多数小建材企业被取缔。

部分年度开平区水泥行业占全区工业总产值变化表

表10－7

年度	企业个数	从业人数	产品产量（万吨）	工业产值（万元）	占全区工业总产值%	备注
1987	4	1174	16.00	2538	5.57	
1993	9	2344	50.80	12700	4.18	营业收入100万元以上企业
1995	7	1588	40.77	10192	2.34	营业收入50万元以上企业
1996	5	1934	65.52	11506	1.84	独立核算企业
1998	8	2580	98.12	13634	2.04	营业收入500万以上企业
1999	9	1891	52.59	9964	1.47	同上
2000	9	2344	48.70	14984	1.91	同上
2001	9	1828	50.31	10654	1.21	同上
2002	9	2040	59.50	12410	1.20	同上
2003	9	1733	67.30	11830	0.98	同上
2004	9	1927	57.81	10418	0.76	同上
2005	9	1375	58.29	11573	0.63	同上
2006	9	1231	51.99	12280	0.56	同上
2008	7	1160	86.48	13631	0.44	同上

五、装备制造工业

装备制造工业是开平区新兴工业门类。1987年，乡镇办金属制造企业大多由原公社农机修造站转型升级，主要生产冶金、矿山和铁路设备。一些高起点、高标准的装备制造企业，生产定型产品。唐山市线路金具厂的“MID型耐张线夹”获唐山市乡镇优秀产品称号。唐山市北新金属结构总厂厂长刘泽文、唐山市起重电机厂厂长李玉荣被评为河北省机电行业优秀企业家。区属企业唐山市燕山电器厂开发研制的专供冶金、陶瓷等行业的机械电子、计量配件设备微机控制失重秤配料系统，荣获第五届中国新技术新产品博览会金奖。1993年，全区产值100万元以上的金属制造工业企业27家，从业人员1434人，总产值1.1亿元。2005年，规模以上装备制造工业企业6家，从业人员1329人，产值3.66亿元。2008年，规模以上企业7家，从业人员874人，产值3.47亿元。

从2002年开始，开平区着手建设装备制造工业园区，为国内外装备制造企业搭建平台，永和冶金设备制造公司、渤海冶金设备公司高效连铸机制造项目，嘉华泵业、天兴环保设备制造、力必拓渣浆泵等项目，陆续进园落地，投资开工建设。2008年，世界500强企业之一的日本住友集团，投资1.6亿美元的建筑工程机械和工业减速机项目进驻园区，一期工程竣工投产。

附记：

唐山现代装备制造工业区

隶属于开平区的唐山现代装备制造工业区，位于唐山市区东部越河镇境内，西起市中心环线，东及东北与唐津高速和205国道相邻，南至唐钱公路和唐港高速入口。工业区始建于2002年，2007年9月被唐山市委、市政府命名为“唐山现代装备制造工业区”。2008年12月，被省政府确定为河北省首批产业聚集园区。并被省科技厅确立为“河北省开平现代工程机械制造特色产业基地”和“河北省区域特色产业基地”。工业区规划面积20平方公里，建成区面积3平方公里。先后投资5亿元，完善基础配套设施，实现“八通一平”（通电力、给水、排水、燃气、通信、光纤、道路、公交，场地平整）。路网体系呈棋盘式格局，主干道“六横四纵”54米宽，支路宽度16米。园区东北至西南，贯穿一条“石榴河生态走廊”。工业区结构主要为“三园”，即汽车配件制造园、机械装备制造园和物流园，已有28家企业落户工业区，20家企业建成投产。重点企业有三金明盛实业发展有限公司、万通电缆集团有限公司、永和冶金设备制造有限公司、天汇制衣有限公司等，涉及工程机械、石油管件、矿用电缆、环保设备、高档服装15大类40多种产品。实现工业产值18亿元，利税3800万元。2008年，总投资21.5亿元的日本住友建筑工程机械工业减速机项目、三金石油科技园、丰石汽车配件、中名太阳能电池、拓普生物6大工程开工建设。特别是世界500强日本住友重机、建机项目被省政府列为第三批省重大产业支撑项目。

园区路

部分年度开平区销售收入500万元以上工业企业主要工业产品产量一览表

表10－8

产品名称	计量单位	产品产量						
		1996年	1998年	2000年	2002年	2004年	2006年	2008年
水泥	万吨	65.52	98.12	48.70	59.50	57.81	51.99	86348
原煤	万吨	145.25	117.62	223.25	200.68	86.93	9435	70.16
洗煤	万吨	–	–	–	–	–	105.99	160.73
焦炭	万吨	–	–	–	–	38.64	28.06	30.06

续表 10 – 8

产品名称	计量单位	产品产量						
		1996 年	1998 年	2000 年	2002 年	2004 年	2006 年	2008 年
日用陶瓷	万件	1280	5334	4933	9193	116. 42	8352	2697
卫生陶瓷	吨	43922	29369	15263	13084	146. 46	24826	35315
釉面砖	万平方米	102	40. 87	–	–	–	–	–
塑料制品	吨	1602	475	–	–	–	–	–
日用玻璃制品	吨	19130	17937	22443	24997	116. 42	22948	18592
耐火材料制品	吨	68311	71623	33331	48110	205704	295314	1702. 85
生铁	万吨	20	23. 56	28. 07	135. 22	185. 65	328. 21	174. 05
粗钢	万吨	37. 50	44. 30	24. 78	163. 84	112. 61	344. 02	179. 63
钢材	万吨	39. 39	18. 39	35. 15	145. 95	287. 26	371. 90	340. 63
铁合金	吨	2513	4348	2079	3362	–	–	–
钢丝	吨	111440	24977	85885	32385	–	–	–
电力电缆	千米	–	–	–	–	–	107856	156097

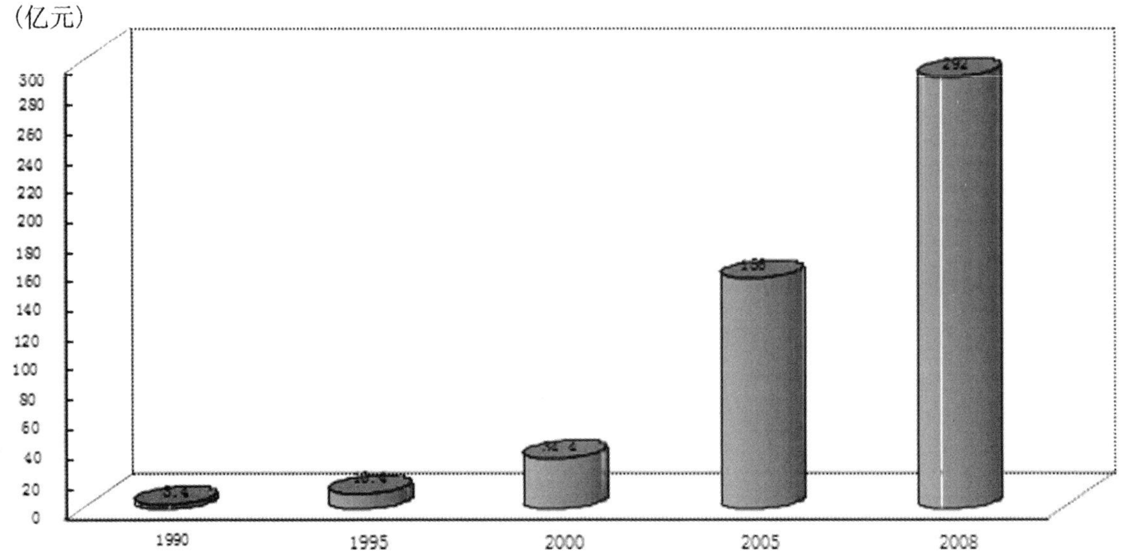

图 10 – 2　部分年度开平区规模以上企业工业总产值发展变化图

部分年度开平区主要工业门类一览表

表10－9　　　　单位：个、人、万元

工业门类		企业数	职工数	总资产	产值	利税	增加值	备注
1987	合　计	134	19572	15504	16658	3113	－	
	钢　铁	2	430	692	1220	321	－	
	煤　炭	14	3438	1916	1406	459	－	
	陶　瓷	19	4750	3521	2586	273	－	
	水　泥	3	1174	1726	1063	514	－	
	耐火材料	7	1238	1143	617	276	－	
	化　工	8	434	508	916	186	－	
	金属结构制品	4	608	486	572	135	－	
	建筑材料	6	266	84	102	18	－	
	其　他	71	7234	5426	8166	931	－	
2000	合　计	134	23570	316958	214713	4840	39444	表内各项数据均为年营业收入500万元以上工业企业。
	钢　铁	13	5525	81936	92137	2686	14307	
	煤　炭	11	2523	11147	6643	621	2669	
	陶　瓷	17	3849	9843	24036	738	3657	
	水　泥	9	2413	25582	14058	－178	4059	
	耐火材料	13	1265	6709	3265	86	1300	
	化　工	9	201	2752	2006	202	368	
	金属结构制品	19	3348	58120	63995	256	12630	
	建筑材料	4	325	558	2223	463	1422	
	其　他	45	4079	17605	6350	－	－	
2008	合　计	59	23802	1469696	2915597	63632	－	表内各项数据均为年营业收入500万元以上工业企业。
	钢　铁	10	12940	1098499	2398737	35947	－	
	煤　炭	8	1470	170420	334086	412	－	
	陶　瓷	9	4528	40890	35306	8048	－	
	水　泥	6	925	19633	18902	－	－	
	耐火材料	6	1150	37944	37448	－	－	
	化　工	2	164	4706	7056	81	－	
	金属结构制品	7	874	20104	34743	121	－	
	建筑材料	1	426	1800	5406	57	－	
	其　他	10	1309	75700	56820	1896	－	

六、化学工业

开平区化学工业起步较晚。1987 年，全区有化工企业 28 家，其中区属地方国营企业 1 家、乡镇企业 8 家、村办企业 19 家，从业人员 1305 人，产值 915.4 万元。主要产品是硫磺、复合肥、泡花碱、肥皂等。1993 年，营业收入 100 万元以上的化工企业 6 家，从业人员 262 人，产值4130 万元。除生产传统的化工产品外，越河乡税西村率先在唐山市办起乙炔气厂。1995 年，营业收入 50 万元以上的化工企业 16 家，从业人员 624 人，产值 8675 万元。岔道乡西八里村办唐山市东郊化工厂，利用聚氯乙烯制造塑料颗料，以工业萘为原料生产苯酐。2000 年，营业收入 50 万元以上的化工企业 10 家，其中销售收入 500 万元以上的企业 2 家，从业人员 556 人，产值 5839 万元。2005 - 2008 年，销售收入 500 万元以上的有唐山市税西工业气体有限公司和唐山市越河化工厂两家，从业人员 155 人。2008 年，化学工业产值 7055 万元。

唐山市税西工业气体有限公司的前身是唐山市税西乙炔气厂，始建于 20 世纪 80 年代末期，由越河乡税西村投资 300 万元，聘请化工部专家设计建设，生产工艺是将制造电石和乙炔连续完成，把乙炔气装罐提供给用户。1993 年，该厂从业人员 70 人，产值 796 万元。后又投资技术改造，添置制气机、制氢机，制取工业用氧气、氢气。2000 年，更名为唐山市税西实业发展公司工业气体总厂。是年，从业人员 106 人，产值 1265 万元。2004 年，更名为唐山市税西工业气体有限公司。2008 年，实现产值 3903 万元。

唐山市硫磺厂始建于 1974 年，占地面积 5625 平方米，建筑面积 1230 平方米，年产硫磺粉近千吨，是唐山市唯一一家硫磺生产企业。原隶属于唐山市化工局，1985 年初移交开平区管理。1987 年，从业人员 40 人，生产硫磺 960 吨，产值 64 万元。是年，开发新产品二硫化碳，1988 年 4 月通过市级新产品技术鉴定。1993 年，在国有企业产权制度改革中，被一私营企业购买。因环境污染严重，于 2004 年关停。

七、纺织和服装工业

1987 年，开平区有纺织工业企业 4 家，从业人员 1280 人，产值 1024 万元。其中区属 1 家为唐山市床单厂，乡镇办 3 家，分别是女织寨乡织布厂、梁家屯乡羊毛衫厂和岔道乡针织厂，3 家乡镇办纺织企业从业人员 192 人，产值 124 万元。唐山市床单厂前身是开平区印染社，始建于 1956 年，70 年代改为床单厂。原隶属于唐山市纺织局，1985 年划归开平区管理。1987 年，生产床单 78 万条，产值 900 万元。是年，投资 20 万元对染纱车间进行技改，床单提质升级。1988 年 4 月，通过市出口商品生产许可证验收，享有商品进出口权。5 月，唐山市第五服装厂被床单厂兼并，定名为床单厂服装分厂。1993 年，产值 560 万元，出口床单 8 万条。是年，乡办纺织企业仅有岔道乡针织厂，产值 20 万元，亏损 5 万元。1994 年停产。1995 年，床单厂产值 182 万元，亏损 296 万元，年末负债 2619 万元。1996 年破产。

1987 年，开平区乡以上服装企业 10 家，从业人员 1097 人，加工服装 31.5 万件，产值 826 万元。其中有区属企业唐山市第三服装厂以及开平街道开平服装厂、开平镇服装厂、傅家屯乡北新服装厂等。还有一批规模小、人员少、生产能力低的村办和个体服装企业。唐山市第三服装厂始建于 1956 年，职工平均人数 300 人。1987 年产值 237 万元。6 月，投资 15.6 万元建设水洗车间，提高出口服装的加工能力。1988 年 11 月 15 日，该厂与香港兴利贸易公司兴富制衣厂签订“带设备来料加工合同”，先后加工服装 336 万件。1989 年 10 月，该厂与台湾伊勤制衣服装有限公司合资经营，在保留唐山市第三服装厂独立加工的前提下，成立河北唐山伊勤制衣有限公司，从业 140 人。1993 年，第三服装厂完成产值 338 万元，唐山伊勤制衣有限公司完成产值 148 万元，出口服装 81 万件。1997 年，伊勤制衣有限公司完成合同约定的合作时限解体，第三服装厂进行产权制度改革。建厂于 1994 年的唐山天汇制衣有限公司，开始以经营裤业为主。1996 年，实现以睡衣、内衣、女装、家居服饰系列出口型企业的转变。2004 年，新厂设置裁剪、缝制、绣花和整理4个车间，16条现代化流水线，年产200万套高档睡衣、内衣，出口创汇400万美元。是年，从业人员160人，产值4.98亿元。2008年，完成产值3000万元。在国家工商总局注册“夫人梦”商标，在北京、广州和香港设有分公司。

八、玻璃制品工业

开平区玻璃制品业始于20世纪60年代末。1987年，全区有区属玻璃制品厂和洼里乡玻璃制品厂各1家，从业人员406人，产值467万元。年产酒瓶、罐头瓶、汽水瓶2344万个。1993年，2厂共有522人，产值1065万元。1995年，从业人员764人，产值2670万元。2000年，产值3574万元。2005年，产值3428万元。2008年，产值3235万元。

唐山市开平区玻璃厂建于1969年。建厂初期产品为大小墨水瓶、糨糊瓶等。70年代初，增加煤油灯用的玻璃灯座、灯罩。70年代后期，生产玻璃凉水饮具、玻璃鱼缸和花插。1987年，生产各种瓶1794万个，产值336万元。80年代后期，主攻酒瓶、罐头瓶等产品。20世纪末，产权制度改革后更名为唐山天诚玻璃制品有限公司。多年来，坚持技术改造，提升产品质量，增加花色品种，技术水平在唐山市同行业处于领先地位。

洼里乡玻璃厂建于20世纪80年代初，主导产品为各种玻璃瓶。1987年，从业人员116人，生产瓶550万个，产值131万元。1993年，从业人员163人，产值383万元。2000年，产值400万元。2008年，玻璃制品产量2080吨，产值362万元。

唐山市玻璃仪器厂原隶属于唐山市机械局，1985年划归开平区管理，以玻璃管为主要原料，生产工业仪器仪表，从业人员100人。1987年，生产工业水银温度计和U型压力计8653支，液位计和自动化仪表1300台（件），产值81万元。1988年9月，该厂研制的TST型透视双色水位计通过省级技术鉴定，被命名为省名牌产品。1989和1990年，均生产各种仪表1万台（件），产值91万元。1993年，产值107万元。1994年停产。

1985年，开平区铸造厂进行技术改造，建设一套电熔玻璃制成纤维设备，添置20台织布机，建成玻璃纤维厂，既制成玻璃纤维，又织造玻璃布。1987年，从业人员94人，织造玻璃布90万米，产值81万元。1989年，从业人员151人，玻璃布产量150万米，产值135万元。1996年，开平区玻璃纤维厂产权制度改革后转产。

九、塑料制品工业

开平区塑料制品工业经历了缓慢的发展过程。1987年6月，原隶属于唐山市二轻工业局的唐山市第七塑料厂移交开平区。该厂始建于1956年，主要产品是再生塑料制成的大小盒、大小水筒、水舀子。1987年，职工159人，生产塑料制品872吨，产值314万元。1993年，税东塑料制品厂和欢套福利塑料厂建成投产。全区3个厂有职工285人，产值508万元。1996年，全区发展到5个厂，塑料制品产量1602吨，产值4120万元，经营亏损242万元。是年9月，唐山市第七塑料厂破产，成立开平区职工生产自救基地，组织本厂160名下岗职工就业，1997年停业。1998年，全区4个厂有职工170人，产值1062万元。2000年，4个厂有职工260人，产值1095万元。2004年，仅剩1个厂有120人，产值503万元。2005年，因企业规模小，产品老化，全区最后一个塑料制品工业企业被淘汰。

十、其他工业

（一）印刷业

1972年，建开平区印刷厂，职工70人左右。1987年，全区有印刷企业19家，其中乡以上印刷厂3家，职工181人，产值154万元。1989年，印刷企业5家，职工132人，产值96万元。1993年，印刷企业3家，职工131人，产值141.7万元。1995年，郑庄子乡新建唐山市唐港印刷有限公司，全区印刷企业3家，职工505人，产值2812.9万元，其中唐港印刷有限公司2673万元。1996年，印刷业2家、职工454人，产值2428万元。是年，开平区印刷厂亏损7.3万元，流动资金负债20万元，1997年产权制度改革，个人买断。2000年，印刷企业2家、职工260人，产值1791.2万元。2005年2家企业职工290人，产值2104.2万元。2008年，规模以上印刷企业1家，职工99人，产值1044.3万元。

（二）造纸及纸制品业

20世纪70年代末，开平区造纸及纸制品（纸箱）业兴起。1987年，有企业3家，职工137人，产值150万元。90年代，企业发展较快。1993年，全区共有6个厂，职工290人，产值412.6万元。其中东越河及栗园两家造纸厂有职工206人，产值336万元；栗园振达、宏达、马家沟街道和22冶劳动服务公司等4家纸箱厂产值76.6万元。1995年，有企业6家，职工316人，产值363.1万元。其中，造纸企业有东越河、栗园和北郊造纸厂3家。纸箱企业有马家沟街道、22冶劳动服务公司和东越河纸箱厂3家。1996年，完成机制纸及纸板产量4600吨。2000年，从业人员280人，产值2073万元。2001年，产值1346万元。随着生产萎缩，这些企业逐步退出本行业。

（三）制刀业

开平区制刀业历史悠久，早在明清时代就有王家刀在开平生产。1956年，“单王”和“双王”刀联合成立开平刀具社，年产刀具3万把。1961年5月5日，在河北省名牌农具技术经验交流会上，开平刀具社生产的镰刀被命名为省名牌产品。1966年，开平刀具社改称唐山市开平刀具厂，隶属唐山市第二轻工业局。1976年7月28日唐山大地震后，建设新厂，占地面积1.33万平方米，建筑面积4000平方米。1979年，在武汉举行的全国民用刀具评比中荣获第一名，成为全国刀具10强之一，获省工商局“著名商标”称号。1986年，该厂划归开平区管理。1987年，进行技术改造，拥有制作刀具的冷热轧机和空气锤、压力机、冲床等大型锻压全套机械设备，以及金相分析、硬度测试等检测仪器。生产刀具达百余种，是河北省唯一的刀具生产厂家。是年，生产各种刀具52万把，产值214万元。1993年，新建私营企业燕山刀具厂。1995年，开平刀具厂有职工175人，产值77.8万元，亏损70.2万元。1996年，成立唐山市刀具厂破产清算组，年底破产。

（四）家具制造业

开平区木器家具制造业起步于20世纪50年代，1954年，成立唐山市开平木器社，后更名为唐山市第二木器厂。1986年，将隶属于唐山市二轻局的第二木器厂和唐山市木鞋楦厂移交开平区。1987年，加上傅家屯乡木器厂，全区有3个木器家具制造企业，有职工262人，生产木制家具1.4万件、木鞋楦2.87万双，产值157.8万元。1989年，鞋楦厂改产塑料制品、线路金具，木器厂只剩第二木器厂和傅家屯乡木器厂，产值100万元。1993年，仅剩第二木器厂一家，产值73万元，亏损5.9万元。1995年，产值42.1万元，亏损15.4万元。1996年，产值14万元，亏损42.9万元，1997年破产。

开平区还有一些医药、食品加工、饮料制造、夹纸、布鞋、鞋底、轮胎翻新、陶器烧制等多种工业、手工业门类，均为小微企业。

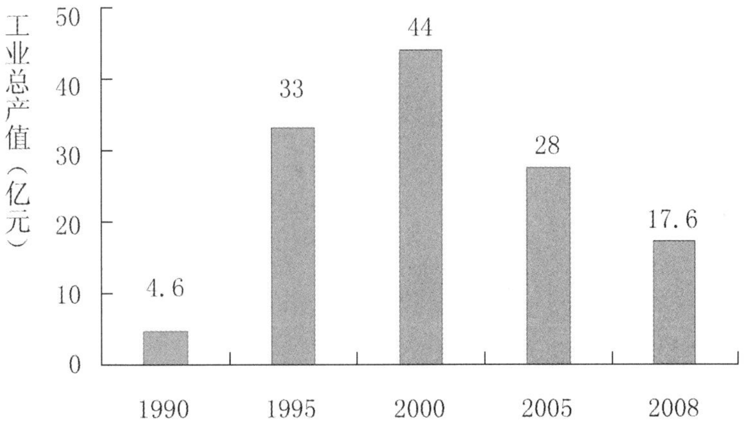

表10－3　部分年度开平区规模以下工业企业工业总产值发展变化图

2008年度年销售收入500万元以上工业企业一览表

表10－10　单位：万元

企业名称	固定资产	完成产值	销售收入
唐山市渤海水泥总厂	4415	3826	3826
唐山市天诚玻璃制品有限公司	599	3232	2803
河北唐山半壁店钢铁（集团）有限公司	68689	586247	179021
唐山钢源冶金炉料公司	6761	10242	10396
唐山开丰瓷厂	623	1090	1034
唐山嘉年翔实业有限公司	4451	6083	7540
唐山市开平区佳丽花纸厂	464	1044	887
唐山市开平富鑫通源灰料厂	2211	11314	12404
唐山开发水泥有限公司	721	6011	6011
唐山宏业轧钢有限公司	2736	46667	50564
唐山智诚电气有限公司	1299	1111	1111
唐山京华制管有限公司	10815	228244	237614
唐山万邦昌业选煤有限公司	1029	27056	27055
唐山市国亮特殊耐火材料有限公司	2016	13496	12219
唐山隆源瓷厂	84	1131	1023
唐山市施尔得瓦业有限公司水泥分公司	1243	2509	2515
唐山冀东线材厂	302	4665	4372
唐山华龙陶瓷有限公司	428	881	1206
唐山市兴华水泥厂	1203	632	589
唐山市冀东耐火材料有限公司	563	338	497
唐山泰华煤炭有限公司	33	3793	3648

续表 10－10

企业名称	固定资产	完成产值	销售收入
唐山康华铁路器材有限公司	1203	6713	6712
唐山市栗园俸佶恒耐火材料有限公司	98	1448	1441
河北唐银钢铁有限公司	259462	632743	50608
唐山东盛烧结有限公司	3223	59468	59581
唐山银水实业集团有限公司	3468	117404	117386
唐山隆达骨质瓷有限公司	5298	14264	13379
唐山盛通冶金机械制造有限公司	795	4438	4019
唐山鑫泰工贸有限公司	199	2874	2850
唐山市博鳌煤业有限责任公司	4333	184321	197969
唐山市国林全陶瓷有限公司	380	1705	1307
唐山市博志巍山矿业有限公司	3720	1283	1225
唐山市巍山耐火材料有限责任公司	1447	2191	730
唐山市开平区巍山保温材料厂	326	9733	9974
唐山市凤山水泥厂	1876	3234	3039
唐山东方轧钢有限公司	1362	54256	54256
唐山市东华轧钢有限公司	1524	13219	13219
唐山古楼新型建筑材料有限公司	1723	5406	5406
唐山市第一水泥厂	1606	2689	2729
唐山市开平区洼里煤矿	2202	3296	3296
唐山市开平区渤海洗煤厂	1070	4735	4735
唐山凯博星工贸有限公司	191	1109	1021
唐山三金明盛实业发展有限公司	2899	157	1570
唐山市香美佳食品有限公司	104	709	705
唐山市开平区景州钢丝厂	1431	19460	19215
唐山华丽陶瓷有限公司	3907	8081	10018
唐山兴业工贸集团有限公司	72855	655822	603661
唐山市越河化工厂	256	3152	2721
唐山市永和冶金设备制造有限公司	1874	5612	5612
唐山天汇制衣有限公司	3774	3013	2719
万通电缆集团有限公司	1706	7872	7872
唐山市开平区唐钱洗煤厂	2944	47070	54478
唐山中陶洁具制造有限公司	2590	3846	3798
唐山市阳光陶瓷有限公司	1019	3887	4541
唐山市征楠焦化有限公司	17874	62531	62183

续表 10－10

企业名称	固定资产	完成产值	销售收入
唐山市后于家店铁塔厂	81	719	719
唐山税西工业气体有限公司	568	3903	4598
河北金利铝业有限公司	1885	1122	1082

注：此表不含市属以上企业

第三节 结构调整

1987－2008年，通过调整、优化和改革，全区产业布局渐趋合理，经济结构进一步优化，工业以钢铁、陶瓷、水泥、煤炭、耐火材料和金属结构制品等行业为支撑，以装备制造、无机非金属、精品钢材、精细化工和高新技术产业为先导的新型工业全面推进。“十一五”期间，开平区认真落实科学发展观，紧紧围绕结构调整这一主线，坚持在发展中促进结构调整，以结构调整促进经济发展方式转变。在经济快速平衡增长的同时，内部结构持续优化，现代经济的结构性特征越来越明显。

一、行业结构调整

（一）钢铁行业调整

开平区钢铁工业从1985年唐山市第四轧钢厂投产起步，1987年发展到2家企业，从业人员430人，完成工业产值2425万元。从1991年开始，钢铁工业升温，当年发展到17家，完成工业产值2.59亿元。1994年，营业收入50万元以上的钢铁企业44家，从业人员9576人，完成产值16.05亿元。企业主要分布在开平、郑庄子、洼里、双桥、越河等几个乡镇，甚至出现7个人的铸钢厂，这些小钢铁企业，主要生产国家明令禁止的地条钢。2002－2004年，根据河北省清理整顿“五小”工作领导小组的通知精神，开平区深入治理钢铁企业。2003年3月27日，成立开平区整顿小钢铁工作领导小组。在历时9个月的整顿期间，共关停小炼钢厂32家、小轧钢厂36家。淘汰落后产能钢18.37万吨、材36万吨。2004年9月，唐山市“钢整办”对开平区钢铁企业工艺装备进行审核，公布符合国家产业政策的7家钢铁企业名单，即唐山宝业实业集团有限公司、唐山兴业工贸集团有限公司、唐山鸿达热轧有限责任公司、唐山新联钢铁有限公司、唐山银水实业集团有限公司、唐山银河金属加工厂和唐山京华制管有限公司。2005年4月，《开平区钢铁工业结构调整实施方案》出台，是年9月，唐山市“钢整办”批复同意实施。

银水集团连铸连轧生产线

钢铁工业的调整，推动了技术进步。1994年4月，宝业实业集团1号179立方米高炉点火成功，年产铁水20万吨，结束了开平区化铁炼钢的历史。高炉建设逐年增加，全区179立方米高炉达到8座。2000年生铁产量29万吨，2003年185万吨，2005年320万吨。后来随着治理低产量、高污染的装备，

半钢高炉配电室

生铁产量下降，2008年生铁产量减少到174万吨。1996年9月，投资960万元的兴业工贸集团连铸连轧生产线投产，结束了开平区钢坯二次加热轧材的历史。宝业和银水集团也采用连铸连轧工艺，既提高轧制产量，又降生产成本。1997年钢产量37万吨，2001年166万吨，2003年247万吨，2006年达到344万吨。钢产量的增加促进全区轧钢生产，1996年钢材产量40万吨，2001年100万吨，2003年254万吨，2006年371万吨。

1998年8月，被列入省重点项目、投资4000万元的贾庵子工业公司球团厂改造土烧球项目开工建设，两座8立方米竖炉于11月建成投产，结束了开平区土烧球团的历史。2003年8月，投资1500万元的兴业工贸集团高炉喷煤粉工程投产，高炉综合焦比较前下降64公斤/吨，年节约焦炭4.8万吨。2003年10月，开平区第一座450立方米高炉在银水实业集团建成投产，年产铁水50万吨，标志着全区钢铁工业水平又上新台阶。2005年1月，投资3亿元的宝业实业集团高炉富氧喷煤工程竣工，高炉综合焦比较前下降140公斤/吨，年节约焦炭16.8万吨。2007年11月，唐银钢铁120吨转炉投产，2008年2月，1080立方米高炉投产，均标志全区钢铁行业装备水平再上新台阶。

（二）陶瓷耐火材料行业调整

国亮特种耐火材料有限公司

开平区依托资源和传统优势，陶瓷和耐火材料工业企业起步早、发展快。但原始的烧成工艺落后，能耗大、污染严重。1999年2月，经省计经委批准立项，开平区与冀东油田合作，投资1750万元的开平天然气引输工程竣工，带动唐山华丽陶瓷等企业率先实施煤改气工程。2002年4月，开平区对陶瓷和耐火材料企业能耗大、污染严重的倒焰窑进行专项治理，确定淘汰倒焰窑，改煤烧为煤气发生炉的整改方案。通过综合治理，到2003年10月，全区共拆除倒焰窑186座，整改企业80家，基本完成落后倒焰窑的取缔工作。至2008年，全区陶瓷和耐火保温材料行业全部实现天然气、煤气烧成工艺。国亮特种耐火材料有限公司率先改用天然气烧砖，成为无煤耐火材料厂。

（三）水泥行业调整

开平区从20世纪80年代起，发展了一批低水平小水泥企业。90年代初，陡河水泥厂和燕南水泥厂分别进行两次大规模的技术改造，淘汰陈旧设备，改造落后工艺，提高生产能力，年产量均达到8万多吨。并由只能生产275#、325#矿渣硅酸盐水泥，进而生产普灰325#、425#水泥，实现产品升级换代。1995年6月，两厂进行整合，成立唐山市渤海水泥总厂，实行集约型经营。是年，生产水泥17.6万吨。1997年9月，渤海水泥总厂通过ISO9002国际质量体系认证，是全区第一个获得质量体系认证的工业企业。1999年2月，开平区成立治理整顿小水泥工作领导小组。在7个月的整顿期间，关停唐山市帅丰水泥厂、开平水泥厂一分厂和巍山水泥厂等3家企业，淘汰落后产能4.4万吨。2008年，拆除淘汰3米以下机立窑9座，淘汰银河水泥厂、唐山市水泥厂等企业落后产能83万吨。

1999年淘汰小水泥企业

2006年6月，开平区成立取缔小石灰土窑工作领导小组，颁布《关于取缔小石灰土窑的通知》，与小石灰土窑窑主签订《关于取缔小石灰土窑协议书》，分布在开平一街、二街和马家沟、前陡河、后陡河及后屯一带的小石灰土窑全部拆除。是年8月，唐山钢源冶金炉料公司和唐山嘉年翔实业公司引进丹麦麦乐兹窑炉技术，改写了开平区土窑、砖窑生产白灰的历史。

（四）煤炭行业调整

开平区煤炭开采业是在20世纪80年代初发展起来的。1987年，全区有小煤矿179个，从业人员7559人，年产煤炭160万吨。其中群采煤矿167个，年产煤炭76万吨。多年来，煤炭行业存在群采煤矿设备落后，矿主之间越界开采争夺资源，有的无证开采，各类安全隐患多，死亡事故频发，以及开采原煤、出售原煤，既无技术含量，又没有附加值等诸多问题。为此，区政府将此作为行业管理和整顿重点，20多年间，对群采煤矿的调整治理工作一直没有停止。1995年，推填炸毁非法小煤矿138眼。1997年4月，实行《矿井安全生产条件合格证申报表》制度。2002年9月，开平区成立非煤矿山安全整治工作领导小组，在全市率先出台《非煤矿山安全生产整顿检查验收办法》。2005年12月6日，刘官屯煤矿重大矿难事故后，对全区煤炭系统加大整治力度，先后关闭非法矿山企业12家。2007年，23家小煤矿安装瓦斯监测监控系统，进一步强化小煤矿安全生产。2008年，推进矿山资源整合，初步完成煤矿、非煤矿山整合方案，全区23家煤矿停产整顿。

通过政府引导和市场选择，推动煤炭企业转型升级，增加产品附加值，提升企业市场竞争力。1987年2月，经市政府批准立项，开平区与唐钢集团公司合作，投资5000万元，建设唐山市煤化工联合总厂，利用唐钢炼焦制气厂生产的焦化副产品和预留场地，安装10万吨焦油精制和3万吨粗苯精制设备，精炼煤化工产品，其规模在当时全国最大。一期工程精苯车间于1991年5月试车，二期工程焦油车间于1992年8月竣工。1992年5月开平区退出联营，交由唐钢集团公司独家经营。2001年，开平镇私营企业唐山市宏达水煤浆有限公司开发生产水煤浆，作为绿色环保燃料，为唐山市第一家。2003年，双桥镇私营业主刘国义参加国营煤矿产权制度改革，购买开滦赵各庄矿巍山采区，成立唐山市博志巍山矿业有限公司，吸纳500多名工人参加生产，当年实现工业产值3032万元、利税299万元；2008年，工业产值1283万元、利税136万元。2004年，越河镇私营企业唐山市征楠焦化有限公司建成年产75万吨焦炭、化工及配套设施，开展综合利用，以化产回收和煤气净化为重点，通过资源综合利用认证。2004－2008年，生产焦炭158.62万吨；2004年12月开始向本区和市区供应焦炉煤气20万立方米/日，2008年，回收煤气5011万立方米。从2005年开始，开平区洗选煤业兴起，至2008年，建起5家洗煤厂，完成工业产值12.64亿元。2005年，唐山市新兴焦化厂建成年产50万吨焦炭、化工及配套设施，11月向该区和市区供应焦炉煤气20万立方米/日。2008年，双桥镇成立私营企业唐山市博鳌煤业有限公司，开展洗选综合业务，当年实现工业产值18.43亿元。

二、产品结构调整

开平区在调整优化工业结构的同时，也推动产品结构的调整。引导企业以主要出售初级产品转向精加工、深加工和科技含量高、附加值高的产品延伸，通过采用高新技术改造传统工业，促进产业升级、产品换代。

钢铁行业通过延伸产业链条，实现铁水热装热送全连轧，形成由高炉炼铁到钢坯、热送轧钢的产业链生产。进入21世纪，开始特种钢的开发和生产，轧制钢材品种也由20世纪末只能生产角钢、棒材和窄带钢，提高到多品种、多规格。2004年8月，唐山大成不锈钢有限公司年产不锈钢5万吨，结束开平区只能生产粗钢的历史，填补唐山市钢铁行业不锈钢生产的空白。2006年3月，兴业工贸集团投资1.2亿元的第一条Φ650带钢生产线竣工投产，年产中宽带钢85万吨，填补了开平区不能生产中宽带钢的空白。京华制管年焊管生产能力达到80万吨，产品销往全国各地，并出口到英、美及东南亚等十几个国家和地区。2007年，唐山申唐不锈钢制品公司年产10万吨镍铁合金项目投产。这些均标志着开平区钢铁产业正在由普碳钢向特种钢的转变。

陶瓷行业在生产传统卫生和日用陶瓷的同时，大力开发新产品。隆达公司重点开发的高档微波无铅骨质瓷项目，成为开平区科技进步的新亮点。耐火行业普遍采用新型燃气窑炉，实现由生产普通耐火材料向生产新型特种耐火材料的转变。国亮特殊耐火材料有限公司开发出适合冶金工艺新要求的特级高铝砖等新产品。玻璃行业成功开发出高白料玻璃瓶。

煤炭行业由出售原煤，向洗精煤、水煤浆、炼焦、煤化工发展。2008年，生产洗煤160万吨、焦炭30万吨。服装行业由过去做普通服装、单纯内销向外向型转变。天汇制衣公司年产200万套高档睡衣、内衣和休闲服装，全部出口到俄罗斯、日本等10多个国家和地区。

1987－2008年开平区工业企业发展情况表

表10－11　　单位：个、人、万元

年度	企业数	职工数	资产总额	销售收入	工业产值	增加值	利税总额
1987	1631	44280	－	13718	44167	－	2703
1988	2215	47015	20013	51915	55827	－	4428
1989	2218	45206	28202	53814	71061	－	4781
1990	2886	46646	25527	70284	80743	－	5118
1991	2835	48672	47284	99249	114148	311869	5729
1992	2893	55751	－	60328	160926	182146	10063
1993	2164	44096	－	362524	303529	149782	10935
1994	2356	47180	105474	727019	391751	445760	7738
1995	2393	44717	107060	81712	435708	304900	5759
1996	2322	46622	116796	105247	625773	333400	7760
1997	2395	37723	123501	104812	643055	394420	7333
1998	2291	35469	253968	253970	668329	211886	3808
1999	2240	38670	114007	282495	676590	119098	10527
2000	2558	41014	471025	654420	783082	160463	12842
2001	2538	39460	541435	472812	878047	311783	15540
2002	2479	43984	654953	864506	1032194	358483	11085
2003	2313	48372	1008384	724373	1212209	439966	17016
2004	1435	39977	866999	1383661	1554318	575110	26403
2005	1540	50226	944216	1529044	1833275	681769	43666
2006	1975	63842	1186462	1738740	2199833	－	99535
2007	1675	58707	1035223	2076102	2553360	－	119646
2008	1305	54115	1604791	2418693	3091612	－	108000

第四节　重点企业和名优产品

一、重点企业

（一）河北银水实业集团有限公司

河北银水实业集团有限公司坐落在银河路郑庄子镇贾庵子村。现辖唐山市贾庵子烧结厂、唐山市贾庵子炉料钙厂、唐山市银水运输有限公司、唐山市银河水泥厂、唐山银水配件经销有限公司、银亿自动化公司和河北唐银钢铁有限公司7个子公司，是集钢铁、球团、建材、运输、金属加工、商贸为一体的大型综合性集团公司。

2006年10月，银水与唐钢联营组建唐银钢铁有限公司，钢联项目正式启动。1080立方米高炉和120吨转炉先后投产，年生产能力达到铁230万吨、钢240万吨、商品材230万吨。2008年，唐银钢铁拥有资产60亿元，职工3600人，完成工业总产值63亿元，上缴增值税8400万元。

（二）唐山京华制管有限公司

唐山京华制管有限公司坐落于开平城南开越路北端，占地630亩，职工1200人，以生产焊管为主业。公司系京华创新集团下属控股公司，年产各类焊管100万吨，拥有资产7.3亿元。

公司于2001年9月通过ISO 9001国际质量体系认证，2006年通过安全、环保、职业健康管理体系认证，多次获评“河北省科技型企业”“重合同守信用企业”“全国优秀企业”“河北省采用国际标准先进单位”等。产品辐射京津、华北、东北和西北地区，并出口到英、美、澳大利亚、新加坡、菲律宾等10余个国家和地区。2007年，被河北省民营企业家联谊会评为“百家知名民营企业”。2008年，完成工业总产值22.8亿元，上缴增值税793万元。

（三）唐山天汇制衣有限公司

唐山天汇制衣有限公司坐落在唐山现代装备制造工业区内，厂区面积100亩，建筑面积1.83万平方米，员工300多人，资产总额8000万元。是集开发、生产和销售为一体，以睡衣、内衣和家居服饰为主导产品的专业化服装企业。

天汇制衣有限公司生产车间

天汇制衣公司建于1994年，开始以经营裤业为主。1996年，实现向以睡衣、内衣、女装、家居服饰系列专业化现代服装出口型企业的转变。2000年，被批准为自营进出口企业，拥有企业进出口权。2002年，在服装行业率先通过ISO 9001质量体系认证。2004年，斥资3000万元建成新厂，设有裁剪、缝制、绣花和整理4个车间，16条现代化流水线，20多台缝制、绣花和整烫设备，居国内一流。年产200万套高档睡衣、内衣和休闲服饰，出口创汇400万美元。在北京、广州和香港设有分公司，在国家工商总局注册“夫人梦”商标。

天汇制衣公司研发团队实力雄厚，每年都要上市新款服饰百余种，不断推陈出新，保持多个系列服装款式千余种。产品主要销往俄罗斯、日本、韩国、中东等10多个国家和地区。天汇制衣公司先后获评“中国外贸企业体系指定示范单位”“全国重质量守信誉公众满意单位”“世界杰出企业贡献奖”“河北省服装行业协会示范单位”“爱心助残单位”“河北省园林式单位”“唐山市花园式单位”和开平区“出口创汇先进单位”等。

（四）唐山市永和冶金设备制造有限公司

唐山市永和冶金设备制造有限公司建于1990年，坐落在唐山现代装备制造工业区，占地近百亩，拥有固定资产6000多万元，员工500多人。是一座具备铆焊、金工、钳工、铸造等综合加工能力的民营企业。

公司主要承接加工制造烧结、炼铁、炼钢、轧钢等成套冶金设备及配件，年加工能力3万吨，产值超亿元。公司产品覆盖河北、山西、江苏、上海、福建、辽宁、天津和内蒙古等地，并初步涉足国际市场，连续5年通过ISO 9001质量体系认证，被河北省冶金行业协会推荐为理事单位。

二、名优产品

（一）“夫人梦”牌睡衣

“夫人梦”牌睡衣是唐山天汇制衣有限公司研发生产的主导产品。服饰款式独特，面料考究，穿着舒适，观感优雅。汇集东方与西方艺术风格，体现出自己的品牌特色。2007年3月，被命名为“河北省著名商标”，10月在香港注册。“夫人梦”牌睡衣系列产品全部出口到欧洲、俄罗斯和中东等10多个国家和地区。

（二）开平不锈钢刀

由唐山开平王刀具厂生产。1979年，在武汉举办的全国民用刀具评比中荣获第一。1983年在河北省同行业评比中获得第一名，被省命名为优质产品，畅销京津和东北各地，备受用户青睐。1987年7月，在河北省轻工业厅产品质量评比中获得第一名，创省优名牌产品。

（三）双色水位计

为唐山市玻璃仪器厂开发生产的专门用于监测锅炉压力和容器液面位置的安全仪表。具有设计合理、使用方便、安全系数高等特点。1986年4月17日，在河北省举办的质量鉴定会上，被命名为省名牌产品。1988年9月27日，TST型透视双色水位计通过省级技术鉴定。

（四）电磁振动给料机

为唐山市燕山电器厂开发研制，是专供冶金、陶瓷等行业的机械电子、计量配料设备。1991年11月6日，GIY型电磁振动给料机连同KYIB型矿用阻车器闭锁装置，通过省级新产品鉴定。

（五）微机控制失重秤配料系统

由唐山市燕山电器厂开发研制，是专供冶金、陶瓷等行业的机械电子、计量配料系统。1993年6月，WKSP—1型微机控制失重配料系统（减量法计量）荣获第五届中国新技术新产品博览会金奖和华北第二届技术交易会金奖。

1987－2008年开平区工业企业名优产品一览表

表10－12

产品名称	生产企业	名优称号级别	批准时间
开字牌釉面砖	开平瓷砖厂	河北省优质产品	1987年3月
华丽牌卫生洁具	越河陶瓷厂	河北省优质产品	1987年3月
不锈钢刀	开平刀具厂	河北省优质产品	1987年7月
NLD－2型耐张线夹	唐山市线路金具厂	唐山市乡镇企业优秀产品	1987年

续表 10－12

产品名称	生产企业	名优称号级别	批准时间
卫生陶瓷	越河陶瓷厂	农牧渔业部1987年部优产品	1988年1月
小于220KV线路铁塔	于家店铁塔厂	唐山市乡镇企业优秀产品	1988年
2号机制农业锹	银河制锹厂	唐山市乡镇企业优秀产品	1989年
C17、C27不烧铝镁包衬砖	开平耐火厂	唐山市乡镇企业优秀产品	1990年
40×40×4角钢	郑庄子轧钢厂	唐山市乡镇企业优秀产品	1991年
425硅酸盐矿渣水泥	开平水泥厂	唐山市乡镇企业优秀产品	1992年
AGS酸二异丁酯	东郊化工厂	唐山市优秀新产品	1992年度
AGS酸二异丁酯	东郊化工厂	河北省优秀新产品	1992年度
“唐越”系列卫生陶瓷	越河陶瓷二厂	河北省乡镇企业系统名牌产品	1993年度
“隆达”骨质瓷系列	隆达骨质瓷有限公司	中华著名特产	2001年1月
“隆达”骨质瓷系列	隆达骨质瓷有限公司	全国十强品牌	2002年10月
铁水包高性能AS浇注料	国亮特耐有限公司	河北省科技成果奖	2004年9月
华丽牌卫生陶瓷洁具	华丽陶瓷有限公司	河北省著名商标	2004年
“隆达”骨质瓷系列	隆达骨质瓷有限公司	2005年景德镇国际陶博会金奖	2005年10月
“隆达”骨质瓷系列	隆达骨质瓷有限公司	国家免检产品	2006年12月
霸主牌水泥	唐山市第一水泥厂	河北省中小企业名牌产品	2007年3月
“隆达”骨质瓷系列	隆达骨质瓷有限公司	河北畅销品牌	2007年7月
“夫人梦”服装	天汇制衣有限公司	河北著名商标	2007年3月
“万升”电缆	万通电力集团	河北著名商标	2007年3月
“隆达”骨质瓷系列	隆达骨质瓷有限公司	中国驰名商标	2008年3月
京华制管	京华制管公司	河北省名牌产品	2008年12月

第二章　建筑业

开平区建筑业由1970年成立唐山市郊区建筑安装公司起步。主要承担区内工业和公共建筑，也承揽市区建筑工程。在唐山大地震后的城乡恢复建设中，邯郸市第二建筑安装公司支援唐山，驻扎在开平，重点帮助建设马家沟砖厂和开滦马家沟矿一带居民小区。随之，各乡镇、村队组建各种形式的建筑企业，共同参加开平、马家沟地区城乡和市区恢复建设，开平区建筑业获得第一次快速发展机遇。1987年，全区城乡建筑企业发展到214个，从业人员8349人，产值6715万元。1996年，随着开平区新城建设、老城改造和新农村建筑步伐加快，建筑业获得第二次发展机遇。是年，全区建筑企业501个，完成建筑面积24.43万平方米，总产值1.29亿元。2000年，建筑企业233个，建筑竣工面积5.4万平方米，总产值2.06亿元。2005年，有资质等级的建筑企业10个，建筑竣工面积13.73万平方米，总产值2.65亿元，按可比口径比2000年增长28.64%。2008年，主营建筑企业16个，建筑竣工面积12.43万平方米。

1987－2008年开平区建筑业生产总值统计表

表10－13　单位：万元

年份	总产值（当年价格）	年份	总产值（当年价格）	年份	总产值（当年价格）
1987	6715	1995	43901	2003	28618
1988	7259	1996	12858	2004	30998
1989	8529	1997	14505	2005	26491
1990	10022	1998	16500	2006	16701
1991	11776	1999	18396	2007	18000
1992	18626	2000	20628	2008	37559
1993	28678	2001	23183		
1994	38830	2002	25846		

第一节　经营体制

一、国有

唐山大地震后，邯郸市第二建筑工程公司（简称邯二）进驻唐山市郊区（今开平区）援助建设，于1979年拉开郊区恢复建设序幕。至1987年，共承建马家沟砖厂、新工村（马家沟矿）和六号小区3个居民区，总占地面积61.94万平方米，建筑面积26.12万平方米，建成建筑结构为二至六层楼房200多幢，入住居民5588户、1.71万人。公用设施有花园、托儿所、幼儿园、中小学、医院、银行、邮电及服务性行业和大型农贸市场等。1988年后，队伍陆续撤回邯郸。

1980年5月，冶金部第二十二冶金建设公司（简称二十二冶）援建唐钢恢复建设，进驻栗园公社刘官屯村北，占地2010亩。公司下设11个施工单位，是一个大型综合性冶金建筑安装企业，具有房屋建设和冶炼工程施工总承包一级资质，市政公用工程总承包二级资质，钢结构制作安装、机电设备安装、大户窑和冶炼机电设备安装、管道工程施工专业承包一级资质，并具有国外工程承包权。1987年，拥有职工1.8万余人，各类专业技术人员840余人。2003年5月，该公司迁往唐山新区。

二、集体

唐山市郊区建筑安装公司（简称郊建），坐落于开平矿西路中段西侧，20世纪70年代有职工300余名，主要承担区内工业和公共建筑，为区属集体企业，隶属郊区工业局（后改为开平区经委管理），行业管理受市建委领导。1987年，有职工1267人，其中固定工368人，计划外用工899人。1988年以后，转换经营机制，实行承包经营责任制。曾获评唐山市“质量管理先进单位”。1995年12月，在企业产权制度改革中改为民营企业，组建唐山广厦建设（集团）有限责任公司，实行项目经理承包责任制，全面推行企业现代化管理。在开平新城区建设、老城改造和新农村建设中，承建了一大批重点工程，起到行业领军作用。

在唐山震后的恢复建设中，一些公社和生产大队把农村的能工巧匠组织起来，成立不同规模的集体建筑队伍。开平镇成立4个建筑公司，栗园、洼里、郑庄子、越河等乡镇建筑公司和尤各庄、贾庵子、张庄子等村的建筑队伍也颇具规模。1987 年，全区农村建筑企业 214 个，其中乡镇队 18 个、村级队 16 个；从业人员 8349 人，其中乡镇队 3982 人、村级队 2369 人，各占全部从业人员的 47.69% 和 28.38%。农村建筑业机械资产 370 万元，其中乡镇队 225 万元、村级队 64 万元，分别占 60.81% 和 17.3%。完成总产值 6715 万元，其中乡镇队完成 3662 万元，村级队完成 1005 万元，分别占总产值的 54.53% 和 14.96%。1993 年，全区建筑企业 312 个，从业人员 5994 人，其中乡镇队 10 个、2553 人，村级队 5 个、980 人。产值 1.89 亿元，其中乡镇队和村级队各完成 6386 万元和 2393 万元，分别占产值的 33.85% 和 12.69%。20 世纪末期，乡镇和村级建筑企业进行产权制度改革。2000 年，区统计部门改变统计口径，不再按 4 种形式统计。农村建筑企业 233 个、3151 人，其中集体企业 7 个、1232 人，建筑业产值 6.85 亿元，其中集体企业 1.26 亿元，占 19.15%。2001 年，农村和城镇建筑企业 225 个、4440 人，其中集体企业 4 个、2100 人，建筑业产值 2.06 亿元，占全区建筑业产值的 23.68%。2002 年，农村和城镇建筑企业 264 个、3463 人，建筑业产值 9.10 亿元。从是年开始，不再按集体企业进行统计，改为按企业资质等级统计。

三、私营个体

在唐山市震后恢复建设中，城乡一些农工巧匠牵头或独立拉起建筑队伍，合伙的称联合体，独立的叫个体。因设备简陋，技术力量有限，只能承建民房和小型建筑工程，也分包一些大型建筑企业的单位工程，承包楼房室内照明线路、卫生间上下水等，充当配角。1987 年，有联合体建筑企业 40 个、1354 人，个体建筑企业 140 个、646 人，联合体有建筑机械资产 40 万元，个体 41 万元，分别占总资产的 10.81% 和 11.08%。各自完成建筑业产值 936 万元和 1112 万元，分别占全区建筑业总产值的 13.96% 和 16.56%。1993 年，联合体建筑企业 11 个、192 人，个体建筑企业 286 个、2269 人，各自完成建筑业产值 462 万元和 9624 万元。2000 年，私营建筑企业 6 个、111 人，个体建筑企业 221 个、1808 人，各自完成建筑业产值 6007 万元和 4.72 亿元。2001 年，农村和城镇私营建筑企业 5 个、680 人，个体建筑企业 216 个、1660 人，各自完成建筑业产值 6713 万元和 5.96 亿元，分别占全区建筑业总产值的 7.73% 和 68.16%。2008 年，私营建筑企业 8 个、860 人，完成建筑业产值 1.48 亿元，占全区建筑业总产值的 39.42%。

第二节　建筑业管理

开平区城乡建设管理局是全区建筑业的管理机构（以下简称城建局），主要职能是负责全区建筑业的组织、管理、协调、服务、稽查、建筑节能和工程招投标等。1990 年，城建局建立档案馆，负责全区竣工工程档案管理。1995 年，成立稽查办公室和建筑工程招投标办公室。1998 年，成立墙体材料革新与建筑节能办公室。2007 年，成立开平区建筑管理办公室。

一、技能培训

20 世纪 80 年代，随着全区建筑业施工队伍的扩大和建筑企业的增加，开平区将加强建筑业职工技能提上重要日程。1988 年，组织建筑业“五大员”培训 400 余人次。通过考试，有 21 名注册备案管理人员、111 名施工员、89 名预算员、46 名安全质量监督员、34 名会计员取得岗位合格证书。1989 年，培训技术人员 500 多人次，全区建筑业持证上岗达到 385 人。1992 年，通过培训，全区建立起一支城乡建设助理员队伍。2008 年，全区有 92 人获得河北省建设厅颁发的项目经理资格证书。

二、资质审查

建筑企业资质等级审查包括企业申请建立、资质升级、企业年检等。2001 年，开平区首次对城乡建筑队伍进行资质审查定级，参加登记 1 个企业，经审查批准资质为 3 级。全区资质等级企业呈逐年增多趋势。2004 年，有资质等级企业 11 个。按资质等级分组，施工总承包 7 个，其中一级企业 1 个、二级企业 3 个、三级企业 3 个；专业承包 4 个，其中二级企业和三级企业各 2 个。2005 年，有资质等级企业 10 个，施工总承包企业 5 个，其中二级企业 2 个、三级企业 3 个；专业承包企业 5 个，其中二级企业 2 个、三级企业 3 个。2008 年，有资质等企业 13 个，施工总承包企业 6 个，其中二级企业和三级及以下企业各 2 个；专业承包企业 7 个，其中二级企业 1 个、三级企业 6 个。

三、工程招投标

1995 年，成立开平区招投标办公室。1998 年，组织学习宣传《中华人民共和国招投标法》，印发宣传材料 1000 份。根据市建委颁布的《建筑安装工程招投标办法实施细则（试行）》，制订《唐山市开平区建筑工程项目招投标管理实施细则》，按照属地管理原则，由工程发包单位择优选定施工企业，凡具备资质等级条件的施工企业，均可投标承包工程。1999 年，公开招投标工程 14 项，招投标率 77.8%。2000 年，开工项目 18 项，招投标 17 项，公开招投标率 94.4%。2005 年，完成招投标工程 19 项，建筑面积 13.14 万平方米，中标总价 9174 万元，工程招投标率 100%。2007 年，开平区政府下发《唐山市开平区建筑工程项目招投标监督管理实施细则》的《修改和补充规定》。至 2008 年，全区组织建筑工程公开招投标 389 项，总中标价款 55 亿元。

四、工程质量监督

1987 年，区城建局成立开平区工程质量监督站，开展工程质量监督。1988 年，培训安全质量监督员 46 名。1989 年，开展巡回检查 650 次，发现一般问题 36 个，发出整改通知 4 份。年底，在全市工程质量大联查中，名列第四。1990－1992 年，受监工程 133 项，其中省优工程 1 项、市优工程 3 项、片优工程 12 项，优质工程率 12%。1993－1996 年，受监工程 162 项、39.13 万平方米，工程质量一次抽验合格率 100%，优良率 40%，创市优工程 4 项。1997 年，转发市建委《关于在建筑材料中禁止使用 25A 型钢门窗的通知》，严格控制实心黏土砖生产和使用，推动全区墙体材料革新。年内，受监工程 28 项、9 万平方米，现场调查 149 次，查处违章建筑 50 处。是年，区城建局获评唐山市建筑工程管理先进单位。2004－2005 年，组织工程质量联查 29 次，发工程质量整改通知单 176 份。2006 年，组织建筑企业学习宣传《建筑法》和《建筑工程质量管理条例》。截至 2008 年，共监理建筑工程 4302 项，总建筑面积 550.2 万平方米，合格率 100%，优良率 12%。

五、安全施工

1987 年后，开平区政府依据国家经委、计委、劳动总局联合下发的关于安全生产责任制、安全措施计划、安全生产教育、伤亡事故的调查处理和安全生产定期检查等 5 项规定，进一步健全安全生产管理制度。1988 年，参照河北省建筑系统《安全生产检查评分标准》和《安全生产先进企业标准》，各建筑企业健全安全生产管理机构，配备专兼职安全管理人员。明确规定项目经理是安全管理第一责任人。区职能部门培训企业专职安全员 46 人。施工现场悬挂各种安全标志，坚持“四不准”，即工程项目没有安全措施不准开工，不戴安全帽不准进入施工现场，不系安全带不准登高，机器操作员不交底不准离开操作岗位。1990－1995 年，全区建筑工地发生死亡事故 8 起、死亡 8 人，其中 1990 年 3 人，1992 年 2 人，1993、1994、1995 年各 1 人。连续几年的死亡事故，给建筑企业敲响警钟。区城建局每年 6 月，在全行业开展“安全月”活动，集中宣传安全生产法规，组织不同规模施工现场的安全检查和联查活动，查隐患，堵漏洞，防患于未然。1997年，依照《河北省建筑施工监督管理暂行规定》，开平区成立建筑工程施工安全站，采用行政、经济和法律手段，对建筑企业安全生产实施监管。2005年，组织全区安全联查8次，发现安全隐患62处，下达稽查调查通知单42份。1996－2008年，建筑行业没再发生死亡事故。

2008年开平区资质建筑企业一览表

表10－14

序号	企业名称	成立时间	资质等级
1	河北唐山广厦建设（集团）有限责任公司	1995.12	二级
2	唐山新威塑钢型材有限公司	2001.4	三级
3	唐山中拓工程爆破有限公司	2003.6	三级
4	唐山利生窑业有限公司	2003.6	二级
5	唐山天隆装饰工程有限公司	2003.8	一级
6	唐山市利川建筑安装工程有限公司	2004.9	三级
7	唐山光明电力建筑有限公司	2005.1	三级
8	唐山全新建筑安装工程有限责任公司	2005.1	二级
9	唐山开滦天顺爆破油脂有限公司	2005.8	三级
10	唐山东方建工集团施工机械设备租赁有限公司	2006.5	三级
11	唐山永和冶金设备安装有限公司	2007.11	三级
12	河北金利铝业有限公司	2008.7	三级
13	唐山天鸿建筑安装有限公司	2008.8	一级

第三节　建筑企业及优质工程选介

一、企业

（一）唐山广厦建设（集团）有限责任公司

唐山广厦建设（集团）有限责任公司是一个具有房屋建筑工程总承包二级资质的民营企业。其前身是始建于1970年的唐山市郊区建筑安装公司。在唐山大地震后的恢复建设中，承建了大批工业和民用建筑。1988年以后，转换经营机制，实行承包经营责任制，全面推行企业现代化管理。1992年，荣获唐山市第一个“省优样板工程”奖杯。1993年，公司承建的普光南里小区B1楼工程，荣获河北省工程质量最高荣誉——首届“安济杯”大奖，公司被命名为唐山市“质量管理先进单位”，并被建设银行评为“特级信用企业”。1995年，公司荣获“河北省先进建筑施工企业”称号，并获得省和国家质量管理最高奖——“银屋奖”和“金屋奖”，同时被河北省工商行政管理局授予“重合同守信用企业”称号。1995年12月，公司由区属集体企业改制为民营企业，组建河北唐山广厦建设（集团）有限责任公司。注册资金3611万元，年平均职工3118人，其中包括各类技术人员186人、一级注册建筑师10人、二级注册建筑师30人。公司生产经营用固定资产1889万元，机械配套设备齐全，年综合施工能力竣工面积在20万平方米以上，产值超亿元。1996年通过ISO 9001国际标准体系认证。在开平新城区建设和老城区改造过程中承建了一批重点工程，其中，东城绿庭居民住宅楼70万平方米。进入21世纪，公司又先后获得“省优样板工程”25项、省用户委员会颁发的“河北省用户满意建筑工程”20项。

（二）唐山全新建筑安装工程有限责任公司

唐山全新建筑安装工程有限责任公司，于2005年1月10日经唐山市工商行政管理局批准成立，具有独立法人资格，主要从事工业与民用建筑安装工程施工。企业从业人员年平均300人，其中工程技术和经济管理人员50人，具有高级职称2人、中级职称14人、初级职称35人。企业为施工生产配备先进的混凝土搅拌泵送浇注设备，具备承接大体量混凝土施工的能力。2006年，公司通过了ISO 9001国际标准认证。

二、优质工程

京唐港综合办公楼　河北唐山广厦建设（集团）有限公司承建，建筑面积2.15万平方米，完成产值1755万元，2007年被评为“省优质工程”。

玉田县人民法院审判大楼　河北唐山广厦建设（集团）有限公司承建，建筑面积1.03万平方米，完成产值1070万元，2007年被评为“省优质工程”。

开平西新苑小区住宅楼　唐山全新建筑安装工程有限公司承建，住宅楼313#、314#，建筑面积1.43万平方米，完成产值1051万元，荣获2006年度唐山市建筑工程新唐杯奖（市优质工程）。

半壁店新一家　唐山全新建筑安装工程有限公司承建，211＋212#、213＋214#、215＋216#住宅楼工程，建筑面积1.71万平方米，完成产值1200万元，荣获2007年度唐山市建筑工程“新唐杯”奖（市优秀工程）。

唐山市东城绿庭25#－28#住宅楼　唐山全新建筑安装工程有限公司承建，建筑面积1.81万平方米，完成产值1580万元，2008年被评为“市优秀工程”。

获评2008年市优质工程的东城绿庭住宅楼

第十一编　商贸服务业

1987年后，随着商业体制机制的改革与创新，开平区经济社会快速发展，以及城乡居民收入和生活水平的提高，促进了商贸服务业空前繁荣，市场经济日趋成熟。短缺经济时计划分配、统购统销、定量供应的经济模式被打破，商品基本实现市场调解开放经营。粮油供应和价格取消了多年来的限制。商业供销等管理机构在改革中退出政府序列。商业企业逐步成为自主经营、自负盈亏的经济实体。经济体制也由过去国营、集体单一模式，发展为国营、集体、民营多元化格局，而民营资本逐步成为商贸服务业的经营主体。少数事关国计民生和人民生命安全的商品，由政府指定专营。2008年，全社会商品零售总额达30.56亿元，是1987年的45倍。

1987年，开平区共有5家金融保险机构：中国工商银行开平支行、中国农业银行开平支行、中国建设银行开平支行、开平农村信用联社和中国人民保险公司开平支公司。随着经济社会的快速发展和改革开放的不断深化，金融保险业通过增加网点，创新服务手段，开发金融保险产品，金融保险业务逐年扩展。至2008年，开平区金融保险机构在原基础上，新增加唐山市商业银行开平支行、中国人寿保险公司开平支公司以及中国太平洋财产保险股份有限公司开平营业部。存贷款余额和保费收入大幅度增长，为区域经济发展，方便群众生活，发挥了不可替代的作用。22年间，开平区金融机构的存、贷款余额分别由1987年的2.44亿元和3742万元，增长到2008年的77.27亿元和2.78亿元，分别增长30.7倍和6.4倍；保险费业务由1987年的115.5万元增长到2008年的1.32亿元，增长113倍。

第一章　经营体制与商贸网点

1987年，开平区国有、集体商业主要是商业局和供销社两大系统，其中一级核算单位19个、自然网点87个。1991年，商业供销网点进行内部调整，核算体制由19个减少到16个。1995年底，在全系统159个门店班组中，分别实行承包经营、超利分成、大包干、门店出租等形式。1997年，加大产权制度改革力度。1999年，国有、集体商业企业基本完成转型改制。2000年，个体私营商业企业达到4406个，从业人员7046人。至2008年，个体私营商业完成总产值和增加值分别占全区商业总产值和增加值的95.5%和94.48%。

20世纪80年代中期，开平区主要商贸网点为国营、集体、个体商业店铺及集贸市场，店面为柜台式服务。20世纪末，国营和集体商业进行产权制度改革，个体商业成为商贸网点的主体。农村集贸市场多设在大村庄的街道两旁，均为地摊式经营模式。80年代初，在城乡结合部、工矿居民区周围创办农贸市场。同时建立骡马交易、奶牛交易，旧机动车交易、陶瓷和果品批发，粮油贸易等多个专业市场及批发市场。进入21世纪，市场建设向上规模、提档次方面发展。自2001年开平区建设第一家自选市场，自主选购商品成为人们购物的主要方式。

第一节　经营体制

一、国有商业

1987年，开平区国有商业系统拥有百货五金、糖业烟酒副食、饮食服务、生产土杂、物资回收、食品等6个公司和开平食品厂，从业人员1370人。固定资产266.32万元，自有流动资金217.49万元，商品销售额3350万元。随着城镇居民购买力提高，国有商业系统购销两旺。1992年11月的区划调整，没有涉及到国有商业网点。1996年之后，商业系统经营体制产权制度改革和私营个体商业的迅速发展，国有商业经营额和占全区国内贸易销售量比重逐年下降。1997年，国有商品销售总额2254.8万元，占全区国内贸易总额的3.74%。1998年，国有商品销售总额1831.9万元，占全区国内贸易总额的2.68%。1999年，国有商品销售总额1986.1万元，占全区国内贸易总额的2.69%。是年，国有商业系统全部商业网点改制为私营和个体企业。

二、供销合作社

1987年，有基层供销社12个，社员7.82万人，股金22.4万元。拥有职工744人，固定资产235.8万元，流动资金348.8万元，当年商品销售额3392万元。1992年，唐山市区划调整，女织寨、梁家屯、傅家屯和果园4个供销社没有随乡镇划出。1997年商品销售总额2664.4万元，1998年商品销售总额2732.7万元，分别占国内贸易总额的4.41%和4%。1999年，区供销社将规模较小、经营分散的开平、洼里、缸窑和岔道供销社四社合一；将果园和越河供销社合二为一，减少管理人员22名。是年，全区供销社系统进行经营体制改革。全年商品销售总额3023万元，占国内贸易总额的4.09%。

1987－2000年开平区国有商业供销合作社商品购销存总值统计表

表11－1　　　　单位：万元

年度＼数量＼项目	商品购进	其中		商品销售	其中		期末库存
		农副产品	工业品		生产资料	生活资料	
1987	2305	376	1699	6742	730	2623	1195
1988	3106	194	2152	9204	1936	4277	1546
1989	3450	163	2426	9088	1281	3877	1425
1990	3952	104	2803	9189	1316	3826	1631
1991	3742	110	2636	7085	3324	3761	1846
1992	5740	171	3559	8579	4463	4116	1986
1993	6976	297	3761	8527	5184	4343	1999
1994	9701	1350	2928	10818	3145	3470	1946
1995	11515	807	4513	13295	3173	4373	2334
1996	16466	25	4492	19365	4786	7478	3020
1997	3727	－	－	4919.2	－	－	2765

续表 11－1

项目/数量/年度	商品购进	其中		商品销售	其中		期末库存
		农副产品	工业品		生产资料	生活资料	
1998	-	-	-	4564.6	-	-	-
1999	-	-	-	5009	-	-	-
2000	-	-	-	9393	-	-	-

三、集体组店

20 世纪 60 年代至 70 年代，开平区有私营合作商店 9 个，从业人员 255 人，拥有城乡门市网点 38 个。1976 年唐山大地震后，经区政府贷款扶植，新建 7 个合作商店，分布在开平、洼里、栗园、傅家屯、果园等 5 个乡镇。1987 年，有合作商店 6 个。1992 年 11 月，撤销区商业局合作商店管理所，各合作商店归口管理。国光、国华商店归糖烟酒蔬菜公司代管，宴宾楼等 7 个饮食店和 7 个理发店、旅店归饮食服务公司代管，洼里合作商店归洼里供销社代管。1999 年，在全区商业系统产权制度改革中全部解体。

80 年代初，开平区大力兴办以农村为主体的集体商业企业，包括乡镇办、村办和联合体办；城镇企事业单位和街道也积极兴办集体商业网点。1987 年，全区集体组店商业发展到 304 个，占全区商业系统的 4.78%。其中乡镇 28 个，村办 178 个，联合体办 83 个，街道、企事业单位办 15 个，从业人员 1153 人，完成商业总产值 3557 万元，营业总收入 1.08 亿元，分别占全区商业的 33.71% 和 40%。乡镇、街道和厂企兴办的集体商业企业，安置待业青年 800 多人，并享受“从开业之日起三年内免征工商税和所得税”政策。经过 1992 年区划调整，到 1993 年，全区集体组店商业 85 个，从业人员 804 人，完成总产值 2865 万元，营业收入 8863 万元，分别占全区商业的 14% 和 15.98%。2000 年，集体组店商业 38 个，从业人员 364 人，总产值 2503 万元，占全区商业的 4.76%。是年，乡镇和街道集体组店商业进行产权制度改革。

四、个体商户

1987 年，城乡个体商业开始恢复和发展。个体商业呈现点多、面广、经营规模小、方便消费者购买等特点，是年达到 5726 户，从业人员 9275 人，拥有流动资金 190.3 万元，年总产值 6995 万元，营业收入 1.66 亿元，分别占全区商业的 25.27% 和 15.74%。1991 年，坚持多种经济成分、多种经营方式和多条经营渠道并存的发展方针，对个体商业企业放开经营，放手发展，农村个体商业成为商贸系统的主体，多为“夫妻店”和“家庭店”。1993 年，随着区划变动，个体商业企业减少到 3969 户，从业人员 5763 人，总产值 2.05 亿元，总收入 6.68 亿元。1994 年，是开平区个体商业发展较快的一年，个体商业企业发展到 4898 户，从业人员 7816 人，总产值 1.29 亿元，占全区商业的 46.42%。2000 年，个体商业企业达到 4406 个，从业人员 7046 人，总产值 12.75 亿元，增加值 5.87 亿元，分别占全区商业的 95.5% 和 94.48%。2005 年，个体户和限额以下企业社会消费品零售总额 18.90 亿元，占全区社会消费品零售总额的 98.14%。2008 年，个体和限额以下企业社会消费品零售总额 28.74 亿元，占全区社会消费品零售总额的 94.05%。

1988 年 6 月，国务院发布《私营企业暂行条例》，开平区工商局在对企业登记中分列出私营企业登记管理。1992 年，全区共登记注册私营商业企业 73 户，从业 1372 人。1995 年，全区城乡私营商业企业

87 户，注册资金 124 万元，雇工 140 人，销售总额 598 万元。2003 年，全区私营商业企业完成社会消费品零售额 744 万元，2005 年完成 1078.8 万元，2008 年完成 1.38 亿元。

栗园镇小佛头村以地处“小佛头农贸市场”的优势，形成个体经商户多的特点。全村 450 户、1420 人，从事商业的 260 户、610 人，分别占全村 57.7% 和 43%。1995 年，个体经商户总收入 128 万元，占全村经济总收入的 9.1%。2008 年，个体经商户总收入 1099.8 万元，占全村经济总收入的 68.74%。

1997－2008 年开平区社会商品消费品销售总额统计表

表 11－2　　单位：万元

项目 数量 年度	销售总额	其中				
		批发零售	餐饮业	制造业	农业生产者	个体
1997	60365	41097	12410	1082	1677	4099
1998	68389	38819	14079	4016	3206	8269
1999	73970	43406	13878	4551	8191	3944
2000	82995	53549	13590	4684	6877	4295
2001	92789	64173	13060	4556	7030	3970
2002	104109	71279	15621	4599	7572	5038
2003	115548	83979	17063	3978	7782	2746
2004	130076	100164	18318	2825	6376	2393
2005	192596	161743	28349	–	–	2504
2006	217248	179268	35401	–	–	2579
2007	254242	202682	47703	–	–	3854
2008	305626	246648	54547	–	–	4431

第二节　商贸网点

一、集贸市场

改革开放以来，全区集贸市场逐年扩大。1984－1992 年是开平区集贸市场大发展阶段。区委、区政府出台优惠政策，加大市场建设力度，集贸市场遍地开花。到 1992 年底，全区有集贸市场 42 处，上市商品 18 个大类，1300 多个品种，年成交额达亿元以上。1993 年，唐山市区划变动后，将原有 4 个乡的集贸市场同时划出。2005 年，又有部分集贸市场划出。到 2008 年底，全区共有集贸市场 19 处。

2008年开平区集贸市场交易日期一览表

表11－3

日期（农历）	集市地点
一、六	周家桥　中王盼庄　后屯
二、七	唐家庄　新村　大戴庄
三、八	栗园　银河路　北塔头　胶泥庄
四、九	冶里　夏庄　马庄子　东王盼庄
五、十	开平　小佛头　周赵庄　后于家店　安家庄

二、农贸市场

开平南关市场一角

作为城市近郊区，为方便蔬菜购销，区工商局从20世纪80年代起创办“农贸市场”。市场多建在城乡接合部，每天上午成市，农民可以出售农副产品，城乡商贩可以出售工业品及生活用品，很受群众欢迎。1984年7月，区工商局与女织寨乡、南刘屯村三队，联合建立开平区第一个占地5亩多的农贸市场。是年8月，与大洪桥村联合建立占地6亩多的“唐山东郊贸易大厅”。9月，与果园乡及河沿庄联合兴建占地20亩的“唐山果菜”交易大厅。1987年3月，区工商局与栗园乡联合在小佛头村建“小佛头农贸市场”。是年12月3日，开平南关市场与唐钱路综合市场先后改建和新建投入使用。1995年5月，陡河发电总厂投资180万元，建成2000平方米的市场大厅。1998年10月，开平区投资400万元建设的税钢市场开业，该市场坐落在唐山钢铁公司税务庄居民小区，内设摊位200多个。1999年，在马矿新区和六号小区之间建成六号小区市场，占地8460平方米，建筑面积2800平方米，可容纳500多户经营。之后10年间，随着市区建设向外扩展，建在市区边沿的农贸市场或划出或被占用，到2008年，尚有农贸市场9处。

三、专业市场

历史上开平集市除综合性商品市场外，还设有大牲畜、猪羊、粮油、棉布等专业市场。20世纪80年代初，市政府将荷花坑骡马交易市场搬到开平，成为区内的第一个专业市场。1985年，区工商局与河沿庄联合建立旧机动车辆交易市场。1987年3－5月，唐山市开平区奶牛交易所、唐柏路陶瓷批发市场、唐山市旧物市场相继建成开业。1991年又有3个专业市场建成投入使用：分别是区工商分局自筹150万元，改造扩建的马家沟市场；区工商分局与河沿庄村联办的唐山新车站家具市场和区工商分局与开平镇七街村联办的陶瓷市场。1992年8月，区工商分局与果园乡河沿庄村联办占地20多亩、交易大棚2430平方米的唐山粮油市场开业；10月，唐山市首家由岳各庄村办的唐山竹木市场开业；12月，唐古路陶瓷市场开业。1995年11月，洼里乡夏庄村投资90多万元建起占地10亩、建筑面积2500平方米的全市最大牛羊市场。1997－2002年，多元化投资兴办市场，破解了市场建设资金短缺的瓶颈。如郑庄子乡刘家洼村村民黄庆成投资30多万元，租地14亩，于1995年5月建成一座果品批发市场。1998年5月，区政府投资150万元兴建170多个摊位的新苑市场开业。

四、批发市场

开平区第一个批发市场，是区工商分局与果园乡联建的唐山市西郊蔬菜果品批发市场，于1986年10月建成投入使用。批发市场的建立为唐山市郊、县的蔬菜和果品生产流通搭建起平台，仅1992年，批发蔬菜达35万吨，向外输送10万多吨，引进2.3万吨。原中顾委常委王首道和时任国务委员、国务院秘书长陈俊生等国家和省市领导曾前往调研和视察。到1996年，区工商分局协同有关乡村，又先后在北郊、南郊、东郊建立果菜及其他农副产品批发市场。同时，相继建成唐柏路、唐古路陶瓷批发市场等。1999年10月，开平区投资5400多万元兴建了占地8万多平方米的华北建材市场。该市场位于205国道唐古路开平段南侧，唐津、唐港高速公路西侧，距唐津高速路开平出口只有2公里，离开平火车站1公里，交通便捷。市场批发开平生产的水泥、钢材、建筑陶瓷、卫生洁具等产品以及东北的木材、唐海的苇类制品。

在“九五”和“十五”期间，市场建设着重完善扩大已建成的市场，向上规模、提档次方面发展，由简易露天逐步向封闭厅室发展。到2008年底，全区建有交易大厅的市场4处，建筑面积1.4万平方米，改善了经营环境。在体制方面，则由官办向联办和村办、民办转移，较好地解决了市场用地和资金不足的困难。截至2008年，境内市场属于政府办的2家、乡镇及企业办的33家、个体办的2家。

五、超市及连锁商店

开平区超市始于2001年。是年10月，唐山市马家沟华龙超市在原马家沟百货大楼基础上建成开业，使用面积约3000平方米，分为百货、服装、家具、食品等商品区。唐山市开平区新华超市创办于2004年，为个人独资企业，坐落在新苑路西侧，使用面积6000平方米，并设有3个连锁店。同年，位于新苑路与荣盛道交汇北侧的华盛超市开平连锁店、坐落在开平西门外南侧的津津超市相继开业。2008年，唐山百货大楼开办的志方连锁超市开业，营业面积6400平方米，经营规模较大。

第二章　生活服务业与专卖品经销

开平区地处城乡接合部，城乡交错，管理交叉，一些服务业虽地处辖区境内，却在路北区或路南区登记注册，尤以旅游业为甚。由于距市中心近在咫尺，且人流量不大，致使区内服务行业档次较低、规模较小。

20世纪90年代，开平区对食盐、酒类、烟草等商品实行专卖和屠宰业定点。分别成立专门机构，既负责经销业务，又承担本行业监管和稽查等执法职能。

第一节　生活服务业

一、餐饮旅店

1987年，开平区在震后恢复建设中，建成规模较大的两个国营饭店：开平饭店复建面积1168平方米，新建马家沟饭店746平方米。基层供销社后屯和洼里饭店得到恢复。是年，开平城区有成型的饭店

8个，职工191人。至1996年的10年间，随着居民生活水平提高，在外就餐者日益增多，给餐饮业提供了发展空间。1996年，全区餐饮业网点发展到1088个，从业人员2717人。其中国营饭店9个、135人，集体饭店2个、16人，个体饭店1077个、2566人。餐饮营业收入1.1亿元。2000年，餐饮营业收入1.36亿元，2005年，餐饮营业收入2.84亿元。2008年，注册登记餐饮业户782个，从业1116人，注册资金944万元，餐饮业收入5.46亿元。规模较大的有开平酒家、新城饭店、新苑饭店、世纪星饭店、天隆饭店和桂丰园饭店等10多家。

由于开平区距市中心较近，加之境内无著名旅游景点，流动人口及住宿人口较少，旅店业不够发达。1987年，城区只有国营开平旅馆1家，供来开平出差的旅客住宿。21世纪初，伴随着开平新城区建设，旅店业有所发展，但规模不大，多为“夫妻店”和“家庭店”。2008年，注册旅店6家，其中滦河大酒店较具规模。

二、美容美发洗浴

20世纪80年代，开平城内有3个集体理发店，从业15人。马家沟新工村和农村均有零星理发摊点。20世纪末，随着集体企业产权制度改革和开平老城改造，3个集体理发店解体。下岗和退休理发师，租用门店或利用自家房屋重操旧业，主要以中老年男子为服务对象。一批学习新式发型的年轻一代理发师，或自开发廊，或几人合伙开美容美发店，遍布开平城区和乡村。2008年，理发及美容保健店10个，注册资金10万元，从业38人。

20世纪80年代，开平城内只有1家国有开平浴池。改革开放后，洗浴场所不断增加，且档次越来越高。2008年，全区商业性浴池14家，注册资金153万元。另外，有些村的农民就地自建浴池，方便本村和邻村农民洗浴。

三、广告摄影

开平区广告业兴起于20世纪90年代中期。1995年，开平区尚无专业广告公司，由开平工商分局投资4万元建设两处大型广告牌。一处设在开平新城道口北侧西面，有32平方米的广告牌6块。另一处设在开平老道口，有32平方米的广告牌10块。在唐古路陶瓷市场设置广告牌6块、192平方米，设灯箱6个。在洼里乡餐饮一条街安装商业灯箱40个。1996年，区广播电视局广告公司成立，年播出广告1000余条次，收入20万元左右。进入21世纪，开平区广告业发展较快，但正式注册的专营广告企业少，多由装饰或复印部兼营广告。随着开平新城道口开通，新苑路两侧利用照明灯杆做起企业广告和公益广告，并定期更新。2002年，区工商分局停止市场及街道的广告制作和发布。2005年，开平新城区和普光道商业街的商业广告越来越多，企业门前广告牌增加灯箱广告256个、霓虹灯广告213个。在广告业迅速发展的同时，一些乱贴、乱写、乱发小广告（俗称“牛皮癣”）的现象泛滥。2008年，全区有广告企业9个，从业16人，注册资金16万元。

1987年，开平城内和马家沟各有一处国营照相馆，拍照以黑白片为主。90年代初期，彩色摄影成为主流。90年代中期，个体摄影室逐渐成为摄影业的主体。其后，胶片照相机进入寻常百姓家庭，自拍照片带动照相馆的洗印业务和多种服务项目。进入21世纪，随着数码相机进入居民家庭，照相馆主要业务为证件照、照片放大、电脑制作、婚纱摄影等。为应合老年人怀旧心理，还开展了翻修老照片业务。2008年，全区摄影扩印部8个，从业15人，注册资金8万元。坐落在开平老城普光道中段的艺星照相馆，经营时间长，服务档次高。

四、娱乐业

（一）歌舞娱乐场所

20世纪80年代中期，开平区兴起集唱歌、跳舞为一体的歌舞厅，是许多中青年人休闲消遣的去处。

1997年，全区经营性歌舞厅6家，1999年8家。文化主管部门对歌舞厅经营者进行《河北省歌舞厅管理法》培训，考试合格取得资格证书后方可从事歌舞厅经营活动。随着开平新城开发和老城改造，商业经营环境得到改善，歌舞娱乐场所逐步增加，到2008年，全区共有经营性歌舞厅24家。

（二）电子游戏厅和网吧

20世纪80年代末，电子游戏开始在开平区流行。90年代中期，电子游戏厅快速增加，1997年发展到30家，另有放映厅6家、音像制品零售摊点24个。随着电子游戏厅的发展，一些利用电子游戏机赌博、未成年人进入参与以及治安消防等问题相继出现，开平区加强对电子游戏厅的管理，对经营者进行专业和法规培训，不断开展专项治理。进入21世纪，网吧为新兴网络游戏活动提供了发展平台，替代了电子游戏机。2004年7月，全区经营性网吧发展到25家。在网吧业迅速发展的同时，暴露一些弊端。有的网吧经营者受到利益的驱使，违返国家有关规定，对未成年人上网不加限制。开平区把“禁止未成年人进入网吧”作为治理重点，采取日常监管与集中整顿相结合，规范网吧市场经营行为。2008年，全区有经营性网吧20家。

（三）台球室

20世纪80年代中期，开平区城乡兴起打台球，并成为青年人的一项时尚消遣活动。90年代中期，几乎每个村庄都有台球桌，1997年注册经营性台球厅23个。随着互联网发展和其他娱乐健身项目兴起，经营性台球厅逐年减少。

五、汽车维修

20世纪80年代初，全区机动车维修行业比较零散，良莠不齐，混乱无序。1987年，根据交通部和国家经委印发的《公路运输管理暂行条例》，将汽车维修行业纳入正规管理。年内，两次对辖区94个汽车修理厂点进行检查整顿，建立准修证的检验、注销和定期考核、评比制度。区交通局投资25万元，购置专用设备18台。1988年，全区汽车维修行业总收入达到1068.7万元。1990年，全区汽车维修厂点发展到192家。是年，区交通局建立车检站，当年验车4304辆，并对全区汽车维修厂点进行年检，合格118家，取缔44家，限期整顿24家，降级6家，升级1家，处理乱用票据3家；并进行“十佳修理厂”评选工作。1992年，由于区划变动，划出汽车维修厂点99家。1993年，在全区汽车维修行业中推行合同维修制度，当年签约率100%，履约率87%；年内举办汽车维修培训班，32人参加培训；是年，全区汽车维修行业总收入1213.6万元。1994年，审验汽车维修企业94家，审核批准新开业19家；配合省交通厅对全区汽车维修企业进行考核验收，开平区汽车修理厂和北郊汽车修理厂晋升为大修厂。1995年，全区共有汽车维修企业106家，其中大修厂3家、总成厂33家、专项修理厂43家、摩托车修理27家，其中国有企业6家、集体企业38家、个体企业57家、合营企业5家。固定资产总值1471.1万元。年内投资43.2万元，新建C级汽车综合性能检测站，10月1日竣工投入使用，年检车能力6000辆次。1998年，对全区5600辆次机动车按国家部颁标准进行年检，完好率97.6%。2000年，审验汽车维修企业75家，检车4780辆次，汽车上站率96.8%。2001年，区投资200万元，建起新型设备检测站。2002年，检测站由C级升格为B级，年内审验汽车维修企业20家，检测运营汽车4019辆。2004－2005年，先后对65家无证违规汽车维修企业进行审验，取缔24家，限期整改12家，对29家经整顿符合条件的，予以补办经营手续。截至2008年，全区共有汽车维修企业101家，其中一类汽车维修企业1家、二类汽车维修企业28家、三类汽车维修企业68家、摩托维修企业4家，另有B级汽车性能检测站1家。

六、其他服务业

租赁服务业从2000年开始有注册登记，主要是汽车、农机、建筑机械等设备租赁。2008年，租赁企业142个，从业人员266人，其中汽车租赁企业10家，注册资金357万元。

开平区内旅行社虽有多家，但截至2005年，只有唐山市华信旅行社有限公司开平营业部，于2004年在开平区工商局注册登记。

20世纪90年代末，家政服务业兴起。从业人员主要是下岗职工和退休职工中的能工巧匠。主要服务项目有居室保洁、搬家运物、水暖安装、管道疏通、室内改线、改水改厕等。2000年以后，服务项目有所增加。2008年，全区注册的家政服务业10户，注册资金357万元。

第二节　专卖品经销

一、盐业专卖

1993年3月8日，成立开平区盐政管理公司，与开平副食品盐业公司一套人马两块牌子。1997年，区商业总公司成立盐政、酒类、烟草等执法小分队，对开平区盐业市场等进行执法检查。当年出动100多车次、200多人次，查处案件60多起，没收私盐53吨，罚没总值达10万元。1999年2月10日，区商业总公司成立联合行政稽查大队，下设盐政管理稽查队，当年查处案件60起，没收私盐28.8吨。1999年1－10月，开平区盐业公司先后多次从涧河、汉沽等盐场私自购进食盐和工业用盐，以及用于腌制牛、羊皮的畜牧用盐342吨。并且在腌渍专用盐中掺入粉碎无碘盐，投入市场12吨。11月15日，市盐政管理处向全市发出通报，责令开平区盐业公司写出深刻书面检查。免去公司经理职务，调出盐业公司，将投入市场的含碘腌渍盐全部收回。

2001年，开平区盐业专营公司实行整体承包经营，承包期3年。承包期间，企业性质、隶属关系和企业资产所有权三不变。盐业公司从规范碘盐购销活动入手，结合整顿盐业市场秩序，合理安排和调剂用盐区域及比例，巩固加强主营阵地。是年，完成市盐业公司下达加碘盐购进指标61.55吨，购进碘盐780吨，销售682吨，在全市碘盐完成进度统计中列第5位。组织执法检查6起，查处案件137起，没收私盐906公斤。2003年，在“非典”期间，盐业公司严格执行价格政策，充实库存，保证重点，平稳供应，加大盐业市场监管力度，没有发生食盐抢购风波。2004年1月，开平区供销总社与盐业公司延续承包5年。从2005年7月1日开始，盐业公司每周一派1名工作人员到开平区行政审批中心办理“食盐零售许可证”手续。盐业专营公司经营食盐每年环比增长15%以上，坚持食盐零售许可证审批权，不断加大查处私盐、无碘盐力度。2008年，盐业公司有职工3名，其中经理1名。

二、酒类专卖

1990年7月，成立唐山市开平区酒类商品专卖局，靠挂商业局。1993年12月21日，根据河北省商业厅《关于印发河北省酒类专卖管理局加强酒类专卖管理具体办法的通知》精神，将开平区酒类商品专卖局更名为开平区酒类专卖管理局。1999年2月10日，区商业总公司成立联合行政稽查队，下设酒类专卖管理稽查队，当年查处案件100多起，收缴无证调入白酒280瓶，端掉制假窝点15个，取消非法经营16户，罚没款3万元。2001年，组织大规模执法检查活动，查扣违法经营各种酒类商品128瓶，取缔非法经营3户，罚没款1.85万元。发放酒类零售许可证300户。2002年7月30日，机构改革中，将原商业总公司行使的《河北省酒类商品专卖管理规定》行政执法权，改由开平区供销总社行使。12月23日，将开平区酒类专卖管理局更名为开平区酒类监督管理局。2006年1月，开平区供销总社行使的《河北省酒类商品专卖管理规定》执法权，划归开平区商务局行使。

三、烟草专卖

随着《中华人民共和国烟草专卖法》和《中华人民共和国烟草专卖法实施条例》的实施，1997年9

月，开平商业总公司成立烟草执法小分队，对开平区烟草市场进行检查整顿，出动480多车次、970余人次，查处案件120起，查处禁销烟和假烟1025条，罚款1.5万元，罚没总值达5.13万元。1999年2月，区政府决定商业局组建联合行政稽查大队，下设烟草和酒类专卖管理稽查队。当年查处案件260起，查处禁销烟和假烟4247条，罚没款3万元。

开平烟草专卖分局（营销部）始建于2000年7月26日，属于子公司体制，具有烟草专卖行政管理和卷烟业务经营双重职能，负责零售许可证办理和市场管理。并设有新工村、胜利桥和开平新城3个销售网点。2000年8月3日，依据省、市政府指示精神，唐山市烟草公司决定取消开平糖烟酒蔬菜公司的卷烟委托批发权，其业务由开平烟草专卖分局接管。2003年，开始对烟草零售户电话访销，并由“电话订货”向“网上订货”过渡，零售户网上订货率达到77.39%。2004年5月1日，根据《关于取消县级烟草公司成立卷烟营销部的决定》，取消县级公司法人资格，实行全市统一采购，统一访销，统一配送，统一财务管理，统一信息平台。

2000 - 2008年开平区烟草专卖零售持证人数和烟草销售情况统计表

表11 - 4

年度	烟草专卖零售持许可证人数（户）	卷烟销售数量（件）
2000	900	22123
2001	911	29514
2002	952	31846
2003	998	35129
2004	1041	37149
2005	1147	44586
2006	1191	47334
2007	1246	50120
2008	1293	51853

四、定点屠宰

1992年3月，随着生猪市场全面放开，商业系统失去生猪供应的主渠道作用，个体屠户屠宰经营的生猪销售份额迅速上升。这一阶段的生猪屠宰监管由商业部门组织实施，畜牧、卫生部门在市场进行监督检查。1996年4月，按照市政府《唐山市生猪定点屠宰管理办法》（市政府10号令），开平区对生猪屠宰实施“定点屠宰、集中检疫、统一纳税、分散经营”，全面取缔生猪私屠滥宰，动检部门负责生猪屠宰检疫和防疫监督。1997年6月，商业总公司投资40余万元，在马家沟百货大楼新开路商店场地，建成一座半机械化屠宰车间，建筑面积198平方米，于当年9月底投入使用，每小时可屠宰生猪100头。1998年5月，开平区实行活鸡定点屠宰。食品公司投资20万元改建车间，购置设备，日屠宰生鸡能力达3000只。2002年8月，唐山市立冬食品有限公司成立，并被批准为开平区唯一一家生猪定点屠宰企业。生猪屠宰监管由市场监管转变为对生猪定点屠宰企业的监管。2006年，开平区商务局成立市场管理科，挂畜禽定点屠宰管理办公室牌子，依法履行生猪屠宰监管职能。生猪屠宰监管主要基于八项基本制度，即活畜活禽进场验收制度；停食静养制度；屠宰加工制度；肉品品质检验制度；病害肉无害化处理制度；卫生、防疫、消毒制度；污水、污物处理管理制度；白条肉和副产品交易管理制度。生猪屠宰监管彻底摒弃粗放式管理，逐步向制度化、标准化、规范化管理迈进。

第三章　粮油经营

1987－1992 年，开平区国有粮站是供应城镇居民、农村蔬菜队和缺粮队人口粮食的主渠道。1993 年 5 月，放开城乡居民粮食销售价格，粮票停止流通，农村集市和个体粮站成为粮食流通的主体。1987 年，实行粮食定购包干政策，1993 年放开粮食价格后，继续坚持粮食定购制度。1998 年，对收购农民余粮实行保护价政策。2001 年和 2002 年，稻谷、玉米、小麦陆续退出保护价范围。

第一节　粮油购销

一、粮油市场

1987－1991 年，全区粮油零售市场以国有城镇和农村粮店为主。1992 年 4 月，粮食部门在做好城镇、农村粮油供应的基础上，积极开拓农村初级粮油市场。首先在开平集贸市场建立固定摊位，参与农村集贸市场经营，逢集上市常年经营，既收购销售又开展多品种兑换。同年 5 月，在郑庄子乡王千庄村建立全区粮食系统第一个微型粮店。后在全区推广，发展至 13 个。微型粮店经营灵活，既收购又销售，既卖生又卖熟。是年 7 月，市粮食局在开平区召开“唐山市粮食系统开拓农村市场现场会”。1993 年，随着全市粮食销售价格和经营放开，开平粮食系统开展一业为主，多种经营，分别进驻 16 个集贸市场，在开平、马家沟、河北小区 3 个农贸市场设立 8 个专柜，实现了由门市向集市延伸。在市内粮油交易市场投资 1.6 万元，开设 7 个经营处，坚持常年经营，变坐销为行销，积极开展流动售货，与 100 多个伙食单位和几十户个体饮食摊点建立供求关系，为他们提供优质服务，送粮油上门。

二、粮油收购

1987 年，实行粮食定购包干政策。1988－1990 年，粮油购销调和财务包干改为“一定三年”。粮食定购任务仍按市政府 1987 年下达的合同定购任务。是年市政府下达开平区粮食定购任务 4800 吨，食油定购任务 312.5 吨。1991 年，粮食合同定购改为国家定购。市政府将粮食购销调包干再顺延 2 年，食油购销调包干再顺延 1 年。1992 年，将油脂定购改为指导性计划。1993 年，粮食销售价格放开后，继续坚持粮食定购制度，定购粮重点保证军供、城镇低收入者、大中专学生和灾区的“三无户”（即无粮、无钱、无自救能力）、贫困地区的“八类户”（即鳏、孤、寡、独、老、弱、病、残）、水库移民的基本口粮供应任务。

1987－2001 年开平区合同定购粮食统计表

表 11－5　单位：吨

年度	合计	小麦	玉米	大豆	其他
1987	4006	1586	2184	235	1
1988	4806	1515	3050	241	－

续表 11 - 5

年度	合计	小麦	玉米	大豆	其他
1989	4800	1504	3092	203	1
1990	4083	1643	2341	99	-
1991	4742	1453	3063	226	-
1992	4308	1500	2628	180	-
1993	4249	1377	2689	183	-
1994	4297	1421	2386	490	-
1995	4529	1483	2823	223	-
1996	4635	1441	3000	194	-
1997	4826	1500	3127	199	-
1998	4125	1399	2561	165	-
1999	1766	1140	626	-	-
2000	1700	1140	560	-	-
2001	1140	1140	-	-	-

1987 - 1997 年，粮食部门所属企业在完成国家粮食定购的基础上，坚持开展粮食市场收购。11 年间市场收购粮食 20.76 万吨。1998 年，粮食部门把按保护价敞开收购农民余粮作为落实党对农村经济政策的重要举措，做到常年、常时、挂牌敞开收购，不停收、不拒收、不限收，不压级压价和抬级抬价，坚持以质论价和户交户结，不打白条。2001 年，从秋粮上市起，稻谷、玉米退出保护价收购范围，2002 年，从夏粮上市起，小麦退出保护价收购范围，并逐步放宽多种所有制主体从事粮食收购的资格条件。

1987 - 2003 年开平区合同定购粮食统计表

表 11 - 6　　单位：吨

年度	市场收购						其中：保护价收购			
	合计	小麦	玉米	大米	大豆	其他	合计	小麦	玉米	大米
1987	10558	4239	4785	1046	325	163	-	-	-	-
1988	13102	4680	6585	848	898	91	-	-	-	-
1989	12818	4428	5595	1798	844	153	-	-	-	-
1990	19610	6028	10962	2426	149	45	-	-	-	-
1991	34052	15983	13632	3653	190	594	-	-	-	-
1992	27849	11558	11439	3048	918	886	-	-	-	-
1993	16554	9103	4876	1346	445	784	-	-	-	-
1994	15669	12707	472	1857	221	412	-	-	-	-
1995	31241	20566	6783	3023	779	90	-	-	-	-
1996	14183	4865	6572	1299	1354	93	-	-	-	-

续表 11－6

年度	市场收购						其中：保护价收购			
	合计	小麦	玉米	大米	大豆	其他	合计	小麦	玉米	大米
1997	11987	6566	4845	387	160	29	4186	2258	1928	－
1998	11067	3027	7771	426	319	64	3400	2147	1240	13
1999	8432	6040	2084	97	211	2795	8221	6040	2084	97
2000	20440	10429	9844	93	12	62	17959	8582	9284	93
2001	24542	18143	5940	8	33	418	17923	16009	1906	8
2002	36189	18768	17342	79	－	－	2221	2221	－	－
2003	1117	1117	－	－	－	－	－	－	－	－

三、粮油供应

1987 年，开平区粮食系统共有 5 个中心粮站、31 个基层粮站，有职工 269 人，负责 12.4 万城乡人口的粮食供应工作，每年供应粮食 272.36 万公斤。1993 年 5 月 1 日，放开城镇居民粮食销售价格，粮票停止流通，取消“市镇居民粮食供应证”“机关团体粮食供应证”“工商行业用粮供应证”“市镇饲料供应证”“农村粮食供应证”“农村粮食供应转移证”。2001 年 5 月 1 日，取消“市镇居民粮食供应转移证”。

1987 年，粮油销售实行包干政策。市政府核定开平区销售包干指标：粮食 3.8 万吨、食油 1110 吨。1988 年，开平区粮食销售包干基数在 1987 年的基础上，每年按非农业人口销量递增 2% 核定；食油销售包干基数在 1987 年的基础上，每年按非农业人口销量递增 2% 核定。是年 8 月、11 月份，由于群众受“涨价风”影响，先后两次发生抢购粮油现象。日销售量增加三倍以上。粮食部门采取限供当月粮措施，刹住粮油抢购风，保证及时供应，稳定粮油销售。1991 年，粮食销售包干延续 2 年，食油销售包干延续 1 年。为确保改革政策顺利出台，保证群众都能按现行价格在 5 月 1 日前买到 3、4 月份定量口粮和食油，全力组织粮油供应。从 4 月 22 日到 4 月 30 日 22 时，按政策销售粮食 1600 万斤，供应户数 42 万户，保证粮价改革平稳出台。1993 年 5 月 1 日起，放开除军供和水库移民以外的粮食销售价格，实行市场调节。停止粮油票发放和使用。粮油销价放开后，1993 年 12 月上旬开始，粮油价格大幅度上涨，市场粮食价格平均上涨 20%。为保证市场供应，国有粮食部门从 12 月 31 日起统一挂牌，对主要粮油品种采取销售最高限价措施，稳定了粮食市场。1995 年春节后，市场粮食价格呈上扬趋势。为了稳定市场，稳定粮价，对全区非农业人口实行凭证限量、限价、过期作废的供应办法。供应时间从 5 月 10 日到 9 月底。1996 年，为做好粮食价改供应工作，区粮食部门从货源采购、调拨、到供应各业务环节精心组织，周密安排，圆满完成价改供应任务。之后，凭证供应办法不再执行。2001 年 5 月 1 日，取消“市镇居民粮食供应转移证明”，不再实行粮油关系管理和转移手续，计划经济条件下城镇居民口粮供应体制结束。

1987－2004年开平区城镇人口粮食供应情况统计表

表11－7　　单位：吨

年度	粮食	口油	年度	粮食	口油	年度	粮食	口油
1987	16438	492	1993	1549	522	1999	74	－
1988	17458	556	1994	10494	621	2000	31	－
1989	20708	554	1995	16476	337	2001	12	－
1990	17846	511	1996	22149	736	2002	15	－
1991	27996	511	1997	2331	765	2003	3	－
1992	23679	449	1998	1136	84	2004	21	－

1987年，由于调整种植结构和经济作物种植面积扩大等原因，农村缺粮人口增多，农村口粮统销开始上升。当年全区缺粮村达88个、3.7万户、10.7万人，安排统销粮供应2.02万吨。1989年，农村缺粮人口粮食一律按比例价供应。到1992年，6年间全区安排统销粮供应7.27万吨，年平均1.21万吨。1993年5月全市粮食销售价格放开后，除水库移民口粮继续按优惠价凭证供应外，其他农村粮食销售全部放开，实行议价供应和市场调节。对八种类型户（鳏、寡、孤、独、老、弱、病、残）、三无户（无钱、无粮、无自救能力）的缺粮款由民政救济，钱随粮走。

1987－2004年开平区农村人口粮油供应统计表

表11－8　　单位：吨

年度	数量	年份	数量	年份	数量
1987	16432	1993	2322	1999	493
1988	21117	1994	1970	2000	25
1989	18061	1995	2289	2001	225
1990	18267	1996	1654	2002	138
1991	21948	1997	2538	2003	254
1992	14550	1998	213	2004	403

从1985年起，对工业用粮改供议价粮，或由用粮单位到市场自行采购。1987－1990年，食品业平均年供粮4211吨。1990年8月起，糕点和小食品用油改作议价供应。1992年10月份起，取消酿造业用粮平价供应，改为议价或市场调节。1994年5月，所有食品用粮全部改供议价粮。

1987－2004年食品、酿造业粮食销售统计表

表11－9　　单位：吨

年　度	食品业用粮	工业用粮	酿造业用粮
1987	4673	－	374
1988	5485	－	479
1989	3932	－	428

续表 11－9

年　度	食品业用粮	工业用粮	酿造业用粮
1990	2755	–	289
1991	2953	–	434
1992	1776	–	174
1993	317	–	–
1994	9	–	–
1995	48	–	–
1996	118	–	–
1997	111	–	–
1998	–	–	–
1999	–	–	–
2000	–	1660	–
2001	–	189	–
2002	–	120	–
2003	–	–	–
2004	–	4497	–

1986 年 12 月，按照《军粮供应与管理办法》，坚持“先前方后后方，先军队后地方”的供应原则和军粮供应范围及办法，认真做好区人武部和市消防六中队的军粮供应任务，年供应量 20 吨左右。1987－2001 年，供应军粮 271 吨。2002 年 1 月开始，开平区粮食局直属库不再承担军供任务。

第二节　粮油储运与加工

一、粮油储运

1987 年，有粮油仓储能力 1.2 万吨。1988－1992 年，区粮食局加强粮油仓储设施建设。1992 年，筹集资金 40 万元，在岔道粮库建设 464.8 平方米、仓容量 1000 吨的房式仓房，改善储粮条件。1997 年，争取上级建仓专项拨款 50 万元、自筹资金 50 万元，在岔道粮库建设建筑面积 1000 平方米、仓容量 3000 吨的集保温、通风、隔热等性能于一体的标准化仓房。1998 年，敞开收购农民余粮，是时全区存粮 2.14 万吨，超出全区有效仓容 1.6 万吨的仓储能力。为解决仓容不足问题，区粮食局投资 10 万元对直属库的 4 个旧式仓房进行机械通风改造；自筹资金 60 万元，建设 2000 吨仓容的仓房 1 座；并投资 40 万元租借社会场地 30 亩，建设 40 座容量各 150 吨的塑钢圆仓，缓解仓容不足的矛盾。1987 年，市政府核定开平区粮油调拨任务：粮食 3.43 万吨、食油 797.5 吨。从 1988 年起，粮油调拨包干一定三年不变。1991 年起，粮食调拨包干又延续 2 年，食油延续 1 年。1993 年，粮食销售放开后，不再实行指令性计划调拨。7 年间，开平区粮食部门为保证城镇居民、农村缺粮人口、军队、实施救灾以及行业用粮供应，调入粮食 22.2 万吨，调出粮食 1.68 万吨；调入食油 4084 吨，调出食油 97 吨。1987 年以后，全区粮油保管检验工作坚持以安全储粮为核心，积极开展“四无粮库”创建和农村储粮技术服务活动。随着科学技术发展，环流熏蒸、机械通风、电子测温等科学保粮新技术普遍使用。1987 年，全区粮食系统实现储粮检测电子化。电子测温的库（站）达到 100%。电子测温粮油占库存 100%。1992 年，大力提高科学储粮管理水平，使科学储粮体系向“上密闭、下通风、中间微机测温”的立体科学储粮模式转变，提高粮食品质和保鲜程度。

二、粮油加工

1987 - 1992 年，开平区只有一家粮油食品加工厂，主要加工生产饲料。1992 年，荆各庄粮油公司面粉厂建成投产，年加工能力 6000 吨。到 1995 年 2 月，历经 2 次技改，使年加工能力达到 8000 吨。1996 年 4 月，投资 450 万元，占地 10 亩，对开平区粮食局面粉厂进行易地扩建，日加工小麦达到 60 吨，结束了开平区不能加工等级面粉的历史。

区粮食部门开展自营食品经营。实行前店后厂，既卖生又卖熟。1987 年，全区 31 个粮站（店）有 16 个站（店）开展大众化食品经营。1992 年，区粮食局投资 3.21 万元购置食品生产设施 16 台（件），修缮闲置设施 6 台（件），大力提高食品生产能力，并制订下发开发新产品的奖励办法，开展“一店一品”活动，不断增加花色品种，增加网点，扩大食品销售覆盖率。开展食品经营的粮站（店）由原来的 16 个增加到 28 个。食品品种达 24 个，日产量达到 8750 公斤。1997 年 10 月 18 日，投资 80 万元，全市 4 个“市长工程”大众主食中心之一的“天隆”主食配送中心正式建成开业，日产馒头 1 吨。

第四章　物资流通

开平区物资供应站始建于 1961 年，坐落在路南区唐胥路 10 号，占地 47.75 亩。1978 年 1 月，改称唐山市郊区物资局。1982 年 4 月，改称唐山市开平区物资局。为适应改革开放搞活经济的需要，1984 年，物资局改组为物资公司（对内仍称物资局）。1987 年，物资局有职工 86 人，固定资产 57.5 万元，流动资金 280 万元。1993 年，物资局退出政府序列，改称开平区物资总公司，实行企业管理，属国有中二型企业。2004 年 9 月，开平区物资总公司整体出售。

第一节　物资供应

改革开放前，开平区物资局的物资购销主要依靠政府部门的计划分配；在双轨制时期，物资购销以计划分配为主，辅之以市场调节，仍发挥主渠道作用；20 世纪 90 年代中期以后，物资购销以市场调节为主，主要靠自购自销满足市场需求。1987 年，区物资局业务科辖有色金属、黑色金属、木材、机电化轻、物资配套、再生利用、生产资料、储运装卸、开平物资中心等公司和开平物资供应站、东郊物资服务公司，还有伊开联营（内蒙古伊图里河林业局与开平物资局）、桃开联营（南岔林业局与开平物资局）、女织寨乡与开平物资局联营、女织寨乡老谢庄与开平物资局联营等单位。主要经营物资有钢材、木材、机电、化轻、建材、生产资料等 6 大类。年完成销售收入 1572 万元，实现利润 4.95 万元。1990 年，完成销售收入 1342 万元；1991 年，完成销售收入 3265 万元；1992 年，完成销售收入 8000 万元，实现利润 152 万元。此期间，由于市场疲软，加之连续几年“三角债”困扰，区物资总公司债台高筑。1997 年 5 月，物资总公司接管了处于困境的唐山市马家沟燃料公司，于 7 月成立唐山市中天物资有限公司，吸纳职工入股 30 万元，占股份 60%。8 月，成立唐山市中源物资有限公司。1998 年 1 月，区政府将果园供销社风井门市部移交区物资总公司管理。1998 年 9 月，利用燃料公司厂房 100 平方米，成立开平区型煤厂。

第二节　企业改革

1987 年，开平区物资局实行承包经营，一包三年。物资局对上与区政府签订承包协议，对下与 13 个公司（站）签订承包合同。1992 年，走“小管理、大经营”的路子，裁减管理人员和司机 20%，充实经营第一线。1993 年，区物资公司改制为唐山市开平区物资总公司，实行全员劳动合同化管理。在 1991 年、1992 年改革内部分配制度的基础上，加大分配制度改革力度，总公司对各公司、站、联营单位的分配办法、提成比例、核算原则、开支范围、审批手续、承包奖励、重奖经理等项内容，均做出具体规定。激励开展经营活动的积极性，同时也出现了贪污受贿、挪用公款、浑水摸鱼等腐败现象。到 1995 年，物资总公司成了“空壳”，拥有固定资产 202 万元，欠银行贷款 1200 万元，应收呆死账款 500 余万元，公司业务难以为继。是年，调整物资总公司领导班子，1996 年起，用改革的办法解决改革中出现的问题，对 8 个分公司经理进行处理，其中 3 名被定罪、1 名开除党籍、6 人被解除劳动合同。实行“五捆一挂”分配制度，进行股份制改造，组建唐山市中天物资有限公司和唐山市中源物资有限公司。经几年的努力，仍难以扭转濒临倒闭的局面。1998 年，为处理区物资总公司债权债务、经营体制改革和总公司迁建事宜，成立开平区商业物资管理办公室。2000 年 9 月，组建开平区物资迁建协调办公室，为全额拨款事业单位，机构规格为正科级，定事业编 9 名。迁建协调办公室与物资总公司实行一套人马两块牌子，承担原物资总公司的业务管理职能，并兼管原物资总公司遗留业务与财务。2000 年，着手产权制度改革。6 月，将唐山市马家沟燃料公司产权出售给民营企业。对物资总公司改革分两步走。第一步为 30 名合同制工人办理解聘手续；47 名在职工人一次性买断工龄。第二步进行整体拍卖，2004 年 12 月与中标私营业主签订交接协议。

第五章　房地产业

20 世纪 70 年代末，开平区公有住房建设主要依靠市恢复建设部分拨款、区财政筹资和企事业单位投资，恢复建设开平、马家沟地区职工和居民住宅。1987 年后，改革公有住房分配制度，实行住房商品化。为推进城镇公房出售，区政府制订优惠政策。从 90 年代末开始，采取国有、集体、企事业单位投资和职工集资的办法，开发建设开平新城区。同时，全面实行住房公积金制度，逐步提高公积金比例。进入 21 世纪，房地产开发企业开发新城和老城住宅建设。

1988 年 3 月，成立开平区房地产管理局。开平区房产管理局是区政府房产管理的行政职能部门。1993 年 5 月，开平区房地产管理局与区房屋开发公司合并，成立开平区房地产开发经营总公司，仍保留开平区房地产管理局。1998 年 3 月，变更为开平区房产管理局。主要负责直管公房管理，全区公建和私建房产确权、发证、评估、过户，行使房产行政执法、监督检查，以及新城区各小区的物业管理。

第一节　城镇住房制度改革

一、公有住房分配制度改革

1987年后，按照《唐山市开平区人民政府关于区房管局〈改革公有住房分配办法意见的报告〉的批复》精神，改革公有住房分配办法，变对个人分配为对口分配。1990年，产权管理部门分配住房，原则上只对口职工所在单位，不再直接对职工个人。变无偿分配为有偿分配。《唐山市开平区房管局关于公房管理中几个问题的暂行规定》，自1991年起，市属以上企事业单位职工一律不予分配住房；对区属行政、事业单位职工分配住房收取保证金，每平方米使用面积收取不低于60元。住户退房时退还本金，换房或调房时，按调换后增减的面积加收或退还部分本金。

二、公有住房商品化

按照国发〔1988〕10号、36号，市政发〔1988〕6号、17号文件精神，开平区停止公有住房无偿分配，城镇户口居民增加用房一律通过购买商品房或公房解决。各行政、企事业单位，按照有关规定，建立住房基金，专款专用。有条件的乡（镇）、村和企事业单位，均可在土地、规划部门的统筹和配合下，自筹或联合开发商品房；谁建设，谁所有，谁受益，谁管理。

三、公有住房出售

1998年，开平区试行城市公有住房出售办法。新建公有住房和旧公房均列入出售范围，住房出售价格按标准和市场价实行双轨制。公有住宅按所处的环境划分为三个类别，在基本价格的基础上进行调整，一类环境区调增8%，二类环境区不调整，三类环境区调整5%。二类为马砖小区光华楼、跃华楼。三类为除光华、跃华楼外的小区，包括开平城关内外各住宅小区及单位工房，开平镇外灰石厂工房、水指工房、车站13号工房和劳教所工房等，因造价低，服务设施不配套，在三类标准售价再下浮一定比例。并根据自然环境和社会服务条件将住房划分为七个类别。四类环境区不调整租金，五类环境调减0.02元/平方米，六类环境调减0.05元/平方米，七类环境调减0.08元/平方米。四类环境区为马砖小区，屈庄6#小区，开平镇二街、三街、四街、五街、六街小区、一街（38#、39#小区）、七街（谢家胡同平房），东山小区（不含南贵里）。五类环境区为陡电工房、荆各庄工房、灰石厂工房、开平镇一街（73#、77#小区）、商业大库工房、汽车九队工房、东山小区（南贵里）。六类环境区为火车站13#小区、粗瓷厂工房。七类环境区为水指工房、赵庄新生砖厂工房、洼里车站工房。

为推进公房出售，区制订优惠政策。新公房凡不发放住房补贴的给予标准价20%的价格优惠；旧公房凡不发放住房补贴的给予重置价扣减折旧后价格40%的价格优惠，旧公房优惠后的价格，楼房不低于每平方米120元，平房不低于100元。个人购买公有住房免缴契税。截至2008年，共出售公房5328套，占公房总量的90.95%，出售面积2.16万平方米。

四、住房基金筹集和管理

自1988年1月起，开始建立城市、企业、个人住房基金。住房基金的筹集包括公有住房租金收入；向个人出售新、旧公有住房的收入；房管部门出售公房分配权的收入；有偿分配住房收取的资金；财政用于住房建设的资金；企业从留利中提取的福利基金，其中10%－20%作为住房基金。住房基金在建设银行房地产信贷部专户储存，住房基金实行专款专用。按照市、区分开原则，市房管局每年从直管公房租金收入中将区属以下行政机关、企事业单位房改后增收的房租划拨给区，作为区住房建设资金的补充。

第二节　房产确权与交易

一、房产确权

1987 年 7 月，开平区房产确权办公室成立，靠挂区城建局。10 月，按市政府统一部署，开始在开平行政区域内办理私人和单位房产确权发证业务。当年，办理私人房产确权发证 4300 起、单位房产确权发证 24 起。1988 年 7 月，区房产确权办公室划归区房管局。1988－1989 年，办理私人房产确权发证 7043 起、单位房产确权发证 192 起。至此，全区原有私人房产确权发证基本完成。1993 年，完成全区房产产权、产籍档案整理归档和唐山市区划变动后果园、梁家屯、傅家屯、女织寨 4 个乡房产产权档案移交。1994 年开始，随着开平老城改造和新城开发的展开，新一轮房产确权发证日渐增多。1996－2000 年，完成房产确权登记发证 2306 起。2003－2005 年，完成 8125 起。2006 年，办理房产登记 3134 起，其中发放新证 2239 起、旧房登记 509 起。截至 2008 年底，共办理房产确权发证 31451 起，确权面积 225.6 万平方米，其中公产登记 605 起、新开户登记 2500 起、抵押登记 2046 起、房产买卖 5334 起。

二、房产交易

1987 年 11 月，开平区房产交易所成立，隶属区房管局。当年，办理房产交易 72 起。1988－1995 年，办理房产交易 527 起。1996－2000 年，房产交易增加到 2665 起。为了规范房产交易市场，使房产交易步入法制化轨道，1999 年成立开平区房产交易中心。随着开平城区的扩大和外来人口的增加，进入 21 世纪，房产交易量逐年攀升。截至 2008 年底，共办理房产交易 7380 起，交易面积 56.35 万平方米，其中房产过户 5334 起、房产抵押 2046 起。

第十二编　金融保险业

1987年，开平区共有5家金融保险机构：中国工商银行唐山市开平支行、中国农业银行唐山市开平支行、中国建设银行唐山市开平支行、开平农村信用联社和中国人民保险公司开平支公司。随着经济社会的快速发展和改革开放的不断深化，金融保险业通过增加网点，创新服务手段，开发金融保险产品，金融保险业务逐年扩展。至2008年，开平区金融保险机构在原基础上，新增加唐山市商业银行开平支行、中国人寿保险公司开平支公司以及中国太平洋财产保险股份有限公司开平营业部。存贷款余额和保费收入大幅度增长，为区域经济发展，方便群众生活，发挥了不可替代的作用。22年间，开平区金融机构的存贷款余额，分别由1987年的115.5万元增长到2008年的1.32亿元，增长113倍。

第一章　银行业

1987－2008年，开平金融机构存贷款余额实现大幅度增长，由1987年的存款余额2.44亿元、贷款余额3742万元，2008年分别增长到77.27亿元和2.78亿元，分别增长31倍和72倍。

第一节　银行机构

一、工商银行开平支行

中国工商银行唐山开平支行前身是中国人民银行唐山中心支行开平办事处，成立于1984年。随着中国工商银行完成股份制改造，2006年正式更名为“中国工商银行股份有限公司唐山开平支行”（简称“工商银行开平支行”），下设1个支行营业室和3个二级支行网点。

二、农业银行开平支行

1986年6月，中国农业银行唐山市开平办事处更名为中国农业银行唐山中心支行开平办事处，1992年6月更名为中国农业银行唐山分行开平办事处，2001年12月更名为中国农业银行唐山市开平支行（简称“农业银行开平支行”）。2008年，设马家沟分理处、开平新城支行、普光道支行和开平支行营业室。

三、开平区农村信用合作联社

唐山市开平区农村信用合作联社（简称“开平信用联社”）是新型股份制合作金融机构，2008年下辖8个信用社、1个营业部和10个信用分社。

1979 年 8 月，根据国务院关于恢复农业银行的相关精神，开平区恢复农业银行，信用社划归农行管辖。1985 年 1 月，信用社原代理业务全部划归农业银行办理。1996 年 11 月，全区农村信用社正式与农业银行脱离行政隶属关系，同时成立唐山市开平区农村信用社联合社，在人民银行唐山市农金改办的领导下，统领各信用社自主经营，由人民银行直接监管。2000 年开始，开平信用联社大力开展文明单位创建活动。2005 年获评河北省省级文明单位。2006 年 10 月，改各信用社自主法人为开平信用联社统一法人，省联社、唐山办事处垂直领导，更名为唐山市开平区农村信用合作联社。

第二节　银行业务

一、开平工商行主要业务

（一）存款

对公存款

工商银行开平支行作为开平区最大的国有商业银行，承担着全区 60% 的企业资金结算业务。1987 年，开立对公账户 311 户，其中工业 87 户、商业 46 户、机关团体 178 户，存款余额 2168 万元。2003 年对公存款突破 1.4 亿元，达到 1.47 亿元；2008 年对公存款达到 2.36 亿元。

储蓄存款

1987 年，工商银行开平支行主要开办定期、活期、定活两便等少数储蓄品种。是年储蓄存款余额 8731 万元。1988 年 9 月 10 日起，按照国家规定对三年以上定期存款实行保值，统一根据国家每季度公布的物价指数执行。1989 年，储蓄存款突破亿元，余额达 1.37 亿元。1995 年，储蓄存款突破 4 亿元，余额达 4.06 亿元。1996 年 4 月 1 日，国家取消保值储蓄。2008 年，存款余额达到 11.05 亿元。

同业存款

同业存款是工商银行开平支行负债业务的重要组成部分，主要客户是农村信用联社、保险公司、城市商业银行。特别是农村信用联社和城市商业银行，它们具有网点多、资金多、体制活的优势，一直是工商行的重点客户，占对公存款的 50% 以上。

2004 年，经协商与开平农村信用联社签订网上银行协议并投入使用。

1987－2008 年工商银行开平支行各项存款统计表

表 12－1　　单位：万元

年度	总计	对公存款	储蓄存款	其他存款
1987	10899	2168	8731	－
1988	11624	1756	9868	－
1989	18195	1998	13742	2455
1990	22831	3027	17619	2185
1991	28301	4068	21578	2625
1992	33650	4710	25035	3905
1993	33699	4149	26595	2955
1994	38064	3977	32946	1141

续表 12－1

年度	总计	对公存款	储蓄存款	其他存款
1995	46291	3724	40636	1931
1996	48512	2428	46084	–
1997	52921	4332	48589	–
1998	59776	3624	52882	3270
1999	63369	5792	54862	2715
2000	62204	3588	55537	–
2001	63652	7531	56121	–
2002	67514	8894	58620	–
2003	80466	14707	65759	–
2004	86055	12061	73994	–
2005	96151	12628	83523	–
2006	93953	10581	83372	–
2007	99054	13200	85854	–
2008	134072	23591	110481	–

（二）贷款

工商银行是解决工商企业资金短缺的主渠道。工商银行开平支行 1987 年贷款余额 4012 万元，其中：工业贷款 2108 万元、商业贷款 962 万元、技改贷款 686 万元、其他贷款 256 万元。1992 年，贷款首次突破亿元，达到 1.33 亿元。1994 年，贷款突破 2 亿元，达到 2.13 亿元。2001 年以后，由于国家实施紧缩银根政策，贷款投放开始减少。2002 年，贷款余额降到 8230 万元。

1993 年信贷结构有较大调整，贷款向大中企业倾斜，开始办理中长期的基本建设贷款，当年发放 100 万元。同时，实行贷款风险度管理，实行“审、贷、查”分离制度，扩大抵押贷款，划分风险等级，建立贷款风险台账，明确责任，防范和转化风险，使贷款管理进一步走向规范化。

2001 年，开始产生以逾期贷款为表现形式的不良贷款，累计近亿元。2006 年工商银行按照上级行统一部署开始向上级行申请核销，2007 年核销后，仅剩贷款余额 133 万元。

2008 年，针对工商行信贷资产结构单一，市场竞争力弱的情况，在严酷的市场竞争中争取主动，从加强市场嗅觉敏感度入手，组织开展市场调研，科学合理拟定目标客户，摸清重点客户和重点项目的有效信贷融资需求，走质量效益型发展道路，实现跨越式发展。年末实现贷款余额 1.32 亿元，其中实现开发贷款零的突破（营销流动资金贷款 3900 万元）。

1987－2008 年工商银行开平支行各类贷款统计表

表 12－2　单位：万元

年度	总计	短期贷款				中长期贷款		
		合计	工业	商业	其他	合计	技改	基建
1987	4012	3326	2108	962	256	686	686	－
1988	2228	2076	1732	344	－	152	152	－
1989	5413	4725	3383	1267	75	677	677	－
1990	3952	104	2803	9189	1316	3826	1631	－
1991	9624	8745	7206	1539	－	879	879	－
1992	13330	10001	8079	1922	－	3329	3329	－
1993	17912	12448	10029	2419	－	5464	5364	100
1994	21300	14618	13438	1180	－	6682	6682	－
1995	24365	17683	16518	1165	－	6682	6682	－
1996	10092	3830	3051	655	124	6262	6262	－
1997	21024	14142	13333	685	124	6882	6882	－
1998	27490	20308	17778	2330	200	7182	7182	－
1999	21189	13614	11547	2067	445	7130	6330	800
2000	17123	13870	12166	1704	263	2990	2990	－
2001	19998	17222	17222	－	－	2776	2776	－
2002	8230	6647	6548	－	－	1583	1583	－
2003	11020	7157	7157	－	－	3863	－	－
2004	9350	6772	6548	－	－	2578	2578	－
2005	8312	6551	6551	－	－	1761	1761	－
2006	7391	6348	6333	－	－	1043	1043	－
2007	133	－	－	－	－	133	133	－
2008	13222	3900	3900	－	－	9322	－	9322

（三）结算

银行结算业务是实现银行职能的重要工具。20 世纪 90 年代以来，银行会计结算业务经历了由手工操作向电子化发展的历程。

1990 年 9 月 1 日，实现微机对账，由原来的月对月清改为 5 日内市辖往来逐笔相符。1993 年 4 月，推行出纳收款柜员制工作。1994 年 10 月，实行储蓄柜员制。

（四）电子银行

2000 年，电子银行业务开通，标志着电子银行开始为客户提供更加方便快捷的金融服务。2001 年，企业电话银行、企业网上银行、个人网上银行相继开通，工商银行电子银行业务进入全面发展期。特别是工商银行推出的 95588 电话银行服务，深受广大客户欢迎。使客户可以通过电话办理咨询业务，注册客户可以在家里办理转账、买卖基金、外汇等项业务。使用个人网上银行，登陆工行网站即可享受账户查询、账户转账、对外汇款、网上购物、外汇基金买卖等全方位金融服务。为使辖区居民能够 24 小时办理取款业务，开平支行于2003年陆续在新苑路支行、石城支行安装了ATM取款机。

二、开平农行主要业务

（一）存款

1987年，农业银行开平支行各项存款余额3142万元，其中对公存款余额2886万元、储蓄存款余额256万元。2008年底存款余额15.51亿元，其中对公存款余额3.74亿元、储蓄存款11.77亿元。

1987－2008年农业银行开平支行各项存款统计表

表12－3　单位：万元

年度	总计	企业存款	城镇存款
1987	3142	2886	256
1988	3732	3446	286
1989	5622	4870	752
1990	6078	4946	1132
1991	7189	5616	1573
1992	9081	7061	2020
1993	13184	9756	3428
1994	19166	13787	5379
1995	27055	18787	8268
1996	22275	11917	10358
1997	31007	17206	13801
1998	37047	21403	15644
1999	23579	5788	17791
2000	27032	7885	19147
2001	33373	9118	24255
2002	54859	26349	28510
2003	59540	27293	32247
2004	89801	51372	38429
2005	109098	56037	53061
2006	125428	56240	69188
2007	146566	64031	82535
2008	155133	37393	117740

（二）贷款

1987年，农业银行开平支行各项贷款余额1075万元，其中工业贷款748万元、农业贷款162万元、乡镇贷款112万元；中长期贷款53万元。2008年底，各项贷款余额8.78亿元，其中工业贷款6.66亿元、农业贷款2.08亿元、乡镇贷款2.04亿元、其他贷款77万元。

1987－2008年农业银行开平支行各类贷款统计表

表12－4　　单位：万元

年度	总计	短期贷款				其他类贷款
		合计	工业	农业	乡镇	其他专项
1987	1075	1022	748	162	112	－
1988	1263	1208	866	204	138	－
1989	1457	1457	964	258	235	－
1990	1616	1616	998	304	314	－
1991	1926	1926	1011	531	384	－
1992	2670	2670	1611	630	429	－
1993	3921	1968	673	566	729	－
1994	5820	5770	1609	647	3514	50
1995	8701	8501	2090	2597	3814	200
1996	10382	10132	2871	3248	4013	250
1997	19932	18673	5354	6087	7232	1250
1998	23154	21837	5351	9447	7039	1317
1999	28732	27108	11234	8515	7359	1624
2000	25563	23507	7512	7934	8061	2056
2001	29763	26908	10680	7651	8577	2855
2002	30512	27368	9488	8014	9866	3144
2003	28801	28795	10125	8355	10315	3326
2004	34158	30590	10949	8714	10927	3568
2005	63335	62941	39902	10224	12815	394
2006	107579	107104	73648	18740	14716	475
2007	51810	51509	33199	415	17895	301
2008	87778	87701	46564	20776	20361	77

（三）中间业务

1999年开始，农业银行开平支行积极抓住中间业务新增长点，大力拓展业务空间。是年，开办工资转存、代收费等业务，全年代理业务2000多万元。2000年后，银行卡成为农行主导产品。同时逐步开展代理保险、代销基金、代售国债、实时汇兑、电话银行、网上银行等中间业务。2008年，实现中间业务收入878万元。

（四）服务与管理

2002年7月，在开平区政府门旁安装ATM机一台。2006年，3个营业网点安装ATM机6台。2005年6月15日，普光道支行开办外币业务。是年8月27日，农行实行社会化押运，银行款箱由银行运送变为由唐山押运公司第三大队负责。2006年9月1日，农业银行开平支行营业网点开始配备保安，维持正常办公秩序，确保储户安全。

三、开平信用联社主要业务

（一）存款

1987年，开平信用联社存款总计8445万元，其中对公存款3603万元、储蓄存款4763万元，农村与城镇存款比例较为均衡。1993年起与农行合作，逐步开办工资转存、特种大额存单、礼仪贺卡、幸运抽奖、通知存款、农业生产基金存款等存款种类。1995年11月，《电脑储蓄管理暂行办法》出台，开平联社开始实行电算化管理。本着“存款立社”的理念，1996年在全区范围内大力调整债权结构，年底各项存款达6.03亿元，全年增加10868万元。2002年4月，继续与人行办理约期存款。截至2008年底，全辖存款余额19.83亿元，其中对公存款4.05亿元、储蓄存款15.25亿元。

1987－2008年开平信用联社各项存款统计表

表12－5　　单位：万元

年度	总计	财政存款	对公存款			储蓄存款		
			小计	农村	企业	小计	城镇	农村
1987	8445	79	3603	1761	1887	4763	2511	2252
1988	8399	140	2879	1305	1574	5380	2735	2645
1989	11404	200	2699	1041	1658	8505	2658	5847
1990	15581	345	3032	1286	1746	12204	12979	9225
1991	19575	314	3625	1349	2276	15636	5564	10072
1992	25653	311	6856	1888	4968	18486	8869	9217
1993	29344	482	4254	1315	2939	24608	11546	13062
1994	38181	935	5047	1425	3622	32199	3797	28402
1995	49463	379	6728	2011	4717	42356	3789	38567
1996	60330	562	5550	2098	3452	54218	4595	49623
1997	69961	994	6445	2586	3859	62522	5259	57263
1998	75876	584	6394	3058	3336	68898	5829	63069
1999	81987	539	7666	3125	4541	73782	6569	67213
2000	89865	693	12057	5568	6489	77115	10000	67115
2001	103895	6141	17365	7789	9576	80389	10702	69687
2002	105999	4298	21445	10567	10878	80256	10418	69838
2003	116959	4398	26895	14593	12302	85666	11578	74088
2004	122946	5817	25675	13215	12442	91472	12836	78636
2005	133222	3448	31985	17624	14361	97789	13277	84512
2006	150102	11699	33438	18551	14887	104965	19347	85618
2007	173297	4966	50159	25765	24394	118172	18173	99999
2008	198271	5200	40545	24536	16009	152526	28781	123745

（二）贷款

1987年，开平信用联社贷款总计2180万元，其中短期贷款1735万元、中长期贷款445万元。1992年起，按照《唐山市农村信用社贷款管理规范化操作规程》和《唐山市农村信用社贷款等级管理考核办法》，规范贷款操作管理。1996年界定信用社贷款审批权限，明确权责并强化对信用社的管理。1999年，为适应农村改革发展趋势，在农村信用社推行农户小额贷款，加快涉农贷款的增长速度。2003年9月起，有序开展助学贷款服务，扩大农信社贷款服务对象和范围。截至2008年底，全辖贷款余额14.04亿元，全部为短期贷款。弥补完历年亏损9099万元，扭亏为盈。

1987－2008年开平信用联社各项贷款统计表

表12－6　　　　单位：万元

年度	总计	短期贷款						中长期贷款
		合计	工业	商业	农业	个体	其他	
1987	2180	1735	666	734	9	326	–	445
1988	3286	2573	1358	8	5	430	772	713
1989	5147	4644	5794	18	16	465	1351	503
1990	11010	10529	6818	17	84	466	3144	484
1991	13910	10763	6733	31	473	465	3061	3147
1992	19068	12028	6877	55	798	315	3983	7040
1993	25007	16664	10577	55	984	188	4860	8343
1994	30150	11680	8451	1620	361	493	755	18470
1995	35342	22147	14763	3129	932	562	2761	13195
1996	44664	34928	21422	4671	1343	685	6807	9736
1997	47312	47154	28002	6296	3961	704	8191	158
1998	50875	50825	28651	7163	5807	2060	7144	50
1999	56496	56422	29826	7456	12027	2363	4750	74
2000	66983	59130	30594	7648	11193	3554	6141	7853
2001	77090	65569	32366	8092	11380	5245	8486	11521
2002	77130	76980	42627	10656	10661	4844	8192	150
2003	81898	81748	45273	11319	10006	6553	8597	150
2004	85270	84870	46595	11649	10497	6510	9619	400
2005	77735	77335	41423	10355	7368	10086	8103	400
2006	105860	105460	58481	11507	8374	16645	10453	400
2007	120945	120945	65728	16432	8629	21284	8872	–
2008	140415	140415	77523	19381	21078	15370	7063	–

（三）服务

自1987年3月起，开平信用联社被纳入同城票据交换系统，开展同城票据交换业务。1990年10月，积极增设“粮食收购加（差）价款专户”，保证粮食款项的足额及时到位。1991年4月，印发《开平区农村社会化服务规范》并在后续不断完善，规范和提升窗口服务质量、服务水平。2000年，明确不良贷款认定与责任追究办法。2003年8月，将开办银行承兑汇票业务纳入议事日程。2008年6月完成票据兑付工作，争取央行票据扶持资金1.48亿元。2008年，开平联社坚持以客户需求为导向，不断完善服务功能，积极支持低耗能无污染的流通行业、加工行业及特色行业的创建与发展。顺利开通现代化支付系统、"汇迅通"和农民工银行卡特色服务系统，实现跨行、跨地区的通存通兑，先后推出代发工资、代理保险、电话银行等新业务，并承担低保、移民款、农村养老保险等多项民生代理业务，畅通了结算服务渠道。

（四）管理

1997年起，开平信用联社强化人员内控管理。1998年10月，确立"定职能、定编制、定人员"的"三定"方针，建立起科学的选人用人机制。2003年4月初，开平联社开展"三定两聘"工作，为建立能进能出的劳动用工机制，能升能降的干部考核机制，建设一支高素质员工队伍奠定基础。2006年以来，开平联社积极完善法人治理结构，建立健全内控约束机制，完善"三会一层"制度，为各项业务的开展提供制度保障。

第二章　保险业

1987－2008年，开平区保险业务拓展迅速，保险费业务收入大幅度增加，由1987年的115.5万元，2008年达到1.32亿元，增长113倍。为全区经济发展和人民群众财产、生命安全起到保驾护航作用。

第一节　保险机构

一、人保财险开平支公司

1986年，中国人民保险公司开平办事处正式挂牌营业。1996年，实施财产保险与人寿保险分业经营。2003年7月，更名为中国人民财产保险股份有限公司唐山开平支公司（简称人保财险开平支公司），是开平唯一经营财产保险的企业。被省委、省政府授予2002－2003年度"文明单位"，被省用户委员会授予2004年"用户满意企业"。

二、中国人寿保险开平支公司

中国人寿保险股份有限公司唐山市开平支公司原为1986年成立的中国人民保险公司唐山中心支公司开平办事处人险科。1996年4月，财产险和寿险分业经营，成立中保人寿保险唐山市开平支公司。2003年，中国人寿总公司整体改制。2008年底，开平支公司下设4个营销服务部，银邮网点10个，员工21人，销售人员210人，保费收入5248万元，比1995年增长602.35%，短险给、赔付率54%。

第二节 保险业务

一、承保

1987年，保费收入突破百万元大关，达到156万元。1995年，保费收入突破千万元大关，为1094万元。22年间，公司业务规模不断扩大，经济效益不断提高，相继开办了机动车辆保险、企业财产保险、家庭财产保险、货物运输保险、责任保险、意外伤害保险、农业保险等多项险种。2008年，公司保费收入4200多万元，实现税收433万元。

（一）机动车辆保险

1987年，运输工具保险费收入90万元。1988年，保费收入突破百万元，当年完成保费收入143万元。1990年，实现保费收入200万元。1994年，保费收入609万元。1996年，保费收入934万元。至2003年，机动车辆保费收入突破千万元，实现1557万元。2008年，保费收入实现3558万元。

（二）家庭财产保险

1987年，家庭财产保险保费收入10万元。1989年达到31万元。1997年，实现保费收入75万元。到2001年，全国统一推出“金锁险”，当年实现家庭财产保险保费收入80万元。2008年，家财险保费收入回落至27万元。

（三）企业财产保险

1987年，企业财产保险保费收入35万元。1990年实现保费收入92万元。1991年，保费收入突破百万元，实现108万元。1999年，企财险保费收入达到548万元。2008年，企财险保费收入回落至346万元。

（四）货物运输保险

1987年，全区货物运输保险收费8万元。1989年，实现保费收入14万元。之后，货运险保费收入不断攀升，至1998年，实现保费收入126万元。2008年，货运险保费收入回落至23万元。

（五）意外伤害险

1987年，意外伤害保险保费收入11万元。1991年，实现保费收入51万元。1994年，达到90万元。1995年，为76万元。因机构体制改革及业务结构调整，1996－2002年，意外伤害保险收费为零。到2003年，开始开办人身意外伤害保险和团体意外伤害保险业务，当年实现保费收入70万元。2008年，意外伤害保险保费收入降至26万元。

（六）责任险

1987年，责任险保费收入不足1万元。1990年实现保费收入4万元。1998年，保费收入83万元。1999年，保费收入突破百万元。2002年，保费收入196万元。2008年，责任险保费降至64万元。

（七）农业险

1987年，农业险保费收入4000元。1990年，保费收入2万元。2005年，实现保费收入20万元。2008年，因政策性农业保险的开办，保费收入增加到82万元。

（八）其他险种

1987年，其他险种保费仅600元。1989年，保费收入4000元。到1990年，保费收入达到10万元。1994年，实现保费收入31万元。2005年，保费收入回落到10万元。到2008年，其他险保费收入仅为6000元。

二、理赔

1987年，共处理各类赔案784件，赔款70万元。其中机动车险赔案602起，赔款54万元；企财险35起，赔款4万元；意外伤害险47起，赔款2万元；责任险4起，赔款1000元；货运险18起，赔款5000元；家财险63起，赔款1万元；农险14起，赔款3万元；其他险1起，赔款100元。1991年，共处理各类赔案1272件，赔款合计198万元。2005年，处理各类赔案1896件，赔款1730万元。2008年，共处理赔案4778件，赔款2332万元。

1987—2008 年人保财险开平支公司保费赔款统计表

表 12－7

单位：万元

险种 / 收入与赔付 / 年度	机动车险			企财险			意外伤害险			责任险			货运险			家财险			农业险			其他险种		
	保费收入	赔案件数	赔付金额	保费收入	赔案件数	赔付金额	保费收入	赔案件数	赔付金额	保费收入	赔案件数	赔付金额	保费收入	赔案件数	赔付金额	保费收入	赔案件数	赔付金额	保费收入	赔案件数	赔付金额	保费收入	赔案件数	赔付金额
1987	90.2	60	53.6	35	35	10.4	11.2	4	1.7	0.9	4	0.1	8.2	18	0.5	9.7	63	1.1	0.4	14	2.7	0.6	1	0.01
1988	143.3	68	63.9	50.4	32	3.7	17.4	50.5	9.2	1	1	0.4	8.4	7	0.3	9.5	48	1.6	0.4	1	0.1	0.1	1	0.02
1989	183.6	68	102.2	74.5	51	12.7	18.6	10	6.5	0.5	1	–	14.0	29	1.5	31.2	86	4.3	1.4	1	0.6	0.4	2	0.3
1990	199.7	65	127.8	91.5	60	21.3	25.1	30	9.6	4.3	–	–	29.6	10	1	39.1	54	7	1.8	2	0.8	9.8	4	1
1991	242.9	69	133.1	107.8	85	27.2	50.6	33	13.3	–	–	–	31.6	32	3	33.7	107	15.4	2.8	–	–	13.8	15	6.4
1992	302.9	71	147.2	95.3	106	24	36.3	37	23.9	–	–	–	32.3	8	1.5	36.3	89	10.9	3.5	–	–	16.5	10	6.1
1993	374.6		246.1	108	131	29.1	44.1	36	23.6	–	–	–	45.9	45	8.1	29.2	93	5.3	3	2	0.4	17.4	18	10.6
1994	609.3	93	368.8	133.6	157	38.1	90	41	49.7	–	–	–	59.6	36	6.3	30.7	175	9.7	2.3	–	–	30.9	26	22
1995	723.4	98	507.4	155.0	128	48.9	76.3	37	28.9	–	–	–	72.9	43	7.5	33.3	247	9.9	3.3	–	–	29.4	23	20.7
1996	933.6	83	458.6	242.9	117	118.2	–	–	–	–	–	–	78.7	8	8.6	32.9	269	8.5	2.3	124	1	–	–	–
1997	853.2	87	472.7	346.8	91	320.4	–	–	–	–	–	–	95.6	11	9.2	75	294	21.8	2.1	1	0.2	–	–	–
1998	866.2	944	491.5	284	100	209.1	–	–	–	82.8	158	39.7	125.5	14	11.6	68.9	133	23.2	2.3	16	1.8	18.7	–	–
1999	805.2	818	428.4	547.8	87	220.6	–	–	–	140.3	296	60.9	108	19	10	57.8	162	6.6	1.1	–	–	–	–	–
2000	786.2	902	453	395.3	137	218.8	–	–	–	191.4	666	124.1	41.9	9	4	70.7	155	11.8	0.3	–	–	7	2	4
2001	845.1	863	425	358.3	128	185.7	–	–	–	194.5	635	150.1	70.2	7	1.6	80.2	129	21	0.3	–	–	8.5	–	–
2002	809.8	871	400.2	396.4	190	218.9	–	–	–	196.1	593	131	70.1	9	2.4	77.3	200	17	0.3	–	–	5.8	–	–
2003	1557.2	1017	727.9	427.5	175	244.6	702	24	–	70	837	175.5	30	5	3.2	67.2	97	15.9	0.3	–	–	2.5	–	–
2004	3076.6	2002	763.1	443.6	163	208.7	1169	354	71	60.9	324	68	31.6	8	1.6	44.8	136	18.2	0.3	–	–	10.4	–	–
2005	2407.4	1440	1333.3	439.7	98	253.7	1258	136	95.9	67.1	86	29	26.3	4	2.3	26.3	118	12.1	19.5	1	0.9	10	13	2.3
2006	2534.6	1227	1359.3	373.4	41	144.2	1250	147	85	42.8	92	26.4	38.6	2	0.4	25.9	59	11.6	–	37	60.5	0.6	–	–
2007	2963.1	2505	1479.7	355	83	231.2	1141	224	87.4	40.9	52	7.3	11.1	–	–	31.4	52	11.8	39.8	3	0.4	0.6	–	–
2008	3558.2	4216	1963.5	346.4	104	216	1263	259	101.3	64.1	58	11.6	23.3	1	1.9	26.9	66	18.8	82	74	19	0.6	–	–

中国人寿保险股份有限公司唐山开平支公司，其前身系中国人民保险公司唐山市中心支公司开平办事处的人险科。1996 年 4 月，人险业务分离出来，成立中国人寿保险唐山市开平支公司。下表中 1987 - 1995 年为人险科时期数据，1996 - 2008 年为独立经营时期数据。

1987 - 2008 年人寿保险开平支公司业务统计表

表 12 - 8　　　　单位：万元

分期	年度 \ 类别	（一年以上）长期寿险保费收入	（一年期）短期寿险保费收入	给、赔付款（短险）	综合给、赔付率（%）	短险给、赔付率（%）
分业经营前	1987	272.71	14.48	7.67	53	53
	1988	313.61	16.65	9.16	55	55
	1989	360.65	19.15	10.00	52	52
	1990	414.75	22.02	11.67	53	53
	1991	476.96	25.33	13.93	55	55
	1992	548.51	29.13	14.57	50	50
	1993	630.79	33.49	17.08	51	51
	1994	719.10	38.52	20.80	54	54
	1995	826.96	44.29	23.47	53	53
分业经营后	1996	951.00	50.94	27.00	53	53
	1997	1093.65	58.58	32.22	55	55
	1998	1257.70	67.37	35.71	53	53
	1999	1446.36	77.47	41.83	54	54
	2000	1663.31	89.10	49.01	55	55
	2001	1912.81	102.46	54.30	53	53
	2002	2199.73	117.83	63.62	54	54
	2003	2529.69	135.51	71.82	53	53
	2004	2883.85	155.83	85.71	55	55
	2005	3316.42	179.20	94.98	53	53
	2006	3813.89	206.09	111.29	54	54
	2007	4347.83	237.00	125.61	53	53
	2008	5000.00	248.00	133.92	54	54

第十三编　农　业

中共十一届三中全会后，开平区冲破“以粮为纲”的禁锢，1987年确立“以乡镇企业为主体，种植、养殖为两翼”发展城郊型经济的总体战略。22年间，紧紧围绕商品粮油生产，大力发展以鲜活农产品为特征的菜、果、肉、蛋、奶、鱼生产，推广应用新品种、新技术，努力扩大设施农业面积，抓好种养业规模化、区域化基地建设和优势农产品开发，基本形成了以郑庄子镇、越河镇为主的蔬菜生产基地，以开平镇、洼里镇、栗园镇、双桥镇为主的养殖基地，为丰富市民“菜篮子”做出贡献，提高了农业的比较效益。全区综合农业机械化稳步发展，农田作业机械化水平显著提高，耕地机械化水平达到91.39%，小麦生产实现全程机械化，玉米基本实现播种机械化，玉米收获机械化水平达到35.45%。农业产业化经营快速发展，截至2006年，全区有农业产业化组织28个，龙头企业20家（市级9家），专业村11个，农产品基地18个，行业协会4个，国优、省优农产品8个，农产品注册商标8个。2008年，全区农业总产值10.57亿元，比1987年增加近10倍。

第一章　养殖业

1987年以来，开平区的养殖业取得飞速发展。养殖业畜类主要有奶牛、猪、羊、兔等；禽类主要有鸡、鸭等。20世纪90年代，认真贯彻《种畜禽管理条例》，在引进繁育优良品种的同时，大力加强改良站点建设，养殖品种不断优化，良种覆盖率逐步提高。2000年，区政府制订“科技推广规划”，在全区大力推广肉牛、瘦肉型猪、羔羊快速育肥等实用养殖新技术。全区畜牧业生产方式从以散养为主发展到集中连片养殖，再到标准化养殖小区，生产的规模化、集约化、标准化程度不断提高。2006年全区有养殖小区10个，其中百亩以上标准化养殖小区3个，牧渔业产值5.74亿元，占大农业总产值的66.7%，在全市名列前茅。2008年畜牧业总产值占大农业比重由1987年的21.99%，提高到70.08%。

第一节　养猪业

历史上开平区饲养猪只品种单一，主要为华北民猪。20世纪70年代开始引进长白猪，逐步推广，与当地母猪杂交改良。1987年，生猪存栏4.35万头，出栏肉猪3.66万头，能繁母猪存栏1906头。养殖户大多是熟食稀喂，育肥期长达8－10个月，出栏率较低。养猪专业户出现后，改坑圈为平圈，改圈内积肥为圈外积肥，冬季用塑料棚保温。90年代开始，一批农户相继建起高标准猪舍的规模养猪场，引进用长白种公猪与冀优1号B系母猪杂交繁育的商品猪，4个月育肥，瘦肉率达96%以上，活体销售比普通猪种价高0.2元/公斤。1992年，全区推广冀优1号B系母猪200多头，占全区当年母猪存量的13%。1993年，试验三元杂交品种，此杂交猪瘦肉率高，耐粗饲，易管理，适应性强。是年，生猪存栏3.61

万头，其中能繁母猪 1398 头。1996 年，半壁店万头养猪场开工兴建，翌年建成被列为区“科技示范园区”，2002 年，投资 2000 万元迁址新建，占地 130 亩，建筑面积 2 万平方米，其中现代化标准猪舍 58 栋。猪存栏 1 万头，其中种猪 1200 头。品种为杜洛克、长白、大白 3 个品系，年出栏三元杂交生猪 1.5 万头，可向社会提供二元母猪 2000 头。先后被唐山市政府命名为“高标准科技示范园区”及“环京津菜篮子基地”。该场对开平区及周边地区的饲料加工业、营销业、屠宰业、肉食品加工业起到辐射带动作用，成为全区养殖业的龙头。是年，立冬屠宰场成立，被唐山市政府指定为生猪屠宰场。公司的成立不仅填补开平区不能生产排酸肉、分割肉的空白，而且使唐山东郊养猪业形成完整的产业链，推动全区乃至唐山市养猪业及相关行业的发展。2004 年，开平区养猪协会成立，50 余家养猪企业及相关单位成为首批会员。2008 年，全区生猪存栏 9.36 万头，能繁母猪存栏 1.38 万头。生猪存栏 50 头以上的规模养殖户 40 户，其中存栏 50 - 300 头的 24 户、存栏 300 - 1000 头的 14 户、存栏 3000 头和万头猪的各 1 户。另有生猪散养户 374 户。全区年生产猪肉 1.05 万吨。

1987 - 2008 年开平区养猪生产统计表

表 13 - 1

项目 数量 年度	养猪（头）		出售和自宰	
	存栏	其中能繁殖的母猪	出栏（头）	肉类产量（吨）
1987	44056	1196	29241	2795
1988	43500	1906	36559	3495
1989	43974	2654	38556	3685
1990	43808	2365	32040	3063
1991	44750	2276	44793	4282
1992	42972	2524	55850	4558
1993	36092	1398	42266	4040
1994	38865	1782	45704	4368
1995	41637	2165	49142	3735
1996	41944	2031	55941	4252
1997	43547	2228	61594	4620
1998	45150	4252	67247	5044
1999	46335	4458	71772	5391
2000	51135	3484	78140	5869
2001	51641	5442	80945	6080
2002	59348	6239	88463	6629
2003	63769	5901	93261	6989
2004	65704	5649	95744	7250
2005	67432	6063	100804	7561
2006	54943	5879	119282	8947
2007	34500	4200	118200	8865
2008	93651	13808	137503	10450

第二节　养牛业

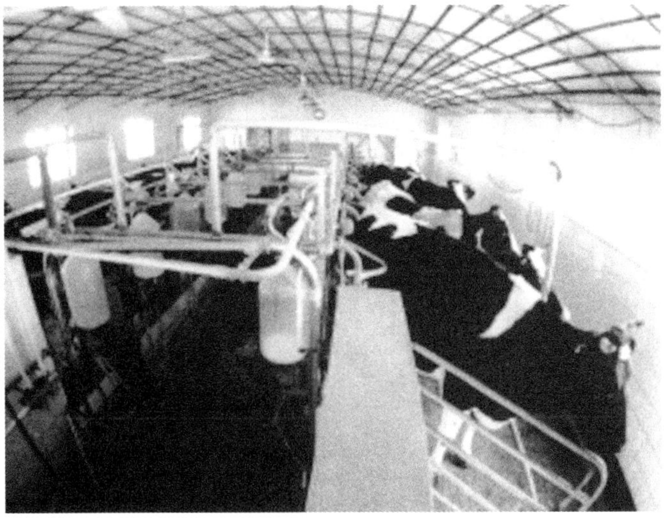
机械自动化定点挤奶

开平区的奶牛主要为黑白花奶牛和西门塔尔、海福特、夏洛等国外奶牛与本地黄牛杂交后的改良品种。1987 年，全区奶牛存栏 2471 头，年鲜奶产量 5575 吨。养牛户主要分布在洼里镇夏庄村，为一家 3－5 头散养，鲜奶多为人工手挤。1991 年开始，一批规模化养殖场相继建成。1996 年，全区鲜奶产量 9800 吨。20 世纪 90 年代末，随着养牛业的发展和养牛户的增多，分散喂养已不能适应生产发展的需要。区政府大力推进奶牛小区建设和奶牛规模化、标准化养殖场建设。进入 21 世纪，全区奶牛获得长足发展，2003 年以后，存栏改良奶牛保持在万头以上，2004 年达到 1.42 万头。2008 年，“三鹿奶粉”事件后，印发《开平区奶站专项整治行动实施方案》，奶牛全部实现规模养殖，全面取缔流动奶站，改成机械自动化定点挤奶，将奶站 100% 纳入监管范围。是年，全区奶牛存栏 1.91 万头，是 1987 年的 5.7 倍；年产鲜奶 6.68 万吨，是 1987 年的 10 倍多。全区有奶站 10 家，其中 9 家奶站与蒙牛乳品企业有生鲜奶收购合同，另 1 家奶站与原唐山汉沽三鹿乳业公司签订购销合同。对 10 家奶站进行整治，整治合格后发放生鲜乳收购许可证和准运证明。各站日收购牛奶均在 3 吨以上。洼里镇夏庄村回民人口占 80% 多，除奶牛外，还有饲养肉牛羊和地打滚屠宰牛羊的传统习惯和产业，其牛羊肉在唐山市场占有率达 95% 以上，并销往北京、天津、江苏等地。2005 年 3 月 8 日，德胜清真有限公司在该村破土动工，总投资 300 万元，占地 30 亩，拥有屠宰牛、羊的两条自动生产线，采用伊斯兰教规的屠宰方式，具备排酸、分割、速冻、冷储一条龙的生产能力，每天可屠宰牛 100 头、羊 300 只，速冻 30 吨，冷储量可达 600 吨。

1987－2008 年开平区养牛业生产统计表

表 13－2

项目 数量 年度	存栏（头）	其中		肉奶产量	
		奶牛	黄牛	肉（吨）	奶（吨）
1987	4361	2471	1890	170	5575
1988	6215	3971	2244	398	6650
1989	4787	2444	2343	1091	6740
1990	4401	2236	2165	2045	6242
1991	4246	1793	2453	1258	7343
1992	4354	2141	2393	2181	9931
1993	4431	1938	2492	3438	8748

续表 13 – 2

年度 \ 数量 \ 项目	存栏（头）	其中		肉奶产量	
		奶牛	黄牛	肉（吨）	奶（吨）
1994	5076	2013	3063	3481	8781
1995	5720	2268	3452	3523	8814
1996	6498	2558	3940	2777	9800
1997	6684	2804	3880	2977	10331
1998	6870	3050	3820	3178	10862
1999	6852	4269	2583	3276	12656
2000	8366	5174	3192	2071	16243
2001	9701	8935	766	2096	22404
2002	11597	9598	1999	2343	28516
2003	14511	12588	1923	2919	42641
2004	15893	14158	1681	3039	49218
2005	16702	15144	1558	3203	52237
2006	17525	16194	1331	5753	60570
2007	11700	11100	600	2672	54467
2008	21091	19107	1165	4396	66806

第三节　养鸡业

1987 年，全区鸡存栏约为 65 万只。饲养形式以散养为主，处于粗放型饲养状态。随着科学养鸡技术的推广，养鸡规模日益扩大，养鸡专业户大量涌现。到 2008 年，全区鸡饲养量约为 163 万只。

一、蛋鸡

1987 年起，开平区先后引进依莎褐、海赛克斯、尼克、星杂 579、金彗星、迪卡等蛋鸡配套系，蛋鸡饲养基本实现良种化。一些民办种鸡场开展孵化业务，推动蛋鸡良繁体系的建设。对引进的良种鸡，经 10 多年的选优和换种更新，到 2000 年底，全区饲养的蛋鸡主要是海兰、曼罗、宝万斯高兰等品种。蛋鸡的规模养殖，使鸡舍建设也日趋科学合理。1990 年以来，多为有窗式开放鸡舍，育雏为电供热 4 层笼养，中雏为大方形平底 2 层笼养，冬季产蛋鸡为 3 层半阶梯叠层笼养。饲料和饮水采用饮水槽、食槽等。蛋鸡饲养流程采用 3 个阶段饲养，即 1 至 42 日龄为育雏阶段，43 至 140 日龄为育成阶段，141 至 504 日龄为产蛋阶段，之后淘汰。到 90 年代中期，农村养鸡专业户增多，饲养数量增大，少则几千只多则上万只，普遍采用砖、土、木结构的窗式鸡舍。蛋鸡饲养流程都改为 2 阶段饲养，即 0 至 60 日龄左右育雏，60 日龄转入成鸡舍直到 505 至 560 日龄，之后淘汰。进入 21 世纪，随着营养学、饲料学的研究成果在饲料工业的应用，各种添加剂应运而生，蛋鸡的配合饲料在全区得到全面推广。饮水槽已被乳头式替代，养鸡采用半自动化，有的大型鸡场采用全自动化。2008 年，全区蛋鸡饲养量 38.17 万只，鸡蛋总产量达到8835吨。蛋鸡规模养殖户47户，其中年存栏1万只以上的10户，养殖数量占全部养殖的75%，养殖大户主要集中在栗园、开平和郑庄子镇。

二、肉鸡

1987年，开平区的肉鸡饲养业已初具规模，品种多为从北京引进的爱拔益加肉中鸡（简称AA肉鸡）。90年代初，又引进艾维茵肉鸡及明星、哈巴德、塔特母等品种。到2008年，爱拔益加和艾维茵成为全区肉鸡的当家品种。

1987年，肉鸡的饲养形式以散养为主，饲料为自己配置的粉料。1994年，鹏发养鸡场落成，该场坐落于洼里镇楼子庄村，是唐山市规模最大的个体肉雏鸡孵化场，占地25亩，有标准鸡舍10栋、标准孵化厅1座、孵化器16台，存栏肉种鸡2万套，固定资产960万元，技术工人21名。年孵化肉雏鸡能力达600万只，除满足唐山地区外，还辐射到天津、北京、秦皇岛、东北、内蒙古等地。2002年，被唐山市委、市政府授予“农业龙型经济先进单位”。2003年，在国家工商总局注册鹏发商标。2004年，被唐山市委、市政府授予“农业产业化先进单位”。场长赵继儒多次被评为唐山市科技致富先进个人，市、区级劳动模范。1995年后，一些大型肉鸡饲养场应运而生。饲养生产方式最早采用种植蔬菜的塑料大棚，后经过改造，建造专门适合养鸡的塑料大棚。到1996年，塑料大棚养鸡得到普及。其建筑投资少，见效快，舍内能充分利用阳光。特别在冬季，可利用塑料薄膜的“温室效应”，提高室温，降低能耗，节省饲料；夏天棚顶盖草，四处敞开，通风凉爽，具有“凉亭效应”。饲料也有较快的发展，颗粒饲料、预混料、浓缩料应运而生。进入21世纪，一些大型鸡舍采用钢架结构，饲料饮水全部自动化。2008年，全区肉鸡饲养量达到15.19万只。肉鸡规模养殖户16户，其中出栏万只以上的3户，养殖大户主要集中在越河和栗园镇。

1987－2008年开平区畜牧生产主要指标一览表

表13－3　　单位：头、只、吨

项目 年度	出栏					存栏					禽蛋产量
	大牲畜	牛	猪	羊	家禽	大牲畜	牛	猪	羊	家禽	
1987	–	574	29241	13455	–	12256	4361	44056	7724	540000	3285
1988	–	1343	36559	28312	–	13868	6215	43500	10036	650000	3540
1989	–	3682	38556	34899	–	12119	4787	43974	11379	550000	2700
1990	–	6903	42545	41562	–	11410	4401	43808	10443	620000	3788
1991	–	5785	44793	37192	–	11216	4246	44750	9493	750000	4320
1992	7845	7367	55850	38652	840454	11381	4534	42972	9929	782278	5033.04
1993	13340	12494	49617	44580	500993	9639	4431	36092	6532	–	2968
1994	13363	12607	44658	21675	1834765	9835	5145	36874	8491	531213	3850
1995	13895	12990	49142	30610	1662635	10434	5720	41637	10608	7664416	3483
1996	–	9376	55941	20129	1756255	10878	6498	41944	12019	799096	4045
1997	–	10220	58655	22343	1782730	10838	6732	44158	12635	884089	2674
1998	–	10730	67247	24150	19677728	10817	6870	45150	13300	945616	5193
1999	–	11060	71772	24959	2086781	10928	6852	46335	11495	969431	5451

续表 13－3

项目 年度	出栏					存栏					禽蛋产量
	大牲畜	牛	猪	羊	家禽	大牲畜	牛	猪	羊	家禽	
2000	15328	12944	78140	27530	2362045	12463	8366	51135	13317	1007640	8060
2001	15749	13148	80945	28749	2458700	13944	9701	51641	14030	1042903	88.65
2002	17258	14724	88463	31130	2636126	16011	11597	59348	15406	1198240	9395
2003	20324	18246	93261	32859	2723824	18139	14511	63769	18930	1336211	10195
2004	21012	18994	96674	34268	2813071	19225	15839	65704	21658	1358694	10242
2005	22229	20143	100804	36238	3013069	19597	16702	67432	22071	1289794	10285
2006	23804	21837	119282	35057	2026806	19688	17525	54943	19659	1036574	8395
2007	19900	17900	118200	22700	749600	13700	11700	34500	13600	519200	6611
2008	34568	32011	137503	24978	1651421	22511	21091	93651	16807	571134	9525

第四节　养鱼业

一、渔业资源

全区共有水域面积3.57万亩，其中河流水面面积3765亩、水库（陡河水库）面积2.64万亩、池塘5070亩、塌陷坑450亩，全区可养面积（池塘、库区滩地面积和塌陷坑面积）为1.32万亩。1987年，开平区淡水养殖品种主要是鲤鱼、鲫鱼、鲢鱼、鳙鱼、草鱼、团头鲂。到2008年，又陆续增加澎泽鲫、黄颡鱼、武昌鱼、甲鱼、河蟹、南美白对虾等。地方性鱼类主要有：鲤鱼、鲫鱼、草鱼、青鱼、棒花、麦穗、乌鱼、泥鳅、餐条、黄鳝、黄颡鱼、鲶鱼、草虾等7科，17种。

二、渔业生产

1987年，全区渔业总产值58万元。2008年，渔业总产值增至1043万元，是1987年的18倍。是年，全区淡水养殖水面5006亩，比1994年增加1500亩；淡水产品总产量1980吨，其中养殖产量1394吨，比1994年增加976吨，增长1.1倍。2008年，平均单产为273公斤/亩，养鱼户也从1994年的140户发展到了205户。是年，全区共有50亩以上的规模养殖户24户，其中100亩以上的5户。栗园镇双庙村鱼苗生产基地占地面积1100亩，拥有水面813亩，池塘108口，养殖专业户56户。主要从事鲢、鳙、草、鲤、鲫等鱼种的培育，并进行人工孵化。年生产鱼苗种350吨，占全区鱼苗总量的87.5%，除供本地养鱼用苗，还销往天津和东北各省。栗园镇栗园村创办于1989年的华丰养殖公司位于陡河电厂南侧，陡河水库西北部。有可开发利用的水库滩涂1000多亩、水产养殖面积2000亩，职工50人、技术人员6人。建成养殖池24个，全封闭越冬池12个、露天坑塘养殖池12个、饵料加工厂1个、钢骨架网箱14个。主要利用陡电排弃的热水资源，进行热带鱼苗种生产，品种有罗非、白鲳、革胡子鲶等。年生产鱼苗种130万公斤，除供应本地外，还远销北京、天津等地。1998年，唐山市陡河水库成为唐山市饮用水源，按照市政府关于禁止在陡河水库及周边进行各种养殖生产的规定，华丰养殖公司于2001年停止生产。

第五节　特种养殖业

2008年，全区共有肉鸽养殖户5户，肉鸽存栏2000只，出栏2000只；观赏鸽养殖户20户，存栏2000只，出栏500只。肉狗养殖户5户，存栏285只。狐狸养殖户64户，存栏2.23万只，出栏400只。貉子养殖户153户，存栏1.29万只。鹿养殖户2户，存栏64只。

始建于2003年的唐山市恒信赛鸽公棚，位于越河镇西塔头村，占地80亩，总投资400万元，最大容量可达5000羽。恒信赛鸽公棚建有鸽棚48间，铺设绿地4600平方米，观察台面积600多平方米，可供1000多名鸽友目睹赛事。另建有800平方米的展卖大厅和480多平方米的综合楼。内设招待所，外地鸽友交鸽可享受免费食宿。恒信赛鸽公棚实行微机管理，信鸽归巢程序自动输出，电子大屏同步向鸽友展现赛鸽归巢名次，确保公棚赛事公正。是河北省规模最大、条件最好的公棚，为河北省鸽协指定公棚。2005年被唐山市政府确定为唐山市重点农业项目。截至2008年共举办5次国内大型赛事，吸引几千名国内外鸽友前往比赛。

第二章　种植业

1987年，全区农作物播种面积29.6万亩，其中粮食播种面积23万亩、经济作物1.6万亩、蔬菜4.7万亩，分别占77.7%、5.4%和15.9%。22年间，随着耕地减少，以及城郊型农业的推进，2008年粮食播种面积10.1万亩、蔬菜播种面积3.05万亩。种植业产值占大农业产值比重由1987年的72.57%，下降到2008年的27.61%。

第一节　蔬菜种植

开平区蔬菜生产经历“两高一优”和“特菜基地建设”两个阶段。1987年，菜田由中、南部和近郊乡村，开始向北部和远郊乡村发展，是年新增菜田3000亩，扩大棚菜面积2000亩。全区蔬菜播种面积4.7万亩，总产量15.84万吨，产值5024万元。1990－1991年，区组织实施“星火”“燎原”计划，蔬菜保护地面积达到1.95万亩，其中大棚菜1.15万亩。1994年实施“常青工程”，以郑庄子、栗园、越河三乡镇为重点集中发展蔬菜生产。1999－2001年是“特菜基地建设年”，从经济、信息、技术、土地流转多方面为农民提供方便，建设蔬菜示范园区。温室占地面积由1998年的2400亩增加到6000亩。到2008年底，蔬菜占地面积1.7万亩，播种面积2.99万亩，蔬菜复种指数1.76。其中温室6310.55亩、大棚333亩、中小棚3411亩、地膜菜2782亩、露地菜4144.4亩，总产量10.62万吨，总产值1.42

鼎晨公司无公害蔬菜王各庄基地

亿元。大棚瓜菜播种面积由1987年占蔬菜播种面积的35.86%，2008年提高到53.64%。在区域布局上，基本上形成北片以郑庄子镇、栗园镇为主的温室蔬菜生产基地，占地面积1655亩，主要进行温室西红柿越冬一大茬生产，产量高、质量好，“小屯”牌西红柿被认定为名优农产品。南片以越河镇为主的中小棚蔬菜生产基地，占地面积2051亩，生产模式为早春小棚茄子、尖椒，秋茬香菜、菜花等。中片以开平镇和洼里镇为主，主要进行露地和地膜菜的生产，品种为大白菜、土豆等。2001年12月，开平区率先通过唐山市无公害蔬菜基地认证4300亩。无公害蔬菜基地涉及6个乡镇29个行政村，主导品种14个，总产量3650吨。分别是郑庄子西红柿、黄瓜生产基地，面积1029亩，年产量1万吨；栗园镇西红柿生产基地，面积1000亩，年产量6000吨；开平镇草莓生产基地，面积200亩，年产量110吨；双桥乡山葱生产基地，面积300亩，年产量2000吨；洼里乡豆芽菜生产基地，75户，户均生产面积30平方米，共2250平方米，年产量7000吨；洼里乡园区（后营）蔬菜生产基地面积200亩，产量600吨；唐山绿色庄园蔬菜生产基地，年产量300吨；罗各庄蒜黄生产基地9200平方米，年产量2600吨；越河乡小棚茄子生产基地和秋茬香菜生产基地，面积1057亩，产量3650吨。2003年6月，全区1.7万亩蔬菜基地全部通过河北省无公害农产品产地认证，包括6个乡镇的64个行政村，年产量12万吨。由区政府提供资金，委托检测机构对开平区土壤、空气、水进行检查，全部符合标准，主导产品西红柿、黄瓜通过质检。“十五”期间，开平区通过农牧业抓精品、特色产品抓规模、珍稀产品抓开发，共创国优、省优农产品7个，农产品注册商标8个，并涌现出一批“一村一品”专业村。在扶植培养“一村一品”产业发展过程中，开平区注重把传统资源与现代科技进行嫁接，以科技创新加快优良品种的推广，实施科技推广与科技人员入户工程，做到技术人员到户、科技成果到田、技术要领到人，努力提高农业科技贡献率。同时，区政府制订促进“一村一品”发展的激励措施，优化产业发展投资机制，把“一村一品”与产业发展和新农村建设结合起来。截至2005年，全区有“一村一品”专业村13个，涉及农户2075户，从业4020人，主导产业总收入5624.7万元。2006年，按照省、市“认证主体和监管单位各司其职，政企分开”的要求，唐山市开平区农副产品配送处作为认证主体，对全区1.7万亩无公害蔬菜基地进行复审。2008年，由规模大、实力强的龙头企业唐山鼎晨食品有限公司承担认证主体，配备1名内检员，聘请2名专业技术人员。全区通过认证的无公害蔬菜有西红柿、芥菜、萝卜和甜玉米等4个产品。

在产地认证和产品认证的基础上，开平区加强对基地的监管和产品的检测，全面执行《无公害蔬菜基地农药、肥料的安全使用准则》，并根据全区实际情况，于2003年8月编制《开平区无公害蔬菜生产操作规程》。2003年11月，区农林畜牧水产局投资建设无公害蔬菜检测站，配备专业检测员2名，购置“BR—410”型农药残留速测仪及辅助设备2套，提高硬件设施水平。随着检测系统的升级，首批进入唐山市农产品质量安全监控系统网和条形码追溯系统网，并配备相关的检测设备。2004年，唐山绿色庄园净菜配送中心成为全市首家产加销一体化农业龙头企业。2005年，在全区完善标准化村建设，各村设立标准化生产技术明白人，棚室内悬挂标准化生产技术明白纸，确保生产质量安全。2006年，全区投资5288万元，完工和在建农业项目12项，5家农业龙头企业投产，其中唐山鼎晨食品有限公司成为我国北方最大的青菜、玉米加工基地。2008年，全区蔬菜总产量137.2万吨，其中蔬菜大棚产量46.25万吨。蔬菜

鼎晨公司生产的无公害蔬菜

总产量比区划前的1987年增长近8倍。

1987－2008年开平区大田瓜菜与大棚菜对照表

表13－4 单位：亩、吨、万元

项目 年度	合计				大田瓜菜				大棚瓜菜			
	面积	总产	产值	利润	面积	总产	产值	利润	面积	总产	产值	利润
1987	47013	158375	5024	3648	30153	109255	3067	2358	16860	49120	1957	1285
1988	46826	182990	5138	3858	30183	117951	3311	2483	16643	65039	1827	1375
1989	51130	180098	5267	3950	31210	109932	3215	2411	19920	70166	2052	1539
1990	46143	179732	6018	9035	29143	116572	3588	5246	17000	63160	2430	3789
1991	46077	187902	5000	3750	29890	119560	3181	2385	16187	68342	1819	1365
1992	45834	190000	7890	5918	28556	114224	4569	3427	17278	75776	3321	2491
1993	19045	48993	3284	2463	9410	26750	1848	1386	9635	22243	1436	1077
1994	25454	56364	4755	3566	14574	17439	3311	2483	10880	38925	1444	1083
1995	24842	56384	6772	5079	15761	36082	1772	1329	9081	20302	5000	3750
1996	37198	67178	9097	6822	22482	40602	6141	4605	14716	26576	2956	2217
1997	36200	86074	9600	7200	23734	49590	7384	5538	12466	36484	2216	1662
1998	38213	83875	8596	6447	20988	25104	3968	2976	17225	58771	4628	3471
1999	36559	95046	9158	6868	16870	34413	4245	3184	19689	60633	4913	3684
2000	28620	97430	10508	7881	14595	39605	2339	1754	14025	57825	8169	6127
2001	31305	113746	9176	6882	14146	47728	2267	1700	17159	66018	6909	5182
2002	30855	121889	9127	6845	12244	38161	2033	1525	18611	83728	7094	5320
2003	31305	124725	12402	9301	14332	48863	2535	1901	16973	75862	9867	7400
2004	30420	114140	13004	9753	14400	47257	2547	1910	16020	66883	10457	7843
2005	30240	112266	14079	10559	13625	47266	2901	2176	16615	65000	11178	8383
2006	30211	117082	14079	10559	13678	47266	2901	2176	16533	69816	11178	8383
2007	29835	128024	16190	12143	12677	38144	3336	2502	17158	89880	12854	9641
2008	29882	106156	14227	10670	13855	39239	2589	1941	16027	66917	11638	8729

表 13－5

2005 年开平区“一村一品”发展情况调查表

“一村一品”村基本情况						主导产业基本情况					从事主导产业农户情况					
村名	所在镇乡	总户数（户）	总人口（人）	经济总收入（万元）	人均年纯收入（元）	主导产业名称	规模	年总收入		人均年纯收入（元）	从业农户		从业人员		户均年纯收入（元）	人均年纯收入（元）
								数额（万元）	占全村经济总收入比例（%）		数量（户）	占全村比例（%）	数量（人）	占全村比例（%）		
任信屯	郑庄子乡	287	956	1313	4320	蔬菜	1069 亩	708	53.9	979.8	215	74.9	312	32.6	16500	2545
刘家洼	郑庄子乡	278	851	672	3948	葡萄	1015 亩	406	60.4	678.3	189	68	242	28.4	10700	1564
大史马	越河乡	351	1230	948.4	4300	酥糖加工	50 户	30.4	3.2	247	50	14.3	125	10.2	16080	544.7
康各庄	越河乡	628	2230	7656	4450	奶牛养殖	800 头	32.5	0.04	78.4	20	3.2	50	2.2	16250	145.7
罗各庄	越河乡	630	2190	16932	4450	蒜黄栽培	年产 260 万公斤	241.2	1.4	279.5	300	47.6	450	20.5	10000	1376.7
大丰谷	越河乡	498	1600	780	4600	冬贮菜	年产 660 万公斤	331	42.4	2068.8	498	100	1000	62.5	10600	3312.5
小丰谷	越河乡	110	375	280	4500	冬贮菜	年产 150 万公斤	89.6	32	2389.3	110	100	280	74.6	10900	3210.7
郭坨	越河乡	100	375	666	4530	冬贮菜	年产 180 万公斤	96	14.4	2560	100	100	300	80	14500	3840
双桥村	双桥乡	571	1778	577.8	3250	果树种植	300 亩	10	1.7	56.3	60	10.5	180	10.1	26000	877.4
茅草营	栗园镇	378	1149	1026	4190	温室蔬菜	350 亩	350	34	1846.8	138	37	251	29	25000	3036.5
双庙	栗园镇	980	2980	5000	4000	水产养殖	1700 亩	600	12	1308.7	150	15.3	300	10	40000	2013.4
大佛头	栗园镇	452	1351	3000	4000	特种养殖	蓝狐 2 万只，貉子 500 只	1500	50	3500	40	8.8	120	8.9	375000	3500
小佛头	栗园镇	450	1420	1600	3500	商业	260 家	1100	69	3100	260	57.7	610	43	42300	3300

第二节 粮食作物种植

一、小麦

小麦是开平区的主要粮食作物之一。1987－2008年，小麦种植面积发生较大变化，1992年最多，为7.03万亩，2004年最少，为1.84万亩。其间平均单产也变化较大，1999年最高，为每亩371公斤，1988年最低，为每亩228公斤。开平区当地原有的小麦品种良莠不齐，抗逆性和高产性不高。20世纪80年代推广丰抗8号、京411冬小麦品种，其中丰抗8号适应性强，喜肥水，抗倒伏，最高亩产可达400公斤。90年代推广冬小麦品种京冬8号、京9428、中优9507、3214等品种，其中京冬8号不仅产量较高，而且还有较好的稳定性和抗逆性，成为开平区的主要品种。2003－2005年，开平区引进推广优质高产小麦品种北农66。3年累计推广1.56万亩，增产491吨，增加产值75万元。其中2004年推广8000亩，占全区麦田总面积的30%，占适宜种植面积的50%，平均亩产480公斤。2008年，冬小麦播种面积2.42万亩，单产348公斤，总产8430吨。

二、玉米

玉米是开平区播种面积最大的粮食作物。其种植方式有春播、套播和夏播。1987年，播种面积12.15万亩，单产329公斤，总产3.99万吨。播种面积占粮面积的67.54%。总产占粮食总产量的62.66%。1988－1992年，玉米面积稳定在12万亩左右。2003－2008年，玉米种植面积稳定在8万亩左右，其中2008年玉米播种面积8.31万亩，亩产433公斤，总产近3.6万吨。从种植方式看，虽然套种玉米可以在小麦收获之前播种，能够充分利用光热资源，有效延长玉米生长时间，但套种夏玉米仍然存在诸多弊端，增产优势难以充分发挥。因此，洼里、岔道和越河等乡镇在1990年之后逐步将套播玉米改为夏播玉米，对于提高全区玉米单产水平发挥了重要作用。1999年，开平区从中国农科院引进1500公斤中糯一号鲜食玉米品种，开始在越河乡大丰谷等村示范种植1200亩，并帮助农户同唐山市嘉美公司签订生产合同，每亩增加收入300多元。之后鲜食玉米在全区推广种植，2008年达到2800亩，常年有多个品种的鲜食玉米上市。

鲜食玉米田

第三节 经济作物种植

开平区经济作物种植以花生为主。1987年，全区花生播种面积1.6万亩，占耕地面积的6.41%，至1992年，均维持在1.8万亩左右。1993年减至1.2万亩。随着品种的不断更新和栽培技术的改进，花生产量有很大提高。1987年，花生亩产148公斤，总产2360吨；2008年，亩产203公斤，总产4700吨，创历史最高水平。

1987－2008 年开平区主要粮油作物面积产量一览表

表 13－6　　单位：亩、公斤/亩、吨

年度	小　麦			玉　米			花　生		
	面积	单产	总产	面积	单产	总产	面积	单产	总产
1987	59831	256	15300.00	121473	329	39895	16035	148	2360
1988	58132	228	13254.10	118706	354	42021.92	18172	134	2435.05
1989	55311	290	16040.19	117393	368	43200.62	17920	113	2024.96
1990	60554	294	17802.88	120355	309	37189.70	17646	150	2646.90
1991	60448	304	18376.19	122221	374	45710.65	17964	169	3035.92
1992	70325	332	23347.90	123898	350	43364.30	18348	158	2898.98
1993	52123	274	14281.70	103158	389	40128.46	12588	176	2215.49
1994	38920	297	11559.24	97250	355	34523.75	17731	161	2854.69
1995	38971	344	13406.02	97750	401	39197.75	17764	153	2717.89
1996	49515	332	16438.98	95385	364	34720.14	14745	150	2211.75
1997	50820	369	18752.58	98310	305	29984.55	14670	159	2332.53
1998	55590	368	20457.12	102315	315	32229.23	14535	163	2369.21
1999	55620	371	20635.02	99840	273	27256.32	13830	163	2254.29
2000	53685	346	18575.01	97245	206	20032.47	15405	114	1756.17
2001	50955	339	17273.75	96450	391	37711.95	17130	180	3083.40
2002	49920	345	17222.40	99930	327	32677.11	17520	170	2978.40
2003	27060	334	9038.04	74850	374	27993.90	20085	165	3314.03
2004	18435	320	5899.20	79185	420	33257.70	20010	142	2841.42
2005	22905	350	8016.75	82440	391	32234.04	18855	170	3205.35
2006	25035	343	8587.01	83598	419	35027.56	19590	189	3702.51
2007	24990	346	8646.54	83984	419	35189.30	19755	203	4010.27
2008	24190	348	8418.12	83090	433	35977.97	23153	203	4700.06

第三章　林　业

1987 年，全区有林地面积 3.8 万亩，果园面积 8630 亩，果品产量 4591 吨，森林覆盖率 7.2%。1992 年，因区划变动，开平辖区面积虽然由 351 平方公里减少到 251 平方公里。但随着 20 世纪 90 年代初全国平原绿化达标的推进，21 世纪初绿色通道工程、退耕还林工程的实施，有林地面积显著增加，2008 年达到 5.33 万亩，比 1987 年增加 1.5 万亩，森林覆盖率达到 21.13%，是 1987 年的 3 倍，被林业部批准为平原绿化达标区。

第一节　林业资源与造林绿化

一、林业资源

据2005年河北省林业局在开平区开展二类森林资源调查成果统计，全区林业用地面积8.6万亩，占总土地面积的22.68%。在林业用地面积中，有林地面积5.33万亩，占林地面积的61.98%；疏林地面积330亩，占林地面积的0.39%；经济林面积6090亩，占林地面积的7.08%；无林地面积1995亩，占林地面积的2.33%。在有林地中，含退耕还林地2万亩。林地面积中，集体有林地面积1.8万亩，个人有林地面积3.53万亩。有林地资源按林种分：用材林面积9240亩，蓄积5.44万立方米；防护林面积3.8万亩，蓄积22.31万立方米；其他林面积2.7万亩，蓄积15.97万立方米；经济林面积6075亩。按优势树种分：速生杨树面积5.29万亩，蓄积31.09万立方米；油松面积795亩，蓄积0.47万立方米；其他树种面积2.07万亩，蓄积12.16万立方米。按林龄组划分：幼林面积796亩，蓄积4700立方米；中龄林面积4.2万亩，蓄积19.87万立方米；近熟林面积2.21万亩，蓄积13.99万立方米；成熟林面积7710亩，蓄积6.28万立方米；过熟林面积1860亩，蓄积3.1万立方米。

二、造林绿化

1987年后，开平区先后实施全国平原绿化达标、绿色通道工程、绿色开平暨退耕还林工程等重点林业工程建设，每年春季开展群众性荒山荒坡绿化、水库周边生态治理、植树造林活动，促进了全区林业发展。1987年，植树造林4763亩，森林覆盖率7.2%。1990年，开平区加大平原绿化力度，共完成工程造林1052亩、四旁植树78.7万株。截至1991年9月，农田林网树木占地9795亩、防护林面积3.65万亩，占平原耕地总面积的16%；7095亩宜林荒山，完成水土保持林6300亩，占88.79%。村庄占地面积3.2万亩，已绿化9600亩，覆盖率达30%；流经境内的3条河流全部绿化。初步构建成点、片、网、带相结合的多林种和多树种的农田林网防护体系及比较完备的林业生态体系。是年，通过河北省平原绿化检查验收，率先在全市实现平原绿化达标，被林业部授予“平原绿化先进单位”。

2002年，开平区实施绿色通道工程。工程涉及境内唐港、津唐两条高速公路沿线的5个乡镇、29个村，与各户签订用地协议1026份。绿化总长度6.08万米。经过春季植树造林，共栽植毛白杨、柳、槐等各种树木11.3万株，完成造林面积1368亩。至2008年，绿色通道林带保存率达到95%以上。2003年，实施绿色开平暨退耕还林工程。当年国家下达退耕造林1万亩、匹配荒山造林1万亩的任务。全区完成植树造林2.22万亩，形成5个千亩片林、49个百亩片林和长度为7.3公里的环城林。涉及6个乡镇107个行政村，5539户。区委、区政府制订《关于绿色开平工程的实施意见》《关于绿色开平植树造林政策》《绿色开平工程检查验收办法》以及《绿色开平工程技术操作规程》《环城林栽植技术规程》《开平区退耕还林工程实施方案》等文件。区政府在区农村经济局设立“退耕还林办公室”，专项负责退耕还林工作。在全区总体规划之内，农户在所承包的在册耕地上造林，但因退耕任务指标所限，没有列入退耕任务，无法享受国家退耕政策的，由区政府每年每亩补助120元。其中生态林补助暂定8年，经济林补助暂定5年。为巩固提高“绿色开平工程”成果，从2004年起加快2000亩二十二冶旧址复垦绿化步伐，栽植防护林带4200多株，同时启动陡河水库周边和洼里乡北部、双桥乡南部两个万亩生态林（草）方建设。“十五”期间，全区新植树木3.5万亩，森林覆盖率达到14.1%，比“九五”末提高6.4个百分点。至2008年，退耕还林树木保存率达到90%以上。全区形成赵庄北山林场、北湖退耕林地、东湖环城林和水库东岸、洼里北部丘陵多处大面积片林，构成唐山市区东部生态屏障。

第二节　果园果树与花卉苗木

一、果园果树

开平区栽培的果树品种有：苹果、梨、桃、杏、葡萄、柿子、猕猴桃等10余种。由于所辖果园乡的前身曾是“华北最大平原果园”，1987年全区果园面积2.5万亩，果品产量4500吨。随着联产承包责任制的实行和城郊型农业的推进，20世纪80年代初，郑庄子、越河、双桥、栗园等乡镇70个村相继建起果园。双桥镇依托北部丘陵，利用荒山荒沟栽植果树，截至1987年全镇有果树5.6万株。1988年，开平区鼓励农户发展庭院经济，当年栽植葡萄838亩，仅双桥镇就栽植庭院葡萄1万多株。1995年，郑庄子镇刘家洼村建起千亩葡萄园。1999年，双桥镇成立“绿源科技开发有限公司”，引进冬梨枣苗木4万多株，并开发1500多亩荒山荒地发展果品生产。21世纪初，郑庄子镇郑庄子村开发建设起300亩皖秋黄梨生产基地。栗园镇在采煤塌陷区栽植果树18万株，并建果树大棚20个，种植早熟桃9000多株。虽然1992年果园乡1.79万亩果园随着区划调整而划出，但其他乡镇果园面积和果品产量仍有较大发展。截至2008年，果园面积达1万亩，果品产量5006吨。

刘家洼村千亩葡萄园喜获丰收

2004年6月，开平区无公害果品产地认证，认证面积1万亩，主要分布在陡河水库周围地区的双桥乡和郑庄子等乡镇。主要产品有苹果、梨、桃、杏、葡萄等，年产量2800吨。为推动果品无公害标准化生产，以刘家洼葡萄鲜储冷库建设为切入点，着重抓好刘家洼千亩葡萄和郑庄子400亩皖秋黄梨生产，达到申请注册“刘家洼葡萄”和“郑庄子皖秋黄梨”商标条件。

二、花卉苗木

开平区花卉苗木生产始于20世纪90年代初。1987年，全区育苗55亩，多为植树造林自繁自用的杨柳树苗。1991年，开平镇国各庄村民韩秀云承包275亩土地，先后投资650万元建起神农果树高科技示范园。该园建有贮果、贮苗库各1个，种植小区8个。主要种植大樱桃、梨、苹果、核桃等，拥有名优特新品种100多个，年销售收入100万元，是唐山市建园最早、规模最大、品种最全、苗木最优、集鲜果和苗木生产一体化的高新科技示范园。1998－2008年，先后荣获河北省科委“星火计划二等奖”“唐山市科委新品种推广二等奖”。该园致力于引进国内外名优特果树新品种，并进行自繁自育。已引进高效优质适栽的果树新品种百余种，对比筛选出优种40余个，培育优质品种苗木100余万株，并试栽培6类30多个名优果树品种。为了加强示范园的科学管理，与昌黎果树研究所和河北农业大学建立密切联系，使示范园的建设有了科技依托。该园苗木除供区内及其他县区的120多个乡镇2000多个自然村选用外，省内各地市及天津、北京、辽宁等地也慕名而来观果购苗。20世纪80年代，商品花卉生产是开平区的空白。1999年，郑庄子镇任信屯村民吴振强建起占地15亩的唐山市思萌园艺场，有琴弦式节能温

“思盟”花卉温室大棚

室6栋。2000年，与河北职业技术师范学院园艺系合作，建立教研实习基地。2002年5月，园艺场从云南昆明花卉种球种苗有限公司引入鲜切花品种10余种，2003年与中国花卉公司（台湾独资）建立合作关系，成为该花卉公司唐山推广试验基地。并成立唐山市艺萌园艺协会和开平区思萌园艺专业合作社，发展会员209户，覆盖丰润区、古冶区、迁西县、滦县、迁安市、平泉县等7个县（市、区），思萌园艺场采取“公司+农户”模式，发展鲜切花温室大棚450亩，年产鲜切花500万扎，除内销外，产品还出口韩国。2004年，开平区以思萌园艺场和郑庄子乡兴农试验场为依托，沿银河路两侧建设优质苗木和花卉生产基地，扩大育苗面积2500亩，花卉200亩，2005年，思萌园艺场获评唐山市双学双比科技示范基地称号。

附录

在保护中求发展

——双桥乡孙家庄千亩绿色散养柴鸡开发园区侧记

双桥乡地处半丘陵山区，有大面积荒山资源。通过几年林果业发展和退耕还林工程建设，该乡已有4000多亩林地。为了充分利用现有林业资源，发展特色产业，拓宽农民增收致富渠道，双桥乡在孙庄村实施千亩绿色散养柴鸡项目。着力打造绿色品牌，使绿色资源向规模化、产业化、效益化方面发展，实现生态效益、社会效益、经济效益的协调发展。

柴鸡适于在山坡、林地中放养，且具有投资少、效益高、易饲养等特点，农户可采用放牧与补饲相结合的方式，让鸡在林地上采食青草、虫蛹、籽实同时，得到充足阳光、新鲜空气和运动空间。采用早上放牧，晚上收牧的方式饲养，既节约饲料，又实现绿色无公害饲养，既利用退耕还林的优势，又解决森林病虫害防治问题，鸡粪还可还林还草，形成小型生态链条。在保护环境的同时，又使农民增收致富。

该项目投资150万，利用3年时间建成百万只以上的柴鸡散养基地，采用养殖协会+散养小区+农户的运作模式规模发展。该基地以围栏散养方式建成占地500亩以上的绿色柴鸡养殖小区15个，带动绿色柴鸡规模养殖户200户。同时积极与“万里香”集团公司和各大超市、饭店签订协议，发展订单养殖，并组建双桥乡绿色散养柴鸡协会，积极引进民营资本，搞贮藏、加工、包装。产品统一注册“绿源柴鸡”商标，实施品牌战略，立足“京、津、唐”市场并积极争取出口创汇。争取实现年生产绿色柴鸡肉2000吨、柴鸡蛋5000吨，实现年产值3000万元，年利税180万元。2004年底该项目已投资35万元，建成鸡舍10间，围栏散养面积达500亩，柴鸡存栏量5万只，同时引进珍珠鸡、富贵鸡、火鸡等优良品种2000只。为解决饲料问题，以林草间作为主要形式，试验发展优质牧草500亩。同时围栏周围以紫穗槐和花椒树形成生态篱笆，围内栽植柏树、槐树和本地优质大枣，形成林草间作、草中养鸡、鸡粪还林的生态循环，实现生态效益和经济效益的有机结合。每个农户养柴鸡最少1000只，扣除水电人工费用，年纯收入可达1万–2万元。

（区农林畜牧水产局供稿）

第四章　农业机械化

20 世纪 80 年代以来，开平区综合农业机械化稳步发展，农田作业机械化水平显著提高，农业综合生产能力提升。1987 年，全区农业机械总动力 15.79 万千瓦，农用拖拉机保有量 2057 台，拖拉机配套农机具 321 台，每百户农民拥有拖拉机 2.69 台。耕地、播种和收获机械化水平分别达到 62.28%、16.89%和 0.12%。经过 20 多年稳步发展，农用机械种类不断增加，农机作业领域由种植业的机耕、机播向机收发展，小麦生产基本实现全程机械化，玉米生产基本实现播种机械化。并且从种植业向养殖业、渔业、林业和农副产品加工拓展。1994 年，开平区被评为河北省农机技术推广先进单位。从 1997 年开始，开平区小麦联合收割机专业户参加全国性跨区机收小麦，提高了联合收割机的利用率。2000 年，全区综合农业机械化水平在河北省名列前茅。2008 年，全区农业机械总动力 15.13 万千瓦，平均每百亩耕地拥有农机动力 94.71 千瓦；农用拖拉机保有量 2611 台，每百户农民拥有拖拉机 4.6 台；分别比 1987 年提高 52.76%和 71%。耕地、播种和收获机械化水平分别达到 91.39%、96.29%和 35.48%，比 1987 年分别提高 28.71、79.4 和 35.36 个百分点。

第一节　农机化进程

一、农田作业机械化

开平区耕作机械化从 20 世纪 50 年代中期起步。经过 30 年稳步发展，截至 1987 年，拥有用于耕作的大中型拖拉机 261 台、小型拖拉机 1796 台、机引农机具 321 台，机耕面积 15.95 万亩，占年末实有耕地面积的 62.68%。随着传统农业向现代农业转变，农民迫切要求提高农业生产机械化水平。2008 年，全区拥有大中型拖拉机 283 台，比 1987 年增长 8.4%，拥有小型拖拉机 2589 台、配套机引农机具 1064 台，分别是 1987 年 44 倍和 2.3 倍。当年机耕面积 14.3 万亩，占年末实有耕地面积的 91.39%，比 1987 年提高 28.71 个百分点。

20 世纪 70 年代中期，开平区开始推广手扶拖拉机配套小麦播种机。1978 年，全区拥有机引播种机 132 台。1983 年实行家庭联产承包责任制后，机播面积逐渐减少，1987 年仅有播种机 82 台。随着土地向种田能手集中，农民积极采用农业机械作业。特别是“三夏”为及时抢种，着力从夏种机械化进行突破。1991 年，有气吸式玉米精量播种机 17 台。1992 年发展到 32 台，当年机械化夏播玉米 6.43 万亩，占夏播面积 91.47%，居全市领先地位。此后，大力推广春播玉米和秋播小麦机械化。2001 年，拥有精量播种机 296 台、免耕播种机 35 台，5.47 万亩冬小麦全部机播，播种玉米 7.43 万亩，占当年播种面积的 77.10%。2008 年，全区拥有精量播种机 169 台、免耕播种机 226 台，机播面积 12.69 万亩，其中小麦 2 万亩、玉米 8.3 万亩，分别占当年播种面积的 82.56%和 98.77%。

1993 年，开平区农机部门在郑庄子乡任信屯村农民许素玲的蔬菜大棚里，进行 6－8 马力小农机作业示范试验成功，提高劳动效率十几倍。1994 年，开平区召开示范推广农机进大棚作业现场会议，省、市相关部门领导、专家和重点农户 30 多人参加。是年，开平区被评为河北省农机技术推广先进单位。

20 世纪 70 年代前期，开平区拖拉机厂配合农机研究部门试制 4 个型号的稻麦收割机，1974 年为 5 马力手扶拖拉机配套收割机。1978 年，全区动力收割机达 25 台。农村实行家庭联产承包责任制后，收割机作业面积逐年减少，1987年全区共有动力收割机4台。随着小麦联合收割机的较快发展，动力收割机得到恢复。1992年，全区拥有小麦联合收割机71台、动力收割机108台，机械收获小麦6.4万亩，占收割面积的91.04%，小麦生产基本实现从种到收的全程机械化，在全市处于领先地位。2001年，拥有小麦联合收割机174台，是开平区历史上拥有量最大的一年。但随着调整农业种植结构，小麦播面积逐年减少。2008年，小麦播种面积2.5万亩，相当于2001年播种面积的49%，故联合收割机拥有量减少到58台，其中稻麦联合收割机53台。是年机收农作物3.85万亩，其中小麦2.42万亩。

1998年，开平区农机管理部门开始玉米联合收割机选型的考察。2001年引进3台玉米联合收割机，机收玉米面积600亩。2004年发展到4台，机收玉米面积900亩。2008年发展到10台，机收玉米面积3135亩。

20世纪60年代末，开平区农机部门开始研制小型玉米脱粒机，70年代中期研制大型玉米脱粒机。1987年，全区拥有玉米、小麦、稻谷动力脱粒机1368台，1989年达到1636台，是开平区历史上拥有最多的一年。随着农业种植结构调整，玉米播种面积减少20%以上，稻谷播种面积锐减，故动力脱粒机逐年减少，1998年拥有303台，2008年拥有108台。

二、农田灌溉机械化

开平区从20世纪60年代前期发展水利事业，农田机械灌溉开始启动。至1987年，全区有农用排灌动力机械3706台、水泵3115台、喷灌机械149台（套），农用排灌机械总动力2.74万千瓦。机电排灌面积15.42万亩，占实有耕地面积的86.10%。1993年，农用排灌机械总动力1.88万千瓦，机电排灌面积9.19万亩，占实有耕地面积的54.18%。2001年，拥有农用排灌机械1928台、1.32万千瓦，农用水泵1910台，灌溉机械255台（套）。机电排灌面积11.33万亩，占实有耕地面积的68.66%。至2008年，拥有农用排灌机械1997台、1.6万千瓦，农用水泵1997台，灌溉机械869台（套）。

第二节　农机具种类

一、耕作和播种机具

1987年，全区有耕作大中型拖拉机261台（其中农户有87台）、小型拖拉机1796台（其中农户有1712台）、机引犁254部、机引耙67部、机引播种机82台。1992年，有大中型拖拉机271台、小型拖拉机2549台，拖拉机拥有量达到2820台，另有玉米精量播种机32台。1992年末区划调整时划出了4个平原乡镇，故耕作机械减少比例较大。1993年，大中型拖拉机206台、小型拖拉机2113台，机引配套农机具增加到659部。经过10年稳步发展，到2005年大中型拖拉机320台、小型拖播机2631台、机引农机具1421台，是开平区拥有量最大的一年。2008年，拥有大中型拖拉机283台、小型拖拉机2589台，机引农机具1064部。耕作机械总动力3.92万千瓦，平均每百亩耕地拥有耕作动力24.55千瓦，比1987年增加8.01千瓦，增长48.43%。

小麦收割机在田间作业

二、收割机具

1987 年，全区有小麦联合收割机 6 台、机动收割机 4 台。进入 90 年代，联合收割机获得快速发展，1992 年达到 71 台，机动收割机 108 台。1998 年联合收割机 147 台、机动收割机 1147 台，实现小麦全部机收。2001 年，小麦联合收割机发展到 174 台，机动收割机 167 台，是开平区历史上拥有量最大的一年。2008 年，小麦联合收割机减少到 62 台。

90 年代末期，开平区实施机械秸秆还田技术，开始使用秸秆还田机。1999 年，省农机局确定开平区为秸秆还田示范区，并拨专款 4 万元进行扶持。全区有 3 个乡镇购置大型秸秆切碎还田机 5 台，完成秸秆还田 1 万亩。2005 年，有秸秆还田机 21 台，完成秸秆还田 2.83 万亩。2008 年，拥有秸秆还田机 25 台，秸秆还田面积 2.73 万亩。

三、脱粒机

1987 年，全区拥有玉米、小麦、稻谷脱粒机 1368 台，其中农户有 950 台。1992 年随着联合收割机和动力收割机的增加，脱粒机减少到 1139 台。1998 年，脱粒机进一步减少到 303 台。2008 年，共有动力脱粒机 108 台。全部机械脱粒粮食 3.82 万吨。

四、农副产品加工机具

20 世纪 60 年代初，随着农村陆续输电，农副产品加工开始使用碾米机、磨面机、榨油机、轧花机。1987 年，全区拥有碾米机、磨面机 717 台，其中农户有 409 台，占 57.04%；轧花机 16 台、榨油机 35 台。加工机械电动机 4431 台。1993 年，有粮食加工机械 319 台、油料加工机械 20 台，农产品加工机械总动力 3620 千瓦。2002 年，有粮食加工机械 298 台，加工粮食 4.13 万吨；油料加工机械 100 台，加工油料 1673 吨；农产品加工机械动力 2819 千瓦。2008 年，全区有粮食加工机械 448 台，加工粮食 4.62 万吨；油料加工机械 96 台，加工油料 3100 吨；农产品加工机械动力 2708 千瓦。

五、植保器具

开平区从农业合作化开始使用手动喷雾器和喷粉器进行植物保护，20 世纪 70 年代增加了机动喷雾（粉）机。1987 年，拥有机动喷雾（粉）机 57 部，大部分归农户所有。随着药剂除草灭虫的推进，农户很少使用喷雾（粉）机，只有果树拥有量较大的双桥和栗园两个乡镇及区城建局使用机动喷雾（粉）机。2008 年，全区拥有机动喷雾（粉）机 94 部，机械植保面积 4.19 万亩，是 2001 年的 3.72 倍。

六、排灌机具

1987 年，开平区拥有排灌用动力机械 3706 台，其中电动机 3671 台，农户拥有 509 台；柴油机 35 台，农户拥有 10 台；农田水泵 3115 台，其中农户拥有 536 台；喷灌机 149 套。1992 年，有排灌动力机械 7020 台，其中电动机 2979 台、柴油机 7 台，农用水泵 2759 台，喷灌机 103 套。1992 年末区划调整，1993 年排灌动力机械锐减到 1744 台。1998 年，恢复到 2050 台，其中电动机 1885 台、柴油机 165 台，农用水泵 1829 台，喷灌机 48 套。2008 年，全区排灌动力机械 1997 台，总动力 15946 千瓦，平均每百亩农作物拥有 17.82 千瓦，比 1987 年的 12.65 千瓦，增加 5.17 千瓦。

七、农用运输机具

20 世纪 70 年代末，开平区开始使用农用载重汽车。1987 年，农用载重汽车发展到 821 辆，其中农户拥有 350 辆；大中型拖车 159 辆；胶轮大车 4696 辆，其中农民拥有 4625 辆。1992 年，农用载重汽车

835 辆、大中型拖车 158 辆、胶轮大车 2589 辆。1993 年，农用载重汽车锐减到 442 辆，新发展机动三轮农用车 48 辆。2000 年，载重汽车发展到 1578 辆，农用机动三轮车 441 辆，分别比 1993 年增加 2.57 倍和 8.19 倍。2008 年，拥有农用载重汽车 3362 辆，比 1993 年增长 6.6 倍。

八、渔业机械

20 世纪 80 年代，开平区农民利用池塘和水库周围养鱼，1988 年在陡河水库区发展网箱养鱼。池塘以人力船为主要运输工具，库区则以机动船为主要运输工具。到 90 年代，栗园乡和双桥乡 10 个村的农户在库区建设了 608 个网箱、116 公顷围栏。1999 年，全区拥有机动船 165 艘。渔业机械有增氧机 155 台、投饵机 10 台。1994 年 9 月 25 日，唐山市人大出台《唐山市陡河水库饮用水水源保护区污染防治管理条例》，规定陡河水库为饮用水水源保护区，取缔库区网箱养鱼。至 1999 年底，库区网箱、围栏全部清除，机动船不再使用。2008 年，全区有渔业机械 295 台、803 千瓦，其中增氧机 277 台、投饵机 18 台。

九、牧业机械

开平区从 20 世纪 60 年代中期开始使用机动饲料粉碎机，到 1987 年，全区有饲料粉碎机 117 台。2001 年，有饲料粉碎机 225 台；2008 年，拥有饲料粉碎机 436 台。开平区养奶牛户一直是传统的人工挤奶。从 2003 年“三鹿事件”开始，推广机动挤奶器挤奶，发展速度较快。至 2008 年，全区拥有挤奶器 146 台，平均每百头牛有 3.41 台挤奶器。

十、农田基本建设机械

开平区从 20 世纪 60 年代中期开始大搞农田基本建设，进入 80 年代，逐渐以现代机械代替人力和传统工具。2001 年，全区有推土机 46 台、3289 千瓦，装载机 20 台、1567 千瓦。2005 年，有推动机 21 台、2750 千瓦，装载机 11 台、1440 千瓦，开沟机 32 台、1950 千瓦。2008 年，全区拥有农田基本建设机械 172 台、1.63 万千瓦。

第三节　农机作业市场化

一、社会化服务

随着农村改革的不断深化，开平区农机部门由管理型向服务型转变。加强农机服务体系建设，发展各种形式农机服务组织。个体农机户成为社会化服务的主体。1995 年，个体农机拥有量占全区农机保有量的 70% 以上。2000 年，农机作业年收益 10 万元以上的农机大户 5 户，年收益 5 万 - 10 万元的农机大户 83 户。2001 年，全区有农机户 2407 个、3175 人，其中农机化作业服务专业户 50 个、81 人。通过 51 个村级作业服务组织统筹安排，实现对本村或周边村庄农户的种植和收割服务。是年，农机化作业收入 1620 万元。2005

个体农机户为村民收割玉米

年，农机户1903个、2509人，其中农机化作业服务专业户54个、96人。农机作业收入2305万元。2008年，全区农机户2106个、2396人，其中农机化作业服务专业户79个、116人，村作业服务组织72个、196人，技术人员85人。农机户田间作业收入880万元。

二、跨区机收小麦

20世纪90年代初期，开平区农机作业向市场化、社会服务发展，利用唐山与河北南部小麦成熟期的时间差，组织本区小麦联合收割机跨区域收割小麦。由区农机主管部门组织，个体农机专业户报名参加，组织部门统一联系异地作业区域、时间等，并带队出征。市公安局交警六队、区交通局、农机局、保险公司开平办事处派员服务，保驾护航。1992年，30多台小麦联合收割机首战无极县，在7个乡15个村庄抢收小麦2万多亩，开创了河北省联合收割机跨区机收小麦的先河。1997年又跨出河北省，南下河南省，出动37台联合收割机进驻鄢陵县，收割小麦面积2.2万亩。从1999年开始，由农机专业户自发组织成立收割小分队，实现由政府组织向政府引导，农民自愿进行的过渡。是年32台收割机组成5支异地作业小分队，收割小麦2.1万亩，作业收入70万元，是开平区农机跨区作业收割面积大、作业收入多的一年。后来，随着全国性跨区机收小麦的开展，出动小麦联合收割机显著增多，开平区异地作业小分队只局限在河北省南部地区。2008年，全区出动16台联合收割机，收割小麦0.6万亩。同时机耕面积0.6万亩，机播面积0.53万亩。跨区作业收入50万元。农机跨区作业的开展，使小麦联合收割机使用时间，从平均每年10天左右增加到一个月左右，大大提高联合收割机的利用率。

部分年度开平区农机跨区作业情况统计表

表13－7

年度	出动收割机（台）	作业面积（万亩）			作业收入（万元）	作业地区
		收割	机耕	机播		
1997	37	2.2	－	－	65	河南鄢陵
1998	37	2	－	－	53	河南许昌
1999	32	2.1	－	－	70	河北曲周
2000	29	1.1	－	－	32	河北霸州
2001	30	1.2	－	－	34	河北邢台
2004	15	0.5	－	－	18	河北邢台
2006	15	0.5	－	－	18	河北邢台
2007	16	0.6	－	－	40	河北邯郸
2008	16	0.6	0.6	0.525	50	河北邯郸

表 13－8

1987—2008 年开平区农业机械化情况统计表

年度	农用机械总动力（千瓦）				耕作机械		农用排灌机械			收获机械		植保机械	农产品加工机械				运输机械		农业机械化项目水平		
	合计	柴油发动机动力	汽油发动机动力	电动机动力	大中型拖拉机（台）	小型拖拉机（台）	农用排灌动力机械（台）	农用水泵（台）	喷滴管灌机械（套）	联合收割机（台）	机动脱粒机（台）	机动喷物（粉）机（部）	总动力（千瓦）	粮食加工机械（台）	棉花加工机械轧花机（台）	油料加工机械榨油机（台）	农用载重汽车（辆）	农用机动三轮车（辆）	当年机耕地面积（亩）	当年机械播种面积（亩）	当年机械收获面积（亩）
1987	157866	–	–	–	261	1796	3706	3115	149	6	1368	57	–	717	16	35	821	–	159515	50063	360
1988	167011	–	–	–	260	2473	3658	3173	170	7	1468	45	–	695	19	34	838	–	140382	44793	–
1989	186348	–	–	–	264	2683	3669	3309	127	8	1636	41	–	686	19	37	905	–	149458	45755	–
1992	148995	–	–	–	271	2549	7020	2759	103	71	1139	–	–	526	2	21	835	–	159485	64300	–
1993	124120	98145	2240	23735	206	2113	1744	1409	173	63	745	–	3620	319	2	20	442	48	90000	64800	56850
1995	128314	100137	6067	22110	153	2932	1717	1848	276	63	601	25	3740	322	–	27	457	263	120000	57900	49200
1996	136240	74142	37772	22495	168	2997	1762	1511	254	107	554	25	3750	313	–	36	488	243	129105	60375	41295
1997	134298	81290	28728	24280	182	2760	1840	1813	234	128	303	29	4655	272	–	49	483	250	121950	87000	57000
1998	152454	82774	40858	28822	265	2497	2050	1829	48	147	303	7	4572	239	–	63	546	277	160050	135000	57000
1999	159371	90158	40424	28789	265	2413	1798	1662	39	134	237	9	7334	270	–	68	596	304	157500	135000	58500
2000	74431	39859	18710	15866	284	2115	1862	1853	140	165	–	4	2819	298	3	71	1578	441	115815	84600	41040
2001	78881	58950	11	19920	273	2082	1978	1910	255	174	70	4	2819	298	3	100	1386	473	115470	129000	55260
2002	79168	57816	11	21341	265	2190	1981	1963	484	125	70	4	2819	298	3	100	1344	441	111300	108600	50595
2003	149380	131032	11	18337	289	2556	1986	1968	551	97	85	4	2643	280	2	94	1621	688	112995	92985	27900
2004	149770	127599	96	22165	295	2620	2395	2382	725	85	85	2	2643	280	2	94	1685	702	115069	83895	13890
2005	151159	132706	15	18438	320	2631	1973	1962	830	58	85	6	3056	329	1	105	1805	710	114075	98070	28320
2006	151189	132031	118	19130	282	2621	1997	1997	845	59	99	33	3184	377	–	88	3379	898	114375	82605	24990
2007	151201	131877	177	19147	283	2589	1997	1997	853	62	102	94	3201	380	2	95	3362	879	143025	120645	37035
2008	151249	129354	210	21685	529	2082	1997	1997	869	58	108	94	2708	109	–	96	3251	856	143100	126915	38505

第五章　农业管理

1987年后，开平区随着城郊型经济总体战略的确立，大力发展鲜活农副产品和特色农业。农业科技和标准化生产得到加强，农业区划进一步调整，农业结构更趋合理，农资管理更加规范。植物保护水平提高，构建了新型植保体系。

第一节　管理机构与布局区划

一、管理机构

1986年，开平区农牧渔业局为主管全区农业的职能部门。1987年，改设农业办公室、农林局和畜牧水产局。1992年，增设农机水电局。1993年机构改革中，农业办公室改称农业经济工作委员会，农林局、畜牧水产局、农机水电局退出政府序列，改为事业单位。1996年，农村经济工作委员会改称农业委员会。2002年区政府机构改革，撤销农机水电局，组建水务局，农业委员会、农林局、畜牧水产局合并，组建农村经济局。2006年，农村经济局更名为开平区农林畜牧水产局。

二、布局区划

1987年，开平区从农业自然资源实际出发，因地制宜将全区分为3个综合农业区：包括双桥乡12个村和开平镇、洼里乡、栗园乡北部20个村组成的北部丘陵林果牧区，占地2.73万亩，占全区总耕地面积的10.2%；包括果园、傅家屯、女织寨、梁家屯4个乡82个村组成的西部平原菜果区，占地8.29万亩，占全区总耕地31%；包括郑庄子、岔道、越河、缸窑4个乡以及开平、洼里、栗园3个乡镇南部，共100个村组成的平原农牧区，占地15.62万亩，占全区总耕地58.7%。1987年后，开平区紧紧围绕商品粮油生产的同时，加大发展果、菜、鱼、肉、蛋、奶等副食品生产的力度。是年，扩大棚菜生产面积2000多亩，更新改造果园1万多亩，建设高产精养鱼塘1100多亩，同时，大力发展庭院经济，开展“一村一品”活动。1988－1992年，全区狠抓补农建农制度落实和农业投入制度化，乡镇支农资金比例不少于企业税后利润的10%。并开展“特菜基地建设年”和蔬菜生产“两高一优”活动，建设蔬菜示范园区，温室面积增加到6000亩。截至1993年，基本形成北部以郑庄子、栗园镇为主的温室蔬菜生产基地；南部以越河镇为主的中、小棚蔬菜生产基地和中部以开平镇、洼里乡为主的露地和地膜菜生产基地。大力实施《科技推广规划》，畜牧生产方式从散养为主，向集中连片养殖再到标准化养殖小区，标准化、规模化、集约化程度不断提高。到2008年，全区已形成4个粮菜基地、5个养殖基地和3个养殖小区：即以郑庄子镇、栗园镇、越河镇为主的设施蔬菜生产基地，以双桥镇为主的杂粮生产基地（玉米小麦生产基地、花生生产基地）；以开平镇、越河镇为主的养殖基地，以洼里镇、康新奶牛、曹庄奶牛为主的奶牛养殖基地，以双桥镇为主的柴鸡散养基地和养羊基地，以腾飞雁场、恒信赛鸽为主的特色养殖基地和以栗园镇、郑庄子镇为主的蛋鸡养殖基地、水产养殖基地。大力发展以植树造林为主的绿色生态农业。按照“一带四片”布局，即以陡河开平段绿化为纽带，建设马家沟矿采沉区林片、二十二冶旧址林片、环陡河水库林片和赵庄采煤区林片，每个林片4000至1万亩，同时开展环路造林、环企造林、废弃地造林。

第二节　农资管理与植物保护

一、农资管理

（一）农药

1987－2005年，由区农林局（农村经济局）农业技术科负责全区农资管理，2006年4月以后，由区农林畜牧水产局农业科管理全区农资。下设农药监督管理站，贯彻《农药管理条例》和省、市两个“办法”，有效打击假冒伪劣、无证经营等违法行为，使农药经营市场逐步走向规范化。2002年，全区农药经营单位和个人共24家，其中申请领取“农药经营许可证”的17家。为有效控制高毒、高残留农药，优化农药产品结构，实行经营单位月报表制度，从源头上控制高毒禁用农药。全年开展4次专项治理活动，出动执法人员20余人次，检查农药100多个品种，占经营260个品种的38%，累计检查农药8.3吨。发现主要问题有标签不合格、私自扩大防治范围，及群众购药不开具凭证等，现场封存农药60余瓶。5月下旬，集中开展假冒伪劣及无证产品专项治理活动，重点检查10家、共100个农药品种，未发现省农药检定所通报的违法产品。但查到一家无证经营门市部，当即封存农药，并按执法程序进行处罚。为彻底控制农副产品农药残留超标，保证农产品质量，推进无公害农产品生产及安全消费的进程，全区在开平供销社、栗园供销社、郑庄子供销社和洼里成人学校农药服务部建立了5个无公害农药特供站。同时做好蔬菜农药残留检验检测采样工作，每年采样两次，每次15个品种，每个品种两个点。通过市农药监督管理站对全区送检的15个蔬菜品种、30个样本的检测分析，农药残留没有超标。2008年，全区共有农药和肥料经营单位27家，经营农药常用杀虫剂、杀菌剂6大类50多个品种，年需求量约67吨。农资经营门市部大部分为“夫妻店”，规模较小，进货主要渠道是各县区和农业科学研究院。是年重点对国家明令禁止销售使用的5种高毒农药开展专项治理，区农药监管站执法人员实行包片包店。全年出动93人次，车辆30辆次，检查农药、肥料经营单位136人次。抽检农药标签15个，查出不合格农药标签5个，主要是扩大作物使用范围和随意使用商品名称。检查各种农药4吨多，没收过期农药2.5公斤、3200毫升。

（二）种子

20世纪50年代中期，开平区建立种子站，在耿家营村设立种子库。1966年，于开平公社屈庄北建立区良种场，占地400亩。1975年，河北省拨款5万元，新建区种子站，1983年10月更名为区种子公司，承担种子管理和经营两个职能，隶属区农业局管理。2000年12月《中华人民共和国种子法》实施后，打破计划经济体制下定点、定区域经营模式，种子市场彻底放开。作为经营性事业单位的区种子公司不再具有管理职能，经营性业务日趋萎缩，种子公司撤销。2002年，开平区在农牧渔业局设立种子质量监督管理站，作为农业行政执法部门，负责规范种子市场，打击种子销售中的违法违规行为。是年，全区种子经营单位31家，经营规模较小，多为夫妻店。进货渠道主要是市农研所，属于县级行政管辖区域调运，不用开证。2008年，全区种子经营单位38家（包括与农药肥料经营交叉的单位），经营常用农作物种子40余个品种，年经营量120吨。

二、植物保护

1985年，开平区成立植物保护检疫站，隶属农牧渔业局。20多年间，虽经几次机构改革，但植物保护检疫站均未做变动，只是1996年改革中，更名为开平区植保植检站，承担植物保护和检疫两个职能。

（一）测报与监测

开平区始终重视常规病虫害中短期预测预报，历年测报准确率达97%以上。2002年，预测预报发生

18种病虫害，主要有小麦蚜虫、小麦红蜘蛛、菜蚜、黄瓜和西红柿潜叶蝇、西红柿烟粉虱和白粉虱、黄瓜霜霉病、麦田草害、大白菜软腐病、花生线虫病等。将病虫害测报结果及时在内刊《病虫情报》上印发，全年出刊17期，印发380份。2005年，全区发生美国白蛾3.6万亩，是开平区历史上发生最重的一年。2006年，把监测美国白蛾列入重点，全区设立12个测报点，由专人负责每5天观测一次，将观测结果及时报出，全年出刊《病虫情报》10期。2008年，测报重点是大田草害和鼠害发生严重，蔬菜病虫害发生特点是虫害重于病害，保护地蔬菜重于露地蔬菜。

（二）普查与防治

开平区植保技术人员常年深入农村，到田间，进大棚，指导村干部和农民普查病虫害，适时突击防治。2001年，通过防治挽回粮食损失1470吨。2002年，防治病虫草鼠害达28.72万亩次，挽回粮食损失1596吨。2006年，全区重点是防治美国白蛾，采取专业队防治措施，在防治技术上推广人工摘除网幕、树干围草诱蛾和药剂防治。区向各乡镇和城建局无偿发放药品1640公斤、机动高压喷雾器8台。药物防治面积8150亩，防治效果得到省检查组的肯定。2008年，总结防治美国白蛾的经验，区下发《成立乡村级专业机防队开展统防统治工作的通知》，区成立专业化统防统治工作小组，6个镇分别成立乡村级专业防治队，为全区构建新型植保体系奠定了基础。

（三）植物检疫

1987年，开平区设专职检疫员1名、兼职检疫员4名，每年春秋两季开展两次大规模的植物检疫活动，平时每月定期检查一次，严把种子调运关。在种子调运检疫过程中，严格按“一个品种、一个批次、一个证书”的原则，对调运的每一批种子核实检疫证书。2002年，核查种子22批次、80万公斤，查出未检疫的17.7万公斤，占22.13%，要求进行复检。2008年，对全区38家经营的47个农作物品种进行登记造册备案，共检查农作物品种60余万公斤，复检种子1.2万公斤，查出非法调运种子2起。

第三节　科技推广与优质农产品

一、科技推广

1987年后，开平区以区、乡、村三级科技网络、农民专业技术研究会和科技示范户为基础，农业科技部门大力推广农业科技项目，每年举办短期培训班70多期，发放技术资料2万多份，重点推广普及农业技术，并开展推广农业标准化和无公害农业认证。

1987年，果园乡引进推广“早熟桃品种优质高产及苗木开发项目”。是年，为区内6个乡19个村提供早熟桃树苗9万多株，提供桃接穗4万多株，繁殖桃树苗24万多株，并逐步推广到全市各县区及全国18个省市。1991年，区下发《关于科技兴农的实施意见》，重点推广15个农业科技项目。果园乡成为全市首个科技示范乡，开平区被授予唐山市“科技进步红旗奖”。1997年，区采取典型引路的方法，实施万亩效益温室大棚工程、“工厂农业”示范工程、小麦高产示范工程和百亩节能温室滴灌工程，并按照“常规技术抓普及、关键技术抓突破、高新技术抓引进”的思路，重点推广10项农业关键技术。在推广FA旱地龙技术时，组织主管乡镇长看技术录像片2次，发放宣传材料2000多份，成立旱地龙推广服务中心，负责唐山地区总代理，选定果树、大棚蔬菜、玉米、大豆等实验对比推广，取得较好经济效益。1998年，区养猪科技园区引进“利用网床培育仔猪”新技术，是年在区内4个中型养猪场进行推广，产生较好经济效益。1999年，郑庄子乡引进“小尾寒羊饲养技术”，并将这一技术推广到全区及周边县区以及承德、秦皇岛等地。小尾寒羊抗病力强、繁殖力高、生长发育快，肉用性能佳，养羊户获得明显的经济效益。2001年，在城郊绿化观光工程中，推广ABT生根粉和SSAP抗旱保水剂两项应用技术，到2008年，全区推广规模达4万亩。在退耕还林、三北防护林工程中，对杨树、侧柏、火炬、枣树、核桃等裸根苗起苗时用SSPA蘸根，栽植前用ABT生根粉处理根系，栽后采取地表覆盖技术，成活率均达90%以上。2003年，全区近1.7万亩蔬菜基地全面执行《无公害蔬菜基地农药、肥料的安全使用准则》和《开平区无公害蔬菜生产操作规程》，通过省级认证。2004年6月，开平区万亩无公害果品产地通过河北省林业局认证，重点分布在陡河水库周围地区。主要产品有苹果、梨、桃、杏、葡萄等，年产量2800吨。2006年，全区1.7万亩蔬菜、5个规模养殖场、3个蔬菜品种通过省级无公害农产品基地和产品认证。蔬菜无公害产地编码达到4774个，标准村75个。2007年开始推广玉米晚收、小麦晚播技术，取得平均亩产增加70斤的成效。针对开平区光热资源相对紧张的客观情况，着力向农民推广生长期较短的郑单958、浚单20、蠡玉16、农大108等优良玉米新品种。同时转变小麦"早播高产"的传统观念，适当推迟小麦的播种期，增加播种量，做到精耕细作，合理浇水、施肥，配以机械化收割，保证两茬作物两不误，双丰收。2007－2008年，累计推广6000亩，增产21万公斤。2007年开始，在全区试验并推广鸡的人工授精技术。是年，以鹏发鸡场作为试验基地，进行多点控制实验，推广应用4.5万套，受精率由92%提高到96%，直接获利80万元。2008年，在全区5个种鸡养殖场示范推广6.5万套，增加经济效益124.8万元。

2008年开始，在陡河周边石灰岩地区的荒山，沿等高线按3米×4米规格实施鱼鳞坑整地造林，栽植水土保持和经济林5000亩。水土保持林以侧柏、火炬、刺槐为主，经济林以核桃、枣为主。该模式既可有效降低山火对苗木的损毁，也能抑制荒草对树木生长的影响，还能有效防止水土流失。

附录

开平区农产品协会科普惠农事迹简介

唐山市开平区农产品协会成立于2005年11月，协会围绕农业产业结构调整，坚持以科技为先导，以惠农、富农为宗旨，发展会员、建立基地、推广科技、强化服务，实施农业订单基地种植，开发农副产品速冻加工、冷冻储藏、农产品物流中心，带动9000户会员农户走上依靠科技共同致富之路，提升农业产业化水平，成为科普惠农的一支重要力量，获评全国科普惠农兴村先进单位。

唐山鼎晨食品有限公司创办开平区农产品协会被评为全国科普惠农兴村先进单位

随着农业产业化进程的加快，分散的生产状况使得农民在种植技术、种植品种、产品销售等方面都面临一定困难。高爱东在越河镇东马各庄村创办唐山鼎晨食品有限公司。通过学习日本、山东等农业协会经验，把分散的种植户吸纳为会员，成立唐山市开平区农产品协会。解决一家一户分散种植而出现的信息不灵、技术落后、市场不畅等难题。通过几年努力，走出一条协会带会员、基地连农户的路子，产品的市场竞争力和出口创汇能力明显增强，产品远销德国、法国、泰国等国家。会员由初建时的220户，发展到500多户，订单种植的农户年收益提高30%－40%。协会有农业专业技术人员11人，投入10多万元购置微机、科技图书、科技光盘，建成培训教室200平方米，并制定了《协会章程》《会员守则》等规章制度，推广普及科学技术。

开平区农产品协会立足科普惠农，不断发挥示范带动作用。以鼎晨农产品科普示范基地和新产品科普示范园为依托，建立了占地2000亩的科技推广示范场、3000亩的"市级甜玉米科普示范基地"，引进新品种46个，推广农产品种植新品种26个，大大提升了农产品的附加值。先后通过ISO9001－2000国际质量管理体系认证和HACCP国际食品安全管理体系认证。并总结出符合本地实际的技术操作规程和《出口甜玉米质量可追溯体系（农产品）》，实现农产品的规模采收加工，商品化销售的良性发展。建立富农惠民奖励机制，对科学种植、规范管理、具有一定示范带动作用的会员给予表彰奖励。

（区科协供稿）

二、优质农产品

（一）“鼎晨”食品

该品牌已在工商注册商标，品牌权人为唐山鼎晨食品有限公司。该公司是集订单农产品基地种植、速冻加工、冷冻储藏、冷链物流等为一体的自营出口创汇企业。是全市第一家以加工青豆、甜玉米、胡萝卜、青刀豆为主的企业，年销售量1.6万吨，年销售收入6100万元。公司自成立以来，采取“公司+基地+农户”的订单农业模式，建立了订单基地3.5万亩，受益农户达到9000多家，基地覆盖秦皇岛、保定、廊坊、唐山开平、乐亭、玉田、丰南、滦南、唐海等地。公司采用现代化管理模式，做到了从田间地头、生产加工到餐桌的食品安全质量控制，并已经取得出口产品种植基地备案、出口食品卫生注册、QS认证、ISO9001：2008认证和HACCP体系（ISO22000认证）认证，在2010“中国特色农产品博览会”上获得金奖。

（二）“思萌”花卉

“思萌”花卉系郑庄子镇“思萌”园艺协会主打产品，协会会员209户，全员覆盖面广，除开平区外，还涉及丰润区、古冶区、滦县、迁安市、平泉县等地，基地生产面积300多亩，年产非洲菊等鲜切花500万扎，产值2000万元。2003年，思萌园艺协会与中国芊卉种球种苗有限公司（台湾独资）建立合作关系，代理销售该公司种苗及荷兰进口百合、郁金香、蛇鞭菊、玫瑰、剑兰、非洲菊等鲜切花。2005年9月，该会产品在“中国第六届花卉博览会”上获三等奖，一举成为全国知名鲜切花生产商。北京、天津、沈阳、上海、石家庄等地客户，纷纷订购产品。2006年4月，协会代表中国参加“韩国高阳世界花卉博览会”，受到各国客户好评，并与韩国建立贸易关系。同首尔、高阳签订了每天一批，每批4万只以上郁金香切花、非洲菊切花、百合切花的合同，填补唐山无出口鲜切花的空白。

（三）“绿冬”排酸肉

该品牌已经在工商注册商标，品牌权人为唐山市立冬食品公司。该公司是市政府指定的全市较大的生猪屠宰厂，主要经营屠宰加工和冷却排酸肉，年销售100吨，销售收入70万元。该公司的成立不仅填补开平区不能生产排酸肉、分割肉的空白，而且使唐山东郊养猪业形成完整的产业链，推动全市养猪业及相关行业的发展。公司先后办理了进入北京市场的获准证，注册“绿冬牌”排酸分割肉及系列肉食品商标，参加两届中国（廊坊）农产品交易会，通过省级无公害畜产品基地认证。

（四）“小屯”牌西红柿

郑庄子镇任信屯村从1983年开始生产西红柿，2008年发展到1000亩，占全村耕地面积的90%，亩产达5吨左右。任信屯村作为“小屯”牌西红柿种植基地，2001年通过唐山市无公害蔬菜基地认证。种植模式主要是利用日光温室进行越冬一大茬生产，每年10月份播种，到次年3－4月份上市，一直可采收到5月中旬。2002年，在第六届中国（廊坊）农产品及优种交易会上，“小屯”牌西红柿被认定为名优农产品。

（五）“纯越”牌蒜黄

越河镇罗各庄村从1983年开始蒜黄生产，生产周期从9月到次年5月。最高年份全村年生产蒜黄达200万公斤，产值500万元。2001年通过国家级无公害蔬菜基地认证。该村还成立了专门从事购销的经济组织，初步形成产销一条龙的生产格局。2002年，“纯越”牌蒜黄在第六届中国（廊坊）农产品及优种交易会上被认定为名优农产品。

（六）“鑫日升”酥糖

该品牌已经在工商注册商标，品牌权人为越河镇大史马村宏顺制糖厂。该厂年销售量130吨，销售收入55万元，产品主要有花生酥、花生板、芝麻糖等，具有香、甜、酥、脆等特点，多次参加全国性的农产品展销会，并被评为河北省优质农产品。

2008年开平区农产品品牌发展状况统计表

表13－9

品牌名称	涉及品种	品牌权人名称	年销售量（吨）	年销售收入（万元）	注册商标名称	通过有关认证认定	备注
凤禽	鲜蛋	唐山市凤禽养殖专业合作社	200	100	凤禽		
小屯红	西红柿	富民农产品专业合作社	5000	450	小屯红		省优
思萌	非洲菊等鲜切花	思萌园艺协会	500万扎	2000	思萌	中国名牌农产品	国优
鼎晨	速冻甜玉米料等	唐山鼎晨食品有限公司	16000	6100	鼎晨	质量管理体系认证HACCP认证	国优 著名商标
亿克	香肠、猪肉食品	唐山市香美佳食品有限公司	7200	6900	亿克	中国万里行授予“知名企业上榜品牌”、全国优质产品河北知名品牌、省优农产品	国优 著名商标
越来香	香油、芝麻酱	唐山金满香食品有限公司	55	500	越来香	质量管理体系认证省优农产品	省优
众鹏	雏鸡	唐山市开平区鹏发鸡场	600万只	1000	众鹏	省优农产品认证	省优
鑫日升	花生酥糖	宏顺制糖厂	130	55	鑫日升		省优
绿冬	排酸肉	唐山市立冬食品公司	100	70	绿冬		省优
纯越	蒜黄	罗各庄村专业合作社	2000	500	纯越		省优

附录

关于发展壮大农业龙头企业的调查报告

一、基本情况

龙头企业数量逐年增加，规模不断扩大。“九五”末，全区农业龙头企业只有5家，总资产不足1000万元，截至目前全区重点农业龙头企业已发展到20家（其中唐山市鼎晨食品有限公司、唐山市立冬食品有限公司等9家公司为市级农业重点龙头企业），总资产1.6亿元，固定资产1.2亿元，年生产加工能力为5万吨、320万头只、800万株支，年可实现销售收入2.2亿元。其中总资产1000万元以上6家，固定资产500万元以上的9家，年销售收入500万元以上9家。涉及产业越来越广泛，带动能力进一步增强。从以农产品生产、农作物粗加工为主向生产和精加工并重发展，同时开拓方便食品、营养配餐、休闲农业等新型行业，基地生产规模达4.75万亩、410万头（只），从业人员895人，带动农户1.3万户。其中养殖业龙头企业8家，总资产4345万元，年销售收入3150万元；种植业龙头企3家，总资产1100万元，年销售收入600万元；农产品加工企业9家，总资产1.06亿元，年销售收入1.85亿元。经营方式日趋成熟，实现多元化。出现行业协会带动、订单生产等新模式，促进了农产品由单纯的种植、养殖、加工向产加销一体化的转变。目前全区农业龙头企业订单生产的3家，年定单面积5300亩，年实现产值1100万元；龙头企业牵头成立的区级行业协会2个，拥有会员650名。同时产加销一体化经营，推动农产品直接出口创汇。目前全区已有1家农业出口创汇企业，年创汇可超过1000万元。

二、存在问题

一是龙头企业数量少、规模小。目前全区20家重点农业龙头企业没有一家是省级重点农业龙头企业。平均每个乡镇不到4家。而且地区发展不均衡，有的乡镇（越河乡）有8家、有的乡镇（郑庄子乡、双桥乡）只有1家。投资在500万元以上和销售收入500万元以上的企业比例均不到一半，年加工能力万吨以上的企业仅有1家。没有一家从事农产品中介流通的龙头企业。二是带动能力不强，生产基地分散、面积小。龙头企业与农户生产关系不紧密，全区只有27%的农户与龙头企业有直接或间接关系，与农户有订单的企业只占总数的15%，且订单面积不足万亩，养殖业几乎没有订单生产。生产基地面积在万亩和10万头（只）以上的企业4家，占总数的20%，基地生产区域不集中，大多零散分布在2个乡镇以上，不能够成方连片。三是深加工企业少，高档次产品种类少。全区农产品精深加工企业仅有2家，多数产业链条短，产品附加值低。四是企业科技含量不高，竞争能力弱。全区由龙头企业直接打造的省优质农产品5个、国优产品仅1个。传统项目的技术改造和支柱产品进行优化转型工作缓慢。今年已有企业科技投入不足100万元。五是缺乏资金，阻碍了农业龙头企业的良性发展。由于资金不足，企业很难实现对农产品进行精深加工，从差异化中取得利润。

三、几点建议

1. 提高认识，全面发展龙头企业。各级各部门要从统筹城乡经济发展、建设小康社会、实现农民增收的高度，把发展农业龙头企业当作“三农”工作的第一要务来抓。加大招商引资力度，围绕项目，有的放矢，坚持大（规模大、带动面大）、高（技术含量高、附加值高）、外（外向型）、新（新材料、新产品）、多（多种所有制、多种组织形式）的原则。对以农业龙头企业建设为重点的项目可实行“帮办制度”，即一个领导、一套班子、一包到底。企业在注册登记、办理有关证件等过程中，土地、城建、工商、税务、环保等部门要予以大力支持。对重点龙头企业实行领导挂钩制度，领导挂钩到企业，定期调查研究，帮助企业解决发展中遇到的困难和问题。尽快培育一批“领头羊”，力争在5年内，发展省级龙头企业1-2个，每个重点产业有2-3个市级重点企业，每个乡镇1-3个市级重点企业。

2. 因地制宜，优化整体布局。要立足区位资源优势，打破行政区域，整合资金、技术、信息和人才等要素，避免重复建设，资源浪费，制订科学合理的龙头企业发展规划，并要层层明确责任，使之有效落实。企业在定位和发展方式上要各有侧重，东、南部一带经济基础较好，农产品加工业起步较早，应充分利用开发南城区、建设工业园区这一机遇，组建和发展高起点、高科技含量、高效益的农产品深加工龙头企业。定位在全省、全国有影响的大型农业企业。西、北部农业应有“稳定、提高、发展”的路子，需要政府给予充分的政策扶持。农业龙头企业发展方向应在充分利用现有农业资源的基础上，以优化产品和产业结构、增加农民收入为主，生产型和加工型企业并重发展。

3. 培育资源，抓好农产品基地建设。建好原料基地是建设龙头企业的前提和必备条件。要根据我区的实际情况，围绕龙头企业的主导产品，不断扩大农产品基地规模。着力抓好郑庄子乡和栗园镇、越河乡、开平镇南的三个万亩蔬菜生产方；以开平镇和越河乡为主的生猪养殖带，以洼里乡和双桥乡为主的牛羊养殖带、以栗园镇和郑庄子乡为主的禽类养殖带；沿陡河水库的万亩生态林绿化带、双桥乡和洼里乡东北部千亩山果生产带、郑庄子乡和开平镇的千亩特果生产带；以“思萌园艺场”和“兴农实验场”为龙头，在郑庄子乡、开平镇一带尽快形成花卉千亩生产区。在基地建设中要把握四个关键：一是良种化。积极引进国内外优良品种和新技术，引导农民与龙头企业配合，发展有高产高效、适于加工、发展潜力大的农产品，改善和提高农产品的品质。二是规模化。在稳定家庭联产承包经营制的基础上，根据“依法、自愿、有偿”的原则，允许农户合理流转土地承包经营权，扩大基地规模，提高集约化经营水平。三是标准化。要加快主要农产品生产标准化生产步伐，积极推行农产品标准的全程控制，加速试行和实施农产品市场准入制度。四是市场化。通过契约、合同、订单的形式，逐步完善龙头企业与农户的利益关系，形成合理的利益机制。鼓励企业与农户通过股份制、利润返还、订立保护价等形式，形成优势互补、利益共享、风险共担的利益联合体。要积极培育农业科技示范园区，将有特色、有前途的园区尽快发展壮大为产业基地。如标准化养殖小区，无公害优质农作物园区等。

4. 加快开放，实现企业跨越式发展。“十五”期间，我区农业龙头企业建设投资达到1.52亿元，其中引进区外资金0.7亿元，占投资总额的46%。大多区外投资者不仅带来了资金和项目，还带来了新的经营管理理念，为我区农业龙头企业建设注入了新鲜血液，填补了果菜、肉类深加工、定单生产等多项目空白。而我区本乡本土的企业大多数经过数年的努力，依靠自身资金的积累逐步滚动发展到现在的，比较平缓，开拓创新力不足。实践证明，招商引资借助外力才能加快发展步伐，因此今后我们要在巩固现有成果的基础上，对农业之外的一切产业、行业进行开放；对区域之外的一切个人、地区、国家进行开放。不仅仅引进资金和项目，而且要引进先进的管理办法和适用科学技术，更要注重引进优秀的企业家、管理人才和科技人才。要结合我区实际，借鉴外地经验，研究出台更加优惠、更加有利于农业龙头企业发展的系列政策。

5. 科技创新，增强企业活力。目前全区农业龙头企业中有中高级职称的科研人员68人，只占职工总数的8%。今年企业投入科技开发、应用和推广的资金，仅占企业总支出金额的10%，有12家企业没有科技投入，86%的企业投入科技的力量严重不足。因此，各部门要坚持落实2004年中央一号文件提出的要求，将科技人才、科研推广经费向龙头企业倾斜。同时，龙头企业应该自身加大人、财、物的投入力度，真正建起有农业科研人员、推广人员、科技示范户、农户参加的，公司与基地、农户协调发展的农业科技推广体系。目前我区相当一部分农业龙头企业经营项目相对老化，也不可能一下子进行脱胎换骨式的转型，应该通过引进良种良法、企业技术革新等手段，一手抓生产环节的技术普及，一手抓加工环节的技术改造，逐步提升整个产业链的科技水平。

6. 开拓市场，确保企业健康发展。我区现有的7个省优以上产品销售的省份均在8个以下，且没有一个可以出口。究其原因：一是大多数产品档次低、加工技术落后，市场竞争力不足。二是推介宣传力度不够，流通渠道不畅。我区地理气候条件优越，原有物种和可引进的物种丰富，发展特色农业大有可为，这是我们拓展国内外市场的一个有利条件。目前条件下，一方面引进市场销路好、经济效益高的产品，在农副产品精、深加工上下功夫，这既可解决储运保鲜技术落后的问题，又可以通过加工使之增值。一方面充分发挥我区的交通优势，扶持壮大各类流通中介组织，对农产品的贸易流通给予一定政策扶持。积极组织产销对接会，推介地方农产品，提高农产品与各地居民的见面率及满意率。同时推行农产品直销、连锁经营、集中配送、建立专市专柜等现代流通方式。

7. 强化服务，加大扶持力度。一是启动企业家培训工程，培养企业的学习能力和创新能力。全区重点龙头企业全部为民营企业，总经理或厂长中，大专以上学历的仅有3人，90%的企业家没有接受过专业的企业管理教育。有的企业小富即安，缺乏发展的远见和经营资产的意识。二是帮助建立起产权清晰、权责明确、管理科学的现代企业管理制度，财政、税务、审计、银行、技术监督等相关部门要下大力气督促企业建立财务管理、生产管理、技术管理、资本管理、人才管理等各种现代企业管理制度，促使企业所有权和经营权分离，提高企业的经营管理水平。三是认真落实国家、省、市对农业龙头企业扶持政策，尽快发展并盘大盘强一批龙头企业。区政府要在支农预算资金中，拿出一部分资金专项用于对重点龙头企业的补助或贷款贴息；金融部门在支农贷款中要不断扩大用于农业龙头企业建设的贷款规模和比例；各有关部门要积极帮助重点龙头企业推荐、申报国家农业开发以及星火计划等专项财政投入资金；对新发展的农业龙头企业税收上应享受优惠政策；同时对农业产业化重点龙头企业实行定期监测和动态管理，加强对龙头企业的指导、引导和服务，使农业龙头企业健康发展。

开平区农村经济局

二〇〇六年九月一日

第十四编　综合经济管理

1987年后，随着“计划经济为主，市场调节为辅”到“计划与市场内在统一”的体制改革目标日益清晰，开平区经济管理工作也发生了深刻变化。经济管理由过去主要依靠行政手段，转向主要依靠经济和法律手段，综合运用财政、税收、价格等经济杠杆调控经济运行。1987年以来，先后成立统计局、工商局、物价局、审计局、标准计量局以及计划与经济贸易委员会等经济管理职能部门，以适应社会主义市场经济体制的形成与确立。中共十三大后，经济管理职能部门坚持大胆探索实践在宏观调控下市场对资源配置发挥基础性作用的经济管理制度，不断调整和规范经济行为，确保在“微观搞活，宏观管好”原则下市场经济的有序运行。

第一章　计　划

1986年4月，开平区设立计划委员会。1993年3月，计划委员会与经济委员会合并，成立计划经济委员会。1996年9月，成立计划与经济贸易委员会。2002年3月，成立计划统计局，原计经贸委的项目办、计划部分划入发改局。中共十一届三中全会前，在计划经济体制下，开平区执行上级下达的指令性计划。1984年后，实行“计划经济为主，市场调节为辅”的计划管理体制，指令性计划开始缩减，指导性计划管理范围逐步扩大。1990年前后，市场调节力度逐渐加大，1992年占据主导地位。计划管理手段开始从主要依靠行政手段向主要依靠法律手段，综合运用财政、税收、价格等经济杠杆调控经济运行。1998年后，除关系国家经济全局的重要项目外，其余项目彻底放开，逐步形成适应市场经济条件下实行宏观调控的计划体制。

第一节　计划编制

一、五年计划

1987年后，历经第七个五年计划中、后期和第八至第十一个五年计划前期5个时期。

第七个五年计划重点是坚持以深入改革为动力，以提高效益为中心，以科技进步为途径，以乡村企业发展为突破口，以共同富裕为目的，八业并举，综合发展。进一步完善多种形式的家庭联产承包责任制；大力发展能源、原材料工业，壮大煤炭、钢铁、耐火、水泥“四大支柱”产业，加大技术改造力度，围绕重点企业和主导产品，进行技术升级改造；结合开平区城郊型经济特点，加大农村改革和产业结构调整力度，扶持乡镇企业和商贸流通业，加大固定资产投资，扩大双向开放。到1990年，社会生产总值达到11.73亿元，财政收入实现5650万元，农民人均纯收入达到1020元。

第八个五年计划重点是继续坚持“一个中心，两个基本点”，坚持以乡镇企业为主体，城郊型农业为基础，发展与提高并重，开发与开放并举。，抓好经济结构调整。稳步发展农业，突出发展工业，不断深化改革，抓好技术改造，深入开展“双增双节”，制订各项发展经济的激励政策，千方百计加快经济社会发展步伐。到1995年，工农业总产值达到47亿元，其中农业产值年均增长4%，达到1.10亿元，工业产值年均增长45%，达到45.67亿元，财政收入达到5843万元，农民人均纯收入达到1500元。

第九个五年计划制订《开平区国民经济和社会发展第九个五年计划及到2010年远景目标规划》，计划重点是全面实施三大战略（科教兴区、开放带动、可持续发展），推进两个转变（经济体制和经济增长方式）。全区实现地区生产总值翻两番，实现人均地区生产总值翻两番，城乡人民生活水平达到富裕小康水平。“九五”期间，开平区国民经济和社会发展主要计划目标是：2000年国内生产总值达到38亿元，年均增长18%，人均国内生产总值达到1.4万元以上，年均增长17.1%；财政收入达到8500万元，年均增长12%。经济结构调整取得明显成效，到“九五”末，农业形成“两高一优”，工业中支柱产业形成规模经济，第三产业比重达到40%。科技进步对经济增长贡献率达到50%以上，城镇居民人均生活水平达到6500元，农民人均纯收入达到3800元。

第十个五年计划是加快现代化建设，全面进行经济结构战略性调整，完善社会主义市场经济体制和扩大对外开放的重要时期。“十五”期间，要以经济结构调整为主线，加快实施科技兴区、双向开放和可持续发展三大战略，强力推进经济体制和经济增长方式的根本性转变，努力实现经济社会快速发展与可持续发展的统一，为在全市率先实现现代化打牢坚实基础。“十五”期间，开平区国民经济和社会发展主要计划目标是：国内生产总值年均增长10%，2005年达到58亿元，其中：第一产业2.6亿元，年均增长4.9%；第二产业32.2亿元，年均增长8.5%；第三产业23.2亿元，年均增长9%。财政收入2.55亿元，年均增长13.2%。人均国民生产总值2.1万元，年均增长8.5%。三次产业比例调整为4.5：55.5：40左右；工业支柱行业增加值比重达到75%；农业产业化经营率达到40%。累计完成全社会固定资产投资60亿元，年均增长8.1%，技改投资比重达到45%。经济外向度进一步提高。到2005年实际利用外资累计达到2036万美元，年均增长10%；出口创汇2250万美元，年均增长10%。城乡人民生活水平和质量显著提高。城镇居民可支配收入达到8100元，年均增长5%；农民人均纯收入达到4450元，年均增长4%。

第十一个五计划深入实施“工业立区、项目强区、开放活区和可持续发展”战略，走新型工业化道路，推进工业结构优化升级；立足于上规模、上水平，大力发展服务业；推进农业产业化进程，加快发展现代农业；强化城市规划，完善城市功能，提升城市化水平；发展循环经济，建设资源节约型、环境友好型社会。“十一五”时期全区经济社会发展的主要预期目标是：地区生产总值年均增长13%以上，到2010年达到140亿元，比2005年翻一番，人均突破5万元；财政收入年均增长13%以上，达到14亿元。结构调整迈出新步伐，非农产业及从业人员比重分别达到98%和90%以上，三产服务业规模不断扩大。对外开放形成新格局，利用外资年均增长10%以上，五年累计达到5400万美元；出口创汇年均增长15%以上，五年累计达到3.5亿美元。增长方式得到新转变。万元生产总值能耗和水耗分别降低20%左右。城乡面貌实现新变化。城市化率年均提高1.6个百分点，2010年达到60%以上。生活水平得到新提高。城镇居民人均可支配收入和农民人均纯收入年均分别增长7%和5%以上，2010年分别达到12000元和6200元。

二、专项计划

1987年，开平区根据国民经济和社会发展需要，开始编制专项计划。专项计划包括：区属工业计划、乡镇经济计划和农业生产计划。区属工业计划指标主要有工业总产值和利润。1992年后，主要有工业总产值、工业增加值、利税、利润、产销率及技术改造投资等；乡镇计划指标主要有工农业总产值、乡镇企业总产值、乡镇企业总收入、乡镇企业总利润等；农业生产计划指标为农业总产值、人均纯收入、农村经济总收入、农村经济纯收入等。1994 年后，根据国家人口政策，每年制订人口计划，对各乡镇人口出生率、自然增长率等都做了明确限定，并以此作为考评乡镇计划生育工作的主要依据。1997 年开始制订项目建设计划。计划对各乡镇、区属单位利用外资、出口创汇任务都做明确规定。2000 年后，又增加引进资金计划，主要指标有实际利用外资、出口创汇额、引进资金、引进项目及引进人才等。

三、年度计划

1987－1990 年，计划重点是按照“调整、整顿、改革、提高”的方针，调整产业、产品和投资结构，加快技术改造；扩大完善企业承包制，推行厂长经理负责制，严格控制固定资产投资制度；优化生产要素组合，控制需求，稳定物价，完善家庭经营为主各业联产承包制；按照中央“治理经济环境，整顿经济秩序，全面深化改革”的要求，加强宏观管理，严格控制物价，开展企业挖潜增效，提高经营管理水平等。1991 年后，计划重点是强化发展意识，加快发展步伐，破除小富即安，小进则满的小农思想；全面贯彻落实党的十三届八中全会精神，紧紧围绕强化农业基础，突出乡镇企业，调整产业结构，推进技术进步，提高经济效益，深化各项改革，扩大对外开放，搞活商品流通；求发展、增后劲，推动国民经济在保持一定增长速度的同时，经济效益有明显提高等。1995－2000 年，计划重点是紧紧围绕“争创全国先进县、区”这一目标，强化四个意识（机遇意识、改革意识、开放意识、科技意识），把握三个重点（加快农业产业化进程、大力发展个体私营经济和第三产业、全面推进外向带动战略），加大三个力度（经济体制改革力度、内涵挖潜，提高工业运行质量和效益的力度、以科技进步为动力促进结构调整力度），以建设金星小康区为目标，进一步解放思想，更新观念，推进经济体制和经济增长方式根本性转变，优化经济结构，强化小城镇建设，加快城市化进程等。并以香港回归和十五大召开为契机，把握大局，稳中求进，加速经济结构调整，鼓励支持非公有制经济快速健康发展，努力实现两个突破（产权制度改革和对外开放）等。进入 21 世纪，计划重点继续突出发展主题、结构调整主体，以项目建设为载体、以体制创新和科技创新为动力，实施工业园区化战略，加快新型工业化和城市化进程。

第二节　计划实施

一、“七五”时期（1986－1990 年）

“七五”时期，开平区初步建起农村工业体系，并拥有一支庞大的乡镇企业职工队伍，乡镇企业成为开平区的首要经济支柱。“七五”末，全区工农业总产值达到 6.14 亿元，是“六五”末的 2.61 倍，年均增长 21.2%。其中工业总产值达到 5.14 亿元，是“六五”末的 2.78 倍，年均增长 22.7%；农业总产值达到 1 亿元，是“六五”末的 2 倍，年均增长 14.9%。国内生产总值达到 3.62 亿元，其中第一产业 0.36 亿元、第二产业 2 亿元、第三产业 1.25 亿元。全社会固定资产投资 8.59 亿元，是“六五”末的 2.69 倍，年均增长 21.9%。社会消费品零售额 9189 万元。全部财政收入 6200 万元，是“六五”末的 2.3 倍，年均增长 18.1%。农民人均纯收入 1029 元，是“六五”末的 1.83 倍，年均增长 12.8%。在岗职工年人均工资 2291 元，是“六五”末的 2.24 倍，年均增长 17.5%。粮食产量 4.93 万吨、肉类产量 4186 吨、油料产量 1834 吨、蔬菜产量 3.13 万吨。乡镇企业达 7895 个，从业人员 6.27 万人。

二、“八五”时期（1991－1995 年）

“八五”时期，开平区坚持“小康建设总揽农村工作全局”，实施“工业富区、强工扶农”的发展战略，实现了农业优化发展，工业持续发展。“八五”末，全区工农业总产值46.85亿元。其中，工业总产值43.57亿元、农业总产值3.28亿元。国内生产总值18.80亿元，其中第一产业1.35亿元、第二产业12.58亿元、第三产业4.87亿元。全社会固定资产投资4.73亿元。社会消费品零售额1.94亿元。全部财政收入8500万元。农民人均纯收入2459元。城镇居民人均可支配收入4255元。在岗职工年人均工资4044元。粮食产量5.63万吨、肉类产量9416吨、油料产量2714吨、蔬菜产量5.28万吨。乡镇企业达1.08万个，从业人员5.5万人，总产值57.72亿元。出口创汇172万美元，实际利用外资133万美元。

三、“九五”时期（1996－2000年）

“九五”时期，开平区大力推进企业产权制度改革，实施外向带动、科教兴区、可持续发展三大主体战略，着力推进结构升级和产业升级，积极促进投资、消费和出口三大需求，国民经济保持持续、健康、快速发展的良好态势。“九五”末，全区工农业总产值达到82.89亿元，是1995年的1.77倍，年均增长12.1%。其中，工业总产值78.31亿元、农业总产值4.58亿元。国内生产总值达到35.86亿元，是1995年的1.91倍，年均增长13.8%。其中第一产业1.97亿元、第二产业21.47亿元、第三产业12.41亿元。全社会固定资产投资8.81亿元，是1995年的1.86倍，年均增长13.3%。社会消费品零售额8.30亿元，是1995年的4.28倍，年均增长33.7%。全部财政收入1.69亿元，是1995年的1.99倍，年均增长14.7%。农民人均纯收入3661元，是1995年的1.49倍，年均增长8.3%。城镇居民人均可支配收入6462元。在岗职工年人均工资6037元，是1995年的1.49倍，年均增长8.4%。粮食产量4万吨、肉类产量1.21万吨、油料产量1765吨、蔬菜产量9.53万吨。乡镇企业达1.04万个，从业人员5.16万人，总产值（现价）109.87亿元，是1995年的1.90倍，年均增长13.8%。出口创汇353万美元，是1995年的2.05倍，年均增长15.5%。实际利用外资303万美元，是1995年的2.28倍，年均增长17.9%。

四、“十五”时期（2001－2005年）

“十五”期间，开平区以“融入城市中心、打造经济强区、建设和谐开平”为目标，坚持以科学发展观统领全局，统筹推进经济结构调整和产业升级，经济保持平稳较快发展，总量实现历史性跨越。“十五”末，全区工农业总产值达到188.96亿元，是2000年的2.28倍，年均增长17.9%。其中，工业总产值183.33亿元、农业总产值5.63亿元。国内生产总值达到71.82亿元，是2000年的2倍，年均增长14.9%。其中第一产业3.1亿元、第二产业48.39亿元、第三产业20.33亿元。全社会固定资产投资19.04亿元，是2000年的2.16倍，年均增长16.7%。社会消费品零售额19.26亿元，是2000年的2.32倍，年均增长18.3%。全部财政收入7.12亿元，是2000年的4.21倍，年均增长33.3%。农民人均纯收入4800元，是2000年的1.31倍，年均增长5.57%。城镇居民人均可支配收入8495元，是2000年的1.31倍，年均增长5.6%。在岗职工年人均工资1.39万元，是2000年的2.3倍，年均增长18.1%。粮食产量4.09万吨、肉类产量1.6万吨、油料产量3205吨、蔬菜产量11.23万吨。年销售收入500万元以上工业企业67个，实现工业增加值35.85亿元、利润总额1.84亿元、利税总额6亿元。规模以下工业企业1473个，工业总产值27.66亿元，上缴税金0.82亿元。出口创汇5225万美元，是2000年的14.8倍，年均增长71.4%。实际利用外资802万美元，是2000年的2.65倍，年均增长21.5%。

五、“十一五”时期（2006－2010年）

“十一五”前三年，开平区以科学发展观统领全局，推进资源型城市转型发展产业链经济，不断优化经济结构，综合经济实力再上新台阶。2008年，地区生产总值突破百亿元大关，达到112亿元，比

2006年增长37.42%，其中第一、二、三产业增加值分别达到14.9亿、75.6亿和32亿，增长40%、40.25%、32.78%。完成全部财政收入12.05亿元，增长66.5%，规模以上工业企业完成增加值68.2亿元，增长62.8%。全年实际利用外资5240万美元，是历史上最多的一年，相当于2006年的8.65倍。城镇民居人均可支配收入13581元，农民人均纯收入6665元，分别比2006年增长42.8%和27.4%。

第二章　财　政

1984年，开平区财政体制由之前市财政局下属的会计核算单位改为一级财政，成立开平区财政局。1987年，内设事业股、农财股。1992年，成立开平区国有资产管理局，靠挂财政局。是年，设立国债代办处、会计师事务所。1995年，移民办公室、筹资办公室由区经委转为财政局所属。1996年，设立国有资产评估公司、基建办公室，预算外资金管理局靠挂财政局，下设收费稽查科。1998年，设立社会保障科。2007年，设立绩效评估科。

1987－2008年，随着乡镇企业的异军突起，城郊型经济的跨越式发展，带动财政收入逐年大幅度增长。1987年3327万元，1992年7669万元，翻了一番多，2008年达到12.05亿元，是1987年的36倍，财政支出也随着经济的发展和财政收入的增长而增长。1987年支出1237万元，2008年支出6.89亿元。

第一节　财政收入

一、工商税收

1987年，开平区工商税收计有8种，年收入2896万元。1993年，工商税收12种，收入6424万元，比1987年翻了一番多。1994年，实行分税制，地方税收增速放缓，加之区划调整划出4个乡，年收入仅2877万元。进入21世纪，开平区工商税收呈跳跃式增长，2001年，收入1.16亿元；2008年，收入2.05亿元，相当于1987年的7倍。

二、农业税

开平区农业税包括农业税、农业特产税、耕地占用税和契税。1988年，开征耕地占用税、农业特产税。1989年，开征契税，税率6%。1990年后，农业税计税价格和税率调整，税率逐年上升。1997年，根据河北省契税实施办法，税率调整为4%。1999年8月，个人购买自用普通住宅减半征收，税率2%。2002年，农村税费改革，农业税计税只对水果、花卉征收农业特产税，税率8%。2004年，农业税率由2000年的6.7%调整为3.79%，取消农业特产税。2005年，根据全国人大常委会的决定，取消农业税。2008年完成耕地占用税和契税1447万元，占全部财政收入的0.89%。

三、其他收入

1987年后，财政其他收入主要为罚没收入、排污费、城市水资源费、专项收入、基金收入、教育费附加、国有土地转让和国有资产经营效益等项目。1987年，其他收入110万；2008年4914万元，相当于1987年的44倍多。

四、预算外财政收入

预算外资金收入主要为行政事业单位收入、基金和附加收入、乡镇自筹统筹收入以及其他收入。从1986年起，开平区建立预算外资金管理体系，实行“先收后支，量入为出”的预算外资金财政集中代管制度。1987年，预算外资金收入671.5万元，2008年6064万元，是1987年的9倍。

1987 - 2008年开平区财政收入分类情况表

表14 - 1　　单位：万元

年度	财政总收入	一般预算收入		
		工商税收	农业四税	其他收入
1987	3327	2896	123	110
1988	4614	3831	576	207
1989	5869	4915	627	327
1990	6193	5417	492	284
1991	6550	5907	410	233
1992	7669	6421	979	269
1993	6654	6424	263	128
1994	4368	2877	416	1075
1995	8464	3383	316	1086
1996	10041	4176	644	891
1997	11906	5114	528	1130
1998	13845	7134	783	24
1999	15643	7826	405	306
2000	16931	8595	319	305
2001	22715	11614	367	359
2002	27397	9215	673	1038
2003	40562	11462	452	1552
2004	61653	15677	413	1356
2005	71207	18543	1191	1925
2006	72373	19697	260	4944
2007	91728	27583	800	5116
2008	161756	20464	1447	4914

注：2008年财政总收入按大口径统计，含陡河发电厂

第二节　财政支出

1987年以来，开平区财政支出在围绕发展社会生产，增加财政收入前提下，按照“压缩空气、量入为出，有多少钱办多少事”的原则，正确处理财政改革与整个经济体制改革、财政资金供与求、“取”同“予”的关系。顾大局、保平衡，合理安排预算支出，做到紧中有活，有保有压。财政支出结构进一步优化，努力满足人民群众日益增长的物质文化需求。2008年，财政总支出6.89亿元，是1987年的55.7倍。

1987－2008年开平区预算内部分项目支出比重表

表14－2　单位：万元

年度	支出总额	主要项目									
		文教卫生科技		支援农业生产及农村水气事业		行政管理费		价格补贴		抚恤补助费	
		金额	所占%	金额	所占%	金额	所占%	金额	所占%	金额	所占%
1987	1237	636	51	46	4	229	19	137	11	67	5
1988	2131	914	43	246	12	211	10	157	7	73	3
1989	3218	1040	32	271	8	317	10	150	5	84	3
1990	3966	1170	30	599	15	343	9	152	4	92	2
1991	3815	1491	39	233	6	443	12	148	4	106	3
1992	4604	1898	41	377	8	599	13	159	3	165	4
1993	5348	2002	37	417	8	969	18	152	3	112	2
1994	5053	2291	45	189	4	1148	23	146	3	106	2
1995	5121	2232	44	241	5	1151	22	125	2	102	2
1996	5764	2358	41	258	4	1401	24	–	–	98	2
1997	7374	2611	35	280	4	1270	17	–	–	159	2
1998	8457	2898	34	311	4	1427	17	–	–	74	1
1999	9365	3267	35	391	4	1349	14	–	–	87	1
2000	10789	3976	37	354	3	2733	25	–	–	90	1
2001	14321	4818	34	497	3	4162	29	–	–	123	1
2002	16498	5645	34	469	3	5121	31	–	–	152	1
2003	20695	6978	34	502	2	5982	29	–	–	166	1
2004	30382	10469	34	758	2	7770	26	–	–	129	1
2005	35765	13865	39	879	2	8611	24	–	–	168	1
2006	37203	13218	36	873	2	9000	24	–	–	231	1
2007	51696	16591	32	1775	3	10848	21	–	–	426	1
2008	68905	24317	35	3302	5	12171	18	–	–	426	1

第三节　财政管理

一、预决算编制

1984 年，建立一级财政后，预决算（草案）由财政部门负责编制，政府向本级人民代表大会作总预算草案的报告，经本级人民代表大会审议、批准本级总预算草案及本级总预算执行情况的报告。财政部门负责本级总预算的执行，具体编制本级预算调整方案，定期向本级政府或上级政府财政部门报告本级总预算的执行情况。1995 年，推行“零基预算”制度。2008 年，实行综合财政预算管理，将财政内、外资金捆绑使用，以弥补预算内资金不足，集中一切可用财力解决民生资金需求。

二、企业财务管理

1987 年，执行第二步利改税方案。是年，市二轻系统 8 个集体企业划归开平区管理。1988 年，对国营商业、物资企业实行“工资总额与实现效益挂钩”办法。1993 年，省属粮食企业下放给开平区管理。是年 7 月 1 日，全区统一执行企业新财务、会计制度。1994 年，配合税费改革，加强企业新旧会计制度的财务处理和政策衔接。1998 年，开始对外资企业实行按月征收财政费用。1998 - 2001 年，将粮食购销企业的财务管理作为重点，实行清仓查库，实地测量，核清陈化粮，详细了解粮食入库时间、品种、数量、质量等。2000 年，执行关闭地方小钢铁企业政策，涉及开平区 46 户，3 月底进行专项调查。关闭后影响区财政收入 7245 万元。2005 年，开始安全生产风险抵押金收缴工作，缴纳范围涉及全区的煤矿、非煤矿山、危险化学品生产、民用爆破器材经营的 93 户企业，应缴风险抵押金总额 1. 57 亿元。

三、公费医疗管理

1982 年前，开平区对享受公费医疗待遇人员发给医疗证，凭证定点就医。1983 年改革公费医疗办法，行政机关和部分事业单位实行门诊包干，住院统管；离休干部和二等乙级以上残疾军人药费全包。1988 年，公费医疗与单位挂钩，“定额包干，单位自管，超支自负，节约留用”。1990 年，行政事业单位执行“定点医疗，门诊包干，个人结算，按比例报销”的管理办法。1992 年，财政局负责资金监督与管理。1996 年，细化门诊、住院报销办法相关规定。开平区制订《关于改革公费医疗管理办法》，采取个人、单位、医疗卫生部门、财政部门对公费医疗管理共同承担责任，实行定额包干、挂钩医疗、比例自负、结余奖励的管理办法。对门诊、住院等报销办法作细化规定，在职人员门诊医疗费报销由按比例改为工龄划段，确定标准，个人包干，不足自负；离休干部、二等乙级以上残疾军人定点就医，据实报销。1998 年，依据开平区人民政府关于《改革离休干部公费医疗办法（试行）》的通知，建立开平区老干部门诊部，承担全区由财政负责医疗费的离休干部医疗服务工作。原由区公费医疗办公室报销的离休干部医疗费，改由老干部局报销。实行无医药费的年奖励 800 元。1999 年，根据《开平区 1999 年公费医疗制度管理办法》实行公费医疗经费定额包干、超支不补的办法。公费医疗经费定额包干给开平医院，超支不补，结余奖励；取消发给个人的医疗补贴金，实行工龄比例自负报销制度；实行凭医疗证就医，定点医疗、转诊审批制度；实行急危疑难重大病例审批补贴制度。2001 年，制订《唐山市开平区机关事业单位工作人员基本医疗保险管理暂行办法及实施方案》，基本医疗保险基金纳入财政专户管理，实行收支两条线，专款专用。基本医疗保险基金由统筹基金和个人账户构成。个人账户用于支付门诊医疗费和住院医疗费个人负担部分，统筹基金用于支付住院医疗费和门诊纳入统筹基金支付的一些特殊疾病医疗费。统筹基金最高支付限额为 2. 5 万元。2002 年，依据唐山市开平区医疗保险中心关于医疗保险有关问题的补充，退休人员可在就近医院就诊，但必须是县级以上的国有性质医院。2002－2005年，机关事业单位职工全部纳入基本医疗保险，并将医疗保险金纳入财政专户，专款专用。机关医疗保险自2007年9月上划到市财政局管理。

四、预算外资金管理

1986年，开平区建立预算外资金管理体系，实行预算外资金财政集中代管制度。1995年，开展《河北省预算外资金管理条例》执法检查。1996年，成立开平区预算外资金管理局。对预算外资金实施“统一政策，分级管理，量入为出，政府调控”管理。1997年，开平区根据财政部《行政事业性收费和罚没收入实行“收支两条线”管理的若干规定》，建立稽查、征收、管理三位一体管理体制，行政事业单位预算外资金收入全额缴入财政专户，支出由预算部门按预算外资金收支计划和综合财政收支计划统筹安排。1998年，公检法三部门罚没收入实行“罚缴分离”。2000年，行政事业性收费和罚没收入实行“票款分离”和“罚缴分离”。2002年，全区128个收费项目，罚没项目40个，全部票款分离、罚缴分离。2003－2008年，开平区继续规范和完善政府非税收入管理体制。

五、财政监督

2000年，开平区财政局设监督科，主要通过联查、重点抽查等手段对全区行政、事业单位财务情况实施监督检查，加强全区财政监督工作。2008年3月18日至10月15日，对全区2006－2007年度的教育、农业、林业、水利、国土专项资金等五类项目进行清查摸底和重点检查，总额1814.45万元，查出由于项目进度缓慢造成资金滞留10万元、不合规票据14.34万元。2008年4－5月，对17家执收执罚单位2007年度罚没项目重点检查，检查出应缴未缴国库43.62万元，未及时上缴国库298.69万元。

六、政府采购

2002年，开平区成立政府采购管理办公室。凡列入政府采购项目，且金额在规定起点以上的开支，均实行政府采购。2003年，开平区政府采购管理办公室、政府采购中心分设，形成相互制约、责任分明的制衡机制。政府采购坚持“公开、公平、公正”原则，通过公开招标，竞争性谈判，询价等多种采购形式，扩大采购项目，拓展采购领域。2002年，累计采购金额310.4万元，节约资金39.8万元，节约率11.36%。2003年，《中华人民共和国政府采购法》颁布实施，政府采购行为步入法制化轨道。2008年，累计采购金额2151万元，节约资金196万元，节约率9%。

七、社会保障资金管理

1987年，开平区实施企业失业保险，基金来源为地税征缴（工资总额3%部分，其中个人1%、单位2%）及调剂金。每年应按收入的20%上缴调剂金。1996年，开始实施企业养老保险，基金来源为地税征缴（工资总额28%，其中个人8%、单位20%；个体工商户及灵活就业人员为20%）、中央补助及调剂金。1997年，开始实施城市低保，救助标准为每人每月270元，2008年7月起，每人每月提高15元生活补助。资金来源为市补助及本级预算安排，比例为市、区7：3，用于支付每月生活水平达不到270元的城镇居民的差额部分。差额部分由民政部门核实，财政部门按月拨付民政部门。1998年，按照冀劳8号文件《河北省再就业资金管理办法》的要求，开始筹集再就业资金。再就业资金来源为市补助、本级预算安排、预算外提取（预算外资金的5%）及社会筹集。用于支付下岗失业人员四项补贴，即培训补贴（每人200－1000元）、职业介绍补贴（签订一年以下合同补贴100元，一年以上120元）、社保补贴（各类服务、商贸企业招用下岗人员并签一年以上合同的，按其为符合条件人交纳的保险费给予补贴，“4050”人员灵活就业并参加社会保险的按实际缴费额的2/3给予补贴）、岗位补贴（对招用

“4050”人员单位给予每人每月100－300元的岗位补贴)。再就业资金实行财政专户储存，专款专用，收入存入财政专户，支出由财政部门按计划定期核拨的收支两条线管理办法。1999年，开始实施机关养老保险，基金来源为工资总额27%部分，其中个人3%、单位24%。2000年，开始实施机关失业保险，基金来源为事业单位工资总额3%部分，其中个人1%、单位2%（截至2008年尚未有支出）。2004年，实施企业工伤保险，基金来源为用人单位上缴（0.5%－2%），每年应按收入的20%上缴调剂金和10%储备金。2004年，开始实施城乡医疗救助，救助对象是城乡低保户、五保户及因患大病无法生活的特困家庭成员。救助分4个等级，“三无人员”及五保户一次医疗费需达到1000元，低保对象中有部分收入无劳动能力的家庭一次医疗费需达到3000元，其他低保对象一次医疗费需达到5000元，非低保对象、五保户人员（不含已入医保人员）一次住院医疗费需达到1万元，然后按一定的比例予以报销。2005年，开始实施农村低保，救助标准为每人每年1200元，2008年7月起，每人每月提高10元补助。资金来源为市补助及本级预算安排，比例为市、区5：5，用于支付每年生活达不到1200元的农村居民的差额部分。差额部分由民政部门核实，财政部门按季拨付民政部门。2006年10月，开始实施新型农村合作医疗基金，参合对象为归村委会管理的居民自愿参加。基金负担标准为：每人每年农民个人20元、区级12元、市级12元、省级16元、中央40元（低保户和五保户个人部分由区财政负担）。以上资金全部专户管理，专款专用。

八、会计管理

1987年，对89名财会人员进行珠算技术等级鉴定。1989年，开平区会计职称评定，批准有任职资格财会人员195人，其中会计师19人、助理会计师59人、会计员117人。1992年7月，开平区企业执行全国统一新财务会计制度。1993年，区企业顺利完成新老会计制度衔接。1996年，组织首届会计法规知识竞赛，421人参赛，占全区财会人员的92%。1998年，执行新的会计制度。2000年，《中华人民共和国会计法》颁布实施，全年举办《会计法》培训班8期，培训1900人次。2002年，全区举办初、中级会计专业资格考前培训235人。2004年后，全区共举办会计证考前培训10期，1186人次。2008年，全区有资格证书会计2821人，其中高级会计师2名、会计师135名、助理会计师251名

九、国有资产管理

1992年，开平区成立国有资产管理办公室，对外称国有资产管理局，负责行政事业单位国有资产拍卖、转让，企业兼并、出售、联营、股份制经营、企业清算的评估工作。1994年，成立区清产核资领导小组，开展全区清产核资工作。2001年，改为国有资产管理委员会办公室，加强国有资产管理。2006年，国有资产管理委员会办公室撤销，改为国有资产管理科。2008年，全区国有资产总额3.81亿元。

十、农业税管理

1978年，农业税在夏秋两季以实物征收，计税米价为0.33元/公斤，税率为9.5%。1981年后，计税价格、税率多次调整。1983年，农村推行联产承包责任制，农业税收直接面对农户。农业税由财政所常年征收，计税米价调整为0.434元/公斤。1988年，依据《河北省农业四税征收管理暂行规定》，农业税与特产税、耕地占用税和契税同时征收。1997年后，由于国家建设征地和个人建房占地等因素，计税土地面积逐年减少，农业税征收额呈下降态势。2002年，调整农业税和农业特产税收政策，取消三提五统（三提指公积金、公益金和管理费三项提留，五统是教育费、计生费、优抚费、民兵训练费、修缮费五项统筹）、屠宰税和统一规定的劳动积累工、义务工。依据《河北省农业税征收管理办法（试行）》，农业税计税主粮由小米改为小麦，实行差别比例税率，最高税率为7%。农业税附加比例不超过农业税正税的20%，随农业税正税一并征收。2004年，执行农业税税率为3.79%，较税费改革初期下降2%，

2005年，农业税税率调整为1.79%。是年，第十届全国人大常委会第十九次会议决定，从2006年1月1日起，废止《农业税条例》。

第三章　税　务

税收是财政收入的主要组成部分。除农业税由财政部门征收外，工商税均由税务部门征收。1994年实行分税制，开平税务分为国家税务和地方税务，分由开平区国家税务局和开平区地方税务局征收。1987年，税务部门完成税收收入3304万元，1993年6543万元，比1987年增长近1倍%。2008年，国税收入11.8亿元，是1994年的24.3倍；地税收入3.1亿元，是1994年的11.25倍。

第一节　分税制前税务

一、税种

1987－1994年实行分税制前，先后负责征收的工商税种有产品税、增值税、营业税、集体企业所得税、城乡个体工商业户所得税、个人收入调节税、私营企业所得税、城市维护建筑税、车船使用税、房产税、城镇土地使用税、屠宰税、牲畜交易税、国营企业奖金税、国营企业工资调节税、集体企业奖金税、印花税、投资方向调节税、建筑税、工商统一税、资源税、事业单位奖金税、外资企业所得税、国营企业所得税及其他一些建设基金、调节基金、教育附加等。其间，为适应经济发展的需要，征收税种有所变化。

1987年开征的个人收入调节税，1994年1月1日停征。1988年开征的私营企业所得税，1994年1月1日停征。1989年，开征国营企业工资调节税、城镇土地使用税、调节基金。1990年，开征粮食补贴基金，停征国营企业奖金税。1991年，开征固定资产投资方向调节税，停征国营企业所得税、能源交通建设基金、调节基金、粮食补贴基金。1992年，建筑税停征。

二、税率

（一）个人收入调节税

该税种1987年开始征收。个人收入调节税根据收入来源，分别按照超倍累进税率和比例税率计算征收：工资、薪金收入，承包、转包收入，劳务报酬收入，财产租赁收入为综合收入，实行超倍累进税率20%－60%。投稿、翻译、专利权的转让、专利实施许可和非专利技术的提供与转让取得的收入，每次收入不满4000元的，减除费用800元，4000元以上的，减除20%的费用，然后，就其余额按比例税率20%征税。利息、股息、红利收入，就每次收入额按比例税率20%征税。

（二）私营企业所得税

凡从事工业、建筑业、交通运输业、商业、饮食业以及其他行业的城乡私营企业，按每一纳税年度的收入总额，减除成本、费用、国家允许在所得税前列支的税金和营业外支出后的余额，依照其35%的比例税率计算征收。

（三）国营企业工资调节税

该税种1989年开始征收。凡按照国务院关于国营工资制度改革的规定，实行工资总额随经济效益挂钩的国营企业，都按当年增发的工资总额超过国家规定的上年工资总额7%以上部分，计征工资调节税。1992年1月1日，国营企业工资调节税改征企事业单位工资调节税。

（四）城镇土地使用税

依据《中华人民共和国土地使用税暂行条例》，1988年11月1日起，开平区开始征税。征税对象为城镇、工矿区范围内使用土地的单位和个人，以每平方米年税额0.2元征收。

1987－1993年开平区税收情况表

表14－3　单位：万元

项目	1987	1988	1989	1990	1991	1992	1993
收入总额	3304	4221	5909	6358	8857	8599	6543
1、工商税收收入合计	3121	3858	5015	5556	8013	7848	6424
产品税	919	300	462	341	465	510	350
增值税	356	901	1070	1564	2788	2887	2408
营业税	933	1263	1679	1521	1961	1863	1334
集体企业所得税	744	1106	1095	1310	2071	1850	1243
城乡个体工商业户所得税	－5	11	19	17	29	33	142
个人收入调节税	2	12	153	76	85	89	148
私营企业所得税	－	－	1	6	5	3	1
城市维护建筑税	117	174	257	246	235	337	493
车船使用税	19	25	30	29	28	18	－
房产税	6	15	34	55	57	56	－
城镇土地使用税	－	－	120	160	90	82	39
屠宰税	5	4	7	6	8	8	－
牲畜交易税	10	9	5	3	3	1	－
国营企业奖金税	－	－	－	10	－	－	－
国营企业工资调节税	－	－	2	4	－	－	21
集体企业奖金税	2	3	10	66	70	10	－
印花税	－	5	42	18	11	15	19
投资方向调节税	－	－	－	－	－	－	25
建筑税	－	3	－	107	－	－	－
工商统一税	－	－	1	3	49	5	47
资源税	10	25	20	15	42	68	70
事业单位奖金税	－	－	－	1	1	2	－
外资企业所得税	－	－	－	－	－	－	2
其他工商税	－	－	－	－	－	－	73
税款滞纳金补税罚款收入	3	2	8	－2	7	7	9
2、国营企业所得税	107	106	122	17	48	53	32

续表 14－3

项目	1987	1988	1989	1990	1991	1992	1993
3、国家能源交通重点建设基金	76	257	429	366	355	320	－
4、国家预算调节基金收入	－	－	283	395	399	297	－
5、其他收入	－	－	30	18	21	51	50
6、教育费附加收入	－	－	30	6	21	30	37

三、税务登记与税务管理

（一）税务登记

1987 年，开平区税务局税务登记户共 5600 户，随着开平区经济的发展，纳税人逐年增加。1988 年登记 5800 户，1989 年登记 6000 户，1990 年登记 6300 户，1991 年登记 6500 户，1992 年登记 6700 户，1993 年登记 7000 户。

（二）税务管理

1987 年，制订“优化结构、稳定骨干、热情服务、注重效益”的十六字促产措施。运用减免税手段，调整产品产业结构，促进经济发展。至 1993 年 6 月底，共批准减免税 594 户（次），减免税款 2881 万元。对年纳税 20 万元以上的企业和 5 万元以上的村实行领导负责制，即税务干部包企业、包村。帮助企业分析市场形势，加强管理，提高产品产量和质量，增强市场竞争力，促其增产增值增加税金。实行“办五创二”量化目标管理责任制，通过为企业办好事、办实事，使企业效益与上缴税金同步增长。要求每个专管员为企业办 5 件好事，增加利税 2 万元；全系统为企业办 500 件好事，增加利税 200 万元。1991 年，共为企业融通资金 356 万元，提供有价值的信息 170 条，提合理化建议 233 条，解决产供销难题 221 件，帮助企业清理三角债收回销货款 410 万元，帮助 248 户企业增产增值 1312 万元，增加利润 157 万元，为国家增加税金 105 万元。

四、税收宣传

1987－1993 年，为加强个体工商户纳税意识，举办形式多样的税收宣传活动，召开各种会议 35 次，演出文艺节目 5 场，发放个体户普及教材 1.5 万份，普及税法知识讲座 13 次，张贴布告、通告 1700 张，布置宣传栏、橱窗 25 个，并多次举办全区个体工商业户税法知识竞赛活动。

五、工作机构

1987 年，唐山市税务局开平分局设人秘股、税政一股、税政二股、会计股、督察组。下辖开平、果园、栗园、岔道、越河 5 个税务所。

1993 年，设办公室、人教科、监察室、计会科、税政科、票证科、个体科、促产办、检察室、治安办、稽查队（下设开平、越河、栗园 3 个分队）、直属税务分局、开平镇税务分局、栗园税务分局、岔道税务所、越河税务所、郑庄子税务所、水库税务所、税务咨询所，有干部职工 170 人。

六、税务稽查

1989－1993 年开平区税务稽查入库情况统计表

表 14－4

年度	检查户数	有问题户数	查补入库（万元）					
			税款	罚款	教育费附加	能源基金	调节基金	合计
1989	381	28	21.9	2.2	–	–	–	24.1
1990	1300	–	90	–	–	–	–	90
1991	236	236	10.54	0.01	0.94	–	–	11.49
1992	576	85	83.78	–	–	1.79	2.46	88.03
1993	1172	174	119.57	–	0.28	6.37	5.37	131.59

第二节　国家税务

一、机构设制

1994 年国、地税机构分设后，开平国税局设办公室、人教科、监察室、计会科、税政科、征管科、票证管理所、稽查队、直属征收分局、开平镇征收分局、栗园镇征收分局、岔道征收分局、越河税务所、郑庄子税务所、陡河水库税务所、税务咨询所。1994 年 12 月，取消稽查队、直属征收分局，组建稽查局、个体税务所、涉外税务所。1997 年 2 月，增设计算机信息中心。1998 年 12 月，取消税务咨询所（与开平国税脱钩）。1999 年 3 月，下属税务分局全部变更为税务所。2001 年 9 月，税务所全部变更为税务分局。其中开平镇税务所更名为开平税务分局，陡河水库税务所更名为水库税务分局。2005 年 7 月，取消票证管理所，设置征收管理科、办税服务厅，计划财务科变更为计划统计科，税政征管科变更为税政管理科，个体税务分局变更为东环路税务分局，岔道税务分局变更为岔道税务所，水库税务分局变更为水库税务所，涉外税务分局变更为新城税务所。2008 年 7 月，税务分局、税务所撤并整合，设立开平税务分局、栗园税务分局、东环路税务分局、水库税务分局、越河税务分局，撤销郑庄子税务分局、岔道税务所、水库税务所、新城税务所。

2008 年年底，开平国税局共有干部职工 132 人，其中，研究生 2 人、大学本科 63 人、专科 66 人、中专 1 人。截至 2008 年，开平区国税局连续 9 年被省委、省政府命名为文明单位。

二、税种

1994 年，征收的税种有增值税、消费税、企业所得税、外商投资企业和外国企业所得税。从 1999 年 11 月 1 日起，开始征收个人储蓄存款利息所得税。2002 年 1 月 1 日以后，在工商局设立登记的私营（私营独资、私营合伙除外）企业所得税由国税负责征收。所辖涉外企业执行增值税、消费税、外商投资企业和外国企业所得税。

三、税率

（一）增值税税率

增值税有一档基本税率 17% 和一档低税率 13%，出口货物实施零税率（国务院另有规定的除外）。具体规定如下：1. 纳税人销售或者进口货物，除下列第 2 项、第 3 项规定外，税率为 17%。2. 纳税人销售或者进口粮食、食用植物油、自来水、暖气、冷气、热水、煤气、石油液化气、天然气、沼气、居民用煤炭制品、图书、报纸、杂志、饲料、化肥、农药、农机、农膜和国务院规定的其他货物，税率为13%。3. 纳税人出口货物，税率为零（国务院另有规定的除外）。4. 纳税人加工修理修配劳务，税率为17%。5. 小规模纳税人销售货物或者应税劳务的征收率为6%。从1998年7月1日开始，凡年应税销售额在180万元以下的小规模商业企业，无论财务核算是否健全，一律不得认定为增值税一般纳税人，均应按照小规模纳税人的规定征收增值税，同时决定将商业企业小规模纳税人的增值税征收率由6%调整为4%。

（二）消费税税率

1. 甲类卷烟（包括各种进口卷烟）、乙类卷烟、雪茄烟、烟丝，税率分别为45%、40%、40%、30%。2. 粮食白酒、薯类白酒、其他酒、酒精，税率分别为25%、15%、10%、5%，黄酒、啤酒，定额税率每吨酒分别为240元、220元。3. 化妆品（包括成套化妆品）税率为30%。4. 护肤护发品税率为17%。5. 贵重首饰及珠宝玉石（包括各种金、银、珠宝首饰及珠宝玉石）税率为10%。6. 鞭炮、焰火税率为15%。7. 汽油定额税率为每升0.2元。8. 柴油定额税率为每升0.1元。9. 汽车轮胎税率为10%。10. 摩托车税率为10%。11. 小汽车按气缸容量（排气量）的不同，分别规定为不同的税率，其中小轿车，气缸容量2200毫升以上的（含2200毫升）税率为8%，气缸容量在1000毫升至2200毫升的（含1000毫升）税率为5%，气缸容量在1000毫升以下的税率为3%，其中越野车（四轮驱动）气缸容量在2400毫升以上的（含2400毫升）税率为5%，气缸容量在2400毫升以下的税率为3%，小客车（22座以下的面包车）气缸容量在2000毫升以上的（含2000毫升）税率为5%，气缸容量在2000毫升以下的税率为3%。

（三）企业所得税税率

1. 法定比例税率为33%。2. 两档优惠税率为27%和18%，即对年应纳税所得额3万元至10万元（含10万元）的企业，给予27%税率的照顾；对年应纳税额在3万元（含3万元）以下的企业，可给予18%税率的照顾。3. 个人存款利息所得税的适用税率20%。国务院决定自2007年8月15日起，将个人存款利息所得税适用税率由现行的20%调减为5%。4. 外商投资企业和外国企业所得税基本税率为30%，地方所得税为3%。

四、税种收入

开平区税务自1994年国税、地税分别征收始，至2008年国税累计征收60.2亿元。1994年，国税征收4878万元，随着社会经济的发展，税收入库不断增加，2008年，国税入库11.8亿元，为1994年的24.3倍多。

1994－1999年开平区国税完成情况表

表14－5　　单位：万元

项目	1994	1995	1996	1997	1998	1999
税收收入合计	4878	5486	6000	6946	8229	9127
国内增值税	3984	4928	5928	6846	7889	8868
国内消费税	–	8	4	3	4	5
营业税	115	131	–	67	287	175
企业所得税	175	100	31	13	11	15

续表 14－5

项目	1994	1995	1996	1997	1998	1999
涉外企业所得税	1	8	19	17	38	64
个人所得税	195	153	－	－	－	－
税款滞纳金、罚款收入（不含企业所得税）	28	50	－	－	－	－
城建税	27	21	－	－	－	－
屠宰税	1	5	－	－	－	－
资源税	10	6	－	－	－	－
印花税	－	3	－	－	－	－
教育费附加	41	34	－	－	－	－
能源基金	134	17	－	－	－	－
调节基金	167	22	－	－	－	－

2000－2008 年开平区国税完成情况表

表 14－6　　单位：万元

项目	2000	2001	2002 年	2003	2004	2005	2006	2007	2008
税收收入合计	17630	20364	23929	42863	77339	86154	82784	92289	118010
国内增值税	17622	19271	22894	42026	76015	84911	80774	86338	108795
国内消费税	2	－	－	1	－	1	2	－	1
营业税	239	187	74	21	－	－	－	－	－
企业所得税	－	－	35	8	420	293	606	2514	4204
涉外企业所得税	41	25	22	29	14	6	241	2161	4128
个人所得税	477	880	904	778	890	943	1161	1276	882

五、税务登记与管理

（一）税务登记

1994 年以来，开平国税局共组织换证 2 次。由于 1992 年唐山市区划调整，开平国税辖区减少以及 2003 年个体工商户起征点提高和 2004 年 7 月农村流动商贩不办理税务登记等原因，所管辖的纳税人有所减少，截至 2008 年底，共管辖各类纳税人 3822 户，其中企业 1495 户、个体 2327 户。

（二）纳税申报和税款征收

1994 年，继续推行申报纳税制度，由纳税人在征期内主动到税务机关申报缴纳税款。自 2000 年 10 月起，实行微机化管理和税款征收。2002 年，纳税人实现网上报税和银行划款缴税，方便纳税人的申报、缴款等纳税事宜。2005 年 12 月，实现对个体工商户进行微机评税，增强税负的公平性。2008 年 5 月 1 日，全部纳税人实行网上报税，提高申报、征收工作的效率。

（三）发票管理

1994 年增加增值税专用发票，经过 5 年的尝试，增值税专用发票由手写版发展成加密型电脑版，减少了虚开增值税专用发票偷逃税现象。

（四）税收优惠

按照增值税的优惠政策，1994 年开始先后对下列项目免征增值税：1. 农业生产者销售的自产农业产品；2. 避孕药品和用具；3. 古旧图书；4. 直接用于科学研究、科学试验和教学的进口仪器、设备；5. 外国政府、国际组织无偿援助的进口物资和设备；6. 来料加工、来件装配和补偿贸易所需进口的设备；7. 由残疾人组织直接进口供残疾人专用的物品；8. 销售自己使用过的物品；9. 纳税人销售额未达到财政部规定的增值税起征点的；10. 国有粮食企业销售给部队的粮食、食用植物油和返销农村的粮油，国有粮食批发企业销售给国有粮食零售企业的粮食和食用植物油、饲料、农膜、化肥，批发零售的种子、种苗、化肥、农药、农机，但生产销售企业除外；11. 具备国家税务总局有关文件规定条件的军工产品、软件产品、废旧物资回收经营企业、资源综合利用企业。

为了促进民营企业的发展和解决再就业问题，2003 年 1 月 1 日开始，根据冀财税［2003］20 号文件规定，对所有个人实行增值税起征点税收优惠政策，即销售货物为月销售额 2000 元，销售应税劳务为销售额 1500 元，按次纳税为每次（日）销售额 150 元。经省政府批准，从 2004 年 1 月 1 日起调高个体经营者增值税起征点，其中销售货物的月销售额由 2000 元提高到 5000 元，提供应税劳务的月销售额由 1500 元提高到 3000 元，按次纳税的每次（日）销售额由 150 元提高到 200 元。

消费税的优惠政策：1. 2001 年 1 月 1 日起，对香皂停止征收消费税；2. 2001 年 1 月 1 日起，对子午线轮胎和翻新轮胎停止征收消费税。

企业所得税的优惠政策：1. 民族自治地方的企业，需要照顾和鼓励的，经省级人民政府批准，可以实行定期减税或免税；2. 新办的劳动服务就业服务企业，安置城镇失业人员达到规定比例的，可在 3 年内减征或者免征企业所得税；3. 国家确定的“老、少、边、穷”地区新办的企业和民政部门办的福利生产企业，可以减征或者免征企业所得税（前者减免期限为 3 年）；4. 对生产性的外商投资企业经营期在 10 年以上的，从开始获利年度起，第一年和第二年免征企业所得税，第三年至第五年减半征收企业所得税；5. 国务院批准的高新技术产业开发区的高新技术企业减按 15% 的税率征收企业所得税；6. 企业技术开发费比上年实际增长 10% 以上的，可按实际发生额的 50% 抵扣当年度的应纳税所得额；7. 民政部门兴办的福利工厂和街道的非中途转办的社会福利生产单位，凡安置“四残”人员占生产人员总数 35% 以上，暂免征收所得税，超过 10% 未达到 35% 的，减半征收所得税；8. 乡镇企业（不包括乡镇企业与其他企业、事业单位兴办的联营企业、股份制企业）可按应缴税款减征 10%，用于补助社会性开支的费用。

（五）税收服务与宣传

开平国税全面推行限时、延时、预约和延伸服务。对纳税人涉税上门咨询，做到热情接待，耐心解答；对纳税人通过电话、信函、传真、电子邮件等方式咨询，认真记录和登记，能当场解答的立即解答，不能当场解答的，在 5 个工作日内答复。在各基层税务分局实行局长值班制度、首问责任制、导税员制度，印制“纳税明白卡”和“税收联系卡”等，给纳税人提供方便。在办税服务厅安装多媒体触摸屏，专人负责，定期更换，向纳税人征求意见和建议，形成征纳双方互动。同时搞好“延伸”服务，即税务干部经常深入企业，了解企业生产经营中的困难，力所能及地帮助企业解决困难。相继推出纳税事项善意提醒制度、税务稽查事前告之制度、涉税急事“绿色通道”制度等，规范执法行为，强化纳税服务，为开平区经济和社会发展营造公平竞争的税收环境。每年的税收宣传月都开展多种形式的税收宣传活动，在城镇的主要街道、集贸市场广泛进行宣传。至 2008 年，共发放各类宣传资料百万余份，重点宣传《税收征管法》及其实施细则、涉农税收优惠政策、下岗职工再就业税收优惠政策以及与纳税人办理涉税事宜密切相关的税收知识。从 2003 年 5 月开始，开平国税实施“阳光国税”工程，共印发 3 期计 6000 多册《阳光国税》手册，送至党政机关及相关单位和广大纳税人。从 2004 年开始，开平国税坚持每年一次税收宣传走进“直播间”，通过电视台开通税收热线，直接解答纳税人的各种涉税问题。

六、税务稽查

开平国税稽查局担负着全区所有纳税人的日常检查及大案要案、举报案件、发票协查案件的查处等工作。

1994－2008年开平区国家税务稽查局入库税款情况表

表14－7

年度	检查户数	有问题户数	查补入库（万元）			
			税款	罚款	滞纳金	合计
1994	62	25	29.2	9.4	1.7	40.3
1995	105	31	30.1	11.5	6.3	47.9
1996	320	39	41.4	10.5	6.2	58.1
1999	726	110	283.2	70.3	24.7	378.2
2000	1581	471	490.2	155.6	76.3	722.1
2001	1996	472	1200.1	40.7	35.8	1276.6
2002	2023	547	2599.8	72.5	52.2	2677.5
2003	1405	530	1214.2	62.7	11.6	1288.5
2004	795	227	793.5	209.7	36.4	1039.6
2005	358	138	390.6	178.9	40.1	609.6
2006	404	221	690.1	245.8	146.7	1082.6
2007	252	183	429.3	144.2	55.3	628.8
2008	178	140	487.2	165.4	53.9	706.5

七、信息化建设

2000年，全国国税系统正式启用《中国税收征收管理系统》。2001年，金税工程增值税防伪税控系统正式上线，通过计算机网络实现覆盖全国的税务机关，对企业增值税发票和纳税状况稽核管理。2003年，开平国税为每个工作人员配备计算机，不断加大硬件投入，以适应信息化建设需要。认真落实多元化申报方式改革和增值税纳税申报“一窗式”管理，使纳税人实现金融网点划卡缴税、电话报税、网上申报纳税，大大简化办税程序，提高办税效率。从2005年12月起，纳税人通过《集中纳税申报受理平台》进行报税、缴款等事宜，开平国税通过此平台对纳税人的申报情况进行监督管理。

第三节　地方税务

一、工作机构

1994年国、地税机构分设后，开平地税局设办公室、政工科、监察科、税政科、稽征管理科、计会科、岔道税务所、开平镇税务所、稽查局、栗园税务所、越河税务所、郑庄子税务所。同年12月，设机关工会。1995年8月，增设税务治安办公室。1996年1月，增设税务检察室；5月，稽征管理科与税政科合并成立税收管理科；9月，开平镇税务所更名为直属分局；12月，个体税务所成立。1997年10月，个体税务所更名为个体税务分局，栗园税务所更名为栗园税务分局，越河税务所更名为越河税务分局，郑庄子税务所更名为郑庄子税务分局。1998年11月，成立涉外税务所。2002年12月，直属分局与个体分局合并成立城区分局。2004年1月，成立征收计会科。2008年，开平区地税局设办公室、政工科、监察科、工会、治案办公室、检察室、税收管理科、征收计会科，下辖城区分局、涉外税务所、郑庄子税务分局、越河税务分局、栗园税务分局。

二、税种收入

1994年，地税负责征收的税种有营业税、企业所得税、个人所得税、城市维护建设税、房产税、城镇土地使用税、车船使用税、印花税、资源税、教育费附加、车船使用牌照税、城市房地产税、固定资产投资方向调节税、屠宰税。1996年，教育费附加税率调整为3.5%。2000年，固定资产投资方向调节税取消。2002年，停征屠宰税。2006年，开征地方教育费附加。1994年，全区地方税收2755万元，2008年地方税收3.1亿元，15年累计为国聚财15.96亿元。2008年收入为1994年的11.25倍。

1994－2008年开平区地税收入一览表

表14－8　　　　单位：万元

税种＼年度	1994	1995	1996	1997	1998	1999	2000	2001	2002	2003	2004	2005	2006	2007	2008
税收合计	2755	3198	4105	4905	5585	5880	6452	8989	9444	10021	11000	14551	16820	24848	31000
营业税	1209	1243	1614	1740	1935	2116	2382	2639	3404	3459	4050	4516	5836	9556	10486
个人所得税	48	54	380	647	884	675	844	691	682	930	1226	1959	2230	2619	5370
城建税	248	352	410	466	590.5	633	668	1061	1633	1906	2257	3419	3401	4618	4880
车船税	18	20	16.5	14	20	13	10	12	13	16	27	28	37	153	296
房产税	99	259	294	299.5	450	450	430	449	493	518	545	662	929	837	792
屠宰税	3	8	39	55	70	84.6	76	36	20	–	–	–	–	–	–
资源税	38	–	2.6	–	–	41.6	70	34	39	64	69	124	100	415	274
土地使用税	91	152	134	195	311	241	271	300	365	354	392	472	737	884	3652
印花税	26	18	17	20	80	67	146	156	269	353	588	800	781	1016	1310
投调税	12	12	186	369	274	376	270	–	–	–	–	–	–	–	–
企业所得税	982	1056	925	894	962	1181	1285	3610	2527	2423	1847	2567	2746	4159	3535
土地增值税	18	–	0.5	8.2	8	–	–	–	–	–	–	3	24	591	405

三、税务登记与服务

2006 年，换发 1428 户集体以上企业和 3195 户个体工商户的税务登记证。2004 年，设立办税服务厅，建立咨询热线。2003 年，在全市地税系统率先推出“个体税收银行代征”办法，开平个体纳税人足不出户缴税成为现实。2007 年 8 月 1 日，在全市率先推出一窗式服务，新设的 7 个“综合业务窗口”均可办理所有纳税相关事宜。

办税大厅一角

四、税务稽查

1994 - 2008 年，对钢铁、建筑、房地产、金融保险、邮电通信、交通运输等行业进行重点清理，入库税款、滞纳金、罚款共计 5484.2 万元。

1994 - 2008 年开平区地方税务稽查情况表

表 14 - 9

年度	检查户数（户）	查补入库（万元）	年度	检查户数（户）	查补入库（万元）
1994	105	262	2002	309	527.7
1995	126	308	2003	204	123
1996	110	414.5	2004	180	105
1997	190	449	2005	149	293.6
1998	195	589	2006	114	356.2
1999	201	519.8	2007	78	361.1
2000	261	480	2008	151	295.3
2001	318	400	合计	2691	5484.2

五、信息化建设

为深入贯彻“科技加管理”方针，提高税收工作的科技含量，开平地税加强税收信息化建设，推动税收工作步入信息化时代。机关办公楼安装监控系统，加快网络改造步伐，至 2008 年，完成 7 个基层单位的网络改造升级，全部实现光纤局域网。同时，不断提高办公自动化应用水平，全局基本实现人手一机、无纸化办公、办公办文电子化。信息化建设的大投入，为实现税收管理微机化、机关办公自动化、信息传递网络化、数据生成电子化、监控考核远程化夯实了基础。

第四章　统　计

1987 年 11 月，开平区在原统计科基础上组建统计局，负责全区工业、农业、农经、商业、基建、物资、劳资、综合 8 个专业统计数字的月报和年报。每年组织统计人员进行专项调查和经济分析，供区领导决策参考。随着《统计法》的贯彻实施，统计方法由过去单纯定期上报，改为抽样调查、定点调查、全面普查相结合，逐步形成专业定期统计、专项调查统计和地方统一调查为内容的统计体系，并在统计方法和监督服务方面不断创新。

1993 年 5 月，区统计局增设人口调查队。1998 年更名为城市经济调查队，并增设计算站。2002 年 3 月机构改革中，开平区统计局与原区计经贸委的项目办、计划科合并成立开平区计划统计局，同年增设普查中心。2006 年，恢复统计局。2008 年，增设新能源统计科，负责新能源和服务业统计工作。

第一节　统计内容

一、综合统计

1987 年，综合统计内容为：行政区划面积、人口密度、人口、总户数、劳动力情况、工农业总产值、社会总产值、国民生产总值、国民收入等项统计。1993 年，改为行政区划面积、人口密度、现价社会总产值、工农业总产值、工农业总产出与国民生产总值等项统计。2008 年，增加人口出生率、死亡率及自然增长率、人口自然变动、计划生育情况、社会经济效益指标等内容。

二、专项统计

（一）农业统计

1987 年开平区农业入统内容为：耕地面积、农作物播种面积、农作物总产量、农作物亩产和肉、蛋、奶、菜产量以及农业总产值、分乡（镇）农业总产值、农村经济总收入等 8 项内容。1993 年入统内容有：农村现价社会总产值、农业总产值、耕地面积、农作物播种面积和产量、果品生产、林业生产、畜牧业主要产品产量以及农村用电、化肥使用、水利情况、农业机械化、农村固定资产结构、农村经济收入分配和效益、各村民委员会基本情况等 14 项内容。2008 年，新增镇村劳动力资源及从业人员现状、瓜果类及特种作物生产情况 4 项，计 18 项。

（二）农村、城镇经济社会调查统计

1986 年起，开平区开始农村经济抽样调查。调查内容为：住户基本情况，种植、林业、养殖生产和产品出售以及收入、纯收入、总支出、购买商品、主要实物消费、耐用品拥有情况等 10 项内容。2008 年，抽样调查内容改为调查户所在村基本情况、住户家庭基本情况、生产性固定资产拥有情况、耐用消费品拥有情况、居住情况、住户总收入与总支出。同时开展城镇住户调查，内容为：现金收支、耐用品拥有量、住房及人口就业 4 项。

（三）工业统计

1987 年，开平区工业统计分为区街工业与乡镇企业两部分。区街工业入统内容为：区管工业企业职工人数、总产值完成情况、劳动生产率情况、利税完成情况，全民预算内企业职工人数、总产值完成情况、劳动生产率情况和企业利率情况。1993年改为乡以上工业主要经济指标完成情况、营业收入百万元以上企业情况、私营企业一览表。2008年则为：年销售收入500万元以上企业主要经济指标和固定资产投资、房地产工业企业现价工业增加值（可比价增长率）。

（四）固定资产投资、房地产、建筑业统计

1987年，开平区固定资产投资统计内容为：区经委系统固定资产投资、煤化工联合总厂固定资产投资、商品房开发情况、文教系统固定资产投资、煤管局系统固定资产投资和乡、村固定资产投资情况。1993年，改为全社会固定资产投资、农村集体固定资产投资完成情况。2008年调整为：固定资产投资、房地产开发企业投资、主营建筑企业生产、主营建筑业企业财务情况等4项。

（五）财税、金融、保险统计

1987年，开平区统计内容为：财政收入、财政支出、税收完成情况、金融系统存贷款情况、国内外保险业务完成情况，至2008年无变化。

（六）商业、粮食、外经、外贸统计

1987年，开平区统计内容为：商品购、销、存总值，粮食购、销、存、调情况，城乡集市交易情况，利用外资和外贸出口商品收购总额等5项。1993年，改为商品购销存总值、粮食定购完成情况、中外合资企业一览表3项。2008年，调整为国内贸易和对外经济两部分，内容为社会消费品零售总额、三资企业基本情况、外国及港、澳、台地区投资企业生产经营主要经济指标。

（七）教育、科技、卫生、体育统计

1987年，开平区统计内容为：科学技术研究成果及推广应用情况，教育事业、卫生事业和体育事业发展情况。1993年，改为在校生情况、医院工作基本情况、卫生机构人员情况、体育事业基本情况。2008年，调整为科学技术研究成果及应用、专业技术人员情况、文化事业机构和人员、教育事业基本情况、卫生机构（含床位、人员）基本情况、体育事业基本情况。

（八）人口、计划生育统计

1987年，开平区统计内容为：采取节育措施情况、累计出生情况和人口自然变动3项。1993年，调整为全区总户数、总人口、农村劳动力构成、人口自然变动及计划生育措施、人口自然增长5项。2008年，将此项统计纳入综合与农业统计内容。

（九）劳动工资统计

1987年，开平区统计内容为：全民所有制职工人数与工资、集体所有制职工人数与工资2项。1993年压缩为职工人数与工资1项。2008年，调整为劳动工资、社会保险统计内容，增加参加基本养老保险人员情况、基本养老保险金缴拨情况、基本养老保险个人账户记账情况、全额单位从业人员和劳动报酬情况、企业单位从业人员和劳动报酬情况、事业单位从业人员和劳动报酬情况、机关单位从业人员和劳动报酬情况、分单位从业人员和劳动报酬情况等8项。

（十）城建、城管统计

1987年，开平区统计内容为：城建事业发展情况、区城管事业发展情况2项。1993年，改为城市道路排水及市政维修情况、市场情况一览表、城乡集市交易情况3项。2008年，取消此项统计。

（十一）交通、运输、民政统计

1987年，开平区仅有民政事业发展情况1项统计内容。1993年，为机动车拥有量、乡村通公路情况、民政工作基本情况3项。2008年，增加为交通运输工具、乡村通公路情况、民政事业费支出情况、社会优抚情况、社会救济情况等5项。

第二节　普查调查

一、普查

（一）农业普查

1987年后，开平区进行了两次农业普查。1997年1月第一次农业普查，2007年第二次农业普查。两次普查对象分别为1996年和2006年全区范围内各种类型的农业生产经营单位、农村住户、乡镇企业、行政村和乡镇38个普查项目。其中第二次普查包括6方面内容：从事第一产业活动单位和农户的生产经营情况、乡镇（含村委会）及社区环境、农业土地利用、农业和农村固定资产投资、农村劳动力就业及流动情况、农民生活质量。普查结果：1996年，开平区农村住户48366户，158443人，从事农业人员35573人，从事非农业人员32203，作物耕地面积10.49万亩，渔业养殖面积2221.5亩、大牲畜年末存栏7991头（匹）、个体工商户12790户，乡镇集贸市场6个。

（二）工业普查

1996年1月1日零时，开平区进行第三次全国工业普查。普查对象为全部工业企业，重点是国有工业、乡镇工业和“三资”工业。普查资料的调查年度，除财务状况调查1994年和1995年两个年度的资料外，其余均为1995年资料。普查结果：全区企业单位850个，总产值356538万元，企业自有资本71770万元，本年度税金总额11527万元，从业人员年末人数47820人。

（三）人口普查

1987年后，开平区开展了第四次、第五次全国人口普查。第四次人口普查时间为1990年7月1日零时。普查内容为户数、人口数和性别比，农业和非农业户口数、行业和职业人口数、婚姻家庭状况、出生和死亡人数、各民族人口数等。普查范围为全区12个乡镇、1个街道、214个村民委员会、45个居民委员会。其中有11个村民委员会分别按户口管理和地理位置划归路南区、路北区普查，这11个村共计人口13949人。普查结果：全区总人口为307685人。第五次人口普查于2000年11月1日零进行。普查结果，全区总人口为266378人。

（四）第三产业普查

1993年，开平区实施首次第三产业普查。普查范围为全区1991年和1992年度所有从事第三产业的单位。普查结果：1992年，开平区共有第三产业单位7657个（其中国有经济520个、集体经济564个、私营经济2个、个体经济6474个），从业人员32445人。

（五）经济普查

2004年和2008年，开平区进行两次经济普查。普查对象为开平区境内从事第二产业、第三产业的全部法人单位、产业活动单位和个体经营户。普查采用全面调查方法，对个体经营户生产经营情况采用抽样调查方法，普查内容包括单位基本属性、就业人员、财务状况、生产经营状况、生产能力、能源消耗等。普查结果：2004年全区法人单位1011个、产业活动单位1196个。

二、调查

（一）小康建设指标调查

1994年，省政府把开平区列为首批实现小康的县（区），根据小康验收的17项指标，本着分步实施，分批实现的原则，推进全区小康建设。1994年9月16日，召开全区首批小康村命名表彰大会，并为小康村颁发铜匾。1995年，开平区小康建设工作通过省综合验收，在小康建设工作中，区统计局承担了农民人均纯收入和城镇居民人均收入的监测工作。1995年，全区农民人均纯收入2459元，城镇居民人均收入3820元。

（二）第三产业清查

2003年8月31日，开平区开展第三产业清查工作。这次清查对全区服务业范围内的15个门类、47个大类、339个小类企业进行“地毯式”调查。调查采用“条块结合，以块为主”的方式，对邮政、电信、银行、证券等行政上垂直管理、财务上统一核算、地域上不宜分割的行业和部门，实行按条清查登记，由其主管部门按全区统一方案对业主进行清查。同时，还按行业大类、分城乡选取一定数量的法人单位及个体户，以直接入户、座谈交流等形式进行重点调查。清查结果：全区第三产业法人单位1183个、个体工商户647户，从业人员23088人，其中个体工商户从业人员5812人。

第五章　国土资源管理

1986年，成立开平区土地管理局，1995年，变更为唐山市土地管理局开平分局。1996年，成立开平区矿产开发管理局，后改建为开平区地质矿产局。2002年2月，两局合并为唐山市国土资源局开平区分局。设有办公室、用地科、地政地籍科、矿管科、技术站、执法监察科和6个基层国土资源所。唐山市国土资源局开平区分局隶属唐山市国土资源局，接受唐山市国土资源局和开平区人民政府的双重领导。1989年，开平区被授予唐山市土地复垦先进单位。2002年、2003年，区国土资源分局被河北省国土资源厅授予“矿产资源储量统计工作先进单位”；2002年、2003年、2004年，被河北省国土资源厅命名为“行风建设先进单位”。

1986－1988年，开平区完成全区国家建设、乡镇企事业建设和农村宅基地三项非农业占地清理发证工作。1988年6月，制订发布《开平区人民政府关于贯彻执行＜土地管理法＞和＜河北省土地管理条例＞的暂行规定》。1990年，对村（镇）居民建房用地审批权限和办法进行放权和改革，并查清土地资源和利用现状。1993年，完成宅基地复核。1995年后，为新城建设和老城改造提供用地保障。1996年，矿产资源管理逐步规范。1999年，制订土地利用总体规划和采矿权有偿使用等制度。变无偿、无限期、无流动为有偿、有限期、有流动的国土资源使用制度。2002年后，开展地质灾害防治，逐步对矿产资源开采利用进行整合、整顿和依法严格管理。2003年，完成宅基地使用换证。

第一节　土地规划

一、总体规划

1988年9月30日，开平区制订用地规划：1989－2000年国家建设用地30000亩、乡镇企业建设用地6300亩、居民个人建房用地4260亩，开发土地3799.5亩。1997年10月，进行第二次土地利用总体规划编制。规划到2000年，耕地总量158535亩，园地、林地、居民点工矿用地、交通用地、水域、未利用土地分别为6575亩、12685.95亩、92535亩、26392.5亩、39795亩、35830.5亩。到2010年耕地总量为155287.5亩，园地、林地、居民点工矿用地、交通用地、水域、未利用地面积分别为6375亩、15150亩、99360亩、26452.5亩、39637.5亩、31302亩。

二、非农用地规划

规划到2010年，全区非农建设用地总量为13916.25亩。其中1997－2000年建设用地总量6926.25亩，2001－2010年建设用地总量6990亩。

三、土地整理复垦规划

规划1997－2010年，土地整理净增耕地150亩，规划期内土地开发新增耕地105亩，土地复垦新增耕地750亩，荒山荒地造林新增林地3855亩。规划期间减少耕地7995亩，其中，建设占用6195亩。

四、基本农田保护规划及变化

1991年9月，根据省、市政府有关文件精神，划定基本农田保护区，至是年11月底，建立保护区528块，203838.6亩，占全区可保护面积的73.52%；竖立保护地标志牌50块，制订了具体保护措施。1997年，将基本农田保护面积调整到139432.95亩，保护率86.4%，划定保护区318个，设永久性保护标志50个。2004年，进一步完善基本农田图表卡和保护责任制，投资7万元补建农田标志牌21块，重新补划10宗、3553.95亩为基本农田。

五、城市建设用地规划

据《唐山市城市总体规划（1994－2010）》，开平区城市建设用地，1993年9495亩，90.4平方米/人；2000年10500亩，87.5平方米/人；2005年12189亩，90.3平方米/人。

第二节　建设用地管理

一、审批管理

依据《国家土地管理法》和《河北省土地管理条例》，开平区履行征用土地程序，办理呈报手续。

1988年1月，国家、乡镇企业征用土地程序为申请选址、拟定征地费用包干方案、核定用地面积、划拨土地、复核、发证。1988年6月，建设用地申请单位不再直接与被征地单位签订协议，改由土地管理部门与被征地单位共同勘测土地，清点地上附着物后签订协议，办理补偿、安置等有关事项。1989年，对审批的土地利用状况采取跟踪管理，控制改变批示用途或超占，竣工验收后颁发“土地使用证”。1994年，审批采取“重点建设用地上门办，乡镇企业用地现场办，特别项目特别办”；规定“两不制度”，即凡项目落实、手续齐全，审批权限在市内的，批地不过周，权限在省内的，批地不过月。1998年6月，分受理、审查、会审、报批四个步骤。审查的主要内容是，建设占地是否符合土地利用总体规划、土地利用年度计划、用地定额、农用地转用方案、补充耕地方案。1998年8月，强调乡镇企业立项前，无环保部门批准的不予办理用地手续。1999年9月，明确建设用地审查报批所需资料：土地管理部门出具的建设项目预审意见书、区土地管理部门对项目用地审查意见卡片、农用地转用指标文件、建设项目可行性报告批复、固定资产年度投资计划、项目初步建设的批复文件、建设项目平面布置图、经批准的区土地利用总体规划图和项目所处地分幅土地利用现状图，占用基本农田的还应提供乡级土地利用总体规划图、占用基本农田的说明及计划方案材料、勘界定界图和技术报告、征地协议书、其他有关部门意见。2002年4月，进一步明确国家建设使用农民集体所有的农用地，须按规定办理农用地转用、征用审批手续。国家建设使用国有农用地只办理农用地转用手续，使用未利用地只办理土地征用手续；农用地转用征用审批必须符合土地利用总体规划和农用地转用计划；乡镇企事业单位使用农民集体土地可办理占地手续；集体土地要办理转用手续，使用建设用地和未利用地按审批权限审批。

1987 年后，区人民政府每年下达农村居民建房占地计划指标，并把指标分解到各乡镇村。农村居民建房占地指标一般控制在农民总户数的百分之二左右，审批程序实行“三公开一监督”，即建房指标公开、上报及批准后的建房户公开，实行群众监督。1989 年起，每处宅基地向乡镇人民政府交保证金 500 元，建房户房屋落成后，区土地管理部门按准建证上批准的占地性质、占地面积、院落四至等情况进行检查，验收合格后，返还保证金，发给宅基地使用证。宅基地用地标准：人均耕地 1 亩以下的，控制在 2 分以内；1 亩以上的，控制在 2.5 分以内；山坡建房可控制在 3 分以内。

农村村民符合下列条件之一的可以申请宅基地：因子女结婚等原因确需分产，缺少宅基地的；家庭人口超过本村平均人口 1 倍以上的；外来人口落户，成为本集体、经济组织成员，没有宅基地的；回乡落户的离休、退休、退职、退伍的干部、职工、军人无房者；回乡定居的华侨、港澳台同胞。

1994 – 2008 年开平区建设用地情况表

表 14 – 10　　　　单位：亩

年度	国家建设用地				乡镇建设用地		农村宅基地	
	出让		划拨		宗数	面积	宗数	面积
	宗数	面积	宗数	面积				
1987	–	–	58	2620	24	123	969	242
1988	–	–	39	1542	29	174.8	1258	315
1989	–	–	29	1416	24	67.8	932	232.5
1990	–	–	33	879	21	94.5	773	193.5
1991	–	–	39	10605	45	228	746	186
1992	19	334.5	48	1687.5	56	426	728	180
1993	10	286.5	14	334	76	582	643	160.5
1994	14	201	12	528	101	385.5	758	189
1995	7	39	3	366	87	519	859	214.5
1996	7	28.5	26	787.5	90	520.5	–	–
1997	38	412.5	17	631.5	9	288	–	–
1998	36	567	29	3193.2	8	87	36	9
1999	7	385.5	3	16.5	–	–	352	88.5
2000	10	58.5	1	888	3	15.2	487	121.5
2001	7	675	1	9.9	9	144	630	157.5
2002	24	1137	29	3537	18	106.5	38	9.6
2003	5	601.05	7	327	5	45	698	174
2004	103	2001	13	1096.5	17	256.5	1011	253.5
2005	192	2130	16	421.5	33	679.5	210	52.5
2006	130	1536	1	82.5	16	547.5	210	52.5
2007	9	1704	–	–	5	277.5	594	2227.5
2008	20	1338	–	–	7	168	–	–

二、补偿安置

对于国家建设、乡镇企事业用地，需征用农村集体土地的，对被征地集体和村民按照国家规定予以补偿安置。1986 年，征用土地补偿费为该耕地年产值的 7 倍；征用果园、苇塘、藕塘为该土地的 6 倍；征用鱼塘（池）除补偿工本费外，另按一般土地年产值的 2 至 3 倍补偿；征用林地，除补偿树木损失外，按一般土地年产值的 3 倍补偿；征用有效益的非耕地，按一般土地年产值的 20% -30% 以下给予补偿。2008 年 12 月，制订征地区片价标准。开平区平均区片价 68794 元/亩。

1986 年，安置补助费标准为征用人均耕地 0.3 亩以下的村庄，城镇按前 3 年平均亩产值的 14 倍，农村 10 倍；加上土地补偿费，城镇不超过 20 倍，农村不超过 15 倍。征用平原地区人均耕地 0.3 -0.5 亩，山区人均耕地 0.3 -1 亩，城镇最高不超过 10 倍，农村最高不超过 7 倍；加上土地补偿费，城镇不超过 16 倍，农村不超过 12 倍。征用平原地区人均耕地 0.5 -1 亩、山区人均耕地 1 -1.5 亩，城镇不超过 12 倍，农村不超过 9 倍。2001 年 3 月，明确征用耕地的安置补助费为该耕地被征用前 3 年平均年产值的 4 -6 倍；征用耕地以外的其他农用地和建设用地的安置补助费，为该地所在乡（镇）耕地前 3 年平均年产值的 4 -6 倍，征用未利用地的不支付安置补助费。对建设征用土地较多，把无地或少地的村民由农业户口转为非农业户口，由政府按城镇居民口粮标准按月供应。1988 -1997 年，开平区先后有前泉河头村、李家峪村、栗园村、马各庄村、尤各庄村、上村、郝庄村、小佛头村、前屈庄村、唐家庄村、双桥村、孙庄村、徐庄子村、马路村、富庄村、奔各庄村、郑庄村、税西村、税中村等农转非。位于开平区的陡河水库，先后移民村庄 12 个。限于当时的经济条件，补偿标准偏低，此后国家多次救助，发放周转金扶持生产。1983 年始，陡河水库管理处从水费中拨出 324.5 万元上缴市财政，作为移民村发展生产周转金使用。另外，水库帮助移民村修路 24.5 公里，建生产用桥 3 座，造渡船 2 艘，修建房屋校舍 395 间。2006 年 8 月 22 日，明确被征地时享有第二轮土地承包权，征地后人均农业用地人均不足 0.5 亩的村纳入参保对象。参保对象自愿参加养老保险，筹资比例为个人缴纳 30%，集体补助 40%，国家承担 30%。享受养老待遇的条件和标准为男满 60 周岁、女满 55 周岁，按规定缴足养老保险费的被征地农民，从次日起按日享受。养老保险费支付标准，按照唐山市城镇居民最低生活保障标准调整。

三、土地清查

1986 年 11 月，开平区以梁家屯乡为试点，开展清理非农业用地确权发放土地使用证工作。12 月 22 日，根据梁家屯乡试点经验在全区开展。1988 年 5 月，完成清理非农业用地工作。全区共有国家、乡镇村企事业单位 1628 个，占地面积 6829.8 亩。其中 1560 个单位发证，占地面积 5707.9 亩，分别占发证总数和占地面积的 95.82% 和 74.36%。对全区 83542 户宅基地进行清理，占地 29214 亩，颁发宅基地使用证 43200 个，发证面积 15707.5 亩，分别占应发证总数和占地面积总数的 51.6% 和 51.7%。1997 年 6 月 28 日，根据省、市《关于全面开展非农业建设用地清查工作的通知》精神，开平分局制订清查方案，成立清查领导小组，分 6 组分片包乡。查清 1991 年 1 月 1 日至 1996 年 12 月 31 日间各类非农业建设用地 5454 宗，总面积 10561.5 亩。其中未批用地 888 宗，面积 2274 亩，其中耕地 1156.5 亩。同时开展“空心村”清理工作，清除村内空闲地 652 宗，471 亩。改革开放后，富裕起来的农民兴起建房热，个别村镇用地管理有所失控。2001 年 4 月，开平区政府组织国土、公安、法院、规划等部门，开展农村宅基地大清查。历经 3 个月，清理丈量农村宅基地 53061 户，其中未批、骗批 271 户，擅自转让 2719 户，超占 13167 处，违规率达 30.4%，依法依规全部得到处理。

四、土地使用制度改革

1990 年以前，城镇建设用地使用国有土地由政府划拨。城镇建设及乡镇企事业单位使用集体土地，按审批程序、审批权限逐级办理。长期以来，国有土地实行行政划拨，土地资源处于一种无偿、无限期、无流动的使用状态。1990年，建设用地通过招标、拍卖、挂牌的形式，公开、公正、公平竞价，办理出让手续，取得土地使用权。在使用期限内可依法转让、出租、抵押、赠予和继承，逐步形成土地有偿、有限期、有流动的使用制度。2006年前，建设单位符合有关政策，可以划拨用地。一般是征收集体土地，遂以此无偿划拨给用地单位。地价60元/平方米左右，工业用地出让均按开平区地价最高额195元/平方米。2007年以后按招拍挂形式供地，商业用地出让价最高额495元/平方米。

1992－2008年开平区经营性建设用地拍卖情况表

表14－11　　单位：平方米、万元

序号	土地使用单位、个人名称	面积	金额
1	住友建机（唐山）有限公司	139959.76	5416.44
2	住友重机械（唐山）有限公司	99971.39	3868.89
3	河北妇兴房地产开发有限公司	39773.09	7755.75
4	河北妇兴房地产开发有限公司	36784.59	7717
5	河北妇兴房地产开发有限公司	75239.77	14671.76
6	唐山建兴房地产开发有限公司	47653.93	3574.04
7	唐山市开平区成盛机械加工厂	1522.74	59.4
8	唐山市开平区圣方铁选场	720.06	28.08
9	唐山市民悦房地产开发有限公司	15702.5	588.83
10	唐山市河北路海龙酒楼	264	13.07
11	唐山市开平区房产管理局	1892.07	93.66
12	唐山市新野房地产开发有限公司	8506.18	633.48
13	唐山市华北房地产开发有限公司	2423.1	152.66
14	张建平	798.46	59.88
15	唐山万达汽贸有限公司	42570	2362.64
16	庞大汽贸集团股份有限公司	76553.41	4248.71
17	唐山市民悦房地产开发有限公司	4737.67	227.41
18	唐山市东旭房地产开发有限公司	8058.8	604.41
19	唐山市南北房地产开发有限公司	32297.78	1065.83
20	周继然	940.02	50.76
21	唐山市民悦房地产开发有限公司	1519.86	31.91
22	唐山市民悦房地产开发有限公司	2465.4	55.47

第三节　地籍管理

一、土地调查

根据国务院和省政府有关文件，1990年6月20日，区政府就开展土地利用现状详查进行部署。招聘21名开平区农技中学应届毕业生组成详查队，经过培训和傅家屯乡试点试查，转入外业调绘。至1992年3月，结束土地利用现状调查工作，并通过省、市联合检查验收和成果鉴定。这次调查结果：开平区土地总面积373564.5亩；调查结果与开平区统计数土地总面积378000亩相比，减少4435.5亩，减少1.17%。1988－1990年，随着土地详查，对城镇居民点以外各类土地，按权属分类调查。国有土地面积86789.25亩，占辖区面积的23.23%；集体土地面积286774.5亩，占辖区面积的76.77%。1996年末，开平区完成城镇地籍调查，城镇土地面积110993.67亩。

2007年8月，按照国家、省、市查清土地利用现状分类、权属、基本农田的数量和分布，建立互联共享的国家、省、市、县4级集影像、图形、地类、面积、权属为一体的土地调查数据库，建立土地资源变化信息调查统计及监测与快速更新机制的部署，开平区开展了第二次土地调查工作。调查结果：截至2009年10月31日，开平区土地总面积373171.5亩。农用地197445亩，占土地总面积的52.91%。其中，耕地143966.7亩，占土地总面积的38.58%；园地5643.9亩，占土地总面积的1.51%；林地27209.55亩，占土地总面积的7.29%；其他农用地20625亩，占土地总面积的5.53%；建设用地159615亩，占土地总面积的42.77%。其中，城镇建设用地22502.25亩，占土地总面积的6.03%；农村居民点81985.8亩，占土地总面积的21.97%；采矿用地18154.8亩，占土地总面积的4.87%；交通水利用地35327.4亩，占土地总面积的9.47%；其他建设用地1645.5亩，占土地总面积的0.44%。其他土地16111亩，占土地总面积的4.31%。

二、土地登记

1987年后，开平区按照市土地管理部门《关于清理农村宅基地发放使用证的规定》《关于非农业用地清理发证工作有关问题的通知》和《关于核发土地使用证的通知》精神，先后开展清理丈量、审查处理、确权发证工作。经审查确认对国家建设单位依法征用的土地发给国有土地使用证，乡镇村企事业单位依法使用集体土地的发给集体土地使用证，农村宅基地发给宅基地使用证。1988年11月，开始城镇国有土地使用权申报登记工作。区政府成立领导小组，下设办公室。1990年1月，开平区开始使用由国家土地管理局统一监制的新“国有土地使用证”“集体土地使用证”和“集体土地所有证”，使土地登记工作更加规范。2001年，根据国土资源部要求，开平区全部农民集体所有土地，都列入土地登记调查范围。2004年末，农村集体所有土地登记发证工作结束。

1987－2008年开平区土地登记发证统计表

表14－12　　单位：宗

年度	国有土地（划拨、出让）	集体土地	农村宅基地
1987	58	668	1165
1988	39	290	1514
1989	29	177	40883

续表 14 - 12

年度	国有土地（划拨、出让）	集体土地	农村宅基地
1990	33	19	1604
1991	41	13	1164
1992	68	10	1530
1993	28	1	8573
1994	46	9	3068
1995	22	16	2474
1996	43	8	111
1997	73	4	500
1998	128	4	1469
1999	106	5	94
2000	324	1	134
2001	333	9	52
2002	422	19	56428
2003	580	17	48675
2004	2318	14	129
2005	1349	2	391
2006	695	0	690
2007	1204	18	840
2008	1080	19	1179

1996 年，开平区结合地籍调查，核实占地面积，审核土地使用情况，开展换发新证的土地登记。1999 年，开展国有土地使用证书年检，年检内容包括土地权属、土地用途、界址、面积，及土地使用权转让、出租、抵押等流转变更情况。区政府下发年检公告，制订实施方案，截至是年 12 月，年检证书 1126 宗，年检率 100%。

三、开发复垦

1987 年，在全区落实荒废土地开发利用优惠政策，明确用于种植业的，3 年免缴农业税和各种提留，优先安排使用开发基金。在规定的使用期内，使用权可以继承和转让，使用期满后可以优先续订合同。在荒废土地上栽植果树的，结果后 5 年免交果树特产税。1998 年后，荒废土地开发复垦工作，变计划管理为土地开发复垦工程立项管理。依据项目大小分级审批，土地开发复垦资金由财政部门补贴制改全额拨款制。1999 年，按照“占多少，垦多少”的原则，实行耕地动态平衡管理。凡是符合土地利用总体规划，可开发复垦成耕地的未利用土地资源和可增加耕地面积的项目，无论大小都列入储备库管理。2006 年，开始土地开发置换复垦立项。1987 - 2008 年，全区开发复垦土地 9851.6 亩。

附录

二十二冶基地旧址复垦

在开平区251平方公里的版图上，134公顷的二十二冶基地旧址，也许只是芥豆之微，但遍地的瓦砾废墟，大量废弃的厂房、民居，犹如癣疥疤痕，不仅是土地资源的极大浪费，也成了城乡形象建设的一处痼疾。

二十二冶基地旧址，位于栗园镇境内，南距开平城区约10公里。共占有国有土地65公顷，村集体耕地69公顷。

30年前，这里曾演绎了一场特殊的移民与迁徙。1976年，肩负着重建新唐山的历史使命，中国第二十二冶金建筑公司数万名职工，由塞外钢城包头市，举家迁移到伤痕累累、百废待兴的冀东大地，定居在唐山市东郊的开平区。一时间，昔日的沃野良田，变成了街巷交错纵横，房屋鳞次栉比的市井。如果不是受荆各庄矿采煤波及，也许他们会永久扎根在这里。然而，迫于地表沉降，二十二冶基地不得不于1997年至2001年，依依告别了这片生活了20多年的热土，陆续迁移到了位于丰润区的新址。

斯人一去不复返，空余瓦砾与废墟。对于人多地少惜土如金的开平区来讲，在搬迁结束后的第二年，就有过在这里开发建设“生态农业园区”的设想。几年间，周边几个村庄的农民，有的利用废弃的房屋兴办了小型企业，有的则清墟开荒植了片片林木……。

时光荏苒，5年弹指一挥。2006年9月，新一届区委组成后两个月，二十二冶基地旧址复垦被提上了重要议事日程。此举得到了省国土资源厅的大力支持，以〔2006〕299号文予以批复。为保证复垦工作的科学实施，开平区聘请煤炭科学研究总院唐山研究院制订了《开平区原二十二冶基地建设用地复垦项目规划设计报告》，工程规划目标为，将项目区内垃圾进行清理深埋，表层覆土，并进行土地平整、土壤改良，重新布置沟渠道路，栽植防护林网，修建排灌设施，使项目变成旱能灌、涝能排的稳产、高产、高效农田。项目计划分为两期施工。

对于这项增加耕地面积、提高耕地质量、增加农民收入，以及对环境影响和宏观社会效应都具有重要意义的民心工程，区委常委会专题进行了研究论证，成立了以区委、区政府及相关部门主要负责人组成的复垦工作领导小组。然而荒废多年的建筑废弃地，由于采煤塌陷，地面坑洼不平，局部竟深达5米，遍地建筑垃圾，兼有部分乡村小企业，复垦难度可想而知。区长办公会对上述工作一一具体安排部署，开会进行调度，并深入现场办公。大规模的土地平整，区内小企业的搬迁，以及大量地表建筑废墟清拆，都需要资金投入。为使复垦工作有充足的资金保障，区财政划拨专项资金，设立专门账户，所需费用由区财政统一支付，并严格执行“先报、后审、再使用”的原则，确保了复垦资金及时足额到位，一期工程累计投放资金近千万元。为达到增加有效耕地面积，确保复垦耕地质量，把项目区土地尽快建设成高产农田，惠及村民百姓。开平区严格按照《规划设计报告》的要求，对项目管理施行工程建设“五项”制度，即项目法人制、招投标制、工程监理制、公告制和合同制。通过采取公开招标方式，好中选优确定复垦工程施工单位，并组织相关技术人员进行技术指导和工程监理，确保复垦土地覆土厚度、排灌、电力、道路设施以及农田防护林等均达到设计标准的要求。自2007年5月1日复垦大军进场施工，40多个日日夜夜，34台挖掘机、装载机和重型运输车，连续作业1.2万个台时，清运建设垃圾20.25万多立方米、开挖土方23.15万立方米，土方回填2.9万立方米、埋设过路涵管6座，完成了1300亩复垦区的清墟换土工作。同时，平整土地64万多平方米，清除复垦区内原有企业数家，并架设输电高压专线300米、低压线路2300米，安装100KV变压器2台，新打机井10眼，安装可移动喷灌设施一套，修整田间道3360米，栽植防护林带4600株。复垦后形成耕地850亩，林道及农田水利用地17亩，完成规划866.7亩的复垦工程。2007年6月14日，通过省级验收。

二十二冶旧址复垦一期工程基本结束了，昔日砖瓦狼藉，形容破败的景象已成为记忆，近千亩散发着泥土芬芳，充满生机与活力的沃野良田呈现在人们面前。它像一张白纸，勤劳智慧的开平人将在这里绘出无限美好画图。

（节选自电视汇报专题片《沧海桑田》——二十二冶基地旧址复垦纪事解说词）

四、土地监察

（一）法规建设

1988年4月16日，唐山市开平区九届人大常委会第八次会议讨论通过《唐山市开平区人民政府关于贯彻执行〈中华人民共和国土地管理法〉和〈河北省土地管理条例〉的暂行规定》，共20条，附《关于清理农村宅基地实施细则》16条。对用地审批、农村宅基地用地标准以及违法用地管地惩处等作了规定。针对落实《暂行规定》中出现的新问题，1989年7月24日，又发布开政字〔1989〕36号文件《唐山市开平区人民政府关于贯彻执行〈中华人民共和国土地管理法〉和〈河北省土地管理条例〉的暂行规定的若干补充规定》，共14条。对统一土地管理，严格国家建设、乡镇村企事业、农宅占地手续，严肃执法等又做了细化规定。1991年9月28日，区政府发布开政字〔1991〕30号《土地案件行政处理程序及对现存土地问题的处理意见》，进一步明确处分权限，对现存土地问题的处理时限、背景等做出具体规定。1992年4月3日，发布开政字〔1992〕4号《唐山市开平区村镇建设管理暂行办法实施细则》，强调村镇总体规划要遵守土地管理法规，符合土地利用总体规划，国家、集体、个人建设用地都必须履行土地行政管理部门审批手续。

（二）监督执法

1988年10月20日，根据区人大常委会和市土地局关于开展执法大检查的决定，开始对1987年1月贯彻实施土地管理法以来的情况进行自查。并通过执法检查，查处违法建房32起。1989年，查处14起违法用地案，罚款2万余元，拆房3处，推倒侵街占道院墙87米。查处傅家屯乡锰钢制品厂违法占地30.4亩，罚款并依法补办手续。查处刘庄村、许鄄子村个别村干部违法占地建房，责令拆除并罚款。1990年，查处违法占地25起，罚款3300元，查处女织寨乡西越河村杨某某超占0、08亩案、果园乡边四村违法占沙坑4亩案。1991年2月，唐山市土地管理系统第一起行政诉讼案由开平区人民法院公开审理。开平区土地管理局局长赵安出庭应诉，区委、区政府有关领导等200多人旁听，法庭维持原判，开平土地管理局胜诉。1994年，局长带队七下半壁店村，查处违规占地17宗，现场补办手续。1996年，查处8座违法占地的砖瓦窑，罚款3.9万元，限期补办占地手续。1997年，查处违法占地197起，依法拆除违法建筑16处，责令违法建设的陡河砖厂停工、拆除并复耕；查处李各庄6户村民违法建房，强制拆除并罚款；责令栗园镇违法占地建住宅楼停工，并予以曝光、罚款、补办手续。首次召开听证会查处越河乡西塔头村村民违法建猪场案。2001年，对全区农村宅基地全面清理，丈量农村宅基地53061户，查清未批先建和骗取批准建房271户、擅自转让2719户，依据政策进行处理。2004年，查处宝业钢铁集团违法占地案，保护耕地177亩。2005年11月29日，市、区联合执法队对郑庄子乡李各庄村刘某违法建铸件厂等5处建筑强制拆除，保护耕地45亩。2007年，土地执法“百日行动”立案查处40件。查清各类违法占地面积1437.076亩，其中耕地1295.216亩、基本农田40.88亩、未利用地100.971亩。依法下达处罚决定书，按法定程序移送法院强制执行。其中18件移交公安机关，给予28件涉案人党纪处分。唐山市公安交通警察支队违法占用集体土地130亩建车辆管理所案，罚款并责令补办手续，并依法给予有关村委会负责人相应处分。2008年，完成第八次卫片执法监察工作，制止违法占地行为68起，立案查处违法案件10起。

（三）纠纷调处

1988－1989年，协调解决几所中学、部分区属企业占地争议，开滦矾土矿与开平六街及粮食局、区政府与开平镇三街等单位的土地权属纠纷。1991 年，在土地资源利用现状调查中，调解村与村土地权属争议 36 处、乡与村土地权属争议 9 处、与邻县区边界争议 73 处。1994 年，调解农村宅基地邻里纠纷 11 起。2001 年，农村宅基地大清查后，解决 281 户邻里占地纠纷。2004 年，协调解决栗园村与陡河电厂、东马各庄村叶某与东邻、东塔头村孙某与东邻纠纷案。2005 年，调解土地纠纷案 8 起，其中，郑庄子乡寨子村张某与于某多年纠纷案得到解决。

第四节 矿产资源管理

开平区采矿业历史悠久，改革开放以后，大批中小矿山企业蜂拥而起。1990 年，开平区成立与煤管局合署的矿管办公室。到 2008 年，有各类矿山企业 81 个、上表矿产地 24 处，其中 19 处已开发利用。

一、矿产资源利用规划

按照市下发的《关于加快县级矿产资源规划编制工作通知》要求，于 2003 年起编制开平区矿产资源整体规划，基准率为 2000 年，目标年为 2010 年。2004 年 5 月，河北省国土资源厅批准实施《唐山市开平区矿产资源总体规划（2001 - 2010）》。规划到 2010 年，实现开平区新上表矿产地 1 处、新设立探矿权 1 处。实现原煤产量 198 万吨、水泥灰岩 31.02 万吨、溶剂灰岩 48.72 万吨，矿山企业 81 个。大中型矿山及国有小型矿的“三率”（开采回采率、选矿回收率、综合利用率）制订率达 100%、乡镇集体矿山达 85% 以上，矿山采选综合回收率提高 2 - 3%。并规划到 2010 年，制订实施开平区“绿色矿山”建设规划，先后落实采煤塌陷地综合治理、煤矸石综合治理、矿井排水综合治理、废弃矿山及废矿渣综合利用等项目，矿山地质环境治理率达 29.5%。

二、矿产资源使用制度改革

2003 年 1 月，停止以行政审批方式授予采矿权，全部通过市场化方式授予采矿权。建立采矿权有偿取得和依法转让、矿产资源有偿开采等制度，探索并制订矿业权市场制度。

新设立的采矿权，由区国土资源主管部门组织地勘单位编制储量核查报告，委托矿业权评估机构对采矿权进行评估，通过招标、拍卖、挂牌形式出让采矿权，交纳采矿权出让金后，办理采矿登记手续。原通过行政审批方式授予的采矿权，在采矿许可证到期后，原采矿权人放弃采矿权受让资格的，通过招标、拍卖、挂牌形式出让采矿权。采矿权出让过程中，经过评估确认的采矿权价款，由唐山市国土资源局统一征收。通过招标、拍卖、挂牌方式出让的采矿权出让金，超出采矿权价款的部分，由区国土资源主管部门收取。开平国土资源分局做好采矿权的筛选储备工作，编制采矿权出让计划，建立矿业权储备库。对新设立的采矿权全部通过招标、拍卖、挂牌的方式出让，逐步形成完善的有形市场，规范矿业权市场的运作机制，强化对非法转让采矿权的打击力度，规范采矿权二级市场。2003 - 2008 年，办理出让和协议出让采矿权 40 家，办理转让手续 10 家，办理延续手续 7 家。

三、矿产企业整合

根据 2005 年市下发《关于整合矿产资源调整矿山布局的实施意见》，2006 年，编制《开平区煤炭资源整合及采矿权设置方案》。当年有煤矿企业 43 家，按照国家产业政策有关要求，经关闭整合后为 29 家，其中年生产能力 6 万吨以上煤矿 13 家，年生产能力 3 万 - 6 万吨煤矿 16 家。同时依据《开平区矿产资源总体规划》，按照“禁采区内关停、限采区内收缩、开采区内集聚”的原则，编制《开平区非煤采矿权设置方案》。开平区时有非煤矿山 58 家，其中采石场 47 家、矾土矿 11 家。本次整合涉及 35 家非煤矿山，其中采石场29家、矾土矿6家。经整合后形成矿山企业17家，其中采石场14家、矾土矿3家。

四、“绿色矿山”建设

2003年6月，制订开平区“绿色矿山”建设实施预案。将全区矿山企业按矿种及地域特点划分为14个采区。其中非金属矿采区为：双桥乡大马家峪灰岩采区、双桥乡张庄村灰岩采区、双桥乡双桥村灰岩采区、双桥乡双桥村耐火黏土采区、洼里乡鼓楼庄耐火黏土采区、开平镇赵庄村耐火黏土采区、开平镇国各庄耐火黏土采区、开平镇后屯灰岩采区。煤矿采区为：双桥乡巍山采区、洼里乡杨庄采区、洼里乡鼓楼庄采区、开平镇马家沟采区、开平镇国各庄采区、开平镇屈庄采区。一区一证。在2－4年内使开平区矿山点数由105个逐步减少到50个。矿山生产规模提升到6－10万吨/年。申办矿山企业的单位，必须首先提交环保部门的环境影响评估报告，制订“绿色矿山”建设规划，建立缴纳复垦保障金和矿山环境考评制度。利用年检对“绿色矿山”建设进行监督指导。执行“绿色矿山”建设考评制度，对建设和落实情况适时监督和表彰。

五、矿产利用监督执法

1996年，针对煤矿、小矾土矿、采石场等生产秩序混乱，超层越界产权纠纷不断，破坏污染土地严重，事故苗头频繁等问题，采取严格措施，坚持对矿产资源生产秩序进行治理整顿。全区划为两大片，实行定片区、定人员、定责任，落实周查旬处制度。根据日常巡查情况，对现场不能解决的问题，适时组织国土、公安、检察院、法院联合执法行动。当年炸毁违法采煤矿井18个，推倒违法采石、烧灰企业生产用房18间。1998年，开平区根据各乡镇煤矿资源核查的实际结果，制订本区乡镇煤矿联合改造方案，使乡镇煤矿达到“四无”标准，即无无证开采煤矿、无不具备规模的煤矿、无超层越界开采现象，无不具备安全生产条件仍继续生产的煤矿。是年，唐山市矿业整顿暨乡镇煤矿续证工作现场会在开平召开，会上向开平区前进煤矿颁发了续证工作以来的第一个采矿许可证。1997－2002年，炸毁违法采煤矿井5个，推倒其他违法矿山企业生产用房23间。2003年8月，集中力量对双桥、开平和洼里3个乡镇出现回潮的18眼无证矾土井进行彻底推填，拆除房屋5间，没收非法开采工具25件。并及时与矿山企业签订《联合打击非法采矿协议书》，规定双方权利和责任。2004年11月7日，与开滦矿务局马家沟煤矿联合行动，突击炸毁马家沟煤矿北墙外非法小煤井9眼，封填无证矾土井5眼，收缴开采工具6件。同时，为遏制超层越界开采行为，落实“一矿一档、井下挂牌警示制度和每年两次井下实测制度”。2005年1月，区国土分局、公安局、检察院、法院、经贸局、广播电视局、马家沟矿、开平镇政府、双桥乡矿业公司等9个单位组成联合执法队，利用6天时间推填炸毁无证矾土矿井37眼，拆除违法建筑房屋20间。是年11月11日，分局执法人员在例行井下实际测量检查中，发现3家矿山企业擅自启封密闭墙和警示牌，实施越界开采。当即依法处理，罚款4万元，并责令限期改正。是年12月7日，刘官屯煤矿发生瓦斯爆炸。12月19日，河北省人民政府对12.7特大事故在全省通报批评。2006年，暂扣唐山马家沟矿业有限公司赵庄煤矿、印子沟煤矿采矿许可证，彻底关闭印西煤矿、恒通煤矿、唐庄煤矿、恒通三矿。对采矿证到期的开平煤矿、赵庄一矿、赵庄二矿、永强煤矿、国庆煤矿、晨晖煤矿、宏兴煤矿、东窑煤矿、付兴煤矿、刘庄煤矿、屈庄煤矿等16家煤矿加强监管，严防擅自恢复生产。2007年，查封非法采石企业生产设备34件（套），推倒违法生产用房20间，罚款8家。

第六章　工商行政管理

1987年，开平区工商行政管理局内设办公室、财务股、企业管理股、经济合同管理股、商标广告管理股、市场管理股、个体管理股7个科室，下设开平、女织寨、果园、双桥、郑庄子、马家沟、洼里、岔道、栗园、缸窑、傅家屯、越河13个工商所。1993年5月，开平区物价局合并到区工商局、增设物价股和物价检查所。1994年6月，工商行政管理系统划归省垂直管辖，改称唐山市工商行政管理局开平分局，物价股和物价管理所划出。2008年1月，开平区工商行政管理分局复称唐山市开平区工商行政管理局，内设办公室、综合执法科、财务装备科、法制科、监察室、消费者权益保护科、注册登记科、市场合同科8个科室，下设开平、栗园、洼里、郑庄子、越河5个工商分局。

第一节　企业登记管理与个体私营经济管理

一、企业登记管理

1986年底，全区共注册登记国有、集体工商企业1375户，分支机构516个。其中全民企业118户，分支机构227个；集体企业1221户，分支机构284个；合营及其他企业36户，分支机构57个。共有从业人员近9.87万人。

1988年下半年，《中华人民共和国企业法人登记管理条例》和《中华人民共和国企业法人登记管理条例施行细则》相继颁布。1989年开始，开平区按两个法规要求，对管境工商企业进行重新登记和换发营业执照。到1990年底，共发放3007个“企业法人营业执照”和《营业执照》。同时，结合企业重新登记和换证，深入开展清理整顿公司工作，在原有69个公司中，撤销28家不具备条件的公司，对符合条件的41家公司予以保留。1992年，随着由计划经济体制向市场经济体制转轨，要求进一步放宽企业登记。是年，全区有2767个企业重新登记，扩大经营范围和经营方式。1993年，因区划变动，管境内企业相应减少650家。1994年，是开平区个体私营经济发展最好的一年，个体工商户比上年增长10%以上，达到19438户，其中私营企业311户。

“八五”末和“九五”期间，随着产权制度改革力度的加大，开平区个体、私营经济得到快速发展。到2000年底，全区基本形成股份制、联营、个体和私营企业为主体的市场经济体系。全区登记注册的企业1378家，其中集团公司4家：河北唐山半壁店钢铁（集团）公司、滦河实业（集团）有限公司、宝新金属制品（集团）有限公司、宝业实业（集团）有限公司。这些公司的固定资产都在亿元到9亿元之间。2005年，全区登记注册企业856家。2006年，全面提升市场监管水平，推行“四位一体”的工作方法，提出“服务方式零距离，服务流程零障碍，服务质量零瑕疵，服务标准零投诉。”企业登记管理工作，由过去坐等上门登记，改变为重点项目提前介入，跟踪服务。为日本住友集团落户开平，主动与省、市工商局进行多方协调，帮助企业取得营业执照。2008年6月，执法中发现，坐落于越河镇境内开业不久的东方汽配城20来户外地入驻开平的企业，未能及时办理营业执照，区工商局现场办公，逐户完善手续，为他们补办营业执照。2008年9月1日起，实行企业注册不收成本费和市场管理费后，仅4个月时间即注册登记40户企业，比2007年同期增长42%。注册资金1.77亿元，增长389.8%。到2008年11月底，开平区工商局辖区共有国有企业32户、集体所有制企业230户、联营企业26户、私营企业

1222 户，其中个人独资企业 492 户、合伙企业 94 户、有限公司 631 户。有个体工商户 4093 户。

1987－2008 年开平区国有集体企业统计表

表 14－13　　　　单位：户、万元

年度	合计		国有企业		集体企业		联营企业	
	户数	注册资金	户数	注册资金	户数	注册资金	户数	注册资金
1987	1645	72236	128	12325	1496	59301	21	610
1988	2579	46929	231	8659	2325	37700	23	570
1989	2702	46051	216	6195	2449	38883	37	973
1990	1842	43304	219	4596	1615	37713	8	995
1991	2226	54893	246	5741	1961	47297	19	1855
1992	2767	70515	275	6192	2463	62127	29	2196
1993	2113	72798	236	7793	1850	63178	27	2145
1994	2141	94080	257	10652	1862	81659	22	1769
1995	2048	114219	256	13452	1770	99157	22	1410
1996	1812	114703	236	14129	1556	99045	20	1529
1997	1660	116444	227	15955	1414	98206	18	2211
1998	1285	102798	203	18972	1067	86799	15	2028
1999	1225	99468	197	11514	1013	75928	14	2016
2000	942	71350	155	9414	780	60071	3	989
2001	735	56226	96	6958	631	47398	3	989
2002	499	42377	70	5507	401	36331	2	158
2003	449	39557	61	4536	380	34482	2	158
2004	390	35421	57	4522	325	30360	5	381
2005	356	34415	44	4467	307	29262	4	376
2006	333	33989	39	5157	289	28416	5	416
2007	324	40146	38	5154	259	26976	27	8016
2008	288	36616	32	4404	230	24158	26	8016

二、个体私营经济管理

1986 年年底，全区共登记个体工商企业 9388 户，从业 1.79 万人。1989 年，根据中共中央《关于进一步治理整顿和深化改革的决定》精神，开展个体工商业和私营企业整顿工作。经过整顿，是年底全区工商户 9776 户，1990 年减少到 7819 户。1991 年，随着坚持多种经济成分、多种经营方式和多条经营渠道并存的经济发展方针，对个体工商业和私营企业放开经营，放手发展，到 1992 年底，个体工商业包括私营企业恢复发展到 9440 户。1993 年，唐山市区划变动，个体工商户减少 40%。到 2008 年底，全区个体工商户申请、登记、注册、发照 4204 户，从业人员 1.03 万人，注册资金 1.51 亿元。

1988 年 6 月，国务院发布《私营企业暂行条例》，是年起，开平区工商局在对企业登记管理中分列出私营企业登记管理。到1992年底，管境内共登记注册73户，从业1372人。1993年，开平区设立"民营企业管理委员会"，下设办公室，专门协调私营企业发展。此后开平区境内私营企业数量迅猛增长，涉猎的行业门类大幅度扩充。从1994年开始，开平区以产权制度改革为突破口，鼓励个体私营经济参与国有、集体企业改制，促进个体私营经济的发展。1998年，区委、区政府下发《关于大力推进企业产权制度改革的补充决定》，个体私营经济买断、参股国有集体企业产权制度改革。到2000年底，管境内地方国有企业及大部集体企业基本完成改制，大型企业集团应运而生。到2005年，开平区共有登记注册的私营企业835家，从业6880人，注册资金1.74亿元。2007年后，从优化发展环境出发，继续推进企业注册登记绿色通道建设，简化审批手续，为私营企业发展打造良好的软环境和"小气候"。到2008年底，全区私营企业达到1239家，从业人员达到3.03万人，注册资金47.36亿元。企业数、从业人员、注册资金分别是1993年区划变动后的11倍、15倍和40倍。

第二节　市场监督与经济合同管理

一、市场监督管理

1987年后，开平区的市场，从初期单一的集市贸易，逐步发展到集贸市场、农贸市场、专业批发市场等，由仅买卖农副产品、生产资料，到交易钢材、汽车、煤炭、建材等生产原材料，并由有形市场发展到无形市场。

1994年以前，开平区工商局管辖范围内的各类市场，除工商局开办的外，其他企业、事业单位、社会团体、乡镇、村申请办市场，基本都是以同工商行政管理部门签订章程式协议的形式获准开办，并没有依法予以登记发证。为了提高商品市场正规化、规范化管理水平，维护公平交易秩序，促进市场繁荣发展，区工商部门按照国家工商行政管理总局下发的《集贸市场管理规范（试行）》，统一规划、合理布局、多家兴办、工商行政管理机关统一监督管理，开办市场必须进行依法登记，持"市场登记证"（后称"市场开办许可证"）开业。1997年6月，《河北省商品市场监督管理条例》（修订稿）实行，对商品市场的开办、合并、分立、迁移、关闭、撤销或变更市场登记事项，工商部门要求提前30日分别申请市场登记、变更登记或者注销登记。1997年后，除作好市场登记管理和市场准入外，工商部门还加强对市场经营秩序管理。对广大经营者进行法制宣传教育，把好市场准入关，取缔无证经营，规范查处非法经营活动，杜绝违禁品进入市场。对上市商品加强质量监督管理，力争上市商品合格率达到100%。开展文明市场建设，开展以"五讲四美三热爱"为主要内容的文明礼貌月活动，治理市场脏乱差现象，引导广大经营者文明经商。开展争创"无假冒伪劣、无欺行霸市、无缺斤短两"的"三无市场"活动。区工商部门还制订《开平区工商行政管理所市场巡查方法》等规章制度。1998年，马家沟市场分别被评为省级文明市场和省级"三无"市场文明单位。同时，还不断加大市场正常经营秩序监察力度。1987－2008年查处各类案件近万宗，其中无照经营2094宗、销售劣质商品124宗、商标广告违法案件625宗、执法者违法案件10余宗。

二、经济合同管理

1987－1998年，全区共鉴证各类经济合同13.15万件，涉及金额近30亿元。1988年，开平区工商局制订《关于推行经济合同送审、备案制度的方案》，当年全区合同备案782份，合同金额2681万元。区工商局对全区企业承包租赁合同进行调查，对273户承包合同审查中条款不清、承包指标不全面、违约责任没有制裁等问题进行完善和补充。同年还通过合同备案审查，发现258份合同不符合要求，其中条款不清的32份、无违约责任的170份、其他问题56份，及时采取相应措施。积极开展“重合同、守信用”企业评选活动，1987年，有省级“重合同、守信用”企业6户，市级“重合同、守信用”企业18户。2008年，有省级“重合同、守信用”企业5户，市级“重合同、守信用”企业16户。是年，唐山国亮特殊耐火材料有限公司被国家工商总局授予“重合同、守信用”先进企业。为打击利用合同进行违法行为，开平区多次开展合同大检查。1997年检查合同13289份，涉及金额2.53亿元，其中查处违法合同案件42起，罚没款5000元。1999年共检查合同13320份，涉及金额2.55亿元，其中查处违法合同9起，罚没款2000元。

1987年，调解合同纠纷案件8起，涉及争议金额19万元，结案率100%。为了加强经济合同的调解仲裁工作，1989年，开平区工商局成立经济仲裁委员会。当年举办3期经济合同培训班，受理经济合同纠纷案件71起，争议金额332万元，为企业追回拖欠货款75万元。1990年办案118起，争议金额332万元，为企业追回拖欠货款156万元。在办案中确认无效合同2起，为企业避免经济损失60万元。1992年，调解合同纠纷案件118起，解决争议金额497万元。1993年，调解合同纠纷案件19起，解决争议金额10万元。1994年，调解合同纠纷案件31起，解决争议金额30万元。

2002年后，经济合同管理职能移交区政府有关部门，区工商局只发放合同文本，并负责推荐重合同守信用企业。

1987－2008年开平区经济合同管理统计表

表14－14　　单位：份、万元

年度	各类合同鉴证份数	总金额	发放合同文本	检查合同		重合同守信用企业		
				份数	涉及金额	国家级	省级	市级
1987	10011	21000	1053	12100	1908	－	6	18
1988	10027	21350	1087	12500	2008	－	6	18
1989	10054	21600	1110	12780	2373	－	6	18
1990	10076	21975	1121	13000	2400	－	6	18
1991	10096	22080	1134	13010	2414	－	6	18
1992	10111	22137	1154	13025	2453	－	6	18
1993	10137	22635	1189	13078	2498	－	6	20
1994	10148	22891	1220	13100	25000	－	6	20
1995	10152	23111	1240	13109	25107	－	6	20
1996	10172	23773	1250	13177	25227	－	6	20
1997	10192	23900	1277	13289	25300	－	6	22
1998	10121	24000	1288	13310	25308	－	6	22
1999	－	－	1333	13320	25477	－	6	22
2000	－	－	1345	13340	25500	－	6	22
2001	－	－	1350	13450	25700	－	6	22
2002	－	－	1463	－	－	－	6	17
2003	－	－	1574	－	－	－	6	16
2004	－	－	1681	－	－	－	5	16

续表 14－14

年度	各类合同鉴证份数	总金额	发放合同文本	检查合同		重合同守信用企业		
				份数	涉及金额	国家级	省级	市级
2005	－	－	1798	－	－	－	5	16
2006	－	－	1811	－	－	－	5	16
2007	－	－	1898	－	－	－	5	16
2008	－	－	1980	－	－	1	5	16

第三节　商标广告管理

一、商标管理

1987 年，开平区属企业燕南水泥厂第一个注册“万山”牌商标。是年，税后保险柜厂生产的保险柜，也以“宏峰”商标注册登记。1987 年后，区工商局广泛深入宣传贯彻《商标法》，提高企业及商户管理者对所生产或服务品牌注册的认识，由过去监管部门“要我注册”改变为主动申报“我要注册”。管境内到区工商局注册的企业逐渐增加，截至 2008 年底，区内企业注册商标 160 件，其中 1 件被市工商局认定为“知名商标”，5 件被省工商局认定为“著名商标”，1 件被国家商标局认定为“驰名商标”。

区工商局对注册商标进行保护和推荐，鼓励企业提高商标信誉，创立“著名商标”。1995 年河北大成线材股份有限公司生产的“森达”牌镀锌铁丝，成为全区第一个著名商标。2007 年，开平区大力实施商标战略，打造开平品牌，突出“品牌兴区”，加强对著名商标和驰名商标的培育，成功将河北唐山隆达骨质瓷有限公司生产的“隆达”牌商标，由著名商标申报为驰名商标，得到国家商标局的确认。到 2008 年，全区共有被省工商局认定的著名商标 5 个：河北唐山隆达骨质瓷有限公司生产的“隆达”牌骨质瓷商标、河北唐山华丽陶瓷有限公司生产的“华丽”牌卫生洁具商标、唐山市国亮特殊耐火材料有限公司生产的“唐耐”牌耐火材料商标、唐山天汇制衣有限公司生产的服装“夫人梦”商标和万通电缆集团有限公司的“万升”商标。

区工商局注意对注册商品商标和未注册商品标登记的监督管理，从多方入手检查监督商标的合理使用，严肃处理商标违法案件。1987－2008 年共查处涉及商标违法案件 160 件。

二、广告管理

1978 年，区工商局将广告管理工作纳入职能范围。1986 年 9 月后，区工商局对管境内的广告经营户进行调整、规范，依据新的规定重新登记注册。审查后，报市工商局核准，发给“营业执照”和“广告经营许可证”。为扩大提高工商户对广告的认识，区工商局 1986 年和 1996 年两次制作广告，布展在管境内和市区。区工商局利用有线广播和电视广告在商品经销中的积极作用，主动为工商企业培训广告人才，仅 1998 年和 1999 年两年就培训广告业务员 18 名，颁发资格证书。2008 年，广告企业的注册、登记仍由区工商局管辖。由于管境地处市区边沿，经营广告企业不多，到 2008 年底，除开平有线电视台外，全区仅 9 家个体从事广告业的企业，从业人员 16 人，注册资金 16 万元。

第四节　消费者权益保护

1988年6月25日，唐山市开平区消费者协会成立，与区工商局消费者权益保护科共同处理消费者投诉。从1990年起，每年集中进行1至2次打假活动。仅1992年出动400多人次，组成12个检查组，检查各类市场33个，7914户，收缴劣质水泥、饮料、罐头等价值3万余元。1997年12月，区工商局建立“3·15”投诉申诉举报台。1999年3月15日，开通“12315”消费者投诉、举报专用电话。区工商局将消费者权益保护工作纳入重要职能之一。对管境内的生产者、经营者，进行有关法律、法规、规章的宣传教育。在向经营者颁发“营业执证”及其他证件时，也一并发放遵规守法内容的宣传册。同时每年举办学习、讲座，组织工商业户参加学习，提高他们保护自己合法权益的法律意识。认真做好调解工作，为消费者挽回经济损失。1988－2008年，共接受消费者投诉15527件。经过消协与局主管部门结合，做好经营者与投诉者的调解工作，使问题全部得到解决。1995年，在投诉的3098件中，有168件形成案件，经过消协工作均得到解决，为消费者挽回经济损失3.83万元。严格执法，尽职尽责。制止垄断市场，监督检查市场交易，依法查处不正常竞争，或根据授权查处走私贩运，同司法部门结合打击非法传销和炮制伪劣产品等违法活动。1987－2008年，共查处违法违章案件9481起，分别给予警告、责令改正和责令停业整顿、没收经营工具、物品、非法所得和销货款，严重的予以罚款和吊销营业执照。使违法违规违章行为逐年减少，消费者投诉逐年下降，由投诉最多的1995年的3098件，降至2008年的54起。1988－2008年，立案1313件，为消费者挽回经济损失105.4万元。

1988－2008年开平区消费者投诉情况统计表

表14－15　　单元：件、元

年度	投诉件数	形成案件件数	挽回经济损失
1988	221	22	10375
1989	180	45	28464
1990	653	89	85400
1991	1894	92	95000
1992	591	37	25800
1993	1254	112	28906
1994	1007	96	25684
1995	3098	168	38300
1996	1343	77	38350
1997	21	21	6891
1998	801	83	26200
1999	715	70	19500
2000	454	56	128303
2001	1205	36	56400
2002	710	19	15030

续表 14－15

年度	投诉件数	形成案件件数	挽回经济损失
2003	521	46	23122
2004	357	30	13424
2005	337	49	35591
2006	48	48	63309
2007	63	63	168432
2008	54	54	121000
总计	15527	1313	1053981

第七章　物价管理

1987 年 8 月，开平区物价科改称开平区物价局。1993 年 6 月，划归开平区工商局，1994 年 7 月划出，复称开平区物价局。

第一节　价格监督检查与评估鉴定

一、价格监督检查

1988－1989 年，区物价局先后开展 3 次全区物价大检查，重点检查粮油、肉蛋、水产品等 8 类农副产品和成品油、电费、化肥等工业品价格。1990 年，组织督导有关单位搞好自查自纠，治理“三乱”（乱摊派、乱收费、乱罚款），重点抽查 22 个行政事业单位，查处有问题单位 7 个，违纪金额 6. 38 万元，收缴财政 5. 01 万元。1990－1992 年，将议价粮、汽车配件经销、农村电价、汽车修理、煤炭调拨等价格为检查重点。1990 年，检查汽车配件经销处 62 家，其中 35 家综合加价率超标，查处违纪金额 3. 86 万元，收缴财政 3. 17 万元。组织检查国营煤矿 5 家、集体煤矿 5 家，查出 6 家煤矿调拨煤转议价销售，违纪金额 24 万元，全部收缴财政。1991 年，检查汽车修理厂 69 家，查出有违纪问题 24 家，违纪金额 16. 71 万元，收缴财政 6. 14 万元。同时，开展农村电价、药品价格及各行政事业单位、教育部门和涉农部门的收费检查。对不执行政府定价、政府指导价和自立收费项目、提高收费标准、扩大收费范围的单位进行处罚。违纪收费能退则退，不能退的缴财政。1991 年，查处价格违法案件 127 起，其中价格违法行为 95 起、一般案件 27 起、重大案件 5 起，查处违纪金额 47. 17 万元，罚款 1. 03 万元，没收非法所得 17. 4 万元。

2000 年 10 月，依据国家计委《关于商品和服务实行明码标价的规定》，指导门店、商铺建立明码标价制度。2002 年 5 月 1 日，在物价局价格举报中心安装全国统一的 12348 价格举报电话。对农业生产资料、行政事业性收费和电费价格重点检查。2003 年 4 月，受“非典”疫情影响，与预防“非典”相关的药品和生活用品价格上涨，个别商家趁机囤积居奇、哄抬物价。为迅速遏制物价上涨势头，组成 2 个检查组，出动检查人员 80 人次，检查医院、药店、商场 150 个单位，处罚违纪单位 35 个，罚没 10 万元，退还消费者1523元。

二、价格评估鉴定

1999年10月，成立价格事务所，为自收自支事业单位。2001年1月，经区编委批准，改称价格认证中心，负责价格鉴证与评估。对行政机关、司法机关、仲裁机构在实施行政、司法、仲裁行为过程涉及的各类资产进行价格鉴定认证。主要参与公安、司法收缴赃物诉讼标的物价值认定，国有资产变卖价格评估。2007年，开拓车辆定损业务。到2008年，共完成刑事案件价格认证1758件，评估金额2246万元；共办理车辆定损案件676件，标的额1251万元。

第二节　收费许可证管理

1988年5月，发放行政事业性、经营性“河北省收费许可证”，与《河北省收费许可证暂行管理办法》一并执行。1991年，按《河北省收费许可证、行政事业性收费票据审验暂行规定》，实施收费许可证年审制度。当年核发“河北省收费许可证”215家，基本理顺文教、卫生、畜牧、公安、城建、工商、土地等21个系统420项收费。1990年，按中共中央、国务院《关于坚决制止乱收费、乱罚款和各种摊派的决定》，取消18个系统65项收费。1990年，区检查行政事业单位22家，取消非法收费13项，查出价格违纪案件7起，查处违纪金额6.38万元。

1994年，区所有收费单位行政一把手与政府签订《收费项目和收费标准管理责任状》，实行首长责任制。1996年，共审验行政事业性收费许可证256个，基本取消无证收费和乱收费现象。1998年，按唐山市政府取消第三批行政事业性收费项目的通知，取消48个收费项目，为企业减轻负担近百万元。1999年后，通过审验收费许可证、检查收费执行情况等方法，使收费工作规范化。全区“收费许可证”发放审验最多年份是2004年，共审验384个。2004年后，随着“收费许可证”严格发放范围，数量逐渐减少。2006年，结合“收费许可证”年审工作，对全区收费项目进行清理。全区共有106个收费单位，收费项目144项。其中行政事业性收费项目109项、经营性收费项目35项。在清理的基础上编印了《开平区收费目录》。

第八章　质量技术监督

1987年以前，开平区标准计量职能由区科委代管。1987年2月成立唐山市开平区标准计量所。1989年3月，标准计量所升格为开平区标准计量局。1993年，更名为开平区技术监督局。2000年3月，开平区技术监督局划归河北省质量技术监督局，改称唐山市质量技术监督局开平区分局。22年间，全区各有关部门对企业升级和产品创优意识有很大提高，企业标准化、“双采”（采用国际标准和国外先进标准）、计量定升级（计量合格确认）、产品质量保证体系认证、产品创名牌和行政执法，都更加规范化。1989年、1992年、1995年，先后3次被评为唐山市标准化先进单位。1998年、2001年、2003－2007年，7次被评为唐山市质量技术监督先进单位。

第一节　计　量

一、计量监督管理

1987年6月，区政府召开《中华人民共和国计量法》宣传贯彻大会。按国务院《关于在我国统一实行法定计量单位的命令》，是年，首先在全区流通领域推行法定计量单位，督导商业企业贸易结算全部更换为法定计量单位的计量器具。1988－1991年，组织15次商业企业和集贸市场销售非法定计量单位器具大检查，没收竹木直尺280个、卷尺190个、杆秤37个，组织改制测试设备万能材料试验16台、抗拆机12台，更换压力表、真空表780个，基本完成向法定计量单位过渡。1989－1992年，共举办计量培训班6次，培训350多人次，帮助258个企业建立计量器具台账，发放强检手册185本，使计量器具强检率得到保证。1996年1月开始，依照国家技术监督局《定量包装商品计量监督规定》，对生产、销售定量包装的产品商品进行计量监督检查，并定期对全区10个水泥生产企业的袋重进行抽查。共检查480批次，合格432批次，合格率90%，对陡河水泥厂、民族水泥厂等不合格企业进行了处罚。对生产流通领域定量包装的调味品、食品、面粉等，每年进行定期和不定期检查。2001年，对定量包装的22家企业的标识实施备案管理。2003年，质监局与开滦荆各庄矿联合开发的《计量器具管理软件》，经市局审定批准在全市推广使用。22年间，共调解计量纠纷38起。2004年，开平区汽车修理厂反映其厂内电能表与外部电能表计量数值相差很多，区计量主管部门积极与供电部门联系，共同封存用户与供电企业外部电能表，请市计量测试所进行检定，及时化解了纠纷。实施“光明工程”中，先后对全区配镜企业进行计量检测，2005年，5家眼镜生产企业全部通过省级验收。是年，对全区34个加油站的204台加油机进行检查，合格率100%。开展“抓计量管理，降废减损、节能降耗活动”，到2008年全区累计完成2000多万元，年年超额完成市局下达的任务。

1987年开始，区计量主管部门积极帮助企业进行计量定级升级工作。是年7月，越河陶瓷厂通过市局计量三级验收，成为全市乡镇企业第一个计量定级合格企业；1988年8月，又通过计量二级验收，成为全市乡镇企业第一个计量二级合格企业。到1990年，全区共有49个企业实现定级或升级，居全市各县区之首。1995－2008年，帮助半壁店轧钢厂、唐山市水泥厂等18个企业计量水平评价通过省级验收并获得合格证书。开平瓷砖厂、唐山矿山设备厂等5个企业多次被评为市计量先进单位。

二、计量检测

依据《中华人民共和国计量法》，1990年开始，全区开展计量器具检定工作。首先对区内的地中衡、台案秤、杆秤、天平、压力表、血压计等进行检定。又相继开展对汽车里程表、电话计价器、加油机、电度表、安全阀的检定工作。2003年1月，开平区研发的大型衡器检定仪获国家实用新型专利。2005年4月，投资34万元购置大型检衡车。2006年，又添置定量包装检定设备。2007年，开展精密压力表建标检定，1990－2008年，共检定计量器具3.18万台件，强检率93%以上，计量标准的受检合格率达100%。2008年1月，开平区质量监督检验所获省级“十强实验室”称号。

第二节　标准化

一、标准化监督管理

1989 年 4 月，区政府召开全区《标准化法》宣传贯彻大会。是年，对第一个强制性标准 GB7718《食品标签通用标准》和流通领域及食品生产企业的食品标签进行监督检查；责令将不合格标签的食品进行下架整治，并对生产、经营者进行处罚，帮助食品生产企业设计合格的食品标签，完成30 多个食品生产企业的食品标签认可发证工作。1998 年，对强制性标准食品标签、化妆品标签、水泥包装用袋进行监督。组织水泥包装用袋新标准培训班，督导全区 10 个水泥生产企业全部使用新标准水泥袋。2006 年，对区内安各庄火碱厂等 5 家生产火碱的企业进行强制性标准监督检查，并指导企业按标准组织生产检验，使其达到标准要求。

二、消灭无标生产

1987 年，开平区开始推行“双采”工作。是年 12 月，越河陶瓷厂生产的“华丽牌”系列卫生洁具通过省级“双采”验收，成为全市乡镇企业第一个“双采”验收合格企业。1988 年 9 月，北新金属结构总厂、越河陶瓷厂通过省级企业标准化验收，成为全市乡镇企业第一批企业标准化验收合格企业。1992 年，开平区在全市企业标准备案检查评比中获第一名。1993 年，针对全区 20 多个耐火材料生产企业连续三年抽检合格率仅为 20. 8% 的问题，区技术监督局派员深入到企业调查研究，发现有 80% 的企业生产的产品没有标准或使用作废标准，从而没有按标准组织生产、检验。区技术监督局的技术人员专程到国家标准出版社购买现行有效的产品标准和检验方法 100 多份，发到各企业，指导企业按标准组织生产、检验。当年抽检合格率上升到 73. 6%，洼里耐火材料厂合格率上升到 100%。1998 年，开平区被省市列入第一批全国消灭无标生产试点县区。通过宣传发动，深入企业调查研究，帮助企业查找各种标准 100 多个，修订企业标准 16 个，核发执行标准证书 286 个，产品有标率由原来的 73. 6% 提高到 98% 以上。为提高标准化管理水平，在全省率先开发标准化管理信息系统软件，并应用到消灭无标生产工作之中，对企业产品标准实行动态管理。1998 年 9 月 26 日，此软件通过省级鉴定。河北省技术监督局下发［1998］324 号文件，该标准化管理信息系统软件在全省技术监督系统推广使用。是年，开平区通过省技术监督局消灭无标生产试点区验收，成为全市第一个验收合格县区。截至 1999 年，为企业新产品起草的硅酸铝熔融石英匣钵、硅石一碳化硅砖等 5 个标准，获省厅局级科技进步二等奖，不烧铝镁盛钢桶衬砖等 4 个标准获省厅局级科技进步三等奖。其中唐山矿山设备厂的机械振动给料机企业标准，经审定发布为煤炭部部颁标准。是年，标准化管理信息系统软件被评为省厅局级科技进步二等奖。2003 年 11 月，全区耐火材料行业协会成立大会上，区质监分局又为 42 个耐火材料会员单位购买耐火材料标准汇编合订本 100 余套，使全区耐火材料产品和水泥产品有标率双双达到 100%。2005 年，建立标准化网，及时为企业提供新标准，对无标生产的企业采取发放告知单的方式，为企业提供及时有效的服务。2006 年 10 月，唐山京华制管有限公司被评为河北省采用国际标准先进单位。2008 年，该公司承担修订的国家冶金行业标准 YB5303 普通碳素钢电线套管，通过国家制管标准委员会审定并发布实施。截至 2008 年，共帮助企业制定或修定新产品企业标准 200 个，共完成企业标准化验收企业 10 个，采标认可 73 项，“双采”工作连续 13 年居全市第一。

三、农业标准化

2003 年，区政府组织相关部门制订《开平区农业标准化实施方案》，开启了农业标准化体系建设，推行无公害蔬菜、瘦肉型猪、奶牛养殖等农业标准化工作。至2008年，开平镇、越河镇、栗园镇共建成1.7万亩无公害蔬菜生产基地，并全部通过省级认证。郑庄子镇任信屯村生产的“小屯牌”西红柿和越河镇罗各庄村生产的“纯越”牌蒜黄，获河北省优质产品称号。

四、代码证书核发

1993年，开始在全区党政机关、社会团体、企事业单位全面推行统一代码标识制度，实现计算机自动化管理和信息交换，发挥互联互通、资源共享。截至2008年，共办理代码证书3497个，核发产品执行标准证书555个。

第三节　质量监督管理

一、质量监督检验

1987年，开平区同市产品质量检验机构签订协议，重点对水泥、钢铁、耐火材料、砖瓦、食品、燃油、化工等产（商）品，进行抽样检验。1999年，区政府制订《开平区“质量兴区、名牌兴企”实施办法》。是年6月18日，召开全区质量工作会议，“双兴”战略在全区全面推行。区质量技术监督部门为企业推行ISO9000质量保证体系认证提供技术服务指导，帮助唐山市水泥厂、国亮特殊耐火材料有限公司、唐山华丽陶瓷有限公司等企业编制质量手册，联系市计量测试部门对企业的在用计量器具进行检测，保证质量认证工作的运行质量。到2008年底，全区先后有第一水泥厂、国亮特殊耐火有限公司等38家企业通过ISO9000质量保证体系认证。

1987－2008年开平区产品质量获评荣誉称号情况表

表14－16

年度	商标	产品名称	生产企业	所获荣誉
1987	华丽	卫生洁具	越河陶瓷厂	农牧渔业部优质产品
1987	开字	釉面砖	开平瓷砖厂	农牧渔业部优质产品
1988	华丽	卫生洁具	越河陶瓷厂	建材部优质产品
1988	凯益	MZB1－100.200.300制动电磁铁	唐山市起重电器厂	省优质产品
1988	开耐	C－27、C－17不烧铝镁砖	唐山市开平耐火材料厂	省优质产品
1991		夹克衫	唐山市兴华服装厂	省优质产品
1993		黏土质隔热耐火砖	开平区冶里耐火保温材料厂	省优质产品
1998	鑫发	425#矿渣硅酸盐水泥、425#普通硅酸盐水泥	唐山市水泥厂	省优质产品
1999	森达	一般用途低碳镀锌丝网	唐山市大成线材厂	省优质产品
1999	凯东	500毫升旋开式白酒瓶	唐山市凯东玻璃厂	省优质产品
2000	陡河	425#矿渣硅酸盐水泥、425#普通硅酸盐水泥	唐山市渤海水泥有限公司	省优质产品
2003	隆达	日用骨质瓷	唐山隆达骨质瓷有限公司	省优质产品

续表 14－16

年度	商标	产品名称	生产企业	所获荣誉
2003	华岐	焊接钢管∮19－∮219	唐山京华制管有限公司	省优质产品
2004	华丽、HUALT	卫生陶瓷	唐山华丽陶瓷有限公司	省优质产品
2005	华岐	焊接钢管∮19－∮219	唐山京华制管有限公司	省名牌产品
2006	华丽	卫生陶瓷	唐山华丽陶瓷有限公司	省名牌产品
2006	隆达	骨质瓷	唐山隆达骨质瓷有限公司	省名牌产品
2007	紫光	氢氧化钠	冀东氯碱有限公司	省名牌产品
2007	太太梦	睡衣	天汇制衣有限公司	省优质产品

二、食品质量安全监督检查

2004年，推行食品市场准入制度，对申报食品市场准入的企业，从原材料进厂到成品出厂全过程督导，严把食品质量安全生产许可证初审关。同时加强对无证生产企业和无证产品的查处。2007年8月，对全区从事食品生产加工的52个企业逐个排查，摸清底数，全部建立企业档案。共帮助39家食品企业提高食品安全生产水平，获批食品生产许可证，对其他13家不符合条件的小作坊做出停产取缔的处理。对食品生产企业进行定期监督检查，共检查89批次，抽样合格率88.54%，对不合格企业责令其整改。

第四节　行政执法

一、专项治理

依据国务院及省、市质量技术监督局对小钢铁、小水泥治理整顿工作的要求，开平区加大对小钢铁、小水泥的查处力度。2000年12月，对开平区李各庄铸造厂进行行政执法检查，依据《中华人民共和国产品质量法》，责令停止生产、没收非法生产的地条钢28吨，并处以3.64万元罚款。1998－2008年，共查处生产地条钢企业79家，用地条钢轧制螺纹钢、角钢的企业33家，立案261批次，共计罚款258.55万元，并查封小水泥生产企业6家。

按国家严厉打击假冒伪劣产品要求，深入开展打假工作。1998年4月，端掉刘官屯北一制造上海双圈轮胎的黑窝点。2000年1月，查获唐山市二十二冶陶瓷厂生产假冒“唐陶”牌产品1175件、开平区聂各庄陶瓷厂生产假冒“唐陶”牌产品2494件，共计货值13.26万元，责令其停止生产并处1.92万元罚款。2000年8月，查获开平陈庄道口天龙加油站假90号汽油案，罚款10.8万元。2007年4月，查处兴达养殖场和孩儿屯收奶站两起鲜奶掺假案，共处罚金6.5万元。

按国务院《工业产品生产许可证条例》和《食品生产加工企业质量安全监督管理实施细则》规定，加大查处无证生产力度。2002年7月和2007年6月，分别查处刘庄拔丝厂和皓驰商贸有限公司两个企业无生产许可证，生产螺纹钢80余吨，责令停止生产并处5.3万元罚款。2007年，查处唐山电力铁塔厂、后于家店铁塔厂、唐山电力建筑安装冀东铁塔厂三家企业无证生产输电线路铁塔。2008年12月，查处唐山市开平区胜达食品厂无生产许可证非法生产糖瓜，责令其停产销售，并处1.5万元罚金。

2001年8月，区劳动人事局将特种设备安全监察职能划归质监分局，加大对压力容器、起重机械的监管力度。2003年2月，唐山市滦河集团鸿达热轧有限公司氧气厂使用的压力容器、压力管道未取得使用证书，责令其改正。2003年12月，唐山市兴业工贸运输公司擅自安装的起重机械，未经验收取得使用证就投入使用，责令其停止使用。2004年7月，对戴某某充装站进行安全检查，发现该站无证非法充装氧气，责令其立即停止充装并处4万元罚款。2007年2月，先后查处唐山兴业工贸集团有限公司、唐山市鸿达热轧有限公司、唐山市开平区银河钢铁厂、唐山新联钢铁有限公司氧气厂等企业，无生产许可证生产氧气，分别责令其立即停止生产。2001－2008年，共立案查处121起，罚款100.55万元，消除安全事故隐患173处。为提高特种设备安全运转率，同唐山市特种设备检验所密切配合，共检验特种设备1699台件，其中起重机械750台、压力容器620台；举办特种设备操作人员培训班6期，参训千余人，举办特种设备管理人员培训班1期，参训人员107人。办理特种设备使用证4397份，特种设备操作人员持证上岗率达到98%以上。

二、落实投诉举报

1998年秋，接到开平镇欢套村农民举报，查处一起销售劣质化肥案，为100余户农民挽回经济损失50多万元。2007年，质量监管部门建立投诉举报网络，配置举报电话及举报箱，制订打假举报有功人员奖励办法。2008年1月，群众举报唐山尊豪电动车有限公司生产、销售的电动车不符合强制标准，无生产许可证。区质监局专程到山东省青州市蓝将军电动车有限公司，青州市工商局、质监局调查了解，通过新闻媒体发布公告，委托拍卖行对该企业产品进行拍卖。2008年1月，接群众举报，郑庄子镇郑庄子村一出租房回收一次性筷子，经处理后继续销售；执法人员查获回收未经处理的筷子1吨、无标识餐巾纸200袋，并当场销毁。截至2008年，共受理投诉案件200余起，为群众挽回经济损失150余万元。

第九章　审　计

开平区审计工作从“边组建、边工作”“抓重点，打基础”起步，逐步走向制度化、法制化、规范化的轨道。1987年，区审计局下设3组1室，即行政事业组、工业交通组、商粮贸易组和办公室。1990年，设立审计师事务所。1993年，增设基建审计股。1994年，工业交通股与商粮贸易股合并，改称工商企业股。1996年，股改称科，撤销基建审计科。1998年，增设资产评估公司、财政审计科。1999年，增设司法审计鉴定中心。2000年，增设经济责任审计科。2004年，增设社会保障审计科、金融审计科、基建审计科。至2008年，区审计局共设7科1室和资产评估公司及司法审计鉴定中心。22年间，审计工作围绕经济建设，强化监督力度，在发展经济、反腐倡廉、严肃法纪、维护稳定等方面发挥了重要作用。

第一节　国家审计

根据《中华人民共和国审计法》和国家其他有关法律法规，1987－2008年，先后对乡镇、街道和区直各部门等328个行政事业单位和567个经济贸易单位进行审计，对54个部门和单位进行审计调查。累计完成审计项目949项，查出违纪违规资金5.67亿元。上缴财政5874.51万元，罚款处理277.92万元，追回挪用专用资金394.63万元，调账处理3707万元，核减基建投资5398.60万元，促进增收节支9465.92万元，向有关部门提出意见和建议535条。

一、财政收支审计

区财政收支审计始于1989年。是年，对缸窑乡财政所和乡经联社的财政收支情况进行审计，审计金额245万元，查出违纪金额23万元，对其违规购置的车辆、电器、沙发等做出罚款和补办手续处理。1991年，采取各单位自查和审计部门抽查相结合的办法，对全区12个乡镇1990年的财政收支情况进行审计，其中洼里乡审计资金437万元，查出违纪资金2305元。1995年，《中华人民共和国审计法》颁布实施，全区审计工作步入依法运行轨道。1998年，对开平镇、郑庄子乡财政所1997年度财政决算和下属12个单位的预算外资金进行审计，审计资金1.32亿元，查出违纪资金222.2万元、隐瞒转移财政收入49.3万元，做出上缴财政18.86万元，并处以1.7万元罚款的处理。1999－2002年，对全区6个乡镇的收入、支出和上年财政决算以及预算外资金进行审计，审计资金总额7044.8万元，查出违纪资金1058万元。对其虚列支出、公款消费、超收企业利润、挪用专项资金等问题提出整改意见。并先后对财政局、地税局、法院、文体局、农委等11个单位的预算执行情况进行审计，审计资金7亿多元，查出违纪资金2008万元。2006－2008年，坚持全面审计与重点审计相结合、预算编制部门与预算执行部门相结合，主要审计水务局、城建局等一级预算执行单位的预算执行情况，累计查出违纪资金7059万元，要求被审计单位限期制订整改方案。

二、财务收支审计

1987年，对民政局民政事业费和农业局畜牧股收据发放情况进行审计，审计资金100多万元，查出违纪资金12.6万元，并对收据发放不规范等问题提出整改意见。是年，对果园乡、岔道乡、开平镇等5个单位实行按月按季定期审计制度。1－9月份，查出违纪资金2400元。1988年，全区18个行政事业单位审计财务资金总额562万元，占全区行政事业预算单位经费总额的51.6%，共查出违纪资金8.09万元，涉及单位6个，占审计资金总额的1.44%。1989年，对园林绿化队1987－1988年的财务收支进行审计，查出私设“小钱柜”、转移资金和违控购车等问题，违纪金额7.65万元。1991年，完成马家沟街道、广电局、城建局、二十三中等4个一级、8个二级核算单位财务审计，总金额1343.96万元，查出违纪金额4.53万元。1994－1996年，完成行政事业单位财务收支审计和审计调查8项，审计总额1.84亿元，涉及64个单位，查出违纪资金63.1万元。1998年，对公安分局、物价局1997年度收费和罚没收入及财务收支进行审计，涉及资金总额842.4万元，查出违纪资金171.5万元，其中，应缴未缴预算外收入103.4万元；做出查封“小金库”，上缴财政40.15万元等处理。1999年，完成财政局、地税局、统计局、农林局1998年预算执行情况的审计，审计总额2.12亿元，查出违纪资金603万元，做出上缴财政474万元的处理。2000年，分别完成工商分局和市政工程处1998－1999年度财务收支情况审计，涉审资金分别为7859万元和3890.6万元，分别查出违纪资金278万元和310.03万元，均做出罚款处理决定。2004－2008年，按照市审计局的安排，先后对市住房管理中心缸窑办事处2002年9月至2004年4月资产负债、财务收支情况和唐山轻机厂、华北煤炭医学院等5个单位的部分财务收支情况进行审计，审计资金总额3.24亿元。

三、经济贸易审计

1987－1988年，先后对土杂公司、物资回收公司的经营状况进行审计，查出土杂公司在化肥营销中，平价改议价，多收货款3518元，物资回收公司违纪资金21.58万元。并对11家区属国营工业企业的承包经营责任制进行审计，其中，印子沟煤矿查出违纪资金8.66万元。1989－1990年，先后完成刘庄煤矿、陡河水泥厂、十一瓷厂、床单厂等8家工业企业的承包经营期中审计，涉审资金总额4500万元，查出违纪资金113.25万元，做出补交税款2.8万元、罚款4346元的处理决定。1991－1993年，完成东风煤矿、屈庄煤矿、市硫磺厂、市氧气厂等9家企业的承包终结审计，燕南水泥厂、糖烟酒蔬菜公司、食品厂、马家沟燃料公司等6家企业的经营情况审计，审计金额总计4749.48万元，分别查出违纪资金73.35万元和34.9万元，并就承包合同不尽完善、个别企业管理混乱等问题提出整改意见。1994年，完成"三行一保"（工商、建行、农行、保险公司）财务收支和信贷资金一条线的审计，涉审资金总额3.71亿元，查出违纪资金4955.7万元，并就金融机构贷款不规范、保险公司赔付不及时等问题提出整改意见。1995－1997年，在对相关部门的财务审计中，先后查出外贸公司1.45万元劳务费不入账，果园粮油供销公司超支福利费16万元、潜在呆账52万元，开平农行违章拆借1000万元、账外资产428.99万元、无息资产占用资金1045.64万元用于建办公楼、违控购置固定资产32.42万元等问题，并就此写成审计调查报告上交区政府，供决策参考。1998年，先后完成财保、寿保1997年度资产、负债、损益情况和燕山电器有限公司1997年度股份制改造及经营状况审计，审计资金分别为4627万元和487万元，违纪资金分别为1.09万元和25.53万元。1999－2000年，先后完成工行开平办事处和凯东玻璃厂1998年度资产、负债、损益情况审计，涉审资金分别为6.31亿元和7534万元，违纪资金分别为4450万元和105.58万元，就企业整改分别提出3条建议。2001年，按市审计局安排，对电信公司缸窑营业部2000年度资产、负债、损益情况进行审计，审计资金2.32亿元，查出违纪资金993万元。2003年，完成区属国有和集体企业资产评估，确认总资产5177.84万元，2006年，在对印子沟等11家煤矿2005年度税费缴纳情况审计中，发现应缴未缴人民防空建设费、社保基金、民兵训练费、河道管理费和虚列多列支出等问题，查出违纪资金523万元。做出补缴规费、限期整改的处理。

四、经济责任审计

1987年，围绕"双增双节"活动开展审计监督。重点审计因企业负责人严重失职，违反财经纪律，造成亏损的企业。在对国光商店、第五服装厂、开平食品厂等5家企业的经济效益审计中，查出违纪金额25.6万元、错弊金额6.67万元。其中，国光商店1986年亏损6万多元，已濒临破产，对负有主要责任的经理做出撤职处理。通过落实租赁承包，当年10月扭亏为盈。对其他4家企业责任人也都做出相应处理，并上缴财政违纪资金3.52万元。1988年，在对区建安公司的审计中，查出公司经理1985年2月至1988年1月多领津贴、奖金1748.45元，外出补助148.55元；1987年以为职工谋福利为名，套取现金、滥发奖金实物4.86万元，累计违纪资金26.63万元。对公司经理做出退款处理，并对公司处以违纪资金总额20%的罚款。2001年，对开平镇、郑庄子乡、洼里乡、栗园镇、税务庄街道5个单位的6位主要领导进行经济责任审计。审计中注意把好"三关"（进点关、程序并、廉政关），实行"三结合"（任期经济审计与一条线审计项目相结合、账簿审计与组织座谈相结合、经济责任审计与领导交办的审计项目相结合），对机关廉政建设起到促进作用。2006年，完成区煤炭安全监督局7名领导的任期经济责任审计，查出部分领导干部任职期间，在财务管理上存在超标准、超限额使用现金结算，未按规定进行固定资产核算等问题，累计违纪资金137万元。

五、固定资产投资审计

1987年，依据省政府有关通知精神，区审计部门开始对单位自筹基建资金进行制度化审计。是年，对区建设指挥部基建投资情况进行审计，批办自筹基建投资单位3个，审计资金7.1万元。1988年，共有8个单位申报自筹建设项目，审计建筑面积6480平方米、基建资金204万元。依据区政府1993年11号文件，1993年7月开展基建项目开工前预决算审计。是年，对国各庄兴华水泥厂、二十三中阶梯教室等5个基建工程进行决算审计，审计资金总额504.8万元，审减工程费50.73万元，审减率10.05%。1994年，共完成8个单位的基建预决算审计，审计资金总额3200万元，审减554万元，审减率17.3%。1996年，随着开平新城区的开发，基建项目迅速增加，全年共完成基建预决算审计19项，审计资金总额7543.7万元，审减1102万元，审减率14.6%，其中区培训中心一项即审减279.3万元。1998－1999年，针对建筑领域假预算、乱收费等现象，区政府加大建筑领域“打假”力度，千方百计挤出工程“水分”。在对越河法庭办公楼和区粮食局直属库仓储库工程的审计中，报审总金额119.43万元，审减15.63万元，审减率14%。2004－2005年，完成固定资产投资项目审计100个，报审总金额6876万元，共计审减1575.35万元，审减率22.9%。2006－2008年，严格落实区政府关于《加强基本建设投资审计规定》，对政府重点工程采用“重点审计与程序跟踪审计相结合、程序审计与效益审计相结合”的方法，确保财政资金建设项目的审计率进一步提高。在2006年审计的77个项目中，涉及工程预决算资金7180万元，审减工程款978万元，审减率降至13.46%。22年间，先后审计建筑工程项236个，审计工程总投资3.86亿元，审减建筑工程款5398.6万元，占工程投资总额的14%。

六、专项资金审计

开平区的专项资金审计工作始于1989年。是年，对农业银行信贷资金和8个工商企业的专项资金的提取使用情况进行调查审计，审计资金总额6749万元，对一些企业专项资金没有足额提取和使用不到位等情况，提出12条建议。1991年，完成农业中低产田改造资金和首都周围绿化资金两个专项审计，涉及10个乡10个村，审计金额138.8万元，没有发现违纪资金。1995年，在燕南水泥厂1994年度发展散装水泥专项资金审计中，发现拖欠“养散费”41.34万元；是年，在开平粮油公司1994年度经营情况审计中，查出主管部门多报政策性补贴23.67万元。分别做出限期整改处理。1996年，完成1993－1995年农业综合开发资金使用情况审计，发现资金直接用于农业方面的比例偏低，并存在用向不够合理、管理不够规范等问题。2000年，对社会保险局1999年度企业职工养老保险基金和失业保险基金的征收、支出和管理情况进行审计，审计资金总额7124万元，查出违纪资金9.17万元，并就基金未按规定实行“收支两条线”管理等问题提出5条建议。2005年4－6月，分四组对全区2003－2004年救灾救济、农村中小学危房改造、人畜饮水解困等专项资金的管理、拨付和使用情况进行全面审计，查出违纪资金135.8万元，并就资金拨付不及时、主体工程未报审等问题提出整改意见。2006年，采取查阅账目与实地调查相结合的方法，对全区2003－2005年度退耕还林资金、农村公路建设资金和农业专项资金的管理、拨付和使用情况进行审计，发现存在配套资金未按规定落实、存储不规范等问题，查出违纪资金29.5万元，并分别下达审计决定，责成相关单位限期整改。

第二节　社会审计与内部审计

一、社会审计

1990年4月6日，区审计师事务所成立，在区审计局的指导下，开始依法独立开展委托审计。是年，承接审核企业1949个，验证资金4.31亿元。1991年，为334个企业审核资金1.33亿元，接受委托为23个单位进行财务收支专案审计和经营责任审计。1993－1997年，累计完成基建审计83项，审计工程总造价2.02亿元，审减2888万元，审减率14.3%；财务收支审计42户，完成资金审计10.04亿元，查出违纪资金117万元；资产评估14户，验证资金16.41亿元。1998年，完成企业验资80户，金额总计8698.9万元；基建审计24项，工程造价3360.7万元，审减398.1万元，审减率11.8%。截至1999年8月，社会审计项目累计4273项，验证资金43.7亿元，财务收支审计14.5亿元，基建项目审计审增215万元、审减3498.5万元，经济案件鉴定1108万元，查出违纪金额18.88万元，资产负债审计2193.9万元，企业亏损调查1项，调查金额209万元。

1999年8月23日，依据冀财注〔1999〕31号文件，唐山市开平区审计师事务所改制为唐山瑞达会计师事务所有限责任公司。

二、内部审计

1987年，根据国务院办公厅〔1987〕42号文件要求和省、市政府部署，区政府召开区直各单位、厂企负责人，内审和财会人员参加的内部审计工作会议，决定在文教局、粮食局、商业局、农牧渔业局、城建局、物资局、经委和卫生局等8个单位设立内部审计股，陡河水泥厂、燕南水泥厂设专职审计员，其他厂企设审计通讯员。1988年，商业局内审股在对糖业烟酒公司回民门市部的审计中，查出偷漏税款1982元，和加工出售牛肉管理混乱、财务制度不健全等问题，责令限期补缴税款和整改。是年，粮食局内审股对下属7个中心粮站进行财务收支审计，查出开平、马家沟2个中心粮站漏税1548.18元，吉祥路中心粮站多计税款103.84万元，另有3家中心粮站少报粮油加价5.1万元，责令限期补缴。1989－1991年，先后完成商业、粮食系统43个单位的内部审计，共计查出违纪资金7.3万元，追回货款2.13万元，纠正错账8.3万元，挽回经济损失92.3万元，促进增收节支6万元。1997年，全区内审机构和专兼职审计人员分别增加到38个和98人。是年，全区内审机构完成财务收支审计74项、经济效益审计176项、经济责任审计28项、其他审计43项，查出违纪金额884.29万元，纠正错账27.2万元，促进增收节支253万元。1998－1999年，完成各类审计项目130项，查出损失浪费金额980.65万元，促进增收节支1741.2万元。截至2008年底，全区共完成内部审计1114项，查出违纪资金1000多万元、损失浪费金额6772.57万元，促进增收节支1882万元。

第十章　安全生产管理

1987年，按照区政府“三定”编制方案，区劳动人事局增加安全生产管理职能，具体负责全区钢铁、水泥、非煤矿山、陶瓷、化工、耐火、机械等企业的安全生产监管工作。区煤炭管理局负责地方国有煤矿、乡镇煤矿及个体煤矿企业安全生产的监督与检查。2002年，区劳动人事局的安全生产管理职能划归区经贸局；开平区煤炭管理局更名为开平区煤矿安全生产监督管理局，职能未变。2006年10月，区经贸局安全科与区煤矿监督管理局合并，成立开平区安全生产监督管理局（以下简称区安监局），为区政府主管安全生产的职能部门。

第一节　安全生产教育

开平区遵照国家有关法律法规，不断加大安全生产宣传教育培训工作的力度，1987－2008年，举办各类培训班595期，包括矿长、厂长、企业法人、安全管理人员、特殊工种作业人员和普通工人，共计2.65万人次参加培训。在组织培训的同时，还强化公司、车间、班组“三级”教育培训检查督导力度，凡在册企业员工均要纳入全员培训计划，设置教育培训档案，制订年度教育培训计划。并以每年6月份“全国安全生产月”活动为契机，协调和组织各镇、街道、区直相关部门和重点企业开展全方位、多角度的宣传教育活动。采取下企业宣讲、组织万人答题、发放安全知识读本、集日宣传、举办专家讲座和安全生产法律法规知识竞赛等多种形式，广泛营造全民安全生产意识的氛围。每年还选派安全监管业务骨干人员参加省、市安监局组织的安全生产执法人员资格任职培训班。截至2008年，已有38人取得安全生产执法资格任职证书。

煤矿是事故多发企业，1986年底，全区有煤矿179个，其中乡镇、村办煤矿12个，个体煤矿167个，从业人员7559人，年产煤炭160万吨。区政府十分重视煤矿安全生产，坚持从审批手续、办矿申请、施工安全、开采界限、接受监督、搞好服务6个方面建立严格的规章制度。并将煤矿企业干部职工的安全生产教育作为全区安全生产工作的重中之重。严格按照国家规定，坚持组织参加分别由省、市、区安监部门和煤矿企业举办的四级培训教育。培训工作每年进行一次。对新上任的管理人员和特种作业人员由各级培训单位定期组织培训，对新入矿的职工，未经培训不得上岗。

第二节　安全生产监督指导

区政府对群采煤矿采取多种措施遏制伤亡事故的发生。区安全生产委员会每年组织开展一次安全生产大检查，做到有井必到，逢井必查，对矿井不安全因素限期整改，对不符合安全生产条件的矿井勒令停产。对矿井发生死亡事故的给予经济上重罚，对法人代表和相关责任人追究刑事责任。1997年4月，区政府与7个乡镇和区有关职能部门签订安全生产责任状，采取“矿井安全生产条件合格证申报表”措施，对矿井基本条件、规章制度建设、工种培训和持证上岗情况进行审查核准。并根据市安委会文件，出台安全生产控制指标，规定地方煤矿百万吨死亡率为4人。2007年，区政府将28家煤矿32家非煤矿山和13家危化企业纳入动态监管网络。

区安监局责成各企业按在册职工比例，配备专职安检人员。组织企业自查、行业互查和专家抽查，以遏制重大事故发生。对高危行业，尤其是煤矿企业，督查其制订应急救援预案，配备相关人员，成立相应领导组织机构，定期开展应急救援实战演练，并组织专家对重点企业的应急救援预案进行评估评审。至2008年，全区已有105家重点企业通过专家评审。

自2006年区安监局成立至2008年，共排查出各类安全隐患3950处，下达限期整改指令书500余份，监督企业落实整改资金1500多万元。2008年，全区23家煤矿被责令停产整顿，区安监局将停产煤矿巡查作为监督工作的重点，严厉打击煤矿昼停夜开的违法行为。经过治理整顿，全区煤矿安全生产状况虽然有了较大好转，但由于采矿工人流动性大，安全技术素质低，自我保护能力差，伤亡事故依然严重。

第三节　安全生产事故实例

一、刘官屯煤矿特大矿难

2005年12月7日，刘官屯煤矿发生瓦斯爆炸，造成特大矿难事故，108名矿工遇难，直接经济损失12亿元。

2004年4月，唐山恒源实业有限公司法人代表朱文友购买了刘官屯煤矿。2005年7月，该矿采用编造国家机关公文的手段办理了采矿权转让手续。基建过程中，在《安全专篇》未经批复的情况下，擅自施工。2005年7月18日，河北煤矿安全监察局冀东监察分局下达停止施工通知，但该矿拒不执行，继续施工。未经竣工验收，便进行非法生产。由于该矿采掘及通风系统布置不合理，无综合防尘系统，瓦斯检查等特种作业人员严重不足，并使用无资质的承包队在井下施工，故导致2005年12月7日15时10分许，发生瓦斯爆炸，造成特大矿难事故。

二、龙王庙轧钢厂调整工死亡事故

1988 年 10 月，龙王庙轧钢厂调整工许长山被旋转的轧钢机连轴杆轧伤致死。

1988 年 10 月 4 日 13 时 55 分，龙王庙轧钢厂当班班长发现轧钢厂一号机嘴子松动，即让调整工许长山去调整。但许长山忽视操作规程，隔着连接杆探身去拧螺丝，不慎未系纽扣的工作服被绞进轧机连接杆，虽然被马达工发现并立即停车，终因轧钢机运转惯性，把许长山右胳膊及右胸绞进连接杆内，因肝脏破裂，右胸部严重骨折，抢救无效死亡。

三、傅家屯乡装卸服务站装卸工刘大军死亡事故

1989 年 9 月，傅家屯乡装卸服务站装卸工刘大军被钢坯撞伤死亡。

1989 年 9 月 4 日 9 时 30 分，装卸服务站装卸工刘大军等 4 人为 700 吨 165 方坯装车。10 时 05 分，刘大军站在吊车车面 165 方坯垛上指挥吊车。由于东绳先吃劲，西绳大部分撸出，吊车往东移动撞在相邻的方坯上，刘从垛上摔下，一根方坯从刘的身上滚过去，造成头颅粉碎性骨折，抢救无效死亡。

四、唐山市十一瓷厂看碾工被皮带轮绞轧伤害致死事故

1990 年 12 月，唐山市十一瓷厂原料车间看碾工杨士保，酒后违章进入大碾防尘封闭区，被皮带轮绞轧致死。

1990 年 12 月 11 日中午，原料车间看碾工杨士保与同车间维修工、收料工等 3 人班中喝酒。饭后杨士保违章上班看大碾，杨的棉衣绞在大碾主轮和三角带中，造成肝脏破裂，抢救无效死亡。

第十五编　中国共产党

1987－2008 年，中共开平区第二至七届委员会和各级党组织，紧紧围绕“发展经济、繁荣开平、富裕人民”，在全省率先实现小康区的总目标。大胆解放思想，坚持改革开放，从本区实际出发，不断创新工作思路，提高决策水平和执政能力，带领全区广大党员群众，大力实施“城郊型经济发展战略”“工业富民强区战略”“小康带动战略”，推进农村工业化、农业现代化和城乡一体化。“两手抓，两手硬”，基层民主政治建设、党风廉政建设、宣传思想和社会治安综合治理等工作不断加强，开创了开平区政治安定、社会和谐、经济发达、人民富裕的崭新局面。

第一章　党　员

1987 年以来的 22 年间，开平区委遵循“坚持标准、保证质量、改善结构、慎重发展”的方针，做好基层组织发展工作。区委从各乡镇聘请 12 名兼职组织员，制订《关于发展新党员工作的有关规定》。20 世纪 90 年代，针对全区党员队伍老化问题，把发展党员工作的重点，放在对入党积极分子的培养教育和壮大入党积极分子队伍上，注重在那些长期没有发展党员、队伍严重老化、党的力量和党的工作薄弱、后继乏人的地方和单位发展党员。进一步做好推荐优秀团员作党的发展对象，重点做好优秀青年农民、企业生产一线工人和优秀知识分子入党的工作和发展妇女和少数民族党员的工作。1997 年，全区党员总数由 1992 年底的 8816 名增加到 10258 名，35 岁以下青年党员由 1205 名增加到 1604 名，高中文化以上的党员由 1915 名增加到 2771 名，工人、农民、专业技术骨干党员由 1992 年底的 4382 名增加到 4812 名。进入 21 世纪，为有效解决农村、街道入党积极分子数量偏少、发展党员后备力量不足问题，在农村、街道开展“公推党外优秀人才和培养引导优秀人才加入党组织”活动。2003 年以来，发展党员重点把握好杜绝违反程序发展党员现象，党员质量明显提高。生产第一线党员占新发展党员的 96%，35 岁以下党员占 71%，高中以上文化程度占 78%，女党员占 24%。

第一节　党员结构与分布

一、党员结构

1987 年，开平区共有党员 9447 名。其中女党员 1867 名，占总数的 19.8%；少数民族党员 102 名，占总数的 1.1%；25 岁以下党员 403 名，占总数的 4.3%；高中以上文化程度的党员 1495 名，占总数的 15.8%。1993 年，开平区共有党员 9083 名。其中女党员 1644 名，占总数的 18.1%；少数民族党员 140 名，占总数的 1.5%；25 岁以下党员 311 名，占总数的 3.4%；高中以上文化程度的党员 2044 名，占总数的22.5%。2008年，开平区共有党员14837名。其中女党员3719名，占总数的25.1%；少数民族党员276名，占总数的1.9%；新中国成立前入党的党员179名，占总数的1.2%；35岁以下党员2851名，占总数的19.2%；高中以上文化程度的党员7047名，占总数的47.5%。

1987－2008年开平区党员性别构成基本情况表

表15－1　　单位：人

项目 / 人数 / 年度	党员总数	其中	
		男	女
1987	9447	7581	1866
1988	10165	8258	1907
1989	10854	8905	1949
1990	11293	9321	1972
1991	11671	9633	2038
1992	8816	7230	1586
1993	9083	7439	1644
1994	9378	7405	1973
1995	9752	7855	1897
1996	9897	8086	1811
1997	10258	8321	1937
1998	10542	8483	2059
1999	10724	8493	2231
2000	11031	8728	2303
2001	11384	9007	2377
2002	11626	9149	2477
2003	11909	9314	2595
2004	12921	9978	2943
2005	13097	10023	3074
2006	13576	10283	3293
2007	14420	10939	3481
2008	14837	11118	3719

1987－2008年开平区党员文化程度构成基本情况表

表15－2　　单位：人

项目/人数/年度	党员总数	其中					
		大专以上	中专	高中	初中	小学	文盲
1987	9447	255	472	768	2984	4207	761
1988	10165	323	545	872	3230	4446	751
1989	10854	376	592	957	3538	4682	709
1990	11293	451	646	1038	3779	4677	702
1991	11671	506	693	1095	3994	4685	698
1992	8816	436	651	828	3132	3273	496
1993	9083	460	682	902	3312	3300	427
1994	9378	482	735	975	3249	3510	427
1995	9752	515	785	1031	3479	3525	417
1996	9897	573	845	1056	3762	3240	421
1997	10258	732	936	1103	3910	3173	404
1998	10542	1064	1036	1087	3976	3110	269
1999	10724	1160	1071	1110	4035	3103	245
2000	11031	1313	1131	1180	4193	2974	240
2001	11384	1453	1260	1223	4319	2897	232
2002	11626	1666	1300	1277	4362	2803	218
2003	11909	1851	1339	1334	7385	－	－
2004	12921	2335	1507	1433	7646	－	－
2005	13097	2557	1514	1483	7543	－	－
2006	13576	3141	1367	1580	7488	－	－
2007	14420	3484	1362	1778	7796	－	－
2008	14837	3879	1359	1809	7790	－	－

1987－2008年开平区党员年龄构成基本情况表

表15－3　　　　单位：人

<table>
<tr><th rowspan="2">项目
人数
年度</th><th rowspan="2">党员总数</th><th colspan="6">其中</th></tr>
<tr><th>25以下</th><th>26至35</th><th>36至45</th><th>46至55</th><th>56至60</th><th>60以上</th></tr>
<tr><td>1987</td><td>9447</td><td>403</td><td>1659</td><td colspan="2">3861</td><td colspan="2">3524</td></tr>
<tr><td>1988</td><td>10165</td><td>372</td><td>1470</td><td colspan="2">4347</td><td colspan="2">3976</td></tr>
<tr><td>1989</td><td>10854</td><td>410</td><td>1457</td><td colspan="2">4671</td><td colspan="2">4316</td></tr>
<tr><td>1990</td><td>11293</td><td>399</td><td>1379</td><td colspan="2">4941</td><td colspan="2">4574</td></tr>
<tr><td>1991</td><td>11671</td><td>387</td><td>1392</td><td colspan="2">5257</td><td colspan="2">4635</td></tr>
<tr><td>1992</td><td>8816</td><td>249</td><td>956</td><td colspan="2">4018</td><td colspan="2">3593</td></tr>
<tr><td>1993</td><td>9083</td><td>311</td><td>965</td><td>2267</td><td colspan="2">3025</td><td>2515</td></tr>
<tr><td>1994</td><td>9378</td><td>351</td><td>965</td><td>2228</td><td colspan="2">3184</td><td>2650</td></tr>
<tr><td>1995</td><td>9752</td><td>385</td><td>1066</td><td>2182</td><td colspan="2">3364</td><td>2755</td></tr>
<tr><td>1996</td><td>9897</td><td>389</td><td>1044</td><td>2168</td><td colspan="2">3604</td><td>2692</td></tr>
<tr><td>1997</td><td>10258</td><td>455</td><td>1149</td><td>2145</td><td colspan="2">3810</td><td>2699</td></tr>
<tr><td>1998</td><td>10542</td><td>395</td><td>1261</td><td>1952</td><td colspan="2">3714</td><td>3220</td></tr>
<tr><td>1999</td><td>10724</td><td>390</td><td>1242</td><td>1963</td><td colspan="2">3868</td><td>3261</td></tr>
<tr><td>2000</td><td>11031</td><td>405</td><td>1313</td><td>1946</td><td colspan="2">3924</td><td>3443</td></tr>
<tr><td>2001</td><td>11384</td><td>440</td><td>1356</td><td>1924</td><td colspan="2">3910</td><td>3754</td></tr>
<tr><td>2002</td><td>11626</td><td>447</td><td>1443</td><td>1906</td><td colspan="2">3991</td><td>3839</td></tr>
<tr><td>2003</td><td>11909</td><td colspan="2">2022</td><td>1941</td><td colspan="2">4082</td><td>3864</td></tr>
<tr><td>2004</td><td>12921</td><td colspan="2">2311</td><td>2110</td><td colspan="2">4428</td><td>4072</td></tr>
<tr><td>2005</td><td>13097</td><td colspan="2">2442</td><td>2258</td><td colspan="2">4370</td><td>4027</td></tr>
<tr><td>2006</td><td>13576</td><td colspan="2">2654</td><td>2392</td><td>2532</td><td>1800</td><td>4198</td></tr>
<tr><td>2007</td><td>14420</td><td colspan="2">2827</td><td>2752</td><td>2540</td><td>1930</td><td>4371</td></tr>
<tr><td>2008</td><td>14837</td><td colspan="2">2851</td><td>2994</td><td>2563</td><td>1988</td><td>4441</td></tr>
</table>

1987－2008年开平区党员民族构成基本情况表

表15－4　　单位：人

项目/人数/年度	党员总数	其中	
		汉族	少数民族
1987	9447	9345	102
1988	10165	10057	108
1989	10854	10731	123
1990	11293	11154	139
1991	11671	11519	152
1992	8816	8680	136
1993	9083	8944	140
1994	9378	9234	144
1995	9752	9608	144
1996	9897	9738	159
1997	10258	9993	265
1998	10542	10358	184
1999	10724	10538	186
2000	11031	10836	195
2001	11384	11163	221
2002	11626	11398	228
2003	11909	11681	228
2004	12921	12663	258
2005	13097	12884	253
2006	13576	13311	265
2007	14420	14146	274
2008	14837	14561	276

二、党员分布

1987年，在全区9447名党员中，从事农林牧渔业的党员5429名，占总数的57.5%；从事工业的党员1366名，占总数的14.5%；从事金融保险业的党员687名，占总数的7.3%；从事教科文卫体育的党员544名，占总数的5.8%；从事党政团体职业的党员919名，占总数的9.7%；从事其他行业的党员502名，占总数的5.3%。1993年，9083名党员中，从事农林牧渔业的党员3896名，占总数的42.9%；从事工业的党员1751名，占总数的19.3%；从事建筑业的党员83名，占总数的0.9%；从事交通邮电业的党员125名，占总数的1.4%；从事社会服务业的党员326名，占总数的3.6%；从事金融保险业的党员 81 名，占总数的 0.9%；从事房地产业的党员 82 名，占总数的 0.9%；从事教科文卫体育的党员 502 名，占总数的 5.5%；从事党政团体职业的党员 1329 名，占总数的 14.6%；从事其他行业的党员 838 名，占总数的 9.2%。2008 年，14837 名党员中，从事农林牧渔业的党员 4461 名，占总数的 30.1%；从事工业、建筑业、交通邮电业、社会服务业、金融保险业、房地产业、教科文卫体育的党员 2772 名，占总数的 18.7%；从事党政团体职业的党员 2810 名，占总数的 18.9%；从事其他行业的党员 4794 名，占总数的 32.3%。

1987 - 2008 年开平区党员行业分布构成基本情况表

表 15 - 5　　　　单位：人

项目 / 人数 / 年度	党员总数	职业分布										
		农林牧渔	工业	建筑业	交通邮电	社会服务	金融保险	房地产业	卫生体育	教科文	党政团体	其他
1987	9447	5429	1366	-	-	-	687	-	544		919	502
1988	10165	5563	1895	-	-	-	323	-	645		1036	703
1989	10854	6157	1189	-	-	-	300	-	561		1194	1453
1990	11293	6805	1163	-	-	-	325	-	593		1143	1264
1991	11671	6960	1223	-	-	-	316	-	587		1277	1308
1992	8816	3971	1188	-	-	-	473	-	480		1218	1486
1993	9083	3896	1751	83	125	326	81	82	502		1329	838
1994	9378	3773	1688	96	117	342	80	82	522		1475	1203
1995	9752	4022	1568	82	123	316	89	95	548		1446	1463
1996	9897	3789	1718	75	137	312	201	31	585		1474	1576
1997	10258	4459	1139	62	125	224	22	34	619		1620	1954
1998	10542	4137	1151	89	205	411	24	35	106	540	1681	2163
1999	10724	3800	923	63	214	227	23	38	110	507	1911	2908
2000	11031	3668	898	133	181	163	24	30	102	477	1969	3386
2001	11384	5416	796	70	180	137	40	27	83	511	2028	2096
2002	11626	4904	739	57	214	90	5	52	40	463	2034	3028
2003	11909	3598	323	81	62	1065	23	98	579		2064	3916
2004	12921	3775	325	84	71	1116	22	99	581		2164	4684
2005	13097	3802	320	84	69	1200	33	120	583		2168	4718
2006	13576	3957	2607								2224	4788
2007	14420	4102	3060								2379	4879
2008	14837	4461	2772								2810	4794

第二节　党员管理及党费收缴

一、党员管理

1988年起，开平区开展民主评议党员工作。5年间，每年参评率均在90%以上，1992年达到98%。活动的开展，促进了党的基层组织建设和党员队伍的思想建设，党的政治核心作用得到进一步加强，党员的先锋模范作用有显著提高。建立基层党组织生活会联络员制度，区委向基层党委派驻联络员，基层党委向基层支部派驻联络员。协助、指导基层党组织开好生活会，并健全“三会一课”制度。1989年，逐步推广党员联系户和党员服务组制度以及坚持党委报告制度、接待群众来信来访制度和党员议事会制度。1990年，区委发出《认真执行省委〈关于基层党组织领导干部民主生活会若干规定〉的通知》，要求各级党组织要严格执行领导干部民主生活会制度，提高生活会质量。是年，区委加强党委系统督查工作，区委办设立督查组，乡镇、区直党委、各单位设兼职督查员。并批转《建立特邀研究员制度的意见》，从各单位聘请30名同志为特邀研究员，还将督查和调查研究作为制度坚持下来。1996年，有计划、有步骤地抓好经常性培训教育工作，认真解决部分干部、党员作风不正，为政不廉，脱离群众，不起模范作用的问题，提高党员干部的思想政治素质。随着改革开放和社会主义市场经济的不断发展，针对党员的流动性越来越大，流动范围越来越广的新形势、新特点，区委组织部下发《关于进一步加强党员组织关系管理的暂行规定》，着力解决一些党员工作单位或居住地变更时，不能及时转接组织关系，不过党的组织生活；个别党员长期不交党费，不履行党员应尽的义务；有的党员长年不知去向，有名无人，成了挂名党员等问题。2003年，“非典”斗争中充分发挥各级党组织战斗堡垒作用和党员先锋模范作用。全区1万余名党员和领导干部，争做宣传员、防治员、联络员、消杀员、排查员、安全员、督导员，自觉战斗在防治非典第一线。2005－2008年，在530个基层党组织、深入开展以实践“三个代表”重要思想为主要内容的保持共产党员先进性教育活动。广泛开展党员“亮身份、定职责、树形象”为内容的“树旗帜、争先锋”活动。共有5869户农村共产党员户挂牌，占总数的98%；企业1470名党员戴牌上岗，占总数的99%；社区4500户党员户挂牌，占总数的93%；机关事业单位的党员全部摆设了党员先锋岗标志牌。

二、党费收缴

1993年，区委组织部下发《关于党费收缴、使用和管理的意见》。1995年，组织部在全区党员中开展为贫困失学儿童奉献爱心，交纳特殊党费活动，全区444个党（总）支部共交纳款项6117.2元。1997年，根据中央组织部组通字〔1994〕3号《关于共产党员交纳党费办法的规定》和省委组织部组通字［1992］52号《关于党费收缴、使用和管理的意见》精神，区委组织部下发《关于党费收缴、使用和管理的意见》，对党费收缴、使用、管理等方面做了明确规定。2003年，根据市委组织部通知精神，开平区进一步将党费收缴工作纳入规范化轨道，切实解决个别党员不按时、不按标准交纳党费的问题。2008年，“5·12”四川汶川发生特大地震灾害后，组织广大党员踊跃交纳“特殊党费”111.19万元。为认真贯彻执行中央组织部《印发〈关于中国共产党党费收缴、使用和管理的规定〉的通知》，严格规范党员交纳党费手续，从2008年7月开始，在全区党员中统一使用“中国共产党党费证”。

第三节　党员教育

一、思想理论教育

1987年，党员教育工作以学习贯彻中共十三大精神为重点，开展坚持四项基本原则，反对资产阶级自由化学习教育。通过召开全区形势政策报告会，举办专题广播节目和演讲会，利用区、乡（镇）党校开展农村党支部成员普训，增强贯彻执行中共十一届三中全会以来路线和各项方针政策的自觉性。1988年，开展社会主义初级阶段理论和党在改革中的新政策、新理论教育活动；进行机关党员、企业骨干、农村党员普训，举办学习社会主义初级阶段理论知识竞赛和党的“双基”知识竞赛。1989－1990年，开展“新时期党员138个怎么办”的学习和知识竞赛活动，对党员进行以党的宗旨、坚持社会主义道路、理想信念、群众路线、当好公仆为主要内容的夏季培训，推出了本区在全国产生良好影响的刘庄煤矿、半壁店村先进典型。缸窑乡党校被评为省级先进党校，开平镇和刘庄煤矿党校为市级先进党校。1992－1994年，以学习贯彻中共十四大精神，学习《邓小平文选》为重点，深入扎实开展中国特色社会主义理论教育、党性教育和社会主义市场经济知识教育活动。结合开展“奔小康建功立业”活动，提高党员思想素质和服务群众的能力。1995－1996年，组织开展当好小康建设先锋模范教育活动，重点开展“万名党员评选‘双十佳’、‘双十模’活动”，引导全区党员积极投身到小康社会建设中来，人人争当奔小康的先锋模范。1997－1999年，以学习贯彻中共十五大精神为重点，组织党员深入学习《邓小平建设有中国特色社会主义理论纲要》《学习建设有中国特色社会主义理论专题读本》，组织党员开展“双学”活动，观看大型图片展《红岩魂》，加深对建设有中国特色社会主义理论基本观点和党章基本要求的理解。地税局党总支、栗园镇于庄村党支部获评“唐山市党员学理论、学党章先进单位”，杨占起等4名同志获评先进个人。2000－2001年，深入开展“三讲”教育活动，组织以“两个面向”为主题开展解放思想大讨论和学习“三个代表”重要思想、“致富思源、富而思进”重要论述活动，全面提高党员干部的政治理论素质和执政能力。2002年，以学习贯彻中共十六大精神为主线，深入开展“三个代表”重要思想学习教育活动，“适应新形势、抓住新机遇，推动经济跨越式发展”为主题的解放思想大讨论活动，深化党员干部对十六大精神的理解。2003年，开展以“创新务实、奋勇争先，努力为唐山走在全省最前列做贡献”为主题的解放思想大讨论活动，增强党员推动发展、加快发展的自觉性和紧迫感。2004年，深入开展以“坚持科学发展观，谋求发展新突破，率先建成全面小康社会”为主题的思想教育活动，使党员干部强化加快发展、抢抓机遇、争先创新的意识。2005年，重点开展保持党员先进性学习教育活动，通过编发专题学习参考资料，开展“保持党的先进性，加强党的执政能力建设”“解放思想大讨论”主题征文活动，组织全区先进事迹报告会，不断增强党员党性观念和先锋意识。2006年，进行“融入城市中心、打造经济强区、建设和谐开平”主题调研讨论，开展以“坚持更快更好发展，加快构建和谐开平”为主题的解放思想大讨论活动，促进党员思想观念的解放，提高党员建设美好开平的主动性。同时，深入开展党员教育五项竞赛活动，3个党校被命名为市级“双强”示范基地。2007－2008年，围绕学习贯彻中共十七大精神，深入开展科学发展观学习教育、实践活动，组织全区广大党员干部认真学习《科学发展观重要论述摘编》《毛泽东、江泽民、邓小平论科学发展》、《科学发展100问》《我身边的科学发展》等4本教材，邀请中央党校经济学部副主任韩保江教授和经济学部微观室主任杨秋宝教授进行专题辅导，召开4场全区解放思想论坛，使党员对什么是科学发展观、为什么要科学发展、怎样科学发展等一系列的问题有了更深入的认识和理解，进一步明确科学发展的责任，理清科学发展思路。

二、电化教育

1992 年，组织部设立电教组，开展党员电化教育工作。1996 年改称电教科，2002 年更名为党员电化教育中心，2008 年整合为党员电化（远程）教育中心。累计投资 40 多万元，用于区、乡、村三级电教网络基础设施建设。乡镇、街道“两机一室”建点率达 100%，村级、社区建点率达 98% 以上。每月、每季度定期组织播放党教专题片。2004 年，在区有线电视台开办《开平党建》电视专栏。2008 年，先后录制了《情洒社区党旗红》《老夏的退休生活》《真情换得民心安》《扎根山村无怨无悔》《爱岗敬业爱心助学》《扶危济困鱼水情深》《立法为公执法为民》《青春化真情解开千家结》等 8 部人物事迹和先进性教育活动系列专题片。同时，制作其他类专题片 12 部、党建新闻 102 期、访谈节目 16 期。2008 年，新增农村党员干部现代远程教育工作职能，与原有的党员电化教育工作职能整合，开展农村党员干部现代远程教育工作。

三、专项教育

2000－2002 年，组织开展“三个代表”重要思想学习教育活动。制发《实施方案》，分三个阶段进行。按照中央和省、市、区委的安排部署，2008 年开始，组织开展科学发展观学习教育活动。为确保学习教育活动不走过场，组织部抓住学习、服务、评价三个重要环节，创设相应的“学习卡”、“服务卡”和“反馈卡”，并在机关宣传栏内设置“公开栏”。在学教活动中，组织实行每周例会轮流上党课制度，每名机关干部都上讲台、上党课。同时，每月开展深入基层一线调研活动，共组织各类调研活动 20 余次，撰写党的建设、组工干部管理等学教文章 40 多篇，征求党员群众意见建议 600 余条，为群众解决实际问题 200 余件，做到学用结合、学以致用。

第二章　党的代表大会

1989－2006 年，中共开平区委共召开 5 次代表大会，选举产生第三至七届委员会，确立新形势下开平区经济社会发展战略。

第一节　中共开平区第三第四次代表大会

一、中共开平区第三次代表大会

1989 年 12 月 18－21 日，中共开平区第三次代表大会在区委党校会议室召开。出席会议代表 199 名，占全区 10587 名党员的 1.8%。代表中领导干部 113 名，占代表总数的 56.7%；各类专业技术人员代表 34 名，占 17.2%；各条战线的先进模范人物代表 47 名，占 23.6%；公安武警代表 5 名，占 2.5%；少数民族代表 2 名，占 1%；妇女代表 38 名，占 19.1%；45 岁以下的代表 117 名，占 58.8%；高中以上文化的代表 108 名（其中大专以上 34 名），占 54.3%。大会的主要议程：一、听取和审议中共开平区第二届委员会工作报告；二、听取和审议区纪律检查委员会工作报告；三、选举产生中共开平区第三届委员会和纪律检查委员会。会上，杜仲勋代表中共开平区第二届委员会作题为《全区人民团结起来，在治理整顿和深化改革中夺取两个文明建设的新胜利》的工作报告，陈福田代表区纪委作题为《加强党的纪律，端正党的作风，保证治理整顿、深化改革顺利进行》的工作报告。大会审议通过以上两个报告，选举产生中共开平区第三届委员会委员30名、候补委员5名，纪律检查委员会委员15名。1989年12月22日，中共开平区第三届委员会召开第一次全体会议，以无记名投票方式差额选举产生常务委员9名，其中书记1名，副书记3名。

二、中共开平区第四次代表大会

1992年12月27－30日，中共开平区第四次代表大会在区委党校会议室召开。出席会议的代表136名，占全区党员8816名的1.5%。136名代表中，各级领导干部84名，占61.8%；妇女代表24名，占17.6%；少数民族代表6名，占4.4%；45岁以下的78名，占57.4%；高中文化以上的88名（其中大专以上38名），占64.7%。大会听取了杜仲勋代表中共开平区第三届委员会作的题为《面向市场，深化改革，夺取我区经济发展和各项事业建设的新成绩》的工作报告，安润亚代表区纪委作的题为《解放思想，更新观念，更好地为改革开放和发展经济服务》的工作报告。大会审议通过以上两个报告。大会根据党章的规定，经到会代表充分酝酿讨论，采取无记名投票方式，先进行差额预选，而后进行等额正式选举的办法，选举产生中共开平区第四届委员会委员30名、候补委员5名和中共开平区纪律检查委员会委员15名。

1992年12月30日，中共开平区第四届委员会第一次全体会议，以无记名投票方式差额选举常务委员会委员11名，其中书记1名，副书记3名。常务委员平均年龄45.6岁；妇女1名，占9.1%；大专以上文化的7名，占63.7%。

第二节　中共开平区第五第六第七次代表大会

一、中共开平区第五次代表大会

1998年3月9－12日，中共开平区第五次代表大会在区委党校会议室召开。出席会议的代表255名，占全区10542名党员的2.3%。代表中各级领导干部144名，占代表总数的56.5%；各类专业技术人员54名，占代表总数的21.2%；各条战线的先进模范人物53名，占代表总数的20.7%；解放军和武警部队代表4名，占代表总数的1.6%；妇女代表58名，占代表总数的22.7%；少数民族代表13名，占代表总数的5.1%；大专以上文化程度的79名，占代表总数的31%；年龄在45岁以下（含45岁）的代表136名，占代表总数的53.3%。会议听取王汉平代表中共开平区第四届委员会所作的题为《高举邓小平理论伟大旗帜为在本世纪末实现宽裕小康，2010年前基本实现现代化而奋斗》的工作报告，杨玉满代表中共开平区纪律检查委员会所作的工作报告，中共开平区委组织部关于党费收缴、使用和管理的报告。大会审议通过关于以上报告的决议，采取无记名投票方式，选举产生中共开平区第五届委员会委员30名、候补委员5名和中共开平区纪律检查委员会委员14名。

1998年3月12日，中共开平区第五届委员会第一次全体会议，以无记名投票方式差额选举常务委员会委员11名，其中书记1名，副书记3名。

二、中共开平区第六次代表大会

2003年4月7－9日，中共开平区第六次代表大会在开平会堂召开。出席会议的代表264名，占全区11909名党员的2.2%。代表中各级领导干部163名，占代表总数的61.7%；各类专业技术人员51名，占代表总数的19.3%；各条战线的先进模范人物47名，占代表总数的17.8%；解放军、武警代表3

名，占代表总数的1.2%；妇女代表61名，占代表总数的23.1%；少数民族代表11名，占代表总数的4.2%；大专以上文化程度的代表182名，占代表总数的69%，比上届提高了38个百分点；年龄在45岁以下（含45岁）的代表共有174名，占代表总数的65.9%。会议听取王洪胜代表中共开平区第五届委员会所作的题为《深入学习贯彻党的十六大精神，加快推进开平经济社会全面发展》的工作报告，杨清波代表中共开平区纪律检查委员会所作的工作报告。大会审议并通过以上两个报告。以无记名投票方式选举产生中共开平区第六届委员会委员31名、候补委员5名，纪律检查委员会委员13名。

2003年4月9日，中共开平区第六届委员会第一次全体会议，以无记名投票方式差额选举常务委员会委员10名，其中书记1名，副书记4名。

三、中共开平区第七次代表大会

2006年7月11－13日，中国共产党唐山市开平区第七次代表大会在开平会堂召开。出席会议的代表共244名，占全区13576名党员的1.7%。代表中有各级领导干部代表147名，占代表总数的60%左右；各类专业技术人员代表49名，占代表总数的20%左右；各条战线先进模范人物代表44名，占代表总数的18%左右；解放军、武警部队代表4名，占代表总数的2%左右；妇女代表56名，占代表总数的23%左右；少数民族代表12名，占代表总数的4.9%左右；具有大专以上文化程度的代表197名，占代表总数的81%左右，比上届提高了12个百分点；年龄在50岁以下（含50岁）的代表198名，占代表总数的81%左右。大会听取和审议通过中共唐山市开平区委第六届委员会的工作报告、中共唐山市开平区纪律检查委员会的工作报告，选举开平区出席唐山市第八次党代表大会代表。大会以无记名投票方式选举产生中共开平区第七届委员会委员35名、候补委员7名，纪律检查委员会委员15名。

2006年7月13日，中共开平区第七届委员会第一次全体会议，以无记名投票方式差额选举常务委员会委员11名，其中书记1名，副书记3名。常务委员平均年龄43岁；妇女2名，占18.2%；大专以上文化程度占100%。

1987－2008年开平区历届党的代表大会代表构成一览表

表15－6

项目 届次	代表总数	各级领导干部代表人数	占代表总数的比例	各类专业技术人员代表人数	占代表总数的比例	各条战线的先进模范人物代表人数	占代表总数的比例	解放军、公安武警代表人数	占代表总数的比例	少数民族代表人数	占代表总数的比例	妇女代表人数	占代表总数的比例	45岁以下代表人数	占代表总数的比例	50岁以下代表人数	占代表总数的比例	高中以上文化代表人数	占代表总数的比例	大专以上文化程度代表人数	占代表总数的比例
1989年中共开平区第三次代表大会	199	113	56.70%	34	17.20%	47	23.60%	5	2.50%	2	1%	38	19.10%	117	58.80%	-	-	74	37.20%	34	17.10%
1992年中共开平区第四次代表大会	136	84	61.80%	-	-	-	-	-	-	6	4.40%	24	17.60%	78	57.40%	-	-	50	36.80%	38	27.90%
1998年中共开平区第五次代表大会	255	144	56.50%	54	21.20%	53	20.70%	4	1.60%	13	5.10%	58	22.70%	136	53.30%	-	-	-	-	79	31%

续表15－6

届次＼项目	代表总数	各级领导干部代表人数	占代表总数的比例	各类专业技术人员代表人数	占代表总数的比例	各条战线的先进模范人物代表人数	占代表总数的比例	解放军、公安武警代表人数	占代表总数的比例	少数民族代表人数	占代表总数的比例	妇女代表人数	占代表总数的比例	45岁以下代表人数	占代表总数的比例	50岁以下代表人数	占代表总数的比例	高中以上文化代表人数	占代表总数的比例	大专以上文化程度代表人数	占代表总数的比例
2003年中共开平区第六次代表大会	264	163	61.70%	51	19.30%	47	17.80%	3	1.20%	11	4.20%	61	23.10%	174	65.90%	-	-	-	-	182	69%
2006年中共开平区第七次代表大会	244	147	60%	49	20%	44	18%	4	2%	12	4.90%	56	23%	-	-	198	81%	-	-	197	81%

第三章　组织机构

1987－2008年，中共开平区委第二至七届共6届全体委员会和常务委员会组成中共开平区领导机构，主持开平区委工作。1987－1992年，全区有基层党组织68个，其中，区直机关党委6个，乡镇、街道党委16个。1992年区划变动，1993年乡镇党委减少到7个，企业、学校基层党组织亦相应减少。1996年，岔道乡并入开平镇，乡镇党委减少到6个。

第一节　领导机构

1987年，中共开平区委第二届委员会，设常务委员8名。1989年12月，中共开平区第三次代表大会选举产生中共开平区第三届委员会，设委员30名、候补委员5名、常务委员9名。1992年12月，中共开平区第四次代表大会选举产生中共开平区第四届委员会，设委员30名、候补委员5名、常务委员11名。1998年3月，中共开平区第五次代表大会选举产生中共开平区第五届委员会，设委员30名、候补委员5名、常务委员11名。2003年4月，中共开平区委第六次代表大会选举产生中共开平区第六届委员会，设委员31名、候补委员5名、常务委员10名。2006年7月，中共开平区第七次代表大会选举产生中共开平区第七届委员会，设委员35名、候补委员7名、常务委员11名。2008年，中共开平区第七届委员会设常委11名。

1987－2008年开平区历届区委领导班子构成一览表

表15－7

项目 届次	姓名	性别	民族	职务	任职时间
中共开平区第二届委员会	巴连阁	男	汉族	常务委员书记	1987.1－1989.8
	杜仲勋	男	汉族	常务委员副书记	1987.1－1989.8；书记，1989.8－1989.12
	尚幸全	女	汉族	常务委员副书记	1989.8－1989.12
	艾雨霖	男	汉族	常务委员副书记	1987.1－1988.12
	张希维	男	汉族	常务委员副书记	1987.1－1987.10
	常德永	男	汉族	常务委员副书记	1989.10－1989.12
	陈福田	男	汉族	常务委员	1987.1－1989.12
	范锦鹏	男	汉族	常务委员	1987.1－1989.10
	赵连城	男	汉族	常务委员	1987.1－1989.10
	潘起来	男	汉族	常务委员	1987.1－1988.12；1989.10－1989.12
	李凌川	男	汉族	常务委员	1989.10－1989.12
	高开兰	男	汉族	常务委员	1988.12－1989.12
中共开平区第三届委员会	杜仲勋	男	汉族	常务委员书记	1989.12－1992.12
	尚幸全	女	汉族	常务委员副书记	1989.12－1992.12
	张希维	男	汉族	常务委员副书记	1989.12－1992.12
	常德永	男	汉族	常务委员副书记	1989.12－1992.12
	刘新柱	男	汉族	常务委员副书记	1992.12－1992.12
	孙战友	男	汉族	常务委员	1989.12－1992.12
	李凌川	男	汉族	常务委员	1989.12－1992.12
	陈福田	男	汉族	常务委员	1989.12－1992.12
	高开兰	男	汉族	常务委员	1989.12－1992.12
	潘起来	男	汉族	常务委员	1989.12－1992.12
	安润亚	男	汉族	常务委员	1992.12－1992.12
	于幼禾	男	汉族	常务委员	1992.12－1992.12
	冯振山	男	汉族	常务委员	1992.12－1992.12
中共开平区第四届委员会	杜仲勋	男	汉族	常务委员书记	1992.12－1998.1
	王汉平	男	汉族	常务委员副书记	1997.12－1998.1；书记，1998.1－1998.3
	尚幸全	女	汉族	常务委员副书记	1992.12－1995.2
	常德永	男	汉族	常务委员副书记	1992.12－1998.1
	刘新柱	男	汉族	常务委员副书记	1992.12－1998.1
	郑立波	男	汉族	常务委员副书记	1995.2－1997.1
	邱建华	男	汉族	常务委员副书记	1997.2－1998.3
	陈学军	男	汉族	常务委员副书记	1998.1－1998.3

续表15－7

项目 届次	姓名	性别	民族	职务	任职时间
中共开平区第四届委员会	李印新	男	汉族	常务委员副书记	1998.1－1998.3
	李凌川	男	汉族	常务委员	1992.12－1998.1
	高开兰	男	汉族	常务委员	1992.12－1996.2
	潘起来	男	汉族	常务委员	1992.12－1995.2
	孙战友	男	汉族	常务委员	1992.12－1996.3
	于幼禾	男	汉族	常务委员	1992.12－1995.2
	安润亚	男	汉族	常务委员	1992.12－1998.1
	冯振山	男	汉族	常务委员	1992.12－1998.3
	孙长平	男	汉族	常务委员	1995.2－1998.1
	赵玉林	男	汉族	常务委员	1996.2－1998.1
	钱洪禧	男	汉族	常务委员	1998.1－1998.3
	杨清波	男	汉族	常务委员	1998.1－1998.3
	杨玉满	男	汉族	常务委员	1998.1－1998.3
	何汇东	男	汉族	常务委员	1998.1－1998.3
	董建宝	男	汉族	常务委员	1998.1－1998.3
中共开平区第五届委员会	王汉平	男	汉族	常务委员书记	1998.3－2001.6
	陈学军	男	汉族	常务委员副书记	1998.3－2001.6；书记，2001.6－2003.3
	王洪胜	男	汉族	常务委员书记	2003.3－2003.4
	邱建华	男	汉族	常务委员副书记	1998.3－2003.3
	李印新	男	汉族	常务委员副书记	1998.3－2001.10
	高庆美	男	汉族	常务委员副书记	2001.6－2003.4
	解光第	男	汉族	常务委员副书记	2001.10－2003.4
	卢宏秋	女	汉族	常务委员副书记	2003.3－2003.4
	王新春	男	汉族	副书记	2003.4－2003.4
	何汇东	男	汉族	常务委员	1998.3－2001.10；副书记，2001.10－2003.4
	杨清波	男	汉族	常务委员	1998.3－2003.4；副书记，2003.4－2003.4
	李建生	男	汉族	常务委员	1998.3－2003.4
	杨玉满	男	汉族	常务委员	1998.3－2001.6
	冯振山	男	汉族	常务委员	1998.3－2000.6
	钱洪禧	男	汉族	常务委员	1998.3－2003.3
	董建宝	男	汉族	常务委员	1998.3－2003.4
	戚永和	男	汉族	常务委员	2000.12－2003.4
	王文彬	男	汉族	常务委员	2001.7－2003.4
	秦英臣	男	汉族	常务委员	2001.10－2003.4

续表 15－7

项目 届次	姓名	性别	民族	职务	任职时间
中共开平区第五届委员会	杨铁生	男	汉族	常务委员	2003.4－2003.4
	郑秀利	男	汉族	常务委员	2003.4－2003.4
	王跃飞	男	汉族	常务委员	2003.4－2003.4
中共开平区第六届委员会	王洪胜	男	汉族	常务委员书记	2003.4－2006.6
	刘建国	男	汉族	常务委员书记	2006.6－2006.7
	卢宏秋	女	汉族	常务委员副书记	2003.4－2006.7
	何汇东	男	汉族	常务委员副书记	2003.4－2006.4
	杨清波	男	汉族	常务委员副书记	2003.4－2006.4
	王新春	男	汉族	常务委员副书记	2003.4－2006.7
	王克先	男	汉族	常务委员副书记	2006.5－2006.7
	郑秀利	男	汉族	常务委员	2003.4－2006.6
	杨铁生	男	汉族	常务委员	2003.4－2006.4
	戚永和	男	汉族	常务委员	2003.4－2006.7
	秦英臣	男	汉族	常务委员	2003.4－2006.7
	王跃飞	男	汉族	常务委员	2003.4－2006.6
	张敬国	男	汉族	常务委员	2003.6－2005.6
	金九龙	男	满族	常务委员	2005.6－2006.7
	郑汉军	男	汉族	常务委员	2006.5－2006.7
	周立权	男	汉族	常务委员	2006.6－2006.7
	李春普	男	汉族	常务委员	2006.6－2006.7
	张雪梅	女	汉族	常务委员	2006.6－2006.7
中共开平区第七届委员会	刘建国	男	汉族	常务委员书记	2006.7－2008.4
	白春明	男	汉族	常务委员副书记	2007.6－2008.4；书记，2008.4－2008.12
	卢宏秋	女	汉族	常务委员副书记	2006.7－2007.6
	常庆久	男	汉族	常务委员副书记	2008.4－2008.12
	王克先	男	汉族	常务委员副书记	2006.7－2007.6
	王新春	男	汉族	常务委员副书记	2006.7－2007.11
	郑汉军	男	汉族	常务委员	2006.7－2008.7；副书记，2008.7－2008.12
	朱文礼	男	汉族	常务委员	2007.6－2008.12
	金九龙	男	满族	常务委员	2006.7－2008.12
	戚永和	男	汉族	常务委员	2006.7－2008.12
	秦英臣	男	汉族	常务委员	2006.7－2007.6
	周立权	男	汉族	常务委员	2006.7－2008.12
	李春普	男	汉族	常务委员	2006.7－2008.12

续表 15－7

届次＼项目	姓名	性别	民族	职务	任职时间
中共开平区第七届委员会	张雪梅	女	汉族	常务委员	2006.7－2008.12
	李泽明	男	汉族	常务委员	2007.6－2008.12
	苏广钧	男	汉族	常务委员	2007.6－2008.12

第二节　办事机构

一、常设工作机构

1987年11月至1992年11月，区委下设办公室、组织部、宣传部、统战部、政法委、农村工作部、老干部局、编委办公室、对台工作办公室、精神文明建设办公室、区直机关党委。并先后增设5个机构：区委调研室（后改政研室）、国防教育办公室（设在人武部）、社会治安综合治理办公室（与政法委合署办公）、机要室（后改称机要局）、党校。

1992年12月至1998年2月，区委常设工作机构13个，即：办公室、机要局（1996年7月并入办公室）、政策研究室（1993年5月撤销）、组织部、老干部局（1996年7月由组织部管理）、宣传部、精神文明办公室（1996年7月由宣传部管理）、统战部、台湾工作办公室（1993年5月撤销）、政法委员会、农村工作部（1996年7月撤销，成立农村工作委员会，1998年2月撤销，成立农村工作部）、机关党委（1996年7月撤销）、编委办公室（1996年7月挂靠人劳局）。另设有组织员办公室（设在组织部）、国防教育办公室（设在人武部）、社会治安综合治理办公室（与政法委合署办公），1995年8月，成立干部考核委员会，挂靠组织部，1996年，成立区委督查室，设在办公室。

1998年3月至2003年3月，区委常设工作机构有6个，即：办公室、组织部、宣传部、统战部、政法委、农村工作委员会。1998年12月，成立保密局，由办公室管理。2002年2月，农村工作部更名为农村工作委员会。2001年1月，处理邪教“法轮功”问题领导小组办公室成立，挂靠区委办公室，信访局由区委办公室、区政府办公室管理，以区委办公室管理为主。2002年4月，设置老干部局。

2003年4月至2008年，区委常设工作机构有：办公室、组织部、宣传部、统战部、政法委员会、农村工作委员会。

二、临时工作机构

1988年8月，成立专业技术拔尖人才评审小组、开平区知识分子工作领导小组。1989年1月，成立计划生育领导小组，2月成立征兵工作领导小组，6月成立农村妇女“双学双比”竞赛活动领导小组，10月成立廉政工作领导小组，11月成立民兵整组工作领导小组，12月成立扫除“六害”领导小组。1990年2月，建立清收乡镇企业拖欠款领导小组，7月成立创建国家级卫生城市指挥部，10月建立科技兴农领导小组，11月成立企业思想政治工作专业职务评定工作领导小组。1991年2月，成立治理“三乱”领导小组，3月成立“质量、品种、效益年”领导小组，4月成立清资挖潜领导小组，5月成立筹资领导小组，8月建立“双拥”领导小组，9月建立农村社会主义思想教育领导小组，12月成立五街小区拆迁领导小组。1992年3月，成立改革试点领导小组，5月建立农村党支部等级管理领导小组，6月成立转业干部预备役登记工作领导小组，9月建立农村社教工作领导小组，10月成立征兵工作领导小组。

1992 年 12 月至 1998 年 3 月，设立的临时工作机构有：少年儿童工作领导小组办公室、关心下一代工作委员会办公室、振兴开平立功竞赛领导小组办公室、发展个体私营经济领导小组办公室、“双拥”工作领导小组办公室、保密委员会办公室、流动人口计划生育管理领导小组办公室、军事设施保护委员会办公室、人民武装委员会办公室、矛盾纠纷排查治理领导小组办公室。

1998 年 4 月至 2003 年 4 月，设立的临时机构有：“双拥”工作领导小组、社区建设领导小组、计划生育“三结合”协调领导小组、经济责任审计领导小组、社会治安综合治理委员会、维护稳定领导小组、信访工作领导小组，“扫黄打非”领导小组、矛盾纠纷排查调处工作领导小组、处理邪教“法轮功”问题领导小组；2002 年 4 月，对部分领导机构和成员进行调整。

2003 年 5 月至 2008 年 12 月，先后成立的临时机构有：农村文明生态村镇建设领导小组及其办公室、社区建设领导小组及其办公室、预防和处置群体性事件工作领导小组及办公室、保持共产党员先进性教育活动领导小组及办公室、优化发展环境工作领导小组及办公室、税务庄街道河联工房小区改造工作领导小组及办公室、开平区第七届村委会换届选举工作领导小组、农村党组织换届选举工作领导小组及办公室。

三、直属事业单位

1987 年，设党史资料征集办公室（1996 年 7 月由区委办公室管理）、党校。1993 年，档案局（馆）列区委序列，为区委、区政府直属事业单位。2002 年 3 月，档案局由区委系列改为区政府直属事业机构。2003 - 2008 年，区委直属事业单位有党校、党史研究室（设在党校）。

四、派出机构

1996 - 2006 年 1 月，区委派出机构只有区直机关工作委员会。2006 年 2 月，将中共唐山市开平区开平街道委员会、中共唐山市开平区马家沟街道委员会、中共唐山市开平区税务庄街道委员会改建为中共唐山市开平区委开平街道工作委员会、中共唐山市开平区委马家沟街道工作委员会、中共唐山市开平区委税务庄街道工作委员会，为区委派出机构。

第三节　基层党组织

一、区直机关党的基层组织

1987 - 1992 年，区直机关党委 6 个，分别是区直机关党委、商业局党委、经委党委、文教局党委、公安局党委。1993 年，商业局党委改称商业总公司党委，是年 5 月，文教局党委改称教委党委，经委党委改称计经委党委。1996 年，成立区直机关党工委，为区委派出机构，领导区直机关党的工作，原区直机关党委撤销；教委党委改称教育局党委，计经委党委改称为工业总公司党委。1997 年，建立粮食局党委。1999 年，城建局党总支改建为党委。2002 年，区经济贸易局党委成立，工业总公司党委划归经济贸易局党委，煤炭管理局党委改建为党总支，商业总公司党委改称供销合作总社党委。2008 年，区委下发《中共唐山市开平区委关于调整区直单位党（工）委、党组设置的决定》，决定继续保留区直机关党工委、公安分局党委、城乡建设管理局党委、教育局党委；设立工业促进局党委、卫生党委，撤销供销合作总社党委。

二、事业单位党的基层组织

1987年11月，开平区事业单位党的基层组织（学校、医院）共有24个。1993年，由于区划变动，开平区所属学校有党支部20个。是年，成立半壁店育才学校，同时建立党支部。1997年，马家沟耐火材料厂子弟小学划归开平区教育局管理，并更名为东山小学，该支部也随之改称东山小学党支部。1998年，开平区所属学校党支部28个。撤销六十一中和六十六中两个中学党支部。2002年，开平区再次调整中、小学布局，撤销东山小学和四十八中两个学校党支部。2004年，根据中央关于“企业全面推进分离企业办社会职能”指示精神，开滦第十二中学、开滦第十四中学、马家沟第一小学、马家沟第二小学、马家沟第三小学、荆各庄矿小学、唐钢税东中学、税钢小学划归开平区，8所学校党支部随之划归教育局党委。2004年，开平区再次调整中小学布局，6所学校党支部也相应更名。2005年，唐山市自强中学、唐山市广播电视大学开平区分校建立党支部。

三、企业党的基层组织

1987年，开平区企业党的基层组织共有22个。1988年，屈庄煤矿党总支和东窑煤矿、东风煤矿、印子沟煤矿支部划归开平区。1995年7月，陡河水泥厂与燕南水泥厂合并组建渤海水泥总厂，同时建立渤海水泥总厂党委。2003年，区直属企业共有15个党委、总支、支部。2006年，开平区非公企业党委、总支共有9个。

四、街道党的基层组织

1981年，马家沟街道党委成立，属区委派出机构。1992年，随着区划变动，税务庄街道、二十二冶街道、荆各庄街道转属开平区委领导并成立陡电街道党委。1994年，恢复成立开平街道，同时建立开平街道党委。2001年，二十二冶街道机关及所辖居民整体迁往丰润区，并按行政区划范围接受当地政府领导。经唐政函〔2002〕54号文件批复，2002年，撤销二十二冶街道建制。

2006年，开平区委将开平街道党委、马家沟街道党委、税务庄街道党委改建为开平街道党工委、马家沟街道党工委、税务庄街道党工委。

五、农村党的基层组织

1987年11月，开平区有12个乡、镇党的基层委员会：开平镇党委、果园乡党委、梁家屯乡党委、女织寨乡党委、越河乡党委、岔道乡党委、洼里乡党委、双桥乡党委、栗园乡党委、郑庄子乡党委、傅家屯乡党委、缸窑乡党委。1992年，随着区划变动，果园乡党委、傅家屯乡党委划归路北区，梁家屯乡党委、女织寨乡党委划归路南区，撤销缸窑乡党委。

1993年，栗园乡撤乡建镇，同时建立栗园镇党委。1994年，开平镇半壁店村党总支改建为开平镇半壁店村党委。1996年，岔道乡撤销，整体并入开平镇，开平镇党委随之增加13个村党总支、支部。

2007年，开平区撤销郑庄子乡、洼里乡、越河乡、双桥乡，建立郑庄子镇、洼里镇、越河镇、双桥镇。随之撤销4个乡党委，建立4个镇党委。

1987－2008年开平区党的基层组织情况统计表

表15－8

年度	项目	合计	农林牧渔业	工业	交通邮电	建筑业	社会服务	金融保险业	商业物资	房地产业	卫生体育	教科文	党政团体	其他
1987	党委	17	–	1		–	–	1	–	–	1		14	–
	总支	54	35	16		–	–	2	–	–	1		3	–
	支部	619	295	123		–	–	32	–	–	50		74	45
1988	党委	21	–	1		–	–	1	–	–	2		17	–
	总支	55	34	14		–	–	3	–	–	–		4	–
	支部	638	333	107		–	–	31	–	–	53		77	37
1989	党委	21	–	1		–	–	1	–	–	2		14	–
	总支	54	37	11		–	–	2	–	–	1		3	–
	支部	627	324	90		–	–	32	–	–	46		86	49
1990	党委	21	–	2		–	–	1	–	–	2		15	1
	总支	57	41	6		–	–	2	–	–	2		3	3
	支部	627	283	102		–	–	32	–	–	57		78	75
1991	党委	21	–	2		–	–	1	–	–	2		15	1
	总支	55	43	3		–	–	2	–	–	–		5	2
	支部	617	292	85		–	–	41	–	–	50		80	69
1992	党委	18	–	–		–	–	1	–	–	2		15	– –
	总支	34	19	4		–	–	2	–	–	1		7	1
	支部	488	151	90		–	–	33	–	–	39		83	92
1993	党委	19	–	–	–	–	–	–	1	–	2		16	–
	总支	28	17	4	1	–	–	–	2	1	1		2	–
	支部	506	169	95	3	6	–	3	34	6	44		80	66
1994	党委	20	1	–	–	–	–	–	1	–	2		16	–
	总支	30	18	4	1	–	–	–	2	1	1		3	–
	支部	508	166	88	4	6	–	3	32	6	45		83	76
1995	党委	24	1	1	1	–	–	–	1	–	2		18	–
	总支	28	18	1	1	–	–	–	1	1	1		5	–
	支部	494	158	84	4	5	–	4	29	7	45		85	73
1996	党委	20	2	1	1	–	–	–	1	–	1		14	–
	总支	32	21	1	1	–	–	–	1	1	1		6	–
	支部	490	150	80	5	5	–	2	28	4	41		97	78

续表 15－8

年度	项目	合计	农林牧渔业	工业	交通邮电	建筑业	社会服务	金融保险业	商业物资	房地产业	卫生体育	教科文	党政团体	其他
1997	党委	22	2	1	1	－	－	－	1	－	1		16	－
	总支	33	19	5	1	－	－	－	－	1	1		6	－
	支部	567	248	22	13	3	－	2	19	4	28		147	81
1998	党委	23	2	－	1	－	－	－	－	－	－	1	19	－
	总支	33	19	4	1	1	－	－	－	1	1	1	5	－
	支部	529	135	63	18	6	22	3	－	7	11	32	145	87
1999	党委	24	2	－	1	－	－	－	－	－	－	1	20	－
	总支	30	18	3	2	－	－	－	－	1	1	1	4	－
	支部	521	173	64	23	4	15	1	－	4	9	30	103	95
2000	党委	24	2	－	1	－	－	－	－	－	－	－	21	－
	总支	37	19	4	1	1	－	－	－	－	－	－	12	－
	支部	569	162	90	22	15	15	1	－	3	7	29	121	104
2001	党委	28	2	－	1	－	－	－	－	－	－	－	19	6
	总支	44	20	－	1	14	－	－	－	－	－	1	10	8
	支部	557	167	89	20	6	2	1	－	3	8	30	126	95
2002	党委	26	2	－	1	－	－	－	－	－	－	－	18	5
	总支	54	21	3	1	－	－	－	－	－	－	1	14	14
	支部	543	158	91	24	5	10	1	－	3	9	27	121	94
2003	党委	19	－	－	－	－	－	－	－	－	－	－	17	1
	总支	54	21	1	－	－	1	－	－	－	－	－	31	－
	支部	546	132	14	5	9	90	2	－	5	2	40	247	－
2004	党委	20	－	2	－	－	－	－	－	－	－	－	17	1
	总支	53	19	1	－	－	1	－	－	－	－	－	32	－
	支部	553	132	16	9	12	62	2	－	6	3	41	250	20
2005	党委	31	－	2	－	－	－	－	－	－	－	－	17	12
	总支	39	16	1	－	－	1	－	－	－	－	－	21	－
	支部	546	132	9	3	5	72	3	－	5	2	65	230	20
2006	党委	27	－	2	－	－	－	－	－	－	－	－	17	8
	总支	39	19	－	－	－	－	－	－	－	－	－	5	15
	支部	535	169	－	－	－	－	－	－	－	6	1	53	－
2007	党委	28	2	－	－	－	－	－	－	－	－	－	17	9
	总支	42	22	－	－	－	－	－	－	－	－	－	5	－
	支部	546	191	－	－	－	－	－	－	－	－	－	53	－

续表 15－8

年度	系统/项目	合计	农林牧渔业	工业	交通邮电	建筑业	社会服务	金融保险业	商业物资	房地产业	卫生体育	教科文	党政团体	其他
2008	党委	29	2	－	－	－	－	－	－	－	－	－	17	10
	总支	42	21	－	－	－	－	－	－	－	－	－	11	－
	支部	526	191	－	－	－	－	－	－	－	－	－	47	－

1987－2008 年开平区省优秀基层党组织一览表

表 15－9

受表彰年度	受表彰基层党组织名称	被授予荣誉称号	表彰单位
1996 年	开平区开平镇半壁店村党委	先进基层党组织	河北省委
2000 年	开平区开平镇半壁店村党委	先进基层党组织	河北省委
2001 年	开平区开平镇半壁店村党委	先进基层党组织	河北省委
2006 年	开平区开平镇半壁店村党委	先进基层党组织	河北省委
2006 年	开平区开平街道党工委	先进基层党组织	河北省委

第四章　发展战略

1987 年以来的 22 年间，历届区委坚持解放思想，改革开放，牢牢把握发展这个硬道理，以经济建设为中心，从本区实际出发，全力实施城郊型经济发展战略、工业富民强区战略和小康带动战略，坚持经济建设和政治文明、精神文明建设两手抓，努力实现“融入城市中心，打造经济强区，建设和谐开平”的奋斗目标。

第一节　城郊型经济发展战略

早在改革开放初期，开平区就从自身区位优势出发，确立“以乡镇企业为主体，以种植业、养殖业为两翼，依托城市、服务城市、富裕农村”的经济发展战略，并取得显著成效。1987 年，区委书记巴连阁在区委二届三次全会上代表区委，再次重申“坚持服务城市、富裕农村，发展完善城郊型经济体系”的发展思路。经过一年多全区上下的努力实践，1989 年，作为全区支柱行业的乡镇企业“四轮驱动”，实现产值近 7.4 亿元，比上年增长 46%；蔬菜保护地发展到 7200 多亩，鱼、肉、蛋、奶等副食品基地建设发展迅速，为丰富市民的“菜篮子”做出新的贡献。为强化对城郊型经济发展战略的认识，1991 年，区委要求在新形势下要正确处理好外延与内涵、积累与发展、生产和流通的关系，提高城郊型经济的质量与水平。1992 年，实现治理整顿以来的又一次发展高潮。“两高一化”农业成效明显，蔬菜保护地发展到 1.95 万亩，其中大棚菜 1.15 万亩，不仅满足了唐山市民的需求，而且还有 2000 多万公斤销往东北市场；乡镇企业总产值突破 13 亿元，比上年增长 41.84%。为进一步完善城郊型经济体系，2000

年，区委五届五次全委会议（扩大）提出，“以三带四”的发展思路。即强化突破一产、优化提高二产、加速发展三产，加快推进农业产业化经营、企业技术改造、新项目建设和非公有制经济发展。2003 年，区委本着与时俱进的精神，又把城郊型经济提升到“农业产业化、工业现代化、乡村城市化”的新高度。

第二节　工业富民强区战略

20 世纪 80 年代初，开平区委就确立了以乡镇企业为主体的经济发展路子，到 1992 年的 10 多年间，虽然先后经历经济调整、宏观调控和治理整顿三次大的调整，全区乡镇工业仍呈现出高速发展态势。在治理整顿的 1988 年，区委二届四次全委（扩大）会议提出“以提高经济效益为中心，全面深化改革，加强企业管理，持续稳步发展经济”的指导思想。1989 年，中共开平区第三次党代会报告中，明确提出“认真抓好区街工业、乡镇企业治理整顿和深化改革”的同时，大力“发展多种经济成分，实现经济的全面发展”。1991 年，区委制订下发《关于完善乡村集体企业承包分配制度的意见》和《关于乡镇企业人才招聘及管理暂行规定》，推动全区工业在改革中稳步发展。1992 年，中共开平区第四次党代会上提出：“继续加速发展乡镇企业，扬长避短，朝着规模化和区域化方向发展，提倡走集团化发展之路，使乡镇企业更好地适应市场经济的要求”。1993 年，区委提出“发挥优势，突出重点，实现三上”，即发挥城郊型经济优势，突出行业重点、区域重点和产业重点，实现上规模、上水平、多种经济成分一齐上。

1996 年，在确定开平区“九五”经济社会发展规划的指导方针中，区委要求，坚持以国有企业改革为突破口，带动集体乡镇企业，加快建立健全现代企业制度，优化资产配置，加强企业管理，提高企业素质，增强企业活力。1998 年，区委五届五次全会着重强调，调整优化第二产业，强化“四改”（改革、改组、改造、改善管理），提高工业经济的总体水平。2003 年，区委六届二次全会确定加快推进产业结构调整，不断提高工业经济的整体竞争力，重点抓好 200 万吨钢联项目等 5 项强区工程。2005 年，区委决定开展“项目建设年”活动，深化推进工业结构调整，促进新型工业化。2006 年，区委六届六次全体会议通过《关于发展国民经济和社会发展“十一五”规划的建议》，确立“工业立区、项目强区、开放活区和可持续发展”战略。走新型工业化道路，推进工业结构优化升级。

第三节　小康建设带动战略

1990 年 6 月，中共唐山市委印发《关于认真学习半壁店经验的通知》，并印发唐山市委、开平区委联合调查组对半壁店村的调查报告《新农村建设的蓝图正在这里展现》。为深入贯彻落实市委通知精神，1991 年 7 月，在区委三届四次全委（扩大）会议上，区委书记杜仲勋向全区党员干部发出号召：“提前三至五年实现小康，并争取早日跨入全国先进县区行列”，是年在全区开展以学习半壁店村为主要内容的“五〇工程”建设，即从全区范围内选择 50 个集体经济比较发达的村，作为重点率先发展，带动全区农村发展壮大集体经济，提高人民生活水平。1992 年，区委组织全区党员、干部和广大群众，深入学习邓小平视察南方重要讲话，进一步破除“小进则满、小富即安”的小农意识，思想大解放，带来经济跨越式发展，加速了小康区建设进程。经过 3 年坚持不懈的努力，1994 年，全区小康建设迈出决定性一步，农民人均纯收入达到 1906 元，按省、市标准，117 个村被区委、区政府命名为小康村，占总村数的 88%，6 个乡镇及开平区均已具备小康乡镇、小康区条件。1995 年 4 月，开平区小康建设工作通过综合验收，成为河北省首批小康县（区）。1996 年，区委四届七次全体（扩大）会议确定了全区“九五”计划基本指导方针，着重提出以建设金星小康区为目标，使农民由小康走向富裕。1997 年，制定开平区《宽裕小康建设规划纲要（草案）》，规划到 2003 年实现宽裕小康区目标。进入 21 世纪，区委围绕实现经济发展、社会稳定、人民生活水平提高“三大目标”，确定“面向新世纪、建设新开平、增创新优势、再铸新辉煌”的总体发展战略。2002 年，在经济持续快速发展的同时，城市建设发生显著变化，精神文明建设呈现新的气象。2003 年，中共开平区第六次代表大会，提出加快农业产业化、工业现代化、乡镇城市化进程，建设更加繁荣美好的新开平。加快推进物质文明、政治文明、精神文明的协调发展。2006 年，区委在《关于制定国民经济和社会发展“十一五”规划的建议》中提出，提升城市化水平，建设资源节约型社会，构建和谐文明开平，实现在全市率先建设全面小康社会的奋斗目标。2007 年，区委七届三次全体（扩大）会提出“融入城市中心，打造经济强区、建设和谐开平”的总战略和“建设充满活力、适宜人居、富有特色的中心城区”的总目标。2008 年，全区实现地区生产总值 112.5 亿元，人均生产总值 45583 元，折合 6448 美元，实现了向宽裕型小康的跨越。

第五章　纪律检查

中共唐山市开平区纪律检查委员会（以下简称区纪委）在中共唐山市开平区委和中共唐山市纪律检查委员会双重领导下进行工作。区纪委的主要任务是：维护党的章程和其他党内法规，检查党的路线、方针、政策和决议的执行情况，协助党的委员会加强党风建设和组织协调反腐败工作。

第一节　组织机构

1985 年 12 月，选举产生区纪委。1993 年 4 月，区纪委与区政府监察机关合署办公，组建区纪委、区监察局。

一、领导机构

1987－2008 年历届纪委领导班子构成一览表

表 15－10

项目＼届次	姓名	职务	性别	民族	任职时间
第一届（1987.1－1989.12）	陈福田	书记	男	汉	1987.1－1989.12
	吕仕顺	副书记	男	汉	1987.1－1988.5
	李凌川	副书记	男	汉	1987.1－1989.10
	安润亚	副书记	男	汉	1989.4－1989.12
	赵　文	副书记	男	汉	1989.11－1989.12
	郑仕清	常务委员	男	汉	1987.1－1989.12
	李一兵	常务委员	男	汉	1987.1－1989.3

续表 15－10

项目＼届次	姓名	职务	性别	民族	任职时间
第二届（1989.12－1992.12）	陈福田	书记	男	汉	1989.12－1992.12
	安润亚	副书记	男	汉	1989.12－1992.12
		书记（增补）			1992.12 任
	赵　文	副书记	男	汉	1989.12－1990.12
	尹福荣	常务委员	男	汉	1989.12－1992.12
	孙凤清	常务委员	男	汉	1989.12－1992.12
	孙金良	常务委员	男	汉	1989.12－1992.2
	张春玲	常务委员	女	汉	1989.12－1992.2
	李援助	副书记（增补）	男	汉	1992.10－1992.12
	宋仁礼	常务委员（增补）	男	汉	1992.2－1992.12
	金守文	常务委员（增补）	男	汉	1992.2－1992.10
	王巧玲	常务委员（增补）	女	汉	1992.2－1992.12
	张作利	常务委员（增补）	男	汉	1992.12 任
第三届（1992.12－1998.3）	安润亚	书记	男	汉	1992.12－1998.1
	李援助	副书记	男	汉	1992.12－1995.7
	宋仁礼	常务委员	男	汉	1992.12－1998.3
	赵文	常务委员	男	汉	1992.12－1995.11
	常新欢	常务委员	男	汉	1995.12－1998.3
	孙凤清	常务委员	男	汉	1992.12－1995.11
	王巧玲	常务委员	女	汉	1992.12－1998.3
	杨玉满	书记（增补）	男	汉	1998.1－1998.3
	张克伟	副书记（增补）	男	汉	1995.11－1998.3
第四届（1998.3－2003.4）	杨玉满	书记	男	汉	1998.3－2001.6
	张克伟	副书记	男	汉	1998.3－1998.9
	宋仁礼	副书记	男	汉	1998.3－2002.2
	杨玉满	常务委员	男	汉	1998.3－2001.6
	王巧玲	常务委员	女	汉	1998.3－2000.3
	任建新	常务委员	男	汉	1998.3－2003.4
		副书记（增补）			2002.2－2003.4
	麻彩有	常务委员	男	汉	1998.3－2001.8
	杨建文	常务委员	男	汉	1998.3－2000.12
		副书记（增补）			1998.9－2000.12
	高庆美	书记（增补）	男	汉	2001.6－2003.4

续表 15－10

届次/项目	姓名	职务	性别	民族	任职时间
第四届（1998.3－2003.4）	杨清波	书记（增补）	男	汉	2003.4 任
	刘洪双	副书记（增补）	男	汉	2002.2－2003.4
	孙学英	常务委员（增补）	女	汉	2000.4－2003.4
	张志军	常务委员（增补）	男	汉	2000.4－2003.4
	李军	常务委员（增补）	男	汉	2002.2－2003.4
	苗卫东	常务委员（增补）	男	汉	2002.2－2003.4
第五届（2003.4－2006.7）	杨清波	书记	男	汉	2003.4－2006.4
	刘洪双	副书记	男	汉	2003.4－2006.7
	任建新	副书记	男	汉	2003.4－2004.8
	张志军	常务委员	男	汉	2003.4－2006.7
		副书记（增补）			2004.8－2006.7
	孙学英	常务委员	女	汉	2003.4－2006.7
	李军	常务委员	男	汉	2003.4－2006.7
	苗卫东	常务委员	男	汉	2003.4－2006.7
	王克先	书记（增补）	男	汉	2006.5－2006.7
	于海涛	副书记（增补）	男	汉	2004.8－2006.7
第六届（2006.7－2008.12）	王克先	书记	男	汉	2006.7－2007.6
	张志军	副书记	男	汉	2006.7－2007.10
	于海涛	副书记	男	汉	2006.7－2008.12
	孙学英	常务委员	女	汉	2006.7－2008.12
	李　军	常务委员	男	汉	2006.7－2006.10
	苗卫东	常务委员	男	汉	2006.7－2008.10
	周久仓	常务委员	男	汉	2006.7－2008.10
	张雪梅	书记（增补）	男	汉	2007.6－2008.12
	王立军	副书记（增补）	男	汉	2007.10－2008.12
	李瑞金	常务委员（增补）	女	汉	2007.6－2008.12
	李艳云	常务委员（增补）	女	汉	2008.11－2008.12
	李　鹏	常务委员（增补）	男	汉	2008.11－2008.12

二、工作机构

1988 年 8 月，区纪委下设 4 个工作机构，即：办公室、信访科、检查科、审理科。1991 年 12 月 10 日，根据中纪发〔1988〕8 号文件精神，将检查科、信访科和审理科改为检查室、控告申诉室和审理室。1993 年 4 月 22 日，区纪委、监察局合署办公后，设立 6 个室，即：办公室、党风廉政建设室、审理室、执法监察室、信访室、纪检监察室。2008年10月，增设纠风效能室和电化教育管理办公室。

三、派出机构

2006年2月，开平街道、马家沟街道、税务庄街道党委改建为党工委后，街道纪委也随之改建为纪工委，作为区纪委的派出机构，受区纪委和所在党工委的双重领导。2008年10月，区级纪检监察派驻机构改革，撤销派驻部分单位的纪律检查组，设立5个纪工委。即：中共唐山市开平区纪委第一工作委员会、中共唐山市开平区纪委第二工作委员会、中共唐山市开平区纪委第三工作委员会、中共唐山市开平区纪委第四工作委员会、中共唐山市开平区纪委第五工作委员会。第一纪工委、第二纪工委面向镇（街道）工作，第三纪工委、第四纪工委、第五纪工委面向区直部门工作。第一纪工委、第二纪工委，各编制3人，分别设书记1人，副书记1人，专职委员1人。第三纪工委、第四纪工委、第五纪工委各编制5人，分别设书记1人，副书记2人，专职委员2人。到2008年12月，区纪委共有派出机构8个。

第二节　廉政建设

一、制度建设

1988年，印发《开平区党员干部廉洁九例的通知》。1993－1998年初，突出抓好制度建设．除严格执行中纪委的各项制度规定外，根据全区实际，先后制订《关于清纠领导干部超标准占用公有住房的具体规定》《关于企业产权制度改革中若干纪律的规定》等12项规定。同时，建立各级党委一把手抓党风廉政责任制制度。1998年以后，为切实强化责任制的落实，区委、区政府成立落实党风廉政建设责任制领导小组，制订下发《关于加强区领导班子党风廉政建设的意见》《关于落实从严治党方针的实施意见》以及《党风廉政建设责任制考核办法》，进一步完善协调、监督、考核、追究4项机制，全区形成上下贯通、党政齐抓共管的责任网络体系，调动了各级、各部门抓反腐败工作的积极性。同时，1995年以来建立并实行领导干部收入申报、礼品登记、国有企业招待费向职代会报告等3项制度，全区科级以上干部进行礼品登记和收入申报，多数国有企业实行业务招待费向职代会报告制度。党内监督的五项制度在全区得到落实。2001年，下发《关于对领导干部收受有关单位和个人的现金、有价证券进行集中清纠的通知》。2002年，为切实纠正乡镇领导干部“走读”现象，制订《关于加强对乡镇干部管理的规定》。2003年，下发《关于在领导干部中开展“诺廉、述廉、评廉、考廉”工作的实施意见》，在全区科级干部中推行“四廉”制度。狠抓“六个不准”“五个从严控制”“四个严禁”规定的落实，严格执行领导干部重大事项报告制度。

二、廉政检查

2001年，区纪委定期召开党风廉政建设工作汇报会，各乡（镇）、街道、区直各单位作工作汇报，区纪委、监察局做工作部署。年底，区纪委、监察局组成考核小组，对全区各单位进行年度党风廉政建设工作考核，分别评出先进单位、达标单位和较差单位，促进党风廉政建设的发展。

1993年1月至1997年12月，加强领导干部廉洁自律工作，对重点问题进行专项清理。全区共有487名副科级以上领导干部，在专题民主生活会上对照廉洁自律有关规定进行自查自纠。全区党政机关共清理出超标准小汽车8辆，9名领导干部违反规定建房住房问题得到纠正。通过严格招待制度、加强检查和严堵吃喝财源等措施，全区党政机关及国有企业事业单位招待费明显减少。

1997年，认真贯彻落实党中央、国务院关于厉行节约、制止奢侈浪费行为的规定，取得一定成效，停建、缓建办公楼5项，取消、压缩会议59次，节约资金610万元。

1998－2002年，每年抓住一两项群众反映强烈的问题进行专项治理，相继对领导干部公款安装住宅电话和购买移动电话、公款吃喝玩乐、奢侈浪费、违规用车、到风景名胜区开会旅游、公款配备家用电脑及支付上网费用、领导干部离退休后的从业行为和配偶、子女经商办企业以及领导干部收受有关单位和个人现金、有价证券等问题进行集中清纠。在重点抓好党政机关的同时，还向农村、企业和基层延伸，规范农村干部生活费补贴和农村财务收支行为，取消村级招待。5年间，全区共节省招待费380万元。

自2005年起，持续开展专项资金综合治理工作，审计资金3.3亿元，纠正违规资金150余万元。

2007年，深入开展治理商业贿赂专项工作。2008年，开展“小金库”专项治理工作，规范党政机关经营性资产管理；认真开展清理纠正“小灵通”专项治理工作，清纠违规“小灵通”18部。

第三节　党风党纪教育与违法违纪查处

一、党风党纪教育

1988年，开展“两个考验”教育活动，区纪委对9名党政机关干部廉洁奉公的典型事迹以《通报》的形式在全区进行表扬。1989年，利用《通报》、纪检简报、广播等多种形式，宣传、推广20名党员干部艰苦奋斗、廉洁奉公、秉公执法的先进事迹；筛选19件区内查处的典型违纪案件，通报全区；组织区直各党委广大党员观看《倪献策案》等典型案件的录像。

1990－1992年底，组织党内六个法规的学习活动。共举办党内法规辅导培训120多场次，培训骨干3600多人次，印发辅导材料300多份、《党内有关法规文件汇编》7000多册。对全区党员进行法规测验考试，其中副科级以上党员干部345人参加考试，受教育面达到90%以上。

1993－1998年初，以党风廉政教育月、每周一题、党纪政纪条规知识竞赛等形式，对党员干部进行党性党风党纪教育。结合“双学”“三讲”活动，对47个党风廉政先进集体和70名廉政建设先进个人进行表彰。

1998－2002年，按照“八个坚持、八个反对”的要求，以“三讲”教育和“三个代表”重要思想学教活动为契机，全面加强党风教育。组织党员干部系统学习《中国共产党纪律处分条例（试行）》《中华人民共和国行政监察法》以及中央、省、市制定的党纪条规和廉洁自律各项规定。借鉴“三讲”教育经验，在全区国有集体企业开展“四集中”廉政教育月活动。在纪念建党八十周年之际，专门组织“清风颂”大型文艺会演。广泛开展“十佳廉政公仆”“农村廉政勤政典型”和“双廉”等评选表彰活动，评选出46名廉勤兼优先进个人。以案施教，进行警示教育，召开公开处理大会5次，对14起典型案件进行公开处理和通报。

2003年之后，党风党纪教育形式更加丰富。开展“为民、务实、清廉”主题教育活动。建立并严格执行新任乡科级干部集体廉政谈话制度。先后举办“清风颂歌”反腐倡廉文艺会演、“廉政清风”书画展和反腐倡廉文艺会演。积极推进廉政文化建设，全区共建成廉政文化试点村17个、试点社区7个、党风廉政宣传教育活动室24个、宣传橱窗16个、宣传展牌114块。2008年9月，创新推出“廉政论坛”，采取“一人论大家谈专家评”的形式，打造了全景式廉政宣教模式。第一期廉政论坛在区公安分局举办，被新华网等媒体报道。

二、违法违纪查处

1987－1988年，认真贯彻执行党中央关于“端正党风要从具体案件抓起”的方针。查处各类违纪案件 40 件，共处分党员 51 人。1989 年，把查处违纪案件作为端正党风，加强党风廉政建设的重要措施，当年共立案查处 33 件，是 1988 年的 3.67 倍。

1990 - 1992 年，本着为经济建设服务，正确处理保护、支持改革开放与查处案件的关系，协同审计、工商、税务、检察等执纪执法部门和单位，共查处党员违纪案件 63 件，处分党员 68 人，其中副科级以上干部 13 人。

1993 年，区纪委、监察局合署办公后，至 1998 年，全区纪检监察机关共立案查处违纪案件 80 件，处分违纪党员干部 72 人，其中副科级以上干部 11 人，移送司法机关 6 人。开展剖析亏损企业、深挖经济“蛀虫”工作，累计剖析各类亏损企业 16 家，查处违纪厂长（经理）7 人，为国家挽回经济损失 162 万元。同时还严肃查处 19 名党员干部参与赌博、嫖娼等败坏社会主义道德的违纪案件，净化党风、政风。

1999 - 2003 年，以党政领导机关、行政执法机关、司法机关、经济管理部门为重点，严肃查处贪污贿赂、腐化堕落、严重失职渎职以及农村党员干部违法施政等违纪违法案件。5 年间，共立案查处违纪违法案件 124 件，涉及违纪金额万元以上的大案和科级干部要案 55 件。2001 年，区纪委监察局会同区委组织部、区劳人局对 1997 年 1 月至 2000 年 12 月，全区纪检监察机关查处的违纪违法案件及党政纪处分决定执行情况进行全面检查，针对检查中发现的问题进行整改。

2003 - 2006 年，集中力量查办滥用权力谋取非法利益和侵害群众利益、破坏发展环境的案件。全区纪检监察机关共立案查处各类违纪违法案件 92 件，处分党员干部 92 人，挽回经济损失 260 余万元。2007 - 2008 年，共立案查处各类违纪违法案件 46 件，为国家、集体挽回经济损失 120 余万元。

1987 - 2008 年开平区处分违纪党员情况表

表 15 - 11

年度	处分党员数	开除党籍	留党察看	撤销党内职务	严重警告	警告
1987	44	7	14	0	13	10
1988	8	3	1	0	2	2
1989	30	4	9	1	3	13
1990	33	9	6	1	6	11
1991	22	3	2	1	8	8
1992	14	5	3	1	4	1
1993	8	4	0	1	0	3
1994	13	0	4	1	2	6
1995	11	4	3	0	2	2
1996	12	4	3	0	4	1
1997	17	10	4	0	1	2
1998	17	7	7	0	1	2
1999	19	5	4	0	6	4
2000	26	13	4	0	5	4
2001	22	5	7	1	2	7
2002	23	4	0	0	7	12
2003	24	8	4	0	4	8

续表 15－11

年度	处分党员数	开除党籍	留党察看	撤销党内职务	严重警告	警告
2004	15	4	3	0	1	7
2005	25	13	2	0	1	9
2006	10	1	0	0	0	9
2007	26	4	0	0	11	11
2008	20	2	1	0	8	9

第四节　执法监督

一、执法监察

1993－1998 年初，先后对小康建设、建筑领域、开平新城区开发建设、种子市场、征兵工作、政务公开等开展执法监察，对 25 个建筑项目的 1.03 亿元资金进行审计，共审减资金 1410 万元。1998－2002 年，执法监察范围进一步拓展。在矿业秩序整顿中，关井 41 处，压产 52 万吨；在有形建筑市场建设中，对新老城区改造中的 63 个建筑项目进行全程监督检查，工程项目招投标率达 100%；在落实“收支两条线”规定检查中，查处违纪资金 1016.9 万元。2001 年 10 月，区纪委成立“开平区纪检监察系统执纪监督委员会”，加强对纪检监察工作人员的监督。2003 年以后，不断健全完善工作纪律，注重发挥党风监督员、特邀监察员和执纪监督委员会的作用，执法监察工作向纵深发展。2005 年，按照“重点突破，整体推进”的总体思路，在全区推进行政权力公开透明运行工作，清理行政权力，逐项编制职权目录和流程图，建立相关制度，强化办事过程、办事结果的公开监督，促进行政权力的规范运行。

二、效能监察

2002－2006 年，先后开展“文明执法，优质服务”“树立行业新风，优化发展环境”活动。2007 年，成立“区优化发展环境投诉中心”，健全投诉快速处置机制。2008 年，全面推进“效率年”活动，出台《影响审批效能责任追究办法》和《破坏发展环境有奖投诉办法》，对 105 项行政许可事项全程随访，对重点项目逐一问效。持续开展“四位”效能监察，积极开展“服务窗口亮起来”活动和创优评比，选树一批先进典型。2007－2008 年，组织专题明察暗访 45 次，发现各类问题 145 个，涉及人员 89 名，分别予以批评和处理。

三、阳光投诉

2003 年，组织开展“阳光行动”和“双评议”工作宣传日活动，共发放宣传资料 2 万余份。畅通投诉渠道，开通投诉举报电话，完善投诉举报处理机制。

第五节　纠正行业不正之风

一、民主评议

2002年，举办民主评议行风宣传周活动，唐山电视台、唐山劳动日报等多家新闻媒体对活动进行报道。2006年，开展全区机关效能建设民主评议活动，对35个优胜单位和先进单位进行表彰。2003－2006年，坚持纠、评、建结合，改进评议方法，建立质询评议、部门互评工作机制，坚持组织人大代表、政协委员、行风监督员和各界群众代表明察暗访，加强监督检查，下大力气解决热点、难点问题。3年间，共收集到群众意见建议395条，举办质询评议会62场，督导有关部门建立和完善各项规章制度和制订便民措施280余条，解决群众反映的问题163个。

二、纠正不正之风

1993－1998年，治理公路三乱，取消5个非法收费点。在确保国道、省道无“三乱”的同时，治乱工作还延伸到区、乡道路。1996年，被命名为市治理公路“三乱”达标区。2003－2006年，查处公路乱收费4起，纠正乱收费13万元。

1989年初，制发《关于在春节期间防止违法乱纪和不正之风问题的通知》和《关于纠正和制止国家干部在建房中不正之风的规定》，大力推广“两公开、一监督”制度，积极探索防止滥用权力的内部制约机制的办法。针对带有行业特点的吃拿卡要的不正之风，在全区开展“四查”活动。坚决纠正公款吃喝风。1993－1998年，清理党政机关兴办经济实体，共撤销各类经济实体99个，责令在机关经济实体中兼职的26名机关干部辞去实体中的职务。在全区25个系统和单位推行社会服务公开承诺，防止不正之风纠而复发。1998－2002年。大力纠正医药购销中的不正之风。查处违规违纪行为60起，查缴并集中销毁假劣药品、器械价值7万余元；在开平医院和7所乡镇卫生院推行药品公开招标采购，招标采购药品1000余万元，为群众减轻医药负担50万元。2003年9月，市电台行风热线栏目，播出了开平区行风建设专题节目。

第六节　信访举报与下访工作

一、信访举报

1987－1989年，积极开展达标创优活动，重信重访、越级上访结案率均达到市纪委规定的达标标准。

1990－1992年，先后印发《关于乡镇纪检信访工作规划和达标创优条件的通知》《开平区纪委关于实施信访工作达标创优百分赛方案的通知》《关于落实市纪委1991年信访工作会议精神加强基层党委信访工作的意见》《关于做好党的“十四大”期间信访工作，支持改革开放，促进经济发展的意见》《区纪委关于乡镇街道纪检监察信访工作目标管理责任制实施办法》等一系列文件，为信访工作提供制度保障。1993－1998年，建立区、乡（镇、街道）、村三级信访网络。2001年，纪检监察信访举报工作实行责任区管理。党、政一把手为第一责任人，实行领导责任制和包案责任制，并建立严格的责任追究制度。至2008年，区纪委、监察局共受理群众来信来访2300件，各年份结案率均在98%以上。

二、下访工作

创立领导下访制度，完善信访工作责任制。区委、区政府领导带头，变群众上访为领导下访，进一步畅通与基层群众交流沟通的渠道，解决了一大批群众反映强烈的实际问题。深入研究群体性事件的特点和规律，建立健全常年接访、定期约访制度，不断完善处置机制和方法，引导群众通过正当渠道反映和解决问题。

第六章　日常党务工作

1987 年以来，开平区委坚持“党要管党”方针，积极探索新形势下党建工作的新思路、新方法、新内容，维护党的章程和党内法规，加强党风廉政建设，积极开展反腐败斗争，围绕经济建设中心，加强领导班子建设和干部管理，全面加强党的思想、理论、作风和组织建设。深入开展学习邓小平理论、“三个代表”重要思想，并通过开展“三讲”活动，切实提高思想水平和执政能力，密切党群、干群关系。开创农村、政法、统一战线、老干部工作新局面。

第一节　组织工作

一、干部工作

（一）干部管理、干部选任

党的十三大以后，随着经济、政治体制改革的不断深化，开平区委紧紧围绕“经济建设”这个中心，加强领导班子建设和干部管理。1988 年以来，认真落实邓小平关于“党要管党，一要管党员，二要管干部”的指示，按照干部“革命化、年轻化、知识化、专业化”的标准和原则选择任用干部。使全区各级领导班子在文化水平、年龄结构、领导艺术、管理方法上都有新的转变。到 1992 年底，区乡（镇）科局级干部共有 396 人，其中 35 岁以下的 17 人，占 24.7%；36 至 40 岁的 96 人，占 24.2%；41 至 45 岁的 98 人，占 24.7%；46 至 50 岁的 62 人，占 15.7%；51 岁以上的 59 人，占 14.9%；其中妇女干部 34 人，占 8.6%；无党派干部 11 人，占 2.8%；具有大专以上文化的 117 人，占 29.5%；具有专业技术职称的 40 人，占 10.1%。

为保证党的事业后继有人，1987 年以来，继续抓好对后备干部的教育培养工作，坚持在实践中锻炼、考察、选拔、培养造就一批“德才兼备”的领导干部。从 1989 年开始，建立干部人才库，逐人建卡建档，并采取横向交流、轮岗锻炼、挂职锻炼等办法，促使培养目标尽快成熟。从 2004 年起，组织部坚持任人唯贤、德才兼备原则，群众公认、注重实绩原则，公开、平等、竞争、择优原则，民主集中制原则，依法办事原则，备用结合、动态管理的原则等党管干部的“六项原则”，每年对后备干部推荐和考察，不断更新后备干部库。2008 年，后备干部的选拔方式在坚持上级规定程序的基础上，采取了民主推荐、考察评价、区委审定、反馈名单的程序确定后备干部。使民主推荐更民主、更科学、更规范，由此促进优秀干部脱颖而出。2008 年底，全区共有科级后备干部 289 名，35 岁以下 107 人，占 37%；35－45 岁 159 人，占 55%；46 岁以上 23 人，占 8%；大学本科以上学历 191 人，占 66%。

为加快对青年干部的培养步伐，坚持“四看”“三并举”。对青年干部看本质、看主流、看实际、看发展，选拔和使用与培养教育并举，以培养教育为重点；坚持政治理论培训与业务知识培训并举，以政治理论培训为重点；坚持培训与实践并举，以实践锻炼为重点。经过培养、锻炼、再培养、再锻炼，逐步把年轻干部摔打成合格的接班人。1997 年，全区党政班子中 40 岁左右的干部 28 名，35 岁左右的 48 名，30 岁左右的科级干部占全区科级干部总数的 16％。同时，区委组织部还注意从工人、农民、拔尖人才中选拔人才，到 1998 年初有青年后备干部 130 人。

20 世纪 80 年代末到 90 年代末，组织部注重在改革和建设中考察和识别干部，始终坚持正确的用人导向，选拔任用了一批“政治上靠得住、工作上有本事、作风上过得硬、人民群众信得过”的优秀干部。全区干部的年龄和知识结构不断优化，一批女干部、少数民族干部、非中共干部走上领导岗位。到 2002 年，全区乡镇、街道领导班子成员的平均年龄为 36.8 岁，具有大专以上文化程度的达 82.7％。

加强知识分子工作，选拔拔尖人才。1993 年，全区有区级拔尖人才 51 名，乡土拔尖人才和系统拔尖人才 63 名，各类“土专家”“土秀才”300 多人，基本形成“塔”型人才结构。1997 年，进行第九批拔尖人才评选。到 1998 年，全区共有 100 名拔尖人才，其中有 37 名被提拔使用。

针对基层人才匮乏、党政机关干部用非所学的问题，区委在 1988 年做出《关于鼓励机关工作人员下基层规定》和《关于对机关工作人员带薪留职下基层的暂行规定》，制订出一系列人才合理流动的优惠政策。2002 年，区委、区政府按照市委、市政府的要求，制订《开平区区直机关、乡（镇）、街道机构改革科级及其以下人员交流实施办法》。采取严格退休制度、提前退休、提前离岗，鼓励机关科级以下人员辞去公职领办、创办、承包、租赁企事业单位或自谋职业等措施，制订一系列政策促进职能转变，精干队伍，推动机构改革，共批准 330 人退休、231 人提前离岗。2004 年，区委下发《关于选派机关干部到村任职的实施意见》，从区直机关和乡镇中选派 40 名科级后备干部，深入到全区 6 个乡镇 30 个村任职锻炼。2007 年，定期选派年轻后备干部到信访部门参加实践锻炼，倾听基层群众的诉求和意见，先后选派 8 批 16 人到信访部门工作，在实际接待处理信访事件中，得到锻炼提高。2008 年，制订《关于规范机关事业单位工作人员调配和借调人员管理》的规定，使干部流动进一步规范化。下发《关于从区直机关选调优秀年轻干部到乡镇工作的通知》，通过个人报名和组织推荐，共选调 8 名年轻干部充实到乡镇干部队伍。

（二）干部考核

从党的十一届三中全会到 20 世纪 90 年代初，在干部的选拔上采取民主推荐、民意测验、德才测评等办法，全面考核干部的实绩。在党政机关干部中，普遍推行目标管理岗位责任制。1995 年，成立干部考核委员会办公室，负责全区目标的运行和监控，并会同有关部门进行督导和落实；研究制订全区干部考核奖惩的有关政策规定和全区乡局级党政领导班子和领导干部的年度考核工作。2004 年以后，由于工作性质、工作重点不同，对乡镇、街道和区直单位实行分类考核，制订不同的考核内容。2007 年，组织部成立考核科，负责全区科级领导班子和领导干部的年度考核奖励工作。2008 年，按照建设科学发展示范区的要求和工作部署，区委下发《关于镇、街道、区直单位科级领导班子和领导干部综合考评工作的实施意见（试行）》，在考评内容和形式上较往年做了修改和完善，修改后的实施意见，逐步形成体现科学发展观和正确政绩观要求的科级领导班子和领导干部综合考评体系。

二、农村基层党组织建设

（一）争先创优

1992 年，结合贯彻中央和省、市委有关精神，开平区下发《关于对农村党支部实行等级管理的意见》，并建立农村党支部管理领导小组，使农村基层组织建设制度化、规范化。是年，对个别懒、散、软的班子进行全面整顿，全区共调整农村班子 68 个，占农村支部总数的 31％。通过调整，使党支部的战斗堡垒作用明显增强，一类班子达到了 86 个，二类班子达到了 121 个。全区连续 7 年没有出现一个瘫痪半瘫痪班子。在争先创优活动中，共涌现出先进党支部74个，半壁店村党总支、刘庄煤矿党支部成为全市、全省乃至全国的先进典型。1993年，组织部转发市委组织部《农村支部级别标准》，并制订《开平区等级管理三年规划》。到1995年，全区80%以上的村支部达到一级。1996年，深入学习宣传贯彻江泽民总书记为唐山抗震20周年的题词，推动全区基层党组织建设。为进一步增强农村基层党组织的凝聚力和战斗力，促进全区农村基层组织建设整体水平的提高，在对农村党支部实行等级管理工作的基础上，在全区农村中广泛开展创建优秀党支部活动，并制订下发《关于在全区农村开展创建优秀党支部活动的意见（试行）》，明确指导思想、分类标准、组织实施、考评办法等内容。1997年，根据省、市委有关通知精神，以乡镇党委建设“六个好”、城市街道党委建设“五个好”、城市居委会党支部建设“四个一”为目标，开展争先创优活动，年底，全区涌现出优秀乡镇党委3个、优秀农村党支部34个、合格农村党支部98个，没有“基本合格”和“不合格”党支部，实现“五个好”的农村党支部达到113个，占总数的86%。1998年，在全区农村、街道开展争创优秀乡镇（街道）党委和优秀农村（城市居委会）党支部活动和评选表彰先进基层党组织、优秀共产党员、优秀党务工作者、优秀党支部书记活动。并对“双创”工作中做出突出成绩的4个乡镇党委、1个街道党委和57个农村党支部、5个城市居委会党支部，分别授予优秀乡镇党委、优秀街道党委和优秀农村党支部、优秀城市居委会党支部称号。2001年，在建党80周年之际，对在全区改革和建设中做出优异成绩和突出贡献的开平镇半壁店村党委等44个先进基层党组织、韩振国等101名优秀共产党员以及20名优秀党务工作者予以表彰。2003年，对在抗击非典斗争中做出优异成绩和突出贡献的开平镇半壁店村党委等54个先进基层党组织、刘桂芝等129名优秀共产党员、麻彩有等25名优秀党务工作者予以表彰。授予开平镇半壁店村党委书记韩振国“连续任职30年以上实绩突出的优秀农村党支部书记”荣誉称号。2007年，通过评选推荐“优秀人民公仆”“勤廉兼优先进个人”活动，大力宣传各类典型先进事迹，大力弘扬树正气、讲团结、求发展的主旋律，努力营造建强区、促和谐、做模范的浓厚氛围。同时，进一步把“创样板堡垒，争示范先锋”活动推向高潮。区委组织部还牢牢抓住“三级联创”这条主线，通过抓典型、做示范、促提高，全区4个乡镇党委建设成为“六个好”乡镇党委，53个村达到“五个好”目标，实现区、乡、村三级联动。

（二）农村干部管理

20世纪90年代开始，开平区注重抓好农村党支部书记和农村党员培训工作。1997年，制订下发《关于搞好农村干部党员培训工作的安排意见》和《关于乡、村书记“素质工程”的实施方案》。区委在区职教中心建立农村干部培训基地，每年招收60至80名农村现职及后备干部参加正规化学历教育。到20世纪末，全区132名农村党支部书记中，已有82人具备或正在进行中专及以上正规化学历教育，占全区农村党支部书记总数的62%，占应参加正规化学历教育书记总数的93.2%，其中具备或正在进行大专学历教育的19人，占23.2%。2003年，区委组织部在区委党校举办新任农村党支部书记任职资格培训班。2004年，又对新任84名党支部书记进行任职资格培训；同时，各乡镇党委充分利用党校阵地，采取多种形式对其他农村干部进行专业技能、岗位素质培训，全年培训农村干部2760人次。截至2005年，全区共有231名农村党组织成员达到中专以上文化，其中55名达到大专学历，分别占农村党组织成员总数的36%和11%。2006年，除区委对村书记、村主任统一培训外，各乡镇共举办村党组织书记、村委会主任培训19期，培训742人次；“两委”其他干部培训18期，培训911人次；岗位业务培训18期，培训696人次；专业技能培训47期，培训1566人次。2007年，在开展“学习韩振国，争当新农村建设的优秀带头人”主题教育活动中，开平镇前屈庄村党总支书记李敬臣、越河镇税西村党总支书记张银玲被评为市级“一好双强”型党组织书记。

（三）农村班子建设

1987年以来，在全区基层支部中普遍推行党支部工作目标化管理，90%以上的支部实行了责任制。对全区683个党支部进行分类排队，对于后进支部，采取机关干部下乡扶贫、到村任职、调整改选、抽调乡村企业干部回村任职等多种方式，进行综合治理，促进后进支部的转变，使后进支部由年初的13个下降到4个。1989年，为加强农村党支部建设，区委研究制订选拔党支部书记的五条标准，并按此标准在全区农村支部进行普遍改选，将那些近几年涌现出的有致富本领、肯于为民服务的党员选入支部班子。区委确定实施“五〇工程”，加快农村奔小康的战略方针。即在全区214个村中选择50个领导班子强有力、经济条件较好的村，作为社会主义新农村的样板。同时，17个软弱涣散、缺乏战斗力的农村支部班子进行改选，使一、二类支部达到96%。1995年，按照农村支部“五个好”的标准，全区建立35个基层党建工作联系点，落实四套班子成员包村制度，全区132个村建立党支部档案和党支部书记手册，组织抽调109名机关干部下乡进驻19个后进村，帮助进驻村配好班子，选好致富路子。1997年，经过严格验收，全区后进支部的整顿工作全部完成。从1998年起，开平区注重抓后进村整顿建设工作，并制订《后进村党支部整顿转化验收标准》。每年按照倒排5%的比例，确定一定数量的农村后进村党支部进行重点整顿。1998年，完成7个后进村的整顿转化任务的基础上，1999年，重新确定出7个后进村党支部，同时，建立防瘫预警机制，将处于中间偏下状态的6个村列为转化对象，使整顿面达到10%。2001年，对后进及中间偏下村党支部的整顿、建设工作，坚持区四大班子领导联系村、部门包村、工作组驻村工作制度，并实行“一年帮带、三年有责”延续责任制。充分发挥乡镇党委的“直接责任人”作用。使7个倒排5%后进村、6个倒排10%中间偏下村和9个矛盾突出村、10个党支部班子不健全问题全部得到解决。开平区委把选准配强乡、村两级班子作为加强基层组织建设的重要抓手。2003－2006年，以农村党组织换届为契机，大力调整优化村级领导班子结构。通过换届选举，有454名党员被选进党组织班子。村级领导班子的年龄、文化结构明显改善，村党组织班子成员平均年龄46岁，高中以上文化由原来的180人增加到231人，“一好双强”型村党组织书记达到80%。书记、主任“一人兼”的村31个，占总村数的23.5%。交叉任职160人，占“两委”干部总数的22.3%。另外，通过换届解决4个村“两委”不协调的问题，理顺“两委”关系，从而增强“两委”班子的凝聚力和向心力。2007年，为进一步拓宽选人视野，优化全区农村干部队伍结构，引导和鼓励大学毕业生扎根基层一线，根据市委办公厅、市政府办公厅文件，结合开平区实际，选聘大学毕业生到村任职。在全区288名应聘大学生中选聘了20名优秀大学毕业生到村任职。并不断加强到村任职大学毕业生的培养、管理和使用，使大学毕业生到村任职工作逐步走上制度化、规范化的轨道。2008年，又择优选聘200名大学毕业生到基层任职工作，为每个村安排1名以上大学生“村官”，在全市率先实现“一村一名大学生”的工作目标。

三、机关创建与教育工作

1997年，在全区6个乡镇和65个区直单位中开展思想作风整顿，创建“三讲”（讲学习、讲政治、讲正气）文明机关活动。到1999年，全区涌现出财政局、劳人局等一批创建先进典型。按照中央和省、市委的部署，从2002年3月开始，区委组织区四大班子和44名县级党员领导干部以及组织部、宣传部、纪检委、公安局、法院、检察院等单位的27名班子成员，以“三个代表”重要思想为指针，用整风的精神分别开展“三讲”集中教育活动。通过发放征求意见表、设征求意见箱、公布公开电话、召开不同类型座谈会、进行个别走访等多种形式，共征集到干部群众的意见和建议17520条。“三讲”教育活动中，共安排7次较大规模的征求意见活动，设立3个固定征求意见箱，召开不同类型座谈会70多次。区委、区人大、区政府、区政协剖析材料的满意率均在93.3%以上。是年11月中旬至12月底，组织开展“三讲”教育“回头看”活动。

四、知识分子工作

随着全区解决知识分子遗留问题工作的基本完成，1988年，成立开平区知识分子工作领导小组，负责协调、检查、指导全区知识分子工作。同年，区委选派10名专业技术干部到乡镇任科技副乡、镇长。

1988－2000 年，全区范围内组织开展评选拔尖人才工作，先后共评选出 11 批拔尖人才 187 人次，涉及 149 人。2001 年，组织开展全区全日制大专以上学历在职人员调查统计工作，建立健全知识分子和专业技术人员人才库。2007 年，首次面向社会公开招考 20 名优秀大学毕业生到农村任职，参与开平区的经济社会建设。

第二节　宣传工作

一、社会宣传

1987 年，举办“坚持四项基本原则，反对资产阶级自由化”专题广播讲座，组织全区文艺骨干编演反映开平区十一届三中全会以来经济发展和各条战线巨大变化的文艺节目。是年，根据中央、省、市一系列部署和区委有关文件，汇集编发《学习思考百题》。并举办坚持四项基本原则，反对资产阶级自由化演讲会。1988 年，进行党在社会主义初级阶段基本路线教育和形势教育宣传。为了把全区干部群众的思想统一到十三大精神上来，通过下发《十三大报告问题解答》《基本路线通俗读本》，编印《七讲辅导手册》、举办科级干部培训班、召开座谈会等形式反映改革给经济社会带来的巨大变化。1989 年，将区直 78 个党支部各分包一个贫困户脱贫过程中涌现出的感人事迹，写出专题报告及通讯，先后在《人民日报》《河北日报》、河北电台等媒体进行宣传报道。1990 年，以江泽民等中央领导亲切会见刘庄煤矿报告团为契机，与河北省电视剧制作中心联合录制以刘庄煤矿经验为素材的电视剧；同时，组织学习省委书记邢崇智为刘庄煤矿经验汇编《新一代继承了老传统》一书撰写的文章。同年 3 月，利用有线广播、集日宣传和举办“红五月群众歌咏活动”“五四青年联欢会”“职工文艺会演”“中小学生文艺演出”等形式把学习雷锋活动引向高潮。1994 年，通过学习江泽民同志倡导的 64 字创业精神，利用各种宣传阵地，广泛宣传学科技、用科技的带头人和企业技术尖兵，在全社会营造学技术、用科技的良好风气和舆论氛围。1995 年，先后召开不同层次不同类型的座谈会 35 次，编写《邓小平等中央领导同志论小康建设》等宣传材料 2 万份，在市委宣传部与电视台协助下，录制了电视专题片《半壁魂》。1996 年，组织编写《唐山百科全书·开平分编》，举办以“歌颂党、歌颂社会主义、弘扬抗震精神”为主题的大型会演。2001 年，以纪念建党 80 周年为契机，举办“清风颂”大型文艺会演和建党 80 周年书画摄影作品展。2002 年，组织开展“住在开平、热爱开平、为开平发展做贡献”主题宣传活动。2004 年，组织开展纪念党建 83 周年文艺汇演和庆祝建国 55 周年系列文化活动。2005 年，组织全区迎春文艺联欢会，开展“英雄激励我成长”歌咏大赛。2006 年，通过开展元旦、春节期间文化活动，组织回顾唐山三十年辉煌成就，展望“十一五”美好前景主题教育活动。

二、新闻报道

20 世纪 80 年代，区委宣传部设报道组（站）。区直单位、公社（街道）建立新闻报道组（站），村设报道员。为提高报道队伍政治、业务素质，采取集中培训、经验交流的形式，每年培训不少于 1 次。同时建立健全通讯员审批登记、稿件上报登记、发稿季通报、稿酬奖励、年度表彰等制度，报道质量和稿件数量逐年上升。1990 年，刘庄煤矿经验在社会上产生较大影响，省委宣传部调查组来刘庄煤矿蹲点调查，写出《新一代继承了老传统》调查报告。区委宣传部配合各级新闻媒体撰写了大量新闻稿件，宣传刘庄煤矿的经验。1991 年，区报道组撰写了《关于半壁店村党总支带领农民走社会主义道路共同致富的调查》和《农民共同致富的中流砥柱》的专题报告，并录制《半壁店人的信念》电视专题片。2002 年，《对照先进找差距、自我加压谋发展——唐山市开平区靠创新推进新跨越》《开平计划生育“视点前移工程"》《唐山开平温州商城落成》等稿件先后在《河北日报》刊发。2004 年和 2006 年，中央电视台《乡村大世界》节目组两次来到开平区半壁店村，现场录制《走进小康村》专题节目。宣传部协调组织《河北电视台》《燕赵都市报》《唐山劳动日报》《唐山晚报》《唐山电视台》《唐山电台》等多家媒体，对两次活动进行采访报道。是年，开通对外宣传网站——开平宣传网，设立理论学习、精神文明、媒体看开平、宣传信息、社会宣传、开平新闻、讲话文件、光荣榜等 8 个版块，120 多个网页，开辟对外宣传新的途径和阵地，受到市委宣传部的好评并加以推广。2005 年，开平区电视台参与录制的专题片《宋丽文和她的十九个女儿》央视《半边天》栏目播出。2006 年，《河北日报》《河北电视台》《燕赵都市报》《唐山劳动日报》《唐山晚报》等多家媒体刊登的《赵子军义务照顾孤寡老人 12 年》，介绍栗园镇茅草营村共产党员无私帮助孤寡老人解决生活困难的感人事迹。2007 年，全区在市以上主流媒体发稿 176 篇，其中省级以上 42 篇，"马瑞福重走长征路"的事迹被各大媒体刊发。2008 年，河北电视台播发《在科学发展中推进转型——开平重点项目建设巡礼》，介绍开平区以住友项目落户为契机，积极转变经济发展方式，大力调整产业结构的典型做法，在全省产生积极影响。

三、政工专业职务评聘

思想政治工作人员专业职务评定工作始于 1990 年，评（聘）工作一年一次。参评范围为国有企业、集体企业和党组织健全的合资企业、乡镇企业及非参照《国家公务员暂行条例》的事业单位范围内符合申报参评条件的人员。其中政工师、高级政工师分别经市、省职称评定办公室审批确定。评为政工职称的人员即取得任职（聘任）资格，聘任期限一般为 1－3 年，享受相应职务等级工资待遇。截至 2008 年，开平区有在职高级政工师 1 名、政工师 26 名、助理政工师 45 名、政工员 30 名，共计 102 名。

四、爱国主义教育基地

1995 年，开平区有区级爱国主义教育基地 3 个，分别是：农村教育基地—开平镇半壁店村、国防教育基地—郑庄子乡贾庵子村、青少年教育基地—开平区综合职校。是年，3 个基地共接待青少年 2800 人次，发放宣传教育材料 4200 份。1996 年，重新确立半壁店村、贾庵子村国防教育展室、区综合职校预备役班、董仕兴烈士碑亭 4 个爱国主义教育基地。是年，4 个基地接待群众 4000 多人次。2004 年，半壁店村被市委、市政府命名为唐山市爱国主义教育基地，作为教育基地的主要教材，半壁店村《小康之路》展览。实录了半壁店人由穷变富的创业历程，是在邓小平理论指导下中国农村改革的缩影。共展出照片 302 幅和实物 100 多件。其中有党和国家领导人江泽民、李鹏、胡锦涛等亲切接见已故村党委书记韩振国，和各级领导来村视察的珍贵照片。实物中有 1992 年半壁店村奖励"澳星"发射功臣 10 万元后，航天功臣回赠的"澳星"模型；以半壁店村别墅为背景之一的唐山大地震 30 周年《震后新唐山》特种邮票；原中共中央政治局常委宋平等各级领导来半壁店视察的题词等。是年，《小康之路》展览被市委宣传部评为思想政治工作创新奖。

第三节　农村工作

一、推行农村民主政治建设

1996 年，开平区农村民主政治建设从推行村务公开起步，旨在建立民主管理体制，保证农民直接行使民主权利，依法管理村务。1998 年，按照《河北省农村基层民主政治建设规划纲要》要求，开始系统、规范、配套地推进农村基层民主政治建设。成立由区委副书记为组长的基层民主政治建设领导小组，下设办公室，及时配套出台《开平区农村基层民主政治建设纲要》。1999年，全区132个村全部设置规模、板面统一的村务公开栏，公示内容由原来的“两议六公开”拓展到13项。2001年，全区95%以上的村更换成铁制和铝合金公开栏，绝大多数村能够按月逐笔逐项公开财务收支明细表，并开辟“回音壁”专栏，在公开栏旁设置意见箱。当年，群众满意率达到98%。2002年，区委、区政府制订印发《关于加强农村基层民主政治建设考核实施方案》，区农工委出台《2002年区基层民主政治建设考核实施办法》，将村务公开等内容与年底干部考核结果挂钩。2003年，根据市农工委《关于建立区级村务公开档案工作的通知》要求，全区村务公开的档案管理由原来的乡镇保管，做到了区、镇、村三级保管。2007年，按照省、市农工委要求，全区村务公开内容由13项拓展到23项，由区农工委对村务公开板面统一设计，统一印发公开表，并印发区农工委《关于规范农村“两会”制度，强化村务公开管理的实施意见》，使村务公开的阵地建设、公开内容、公开时间、公开程序和档案管理等方面都进一步完善。

二、协调指导小康建设

1992年，开平区开始启动并规划小康村镇建设。同年，开平区围绕小康规划的实施，提出“三个总揽”，即思想总揽，以小康建设总揽全局；工作总揽，建立实现小康目标的责任体系；组织总揽，形成小康建设的大战线。1993年，开平区制订《农村党支部顶级管理与小康建设齐抓共管的意见》，以支部达标升级促小康建设。1994年，河北省委确定开平区为第一批建设小康县区后，区委、区政府组建小康建设办公室，负责日常工作。连续两年从区直单位抽调260人，组成40个小康建设驻村工作队。选择21个有经济实力的区直单位，与较贫困的镇乡结成帮扶对子。通过会议、培训、参观、联查、评比等强化镇乡村干部争一流意识。确定8个村为小康建设试点村，并派驻工作队。区委分别与区直单位、乡镇签订奔小康责任状，明确目标、措施和奖惩办法，建起激励机制。确立“经济是基础，增收是核心”的实施原则。提出“依托京津唐秦，实施外向带动，调整优化结构，推进科技进步，夯实农业基础，向产业化迈进，提高企业素质，增强经济效益，培育市场体系，活跃流通搞服务”的总体思路。就发展乡镇企业、“两高一优”农业及个体私营经济进行谋划，提出目标。同时强化精神文明建设，在乡级单位，基层所（站）开展“三学、三查、三克服、一坚持”（学理论、学党章、学先进，查世界观、人生观、价值观，克服个人主义、拜金主义、享乐主义，坚持全心全意为人民服务的宗旨）活动，查纠问题，整章建制。开展“创优美环境、创优良秩序、创优质服务”活动，树立典型100多个。开平区在创建文明小康户活动中，编写出《文明小康户三字经》。突出抓村容村貌、文体活动场所、医疗卫生事业建设和办学条件改善。1995年，全区6个镇乡、55个村、4.9万户达到小康水平，各项指标达到小康县标准，建成小康区。

1997年，按照中共十五大提出的“21世纪第一个十年实现国民生产总值比2000年翻一番，使人民的生活更加宽裕”的目标要求，开平区制订《宽裕小康建设规划纲要（草案）》（以下简称《纲要》）。按《纲要》规划：1998－1999年为试点阶段，重点抓2镇、6村宽裕小康建设试点，摸索经验、树样板，每个镇乡抓1－2个试点村；2000－2001年为整体推进阶段，按宽裕小康区建设标准，完成各项基础设施建设，建成宽裕小康镇乡5个、宽裕小康村65个；2002－2003年为全面达标阶段，累计建成宽裕小康镇乡6个、宽裕小康村74个，实现宽裕小康区目标。规划制订后，区委从发展经济、产权改革、扩大开放、环境建设、社会事业、组织建设等方面采取具体措施，努力实现全面达标。2002－2005年，继续保持《纲要》实施的连续性，保证各项指标达到或超过规定标准。

三、指导文明生态村镇建设

2003年5月，开平区组建文明生态村镇建设领导小组，确定创建目标为全区行政村数的15%，并筛选出20个村为文明生态试点村，其中15个村为市级示范村。文明生态村镇建设以“四线（公路沿线）

推进、开平镇带动，全面建设繁荣、洁净、诚信开平”为总体思路，以“道路硬化、造林绿化、庭院净化”为切入点。当年底，20个村完成创建任务，其中5个村达到示范性标准、12个村达到普及型标准、3个村达到过渡型标准。开平区被市委、市政府授予“文明生态村镇建设优胜单位”称号，11个单位被命名为市级“文明生态村镇建设先进集体”。2004年，文明生态村镇创建活动按照“统筹推进、城乡协调发展、经济社会协调发展、人和自然和谐发展”，三个文明协调发展的思路，以“经济发展、生活富裕、环境良好、政治文明、精神充实”为目标，坚持提高与推进并重，建设与管理并举，突出“三化”（道路硬化、造林绿化、院街净化）建设，创造文明、整洁、优美环境，加快农村全面建设小康社会步伐。年初，确定20个村为文明生态创建重点村，其中2个村列为市级百个重点村。全区硬化道路37.36万米，植树72万株，建各类养殖小区11个、沼气池17个。农村“五乱”现象得到治理，村容村貌得到较大改观，群众精神风貌明显变化。2005年，确定文明生态重点村25个，其中市级重点村14个、区级重点村11个、村企共建村6个。创建工作分三条战线铺开。第一条战线，25个重点村在年底前按照创建活动标准全部达标。第二条战线，确定精品示范村10个，按照区委《关于开展创建精品示范村的实施意见》，到2006年2月全部达标。同时，确定3个文明示范乡镇。第三条战线，107个未列入创建的村本着因村制宜、量力而行原则，全面启动创建。同时，累计创建文明生态村106个，涌现出后于家店、半壁店、尤各庄、茅草营等在省内有影响的精品示范村。截至2008年底，共有100个村开展了文明生态村创建活动，累计投入资金1500万元。

四、农村财务管理

2002年，制订《开平区农村财务管理暂行办法》，明确农村集体财务管理的任务、主管部门和具体职责。2003年，制订《开平区乡镇农村财务电算化管理实施办法》，用软件来统一管理农村财务账目。2005年，制订《关于推行村级财务委托代理服务制的实施意见》，各乡镇在农村经济经营管理站的基础上，统一建立农村财务委托代理服务中心，负责管理农村集体的资产、资金、资源和账目。村级取消会计和出纳，只设一名报账员。2007年，下发《关于对全区农村财务管理进行年度审计的实施意见》，对全区132个行政村2005－2006年财务账目进行审计，审计总金额近8.58亿元。

第四节 统战工作

一、民主党派工作

1987年，全区共有4个民主党派：中国国民党革命委员会（民革）、中国民主建国会（民建）、中国民主同盟会（民盟）、九三学社，共有成员56人。其中民革8人、民盟11人、民建33人、九三学社4人。民主党派成员中有区政协常委4人、区政协委员4人、区人大代表4人。2006年5月，中国民主促进会（民进）开平支部成立。2008年，全区民主党派成员增至105人。其中市人大代表3人，市政协委员5人、区政协副主席1人、区人大常委3人、区政协常委5人、区政协委员10人。1987年，党的十三大召开后，两次与各民主党派负责人座谈，共同学习党的社会主义初级阶段理论，在清除“左”倾影响的同时，也要警惕资产阶级自由化思潮的泛滥。1989年12月30日，中共中央《关于坚持和完善中国共产党领导的多党合作和政治协商制度的意见》颁布后，立即召开全区民主党派成员和各界人士座谈会，共议参政大计，争献良策，多党合作进一步规范化、制度化。组织各民主党派学习贯彻中共十三届七中、八中全会精神，在各民主党派中开展教育活动，努力提高各党派成员的政治素质。1997年，香港回归祖国，中共十五大召开，统战部组织各党派主委认真学习中共十五大会议精神。2001年，组织各党派认真学习江泽民同志的“七一”讲话，组织纪念中国共产党成立80周年座谈会。先后开展政治交接学习教育活动、深入学习贯彻科学发展观活动、纪念中共中央发布“五一”口号60周年、纪念改革开放30周年、“弘扬民主党派优良传统、努力践行社会主义核心价值体系”系列活动等。

二、对台工作

1986年2月，始建对台办公室，与统战部合署办公。1989年10月，成立对台工作领导小组；1993年5月撤销，其职能划归统战部。2002年11月，开平区台湾工作办公室成立，设在统战部，不增加人员编制。1987年，全区共有台胞台属72户，其中台胞1户、台属71户，共380人。其中26户有通信联系。1989年6月，向全区三胞眷属印发《致全区三胞眷属的一封信》《关于内地公民经香港去台湾的若干问题》《关于内地公民到台湾探亲旅行须知》。1990年，组织部分台属参观市台办举办的“为了祖国统一”图片展。并下发《关于做好台胞接待和大陆人员赴台工作的意见》《河北省鼓励台湾同胞投资的若干规定。》2008年，全区有台属65户，270人。截至2008年，累计接待台胞39人次，办理入台探亲、访友手续20余次，向台胞发信200余封。先后召开“三胞”眷属座谈会25次，反“独”促“统”座谈会6次，观看涉台资料片10多次。组织台属学习《和平统一、一国两制》的方针，参加唐山市台办举办的“台湾问题知识问答”活动，以此开展涉台教育。

三、统战宣传调研

1987－2008年，组织通讯员撰写对台宣传稿件，先后在省、市、区等报刊和有关部门内刊发表信息稿件1200多篇，1988年，《团结报》采用5篇，海峡之声电台采用1篇，1989年，《唐山劳动日报》发表了刘静远的《乡情》和《脊梁》、陆永来的《变化太大了》等有关文艺作品。《河北统一战线》刊登的《开平区如何做好党外干部的培养、选拔、安排和使用工作》，产生较大反响；另外，还撰写调研报告50多篇。2001年，区委统战部被市委统战部评为“宣传工作先进单位”。

第五节　政法委及综治工作

一、队伍建设

1987－1988年，对干警进行四项基本原则教育和职业道德教育，结合政法工作实际，开展党风、警风和纪律作风整顿，增强干警在商品经济环境下拒腐蚀能力。1991年，深入开展“保稳定、学雷锋，争做优秀卫士（集体）”活动，对14个优秀卫士集体和35名优秀卫士进行表彰。1995年，狠抓“三条禁令”的贯彻落实，组织开展理想信念、宗旨观念、遵纪守法和职业道德四项教育，增强干警的党性观念，树立正确的世界观、人生观和价值观。1999年，开展依法治警规范年、质量年活动，成立“三讲”教育和“争创”活动领导小组，组织干警学习《三法一例》，并进行统一考试。向社会各界发放征求意见函380份。召开区人大代表、政协委员、警风警纪监督员座谈会7次，设举报箱16个，公布举报电话17部，走访人大、政协、纪检等部门，征求有关人士意见和建议126人次，征得意见和建议18条。2000－2001年，在全区政法部门和政法队伍中开展“争创人民满意的政法单位，争当人民满意的政法干警”活动，组织开展社会各界评议公、检、法、司四单位政法干警，并从加强政治建设和岗位培训出发，组织开展“三个代表”重要思想教育活动，狠抓中央政法委“三条禁令”的贯彻落实，开展岗位技能练兵竞赛，定期组织全员司法考试和专项业务培训。2002年确定为“政法机关作风转变年”，通过向社会各界公开承诺，设举报电话、举报箱，召开警风警纪监督员座谈会，征求人大代表、政协委员意见和建议等方式发现问题。是年，在全区行风民主测评中，政法各部门全部进入前10名。2003年，开展“树形象立功竞赛”活动，组织干警针对“酒、车、赌、枪”等方面进行自查自纠。2005年，制订《开平区政法系统关于开展保持共产党员先进性教育活动的安排意见》，通过开展教育，提高政法系统人员的素质，促进各项工作的开展。2008年，以奥运会安保为契机，先后组织开展“一名干警，一面旗帜，素质形象建设，警民零距离走访联系活动”“我为开平添光彩活动”和“争创十佳干警、十佳基层单位”活动；增强干警责任感和政治荣誉感。2008年，全区在编政法干警413人，实有536人。其中大专以上学历484人，占实有人数的90%。

二、社会治安综合治理

1987年，全区各乡镇（街道）和区直各单位建立相应的社会治安综合治理领导小组。1988年，印发《关于全区社会治安综合治理目标及有关部门职责分工的意见》，将综合治理岗位目标分解到各乡镇（街道）、区直各单位，并纳入全年岗位目标考核。1990年，全区政法工作会议上，区委书记与乡镇（街道）、区直单位签订《社会治安综合治理岗位目标责任状》。会后，各乡镇（街道）、区直单位与村（居）及下属单位签订责任状。全区共签责任状407份。1991年，成立开平区社会治安综合治理委员会，委员会下设办公室，配备5名专职人员；各乡镇（街道）、区直较大单位、驻区市属有关企业也都建立机构和配备专兼职人员，具体负责综合治理工作；区属厂（矿）、村（居）、商店、学校都明确1名主要负责人抓综合治理工作。全区成立社会治安综合治理领导机构46个，配备专兼职工作人员245名，形成上下联动的综治网络。1992年，制订并印发《（1991－1995）开平区社会治安综合治理五年规划》，随后各乡镇（街道）、区直较大单位也相应制订《五年社会治安综合治理部门分工责任制和实施细则》。同年，针对连续几年“严打”斗争，“两劳”人员增多的现状，开展对“两劳”回归人员的帮教工作。全区共建立帮教组织607个，帮教工作人员1558名。通过帮教，使1042名帮教对象停止违法犯罪活动，占帮教总数的94.5%，其中有4人被评为先进生产工作者，1人加入了共青团。1988－2002年，组织开展“一五”“二五”“三五”“四五”普法活动。共组织各种类型法律培训班236期，培训学员8700人次，受教育群众达到12万人次。1996年，印发《开平区（1996－2000）社会治安综合治理五年规划》《开平区社会治安综合治理“一票否决权”实施办法》和《开平区社会治安综合治理领导责任制考评细则》等一系列配套规章。同年，为加强对流动人口的管理服务，印发《开平区流动人口管理实施意见》，并专门成立开平区流动人口协调领导小组。各乡镇（街道）建立流动人口管理站、登记站，负责对流动人口“一卡”“三表”“三册”的登记工作。经查，全区有流动人口11874人，主要分布在区内国有大中型企业、乡镇企业和煤采区。为抓好流动人口管理工作，确定开平镇为试点单位，召开现场会，将其经验在全区推广。1997年，针对境内铁路沿线时常发生盗窃、哄抢运输物资、盗拆铁路设施、顽劣儿童石击列车和在铁路路基上放牧等危及铁路运输安全的问题。根据唐山市“221”工程和年初制订的工作方案，对途经区境内新、老京山线路段沿线村庄的重点人、五残人员、顽劣儿童、长期上访人员，三华里以内厂企、学校、公共场所，有使用、生产、储存爆炸物品的单位进行重点治理整顿。并成立开平区铁路护路联防领导小组和铁路护路联防大队。沿线派出所安排1名干警和3名联防队员昼夜值勤巡逻，确保铁路运输安全。同年，开展创建安全文明小区活动。在农村以创建安全文明村为载体，以评选“十星级文明户”为切入点；在城镇以创建安全文明小区为载体，以评选“五星级文明户”为切入点。为加强对创建活动的领导，区成立创建活动领导小组，制订《开平区广泛开展创建安全文明小区活动的具体实施意见》和《创建安全文明小区“标准”》。并确定越河乡和马家沟街道增华楼居委会为试点单位。在增华楼召开全区创建安全文明小区现场会，推广他们创建封闭式安全文明小区的经验。增华楼居委会的做法得到公安部领导和省委副书记赵世居的肯定。1998年，省政法委在马家沟街道增华楼居委会召开现场会，全省推广创建封闭式安全文明小区经验。2001年，中共中央、国务院和全国人大常委会《关于加强社会治安综合治理的决定》颁布10周年之际，印发《关于在全区广泛开展社会治安综合治理宣传月活动的通知》，召开综治委成员单位和乡镇（街道）政法书记会议，组织全区干部群众收听收看中央综治办与中央电视台联合录制的7集系列专题片《长治久安之路》。“四五”普法规划开局之年，在全区开展以送法进家，进校、进企、进市场的“四进”活动。6月，全市送法“四进”经验交流会在开平区召开，全市15个县（市）区与会人员现场观摩青年志愿者送法“四进”活动。2002年，区委、区政府印发《开平区关于加强社会治安综合治理工作的实施意见》和《社会治安综合治理工作奖惩办法》，每年年终区综治委组建检查考核小组，对照《维护稳定暨社会治安综合治理工作责任状》完成情况，对乡镇（街道）和区直综治委成员单位进行检查考核，并按“好、较好、一般、差”四个档次进行评定。被评为“好”的乡镇（街道）和综治委成员单位分别给予10000元和2000元的一次性奖励，被评为“差”档次的乡镇（街道）和综治委成员单位，由综治委给予通报批评、警告或“一票否决”，考评结果作为单位评优、评文明单位和责任人晋级、提职、表彰的主要依据。2004年，大力推进社会治安防控体系建设，积极落实人防、物防、技防措施。投资67万元建成30个远程红外线监控点；全区境内金融、大中厂企、加油站等113家安装报警装置，其中有91家与公安分局指挥中心实现报警联网；在旅店业推行治安信息系统，15家安装“警眼”信息系统。2005年，开展“诚信平安开平活动”，成立领导小组，制订《诚信平安开平优化发展环境活动的意见》和《职责分工的通知》，确定“抓点带面、重点突破、全面推动”的工作方针，促进“诚信平安开平”活动的顺利开展。2006年，区投资150万元，建成现代化的公安分局指挥中心，电子地图可显示综合、交通、企业、重点防火单位、群众聚集场所、应急卡点、工业园区、行政系统、学校和幼儿园、金融网点、派出所和治安办、党政机关等14个电子地图。年初投资70万元，购置20辆松花江面包巡逻车、3辆运送炸药专用车和110出警车，并安装警用车辆跟踪定位系统。2008年，严格执行社会治安综合治理领导责任制和“一票否决”，建立各级、各单位党政一把手是综治工作的第一责任人，主管领导是具体责任人，其他班子成员一岗双责的领导责任制。区、乡、村（居）及各单位与所属单位（学校、部门、企业）层层签订社会治安综合治理目标责任状。

2005年5月“诚信平安开平活动”启动仪式

三、严打整治专项斗争

1987－1988年，开展打击刑事犯罪和经济犯罪斗争。全区共破获刑事案件148起，其中大案31起，组织集中批捕行动7次，抓获犯罪嫌疑人115人，召开宣判大会11次。另外，召开3次捕判大会，对4名经济犯罪分子进行公开捕判。1990年亚运会期间，开展打击流窜犯、追逃犯、挖团伙专项斗争。在发案较多的栗园乡、果园乡和开马地区组织公开捕判大会7次，处理各类犯罪分子150名，摧毁各类犯罪团伙15个。1995年，对赌博和卖淫嫖娼等严重污染社会风气的犯罪现象进行专项打击。查获赌博案件120起，涉及参赌人员499人，收缴赌资21.7万元、治安罚款15.8万元。突击清理歌舞厅7家、旅店20家，抓获卖淫女、嫖客5人。同年，针对涉枪案件呈上升势头，组织开展“飓风行动”和“霹雳行动”。收缴非法枪支215支、子弹528发，并对12名涉枪犯罪分子进行公开捕判。1996年，以《枪支管理法》颁布为契机，把收缴枪支弹药列为一项重点工作。全年共收缴非法枪支700余支、子弹480发、炸药20.5公斤。同年，开展对重点地区、重要部位专项治理。查封取缔非法煤井276眼，取缔郑庄子乡、开平镇、二十二治境内及企业周边1500米以内废品收购点19家。同时，结合人口普查和流动人口清查，抓获外地在逃犯9人，整顿治理重要部位2处、重点路段7段、复杂村11个。1998年，开展对流动人口和出租房屋专项治理，取缔不合格出租房15间，对150名“三证”不合格流动人口进行遣返。同时发现案件线索57条，列入重点人口48人，抓获在逃犯4名，查破治安案件21起，收缴非法枪支5支。1999年，重点开展对农贸市场和文化市场的专项治理，抓获扒窃人员6人，查处有赌博行为的游戏厅3家、游戏机板15块，查封非法出版物摊点5家、黄色及盗版光盘517张。2001－2002年，组织开展“打黑除恶、严重暴力犯罪、侵权犯罪、经济犯罪”和“打两抢、反盗窃、追逃犯”专项斗争。2004年，重点实施打击严重威胁人民群众生命财产安全的“暴力犯罪”“团伙犯罪”和“侵财犯罪”。破获“1·8”郑庄子乳品厂重大抢劫案，“3·30”“4·25”两起伤害致死案。2008年，先后组织开展以“打黑除恶”为重点的“破大案、打现行、追逃犯、严防范”突出治安问题为主的专项斗争。成功打掉一特大系列盗窃汽车团伙和一个由12人组成的特大盗窃厂企物资的犯罪团伙。是年，开平区在全市严打专项斗争各项指标综合排名第三，并被评为“严打整治专项斗争”先进单位。

四、青少年法制教育

1987年，与各级团组织和教育部门结合，建立青少年之家168个，组织大型法律知识竞赛7场次，举办法律知识讲座20场次。各校初中阶段开设法律教育课，配备专职的政治教员负责抓学生的普法教育。1997年，区成立预防青少年犯罪领导小组，加强对预防青少年犯罪的组织领导。1998年，组织干警对全区15所中学及40所小学开展送法进校活动，重点宣讲《刑法》《治安管理处罚条例》，受教育学生达2万人次。区公安分局还在教育局专门设立治安办公室，并在各校配备法制副校长和3名校外法律辅导员。2001年，区制订《关于集中开展学校及周边治安秩序专项治理的实施方案》，先后组织4次集中统一行动。共取缔各种违规饮食摊点86个、学校周边200米以内游戏厅3家，没收赌博机扳24块，对5家做出限期搬迁、停业整顿处理。对出售淫秽色情及各种非法出版物的场所进行查封和取缔，为青少年创造良好的学习环境。2002年，重点加强对中小学生法制教育。由公、检、法、司四单位聘请干警担任校外法制辅导员，组织开展为期一个月的法制教育活动，宣传《预防青少年犯罪法》。2004年，区直属中学、乡镇教育总校、职校聘请23名政法干警任法制副校长或辅导员，各校有法制教师124人。是年，开平小学被命名为省级安全文明校园，全区98%的中小学校达到安全文明校园标准。

五、执法监督与协调

1987－1996年，坚持把执法检查当做一项政治任务提上重要议事日程。检查内容以有法不依、违法违纪为重点，采取督促各部门自查自纠、交叉互查、政法委执法领导小组随机抽查、大案要案跟踪检查和省、市级挂账督办案件重点检查等方法。针对检查中发现的问题，制订整改措施，逐级追查责任，处理有关责任人。1997年，对1996年以来各单位所办598件案件进行检查。发现在执法中办案程序有误，案件审理过程不严谨以及执法过程中办“三案”即“关系案、人情案、金钱案”等问题。对违反办案程序、执法违法、刑讯逼供和干警违纪问题进行纠正和查处。1998年，对各部门本年度所办案件进行监督检查，检查重点为有案不立、立假案、一案多立、该捕不捕、重罚轻判、滥用强制措施、违反办案程序、乱收费、滥罚款、乱摊派等有法不依、执法不严、执法不公及办案作风方面存在的突出问题。以围绕案件查问题，围绕问题查原因，围绕原因定责任的“三围绕”为原则，分调查研究、学习动员、自查自纠、统一检查、总结验收五个具体步骤，进行执法监督检查。年度自查自纠案件3115件，自查率为100%，共查出有问题案件206件，占案件总数的6.61%。大体分为七种类型：应立案而未立案116件，占56.3%；强制措施使用不当16件，占7.76%；法律手续不全22件，占10.6%；使用程序不当21件，占10.19%；事实不清12件，占5.82%；超审限10件，占4.85%；无管辖权、违反收费标准和诉讼主体不当9件，占4.36%。重点对3件省挂账督办案件、7件市挂账案件和3件自查自纠案件进行深查细追。通过复查，追究有关责任人和领导责任，2名干警行政记过处分，1名干警黄牌警告，5名干警书面检查。1999年，查出有问题案件比1998年度下降35.4%。2001年，政法委先后组织召开9次由公、检、法、司四部门主要负责人、分管领导和负责立案、批捕、起诉、审理人员参加的案件协调会，对刘某某故意伤害案等9起案件进行协调，使案件及时结案。2001－2002年，对在执法过程中严重违纪的9名干警，由区纪委、监察局给予党政纪处分，其中1人被调离政法机关。2005年，在集中开展“规范执法行为、促进执法公正”专项整治活动中，各政法部门共疏理出53个执法问题，全部及时纠正。

第六节　老干部工作

一、老干部待遇

（一）政治待遇

1987－2008年，按照冀发〔1983〕9号文件规定，离休干部基本上享受同级在职干部的政治待遇，如看文件、听报告和参加必要的会议等。老干部局根据上级文件要求，为地专级离休老干部订阅《人民日报》《河北日报》《唐山劳动日报》各1份；为县处级离休老干部订阅《人民日报》《唐山劳动日报》各1份；为一般离休老干部订阅《河北日报》《唐山劳动日报》各1份。自1989年起，为每位离休老干部增订1份《老人世界》。2000年，成立县级离退休老干部党支部，支部设在老干部局，每月7日为支部学习日。老干部局为支部成员订阅党报、党刊的同时，还为每人订阅了1份《中国老年报》，并为学习日提供车辆和服务。坚持春节、国庆等重大节日走访慰问离退休老干部制度；并由时任区领导主持召开老干部座谈会，征求老干部的意见、建议。从1998年起，区财政每年拨款10万余元，由老干部局组织区四大班子离退休老领导赴外地参观考察，开阔眼界。并组织编纂画册《考察集锦》，记录了从1998年到2008年间的外出考察文字资料及照片。

（二）生活待遇

落实两费区委、区政府关心老干部的生活待遇，离休费从未拖欠，医药费始终及时发放实报实销。2002年，制订离休费保障机制、医药费保障机制、财政支持机制“三个机制”。2007年，将企业的离休干部34人全部纳入区财政管理。同时，开始实行老干部发放离休医疗周转金制度。2002年，每人发放周转金800元，2006年调整到5000元，既方便了老干部就医，又为区财政节省了开支。

医疗保健根据市发〔1982〕2号文件规定，每年组织离休老干部到医院进行B超、心电图、胸片、血糖、血脂、尿常规、眼科、内科等检查，根据老干部的病情建立健康档案。为方便离休老干部就医，1999年1月，老干部局成立“老干部门诊部”，设中医、西医诊室各1个，医师2名，护士3名，坚持专人专车上门为老干部送医送药。

护理费按照国务院〔1980〕253号文件规定，离休老干部护理费标准按每人每月51元发放。1998年7月，按京组通〔1998〕59号文件规定，调整到120元；2005年，根据冀组通〔2005〕31号文件规定，因瘫痪等原因生活长期完全不能自理的调整到200元；根据冀组通〔2008〕30号文件规定，从2008年1月调整到每月600元。2002年起，根据京组通〔2002〕48号文件规定，对去世离休干部无工作、生活困难的配偶，发放补助费每月270元；2007年，根据市老干部字〔2007〕004号文件规定，从2008年1月调整到每月500元。

电话费根据区财政局2001年9月21日文件规定，地专级离休老干部每月补助电话费50元，县级每月补助电话费40元。

二、老干部活动

（一）老干部活动中心

成立于2002年4月，最初有台球室、象棋室、阅览室，周一至周五免费向全区的离休老干部开放，每天参加活动的老干部50多人。2003年4月，区财政拨款3万余元，用于扩建活动室及购买器材。活动室由原来的3间增加到8间，增设乒乓球室、麻将室、健身室，以及跑步机、踏步机等健身器材，并配备空调和休息室。

（二）老年大学

成立于2002年4月。办学初期，有音乐、舞蹈、武术3个班，学员60余人。2006年，增设戏曲班、书画班，学员达到120余人。2008年，老干部局投资10万余元，维修教室，购买设备，增设微机班、电子琴班，教室里安装空调及电视。同时，还建立健全《老年大学章程》《学员守则》《教师职责》，并为每位学员建立档案，使教学工作逐步走向规范化、科学化，学员达到220余人。2002－2008年，累计招收学员6000余人次。老年大学成立以来，每年都要举行庆国庆、迎春节文艺会演和书画展，使广大老干部老有所为，老有所乐。

三、发挥余热

1989年9月，成立开平区关心下一代工作委员会。以学校为主阵地，聘请“五老”担任校外辅导员，开展形式多样的关心教育下一代活动。首先在唐山四十六中、唐马路小学组织老年关心下一代志愿者活动，引导社会力量对学校工作的支持。他们与文体局联系，帮助查处接纳中小学生上网的营业网吧；与交警六队联合举办“交通安全伴我行”知识讲座，形成学校、家庭、社会三位一体的教育网络。在纪念唐山抗震30周年之际，组织老干部参加教育系统开展的以“团结互助友爱，弘扬抗震精神，共建和谐社会”为主题的纪念唐山抗震30周年征文活动。2005年，抗日战争胜利60周年之际，他们还与开平小学、唐山四十九中学等学校联合开展“民族精神代代传”老少共读活动。

附记

无私奉献的老干部卢贺福

卢贺福是1943年入党的老党员，离休后，几十年如一日，默默做奉献，2007年，当选“联通杯”唐山市十佳健康老人。

2003－2007年5年间，他资助4名贫困学生每人每年400元，供他们完成学业。“5·12”汶川大地震发生后，卢老与老伴共同缴纳“特殊党费”3000元。2008年3月，又主动到区慈善协会捐款5000元。用他自己的话说：“只要好好活着，我就为社会做点贡献。”

卢老离休后一直担任开平区关心下一代工作委员会的特聘辅导员，经常与其他“五老”人员深入到各学校进行道德教育宣讲。在开平小学崇尚道德教育背诵《弟子规》活动中，卢老出资1000多元，购买《弟子规》读本和光碟，受到师生们的好评。

第七节　信访工作

一、信访接待

22年间，区信访部门共受理群众来信来访9651件。从全部数据分析，信访总量变化可分三个阶段，每个阶段均呈大幅提升态势。1987－1997年，平均每年四级信访总量为200件左右；1998－2003年，每年四级信访总量为500件左右；2004－2008年每年信访量为700件左右。1998年起，由于实行企业改制，每年的信访总量均有所上升。2003年，群众来信来访量较上一年度大幅增加，增幅达62.5%。群众反映的问题主要集中在企业改制、环境污染、采煤塌陷、土地征占、城镇拆迁、农村干群矛盾及涉法问题，越级访重访90%是涉法问题。2007年和2008年期间，全区上下开展大接访活动，信访总量呈明显上升态势，2008年达到964件次。

二、信访案件查处

1987－2008年，中央、省、市共交办案件395件次。区每年办理交办的案件约20－40件。对上级交办的信访案件，区信访局依照信访事项办理程序报请区领导审阅后，按照区领导的批示意见，及时落实县（区）级领导包案并交办各责任单位认真办理。在此基础上，区信访局加强对这些信访案件的协调，保障上级交办案件按规定时限要求上报，全部实现按期结案率和年终结案率100%，无退回重查案件。

三、依法治访

2002年，区信访局结合“四五”普法活动，加强对信访及其有关法律法规的宣传。同时与区纪检（监察）、公、检、法、司及宣传部门密切配合、齐抓共管，共同推进“两个规范”（规范信访工作行为，规范群众信访行为）在全区全面展开。2003年，以“区两办”文件下发《关于进一步规范领导接待日制度和“一岗双责”责任制的通知》，进一步规范领导接访记录，每位领导接访情况实现了“一人一档”。至此，区领导接待日工作步入规范化、制度化。2004年，区信访局开展信访双向规范专项治理工作，通过印发《信访宣传手册》《信访指南》等方式大力宣传“双向规范”，取得很好效果。2005年，国务院新《信访条例》于5月1日正式颁布实施，区信访局通过召开培训会议、印发《信访条例宣传手册》和明白纸，开展新《信访条例》的宣传教育工作，严格规范信访办案程序。2007年，为迎接党的十七大召开，区委、区政府依法规范和整治信访秩序。实行区四大班子领导分片包乡镇街道和重点村制度和领导包案责任制，下发《区领导包乡镇街道、重点村的安排意见》《信访隐患排查调处领导分包方案》，包案领导结合分管工作和包乡镇（街道）、包案件安排，主动下访，调处社会矛盾。区委、区政府制订出台《关于强化信访工作责任制的规定（试行）》，区两办下发《关于规范区委、区政府机关信访秩序的意见》。重新调整区处理信访突出问题及群体性事件联席会议，成立开平区信访工作双向规范小组，制订《信访工作应急工作预案》，构建协调联动、快速反应、依法处置的工作机制。全面推行信访代理制度，制订下发《关于建立群众信访代理制度的意见》，组建信访代理员队伍，并进行业务培训，培训360余人，信访代理工作网络初步形成，取得明显效果。如税办三个社区居民反映供暖问题，通过代理工作组的工作，使该问题得到妥善解决。投资22万元，建成拥有接待大厅、登录室、接谈室、领导接待室等功能完备的信访服务中心，配备电脑、打印机等办公设备，实现网上办公。该中心融群众信访代理服务中心、行政调解服务中心为一体，为信访群众依法有序上访创造良好的环境。对发生的非正常上访，区联席办重新进行梳理汇总，全部逐案登记、逐案分析、逐案交办，对非正常进京上访户落实稳控责任，逐人进行法制教育。2008年，恰逢奥运会、改革开放30周年和曹妃甸科学发展论坛等一系列重大活动。年初，区联席办下发《关于信访工作例会的通知》，每月定时召开各基层单位信访办主任例会，通报情况，分析形势，部署工作。6月，区四大班子联席会议专门听取复查复核工作汇报，同时成立开平区复查复核工作机构，制订复查复核工作办法和实施细则。7月，制订并下发《区委、区政府关于开展区委书记大接访活动的工作方案》。区委、区政府把开展大接访活动作为保奥运稳定的一项重要措施，从7月份开始至9月底结束。其间，大量信访问题被稳控化解在基层，有效确保全区社会和谐稳定。

第八节　党史工作与党校工作

一、党史工作

1987年，区党史机构为区委党史资料征集办公室，编制3人。1989年10月，区委决定撤销党史资料征集办公室，成立党史研究室。1996年7月机构改革，党史研究室为区委办公室管理的事业单位，编制2人。2002年2月，党史研究室靠挂区委党校。

1987年开始，区委党史资料征集办公室从有关单位抽调5人，按照省、市党史资料征集委员会要求，征集本地新民主主义革命和社会主义建设时期的有关党史资料。先后走访老党员、老干部300余人次，发放调查函30多件，召开座谈会50余次，整理各种资料140余篇，10万多字，其中15篇，4万多字辑印成册。2002年，编辑整理完成《中共唐山市开平区大事记》。2006年9月，完成开平区抗战时期人口伤亡和财产损失史料征集工作。22年来，累计撰写党史论文126篇，在市及市以上报刊发表18篇。

二、党校工作

（一）主体班教学

1987－2008年，为适应改革开放和现代化建设的需要，全面提高全区党员干部的整体素质，区委党校努力探索新时期区级党校建设的新路子，不断改革教学内容，拓宽办学形式，增强培训效果。1992年，邓小平视察南方重要讲话发表后，区委党校抓住机遇，以“理论基础、党性修养、世界眼光、战略思维”为教学宗旨，认真贯彻“加强领导，强化培训，严格管理，注重实效”的干部培训方针，党员干部的培训力度不断加大。在培训模式上，改变过去学员各自为政的老方法，采取围绕主课题，学员结组共同完成调研任务的“以题结组”形式。培训内容上，把建设有中国特色社会主义理论、“三个代表”重要思想、科学发展观、党的建设等作为培训的主要内容。为增强培训效果，除党校教师授课外，还聘请教授、专家讲课，邀请区及有关部门领导做专题辅导。在学习研究中，为提高学员自主学习、独立思考和研究、解决问题的能力，采取“四个结合”，即自学与集中辅导相结合、交流与研讨相结合、考察与调研相结合、教师与学员相结合。使学员增强主动学习、开拓创新、胜任工作、相互学习“四种能力”。截至2008年，共举办各级各类培训班20期，参训学员1400人。

（二）函授教育

1995年，开平区始办大专函授班，隶属中共河北省委党校函授部。1999年，开办本科函授班。函授班学制分两年半和三年两种。初始专业为经济管理。2001年，增设法律专业。函授班设基础理论课和专业课计20门左右。入班经报名、审核、入学辅导、省命题考试、录取注册，学员学完规定课程，考核合格，取得毕业证书者，在任职、公务员考评、晋级和评定专业技术职称等方面可享与国民教育同等待遇。至2008年，共录取学员5000余名，毕业率100%。

（三）教研工作

1987－1988年，为学习宣传党的十三大精神，共撰写自学笔记40万字。1998年以来，区委党校开展教师科研和“五个一”工程，撰写理论及现实热点问题专题研究报告12篇，发表《通过语言理解作品的评美内涵》《如何化解农村干群矛盾》等调研文章28篇，在国家级刊物上先后发表8篇。

（四）教师队伍

2008年，党校有教师20人，其中研究生学历2人、本科学历18人；有高级讲师职称的4人、中级讲师职称14人，占教师总数的90%。

第十六编　人大·政协

人民代表大会制度和中国共产党领导的多党合作与政治协商制度，是我国的基本政治体制。1987－2008年，唐山市开平区人民代表大会（以下简称区人大），依据《中华人民共和国人民代表大会和地方各级人民代表大会选举法》的规定，依法确定代表名额，划分选区，依法组织选民登记和选举，为坚持和完善人民代表大会制度，推进民主法制建设发挥了重要作用。中国人民政治协商会议唐山市开平区委员会（以下简称区政协）在中共开平区委的领导下，把握团结和民主两大主题，围绕中心，服务大局，按照政协章程完善政协组织，健全各项制度，积极履行政治协商、民主监督、参政议政职能，巩固和发展爱国统一战线，在全区经济社会发展中，发挥着越来越重要的作用。

第一章　人　大

1987－2008年，开平区历届人大及其常委会，以坚持和完善人民代表大会根本政治制度为己任，依法履职行权，不断改革创新，推进民主法治建设进程，团结人民代表和广大群众积极投身社会主义现代化建设，促进区域经济社会更好更快发展。常委会始终坚持党的领导、人民当家作主和依法治国的有机统一，加强监督工作，依法任免，发挥代表作用，加强自身建设。22年间，依照法律程序，对涉及全区的一些重大事项做出《决策》《办法》《意见》330项。

第一节　人民代表

一、代表选举

1987－1993年，区人大常委会每届任期3年，开平区分别进行了第九届、第十届区人大代表的选举工作。1995年，地方组织法修订，区级人民代表大会任期由3年改为5年，1997－2008年分别进行第十一届、第十二届、第十三届和第十四届区人大代表的选举。

开平区第九至十四届人民代表大会代表选举情况一览表

表 16－1

届别	选举时间	选民登记		提名协商确定代表候选人		选举代表	代表名额（人）	实选代表（人）
		选区数（个）	选民登记数（个）	第一轮提名数（人）	正式候选人数（人）	参选率%		
第九届	1987. 1. 5－3. 3	131	188727	635	293	92. 2	170	167
第十届	1989. 10. 27－1990. 2	142	207119	581	369	94. 4	220	220
第十一届	1992. 10. 21－1993. 2. 10	113	181113	796	324	96. 2	210	205
第十三届	2002. 11－2003. 4. 15	102	182523	266	266	95. 1	172	164
第十四届	2007. 5. 23－7. 31	122	187964	396	276	95. 39	172	169

二、代表构成

历届人大代表中，农民、工人、干部、知识分子、中共党员、非中共人士、妇女、少数民族都占有一定比例，以体现代表的广泛性和代表性。非中共人士代表所占比例最高的届次是第十一届，为30. 73%；工人代表所占比例最高的届次是第十三届，为21. 3%；知识分子代表所占比例最高的届次是第十三届，为25. 61%；妇女代表所占比例最高的届次是第十一届，为28. 78%。

开平区第九至十四届人大代表比例结构表

（以选举日当选情况统计）

表 16－2

届别	选举日	代表数	职业构成										党派				妇女	
			工人		农民		知识分子		干部		解放军		中共党员		非中共人士		人数	%
			人数	%	人数	%	人数	%	人数	%	人数	%	人数	%	人数	%		
第九届	1987. 3. 13	167	10	6	79	47. 30	45	26. 97	32	19. 2	1	0. 6	113	67. 7	54	32. 3	43	25. 7
第十届	1990. 1. 10	220	27	12. 27	108	49. 10	55	25	29	13. 18	1	0. 45	167	75. 9	53	24. 1	59	26. 8
第十一届	1993. 1. 5	205	16	7. 8	102	49. 76	54	25. 34	32	15. 6	1	0. 5	142	69. 27	63	30. 73	59	28. 78
第十二届	1998. 1. 26	171	14	8. 5	62	31. 35	35	21. 08	53	31. 93	2	1. 2	135	81. 33	31	18. 67	36	21. 69
第十三届	2003. 4. 10	164	35	21. 34	53	32. 32	45	27. 44	30	18. 29	1	0. 61	145	88. 41	19	11. 59	36	21. 45
第十四届	2007. 7. 5	169	15	8. 88	54	31. 95	43	25. 44	56	33. 14	1	0. 59	149	88. 2	20	11. 8	42	24. 85

第二节　人民代表大会会议

1987－2008 年，开平区经历六届人民代表大会，各届会议都在中共开平区委和大会临时党组领导下，由大会主席团主持进行。会议的主要议程是：按照大会选举办法规定进行选举事项，依法选举本级人民代表大会常务委员会主任、副主任、委员，选举本级人民政府区长、人民法院院长、人民检察院检察长，选举唐山市人民代表大会代表；听取和审议区人大常委会、区人民政府、区人民法院、区人民检察院等六项工作报告，讨论决定有关政治、经济、教育、科技、文化、卫生、环境和资源保护、民政、民族等重大事项。会议期间，根据代表议案，做出事关全区改革、发展、稳定大局的决议，征集代表建议、批评和意见。

开平区第九至十四届人民代表大会会议情况一览表

表 16 - 3　单位：人、件

届次		时间	应到代表	实到代表	主要议程	代表建议	备注
第九届	第一次会议	1987. 3. 31 - 4. 4	167	149	1. 听取审议区人大常委会和“一府两院”五项报告，并做出相应决议； 2. 选举崔雅先为区人大常委会主任，王锡倬、刘伯英、李树元、高庆为区人大常委会副主任； 3. 选举杜仲勋为开平区人民政府区长，李荣阁、陈绍贤、尚幸全、李凤翔为副区长； 4. 选举边进美为区人民法院院长，田守林为区人民检察院检察长。	170	
	第二次会议	1988. 1. 26 - 27（第一阶段） 1988. 3. 15 - 18（第二阶段）	167	153	第一阶段选举唐山市第九届人大代表（34人），第二阶段听取审议区人大常委会和“一府两院”六项报告，并做出相应决议。	101	
	第三次会议	1989. 3. 27 - 31	167	148	听取审议区人大常委会和“一府两院”六项报告，并做出相应决议。	80	
第十届	第一次会议	1990. 2. 11 - 15	220	209	1. 听取审议区人大常委会和“一府两院”六项报告，并做出相应决议； 2. 选举李荣阁为区人大常委会主任，李树元、王锡倬、夏守志为区人大常委会副主任，人大常委会委员 14 人； 3. 选举尚幸全为区人民政府区长，潘起来、李凤翔、周尚德、王开来、苏仲宇、绳国柱为区人民政府副区长； 4. 选举于幼禾为区人民法院院长，田守林为区人民检察院检察长。	170	
	第二次会议	1991. 1. 31 - 2. 3	219	207	听取审议区人大常委会和“一府两院”六项报告，并做出相应决议。	66	1 名代表调离。
	第三次会议	1992. 2. 26 - 29	219	208	听取审议区人大常委会和“一府两院”六项报告，并做出相应决议。	92	

续表 16 – 3

届次		时间	应到代表	实到代表	主要议程	代表建议	备注
第十一届	第一次会议	1993. 2. 8 – 12	205	196	1. 听取审议区人大常委会和“一府两院”六项报告，并做出相应决议； 2. 选举张希维为区人大常委会主任，夏守志、王开来、王德顺、许志明、孔宪荣为区人大常委会副主任，委员 13 人； 3. 选举尚幸全为区人民政府区长，潘起来、李凤翔、绳国柱、高振江、苏仲宇、周尚德为区人民政府副区长； 4. 选举田守林为区人民法院院长，王富强为区人民检察院检察长； 5. 选举出席市第十届人民代表大会代表 42 人。	115	
	第二次会议	1994. 2. 28 – 3. 3	201	189	听取审议区人大常委会和“一府两院”六项报告，并做出相应决议。	95	4 名代表调离
	第三次会议	1995. 4. 14 – 17	198	191	1. 听取审议区人大常委会和“一府两院”六项报告，并做出相应决议； 2. 增选李凤翔为区人大常委会副主任，补选常德永为区人民政府区长。	54	二次会议共有代表 201 人，二次会议后有 4 人调离，补选 1 人，实有代表 198 人。
	第四次会议	1996. 3. 5 – 8	198	189	1. 审议区国民经济和社会发展“九五”计划和 2010 年远景规划纲要说明的报告，审议和批准以上纲要说明的决议； 2. 听取审议区人大常委会和“一府两院”六项报告，并做出相应决议。	71	
	第五次会议	1997. 2. 25 – 27	198	192	听取审议区人大常委会和“一府两院”六项报告，并做出相应决议。	48	
第十二届	第一次会议	1998. 2. 7 – 11	171	166	1. 听取审议区人大常委会和“一府两院”六项报告，并做出相应决议； 2. 选举刘新柱为区人大常委会主任，李凤翔、孔宪荣、王德俊、王慧珍为区人大常委会副主任，委员 12 名； 3. 选举陈学军为区人民政府区长，冯振山、高振江、孙战友、杨振坤、解光第、王福燕（女）为区人民政府副区长； 4. 选举陆长荣为区人民法院院长，郭树信为区人民检察院检察长。	76	
	第二次会议	1999. 2. 1 – 4	171	149	1. 听取审议区人大常委会和“一府两院”六项报告，并做出相应决议； 2. 补选常委会委员 3 人。	65	

续表 16－3

届次		时间	应到代表	实到代表	主要议程	代表建议	备注
第十二届	第三次会议	2000. 2. 23－25	171	170	听取审议区人大常委会和“一府两院”六项报告，并做出相应决议。	57	
	第四次会议	2001. 1. 10－12	171	168	1. 听取审议区人大常委会和“一府两院”六项报告，并做出相应决议； 2. 听取和审议区国民经济和社会发展“十五”计划纲要的报告。	41	
	第五次会议	2002. 3. 12－14	171	138	1. 听取审议区人大常委会和“一府两院”六项报告，并做出相应决议； 2. 补选李印新为区人大常委会主任；3. 补选邱建华为区人民政府区长。	58	
第十三届	第一次会议	2003. 4. 15－18	164	159	1. 听取审议区人大常委会和“一府两院”六项报告，并做出相应决议； 2. 选举钱洪禧为区人大常委会主任，杨锦刚、郭长荣、岳中银为区人大常委会副主任，委员 13 名； 3. 选举卢宏秋为区人民政府区长，秦英臣、王福燕、王文彬、叶永盛、刘国、吕来存、朱文礼为区人民政府副区长； 4. 选举魏波为区人民法院院长，周春林为区人民检察院检察长； 5. 选举出席唐山市第十二届人民代表大会代表 29 名。	59	
	第二次会议	2004. 2. 10－12	165	160	听取审议区人大常委会和“一府两院”六项报告，并做出相应决议。	34	一次会议后 2 人调离，1 人被罢免，又补选 4 名代表，十三届人民代表大会实有代表 165 人
	第三次会议	2005. 2. 21－22	165	159	听取审议区人大常委会和“一府两院”六项报告，并做出相应决议。	56	
	第四次会议	2006. 2. 22－23	165	159	听取审议区人大常委会和“一府两院”六项报告，并做出相应决议。	42	
	第五次会议	2007. 2. 7－8	161	143	听取审议区人大常委会和“一府两院”六项报告，并做出相应决议。	35	四次会议以来 8 人调离，2 人罢免，补选 6 人，至此实有代表 161 人

续表 16－3

届次		时间	应到代表	实到代表	主要议程	代表建议	备注
第十四届	第一次会议	2007.7.24－27	169	163	1. 听取审议区人大常委会和“一府两院”六项报告，并做出相应决议； 2. 选举王克先为区人大常委会主任，何汇东、杨锦刚、郭长荣、张志新为区人大常委会副主任，委员 18 人； 3. 选举白春明为区人民政府区长，郑汉军、朱文礼、江洁（女）、刘国、岳中银为区人民政府副区长； 4. 选举董秀军为区人民法院院长，冯博元为区人民检察院检察长。	35	人大代表名额 172 人，实际选举产生 169 人，开平镇、栗园各缺额 1 名，预留机动名额 1 名，3 人辞职，补选 3 人，补选后十四届人大代表仍为 169 名
	第二次会议	2008.3.11－12	169	162	听取审议区人大常委会和“一府两院”六项报告，并做出相应决议。	38	
	第三次会议	2008.5.22－23	169	161	选举常庆久为开平区人民政府区长。		

第三节　人大常委会机构与会议

一、组织机构

（一）领导机构

区人大常委会是区人大的常设领导机构，由本级召开的人民代表大会选举产生。1987－2008 年，开平区人大常委会先后进行 6 次换届选举，共选举主任 7 名、副主任 23 名、委员 64 名，选举结果详见附表。

开平区第九至十四届人大常委会主任、副主任名单

表 16－4

届次	姓名	职务	政治面貌	籍贯	任职时间
第九届	崔雅先	主任	中共党员	河北唐山	1987.4－1990.2
	王锡倬	副主任	非党人士	河北唐山	1987.4－1990.2
	刘伯英	副主任	中共党员	河北唐山	1987.4－1990.2
	李树元	副主任	中共党员	河北保定	1987.4－1990.2
	高　庆	副主任	中共党员	河北保定	1987.4－1990.2

续表 16－4

届次	姓名	职务	政治面貌	籍贯	任职时间
第十届	李荣阁	主任	中共党员	河北唐山	1990.2－1993.2
	李树元	副主任	中共党员	河北保定	1990.2－1993.2
	王锡倬	副主任	非党人士	河北唐山	1990.2－1993.2
	夏守志	副主任	中共党员	河北唐山	1990.2－1993.2
第十一届	张希维	主任	中共党员	河北玉田	1993.2－1998.2
	夏守志	副主任	中共党员	河北唐山	1993.2－1998.2
	王开来	副主任	中共党员	河北唐山	1993.2－1998.2
	王德顺	副主任	中共党员	河北唐山	1993.2－1998.2
	许志明	副主任	中共党员	河北唐山	1993.2－1998.2
	孔宪荣	副主任	非党人士	辽宁省	1993.2－1998.2
第十二届	刘新柱	主任	中共党员	河北唐山	1998.2－2002.3
	李印新	主任	中共党员	河北唐山	2002.3－2003.4
	李凤翔	副主任	中共党员	河北保定	1998.2－2003.4
	孔宪荣	副主任	非党人士	辽宁省	1998.2－2003.4
	王德俊	副主任	中共党员	河北唐山	1998.2－2003.4
	王慧珍	副主任	中共党员	河北唐山	1998.2－2003.4
第十三届	钱洪禧	主任	中共党员	河北唐山	2003.4－2007.7
	杨锦刚	副主任	中共党员	河北乐亭	2003.4－2007.7
	郭长荣	副主任	中共党员	河北唐山	2003.4－2007.7
	岳中银	副主任	非党人士	河北唐山	2003.4－2007.7
第十四届	王克先	主任	中共党员	河北唐山	2007.7－2008.12
	何汇东	副主任	中共党员	河北唐山	2007.7－2008.12
	杨锦刚	副主任	中共党员	河北乐亭	2007.7－2008.12
	郭长荣	副主任	中共党员	河北唐山	2007.7－2008.12
	张志新	副主任	民革成员	河北唐山	2007.7－2008.12

（二）工作机构

1987 年，区人大常委会设财经科、政法科、教科文卫科和办公室。1988 年增设代表联络科。2002 年 4 月 12 日，中共开平区委批准《开平区人大常委会机关机构改革方案》，人大常委会机关设办公室、代表联络科、政法科、财经科、教科文卫科，至 2008 年机构未作变动。

二、常委会议

（一）开平区九届人大常委会

第九届人大常委会（1987 年 3 月－1990 年 2 月），共举行例会 23 次。听取“一府两院”工作报告 66 次，做出决议、决定 192 项，任免干部 144 人，接待代表和群众来信来访 240 人次。其间，召开主任专题会议11次，听取“一府两院”专题汇报44项。依法做出《区人大常委会与“一府两院”联系办法》《区人大常委会工作条例》《关于监督本区司法机关执法法律的试行办法》《区人大代表持证视察暂行办法》。

（二）开平区十届人大常委会

第十届人大常委会（1990年2月－1993年2月），共举行例会22次。听取“一府两院”工作报告60次，做出决议、决定16项，任免干部75人，接待代表和群众来信、来访302人次，组织省、市人大代表视察10次。其间，召开主任专题会议15次，听取专题汇报17项。坚持把经济建设列入人大常委会重要议事日程，在常委会听取的60项议题中，涉及经济工作方面的14项，占议题总数的23.33%。1990年和1991年，先后做出关于认真搞好“企业管理年”和“企业质量、品种、效益年”活动和“争创全国体育先进县”的《决议》，组织代表对活动情况进行视察，年末听取区政府关于落实《决议》情况的汇报。

（三）开平区十一届人大常委会

第十一届人大常委会（1993年2月－1998年2月），共举行例会45次。听取“一府两院”工作报告86次，做出决议、决定53项，任免干部142人，接待代表和群众来信、来访260人次，开展各类视察活动51次，组织省、市人大代表视察21次。其间，召开主任专题会议16次，听取“一府两院”专题汇报13项。为进一步落实“科教兴区”战略，1996年4月，人大常委会做出《关于创建全国科技先进区》的决议；是年10月，又做出《关于唐山市开平区“九五”科技发展计划和2010年长期规划》的决议，适时引导经济建设转移到依靠科技进步的轨道上来。并通过制度建设，强化对执法主体的监督。1994年，做出《关于在公检法机关实行大案要案报告制度的决定》。1996年，制定《关于公检法机关实行案件报告制度的办法》；是年8月，常委会做出《关于在司法机关和行政执法部门实行错案和执法过错责任追究制的决议》，促进依法行政和公正执法。

（四）开平区十二届人大常委会

第十二届人大常委会（1998年2月－2003年4月），共举行例会53次。听取和审议“一府两院”工作报告49项，做出决议、决定37项，提出审议意见186条。常委会制定《区人大常委会议事规则》，产生代表资格审查委员会，讨论通过《乡镇人大换届选举工作意见》《唐山市开平区人大常委会重点司法案件备查办法》《实施个案监督办法》和《关于实施第四个五年普法依法治区规划》的决议。常委会坚持服务中心，促进经济健康发展，围绕改革与发展，重点听取区政府关于农业新增长点和龙头企业发展、工业企业产品结构调整、特菜基地建设、民营企业发展、2001年工业技术改造和技术创新情况等一系列报告，并提出相应意见和建议。

（五）开平区十三届人大常委会

第十三届人大常委会（2003年4月2007年7月），共举行例会30次。听取和审议“一府两院”工作报告46次，做出决议、决定32项，提出审议意见161条。在对企业改制、园区建设、节能减排等重大问题建言献策，做出相应决议的同时，关注民生，维护人民群众的根本利益，监督和支持“一府两院”集中解决教育、卫生医疗、就业、食品安全等事关民生的问题，并向区政府提出意见和建议。人大常委会先后出台《关于区级国家机关向区级人大代表通报重要工作和重要事项的办法》《关于接受人大代表监督的办法》《关于开展人大代表议政活动月的办法》和《关于区“一府两院”被任命人员进行述职评议办法（试行）》。

（六）开平区第十四届人大常委会

第十四届人大常委会（2007年7月至2008年12月），共举行例会15次，听取和审议“一府两院”工作报告12次，制定《唐山市开平区人大常委会任免地方国家机关工作人员办法》。

第四节　人大工作

一、权力行使

（一）重大决策审议

1987－2008年，区人大常委会按照法律程序对涉及全区政治、经济、文化、教育事业等事项作出一系列的《决议》《决定》《办法》《意见》，并围绕区委中心工作及全区经济社会事业发展中的重大问题，及时做出重要决策。

区第九届人大常委会做出《关于依法治区的决议（草案）》。区第十届人大常委会做出《关于进一步搞好乡镇企业“管理年”活动的决议》《关于认真搞好“质量、品种、效益年”活动的决议》等5项决议。区第十一届人大常委会做出《关于在公检机关实行大案要案报告制度的决定》《关于加强农村环境卫生管理的决议》《关于创建全国科技先进区的决议》《关于实施普法依法治区第三个五年规划的决议》等6项决议、决定。区第十二届人大常委会做出《关于全区人大代表深入学习邓小平理论，认真履行职责，充分发挥代表作用的决定》《关于对区政府承办十二届人大三次会议代表建议批评和意见加大监督力度的决定》《关于老城改造的决议》等4项决议、决定。区第十三届人大常委会通过并做出《关于区级国家机关向区级人大代表通报重要工作和重大事项的办法》《关于“一府两院”被任命人员进行述职评议办法（试行）》《关于实施普法依法治区第五个五年规划的决议（草案）》等4项办法和决议。区第十四届人大常委会截至2008年底，通过并做出《区人大常委会任免地方国家机关人员办法》等2项办法和决议。

（二）人事任免

1987年第九届开平区人大常委会，就如何行使人事任免权，不断加强制度建设。对任命干部实行说明任命理由，要求被任命干部履行任职表态、回答询问等程序，任命专业干部进行任前考试。区人大常委会认真贯彻执行中共中央〔1990〕2号文件精神，充分发扬民主，严格依照法律程序办事。第十二届开平区人大常委会注意摆正党管干部与依法任免干部的关系，在任免工作中做到“五个坚持”：坚持把好提请材料关、坚持任免前领导把关制度、坚持被任命人员到会制度、坚持司法干部法律考试制度、坚持颁发任命书。从1999年开始，对“一府两院”工作人员试行述职评议，区人大常委会成立述职评议小组，在评议前，对计划评议人员先行调查，述职后有针对性地进行评议。2000年，通过唐山市开平区人大常委会《关于规范“一府两院”被任命人员述职评议的意见》，2002年4月27日，第十二届人大常委会对《意见》进行修改。2004年4月召开的开平区第十三届人大常委会第八次会议上，审议通过唐山市开平区人大常委会《关于对区“一府两院”被任命人员进行述职评议的办法（试行）》，对“一府两院”进行工作评议和被任命工作人员述职评议工作有所创新。评议前采取走访、座谈、民主测评、书面征求意见等形式，广泛听取人大代表、基层干部、人民群众的批评建议，较全面了解和掌握被评议对象的工作情况，使评议工作既有的放矢，不流于形式，又体现对干部工作的严肃性。为进一步加强对区级国家机关工作人员的监督，2007年，召开有部分区人大代表出席的人大常委会，对法院、检察院4名领导班子成员和审判员、检察员进行述职评议。

二、制度化建设

区九届人大常委会议第八次会议通过《关于开平区贯彻执行〈中华人民共和国土地管理法〉〈河北省土地管理条例〉的暂行规定》。改革人事任免办法，制订《人事任免暂行办法的补充规定》。实行被提请任命的区政府组成人员和检察院副检察长、法院副院长到会发言，简述任职后如何贯彻人代会决议的办法。制订《区人大常委会会议制度（草案）》《人大常委会工作试行条例》《人大常委会与“一府两院”的联系办法》《关于监督司法机关执行法律的试行办法》。区十届人大常委会进一步修订完善《人大常委会议事规则》《主任会议议事规则》《人事任免办法》《关于联系代表和代表开展活动的办法》等工作制度。区十一届人大常委会制订《关于贯彻落实区人大常委会决议、决定、意见的试行办法》和《信访工作暂行规定》。区十二届人大常委会将历届常委会及机关的21项议事规则、工作办法及规章制度汇编成册，发至代表和有关单位。区十三届人大常委会通过《关于开展人大代表争先创优竞赛评比活动的办法》《关于区人大代表持证视察的办法》《关于开展人大代表议政日活动的办法》。区十四届人大常委会通过《唐山市开平区人大常委会组成人员守则》《唐山市开平区人民代表大会常务委员会组成人员联系本级人大代表工作制度》《唐山市开平区人大常委会关于代表联系选民制度》《唐山市开平区人大常委会信访工作规定》。

三、代表建议

22年间，区人大常委会对人大代表的议案及建议、批评和意见处理逐步形成制度，会议收到的议案由议案审查委员会审查后立案，向大会做议案审查报告；经大会立案的议案交区“一府两院”限期办结，人大常委会负责检查催办。对代表建议、批评和意见，由区政府办公室分解到有关职能部门，其办理结果和答复意见经主办单位领导签字后送政府办公室审核，再由承办单位打印盖章后，代表政府答复代表。建议内容重要或涉及多部门的则由政府办公室协调办理。区人大常委会逐步完善交办、转办、催办和检查监督制度，每年听取1至2次区政府办理人民代表建议、批评和意见情况。1987年，区九届人大一次会议期间，共征集人大代表建议、批评和意见170件，办结率、答复函规范率、走访率均达到100%。2001年，区十二届人大四次会议期间，共征集人民代表建议、批评和意见41件，除因受政策限制无法解决需向代表做出说明解释的8件外，其余33件全部办结。如郝淑敏等7位代表提出的“关于马砖小区境内暖气多年失修”的建议，房管局局长郭铁华接受承办任务后，带领技术人员到现场实地查看，筹措资金30多万元，将从锅炉房到各分支主管线更换230多米，保证了居民正常取暖。2002年，涉及热点问题较多的民政局、城建局、环保局、公安分局，都成立由局主要领导负责的领导小组，使承办工作显现出力度大、速度快、质量高的特点。2003年，代表提出的修缮开平汽车队到劳教所道路的建议，区政府将其列入2003年为全区人民办好10件实事之一，投资260万元，维修2015米长的北环路东段，做到代表满意，过往行人也满意。2006年，区人大常委会从征集的46件人民代表建议、批评和意见中，筛选出6件事关群众的热点问题为重点，由主任、副主任督办。其中《关于大力推进新型农村合作医疗的建议》，专门召开主任常务会议，加大催办力度。全区农村新型合作医疗制度于当年10月正式实施，全区有11.5万农民参加，参合率达89.7%，吸纳农民参合资金167.6万元。2008年，代表提交关于治理东山小区附近烟尘污染的建议。区环保分局督促涉及污染的唐山宏业轧钢有限公司投资28万元对煤气发生炉气封装置进行改造；督促唐山市开发水泥有限公司投资410万元，建立一栋大型封闭熟料储库并为各扬尘点安装布袋除尘器抑制扬尘；督促唐山市开平富鑫通源灰料厂投资400万元安装布袋除尘器，并对成品库房、料场采取苫盖措施，定期洒水，有效减少扬尘；督促唐山市开平区冶金灰厂投资260万元，安装水除尘设施，并对厂区进行硬化、绿化，粉尘污染得到有效控制。该小区附近环境污染问题大为改善，居民比较满意。

1987－2008年，历届区人大共征集代表建议1568件，事事有着落，件件有结果，代表满意率98%。

四、执法检查

1988年8月中旬到11月底，在全区开展执法情况大检查。检查共涉及法律、法规、条例、细则130多个，重点检查38个单位。执行比较好的有17个，占检查单位的44.7%；执行一般的14个，占

36.9%；执行较差的7个，占18.4%。共查出有法不依、执法不严、以言代法、违法违纪等方面的问题97件，368条。1991年9月，组织土地管理执法大检查活动，以乡为单位自查和区重点抽查相结合。在乡自查的基础上对傅家屯、梁家屯、栗园、双桥等4个乡进行重点抽查。发现各种违法占地案件324件，查处296起，结案率91.4%。1992年，组织部分委员和人大代表对区政府贯彻落实《土地管理法》《矿产资源法》《社会治安管理处罚条例》等情况，进行6次执法检查。按市人大常委会、市政府的统一部署，从1993年10月底开始，利用两周时间在全区开展《河北省计划生育条例》的执法检查。对1993年以来全区审批乡级上报的二胎规划968件逐一检查，其中符合政策批准生育的962件，批否6件。1994年6月，区人大开展义务教育普法宣传和执法检查，对全区厂矿企业和乡镇级中小学的雇佣童工及学生流失情况进行专项抽查，建议区政府把控制中小学生流失当做一件大事来抓。1995年，开平区制定《开平区环保检查法》。7月31日－8月2日区人大对区属13家企业依法检查，并就群众反映强烈的环保热点问题召开座谈会，走访市属有关企业。1995－1998年，区人大对《唐山市农村经济合作社条例》《注册会计师法》《河北省会计条例》《食品卫生法》等法律法规的执行情况，以及文化市场、违法占地等情况进行执法检查。1998年5月21日－10月5日，区人大常委会开展矿产资源和矿山安全执法检查。是年，开平区被评为河北省小矿山治理整顿先进单位。1999年4月开始，区人大常委会集中5个月时间，对全区贯彻落实《农业法》、《环保法》情况和政法系统进行执法检查。共检查132个行政村、4个粮站和16所农村中小学，发现并解决增加农民负担个案2件、土地延包案3件。对9所中小学2项超标收费、私自征订6种复习资料问题，依法监督有关部门纠正，清退超标收款14.2万元。督促陡河水库加强取缔网箱养鱼和华丰养殖场水污染治理。2003年，区人大常委会就贯彻实施《中华人民共和国职业教育法》《河北省实施〔中华人民共和国职业教育法〕办法》，先后对区综合职校、区人事劳动和社会保障局等单位进行重点检查。是年，还就贯彻实施《中华人民共和国森林法》及《退耕还林条例》《中华人民共和国中小企业促进法》《河北省支持和鼓励个体工商户私营企业发展条例》和《质量法》，对区农林局、工商局、质量监督分局进行执法检查。2004年，先后开展对《动物防疫法》《食品卫生法》《环境保护法》《义务教育法》《土地承包法》《科技进步法》《档案法》等法律法规的贯彻落实情况进行执法检查。2005年，区人大常委会先后7次就《食品卫生法》《水土保持法》《环境保护法》《广播电视管理条例》等执行情况进行执法检查。2006年，区人大常委会组织部分人大代表对《防洪法》《劳动法》《人口与计划生育法》《检察院法》《农业法》《唐山市畜禽屠宰管理条例》执行情况进行检查，提出整改意见21条。2008年，区人大常委会对贯彻落实《中华人民共和国促进科技成果转化法》情况进行执法检查，并深入3个工业和农业企业进行实地考察。是年，还组织部分委员和代表对贯彻落实《资源与环境保护法》《劳动合同法》《农产品质量安全法》以及《民事诉讼法》情况分别进行执法检查。

五、工作视察

1987－1989年，开平区第九届人大常委会组织部分委员和人大代表开展视察活动35次，其中涉及《森林法》贯彻实施、农业生产、乡镇企业发展和群众关心的食品卫生、防汛等热点问题。在1987年8月的食品卫生视察过程中，区政府卫生防疫部门就代表们发现的问题现场办公，对7个单位分别予以罚款、停业整顿和限期改进处罚。1990－1992年，开平区第十届人大常委会共组织代表视察24次。1990年，先后组织省、市、区人大代表视察250个单位各项法律法规的执行情况。1992年，为迎接城运会召开，区人大组织市、区人大代表对开平区城乡接合部、城内村庄、与市区毗连的几个主要出入口处的环境卫生、市容市貌、社会治安进行视察。1993－1997年，第十一届区人大常委会组织人大代表视察48次。1995年，按照区委评议纠风的工作部署，组织50多名代表对工商、税务、交通、土地、卫生、公安、法院、金融等9大系统的行业作风和执法情况进行评议，采取视察与小组讨论相结合、会内评议与走访调查相结合，评议与整改相结合的方法，对行业作风的改善，提高办事效率起到一定促进作用。

2005年，区人大常委会强化“寓监督于服务之中”的意识，对群众普遍关心的工业园区建设进展情况、东城路翻修改造工程、村村通油路工程、学校危房改造、平安开平等实事工程，先后6次专项视察。视察中代表提出的意见建议及时转交区政府及相关部门，对需市政府协调解决的问题，组织市人大代表以议案、建议形式向上级反映。2008年，区人大常委会配合省、市人大代表，开展对节能减排工作和环境保护工作，以及全区重点项目建设和相关重点工作进行视察。

六、信访工作

1987年，区人大常委会印发《依法人民代表对“一府两院”实施法律和工作监督》文件，设星期六主任信访接待日。1987－1989年，共接待来信来访256件次，逐一认真办理，及时答复代表。1990年，共接待代表和人民群众来信119件、来访190人次，做到件件有回音，案案有答复。1993年，区人大常委会把受理人民群众对执法机关及其工作人员的申诉、控告和意见作为深化司法监督的重要渠道。通过这条渠道了解司法机关的执法情况，全年共接待和处理申诉、控告和意见51件，批转有关部门处理并要结果的20件，结案率100%。1994年，受理群众申诉、控告和意见48件，均按职权范围及时转有关部门办理或协助有关部门直接解决。1998年，受理群众来信来访67件，其中转区政府及有关部门37件、转法院18件、转检察院8件、转区纪委2件、转乡镇2件。2002年，接待人大代表和人民群众来信来访112件，到年底有110件责成有关部门办结。2006年，受理各类信访案件122起，197人次，三级交办案件23件，均得到妥善处理。刘宝兴等6人与市钢管厂、郑庄子乡安各庄村委会劳动争议一案，经法院调解，使上访案件妥善解决。

七、指导乡镇街道人大工作

根据《中华人民共和国地方组织法》，1981年开平区恢复乡镇级人民代表大会，每届任期3年。1987年3月，乡镇人大设代表联组，选举产生联组组长，负责闭会期间的人大工作。1989年9月15日，乡镇人大代表联组改称乡镇人大主席团。1990年乡镇人大换届时设人大主席团常务主席，负责闭会期间的人大工作。1991年，街道配备人大代表联组组长，2001年改称街道人大办公室主任。2004年，根据《中华人民共和国组织法（修订）》，乡镇人民代表大会每届任期改为5年。

1987年，区九届人大常委会制订《乡镇代表联络组职责和任务的规定（试行）》。1988年10月26日，召开乡镇代表联络组工作研讨会暨乡镇人大工作经验交流会，果园、缸窑、双桥和梁家屯4个乡作经验发言。1989年，区人大常委会制订《乡镇人大主席团工作暂行办法》。1990年，区十届人大常委会邀请抚宁县下庄乡人大主席团常务主席赵树林介绍工作经验。是年1月10日，选举区、乡两级人大代表时，开平镇七街村2名选举工作人员私画区人大代表选票74张、镇人大代表选票71张；区十届人大常委会第五次会议就此研究决定，根据《选举法》第四条和第三十七条规定，宣布该选区这次选举无效，重新进行选举。1991年7月27日，区人大常委会制订《关于实施〈河北省乡镇人民代表大会条例〉的暂行规定》，乡镇人大工作初步实现制度化、规范化、法制化。是年10月21日，在市人大召开的经验交流会上，傅家屯乡人大主席团作题为《尊重代表权力，落实代表意见》的经验发言。1996年8月20日，区十一届人大常委会第三十二次会议，听取开平镇《关于开展代表议政日活动的实施意见》，并做出《关于推行开平镇开展代表议政日活动的决定》，还就开平镇与岔道乡合并的实际情况，通过《关于合并后的开平镇人大代表重新选举的决定》，确保合并后的开平镇人大严格履行法律程序，及时选举产生新的镇政府组成人员。1998年，为确保乡镇人大主席和街道人大办公室主任履行人大代表权力，区十二届人大常委会就“乡镇人大主席团常务主席和街道人大办公室主任列席同级常委会议问题”，向中共开平区委专题报告，并获区委批准。2001年9月7日，区人大常委会发出《关于在乡镇街道领导干部调整中，部分人员需履行法律程序的通知》，强化乡镇街道领导干部调整的严肃性。2006年4月，区人大常委会召开人大工作经验交流会，300多名区、乡镇街道两级人大代表参加，3名代表介绍经验。

附录

唐山市开平区人大常委会教科文卫科
关于区政府贯彻实施《教师法》情况的调查报告

按照区人大常委会工作安排，我科与部分委员在分管主任的带领下于11月上旬，就区政府贯彻实施《教师法》情况到部分中、小学校以及进修学校进行了调查。现将情况报告如下：

一、贯彻执行《教师法》基本情况

调查中，我们先后听取了乡（镇）领导、教育组及学校校长的汇报，查阅了有关的资料和学习记录，分别召开了教师和学生座谈会，另外还走访了部分人大代表以及学生家长。我们认为，在贯彻落实《教师法》过程中，区政府以及教育局作了大量的工作，取得了较为明显的效果。主要有以下几点：一是领导重视，加强学习和宣传力度。各学校把《教师法》的学习纳入“三五”普法规划中，充分利用广播、板报、橱窗进行宣传，46中还翻印《教师法》做到教师人手一份。全区各学校都能利用每周政治理论学习时间集中进行有关教法法规的学习，每个教师还记读书笔记，学校定期检查。二是注重教师队伍建设，努力提高教师素质。教育局在对教师进行业务培训，开展各种教学活动的基础上。一方面创造条件鼓励支持教师进行进修和深造。另一方面实施了教师聘任制，建立了竞争机制，激励了广大教师教书育人的热情，牢固树立忠诚于人民教育事业的思想。三是维护教师合法权益，努力为教师办实事。每年教师节区政府领导都深入第一线慰问教师，隆重召开表彰大会，重奖优秀教师。区、乡两级政府都积极落实教师的各种待遇，保障教师工资的按时发放。各学校每年都召开教职工代表大会，使广大教师都能充分行使自己的权利，参与学校的民主管理，调动了教师的积极性。四是教师认真履行义务，努力提高教育教学水平，由于狠抓了教师的思想政治教育和业务培训，教师队伍的整体水平有了较大提高，教育教学质量逐年提高，使今年的中、高考取得了历史性的突破，今年中考全区考入省重点高中达到473人，比去年多了115人，特别是46中、49中都创造了建校以来的最好成绩，高考本科上线155人，上线率为34.37%，比去年提高了17.16个百分点，专科以上总上线率为80.94%，提高了6.58个百分点。今年23中还被评为省示范性高中。

二、存在的问题和差距

在贯彻落实《教师法》中，区政府为保障教师的合法权益，建设具有良好思想品德和业务素质的教师队伍，促进教育事业的发展作了不少工作。但在调查中也发现一些不容忽视的问题：

1、学习实施《教师法》在一些学校还不够平衡，个别学校在学习内容、时间、安排上还存在着随意性。

2、教学设施跟不上教育发展的需要。具体体现主要是教室和办公室还不能满足教学需要，据调查了解由于新城的发展，学生生源的增大和学校设施局限，导致一些学校的班容量过大，如49中有的班学生人数已达68人。显然这样大的班容量不符合上级教育部门的要求和规定，无形之中加重了教师的负担，也影响了正常的教学活动的开展和学生的身心健康。46中也因学生人数的不断增多，班级增多却没有扩建教室，导致挤占其他用房，出现了一个年级的20名教师挤在一间50多平方米教室办公，影响了工作质量。

3、农村小学教育经费紧张，教育费附加征收不到位，并且管理不规范，正常的教育经费支出受到了影响，导致农村小学的发展较慢。

4、教学水平发展城乡之间及各校之间还存在不平衡现象。从总体上讲农村小学比城镇的教学水平差距较大，既是城镇学校之间的差距也比较明显。

三、几点建议

1、进一步加强《教师法》的学习、宣传，提高广大教师的法律意识，努力做到依法从教、依法治学，认真履行法律义务和教育教学职责。

2、进一步加大教育投入，完善设施建设，逐步改善办学条件以及教师的工作条件，提高我区现代化教育水平。

3、进一步加强教师队伍建设，加强教师的思想政治教育和业务培训，陶冶师德，锤炼师能，讲究师表，遵守师纪，建设一支适应现代化教育发展的教师队伍。

4、进一步加强对农村小学的教学督导等工作，缩小城市与乡村、学校与学校之间教学水平的差距，使我区教育事业得到健康发展。

5、进一步增加农村小学的教育经费，加强对教育费附加的征收力度，做到严格管理，统筹使用，加快农村小学建设，促进社会主义农村现代化教育事业的发展。

2001 年 11 月 27 日

唐山市开平区人大常委会
对区政府《贯彻落实〈教师法〉情况报告》的审议意见

（2001 年 11 月 27 日唐山市开平区十二届人大常委会第四十一次会议通过）

唐山市开平区第十二届人大常委会第 41 次会议。认真听取和审议了区教育局长李向东受区政府委托所作的贯彻落实《教师法》情况的报告。

会议认为，近年来，区政府在贯彻实施《教师法》过程中做了大量的工作，取得了明显的效果，主要体现在以下几点：一是领导重视，把《教师法》的学习贯彻纳入“三五”普法之中，采取多种形式进行学习宣传。二是维护了教师的合法权益，努力为教师办实事。三是特别注重了教师的培养和培训，提高了教师队伍的整体素质。四是不断加大对教育的投入，为 23 中兴建科技楼一座、49 中建宿舍楼一座、开平小学兴建多媒体校园网，改善了育人环境，提高了现代化教育水平。五是实施了教师考核聘任制，激发了教师认真履行职责的积极性和自觉性，树立忠于人民教育事业的思想，教师队伍的素质有了较大提高。以上工作促进了我区教育事业的发展，今年中、高考成绩取得了历史性的突破，今年中考全区考入省重点高中达到 473 人，比去年增加了 115 人，特别是 46 中、49 中都创造了建校以来的最好成绩，高考本科上线 155 人，上线率 34. 37%，比去年提高了 17. 16 百分点，专科以上总上线率为 80. 84%，比去年提高了 6. 58 个百分点。今年 23 中建成省示范性高中。对此表示满意。

会议同时指出，在贯彻落实《教师法》的实际工作中，虽然取得明显成效，但仍存在一些差距。首先是对《教师法》的学习贯彻还不够平衡。二是教学设施跟不上教育发展的需要。三是农村小学经费紧张，教育费附加征收不到位。四是各校之间，特别是城镇与农村小学的教学水平反差较大，影响了我区教育事业全面发展，为此提出如下建议：

1、以“三个代表”重要思想为指针，不断加强对《教师法》的学习、宣传、贯彻，进一步提高广大教师的法律意识。努力做到依法从教、依法治教，认真履行法律赋予的权利和义务。

2、进一步加强对教育的投入，特别是薄弱校建设和基础建设，完善教育配套设施，不断改善办学条件，防止生源流失，做到有序招生，逐步提高我区教育现代化建设规模和水平。

3、加强教师的思想政治工作和专业培训，加强农村小学管理和督导工作，促使我区教育事来的健康发展。

4、进一步增加农村小学教育经费，加强对教育费附加的征收力度，做到严格管理，统筹使用。

第二章　政　协

区政协成立于1984年5月22日。1987－2008年，历经第二至七届。在中共开平区委的领导下，区政协认真贯彻落实中共中央《关于坚持和完善中国共产党领导的多党合作和政治协商制度的意见》，团结组织参加政协的各党派、各团体和各界人士，认真履行政治协商、民主监督、参政议政的基本职能，在全区经济社会发展中发挥着越来越重要的作用。已形成全委会议总体协商、常委会议专题协商、主席会议重点协商的参政议政格局。

第一节　政协委员

区政协委员由中国共产党、民主党派、无党派、科技、工商、财贸、文教、体育、卫生、民族、宗教、群众团体等不同党派、界别人员组成。每届政协委员会的委员安排根据人民政协的性质、职能和任务要求，从有利于调动各方面的积极性，巩固和促进安定团结的政治局面，促进改革开放和经济社会发展，推进社会主义民主政治和精神文明建设及祖国和平统一大业出发，既注重委员的代表性、广泛性，又考虑委员的整体政治结构、知识结构、年龄结构、能力结构的合理性。由中共开平区委授权统战部，在广泛征求各界意见后提名推荐，报区委同意产生。1987年、1990年、1993年、1998年、2003年、2007年，相继进行了第二届、第三届、第四届、第五届、第六届、第七届委员会委员推选工作。第二届、第三届委员会委员任期3年，从第四届开始，委员任期为5年。根据工作需要，届中委员人数多有变动。第二届委员会第一次会议有委员103人，第三次会议共有委员122人。第三届委员会第一次会议有委员110人，第三次会议共有委员127人。第四届委员会第一次会议有委员120人，第五次会议共有委员123人。第五届委员会第一次会议有委员124人，共有委员161人。第六届委员会第一次会议有委员137人，第五次会议共有委员168人。第七届委员第一次会议有委员147人，至2008年底没有增减。

1987－2008年历届开平区政协委员构成一览表

（以每届第一次会议召开时情况统计）

表16－5

届别	时间	委员数	党派				大中专以上学历		女委员	
			中共党员		非中共人士					
			人数	%	人数	%	人数	%	人数	%
第二届	1987.3.31	103	33	32	70	68	47	45	21	20
第三届	1990.2.6	110	43	39	67	61	34	30	22	20
第四届	1993.2.3	120	45	38	75	62	73	60	26	22
第五届	1998.2.6	124	47	38	77	62	75	60	28	23
第六届	2003.4.14	137	55	40	82	60	79	58	31	23
第七届	2007.7.24	147	63	43	84	57	132	89	36	23

第二节 政协会议

一、全体会议

区政协全体会议每年召开一次。会议的主要议程是：听取审议区政协常委会工作报告；列席区人大全体会议，听取区政府工作报告和其他报告；通过有关决议。同时，按照工作需要，进行选举或补选等事项。1987－2008年，区政协共召开全体会议22次。

2007年7月24日开平区政协第七届第一次会议会场

1987－2008年开平区政协全体会议一览表

表16－6

届次		时间	应到委员	实到委员	主要议程	备注
第二届	第一次会议	1987.3.31－4.4	103	99	1. 听取审议区政协第一届委员会工作报告； 2. 选举第二届区政协常务委员会委员、主席、副主席； 3. 列席区人大九届一次会议，听取讨论区政府工作报告及其他报告。	
	第二次会议	1988.3.3－5	116	101	1. 听取审议区政协常务委员会工作报告； 2. 列席区人大九届二次会议，听取讨论区政府工作报告； 3. 补选政协常务委员。	增补委员13人，其中常委3人。
	第三次会议	1989.3.20－23	122	94	1. 听取审议区政协常委会工作报告； 2. 列席区人大九届三次会议，听取讨论区政府工作报告及其他报告。	增补委员11人。因工作调动等原因减免委员5人。
第三届	第一次会议	1990.2.6－9	110	98	1. 听取审议区政协第二届委员会工作报告； 2. 列席区人大十届一次会议，听取讨论区政府工作报告及其他报告； 3. 选举区政协第三届常务委员会委员、主席、副主席； 4. 协商区人大、区政府、区法院、区检察院领导人选； 5. 通过区政协三届一次会议决议。	

续表 16－6

届次		时间	应到委员	实到委员	主要议程	备注
第三届	第二次会议	1991．1．28－30	116	93	1．听取审议区政协常委会工作报告； 2．列席区人大十届二次会议，听取区政府工作报告； 3．审议并通过区政协三届二次会议决议； 4．补选政协常委。	增补委员6人，其中常委1人。
	第三次会议	1992．2．20－23	127	101	1．听取审议区政协常委会工作报告； 2．列席区人大十届三次会议，听取讨论区政府工作报告及其他报告； 3．表彰优秀政协委员。	增补委员11人。
第四届	第一次会议	1993．2．3－6	120	120	1．听取审议区政协第三届委员会工作报告； 2．列席区人大十一届一次会议，听取讨论区政府工作报告及其他报告； 3．审议并通过区政协四届一次会议决议； 4．选举区政协第四届常务委员、主席、副主席。	
	第二次会议	1994．2．24－26	120	119	1．听取审议区政协常委会工作报告； 2．列席区人大十一届二次会议，听取讨论区政府工作报告及其他报告。	
	第三次会议	1995．4．10－12	123	122	1．选举区政协主席，增选区政协副主席、常委； 2．听取审议区政协常委会工作报告； 3．列席区人大十届三次会议，听取讨论区政府工作报告和其他报告。	选举主席，增选副主席、常委各1人。
	第四次会议	1996．3．4－6	123	118	1．听取审议区政协常委会工作报告； 2．列席区人大十届四次会议，听取讨论区政府工作报告和其他报告。	
	第五次会议	1997．2．26－28	123	117	1．听取区政协常委会工作报告； 2．列席区人大十届五次会议，听取讨论区政府工作报告和其他报告。	
第五届	第一次会议	1998．2．6－9	124	121	1．听取审议区政协第四届委员会工作报告； 2．听取审议区政协第四届委员会提案工作报告； 3．选举区政协第五届委员会常务委员、主席、副主席； 4．通过大会政治决议。	
	第二次会议	1999．1．31－2．2	138	115	1．补选区政协常委； 2．听取审议区政协常委会工作报告； 3．听取审议提案委员会工作报告； 4．列席区人大十二届二次会议，听取讨论区政府工作报告和其他报告； 5．通过大会政治决议。	增补委员14人，其中常委3人。

续表 16 – 6

届次		时间	应到委员	实到委员	主要议程	备注
第五届	第三次会议	2000. 2. 23 – 24	145	122	1. 增选区政协副主席； 2. 听取审议区政协常委会工作报告； 3. 听取审议区政协提案委员会工作报告； 4. 列席区人大十二届三次会议，听取讨论区政府工作报告和其他报告； 5. 通过大会决议。	增补委员 7 人，其中增选副主席 1 人。
	第四次会议	2001. 1. 9 – 11	143	125	1. 听取审议区政协常委会工作报告； 2. 听取审议提案委员会工作报告； 3. 列席区人大十二届四次会议，听取讨论区政府工作报告和其他报告； 4. 通过大会决议。	因工作调动等原因减免委员 2 人。
	第五次会议	2002. 3. 11 – 13	161	146	1. 选举区政协主席； 2. 补选常委； 3. 听取审议区政协常委会工作报告； 4. 听取审议提案委员会工作报告； 5. 列席区人大十二届五次会议，听取讨论区政府工作报告和其他报告； 6. 通过大会决议。	增补委员 18 人，其中常委 2 人。
第六届	第一次会议	2003. 4. 14 – 17	137	120	1. 听取审议区政协五届委员会工作报告； 2. 听取审议区政协第五届委员会提案委员会工作报告； 3. 选举区政协第六届委员会主席、副主席、秘书长、常委； 4. 通过大会决议。	
	第二次会议	2004. 2. 10 – 12	148	121	1. 补选区政协常委； 2. 听取审议常委会工作报告； 3. 听取审议提案委员会工作报告； 4. 列席区人大十二届二次会议，听取讨论区政府工作报告和其他报告； 5. 通过大会决议。	增补委员 11 人，其中常委 3 人。
	第三次会议	2005. 2. 20 – 21	158	126	1. 听取审议常委会工作报告； 2. 听取审议提案委员会工作报告； 3. 列席区人大十二届三次会议，听取讨论区政府工作报告和其他报告； 4. 通过大会决议。	增补委员 10 人。
	第四次会议	2006. 2. 21 – 22	168	138	1. 听取审议常委会工作报告； 2. 听取审议提案委员会工作报告； 3. 补选政协常委； 4. 列席区人大十二届四次会议，听取讨论区政府工作报告和其他报告； 5. 通过大会政治决议。	增补委员 10 人，其中常委 3 人。
	第五次会议	2007. 2. 6 – 7	168	121	1. 听取审议区政协常委会工作报告； 2. 列席区人大十二届五次会议，听取讨论区政府工作报告和其他报告； 3. 通过大会政治决议。	

续表 16－6

届次		时间	应到委员	实到委员	主要议程	备注
第七届	第一次会议	2007. 7. 24－26	147	124	1. 听取审议区政协六届委员会工作报告； 2. 听取审议区政协六届委员会提案工作报告； 3. 选举区政协第七届委员会主席、副主席、秘书长和常委； 4. 表彰区政协第六届委员会优秀政协委员； 5. 审议通过区政协第七届委员会第一次会议决议。	

1987－2008 年历届开平区政协主席、副主席名单

表 16－7

届次	主席	任职时间	副主席	政治面貌	任职时间
第二届	赵　忠	1987. 3－1990. 2	刘希明 李　述 韩日新 张在成	中共党员 中共党员 九三成员 非党人士	1987. 3－1990. 2 1987. 3－1990. 2 1987. 3－1990. 2 1987. 3－1990. 2
第三届	刘希明	1990. 2－1993. 2	李　述 张在成 贾连贵 刘静远	中共党员 非党人士 非党人士 民盟成员	1990. 2－1993. 2 1990. 2－1991. 12 1990. 2－1993. 2 1990. 2－1993. 2
第四届	陈福田 潘起来	1993. 2－1995. 4 1995. 4－1998. 2	张维林 王锡倬 贾连贵 苏仲宇 刘静远 杨占起	中共党员 非党人士 非党人士 九三成员 民盟成员 中共党员	1993. 2－1998. 2 1993. 2－1995. 4 1993. 2－1998. 2 1995. 4－1998. 2 1993. 2－1998. 2 1993. 2－1997. 11
第五届	潘起来 孙战友	1998. 2－2002. 3 2002. 3－2003. 4	绳国柱 贾连贵 苏仲宇 李惠珍（女） 杨锦刚	中共党员 非党人士 九三成员 非党人士 中共党员	1998. 2－2003. 4 1998. 2－2003. 4 1998. 2－2003. 4 1998. 2－2003. 4 2000. 2－2003. 4
第六届	孙战友	2003. 4－2007. 6	谭春明 李惠珍（女） 李晓东 周祖光	中共党员 非党人士 中共党员 民盟成员	2003. 4－2007. 7 2003. 4－2007. 7 2003. 4－2007. 7 2003. 4－2007. 7
第七届	杨清波	2007. 7－	李晓东 周祖光 秦英臣	中共党员 民盟成员 中共党员	2007. 7－2008. 12 2007. 7－2008. 12 2007. 7－2008. 12

二、常委会议

政协常委会由政协主席、副主席、办公室主任（秘书长）和常务委员组成，其候选人由参加政协委员会的各党派、团体、民族和各界人士协商提名，经政协全体会会议选举产生。常委会议一般每季度召开一次，必要时由主席会议决定增加。1987－2008年，区政协共召开常委会议93次。

（一）第二届政协常委会

区政协第二届常委会（1987年3月－1990年2月）共召开15次常委会议。其中1987年4月召开的二届一次常委会学习中共中央〔1987〕1号文件，审议通过《政协开平区委员会常务委员会工作规则》。1988年7月23日召开的二届七次常委会议听取区政府1988年上半年经济工作运行情况和下半年工作安排的通报，经过审议，提出“区政府在发展外向型经济中要注意发挥三胞眷属的作用”等建议。1989年6月6日召开的二届十一次常委会议，学习中央领导有关北京春夏之交政治风波的讲话精神，并进行认真讨论。

（二）第三届政协常委会

区政协第三届常委会（1990年2月－1993年2月）共召开14次常委会议。其中1990年8月召开的三届三次常委会议，审议通过政协机关改革方案，决定撤销原来的宣传教育科和组织联络科，保留办公室，建立经济建设、学习、提案、教科文卫、祖国统一联谊5个专门委员会。1991年7月30日召开的三届七次常委会议，听取区政府1991年上半年区属企业和农业发展情况的通报，经过审议，与会常委建议：区属企业要狠抓技改和产品结构调整，上新项目要慎重，区政府要给联合体、个体企业适当的优惠政策。1992年6月8日召开的三届十次常委会议，听取区政府关于人才开发情况和“全国体育先进县”检查验收情况的通报。经过审议，委员们就“人才开发”工作建议：要增强乡镇领导的科技意识，要简化人才引进手续，落实引进人才工资福利待遇，在引进人才的同时不可忽视区内人才的使用。

（三）第四届政协常委会

区政协第四届常委会（1993年2月－1998年2月）共召开20次常委会议。其中1993年8月10日召开的四届三次常委会议，审议通过区政协《提案委员会工作实施细则》。1994年6月10日召开的四届五次常委会议，审议通过区政协《先进联络组条件》和《优秀委员条件》。1994年9月29日召开的四届六次常委会议，听取经济建设委员会关于全区私营经济建设调查情况的汇报。1995年11月10日召开的四届十次常委会议，听取区政府关于创建卫生城和城市建设规划的通报。1996年8月28日召开的四届十三次常委会议，听取区政府关于蔬菜生产情况的通报。

（四）第五届政协常委会

区政协第五届常委会（1998年2月－2003年4月）共召开21次常委会议。其中1998年5月召开的五届二次常委会议，审议通过学习委员会《关于对全区非公有制经济发展情况的考察报告》。1999年11月11日召开的五届八次常委会议，学习《中共中央关于国有企业改革和发展若干重大问题的决定》，审议通过经济建设委员会《关于对全区国有企业的视察报告》，并征求常委们对国有企业改革的意见和建议。2000年7月13日召开五届十次常委会议，印发《人民政协民主监督系列研究参考题目》。2001年11月召开的区政协五届十六次常委会议，听取区政府1至10月经济运行情况和财政运行情况的通报。2002年8月召开的五届十九次常委会议，审议通过教科文卫委员会《关于全区卫生院状况的调研报告》。2003年3月召开的五届二十一次常委会议，审议通过《优秀提案和提案者名单》。

（五）第六届政协常委会

区政协第六届常委会（2003年4月－2007年7月）共召开17次常委会议。其中2004年5月召开的六届五次常委会议，审议通过区政协党组《关于加强自身建设的若干规定》和《党组规定通则》。2005年4月5日召开的六届八次常委会议，审议通过《关于加强委员管理的规定》和《关于全区企业职工生活保障情况的调研报告》。2005年7月20日召开的六届九次常委会议，审议通过教科文卫委员会《关于我区农村卫生事业发展情况的调研报告》。

（六）第七届政协常委会

区政协第七届常委会（2007年7月－）截至2008年底，七届政协常委会共召开6次常委会议。其中2007年8月10日召开的七届一次常委会议，审议通过《主席会议规则》《区政协常委会工作规则》和《专门委员会工作通则》。2008年9月召开的七届五次常委会议，审议通过《关于加强同民主党派、工商联联系的意见》《进一步加强委员联系的意见》和《区政协委员工作规范》。

三、主席会议

主席会议由主席、副主席、办公室主任（秘书长）组成，处理常委会的日常工作，一般每月召开一次，主席还可根据工作需要，酌情增加。1987－2008年，区政协共召开主席会议278次。

（一）第二届政协主席会议

区二届政协（1987年3月－1990年2月）共召开主席会议41次。重要会议有：第五次主席会议，决定组建“开平区经济建设咨询服务处”。第六次主席会议，就建立乡镇委员联络组提出初步意见。第十八次主席会议，研究编辑开平文史资料有关事宜。第三十二次主席会议，学习中央领导有关北京春夏之交政治风波讲话精神，并决定召开常委会议传达学习。

（二）第三届政协主席会议

区三届政协（1990年2月－1993年2月）共召开主席会议38次。重要会议有：第二次主席会议，研究制订机关设置改革方案。第五次主席会议，研究有关《政协文摘》编印、发放等有关事宜。第十五次主席会议，审议区政协提交区委、区政府的建议案《关于迎城运、争创全国体育先进县的建议》。

（三）第四届政协主席会议

区四届政协（1993年2月－1998年2月）共召开主席会议68次。重要会议有：第八次主席会议，讨论定稿区政协《关于政治协商民主监督的暂行规定》和《实施意见》。第十三次主席会议，研究讨论区政协《关于进一步加强政协提案办理工作的意见》。第十八次主席会议，研究组建“老委员联谊会”。第二十二次主席会议，讨论通过区政协向区政府提交的《关于完善私营经济开发区的建议案》。

（四）第五届政协主席会议

区五届政协（1998年2月－2003年4月）共召开主席会议67次。重要会议有：第三次主席会议，讨论准备上报的主席署名文章《浅谈政协提案工作的重要意义》。第十八次主席会议，研究经济建设科编印《情况通报》有关事宜。第四十八次主席会议，研究委员联络组变动事宜。

（五）第六届政协主席会议

区六届政协（2003年4月－2007年7月）共召开主席会议45次。重要会议有：第十次主席会议，研究讨论以区政协署名，上报《人民政协报》的文章《与时俱进，务实创新，不断提高政协工作整体水平》。第二十二次主席会议，研究审定提交区政府的《关于尽快解决区属企业职工生活困难问题的建议案》。第三十次主席会议，研究委员支持文明生态村建设和捐资助学、扶贫济困事宜。

（六）第七届政协主席会议

区七届政协（2007年7月－）截至2008年底，共召开主席会议19次。重要会议有：第三次主席会议，研究调整委员联络组有关事宜。第五次主席会议，讨论提交常委会审定的《主席会议规则》等3个文件。

第三节　政协工作

一、参政议政

1987年7月25日，区政协主席会议决定组建“开平区经济建设咨询服务处”，成员由经济界委员组成，区政协主管经济的副主席兼任处长。1988年，咨询服务处主办两次外向型经济研讨会，对栗园等6个乡、村企业提供技术咨询，为果园乡兴华服装厂从迁西县引进30名工人；向区政府提交的“在一线大城市设立开平区办事处”的建议，亦被采纳。1989年4月，区政协组织部分委员对全区蔬菜种植情况进行调研，就发现的问题写成调研报告提交区政府。报告建议在适当的地方增建蔬菜批发市场，解决农民卖菜难的问题；发展无公害蔬菜生产，以满足市场需求；利用陡电循环水余热，发展北部地区蔬菜生产。1992年，经区政协建议，双桥乡安家庄从北京昌平和迁西县成功引进鲁西小尾寒羊。1993年，区政协向区政府提交《关于在我区进一步引进发展鲁西小尾寒羊的建议案》，建议区政府引导小尾寒羊养殖业由基地型向户养商品型发展。区政府当年即落实以发放支农周转金的形式支持贫困户养殖鲁西小尾寒羊，区畜牧部门也为养殖户提供技术咨询等服务。1993年2月，在区政协四届一次全委会上，李枫等4位委员提出关于开平集市搬迁城外的提案。经主席会议研究，并分别召开4次工商、城管、土地等部门领导参加的座谈会，又先后到玉田、滦南等县考察集日市场搬迁情况和经验，之后区政协向区政府提交了《关于开平集日市场搬迁城外的建议案》。建议当年即被区政府采纳实施。1994年7月13－15日，区政协组织部分委员，对郑庄子乡、栗园镇和周赵庄3个经济开发区的建设和发展情况进行调查。其间，走访了12户私营企业，并与部分村干部和业主进行座谈。发现经济开发区建设中缺乏长远规划，布局不合理；用地手续不完备，关系不理顺；筹建开发区补贴资金乡镇难以承受；缺乏开放力度，不能广泛招商引资；管理体制不健全，服务措施不尽完善。就存在问题，委员们建议尽快做出开发区发展的总体规划，健全用地手续，本着谁投资谁受益的原则建设开发区，广召四方客商，引进资金和项目。就此，是年9月29日，区政协向区委、区政府提交《关于完善私营经济开发区的建议案》。建议案很快被区政府采纳，并为之后的区工业园区建设积累了经验。1996年11月，区政府组织委员先后视察栗园、开平、越河3个乡镇的9个养殖点，就发现的问题，向区政协提出健全乡村服务组织，培训专业技术人员，拓宽信息渠道，完善产、供、销一条龙服务，引进新品种，产品深加工，发展规模化养殖等建议。1997年4月，区政协组织委员对全区文化市场进行视察。委员们就存在的问题建议加强文化市场的规范化、法制化管理，加强对经营人员的法制教育，提高执法人员素质、充分利用现有的文化设施，组织开展群众喜闻乐见的文体活动，丰富群众的业余文化生活。建议得到区政府的重视，当年区文体局即组建专职文化稽查队，使全区文化市场管理工作步入正轨；并于5－10月在区文化广场组织开展“彩色周末”演出活动，每晚观众逾千人，此项活动作为文体局的既定工作，之后每年举办。1998年4月28－30日，省、市、区部分政协委员对驻区金融部门进行视察，征求他们对区政府的要求，对全区经济发展的建议，并写成视察报告提交区政府。1999年10月，区政协组织委员和业内人士，先后对区粮油公司及所属企业和部门国有企业改制前后税收对比情况和重点国有企业现状，进行视察和调研，向区政府提交了《关于对开平区国有企业改革的建议案》。2003年抗击“非典”期间，组织委员深入乡镇、社区、厂企，了解“非典”防控情况，与当地党委、政府共同研究防控措施，并提出要把农村作为防控重点部位，加强对流动人口的排查监控等建议。2004年4－6月，组织部分委员和业内人士，先后走访6个乡镇和9个村，对全区电网改造后的电费收缴及农电管理情况进行视察，并在问题比较突出的村与村民座谈。提出完善农电管理体制，尽快实现供电部门直管；加大宣传力度，切实提高用电单位的思想认识；电力管理部门要加大行风整改力度，进一步规范服务行为，做好农村电网改造的验收工作等建议。2006年，区政协通过调研，组织撰写的《应注意增强农村富裕劳动力的就业能力》建议，通过市、省两级政协上报，获2006年度河北省“优秀人民建议”铜奖。2007年9月，组织部分委员对全区工业产品质量状况进行视察，通过对华丽陶瓷有限公司、兴业工贸集团有限公司、凤山水泥厂和马家沟耐火材料制品有限公司等企业的实地考察，就存在问题，向开平质量技术监督分局提出要强化产品质量意识和标准培训，落实全员质量责任，组建行业协会，培育行业核心能力等建议。同年11月，组织部分委员对全区慈善救助工作进行视察，提出尽快恢复区慈善协会，培育慈善文化，引导扩大慈善资金来源等建议。2008年6月，对全区农业生产情况进行视察，就作为中心城区的农业发展，委员会提出以生态农业为依托，大力发展观光农业；以龙头企业为支撑，大力发展工厂农业；以机制创新为保证，大力发展都市农业等建议。

二、政治协商与民主监督

1987－2008年，区政协历次全体会议的与会委员均列席区人民代表大会，听取并讨论“一府两院”（区政府、区人民法院、区人民检察院）工作报告及国民经济和社会发展计划、财政预算执行等情况报告。参与重大事务的协商讨论。会后，区政协机关都以建议案的形式将协商意见汇总反馈给区委、区政府。为实现协商于决策之前，监督于执行之中，区政协全委会先于区人大会召开，便于委员对人大各报告（草案）提出修改意见。1987年4月，区政协二届一次常委会审议通过《政协开平区委员会常务委员会工作规则》，规范了区政协政治协商民主监督的程序和办法。1988年7月23日召开的区政协二届七次常委会，听取区政府1988年上半年经济工作运行情况和下半年工作安排的通报后，区政协提交了《关于对承包经营责任制的认识和看法》，深入分析总结了全区承包经营责任制的成绩和不足，以及对全区经济运行的影响，协商建议区政府主管部门对企业由直接管理转为间接管理，实施更高层次、更科学的管理，使企业法人真正在竞争中产生。1993年，区政协制订《关于政治协商和民主监督的暂行规定》和《实施意见》，逐步理顺政治协商与民主监督的程序，形成全委会、常委会、主席会、专门委员会组织对口协商和乡镇（街道）联络组开展小型活动等全方位、多层次协商机制，把政治协商、参政议政、民主监督融为一体。1998年9月7－16日，区政协领导走访14位企业家委员，就下岗职工再就业现状进行调研，写成《关于安置下岗职工再就业工作的情况报告》，提交区委、区政府，协商加大其工作力度。是年11月12日，时任区委书记王汉平批示：为下岗职工排忧解难是社会的责任，区政协发挥自身优势，加以系统引导，成效比较明显，这样的经验应予以推广。2000年6月，区政协向区政府提交《开平区设施农业发展情况的考察报告》，提出培植主导产业，发展特色产品，抓好科技推广，搞好综合服务，逐步建立农村集体土地使用权流转的协商意见。主管副区长召开由区政协和农业部门领导及技术人员参加的协商对话会，将区政协的协商意见融入正在开展的“特菜基地建设年”活动，从经济、信息、技术、土地流转多方面为农民提供方便，建设蔬菜示范园区。2001年，温室占地面积由1998年的2400亩增加到6000亩。2007年2月，区政协根据部分委员建议，向区委提交应将《中共中央关于加强人民政协工作的意见》作为全区理论学习的一项重要内容的建议案。区委很快做出回应，当年即制订下发《关于贯彻落实〈中共中央关于加强人民政协工作的意见〉的意见》，区委党校也将此项内容作为干部轮训的必修课程。

22年间，历届区政协注重委员素质的提高，每次换届伊始，都要举办新委员培训班，学习政协有关知识，由优秀老委员介绍参政经验。并充分发挥专委会和常委会的作用，就群众关心的热点、难点问题和全区的重大事项，先后组织委员开展各种形式的视察、考察300多次，增加委员对区情的了解，扩大委员的视野，提高委员民主监督的能力。在区委、区政府开展的“优化发展环境，树立行业新风”行业评议活动中，区政协委员先后有260多人次被区纪委和各行政执法部门聘为特邀行风监督员。他们在区委、区政府每年召开的行风评议会上，就群众关心的热点问题进行质询和评议，扩大区政协民主监督的影响力。

附录

区政协关于迎城运争创全国体育先进县的建议案

为确保第二届全国城运会在我市圆满举行和尽快使我区跨入全国体育先进县的行列，4月19日我会召开了三届六次常委会议，专门听取区体委主任谭春明关于迎城运创全国体育先进县的情况通报。常委们一致认为区领导对体育工作十分重视，对争创体育先进县的工作抓得紧、有信心。我区体委对全区的群体活动、体育竞赛、人才输送、场地建设等方面做了不少的工作，取得了可喜成绩。特别是国务院决定第二届全国城运会在我市召开以后，更是群情激奋。区政府在财政比较紧张的情况下，千方百计筹措资金，兴建游泳池、灯光球场和教练馆等体育设施，为使我区跨入全国体育先进县行列奠定了坚实的基础。

常委们在充分肯定成绩的基础上也提出了一些意见和建议。一、小学体育达标是争创全国体育先进县的重要一环，鉴于目前我区小学普遍缺少体育器材的情况，建议区政府向各乡镇提出小学体育达标的要求，并组织有关部门检查验收。二、对区属企业要量力而行，不要强求一致，尤其是对亏损企业要尽快帮助摘掉亏损帽子，然后进行达标。要普遍提高厂长和工人的体育意识，人人为体育达标做出贡献。三、第二届全国城运会在我市举行，当好东道主，迎接城运会已成为我市城乡人民的大事，而面对我区情况这项工作还须要加强。为此，建议区委、区政府要采取一切措施，动员全区的宣传工具，广泛深入宣传迎城运的重大意义。要从加强基础工作入手，号召全区人民发扬亚运精神，树立城运意识，以饱满的工作热情做好本职工作，以热情诚实的服务为城运会做出贡献。

以上建议妥否，请函复。

1991年4月26日

区政协关于我区社会主义新农村建设情况的调研报告（摘要）

为深入贯彻区第七次党代会精神，按照“融入城市中心、打造经济强区、建设和谐开平”的总体战略，区政协对开平区社会主义新农村建设进行了调研。

一、影响社会主义新农村建设的主要制约因素

我区社会主义新农村建设有较好的群众基础、物质基础、实践基础。但仍然存在一些亟待解决的制约因素。认识上的制约。调查中发现对建设社会主义新农村还存在一些认识上的误区。有的认为建新农村就是盖新楼房，修新马路，忽视了精神文明和政治文明建设；有的认为经济困难没有能力建设新农村；还有的认为建新农村，就要马上将现有的自然村落拆迁，进行统一建设。资金上的制约。132个村中负债的村就有40%多。据初步统计，到2005年底止，在创建文明生态村的61个村中就有33个村产生了新的负债，负债总额达1203万元。经济实力雄厚的村庄资金投入大，创建活动有声有色，经济基础薄弱的村庄，却望而却步，个别村庄存有等、靠、要的思想。体制上的制约。分割的城乡二元经济社会结构，致使农村教育、卫生、文化、体育等公共事业和社会保障体系建设等相对滞后，尤其是农村的养老保险、基本医疗保险等制度的缺位，直接影响了农民参与新农村建设的热情。

二、建设社会主义新农村的对策与建议

建设社会主义新农村，认识是前提，规划是龙头，产业是支撑，投入是基础，制度是保障，农民是主体，领导是关键。根据调查情况，提出如下对策建议：

（一）加强领导，发动群众。各级都要成立相应的领导小组及办公室，具体制订新农村建设的规划，协调各部门的力量，将生态文明村建设与之相结合。要充分发挥农村基层党组织的领导核心作用，要选好、配强农村支部书记。要放手发动群众，突出农民的主体地位，调动他们建设美好家园的积极性和创造性。同时，要加强教育引导，进一步提高广大农村干部群众对新农村建设的重要性、艰巨性、长期性的认识，防止出现片面性、盲目性和急躁情绪。

（二）制定标准，科学规划。中央提出的“生产发展、生活宽裕、乡风文明、村容整洁、管理民主”，内涵相当丰富，在具体实施过程中，必须结合自身的实际，制定相应的实施标准。建议区委、区政府组织有关部门在全面小康建设的实践基础上进一步补充完善，尽快制定社会主义新农村的阶段性标

准。在此基础上，根据农村人口变动、土地调整、生产生活发展、物质文化生活需要、小城镇建设等实际进行科学规划。依据我区实际，突出产业特色，以主导产业的壮大，带动经济社会发展，促进社会主义新农村建设。坚持城乡联动、统筹发展的原则。要按照“立足农村抓农村、跳出农村抓农村”的思路，把城市发展与农村建设结合起来进行谋划。正确处理好新农村建设与小城镇建设的关系；正确处理好新农村建设与农村劳动力转移的关系；正确处理好新农村建设与县域经济发展的关系。尤其要注意将农村区域调整中的小城镇建设、工业园区建设、以及水利、电力、交通通讯、环保等基础设施建设统筹起来进行规划，这样可以收到事半功倍的效果。

（三）重点突破，试点先行。针对我区实际，建议当前要抓好以下五个“突破口”：以产业扶持为突破口。因地制宜，进行产业扶持；以“一建三改”为突破口，建沼气池，改水、改厕，改圈，改善村容环境；以提升农民素质为突破口。加强对农民综合素质的培训，培养适应社会主义新农村建设的新型农民；以基础设施建设为突破口，以实施“村村通”等为契机，加强农村文化卫生体育等设施建设。同时，要采取典型引路，整体推进的办法，加快社会主义新农村建设步伐。

（四）完善政策，优化环境。进一步加大对农业产业化的扶持力度。增加扶持农业产业化发展资金，重点扶持一批主导产业、龙头企业和名牌产品的发展壮大。要建立有利于农民合作经济组织发展的信贷、财税和登记等制度。出台相关政策，扶持农产品精深加工业的发展。加大对农业基础设施建设的扶持，尤其要加大对中小型农田水利基础设施建设和改造的投入。加大对乡村人居环境治理方面的投入。加大对农村教育、卫生、文化等社会事业发展的扶持力度。加快发展农村职业教育，加大对农村劳动力转移培训的力度；加快新型农村合作医疗试点，深化农村文化体制改革，探索农村保障体系建设。

2007 年 3 月

三、委员提案

区政协委员认真履行委员职责，围绕全区发展大局，关注社情民意，深入调查研究，1987 年区政协二届一次会议，至 2008 年区政协七届二次会议，共计向区政府提交提案 1499 件。

（一）提案征集

区政协提案审查委员会负责提案审查工作，通过组织专题学习、委员培训、经验介绍等方式，引导帮助委员撰写提案，写好提案。每次政协全体会议前，提案委员会都要进行情况通报，向委员提供提案参考题目，组织委员视察，为委员撰写提案提供资料和服务。

（二）提案办理

二届区政协期间，共立案交办提案 153 件，其中 13 件不在区权限范围之内的提案，通过区内的市政协委员提交市政协解决，其他提案于 1989 年 10 月底前全部落实或答复。

三届区政协期间，共收到委员提案 137 件，区政协建议案 1 件，其中被采纳解决的 112 件，被列入规划的 9 件，对因政策规定或受条件制约暂时不能解决的，区政府也都向提案人进行了解释说明，得到委员的理解。

四届区政协期间，共收到委员提案 348 件，立案 324 件，办复率 96%，采纳率 70.4%。

五届区政协期间，共收到委员提案 399 件，立案 390 件，办复率 100%，采纳率 80.5%。

六届区政协期间，共收到委员提案 343 件，立案 322 件，答复率、函件规范率和走访率均达到 100%，采纳率 82.5%。

七届区政协至 2008 年，共收到委员提案 118 件，并案处理 5 件，转市办理 12 件，不予立案 5 件，区内立案 96 件，立案率 95.8%，答复函件规范率 100%，委员满意率 98.6%。

1987－2008 年，区政协先后进行 6 次优秀提案和先进提案者的评选，累计评出优秀提案 76 件、先进提案者58人次。

附录

政协三届二次会议第42号提案

案由：关于开发利用粉煤灰生产水泥的建议

提案人：林竞智

理由：坐落在我区的陡河发电厂，每年排放粉煤灰近200万吨，冶里储灰池五六年间就被填平了，李家峪储灰池也只能再维持10年，粉煤灰将危及大量耕地，实为我区一大公害。

我国已有开发利用粉煤灰生产水泥的成功技术，通过咨询，我已得到吉林省地质实验测试研究所、马鞍山钢铁设计院、山东建材工业学院淄博分院、安徽省地质科学研究所、郑州矿产综合利用研究所等5个科研单位的有关成果介绍，并表示愿意提供技术。

办法：通过市科委争取陡河发电厂的合作，利用他们的治理“三废”经费，探索这一技术在唐山推广利用的可行性。

开平区科委对政协三届二次会议第42号提案的答复

林竞智委员：

您提出的关于利用粉煤灰生产水泥的提案收悉，现答复如下：

我们认为您的建议很好，为区经济建设提供了很有价值的素材，陡河发电厂每年排放大量粉煤灰，确为我区一大公害，如果开发利用，实为变废为宝的有效途径。

我们正在积极与市科委联系，争取治理“三废”经费，使这项新技术早日在唐山推广。

唐山市开平区科委

1991年10月4日

四、文史工作

第二届区政协期间，编印《开平文史资料》第一辑。全书约11万字，收集有《日伪时期的行政机构》《开平武备学堂》《开平区第一个中共党员——邓开泰》《开平解放前的民众教育》等44篇文稿，《1945年8月27日开平解放庆祝大会》《开平文昌宫》《开平贞节牌楼》等12幅照片。

第三届区政协期间，编印《开平文史资料》第二辑。全书约10万字，收集有《赵玉良和开平第一个中共支部》《开平农民运动初考》《解放前开平区工人的罢工斗争》《六十年前的启蒙教育》等45篇文稿，《周恩来与常策欧、张瑞峰合影（1916年）》《20世纪20年代开平农民运动领导人陈桂生》等13幅照片。

第四届区政协期间，编印《开平文史资料》第三辑。全书约12万字，收集有《开平农民运动再考》《马家沟开滦中学党团组织活动情况》《马家沟砖厂工人反包工的斗争》《开平革命党人唐之起之死》等50篇文稿，《1949年10月1日开平各界代表共庆中华人民共和国成立》《1945年8月22日八路军进驻开平》等5幅照片。同时还完成了市政协下达的《唐山名萃》《唐山名镇》《唐山地震百人亲历记》等3卷文史的编选和供稿任务。

第四节　工作机构与委员联络组

一、工作机构

1987年，区政协机关设办公室、宣传教育科、组织联络科。1990年8月，撤销宣传教育科、组织联络科，保留办公室，设立经济建设、学习、提案、科教文卫、祖国统一联谊5个委员会。1993年12月，撤销5个委员会，保留办公室，设立经济建设科和宣传教育科，至2008年，两科一室的设置没有变动。

二、委员联络组

1998年3月，五届区政协组建委员联络组。时有委员联络组15个：开平镇联络组、栗园镇联络组、越河乡联络组、郑庄子乡联络组、双桥乡联络组、洼里乡联络组、街道联络组、民主党派联络组、文教卫体联络组、科技金融系统联络组、农林水利系统联络组、工青妇系统联络组、工商联系统联络组、区直第一联络组、区直第二联络组。2002年6月，经主席办公会议研究，决定将15个委员联络组调整为16个，即：开平镇联络组、栗园镇联络组、越河乡联络组、郑庄子乡联络组、双桥乡联络组、洼里乡联络组、开平街道联络组、马家沟街道联络组、税务庄街道联络组、荆各庄街道联络组、区直第一联络组、区直第二联络组、区直第三联络组、区直第四联络组、区直第五联络组、区直第六联络组。2003年4月，经六届一次常务委员会议研究决定，设立13个政协委员联络组，即开平镇联络组、栗园镇联络组、越河乡联络组、郑庄子乡联络组、双桥乡联络组、洼里乡联络组、开平街道联络组、马家沟街道联络组、税务庄街道联络组、区直第一联络组、区直第二联络组、区直第三联络组、温州商城联络组。2007年，七届区政协取消温州商城联络组，保留其他12个政协委员联络组。

第十七编　政　府

1987年，开平区人民政府深入贯彻中共十三大精神，牢牢把握经济建设这个中心，努力实施“以乡镇企业为主体，以种植业、养殖业为两翼，依托城市，服务城市，富裕农村”这一主体战略，争取到1990年跨入全省十亿县区行列。1989年，全区社会总产值完成10.87亿元，提前一年实现目标。1990年，开平区坚持“投入不断档，发展不停步”，在治理整顿中继续深化改革，坚持大力发展乡镇企业。到1993年，全区乡镇企业总产值突破30亿元（90年不变价）。是年，在农业部召开的全国乡镇企业会议上，开平区被命名为全国乡镇企业先进单位。1995年，开平区在全省率先实现小康。1998年，开平区政府全面落实中共十五大精神，实施“科教兴区”“开放带动”“可持续发展”三大战略，推进“经济体制改革和增长方式转变”两个转变，实施二次创业。2000年，开平区国民生产总值达到35.86亿元，比“八五”末翻了一番。1996年以来，开平区政府提出“城区现代化，乡村城市化，城乡一体化”的目标，并坚持把城镇化建设作为经济社会发展的立足点、增长点和两个文明建设最佳结合点。到2008年，开平区城区面积达到13平方公里，相当于1987年前的3倍多，城市化率达到56%。经济社会的快速发展，提高了城乡居民的收入和生活质量。2008年，城镇居民可支配收入由1987年的1100多元，增长到13581元，农民人均纯收入由800多元增长到6665元。2005－2008年，开平区连续进入河北省县域经济发展前10强。

第一章　机构设置

从1987年唐山市开平区第九届人民代表大会召开，至2008年，开平区共经历6届人民政府。22年间，随着改革的深入，政府所属工作部门进行4次较大的精简与调整。到2008年，开平区人民政府有常设工作部门19个、直属事业单位10个、双重领导部门8个。

第一节　领导机构

1987年11月，开平区第九届人民代表大会第一次会议，选举区长1名、副区长4名。其间，更迭区长1名，增补代区长1名、副区长5名。1990年2月，开平区第十届人民代表大会第一次会议选举区长1名、副区长6名。1993年2月，开平区第十一届人民代表大会第一次会议选举区长1名、副区长6名，其间，经数次调整，区长、副区长职数未变。1998年2月，开平区第十二届人民代表大会第一次会议选举区长1名、副区长6名，其间，更迭副区长5名。2003年4月，开平区第十三届人民代表大会第一次会议选举区长1名、副区长7名。2007年7月，开平区第十四届人民代表大会第一次会议选举区长1名、副区长5名，其间，调整区长1名、副区长1名。

1987－2008年开平区人民政府历任区长、副区长一览表

表17－1

届次	姓名	职务	任职时间
九届	杜仲勋	区长	1987.11－1989.8
	尚幸全（女）	代区长	1989.8－1990.2
		副区长	1987.11－1989.8
	李荣阁	常务副区长	1987.11－1989.10
	李凤翔	副区长	1987.11－1990.2
	陈绍贤	副区长	1987.11－1988.4
	潘起来	副区长	1988.12－1990.2
	苏仲宇	副区长	1989.10－1990.2
	周尚德	副区长	1989.10－1990.2
	王开来	副区长	1989.10－1990.2
	绳国柱	副区长	1989.11－1990.2
十届	尚幸全（女）	区长	1990.2－1993.2
	潘起来	常务副区长	1990.2－1993.2
	李凤翔	副区长	1990.2－1993.2
	苏仲宇	副区长	1990.2－1993.12
	周尚德	副区长	1990.2－1993.12
	王开来	副区长	1990.2－1993.12
	绳国柱	副区长	1990.2－1993.12
十一届	尚幸全（女）	区长	1993.2－1995.3
	常德永	代区长	1995.3－1995.4
		区长	1995.4－1997.12
	潘起来	常务副区长	1993.2－1995.2
	邱建华	常务副区长	1995.2－1997.4
	陈学军	副区长	1995.2－1998.2
		常务副区长	1997.4－1997.12
		代区长	1997.12－1998.2
	李凤翔	副区长	1993.2－1995.2
	苏仲宇	副区长	1993.2－1995.2
	绳国柱	副区长	1993.2－1998.2

续表 17－1

届次	姓名	职务	任职时间
十一届	高振江	副区长	1993. 2－1998. 2
	周尚德	副区长	1993. 2－1995. 2
	李惠珍（女）	副区长	1995. 2－1998. 2
	孙战友	副区长	1996. 3－1998. 2
十二届	陈学军	区长	1998. 2－2001. 6
	邱建华	代区长	2001. 6－2002. 3
		区长	2002. 3－2003. 4
	冯振山	常务副区长	1998. 2－2000. 6
	董建宝	常务副区长	2001. 10－2003. 4
	高振江	副区长	1998. 2－2001. 3
	孙战友	副区长	1998. 2－2002. 3
	杨振坤（回族）	副区长	1998. 2－2003. 4
	解光第	副区长	1998. 2－2001. 10
	王福燕（女）	副区长	1998. 2－2003. 4
	王新春	副区长	2000. 7－2003. 4
	盛志国	副区长	2001. 3－2003. 4
	纪泽民	副区长	2001. 6－2003. 4
十三届	卢宏秋（女）	区长	2003. 4－2007. 7
	秦英臣	常务副区长	2003. 4－2007. 7
	王福燕（女）	副区长	2003. 4－2007. 7
	王文彬	副区长	2003. 4－2007. 7
	叶永盛	副区长	2003. 4－2007. 7
	刘国	副区长	2003. 4－2007. 7
	吕来存	副区长	2003. 4－2007. 7
	朱文礼	副区长	2003. 4－2007. 7
十四届	白春明	区长	2007. 7－2008. 5
	常庆久	区长	2008. 5－2008. 12
	郑汉军	常务副区长	2007. 7－2008. 7
	苏广钧	常务副区长	2008. 7－2008. 12
	朱文礼	副区长	2007. 7－2008. 12
	江洁（女）	副区长	2007. 7－2008. 12
	刘　国	副区长	2007. 7－2008. 12
	岳中银	副区长	2007. 7－2008. 12

第二节　工作部门

1987 年 11 月，区政府设立 35 个常设工作部门、13 个直属事业单位、5 个双重领导部门。1988 年至 1992 年，有 33 个常设工作部门、7 个事业管理部门、5 个双重领导部门。1998 年，区政府工作部门分为常设工作部门、直属事业单位、议事协调机构的办事机构、双重领导部门。2003 年，区政府工作部门分为常设工作部门、派出机构、直属事业单位、议事协调机构的办事机构、双重领导部门。

一、常设工作部门

1987 年，区政府常设工作部门有 35 个，即：政府办公室、计划委员会、经济委员会、统计局、科学技术委员会、财政局、劳动人事局、公安分局、司法局、工商行政管理局、商业局、交通局、民政局、审计局、物价局、土地管理局、物资局、农机水电局、乡镇企业管理局、城乡建设环境保护局（1988 年 8 月，其环卫、绿化、城管、园林、环保等职能分出，成立城乡环境管理局）、粮食局、文化教育局、卫生局、广播电视局、信访办公室、计划生育委员会、煤炭管理局、房地产管理局、人事监察局、对外经济委员会、农林局、畜牧水产局、农业办公室、标准计量局、经济体制改革委员会。1992 年 12 月，区政府常设工作部门有 33 个，即：政府办公室、农业办公室、科学技术委员会、劳动人事局、文化教育局、体育运动委员会、经济体制改革委员会、卫生局、计划生育委员会、民政局、财政局、审计局、工商局、土地局、物价局、统计局、对外经济委员会、城乡建设管理局、城乡环境管理局、爱卫办、粮食局、乡企局、公安局、司法局、计划委员会、经济委员会、标准计量局、监察局、农林局、畜牧水产局、农机水电局、物资局、商业局。1993 年 1 月，商业局退出政府序列，组建商业总公司，改为企业建制。1993 年 5 月，区机构改革，农林局、畜牧水产局、农机水电局退出政府序列，改为事业单位；物资局退出政府序列，组建物资总公司，改为企业建制；农业办公室改称农村经济工作委员会；文化教育局改称教育委员会，成立文化科；对外经济委员会改称对外经济贸易委员会；撤销城乡建设管理局、物价局、城乡环境管理局、爱卫办、计划委员会、经济委员会，成立城乡建设管理委员会、计划经济委员会。1994 年 7 月，工商局划归市局管理，同时恢复成立物价局。1995 年 4 月，土地局划归市局管理。1996 年 7 月，区机构改革，农村经济工作委员会改称农业委员会；教育委员会改成称教育局；计划生育委员会改称计划生育局；对外经济贸易委员会改称对外贸易合作局；经济体制改革委员会改称经济体制改革办公室，由政府办公室管理。撤销体育运动委员会、文化科、城乡建设管理委员会、计划经济委员会，成立文化体育局、城乡建设管理局、工业总公司，其中工业总公司改为事业单位。至 1998 年 3 月，区政府常设工作部门共有 20 个。2002 年 2 月，区政府进行机构改革，撤销计划与经济贸易委员会，其经济贸易部分与乡镇企业局合并，组建经济贸易局（国防经济动员工作由经济贸易局负责）；计划与经济贸易委员会的计划部分、重点项目办公室与统计局合并，组建计划统计局；劳动人事局、社会保障局、再就业服务中心合并，组建劳动和社会保障局，其劳动安全监察职能划入经济贸易局；撤销农机水电局（农机水电服务中心），组建水务局；农业委员会、农林局、畜牧水产局合并，组建农村经济局；科学技术委员会更名为科学技术局；保留房产管理局、机关事务管理局、交通局（交通战备工作由交通局负责）；保留广播电视局（台），为局台合一体制；保留物价局，物价局与物价检查所合一机制；成立市场管理局。粮食局改为政府直属事业单位；撤销预算外资金管理局，其职能并入财政局；撤销城市卫生管理委员会，其职能并入城乡建设管理局；保留开平区供销总社。2003 年 4 月至 2008 年，政府工作部门有 19 个，分别是：政府办公室、人事劳动和社会保障局、财政局、民政局、审计局、计划统计局、教育局、计划生育局、卫生局、城乡建设管理局、公安分局、司法局、经济贸易局、对外贸易经济局、农村经济局、水务局、科技局、监察局。

二、直属事业单位

1987年，区政府直属事业单位有：爱国卫生运动委员会办公室、区划办公室、人才开发办公室、目标管理办公室、档案科（馆）、移民办公室、三电办公室、迁建办公室、人防办公室、体育运动委员会、依法治区办公室、卫生防疫站、妇幼保健站。1992年12月，开平区政府直属事业单位有：煤炭管理局、房地产管理局、交通局、广播电视局、迁建办、人防办、目标办。1996年7月组建的工业总公司为区直属事业单位。1998年3月，开平区人民政府直属事业单位有：煤炭管理局、房地产管理局、物价局、交通局、广播电视局、机关事务管理局、农林技术推广服务中心（农林局）、畜牧水产技术服务中心（畜牧水产局）、农机水电服务中心（农机水电局）、物资总局（物资局）、国有商业总公司（商业局）、工业总公司。2002年2月，区政府直属事业单位有：水务局、农村经济局；房产管理局、机关事务管理局、交通局（交通战备工作由交通局负责）、广播电视局、物价局、市场管理局、粮食局、经济贸易局、城乡建设管理局、供销合作总社。2003年4月到2008年，区政府直属事业单位有10个，即：交通局、物价局、粮食局、广播电视局、档案局、房产管理局、机关事务管理局、唐山市药品监督管理局开平分局、市场管理局、供销合作总社。

三、双重领导部门

1987年，市、区政府双重领导部门有税务局、中国工商银行唐山支行开平办事处、中国农业银行唐山支行开平办事处和西郊办事处、中国人民保险公司唐山支公司开平办事处。1989年1月成立中国人民建设银行唐山支行开平办事处亦为双重领导部门。1992年12月，唐山市和开平区政府管理的双重领导部门有税务局、中国建设银行开平办事处、中国工商银行开平办事处、中国人民保险公司开平办事处、中国农业银行开平办事处。1994年8月，税务局分为国家税务局和地方税务局；1995年4月，成立环保局开平分局；1996年1月，成立地质矿产局；1996年7月，成立规划分局，中国人民保险公司开平办事处分设为人寿开平支公司和财产开平支公司；1996年10月，农村信用联社从农行开平办事处分离出来，由市人民银行管理。1998年3月，唐山市和开平区人民政府双重领导的部门13个：唐山市开平区技术监督局、唐山市工商局开平区分局、唐山市开平区国家税务局、唐山市开平区地方税务局、唐山市土地管理局开平区分局、唐山市开平区地质矿产局、唐山市环境保护局开平区分局、唐山市规划局开平规划分公司、中国人民保险公司唐山市开平区支公司、中国人寿保险公司唐山市开平区支公司、中国建设银行开平办事处、中国工商银行开平办事处、中国农业银行开平办事处。2000年3月，唐山市开平区技术监督局更名为唐山市质量技术监督局开平区分局。2001年12月21日，中国农业银行唐山市开平办事处更名为中国农业银行唐山开平支行。2002年3月，唐山市土地管理局开平区分局与唐山市开平区地质矿产局合并，组建唐山市国土资源局开平区分局。到2003年4月，唐山市和开平区人民政府管理的双重领导部门有10个。2003年4月到2008年，开平区有双重领导部门8个，即：唐山质量技术监督局开平区分局、唐山市工商局开平分局、唐山市开平区国家税务局、唐山市开平区地方税务局、唐山市国土资源局开平分局、唐山市环境保护局开平分局、唐山市规划局开平规划分局、唐山市开平区农村信用合作社联合社。

四、议事协调机构的办事机构

2002年2月，开平区人民政府进行机构变革，处理邪教“法轮功”问题领导小组办公室（政府防范和处理邪教问题办公室）、人民防空办公室和唐山市开平区机构编制委员会办公室（事业单位登记管理局）为区政府议事协调机构的办事机构。2003年4月，开平区人民政府有议事协调机构的办事机构3

个，分别是：处理邪教“法轮功”问题领导小组办公室（政府防范和处理邪教问题办公室）、人民防空办公室、机构编制委员会办公室（事业单位登记管理局）。2003年4月至2008年，开平区人民政府议事协调机构办事机构有2个。即：唐山市开平区人民防空办公室、唐山市开平区机构编制委员会办公室（事业单位登记管理局）。

第二章　施政辑要

1987年后，开平区牢牢把握“一个中心，两个基本点”基本路线，认真实施区委确立的发展城郊型经济、工业富民强区和小康建设带动三项切合开平区实际的发展战略。乡镇企业异军突起、城郊型农业迅速壮大，第三产业方兴未艾，城乡一体化进程加快，全区经济实现跨越式增长，社会各项事业全面进步，综合实力和人民生活水平大幅度提高，继1995年率先成为河北省首批小康县（区），2006－2008年，连续三年在全省新一轮县域经济发展评价中进入10强行列。2008年，地区生产总值达到112.5亿元，GDP总量比1987年增长33倍多，人均GDP4.56万元。

第一节　工业富民强区

一、项目拉动

开平区既有易于接受大工业辐射的区位优势，又有矿藏丰富的资源优势，实施工业富民强区战略得天独厚。随着改革开放的深入发展，全区工业在进行一系列改革的基础上，实现企业资本的多元化和投资主体的多元化，促进企业上规模、上水平。1987年，全区有各种所有制工业企业1631家，年产值4.4亿元，总体规模较小、水平较低。在治理整顿期间，开平区仍然坚持投入不断档，看准了还要上，实行上项目、搞技改一齐抓。1991年，全区固定资产投资1.64亿元，比上年翻了一番，其中，乡村两级投入1.51亿元，新建、扩建、技改百万元以上项目25个，占投资总额的70%。投资结构进一步优化，技改投资比重加大。在区属企业投入的1300万元中，有1000万元用于9个技术改造项目。1992年，在邓小平视察南方重要讲话鼓舞下，开平区加大上项目力度，仅乡镇企业就投入近3亿元，其中千万元以上项目11个。唐山市第四轧钢厂中型轧钢扩建工程从筹建到投产只用了240天，创造了项目建设史上的“开平速度”。1993年，是开平区固定资产投资历史上最多的一年，达到4.8亿元，实现由过去上一般项目到注重上大规模、高起点骨干项目，由注重铺新摊子到加大技改投资比重的转变。全年投资千万元以上大项目20个，技改投入占固定资产投资总额的30%左右。1998年，围绕开展“项目年”活动，努力突破资金瓶颈，完成全社会固定资产投资8.5亿元，其中技改投资2.5亿多元，年内新开工项目97个，其中亿元项目1个、千万元项目14个，有两个项目被列入省重点。“十五”期间，开平区坚持以项目建设为支撑，不断优化投资结构，累计完成全社会固定资产投资66.6亿元，比“九五”期间增长82.9%。投资百万元以上项目413项，其中亿元项目18项、千万元项目112项。华歧焊管厂、银水集团550立方米高炉及50万吨翼缘板生产线、隆达骨质瓷1200万件高档日用瓷扩建工程等一批大项目先后落成投产。2006－2008年，固定资产投资逐年增加，3年累计完成81.89亿元，建成亿元项目31项。2007年，世界500强企业——日本住友集团投资1.6亿美元的道路建筑工程机械和工业减速机项目落户开平，是该年度全市项目工作的亮点之一。

二、结构调整

开平区工业企业特别是乡镇企业大多是1984年以后兴建的，整体上设备老化，技术落后，消耗过高，效益较差。为改变这种状况，从20世纪90年代开始，通过调整、改造和改革，努力使产业布局更趋合理，经济结构更加优化。以争创“明星乡镇”“明星村”“明星企业”为动力，先后开展“企业管理年”“质量、品种、效益年”“人才效益年”活动，一手抓发展，一手抓提高，推动企业上规模、上水平、上档次，在提高中求得新发展。1992年，坚持以机电一体化为突破口，全力推进企业技术进步。全区企业升级总数达到129家，其中国家级2家、省级8家。区乡企局被农业部评为全国乡镇企业系统“企业管理年”活动先进单位。1993年，全面开展“质量管理年”活动，狠抓以提高产品质量和新产品开发为重点的产品结构调整，并制订奖励政策，对新产品开发和技术创新有功的科技人员，可从新增利税中提取5-10%作为个人奖励。是年，在河北省乡镇企业百颗星评比中，开平区有10家企业入围，占全省十分之一。“十一五”期间，开平区认真落实科学发展观，紧紧围绕结构调整这一主线，不断优化经济结构，努力实现在发展中促进结构调整，以结构调整促进经济发展方式转变。20世纪90年代中期，全区有营业收入50万元以上的钢铁企业44家，甚至出现7个人的铸钢厂。为整顿规范钢铁市场秩序，2003年成立开平区整顿小钢铁工作领导小组。经历时9个月的整顿，关停小炼钢厂32家、小轧钢厂36家，淘汰落后产能钢18.7万吨、材36万吨。2004年，区政府提出围绕结构调整，推进产业优化升级，以新兴行业为先导，传统产业为支撑，在改造、提升、优化上下功夫，用2-3年时间，把工业结构做优，把新兴产业做强。是年，实施工业技改和技术创新项目55项，完成投资9.72亿元，有两家企业分别跨入全国民营企业500强和全国冶金工业企业百强行列。2005年，《开平区钢铁工业结构调整实施方案》出台，推动全区钢铁工业产品结构、技术装备结构和增长方式转变。2008年，全区有规模以上钢铁企业7家，年产铁174万吨、钢180万吨、钢材340万吨，完成工业总产值143.36亿元，占当年全区工业总产值的72.95%。钢铁企业实力和核心竞争力显著增强，成为名副其实的第一支柱产业。是年，制订《开平区未来三年传统产业结构调整实施意见》，淘汰落后小水泥产能83.2万吨，太阳能电池等一批新兴项目相继开工；名牌战略取得成效，“隆达”骨质瓷荣获全国驰名商标，“京华”焊管被评为省名牌产品。

三、园区聚集

1993年，开平区“八五”规划提出，以钢铁、水泥、建筑卫生陶瓷等支柱行业为重点，到1995年建成4个产值超10亿元的工业小区，即以半壁店钢铁公司为主的半壁店工业小区，以冶金、水泥、建筑陶瓷为主的开平镇北工业小区，以唐山市第四轧钢厂为龙头的银河路工业小区和以税后线材厂、越河陶瓷厂为主的越河工业小区。工业小区的建设，发挥了较好的聚集效应，1995年，全区完成工业不变价总产值44.59亿元，是1993年26.33亿元的1.85倍。2002年，开平区借鉴上海松江区和无锡锡山区建立工业园区的经验，在开越路东侧，以华歧焊管厂为依托向南扩展建筑工业园区，并启动完善路、水、电基础设施。要求有条件的乡镇结合自身实际，谋划相对集中的工业园区。2003年，区政府提出按照“政府推动、财政启动、土地流动、内外联动”的原则，加大园区建设力度。并在工业园区实现“五通一平”的基础上，建立园区管理服务中心，加大招商力度，努力把园区建成集电子信息、印刷包装、生物制药和新材料为主的现代装备制造业基地。年内有14家企业签订入园协议，10家企业开工建设，已成为全区项目建设的平台，对经济的承载带动作用开始显现。2004年，入园企业增加到19家，完成投资1.75亿元，有8家企业建成投产。2008年，市委、市政府确定开平工业园区为唐山市现代装备制造工业区，同时被省政府确定为省级产业聚集园区，正式成立唐山市现代装备制造工业园区管委会，编制产业园区控制性详细规划和产业研究报告，规模范围扩展到20平方公里。是年，总投资4600万元，完成园区一、二期道路连接线和污水泵站。其中谋划占地5平方公里的住友项目群基地，被省政府列为全省重大产业支撑项目。同时，利用开滦荆各庄矿采煤塌陷地建立北湖生态产业园区，重点引进新材料、电子信息和机电一体化等高新技术项目，并完成占地10平方公里的总体规划编制，投资8000万元，完善北湖生态产业园区的配套工程建设。

第二节　发展城郊型经济

一、提升乡镇企业

作为唐山市近郊区，党的十一届三中全会以后，特别是1984年中共中央4号文件颁布后，开平区跳出“以粮为纲”的束缚，充分发挥区位优势，大力发展乡镇企业。20多年间，经历了起步阶段、发展阶段、跨越阶段和改制阶段，历届区政府始终牢牢抓住乡镇企业这个经济发展的“牛鼻子”，借鉴“苏南模式”和“温州模式”，实施“四轮驱动”，一批规模大、水平高的乡镇企业脱颖而出，成为开平区的经济支柱。早在1985年，根据区委《关于发展乡镇企业若干规定》，区政府简政放权，放手发动乡、村、联户、个体企业一齐上。到1987年，乡镇企业发展到1.06万个，从业人员5.94万人，占农村劳力的48.7%。1988年后，治理整顿期间，开平区依然坚持“四轮驱动、村轮必动、择优发展、提高水平”的思路，提出以发展集体企业为主，集体个体并举；以兴办规模企业为主，大、中、小并举；以开发利用本地资源为主，资源开发与市场开发并举的发展路径。1990年，区政府制订《关于继续鼓励、扶持乡镇企业发展意见》和13条激励政策。组织区、乡（镇）70多人三赴山东学习考察，在全区形成一个继续大力发展乡镇企业的政治环境和舆论环境。1992年，为推动村级集体经济快速发展，在全区214个行政村中，选择经济基础较好的50个村率先发展，实施“五〇工程”，发挥了较好的带动作用。这一年，有5个乡镇企业总产值超双亿元，7个乡镇进入全省乡镇百颗星，开平区乡镇企业综合位次居全省9个市辖区榜首。1993年，在区划调整划出4个乡的情况下，全区乡镇企业总产值仍突破30亿元，1994年，达到45亿元，连续三年在全市乡镇企业综合评比中名列第一。1995年，开平区乡镇企业发展在抓技改、上新品、扩规模和强化企业管理上下功夫，并逐步形成产业聚集和块状经济，同时加大经济体制改革力度。是年，完成乡镇企业不变价总产值51.8亿元，比上年增长41.1%。全区涌现产值超亿元乡镇企业6家。1996年，面对中央继续加强和改善宏观调控，实行适度从紧的货币政策，开平区继续坚持发展与提高并重，促进乡镇企业的跳跃式增长。1992 - 1997年五年间乡镇企业总产值以年均38.9%的速度递增，1997年达到86.44亿元，比1992年增长4.2倍。在全省50个“三沿”县（市、区）乡镇企业综合评比中位居第三名，有3个乡（镇）、9家企业分别进入河北省百强乡镇和百强企业，并荣获双百强之冠。从1994年开始，开平区以产权制度改革为突破口，实施乡镇企业“二次创业”。先后组建半壁店钢铁（集团）公司和宝新钢铁制品（集团）公司，并组建规范化股份制企业7家。1998年，区政府下发《关于大力推进企业产权制度改革的补充决定》，加大以出售为主要形式的乡镇企业产权制度改革力度。到2000年，有308家乡村两级集体企业完成改制，占企业总数的93.3%，并建立了现代企业制度。进入21世纪，基本完成乡镇企业向民营企业的转制过程。2008年，全区62个规模以上民营工业企业，实现地区生产总值73.68亿元，占全区地区生产总值的65.52%，完成增加值47.87亿元，占规模以上工业增加值的70.01%。

二、拓展商贸流通

1990年，开平区把培育市场“兴商富区”作为一项战略任务来抓，确立以环区内三条主要公路为依托的建材市场，以开平镇大集为基础的日常生活商品市场和以河沿庄站前市场、西郊家具市场、蔬菜批发市场为主的果园商业片区的“三线、一镇、一片”带动商贸流通业发展的思路。到1992年，3年间共投入980万元，新建、改建、扩建集贸市场10个。全年商业、饮食业现价社会产值完成2.88亿元，是1987年6886万元的4倍多。1993年，区政府提出“从培育和发展市场入手，建设大跨度、全方位、多层次的大市场体系”，并把大力发展个体私营经济作为活跃繁荣商贸流通领域的重要抓手。到1996年，全区个体商户达到4602户，各类市场达到22个，成交额3.34亿元。1998年后，结合境内3条高速公路建设和开越路通车，区政府提出以搞活大流通，发展大贸易，再现开平镇古商贸城繁荣为目标，大力发展生产资料市场，完善商品市场，培育要素市场，发展商贸物流经济带，积极推行代理、连锁、物资配送等现代营销方式。1999年，投资5500万元建成华北建材市场。2001年，投资2.5亿元在开平老城建成温州商贸城。是年，社会消费品零售总额达到9.28亿元。第三产业占全区国内生产总值比重由1995年的25.89%，增长到34.69%，市场从业人员达3.14万人。2003年，全区各类市场达到47个，商户总数达到8000多户。“十五”期间，开平区依托区位优势，瞄准生产型物流和生活型物流两大主攻方向，大力发展以现代物流、古艺文化、休闲旅游为重点的现代服务业。以市车管所迁址为契机，在开越路两侧筹建汽贸城，到2005年，已有9家4S店建成开业。截至2008年，全区市场总数达到49个，社会消费品零售总额30.5亿元。

三、发展特色农业

1987年，区政府努力实施区委确立的“以乡镇企业为主体，以种植业、养殖业为两翼，依托城市，服务城市，富裕农村”发展城郊型经济总战略。全年蔬菜生产面积达到4.7万亩，庭院经济和“一村一品”蓬勃兴起，并通过开展“常青杯”竞赛，有效推动鲜活农副产品生产和特色农业的发展。为加速建立城郊型农业结构，1988年，在全区各乡镇狠抓补农建农制度、土地升级补偿制度和劳动积累工制度的落实，使增加农业投入制度化。区政府规定，乡镇和村支农资金比例要达到企业税后上缴利润的10%以上。1989年，区财政投入农业资金300多万元，超过前5年的总和。1999年，全区开展“特菜基地建设年”活动，区政府从信息、技术、资金投入、土地流转方面为农民提供服务，并建设蔬菜示范园区。温室面积由1998年的2400亩增加到6000亩。基本上形成北部以郑庄子乡、栗园镇为主的温室蔬菜生产基地；南部以越河乡为主的中小棚蔬菜生产基地和中部以开平镇、洼里乡为主的露地和地膜菜生产基地。为提高蔬菜品质，确保食品安全，进入21世纪，开平区狠抓无公害蔬菜的发展。2001年，首家通过唐山市无公害蔬菜基地认证4300亩；2003年，编制《开平区无公害蔬菜生产操作规程》，投资建设无公害蔬菜检测站，并首批进入市农产品质量全监控系统网和条形码追溯系统网。是年，1.7万亩蔬菜基地全部通过省无公害农产品产地认证。到2008年，全区蔬菜播种面积2.99万亩，其中温室大棚6600多亩、中小棚3400多亩，蔬菜总产量10.62万吨。

1987年后，全区大力推广畜禽良种和改良畜禽品种，发展质量型养殖业。在加强改良站点建设的基础上，先后实施奶牛、黄牛品种改良工程，鸡、猪的良种繁育工程，养殖品种不断优化。区政府制订《科技推广规划》，在全区大力推广肉牛、瘦肉型猪、羔羊快速育肥技术，猪、牛、羊实用养殖新技术，并使畜牧生产方式从以前散养为主发展到集中连片养殖，再到标准化养殖小区，生产规模化、集约化、标准化程度不断提高。1987年，肉、蛋、奶产量分别为3080吨、5575吨、3285吨，水产品产量173吨，牧渔业产值2691万元，占农业总产值的21.99%。2008年，肉、蛋、奶产量分别达到1.83万吨、9525吨、7.3万吨，水产品产量1720吨，牧渔业产值7.41亿元，占农业总产值的70%。

第三节 小康建设带动

1991年，开平区提出“瞄准全国先进县区找差距，提前三至五年奔小康”的奋斗目标。1992年，为使一批集体经济较为薄弱的村壮大起来，赶上全区奔小康的步伐，在发挥“五〇工程”排头兵作用的基础上，因村制宜狠抓“未富村”的转化。全区完成工农业总产值20.66亿元（1990年不变价），比1991年增长68.93%。1994年，区政府工作重点为“以建设小康村总揽经济工作全局”。是年，6个乡镇及全区均已具备小康乡镇、小康县（区）条件。1995年，全区农村经济总收入达到59.4亿元，农民人均纯收入2459元，在全省率先实现小康区。1996年，开平区“九五”计划奋斗目标指出：“到本世纪末，国内生产总值比1995年翻一番，人均国内生产总值翻一番，城乡人民生活在实现小康基础上向宽裕小康过渡”。2000年，实现国内生产总值35.86亿元，人均国内生产总值1.4万元，分别完成“九五”计划的95.37%和94.96%。2001年，开平区“十五”计划奋斗目标是国内生产总值达到58亿元，人均国民生产总值2.1万元。2005年，实现国内生产总值71.82亿元，人均国内生产总值2.94万元，分别完成“十五”计划的124%和140%。2006年，开平区“十一五”计划奋斗目标是国内生产总值达到140亿元，人均突破5万元。2008年，实现国内生产总值112.45亿元，人均4.56万元。

一、城乡一体

开平区历史上形成的“农市混居”“不城不乡”的状况，影响建设小康的进度。随着建设小康区目标的确定，1991年，区政府提出政府投资和群众集资相结合的办法，利用2－3年时间，完成开平镇五街小区平改楼项目。之后的几年间，区政府把改善城镇人口居住条件和基础设施配套工程作为办实事的重要内容，城镇面貌发生很大变化。1996年，开平区城市化建设实现历史性突破。投资逾亿元的新城区一期工程7.5万平方米公建、民建项目陆续竣工投入使用。小城镇建设启动9个新农村试点完成规划设计。投资2042万元，修建32.5公里的14条乡村油路，通油路的村占全区总村数的81%。1997年，开平区继续坚持“城区现代化、农村城市化、城乡一体化”和“开发新城区、改造老城区、辐射各乡镇”的目标，突出抓住新城区建设和新苑路南区两个龙头项目。是年，新城区累计投资近3亿元，建成30万平方米公建、民建项目，完成天然气入户工程，90.2%的村通油路，两个新农村居住点已具雏形。到2002年，总投资8亿元，竣工面积45万平方米，布局合理、功能完备的开平新城拔地而起，先后荣获“全国城市物业管理优秀居民小区”“河北省园林式小区”称号。城区自来水普及率、生活垃圾无害化处理率均达到100%，在全市率先实现村村通油路。2007年，区政府提出“努力把开平建设成为充满活力、适宜人居、富有特色的中心城区”，以“两点一线一区”为重点，大规模推进城乡改造建设。到2008年，以东港龙城、河联片区危房改造工程为重点的现代居住小区快速推进；以东城绿庭项目为代表的老城区改造工程紧锣密鼓；以郑庄子镇贾庵子新村、银联小区建设为依托的小城镇建设稳步推进。同时，城市配套日益完备，本着“区域交通一体化、城乡交通一体化、综合交通一体化”总思路的现代综合交通网络基本形成，绿化、美化、亮化市容工程全面提升。

二、科教兴区

1987年后，开平区始终把科技教育作为振兴经济之本，认真贯彻“科技工作面向经济建设，经济建设必须依靠科学技术”的方针，组织实施“科技兴区”“科技兴农”的“星火计划”“燎原计划”和“丰收计划”，大力推进科学技术的开发应用和推广。1989年，引进科技人员在开平区创建起5个民办科研机构，是年，有3项科研项目被列为省级项目，其中TXH－1型多功能绞车信号系统通过国家级鉴定。

为建立健全科技领导、科技管理和服务体系，全区12个乡镇均配备科技副乡（镇）长，188个村配备科技副主任。1990年，全区有区级技术服务中心3个、乡级技术服务组织18个、村级服务组织92个，并涌现出农民专业研究会31个、科技示范户1287户。有6种产品在省名、优、特、新、高产品评选会上荣获“振兴河北经济奖”。1992年，有3个乡成为市科技示范乡，3家企业成为首批星火示范乡镇企业。3年间，共承担省级科研项目13项，通过省、市鉴定37项，获得国家、省、市科技奖励21项，其中国家星火奖2项，国家星火博览会金奖1项、优秀奖3项。1993年，又有4项获全国星火计划成果展览会金牌，占唐山市金牌总数的一半。全区民办科研所达到10家，技术贸易机构7个。1997年，全区科技进步对经济增长的贡献率达到40.8%，顺利通过国家科委验收，跨入“全国科技先进县（区）”行列。1998年，有2个乡（镇）被评为市级科技先进乡（镇），高新技术技工贸总收入达5200万元，完成市达目标的130%。到2002年，5年累计开发省级以上新产品27项，推广市以上科技成果22项，科技进步对经济增长贡献率达到52%。高新技术企业增至21家，技工贸总收入达到2.6亿元，先后引进聘用高级职称人才785名，通过国家科技部科技先进县（区）验收。

1987年后，开平区历届政府重教兴教，始终把教育放在优先发展的地位，“像抓经济那样抓好教育”。1998年，提出“加速实施科教兴区战略”，在改革调整中，实现教育事业的大建设、大提高、大变革。幼儿教育全省领先。1996年区、乡、村三级幼儿园34处，学前班143个，学前一年教育入园儿童达100%。是年，唐山市农村幼儿园现场会在开平区召开。1997年，被评为全市唯一的“河北省幼教工作先进单位”。2000年，全区普及学前二年教育。2006年，提出全区普及学前三年教育目标。是年，区、乡（镇）办幼儿园增至45所。2008年，学前三年适龄幼儿园入园率达到91.8%。九年义务教育长足发展。1993年，开平区实现九年一贯学制。1994年，通过国家教委和省政府验收，认定开平区基本普及九年制义务教育达标单位。1998年，开平区首创城镇小学教师到乡村山区小学轮换任教送课下乡活动。2002年，开平区与北京师范大学合作，建立教师发展服务区，确定两所小学为“教师发展”学校。2003年，被省教育厅确定为课改实验区。2004年，被省教科所确定为“创建以校为本教研制度基地”。促进教育教学质量的提高，中小学“四率”超过国家标准，在全市处领先位置。推进教育现代化。2001年组建开平信息技术教育中心，成立城域网网络中心，信息化管理、教研、教学位于全省领先地位。20世纪90年代初，开平区提出普教、成教、职教“三教”统筹发展目标。1987－1991年，开平区5所职业技术学校共培养各类技术人才1400多名。1991年，开平区调整职业技术教育布局，组建区综合职校，创办士兵预备役班，受到省军区肯定，被评为“河北省示范性职业技术学校”。1981年，开平区组建中央农业广播学校开平领导小组，1991年升格为中央农业广播学校开平分校。1995年后，学校由单一中专学历教育发展为集中专、大专、本科多层次教育，教学模式呈函授、自考、远程教育多元化。1987－2008年，共招收学员2356名，已取得毕业证书1494名，其中本科84名，并培训人员近万人次。先后被授予“河北省农业广播电视教育育才兴农示范学校”“河北省阳光工程百家基地”。2002年，唐山市广播电视大学开平工作站更名为开平电大。到2008年，已有1200名学员本、专科毕业。先后被评为“唐山市两沟通教学先进单位”“唐山市电大教学工作先进集体”。1990年，开平区制订“一年实现无盲区”目标。是年，全区406名文盲有398人脱盲，被省政府授予“扫除文盲先进单位”。1987年，全区教育经费为671.46万元，2008年达到2.3亿元，增长33倍，生均教育经费小学生3097元，中学生3643元。1985－2000年，开平区投入3354万元新建、改建校舍3070间和二十三中学3000平方米的宿舍楼。有11所学校被命名为校园环境“市级示范学校”。截至2008年，区政府共投资8680万元，实施基建和修缮工程。

三、民本民生

活跃群众文化，推进精神文明建设。1987年后，各乡、村陆续建立文化站、室、文化大院、文化广场等群众文体活动场所。1990 年，投资 150 万元建成集灯光球场、体育馆、标准游泳池和业余体校于一体的开平区体育活动中心。1991 年，被命名为“全省体育先进县”。1993 年，被命名为“全国体育先进县”，洼里乡被命名为“全国亿万农民健身活动先进乡”。全区拥有体育场所 266 处，人均体育场面积 1.7 平方米，90 个农村有篮球场等体育活动场所及设施，占农村总数的 68.18%。2002 年，投资近千万元，建成占地 1800 平方米的区文化馆、图书馆和 5000 多平方米的文化广场，并投资 300 万元改建区影剧院。20 世纪 90 年代初，兴办“消夏文化夜市”，逐渐发展成为“夏季彩色周末乐园”。全区拥有文化辅导员 220 名，文艺骨干 3000 余人，业余文艺活动队 92 个，每年在基层演出上百场。农村卫生保健工作走在省、市前列。1987 年后，开平区投入逾亿元改善医疗卫生条件，医疗病床增加近两倍，救护车由 2 辆增加到 10 辆。1995 年、1996 年开平医院先后被卫生部命名为“爱婴医院”“二级甲等医院”。2008 年，投资 8000 多万元、总建筑面积 1.8 万平方米的开平医院综合楼落成，医院整体实力显著加强。

共享改革开放成果，社会保障体系逐步完善。“九五”期间，开平区城镇社会保障制度初步确定。2000 年，全区养老保险率达 96%，社会化发放率达 100%，国有企业失业保险覆盖率达 100%。城镇职工医疗制度改革开始启动。1997 年，开平区实行城镇最低生活保障，标准为年人均 1100 元；2005 年，年人均标准提高到 1400 元，有 3397 人享受低保。2004 年，实行农村最低生活保障，将孤老病残、地震截瘫人员和因变故造成生活困难人员全部纳入低保范围。2005 年，全区享受农村低保人员 1007 人，标准为年人均 530 元。社会养老不断发展。1987 年，全区有乡镇养老院 11 所，供养老人 124 人，供给费用由乡镇统筹。1990 年，筹建区福利院，共收养老人、孤儿、残疾人 40 人。至 2008 年，全区有敬老院 6 所，供养老人 110 人，有 4 所敬老院达到省甲级，栗园镇敬老院获评“省级先进敬老院”。

第三章　综合政务

1987 年后，为适应经济体制改革、政治体制改革的不断深化和社会主义市场经济的不断完善，开平区打破计划经济条件下统分统配的做法，逐步推行一系列劳动用工及人事制度配套改革，在招工、录用干部方面采用公开招聘竞争上岗等新形式。1996 年，根据省、市统一部署，逐步在全区干部队伍中推行公务员管理制度。1998 年后，开始打破沿用多年的大中专毕业生计划分配制度，用人单位和大中专毕业生可直接进行双向选择。2006 年《公务员法》颁布后，国家的人事管理制度实现重大改革，公务员的录用、考核、培训、任免、监督、奖惩等也进入新阶段。随着农村改革的深入，全区农村剩余劳动力迫切需要分流和开发，加之外埠务工人员大量涌入，如何组织农村剩余劳动力和加强对农民工的就业服务及管理，成为人事劳动和社会保障部门新的课题和工作重点。由国家、企业包揽一切的社会保障体制被打破，以职工基本养老、基本生活和城市化低保为主要内容的社会保障体制基本形成。民政部门围绕经济社会发展积极开展优抚安置、救济救灾、基层政权建设等工作，特别是殡葬管理、地名管理走在全市、全省前列，受到上级表彰，民族宗教、提案办理、行政审批、迁建工作均在创新中发展。

第一节　人事管理

一、管理机构

1987 年，劳动人事局作为区政府常设工作部门，设有秘书股、干部股、工资福利股、安全监察股、劳资股、保险仲裁股、社会保险所、老龄办公室、劳动服务公司等9个股室。1989年3月增设矿山安全监察股；是年7月又增设锅炉压力容器检验站，靠挂安全监察股。1992年1月，建立科技干部股，与区职改办和人才开发办合署办公。是年12月，增设失业保险所，原设在区科委的区职称改革领导小组办公室，改设在区劳人局。1996年7月区机构改革，实施“三定”，定职能、定内设机构、定人员编制和领导指数。设置办公室、劳动关系监察科、保险仲裁科、安全监察科、干部科、工资福利科、专业技术人员管理科，同时成立劳动监察大队。劳动人事局确定行政编制18人、老干部服务编制1人、事业单位编制27人。1998年3月，成立社会保险局，为正科级单位，靠挂劳动人事局。是年11月，成立再就业服务中心。2002年1月，在机构改革中，社会保险局撤销，劳动人事局更名为人事劳动和社会保障局（以下简称人社局），安全监察职能划归区经贸局。劳动保障和社会保障业务设置劳动关系监察办公室、职业介绍所、保险仲裁办公室、医疗保险中心、失业保险办公室、机关事业社会保险办公室、企业社会保险办公室、个体私营女工保险办公室。2004年3月成立开平区就业服务局，将区再就业办公室、局培训中心承担的劳动就业管理职能、劳动就业培训职能划入就业服务局。2004年9月，人社局增设工伤保险科。

二、干部管理

（一）干部来源

1987－2008年，全区干部来源主要有组织录用、大中专毕业生分配、军队转业干部及干部调入等渠道。

1987－1996年，开平区录用干部687名。其中录用机关、企事业单位专业人员463名，包括137名公安巡警转为正式人民警察和教育系统24名代课教师转国办教师以及农业税助征员14人；录用经营效益好的乡镇企业优秀管理人员160名；录用以工代干人员64名。1997－2001年，依据省、市关于对取得市以上科技进步二等奖以上人员和在乡镇企业工作2年以上大专以上毕业生和拔尖人才录用为干部的政策规定，录用244名。

20世纪80年代中期，大中专毕业生分配本着“统筹安排，合理使用，加强重点，兼顾一般，面向基层，充实生产第一线”的方针，由政府计划统一分配。每年市人事局召开大中专毕业生分配会议，在保障专业基本对口的前提下，根据各单位的职能任务及编制情况进行分配。1987－1996年，开平区接收分配大中专毕业生1133名。1997年以后，大中专毕业生就业政策由计划分配变为“自主择业，双向选择”，取消国家统包分配，采取向用人单位推荐的办法。教育和卫生系统所需毕业生实行“面向社会，公开招聘”，通过笔试、面试择优录用。区劳人局人才开发办公室成立于1993年5月，负责大中专毕业生分配，培育和发展人才市场。1998年后，人才开发办公室多方式、多渠道进行毕业生就业政策宣传，鼓励并引导毕业生多渠道双向选择就业。1999年初，区编制《关于到非公有制经济单位从业的各类人才实行人事代理的暂行办法》。1998－2008年，区人才开发办公室及人才交流中心引导和帮助2400余名大中专毕业生通过双向选择的方式到企业就业。通过公开招聘、高层次人才引进等多种方式为企事业单位招聘大学生村官，教育、医疗及其他急需专业技术人才194名。至2008年底，共保管高校毕业生档案1869册，并为其提供人事代理、档案保管、职称晋升、档案工资调整等服务。2004－2008年间，开平区按照“公开、平等、竞争、择优”的原则，经过笔试、面试、考核，采用公开竞聘的方法，两次选拔大专以上师范院校毕业生100名到区教育系统任教，选拔大专以上卫生院校毕业生28名到各级医院工作。2007和2008年招聘154名大学生村官，其中122名到农村任职。张伟2005年毕业于河北工程学院，2008年通过开平区选聘大学生“村官”考试，被任命为洼里镇楼子庄村党支部副书记。张伟走遍了村里237户人家，通过聊家常拉近了与村民的距离，也总结出村子贫穷落后的原因：楼子庄处于城市远郊，只有750多口人，人均不到一亩耕地，多种植玉米、麦子等大田作物，再加上多年来习惯于“靠天吃饭”，遇上旱、涝、病虫害等自然灾害就会造成减产。种子种苗专业毕业的张伟通过深入细致的市场调查，了解到“三北21”玉米新品种正在推广试验，通过综合分析，该品种比较适合楼子庄环境和土质，同时具有高产、抗病、抗倒伏等特点。张伟决定先试种15亩。为尽量减少村民投入，她凭着真诚与执着打动了三北种业公司唐山销售主管无偿提供价值近千元的种子。党支部书记王连顺带头把自家5亩土地拿出来作为试验田，6月中旬，“三北21”顺利播种。在玉米成长的116天里，张伟每天都到田里观察玉米的生长情况，光观察日记就写了厚厚一大本。10月6日，“三北21”亩产达到700公斤、增收300－400元。为村民蹚出了一条增收的路子。

军队转业干部安置由劳人局会同区委组织部负责，一般当年转业，当年安置到岗。上岗前，由唐山市人事局统一组织为期两周的业务培训。20世纪80年代初，根据需要和转业干部本人素质、特长等，分别安排到区直机关、乡镇或企业。90年代中期起，企业职工待遇相对偏低，军队转业干部多安排到行政、事业单位。1985－1992年，开平区共接收安置军队转业干部91名，其中团职10名、营级46名、连以下24名、技术干部11名。1993－2001年，共接收安置军队转业干部44名，其中团职1名。2002－2008年，共接收安置军队转业干部53名，其中团职4人、营职13人、连职36人。

1992年12月，按照市政府调整行政区划的决定，将开平区梁家屯乡、女织寨乡的党政群机关、中小学、公安派出所、工商所、交通管理所等机构和两乡行政编制30名（梁家屯乡14名，女织寨乡16名）、公安编制14名、司法编制2名及实有人员（包括国家正式干部、聘用制干部、全民工、集体工、临时工）成建制移交路南区管理；将开平区果园乡、傅家屯乡的党政群机关、中小学、公安派出所、工商所、交通管理所、法庭等机构和两乡行政编制36名（果园乡20名，傅家屯乡16名）、公安编制18名、法院编制5名、司法编制2名及实有人员（包括国家正式干部、聘用制干部、全民工、集体工、临时工）成建制移交路北区管理。将路南区税务庄街道机关、公安派出所、中小学、幼儿园等机构和该街道行政编制11名、公安编制12名、司法编制1名及实有人员成建制移交开平区管理。将路北区所辖二十二冶、荆各庄两个街道和陡电家属区派出所及公安编制4名，实有人员4人成建制移交给开平区管理。区划调整后，开平区乡镇、街道行政编制由190名减至135名，公安编制由185名减至169名，法院编制由56名减至51名，司法编制由34名减至31名。

1987－2008年开平区人社局录用干部统计表

表17－2　　　　单位：名

年度	录用总数	其中						备注
		专业人员	以工代干	大中专毕业生	转业干部	农民	其他	
1987	141	28	5	29	21	58	－	
1988	159	－	59	91	9	－	－	
1989	41	8	－	32	1	－	－	
1990	233	74	－	158	1	－	－	
1991	260	49	－	209	2	－	－	从“五大毕业生”中选初中代课教师50名
1992	110	65	－	43	2	－	－	
1993	111	－	－	106	4	－	1	
1994	191	19	－	116	4	52	－	
1996	423	164	64	144	1	50	－	137名巡警转为人民警察

续表 17－2

年度	录用总数	其中						备注
		专业人员	以工代干	大中专毕业生	转业干部	农民	其他	
1997	808	165	–	638	4	–	1	
1998	350	114	–	199	7	–	–	河北省选招公办教师 67 名
1999	213	46	–	154	6	–	7	
2000	153	51	–	87	13	–	2	
2001	144	33	–	109	2	–	–	
2002	119	25	–	89	5	–	–	
2003	100	46	–	52	2	–	–	
2004	137	79	–	41	17	–	–	
2005	57	2	–	45	10	–	–	
2006	13	–	–	5	8	–	–	
2007	13	3	–	7	3	–	–	
2008	22	2	–	17	3	–	–	

部分年度开平区干部情况统计表

表 17－3　单位：名

年度	项目	上年底干部数	当年增加	当年减少	当年底干部数
1990	合计	3860	194	316	3738
	行政机关	892	47	33	900
	事业单位	2490	127	185	2432
	企业单位	478	20	78	400
1991	合计	3738	434	403	3769
	行政机关	906	204	125	985
	事业单位	2432	206	150	2488
	企业单位	400	24	128	296
1993	合计	3076	488	286	3278
	行政机关	882	154	103	933
	事业单位	1947	216	149	2014
	企业单位	247	118	34	331
1995	合计	3309	511	287	3533
	行政机关	986	121	98	1009
	事业单位	2087	189	132	2144
	企业单位	236	201	57	380

1989年底，开平区党政群团机关干部1069名，超编346名。为加强机构编制管理，防止人员膨胀，落实冀发〔1989〕20号文件精神，1990年3月，在全区行政机关和事业单位实行人员限额制度，严格控制723名的编制配备干部。为逐步建立起编制自控机制，1991年4月起，在区机关和事业单位实行编制经费包干。在区委办公室、宣传部、监察局、民政局、统计局、农林局和妇联等7个部门先行试点包干。对包干基数、包干办法、奖金提取与兑现，均做明确规定。第二年全面推开，直到1996年实行国家公务员制度。

（二）干部任免

1987年，区劳人局干部股（干部科）负责区政府系列、事业单位和工商企业干部行政任免工作，逐步形成规范化的干部调配管理系统。科级干部任免由区委组织部进行拟任免干部的考察，其中正科级干部报区人大常委会决定任免，副科级干部由区政府常务会任免决定。股级干部主要依靠各部门、单位进行考察，按区编制委员会批准的股级干部配备指数，由区政府常务会决定任免。对所决定的任免事项均印发任免通知，副科级以上干部由区长签发《任命书》。为将竞争机制引入人事管理，1988年，在不同类型的单位股级以下工作人员聘任制试点基础上，区政府在区机关部门和乡镇、街道推行股级以下工作人员聘任制；1989年将竞争机制引入事业单位。1992年4月27日，区劳人局印发《关于政府系统股级干部任免及管理的意见》，强调严格按编制配备股级干部，明确任免程序和审批权限，提出股级干部任职条件和管理办法。2003－2008年，区委、区政府先后出台《关于干部选拔任用及管理工作意见》《关于进一步规范股级干部选拔任用工作的实施意见》《关于加强规范股级干部管理工作的通知》等文件，不断加强对干部的管理，任免程序延续原做法。1999年，全区有股级干部383名。另外，劳人局干部科负责对一般干部定职审批工作，1998年，27个部门的72名干部批准为科员；1999年，30名干部审批为科员，21名干部定职为办事员，2001年，67名干部审批为科员、办事员。

1987－2008年开平区人社局代区政府任免干部统计表

表17－4　　　　单位：名

年度	科级		股级		备注
	任职	免职	任职	免职	
1987	－	－	41	4	
1988	－	－	104	－	
1989	15	7	50	15	
1990	42	16	－	－	
1991	40	13	162	19	
1992	86	20	249	12	
1993	99	22	62	31	
1994	18	6	101	51	
1995	91	41	57	24	
1996	95	39	55	－	
1997	113	43	42	28	全区股级干部371名
1998	40	27	53	24	全区股级干部383名
1999	36	24	150	54	

续表 17－4

年度	科级		股级		备注
	任职	免职	任职	免职	
2000	57	26	61	25	
2001	63	36	16	39	全区股级干部 366 名
2002	38	24	15	6	
2003	49	18	46	2	
2004	25	5	38	1	
2005	7	2	21	2	
2006	74	92	12	–	
2007	43	30	310	96	
2008	59	24	17	4	

（三）公务员管理

根据省市实施国家公务员制度的总体部署，1996 年 1 月和 11 月，分别以 24 号和 71 号文件印发《关于唐山市开平区国家公务员制度实施方案的通知》和《关于唐山市开平区国家公务员职位分类工作实施办法》《现有工作人员向国家公务员过渡实施办法》，进行职位分解、职位设置和“定职能、定机构、定编制”的“三定”机构改革。全区政府序列列入国家公务员实施范围的部门 41 个，其中区直机关 32 个（行政单位 22 个、公安司法系统 2 个、具有行政职能的事业单位 8 个）、乡镇和街道 9 个。共设置职位 849 个，其中区直机关 657 个、乡镇街道 192 个。共过渡公务员 670 人，其中区直机关 561 人、乡镇街道 109 人。空职位 179 个，其中区直机关 96 个（含兼职）、乡镇街道 83 个。1997 年 2 月全面完成，是年底，共有公务员 711 名。同时，开始建立和实施公务员录用、职务升降、培训、奖励、交流、回避、退休等制度。

在公务员的录用中，实行公平竞争原则，公民不分家庭出身、民族、宗教信仰、性别，都有申报公务员的权利。报考公务员实行职务条件公开、报考公开、考试成绩公开、录用公开，促进优秀人才脱颖而出。2005 年，根据省、市统一安排，开平区为党政机关公开招录 9 名公务员。

按照河北省人事厅冀人发〔1998〕336 号文件《关于加强国家公务员平时考核工作的意见》，开平区每年对公务员的德、能、勤、绩进行一次全面考核。坚持把工作实绩和贡献大小作为考核和评价公务员的标准，作为公务员晋升的重要依据和享受工资待遇的主要条件。考核等次分优秀、称职、不称职三种类别，用以区分优劣，优秀的公务员可以按规定晋升职务和工资。对于不称职人员，则区别不同情况给予降职或辞退，体现出“功绩制”原则。1998 年，为连续三年考核优秀的 17 名公务员晋升一级工资。

2007 年，开平区根据省市统一部署，展开公务员登记工作，全区共有 27 个单位 439 人登记为公务员。以公务员登记为契机，建立健全全区公务员信息管理系统，完善公务员日常登记制度，全区公务员形成动态管理机制。实行公务员交流制度，对部分职务实行聘任制，对不同职务规定最高年限，并建立健全公务员退休制度，至 2008 年底，先后为 31 名公务员办理退休手续。

1987 年开始，开平区干部培训根据省市部署，着重实施普法五年规划，先后对全区副科级以上领导干部进行以《中华人民共和国宪法》为主要学习内容的培训。1992 年，结合普法教育进行《国家干部管理条例》和有关政治理论培训，对干部进行法律知识考试。认真落实国家人事部《“十一五”行政机关公务员培训纲要》，针对公务员队伍实际和不同层次需要，组织开展初任培训、任职培训、专门培训和更新知识培训，大力推进依法行政知识、电子商务、MPA核心课程等培训，着力提高公务员队伍的能力素质。1993－1998年，对全区机关工作人员进行公务员培训。1996年，为迎接中国加入世界贸易组织（WTO），开办WTO培训班，对全区机关干部进行培训；1996－2000年，为普及计算机知识，开办计算机应用培训班，对全区机关事业单位工作人员进行全员培训。2002－2008年，先后举办国家公务员英语等级、电子政务、普通话、公务员法、公务员公共管理（MPA）培训班。2001年2月，区政府将政务公开办公室设在劳人局，全区实行政务公开，各职能部门制订政务公开实施方案，就指导思想、原则要求、主要职能、公开形式、监督管理等向社会公开。全区有42个行政职能部门实行政务公开。

部分年度开平区国家公务员奖励情况统计表

表17－5　　单位：名

年度	受奖励人数	其中				授奖原因	
		嘉奖	三等功	二等功	一等功	A	B
1997	合计　114	89	20	5	－	113	1
	区级　1	1	－	－	－	1	
	科级　43	32	10	1	－	42	
	科员办事员70	56	10	4	－	70	
1999	合计　99	74	13	12	－	99	
	区级　2	－	1	1	－	2	
	科级　42	28	6	8	－	42	
	科员办事员55	46	6	3	－	55	
2000	合计　110	85	14	7	4	110	
	区级	－	－	－	－	－	
	科级　30	22	－	4	4	30	
	科员办事员80	63	14	3	－	80	
2008	合计	－	－	－	－	－	
	区级	－	－	－	－	－	
	科级　60	24	20	6	－	60	
	科员办事员90	66	15	9	－	90	

授奖原因说明：A系指在本岗位上勤勤恳恳、开拓创新、做出显著成绩的。
B系指廉洁奉公、坚持原则、敢于和违法违纪行为作斗争的。

（四）事业单位人员管理

1996年7月18日，开平区机构编制委员会下达机构改革意见，对事业单位定职能、定内设机构、定人员编制和领导指数。进入21世纪，积极探索和推进人事制度改革，引入竞争机制，打破“大锅饭、铁饭碗”，建立能上能下、能进能出、充满生机和活力、符合各类事业单位特点的新型用人制度。重点试行岗位管理和人员聘用制。以签订规范化的聘用合同为标志，全面推行人员聘用制度；以科学设岗为基础，全面推行岗位管理制；以公开招聘为主要措施，严把事业单位人员“进口”；以“效率优先、兼顾公平”为前提，加快内部分配制度改革；以“内部消化”为主，多渠道安置未聘人员；以建立科学规范的考核制度为核心，加强聘后管理。

2008 年 9 月，开平区根据唐山市《事业单位岗位设置管理实施细则（试行）》，制订本区《实施细则》，建立健全事业单位岗位管理制度，实现事业单位人事管理由身份管理向岗位管理转变，按照科学管理、精简效能的原则，根据不同单位实际，科学合理地设置管理岗位、专业技术岗位和工勤技能岗位，明确岗位职责、任职条件和聘用期限。按照《实施细则》进行岗位设置和岗位管理。全区共设 350 个管理岗位、3200 个专业技术岗位、628 个工勤岗位，全面完成聘用合同鉴证。是年底，开平区有事业单位 98 个，其中全额财政拨款单位 88 个、差额拨款单位 7 个、自收自支单位 3 个，共有事业单位人员 4100 名。

三、职称评聘

1987 年，职称改革工作于 1983 年 9 月停止后又开始进行。是年 7 月，开平区着手专业职务评聘工作，至 1988 年底，全面完成事业单位职改工作，并实行专业技术职务聘任制。1989 年，对企业和有民办教师的中小学校等 80 多个单位的 1300 多人，以及近年分配的大中专毕业生进行职称评聘工作。同时，按省市统一部署，对全区 287 个企事业单位学历资历不符合的 10 人取消职称资格，另有 2 人做评聘降格处理。是年，全区有专业技术人员 3279 名，其中高级职称 45 名、中级职称 417 名、初级职称 1521 名、未聘技术职务的 429 名。此后，逐步形成一套职务系列清晰、评职制度完善、工作制度化的工作模式。为了落实"科技兴区战略"，加强基层科技工作领导力量，1990 年，开平区相继配备科技副区长、副乡长。1992 年 5 月，唐山市人事局出台《唐山市专业技术人员继续教育暂行规定》，对活跃在科技工作第一线，为科技进步做出贡献的科技人员予以表彰。是年，唐山市职称改革领导小组表彰开平区先进专业技术工作者 17 名。1993 年、1994 年和 1998 年表彰先进专业技术工作者 18 名。开平区职称改革领导小组对 34 名区级先进专业技术工作者进行表彰。并继续落实专业技术干部家属"农转非"政策。1988 - 2000 年，经省主管部门审查并报省政府批准，为 104 名专业技术人员的 148 名家属由农业户口转为非农业户口。1987 - 1996 年，评定非公职高级职称 6 人、中级职称 393 人、初级职称 2625 人。

四、人才市场建设与智力引进

每月一期的人才招聘现场

开平区人才市场由区人才开发办公室负责日常管理工作，业务主要有人事代理、人才培训、人才派遣和人才测评等，坚持以大中专毕业生就业和企事业单位分流人员再就业为工作重点。为了更好地为全区经济服务，人才市场建成开平人才信息库，积极参与全市统一人才市场信息网络，实现人才资源共享。2000 - 2008 年，以唐山市人才交流会为契机，先后 9 次参加，共计引进各类专业人才 130 人。积极做好重点项目的人才保障服务，经常深入重点项目单位，掌握人才需求信息；采取赴外招聘、网上招聘、专场招聘等形式，先后从陕西、吉林、黑龙江等省引进教师、钢铁冶金、装备制造、现代物流等高层次、高技能紧缺人才 15 人。同时，不断加大民营经济人才服务力度，从政策、机制、手段等多方面入手，完善服务平台，建立绿色通道，大力实施人才注入工程。1999 年和 2000 年，开平劳人局两度被评为唐山市人事工作先进单位。

第二节　劳动管理

一、劳动用工管理

1987－1991年，开平区企业实行计划招工，主要根据唐山市劳动局下达的招工计划，为区内国营、集体企业招转合同制工人。同时实行退养换工制度，即老工人退养后，在符合招工条件的未婚子女中招收1名合同制工人。此外，对高温、高空、矿山、井下、有毒有害岗位，允许招收农民合同制工人。

1987年，开平区试行劳动用工制度改革，全区劳动合同制工人分为全民所有制和集体所有制两类。自1988年起，每年由区劳动人事部门核定招收指标。企业与应招者签订劳动合同，如因履行合同发生纠纷，由区劳动人事部门负责受理、调节、仲裁。1988年底，开平区取消全民所有制、集体所有制单位中的固定工与合同工的身份界限。1991年，区劳动人事部门由过去的计划管理向宏观调控过渡。1992年，推行全员劳动合同工的用工制度。1993年8月，开平区各类企业开始实行劳动合同化管理。

1991年后，打破过去招工统招统配的固定用工模式，劳动管理部门以完善职工合同管理为重点，不再直接给企业下达招工指标，不再控制和干预企业用工权。1995年，《中华人民共和国劳动法》颁布实行，建立起“国家宏观调控，企业自主用人，劳动者自主择业”的新型劳动用工形式，以行政方式配置劳动力资源成为历史，以全员劳动合同制为主要内容的劳动制度改革逐步完善，劳动管理工作摆脱计划经济的束缚，私营企业、个体工商户开始招用工人。开平区政府以开政字〔1995〕9号文件印发《关于全面实行劳动合同制的安排意见》，唐山市劳动局将此《意见》转发到各县区劳人局和芦台、汉沽农场。1997年2月，开平区劳人局和总工会被评为唐山市集体合同工作先进单位。1998－2003年，开平区围绕劳动关系调整及劳动合同、集体合同制度制订实施办法，指导和管理劳动合同、集体合同的签订、签证工作，历年劳动合同签证率保持在95%以上。2008年1月，《中华人民共和国劳动合同法》施行，开平区强化劳动行政部门的职能，强化对劳动合同的签订、变更、解除等关键环节的监督检查，提高劳动合同的签订率和规范程度。通过劳动合同对企业及职工双方权利和义务的进一步明确，对促进企业的发展、保障劳动者合法权益起到积极的促进作用。

二、劳动监察与争议仲裁

1987－2008年间，开平区劳动和社会保障工作主要是依法监督检查全区劳动和社会保障的法律、法规执行情况；指导和管理劳动合同、集体合同的鉴定、签证；综合协调非公有制企业劳动者工资政策；组织实施全区养老、失业、医疗、生育等社会保险基金收缴、支付，并对社会保险基金实施行政监督；依法开展劳动监察、劳动争议仲裁等工作；落实企业下岗职工分流、安置、基本生活保障和再就业；做好农村剩余劳动力分流和开发，加强农民工就业和农民工管理，维护农民工合法权益。1997年，区劳动监察大队监察企业346户，清理不合法农民工130人，为下岗职工调剂岗位128个，接到举报案件8件，其中劳动合同1件、用工4件、工资3件。经过工作，全部结案。

1987年，开平区恢复劳动争议仲裁制度。是年11月，区劳动人事局设立仲裁股。从1989年开始，劳动仲裁坚持“双维”宗旨，帮助企业建立劳动争议调解组织32个，聘请专兼职调节员140人，按照“预防为主，调解为主，基层为主”的调解方针，化解劳资矛盾。至2008年底，累计立案1869起，其中调节765起、仲裁1104起，结案率达100%。同时完成劳动合同鉴证1万多份，续鉴合同600多份，变更合同800多份，纠正无效合同条款500余条。

三、就业与再就业管理

1997年后，开平区国有企业和集体企业陆续改制为股份制或私营企业。随着改制的不断深入，失业、下岗职工出现。为保护失业、下岗职工的权益，维护社会稳定，1998年11月，开平区成立国有企业下岗职工生活保障和再就业工程领导小组，区劳动人事局成立再就业服务中心，为下岗、失业职工提供职业培训、介绍工作等服务。

（一）职业培训

1992年前的培训工作由区劳人局职业介绍所负责，培训对象主要为初高中毕业生，培训时间为2－3天，培训内容主要是就业技能。1992年6月，组建开平区就业训练中心，制订《就业训练中心管理制度》。训练中心占地464平方米，建筑面积248平方米，3个教室面积170平方米。按照“先培训、后就业”的原则，以城镇待业人员培训为重点，本着为待业人员服务、为用工单位服务的宗旨，深入开展就业前培训、就业安置一体化服务。当年举办培训班8期，培训待业人员373人，经考试合格结业366人，安置就业354人，就业人员占结业人员的96.72%。1996年，开平区就业培训中心通过省培训中心评估验收，1998年和2000年，两次被评为省级优秀训练中心。1998年后，针对国有、集体企业改制逐步深入，下岗、失业人员逐渐增多的实际，职业培训的重点由对初高中毕业生就业前培训转向以下岗、失业人员为主的转岗再就业培训。再就业培训以区职业技术学校为培训基地，具体培训计划由再就业服务中心制订，培训内容主要为劳动法规、职业道德、安全生产常识等；技能培训主要为汽修、焊工、电工、车工、瓦工、钢筋工、木工等工种。下岗失业职工参训人数达5700余人次。2004年3月，成立开平区就业服务局，将区再就业办公室培训中心承担的劳动就业管理职能和劳动就业培训职能划入就业服务局。2004年后，职业培训转为对农村剩余劳动力和农民工培训，培训内容主要有农村劳动力转移前的引导性培训、短期的职业技能培训、创业培训和农业科技培训（“阳光工程”培训）等。随着全区科技进步、产业升级和结构优化，对劳动者素质提出更高要求。开平区以开平职校为依托，大力推进技术工人教育，着力做好职校的招生和就业组织工作，使技工生源的素质和教学质量不断提高；同时完善高技能人才工作的配套政策和措施，加快对全区高技能人才队伍建设和企业职工培训指导力度，在全区形成重视技能人才的氛围。1998年，全区41个机关事业单位，参加定级和升级培训考核的技术工人416名，其中初级工107人、中级工138人、高级工171人。切实做好职业资格认证的管理工作，不断加大和促进鉴定质量，规范鉴定程序，至2008年底，累计2000余人参加鉴定。

1990－1992年开平区待业人员培训就业情况统计表

表17－6

年度	培训人数	结业人数	结业率%	就业人数	就业率%
1990	346	342	98.84	342	100
1991	444	440	99.10	440	100
1992	373	366	98.12	354	96.72

部分年度开平区待业人员变化情况统计表

表 17－7

年度	年初待业人数	本年就业人数	年末待业人数	备考
1988	1040	491	549	
1991	4454	1601	1862	其他原因减少 991 人
1995	827	628	199	
1997	1440	929	511	
1999	2149	632	1517	农村劳力进城务工 528 人

20 世纪 90 年代初，开平区大力兴办劳动就业服务企业，区劳人局、区经委和开平、马家沟两个街道先后办起 8 个企业，经营范围涉及服装、包装、第三产业和建筑等行业，从业人员保持在 1200 人左右。1993 年实现工商劳务收入 2800 万元、利税 298 万元，分别超过市劳动服务公司下达的 2230 万元和 200 万元经济指标。1994 年实现工商劳务收入 1120 万元、利税 178.8 万元。1997 年实现工商劳务收入 2500 万元、利税 100 万元，就业安置 50 人。

（二）职业介绍

区劳人局劳动服务公司负责全区城镇待业青年就业安置和农村剩余劳动力输出等工作。1992 年，区劳动人事局出台城镇待业人员、企业下岗待业人员和农村剩余劳动力须经劳务市场向企业输送的管理措施，成立职业介绍所，同时建立起求职登记和务工许可证制度。是年，开平区有职业介绍机构 11 个，其中劳动部门办 10 个（区级 1 个）、非劳动部门办 1 个。1998 年，唐山市劳动局下达给开平区年度劳动就业工作目标为：城镇失业人员登记率 65%，安置下岗职工 450 人，农村劳动力向非农产业转移 3500 人，外埠农村劳动卡证合一持证上岗率 89%。是年，开平区除外埠人员持证上岗率外，其他 3 项指标均超额完成。1998 年 6 月，河北省劳动和社会保障厅发出《关于职业介绍机构开展劳动人事代理业务的通知》，区职业介绍所首次为 23 个企业代理招录劳动合同制工 127 人。2003 年 9 月，区政府投资 60 余万元，建成使用面积约 300 平方米的劳动力就业服务大厅。内设职业介绍、求职登记、就业预约、用工信息、职业指导、就业培训等 6 个业务办理窗口。实行微机管理，在服务大厅内和办公楼外安装用工信息电子显示屏，与省、市就业服务中心实现信息联网，随时公布最新职业供求信息，为人才交流、职业介绍、职业培训提供平台。服务大厅可提供档案寄存、社会保险、职业指导、劳动合同鉴证等“一站式”服务。1992－2008 年间，职业介绍所先后向 260 多家企业劳务输出 4700 人次。

（三）再就业服务

开平区从 1995 年起实施再就业工程。为帮助企业下岗人员再就业，区职业介绍所设置就业指导窗口，免费为下岗、失业职工提供就业信息，组织求职者与用人单位进行用工洽谈和工作试用。全区各企业、企业主管部门也积极创建再就业服务中心，对下岗流动就业职工的人事档案进行托管。凡下岗失业人员、出国留学人员、劳务输出人员、自谋职业人员均可办理人事档案托管手续。1998 年 7 月，区委、区政府召开全区推进再就业工作会议，下发《关于区属企业下岗职工基本生活保障和再就业若干政策的规定》。是年 7－12 月，共发放下岗职工基本生活费 18.2 万元，其中国有企业 6.7 万元。1999 年，发放下岗职工基本生活费 77.7 万元，其中国有企业 23.3 万元。2000 年上半年，发放下岗职工基本生活费 61.2 万元，其中国有企业 16.7 万元。是年，开平区在有下岗职工的企业中，普遍建立再就业服务中心，对下岗职工实行托管，共托管下岗职工 1483 人。1999 年 5 月，实行“劳动就业通卡”，以此作为劳动就业凭证，使用范围和对象是区内各类城乡流动就业人员和城镇失业人员。1995－2000 年 8 月，全区累计下岗职工 2437 人，培训 1561 人，累计安置就业 1969 人，再就业率 80.8%。

2003年，开平区把安置下岗就业的重点放在"4050"困难群体（下岗职工中女40岁以上、男50岁以上人员）上，在政府开办的公益性岗位和党政机关、事业单位清理使用退休人员出现的空岗时优先安排"4050"人员就业。是年10月，从区国有企业下岗职工中招聘46名劳动保障协助员。2004年在全区开展"就业服务进社区"活动，至2008年，有8个社区达到"充分就业社区"省级考核标准，累计发放"再就业优惠证"2479人次。

1997－1999年开平区下岗职工培训就业情况统计表

表17－8

年度	培训期数	培训下岗职工人数	再就业人数	再就业率%	备考
1997	6	418	334	80	
1998	7	480	409	85	推荐农村富余劳力20多人
1999	3	216	276	66.1	剥离出隐性就业187人

1997－1998年开平区职业介绍服务情况统计

表17－9

年度	求职登记人数	用人登记人数	介绍成功人数	期末结余人数	备考
1997	2637	1118	1015	1622	
1998	6170	4721	4677	1493	其中农村劳动力3602人

四、企业工资管理

改革开放初期，企业职工工资由政府主管部门制订。根据市工资改革办公室和市企工改办〔1987〕4号文件精神，开平区企业增资工作从1987年10月中旬开始，至12月底结束。这次增资工作基本任务是：凡1986年9月底在册固定工、合同制工人和计划内临时工，除不符合升级条件者外，一律升级。全区应列入增资范围的全民、集体企业单位共32家，列入增资范围的职工7814人，其中全民单位13个，职工2578人，集体单位19个，职工5236人。另有区服务公司所属单位20个，职工254人。全区升级人数（包括升一级和升半级）共6761人，未能升级的1053人。全区每月净增工资额39653元，其中列入成本20972元、自费改革18681元。1987年，全区企业职工人均月工资49.5元。1992年以后，开平区在企业转体改制过程中，对工资制度进行全面改革，全区企业普遍推行计件工资制和按百元产值工资提取制度；全区流通企业普遍推行百元销售额工资提取或承包经营等按劳取酬的工资制度；福利、奖金纳入工资之中，不再单独发放，全区职工月平均工资提高到280元。1993年，将工资分配权还予企业，企业有权决定工资、奖金分配的额度和档次。1995年，实行工资增长指导线制度，区每年发布工资增长指导线，要求企业根据自身经济增长情况适时增加职工工资。同年，开始实行最低工资标准制度，并要求逐年递增。2008年，为提高一线职工收入水平，实行一系列配套增资措施，突出向低收入群体、生产岗位的高技能人才、从事艰苦劳动的职工倾斜，同时对高温、高空、有毒有害、矿山井下、流动施工等岗位津贴标准作了较大调整。到2008年底，全区职工人均工资达到了1740元。

1987 - 2008 年开平区工人工资变动情况表

表 17 - 10　单位：元

年度	月平均工资	年度	月平均工资	年度	月平均工资
1987	50	1995	450	2003	1050
1988	68	1996	540	2004	1230
1989	90	1997	610	2005	1410
1990	150	1998	680	2006	1530
1991	200	1999	760	2007	1620
1992	280	2000	830	2008	1740
1993	360	2001	890		
1994	410	2002	980		

五、农民工管理

1987 年后，随着农村家庭联产承包责任制的推进，农村剩余劳动力开始从多年经营的土地上走出来。随着乡镇企业“异军突起”，外埠农民工、经商人员纷纷涌入。加强农民工管理及服务成为劳人局的工作重点。

1993 年前，全区劳动力转移总量较小，转移渠道较窄。1994 年以来，全区农村劳动力转移进入快速增长阶段，表现为跨县区、跨行业、大规模而又持续的转移流动，并呈现出多元化的就业结构。1996 年，区劳人局、公安分局、工商局、计生局联合成立“开平区流动人口管理办公室”，负责监督、检查和指导用工单位依法合理使用外来劳动力，严厉查处违反劳动力管理政策、法规的行为，并主动快速为外埠农民工办理“务工许可证”及“暂住证”。区劳动人事部门对外埠农民工积极支持和引导，使之能及时找到适合自身特点的行业。

加强农民工就业服务和培训，为农民工免费提供就业信息、政策咨询、就业指导和职介服务，坚持服务、培训、维权“三位一体”。为了切实维护农民工的合法权益，大力开展劳动监察维权活动，每年都要定期、不定期对企业的用工情况进行检查，对不规范用工、克扣入厂押金、不签订劳动合同、延长工作时间等侵害农民工合法权益的行为及时给予行政处罚，并限期整改；实施“平安计划”，实现全部煤矿、非煤矿山企业和大部分建筑施工企业参加工伤保险；建立健全企业欠薪报告制度，扩大工资保险金实施范围，积极探索建立预防和解决拖欠农民工工资问题的长效机制。1996 - 2008 年，为农民工追讨工资 600 起，为 2500 名农民追讨工资 3100 万元。2008 年 7 月 14 日，开平区劳动保障监察大队接到胡玉峰等 18 人投诉开平一矿拖欠工资案件，拖欠工资共计 6.95 万元。开平区劳动监察大队接到投诉后经调查了解，开平一矿未及时足额支付胡玉峰等人的劳动报酬，违反了《中华人民共和国劳动法》相关规定。按照劳动保障监察办案程序，区劳动监察大队于 7 月 21 日对开平一矿下达劳动保障监察询问通知书（开劳社监询字〔2008〕第 167 号）。开平一矿按要求及时报送有关材料，并于 7 月 26 日将拖欠胡玉峰等 18 人工资全部结清。

第三节　社会保障

一、基本养老保险

1987年，开平区成立社会保险所，开始征缴区划内全民企业合同制工人养老保险金。1988年，区政府颁布《开平区集体企业离退休费用社会统筹试行办法》，区直属集体企业职工的离退休费用，实行统一征收，统一发放，统一管理，统一核算，建立社会保险统筹基金。1992年1月，根据《河北省国营企业职工离退休养老保险金社会统筹规定（试行）》要求，开平区全民所有制企业职工参加基本养老保险。3月，区政府颁布《街道集体企业职工退休养老保险金社会统筹暂行规定》，将街道集体企业职工退休养老保险金纳入区集体企业养老保险金社会统筹。1993年1月，企业和职工个人缴纳的基本养老保险费分别记入《职工养老保险手册》，职工个人缴纳的基本养老保险费，缴费标准开始时可不超过本人标准工资的3%计算。7月，区政府颁布《开平区关于企业职工实行社会养老保险统筹暂行规定》，规定所属工商企业都必须向区社保机构投保，社会养老保险实行全区统筹的办法，全民企业参加统筹的方式及具体办法按省有关规定执行。企业职工个人按本人工资总额的2%缴纳养老保险金。1995年10月，区政府颁布《开平区全民企业离退休费直接发放试行办法》，随后，在直接发放试点的基础上，全区进行直接发放。

1996年1月起，实行个人账户按参保职工缴费工资的11%为其建立个人账户（2006年1月调至8%）。1997年，全区参加社会统筹单位145个，在职职工10572人，共收缴养老基金882.5万元，其中全民742.5万元、集体140万元。1998年1月，河北省人民政府出台《河北省统一企业职工基本养老保险制度实施办法》，规定私营企业职工和个体劳动者都必须依法参加养老保险。原省级统筹企业缴纳基本养老保险费的比例由工资总额和离退休费两项之和的18%，改为按企业工资总额的20%（集体企业自1999年1月起执行），职工个人缴纳基本养老保险费的比例，从1997年7月起为本人收入的4%，以后每两年提高一个百分点，最终达到本人工资收入的8%。个体劳动者缴纳基本养老保险费的比例为全省上一年职工平均工资的16%。2006年，实行全省企业职工养老保险统筹，统一养老金计发办法。至2008年底，全区企业职工基本养老保险覆盖企业329家，覆盖人数19427人，其中在职13714人、退休5713人。

二、机关事业单位养老保险

开平区于1998年9月成立机关保险科，开展机关事业单位养老保险工作，服务范围为开平区境内的机关事业单位，按照区政府《唐山市开平区机关事业单位工作人员养老保险暂行办法》，开平区机关事业单位工作人员自1999年1月起参加机关事业养老保险，单位和个人分别按工资总额的22%和4%缴费，同时，按照参保人员工资总额的11%为其建立个人账户，至2005年1月，个人缴费比例提高到5%。至2008年底，机关事业单位养老保险参保单位达164家，参保人数8979人，其中离退休人员2338人。

三、工伤保险

2004年1月《工伤保险条例》实施。是年9月，开平区成立工伤保险科。工伤保险基金全部由用人单位缴纳，根据不同行业风险程度确定三个档次的费率。高风险企业（煤矿、非煤矿山、钢铁等高危生产许可证的企业）为2%，低风险企业为1%，事业单位（如学校）为0.5%。缴费基数为职工本人实发工资（最高不高于当年度唐山市平均工资300%，最低不低于市平均工资60%）。2009年9月工伤保险新参保企业自当年1月起参保。

2004－2008年开平区工伤保险情况统计表

表17－11　　单位：万元

年份	参保单位数	人数	征收金额	支付医疗费用
2004	39	1925	31.7	－
2005	170	10802	178.4	39.8
2006	202	13717	210.8	315.7
2007	240	16978	297.2	87.9
2008	313	19503	449.4	344.7

四、失业保险

1992年12月，开平区成立失业保险所，负责辖区内国有企业待业保险基金的征缴和待业职工救济金的发放。1998年3月，失业保险所更名为失业保险科。失业保险实行属地管理，凡在开平区境内的各企业单位，均须在开平区劳人局失业保险科进行失业保险登记，并交纳失业保险金。1991－1994年，只在国有企业和自收自支的事业单位中实施，1994年12月起，失业保险金征收扩展到集体企业、全部事业单位、各社会团体和党政机关中的工勤人员、民办非企业单位的职工等。1997年，根据省、市《关于调整职工个人缴纳失业保险费标准的通知》精神，失业保险缴费标准由每人每月2元，改为按本人工资总额0.5%。是年全区收缴率98%。1999年1月，失业保险金的征收扩展到除国家公务员以外的所有用人单位及其劳动者。至2008年底，全区共有383家单位参加失业保险，参保人数10083人，失业保险费结余1092.5万元。

五、城镇职工基本医疗保险

20世纪90年代，城镇国营、集体企业职工实行劳保医疗制度，机关和事业单位实行公费医疗制度。随着经济体制改革的深化，公费和劳保医疗存在的缺陷日益显现，医疗费用全部由财政和企业包揽，费用增长过快，缺乏有效的制约机制，财政和企业负担不断加重而难以为继。

1984年7月，区实行一级财政后，公费医疗由区卫生局管理。除离退休人员外，在职人员实行包干定额，每人每年42元。1988年，开平区政府批转区财政局、卫生局《关于行政事业单位公费医疗管理办法（试行）的通知》。《通知》规定公费医疗开支标准每人每年90元，财政部门对卫生部门按标准包干使用，卫生部门按享受公费医疗人数定额包给单位，包干金额的20%作为机动额，由单位掌握，单位对个人的住院费、门诊费等实行按年龄结构定额包干，即：40岁以下的每人每年50元，41－50岁每人每年60元，51至60岁每人每年70元，节约归己。到指定医院看病交全费，超出定额部分凭药费收据及公费处方回本单位报80%。对因患有急危重病，抢救治疗开支较大的，由单位的机动额解决。离退休干部、二等以上伤残军人以及因公负伤致残干部、职工，在指定医院就医，凭单据和处方回单位全额报销。1996年，开平区政府批转区卫生局、财政局《关于改革公费医疗管理办法》的通知，实行单位挂钩，定额包干制度。区公费医疗办公室按在职及退休人员人均350元定额下拨给各享受单位，由各单位统一掌握使用。年终如有节余归单位，若有超支，凡有预算外收入的单位，由单位预算外资金中抵补，无预算外资金的单位，超支部分年终由单位汇总，报公费医疗办公室审查后，可由区财政负担。工商、税务每人每年400元定额包干，超支不补。实行医疗补贴金，按比例自负制度。工龄10年以内的每人每年发补贴金240元，退休、退职、退养、因病长休人员每人每年补贴金350元，离休干部每人每年发补贴金800元。补贴金每季发一次，年终节余归己。享受公费医疗人员报销医药费须先扣回医疗补贴金，然后按工龄实行比例自负。工龄10年以内的个人自负35%，工龄11至20年个人自负30%，工龄21至30年的个人自负25%，工龄31年以上的个人自负20%，退休、退职、退养、因病长休人员个人自负10%，离休人员及二等乙级以上伤残军人实报实销。1999年，区公费医疗实行“定额包干，超支不补，定点医疗，节余奖励”的办法，取消发给个人的医疗补贴金。开平区所有享受公费医疗的干部职工（包括自收自支事业单位、市管单位）定点医疗单位为开平医院。需转上级医院医疗者要经开平医院开具转诊证明，否则医疗费自付。实行急危疑难重大病例审批贴补制度，区卫生局、开平医院、区财政局成立开平区重大病例鉴定审批领导小组，对疑难病例进行鉴定，并给予一定比例财政补贴。离休和二等乙级以上伤残军人由老干部局负责。2001年12月28日，区政府以开政字〔2001〕22号文件印发《唐山市开平区机关事业单位工作人员基本医疗保险制度实施方案》和《唐山市开平区机关事业单位工作人员基本医疗保险管理暂行办法》。新成立的区医保中心设在区劳人局。根据国务院、省政府关于建立城镇职工基本医疗保险制度的文件精神，区劳人局制订7个配套文件，包括医疗保险金征缴暂行办法、门诊特殊疾病管理暂行办法、《医疗保险证》及个人账户管理暂行办法、诊疗项目范围、保险基金不予支付的项目、保险费用结算管理及区内外就诊转诊和报销管理暂行办法等。还确定定点医院，确保全区机关事业单医疗保险工作规范有序进行。2002年1月，开平区机关事业单位基本医疗保险制度改革开始启动。

在推进机关事业单位医疗保险工作中，医保中心制订医保基金征缴、管理、报销等一系列管理制度，逐步使医疗保险工作规范化、制度化。为加强对医保定点医院的管理和监督，医保中心制订《基本医疗保险定点医院考核标准》，在医保医院选定前，参照考核标准对其进行反复考察，选定后，与院方签订《协议书》，明确双方的责任和义务，并每半年对定点医院考核1次，不达标者及时更换。为方便参保人员，医保中心在全省率先开通免费查询电话，参保者可以在国内任何地方通过电话查询自己医疗保险金支出和结存情况；全区参保单位全都实现网络决算，医保中心可以随时随地与医疗机构交换信息和财务决算。从2007年9月，开平区医疗保险中心职能撤销，其管理职能划归唐山市医疗保险中心统一管理。当时的参保范围是开平区机关、事业单位，参保单位150家，参保人员9289人。医疗保险划入市级统筹后，开始将企业和自由职业者逐步纳入医疗保险范围。至2008年底，参保企业185家，20155人，其中自由职业者1624人。2008年1月，城镇居民基本医疗保险工作正式启动，当年参保的城镇居民达到30182人。

开平区企业女职工生育保险制度于2005年启动。实行与基本医疗保险一体化管理和服务模式，参加基本医疗保险的单位和职工同步参加生育保险，基金统一征缴，支出分别列账管理。职工生育医疗费按项目定额享受补贴，由基本医疗保险统筹基金支付，支付标准为正常生产1200元，剖腹产2400元，流产800元。

第四节 民 政

一、管理机构

区民政局作为区政府工作部门，下设办公室、财务科、社会科、优抚安置科、救济科等5个科室，并分管老龄工作委员会办公室、地名办公室、民族宗教事务管理局、福利院等4个事业单位。

二、社会救济

（一）困难救济

开平区历届区委、区政府一贯关心弱势群体，22 年间，对孤、老、病、残、下岗无业人员、地震截瘫病人和其他困难家庭定期予以拨款救济；对于遇到突发灾难的家庭，也及时给予相应救助，帮其渡过难关。2004 - 2008 年，共救助大病困难户 250 人次，发放救助金 56. 84 万元。

（二）灾害救济

1987 年，全区 19150 亩耕地遭遇旱、涝、风灾，受灾人口 7. 42 万人，区投入救灾款 3 万元。1989 年，郑庄子、傅家屯等乡受灾，区投入救灾款 7. 5 万元。1990 年，区内大面积遭遇暴雨、冰雹灾害，6. 9 万亩耕地减产或绝收，8 万多人受灾，区投入救灾款 8. 86 万元。1991 年，梁家屯乡、女织寨乡 7 个村遭暴风雨、冰雹袭击，受灾 3380 亩，区投入救灾款 4 万元。1993 年，洼里、双桥、开平、栗园 4 乡镇遭暴风雨灾，1994 年洼里乡春旱，岔道乡夏涝，越河乡暴风雨灾，两年区投入 16 万元救灾款。1995 - 1998 年，全区受灾人口 1. 06 万人次，区投入救灾款 34 万元。1999 年，区内两次大范围冰雹，成灾 1. 26 万亩，受灾 3. 79 万人，损失 255. 55 万元，区下拨 20 万元救灾款。2000 年遭遇春旱和夏季风暴灾害，为 2400 个受灾户拨款 12 万元，并救助 107 吨面粉和衣、被。2001 年，区内 6 个乡镇的 17 个村遭大风和冰雹灾，区拨付 18 万元救济。2002 年，春旱、夏风雹造成 7. 68 万亩农作物受灾，减产 6745. 6 吨，受灾 5. 8 万人，区购买面粉 50 吨，大米 42. 5 吨，并拨款 4. 7 万元救助。

1987 - 2008 年，区累计拨付救灾款 334. 56 万元，发放大米 152. 5 吨，面粉 375 吨，以及食用油、棉被、棉衣等救灾物资。

1987 - 2008 年开平区困难救济情况表

表 17 - 12

年度＼项目	农村社会救济			城镇社会救济			精简退职工救济		临时救济	
	户数（户）	人数（人）	款数（千元）	户数（户）	人数（人）	款数（千元）	人数（人）	款数（千元）	人数（人）	款数（千元）
1987	125	192	20	106	226	150	190	67. 6	4216	30
1988	86	133	20	39	59	20	151	60	1400	35
1989	86	133	20	39	79	33	180	64	2842	115
1990	297	695	18. 6	15	15	96	193	68. 6	1303	88. 6
1991	546	1201	103. 6	168	357	237. 76	193	68. 6	1145. 8	866
1992	151	233	142	168	357	237	190	68. 4	671	816
1993	28	36	46	77	164	196	185	65. 7	1250	160
1994	125	266	20	77	164	196. 3	139	49. 4	600	100
1995	5	5	1. 75	25	48	30	139	52	1554	126. 2
1996	5	5	3. 13	23	50	62. 5	139	43. 9	5419	147
1997	5	5	1. 42	66	78	79. 36	139	44. 9	2463	113. 8
1998	5	5	2	64	137	143. 93	139	44. 9	2266	185. 8
1999	148	315	33. 6	203	361	370	139	44. 9	3714	200
2000	364	775	82. 5	23	52	15	139	64. 4	2688	170

续表 17－12

年度＼项目	农村社会救济 户数（户）	农村社会救济 人数（人）	农村社会救济 款数（千元）	城镇社会救济 户数（户）	城镇社会救济 人数（人）	城镇社会救济 款数（千元）	精简退职工救济 人数（人）	精简退职工救济 款数（千元）	临时救济 人数（人）	临时救济 款数（千元）
2001	337	718	100	355	756	630	139	83.9	17 个村	180
2002	817	2320	170	823	1854	2071	84	74.3	5800	372.5
2003	800	1622	858	1128	2402	2286.5	83	36	6078	390
2004	272	513	254.2	1372	2876	3156.35	82	72.5	1706	892
2005	551	1000	529	1161	3397	4335.38	76	67.2	708	222
2006	890	760	1241.5	2014	4313	5617.9	64	55.9	215	160
2007	1573	3330	2282.9	2317	4914	7686.2	58	51.7	220	308
2008	2635	5430	4976.8	2702	5733	9674.47	58	51.3	225	215

三、城乡低保

开平区城镇低保工作从 1997 年开始实行。低保户的评定，采取“居委会初审，街道办事处核实，民政局再审核，入户抽查，最后局务会研究确定”的方法，建立低保公示制度，坚持动态管理，保障对象有进有出，有升有降。

开平区的农村最低生活保障工作从 2004 年 1 月开始实行，将孤老病残、地震截瘫病人和因各种社会因素或家庭变故造成生活困难的都纳入低保。申报和管理方法与城镇低保相似，严格、公开。

1995－2008 年开平区城乡低保管理一览表

表 17－13　单位：个、千元

年度＼项目	城镇低保 年标准	城镇低保 人数	城镇低保 总额	农村低保 年标准	农村低保 人数	农村低保 总额
1995	0.503	64	32.2	－	－	－
1996	1	50	62.5	－	－	－
1997	1.1	188	210	－	－	－
1998	1.74	303	527.2	－	－	－
1999	1.8	115	207	－	－	－
2000	0.99	507	502	－	－	－
2001	0.83	756	630	0.56	18	10
2002	1.41	1745	2472	0.63	24	15
2003	1.16	2402	2286.46	0.83	20	16.65
2004	1.1	2876	3156.35	0.53	513	269.5
2005	1.4	3397	4335.38	0.53	1007	529
2006	1.45	4313	5617.9	0.71	1764	1241.5
2007	1.56	4914	7686.2	0.7	3330	2282.9
2008	2	5733	9674.47	0.92	5430	4976.8

四、社会捐助

区民政局在各乡（镇）、街道或社区共建有30个接收站点，负责接收、统计社会捐助。

1987－2008年，全区共收到社会捐助1038万多元、衣物28.86万件。其中989.56万元、衣物23.29万件为大兴安岭森林火灾、四川汶川地震灾区、张北地区扶贫救灾、南方水灾等定向捐助；其他为区内济贫捐助。

1987－2008年开平区社会捐助及使用情况一览表

表17－14

年度	捐助指向	数额		使用去向
		款（万元）	物（件）	
1987	大兴安岭火灾捐款	18	－	大兴安岭灾区
1988	助残慈善募捐	6	－	为区内残疾人添置住行工具
1989	敬老、慰问军属	1.4	－	拨给区内敬老院、军属
1990	捐助区内冰雹灾害村	5.86	－	分拨到各村直接发放
1991	南方水灾	58.813	－	交市红十字会
1992	救济果园乡病困户王金荣	1.41	－	交本人治病
1994	捐助承德灾区	8.664	衣物13888	直送承德
1995	捐助张北	1.8	衣物13200	直送张北
1996	捐助张北及省内部分灾区	41.368	－	直送张北等受捐地区
1997	捐助张家口地区	39.58	衣物56046	直送张北等受捐地区
1998	捐助长江、嫩江、松花江水灾区	67.947	衣物98104	交市红十字会
2000	康保扶贫、区内救灾	79.888	－	支援康保68.91万元、区内救灾10.98万元
2001	捐资助学	7.489	－	直拨给受冰雹灾害村的特困生
2002	爱心捐助	4.029	衣物43902	直送灾区
2003	爱心捐助	16	衣物6156	直送灾区
2004	爱心捐助	7.349	衣物5688	直送灾区
2005	扶贫捐助	30	－	捐助张北、尚义
2006	尚义扶贫、救灾捐助	47	－	捐助尚义
2007	扶贫捐助、救灾捐助	41.5	－	捐助尚义
2008	捐助四川地震灾区	540	衣物15000 毛毯5条 火腿肠2吨	直送四川

五、扶贫

开平区民政扶贫分两大部分，一是区内扶贫工作，二是对区外贫困地区或受灾地区的援助性扶贫。

区内扶贫工作以生产扶贫为主，即为贫困村（户）提供资金、项目、技术、优惠政策等，以解决生产自救方面的难题，对贫困户生活以临时救济的方式给予帮助。1987－1989年，相继帮助傅家屯乡杨家口村兴办环保设备厂，洼里乡胶泥庄兴办铸造厂、种子站，岔道乡东帅甲河村兴办机铁加工厂，马大寨村兴办铝制品厂，越河乡东越河村复建瓷厂，部分贫困村修复机井44眼。1990年以来，区委、区政府鼓励支持机关干部下农村开展“一帮一”对口扶贫工作，坚持“提高造血功能”的原则，经济上适当予以帮扶。仅1990－1993年间，即帮扶324户，当年脱贫213户。到2002年，仍有副科级以上干部176人在“一帮一”对口扶贫工作第一线，每年扶贫资金在1.5万元至3万元之间。2003年，为预防非典向困难户购发药物3万多元。

1993年－2001年，开平区开展对康保地区的扶贫工作，累计捐助211万元，帮助当地打机井17眼，落实生产项目10个，修建学校13所、校舍30间、校院墙230多米，添置桌椅600多套、文具8816件，并将区内12所实力较强的学校与康保县的12所学校结成“一帮一”的对口校。到2002年，开平区帮扶的2个乡、17个村都基本脱贫。2002年－2004年，开平区对外扶贫工作从康保县扩大到张北地区，累计投入扶贫款60万元，捐赠衣物5.57万件。2005年，转到尚义县扶贫。至2007年，分别由区财政局、国土资源分局、国税局、地税局、劳人局、交通局、工商分局等13个局和半壁店村帮扶大苏计村、六号地村、碱沟良村和碱土河村，共计捐助60万元，帮这4个村建设基础设施和脱贫项目，3年中这4个村全部脱贫。2008年，开平区对外地扶贫工作又转移到衡水地区的阜城县蒋坊乡罗村新城、车头村和漫河乡的李高村、后八丈村。是年，共捐助扶贫资金20万元。

六、拥军优属

（一）拥军工作

开平区历来重视“双拥”工作，每逢“八一”“春节”“国庆”等重大节日，区四大班子领导带领有关部门负责人对驻本区部队进行慰问，通过举办联欢和座谈会的形式加强军地沟通，增进情谊。节日期间，区领导还带队分别到河北荣军医院、消防第六中队、河北省劳教所公安部队、唐山市看守所，慰问住院治疗中的军人和驻地干部，并组织慰问演出活动。1988年，全区给老山前线将士发慰问信1000多封、寄录有家乡歌曲的收录机3台，傅家屯乡为老山战士缝制短裤、鞋垫1500多件。果园乡中小学生寄往前线一条长30尺、宽1尺的横幅，上写“新一代最可爱的人，少年儿童想念你们!”并有中小学生的签名。为解决驻地部队肉蛋自供的困难，从1990年开始，区畜牧水产局多次组织技师，为驻军51407部队培训饲养员。22年间，区政府先后出资10万多元，为驻区消防六中队修整门前道路，挪移影响出警的线杆、树木，绿化环境，改善健身设施，安装有线电视，建设图书室，解决训练服装。累计为驻军官兵家属解决就业17人、子女上学31人、住房24间、菜地40亩。2008年汶川地震期间，又专门组织慰问来自地震灾区的驻唐部队官兵。

对本区在外地立功的现役官兵，开平区都以家乡人民的名义给予表彰嘉奖。1989年，区委、区政府将在云南前线立功的开平籍士兵陈亮列入功臣录，并奖励人民币1000元；1990年，对在北京服役并荣立二等功的开平籍士兵田国华、孟凡铁分别奖励300元。1998年7月15日，区政府出台《关于拥军优属的若干规定》，规定凡开平籍军人在部队荣立特等功或军以上荣誉称号的奖励3000元，二等功500元，三等功100元。

每年“八一”“春节”期间，区委、区政府都组织村、街、学校为军烈属贴对联，并累计挂“光荣之家”牌1500多块。1987－2008年，区政府累计拨发慰问款110万元。

在全区开展党政干部帮扶困难优抚对象活动。本着对优抚对象“高看一眼，厚爱一层”的原则，在社会保障方面给予政策倾斜，重点扶持。1987年和1988年，共帮助军烈属解决宅基地73间，帮扶建房款5万多元，还为40多名家庭困难的军烈属安排了工作。为了解决优抚对象看病难，1987－2008年，全区共为军烈属减免医疗费600万元。同时，为保障军烈属安全过冬，每年区政府都要为困难军烈属户发放取暖费。随着经济持续发展，开平区对军烈属的优抚待遇也不断提高，2008年，城市军烈属优待标准增加到每户5230元。

22年间，驻开平冶里54107部队先后为开平中、小学校学生组织军训550次。消防六中队武警官兵在区内植树2万余株，清除垃圾3000余立方米，并多次开展为优抚对象义诊、赠药活动。1994年2月，双桥矿业公司附近发生山火，420名官兵奋战1小时扑灭，避免了生命财产损失。

（二）抚恤与优待管理

开平区坚持按上级有关政策对伤残军人和革命烈士家属、因公牺牲军人家属、病故和失踪军人家属（以下简称三属）、现役军人家属以及在乡的老复退军人、带病回乡军人、两参退伍人员（1954年10月31日以后参核、参战人员）实施优恤、优待和定期定量补助。1992年，《开平区军人抚恤优待暂行办法》发布，使抚恤优待工作有法可依。

随着经济的发展和人民生活水平的提高，优恤标准也逐渐提高。1987年，伤残军人每人年均169.35元，三属每人年均509.3元。1994年，依据冀民〔1993〕优40号文件，伤残军人每人年均提高到1600元，三属提高到每人年均740元。依据〔1995〕冀财字第76号文和冀民优〔1999〕8号文件，1995年和1999年，两次对部分优抚对象提高优抚标准；2002年，冀政函〔2002〕94号文件规定优抚标准再次提高，伤残军人人年均2500元，三属人年均2650元。2005年，依据冀民〔2005〕77号文件，又一次提高优抚标准，伤残军人人年均3350元，三属人年均近4000元。2006、2007年，又相继调整提高优抚标准，至2008年，伤残军人人年均达到5496.72元，三属人年均达到5338.03元。

开平区对农民军属户的优待资金由乡镇统筹，其标准按本乡镇农民年均人纯收入给予补贴。2000年开始，对现役军属的优待金由区财政拨付，标准不低于全区农民上年度人均纯收入。

城镇现役军属优待金由区政府财政拨付。1987－1997年，标准为每年每户300元，2008年开始，对大中专毕业生参军的家属每年每户按600元拨发。

老复员退伍军人和“两参”退伍人员的定期定量生活补助，1989年由原来的最低61元/月增加25元，1995年起，每人每月再次提高10元，1999年提高到每人每月96－450元，2002年，在乡老复退军人按全区农民人均年收入的48%－52%补助，在城的按不低于上年度本地职工年均工资计发。2005年1月1日起，对在乡的抗日时期、解放战争时期、新中国成立后的复员军人，分别以每月不低于225元、180元、175元的标准给予补助。2006年1月1日起，在乡复员军人的生活补贴每月每人又增加20元，带病回乡退伍军人的生活补助，每月不低于70元，不高于10级残疾军人抚恤标准。2007年8月1日，在乡复员军人生活补助再次提高。抗日战争时期的每人每年不低于3540元，解放战争时期的每年不低于3000元，新中国成立后的不低于每年2940元，带病回乡的退伍军人增加到每年1440－1800元之间，1954年10月31日以后参战退役人员生活补助每年1200元。2008年10月1日起，在乡复员军人生活补助每人每月增加30元，带病回乡退伍军人每人每年补助1800－2160元，部分“两参”退役人员每人每年补助1560元。

1987－2008 年开平区优抚对象抚恤情况表

表 17－15

类别 年度	伤残军人		三属	
	人数（人）	款数（千元）	人数（人）	款数（千元）
1987	157	26.589	411	449.41
1988	157	35.041	409	447.22
1989	156	37.361	428	218
1990	156	41.687	425	92
1991	138	39.1	224	92.8
1992	138	42.137	257	184.57
1993	153	36.87	230	165.18
1994	132	79.1	196	144.9
1995	169	70.369	240	139
1996	171	88.1	240	197
1997	171	71.9	278	234
1998	170	72.857	95	20
1999	170	83.125	95	24
2000	170	100.6	95	24
2001	165	150	232	130.59
2002	165	144.29	95	252.17
2003	165	144.95	95	252.97
2004	160	142.1	86	237.67
2005	168	563.16	82	327.876
2006	168	561.6	73	299.292
2007	171	960.9	73	411.228
2008	183	1005.9	71	379

（三）退转军人安置

1987－1998 年，区政府依照《退役士兵安置法》，妥善完成对退转军人的安置任务。为了帮助退转军人就业，全区共成立军地两用人才介绍所 7 个、服务组织 140 多个，举办两用人才培训班 125 期，培训退伍义务兵 2180 人、烈军属 1020 人。1998 年 12 月 9 日，区政府出台《关于城镇、农村义务兵优待办法的暂行规定》，凡荣立二等功（含）以上的农村义务兵，由区安置工作；3 次受嘉奖或 1 次被评优秀士兵，或 1 次三等功的农村籍义务兵，就地农转非；两年连续荣立三等功（含）以上的城镇非农户口义务兵，退伍后安排区事业单位工作。从 1999 年开始，开平区对城镇退役士兵的安置由市和区结合办理。依据冀退办函〔1998〕62 号文件，对所有机关、团体、企业、事业单位，不分所有制性质、隶属关系和组织形式，都有计划地按比例安置城镇退役士兵。对农村入伍的退役士兵，多采用扶持安置的办法，安排到乡镇企业。对有专长的退役士兵，政府帮助他们创办经济实体，发展第三产业和种植、养殖业，组织技术人员指导。有计划地组织就业培训，对取得执业资格证书的，在招工招干时推荐优先录用。至 1993 年，全区农村退伍军人有 186 人在乡镇企业任厂长、经理，81 人当选村两委委员。对自主择业的退役士兵给予一次性经济补助，并在贷款、税收、场地安排等方面予以优惠。1999－2008年10年中，累计有332名退役士兵自主择业，政府共提供一次性经济补助923.8万元。

1987－2008年开平区退役士兵及专业士官安置情况表

表17－16 单位：人

类别 年度	接收退伍军人	安置
1987	315	261
1988	253	168
1989	258	109
1990	300	247
1991	154	144
1992	77	55
1993	378	312
1994	418	263
1995	402	251
1996	157	144
1997	261	149
1998	217	153
1999	246	175
2000	312	250
2001	251	200
2002	185	154
2003	209	166
2004	211	169
2005	218	181
2006	176	156
2007	149	131
2008	146	96

七、社会福利

（一）五保户供养

1987年，全区城乡共有五保对象584户，676人，其中享受五保待遇的410户，457人。供养方式有：村供村养；亲属供养；村供亲养，由村提供抚养费用；敬老院供养。是年，全区共有乡镇敬老院11所，供养239人（其中老人124人）。吃、穿、住、医、零花钱全部由乡镇统筹供给。1990年，区筹办福利院，1991年投入使用，收养25名老人、2名孤儿、13名残疾人。1993年，全区共有敬老院7所，院民166人（其中老人115人），费用仍由乡镇统筹。1994年，全区有敬老院7所、福利院1所，共收养院民166人。是年，院办企业纯收入75万元，建院投入30多万元，院民生活水平人均1197元/年，最高人均1600元/年。1995年，全区共有五保户112户，119人，集中供养率为83%。院办副业22个、厂企18个，年纯收入78万元。院民人均生活水平达1925元/年。1997年，五保户集中供养率达到95%，生活水平达到每人2418元/年。1998年，五保供养率达100%。1999年，全区有五保户115人，百分之百入保，入院人员149人（其中有截瘫34人）。是年，投入敬老院建设修缮费60.9万元，累计投资达279.9万元。院民生活标准人均达到2428元/年。经过逐年建设发展，全区敬老院发生很大变化，各院都积极开拓增收渠道，搞活经济，以院养院，除了收养孤、老、幼、残以外，还安排69名贫困户和47名残疾人就业。1994年，栗园镇敬老院获评省级先进敬老院，开平镇敬老院达到省甲级，越河、岔道、洼里、郑庄子4个乡敬老院达到市一级。2002年，全区7所敬老院（包括区福利院）有4所达到省甲级，其余达到市一级。2007年，区政府对敬老院进行整合，将各镇的敬老院合并到开平镇敬老院和越河镇敬老院，并投入100万元，进行扩容、整修、添置床柜等，还投入50万元，安置老人的生活。2008年，两院供养150人，其中老人117人。2006年，开平街道东城社区获评“全国敬老模范社区”。

1987－2008年开平区敬老院基本情况表

表17－17

年度	敬老院数（个）	收养人数		供给金额（千元）
		老人	残疾人	
1987	11	124	115	129.84
1988	11	124	56	99
1989	11	134	78	192
1990	11	137	60	220
1991	11	137	60	220
1992	11	137	60	220
1993	7	115	51	196.3
1994	7	115	51	198.7
1995	7	99	80	357
1996	7	105	34	267.6
1997	6	115	34	348
1998	6	115	34	360
1999	6	115	34	361
2000	6	115	34	380
2001	6	105	34	337.5
2002	6	118	34	369
2003	6	121	34	376.3
2004	6	110	34	267
2005	6	110	33	267
2006	6	117	33	284
2007	2	110	33	347.2
2008	2	117	33	364.2

注：1991年至2008年含区福利院1所

（二）社会福利企业管理

依据《社会福利企业管理暂行办法》，区民政局对全区社会福利企业进行宏观管理。为保护残疾人的合法权益，要求各独立企业安排残疾工作人员必须达到本企业实际聘用职工的标准比率。开平区1987－1992年比率为50%，1993年，依据《社会福利企业管理暂行办法》放宽到35%，2007年，依据《福利企业资格认定办法》再度放宽到25%（但不能少于10人）。民政局设福利企业办公室，严格评审、检查、验证，并专人负责对福利企业安排残疾职工、残疾职工岗位设置、残疾职工工资额及发放、四险落实等情况的督查和福利企业经营情况的统计和审查。1994年，区民政局被省民政厅授予实施"1351"工作先进单位。

1987－2008开平区福利企业管理情况表

表17－18

年份	企业数	职工数	安排残疾职工数	年产值（千元）	年利润（千元）
1987	19	670	335	113.4	11.93
1988	16	774	387	95.516	10.05
1989	28	1840	938	167.15	17.58
1990	26	950	475	20460	2151.72
1991	32	1804	920	25180	2648.27
1992	34	1890	945	28990	3890
1993	41	745	260	26000	1900
1994	42	2622	944	37670	2750
1995	44	3008	1053	55480	5420
1996	47	3072	1106	85000	8510
1997	50	2914	1020	100000	10000
1998	46	2886	1010	69950	1870
1999	36	2456	884	8180	3400
2000	28	2171	760	6362.2	2644
2001	19	873	323	112272	7618
2002	22	1038	374	130000	12000
2003	19	944	340	112000	7600
2004	23	1086	391	137946.3	2729
2005	19	865	320	98220	6000
2006	19	865	320	100000	6108.73
2007	20	1246	324	1018675.7	12000
2008	16	1040	260	306018	3606

2008 年开平区福利企业认定材料登记表

表 17－19

企业名称	法人	职工总数（人）	残疾职工（人）	残疾人百分比	注册资金（万元）	经济性质	主要产品	企业地址
唐山陡电实业开发总公司综合加工厂	刘红梅	50	16	26	32	集体	厂内工作服劳保用品	陡电工房区
唐山市开平区渤海洗煤厂	赵福玲	34	13	38	50	集体	洗煤加工	开平区洼里镇鼓楼庄村西
唐山凯博星工贸有限公司	张冰	45	19	42	50	有限公司	炼钢用保护渣和覆盖剂	唐山开平区工业园 15 号
唐山市开平区不定型耐火材料厂	董国亮	68	20	29	100	集体	耐火材料	开平镇赵庄村北
唐山市开平区圣方铁选厂	张顺华	52	19	36	50	集体	铁粉加工、萤石、建筑材料销售	开平区栗园镇小六甲村北
唐山市新型耐火材料厂	徐长武	54	16	30	104	集体	耐火材料、保温材料	开平区栗园镇马各庄
唐山市国新耐火材料有限公司	李国新	51	16	31	600	有限公司	耐火材料制品、制造	开平北环路 7 号
唐山市开平区栗园隔热耐火材料厂	王桂芹	23	10	43	16	集体	保温耐火材料	陡电北侧 200 米
唐山市开平区残疾人综合福利厂	张贵东	49	22	44	23	集体	铁精粉筛选加工	开平区石泉庄
唐山市金宇粉末冶金厂	王元志	41	16	39	50	集体	还原铁粉、粉末冶金制品	唐山市唐钱路
唐山市开平区合成香料厂	宋仁信	21	10	48	70	集体	造纸化工助剂、工业洗涤剂	开平区新开路 13 号
唐山市信业化工有限公司	吴春利	21	10	48	50	有限公司	塑料热稳定剂、专业化学产品	唐山市开平区南环路 67 号
唐山市开平区民族福利耐火材料厂	云凤权	68	18	26	422	集体	耐火材料制品制造	开平区洼里镇夏庄村南
唐山市开平区巍山保温材料厂	王亚静	156	67	43	8.5	集体	保温耐火材料	陡河水库东
唐山市开平区鹏发特种炉料厂	闫树桐	45	15	33	20	个人独资	免烧耐火材料加工	开平赵庄村北
唐山市香美佳食品有限公司	赵福进	40	10	25	50	有限公司	肉制品豆制品加工	开平工业园 18 号

八、婚丧管理

（一）婚姻登记管理

1987 年，婚姻登记实行民政局主管，各乡镇办理登记。1993 年，开平区民政局设立婚姻登记处，撤销各乡镇婚姻登记处，由区民政局统一管理并开始建立婚姻档案和婚前体检。2000 年之后，简化手续，申请登记结婚只需出具身份证、户口本及复印件，不再出具所在单位介绍信，婚检也采取本人自愿的原则。22 年间，全区婚姻登记合法律 100%。

1987－2008 年开平区婚姻登记一览表

表 17－20　　单位：对

项目 年份	结婚登记	离婚登记	
		批准	调解不离
1987	3971	152	8
1988	3826	117	5
1989	3918	106	11
1990	4040	191	18
1991	3400	99	－
1992	3248	122	－
1993	2700	100	－
1994	2118	96	－
1995	2028	113	－
1996	1805	146	－
1997	1873	161	－
1998	2216	231	－
1999	2248	168	－
2000	1950	247	－
2001	2287	260	－
2002	1967	203	－
2003	2209	281	－
2004	2519	437	－
2005	1724	472	－
2006	2085	464	－
2007	2109	538	－
2008	1900	522	

（二）丧葬管理

开平区的殡葬改革始于 1972 年。1987 年，全区火化率达到 98.9%，1988 年达到 99.8%，1989－2008 年一直为 100%。开平区在破除丧葬迷信、推行简约文明工作中，采取以疏补禁的做法，一面查禁生产迷信丧葬用品的作坊，一面集中审批一些丧葬服务网点。1995 年查没销毁迷信丧葬用品 500 多件；1997 年销毁 2000 多件；1998 年查封生产迷信丧葬用品的作坊 8 处；1999 年劝阻铺张迷信办丧事 19 起，劝阻解散民间鼓乐班 5 起，教育 40 多人次，销毁迷信丧葬用品 1000 余件，整顿丧葬用品商店 4 处；2000 年 4 次集中行动，销毁迷信丧葬用品 76 件（箱）、冥币 4000 多件。在严格控制迷信丧葬行为的同时，分别在重点村、镇批准建立一批丧葬服务网点，部分村和各街道成立红白理事会。2000 年，全区有丧葬服务网点 12 个，2006 年增加到 27 个，2008 年减少到 16 个。至 2008 年，全区建有红白理事会 120 多个。扩耕工作稳步开展。1991 年，扩耕 93 亩；1995 年，扩耕 170 亩；1996 年，扩耕 150 亩；1999 年，扩耕 107 亩；2001－2003 年，扩耕 195 亩。2000 年，全区开始推行树葬。是年，在全区 54 个公益性公墓中，首选 16 处实验推行，2002 年增加到 20 处，2003 年增加到 28 处，共栽树 1.56 万棵。2008

年，全区农村有公益性墓地94处，存放骨灰设施91处，推行树葬的公墓达到50%。1998年，开平区首家经营性墓地——巍山公墓建成。巍山公墓系河北省民政厅批准兴建的经营性骨灰公墓，位于开平区陡河水库风景旅游区东侧，占地250多亩。公墓为蜿蜒的卧龙沟环绕，前临凤山，背靠巍山，远眺层峦叠嶂，碧水流光。巍山公墓为园林式建筑，设有视野开阔的标准墓台和供殡主自选墓位的豪华墓园。陵园内栽植苍松翠柏和四季花卉，多种优质汉白玉、花岗岩墓碑供殡客选定。1992年、1995年、1996年，区民政局三次被评为省级殡葬改革工作先进单位。

九、社区建设

开平区城市社区组建于2001年。全区5个街道所辖89个居委会，共组建18个社区；另有14个居委会，因分布比较分散，归就近社区管理。7年间，开平区积极探索社区建设，创新社区管理，各项工作扎实推进。2002年和2007年，两次被评为省级“社区建设示范区”。2003年9月，卢利民、杨敬忠被省民政厅评为“河北省社区建设先进个人”。

（一）组织建设

按照《唐山市社区居委会资格标准》，2002年开始，各社区建立健全各类组织机构。社区干部来源坚持“三个一批”，即从原居委会干部中留一批，从区直机关事业单位股级干部中公开选拔一批，面向社会公开招聘一批。至2003年，区委决定169名年富力强的干部走向社区领导岗位。2008年，全区共建有社区党总支部17个、党支部71个、社区内单位支部17个、流动党员支部1个，另建党员教育网络9个、党员志愿服务队77个，社区居委会干部中党员占92%。

2008年全区共有社区干部203人，工资待遇由2002年的每人450元/月增加到1148元/月，并办理了医疗、养老、失业三险。办公经费由2002年的每社区居委会8400元，增加到2008年的2万元。

（二）基础建设

2002年，开平区就把基础建设放在首要位置。按照唐山市社区建设“1+5”模式，至2003年，各社区都建立了社区服务、安全警务、文化活动、社区卫生、环境管理5个工作部。并建立了区、街、居委会三级社区服务网络，依托区综合福利院，建成1600平方米的社区服务网点27个、志愿者服务队18个、帮困助残组织81个。2004年，投资605万元完善社区设施建设，全区社区居委会办公用房全部超过100平方米，基本达到全国社区建设示范区标准。年内社区服务实体达到40个、服务网点127个，涉及服装加工、餐饮娱乐、卫生保洁、家政服务等多个领域。2007年，全区社区（居委会）基础建设达到“三个一百”标准，其中普光南里、税东、新华等9个社区（居委会）的基础设施获评精品亮点工程。年内，全区共有社区服务设施、服务网点214个，总建筑面积9911平方米，经营收入114.22万元。其中社区服务工作站有专职管理人员78人，主要负责帮助失业或无业的居民安排就业、社会保障和社会救助，每年组织社区下岗、待业人员再就业培训2－3批次。2002－2008年，共安置下岗失业人员1500多人，协助自谋职业人员申请小额贷款47起，扶持再创业80多个。服务工作站还在各社区建立爱心超市，开展爱心“一帮一”活动，使社区内的孤、老、病、残人员的生活都有基本保障。社区安全警务站有专职警务人员59人。每年组织2－4次治安、消防、交通、防盗、防火等知识讲座。同时，做好社区内居民之间的矛盾调解，每个社区年调解量都在100件以上。并负责流动人口管理。社区文体活动站有专职管理人员34人。共有社区文化活动点31个，包括图书阅览室、宣传橱窗、老年人活动室、文艺室、舞蹈场地、健身场地等。业余文体组织21个。社区卫生服务站有专职人员49人，普光南里社区、西城社区还建有社区医疗诊所各1个。每年组织育龄妇女体检2－4次，2002－2008年，累计开展生殖健康讲座102次。并开展卫生教育进家庭活动，为每户居民发放《科学饮食手册》，建立家庭健康档案。社区环境管理站有专职管理人员39人，负责社区绿化、净化、美化。组织社区街道间、楼栋间、居民户间的卫生评比、五星级家庭挂牌等活动。

（三）和谐社区建设

在和谐社区建设中，把环境治理和维护社会治安放在突出位置，努力打造优美的自然环境和平安的社会环境。并通过组织五星级家庭的评选，和谐楼栋、和谐单元的评比，评选模范党员等活动，优化人文环境。2007 年 8 月，开平区被评为省级“和谐社区建设示范区”。

环境治理

全区 18 个社区都有清洁队，垃圾日产日清。原楼内垃圾道全部封堵，改为一楼门一垃圾箱，街道每日清扫。并制订以社区干部党员为主体的定期卫生大扫除、清除小广告和灭蚊、灭蝇、灭鼠制度。为方便社区居民生活，还在封闭楼区规范了汽车停车位。

与城市建设部门结合，各社区都选出了绿化、美化义务检查员，及时向社区环境管理站报告绿化、美化、净化中出现的问题。各社区还以宣传条幅、黑板报等形式做好卫生宣传，社区干部每月对各卫生服务站检查评比一次，不断改进环境卫生治理工作。

社区治安

社区重视对生活困难户和两劳释放人员的帮扶帮教工作，至 2008 年，全区在社区参与帮扶帮教工作的人员 1168 人，被帮教的两释人员 236 人，被帮扶户 300 户。帮扶帮教人员深入到户，有针对性地为困难户解决实际困难，尽量做到衣、食能保，居有所安，老有所赡，幼有所教。为两劳释放人员建立档案，对口帮教，帮他们安排工作，稳定他们的生活，并且经常进行家访，使他们感到社会的温暖。做好流动人口管理，对租住在各社区的近千名流动人口，社区一查有效证件（户口本、身份证、结婚证、流动人口婚育证明），二随到随登记，实行一人一卡。社区还结合派出所和各楼楼长、居民代表进行深入调查，以利于管理。至 2008 年，社区内没有重大社会治安案件发生。

社区服务

社区建有爱心超市 2 个，服务人员 8 人，主要为社区内低保户发放粮、油及其他生活用品，同时经营一些便民日用品。社区有敬老服务队（组）31 个，服务人员 300 多人，随时为老人提供爱心服务。此外，开平街道东城社区的《金理老人公寓》、马家沟街道新华社区的“养老院”等，为社区内孤寡老人提供做饭、买生活用品、打扫卫生、缝制衣被等服务。至 2008 年，全区社区内共有幼儿托管中心 7 个、“小饭桌”17 个、少儿课外托管中心 3 个、迷你托儿所 1 个。主要从事幼儿托管、小学生课外监护教育、双职工家庭孩子中午吃饭、早晚接送上学、课外辅导等。社区内还有家政服务部 1 个、卫生服务部 25 个、房屋中介所 6 个、婚介所 4 个、职业介绍所 4 个、自行车修理部 15 个、存车处 25 个、家电水暖维修部 6 个、诊所 31 个、市场 10 个、绿色餐厅 7 个、婚庆服务中心 12 个、殡葬服务部 4 个。

社区文化

社区文化站点一般设在社区居委会。到 2008 年，各社区居委会文化站的活动场地均达到 100 平方米以上，健身器材 150 件以上，有棋、牌、乐器、录音机等文化娱乐设施。社区共组织文艺团体 21 个，主要有税务庄街道的九九艺术团、门球队、老年运动队、乒乓球队；开平街道的西城社区评剧团，西新苑社区舞蹈队、秧歌队，东新苑社区的老年综合艺术队、健身操队，普光南里社区的老年合唱团，老年腰鼓队、秧歌队；马家沟街道的南贵里社区舞蹈队，新工村社区的艺术团、鼓乐队、戏曲队、合唱团，新区社区的合唱团、爱国里门球队等。税务庄街道每年都组织“中老年趣味运动会”，逢七一、八一、十一组织爱国歌曲大家唱；开平街道东城社区以“运动、健康、快乐”为主题组织系列健身活动比赛，西城社区、普光南里社区经常在区文化广场组织秧歌舞和集体舞，每天早上的太极拳、太极剑健身，吸引了广大居民参与；马家沟街道新工村社区、南贵里社区、葡萄园社区的文艺团体活动也很活跃。每逢节日和集日各社区都在开平文化广场、影剧院组织文体表演比赛或专题宣传演出。

社区教育

开平区重视对社区居民的业余教育。税务庄街道的“市民学校”，税东社区和唐钱社区的“青少年课外辅导站”，开平街道东新苑社区的“少儿教育活动中心”“党员教育网校”“健康教育讲座”“健康饮食讲座”，西城社区的“市民学校”，马家沟街道新工村社区的“市民学校”和新区社区的“居民学校”等，形成了比较完备的业余教育系统。社区还定期或不定期开展就业专业技能培训，组织保健、交通安全、消防、防灾、法制等讲座，以及党员学习网等。

为配合学校教育，在课外时间和寒暑假，社区还举办多种培训班、辅导站。西城社区的“青少年课外培训班”，东新苑社区的“开平小学校外教育基地”，普光南里社区的“青少年假期辅导班”等，共有9个。

社区卫生

社区及居委会共有卫生服务网络3个，负责组织预防、保健、康复、计划生育服务，开展健康教育，监督医疗服务工作和计生工作。18个医疗站点负责与区、镇医院配合完成预防、诊疗常见小病和复发病的工作。开平街道东城社区、西城社区、东新苑社区和马家沟街道南贵里社区、爱国里社区、增华社区、新华社区、新工村社区，以及荆各庄矿社区、陡电社区等，还与区、镇医院联合为社区居民，尤其是老年人和高龄妇女定期查体。开平街道西城社区率先试行建立家庭保健档案。各社区和居委会还编印健康知识简报，半年一期，并设置了保健宣传专栏31个，不定期更换内容，做到了常办常新。

十、地名及社团管理

（一）地名管理

开平区地名小组于1981年4月11日成立，负责全区地名标识管理工作，原来由区政府办公室分管，1992年移交区民政局，组建地名办公室。

1987－2008年，区地名办公室统一设置标准化乡、镇、街、村、楼区门牌标识共7次，为在区境内的国道、省道两侧的村、镇设置路标及村镇标识4次。4次完成唐山市各县（区）勘界工作和县（区）界大检查工作。随着开平区经济社会的发展，以及老城区改造和新城区建设，辖区内城镇格局发生很大变化。区地名办公室在规范和重新命名原有各类地名的基础上，又为新建、改建的街道、居民小区以及住宅楼等的命名做了大量工作。

1995年，区地名办公室完成《开平区地名志》编纂工作。1995年和2005年，两次绘制印发《开平区行政区划图》。1990年，被河北省地名委员会评为“地名工作先进单位”。2001年3月，被省民政厅和省人事厅评为“勘界工作先进集体”。

1987－2008年开平区地名标识变化统计表

表17－21

项目 年度	更改命名	新建命名
1987	开平东城路更名城东路，西城路更名城西路，交泥庄更名胶泥庄，开北路更名西关大街。	化工厂工房居委会。为辖区内各乡、镇、村统一标准设置指路标识共216块。
1988	开平三街二、三、四条更名福安里二、三、四条。	南北葡萄园合并为葡萄园工房，新命名普光路、东环路。
1989	组织编写开平地名志：行政区划地名150条，聚落地名330条，自然地理实体地名114条，其他地名72条。	命名地名2条。
1990	无	无

续表 17－21

项目 / 年度	更改命名	新建命名
1991	完成区地名标志和门牌的设置工作。	无
1992	纠正不规范地名标志。	完成《开平区地名志》，新建税务庄、荆各庄、二十二冶街道，设置普光南里、北环楼命名设标。
1993	完成栗园撤乡设镇命名工作，统计全区政区等类地名428条，马路街道更名马家沟街道。	建陡电街道，重修《开平地名志》，重建开平街道。
1994	完成岔道乡撤乡撤名，设唐古路北侧后营村标，绘制二十二冶等四个街道图。	建开平区地名数据库，命名银河公路，为栗钢等7企业命名。
1995	完成全区街道、乡村、乡镇的地名，道路设标和门牌的设置。	绘制区行政地图和地名志编写。
1996	完成岔道乡撤乡撤名和国道、省道两侧村镇设标工作。	完成《中国乡、县大辞典》中开平城区词条编写。
1997	无	撰写《中国城区概览》开平部分，设标36块（地名），命名市场街、国税楼等6栋。
1998	完成本区地名设标和政区勘界工作，新设半壁店村牌。	新建楼6处命名26栋，命名新苑路新苑小区。
1999	更改区内道路命名南北为路，东西为道共10条，新建路牌9处18块。	新建楼8处命名31条。
2000	设别墅牌206块、单元牌84块、户牌846块、商业门牌51块、平房街牌20块、户牌306块。	新建楼14处命名21条。
2001	完成村、街标牌、门牌、路标试点工作。	新建楼15处命名185条。
2002	全部更新改造后的老城区路牌、门牌。	新建楼15处命名614条。
2003	撤销二十二冶街道命名。	新建楼12处命名89条。
2004	出版开平区政区地图，建地名数据库。	新建楼13处命名1120条，命名设标200多块（处）。
2005	完成唐山市县、区界限联合大检查工作，对区内地名进行标准化检查纠正。	印制发行《开平区政区地图》，新建楼10处命名17条。
2006	无	新建楼3处命名9条。
2007	完成主要村庄和街道的标牌、门牌，统一的试点工作和区勘界工作，洼里乡等4乡更改为镇。	新建楼16处命名33条。
2008	无	新建楼7处命名77条。

（二）社团管理

1987年，开平区有社会团体10个。1998年3月16日，区民政局下发《关于尽快清理整顿社会团体工作的通知》，社会团体原证书于1998年10月1日作废，重新登记，颁发新证。2004年，按照《社团登记管理制度》，全区重新登记社会团体7个。2005年，社团增至10个。2006年增至12个，2007年增至15个。至2008年，全区共有社团17个。

2008年开平区社团一览表

表17－22

团体名称	成立时间	宗旨
唐山市开平区卫生工作者协会	1991.8.16	保护卫生工作者权益，宣传卫生工作的意义和保健知识、卫生工作道德
唐山市开平区计划生育协会	1991.9.15	宣传人口知识、计生知识，扶助计生工作
唐山市开平区消费者协会	1991.12.10	保护消费者权益
唐山市开平区民用品维修行业协会	1997.11.1	保护本行业工作者权益，建立行业公法
唐山市私营个体经济协会开平分会	2003.10.30	保护个体经济的权益，宣传依法经营、依法纳税，协调行业中的平衡
唐山市开平区耐火材料行业协会	2004.1.1	技术互助，信息共享，依法经营
唐山市开平区养猪协会	2004.12.1	共享养猪科学知识和市场信息
唐山市开平区双桥镇扶贫助困协会	2005.3.30	扩大爱心，救困济贫
唐山市开平区道教协会	2005.9.28	爱国依法布道，为民祈福
唐山市开平区慈善协会	2005.12.28	组织宣传爱心活动，努力扶救困难者
唐山市开平区煤炭行业协会	2006.3.22	合理利用煤炭资源，依法开矿
唐山市开平区再生资源回收利用协会	2006.5.11	废物利用，节约资源，保护环境
唐山市开平区日用消费品流通协会	2007.6.6	共享流通渠道，控制不良竞争，互相调剂
唐山市开平区动物保健品饲料协会	2007.7.12	科技共享，抵制有害添加剂
开平区见义勇为工作协会	2007.12.7	倡议见义勇为，保护见义勇为者权益
唐山市开平区农民合作经济组织联合会	2008.1.3	宣传、协助、组织发展大农业圈的建立
唐山市开平区福利企业协会	2008.10.28	科学、信息共享，依法办企业，扶助残疾人

十一、民族宗教

开平区民族宗教事务局为全区民族宗教事务的管理机构。负责贯彻党的民族宗教政策，积极促进全区民族经济发展和民族团结进步，处理有关民族关系方面的突发事件，依法加强宗教活动场所和宗教事务管理，加强爱国宗教团体的组织思想建设，完善各项制度。区民族宗教事务局隶属区民政局。2008年，开平区境内居住着9个民族，除汉族以外，还有回族、满族、朝鲜族、蒙古族、藏族、壮族、哈尼族、布依族等少数民族。宗教有佛教、伊斯兰教、天主教、基督教、道教。他们拥护中国共产党，遵守国家法律，宣传仁爱、和善、勤奋、忠诚，享受充分的宗教信仰自由。

（一）民族经济与文化建设

全区共有9个少数民族聚居村，其中回民聚居村有洼里镇的夏庄村和周桥村，开平镇的一街村、七街村、马家沟村；满族聚居村有郑庄子镇的三益庄村和梁各庄村，越河镇的大史马村；朝鲜族聚取村有双桥镇冶里村。开平区引导和支持少数民族村发挥自己的民族优势，发展特色经济。如夏庄村的奶牛养殖与牛羊屠宰业、三益庄的林果与特色养殖业、大史马村的花生酥糖业等。民族经济的发展促进了民族村的生活水平逐年提高。2008年，夏庄村人均纯收入达到5500元。随着民族经济的发展，少数民族的文化建设也在不断进步。除了回民仍注重本民族传统教育外，其他民族和汉族的生活方式基本融合，与全区各族人民共享不断提高的教育条件和现代的科学教育。回族人仍坚守着从小就接受家庭穆斯林的传统教育和理念教育，形成了伊斯兰传统文化与大社会文化的有机结合。1993年以来，随着《河北省散居少数民族保障条例》的贯彻落实，人们的思想道德水平大幅度提升，全区少数民族涌现出五好家庭700多户、三八红旗手140多人。

各民族村的文化生活和其他村一样日趋丰富多彩，纷纷建立图书室、文艺室、歌咏队、篮球队、健身场等。如夏庄村的篮球队、秧歌队、民族艺术团都在全区有较大的影响。在1992年6月举办的唐山市第七届少数民族运动会上，开平区选手王士伟、杨立民、钱东春，分获武术第一、三、五名。

2005年，开平区被国务院授予“全国民族团结进步模范集体”称号。

（二）爱国宗教团体建设

1987年，开平区有伊斯兰教、天主教、基督教，2002年，佛教、道教恢复活动。2008年，全区共有宗教信众6882人，其中佛教173人、道教7人、伊斯兰教5674人、天主教687人、基督教341人。

开平区一贯支持合法的宗教信仰，关注他们的教务活动和社会活动，引导他们在爱国、爱社会主义的前提下，发扬三自（自治、自养、自传）精神，搞好教务活动。如天主教早在20世纪50年代就成立了“天主爱国会”，坚持爱国爱教的教理。基督教发起“三自”爱国运动，走上爱国爱教的道路。伊斯兰教继续发扬当年抗击日寇、保卫祖国的“爱国是信仰的一部分”的教义，无不体现当代宗教的新教义。2003年，在全区教徒聚集村和信众中开展“十百千”工程，评选出“文明竞赛活动”先进村1个、“四比”先进个人10人、学法活动先进户100户。改革开放以来，在区委、区政府和各界人士的支持下，先后重建刘庄天主教堂、开平清真寺，扩建夏庄清真寺，复建玉清观，调整基督教活动点。

（三）宗教活动场所

2008年，开平区有宗教活动场所12个，其中佛教活动点1处、道观1座、清真寺2座、天主教堂1座、基督教活动点7个。佛教信众主要分布在双桥镇的双桥村、大柳树村；道教信众分布比较分散；伊斯兰教信众主要分布在洼里镇夏庄村、周桥村，开平镇一街村、七街村、马家沟村；天主教信众主要分布在栗园镇的刘庄村一带；基督教信众主要分布在栗园镇郑庄村、栗园村、小佛头村，郑庄子镇寨子村和开平镇中屈庄村、前陡河村、后屯村、中八里村，洼里镇鼓楼庄村。

开平玉清观

原坐落在开平城西门外火神庙与关帝庙之间，毁于唐山大地震。2002年，道士董沛文等筹资5000余万元再建玉清观。新玉清观坐落于开平温州商城北门外，占地20余亩，建筑面积4.1万平方米。玉清观正南牌楼上手书“玉清观”三个金字，牌楼背面是二十四孝图。两边是两层商业楼，供应香烛之类供品及纪念品。入观由南往北依次是三座正殿，即灵官殿、文昌殿、玉室殿，最后是高三层的三清大殿。两侧分别建有藏经楼、东西配殿、道士修炼房，灵官殿前建放生池。观内墙壁画有道教故事，与殿内塑像互相呼应，劝善净心。

开平清真寺

开平清真寺始建于明嘉靖二年（1523年），是京东地区历史悠久、规模宏丽的清真古寺。开平清真寺初建时，有西大殿13间、讲堂3间，清光绪年间（1875－1908年）进行修缮。当时清政府地方官吏送匾额三方。一方悬于大殿前抱厦中，文为“独一无二”；一方文为“清真古教”，悬于门楼上；一方文为“至慈至公”，悬于北讲堂门楣上。据史载，后两方匾额为清朝开平镇守使王怀庆所赠。还有一幅楹联：“一点虔诚朝圣主，千秋俎豆诵清芬”。后又增建沐浴室4间，储藏室、厨房4间。1976年古寺毁于地震。1979年在原址上复建。1990年又重新修缮。开平清真寺于2001年实现鼎建。大寺重光于世，得力于全市各族各界人士及广大穆斯林舍财助造。

夏庄清真寺

夏庄清真寺位于洼里镇夏庄村南。该寺历史久远，闻名于京津一带，始建于明嘉靖三年（1524年），后毁于火灾。清乾隆十年（1745年）重建，为一排5间大殿。清光绪二十一年（1985年）再次扩建，大殿扩展至3层15间，并修筑围墙、起脊式门楼和水屋等。后又在民国十七年（1928年）、二十七年（1938年）两次修葺，借鉴北京牛街清真寺之规制，建起高大院墙和西、北两侧望月楼。400多年间，经几代穆斯林不懈之努力，使该寺已具一定规模。然"文化大革命"和唐山大地震将此京东名寺变为瓦砾。中共十一届三中全会后，1981年从废墟上复建。1985年，由村委会出资、村民集资共4万元，于大殿旧址翻新扩建。1995年，在阿訇丁国谦倡议之下，谋划第三次翻建扩建夏庄清真寺。此提议得到众教职人员与乡老之响应，集资30万余元，其中20余户汉族村民解囊资助，被传为回汉团结之佳话。此次扩建也得到市、区、乡、村各级领导和市政协、市民委等部门的支持与鼎力相助，先后共募得资金60余万元。于1997年5月1日动工，是年10月1日告竣。新扩建的夏庄清真寺，东西长90米，南北宽50米，建筑面积1240平方米，其中礼拜殿500平方米，可容纳近700人同时礼拜，另有北讲堂、南讲堂及其他附属建筑。夏庄清真寺结构分内外两层，大门为仿古牌楼式，大气典雅。门左为传达室兼门卫，右侧为阅览室兼休息室。进门是一清幽小跨院，纤尘不染的水泥地面沿中央影壁两侧形成两条小路，直通内院。院内别有洞天，乃清真寺核心建筑之所在。礼拜大殿高7米，四壁呈蓝、白两色，殿顶镶有5颗银色宝瓶。大殿门厅开阔，大理石墙体肃穆恢宏。殿前月台为14级台阶，两侧有汉白玉栏杆。大殿北侧为暖殿学员室、寺管会办公室共20间，严冬时节供穆斯林在有暖气设备的暖殿礼拜。南侧为锅炉房、水房10间，分别为男、女沐浴室。寺院正中有4米长、2米高黑色瓷砖镶嵌影壁一座，上镌"夏庄清真寺"5个镏金大字。

刘庄天主教堂

刘庄天主教堂坐落于栗园镇刘庄村，始建于1899年。是年，该庄教徒刘占献地7亩修建教堂，并先后四代相继主持教务。该教堂1981年－1986年曾被刘庄大队占用。从1987年起，经过几年的努力，在开平区民政局的协调下，于1990年1月23日归还三亩教堂原址，并由区政府、栗园乡出资，刘庄村出木料，重建起150平方米的天主教堂。2003年，区政府再次出资为教堂更换塑钢门窗。2007－2008年，区政府、唐山市总堂和教友共同出资近20万元，为教堂扩建工作室6间，并进行整体装修。

栗园基督教堂

栗园基督教堂坐落在栗园镇栗园村南。1994年该村信徒孙文友等筹建起全区首个经区民政部门批复的基督教聚会点。2006年6月动工兴建，10月底竣工。开平区第一座基督教堂落成。该教堂占地近1500平方米，其中主堂240平方米、祷告室、主日室、接待室等配套设施210平方米，耗资33万元。教堂兴建期间，众信徒自带工具，义务奉献工日1700多人次。2008年12月，基督教堂举行开堂仪式，唐山市基督教协会、开平区民政局领导及500多名信众出席。

第五节　其他管理

一、提案办理

按照区长工作分工，常务副区长负责人大建议和政协提案办理。每年，区政府接到承办建议与提案任务后，区政府及其办公室主要领导主持召开承办工作会议，研究部署建议、提案办理工作。区政府办公室法制提案科设专人负责，统筹协调，开展建议、提案的登记、报批、交办、催办、答复、督促、检查、审核、协调、走访、复查、总结等工作。1987－2008年，共办理人大代表建议和政协委员提案2889

件。

开平区历来重视人大代表建议和政协委员提案办理工作，以开政字〔1990〕40号文件转发市政府《关于办理人大代表建议批评意见和政协委员提案工作的暂行规定》。每年市、区“两会”结束后和日常工作期间，区政府办公室法制提案科对市政府办公厅、区人大代表联络科和区政协提案委员会转来的归区政府办理的代表建议和委员提案进行分解，根据各行政部门职责，在规定时间内交有关承办部门和单位办理。承办结果及时反馈人大、政协及代表和委员。具体承办时限要求为：承办单位对“两会”期间提出的人大建议和政协提案，自闭会之日起3个月内办结并答复；因情况复杂3个月内办结确有困难的，应在规定期限内做出阶段性答复，闭会期间提出的建议和提案，最迟不超过6个月办结并答复。承办单位对交办有误或者需要增减承办单位的人大建议和政协提案，自接到之日起5日内，向区政府办公室法制提案科说明情况，并经区政府分管领导审核同意后，及时退回或增减承办单位。

1987－2008年区政府承办人大代表建议及政协委员提案情况一览表

表17－23

类别	时间	建议或提案数	办结率	满意率
区人大代表建议	1987年－1989年	266	100%	97%
	1990年－1992年	351	100%	98%
	1993年－1997年	285	100%	98.4%
	1998年－2002年	239	100%	98.3%
	2003年－2007年	217	100%	98.8%
	2008年	33	100%	99%
区政协委员提案	1987年－1989年	153	100%	95%
	1990年－1992年	137	100%	96%
	1993年－1997年	348	100%	96.3%
	1998年－2002年	399	100%	97.1%
	2003年－2007年	343	100%	98%
	2008年	118	100%	98.6%

在办理中，对于共性问题和重大问题，区政府领导深入现场，走访代表，寻求最佳解决方案。如1990年在办理有关文教方面14件代表建议中，针对多名代表提出“改善办学条件，提高教育质量”和“提高临时人员待遇”的建议。主管副区长和区文教局领导多次到学校调研，走访代表，拿出切实可行的解决办法。区财政对教育拨款由1984年的300万元，增加到800万元。并下发开政字［32］、［33］号文件，提高代课老师和民办教师班主任津贴。对一些难度比较大、政策性比较强的建议，区政府主要领导亲自办理并责成专人落实。如关于李家峪村、冶里村捞取陡河电厂粉煤灰延续合同的建议，因涉及中央企业，区长出面召集有关部门了解情况，并与陡河电厂联系，使这一问题迅速得到妥善解决。如岔道代表团提出的关于根治境内污水问题的建议，主管副区长带领区防汛指挥部、市政管理处等单位领导和技术人员深入现场，调查勘测，规划设计。区政府拨专款清淤390米，维修路面490米，加高0.65米，解决了雨季污水横溢，损毁农田，阻隔道路的问题。对于事关全区经济发展大计的问题，区政府列为重点，全力加以解决。如关于发展城郊型经济，大力发展蔬菜生产的建议，常务副区长多次召集农业、供销、工商等部门进行专题研究。由财政局拨付支农资金100万元，大力发展蔬菜保护地生产。仅

1996年，全区新发展菜田4621亩，形成越河乡、郑庄子乡两个5000亩连片的蔬菜生产基地。是年，全区蔬菜产量达到6.5万吨，比上年增长23.14%。在抓好承办大户和重点建议的同时，区政府还注意加大对“老案”的办理力度，经过努力能够解决的，千方百计解决好。如开平街道代表团提出的关于城建局院内炒拌料厂污染问题，是一个多年的老问题。主管副区长亲自办理，多方筹集资金16万元，请北京劳动科研所和香河环境保护设备厂技术人员到现场论证治理方案，使粉尘排放量达到800毫克/立方米以下，达到国家环保部门规定的要求。在12件“老案”中，有10件得到解决或基本解决，另2件因财力所限一时未能解决的向代表解释清楚，取得了代表的谅解。

二、法制工作

1987年以来，开平区政府法制工作逐步加强，行政执法监督力度加大。2003年以来，开平区依法行政工作全面推进。按照上级文件规定，政府办公室法制提案科认真负责罚没许可证的审核发放年检工作，共发放罚没许可证23家。积极做好行政执法证、行政执法监督检查证的申领、发放、换发、检查等管理工作，截至2008年底，累计发放行政执法证621个、行政执法监督检查证49个。每年，对电话、传真、信件、直接来访等形式的复议、信访案件都进行认真处理，积极做出复议决定或予以调解。

三、行政审批

2002年11月，开平区行政审批制度进行改革，设立开平区行政审批服务中心（以下简称中心）。从削减行政审批事项着手，将全区18个具有行政审批权限的部门和单位整合在一起，将原有302项行政审批事项削减为179项。其中，行政许可由原来199项削减为123项；非行政许可由原来102项削减为56项。2002－2008年，“中心”先后制订《开平区行政服务中心“星级”窗口评比实施细则》等一系列管理制度，旨在使行政审批公开、透明、快捷、规范，坚持做到“服务经济、方便群众”，实行阳光操作，一条龙服务，一站式集中审批，并力求做到审批主体、审批内容、审批依据、审批条件、审批程序、审批时限、收费标准、收费依据“八公开”。截至2008年底，累计办理各类行政审批事项114053件。

为推进行政审批电子信息化建设，2008年，开通开平区行政服务中心网站，建立面向互联网开放的咨询、申报、受理、许可服务平台，以先进的网络技术实现行政审批、机关效能大提速。“中心”还将各类行政法规、服务指南（办理流程、表格下载）等全部在网上公开，既增加透明度，又方便群众。

四、迁建工作

开平区境内煤炭资源丰富，为开滦马家沟矿和荆各庄矿的主要采煤区。由于多年开采，给周边村庄、企业、单位的土地和地上附着物造成不同程度的破坏和财产损失。为做好协调、鉴定和补偿工作，区政府于1980年成立开平区采煤塌陷搬迁办公室，2010年，更名为开平区支持重点建设办公室，负责具体工作。

1987年12月至1989年12月，完成郑庄子乡与荆各庄矿搬迁协议，其中太平庄征地80亩，166户建房400间，马庄征地77亩，112户搬迁。1989年，完成女织寨乡东礼尚庄230户的搬迁任务。1992年，先后协调开滦矿务局补偿梁家屯乡福利锻造厂搬迁款25万元，女织寨乡砖厂、织布厂停产维修损失34万元。1994－1996年，经协调，马家沟矿相继补偿开平镇赵庄砖厂87万元、赵庄159户村民房屋翻建款1180万元、赵庄村委会123间房屋翻建款220万元、赵庄耐火材料厂各项损失57万元、二街村16户村民房屋翻建款150万元。1991－2000年，协调荆各庄矿补偿双桥乡鞠家岭村球磨机房、石灰窑等各项损失28万元。2007年，完成双桥镇李家峪村的房屋鉴定，并于2008年开始整体翻建。

第十八编　民主党派·人民团体

1983－2006年，中国国民党革命委员会、中国民主同盟、中国民主建国会、中国民主促进会、九三学社5个民主党派先后成立唐山市开平区基层组织。2008年，开平区的人民团体有工会、共产主义青年团、妇女联合会、科学技术协会、文学艺术界联合会、残疾人联合会、工商业联合会。

各民主党派作为参政党的基层组织，积极参政议政，为经济社会发展建言献策，为社会做好事、实事。各人民团体在区委领导下，认真履行职能，开展选树劳动模范、扶贫助学活动、“巾帼建功”竞赛活动、实施科普宣传普及科技服务推广、活跃群众文化生活、关注残疾人就业和培训等项工作，为开平区经济社会发展做出各自的贡献。

第一章　民主党派

2008年，开平区共有5个民主党派基层组织：中国国民党革命委员会（简称民革）唐山市开平区支部、中国民主同盟（简称民盟）唐山市开平区支部、中国民主建国会（简称民建）唐山市开平区工作委员会、中国民主促进会（简称民进）唐山市开平区支部、九三学社（简称九三）唐山市开平区支社。1987－2008年，各民主党派围绕开平区经济社会发展，参政议政，建言献策，发挥各自的优势和作用。

第一节　中国国民党革命委员会唐山市开平区支部

一、组织机构

民革唐山市开平区小组成立于1983年，1984年改建支部。1987年1月，有党员8人，其中区政协常委1人、区政协委员1人、区人大代表1人。2008年底，有党员10人，其中市人大代表1人、市政协委员1人、区人大常委会副主任1人、区人大常委1人、区政协常委1人、区政协委员2人。党员主要分布在机关、事业单位和企业。

1987－2008年中国国民党革命委员会开平区支部历届主委一览表

表18－1

姓名	性别	届次	任职时间
杨春祥	男	五	1987.1－1992.6
王　雷	男	六、七	1992.6－2001.7
张志新	男	八、九	2001.7－2008.12

二、主要工作

1987 年开始，民革开平区支部不断完善组织建设，加强支部参政议政能力，受到民革唐山市委的重视。1991 年，党员杨宝立、杨春祥在民革市委基层组织负责人培训班上，代表支部做基层工作经验介绍。1996 年，支部主委王雷在民革市委工作会议上的发言《努力做好支部工作，充分发挥群体功能》，被民革市委作为典型经验在全市民革基层组织中推广。2002 年 9 月，支部邀请唐山市工人医院妇科专家，赴税务庄街道作妇科保健讲座，发放妇女保健手册，120 多名妇女参加。2000 - 2008 年，支部党员李松涛、张志新等 4 人（次）被区政协评为先进提案者，支部 3 次被评为先进提案单位。2007 年，支部主委张志新的提案《关于加大对特色优势产业扶持力度的建议》获评区政协优秀提案。同年，党员李松涛撰写的《关于马家沟六号小区供暖系统移交热力公司的建议》2008 年被区政府采纳并落实。

第二节　中国民主同盟唐山市开平区支部

一、组织机构

民盟唐山市开平区支部成立于 1987 年 1 月，时有盟员 11 人，其中区政协常委 1 人、区政协委员 1 人、区人大代表 1 人。2008 年底，有盟员 17 人，其中市人大代表 1 人、市政协委员 1 人、区政协副主席 1 人、区人大常委 1 人、区政协常委 1 人、区政协委员 2 人。盟员主要分布在文化、教育、农林、法律、卫生及民营企业。

1987 - 2008 年中国民主同盟开平区支部历届主委一览表

表 18 - 2

姓名	性别	届次	任职时间
罗树德	男	一	1987. 1 - 1988. 10
刘静远	男	一、二、三、四	1988. 10 - 1997. 12
林竞智	男	四、五	1997. 12 - 2002. 7
周祖光	男	五、六	2002. 7 - 2008. 12

二、主要工作

作为参政党的基层组织，民盟开平区支部着意盟员素质的提高，在做好本职工作的同时，认真履行参政议政的职能。每年区两会召开之前，支部都要召集盟员专题议政，为撰写提案做准备。1989 年，支部撰写的《关于为边远山区中学教师浮动一级工资的建议》，当年即被区政府采纳。1996 年和 2002 年，民盟唐山市委两次在民盟开平区支部召开民盟基层组织参政议政现场会。2000 年和 2002 年，盟员刘静远和林竞智分别被民盟唐山市委授予“盟务工作标兵”和“支部主委楷模”称号。2006 年，民盟河北省委在唐山召开参政议政现场会，与会的民盟中央、省、市部分领导，以及全省民盟基层组织负责人，观摩了民盟开平区支部的议政日活动。2007 年，支部撰写的《关于新农村建设中“一手硬，一手软”的调研报告》，引起民盟中央的重视，并以民盟中央的名义提交全国政协。2008 年，盟员林竞智撰写的

《关于开发利用曹妃甸地热资源的建议》，获唐山市委、市政府“建设新唐山献计献策”优秀成果奖。截至2008年，支部和盟员累计撰写政协提案150多件，其中3件被列为当年区政协全会的一号提案，盟员刘素云等8人（次）获评区政协先进提案者，支部3次被评为先进提案单位，截至2008年，民盟开平区支部连续19年被评为民盟市级先进基层组织，连续10年被评为民盟省级先进基层组织，并获评2007－2008年度民盟全国先进基层组织。

第三节　中国民主建国会唐山市开平区工作委员会

一、组织机构

民建唐山市开平区工作委员会成立于1985年12月23日。1987年下辖7个支部。2006年5月，区工委调整，支部整合后，下辖区直、工商、退休3个支部。

1987年1月，有会员33人，其中区政协常委1人、区政协委员1人、区人大代表1人。2008年，有会员57人，其中有市人大代表1人、市政协委员1人、区政协常委1人、区政协委员2人；同时，会员任民建唐山市委常委1人、市委委员1人、市工商联常委1人、区工商联常委2人。

1987－2008年中国民主建国会开平区工作委员会历届主委一览表

表18－3

姓名	性别	届次	任职时间
周振文	男	一	1987.1－1988.4
张佩和	男	二	1988.4－1992.6
李　枫	女	三、四	1992.6－2000.7
周银生	男	五	2000.7－2006.5
赵志国	男	六	2006.5－2008.12

二、主要工作

1987－2008年，民建开平区工委及各支部会员，累计向市、区人大和政协提交代表建议及委员提案300余件，调研报告近百份。李枫、周银生等12人次被区政协评为先进提案者。1993年，会员李枫等人的《关于开平集市搬迁城外的建议》被区政协作为建议案提交区政府，并被采纳。民建开平区工委的集体提案《关于加快我区南延路市场建设，强化市场管理委员会职责的建议》和《关于对开平商贸城分行划市的几点建议》分别获区政协2000年度和2002年度优秀提案。2005年，民建开平区工委获评区政协先进提案单位。2006年，会员刘慧斌撰写的《关于“门徒会”问题的调研报告》得到民建河北省委的重视，并报送民建中央。

第四节　中国民主促进会唐山市开平区支部

一、组织机构

民进唐山市开平区支部成立于2006年5月，时有会员6人。2008年底，有会员12人，其中市政协委员1人、区政协常委1人、区政协委员2人。会员主要分布在教育系统。

1987－2008年中国民主促进会开平区支部历届主委一览表

表18－4

姓名	性别	届次	任职时间
李如新	男	一	2006.5－2008.12

二、主要工作

民建开平区支部自2006年成立至2008年底，会内区政协委员共撰写提案19件，其中会员杨庭海的《关于建立开平区青少年活动中心的建议》被区政府采纳，并获评区政协优秀提案。会员李如新的《关于外环线与建国路交叉口安装信号灯的建议》、会员李秀玲的《设计人性化公交车营运时间》和支部的《加强青少年心理健康教育》等提案，均受到各有关部门的重视。

第五节　九三学社唐山市开平区支社

一、组织机构

九三开平区支社前身为1985年8月成立的九三唐山市开平区直属小组。1987年1月，有社员4人，其中区政协常委1人、区政协委员1人、区人大代表1人。2001年12月，成立九三开平区支社。2008年，有社员9人，其中市政协委员1人、区人大常委1人、区政协常委1人、区政协委员2人。社员以医药卫生、科学技术界具有中高级职称的知识分子为主。

1987－2008年九三学社开平区支社历届主委一览表

表18－5

姓名	性别	届次	任职时间
韩日新	男	一	1987.1－1988.4
王开志	男	二、三	1988.4－1997.4
苏仲宇	男	四	1997.4－2001.12
李福成	男	五、六	2001.12－2007.7
周智泉	男	六	2007.7－2008.12

二、主要工作

九三开平区支社注意发挥社内人才优势，以政协委员提案作为参政议政的主渠道。支社的集体提案《关于发展设施农业的几点建议》《关于在全区范围内进行“入世”培训教育的几点建议》分别获评2000年度和2002年度区政协优秀提案。支社被评为区政协2003年度和2004年度先进提案单位；社员靳彩虹获评区政协2003年度先进提案者，社员李福成获评2004年度和2005年度先进提案者。2006年，支社的集体提案《关于拆除马家沟砖厂道口铁轨的建议》2009年落实。2007年，社员李福成的《关于在城市商厦、住宅建地下停车场》的建议，受到有关部门的重视，拟于2012年开始实施。

第二章　人民团体

1987－2008年，开平区各人民团体的组织都有新的发展，全面履行各自的职能，在促进经济社会发展中发挥了重要作用。区总工会推进基层工会工作，开展扶贫济困送温暖活动，选树劳动模范，维护职工权益。团区委开展“手拉手”“一助一”扶贫助学和青年志愿者服务等适合青年人的各种特色活动。区妇联开展“双学双比”活动，组织实施实用技术培训，“巾帼建功”和形式多样的文明创建活动提高了广大妇女的经济社会地位。区科协以开展科普达标活动为契机，组织科技培训，培养了一大批科技致富能手，科技服务、科研推广提高了科技进步贡献率。区文联、残联、工商联也都在两个文明建设中做出各自贡献。

第一节　工　会

一、组织机构

（一）区总工会

1987年，区总工会设办公室、组宣部、生产生活部、财务女工部，行政编2人、事业编11人（含市给事业编1人）。1996年，依据区编委45号文件，区总工会设组宣部、生产生活部、办公室，行政编制2人，事业编制10人。2002年，成立开平区私营企业工会联合会。

（二）系统工会

1987年底，全区设7个系统工会，辖基层工会101个。20世纪末，为适应乡镇企业的转型，其系统工会也随之转型。2008年，开平区设6个系统工会：教育系统工会、城建系统工会、煤管系统工会、经贸系统工会、供销总社系统工会、粮食系统工会。其中，教育系统工会辖28个基层工会，有专兼职工会主席33人、会员2731人；城建系统工会辖5个基层工会，有专兼职工会主席10人、会员805人；经贸系统工会辖基层工会10个，有专兼职工会主席12人、会员5120人；粮食系统工会辖2个基层工会，有专兼职工会主席2人、会员103人；供销总社系统工会辖1个基层工会，会员5人、有专兼职工会主席2人；煤管系统工会辖5个基层工会，有专兼职工会主席5人，会员1523人。2006年，开平镇、郑庄子乡、越河乡、洼里乡、双桥乡、栗园镇、开平街道、税务庄街道、马家沟街道亦相继成立工会。

（三）基层工会

1987年，全区基层工会会员15924人。2007年，开平区接收马家沟矿业有限责任公司工会。到

2008 年底，全区共有基层工会 615 个、工会专职主席 156 人、会员 64104 人。

2008 年开平区工会基层组织建设一览表

表 18 – 6

工会会员数				基层工会组织数（个）				涵盖法人单位	
新增		总数		新增		总数		新增	总数
农民工		农民工		外资		外资			
1783	1500	64104	17657	25		615	8	83	750

	已建工会数			工会工作人员
	总数	工会委员会	总工会	专兼职
乡镇	6	–	6	6
街道	3	–	3	3
村	132	132	–	132
社区	15	15	–	15

二、代表大会

1987 – 2008 年，开平区总工会共召开 5 次代表大会。

（一）第五次代表大会

1991 年 1 月 8 日，开平区总工会第五次代表大会召开，出席会议代表 237 人、特邀代表 16 人。区总工会主席赵洪玲作工作报告。大会传达唐山市总工会第十八次代表大会精神，总结区总工会第四次代表大会以来尤其是近三年来的工作，确定以后五年的工作任务。区总工会五届委员会第一次全委会选举常委 7 人，其中主席 1 人、副主席 2 人。

（二）第六次代表大会

1996 年 11 月 27 – 28 日，开平区总工会第六次代表大会召开。出席会议代表 172 人、特邀代表 18 人。区总工会主席王玉章作题为《团结动员全区职工，弘扬抗震精神，为建设经济强区实现“九五”目标而努力奋斗》的工作报告。总结区总工会第五次代表大会以来的工作，并确定以后五年的工作任务：动员广大职工发扬抗震精神，励精图治，为发展开平经济献计出力；维护职工合法权益，尽职尽责，在协调劳动关系中发挥更大作用；提高职工队伍素质，创新务实，在社会主义精神文明建设中做出更大贡献；加强工会自身建设，进一步健全工会组织体制，搞好建家活动。区总工会六届委员会第一次全委会，选举常委 7 人，其中主席 1 人、副主席 4 人、经费审查委员会主任 1 人、私营企业联合会主席 1 人。

（三）第七次代表大会

2007 年 4 月 26 日，开平区总工会第七次代表大会召开。150 名代表出席会议。区总工会常务副主席姚建华代表区总工会六届委员会作题为《围绕中心，服务大局，不断开拓工会工作新局面》的工作报告，并提出以后五年的工作任务。市总工会副主席张亚军代表市总工会表示祝贺；区委副书记、区长卢宏秋代表区委讲话。区总工会七届委员会第一次全委会选举常委 9 名，其中主席 1 人、副主席 4 人、经费审查委员会主任 1 人（兼）、私营企业联合会主席 1 人。

三、主要工作

（一）协商议政工作

职代会制度

1987年，区总工会在全区企业建立完善职工代表大会（以下简称职代会）制度，重点是职代会职权，发挥职代会在审议企业重大决策、监督行政领导方面的作用。1990年开始，职代会对企业承包人进行德、能、勤、绩全面考评。1992年，区总工会在陡河水泥厂召开班组建设经验交流会。1998年，区总工会提出在改制企业加强职代会制度的建议，区委、区政府批复并予以转发。2002年，在基层工会开展星级职代会创建活动。截至2008年，全区合格星级基层职代会90%以上，优秀星级职代会30%。

厂务公开制度

区总工会参与厂务公开工作始于1987年，是在企业完善民主管理、民主监督制度的基础上逐步发展起来的，主要涉及分房、分配公开，将原来的厂务公开范围扩大。1998年，厂务公开工作全面展开，并将厂务公开实施情况纳入企业及企业主管部门目标考核责任制中。2002年，厂务公开工作进一步规范改进。到2008年，基层工会厂务公开率达90%以上。

平等协商和集体合同制度

1995年起，区总工会在全区企业推动平等协商和集体合同制度。2005年，区及6个乡镇、3个街道设立劳动关系三方协商委员会，劳动关系协调发展的制度网络基本形成。2008年底，全区建立平等协商和集体合同制度的企业614家，覆盖职工64104人，签订率100%。

（二）扶贫济困工作

1987年后，区总工会在全区职工中广泛开展“扶贫济困献爱心”活动，每年两节期间，分别对困难职工进行走访、慰问，帮助他们克服生活上的困难。1995年，区总工会成立送温暖工程领导小组，通过职工捐款、社会捐献、财政注入、市总工会补助、区总工会拨付等渠道，加大筹措送温暖基金的力度。22年间，累计筹资300多万元，受助职工家庭近5000户次。

每年5月份，区总工会例行开展特困、困难职工摸底调查活动，掌握第一手资料，健全特困、困难职工档案，实施动态管理，实现送温暖活动经常化、制度化和社会化。截至2008年，为符合条件的特困职工核发特困证640个，解决困难职工子女上学贷款难的问题，帮助2800多人次实现再就业。

（三）选树劳动模范

2005年4月，协助区委、区政府完成首届“振兴开平先进单位和劳动模范”评选工作，全区有10个单位和20人分别获此荣誉称号。2007年4月，完成开平区第二届“振兴开平先进单位和劳动模范”评选工作，全区有15个单位和31人分获此荣誉称号。

开平区总工会每两年推选一次市级以上劳动模范。1987－2008年，全区先后有1人当选全国劳动模范，10人当选省级劳动模范，68人当选市级劳动模范，同时还为职工劳模建立档案。区总工会经常对辖区内的劳模进行走访调查，对他们的困难及时帮助解决，先后筹措资金11万多元，对生活困难的劳模实施救助或慰问。

（四）举办文体活动

区总工会将文体活动作为活跃职工文化生活、增强职工体质的一项重要工作。总工会、系统工会和基层工会都有专兼职工作人员。1986年开始举办的开平区职工运动会，至2008年已举办8届。始于1988年的元旦职工长跑比赛，至2008年已举办21次。“半钢标”职工乒乓球赛，创办于1997年，至2008年共举办12届。

2006年“五一”期间，在半壁店文化中心举办开平区职工合唱比赛，之后，半壁店钢铁集团职工合唱队，又被选送参加全市职工合唱比赛，并荣获演出奖。创办于2002年的宝业集团《半钢报》，其副刊

《家园》经常刊登职工的文艺作品，培养文化新人。《唐山文学》2007年第三期，曾以专辑形式转载该报职工诗歌20多首。

（五）开展职工教育

1987年，职工教育以《社会主义职业道德规范》为主要内容，各基层工会结合企业自身情况，组织报告会、演讲会、职业道德问题抢答赛、业务测试等18次，全区工人参与率90%以上。1988年，结合文明单位创建活动，开展对职工职业素养、遵纪守法、厂规厂纪等教育活动。1998年，推广冀东水泥厂的“三讲三做”管理办法（即在企业讲职业道德、做文明职工，在社会讲社会公德、做文明市民，在家庭讲家庭美德、做文明成员），在全区200多家企业中开展评选文明职工活动。2000年开始，组织职工开展岗位练兵，在岗学习和各种培训。组织职工学习业务知识和业务操作技能，至2008年，参训职工3万多人次。各级工会还把培养“金牌工人”和“技术能手”纳入区人才管理体系中。2006年，在省、市职工技能大赛中，炼钢工李策获得河北省第二、唐山市第一的好成绩。

（六）维护职工权益

开平区在组建工会组织的同时，加强区域性劳动争议调解组织网络建设。在区总工会建立劳动争议调解指导中心，在系统、乡镇、街道建立劳动争议调解指导委员会，在各类企业建立劳动争议调解委员会，在各村建立劳动争议调解工作站，组建率达100%。做好劳动争议的预防工作，把矛盾化解在企业，消灭在萌芽。创建以执业律师为主，以保护职工特别是贫困职工劳动权益为重点的开平区职工法律援助中心，构筑维权新平台。2000年，由开平区劳人局、总工会、经贸局联合成立开平区劳动关系协商办公室，办公地点设在总工会。2007年1月，成立职工信访代理服务中心，截至2008年底，接待职工来信、来电、来访20多件次和市总工会交办6件次，参与区领导大接访协调2次，涉及职工近百人。2007年4月，四川省农民工梅海峰与开平区某企业工伤纠纷案中，通过区总工会的努力，梅海峰获得3万元赔偿，此案得到圆满解决。上访职工姚子军与某企业辞职维权案中，在区总工会的帮助下，经劳人局仲裁庭当庭调解，厂方赔付姚子军4万元。

第二节　中国共产主义青年团

一、组织机构

1987年，共青团唐山市开平区委员会（简称团区委）下设12个乡（镇）团委和1个街道团委。1992年唐山区划变动和1996年开平区撤乡并镇，乡镇团委和街道团委数量有所增减。另外，区内一些厂企、机关、学校，也相应建有团委、团总支和团支部。2008年，全区共有基层团委11个、团总支12个、团支部385个，团员4320人。

1987－2008年开平区共青团基层组织、团员情况表

表18－7

年份	基层团组织（个）			团员人数				
	基层团委	团总支	团支部	团员总数	农村团员	学生团员	机关团员	其他行业
1987	31	20	552	7879	3997	3545	169	168
1988	24	20	592	7386	3693	3500	88	105
1989	24	20	556	8018	3824	3715	286	193

续表 18－7

年份	基层团组织（个）			团员人数				
	基层团委	团总支	团支部	团员总数	农村团员	学生团员	机关团员	其他行业
1990	28	20	90	8513	4563	3614	189	147
1991	32	22	540	7443	4004	3096	228	115
1992	23	10	428	5199	2170	2369	380	280
1993	23	11	432	5727	3156	2269	196	106
1994	20	11	423	5312	2938	2013	189	172
1995	17	10	405	5017	2712	2001	170	134
1996	17	11	417	5814	3089	2489	162	74
1997	14	11	396	5278	2813	2115	159	173
1998	14	11	395	5512	2795	2386	148	90
1999	14	11	396	4993	2544	2136	201	112
2000	12	11	387	4636	1753	2636	149	98
2001	11	12	391	4751	1715	2847	116	73
2002	11	12	401	5222	1887	3009	251	75
2003	11	12	394	6467	2289	3839	280	59
2004	11	12	370	4710	1424	3003	205	78
2005	11	12	366	4834	1335	3215	181	103
2006	11	12	358	6518	2207	3293	238	180
2007	11	12	362	4516	1032	3241	129	114
2008	11	12	385	4320	1130	2999	116	75

二、团代会

1987－2008 年，开平区共召开共青团代表大会 4 次。

1987－2008 年开平区历次共青团代表大会一览表

表 18－8

届次	召开时间	代表人数	主要议程
六	1991. 10. 29	217	审议通过共青团开平区第五届委员会工作报告；选举产生由 28 名委员组成的共青团开平区第六届委员会。
七	1996. 12. 5	189	审议通过共青团开平区第六届委员会工作报告；选举产生由 26 名委员组成的共青团开平区第七届委员会。
八	2000. 11. 5	189	审议通过共青团开平区第七届委员会工作报告；选举产生由 26 名委员组成的共青团开平区第八届委员会。
九	2003. 9. 23	150	审议通过共青团开平区第八届委员会工作报告；选举产生由 27 名委员组成的共青团开平区第九届委员会。

三、主要工作

（一）教育培训

1987－1990年，团区委组织开展学雷锋、树新风、做奉献活动，使广大团员在实践中提高思想道德水平。1988－1991年，全区青年先后为南方部分省市和开平区洼里乡等洪涝灾区捐款6万余元。1991年，在全区开展实用技术培训和青年星火带头人活动，共举办各种培训班785期，培训万余人。1996年，农村各级团组织围绕“科技兴农”，培训引导广大青年学有一技之长，走科技致富之路。开平镇团委、洼里乡团委、栗园镇荆各庄团支部、双桥乡李家峪村团支部，先后被团省委授予“河北省奔小康工作先进团组织”称号。2000－2003年，团区委围绕“调结构、促增收”开辟示范基地，从林木、养殖、种植等方面总结和推广成功经验，成立各种类型服务组织100多个，培养了一批既懂技术又会管理的高素质青年企业带头人。至2008年先后涌现出国家级“青年兴业领头人”1名、省级“十大杰出青年民营企业家”1名、“百优”青年6名、市级“青年岗位能手”5名。

（二）青年志愿者活动

1988－1991年，团区委开展以“让理想在岗位上闪光”为主题的岗位成才立功活动，并将税务系统的“学先进、比贡献、争创税务系统青年标兵”活动作为样板推广，带动全区青年岗位成才活动的开展。1991年，团区委被团省委评为优胜单位。1991－1995年，在团省委、市委统一部署的“为贫困失学儿童献爱心”活动中，全区广大团员青年积极参与，共缴纳“特殊团费”9249.35元。1996年，团区委开展的“手拉手”“一助一”助学活动中，全区各级团组织有14个单位、6名个人与贫困学生结成“一助一”助学对子，签订1－6年捐助学费协议书，36名贫困儿童得到资助。同年，在纪念唐山抗震20周年之际，团区委组织开展以“住在开平、热爱开平、建设开平、美化开平”为主题的系列活动，荣获市委、市政府颁发的“纪念唐山抗震20周年”贡献奖。2000－2003年，以推进青年志愿者行动制度化、社会化、事业化为方向，深入开展青年志愿者社区服务、公益服务、科技文化扶贫、绿色文明行动等志愿服务活动，结成长期服务对子90余对，组织青年3000多人次参与扶贫济困、帮孤助残、社区服务等方面的大型志愿服务活动。在抗击非典中，团区委与唐山隆达骨质瓷有限公司联合向抗非典勇士捐赠价值万余元的“青年志愿者爱心盒”100个，全区成立132个“农村青年志愿者防疫突击队”。2003年，深入实施“新世纪希望工程助学行动”和“新世纪爱心接力计划”，共资助贫困家庭儿童160余人。2004年，在青年文明号创建活动中，开平区1个单位获省级“青年文明号”荣誉称号，9个单位被团市委授予“青年文明号”单位，1个单位被公安部授予“青少年维权岗”单位。2006年，团区委在越河乡政府举行开平区“乡镇创业网，青年致富行”活动启动暨农村青年中心成立揭幕仪式，继而以农村青年中心为平台，以农村青年增收致富为着力点，带动农村经济发展。2008年，团区委联合区委宣传部、区文明办、区公安分局、区司法局、区教育局、区文体局、区广播电视局，成立“利用网络引导服务青少年试点工作领导小组”，制订下发《关于利用网络引导服务青少年试点工作的实施意见》，向全区青少年发放调查问卷4000余份，并召开“利用网络引导服务青少年试点工作推进会议暨‘文明上网，从我做起’签名活动”。成立由区委宣传部、区公安局、团区委、区教育局、区文体局、区广电局及计算机教师、网吧经理等各界人士组成的青年网络教育志愿服务队；评选出5家利用网络引导服务青少年试点单位并予以授牌。策划、印制《全区青少年网络文明公约》宣传画，在全区各中小学、各镇街统一发放，张贴。

（三）少年先锋队工作

1987－1991年，引导全区少先队组织在少年儿童中开展的“学雷锋、学赖宁、做党和人民的好孩子”主题系列活动，省少工委、团市委领导参加主题队会，并给予很高评价。活动中先后涌现出学雷锋好少年6名、省级优秀少年5名、全国优秀少先队员1名。1998年，开平小学“七色花”小队被团中央评为“全国雏鹰假日小队”称号，并获评全国“手拉手”好少年和市十佳少年各1人。2000年，开平小学创建的6条文明楼道获评省级“红领巾文明楼道”称号。2006年，团区委被团省委授予“在少先队中成长，做思想道德建设小标兵”活动优秀组织奖。2007年，在河北省少先队工作论文比赛中，开平区取得了一等奖2名、二等奖3名、三等奖1名、优秀奖6名。同时，2名团干部分别获得省级优秀校外辅导员、省级优秀辅导员荣誉称号。团区委被团省委授予“河北省少先队活动优秀组织奖”。

第三节　妇女联合会

一、组织机构

1987－2008年，开平区妇女联合会（以下简称区妇联），设主席、副主席、工作人员各1人，无内设机构。1987年，开平区有12个乡镇妇联会、282个基层妇代会。到1990年底，全区214个村全部建立了妇代会组织，区直36个党政机关和科教文卫事业单位相继建立妇委会、妇委小组。1993年，全区132个村妇代会基层组织健全率达100%。2008年，全区有镇妇联会6个、街道妇联会3个、区直妇委会56个。132个行政村、18个社区全部健全妇代会组织。

二、妇女代表大会

1987－2008年，开平区共召开3次妇女代表大会。

1987－2008年开平区历次妇女代表大会一览表

表18－9

届次	召开时间	代表人数	主要议程
六	1987年5月16－18日	200	选举产生开平区第六届执行委员会，动员全区妇女为深化改革、振兴开平建功立业
七	1994年8月30－31日	150	选举产生第七届执行委员会，动员全区妇女积极投身改革开放和现代化建设事业，为把开平建设成为经济强区再立新功
八	2002年10月10－11日	152	选举产生第八届执行委员会，动员全区妇女为实现开平区全面建设小康社会而努力奋斗

三、主要工作

（一）双学双比活动

1987－1989年，区妇联组织发动妇女参与学文化学技术的“双学”活动，全区有4万名妇女参加各种形式的技术培训，经过培训均掌握一门以上实用技术，有3万多名妇女投入商品生产，涌现出以妇女为主的专业户、联合体1万多个，庭院经济年收入千元以上的达2000余户。从1989年开始，在农村妇女中开展“双学双比”竞赛活动，对广大妇女进行多层次、多形式、多渠道的文化科技培训。全区有4万多妇女参加粮油丰收杯、蔬菜长青杯、养殖状元杯、林果绿化高产杯、庭院开发效益杯、乡镇企业贡献杯“六杯”竞赛活动。并建成培训、试验、示范生产一体化基地47个。195名农村妇女分别被评为省、市、区女能手称号。开平区“双学双比”竞赛活动获得全市五连冠。1989年以后，一年一个比赛内容，以科技职称晋级赛、科技成果转化赛、“一助十，十助百”巾帼致富工程赛，推进“一村一品”、“一乡一业”专业化生产经营，“农家女学技术富家园，做建设社会主义新农村主人”等活动，提高广大妇女的科技水平，调动广大妇女科技致富的热情。到2008年，累计组织实用技术培训1657期，参训妇女达12.7万人次，推广新技术116项，发放技术书籍资料2万本，创建“妇字号”科技示范基地132个。

（二）“巾帼建功”活动

1991年开始，区妇联按照全国妇联在城镇广大妇女中组织开展“发扬四有精神，为八五计划建功立业”（简称“巾帼建功”）总体部署，激励广大女职工岗位成才，岗位建功。到1994年，累计办培训班760期，受训女职工5414人；提合理化建议2152条，被采纳实施1135条，创经济效益17万元；革新改造18条，创效益8.86万元，增产节约39万元。全区有23个单位被评为“巾帼建功”“三八”红旗集体。1996年，开展以“五学五创”“十行百岗百颗星”为内容的巾帼建功活动，调动广大女职工的积极性。到2002年，区妇联连续五年被市妇联评为市“巾帼建功”竞赛先进协调组织。2003年抗“非典”中，区妇联组织中华巾帼志愿者小分队，利用电视台、村广播等大众媒体，录制宣传带下发基层进行宣传。区妇联联合区直11家单位，对工作在非典一线的开平医院女医务工作者和防疫人员进行慰问，16支巾帼志愿者小分队到她们家中进行“献爱心，结对子”活动，帮助他们做家务，辅导孩子学习，以解抗“非典”一线医护人员的后顾之忧。2005年，开展“岗上抓争创，岗下抓就业”“岗位建功、岗位成才、岗位做贡献”活动和“巾帼志愿者”活动。区国税局被评为唐山市“十大巾帼志愿者队伍”。2007年，开展“巾帼文明示范岗”创建活动。到2008年，共建巾帼文明示范岗台16个，其中市级巾帼文明示范岗台8个。

（三）文明创建活动

1987年，全区妇女开展“拥军优属”活动，为解放军指战员精心制作和捐献慰问品3793件，为军烈属、五保户做好事300多件。1989年，全区妇女为部队做短裤、鞋垫1801件。是年，区妇联被评为区级国防教育先进单位。1989－1994年，广泛开展“兴我开平兴我家”为主题的家庭文化建设，组织“家庭文化荟萃”“美好家庭运动会”“传统美德在我家演讲会”等活动。涌现五好家庭户2.78万户、遵纪守法户6.95万户、双文明户5559户。1998年，开展争当文明女性、创建文明家庭、促进社会文明为内容的星级文明家庭创建活动。全区涌现出十星级文明家庭2187户、九星级1.14万户、八星级1.23万户、七星级5744户。2002年，配合文明生态村镇创建，开展“创三化（净化、绿化、美化）庭院、争十星之家”活动。全区132个村十星级文明户达到40%。2007年，在农村十星级文明家庭创建、城市五星级文明家庭创建取得良好社会效果的基础上，又开展和谐家庭创建，制订《和谐家庭创建工程实施方案和实施细则》，深入开展“12345”系列工程。

（四）维护妇女儿童合法权益

1985－1987年，区妇联通过举办法律培训班、印发法律条文和资料、开展法律知识竞赛等活动对广大妇女进行法律知识培训。举办各类培训班10期，参训妇女1000余人，受教育群众3452人。接待妇女来信来访347件，结案率97.1%。1987－1994年，全区各级妇联通过多种渠道宣传《宪法》《婚姻法》《继承法》《女职工劳动保护条例》《妇女权益保障法》等法律法规，提高广大妇女依法维护自身权益的能力。与成教中心、司法局联合摄制的《巾帼除害，肃毒标新》专题片播放后，反响强烈，并得到省妇联、省司法厅的好评。1995年，区妇联成立巾帼法律服务所，方便妇联信访案件的协调与解决。到1998年底，共代理诉讼案件398件，对一些经济条件确实困难的妇女或老人免费代理。2002年，区妇联成立反家庭暴力妇女爱心驿站，当年接待妇女5名。同时启动“创建零家庭暴力社区（村）工程”，在各镇派出所设立家庭暴力投诉站10个。2004年，组织宣传《河北省预防和制止家庭暴力条例》活动，设法律咨询台10个，制作宣传条幅132幅，印发知识宣传单5000余份，开展拒绝家庭暴力千人签名活动。

2008年，各级妇联组织共接待来信来访30件。

（五）少年儿童工作

1987－1989年，区妇联主动参与学前教育组织发动工作，全区共建立学前班204个，入学儿童达7013名。1991年，区先后两次调整充实儿少工作领导小组，制订《唐山市开平区儿少事业“八五”发展规划》和《实施纲要》。全区109所各类家长学校进一步巩固和完善。为提高家长素质，区妇联撰写家教教材68讲，开展“三优”知识大赛，组织召开家长学校经验交流会，并评出优秀家长145名。为落实儿童“九五”规划，区妇儿工委办公室每年对规划落实进行检测评估。到2002年，儿童发展24项指标均达到标准，儿童生存发展环境得到改善。筹建妇女儿童活动中心，并以“亲子园”为载体服务社区，培训近万人次，小太阳服务班有儿童近百名。在“爱心传递春蕾”活动中，组织爱心人士与贫困女童结成帮扶对子，资助春蕾女童近500人次，资助款近10万元。2002－2008年，建立“开平区妇女儿童维权基金，救助贫困儿童200余人次，救助款15万元。

第四节　科学技术协会

一、组织机构

开平区科学技术协会（以下简称区科协）始建于1982年。1987－2008年，区科协设办公室、科普部，有工作人员5名，乡镇科学技术协会12个。1992年底，由于区划变动，乡镇科学技术协会减至6个，至2008年，机构设置和人员编制没有变化。

二、科普培训

1987－1988年，区科协以开展科普达标活动为契机，依托乡、村科普协会，编写教材，培训在乡青年3000多人次。1989年，全区举办各类培训班212期，培训1.9万人次。1990年，随着外向型经济的发展，区科协与妇联、外经委联合举办草编培训班，培训技术“二传手”75名，全年举办培训班1050期，培训3.15万人次，有1600人成为新的科技致富能手。1998年，面向一产、二产生产实际，举办蔬菜、林果、会计、企管等专业培训班85期，培训3400人次，其中党员干部680人。1999年，以科普示范乡典型为龙头举办技术培训班28期，组织外出学习6次。进入21世纪，开平区每年聘请技术专家，围绕无公害蔬菜栽培、奶牛养殖、果树矮化密植、鲜切花栽培与管理技术，对科技副乡长、村两委班子成员和种养殖大户进行技术培训，2005年受训达2万多人次。同时，利用农村科普大学和农函大两个载体举办培训班10期。组织农业技术人员走村串户办讲座，深入田间地头讲解指导，并刻录养殖技术光盘300套普及科技知识。2006年，区科协与5名高级农艺师签订协议，定期对农民进行培训，指导生产管理，利用信息、技术、网络为服务“三农”搭建平台。邀请市同济医院主任医师，通过社区科普大学、科普大课堂，举办以“科学文明健康生活”为主题的科普培训，宣讲15场，答疑解惑近百个，受众近万人。购买3套科普光盘及《家庭医疗百科全书》《家庭养生百科全书》《家庭饮食与健康百科全书》100套，发至社区科普学校作教材。2007－2008年，开展“万名科技专家兴农富民工程”，举办农业实用技术培训200多期，2万多人次参加培训，近万人学成创业。对青少年进行“快乐成长”科普教育，组织开展主题科学调查活动，征集节约能源建议1500多条。举办小学生“金钥匙”系列科普讲座和小学生环保服饰比赛，16个代表队211名小选手参赛。

1987－2008年开平区科普培训情况表

表18－10　单位：人

年度	退伍军人	在乡中学生	农村技术骨干	农函大
1987	520	740	2000	－
1988	621	785	1970	－
1989	632	721	2520	－
1990	625	854	3000	－
1991	752	851	3210	－
1992	542	856	3560	－
1993	582	867	4000	－
1994	569	824	4700	－
1995	521	841	5310	－
1996	536	869	7000	－
1997	524	874	7100	25000
1998	584	821	7290	27500
1999	521	885	6250	31000
2000	621	856	5330	37000
2001	635	965	7000	68000
2002	642	963	7800	71000
2003	631	957	8110	78000
2004	674	985	9250	82000
2005	632	1025	10030	91000
2006	635	1258	11270	89000
2007	597	1475	11530	72000
2008	541	1350	16000	95200

三、科普宣传

1988年5月，科普宣传月活动中，全区22个单位，216名干部参加科普宣传，共出动宣传车15辆，摆放展牌94块，发放科技资料40余种。1991年，区科协编制“蔬菜病虫害防治”科普挂图一套，其中虫害标本彩照152张、图片57幅，在2个乡、5个蔬菜专业村巡展。1996年开始，每年举办科普宣传周活动，宣传科普知识，推广科技成果。在1996年的科普宣传周活动中，全区6镇、5街道和20个区直单位参加。参展项目88项、展牌212块、橱窗188个、板报299块，发放科普资料4.35万份，并举办学术交流会6场、科普知识竞赛1场、学术研讨会2场。2002年5月，科普活动周期间，区科协开展“千名市民科普知识竞赛”，在全市举办的科普知识电视大奖赛上，区国税局代表队获得第二名。2005年科普活动周中，开平区成立2500人的科普志愿服务小分队，在新城区宣讲科学生活，开展文明社区大型宣传服务活动。2006年，制作移动展牌200块，举办为期2个月的“纪念抗震30周年防灾应急科普知识”巡回展。7－8月，在文化广场举办科普电影放映周，10场放映电影20部。在文化广场、西游园建百米科普橱窗、画廊3座，500多平方米。是年，在中国科协和唐山市科协联合举办的“我与科协”征文中，开平区2篇征文获奖，并入选中国科学普及出版社出版的《“我与科协”征文优秀作品选》。2007年，举办科普文艺作品征集活动，共收到优秀作品50多件，由区科普艺术团改编排练成小品、皮影、民乐、快板、歌舞、京东大鼓等节目，在社区巡回演出。其中皮影街舞《俏大妈的幸福生活》和新民乐《眉飞色舞》在唐山电视台《综艺大看台》播放。是年，在区电视台开办《科普之窗》专栏，由科协提供农业技术和致富信息资料和光盘，每周播出2次。2008年，实施“千米科普画廊工程”，为每个社区制作安装科普展牌20块，共计700多平方米。是年，与区文联联合举办主题为“在科技引领下，企业减排降耗，人文和谐，走科学发展之路”的摄影艺术展，78幅作品入选参展。涌现出西新苑社区王克俭、新华社区夏九如等学科普、讲科普、宣传科普带头人。

开平区“科普志愿者科教进社区”

1987－2008年开平区科普活动周情况表

表18－11

项目 年度	参加单位	制作展牌（块）	印发科普资料（份、册）	科技展览（次）	科普挂图（幅）	宣传标语（条）	提供新品种（项）	接待群众
1987	15	25	30000	13	230	29	6	2000
1988	14	30	38000	12	320	35	25	3100
1989	15	12	50000	11	330	28	30	3500
1990	13	38	52000	15	520	30	59	4000
1991	14	45	120000	12	700	41	51	3400
1992	12	55	75000	25	500	36	32	3670
1993	13	36	25000	24	582	39	25	3900
1994	12	60	54000	23	324	42	8	2890
1995	12	75	77000	24	369	51	26	2920
1996	13	40	80000	32	235	32	42	3133
1997	14	47	30000	31	248	44	14	3920
1998	13	50	25000	26	346	46	32	3210
1999	12	52	35000	29	521	52	25	3930
2000	7	55	51000	22	235	37	20	3820
2001	13	61	110000	32	514	41	30	3984
2002	12	63	36000	35	326	59	21	3890
2003	7	65	59000	31	236	23	50	5210

续表 18－11

项目 年度	参加单位	制作展牌（块）	印发科普资料（份、册）	科技展览（次）	科普挂图（幅）	宣传标语（条）	提供新品种（项）	接待群众
2004	13	62	70000	34	245	29	10	3650
2005	12	100	250000	32	256	33	23	2214
2006	23	30	300000	34	235	36	30	3580
2007	23	20	175000	30	532	21	14	2365
2008	14	30	190000	27	284	42	25	2140

四、科技推广与服务

1987－1988 年，区科协以洼里乡周桥、夏庄等 3 个村为试点，进行庭院沼气的综合利用，并向全区推广。1989 年，开始构建以技术研究会为龙头，农民专业研究会、科技示范户和会员联系户组成的农业科普网络。重点抓了栗园镇淡水养鱼研究会、果园乡果树和蔬菜研究会、越河乡蒜黄研究会 3 个典型，提高全区种植业、养殖业的科技水平。1990 年，区科协引进小麦新品种京花 3 号、5 号和北京 4115032。与区畜牧局、中国农科院一起开展奶牛性别控制试验，当年实验 600 头。1991 年，开展植物激素叶面宝试验，并在 8000 亩农作物中推广，增产效果明显。1992 年，从北京引进免烧粉灰砖新技术和 TT 型——高辛烷值无铅合成汽油专利技术。1999 年，区蔬菜研究学会推广温室大棚菜三种三收八模式技术，创收近亿元，比上年同期增收 562 万元。是年，共引进新技术 24 项，推广温室滴灌技术 200 亩，使全区农田优种覆盖率达到 95%，科技进步贡献率 55% 以上。2002 年，区科协聘请山东寿光蔬菜技术人员来开平区作农业技术指导，受益菜农 300 多人。2004 年，在河北省首届新特优农产品暨新科技术展示推介会上，开平区科协共组织 32 项农产品参展，其中 3 项获大会推介，立冬食品有限公司的“绿冬”牌排酸肉获大会金奖，若瑟苗木场的苗木、花卉、种子获特色奖。2005 年，在唐山市科协网唐山市科技成果展示会上，开平区 11 个项目集中展示。2006 年，围绕春耕生产、共建和谐家园等主题，组织专题下乡 7 次，进行科技推广与服务。2007 年，开展科技“三送”（送光盘、送图书、送技术）下乡活动。是年，成立由 10 名蔬菜、畜牧专业技术人员组成的专家服务队，定期到农村开展服务活动。2008 年，组织大学生科普志愿者分赴 4 个镇传授沼气池、吊炕、秸秆气化灶、太阳能的使用和管理技术。向唐山市科协申报出口鲜切花采后处理技术、受液土壤活化剂金桥工程 2 项成果。

第五节　文学艺术界联合会

一、组织机构

1986 年 11 月 22 日，开平区第一次文学艺术工作者代表大会（文代会）召开，来自全区文学、美术、书法、戏剧、曲艺、音乐、舞蹈、摄影、民间文学 9 个艺术界别的 300 多名代表参加大会。大会选举产生由 13 名委员组成的开平区第一届文学艺术界联合会（区文联）。区文联一届一次委员会选举产生区文联主席（兼）、副主席、秘书长各 1 人。

1994 年 4 月、1997 年 9 月、2002 年 5 月、2006 年 11 月，区文联先后召开开平区第二、三、四、五届文代会，选举产生开平区第二、三、四、五届文联。各届文联选举产生主席、秘书长各 1 人。

二、主要工作

1987 年初，区文联邀请唐山市 10 余位知名作家、记者，会同区内主要作者，赴开平区乡镇企业采风。之后，组织创作、编印 30 万字的报告文学集《石城春曲》。是年，又与区文化馆联合创作、排练一台讴歌农村改革开放、乡镇企业大发展的文艺节目，并在区“两会”期间首演。1988 年，区文联与区教育局电教中心合作，录制记录开平区乡镇企业发展的电视专题片《突起的异军》。是年，组织唐山五十三中“秋菊”文学社 30 多名学生参加的文学夏令营，唐山电视台录制并播出专题片《诗的夏天》。1989 年，区文联编印改革开放 10 年来全区文艺创作选集《文苑十年》。全书 20 余万字，涉及诗歌、散文、小说和曲艺、音乐、书法、美术、民间文学等各艺术门类。是年，又与张家口六中和唐山五十三中联合，在解放军某部的支持下，组织“长城故道行”夏令营。夏令营历时 27 天，行程 2000 公里，近 50 名营员沿路寻访考察抗日战争的遗迹和英雄事迹。《人民日报》和《唐山劳动日报》予以报道。1993 年，先后组织各协会作者，赴刘庄煤矿和半壁店村采风。10 多名作者创作了一批诗歌、歌曲、曲艺、美术和摄影作品。区文联编选结集成册，在全区发放。

1994 年开始，区书法家协会每年都组织会员参加区“三下乡”活动，为农民书写春联 20 余次。至 2008 年，还免费为老年书法爱好者开办 10 期书法艺术辅导班，每期 2 个月。2005 年，举办“常丰年小楷 200 米长卷观摩会”，并配合省电视台录制专题节目。

2008 年，区文联与区委宣传部、区文体局联合举办“科学发展——迎奥运”书画、摄影展览，共展出全区 70 位作者的 127 件作品。

2008 年开平区文学艺术界省级、国家级协会会员名表

表 18－12

姓名	性别	何级何种专业会员	单位
阎　炎	男	河北省作家协会会员	开平区教师进修学校
刘静远	男	河北省作家协会会员	开平区政协
阎景新	男	河北省作家协会会员	开平区政府
冯国顺	男	中国摄影家协会会员	开平区国税局
孙志鸿	男	河北省摄影家协会会员	开平区检察院
薄利泉	男	河北省摄影家协会会员	开平区艺星照相馆
刘大兴	男	河北省摄影家协会会员	开平区公安分局税务庄派出所
赵本深	男	河北省摄影家协会会员	开平电视台
孔德奎	男	河北省摄影家协会会员	开平电视台
李宝清	男	河北省摄影家协会会员	开平体校
杨　杰	男	河北省摄影家协会会员	开平区纪委
任建新	男	河北省摄影家协会会员	开平区水务局
李　伟	男	河北省摄影家协会会员	开平区纪委
李雪辉	男	河北省摄影家协会会员	开平区地税局
王国新	男	中国民间文艺家协会会员	开平区文化馆
刘福华	男	中国民间文艺家协会会员	双桥镇政府

续表 18 - 12

姓名	性别	何级何种专业会员	单位
刘效来	男	中国民间文艺家协会会员	唐山市马家沟耐火材料厂
宋贺成	男	河北省民间文艺家协会会员	开平区洼里镇农机站
赵锡贵	男	河北省民间文艺家协会会员	洼里镇鼓楼庄村
贾振川	男	河北省民间文艺家协会会员	越河镇北塔头村
齐秀玲	女	河北省民间文艺家协会会员	开平区委统战部
韩开桓	男	河北省书法家协会会员	开平区文化馆
苗卫东	男	河北省书法家协会会员	开平区政协
郑钧元	男	河北省书法家协会会员	区纪委
陈　露	女	河北省书法家协会会员	河北省第一劳教所
宋晋三	男	河北省书法家协会会员	开平区政府行政科
习文华	男	河北省书法家协会会员	开平镇东城绿庭
张佑鸿	男	河北省音乐家协会会员	开平区文化馆
纪树峰	男	河北省音乐家协会会员	开平区文化馆
孟祥林	男	河北省音乐家协会会员	开平区文化馆
张福兴	男	河北省音乐家协会会员	唐山四十九中学
周祖光	男	中国美术家协会会员	开平区政协
张红武	男	河北省美术家协会会员	开平区育才学校
李伯生	男	河北省美术家协会会员	开平区文联
王　瑞	男	河北省美术家协会会员	开平区孩儿屯小学
陈向阳	男	河北省美术家协会会员	唐山四十九中学
贾玉祥	男	河北省美术家协会会员	唐山二十三中学
常更新	男	河北省曲艺家协会会员	开平区文化馆
石俊友	男	河北省曲艺家协会会员	开平区国土资源分局

第六节　残疾人联合会

一、组织机构

开平区残疾人联合会（简称区残联）成立于 1990 年 1 月，隶属于区民政局，由一名副局长兼任理事长，下设 1 名兼职工作人员。至 1992 年，连续 3 年获评“河北省助残工作先进单位”。2000 年 12 月，区残联由区民政局分出，成为独立单位，编制 5 人，设理事长、副理事长各 1 人。2002 年 2 月，增设办公室。2007 年 10 月，增设副理事长 1 人。2008 年，编制 6 人，设理事长 1 人、副理事长 2 人。

二、残疾人代表大会

开平区残疾人第一次代表大会1990年1月召开，出席会议代表132人，其中残疾人74人，主席团委员38人，其中残疾人20人。大会选举产生理事长、副理事长各1人。

开平区残疾人第二次代表大会1993年12月4日召开，出席会议代表136人，其中残疾人76人，主席团委员40人，其中残疾人21人。大会选举产生理事长、副理事长各1人。

开平区残疾人第三次代表大会2000年6月29日召开，出席会议代表39人，其中残疾人代表18人（含3名伤残军人）、区有关单位领导和助残先进个人21人。大会选举产生理事长、副理事长各1人。

开平区残疾人第四次代表大会2007年10月30日召开，出席会议代表63人。其中来自各镇、街道代表46人，占代表总数的73%，区直及有关部门代表17人，占代表总数的27%。大会选举产生理事长1人、副理事长2人。

三、主要工作

（一）宣传工作

区残联利用每年全国法定“助残日”、开平集日和区有线电视等平台，宣传《中华人民共和国残疾人保障法》《河北省实施〈中华人民共和国残疾人保障法〉办法》，呼吁全社会尊重理解关心帮助残疾人和残疾人事业。1991年，全区先后出动宣传车35辆次、2000多人次，并对455名荣立二等功及以上的退伍伤残军人进行慰问。1992年，举办《中华人民共和国残疾人保障法》知识竞赛，1000多人参赛，其中残疾人100多人，20人获奖，其中残疾人3名。1996年，区委、区政府召开残疾人表彰大会，5个先进单位、21个先进集体、6个残疾人之家和53个残疾人获表彰。2000年，残联成为独立单位后，不断加大宣传力度，至2008年，累计编印简报150多期，街头悬挂助残横幅68条，张贴标语600多条，区电视台播出宣传滚动字幕22条次，发放残疾预防手册1500册。推出残疾人自强不息的先进典型赵素燕、董志静，引导残疾人自信自立，营造全社会帮助残疾人的良好氛围。

（二）就业工作

1987年，全区共有福利生产企业19个，其中区办3个、乡镇办7个、村办9个，另有个体271个，共安置残疾人527人。1988年，全区16岁以上残疾人1793人，其中有就业能力的1193人。全区福利生产企业职工798人，其中残疾职工381人，占48%；另外为自谋职业的残疾人发放就业证210个。1992年，全区福利生产企业共安置残疾职工945人，超过职工总数的50%。2000年，出台《开平区扶助照顾残疾人的若干规定》，确保有劳动能力的残疾人实现就业。区残联先后举办服装裁剪、微机操作、家电维修、按摩等技能培训班12期，400多名残疾人通过培训，掌握了一技之能，自谋职业。至2008年，虽然由于全区福利生产企业萎缩，安置残疾人减至260人，但残疾人实际就业人数仍比区划变动前的1993年增加500多人，达到816人，占全区有劳动能力残疾人的85%。

（三）扶贫工作

1987年开始，先后为8个农村残疾贫困家庭申办河北省康复扶贫贷款共计50万元，通过发展养殖、种植业实现脱贫。1990年，开平区获评河北省扶残助残先进区。1991年，区残联与保险公司协商，为85名残疾人办理特种养老保险，投保金额2.55万元。1999年，通过调查摸底，依照国家政策，为498名家庭贫困又无劳动能力的残疾人办理最低生活保障。2005年6月，区残联开展“爱心助残”专项募捐活动，收到捐款10万多元。截至2008年，22年间，通过多渠道累计筹措钱物近百万元，特困残疾人家庭900多户得到救济。

（四）康复工作

1988年6月22日，开平区召开残疾人三项康复工作会议。是年，完成白内障复明手术152例，小儿麻痹症矫治手术91人次和9名聋儿语训任务。1990年，培训聋儿教师2名、哑语手势师1名。1991年，开平区获评河北省三项康复工作先进区。1992年，三项康复工作完成白内障复明手术67例，有效率97%；小儿麻痹矫治手术28人次，有效率81%；聋儿语训13人，有效率50%。2004年，开平街道东城社区建成残疾人康复活动室。2006年，扩建为开平区残疾人康复活动站。时任区残联理事长赵锡山获评2006年度河北省残疾人康复工作先进个人。截至2008年，先后为203名白内障患者做复明手术，为59名听力残疾人配备助听器，为30名视力残疾人发放助视用品，为45名小腿截肢残疾人安装假肢，为173名精神残疾人免费提供药品，为76名小儿麻痹后遗症患者作矫正手术。通过康复治疗使49名聋哑儿开口说话，39名智力残疾儿提高了认知和自理能力。

（五）教育工作

区残联秉承提高残疾人文化素质是提高残疾人社会地位、经济地位和保障就业的先决条件，是残疾人平等参与社会的基础这一理念。以普及九年义务教育和职业技能教育为重点，充分利用初中、小学和幼儿园，以随班就读形式开展义务教育。同时积极帮助盲、聋、哑、弱智残疾少儿创造就学机会。区残联到外县市区特教学校，先后为16名聋哑儿童联系就读，并为他们解决各项费用7000余元。截至2008年，有85%以上的残疾少儿顺利完成中小学学业，68人获得大专以上学历，其中接受特殊教育的36人。

全区广大残疾人，身残志坚，自强自立，为社会做出了贡献。肢体四级残疾人赵素燕和董志静在2005年唐山市第一届残疾人职业技能比赛中分获文本处理和手机维修第一名；2006年，赵素燕又在河北省第一届残疾人职业技能比赛中夺得文本处理第一名。

第七节　工商业联合会

一、组织机构

开平区工商业联合会（以下简称区工商联）成立于1949年11月，“文化大革命”期间中断活动，1985年恢复组织。1987－2001年，区工商联编制3人，其中主席、副主席、工作人员各1人，无内设机构。2002年，党政机构改革，区工商联设编制2人，其中主席、工作人员各1人，无内设机构。

二、代表大会

1987－2008年，区工商联共召开6次会员代表大会，其中1985－1994年（第四届－第七届）每3年召开1次，之后改为每5年召开1次。

1987－2008年开平区历届工商联会员代表大会一览表

表18－13

届次	召开时间	代表人数	主要议程
五	1988.12	105	选举产生15名委员组成的区工商联第五届执行委员会
六	1991.9	103	选举产生17名委员组成的区工商联第六届执行委员会
七	1994.9.28	160	选举产生21名委员组成的区工商联第七届执行委员会
八	2002.4.11	92	选举产生25名委员组成的区工商联第八届执行委员会
九	2007.11.8	120	选举产生37名委员组成的区工商联第九届执行委员会

三、主要工作

（一）发展新会员

1987年第四届执委会期间，区工商联共有会员352名，其中企业会员270名、团体会员9名、个人会员11名、原工商业者老会员62名。1991年第六届执委会期间，区工商联共有会员423名，其中企业会员300名、团体会员17名、个人会员44名、原工商业者老会员62名。1994年第七届执委会时，区工商联共有会员295名。2002年第八届执委会期间，区工商联共有会员582名。到2007年第九届执委会期间，区工商联共有会员641名，其中企业会员608名、团体会员2名、个人会员31名，比1987年第四届执委会期间增加289名，增长82.1%。

（二）参政议政

区工商联发挥自身优势，不断提高参政议政水平。1987－2008年，共向区人大、政协提交提案193件，其中《关于解决中小企业融资难的建议》《城中村改造应紧跟时代步伐》《注重发展高科技非公有制经济驶上快车道》及《关于优化经济环境，进一步推动我区非公经济的发展》等提案获区政协优秀提案奖。时任区工商联主席张志安先后获评区政协2004年度和2006年度先进提案者。2005年，区工商联获评区政协先进提案单位。2008年，区工商联会员中有省人大代表2人、市人大代表3人、区人大代表6人，市政协委员6人、区政协委员23人。

（三）思想政治工作

1989年，开展对全区非公有制会员企业进行反对资产阶级自由化及坚持中国共产党领导的教育活动，引导会员坚定社会主义信念。1999年，在民营企业中开展“住在开平、建设开平、热爱开平”等活动。2003年，区工商联在民营企业中开展“致富思源、富而思进”讨论，举办培训班2期，参训人员105人。适时组织会员认真学习党的十六届五中、六中全会精神和“三个代表”重要思想及党的各项方针政策。截至2008年，区工商联先后联帮助民营企业银水集团、国亮耐火材料有限公司等成立党组织，使非公有制企业党建工作逐步走向正轨。

（四）精神文明建设

历届区工商联，切实加强会员精神文明建设，引导会员积极参加扶贫济困等公益事业，积极投身到“真情暖万家”及“扶贫开发”为重点的光彩事业中来。1996年7月19日，区工商联组织召开开平区光彩事业工作会议，成立“开平区光彩事业促进会”，广大私营企业会员捐资助教23.3万元。到2008年，广大会员共为社会公益事业投资350万元，捐资助教150万元，安排下岗职工1930多人次。帮扶贫困村8个、贫困户376户次、贫困生245人次，到贫困户、敬老院累计送慰问品折合人民币5万余元。

第十九编　法　治

1987－2008年，开平区公安、检察、审判、司法行政机关，坚持依法治区，加强社会治安综合治理，严厉打击严重刑事犯罪和经济犯罪，不断强化法律监督职责，有效预防各种犯罪，发挥了保护人民群众、服务改革开放和社会稳定功能。

开平区公安机关保持高压态势，开展“严打”斗争和专项行动，狠抓防范，全面防控，依法管理治安，确保一方平安。检察机关集中力量查办贪污贿赂大要案，依法从重从快严厉打击刑事犯罪，加大力度查办惩办“侵权”、渎职犯罪，强化执法监督。审判机关坚持保障经济运行与打击刑事犯罪并重，推进审判方式改革，强化刑事审判、经济审判工作，加强民事、行政、告诉申诉和执行工作，保护公民和法人的合法权益。司法行政机关认真制订并组织实施普法规划，深入开展普法工作。健全民间调解组织，实行“十户调解员”网格化建设，2008年，被省司法厅授予“人民调解先进单位”称号。完善“两劳”帮教工作，被评为河北省“刑释解教工作先进单位”。

第一章　公　安

1982年4月底，唐山市公安局郊区分局改称唐山市公安局开平分局。作为开平区社会治安工作的主管机构，1987年以来22年间，公安机关坚持服从、服务经济建设，维护全区社会政治稳定，打击违法犯罪，保护人民生命财产安全。充分发挥公安职能，负责侦破区内发生的刑事案件、治安案件、经济案件及危害国家安全的案件，依法管理治安。同时全面加强户籍及居民身份证、出入境等管理，在狠抓防范、全面防控、维护稳定、严厉打击刑事犯罪等方面都取得了明显成效，为全区经济发展、构建和谐社会创造了良好环境。1994年，时任开平公安分局局长陈学军荣获“全国公安系统优秀人民警察”称号。开平区未设看守所，驻开平交警六大队和消防六中队，分别隶属于唐山市交通警察支队和武警河北总队唐山市消防支队领导。

第一节　机构与队伍

一、机构

1987年，公安分局机关内设机构有秘书科、政工科、政保科、内保科、治安科、预审科、防火科、刑警队和15个派出所。1992年11月，女织寨、梁家屯派出所和果园、傅家屯派出所分别移交路南区和路北区公安分局。2007年4月，政保科改建为国内安全保卫大队，增设经济案件侦查大队，撤销二十二冶派出所。2008年，内设机构13个（指挥中心、政治处、督察处、国保大队、治安大队、刑警大队、经侦大队、巡特警大队、法制科、行政科、内保科、消防科、户政科）、行政派出所10个（开平派出所、马路派出所、栗园派出所、双桥派出所、洼里派出所、岔道派出所、税务庄派出所、越河派出所、郑庄子派出所、陡电派出所）、治安派出所（办、科）16个（半壁店派出所、区政府治安办公室、地矿治安办公室、文教治安办公室、国税治安办公室、地税治安办公室、温州商城治安办公室、烟草专卖治安办公室、陡电市场派出所、马家沟市场派出所、开平市场派出所、保安管理办公室、后于家店收费站治安办公室、工业区治安办公室、林业治安派出所、银河路收费站治安办公室）。

二、队伍

1987年，开平公安分局专项公安编制195人。1997年，在261人编制基础上再增加地方编制34人，增编后总编制共计295人（含区政法委编制8人）。2008年，开平分局政法专项编制267人。1992年，全局有一级警督16人、二级警督25人、三级警督21人、一级警司42人、二级警司54人、三级警司29人。截至2008年底，在编民警中有一级警督19人、二级警督91人、三级警督96人、一级警司29人、二级警司20人、三级警司49人。全区干警队伍文化及专业结构发生较大变化。公安分局始终把队伍建设放在重要地位，在全局民警中深入组织开展“解放思想大讨论”“科学发展观学习教育活动”，并结合奥运安保工作实际，进一步强化学习教育和日常管理。

第二节 打击违法犯罪

一、打击刑事犯罪

1987年，陆续开展“夏季攻势”“打击流氓滋扰”“冬季攻势”等专项行动，重点打击恶性杀人案件，重特大盗窃、诈骗、赌博、蒙面持械入室抢劫等严重刑事犯罪。全年共破获刑事案件87起。特别是“1·16”故意杀人案和“1·14”特大盗窃案成功告破。1989年，针对破坏农田水电设施案件大幅增加的新情况，组织开展第六次统一抓捕行动，抓获各类违法犯罪分子19人，其中盗窃、破坏农田水电设施11人。

20世纪90年代初，以北京亚运会召开为契机，先后开展“夏季治安大会战”和“保卫亚运会严打斗争”等专项行动。1990年组织抓捕行动5次，共破获各类刑事案件306起，其中大案91起，摧毁犯罪团伙31个，涉案成员98人。1992年，将破大案要案作为刑侦工作的主攻方向，以侦破“6·18”唐古路特大抢劫案为突破口，全年立大案106起，破获67起，逮捕犯罪分子99人。打掉犯罪团伙15个，涉案成员70人。1996年，在为期3个月的严打办案会战中，开展打击盗抢机动车等专项行动。会战中破获各类案件164起，其中积案6起、外地案件6起。迅速侦破“4·14”流氓团伙持枪杀人案。缴获汽车19辆、摩托车48辆、自行车1000多辆。1997年，刑事案件发案102起，比上年下降24%，大案破案率87.3%，比上年提高1.8个百分点。

2001年，刑事案件发案率比上年下降20%，破案率上升5%，重大案件破案率上升9%。全年共发生刑事案件324起，其中大案195起，累计破案351起，其中为外地区破案92起。打掉黑恶势力团伙6个，涉案成员23个。2004年，在严打整治百日会战中，全警动员，层层明确任务，加强督导考核，取得明显效果。可预防性案件明显下降，入室盗窃、抢劫和盗窃机动车案件分别比上年同期下降25%、33%和40%。全年发生各类刑事案件238起，破现行案件131起、积压案件23起、协助外地破案862起，并收缴子弹358发、氰化钾6公斤、汞166毫升。2005年，完成各项严打指标均在全市各县区前列。2007年，在为期4个月的严打整治专项斗争中，开平公安机关集中优势警力，打现行、破积案、抓逃犯，共破获刑事案件1437起，其中省督办案件2起、市督办案件6起，抓获网上逃犯135名，被评为全省严打整治斗争先进单位。2005－2008年，共破获刑事案件4572件，抓获犯罪嫌疑人1568人，打掉犯罪团伙199个。

二、治安案件查处

1987－1990年，开平区治安案件查处开展了“流氓滋扰”“查禁赌博”等专项行动，共挖出流氓团伙3个，涉案成员26人；查处赌博案件92起，缴获赌资5.12万元；查处其他治安案件123起，处理违法人员438人。1991年，开展“迎城运百日治安整顿抓捕行动及清理收缴枪支弹药、爆炸物品、管制刀具”专项行动。收缴子弹32发、炸药131.85公斤，自制火枪15支、雷管368枚、管制刀具140把、仿真玩具枪17支、电子枪12支。1994年，发生治安案件249起，比1993年减少121起，下降32.7%，案件查处率99.2%，其中查处赌博案件37起，缴获赌资46.39万元。1996年，开展“迎抗震20周年百日治安大会战”，全年发生治安案件141起，比上年下降59.6%，查结率100%。1999年，在文化市场专项整治统一行动中，先后查处涉赌电子游戏厅3家，查封非法出版物摊点5家，收缴黄色及盗版光盘517张、非法出版物610册。

2001－2007年，把“治爆缉枪”作为治安管理的重点，配合专项行动，发放公安部《通知》《告全体人民书》2.2万份。7年间，共收缴炸药530.39公斤、雷管1860枚、民用枪支31支，查获涉爆案件6起。2006－2008年，治安案件呈逐年上升趋势。由2005年受理85起，2008年达635起。3年间，共受理治安案件1200多起，依法查处1078起，行政拘留670人。

部分年度开平区犯罪嫌疑人年龄结构比较表

表19－1

项目 人数 年度	犯罪嫌疑人数	28岁以下	29岁至45岁	46岁以上
1987	197	150	32	15
1992	197	113	67	17
2000	311	92	120	99
2008	300	116	113	71
小计	1005	471	332	202
占%	100	47	33	20

1987－2008年开平区公安分局刑事案件破案情况表

表19－2 单位：件

案类 件数 年度	破/发案总数	案件分类									其中重大案
		杀人	纵火	伤害	抢劫	强奸	流氓	盗窃	诈骗	其他	
1987	156/202	7/7	1/2	10/10	21/24	24/26	8/8	71/111	－	14/14	33/36
1988	157/190	4/4	1/1	17/18	21/23	18/21	2/2	79/105	3/3	12/13	11/56
1989	206/239	7/8	1/1	7/8	42/46	12/14	6/6	111/127	20/29	－	94/103

续表 19 - 2

年度 \ 件数 \ 案类	破/发案总数	案件分类									其中重大案
		杀人	纵火	伤害	抢劫	强奸	流氓	盗窃	诈骗	其他	
1990	297/638	3/5	1/1	19/22	37/56	20/25	3/3	203/492	6/6	5/28	56/113
1991	251/706	7/8	-	22/22	23/46	11/21	5/8	170/568	8/10	5/23	65/153
1992	159/337	6/7	1	16/18	43/54	12/15	4/5	68/220	3/4	7/13	63/100
1993	176/211	3/4	-	17/18	24/29	12/12	8/8	97/121	6/6	9/13	68/77
1994	188/229	4/5	1	11/12	32/36	9/14	4/4	116/144	6/6	6/7	72/81
1995	132/161	7/8	-	8/8	17/21	8/11	5/5	75/95	7/7	5/6	74/92
1996	115/120	4/4	1/1	5/5	18/20	8/8	-	66/66	8/8	5/8	54/56
1997	90/109	6/7	-	14/14	12/19	4/7	1/1	45/53	5/5	3/3	55/63
1998	157/165	3/6	-	23/23	12/12	10/11	-	71/75	3/3	35/35	67/74
1999	127/189	5/7	1/2	25/28	6	6/7	-	53/100	5/5	32/34	47/94
2000	168/404	9/11	3	29/43	9/21	5/6	-	68/258	3/3	45/59	63/214
2001	152/324	6/7	2/4	46/55	12/28	16/18	-	32/171	4/4	34/37	75/195
2002	135/251	3/6	2	46/56	5/23	7/9	-	49/121	5/7	20/27	68/148
2003	148/318	5/6	1	45/50	9/25	5/8	-	55/176	4/8	25/44	63/152
2004	152/308	6/7	1/2	46/52	8/19	6/7	-	52/165	5/9	28/47	52/144
2005	145/284	6/6	1/1	47/49	11/20	4/5	-	50/154	5/7	21/42	50/141
2006	136/275	7/7	1	45/51	12/24	6/8	-	40/134	6/10	20/40	46/134
2007	1872/1079	4/5	2	96/76	343/90	7/7	-	1230/733	30/9	162/151	935/524
2008	1594/766	7/6	2	116/86	177/61	2/3	-	1040/523	9/11	243/74	817/395

第三节　户籍管理

1985 - 1998 年，全区户籍工作由区公安分局治安科管理，主要对常住人口、暂（寄）住户口、出生、死亡、迁入、迁出、变更户口登记及居民身份证的发放管理。1992 年底，随着区划调整，乡和街道划出划入，也对乡镇、街道基层派出所有所调整，其中陡电派出所辖区 13312 人、二十二冶派出所辖区 20326 人，由路北公安分局划归开平公安分局管辖，税务庄派出所辖区 21082 人由路南公安分局划归开平公安分局管辖。原开平公安分局管辖的果园派出所辖区 48300 人、傅家屯派出所辖区 27115 人划归路北公安分局管辖，梁家屯派出所辖区 18127 人、女织寨派出所辖区 22685 人划归路南公安分局管辖。同年，开平分局缸么派出所撤销，辖区共计 5034 人，其中李各庄村和贾庵子村划归郑庄子派出所管辖，半壁店村划分到开平派出所管辖。1998 年 3 月，公安分局增设户政科，专门管理户籍工作。2002 年底，开平分局二十二冶派出所撤销，辖区 12005 人由栗园派出所管辖。

一、常住人口管理

1987 年后，全区常住人口呈逐年增长趋势。自 2003 年 10 月 1 日开始，根据河北省人民政府冀政〔2003〕40 号通知精神，全区取消户口性质“农业户口”和“非农业户口”划分，户别分为“家庭户”和“集体户”。

（一）农业人口管理

1987 年，全区共有农业人口 24.08 万人，2000 年，结合第二代居民身份证换发准备工作，对全区农业户口进行逐人、逐户、逐项核对，纠正各类错项 3585 个，户口登记差错率控制在 2% 以内。2008 年，全区共有农业人口 10.88 万人。

（二）城镇人口管理

1987 年，全区共有非农业人口 75691 人。2000 年，结合全国第五次人口普查工作，对非农业人口进行核对，共纠正各类户口错项 2586 项，解决遗留问题 357 个。2008 年，共审批办理户口 814 份，其中投靠户 429 份、变更户口 153 份、其他户口 232 份。是年，全区共有城镇人口 13.84 万人。

（三）居民身份证管理

1988 年，全国实行居民身份证制度，截至 1989 年底，全区适龄人员办证率 98.23%。2007 年，在第二代居民身份证的制发工作中，共上传数据 78967 人，完成市局下达任务指标的 232%。至 2008 年，全区实际下发二代身份证 183907 个，换证人数占总人口的 74.72%。

（四）农转非管理

1987－2003 年 9 月，坚持对农转非工作依法严格管理。主要办理招生、招工、被国家征用土地农户、随军家属、煤矿井下职工家属、专业技术干部家属及其他符合条件人员农转非工作。2003 年，根据上级进一步加快小城镇人口户籍改革精神，全区农转非范围逐步加大，共有 2513 名农业人口转为非农业人口。是年 10 月，根据上级精神，全区打破农业、非农业二元户口管理结构，取消“农转非”计划指标管理和“农转非”户口审批的有关规定。

1987－2003 年开平区农转非情况统计表

表 19－3

年度	合计	招生	招工	退休	随军家属	科技干部家属	职工居民家属	落实政策	劳教	煤矿井下工人家属	劳教干部家属变户	教师子女落户	知青子女	征用土地	录用干部	优秀运动员	民办教师转国办	工伤家属	当地有效	投亲	落户城镇	投资购房	其他
1987	1401	11	303	40	109	72	124	44	–	512	127	59	–	–	–	–	–	–	–	–	–	–	–
1988	1161	–	211	–	–	123	151	46	259	143	–	50	178	–	–	–	–	–	–	–	–	–	–
1989	8934	2	962	120	22	181	41	13	347	29	–	48	113	7054	2	–	–	–	–	–	–	–	–
1990	1200	–	556	–	10	42	110	17	389	12	3	–	57	–	–	3	–	–	–	–	–	–	1
1991	697	3	348	–	24	9	72	15	–	180	–	–	–	1	–	–	–	–	–	–	–	–	45
1992	442	21	191	–	2	32	145	12	–	17	–	–	16	–	–	–	6	–	–	–	–	–	–
1993	1920	20	247	–	10	6	130	–	–	104	–	–	1	1395	–	–	–	–	–	–	–	–	7
1994	3733	100	283	–	6	16	172	1	–	138	–	–	3	3004	6	–	–	4	–	–	–	–	–
1995	1041	29	454	–	2	89	85	–	–	305	–	–	38	–	23	–	–	–	–	–	–	–	16
1996	8834	125	186	–	19	191	140	–	–	187	–	–	2	7712	14	–	–	–	243	15	–	–	–
1997	6257	94	234	–	23	83	275	–	–	278	–	–	14	5256	–	–	–	–	–	–	–	–	–
1998	827	10	257	–	27	158	207	–	–	161	–	–	–	–	–	–	–	–	–	7	–	–	–

续表 19－3

年度	合计	招生	招工	退休	随军家属	科技干部家属	职工居民家属	落实政策	劳教	煤矿井下工人家属	劳教干部家属变户	教师子女落户	知青子女	征用土地	录用干部	优秀运动员	民办教师转国办	工伤家属	当地有效	投亲	落户城镇	投资购房	其他
1999	538	–	165	–	22	105	107	–	–	71	–	46	–	–	–	–	–	–	–	16	–	–	6
2000	295	–	10	–	26	20	226	–	–	13	–	–	–	–	–	–	–	–	–	–	–	–	–
2001	496	–	44	–	–	75	293	–	–	–	–	–	–	–	–	–	–	–	–	–	–	–	84
2002	1399	–	2	–	5	–	1392	–	–	–	–	–	–	–	–	–	–	–	–	–	–	–	–
2003	2513	–	–	–	–	–	–	–	–	–	–	–	–	–	–	–	–	–	–	706	1340	195	272

注：2003 年底开平区取消城乡户口

二、流动人口管理

（一）登记

1987－1993 年间，区公安分局坚持以乡镇企业、旅饭店、采矿业为重点，加强对全区流动人口、出租房屋的日常管控，登记率保持在 95%以上。1996 年，开平区流动人口管理办公室成立，各乡镇村分别组建管理委员会、登记站。1997 年，对全区流动人口进行统一清查，共清理暂住人口 14160 人、出租房屋 2120 间；同时，健全区乡（镇）办“流管”委员会 11 个，村（居）委登记站 232 个，初步实现“流管”工作网络化。2003－2008 年，公安分局落实《唐山市流动人口管理办法》，全区流管工作步入法制化、规范化、制度化的轨道。

（二）流动人口调查

1987 年，全区迁入人口 2888 人，其中省外迁入人口 534 人。1996－2008 年，全区迁入人口 19151 人，其中省外迁入 6951 人。据 2008 年 9 月，对区内 8179 名流动人口进行调查，从调查情况看，流动人口多来自河南、安徽、四川、贵州和东北三省等地，且男多女少。从年龄上看，16 岁至 45 岁者占绝大多数。所从事的职业，男性多从事采矿、建筑、汽车修理、废品收购等。河南、安徽两省流动人口主要从事废品收购业；四川省、山西省、甘肃省、东北三省的主要从事餐饮、个体生意等。

2008 年开平区流动人口调查统计表

表 18－4

总数	来自地区		年龄			政治面貌			暂住事由				居住处所				
	省内	省外	16 岁以下	16 至 45 岁	45 岁以上	中共党员	共青团员	其他	务工	经商	服务	其他	出租房屋	单位内部	工地现场	居民家中	其他
8179	3214	4965	225	4944	3010	11	159	8009	6774	824	135	446	3885	3442	474	348	30

第四节　特种行业及危险物品管理

一、特种行业管理

不同历史时期，特种行业管理范围亦不同。改革开放前，特种行业的管理范围有 4 种，即：旅店业

（包括旅馆、旅店、车马店，宾馆、招待所等）、旧货业（包括旧货店、古玩店、寄卖行和废品收购站等）、印铸刻字业（包括印刷、铸字、刻字、晒图、拍摄文件资料等）、修理业（包括修理自行车、钟表、照相机、收音机、电视机等）。1987 年，依据公安部《关于改革和加强特种行业管理工作的通知》精神，对全区特种行业的管理范围开展调查摸底，修理业、印铸业和收购一般生活用废旧物品的行业不再列为特种行业管理。调整管理范围后，包括旅店业、生产性废旧金属收购等回收业和刻制公章、钢印等刻字业；增加了信托寄卖业。1990 年，公安分局组织开展旅馆业清理整顿、审核发证工作，对全区 11 家旅店、21 个旧货收购站点、2 个刻字社、6 个印刷厂，全部换发特许证。1991 年，在开展严打和反盗窃专项斗争中，针对个别旅店违反规定，不验证旅客证件，有的旧货收购单位，无证超范围收购生产性金属物品等现象，进行治理整顿。对重点旅店加强监督，要求各旅店设立“请出示居民身份证”的警示牌；建立举报有奖制度，特业之间互相监督；对查清的违法犯罪及违反特业管理制度情况严肃处理。1996 年，根据河北省公安厅有关文件精神，将出租车、歌舞厅、电子游戏厅、录像厅、机动车修理、废旧汽车拆解、桑拿洗浴等行业列入特种行业，由公安机关审批发放“特种行业许可证”。清理整顿后，全区新增特种行业 49 个，其中歌舞厅 2 个、电子游戏厅 8 个、录像厅 3 个、机动车修理厂 34 个、桑拿洗浴 2 个。2003 年，依据唐山市公安局通知，取消 13 项治安许可等行政审批。之后进一步完善相应的监督管理措施，保证相关工作有序、正常开展。

二、危险物品管理

（一）民用爆炸物品管理

1987 年，为加强民爆物品管理，区公安分局先后组成多个清查小组，对全区乡镇爆炸物品进行清理，共收缴散失在社会上的炸药 2000 多公斤、雷管 341 枚、导火线 241 米。1989 年，区公安分局与储存、销售、使用单位协作。对接触爆炸物品的 1045 名炮手，全部建档、建卡，坚持一政审，二培训，三考核，四使用，严格对人的管理；实行层层负责的岗位责任制，做到一级保一级，层层有人管；并不定期抽查，自查和联查。10 年间共搞安全检查百余次，查出各种不安全因素 436 件，整改 419 件，下重大隐患通知书 17 件。同时对各生产、储存、使用爆炸物品单位，均制订《爆炸物品仓库管理制度》《爆炸器材发放与清退制度》《爆破器材库房安全防火制度》《爆炸物品仓库保管员岗位责任制》《安全员岗位责任制》《爆炸物品仓库警卫人员岗位责任制》《押运人员岗位责任制》等 8 项制度，做到制度上墙，人人遵守，条条落实。1999 年，区公安分局对民爆器材实行“链条式”管理模式，治安科抓头，基层派出所抓尾；即治安科确保购买、运输、储存 3 个环节的安全，派出所确保使用环节的安全，层层签订责任状。对全区 1 个爆炸物品储存库、105 个使用民爆物品单位进行检查，参照《小型民用爆破器材仓库安全标准》，限期整改爆炸物品储存库。收缴炸药 1168 公斤、雷管 1540 枚、导火线 419 米、私制硝铵炸药 896 公斤、硝酸铵化肥 800 公斤，查处涉爆案件 3 起，涉爆违法人员 37 人，其中行政拘留 7 人、罚款 30 人。2003 年，区公安分局进一步建立完善民爆物品管理一条龙模式。2006 年，开平区共有涉爆单位 83 家，其中唐山市民爆器材服务中心开平供应站 1 家、爆炸物品使用单位 82 家。为进一步加强民用爆破物品管理，相继开展民用爆破器材管理基础建设会战，收缴非法枪支弹药、爆炸物品专项整治工作和集中整治爆炸物品、枪支弹药，管制刀具专项行动。共收缴炸药 413.2 公斤、硝氨磷复混化肥 2500 公斤、电雷管 931 枚、导火索 230 米等爆炸物品。2008 年，按上级公安机关总体部署，组织开展危爆物品专项整治战役和涉爆安全隐患排查治理等项工作。共张贴通告 5000 份、标语 3000 条，悬挂横幅 22 幅，发放《一封信》796 封，收缴炸药 4978 公斤、雷管 11134 枚、导火索 250 米。涉爆案件 2 起，行政拘留 2 人，刑事拘留 1 人。

（二）枪支管理

1987 年，全部民用枪支均由属地派出所负责登记管理，治安科备案并发放持枪证，同时定期对枪支进行年审和检查。随着治安形势的发展，对全部民用枪支开展清理收缴工作，个人不再允许持有枪支弹药，每年都开展散存社会枪支弹药的收缴工作。1993 年 8 月，开平区人民政府印发《关于收缴非法持有枪支弹药的通告》，公安分局全面开展清理社会上制造、储存、销售、藏匿、持有的军用枪、射击运动枪、猎枪、火药枪、气枪、麻醉枪、手枪式钢珠枪、催泪枪、仿真枪等枪支及其弹药。1996 年 10 月 1 日，公布实施《中华人民共和国枪支管理法》。国家严格管理枪支，禁止任何单位或者个人违反法律规定持有、制造（包括变造、装配）、买卖、运输、出租、出借枪支。除依法履行职责时确有必要使用枪支的，可以配备公务用枪，全区公安机关警用手枪全部收回集中保管，只有执行任务时，经领导批准才能佩戴。2008 年，北京奥运会和迎国庆六十周年，为防止枪支弹药隐患，开展“治爆缉枪”专项整治行动，共收缴各类枪支 39 支、子弹 6700 余发。

（三）剧毒物品管理

1987 年，结合打击走私活动，加强对剧毒物品使用单位进行治理和整顿。2005 年，对剧毒化学品的购买和公路运输实行许可证制度，并对剧毒物品的购买进行专项检查、整顿。2008 年，全区有剧毒物品使用单位 1 家。

第五节　110 报警服务与重点人口管理

一、110 报警服务

开平区公安分局“110”报警服务台于 1996 年正式开通使用。指挥室由 1 名干警、9 名协警组成，并安排 13 个巡逻待警点，昼夜巡逻并随时等候指挥中心派警。同时，制订《110 接处警工作规则》《110 指挥中心执法工作规范》《重大事项报告制度的规定》《接处警工作制度》等。1996－2008 年，共接报警电话 15.8 万多次，有效出警 3 万多次，抓获各类嫌疑人 8168 人，查处各类治安案件 5501 起，调处民事纠纷 7152 起、交通事故 411 起，处理火灾事故 588 起，帮助危重病人 772 起，为迷路老人、丢失儿童查找亲属 197 人次，为群众解决暖气跑水、煤气泄漏等难题 2672 件。

二、重点人口管理

1987 年，全区共有重点人口 1394 人。为做好帮教工作，全区各级成立 1394 个帮教小组，聘请帮教员 3182 人，当年重点人口改好率达到 90%。1989 年，为维护社会稳定，对 1338 名重点人员进行集中教育。2000 年，为科学规范管理，对全区 960 名重点人口进行重新建档、分类管理。2007 年 5 月至 2008 年，按照上级部署，排查清理刑释解教人员 473 人，纠正未落户人员 33 人。是年，结合严打整治专项斗争，在核实重点人口底数基础上，采取“公开与秘密相结合、控制与打击相结合、教育与宣传相结合、帮教与安置相结合”的办法，切实加强对 702 名重点人员的帮教，全区治安刑事案件发案率明显下降。

第六节　安全保卫

一、内部安全保卫

1987 年，区公安分局在 315 个内部单位开展机制安全检查。落实内部单位重要部位，如财会室、重要库房的报警器、防护栏安装等，促进内部单位的安全防范工作。通过加强安保侦破刑事案件 9 起、治安案件16起。1990年，区公安分局对全区349个内保单位严格落实“人防、物防、技防”措施，全区内保单位设专职内部保卫科219个，有专兼职保卫干部367人，并加强治安承包责任制的落实。1991年，投资45万元购置防范、报警器材，共打处18人。1993年，破获刑事案件13起、治安案件27起，打处32人。对案件多发单位进行整顿，强化学校的法制教育和外资、台资、港资企业安保工作。1994年，内保系统围绕经济建设中心，积极开展“春季攻势和打击两拦一扰”的严打行动，破获刑事案件19起，其中大案8起，打处各类违法犯罪分子52名。1996年，内保工作重点落实内部单位更勤制度，并实行领导带班工作，重点加强停产、半停产企业、破产企业的安防建设和信息反馈制度。1997年，建立健全内部安保工作责任制，落实内部单位三铁一器、通讯保障等措施，新增报警器用户60户，其中30户实现联网，重点部位覆盖率达到80%。1998年，打击处理14人，其中逮捕、刑拘各1人，破获刑事案件7起。通过安全检查，查封内部单位保险柜100余个，排除隐患52起，新增联网报警16户。2008年，以内部单位“发案少、秩序好、干部职工满意”为标准，以奥运安保工作为核心，最大限度地减少、控制可防性案件和治安灾害事故的发生。

二、其他安全保卫

开平区共有5种合法宗教，信教人数近6000人，有清真寺2座、天主教堂1座、基督教聚会点7个、佛教活动点1个、道观1座。加强宗教阵地的防范工作，确保宗教的正常活动和宗教活动场所的纯净。在维护宗教阵地的同时，加强对邪教的打击力度。自1999年以来，共侦破案件30起，判刑5人、劳动教养33人、行政拘留96人、批评教育285人。在2000年“阳信事件”中，公安分局做到情报先行，措施得力，全区无一人去阳信声援，成功完成了“1212”事件的保卫工作。

开平公安分局负责京山线等2条铁路、6条公路、2条高速和所涉及参观点的警卫任务，总里程300余公里。对桥梁、涵洞、服务区、出入口等重点部位进行静态、动态图像采集。对警卫线路、重点部位、复杂地段做到底数清楚，确保不发生影响警卫安全的问题发生。1987－2008年共执行警卫任务490次，其中一级警卫任务265次，无一次出现纰漏。

第七节　消防管理

1987年，开平区公安分局成立消防科，1988年，成立驻开平唐山市公安消防大队六中队，两者同属武警唐山市消防支队和唐山市公安消防支队领导。

一、消防宣传

20世纪80年代，采取举办消防知识培训班，出动宣传车，利用有线广播、文艺演出、发放宣传资料等形式，广泛宣传消防法规和知识。1989年4月，利用6天时间，组织全区企事业单位、乡镇企业负责人近百人培训班，重点学习《消防法规》《物质燃烧原理》《电气防火》《建筑防火》《火灾原因调查》《防火检查》等普及防火知识。1990年10月，在开平体育场承办唐山市第十届消防体育运动会，7个公安消防队、36个企事业专职消防员和28个企业义务消防队共618名消防员，参加了37个消防体育项目竞赛。

2001－2008年，采取消防知识竞赛、印发宣传材料、张贴消防标语等形式，加强消防安全教育，提高消防法制观念。先后5次举办全区性消防知识竞赛活动，最多一次有28单位代表队参加比赛。举办文艺演出4场，其中有省公安厅文工团专场。利用开平集日，出动消防宣传车37辆次，展出宣传展牌320多块，发放宣传材料3万多份，张贴标语5000多张。

二、消防检查

20世纪80－90年代，随着开平区乡镇企业崛起，爆炸物品和易燃物品生产、运输、储存、使用突增，消防隐患呈点多面大之势。消防科将全区9个炸药库、2个花炮厂、1个火药厂和其他14个重点部位，作为消防安全检查的重中之重。1987年，开展防火检查10次，查出重点部位不安全因素27件，立即整改15件，查处私自购买炸药使用的违法人员17人。截至1999年，共进行消防大检查182次，发现隐患苗头1461件，立即整改1269件。

2001－2008年，把消防安全作为敏感期安全保卫工作的重点，强化阵地控制。2004年，在全区范围组织3次“拉网式”安全隐患排查行动，共清查消防重点单位、涉爆单位和公共场所871家次，发现整改火险隐患172项，逐一进行排除。

第二章　检　察

1987－2008年，开平区人民检察院受理提请逮捕案2098件，涉案3343人；批准逮捕2054案，涉案人员2611人；立案侦查贪污贿赂经济犯罪279案297人；受理渎职侵权职务犯罪案件线索237件，立案52件69人；受理民事行政案146件，立案106件，投诉36件，息诉13件，改判4件；受理群众来信来访1227件，转办1028件，查办93件。通过办案为国家、集体挽回经济损失1596万元。区人民检察院监所检察科自1988年荣获市检察系统先进监所检察科之后，1993年、1999年又两次荣立市检察系统二等功，1998－2001年连续4年获全市监所检察第一名，1996年被最高检察院命名为“全国派驻检察先进集体”，2001年荣立省检察系统集体二等功。

第一节　机构与队伍

一、机构

1987年，开平区人民检察院（以下简称区检察院）下设办公室、批捕科、起诉科、经检科、法纪科、监所科、控申科。1988年5月，设立税务检察室；7月，设立经济、法纪、罪案举报室。1991年4月，设政工科、民事行政检察科，原经济检察科更名为贪污贿赂检察科；8月，设立技术科。1993年7月，设立越河、郑庄子、半壁店3个农村经济检察室。1995年12月，设立地税检察室。1996年4月，设立预防犯罪办公室；6月，成立法警队；11月，贪污贿赂检察科更名为反贪局；12月，各基层检察室合并为乡镇检察室。1997年1月，法纪科分为法纪一科、法纪二科；10月，撤销国税、地税检察室。1998年3月，成立研究室；9月，设立纪检组；12月，政工科改为政治处，法纪一科和法纪二科合并为法纪科，撤销乡镇检察室。2003年3月，批捕科更名为侦查监督科，起诉科更名为公诉科，法纪科更名为渎职侵权检察科，技术科更名为检察技术科，研究室更名为法律政策研究室，预防职务犯罪办公室并入反贪污贿赂局，法警队靠挂政治处。2005年，院机构为反贪污贿赂局（侦查一科、侦查二科、综合科、预防职务犯罪科）、政治处、办公室、纪检组、侦查监督科、公诉科、渎职侵权检察科、监所检察科、检察技术科、控告申诉检察科、民事行政检察科、法律政策研究室。

2008年，区检察院设检察长1人、副检察长3人，反贪污贿赂局局长1人、副局长2人，检察委员会委员6人，检察员26人，法警9人，其他工作人员24人。

二、队伍

（一）知识结构

1987年，区检察院45人中有大学本科1人，大专9人，中专12人，高中8人，初中14人，小学1人。

2008年，区检察院63人中，大学本科以上学历56人（其中研究生1人、法律专业44人）、大学专科学历7人（其中法律专业5人）。本科以上学历占89%，法律专科学历占78%。

（二）年龄结构

1987年，区检察院45人中，50岁以上10人，占总人数22%，36岁－45岁15人，占33%，25岁－35岁20人，占44%。

2008年，区检察院63人中，50岁以上7人，占总人数11%；41－49岁人员19人，占总人数30%；31－40岁人员30人，占总人数47%；21－30岁人员7人，占总人数11%。

第二节　侦查监督

一、审查批捕

1987年，本着提前介入公安机关侦查、预审活动的办案原则，坚持依法从重从快打击严重刑事犯罪活动，重点对杀人、放火、强奸、抢劫、严重盗窃等刑事犯罪予以打击。是年，受理公安机关提请逮捕案件94件145人，经审查，批准逮捕85件127人，不批捕4件6人，追捕1人，撤案4件6人，退回公安机关补充侦查6件。1988－1992年，共受理公安机关提请逮捕案件586件1061人，批准逮捕451件1049人，撤案17件26人，批捕10件30人，追捕15人。1993－2000年，坚持把杀人、抢劫、持枪作案等累犯、惯犯、流窜犯作为打击重点，开展打击严重刑事犯罪的“春季攻势”“冬季攻势”“严打攻势”百日会战、办案会战和百日严打综合整治活动，从重从快办理刑事案件的审查批捕，维护了社会治安。截至2000年，受理公安机关提请逮捕案件1018件1716人，批准逮捕1014件1543人，撤案4件9人，不批捕17件48人。进入21世纪，继续保持“严打”高压态势，提前介入重特大刑事案件，依法引导协助公安机关收集完善证据。2001－2008年，受理公安机关提请逮捕案件1080件1627人，批准逮捕1040件1608人，不捕批7件13人。在审查批捕工作中，区检察院坚持“基本事实清楚，基本证据确凿”的办案方针。抓住主要犯罪事实，不在细枝末节上延误时间，严格执法，狠抓办案，严把案件质量关。1987－2008年，审查批捕案件准确率始终为100%。

二、公诉

1987年以来，区检察院依法依规，认真把好审查起诉关，坚持在搞准罪与非罪、搞准主要犯罪事实、搞准犯罪性质上下功夫，分清打击重点与非重点、集团犯罪与共同犯罪、主犯与从犯、惯犯与偶犯、累犯与初犯，严把办案质量关。进入21世纪，区检察院试行主诉法官责任制，并强化公诉机关内部的规范化管理，完善尝试量刑建议，探索公诉引导侦查取证的新工作方式。截至2008年，共受理各类起诉案件2574件5499人，经审查提起公诉1480件1426人，免诉128件201人。在整个公诉过程中，区检察院始终坚持一人阅卷、集体讨论、科长把关、检察长批准的办案制度，严格案件质量。1987－2008年，公诉案件有罪判决率为100%。区检察院认真履行法律监督职能，在坚持“从重从快”方针同时，加大侦查监督工作力度。1998－2008年，共办理刑事立案监督案件68件79人。

第三节　反贪污贿赂

一、经济犯罪检察

1979年，区检察院成立经济检察科。20世纪80年代中期，开平区乡镇企业异军突起，带动全区经济迅猛发展，随着改革开放的深入，打击经济犯罪，尤其是反贪污贿赂成为检察工作的主要任务。1996年经济检察科更名为反贪污贿赂科，1998年升格为反贪污贿赂局。

1987－1989年，共受理经济违法犯罪案件93件，立案查处32件，逮捕经济犯罪分子12人，起诉11人，挽回经济损失227万多元。1990年，共受理各类经济案件45件，立案查处14件，挽回经济损失34.7万元。1991－1992年，检察机关把反贪污、贿赂工作摆在首位，共受理案件120件，立案40件，挽回经济损失196.6万元，其中侦破贪污贿赂大案12件。1993年起，经济犯罪案件呈逐年上升趋势。是年，共受理案件47件，立案20件，挽回经济损失43万元，为8家企业追回被骗风险金107万元，与公、法部门为企业追回流失款3100万元。1994－1997年，共受理各类经济犯罪案件436件，立案172件，其中大案要案117件，为国家和集体挽回经济损失744万元。1997年10月1日，新《刑法》实施后，涉税案件归公安机关管辖，人民检察院不再受理。1999－2008年，重点查处经济案件，突出查办大案要案，共受理案件103件，立案84件，挽回经济损失873万元。

二、预防职务犯罪

22年间，区检察院坚持把结合办案进行法制宣传作为开展综合治理的一项主要任务常抓不懈。本着“积极慎重，严守程序，有的放矢”的原则，在办案中开展发放检察建议活动，共发出建议书185份，提口头建议9次，促进18个单位改进管理。同时设立青少年维权岗，通过审查刑事案件、举办法制宣传周、聘请校外法制辅导员讲课等形式，加强对青少年法制教育。

1996年，预防职务犯罪工作实行“四卡”（指“乡镇村企财物管理及财物人员登记卡”“乡镇村企财物管理状况登记卡”“乡镇村企债权债务登记卡”“案件跟踪卡”）制度。1997年5月，成立开平区预防职务犯罪指导委员会。2004年1月，区检察院《预防职务犯罪警示专刊》创刊，并与开平区教育局、房管局和统计局等三单位建立联合预防单位，签订《重点工程专项预防实施方案》。截至2008年，签订单位达到39个。

第四节　反渎职侵权与民事行政检察

一、反渎职侵权

1979年，区检察院重建之初即成立法纪检察科，2002年更名为渎职侵权检察科。1987－1992年，着重查办重大责任事故案，为乡镇企业发展保驾护航，6年共受理案件189件，立案16件23人。1996年，受理案件20件，立案14件21人。重点查处二十二冶公安处陈某等5人刑讯逼供致人死亡案。进入21世纪，法纪案件有所下降。2000－2008年，共受理28件，立案22件25人。

二、民事行政检察

1991 年 4 月 9 日，《中华人民共和国民事诉讼法》公布实施后，区检察院设立民事行政检察科，开展民事行政检察业务。1992 - 1995 年，共受理 11 件，全部息诉。1996 年，受理案件 12 件，立案 9 件，提请抗诉 3 件。1997 年，受理案件 14 件，立案 8 件，提请抗诉 2 件。是年，被评为市级民事行政检察先进科。1998 年，受理案件 19 件，立案 19 件，建议提请抗诉 4 件，息诉 2 件，发检察建议 4 件。1999 年，受理案件 13 件，立案 7 件，建议提请抗诉 1 件，提请抗诉 3 件，改判 1 件。2001 - 2008 年，共受理案件 77 件，立案 63 件，提请抗诉 24 件，建议提请抗诉 33 件，改判 3 件。

第五节 监所检察、技术检察与控告申诉检察

一、监所检察

1984 年 6 月，区检察院设置监所检察科，负责对开平劳教所（1988 年改称河北第一劳动教养所）的监所检察任务。1993 年 6 月，唐山市检察院将唐山市看守所（1997 年 8 月改称唐山市第一看守所）的监所检察任务转交区检察院。1997 年 1 月，唐山市第二看守所成立，唐山市检察院又将该所检察任务交给区检察院。1987 - 2008 年共办理各类案件 40 件，其中管教干警犯罪案件 6 件，在押在教人员重新犯罪案件 29 件、其他案件 5 件。受理被监管人员申诉 304 件，审阅案件 9836 册，找被监管人员谈话 4588 人次，纠正错教（又撤销劳动教养）3 件，发出纠正违法通知书 247 份，提出检察建议 209 份，纠正各种违法 420 件次。监所检察科多次受到上级表彰奖励，1988 年被市人民检察院评为先进监所检察科。是年，河北高级人民检察院在开平区召开劳教检察工作经验交流会。1993 年和 1999 年，先后荣立唐山市人民检察院集体二等功。1996 年，被最高人民检察院命名全国派驻检察先进集体。1998 - 2001 年，连续 4 年在唐山市检察系统监所检查评比中名列第一。2001 年，荣立河北省高级人民检察院集体二等功。

二、技术检察

20 世纪 80 年代，区检察院没有负责检察技术工作的专门科室。1987 年，由院办公室分管检察技术工作，主要负责刑事照相、文件检验鉴定。1990 年，开展法医检验工作。1991 年 8 月，设立技术科，编制 3 人。2004 年，筹集资金 63 万元，添置照相机 3 台、摄像机 1 台、复印机 1 台、打印机 12 台，监控室同步录音录像设备 1 套、移动式同步录音录像设备 1 套、视频会议设备 1 套、三级网络设备 1 套，实现了与省、市检察院三级网络办公。1991 - 2008 年，共进行法医检验 266 件、理化检验 2 件、文件检验 418 件、痕迹检验 34 件、司法会计鉴定 181 件、视听技术 61 件、现场勘验 288 次、其他 87 件，提供视听资料 94 件、物证照相 122 件，出具各类鉴定书 622 件、检验报告 64 件、文件审查意见书 405 件。

三、控告申诉检察

1987 年，共受理群众来信来访 133 件，转其他部门 112 件，查办 9 件。1988 年，建立经济、法纪罪案举报室，并设立举报电话，全年共受理群众来信来访 114 件，转其他部门 88 件，查办 21 件。1989 - 1997 年，共受理群众来信来访 817 件，转其他部门 733 件，查办 60 件。1988 年 6 月，实行检察长接待日制度，加强与群众之间的沟通与交流，控申工作坚持做到“四个到位”，即落实检察长接待日制度到位、责任落实到位、工作协调到位、设施保障到位。是年，共受理群众来信来访 29 件，转其他部门 29

件。1999－2005年，共受理群众来信来访100件，转其他部门95件，查办3件。2006年，共受理群众来信来访37件79人，其中群众集体访7件33人、上级交办7件11人。2007年，共受理群众来信来访67件78人，其中省政法委交办7件9人、市院督办2件2人。2008年，共受理群众来信来访89件，其中告急访12件、涉法涉诉访27件。

第三章　审　判

1987－2008年，开平区审判机关按照抓严打保稳定、抓服务促发展、抓队伍树形象、抓基层打基础的工作思路，积极探索审判方式改革，忠实履行宪法和法律赋予的职责，坚决维护法律的公平、公正和社会正义。22年间，共审结刑事案件3783件、行政案件720件，民事案件调解率80%以上。建立规章制度，推进执行工作向规范化、制度化迈进，2005年，在全省率先出台《执行工作规则》。

第一节　机构与队伍

一、审判机构

1987年，区法院设刑事审判庭、民事审判庭、经济审判庭、开平法庭、越河法庭、马家沟法庭、果园法庭、栗园法庭和办公室等机构，全院共有干警69人。同年4月，增设行政审判庭和执行庭。1989年5月，实行以乡建庭，增设洼里、缸窑、岔道、郑庄子、双桥、女织寨、梁家屯、傅家屯8个人民法庭。是年9月，增设告诉申诉庭。1990年，区法院增设政工科。1991年1月，撤销以乡建庭，恢复5个人民法庭。1992年11月，唐山市进行区划调整，将果园法庭和傅家屯法庭划归路北区法院，将女织寨法庭和梁家屯法庭划归路南区法院，撤销缸窑法庭后建立郑庄子法庭和栗园法庭。1993年，增设法警队，设队长1名、指导员1名。1996年8月，增设司法技术科、财务科，执行庭分设为执行一庭和执行二庭（1997年8月又重新合并为执行庭）。1997年11月，撤销司法技术科，政工科更名为政治处。2002年4月，原刑事审判庭分为刑事审判一庭和刑事审判二庭，民事审判庭更名为民事审判一庭，经济审判庭更名为民事审判二庭，告诉申诉庭分为立案庭和审判监督庭，增设监察室。2008年，法院执行庭升格为执行局，执行局下设执行庭、裁决庭和管理科。是年，区法院内部机构有刑事审判一庭、刑事审判二庭、民事审判一庭、民事审判二庭、行政审判庭、执行局、立案庭、审判监督庭、司法警察大队、政治处、办公室、纪检组、监察室；基层法庭有5个，即开平人民法庭、马家沟人民法庭、越河人民法庭、栗园人民法庭、郑庄子人民法庭。

二、审判队伍

1987年，区法院在职干警47人，其中高中及以下学历45人、中专学历1人、大专1人，助理审判员以上法官35人。2008年，全院在职干警83人，其中，助理审判员以上法官59人、法警9人、其他人员15人，在职研究生学历1人、大学本科学历57人、专科学历25人。

第二节　案件审理

一、刑事案件审理

1987 年，区法院开展严厉打击严重刑事犯罪和经济犯罪的斗争，始终把打击杀人、抢劫、盗窃、强奸、流氓和带有黑社会性质的犯罪，以及惯犯、累犯、破坏生产设施的犯罪作为打击重点。1988 年，最高人民法院和最高人民检察院联合发布《通告》，要求全国依法严惩各类刑事犯罪分子。区法院研究制订贯彻执行《通告》的具体意见，与公安机关密切配合，对重点案件提前介入，协同作战，以掌握破案时机。1990 年，开展打击破坏电力设备犯罪和打击“六害”犯罪的专项斗争。1994 年，开展以整顿农村社会治安秩序为重点，以扫除社会各种丑恶现象为目标的“春季攻势”。1995 年，贯彻从重从快的方针，严厉打击社会危害严重的犯罪活动，特别是对村霸、市霸、牢头狱霸等犯罪分子进行严惩。1997 年，在严惩犯罪分子的同时注重办案的社会效果，积极参与社会治安综合治理，对 24 案 40 犯分 3 次集中进行公开宣判。有针对性地选择一些有影响的典型案件，深入案发地和人口稠密地，就地公开宣判 6 次。1999 年，在省第一劳教所公开开庭审理一起盗窃、销赃案，400 多名劳教人员旁听。2004 年，在“严打整治百日会战期间”，做好信息反馈工作，编办严打专刊，反映工作动态。唐山电视台《法治前沿》栏目对区法院严打活动中的典型案例进行专题报道。2005 年，对 194 件刑事案件做执法检查工作，杜绝超审限案件和超期羁押情况。是年，开展法制宣传教育活动。组织大型法制宣传活动 3 次。11 月 6 日，区法院刑事二庭肖树楷庭长在唐山市五十八中学做“远离网吧，远离犯罪”的专题报告，使 500 多名学生受到法制教育。2007 年，在严惩暴力犯罪的同时，对贪污、贿赂、挪用公款等经济和职务犯罪加大打击力度。全年审结职务犯罪案件 9 件，判处人犯 15 人，为国家和集体挽回经济损失 500 余万元。2008 年 3 月 25 日，区人民法院对刘官屯煤矿特大矿难事故一案进行一审公开宣判。经审理查明，2004 年 4 月，唐山恒源实业有限公司法定代表人朱文友购买了刘官屯煤矿，2005 年 7 月，该矿采用编造国家机关公文的手段办理了采矿权转让手续。该矿基建过程中，在《安全专篇》未经批复的情况下，擅自施工。2005 年 7 月 18 日，河北煤矿安全监察局冀东监察分局下达停止施工通知，但该矿拒不执行，继续施工。在未竣工验收的情况下，进行非法生产。由于该矿采掘及通风系统布置不合理，无综合防尘系统，瓦斯检查等特种作业人员严重不足，使用无资质的承包队在井下施工，导致 2005 年 12 月 7 日 15 时 10 分许，刘官屯煤矿发生瓦斯爆炸，造成特大矿难事故，108 名矿工遇难，直接经济损失超 12 亿元。法院认为，刘官屯煤矿的劳动安全设施不符合国家规定，在《安全专篇》未经批复的情况下擅自施工，拒不执行停工指令，因而发生特别重大伤亡事故。被告人尚志国、李启新、吕学增身为煤矿的主要管理人员，忽视安全生产，对事故的发生负有直接责任；被告人朱文友作为该矿投资人，对煤矿的生产安全失于管理，对事故的发生负有直接责任，其行为均已构成重大劳动安全事故罪。被告人刘文成身为通风科科长，明知该矿采掘及通风系统布置不合理，无综合防尘系统，而不采取措施，明知李金刚、郑建华无瓦斯检测证而违反规定安排其二人在井下检测瓦斯浓度；被告人周炳义身为调度员兼安全员没有按照国家有关矿井安全规定下井进行安全检查；被告人李金刚、郑建华身为特种作业人员，未取得瓦斯检测证就下井检测瓦斯浓度，其行为均已构成重大责任事故罪。被告人尚福奎编造国家机关公文，其行为已构成编造国家机关公文罪。分别以重大劳动安全事故罪判处刘官屯煤矿原矿长尚志国有期徒刑六年、技术副矿长兼安全科科长李启新有期徒刑五年、投资人朱文友和党支部书记兼保卫科科长吕学增有期徒刑各三年；以重大责任事故罪判处该矿原通风科科长刘文成有期徒刑四年、调度员兼安全员周炳义有期徒刑三年六个月、瓦斯检测员李金刚和郑建华各有期徒刑三年；以编造国家机关公文罪判处刘官屯煤矿技术员尚福奎有期徒刑二年，缓刑三年。

1987－2008 年，区法院共审结刑事案件 3783 件，涉案 4934 人。从犯罪构成看，故意杀人及伤害、抢劫、强奸等暴力案件占据主体地位，分别占案件总数的 22%、8% 和 5%，盗窃案件始终占据高发犯罪地位，占案件总数的 31%。

1987－2008 年开平区刑事案件审判分类统计表

表 19－5　　单位：件

案由 年度	结案数	故意杀人伤害	强奸	抢劫	盗窃	其他
1987	89	10	16	5	28	30
1988	95	20	10	8	40	17
1989	141	19	12	18	58	34
1990	149	32	14	16	58	29
1991	119	36	10	17	38	18
1992	157	40	11	23	51	32
1993	270	50	18	36	87	79
1994	155	24	5	20	65	41
1995	130	35	6	10	40	39
1996	139	34	9	19	48	29
1997	155	33	7	11	55	49
1998	203	45	10	18	61	69
1999	223	48	11	12	80	72
2000	215	41	8	10	60	96
2001	198	44	8	9	77	59
2002	215	36	10	10	70	89
2003	173	31	10	9	50	73
2004	166	39	3	12	38	74
2005	195	38	7	8	62	80
2006	179	40	2	13	37	87
2007	237	76	9	11	49	92
2008	180	65	4	11	39	61
合计	3783	819	197	286	1153	1182

22 年间，区法院共判处各类案犯 4934 人，其中判处 10 以上有期徒刑 261 人，占案犯总数的 5.3%；判处 3 年至 10 年有期徒刑 1785 人，占案犯总数的 36.2%；判处 3 年以下有期徒刑、拘役共 2537 人，占案犯总数的 51.4%；其他处理共计 351 人，占案犯总数的 7.1%。从整个犯罪构成来看，由于轻伤害和轻微盗窃等案件较多，所以适用 3 年以下有期徒刑，包括适用缓刑处理的案件一直占有较高的比例。

1987－2008 年开平区判处犯罪统计表

表 19－6　　单位：人

年度＼判刑年限	罪犯人数	10 年以上	10－5 年	5－3 年	3 年以下（含运用缓刑）	拘役	其他
1987	116	4	20	39	43	5	5
1988	155	3	16	52	69	14	1
1989	246	4	35	92	100	13	2
1990	254	5	53	64	121	11	0
1991	186	6	37	53	59	5	26
1992	177	12	47	45	60	7	6
1993	203	5	28	58	105	7	0
1994	254	19	47	67	103	4	14
1995	165	12	48	42	53	10	0
1996	196	33	62	35	42	15	9
1997	198	13	63	41	56	14	11
1998	232	15	25	60	82	26	24
1999	287	19	25	41	113	37	52
2000	253	16	14	30	90	40	63
2001	232	4	19	30	100	47	32
2002	226	8	30	41	88	37	22
2003	219	13	22	44	91	39	10
2004	216	13	12	36	97	46	12
2005	281	17	30	49	101	65	19
2006	262	5	34	52	119	36	16
2007	359	17	48	72	153	53	16
2008	217	18	6	21	145	16	11
合计	4934	261	721	1064	1990	547	351

二、民事案件审判

1987 年，区法院对民事案件坚持以调解为主的原则，案件调解率在 80% 以上，大量民事纠纷在基层得以解决。是年，《民法通则》及相关司法解释出台，区法院由过去依靠行政手段解决的一些问题逐步纳入法制轨道，由法律来调整。1988 年，区法院结合乡、镇调解组织处理民事纠纷 388 件，防止矛盾激化 13 件。是年，建立由主管院长为主的法庭工作指导小组，深入基层法庭进行业务指导，推行目标管理岗位责任制，提高干警的办案效率。1989 年，区法院对简单民事案件或事实清楚、争议不大的纠纷一律按简易程序办理，除婚姻外，开庭时当庭调解，调解不成即行判决，大大缩短了办案时间。在办案的同时，大力开展超前服务，全年共主动上门服务 300 多次，提供法律咨询 100 多次，帮助企业修订合同 50 多件。1990 年，区法院开展清理民事案件的战役，给各庭下达指标，将未能及时审结的案件抓紧时间审结，解决群众“告状难”的问题。1994年以来，区法院进行审判方式的改革。开展由各基层法庭庭长自选案件类型，轮流主持公开审理的民事审判观摩活动。探索、试行和推进以突出公开审理和强调当事人在庭审中的举证、质证作用为主要内容的庭审方式改革。扩大简易程序的适用范围，提高庭审效率。1996年，在抓好婚姻、赡养、债务等案件的同时，重点审理社会影响较大的集团诉讼案件，全年共受理集团诉讼案件25件。1999年，法院重点抓离婚、赡养等案件的审理，注重调解，防止矛盾激化，全力维护社会稳定。2006年，区法院充分发挥司法调解与人民调解、行政调解的相互衔接、相互配合，实行邀请协助调解和委托调解制度，邀请区人大代表、政协委员、妇联及人民陪审员担任协助调解员，参与案件调解工作。设立53个巡回调解点，便于案件就近调解。2008年奶农起诉案件是2002年经济审判庭撤销后受理的一件典型经济纠纷案。受震惊全国的“三鹿奶粉事件”的波及，2008年区法院陆续受理了几十起奶农起诉奶站拖欠奶款案件。一些情绪失控的奶农，到区、市两级政府上访，最多时达一百多人。事件发生后，区法院组成以开平法庭为主的专案组。深入奶农家中了解情况。当得知藏匿了两个多月的奶站负责人薛某某回来后，专案组及时对其传唤，并积极促成双方当事人达成庭前和解，使近一千户奶农放弃了诉讼，已经立案的50户有近半数撤回了起诉，最后只判决27件拖欠奶款案，运用调解机制化解了矛盾。专案组除对奶站的财产予以查封外，对被告在外地的财产也予以冻结。了解到被告在几家乳品厂享有到期债权后，专案组又到乳品厂冻结债权，在乳品厂极不配合的情况下，利用法律手段冻结被告债权几十万元。2008年，学习推广“迁安经验”，建立诉前劝导调解机制，为群众解愁，为法院减负，办理诉前调解案件119件，经委托人民调解、行政调解组织办结112件，转回法院立案7件。

三、经济案件审理

1987年后，随着经济的发展，公民之间、公民与法人之间、法人与法人之间以及其他民事主体之间的经济合同纠纷大量增加，争议标的数越来越大，涉及的范围越来越广。在案件的受理范围上，区法院严格依照《中华人民共和国民事诉讼法》所规定的属于区法院管辖的各类经济合同纠纷案件，其中包括当事人事先设定由区法院管辖的案件和上级交办的案件。在各种经济合同纠纷案件中，购销合同纠纷案件占案件总数的60%以上。在《合同法》颁布以前，区法院主要依据《经济合同法》《民法通则》和《借款合同条例》审理经济案件，1999年，《合同法》颁布实施，成为区法院经济审判的主要法律依据。2002年，撤销经济审判庭，经济纠纷案件由民事审判庭审理。

部分年度开平区民事（含经济）案件审判分类统计

表19－7　　　　单位：件

类别 / 案件数 / 年度	婚姻“三费”继承	房地产	人身损害赔偿	合同财产纠纷	其他
1987	253	11	32	84	61
1993	661	118	66	755	163
2003	299	120	115	793	44
2008	350	148	146	682	48

四、行政审判

1987年4月，区法院设立行政审判庭。审判行政案件在《行政诉讼法》实施之前，主要依据《民事诉讼法》和各种行政法律法规进行审判。1990 年，国家《行政诉讼法》正式实施，成为行政审判工作的主要依据。1987－2008 年，共审判行政诉讼案件百余件，审结行政案件 720 件。

1987 年，结合区司法局、土地局联合召开乡镇土地助理员、司法助理员和各法庭庭长参加的业务培训。针对城乡土地宅基纠纷以及审理土地行政案件运用实体法、程序法、法律文书制作等问题进行业务讲解，使其在行使行政处罚行为中减少差错。1990 年，重点抓《行政诉讼法》实施前的各项准备工作。首先加强审判人员的自身业务学习，同时参加上级法院组织的有关行政诉讼业务的培训。先后到抚宁、卢龙等地参观学习，吸取经验和做法。1994 年，在审理行政案件时，坚持对违法的具体行政行为予以纠正，对合法的具体行政行为予以支持。另外，协助土地、工商、城建等部门进行房屋鉴定、协调矛盾等，提出司法建议 7 条，全部被采纳。1997 年，区法院把非诉执行案件的执行列入行政审判工作的重点，先后在区环保分局、农机水电局、地矿局等单位成立 12 个专业巡回法庭，成功执行了大量行政案件。2005 年，制订行政案件听证制度。2007 年，将调节机制纳入行政审判工作之中，做到积极化解矛盾，促进社会和谐。

第三节　审判监督与执行

一、审判监督

1989 年，告诉申诉庭建庭，至 2001 年，区法院的审判监督职责由告诉申诉庭负责，在此期间共受理再审案件 84 件，审结 78 件。2002 年，告诉申诉庭分为立案庭和审判监督庭，审判监督的职责由审判监督庭承担，实现审判监督工作专门化。2002 年以来，区法院相继出台《关于收、结案工作若干问题的规定》《关于法院信访工作的实施意见》及《关于加强司法统计报表工作的规章》等制度。推行申诉复查听证制度和信访案件听证制度，聘请人大代表和政协委员以法律监督员身份参加听证，公开听取申诉及信访人的主张，并予以解答，提高了申诉、信访接待工作的透明度。2002－2008 年共受理再审案件 67 件，结案 67 件。

二、判决执行

1987 年 4 月，设立执行庭，从而使执行工作从审判工作中独立开来。1990 年以来，为增强执行工作的力度，区法院采取多项措施以保证执行工作的顺利进行，定期组织执行大会战，扩大声威、集中突破。以思想疏导为主，以强制执行为辅，对多次工作不起作用，态度仍然粗暴的当事人，依法采取强制措施。建立岗位责任制，并与评先挂钩，同时建立规章制度，促进执行工作向规范化、制度化迈进。2005 年，区法院在全省率先出台《执行工作规则》，使严格执法与文明执法相结合，法制教育与强制措施相结合，加速了执行工作的专门化。

第四章　司法行政

1987－2008 年，司法行政部门认真制订实施“五年普法规划”，健全民间调解组织，实行网络化管理，建立联合调解中心，22 年间，共排查各类矛盾纠纷 21375 件，调解成功 20030 件，调解成功率 93.7%。2002 年，开平区被评为河北省法制先进县（区）、2003 年获评省人民调解先进单位。开平镇司法所和所长王思分别被司法部授予“全国先进司法所”和“标兵人民调解员”称号。同时，法律服务、“两劳”人员安置帮教、司法鉴定等工作稳步推进，区司法局被评为河北省“刑释解教工作先进单位”。

第一节　机构与队伍

一、组织机构

1981年，开平区成立司法局，负责全区司法行政工作。同时，各公社配备1名司法助理员。1988年3月9日，经区编委批准，区司法局下设人秘股、民调股、宣教股。至1989年3月，全区12个乡镇先后组建法律服务所（站）。1990年5月，民调股更名为基层工作股。1991年7月，人秘股改为办公室。1996年，成立政工科、两劳回归安置办公室，宣教股更名为宣教科，基层工作股更名为基层工作科，直属法律服务所更名为法律服务中心。是年8月，岔道司法所与开平镇司法所合并，组建开平法律服务所。1998年11月，政工科更名为政治处，成立公律科。2002年4月，设立司法鉴定中心，三圆法律服务所更名为实诚法律服务所。2003年4月29日，成立法律援助中心。7月31日，河北省司法厅批准设立开平司法医学鉴定中心。

二、队伍建设

1987年，区司法局有行政人员19名。随着司法职能的逐步完善，人员编制相应增多，至1998年增至49名。从1990年开始，区司法局鼓励青年干部参加自学考试，至2008年，全局共有14名干部通过自学考试、远程教育、成人高考等方式取得法律本科文凭，20名干部取得专科文凭，司法行政队伍的综合素质显著提高。

第二节　普法宣传

一、五年普法

1986年，开平区成立普法依法治理领导小组。办公室设在司法局，靠挂宣教科。负责制订并组织实施全区的普法规划，指导各乡镇（街道）、各单位部门、各行业开展依法治理和普法工作，以及对法制宣传干部、普法骨干进行培训。在“一五”（1986－1990年）普法中，鉴于人们法制意识比较淡薄，法律知识比较缺少，对全区93%的工人、农民、知识分子、干部、学生、军人，以及其他劳动者和城镇居民中，有接受教育能力的公民都通过单向灌输的方式进行普法教育。“二五”（1991－1995）普法提出以专业法为重点，要求各部门、各系统采取多种形式，在本部门、本系统全面推开专业法律知识学习。“三五”普法开始，确定普法重点对象，针对不同对象、通过不同途径、采取不同手段，以求普法的实效。这种启发式、互动式的模式成为“三五”“四五”“五五”普法的主导。

二、法律普及与宣传

1987年，全面推行普法目标管理和定期考评制度，全年共组织不同形式的法律知识测验25次，普法骨干法律常识演讲26次。1989年，在学习“十法一条例”的基础上，全面完成“十六个法律法规”的学习，对各厂企职工进行“十法一条例”的考核验收，并普遍组织以《企业法》为核心的“十一法七例”的学习。1991年，在总结“二五”普法工作经验的基础上，组织《税法》《土地管理法》知识竞赛各1次、全区考试5次，《刑法》等法律知识讲座61场次。1993年，为全区各单位的普法机构充实普法骨干571人，组织全区干部学习《宪法讲话》《法制建设若干问题的讲话》，举办专题讲座19场；在全区13所初、高中学进行《游行示威法》《治安管理处罚条例》宣讲。1995年，协同区总工会召开工商企业的厂长、经理及工会主席学习《劳动法》座谈会，组织全区职工《劳动法》知识竞赛，掀起学习《劳动法》的热潮。1996年，在全区农村开展送法制电影下乡活动，放映电影32场，宣传《老年人权益保障法》《森林法》《治安管理处罚条例》等“九法、三条例、一办法”。1997年，开展的“送法下乡”工程，中央、省、市电视台曾多次报道。2001年，唐山市在开平区召开送法进家、进校、进企、进市场“四进”现场会，推广开平区送法“四进”经验。是年开始，每年12月4日为全国法制宣传日。第一个宣传日，普法办组织公安局、法院、检察院、卫生局等30余家执法部门举行大型法制宣传活动，开展法律咨询，发放法制宣传资料、法律书籍，法制文艺宣传队到农村、社区、企业、市场巡回演出。2002年，编印发放“四五”普法宣传材料《公民常用法律汇编及法律知识问答》10万册。法律汇编涵盖了《宪法》《刑法》《民事诉讼法》《婚姻法》《消费者权益保护法》《妇女权益保护法》《残疾人权益保护法》《未成年人保护法》《集会游行示威法》《选举法》《土地法》《村委会组织法》《河北省计划生育条例》《治安管理处罚条例》等。是年，开平区被评为河北省法制先进县区，区普法办被评为唐山市精神文明示范岗台。2006年，在开平有线电视台开办法制宣传专题节目《农村普法》，结合农村特点、热点、难点等实际问题，精选发生在农民身边的典型案例，采用以案说法、专家解析的形式，宣传与生产生活紧密相连的《继承法》《婚姻法》《合同法》等法律法规。

第三节　人民调解

一、民调组织

1987年，全区共有267个基层民调组织。为促进人民调解工作向深度和广度发展，2002年，在全区25个较大的区直单位、229个村（居委会）实行“十户调解员”网格化建设，共推选出4166名“十户调解员”，并登记造册，发放考核合格证。“十户调解员”将涉及邻里、婚姻、赡养、继承等领域的矛盾纠纷化解在萌芽之中。截至2008年底，“十户调解员”共调解各类矛盾纠纷、隐患5300余件。2003年3月，区司法局被河北省司法厅授予“人民调解先进单位”称号。同年4月，河北省司法厅基层处到开平区进行调研，对开平区的“十户调解员”的网格化建设给予充分的肯定。随着跨地区、跨行业复合型疑难纠纷的增多，纠纷的复杂化，洼里司法所又与乡综治办、公安派出所、法律服务所等多家单位组成联合调解中心，提高纠纷的调解成功率。9月，全市司法行政系统基层工作观摩会在开平区召开，市司法局、各县区场对该中心的协调功能给予赞赏。随后，其他10个司法所也先后成立联合调解中心。2005年9月，开平镇司法所被司法部授予“全国先进司法所”荣誉称号。开平司法所所长王思被司法部授予“标兵人民调解员”称号。

二、司法所建设

1987年，全区12个乡（镇）先后建立司法所和法律服务所，实行一套人马两块牌子，受区司法局和乡（镇）政府双重领导。1992年以后，随着唐山市行政区划的变动，至1999年，区司法局共下辖6个乡镇司法所、3个街道司法所、2个企业司法所。根据省、市有关文件精神，1996－2002年，区司法局逐步将司法所的编制、人事、工资、组织关系等一并收回，实行对司法所垂直领导体制。2005－2008

年，区司法局先后争取国债资金47万元，分别建成开平司法所、栗园司法所、越河司法所、洼里司法所、开平街道司法所、双桥司法所、荆各庄司法所和郑庄子司法所并投入使用。

1987－2008年开平区民间矛盾纠纷调解一览表

表19－8

年度	纠纷总数	调解成功数	成功率%	防止激化数	民转刑
1987	1752	1174	67	3	无
1988	1231	986	80.1	9	无
1989	1371	1326	96.7	7	无
1990	1264	1262	99.8	4	无
1991	1412	1268	89.8	11	无
1992	1083	1034	95.5	9	无
1993	569	547	98.4	27	无
1994	3293	3267	99.2	31	无
1995	2015	1965	97.5	43	无
1996	906	903	99.7	21	无
1997	804	792	98.5	15	无
1998	830	809	96.5	77	无
1999	762	735	96.4	12	无
2001	629	582	92.5	4	无
2002	780	765	98	6	无
2003	920	894	97.2	23	无
2004	753	736	97.7	19	无
2005	436	420	96.3	17	无
2006	196	196	100	9	无
2007	188	188	100	6	无
2008	181	181	100	11	无

第四节　法律服务

一、律师工作

1984年，经河北省司法厅批准，成立开平区法律顾问处。自1989年3月，先后更名为唐山市第六律师事务所、开元律师事务所。1994年7月，成立唐山市经济律师事务所，后更名为唐诚律师事务所。

1987－2008年开平区律师工作一览表

表19－9

年度	刑事代理（件）	民事代理（件）	经济代理（件）	非诉讼（件）	代书（份）	援助（件）	法律顾问（家）
1987	23	60	11	17	335	－	－
1989	104	76	20	15	226	－	50
1990	59	59	14	15	221	－	50
1991	47	49	19	16	156	－	51
1992	43	42	21	40	143	－	64
1993	35	26	58	61	81	－	60
1994	35	28	112	23	79	－	57
1995	47	60	138	68	73	－	61
1996	52	61	121	39	40	－	34
1997	73	55	98	42	37	－	43
1998	62	81	153	102	292	12	56
1999	65	74	124	98	211	6	59
2001	48	56	153	76	305	7	69
2002	79	82	112	56	276	13	67
2003	65	55	148	54	326	29	78
2004	57	43	121	32	243	12	71
2005	72	91	52	170	172	23	65
2006	36	42	21	49	125	7	52
2007	32	21	17	21	135	11	45
2008	106	84	51	68	166	8	43

1987－2008年开平区办理公证一览表

表19－10　　单位：件

年度	民事	经济	总计	拒办	错证
1987	213	1151	1364	2	无
1988	87	986	1073	5	无
1989	156	1030	1186	12	无
1990	123	572	695	4	无
1991	91	1555	1646	48	无
1992	483	943	1426	7	无
1993	114	615	729	7	无
1994	719	298	1017	9	无

续表 19－10　　单位：件

年度	民事	经济	总计	拒办	错证
1995	1515	156	1671	6	无
1996	688	181	869	19	无
1997	564	326	890	13	无
1998	314	566	880	11	无
1999	425	540	965	9	无
2000	809	312	1121	13	无
2001	542	238	780	7	无
2002	1089	411	1500	15	无
2003	1321	908	2229	25	无
2004	452	108	560	15	无
2005	1057	265	1322	19	无
2006	1297	324	1621	35	无
2007	915	185	1100	21	无
2008	425	223	648	4	无
合计	13399	11893	25292	283	无

二、基层法律服务

开平区基层法律服务工作始于1987年3月。业务主要以应聘担任法律顾问，代理参加民事、经济诉讼，代理非诉讼法律事务，主持调解纠纷，解答法律咨询、代写法律事务文书等相关业务。

1987－2008年开平区基层法律服务一览表

表 19－11

年度	担任常年法律顾问（家）	民事（件）	非诉讼（件）	代写法律文书（件）	挽回经济损失（万元）
1987	42	35	33	138	522.8
1989	49	79	58	621	179.8
1990	59	24	67	323	24.75
1991	102	68	211	403	218
1992	123	155	80	534	181.9
1993	123	126	97	465	222.9
1994	189	138	1028	999	187
1995	177	107	699	339	211
1996	115	87	343	155	97.4
1997	109	66	212	124	174.3
1998	81	106	83	274	512

续表 19－11

年度	担任常年法律顾问（家）	民事（件）	非诉讼（件）	代写法律文书（件）	挽回经济损失（万元）
1999	71	93	22	315	106.3
2000	51	90	33	302	100.15
2001	52	101	55	296	112.5
2002	45	121	78	322	137.5
2003	45	78	52	214	85.4
2004	33	56	110	157	66
2005	42	65	92	133	72.3
2006	43	97	51	125	82.6
2007	32	78	82	125	79.8
2008	27	43	57	79	132.8

三、法律援助

2003 年 4 月，开平区法律援助中心成立，主要为贫、弱、残群体免费提供法律帮助，开通 3362148 法律服务热线专用电话。2004 年 5 月，启动“为实现公平和正义—法律援助在开平”大型公益活动，75 个单位参与，出台《开平区法律援助实施办法（试行）》，并将实施办法制作成展牌在宣传橱窗公示。同年 9 月 4 日，又组织律师、公证员、法律工作者开展大型义务法律咨询，宣传《法律援助条例》。2007 年，区政府将法律援助经费列入政府年度预算，使法律援助工作走向规范化。

2004－2008 年开平区法律援助统计表

表 19－12

年度	办案数量（件）	代拟法律文书（份）	解答电话咨询（人次）	其他法律咨询（人次）
2004	–	–	155	237
2005	28	83	220	280
2006	35	121	290	300
2007	43	152	300	320
2008	18	16	363	279
合计	124	372	1173	1179

第五节　两劳安置与司法鉴定

一、两劳安置帮教

1996 年 8 月，设立两劳回归人员管理安置办公室，建立帮教小组 85 个。是年 8 月，成立“唐山市开平区司安物资经销处”“废旧物资回收站”，先后安排178名两劳回归人员就业。2007年，对全区5年内两劳回归人员进行全面摸底，进一步完善帮教措施：对刑释解教人员建立管理档案，做到一人一档，一人一卡，全部纳入微机管理；对5年之内刑释解教人员建立3人帮教监控组织，具体由司法所结合派出所管片民警和村、居治保会帮教，实行三级帮教管控；对个别不稳定的刑释解教人员实行重点管理、衔接管控，防止脱管、漏管及重新违法犯罪。2002年，区司法局被评为河北省“刑释解教工作先进单位”。

1996 - 2008年开平区安置帮教工作一览表

表19 - 13　　单位：人

年度	回归人员	帮教率%	安置率%	重新犯罪率%
1996 - 2000	214	100	95.1	-
2001	27	100	95.3	1.8
2002	124	100	96.5	2.5
2003	29	100	98.6	1.9
2004	44	100	98.5	0
2005	50	100	98.7	0
2006	32	100	99.1	0
2007	37	100	99.3	0
2008	38	100	99.6	0
合计	595	100	97.9	0.69

二、司法鉴定

区司法鉴定中心成立于2002年4月，司法鉴定工作自2004年启动。

2004 - 2008年开平区司法鉴定工作一览表

表19 - 14　　单位：件

年度	伤残鉴定	伤情鉴定	合计
2004	1	1	2
2005	14	8	22
2006	24	10	34
2007	28	3	31
2008	13	2	15
合计	80	24	104

第二十编　武　装

开平，乃明清时军事重镇。1987 年前，有北京军区炮五师五十团驻守。1986 年 4 月 25 日，开平区人民武装部（以下简称区人武部）由中国人民解放军划归地方建制，为副团级，受开平区委、区政府和唐山军分区双重领导。1996 年 4 月，区人武部由地方建制收归军队建制序列，升格为正团级单位，隶属于唐山军分区和开平区委、区政府双重领导。22 年间，区人武部认真履行职责。1989 年，被国防部授予“全国民兵预备役工作先进单位”，先后 14 次被省委、省政府、省军区、北京军区授予“党管武装工作先进单位”“先进人民武装部”“国防教育先进单位”“基层建设先进单位”“后勤工作正规化建设先进单位”等荣誉称号。民兵工作“三落实”达标活动深入开展，广大民兵积极投身物质文明和精神文明建设，为促进社会稳定和谐发展做出重要贡献。驻开平武警唐山市消防支队六中队，累计扑救火灾 5000 多次，避免财产损失 1000 多万元，被市、区政府评为“警民共建先进单位”。

第一章　驻地武装

1987 – 2008 年，驻地武装组织有区人武部、冶里炮五师五十团、二十四军七十师高炮团和武警唐山消防支队六中队。区人武部主要负责全区民兵预备役和兵员征集工作。

第一节　人民武装部

一、组织机构

1987 年，区人武部由解放军划归地方建置，定为副县级单位，设部长、政委各 1 人，区委书记兼任人武部第一书记。下设办公室、军事科、政工科。编制 21 人，其中干部 13 人。1993 年 6 月，增设国防教育办公室、人民防空办公室和民兵训练基地。1996 年 4 月 – 2008 年，区人武部收归军队建置，升格为正团级单位，仍由区委书记兼任第一书记，下设机构不变。

1987 – 2008 年开平区人民武装部历任部长、政委名表

表 20 – 1

姓　名	职　务	任职时间
张喜元	部长	1986. 4 – 1996. 3
孙战友	政委	1986. 4 – 1996. 4

续表 20－1

姓　名	职　务	任职时间
李建生	部长	1996. 3－2002. 12
范俊影	政委	1996. 6－1998. 3
张敬国	政委	1998. 10－2004. 6
金九龙	部长	2003. 1－2008. 12
马俊斌	政委	2004. 7－2008. 12

二、正规化建设

区人武部机关正规化建设始于 20 世纪 90 年代，先后制订《党委成员抓正规化建设的管理办法》《安全管理奖惩制度》《业余活动规定》等制度，要求党委成员着重在加强学习、增进团结、转变作风、塑造形象、提高领导能力五个方面下功夫。培养干部广开思路，借助军地教育资源共育人才，不断提升人才培养的质量和层次。干部在机关中实行岗位交叉任职，8 名干部参加军地学习，攻读第二学历。2004 年，区人武部参加学习的现役干部 80% 取得大学本科以上学历，其中营职参谋侯立峰通过二次培训取得军事后勤指挥硕士研究生学历。2003 年，区人武部被确定为省级正规化建设试点达标单位，在原有三个中心（文化活动中心、后勤保障中心、征兵体检中心）、两个基地（农副生产基地、种植养殖基地）、一个网络（内部电话局域网）、一个系统（远红外报警系统）、两库（国防动员数据库、民兵政治教育信息资料库）的基础上，又建立了“一窗两室”，即不锈钢宣传橱窗，集国防法规、军史知识于一体的国防教育展览室和图书阅览室，并陆续购置政治、军事、科技、文学各类图书 3000 多册。还组织撰写融地理位置、地形概况、交通、水系、基层建设等情况的《开平概况》，并把该资料和《战时动员》等 10 套方案制作成集声音、图像、文字于一体的多媒体演示课件，使资料管理更科学、更系统、更规范，提高了办公指挥自动化水平。开平区政府还拨款 15 万元为区人武部修整办公室，铺设大理石楼梯，安装不锈钢护栏、塑钢窗户，修建训练场和车库，并配备训练器材。河北省军区宪福成副司令员到开平区人武部检察机关正规化建设，给予很高评价。越河镇投资 10 万多元，对该镇武装部硬件设施进行更新升级，建成设施配套、功能齐全的“一站四室”，并与区人武部实现联网。2004 年 6 月 18 日，唐山军分区在该镇召开基层武装部正规化建设现场观摩会，河北省军区参谋长方文平、政治部副主任王登铭到会并给予好评。10 月，区人武部在唐山军分区组织的机关正规化建设和安全防事故工作“流动红旗”检查评比中双双夺冠。

三、基层武装部

1987 年，全区 12 个乡镇和 5 个厂企事业单位设置武装部，均配备部长、副部长各 1 人。1990 年，区煤炭管理局、经济管理委员会、教育局、交通局、卫生局，又相继组建武装部。至此，专职干部增至 36 人。1992 年 12 月，由于唐山市区划变动，开平区辖区乡镇减少，区人武部下属基层武装部相应减少为开平镇武装部、栗园镇武装部，越河乡武装部、郑庄子乡武装部、双桥乡武装部、洼里乡武装部、开平街道武装部、马家沟街道武装部、税务庄街道武装部和 10 个厂企事业单位武装部。2007 年，乡改镇后，其中 4 个乡武装部相应改称镇武装部。根据 1996 年 12 月 17 日省人大颁布的《河北省民兵预备役工作条例》，至 2008 年区直单位只有教育局设置武装部，其他单位均予撤销。

第二节　中国人民解放军驻军

一、解放军部队驻防

1987 年，开平驻军冶里炮五师五十团，原属北京军区炮兵司令部，下辖 3 个营，营下各辖 3 个连，另有团直属司令部、政治处、后勤处等机构。全团官兵 1200 多人。是年整编后，划归二十四军管辖。1988 年，随二十四军撤编，大部分官兵转业退伍，一部分并转其他部队。1988 年，中国人民解放军二十四军七十师高炮团从承德市滦平县调至开平区冶里驻防。其主要任务是保卫京东地区的领空安全，保卫上级军事机关和有关国计民生的重要目标。2003 年，因军队再次整编被撤销，少数官兵并入其他部队。至此，开平辖区已无驻防部队

二、武装警察部队驻防

武警唐山市消防支队六中队始建于 1988 年，编制 43 人，驻守在开平区马砖小区东北角，受武警河北总队唐山市消防支队和唐山市公安消防支队双重领导。其主要职责是防止火灾发生，减少火灾损失，保卫公共财产和公民生命财产安全。截至 2008 年，共出警近 6000 次，扑救火灾 5000 多次，参加社会救援、抢险救灾近 400 次，避免人民财产损失数千万元。多次被唐山市政府和开平区政府评为“警民共建先进单位”。

第二章　地方武装工作

1987 – 2000 年，开平区以“三落实”“四优先”标准和原则，加强民兵组织建设。2001 – 2008 年，围绕未来信息化作战要求，增加民兵队伍的科技含量，多次被唐山军分区评为“民兵军事训练先进单位”。并积极组织民兵投身精神文明建设，开展以劳养武活动，成为省军区的典型。

第一节　征兵工作与民兵预备役

一、兵员征集

依照上级部署，开平区的征兵工作安排在每年的 10 – 11 月。征兵工作在区征兵领导小组的领导下，按省军区、市军分区下达的征兵名额，根据适龄青年的分布情况，协调分配各乡镇和街道的具体征兵指标。1987 – 2008 年，开平区每年的适龄青年报名率都在 95% 以上，完成了上级下达的征兵任务。为了确保新兵体检政审的顺利进行，区财政每年拨款近 10 万元，区纪委、监察局派专人全程监督。征兵体检站设在区人武部，由区卫生局负责实行封闭式体检。区人武部和公安局及下属派出所负责政治、户籍、年龄的审查，区教育局负责文化程度的审核。在征兵工作中，有关各部门协调联动，坚持全面衡量、择优挑选、集体定兵的原则，为部队输送德才兼备的优秀青年。2000 年，税务庄街道的刘珂、刘琦孪生兄弟，双桥乡的李荣奎，分别放弃高薪工作和已考取大学的机会，报名入伍，被传为佳话。

二、民兵预备役

民兵预备役始于1955年，1958年中断，1984年恢复。1984年5月，国家颁布第二部《兵役法》，明确规定了“民兵与预备役相结合的兵役制度”。同年实行义务兵役制、志愿兵役制和民兵预备役相结合的制度。预备役包括预备役军官和预备役士兵。男性民兵除应征服役者外，18－35岁均编入民兵预备役。基干民兵为一类预备役，普通民兵为二类预备役。1987－1991年组建现代化兵员资料室，添置微机和电动图版，实现资料显示自动化、系统化、规范化。1992年，区人武部被河北省政府、省军区评为“民兵预备役工作先进单位”。1998年12月，修改后的《兵役法》规定，士兵退出现役时，符合预备役条件的，由部队确定服士兵预备役；经过考核，适合担任军官职务的，服军官预备役。对部队确定服预备役的退伍士兵，在回到本人居住地以后的30天内，到当地县（市、区）人武部办理登记，填写《退伍军人预备役登记卡》。1999年，开平区人武部规定每年6月30日为预备役的核查日，由区人武部对预备役人员变动情况进行核实统计，分门别类建立档案。2005－2008年，根据国内外形势的发展和战备需要，以及开平的地域特点，遵循上级指示，开平区按照就地动员、就地补充的原则，以现役军人为骨干，以预备役官兵为基础，组建预备役五十七高炮营，隶属河北陆军预备役炮兵第七十二师高炮团。团部驻地在滦县。高炮营受炮团和开平区政府的双重领导。大部分成员不脱离工作岗位，亦工（农）亦军。全营官兵65%以上为复退军人，80%以上专业基本对口，90%以上为党团员。每年高炮营在滦县炮团训练基地，对连、排、班干部进行为期15天的集中训练，内容有侦察、通讯、火炮操作、炮手训练、实弹射击、专项修理等。

第二节　民兵工作

20世纪80年代末，区人武部在广泛开展民兵工作“三落实”达标活动的基础上，本着“四优先”原则进行民兵整组。2005年又一次进行民兵组织调整，形成相对集中、稳定的民兵编组总格局。以“青年之家”为阵地加强政治思想教育，按照《民兵军事训练大纲》加强军事训练，并在参加两个文明建设和以劳养武活动中取得显著成绩。

一、政治教育

区人武部配备专职政工干部，配合党和国家不同时期的中心工作，负责全区民兵的政治教育工作。1986年，开平区有178个村建立“青年民兵之家”，占全区村民委员会的71.19%。广大民兵以此为政治阵地，开展内容丰富、形式新颖的活动。是年，唐山军分区政治部在贾庵子村召开“青年民兵之家”建设现场经验交流会，该村向与会者介绍经验。1989年12月17日，中共中央召开全军政治工作会议，通过《全军政治工作会议纪要》。区人武部党委中心学习组随即责成政工科、军事科共同制订并实施两步走的学习教育工作规划。首先组织各乡镇的专职武装干部专题学习，结合本乡镇民兵工作的实际情况，深刻领会《全军政治工作会议纪要》精神；然后，由各乡镇专职武装干部，抓好本乡镇基干民兵的学习和思想教育工作。在随之开展的系列政治教育活动中，加强对区、乡（镇）两级领导干部的教育，并及时掌握基层学习动态，发现培养先进典型。1995年9月，区人武部在唐山第五轧钢厂召开民兵人生观教育现场会，向全区民兵推广该厂民兵政治思想教育工作的经验。2003－2008年，落实科学发展观，促进社会和谐发展，成为民兵教育工作的主要内容，要求全区民兵立足本职岗位，为促进社会稳定和谐发展贡献力量。

二、组织建设

1987 年以来，区人武部在基层广泛开展民兵工作“三落实”达标活动。根据唐山军分区下达给开平区编组基干民兵的任务，本着“四优先”的原则进行整组。在民兵干部的选配上，按照“四化”的要求，根据本人的德才表现和工作实绩进行个别调整。从开平区乡镇企业比较发达的实际出发，改变以前单一由村混编班、排、连的编组形式，改为把基干民兵全部或大部编在乡镇企业，村只编普通民兵的形式。从而解决民兵活动人员难集中、活动难开展、经费难筹措等一系列问题。至 1992 年，全区共有基干民兵 2812 人，普通民兵 245 个连，另编有高射机枪和防化两个分队。其中党团员人数占 39%，复退军人占 22%，初中以上文化的占 98%。当年，全区民兵基本军事训练率达 86%。

2005 年，开平区又一次对民兵进行整组。围绕未来信息化作战需求，进一步理顺民兵组织布局，改进民兵编组办法，规范专业分队类别，深化城市民兵工作改革，增加民兵队伍的科技含量，完善民兵营（连）部建设。通过整组，全区民兵组织更加健全，布局趋于合理，结构得到优化，新的基干民兵组织分类和编制得到全面落实。截至 2008 年，全区共有在编民兵 13750 人，其中基干民兵 2200 人。编制民兵连 178 个、应急独立连 1 个、专业技术分队 4 个、依托地方装备对口专业分队 17 个，形成以党政机关、各大厂矿企业和铁路公路干线为重点，相对集中、相对稳定的民兵编组总体格局。

三、军事训练

1987 年以来，民兵军训更注重务实求质，按职务、岗位、专业技术等不同特点，加强针对性和实效性。对专武干部突出战术和技术科目的训练，对民兵连、排长分类进行军事基础和应用训练，对参训高射机枪的民兵要完成低空水平实弹射击，对一般参训民兵仍按步兵的《民兵军事训练大纲》重点进行队列、战术、射击等项目的训练，对文化水平较高的防化兵技术小分队民兵主要进行防化学、防原子的基础知识教育。进入 21 世纪，开平区民兵军事训练的内容和方法都有所创新，分别在 20 多个基础好、适龄青年多的乡镇企业抓试点，较好地实现布局合理、重点突出、组织健全、活动经常的要求，完成民兵干部队伍、应急分队、专业技术分队的建设和训练。2004 年 3 月 1－15 日，在陡河水库管理处培训中心，区人武部对全区 20 个基层武装部 39 名干部进行业务培训，并邀请清华大学军事教研室主任吕冀蜀和北京防化指挥工程学院指挥教研室主任杨风华，就世界新军事变革趋势、武器装备发展前沿、台海局势等方面进行讲解分析。抓应急分队的训练，则以经济效益好的栗园新联钢铁有限公司、越河瓷厂、开平矿山设备厂和基础条件好的陡河水库管理处以及交通便利的洼里镇夏庄村为重点。并陆续投资 9 万元购置警棍、盾牌、头盔、袖标等应急器材 300 套，达到齐装满员。分期分批聘请素质高、军事技术过硬的退伍军人当教员，进行专项训练。实行封闭管理，开展互教、互学、互帮活动，贴近“实战”抓训练，突出训练民兵应急分队在执行反恐维稳等应急任务中“走、打、吃、住、藏”五种能力。从人员登车、集合、出动、行进，到野炊露宿、隐蔽伪装和警棍盾牌操，以及防暴队形的展开等都一一进行训练。2004 年 5 月，唐山军分区政治部主任刘凡华在检查验收时说，在全市还没有见过如此规模装备的机械化应急分队。5 月下旬，省军区领导对区民兵应急分队的拉动演练“实战”效果给予高度评价。军分区司令部还进行通报表彰。至

民兵应急分队军事训练

2008 年，先后投入 14.5 万元，组织装备动员观摩活动，充实支前保障分队的装备，建立三级装备动员机构和两阶段动员机制。在参加装备展示演练中，开平区展示军民通用车辆 15 台，完成任务好、质量高，受到北京军区装备部的好评。在组建训练专业技术分队中，区人武部牵头会同区有关单位，组建民兵水电气抢修、车辆维修、通信光缆抢修、防化救援、野战加油、卫生防疫和网络攻防等 16 个对口专业技术分队，基本上达到规模适当、结构合理、技术配套、可靠管用的要求。在栗园镇和双桥镇组建 99 人的民兵双 37 高炮连，人武部购置高炮、防空知识的光盘和相关学习资料，让民兵自学，打好理论操作基础。

四、参加两个文明建设

按照上级部署，每年区人武部对辖区内的国防工事进行普查、维修，并将所有国防工事分片负责，委托给各基层民兵连，签发委托书，保证责任落到实处。1989 年 4 月，在全省国防工事封闭伪装工作评比中，区人武部被省政府、省军分区评为“国防工事封闭伪装先进单位”。1997 年，集资建起民兵训练武器弹药库，实现保管、维修、安全监控一体化，使国防工程维护管理工作不断加强。是年，被省政府、省军区评为“八五”期间国防工程维护管理工作先进单位。在精神文明建设中，广大民兵自觉投入维护社会稳定的工作，1993 – 1998 年 3 月，民兵应急分队先后参加抗洪、灭火抢险、护路执勤 6 次，投入兵力千余人次。协助公安、司法部门破案 14 起，抓获各类犯罪嫌疑人 29 名。北京军区转发开平区民兵应急分队建设的经验。区人武部先后两次被省、市评为“民兵建设工作先进单位”。1998 – 2008 年，区人武部在支持地方两个文明建设和“创五城”（文明城、园林城、卫生城、环保模范城、双拥模范城）工作中，组织机关干部、职工、民兵积极参加“双十星”文明家庭竞赛和植树造林、清扫垃圾、铲除积雪等公益活动。在“送温暖、献爱心”活动中，区人武部机关还先后向贫困地区和“希望工程”捐款 1 万多元，并与开平镇聂各庄 80 多岁的孤寡老人郑丽琴、郑庄子镇任信屯村孙瑞胜结成帮扶对子，定期为他们送去米、面、油、肉等慰问品和慰问金。区渤海水泥厂女职工杨秀英患严重尿毒症，生活陷入绝境，区人武部及时送药送钱慰问，还捐款为她买轮椅。《解放军报》曾先后两次报道。区人武部协同开平镇、开平街道、马家沟街道、教育局等单位军民共建 6 个文明安全小区，开展婚育新风进万家示范活动，投入经费近万元。开平区人武部与开平区委、区政府联合下发《关于组织民兵积极参加创建文明生态村活动，为全面建设小康社会做贡献的决定》。创建活动中，区人武部通过分村包干，组织技术培训，营造“科教兴农、科技兴武”的良好氛围。还组织科技、卫生医疗分队下乡宣传科普卫生知识，发动民兵牵头成立红白理事会、道德评议会、民兵督察队等组织，引导群众树立新的道德风尚。越河镇后于家店村由村支书、民兵连长牵头成立违章建筑拆除、道路修建绿化、文体健身器材安装 3 个工作小组，仅用 1 个星期就清除私搭乱建 130 多处，清运垃圾 2000 多吨。在开平镇国各庄村，区人武部发动民兵捐资助工，5 天筹款 4.58 万元。区、镇人武部干部和村民兵连积极参加铺路义务劳动，出动义务工 1300 多人次。人武部与地方有关单位联合开展共创“民兵号”工程，兴建“民兵林”“民兵路”等 280 多项活动，共发动组织民兵 9800 多人次，车辆 2300 多辆次，清除垃圾 1 万余吨，拆除违章建筑 4500 多平方米，粉刷临街墙面 6 万多平方米，兴建沼气池 854 个，建蔬菜大棚 2400 多亩，建宣传橱窗 435 个，编印简报 8 期 1500 多份，组织专题讲座 21 场。河北省军区政治部副主任梁军到开平区检查创建活动时，曾给予高度评价。

第三章　人民防空与国防教育

1971 年，开平区人民防空办公室（以下简称区人防办）成立。负责人防工程建设、维护及管理，并对公民进行防空知识教育。其业务由市人民防空办公室和区人武部共管。1997年《中华人民共和国防空法》颁布，开平区进一步加强人民防空工作，公民的防空意识普通加强，重点目标防空警报实现全覆盖。20世纪80年代中期，国防教育以“青年民兵之家”为平台，建立健全区、乡、村三级国防教育网络，提高全民的国防知识和国防意识。进入21世纪，开平区将国防教育作为加强学生素质教育的有效形式，在全区中小学扎实有效地落实，增强了学生的国防观念和国防技能。

第一节　人民防空

一、管理机构

开平区人民防空办公室成立于1971年12月，是区政府负责人民防空工作的职能部门。1977年改称战备办公室，是年5月复名为人民防空办公室。1994年划归区人武部，为下属一个科室。1996年1月，又从人武部划出，成为区政府正科级职能部门，行政编制3人。办公地点设在区人武部，业务由唐山市人防办与区人武部共管。根据1977年1月起施行的《中华人民共和国人民防空法》，区成立人民防空指挥部，下设指挥长1人，由区政府主管副区长担任，区人防办主任为指挥长助理。区人民防空指挥部下设10个业务组，组长分别由对口或相关职能部门副职担任。

二、人防工程

20世纪70年代，开平区全民动员大搞人防工程建设。1972年，开平区建成战备砖厂，年可生产战备用砖36万块，为人防工程提供建材保证。地下工事备有照明、消防设施，设有指挥室、医疗室等战时应急机构。由于城区开发建设，2008年部分人防工程已被填埋或毁坏。2000年，开平区组建通讯、医疗救护、消防、防化、抢险抢修、治安、运输等7个人民防空专业队；分别由网通公司和移动公司、开平医院、武警消防六中队、冀东氯碱有限公司、区城建局、区公安分局、区交通局汽车队等对口单位具体落实。其中通讯、医疗救护、防化专业队平时编制分别为20人，运输专业队为25人，治安专业队为40人，消防、抢险抢修专业队分别为50人，共计225人。战时可按5倍扩编至35个分队，1125人。

第二节　国防教育

一、组织机构

1987年，开平区设有国防教育专门机构。1996年，按照省军区、省委宣传部的要求，开平区成立国防教育领导小组及其办公室，负责向全民传播普及国防思想、国防观念、国防知识和国防技能的长期性教育活动。区国防教育领导小组办公室为正科级常设办事机构，办公地点设在区人武部，业务由区委宣传部和区人武部共管，区国防教育办公室有行政编制2人。至2008年机构设置、人员编制未变。

二、国防教育工作

20世纪80年代中期，全区178个村相继建立“青年民兵之家”，成为对广大民兵进行国防教育的主要平台。1991年，区人武部逐步完善区、乡、村三级国防教育网络。到1992年，全区共建国防教育展室91个，其中区级1个、乡镇级13个、村级77个。区投资1.8万元，购置国防教育图片及音像宣传品，并制作图文并茂的展牌10多块，建起国防教育展室，当年接待观众2000多人。2003年，区人武部通过新开发的民兵信息网和视频信息系统，开始在全区人武干部和民兵中开展“直播式”“互动式”和“自助式”国防教育。是年11月，人武部组织全区干部参加省国防教育办公室组织的国防知识考试，参与率95%以上。区委党校将国防教育教材列入干部轮训班的学习内容，邀请专家和人武部领导讲课，提高广大干部的国防知识水平和国防意识。学校国防教育是全区国防教育的重要组成部分，也是加强学生素质教育的有效形式。为此，区教育局成立以局人武部长为组长、副部长为常务副组长、各校校长为副组长的国防教育领导小组，扎实有效地开展国防教育工作。各校采用国防教育展牌、板报、“国防教育”专栏等形式，营造国防教育氛围。组织学生开展全国万校国防教育演讲、军事歌咏比赛、军事夏令营等活动，对学生进行“国必有防”、富国强兵教育。唐马路小学的“少年军校”活动，被誉为唐山市爱国主义教育典型。20世纪90年代开始，区人武部和教育局联合，先后在唐山二十三中学、唐山四十六中学、唐山四十九中学、唐山十八中学、开平职校等学校组织学生开展军训。安排在每年暑假期间，每次7－10天。每次军训的总结大会上，都举行阅兵式和分列式表演。1990年，开平职校参训学生的分列式表演，获得在校视察的教育部职教司司长杨金士和唐山军分区参谋长曹玉生等领导的好评。部队转业干部、原岔道乡副乡长刘天寿退休后热心国防教育，十年坚持不懈深入学校义务宣教，累计宣讲300多课时，被评为区国防教育先进个人。1990年8月，在河北省军区举办的国防知识竞赛中，开平区获得唐山市总分第一名；1992年和1993年，区人武部连续两年被省国防教育领导小组和省军区评为“国防教育工作先进单位”；1996年，开平区被评为“河北省国防教育先进单位”，1997年，被评为“全国国防知识竞赛先进单位”。

第二十一编　精神文明建设

1987年，党的十三大在强调物质文明建设的同时，提出社会主义精神文明建设和民主政治建设的任务。开平区着眼于打造“四有”（即：有理想、有道德、有文化、有纪律）新人，通过拓展思路、创新载体，广泛开展党的基本路线教育、思想道德教育、爱国主义教育、艰苦奋斗教育、民主法治教育，涌现出一大批学雷锋树新风、舍己救人、见义勇为、善行善举、致富不忘乡亲的道德模范。通过开展形式多样、富有特色的创建活动，涌现出一大批国家、省、市级精神文明先进个人和先进集体。22年间，全区有128个（次）单位被评为市级文明单位，35个（次）单位被评为省级文明单位，半壁店村被命名为全国文明村镇，有60个集体和个人获评唐山市学雷锋十佳事迹。

第一章　规划考核与思想教育

1987年，开平区“五讲四美三热爱”（讲文明、讲礼貌、讲卫生、讲秩序、讲道德、心灵美、语言美、行为美、环境美、热爱祖国、热爱社会主会、热爱中国共产党）活动委员会及其办公室改称开平区精神文明建设委员会（简称区文明委）及办公室（简称区文明办），列为区委职能部门。区文明委主任由专职区委副书记兼任，副主任由区委常委、宣传部部长，区委常委、区人武部部长和区人大常委会副主任、区政府副区长、区政协副主席各1人兼任。区文明办设主任、副主任和工作人员各1人，与区委宣传部合署办公，具体负责全区精神文明建设的宣传教育和创建活动的组织实施。精神文明建设工作坚持党的基本路线和基本方针，加强思想道德建设，以科学的理论武装人，以正确的舆论引导人，以高尚的精神塑造人，着力开展共产主义思想道德教育和爱国主义教育，倡导移风易俗和学雷锋树新风活动。坚持规划与考核并举，做好提高人民思想觉悟、道德水准和科学文化素质的各项工作。

第一节　规划考核

一、制订规划

1987年，开平区制订《1987年开平区社会主义精神文明建设的意见》，将社会主义精神文明建设纳入经济社会发展总体规划。重点抓好党政机关、执法部门和财贸系统的职业道德教育。并印发《关于开展学习雷锋活动的通知》，对全区开展学雷风树新风工作进行部署。1988年，印发《关于开展破除歪风陋习，搞好移风易俗工作的通知》，推动全区公民道德教育，涌现出小屈庄村社会道德评议会和将军坨村移风易俗理事会等一批先进典型。1990年，制订下发《关于认真贯彻〈河北省各级精神文明建设委员会工作条例〉切实搞好全区精神文明建设的实施细则》，结合省委《关于认真学习刘庄煤矿经验的通知》

精神，在全区干部中部署开展学习“刘庄煤矿干部身先士卒”的经验。1992年，区委召开精神文明建设活动为经济服务工作会议，推出区搬运公司、燕山电器厂等8个精神文明、物质文明双丰收的先进典型。1994年，成立以时任区长为组长、副书记等8人为副组长的创建文明城区竞赛活动领导小组，制订《关于在全区开展文明教育活动的实施方案》，召开动员大会，进行安排部署。在农村继续开展创“三户”（遵纪守法户、五好家庭户、双文明户）活动，重新修订《评选条件》。1996年，根据《中共中央关于社会主义精神文明若干重要问题的决议》和《唐山市1996－2000年社会主义精神文明实施纲要》，开平区制订《“九五”期间加强社会主义精神文明建设的意见》。2001年，制订《开平区全民道德教育实施意见》，当年，全区各界培训率达到60%。2004年，制订《开平区创建文明城区工作方案》，将重点任务分解为6大工程40条129项，确定责任单位和责任人。2005－2008年，先后制订“建设新农村，培育新农民”“遵守道德规范，争做文明市民”“知荣辱，树新风，促和谐”“营造文明环境，构建和谐开平”四大主题实践活动《实施意见》，参与活动的农民、职工、市民、学生累计4万多人，收到救助捐款25.49万元。

二、考核评比

1987年，制定《开平区文明单位考核标准》，对领导班子团结，成员廉洁奉公，业务成绩突出，文明创建活动成效显著，无违纪、违法、违反计划生育现象，环境整治达标的单位，评为文明单位。对从事精神文明建设组织活动工作的专（兼）职人员，成绩突出者，评为精神文明建设先进工作者。是年，评出省级文明单位1个、市级文明单位4个、市级精神文明建设先进集体6个，区级文明单位84个、区级文明建设先进单位87个、区级精神文明建设先进个人15人。1988年，精神文明建设纳入各级领导班子年终目标考核体系，精神文明建设不达标的取消评先资格。此后，文明单位、文明市民、学雷锋标兵、五好家庭等评选均纳入年终评比范围，即在每年3月5日毛泽东主席“向雷锋同志学习”题词发表纪念日前后，组织大规模评比表彰活动。1991年，制订《开平区文明单位管理暂行办法》，对文明单位的建设、评选、命名、检查、考核、表彰、奖励和日常管理进一步规范。1995年，印发《关于做好文明单位初评工作的意见》，对文明单位的初评条件和检查范围、内容、方法、步骤做出规定。截至2008年，开平区被命名为国家级文明单位1个、省级文明单位35个（次）、市级文明单位128个（次）、区级文明单位1296个（次），市级先进工作者58个（次）、区级先进工作者385人（次），表彰学雷锋标兵、文明市民标兵、文明户标兵238个（次）。

第二节　思想教育

一、道德教育

1987年，开平区把公民道德教育的重点放在党政机关、执法部门和财贸系统。区文明委制订《抓好职业道德的安排意见》和《关于“三抓两开展”（即抓职业道德建设、社会公德建设、市容卫生建设，开展群众性文体科普活动、学雷锋活动）活动的具体措施》，各单位各系统相继成立职业道德工作领导小组，或由一名领导主抓。购买《社会主义职业道德》一书，发至全区各单位。是年6月和10月，召开3次大型职业道德报告会，请市服务明星和区内服务标兵夏凤芹等18人次作现身说法演讲，累计听众2000多人。之后，各单位纷纷结合自身情况组织报告会、演讲会、职业道德问题抢答赛、业务测试等38场次。全区干部受教育面95%以上，工人90%以上。是年10月，市文明委到开平区检查“三抓两开展”工作时，市人大常委会副主任、市文明委副主任姚惠新等领导给予好评。1988年“四有”教育中，在农村狠抓思想道德素质和科学文化素质的提高。以“民兵之家”为阵地，全年共举办各种讲座、培训326次，受众2.13万人次。开平镇小屈庄率先成立社会公德评议会，并制定《社会道德评议会章程》。年底，开平区在小屈庄召开现场会。之后，郑庄子乡也在张庄子村召开现场会，群众评议道德活动蔚然成风。区订购《职业道德规范》4万册发至各企业，使广大工人有规可循。一些企业还结合本厂实际将《规范》细化。区搬运公司制订“安全优质、准确及时、经济方便、热情周到”十六字职业道德标准。燕山电器厂开展“科室岗位立功”和“班组双百分竞赛”等活动。

1990年4月12日，开平区制订《关于认真贯彻〈河北省各级精神文明建设委员会工作条例〉切实搞好全区社会主义精神文明建设的实施细则》。5月18日，印发《关于开展“文明经营户”活动的通知》。是年，为了贯彻省委《关于认真学习刘庄煤矿经验的通知》精神，在全区干部中开展学习“刘庄煤矿干部身先士卒当公仆，工人做主人”的做法和经验。1991－1992年，开展以《唐山市公民文明公约》《唐山市主要场所道德规范》为主要内容的“迎城运做贡献”宣传教育活动，共举办专题讲座5场。1991年6月12日，举办“爱唐山、迎城运”演讲比赛。8月30日，举办迎城运道德知识竞赛。全区共有7个单位被评为迎城运优质服务单位，1人被评为优质服务标兵，3人被评为城运会先进工作者。同年，在全区企业中开展“四职一纠”（即职业理想、职业道德、职业纪律、职业技能和纠正不正之风）竞赛活动，共举办职业纪律技能培训班43期，职工受教育面97%以上。商业系统开展“假如我是一个顾客”和“如何为顾客服务”大讨论，并建立“顾客要求登记簿”。马家沟百货大楼还定期将本单位的“十件好人好事”上墙公示。全年参赛系统中有36人向党组织递交入党申请书。1994年，区制订《关于在全区开展文明市民教育活动的实施方案》，通过培训骨干、开办文明市民学校、知识竞赛等形式，组织开展系列主题教育活动。团区委组织广大青少年，开展“人人多弯几次腰，家乡变得更美好”“我与树木结对子”等活动。1995年6月19日，区下发《关于继续深入开展“四职一纠”竞赛活动的意见》和《“四职一纠”竞赛考核细目》，将始于1991年的全区“四职一纠”活动推向高潮。越河陶瓷厂开展“党员无事故”和“党员身边无次品”竞赛活动。半壁店村开展“艰苦奋斗再创辉煌”立功竞赛。1999－2000年，以《唐山市社会公德“十不”规范》和《唐山市民文明规范用语》为基本教材，通过广播、电视、板报等形式，将文明市民教育引向深入。城乡群众受教育面达90%。

2001－2002年，区下发《开平区全民道德活动实施意见的通知》。各基层党组织以《公民道德建设实施纲要》《唐山市文明市民读本》《唐山市民文明手册》等为教材，利用市民中心、村民中心、文明学校等平台，进行广泛的宣传教育，并以党校、党员活动室、文明市民学校等为精神文明建设阵地，分期分批对群众进行社会公德、职业道德和家庭美德基础知识教育培训。全区党政机关、农村、街道、企业、学校的培训率均在60%以上。2002年5月，组织全区各单位参加中宣部发起的“全国道德知识竞赛”，共组织答题6000余份。2003年9月20日，是全国第一个公民道德宣传日，机关干部、中小学生纷纷走上街头，散发公民道德宣传材料1000多份。城建局、粮食局在街头组织20字基本道德规范现场讲解活动。开平街道举办“道德教育日，我做一件事”活动。区直干部组织“公民道德，人人有责”主题知识竞赛。区印发《关于深入贯彻党的十六大精神，进一步加强公民道德建设的实施意见》。2004年8月，“河北第一村”半壁店被市委、市政府命名为爱国主义教育基地，时任市委常委、宣传部部长回建出席基地揭牌仪式。同日，实录半壁店创业历程的“小康之路”展览开展。11月17日，区委、区政府下发《关于进一步加强和改进未成年人思想道德建设的实施意见》。全区中小学都聘请政法干警任法制副校长，定期进校作法制报告。开平小学开展的“储蓄文明”活动，河北电视台报道后，产生一定的社会影响。唐马路小学办“少年军校”的做法，被当作青少年道德教育的创新案例，在全市推广。

2005－2006年，以全国第三个“公民道德宣传日”为契机，开展“遵守道德规范，争做文明市民”主题宣传教育活动。制作以20字公民道德规范为内容的宣传牌156块，摆置在沿街、社区。继续完善“村规民约”和“道德评议会”。在区委召开的“强化八种意识，建设和谐开平”道德实践活动动员会

2004年8月半壁店爱国主义教育基地揭牌仪式

议上，教育局、团委、妇联联合向全区群众发出倡议。并利用《精神文明建设简报》刊发各单位的经验和做法。各单位争相把道德建设融入到工作岗位和具体工作中，相继开展“春蕾计划”“爱心助学”“巾帼建功立业”等活动，引导广大群众在道德实践中自我提高。2007－2008年，把加强和改进未成年人思想道德建设作为提高公民道德素质的重点，积极构建学校、家庭、社会“三位一体”的教育网络。以“知荣辱、树新风、我行动”为活动总揽，协调教育局、团委、妇联等部门开展丰富多彩的教育活动。在区“知荣辱、树新风”校园演讲比赛中脱颖而出的双庙小学范然然同学，代表全市小学生参加全省“知荣辱、树新风”校园演讲比赛，并荣获二等奖。在“唐山情系汶川，用爱心点燃生命”捐款活动中，全区中小学生共捐款18.14万元。同时，还组织全体学生认真学习抗震救灾英雄少年的感人事迹，使他们的思想道德在学习中得以提高。依托村民学校，对广大农民进行以社会主义荣辱观和《公民道德建设实施纲要》为主要内容的教育培训，共组织培训135次，参训农民2800多人。

附录

新一代继承了老传统

——唐山市刘庄煤矿干群关系的调查

唐山市开平区刘庄煤矿是一个仅有516名职工、占地面积不足36亩的地方国营小矿。这个矿1973年开始筹建，1983年投产。由于该矿是在开滦唐山矿30年代的老采区上兴建的，井下的生产条件恶劣，水、火、瓦斯、煤尘、顶板“五害”俱全，给掘进、复采带来了不少困难。全矿职工迎着困难前进，每年为国家生产优质原煤6万吨左右。到1987年后，这个矿的生产遇到更大的困难。这年3月，井下自燃起火，火势迅速蔓延，使矿井面临倒闭的危险。新调整的领导班子带领全矿职工团结奋战，用一个多月的时间降伏“火龙”，保住了矿井;? 又经过下半年的顽强奋斗，到年底扭亏为盈，实现利润12.4万元。1988年的3、4月份，采区上面的马路下沉，附近的部分房屋发生断裂现象。为维护市政建设大局，唐山市人民政府在8月份做出决定：刘庄煤矿只掘不采。这就等于砍掉了该矿三分之二以上的原煤产量，使企业再一次面临倒闭的危险。在这种情况下，全矿职工同心协力，克服困难，走出了一条“以煤为主、煤水并举、多种经营”的创业之路。?1988年到1989年，全矿共生产原煤8万多吨，实现利润61.5万元，上缴利税29.6万元。同时，经过优化劳动组合，办起了第三产业摊点9个。这些摊点安排人员62名，两年来创收3万多元。随着生产的发展，职工的生活水平有所提高。人均收入1988年2138.54元，比上年增32%；1989年2596.51元，比上年增21%。全矿人心稳定，充满了祥和、奋进的气氛。

为什么这样一个小小的煤矿，在困难和逆境中能够得到生存和发展？它的原动力、凝聚力来自哪里？调查表明，关键在于有一个好的领导班子，有一支好的领导骨干队伍。该矿中层以上领导骨干37名，平均年龄43岁，他们都是新中国成立后成长起来的新一代。党的优良传统，特别是同群众保持血肉联系的作风，在这个群体里得到了继承和发扬。一朵朵干群团结之花，结出了丰硕的甘甜之果，使刘庄煤矿的干部职工，在辛勤的工作、劳动中享受到了欢乐和幸福。

干群之间的鱼水情

凡是到过刘庄煤矿的人，无不为这里密切、融洽的干群关系所振奋。在我们调查期间，耳闻目睹了许多干群之间水乳交融、鱼水情深的生动事迹。

困难面前人心齐，同舟共济渡难关。唐山市决定刘庄矿“只掘不采”后，要是没有凝聚力的企业，早已人心惶惶，各找出路了。然而，这里却人心不散，队伍不乱。工会搞民意测验，98%的职工要求保住刘庄矿。工人们说：“要是企业垮了，我们工人就像女人出嫁，出一家进一家不容易，遇上咱矿这么好的领导就更不容易了。”还有的说：“老煤区不能采了，我们要争取开辟新煤区，如果国家全部投资有困难，我们工人集资也要干！”陈少华等十几位退休的老工人，流着跟泪叙说对矿上的深情；王友增、李树然等四五个吃劳保的同志又主动回到一线挖煤。全矿干部职工献计献策，积极寻找克服困难的途径；这个矿有技术的工人多，他们实行工人、技术人员和领导干部三结合，并通过横向联合，办起了唐山市科技开发中心注浆技术开发部。由15人组成的注浆队，两年来走南闯北，专治井下的水、火灾害，实现利润20万元。这个矿的地下涌水量大，每月抽水电费达2万元，占全矿电费总开支的一半。为了化害为利，他们在市有关部门的支持下，搞了地下水清污分流工程，对矿井水实行综合利用。现在除供应附近的大钊公园用水外，还办起了一个容量为20吨的冷冻厂，一年可创收4万元。通过干群协力，向生产的广度和深度进军，使刘庄矿继续保持着生机和活力。

干部和工人的汗水流在一起，心贴到一块。在刘庄煤矿的百米井下，干部和工人比着劲地挖煤、推车。工人创了高产，干部敲锣打鼓到井口慰问，把罐头、汽水递过去，工人们心里热乎乎的。干部创了高产，工人怀着既高兴又心疼的心情到井口迎接，干部们激动得落泪。1987年夏，为了夺回因巷道起火造成的损失，在全矿开展了劳动竞赛。按照定额，工人每班单头掘进工作量为4架，实际进度为5架、6架、7架，最多的高达12架。有的工人说：“干部能拿下6架也就不错了。”干部们不服气，憋着劲下井了。1987年8月24日上午，当时的党支部书记刘明利、矿长杨福荣和工会主席贺广祥带领股室干部，早早来到井下，誓夺掘进进尺12架、采煤50吨的纪录。要完成这个进尺，光圆木、拌子，笆片等材料就能装一卡车，事先要把这些材料运到井下120米深的主巷道，再用人工传递的办法通过煤眼，一节一节地提到位于76米深的巷道。面对这样艰巨的工作量，男女老少齐上阵的股室干部，没有胆怯。他们攉煤的一刻不停，推车的一溜小跑，渴了喝口矿井水，饿了紧紧裤腰带。此刻，关注着会战的工人们不断地往井下打电话，询问进度情况。当晚上7点一刻井下传来拿下12架进尺的消息时，井上的工人异常激动，奔走相告。老书记刘明利由于过度劳累，倒在巷道里，躺了40多分钟才上井。工人们心疼了，后悔当初不该将干部这一军。采煤工人郭振轩，听说干部中午每人只吃了一个馒头和一节黄瓜时，气冲冲地跑到食堂，催着炊事员快给干部们做饭吃。采煤队的工人敲锣打鼓迎接干部上井，并在贺信中称赞干部们“开创了建矿以来干部下井劳动的新纪元”。

名利面前互相谦让，危难时刻抢挑重担。在刘庄矿，有了荣誉，遇到调资长级，干部与工人互相谦让，情真意切。1987年底调资，由于指标所限，刘明利、杨福荣和贺广祥三位矿领导定了个“君子协定”，每人让出半级给工人。职工们不同意领导让级，于是出现了29名职工联名写信“告状”，要为矿领导争升级指标的稀罕事。1989年，上级分配给刘庄矿60%面的升级指标。符合条件的井下工人都可以长一级，但是井上的职工由于升级指标的限制，只有5%的人能升一级。这时矿长贺广祥主动让了半级，随后出现了10名井下队长和12名井下工人每人主动让出半级的动人事迹。至于矿领导的承包奖，按照国务院的有关规定，完成承包指标的，承包者的收入可高出工人1至3倍。据此计算，1988年主要矿领导应得奖金数千元，甚至近万元。矿领导考虑到企业正处于困难时期，主动要求少拿奖金，提出党、政、工正职每人500元，副职每人400元。职代会认为，无论从执行按劳分配的政策说，还是从矿领导的实际贡献讲，这样分配不公平。矿长贺广祥意味深长地说：“文件规定可以拿的，不等于必须拿。我是共产党员，奖金拿多少，应考虑到职工的心理承受能力，要看是否有利于调动工人的积极性。”最后双方达成“妥协”，正职奖800元，副职奖500元。去年矿领导班子的奖金，也和上年一样，经过几次“讨价还价”，才定了下来。

当遇到困难特别是危难时刻，党员、干部都冲在前、干在先。从以前的老书记李树森那时起，刘庄矿就逐渐形成了一条不成文的“规矩”：哪里最困难，哪里就有干部；哪里最危险，哪里就有党员。1989年1月27日，进风巷发现四处火点。大量一氧化碳随着风流往井下的各个角落弥散。空气中一氧化碳含量高达0.8%，超过安全系数的上百倍，严重威胁着工人的安全。在这种情况下，井下是不许有人作业的。为了稳定职工情绪，矿领导把工人“撵”上井，并对险情保密，宣布春节放假12天，让工人高高兴兴回家过年。暗地里，他们却悄悄通知股长以上干部留矿灭火。当时的党支部书记刘明利和副矿长李自志，带领干部身背氧气筒和自救器下井了。灭火需要开一个煤门，但开这个煤门非常危险，“如同和阎王爷见见面”，是一场生与死的考验。为了预防万一，他们把担架、救护车都准备好，一直干了7天，终于把火扑灭，保住了矿井。春节后，工人们返矿知道了这几天发生的事，又听说春节期间，刘明利的岳母病危，他老伴匆匆赶往任丘探望。而这时，刘明利85岁高龄的老父亲又重病不起，是来拜年的亲戚帮助照顾的。工人们深受感动地说：“干部们这么干，看谁今后干活还敢不掏真劲！”

干部时刻把工人的冷暖装在心里，工人时刻把企业的兴衰记在心上。1989年临近春节前，刘庄矿的注浆队接受紧急任务，匆匆赶往湖北当阳漳河煤矿帮助注浆治水。这个矿涌水量大，工作条件艰苦，再加上生活不习惯，工人们想家、想亲人。矿领导一班人也时刻记挂着3000里外十多名工人的冷暖。旧历腊月二十七，贺广祥背上家乡的对虾、腊肠、烧鸡、香烟等物品，登上了南下的列车。下了火车又赶汽车，身背着60多斤重的提包步行20多里，终于在大年除夕的傍晚，赶到了漳河煤矿。他见到工人们后高兴地说：“我代表全矿的干部职工给你们拜年来了！”工人们激动地欢呼跳跃，热泪像断了线的珠子往下滚，簇拥着矿长进了屋，这个端来热水，那个要给矿长扒袜子洗脚。这一夜，工人们吃着矿长千里迢迢带来的家乡特产，听着矿长那浑厚深情的《祝酒歌》，心都醉了。干部唱工人，工人夸干部，干群同唱团结歌。今年正月十五，我们调查组有幸参加了刘庄矿元宵佳节文艺联欢会。从矿长、书记、工会主席到采煤工人、炊事员、医生等，先后有几十人上场献歌献舞。近几年逢年过节，刘庄矿都要举行这样的文艺联欢会。干部们用诗、用歌说唱工人甘为四化挖煤、发光、献热的动人事迹；工人们则用词、用曲讴歌干部廉洁奉公，以身作则的高风亮节。那歌声、舞蹈、秧歌充分展现了刘庄矿干部、工人团结奋斗、积极进取的精神面貌。

真心实意地当公仆

“干部当公仆，工人做主人”，这在刘庄煤矿不仅是一句口号，而是实实在在的行动。从刘庄煤矿的干部身上鲜明地体现了我们党一贯提倡的“人民勤务员”的本色，这是建立干群之间鱼水关系的关键所在。

（一）坚持以普通劳动者的姿态出现同群众打成一片

每天清晨，人们都会看到，干部把院里的马路扫得干干净净，迎接工人上班，大家一进厂就觉得赏心悦目，有一种舒适感。为了把干部扫马路的制度坚持下去，从矿长、书记到股室人员轮流值班，一年搞两次评比，好的受表扬，差的受批评。这算是井上劳动吧！更可贵的是，他们从1987年开始，建立和坚持了干部下井劳动的制度，凡是可以下井的干部，不分男女，实行半天办公半天劳动。开始，劳动无定额，随意性较大，后来干部下井劳动单独开了一个工作面，每天有定额，从打眼放炮到掘进采煤直至推车运输，全部由股室以上人员承担。他们和工人一样，炮烟熏着，煤尘呛着，比着创高产。从1987年5月1988年底，在一年半的时间里，干部下井劳动平均每人200天（包括抓生产的矿长下井指挥生产的天数），共生产原煤2195吨，创产值14.2万元，远远超过40名股室人员的工资总额。进入1989年，干部下井的热情不减，但是由于井下采煤面越来越小，遂将半天劳动、半天办公的制度改为有井下灭火、清理巷道、打封闭等任务时，就以干部为主去完成。去年一年来，平均每个股室人员仍参加劳动70多天。过去，二线工人对干部不参加劳动不满，说是“黑脸的养活白脸的”。现在工人们说：“干部下井劳动也那样拼着劲地干，和我们工人近乎了。”那种“头铲是矿长的，二铲是书记的，三铲才是工人的”怨气没有了。

（二）坚持清正廉洁以自身的模范行为赢得群众的信任

我们从刘庄矿看到，在当前社会上存在不正之风、思想战线腐蚀与反腐蚀的斗争相当突出的情况下，这里的干部拒腐蚀，永不沾，保持一身清正，赢得了广大工人的信赖。工人们反映，我们刘庄矿的干部在权力面前不伸手，在金钱面前不谋私，不为自己的妻子、儿子捞取好处。1988年有4位要求恢复矿籍的工人想给贺广祥送礼，贺严肃地对他们说：“你们的矿籍该恢复自然会恢复，送了礼反而不好办。”1986年初，有位司机承包汽车队盈利不少，想拿出一部分钱给矿上几个领导“意思意思”。贺广祥说：“你实在想‘意思’，就给全矿职工谋点福利。”矿上的财务股长因工作不负责任被撤换，本人不服，扬言要“抖落抖落贺广祥”。贺便主动要求工会组成清查小组，清理自己的经济收入。清查结果：1988年，贺广祥全年总收入4283.2元，其中含下井津贴431元，全年奖金1090元，年终奖800元，比中上等井下工人全年收入还少336.8元。矿上有个职工四处告状，说刘庄矿有严重的经济问题，矿领导曾两次被法院传讯，多次被上级派来的调查组审查，财务账本翻了几遍，结果没有查出哪位领导往自己兜里装一分钱。多年来，煤炭系统流传着一个顺口溜，叫做：“矿长书记的儿子开汽车，队长调度的儿子电钳工，老板子的儿子把煤攉。”但在刘庄矿却无此类现象。刘明利当支部书记时，把独生儿子刘洪声分配到井下推煤车。儿子头一回下井，看着黑咕隆咚的井眼害怕，跑了回来。老伴哭着对刘明利说：“你当书记孩子沾不上光，还跟着糟罪。”他说：“你的孩子是骨头肉长的，人家的孩子是铁打的？你的孩子怕砸。人家的孩子不怕砸?!”现在刘洪声仍在井下劳动。贺广祥的妻子侯金芝，一直干的是井上女工中最脏最拴人的活——开爬坡车。干这活的原来是三个女工，被男工替走了两个，现在就剩“矿长太太”了。工人们看着不公，去找贺广祥，他说：“我当工人时她就开爬坡车，我当工会主席她干的还是这个话，我当矿长她干不了啦?”

干部的模范行为，具有巨大的影响力，工人们说：“比政府发个文件还管用”。1988年，汽车司机阎红军因原单位被兼并，调到矿上来。他开始看不上这个地方小煤矿，想以此为跳板有机会再改换门庭。他来后，见这里的领导好，风气正，便下定决心不走了，还写了入党申请书。共产党员王全会，为人憨厚倔强，爱讲个公理。过去常揭一些领导干部的短，人们说他“爱咬人”。他说：“谁屁股底下不干净我就咬谁!”贺广祥上任的头一天，他对贺说：“我要看你们一年，你们要是只顾自己捞，我就不伺候你们!”一年之后，他逢人便说“现在的领导我服了，让我‘咬’也没得‘咬’了，只有好好干了。”1988年6月，矿上的暗井开拓延伸，年已44岁并且患有风湿病的王全会泡在齐腰深的冷水里一干就是三个小时。今年春节，矿上放了7天假，他值了三天三夜班。仅去年，他一共加了162个班。有人问他，哪来的这股劲？他说：“这届矿领导尽干得民心的事，我们工人干起活来浑身是劲!”1989年底，工会召开职工代表大会选举矿长，在未提候选人的情况下，118名代表，有114名投了贺广祥的票。当这一结果一宣布，大家热烈鼓掌达10来分钟，表达了对贺广祥的充分信任。贺热泪盈眶，感谢大家的支持。

（三）坚持维护工人的主人翁地位遇事同群众商量

这个矿的领导干部真正做到了把工人当成企业的主人，在工作中坚持走群众路线，虚心听取群众的意见，自觉接受监督，有过则改，从善如流。矿里的工会和职代会的威望很高，不像一些单位把它当成“帽子”，用时戴，不用时摘。矿领导为了保证工会和职代会充分发挥参政议政的作用，坚持做到：凡全矿生产经营、职工福利中的重大问题中重要的建章立制，都要提交职代会审议，并接受质询，最后做出决定；工会主席参加每周召开的行政例会，及时反映工人的意见，参与讨论决定重要问题；在日常工作中，党支部、行政和工会的三正职密切配合，“三位一体”，形成一个决定行政事务的核心。这样，在解决全矿的许多老大难问题上，都显示出了工会和职代会的作用。1987年3月，刘庄矿发生的那场大火被扑灭后，工人们议论纷纷，认为这场火灾的蔓延暴露了管理不善，关键是一些中层干部不得力。矿工会主席会同采煤队分会主席找到矿领导，要求改革干部选拔办法，对中层干部实行民主推荐和行政聘任相结合的制度。矿领导采纳了他们的意见。接着，根据民意测验，任命赵英等15人担任采煤大队长等领导职务。这些同志走上了领导岗位，对改变刘庄矿的面貌发挥了重要作用。1987年调资，矿领导依靠职代会8次审议修改调资方案，直到全矿职工满意为止。1989年11月，职代会向矿领导提出了克服库房管理混乱等57条意见和建议，矿领导随即召开了股室以上负责人会议，逐条研究改进措施，凡是能解决的问题，立即落实责任，加以解决。

（四）坚持发挥工人阶级的创造力择才而用

这个矿的领导班子牢记毛泽东同志关于“人民群众有无限的创造力”的教导，认为刘庄矿的工人作为整体讲创造力是无限的，作为个体讲能力是有限的，领导的责任就是要让每个人的能力充分发挥出来，以不断开拓工人群众的无限创造力。基于这样的认识，他们十分重视人才，善于用人。凡是群众拥护的人，有一技之长的人，即使是反对过自己的人，只要符合党的干部政策，就积极启用。被群众称为刘庄矿“工人头领”的复员军人刘桂林，不仅井下生产技术有一套，而且具有文艺才能，能歌会画。他在危险的时候冲在前，从井下抢救过6个工人兄弟；他爱替工人抱打不平，有很大的影响力。这样一个难得的人才，过去有的领导都不肯重用，贺广祥上任后，大胆提议让刘桂林当工会主席，职代会选举一致通过。他上任后，干得很出色。临时工王长顺，施工时跟专家学了一点注浆技术，矿上就重点培养他。1988年3月，煤炭部召开井巷治水会议，给了刘庄矿一个名额，矿上让王长顺去了。参加会议的都是专家学者，王是唯一的工人代表。他的发言在会上引起了震动，受到与会者的赞扬。随后，矿上任命王长顺为注浆队队长。在一年多的时间里，注浆队跑了6个省、区，治理过11次井下水灾，并且治一次成功一次。有个单位以高薪聘用他，被拒绝了。他说：“我们矿的领导拴住了我的心！”工程师郭明庭是矿上的“活地图”，井下不少工程是他亲手设计的。由于与矿领导的关系一度不融洽，要求调走，经党支部书记袁瑞芝耐心做工作，终于把他挽留下来。原供销股长王德文，1987年实行聘任制时落选，被外单位借调走了。1988年矿上建冷冻厂，又把他请回来当厂长，发挥了他的经营管理才能。贺广祥总结用人的经验时，深有体会地说：“用人之长，世界上没有不可用之人；用人之短，世界上没有可用之才。”这个话包含着深刻的哲理。

刘庄矿的干部在行动上能做到以上“四个坚持”，归根结底，是他们有一种强烈的公仆意识。他们认为“干部当公仆，工人做主人”，这是社会主义企业同资本主义企业的根本区别。有的同志联系刘庄的矿史，深有体会地说：千斤重担要靠众人挑，没有工人兄弟的奋斗，就不会有刘庄的今天。这些朴素的话语，说明“人民，只有人民，才是创造世界历史的动力”这一真理，在刘庄矿领导者的心上已扎了根。公仆意识正是确立在这个根基之上的。

催人奋进的思想政治工作

刘庄矿的领导，既充分相信和依靠广大职工，又注意抓好对职工的培养教育，加强思想政治工作。他们在注重身教的前提下，实现了思想政治工作的“四个结合”。

（一）党、政、工、团相结合

全矿在党支部的领导下，行政、工会、共青团一起做思想政治工作。矿里建立了以党员、干部为主体，由书记、矿长、工会主席、团支部书记、中层干部、工作骨干等52人组成的思想政治工作网络，一直延伸到生产班组。这些同志，既做好分管的业务工作，又担负着做好思想政治工作的任务，从制度上把两者拧在了一起。主管生产的副矿长赵英，自觉地把抓生产和做人的工作结合起来。他对井下的生产情况摸得透，熟悉工人的喜怒哀乐，善于同工人谈心、拉家常，进行思想感情的交流，唤起工人的劳动热情，工人们称他为不摆架子的“民意矿长”。去年开始调资时，工人思想十分活跃，弄不好就会影响生产。对此，矿领导有些放心不下。赵英说：“请矿长放心，采煤大队决不上交矛盾。”他反复向工人讲调资政策，讲书记、矿长的风格，讲工人应有的主人翁精神，终于做通了大家的工作，采煤大队出现了干部、工人争相让级的可喜局面。

（二）普遍教育与个别教育相结合

普遍教育，就是通过建立和完善党内“三会一课”制度、党员目标管理制度、职工班前学习制度和法制教育制度，系统地向党员、职工进行党章教育、基本理论教育、法律知识教育和形势政策教育，以不断提高职工的思想政治素质。个别教育，就是针对某些职工思想、工作中存在的实际问题，有的放矢，因人施教，一把钥匙开一把锁。对后进青年的转化工作，是这个矿做得最多的。采煤队周顺祥等4名青年人，干活消极怠工出了名，他们“下井不怕晚，上井不怕早，挣钱不怕多，干活不怕少”。队长批评，他们不在乎。把人急得“火上房”。矿领导帮助队里分析了这几个人的情况，发现他们进矿后由于做过一些错事，领导责备多、关心少，以致认为领导看不起自己，产生了抵触情绪。于是，矿领导主动亲近他们，同他们谈心，交朋友，鼓励好好劳动，努力创高产。这4个青年抱着试试看的心理，第一次创了高产纪录，书记、矿长就敲锣打鼓到井口迎接祝贺。他们受到了鼓舞，上进心越来越强，已有两人成为生产骨干。矿上有14名职工被劳改劳教释放后，领导不嫌弃，陆续接收回来。对他们从严要求，经常指出其进步与不足，并用其所长，鼓励他们大胆工作。这些人中有7人有了明显进步。

（三）解决思想问题与关心职工生活相结合

刘庄煤矿的领导，喜群众所喜，忧群众所忧，十分注意关心群众的生活问题，从井下工人的安全，到职工的衣、食、住、行，以及恋爱、婚姻，他们经常挂在心上。安全生产是领导关注的第一件大事，矿里提出了“安全为天”“不安全不生产”的口号，负责抓安全的副矿长李春民，工作一丝不苟，凡是工人要去的地方，他总要先去看一看，以确保安全，万无一失。三年来，全矿未发生一起重大伤亡事故，受到省煤炭厅的嘉奖。前几年，矿上的通勤车座位少，工人上井后，座位常常被井上人员占满。没有座位的工人，在车上一站就是一个小时。于是，前任矿长杨福荣让办公室给井下工人固定了座位号，多余的再安排井上人员，而书记、矿长却坐马扎，因此被工人们亲切地称为“马扎书记”“马扎矿长”。矿里的单身职工宿舍，原来又脏又乱又黑，工人们劳累一天回到住处，心理别扭。为了改善工人的生活条件，1987年5月的一天，矿领导带领20多位股室干部去整理单身宿舍，从早忙到晚，把16间房舍粉刷一新，窗户擦得干干净净，还拆洗了30多条被褥。工人们深受感动，自己动手熬粥、买菜，慰劳干部。1989年，矿里又配备专人，对宿舍实行旅馆化管理，增设了文娱活动室，使大家有了舒适的休息场所。为了让工人们获得疗养的机会，去年暑期，矿里在北戴河租了房间，安排去疗养的是清一色的工人。为了使井下工人上井后洗好澡，副矿长刘炳礼经常亲自去试澡水。矿领导要外出开会，支部副书记卞庆丰，让领导去挤公共汽车，而派矿里的吉普车送工人到医院看病。通过这一桩桩小事，他们把真挚的爱给了工人，而工人则把浑身的力量献给了矿山！家庭，是职工生活中的“小天地”。这个矿的领导注意把党的温暖送到职工的家里。他们坚持对职工家庭“五必访”，即职工婚丧嫁娶必访、工伤病号必访、家庭出现纠纷必访、闹思想情绪必访、逢年过节必访。几年来，通过家访，帮助调解家庭纠纷16起。青年工人杨顺礼，因染上赌博恶习，长期旷工，还欠了别人的债，为此夫妻反目，爱人提出离婚，回了娘家，法院多次调解无效。在这种情况下，杨顺礼剃光了头，腰里揣着菜刀，想寻找机会报复女方。为了防止一场恶性事件的发生，党支部书记袁瑞芝等人在批评和说服杨顺礼后，十几次做“说和”工作，他们听了女方不少难听的话，曾经灰过心，打算不管了。当法院要最后判决时，袁瑞芝跑到法庭，请求再给她一次做工作的机会，并向女方保证，一定做好杨顺礼的转变工作。面对这样的“贴心”领导，女方终于改变了非离婚不可的主意。为使杨顺礼改掉赌博恶习，矿里确定专人对他进行帮助，并签订了帮教合同。现在，杨顺礼积极参加劳动，夫妻重归于好。矿工秦玉柱，已27岁还没有搞上对象，矿领导委托团支部为他当红娘。女方答应亲事后，听说秦有病，又要吹。经矿领导带着秦玉柱三次检查身体，确认无病后，才定下这桩亲事。结婚那天，矿里派车接新娘，书记、矿长前去祝贺，感动得秦玉柱不知说什么好。

（四）积极健康的内容与生动活泼的形式相结合

刘庄矿组织职工开展了多种形式的活动，把思想教育寓于其中，起到了学习、开会所不能代替的特殊作用。这里的文体活动相当活跃。在班前班后，常常听到阵阵歌声。《咱们工人有力量》《刘庄矿歌》《学习雷锋好榜样》等，几乎人人会唱。歌声，抒发了工人的胸怀，激发了人的劳动热情。53岁的老工人刘连弟，过去不会唱歌，下班后回家一躺，常常无精打采。一次矿里要搞歌咏比赛，年轻人起哄，给他报了一个节目。他不好推辞，回家后，跟上中学的女儿学了一首《妈妈的吻》。在比赛中，一歌唱罢，乐坏了听众。从此他经常练唱，干起活来浑身是劲，被人们称为矿山的“新歌星”。近几年来，矿里每年都组织几次文艺会演，刘连弟等纷纷登台，用歌曲、快板、舞蹈等多种形式，赞颂矿上的好人好事，对弘扬正气，起到了很好的作用。矿里的体育活动也经常开展。参加市里的拔河比赛，小小的刘庄矿男女队双双获得亚军。搞文体活动要占用一些时间，但“磨刀不误砍柴工”，职工的心情舒畅了，积极性高涨了，常常成倍地突破生产定额。这里的争先创优活动十分火热。过去矿里年终评选先进往往是你好我好，轮流坐庄。从1987年下半年开始改为不搞年终评比，而是以生产为中心，加强日常考绩，建立职工立功档案，依据实绩逐月总结表彰，年终给奖。1987年以来，全矿共有215人次立功受奖，其中党员占25%。对这些立功受奖人员，矿上召开大会，给他们披红戴花，进行表彰。“水不激不跃，人不激不奋。”争先创优，表彰先进活动，激发了全矿职工高昂的劳动热情和学赶先进的进取精神，前些年采煤二队工人气不顺，干活没劲。队长曾向工人作揖，求工人多推几车，而工人却说：“就是下跪也不伺候！”1987年以来，二队变成了唐山市煤炭战线的先进集体，不少先进人物在这个队涌现出来。如“矿山铁人”高国山，身患肾积水、尿血，却一声不吭，坚持下井，麦季到了，下班后骑车100多里回家拔麦，看到麦子尚未成熟、便匆匆吃过午饭，又骑车三个多小时赶回矿上按时上夜班。几天后，他又回去，不进家门，直奔地里拔麦。快拔完了，媳妇才知道，又生气又心疼。高国山嘿嘿一笑：“我还得回矿上班呢！”“铁腿”孙祥是二队的运输班长，他推车跑得快，推得多，每班总比别人多推几车。在生产紧张的时候，索性不坐班车，骑自行车早上班、晚下班，每天往返六七十里路。这个队的队长、共产党范长川，是全队的好带头人。每当他手握电钻，浑身就有使不完的力量，工人们说：“范队长见了煤比见了他爹还亲。”他自己说：“我们共产党员要像优质煤一样，放在哪儿都要闪闪发光。”这里的学雷锋活动也搞得好。团支部的学雷锋服务小组已坚持了四年，他们免费为职工理发、修理自行车，还走上街头为民服务。去年，团支部被评为开平区“先进团支部”。机电队是学习雷锋的先进集体，去年，他们义务劳动，修建了大门前的公共汽车候车亭，并开展修旧利废，增收节支几万元。今年2月4日，住在矿附近的一位医生因给孩子注射青霉素发生过敏，在送往医院的途中，这位医生又因着急晕倒在地。共青团员于海军见到后马上找来三轮车，把二人送到医院抢救。2月9日晚，青年工人孙兴国夜间一点下班回家时，发现一歹徒企图强奸一女青年，他奋不顾身斗歹徒，缴获了歹徒的自行车，并把这个女青年送到家中。矿里召开表彰大会，分别授予了他们优秀共青团员”和“优秀青年”的称号。

人们说，刘庄矿党支部的思想政治工作有魅力。这魅力带来的效应，是在全矿干部职工中逐步培育了深受社会赞扬的“刘庄精神”。这就是爱国爱矿、无私奉献、艰苦奋斗、争创第一的革命精神。这种精神是靠党的思想政治工作、靠全矿职工的实践活动塑造出来的。这种精神使干群关系在一个共同的目标下变得更加和谐。

党的优良传统扎根之谜

为什么正当资产阶级自由化思潮泛滥、干部脱离群众和腐败现象有所滋长的时候，刘庄矿干群之间血肉联系的优良传统作风却得到了继承和发扬，许多人觉得这是一个谜。我们经过深入了解，初步揭开了这个谜。

党的教育和实践活动对新一代干部的熏陶是党的优良传统扎根的内在动力。

刘庄矿的股室和队以上干部，大多数是煤矿工人出身。他们中，有的原来是以工代干被保送到大、中专学校深造，毕业后回来当干部；有的是大、中专毕业生，先下井当工人，经过几年锻炼后，再从事干部工作；更多的则是由工人逐步选拔上来的。这些同志大多经历过唐山的地震灾难，是被解放军从废墟里抢救出来的幸存者。他们都是新中国成立后，在党的教育下和党所领导的实践活动中锻炼成长起来的新一代干部。矿长贺广祥，从小受父母影响，热爱共产党，听党的话。1964 年，他中学毕业后响应毛主席的号召，到农村插队落户，立志为建社社会主义新农村贡献力量；1972 年，他不满 26 岁，第二个儿子刚出生，就响应党的计划生育号召，带头做了绝育手术；1985 年，国家发行国库券，他一次就买了 1000 元，刘庄矿数他最多。他当过唐山地区学习毛主席著作积极分子，唐山市优秀工会工作者，现在是市的劳动模范。无论是当工人或干部时，都能够以雷锋为榜样，助人为乐。年农历大年三十，他家附近的华新纺织厂发生火灾，他带领两个儿子赶去参加灭火，没顾上吃饭、喝水，弄得全身是泥，年也没过好。党支部书记袁瑞芝，1964 年在学雷锋活动中入团，1968 年在唐山市女中毕业，第一个申请下乡锻炼。下乡后先当农民，后当中学教员，1975 年到刘庄矿工作。地震中她失去了 17 位亲人，自己也被压在倒塌的楼房下，砸断了 4 根肋骨、左臂和锁骨，骨盆被砸裂，解放军和工人们冒着余震危捡把她从两三米深的砖石中扒出来，送往北京治疗。经过四次手术，住院 6 个多月才治好。她常说，我身上流着阶级兄弟献的血，是党和人民给了我第二次生命，我还有什么理由不好好干工作！她用自己的模范行动，用点滴入微的思想政治工作，赢得了群众的信任，贺广祥、袁瑞芝的上述经历在刘庄煤矿的新一代领导骨干中具有一定代表性。他们对党和人民有深厚的感情，对党的优良传统和作风有切身的感受。因此，在他们走上领导岗位之后，能够继承和发扬党的优良传统，想工人之所想，急工人之所急，帮工人之所需，同群众保持密切的联系，这应该说是很自然的。

历史的经验对新一代干部的启迪
是党的优良传统扎根的重要因素

刘庄矿从 1973 年建矿以来，先后换过 14 任矿长，8 任书记。应当说，这些同志都有把工作搞好的愿望，都为这个矿的建设做出过一定的贡献。但是，有些同志由于主观原因和客观环境的影响，在处理干群关系上出现过一些这样那样的问题。比如：有的摆不正自己与工人的位置，认为“工人就是奴隶，发给你工资就得好好干活！”有的听到工人提点反面意见，就生气地说“到南边大沙坑里提去，我没工夫听；要不到天上提去，我听不着！”有的对有缺点的工人不是采取爱护、帮助的态度，而是采取所谓“培养培养”的办法，使其犯错误，处理了之。有的当官做老爷，整天吃吃喝喝，甚至以权谋私，为个人捞好处。这样一来，工人的积极性受到压抑，干群关系十分紧张。有的领导在调走时，群众敲锣打鼓放鞭炮，表示“庆祝”。1987 年后，刘庄矿的两届领导班子认真吸取了前任的教训，他们认为，以前之所以出现那些不正常现象，不能说是工人的素质不高。正像一位工人说的：”只要拿我们当主人看，累死累活也心甘。”刘庄矿的领导正是实践了这位工人的期望。由于把干群关系摆正了：现在还是那么多人，还是那么个地，但这里的面貌却发生了巨大的变化。

领导班子紧密团结，配合默契，是党的优良传统扎根的基本条件。在刘庄矿没有核心、中心之争，没有权力大小之争，没有地位高低之争。领导成员之间能够开展批评和自我批评，有话当面说，有意见当面提，有缺点错误公开检讨，谁也没有顾忌，谁也不耍“小心眼”。大家有一个共同的目标，就是为党和人民的事业，为把刘庄矿这个社会主义企业办好而努力拼搏。因此他们能够心想到一起，劲使在一块；党政工紧密团结，配合默契，“三把柴”同烧“一团火”。党支部做出决定，矿长带头执行；矿长布置的事情，党支部和工会积极配合支持；工会开展活动，党支部、矿长热心关怀。在领导活动中发生不协调现象时，支部书记出面做工作，帮助解决矛盾。去年一、二月份，由于部分巷道自燃起火，影响了生产，连续两个月出现亏损，为实现首季开门红，矿长提出了“苦干3月份，把火灾损失补回来”的要求，党支部和工会积极配合，在全矿组织了劳动竞赛和义务劳动，干得热火朝天。井下工人一天出两班的煤，井上工人一天干两天的活。结果这个季度不仅完成了预定计划，而且还盈利2万多元。刘庄人深深感受到：领导班子的团结和密切协作，是搞好干群关系的基础。如果班子内部你争我夺，哪里还有心思关心群众，建立同群众的密切联系。

刘庄煤矿的事迹和反响引发的思考

刘庄煤矿这个先进典型，从1989年初，唐山市委开始宣传，以后中央和省的有关新闻单位进行宣传报道，在社会上引起了强烈的反响。从他们的事迹和反响中，我们感到有几个问题值得深思。

（一）全党和全社会都在以极大的热忱呼唤着党的优良传统的恢复和发扬

刘庄煤矿的干部、工人并没有做出什么惊天动地的大事，也没有讲出什么高深莫测的道理，归纳起来无非是干部、工人日积月累的小事。这些小事引起了许多人的关注和敬佩。这一方面说明，这些年来，党的优良传统被淡化、遗忘了，因此人们感到新鲜乃至新奇；另一方面也说明，党的优良传统一经恢复，便会产生强大的吸引力，人们从这里看到了希望。去年动乱期间，正当社会上一些人极力反对共产党的领导、诋毁社会主义制度的时候，唐山市的大学生们听了刘庄煤矿的报告，深感触动，不少学生赞叹：“我们党是有希望的。”一位外省的工人来信称赞刘庄煤矿党支部成员“是真正的共产党员，是国家的最宝贵财富”，“像刘庄煤矿的干部工人那样做，就能挽回党的威信”。有位机关干部来电话说：“刘庄矿把人们灵魂中失去的东西发掘出来了，使人们看到了希望。”看得出，尽快恢复和发扬党与人民群众血肉联系的优良传统是党心所向，民心所向。

（二）要办好社会主义企业必须全心全意依靠工人阶级

刘庄煤矿建矿17年，干群关系变化起伏。正反两方面的经验证实了一条真理，那就是社会主义企业干部与工人的关系任何时候都是公仆与主人的关系。只有摆正这一关系，干群关系才能密切起来，否则就会引起干群关系紧张，带来难以挽回的损失。近几年来，我们在强调“能人治厂”“厂长承包”的同时，对工人阶级的作用有所忽视，甚至有的对干部是公仆、工人是主人这一正确的命题产生了疑惑。这种片面的、错误的认识，如不加以纠正，恢复和发展党同人民群众的血肉联系就会成为一句空话。过去，我们党所提倡的“两参一改三结合”，即干部参加劳动，工人参加管理，改革不合理的规章制度，领导干部、工程技术人员与工人群众相结合，至今看来还没有失去其生命力。要办好社会主义企业，厂长、专家的作用固然重要，但他们的活动如果离开工人群众的支持、参与和实践，是不能取得成功的。

（三）在整顿党风中应把治理大环境与治理小环境结合起来

刘庄矿的领导认为：“社会上的事咱管不了，但我能管住我们的小企业，能管好我自己。”这种精神十分可贵。大环境是由小环境组成的，如果大家都能积极地治理自己所在单位的小环境，都从自己做起，从本单位做起，就不愁整个党风和社会风气不能好转，不愁干群关系不能祥和。特别是当前在党中央的率先垂范、大力推动下，改变党风和社会风气的大气候已经形成，为改变小气候创造了很好的条件。各单位如果都能像刘庄煤矿那样管住自己、从我做起，肯定会加快党风和社会风气好转的步伐。

中共河北省委　中共唐山市委联合调查组

一九九〇年二月二十二日

中共河北省委关于认真学习刘庄煤矿经验的通知

各地、市、县委，省直各厅部委办局，省军区党委，华北石油管理局党委，省各人民团体党组：

现将省委、唐山市委联合调查组关于唐山市刘庄煤矿干群关系的调查报告《新一代继承了老传统》印发给你们。望抓紧做出安排，组织各级各部门各单位的全体干部，特别是领导干部，对这个调查报告认真地读一读、想一想、议一议，扎扎实实地开展学刘庄、见行动、讲传统、树新风的活动。

最近一个时期以来，党中央一再强调要恢复和发扬党的密切联系群众的优良传统。这是由我们党的性质和宗旨所决定的，是当前党风建设、干部作风建设的重大课题，也是直接关系到我们党和国家兴衰存亡的大事。刘庄煤矿经验的可贵之处在于，当资产阶级自由化思潮泛滥、干部脱离群众的消极腐败现象有所滋长的时候，该矿的新一代干部群体能够坚定地把党的优良传统继承下来，并不断发扬光大。这个矿的经验的核心是，“干部当公仆，工人做主人”。他们处理干部与群众的关系，始终把干部视为矛盾的主要方面，真正实践了全心全意为人民服务，全心全意依靠工人阶级办企业，并且通过深入扎实的思想政治工作去宣传、教育群众，从而激发了全矿工人的主人翁使命感和责任心，形成了干群一心，团结奋斗，克服重重困难的可喜局面。我们学习和宣传刘庄煤矿的经验，对于弘扬党的优良传统，加强党的建设，改进干部作风，对于克服目前治理整顿中出现的困难，促进改革开放和现代化建设事业的发展，都有着重要的意义。因此，各级领导机关直至基层单位要高度重视，把学习、推广刘庄煤矿的经验作为当前改善党群关系、干群关系，惩治腐败现象的一项重要内容来抓，促进党风和社会风气进一步好转。

刘庄煤矿的经验并不深奥，他们能做到的，别人也能做到。这里的关键在于有一个正确的学习态度。各级干部特别是领导干部都要以刘庄矿的经验为镜子，认真对照检查本地本单位党群、干群关系上存在的问题，找出原因，制订措施，认真加以解决。要树立相信群众、依靠群众又引导和教育群众前进的观点，坚持从群众中来到群众中去的工作路线。要继续加强廉政建设，发扬艰苦奋斗的作风，以干部自身的清正廉洁去赢得群众的信任和拥护。要广开言路，欢迎批评，闻过则喜，从善如流。在学刘庄煤矿经验的活动中，要少说多做，讲求实效，严防搞形式、走过场。要像这个矿的干部、职工那样，用实干来塑造自己的形象。

关于刘庄煤矿的经验，前不久省委宣传部已制发了录像带，这次又转发了调查报告。各地各单位应以此作为主要教材，一般不要再组织人员到刘庄煤矿参观学习，以免影响生产。除唐山市外，其他地市不经省委宣传部同意，也不要邀请刘庄煤矿的同志去作报告。各地学习刘庄煤矿经验的情况，望及时报告省委。

中共河北省委

一九九〇年二月二十四日

二、倡导移风易俗

1988年，区委、区政府召开移风易俗座谈会，并向全区发出1000份《关于破除陈规陋习，搞好移风易俗的倡议书》，全区掀起移风易俗新高潮。越河乡重新整顿健全各村的移风易俗理事会；栗园镇20多名机关干部下乡串户宣传；岔道乡、缸窑乡为36对新人举办喜庆节俭的集体婚礼。是年，全区共有移风易俗理事会272个。1989年10月，开平区移风易俗理事会现场会在梁家屯乡将军坨村召开，区长尚幸全与会并讲话。会上，播映了区文明办录制的电视专题片《精神文明建设的一朵新花》，记录了将军坨村移风易俗理事会的事迹。

1994年12月17日，区下发《关于开展查禁赌博，制止封建迷信活动冬季战役的实施方案》。1998年上半年，协调工商、文体、公安、广电等部门，先后6次联合检查文化市场，共收缴非法出版物200余册、赌博机板30块、盗版光碟1954块、录像带546盘，并集中销毁。是年，区下发《关于对婚丧事大操大办等不文明行为进行处罚的补充规定的通知》和《关于狠刹婚事大操大办、赌博、公款大吃大喝等歪风的通知》。7 月，对城区进行清理检查，查封非法花圈店 4 家。

2003 年，在开平新城街道制作两块大型公益广告，印发“三讲一改一树（讲文明、讲卫生、讲科学，改陋习，树新风）”宣传材料 1 万份。团区委组织青少年百米长卷万人签名活动。集中整顿 16 个集贸市场、37 条街巷和 6 条主街道上 156 个单位和商家的“门前三包，门内达标”。在 9 个集贸市场落实文明摊位和文明经营户活动。是年，区委、区政府印发《树文明新风，倡导婚事简办和破除封建迷信致全区干部群众的一封信》8000 多份，出动宣传车 316 辆次，办板报 241 期、宣传橱窗 108 期，并将《公开信》送到全区的千家万户。2008 年，制订《开平区“村民中心”规章制度》，对各村的道德评议会、红白理事会、妇女禁赌会进行规范。是年，尤各庄村投资 40 万元，建成 3400 平方米的村民议事服务大厅，不仅可容纳 300 人开会议事，还购置炊具等设施，由村红白理事会负责，免费提供红白事全程服务，杜绝婚丧事大操大办，促进乡风文明。

三、学雷锋志愿服务活动

1991 年 2 月 28 日，区委、区政府召开“学雷锋、迎城运、做贡献”活动动员大会。3 月 2 日，商业局开展“城运会在我市召开，我该怎么办”大讨论。3 月 3 日，全区党政机关千余名干部放弃星期日休息，在开平城区参加义务劳动，清运垃圾 200 多吨。3 月 6 日，组织集日志愿服务活动，60 多个单位的机关干部和厂矿职工、中小学生近千人纷纷走上街头，开展维修、理发等志愿服务活动，共做好事 3000 多件。11 月 13 日，召开全区“行业学雷锋、迎城运、创三优竞赛”总结表彰大会。对评选出的“十大优质服务明星”、41 个“优质服务标兵”和 3 个“优质服务单位”予以表彰；对从全区 12075 件学雷锋好事中评选出的 30 篇“学雷锋突出事迹”，以广播、简报形式予以宣传。是年，全区 79662 个农户中，评选出遵纪守法户 23867 户、五好家庭户 17924 户、双文明户 7521 户，共计 41781 户，占总农户的 52.45%。1992 年，先后下发《关于在全区广泛开展“学雷锋，争做优秀公仆”活动的通知》和《关于开展“学雷锋、做优秀公仆”知识答卷活动的通知》。全区 417 名副科级以上干部参加答卷。同年，制订《关于在窗口服务行业认真开展“学雷锋、正行风、创三优、增效益”竞赛活动的意见》和《关于“学雷锋、正行风、创三优、增效益”考试的通知》。全区 15 个窗口单位的 72 名选手参考，其中 9 名选手获得满分。1993 年，以“学雷锋、树新风、爱开平，创建文明城”为主题，开展“季评学雷锋十佳”活动。全年涌现学雷锋助人为乐好人好事逾万件。1995 年 2 月 24 日，区下发《关于在全区开展“学雷锋、树新风、送温暖、比贡献”活动的通知》。国税局开展普及“请”“谢谢”“您好”“再见”“对不起”等 10 字文明用语活动。硫磺厂工会主席杨占敏不幸身患血癌，区经委为他发起的送温暖献爱心募捐，共收到善款 73563.5 元。宣传部、文明办、团委组织的青年志愿者，为回民聚集村夏庄村民义务服务 1500 多人次。

青年志愿者在行动

2001 年初，开展“一人一树，营造城市森林”活动，近百个单位 3.5 万人参加，分别在东湖公园、双桥乡和开平新城营造“青年林”“红领巾林”“巾帼林”“政法林”“公仆林”“农民林”等计 428 亩、15.7 万棵，成活率 90% 以上。区城建局专门绘制了公益林地图表，并在三片林地建立碑牌。2003 年 11 月 26 日，开平区志愿者协会成立，通过《开平区志愿者协会章程》。成立大会上，唐金宽等 10 人被命名为“文明标兵”，宋雅静等 28 人被命名为“优秀文明市民”。2004 年，全区各志愿者工作委员会注册志愿者10053人，其中500人获颁徽章和证书。是年，开展的“捐助月”活动，共为困难群众捐款73488.9元、衣物5688件。进入21世纪，不断加大“学雷锋十佳事迹”评选的力度和广度，至2008年，累计评选出区级“学雷锋十佳事迹”350多件，其中60件被市文明办评为“学雷锋十佳事迹”。2003年，区文明办被市文明办授予“唐山市2002年度月评学雷锋十佳事迹活动先进单位”称号。

第二章　文明创建与道德模范

1987－2008年，开平区群众性精神文明创建和学雷锋活动在城乡由点到面全面展开，提高了广大群众的道德水准，社会主义精神文明蔚然成风。22年间，逐步形成以创建文明城市、文明村镇、文明单位、文明行业、文明社区等为主要载体的精神文明创建体系，并涌现出一批见义勇为、舍身救人、助人为乐、热心公益事业的模范人物和群体。

第一节　文明创建活动

一、创建文明单位

以《开平区文明单位考核标准》为创建评选活动依据，在1987年度的省、市级文明单位评选中，开平镇小屈庄先后被评为省、市级文明单位，记集体二等功；开平镇等4个单位被评为市级文明单位，记集体三等功；开平区北新金属结构厂等6个单位被评为市级文明建设先进集体。1988年，深化文明单位建设成果，开展党的基本路线、职业素养、遵纪守法、厂规厂纪等教育活动。是年，全区有6个单位被评为市级文明单位。1989年，半壁店村等16个单位被评为唐山市文明单位、唐山市文明建设先进集体。

1991年，全区窗口服务单位开展“创三优”活动。粮食系统1－5月份参加“创三优”义务劳动410人次，粉刷房屋192间，贡献义工1552小时。在1991年度市级文明单位评选中，开平区有9家单位被评为文明单位，10家单位被评为文明建设先进单位（集体）。1998年，以省、市级文明单位为重点，广泛推行冀东水泥厂的“三讲三做”管理办法（即：在单位讲职业道德、做文明职工，在社会讲社会公德、做文明市民，在家庭讲家庭美德、做文明成员），在全区560多个党政机关和企事业单位开展评选文明职工活动。

2001年2月，半壁店村等22个单位被市委、市政府命名为1998－2000年度文明单位、文明建设先进集体。是年，在各级文明单位中组织开展“双百帮建”活动。越河陶瓷厂、铁路搬运公司、地税局、国税局、工商分局等5个省市级文明单位分别与越河乡前于家店村、开平镇西八里村和国各庄村、洼里乡后营村和洼里村结成帮扶对子，一对一开展帮扶。2002年3月8日，卫生局、科技局、科协、计生局、司法局、妇联500多人走上街头，开展以“创建文明单位，争做道德模范”为主题的社会公德实践活动。当日，全区累计出动1.3万人，发放宣传材料2.1万份，义诊806人，法律咨询580人次，义务服务1420人次。2004年，组织各单位把文明单位创建与提高服务质量结合起来，推行社会化服务承诺制和“五种”基本规范。同时，与扶贫帮困相结合，深入开展“送温暖”活动，支持文明生态村创建资金和物资折款130万元，帮助50名下岗职工实现再就业，为贫困生、贫困户捐款3.8万元。2005－2008年，全区49个（次）单位被评为市级文明单位、文明建设先进单位，8个（次）单位被评为省级文明单位、文明建设先进单位。

二、创建文明城市

开平区创建文明城活动始于1984年。针对开平镇城乡交错、农市民混居的实际，从治理“五乱”（粪土乱堆、柴草乱垛、垃圾乱倒、街道乱占、树木乱砍）入手，发动城镇居民和机关、事业单位治理城区环境卫生。1988年，组织开展文明一条街、文明生活小区竞赛活动。其中，文明一条街竞赛定在开平东西大街，涉及36个单位；文明生活小区定在开平镇新四街小区的东西委、马家沟街道的西新村一委和东山一委。1994年，成立由区长尚幸全任组长的创建文明城区竞赛活动领导小组，组织各单位开展以达标为主要内容的创建整治行动。1999年，为推动“三迎四创”活动，开展“保护生态环境、绿化美化家园”活动。3－9月，历时7个月的植树绿化、环境整治、环境保护三大战役，使开平城区的生态环境焕然一新。是年，开平区被评为全市创建文明城区工作先进单位。2001年12月，制订下发《创建文明城区阶段性任务责任分工方案》，对6项重点工作和阶段性任务进行部署。成立文明城区创建工作部，组织各单位广泛开展系列创建活动。2004年，为贯彻落实唐山市创“五城”工作动员会议精神，区委、区政府印发《创建全国文明城区工作方案》。对矿西路、新开路、马冶路、新兴路、马砖道口等路面进行翻修，对开越路进行维护，新修农村公路13.87公里，建成容量为20万立方米的无公害垃圾填埋场。在“百日会战”中，组织5次大规模的集中整治活动，共清运垃圾4900多吨；完成53座旱厕、6座水厕的维修改造；区工商分局、城管中队等部门先后出动176人次，清除城区内乱贴乱画2000多处。2006年初，区委、区政府制订下发《关于2006年深入推进创建文明城区工作的实施意见》。各单位围绕《全国文明城市测评体系》，在认真自查的基础上分别制订具体的实施意见。上半年先后召开两次调度会，有针对性地解决具体问题。2007年，以“五项治理”行动为抓手，开展文明城市创建活动。翻修改造唐古路、建华东道开平段，维修北环道、税务庄小区道路，清除不规范牌匾239块，清运垃圾280吨，查处各类违章车辆125辆。采取暗访方式，对行政机关和窗口单位进行全面检查。对14个市场的300多户经营者进行监督检查，取缔烧烤点6个。谋划实施城区7家老工业企业的搬迁改造工作。2008年6月6日，召开全区宣传思想暨创建文明城工作会议，制订下发《全国文明城市测评体系及区直各单位和各镇街责任分解》，将创建文明城的276项测评标准分解到各责任单位。先后进行两次模拟问卷调查，对5个事业单位、2个街道、5个社区的180户居民进行入户调查，进一步提高居民对文明城创建活动的知晓率和支持率。发出《关于营造创建全国文明城宣传舆论氛围的通知》，各单位走家入户发放《开平区创建全国文明城市宣传单》6万余份；区电视台开设“创建文明城市，建设和谐开平”专栏；文明办开通创建文明城热线电话，通过热线反映的31个热点问题均得以解决。组织力量对城区主次干道两侧机关的2100多米实体围墙进行“拆墙透绿，还绿于民”，并拆除私搭乱建120多处。以“支持奥运、参与奥运、奉献奥运”为契机，组织开展“我为奥运添彩，我为开平增光”主题实践活动。活动分为“争做文明市民，争当道德模范”公民道德实践；弘扬“奉献、友爱、互助、进步”的志愿服务精神；文明和谐社区和文明和谐乡村创建；“百家窗口创文明，我为奥运做贡献”优质服务竞赛；创建公共文明示范区等五大活动。通过营造健康向上的人文氛围，提升城乡整体文明水平。

三、创建文明行业

1987年，区下发《抓好职业道德建设的安排意见》。各系统和单位成立职业道德建设领导小组，进行以清除腐败现象、纠正不正之风为主要内容的集中整顿，重点解决“吃拿卡要”问题。1989年，全区各行业各单位重新修订职业道德规范。商业系统举办业务技术职业道德培训班，160人参加培训。1991－1992年，在商业、交通、电力、工商、税务等窗口服务行业开展以“优质服务、优良秩序、优美环境”为主要内容的规范化服务达标竞赛。共评出优质服务明星10人、优质服务标兵41人、优质服务单位30个。1996年，在市文明委表彰的年度十大系统“四职一纠”竞赛先进典型中，开平区国税局、地税局被评为竞赛优胜集体，地税局局长解光第、国税局个体所所长赵锡铎被命名为竞赛职业道德标兵。1998－2000年，在全区24个文明行业开展“服务人民、奉献社会”创建活动。1999年3月，区工商分局、国税局、土地管理局、寿险开平支公司被市文明委评为1997－1998年度创建文明行业夺杯竞赛标兵单位；赵锡铎被命名为首届夺杯竞赛优质服务标兵个人。5月，区文明委组织开展1999－2000年度创建文明行业夺杯竞赛活动。活动分“文明执法杯”“优质服务杯”“便民利民杯”3个组，共有28个行业参赛。内容包括四职教育、五种基本规范、窗口建设、为群众办实事好事四个方面。一年一评比，两年进行总评。2000年6月，开平区召开首届创建文明行业夺杯竞赛总结表彰会，对成绩突出的区国税局等9个行业和开平镇国税征收分局等33个文明窗口进行命名表彰。是年，地税局直属分局等9个窗口单位被省文明委评为“三星级”窗口单位，46个单位和110报警服务台分别被市文明委评为二星级和一星级窗口单位。年内，全区214家“百家窗口创文明”竞赛单位中，获评三星级窗口单位9个、二星级窗口单位75个、一星级窗口单位130个。2001年2月，区委、区政府召开第二届创建文明行业夺杯竞赛活动经验交流暨总结表彰大会，对1999－2000年度创建文明行业夺杯竞赛活动中成绩突出的区地税局等9个优胜行业、区交通局等6个先进集体、区国税稽查局等28个文明窗口、金芸等27名优质服务明星进行命名表彰。在会后开展的第三届文明行业夺杯竞赛活动中，增加了区纪委、纠风办组织的“文明执法、优质服务”竞赛活动内容，重新对队伍建设、服务质量、创建活动、纠风治理四个方面进行完善，参赛单位从28家增加到了43家。2004年，组织开展行业创优竞赛活动，在各行业中大力推行语言、仪表、服务、环境、管理五种基本规范。区聘请行业竞赛监督员，采取抽查走访等方式，不定期对行业服务情况进行检查。通过开展“创优”竞赛活动，各行业服务水平有了明显提高。2006年6月，在市文明委组织的“纪念抗震三十周年，展示窗口文明风采”规范化服务达标竞赛活动中，开平区有42家单位被命名为首批达标单位。9月，又有33家单位被市文明委命名为唐山市窗口行业规范化服务竞赛第三批达标单位。

四、创建文明村镇

1986年，开平区广泛开展文明村创建活动。截至1988年7月，通过对46个文明村创建情况抽样调查，优秀的有19个，占41.3%；一般的有20个，占43.47%；存在问题的有7个，占15.23%。1991年初，区下发《关于在全区农村开展创“三户”（遵纪守法户、五好家庭户、双文明户）活动的意见》，并印发“三户”标准5万份发至全区农户。7月10日，在贾庵子村召开全区“创三户”活动现场经验交流会。1994年8月31日，区下发《关于继续在农村开展创“三户”活动的意见》。1999年，以推进小康建设为着眼点，全面开展创建文明村镇活动。组织开平镇半壁店村和栗园镇等重点单位，学习推广丰润县沙流河镇创建文明村镇经验。是年，半壁店村被中央文明委命名为全国创建文明村镇先进单位。同时，继续组织开展“十星级”文明家庭创建活动。年末，全区6个乡镇共评出“十星级”文明家庭3862户，占全区农户的9.44%，创建活动面达到87.12%。2002年，在深化创建文明村镇活动中，将作为河北省创建文明村镇示范单位的开平镇、栗园镇重点推进。2004年，重点推进21个试点村的文明生态村建设。全区共出动各类车辆8000多台次，投入1.52万人次，植树8.2万株，清拆违章建筑1.5万平方米，清运垃圾4万吨，新铺水泥路面1.25万平方米，投入创建资金2713.2万元，有效改善了农村人居环境。是年，参加全省创建文明生态村工作会议的领导和代表观摩半壁店、后于家店等村，对开平区创建工作给予较高评价。2005年，半壁店村被中央文明委命名为“全国文明村镇”。2006年3月，重点推进文明生态村村民中心建设，引导尤各庄等村丰富议事大厅建设的内涵，并组织现场观摩会。4月，组织开展农村“小老板”谈致富经专访活动，在区电视台播放，并制成光盘发至各村，组织村民学习。8月，组织开展“建设新农村，培育新农民”主题实践活动。活动以“一帮二改三提高”（即帮助农民致富，改变陋习、改善环境，提高道德素质、提高文化素质、提高科学素质）为主线，全面提高农民群众的思想道德素质和科学文化素质。2007 年，以开平镇前屈庄村、栗园镇尤各庄村、越河镇康各庄村为试点，在各村推广设立村民议事大厅和红白理事服务中心；组织“小老板”致富培训班 58 期，帮助农民掌握 1 种养殖技术；依托村民中心，对村民进行《公民道德建设实施纲要》、社会主义荣辱观等主题教育活动，共培训 135 期，参训农民 2800 多人。2008 年，区下发《开平区“村民中心”建设调查表》，并制定《开平区“村民中心”规章制度》，对农村“八室”（即：农民培训室、科技服务室、文体活动室、健康服务室、法律服务室、社会保障室、图书阅览室、村民议政室）、“四栏”（即科普宣传栏、村务公开栏、十星户公示栏、阅报栏）进行规范和完善。截至 2008 年底，全区已建成村民中心 66 个，占全区行政村的 50%。

五、创建文明社区

1987 - 1988 年，开平区以“环境整洁优美、基础设施配套、社会风气良好、管理制度规范”为目标，开展系列创建活动。在“五星级”文明家庭创建活动中，全区 5 个街道 83 个居委会共评选出“五星级”家庭 14815 个、“四星级”家庭 4852 个、“三星级”家庭 395 个、“二星级”家庭 6 个。1999 - 2000 年，确定 12 个党政机关、企事业单位和学校，与 3 个街道的 45 个居委会结成共建对子。通过共建，共评选出“五星级”文明家庭 15743 户，占参评总数的 71.1%。2000 年 4 月，增华小区、税钢小区、西新苑小区被市文明委命名为唐山市文明小区。2001 年，按照“教育广泛深入、服务方便快捷、卫生优质精湛、文化丰富多彩、治安秩序良好、环境整洁优美、管理规范高效”七条标准，全面推进创建文明社区工作。并确定西新苑社区、东新苑社区、增华社区、唐钢社区、陡电社区和荆各庄社区为示范社区。2 月，增华社区、东新苑社区、西新苑社区被市文明委命名为 2000 年度市级文明生活小区。2002 年 4 月 26 日，举办科教、文体、法律、卫生“四进社区”启动仪式，制放展牌 20 块，发放宣传材料 5000 份，受众 2000 多人。2003 年，深入贯彻落实《开平区文明社区管理规定》，按照“重点示范、分批实施、普遍提高、全面发展”的原则，开展文明社区创建活动。怡景花园被评为市级“绿色环保小区”。6 月 26 日，再次开展“四进社区”活动，卫生局发放《传染病防治法》1000 册，妇联散发《致全区妇女的倡议书》1000 份，新华书店和电力公司送来科普书籍和电话号码簿共 200 册。现场摆放展牌 96 块，发放宣传品 1.6 万份，义务咨询 630 人次，参与居民 5000 多人。2004 年，结合创建国家级社区建设示范区活动，印发《开平区创建文明社区实施方案》。建成 650 平方米的区级社区服务中心；各街道均建设不小于 150 平方米的社区服务中心。开平街道普光南里社区新建了办公楼。开平街道推出开平区首家“爱心超市”，为境内 200 多户低保家庭、患有重大疾病以及生活出现临时困难的居民提供经常性帮助。区举办以“创建文明社区，做文明开平人”为主题的社区论坛活动。2006 年 3 月，制订下发《关于创建文明社区的实施方案》。各社区纷纷开展特色创建活动。西新苑社区和西城社区分别组织创建文明社区为主题的联欢晚会和志原者服务日活动；东新苑社区和东城社区分别开展“亲情服务队”活动和“好媳妇”评选活动；增华社区为老年人开设健康课堂；税东社区的“九九艺术团”经常开展文化乐园演出活动。2008 年，区司法局结合“四五”普法宣传，到各社区巡回开展活动，发放普法材料 2000 多份，法律咨询 89 人次。

第二节　道德模范

广泛深入的思想道德教育，轰轰烈烈的精神文明创建和学雷锋评十佳活动，如春风化雨，润物无声，提高了广大群众的道德水准，社会主义文明新风尚蔚然成风，涌现出一批见义勇为、舍己救人、助人为乐、热心公益事业的模范人物和群体。1990－2008年间，开平区共有60个集体和个人被评为全市学雷锋十佳事迹，其中集体27次、个人33次。

舍已救人的好少年

1990年1月15日下午，荆各庄小学六年级学生周树刚，与水库小学三年级学生高继雄结伴到水库边游玩。回家的路上，突然发现约40米开外的水坑里溅起了一个大水花，“不好，有人落水了！”说着，便朝水坑跑去。只见一个小孩在水里拼命挣扎，身子渐渐下沉。千钧一发之际，有些水性的周树刚跳进冰冷的水中，托起下沉的小孩，在高继雄的协助下，将落水小孩救上了岸。

6天后，1月21日上午，双庙小学四年级学生郑东、郑春学和荆各庄小学三年级学生张来喜结伴游玩，路过大佛头村的池塘时，发现一个落入冰窟的小孩。3个小伙伴急中生智，手拉手结成抢救链，齐心协力将6岁的小女孩救上了岸。

2001年2月7日上午，李各庄小学二年级学生张愈和一年级学生王小迪，去爷爷奶奶家玩，当走到村东一废弃养鱼坑不远处，忽然听到一阵“救命”的喊声。他们立即跑过去，看见冰窟中只露出个小孩的头，小手不停地扒冰。张愈、王小迪，急忙趴在冰面上，将手臂伸向冰冷的水面，齐心协力救起落水儿童，并坚持把脱险的儿童送回了家。

安强、刘志国勇救落水者

1996年元旦，滦县东营村农民邸有利和双桥乡安家庄村青年王永勤、王爱刚叔侄下陡河水库捕鱼。按惯例下水须双船或多船结伴而行，且每条船坐两个人才平稳安全。新年这天凑不够人手，他们3人划着一条铁船，带着200米长的拉网下了水。约晚8时，坐在船头的王爱刚起身挪动，因天黑看不清正好与邸有利站在了同一侧，铁船失去重心，瞬间3人全部沉入3米多深的水中。穿着衩裤靴又不识水性的邸有利落水后一直未露水面。水性较好的王永勤、王爱刚叔侄借助一堆网漂的浮力不使身体下沉，并大声呼救。

晚8时半左右，在陡河水库东岸负责看船的双桥乡安家庄村农民安强从附近养鸭人刘志国处吃完饭，刚走到距自己的窝铺不远时，隐约听见有人喊“救命”。他心里一惊，转身往回跑。告诉志国：“那边有喊救命的。”约莫跑了1公里仍未见呼救者的影子，“人在水里！”安强判断，两人迅速找来船和浆，安强坐在前面照亮指挥，志国在后面拼命摇桨。驶出约20米时，安强顺着光线发现了水面上的人影，听到王永勤再次发出的呼救声。安强冲人影高喊道：“我们救你来了！”志国一鼓作气划出约百米，把船头靠近了落水者。安强让志国撑稳船，自己身向后仰，先将落水者的双手搭在船帮上，然后抓住落水者的臀部，猛地将落水者拉进了船舱。又根据王永勤的提示，使劲拉了几下大网，未见其他人的踪迹，只得掉转船头，朝岸边疾驶。

上岸后安强背起被水浸透衣服足有100公斤重的王永勤朝北面250米处高坎上的一户滦县的渔民家走去。安强、刘志国边向小屋喊“救人”，边架起王永勤连拉带拽地往小屋移动。小屋主人杜万宝、任秀珍夫妇和他们18岁的儿子杜小利是滦县东营村的养鱼专业户，安强他们闯进来后，杜万宝一家得知缘由立即让出热炕，三把两把脱掉王永勤已结冰的衣服，将浑身僵冷已说不出话的王永勤放到炕头，把3床被褥全都蒙在了王永勤身上，而后冲了一暖壶红糖水，杜万宝用力掰开王永勤的嘴，任秀珍一勺一勺往里灌。一壶水下肚，王永勤僵直的身体才逐渐有了知觉。

王恩祥飞车救伤员

1996年12月5日下午4点30分，开平区国税局岔道国税所所长王恩祥驾驶着桑塔纳车，行至开平道口东约一华里处，突然发现前面出了车祸。透过围观人群，隐约见两辆双排座汽车对头撞在一起。车旁站着一个 50 多岁受轻伤的男子，拦车救人。王恩祥将车开到近前停下，没熄火就跳下了车，一边将 4 个车门全部打开，一边用手机拨通“110”报警。他在一个轻伤司机的帮助下，将一满头是血的重伤男子抬上了车。但还有一个 30 多岁的妇女，双腿挤在撞扁的驾驶室里，动弹不得。王恩祥找来一根汽车摇把，全力撬开车门，才将她拖出抱上车，朝唐山市骨科医院驶去。车到医院，抬下伤员，直奔急救室。王恩祥二话没说，将身上仅有的 400 元钱垫付了急救费。安顿好后，王恩祥才从伤者口中得知，他们都是来唐打工的外地人，男的来自浙江，女的来自新疆。于是，王恩祥又立刻拨通了电话，通知司机家属。当司机家属赶到医院时，两个重伤号都已脱离危险。家属掏出 1000 元钱，硬往王恩祥手中塞。王恩祥推脱不过，只将垫付的 400 元钱留下。

烈火真金傅建明

1990 年 6 月 18 日早晨，傅家屯村村民傅建明，到本村傅文林家装运粪肥。刚走到大门口，就闻到一股浓烈的液化气味。他急步跑进院子，只见一股雾气从屋里向外弥漫。而此时，院内的灶膛余火未熄，屋内两个孩子正在熟睡，一场大祸即将发生。傅建明临危不乱，他让傅文林去救孩子，自己与傅文林的妻子一起冲进屋内去关气罐阀门。他一手推开傅文林的妻子，一手伸向气罐阀门。刹那间大火腾地燃烧起来，火龙凶猛地从罐口喷出。紧急关头，他用身体挡住傅文林的妻子，自己却被严重烧伤，医治无效而献身。

致富农民的航天情

1992 年 8 月 27 日下午，时任半壁店村党委书记韩振国，代表半壁店村民，将奖励“澳星”发射有功科技人员的 10 万元人民币，送交中国长城工业总公司党委书记杨立义。这是“澳星”发射成功以来，接受的第一笔捐赠。《人民日报》8 月 28 日以《农民奖励“澳星”发射功臣》为题予以报道。

2003 年 10 月 29 日，时任半壁店村党委书记韩文臣，代表半壁店村民，将 20 万元人民币奖励给神舟五号载人飞船成功发射的航天功臣。《人民日报》《北京青年报》《农民日报》和省市报刊先后予以报道。

惠及乡亲的企业家赵利

郑庄子镇贾庵子村银水实业集团有限公司董事长赵利，在市场经济中善于纵横驰骋，对待乡亲们更有颗金子般的心。从 1997 年开始，赵利就从自己的企业里列支，为村里男满 60 岁、女满 50 岁的乡亲发放养老金。2004 年，他投资 240 万元，为全村 1000 多户安装暖气，实现集中供热，每年为村民支付取暖费 25 万元。2005 年，他出资 30 多万元兴建浴池，供村民免费洗澡。2006 年，他出资 380 万元，将全村道路全部硬化。2007 年，他又垫资 2.9 亿元，兴建 22 万平方米、高标准、现代化的贾庵子新村。

2006 年 3 月，村民张永的儿子小浩然被诊断为白血病，昂贵的医药费使一家人束手无策之际，赵利带头捐款 6 万元，并号召公司员工捐款。不到 2 小时，收到捐款 16 万元。小浩然得到及时救治，恢复健康，重回学校。2008 年汶川地震，他第一时间捐款 50 万元，另又交了 1 万元特殊党费。

古稀老人的美丽心灵

开平街道赵庄居委会的段晴余，已年逾七旬，是一位有着近 50 年党龄的老党员。他家附近有一个公共厕所，由于无专人管理，污秽遍地无法落脚，如厕难成了附近居民的大问题。段晴余看在眼里，记在心上。经与老伴商量，从 2002 年开始，夫妇二人主动承担起公厕的义务清扫工作。每天他们早早起床，先将公厕清扫干净。公厕里没有灯，他们就自掏腰包，安上电灯。这样一干就是 7 年，夫妇二人方便了大家，快乐了自己。

增华楼社区居民张德运，1983年离休后，坚持每天早晨义务清扫小区内20多栋楼间的道路，19年间，风雨无阻。同时，老人还是小区的义务巡逻员，经常提醒居民，锁好自行车，家中无人要关好门窗，被居民称赞为“社区卫士”。

善行善举韩秀云

1991年，开平镇国各庄村村民韩秀云，承包275亩地，建起神农果树高科技示范园。1996年，韩秀云在示范园内腾出一间房子，房里准备3张床，专门用于收留和帮助生活遇到困难的人。10多年来，他先后救助了20多人，其中有精神失常的老人，有因家庭暴力离家出走的妇女，也有一时找不到工作的外地农民工兄弟……2005年5月，栗园镇一妇女因遭丈夫打骂，离家来到示范园。韩秀云待她如姐妹，和他在园内边干活边谈心，并协助区、镇妇联作她丈夫的工作。终于使她丈夫认识到自己的错误，诚心作了检讨。韩秀云多次被评为省、市“双学双比女能手”，她创办的示范园也被评为“唐山市巾帼科技示范园”

奥运火炬手马瑞福

被唐山市选为第二十九届奥运会火炬手的马瑞福，是开平四街村村民、开平街道荣誉市民。

2006年5月农民马瑞福重走长征路出发仪式

2000年，马瑞福投资3.8万元，在四街村鞠庄子与张庄子间的空地上修建一座体育娱乐场，为群众的业余文化生活提供了场地。2002年10月，西城社区成立之初，马瑞福看到办公室里连一个板凳都没有，自己到集上购买40个板凳送到社区。2004年“七一”党的生日，社区举办文艺演出，他又掏钱为演员们买水、买冰块。他平时还注意学习法律知识，义务为村民、居民写诉状，做代理。社区为增强居民法律意识，多次聘请他讲解法律常识，受到广大居民的欢迎。2006年，为纪念长征胜利70周年，年过花甲的马瑞福历时9个月，自费8800元，爬雪山，过草地，经过11个省，历尽千辛万苦徒步重走长征路。在沿途的学校、村庄、武警部队、乡政府作报告30余场，发放法律宣传单和禁毒宣传单2万张。汶川发生地震后，马瑞福老人带领徐宝玉等10名志愿者共同集资2万元，购买了帐篷、棉被、药品等救灾物资，奔赴灾区，奉献爱心。

扶贫助学献爱心

2003年3月5日中午，开平巡警防暴大队接到岔道村残疾人李英琴割腕自杀的报警后，立即赶到现场将其送到医院进行抢救。当得知李英琴一家生活贫困的情况后，干警主动捐款730元，并决定每月资助她女儿200元钱作为学习和生活费。这是开平110干警资助的第35名贫困生。自1998年以来，开平110的十几名干警每人每月都从工资中拿出10元钱作为“助学基金”，定期为小学生购买学习用品和课外读物，帮贫困生担负学杂费、书费和其他费用，冬季给学校送去取暖煤。

开平区琏跃选煤有限公司经理张立军，致富不忘回报社会。2007年，他和妻子积极参与市妇联倡导的“春蕾”活动。选择20名高中生和3名大学生为资助对象，与他们建立长期帮扶关系，当得知帮扶对象韩慧娟父亲患重病后，又给他家寄去1万元医疗费。仅2007年，张立军就捐款捐物10万多元。

1996年，开平区地税局与张家口市康保县闫油坊乡结成了帮扶对子。全局上下踊跃捐款2.6万多元，使全乡15名因贫困辍学的学生重返校园。逢年过节，还专程送去衣服、米、面等生活用品。

开平区国税局热心帮扶张家口地区贫困村王营村的善举，令人称道。从1996年7月开始，全局职工累计捐款4.3万元，帮助该村改善办学条件，打1眼深水井解决饮水困难，并有3名干部各帮扶1名失学儿童完成小学学业，还为70名村民在开平安排了工作。

李建坤助学三姐妹

1994年初，工商银行开平支行出纳员李建坤受《读者》杂志希望工程公益广告的启示，加入到希望工程的行列中。起初，她每月从工资中拿出30元寄给中国青少年发展基金会。当寄出300元后，经有关部门牵线搭桥，1995年3月，与河南省宁陵县阳一乡米楼小学学生王琼建立了结对救助关系。在书信往来中，她了解到王琼的父亲王建山在米楼小学教书，母亲因产后大出血留下后遗症，不能下地行走。除了王琼和姐姐王艳霞、王跃群3人，还有年迈的爷爷、奶奶。全家7口人，生活非常困难。为了上学，他们靠每天起早贪黑地糊灯笼，步行十几里路到县城去卖，挣点钱交学费。想到小姐妹生活的艰难，李建坤将帮扶对象由一个变成了姐妹三个。为了使王琼姐妹也能像其他孩子一样的欢乐，每逢“六一”儿童节和新春佳节，她都给三姐妹寄去现金和每人一套新衣服。

李建坤爱心助学的事迹传开后，受到人们的赞扬。她的婆母、公爹和丈夫也并先后加入了扶贫帮困的行列。经中国青少年发展基金会联系，丈夫冯留平与河南省范县龙王庄乡胡洼小学的王德文建立了救助关系，公爹冯永海与黑龙江省的王亚文建立了助学关系，婆母张贵生经增华楼居委会和区总工会联系与开平镇赵庄小学的赵岩结成了帮扶对子。就这样，他们全家5口人有4人先后与6名失学儿童建立了帮扶关系。一年中，他们全家用于救助失学儿童的支出达3000多元。对于这个工薪家庭来说，可谓是一笔不小的开支。

李建坤以自己高尚的情操感染着3个孩子的茁壮成长，从地区三好学生到地区十佳少先队员，几年来，三姐妹获得的奖励足足贴了一面墙。三姐妹陆续完成了初中学业，按说，李建坤的资助活动可以画上一个圆满的句号了。可几年来建立的母爱般的亲情使建坤放不下心来，她对三姐妹说“只要你们努力学习，上高中、上大学，我继续供你们!”孩子们没有辜负远方的母爱，大“女儿”王艳霞考上了鸡西大学新闻系，二“女儿”王跃群考上了平顶山理工学院建筑系，三“女儿”王琼考上了县中，上高中二年级。为改善“女儿”的家庭经济状况，建坤又寄去2000元，帮他家开了个小卖部，并安装了一部公用电话。从此，书信来往变成电话叮嘱。大“女儿”在东北上学，气候寒冷，建坤突击半个月，织了两件毛衣给“女儿”邮去。二“女儿”刚考上河南平顶山理工学院时，因学校不理想，是去还是复课犹豫不定，建坤耐心地帮“女儿”解除心里的疙瘩。8年间，李建坤累计资助3名“女儿”及其家庭3万多元。

第二十二编　教育·科技

1987－2008年，是开平区教育事业深化体制改革，实现大建设、大提高、大变革的22年。开平区把教育放在优先发展的战略位置，1992年结合区划变动，对学校布局进行调整，进一步优化教育资源配置。1994年，开平区基本普及九年制义务教育和基本扫除青壮年文盲，通过国家教育委员会和河北省政府达标验收。1997年，开平区被评为“河北省幼教工作先进单位”。中等职业教育和成人教育在改革发展中提高，开平区综合职业技术学校被评定为“河北省示范性职业技术学校”。现代化信息技术教育从无到有，由弱到强。2001年，组建开平区信息技术教育中心、成立城域网网络中心，信息化工作处于全市、全省领先地位。2006年，通过省教育督导评估，获得“河北省教育工作先进区”称号。

20世纪90年代，开平区实施“科技兴区”战略，制订出台一系列鼓励支持科技进步的政策措施，加大科技体制改革力度，科技进步对经济增长贡献率逐年提高。1997年被评为“全国科技工作先进区”。2001－2008年连续被评为“全国科技进步考核先进区”。

第一章　教　育

1987年，开平区有幼儿园149个，其中国办幼儿园4个，学前班111个，入园幼儿5370名；中学20所，小学96所，在校生4.5万人；职业技术学校5所（班）；全区12个乡镇均建立成人教育中心，并开办有中央农业广播电视学校开平分校、唐山广播电视大学开平分校。1987－1990年，区投资372.6万元，新建校舍1530间，添置教学仪器、图书等必需设备，1990年通过省、市联合检查验收，成为全省首批义务教育小学必备办学条件达标县（区）。全区146个村的406名文盲有398人达到脱盲标准，被省、市政府分别授予“扫除文盲先进单位”称号。1992年，唐山市区划调整，中学减至13所，小学减至64所。9月，半壁店村投资750万元的育才学校落成。1994年，全区小学通过河北省“双基普九达标”验收。1996年11月，唐山市农村幼儿园建设现场会在开平区召开。1997年，开平区被评为“河北省幼教工作先进单位”。2001年，开平区组建信息技术教育中心和城域网络中心，实现校校通，部分学校开设宽带网和ISDN网。2004年，开平区接管境内市属以上企业办中小学8所。至2008年，全区学校微机室普及率100%、多媒体普及率98%、校园网普及率67%。开平区舍得向教育投资，教育经费逐年提高，由1987年的671万元，2008年增加到2.3亿元，增长33倍多。2008年，全区共有中学10所，在校生9369人；小学44所，其中区教育局直属小学11所，在校生1.39万人。

第一节　教育改革

一、管理改革

20 世纪 60 年代起，各公社均设教育组，负责管理公社各小学的行政、教学、教研工作。1984 年教育体制改革后，教育组由乡镇和区教育局双重领导，实行乡镇分级办学、分级管理体制。2001 年 5 月，乡镇教育组改称教育总校，设总校长、党支部书记、教学主任、大队辅导员和财会人员。为落实《关于完善农村义务教育管理体制的通知》精神，2002 年 11 月，乡镇教育总校收归区教育局管理，各乡镇只设成人教育总校，各小学实行以区教育局为主的管理体制，学校建设由区教育局统一安排，乡镇协助辖区内的学校进行管理和建设。

1987 年，开平区文教局是全区教育事业的管理机构。1993 年 6 月，文化股分出，成立文化科，文教局更名为教育委员会。1996 年 9 月，区教育委员会改称区教育局。

二、布局改革

（一）中小学布局改革

1987 年，全区共有中学 20 所、小学 96 所。1992 年 11 月，唐山市区划调整，中学减至 13 所，小学减至 64 所。自 20 世纪 80 年代末人口出生率得到控制，学龄儿童总量下降，学生入学人数逐年递减，一些小学班人数不符合国家教育部规定标准。鉴于上述种种原因，区教育局为合理整合教育资源，2000 年开始对全区中、小学布局进行调整。同年，校企联办建立自强中学。2004 年，开平区接管境内市属以上企业所办的中、小学各 4 所。经过一系列整合，截至 2008 年，全区共有中学 10 所、小学 44 所，其中区教育局直属小学 11 所。

（二）职业教育布局改革

1987 年，开平区设有职业技术学校 5 所（班），13 个专业：开平区农业技术高中、唐山市第四职业高中、唐山市第十职业高中、唐山市第二十中学（以下简称二十中，其他中学同）电器班和六十一中职业班。1991 年 9 月，开平区调整职业、技工教育结构，将全区各中学的职业高中班、技工班全部合并到开平区农业技术高中，建立唐山市开平区综合职业技术学校，亦称开平区职教中心（以下简称综合职校）。同年，越河乡政府为解决乡镇企业发展而出现的人才短缺，经与五十八中和综合职校协商，联办综合职校越河分校，是年 11 月 12 日正式建立，学制 2 年。

三、实施素质教育

20 世纪 80 年代末，随着“科教兴国”战略的实施和教育体制改革的不断深化，开平区面对教育观念、教育结构、人才培养模式相对滞后的实际，不断深化教育改革，为实施素质教育创造条件。1987－1988 年，相继开展“我为燕赵描新图”绿色行动和“星星在闪光，火炬在燃烧”主题系列活动，号召学生“人人为家乡作贡献”。全区有 7 名小学生被团市委命名为“绿色行动小能手”，开平小学被命名为“绿色行动”先进单位。1998 年，依据国家教委颁布的《中学生日常行为规范》和《小学生日常行为规范》，在全区各学校对学生进行日常行为规范教育，培养学生良好的学习、生活习惯。是年，五十六中学开展学校与家长对话活动，区文教局组织各校领导观摩，推进学校、社会、家庭“三结合”教育进程。1989 年暑假，组织“读一本革命历史书籍，走访一位老红军、老干部和歌颂祖国，赞美家乡”为主题的征文活动，收到学生征文 700 多篇。1991 年，国家教委下发《中小学加强中国近代、现代史及国情教育的总体规划》。各校通过读爱国主义教育书籍、看爱国主义电影、唱爱国主义歌曲、参观爱国主义教育基地等活动，对学生进行“两史一情”教育。是年5月，在市教育局组织的“可爱的唐山”地理知识竞赛中，开平区5名学生获一等奖。1993年6月，组织32名小学生，以“小记者”的身份赴唐山市祥荣里小学，参加《中国少年报》唐山小记者站开站仪式，并与全市“小记者”联欢，开阔了视野，增加了社会知识。在当年举办的全国第二届“听、说、读、写”大奖赛中，四十六中学生王建新获一等奖、王建获二等奖。是年12月，依据中共中央、国务院关于《中国教育改革与发展纲要》，区教委制订印发《由应试教育向素质教育转轨的措施》。1994年初，在开平小学组织全区校长培训会，提高素质教育管理水平。同年，开始利用德育展室、校务公开、名人格言、教师承诺等公示栏对学生进行“五爱”教育，结合重大节日、社会实践、学生艺术节，在学生中开展“爱心服务”等活动，促进素质教育的实施。1994－1995年，完成全区教师《小学德育大纲》《中学德育大纲》的学习培训，强化中小学生思想品德教育和社会实践能力的培养。其间，各学校先后组织“教学开放日”200多次，构建“三结合”教育体系。1995年起，在学生中开展“小拣拾”活动，培养学生勤俭节约、爱心助人的品德，当年拣拾废品价值2万多元，资助贫困山区学生。1996年9月，在市教育局举办的“我爱新唐山”征文中，开平区9名学生获一等奖。1996－2000年，每年暑假与冶里驻军联合举办军事夏令营，先后有2000多名学生入营，参加军训、登山等活动。其间，各学校共建立学雷锋基地、军训基地、法制教育基地、劳动基地等350多处。1998年3月，组织全区中、小学生代表，观摩栗园镇荆各庄小学升国旗仪式。会后，各学校建造标准旗座，规范升国旗仪式。每周的升国旗仪式成为爱国主义教育的课堂。是年，在二十三中召开全区中、小学学雷锋“十佳”事迹报告会。十八中7个学生的甘霖学雷锋小组，带动全校百组千人学雷锋活动，成为全区学生的榜样。甘霖学雷锋小组被评为1998年5月份唐山市学雷锋“十佳”事迹。1999年，中共中央、国务院做出《关于深化教育改革，全面推进素质教育的决定》，进一步增强全区教育界搞好素质教育的责任感和使命感。在中、小学广泛开展“星期天快乐营地”活动，活动集趣味问答、益智游戏、品德教育于一体，要求学生自己设计主题、安排活动程序和内容，利用星期天开展活动。学生在歌声和游戏中增长知识，受到爱国主义和集体主义教育。2000年6月，与区环保分局联合在各校组织“护绿志愿者服务队”。十八中服务队将周家桥、夏庄集贸市场作为重点清理区，唐马路小学服务队将跃华楼、增华楼35栋楼区的垃圾全部清理干净。这次活动各校共卖得废品回收费1万多元，统一上交区政府，作为“保护母亲河”专用款。是年，区依法治区领导小组为全区中、小学聘请法制辅导员74名，定期为学生上法制教育课。2001年，开展“手拉手，爱心助学活动”，各校建立“资助贫困学生基金会”，既为贫困学生解决燃眉之急，又培养学生勤俭节约、助人为乐的品德。二十三中坚持“校园之星”“展青春风采，促校园礼仪”比赛活动，促进学生德、智、体、美全面发展。2003年，该校科技小组在中央电视台《异想天开》节目组举办的“天降鸡蛋”大赛中获冠军。2004年，该校英语小组在唐山市校园科技艺术节“英孚英语短剧小品比赛”中获第一名。2006年，在“首届全国青少年艺术节推选大赛”上，该校陈力宝同学的唢呐独奏获民族管乐组金奖，刘伟获声乐组金奖。截至2008年，二十三中共向各高等院校输送体育特长生75名、音乐特长生76名、美术特长生86名。四十九中是开平区最大的初级中

1996年6月，半壁店派出所民警深入育才学校进行法制教育

学，学生在教师的指导下，先后成立了英语俱乐部、牧歌文学社、合唱队、舞蹈队、铜管乐队等，通过排练和比赛，充分激发学生艺术潜能。1998年，该校舞蹈队的三人舞《欢乐的傣寨》代表唐山市赴省参赛，获三等奖。2002年，获河北省体育传统项目学校运动会团体总分第一名。该校2003年被评为“河北省优秀体育传统项目学校”。2004－2008年，先后获评“唐山市科学发展示范学校”“唐山市科技教育示范学校”“唐山市精神文明建设先进单位”，并被定为“中央教科所素质教育理论和实践研究实验基地”。2001－2008年，在输送到唐山体育学校、唐山一中、开滦二中等学校的体育特长生中，有23名又先后考入体育院校或大学体育专业深造。1997年，该校毕业生张晓兰夺得全国田径锦标赛女子800米金牌。

第二节　教育结构

一、学前教育

1983年，开平区组建马砖小区幼儿园，招收幼儿90名，开设3个班，保教人员23人。之后，各乡（镇）先后成立幼儿园146处，其中学前班111个，入园幼儿5370名，保教人员249人。1987年9月，区政府投资27万元，建立开平区第一幼儿园，招收幼儿119名，开设中、小班各2个，保教人员21人。同年，马砖小区幼儿园更名开平区第二幼儿园。1994年，栗园镇、越河乡、郑庄子乡建立开平区首批乡镇中心幼儿园。是年，越河乡在全市率先普及学前三年教育。1996年7月11日，唐山市农村幼儿园建设现场会在开平区召开。是年底，全区有国办幼儿园3所、乡镇中心幼儿园3所、村办幼儿园28所、学前班143个，入园儿童4500名。初步形成以区直幼儿园为龙头，乡镇中心幼儿园为纽带，农村幼儿园为基础的发展格局。12月26日，区第一幼儿园和区第二幼儿园双双被评为“唐山市一类幼儿园”，区第一幼儿园晋级为“河北省标准一类幼儿园”。1997年，开平区被评为“河北省幼教工作先进单位”。《唐山市劳动日报》以《开平区幼教事业蓬勃发展》为题予以报道。

20世纪末，全区学前教育仍处在条件简陋，专业人员不稳定，教育、教学小学化的状况。为此，根据《幼儿教育指导纲要》，组织开办各种培训班、研讨班和业务知识讲座，提高幼儿师资水平，并聘请资深教师传授声乐、器乐、舞蹈、美术、手工劳作、游戏等知识和基本功。同时督导各幼儿园完善教育、教学制度，加强备课、教研、教案检查制度，明确规定园长、主任、教师、教养员、保育员、后勤人员的岗位职责和各职级的评比办法。促进全区幼教工作健康发展。2000年，开平区实现普及学前二年教育，开平镇、洼里乡、越河乡实现普及学前三年教育，全区学前二年入园率100%。

为实现“一切为了孩子，为了孩子一切，为了一切孩子”的服务宗旨，遵循“以人为本，开发潜能”的办园理念，2006年，提出在全区普及学前三年教育的工作目标。为此，区政府不断加大对学前教育的投入。是年9月，投资199.13万元、建筑面积1788平方米的开平小学幼儿园竣工。全区国办幼儿园增至4所，乡镇幼儿园增至41所，各园添置蹦蹦床、滑梯、秋千等大型玩具和电脑等系列电教设施。依据国家教委制定的《幼儿园教育纲要》，各幼儿园一般都将学制定为三年，分小、中、大三班制，分别招收3－4周岁、4－5周岁和5－6周岁的幼儿；有的幼儿园还根据自身条件，招收0－3周岁的婴幼班。课程设置从开发幼儿智力、激发幼儿潜能入手，开设晨检、唱游、做操、讲故事、智力游戏、户外活动、小制作等学做内容。大班适当增加认字、计算、背诵、阅读、拼音、绘画、唱歌、看图说话等内容，为即将升入小学做准备。为配合教学，各园都将教室布置得形象生动，丰富多彩，如气象角、巧手吧、娃娃家等。截至2006年，全区幼儿园实现电脑备课，全员信息技术培训和现代化的教育、教学方法。各园还从办好幼儿食堂促进幼儿健康成长着手，均配备了消毒柜、电冰箱等厨具，优化膳食结构，既讲口味，更讲营养。半壁店幼儿园还专门开设回民幼儿食堂，聘用回民炊事员，请清真寺阿訇来园指导，受到回民家长的欢迎。

2007年，区第一幼儿园、区第二幼儿园和北站幼儿园，均被评为“唐山市文明单位”和“诚信平安校园”。2008年，北站幼儿园通过“河北省一类幼儿园”验收，区第一幼儿园被评为“河北省卫生保健达标园”，区第二幼儿园被评为“唐山市幼儿教育先进单位”。是年，全区学前三年适龄幼儿5127人，在园幼儿4707人，学前三年入园率91.8%。20世纪末，开平区民间开始兴办幼儿园，截至2008年，全区民办幼儿园达到12所，53个班，入园幼儿1507人，教职工174人。

1987年和2008年开平区国办幼儿园基本情况表

表22-1

名称	1987年			2008年		
	班数（个）	入园幼儿（人）	教职工（人）	班数（个）	入园幼儿（人）	教职工（人）
第一幼儿园	4	119	21	8	300	34
第二幼儿园	3	90	23	5	180	23
第三幼儿园	-	-	-	7	210	38
北站幼儿园	-	-	-	6	224	19

2008年开平区民办幼儿园基本情况表

表22-2

项目 数目 名称	班数	入园幼儿人数	教职工人数	教职工年龄			教职工文化程度	
				25岁及以下	26岁-35岁	36岁及以上	大专及以上	中专
新城幼儿园	3	90	12	9	3	-	12	-
阳光幼儿园	10	395	25	15	6	4	23	2
蓓蕾幼儿园	3	90	9	1	2	6	8	1
大拇指幼儿园	3	60	10	4	3	3	8	2
仁爱一幼	4	107	13	5	6	2	10	3
博文早教中心	5	125	21	8	10	3	16	5
小星星幼儿园	4	84	15	3	9	3	3	12
天籁幼儿园	5	130	22	13	3	6	16	6
小博士幼儿园	2	36	8	3	5	-	7	1
春雨幼儿园	3	58	9	7	2	-	6	3
前屈庄幼儿园	3	80	9	3	4	2	7	2
半壁店幼儿园	8	252	21	10	8	3	17	4
合计	53	1507	174	81	61	32	133	41

二、小学教育

1987年，全区共有小学96所，在校学生31930人。农村小学实行乡镇、村分级办学、分级管理体制，民办教师占小学教师总数的40%以上。1988年，区文教局聘请6位资深党外人士为教育督导员，深入各小学指导教育教学工作。1987－1990年，区财政累计投资372.6万元，新建校舍1530间，添置课桌椅6120套、文体器材3146件、教学仪器6859件、图书3589册。1990年4月6日，经省、市联合检查验收，开平区小学达到河北省政府规定的义务教育小学阶段必备办学条件标准，成立为全省首批达标县区之一。

1993年，按照国家教委要求，开平区实行小学毕业就近升入初中的规定，实现九年一贯制学制，并取消考试成绩排列名次、张榜公布的传统办法。1994年11月，全区小学通过河北省"双基普九达标"验收。1998年，开平区开始实行城镇小学教师到山区学校轮换任教的送课下乡活动。认真落实国家教委《关于开展残疾儿童少年随班就读工作的试行办法》，1999年，全区残疾儿童入学率达到96.7%。

开平区小学课本主要是人民出版社小学六年制统编教材。随着教育改革的深化，素质教育的广泛开展，小学教材不断更新。2000年和2003年，先后被定为人民教育出版社和河北教育出版社实验教材实验区。课程设置由1999年的语文、数学、英语、自然、品德、体育、音乐、美术等17门，减少到2002年的15门，新增加了信息技术、校本课程、健康教育等新课程。

区政府不断增加资金投入，加大小学基础建设，改善办学条件。1997－2000年，投资1400多万元，对154间震后修建的尖顶校舍进行改建；投资113万元，为各校更新和添置取暖锅炉；筹资309万元，用于校园环境建设。2000年底，有11所小学被命名为校园环境"市级示范学校"。2004年11月，投资564万元、建筑面积4700平方米的欢套小学教学楼竣工。2005年8月，投资308万元、建筑面积2895平方米的冶里小学科技楼扩建工程完成。2007年7月，投资203万元、建筑面积1357.2平方米的唐钱楼小学教学楼投入使用。2008年，全区共有小学44所，在校学生13947人。

开平小学是区教育局直属重点小学，其前身始建于1912年4月的滦州第二高等小学，1940年改称滦县县立开平中心小学校，1949年更名开平中心小学校，1978年始称唐山市开平小学。

开平小学原址位于开平东大街北侧四眼井街，由北大寺扩建而成。占地面积17.48亩，校舍近百间。1976年毁于唐山大地震。震后，国家拨款20万元，重建校舍116间，均为尖顶瓦房。1996年，区政府出资430万元，各行各业捐款180万元，香港邵逸夫先生捐款50万港元，在开平东新苑新建开平小学。新校址占地21亩，建筑面积6400平方米，1997年7月交付使用。

开平小学从第一任校长裴廷楹开始，潜心教学，励精育人，培养出一批批栋梁之材。如著名考古学家裴文中、南方大学教授王洋、北京林业大学教授武觐、国家乒乓球女队教练马金豹、中国人民解放军第二炮兵部队中将副司令员赵锡军等。1963年，开平小学被唐山市教育局确定为"小宝塔"学校。1978年，被确定为市重点小学。1980年，被省、市体委确定为小篮球传统校。1981年，开平小学女子篮球队曾代表唐山市参加全国运动会。1984年，在唐山市"音乐之春"和"首届小学生智力竞赛"中分获一等奖。1985－1987年，先后被市教委命名为"花园式学校""绿色先进单位"和"文明学校"。1994年，被命名为"唐山市素质教育示范学校"。进入21世纪，又先后获得"河北省信息技术教育教学行动研究学校""河北省现代教育技术实验学校""河北省安全文明学校"等10多项称号。

1999年，开平小学首开寄宿班，招收二至六年级学生。

2008年，该校拥有38个教学班，1823名学生（其中有215名寄宿生）。全校112名教师中，有特级教师1人、国家级骨干教师1人、省级骨干教师2人、市级骨干教师4人。

1987－2008年开平区小学基本情况表

表22－3

年度	校数	学生数	毕业生数	教职工数			代课教师数
				合计	国办	民办	
1987	96	31830	5021	1479	876	603	72
1988	96	33183	5305	1370	807	563	110
1989	96	35771	5530	1336	815	521	187
1990	96	35353	5952	1335	850	485	216
1991	96	33143	5892	1394	952	442	449
1992	96	30596	5523	1353	952	401	378
1993	64	20077	5099	950	720	230	300
1994	64	19555	3391	975	774	201	324
1995	64	17686	3270	910	730	180	283
1996	64	17079	2974	1038	886	152	233
1997	64	17127	2846	1255	1125	130	221
1998	64	17462	2854	1372	1252	120	220
1999	64	16798	2914	1416	1306	110	212
2000	64	16779	2799	1446	1343	103	208
2001	64	16491	2788	1465	1465	–	–
2002	56	15767	2743	1495	1495	–	–
2003	55	14447	2628	1490	1490	–	–
2004	53	15430	2408	1677	1677	–	–
2005	51	14196	2571	1693	1693	–	–
2006	49	14548	2366	1540	1540	–	–
2007	48	13742	2424	1400	1400	–	–
2008	44	13947	2290	1384	1384	–	–

三、中学教育

1987年，全区共有中学20所，在校学生13267名，其中，高中学生728名。1988年，为解决城区中学教师超编和边远中学教师不足问题，区确定二十三中等6所中学为“学校内部管理体制改革”试点单位，对六十一中等4所边远中学教师实行按工作年限给予浮动工资待遇。同时规定新参加工作的教师一律到边远中学任教，每年从城区中学抽调部分骨干教师支援边远中学，以缓解城区中学超编和边远中学缺编的问题。

1990年8月－1992年9月，四十六中、五十六中和五十三中教学楼相继竣工，累计投资85.26万元，建筑面积2698.11平方米，缓解教舍紧张问题，扩大招生规模。1992年9月1日，半壁店村投资750万元、建筑面积6470平方米的育才学校举行落成暨开学典礼。1994年2月，国家教委副主任王明达、省教委主任田洪波等领导到育才学校参观考察。同年，投资299万元、建筑面积4654平方米的四十六中实验楼、宿舍楼和投资219万元、建筑面积3160.6平方米的综合职校教学楼、图书馆先后建成，改善了办学条件。2000 年，个人投资，校、企联办的唐山市自强高中成立。2001 年，该校开设宏志班、专门招收品学兼优的特困学生，并给予经济补贴。二十三中作为开平区唯一一所二类一级示范性高中，区政府不断加大投资力度，完善硬件建设。1998 年 7 月，投资 150 万元、建筑面积 3300 平方米的宿舍楼建成；2002 年 7 月，投资 406 万元、建筑面积 4960 平方米的科技馆竣工；2004 年 7 月，投资 365 万元的教学楼落成。2008 年该校被定为“河北省现代教育技术实验学校”。对于全区最大的初级中学——四十九中，1989－2004 年，区政府累计投资 1468 万元，建成教学楼、宿舍楼共计 1.6 万平方米。地处农村的五十九中和二十中，2005 年区政府先后投资 410 万元和 356 万元，分别为两校建成建筑面积 4678 平方米和 3670 平方米的综合教学楼。是年，开平区与北京师范大学海威教育集团在二十三中合作建立“基础教育实验学校”。

经过一系列整合撤并，2008 年，全区共有中学 10 所，其中省重点高中 1 所、校企联办高中 1 所、在校学生 9369 人。全区初中学校占地总面积 34.76 万平方米，生均 44.84 平方米；高中学校占地总面积 4.93 万平方米，生均 57.57 平方米。

1987－2008 年开平区中学基本情况统计表

表 22－4

年度	校数	学生数		毕业生数		教职工数	代课教师数
		初中	高中	初中	高中		
1987	20	12539	728	4323	219	902	97
1988	20	10688	705	4228	225	935	98
1989	20	9089	754	3602	189	883	98
1990	18	9903	748	3051	229	919	92
1991	18	11349	736	3339	210	901	93
1992	18	13015	772	3848	213	1011	85
1993	12	9166	864	4394	198	833	81
1994	12	8901	948	3077	264	824	80
1995	12	9714	799	2987	291	853	45
1996	12	9578	787	3347	157	1011	–
1997	12	8782	935	3319	131	979	–
1998	12	7507	1029	2959	276	928	–
1999	10	7678	1189	2571	273	875	–
2000	10	7255	1448	2648	307	852	–
2001	10	5609	2100	2465	435	1064	–
2002	10	5023	2540	2127	440	891	–
2003	11	6982	2993	1972	547	891	–
2004	12	8589	2598	2141	1050	1069	–
2005	12	7992	2362	2834	892	1084	–
2006	12	8011	2112	2486	925	1158	–
2007	10	7874	1999	2673	701	1122	–
2008	10	7527	1842	2585	705	1109 –	

四、专业教育

（一）教师进修学校

1978年，唐山市郊区教师进修学校成立。1983年，经唐山市人民政府批准，郊区教师进修学校改为开平区师范学校。1987年，又恢复为开平区教师进修学校（以下简称开平进校）。1987－2001年，开平进校举办不同年限和科目的中师文化培训及教材、教法辅导和学历达标教学工作，并通过扩大办学内容和规模，为社会需求培训人才。培训形式既有专家辅导讲座，又有优秀教师经验介绍，也有教师论坛和心得交流，并探索出课题带动培训模式（亦称骨干教师培训模式），累计招收培训中师班1113人、大专班441人、电大班285人、电视中专班146人、小学校长培训班64人。2003年，被市教委评为“实施中、小学教师继续教育工程先进单位”，2004年，被教育部评为“教师特色培训示范区”。2002－2008年，开平进校先后聘请专家、名教师来校讲课、讲座37次，全区中、小学教师22969人次参加培训。截至2008年，累计投资140万元，购置微机84台和其他设备，并建成“进修学校教育网站”服务器。2008年，被唐山市教育局评为“中小学教师继续教育工作先进单位”。

（二）综合职业技术学校

1987年，开平区职业教育布局比较分散，13个专业分办在5所学校。1991年，开平区调整职业技术教育结构，将各校职业高中班和技工班合并到农技中学，组建唐山市开平区综合职业技术学校。学校除自办2、3年制的技工、职高、职专、中专外，还与高校联办5年制大专班。为适应现代化科技发展的需要，综合职校开设计算机专业班，建微机教室4个，购置电脑175台。1993年8月，投资155万元、建筑面积4300平方米的实验楼落成。1994年，综合职校创办的士兵预备役班，受到省军区、唐山军分区的肯定，多次召开现场会，将该校办班经验予以推广。1995年，预备役班的军乐团在唐山市举办的中、日、韩青少年体育交流大会上，进行军乐分列式表演。1996年，在纪念唐山抗震20周年活动中先后演奏20多场。1999年7月1日，应唐山市委邀请，军乐团在抗震纪念碑广场为唐山市第一次升国旗仪式演奏国歌及《歌唱祖国》等歌曲。

综合职校坚持“以服务为宗旨，以就业为导向”的办学方针，实现对口、订单培训。推行职业资格证书制度与企业签订协议，先培训，后上岗。自建校以来，先后开设农学、林果、畜牧兽医、企管、财会、预备役、汽车修理、服装、水暖、硅酸盐、土建、冶炼、机电等31个专业，成为河北省钢铁冶金职教集团的会员，分别与住友集团唐山有限公司、河北钢铁集团、唐山华联商厦有限公司、天津中衡宏泽船舶管理有限公司、日本NGK（唐山）电瓷有限公司、唐山海螺型材有限公司结成合作伙伴，并与之建立稳固的实习基地和毕业生就业网络。2007年8月，投资550万元、建筑面积4645平方米的教学楼建成。2007－2008年，向唐山市高新技术产业园区、王滩工业园区、曹妃甸工业园区、唐山市现代装备制造园区输送毕业生1000多名。

截至2008年，综合职校累计培养各类技术人才5987人；并为市、区两级财政、劳人部门和部队开设各类短训班120多期，培训2万多人次。

1989—2008 年开平区综合职业技术学校专业设置、培养人数表

表 22－5　　单位：人

专业 人数 年度	农学	林果	牧医	企管	财会	计算机	办公自动化	报关报检	电子商务	广告设计	医士	电工	预备役	汽修	服装	水暖	管钳	硅酸盐	土建	保安	综合班	冶炼	美术	音乐	餐饮与旅游	幼教	车电	焊钳	车工	机电	焊工	总计
1989	31	43	31	7	–	–	–	–	–	–	–	26	–	–	55	15	–	–	–	–	–	–	–	–	–	–	–	–	–	–	–	208
1990	26	33	26	76	–	–	–	–	–	–	–	22	–	–	70	–	35	33	–	–	–	–	–	–	–	–	–	–	–	–	–	321
1991	29	29	30	44	–	–	–	–	–	–	–	44	–	–	40	–	–	68	–	–	–	–	–	–	–	–	–	–	–	–	–	284
1992	17	28	15	212	–	–	–	–	–	–	–	45	–	–	60	–	–	65	–	–	–	–	–	–	–	–	–	–	–	–	–	442
1993	–	18	–	130	68	50	–	–	–	–	–	28	–	–	20	–	29	72	–	–	–	–	–	–	–	–	–	–	–	–	–	415
1994	–	17	–	103		35	–	–	–	–	–	35	179	–	20	–	–	–	–	–	–	–	–	–	–	–	–	–	–	–	–	389
1995	12	–	–	102	69	39	–	–	–	–	–	20	102	–	20	–	–	–	50	–	–	–	–	–	–	–	–	–	–	–	–	414
1996	–	–	–	135	142		–	–	–	–	–	–	41	–	7	–	–	–	–	–	–	–	–	–	–	–	–	–	–	–	–	325
1997	–	–	–	51	127	47	–	–	–	–	–	–	43	–	19	–	–	–	–	–	–	–	–	–	–	–	–	–	–	–	–	287
1998	–	–	–	–	47	78	–	–	–	–	–	–	–	–	–	–	–	–	–	38	–	–	–	–	–	–	–	–	–	–	–	163
1999	–	–	–	–	–	74	–	–	–	–	27	–	–	–	–	–	–	–	–	–	45	–	–	–	–	–	–	–	–	–	–	146
2000	–	–	–	–	–	67	–	–	–	–	51	–	–	–	–	–	–	–	–	–	–	–	–	–	–	–	–	–	–	–	–	118
2001	–	–	–	–	–	51	34	–	110	–	–	–	–	39	–	–	–	–	–	–	–	–	–	–	–	–	–	–	–	–	–	234
2002	–	–	–	–	–	12	41	78	93	–	–	–	–	42	–	–	–	–	–	–	–	25	–	–	–	–	–	–	–	–	–	291
2003	–	–	–	–	–	42	–	17	69	–	–	–	–	15	–	–	–	–	–	–	–	–	–	–	–	–	–	–	–	23	–	166
2004	–	–	–	–	–	22	48	14	–	–	–	–	–	–	–	–	–	–	–	–	–	54	25	85	–	–	–	–	–	14	–	262
2005	–	–	–	–	37	20	14	14	–	15	–	122	–	–	–	–	–	–	–	–	–	54	22	–	6	20	–	–	–	34	–	358
2006	–	–	–	–	40	31	–	–	–		–	–	–	–	–	–	–	–	–	–	–	90	13	–	–	42	–	–	–	71	–	287
2007	–	–	–	–	43	31	–	–	–		–	–	–	–	–	–	–	–	–	–	–	51	–	–	–	49	99	56	–	–	–	329
2008	–	–	–	–	55	121	–	–	–		–	82	–	–	–	–	–	–	–	–	–	86	–	–	–	54	–	38	70	–	42	548
合计	115	168	102	860	628	720	137	123	272	15	78	424	365	96	311	15	64	238	50	38	45	360	60	85	6	165	99	94	70	142	42	5987

（三）中央农业广播电视学校开平分校

1981年，开平区农业办公室、教育局等7部门组成中央农业广播学校开平区领导小组。1987年，并入开平区成人教育中心。是年，根据冀农广字第3号文件精神，改名为中央农业广播电视学校开平领导小组。1991年，经唐山市教委、农经委评估验收合格，升格为中央农业广播电视学校开平分校（以下简称农广校），纳入成人中专教育系列，由开平区教育委员会领导。1995年开始，学校不断拓宽办学思路，由单一的中专学历教育发展为集中专、大专、本科多层次学历教育，教学模式呈函授、自考、远程教育等多元化。1999年，开平农广校单独建校，为正科级全额预算事业单位，校长由主管副区长兼任。截至2008年，开平农广校共招收学员2356名，其中中专学员1216名、大专学员846名、本科学员294名。已取得毕业证书的学员1494名，其中本科学员84名。同时，还组织创业、劳动转移等培训近万人次。先后被授予“河北省农业广播电视教育育才兴农示范校”“河北省阳光工程百家基地”等称号。2008年，开平农广校有教职工10人，其中本科学历9人，中、高级教师3人。

（四）唐山广播电视大学开平分校

1987年，称唐山广播电视大学开平区工作站，2001年，为开平区自学考试点，2002年，被评为“唐山市两沟通教学先进单位”。同年，升格为独立法人单位，改称唐山市广播电视大学开平分校（简称开平电大）。开平电大是一所集大学本科、专科及中专非学历教育为一体的多层次、多功能、开放型的高等学校。主要开设电大开放教育、奥鹏网络教育、成人高等教育及自学考试等业务。电大开放教育本科设行政管理、小学教育等6个教学班，大专设会计、法学、金融等15个教学班，奥鹏网络教育本、专科设工程管理、电器工程等专业，自学考试本、专科设汉语言文学、会计等专业。2006年被中央广播电视大学指定为“全国统一考试点”，2008年获评“唐山市电大教育工作先进集体”。截至2008年，开平电大累计培养大学本、专科毕业学员1200多人，在籍自学考生6000多人，每年参考合格率都在40%以上。2008年，在籍学生561人，有教职工10人，其中高级教师2人。

2008年开平区各类学校基本数字表

表22-6

项别 / 数目 / 校别	各类学校（所）	教职工人数	幼儿及学生人数
国办幼儿园	4	114	914
民办幼儿园	12	174	1057
小学	44	1384	13947
中学	10	1109	9396
开平进校	1	30	-
综合职校	1	152	537
开平电大	1	10	-
农广校	1	10	-
合计	74	2983	25851

五、成人教育

1987年5月，开平区建立成人教育中心，1993年6月改称成人教育科，隶属于区教育局。各乡镇都建有农民技术学校。1990 年，区委、区政府制定“一年实现无盲区”的目标，成立扫盲工作领导小组。全区层层签订责任状，区领导包乡镇，乡镇领导包村，村领导包户，教师包文盲个人，人人签订包教合同。当年 11 月，经市检查验收，146 个村的 406 名文盲有 398 人达到脱盲标准，领取《脱盲证》，脱盲率 98.5%，分别被省、市政府授予“扫除文盲先进单位”。1995 年，按照唐山农村成人教育“九五”工作目标，区政府加大乡镇成人教育投入，全区教育附加费的 5% 用于农村成人教育，区财政每年按人均 0.2 元专款作为成人教育经费。1998 年，投资 3 万元，越河乡成人学校建成 0.6 亩日光温室，栽植油桃，次年就收益 3000 元。同时，该校建立农业技术咨询部，两年间接待咨询 5000 多人次。1996－1999 年，区成教中心与各中学合作，先后对 1 万多名应届初中毕业生进行全员培训，转变就业观念，进行创业教育。对 3000 多名回乡初中毕业生进行系统培训，培训率 85%。在“燎原在冬季”大培训中，引进实验新品种、新项目 86 项次，推广 105 项次，培训农村劳动力 6 万多人次。经市验收，全区有 4 所成人学校被省定为“省一类成人学校”。区教育局先后两次应邀参加亚太地区成人教育研讨会。2000 年，投资 15 万无，洼里乡成人学校兴农实验场建成 18 间校舍，初步达到示范性成人学校标准。是年，各乡镇成人学校师资中的林果、农学、花卉、园艺、畜牧等专业的大学本、专科毕业生达到 30 人，占师资队伍的 73.3%。进入 21 世纪，各乡镇成人教育学校依托开平农广校开办大、中专教学班，并与唐山工程技术学院联合办学。增设大专班 2 个、中专班 3 个，举办各类中长期技术培训班 32 期、短训班 359 期，累计参训学员 2.26 万人次。2004 年，开平区建立唐山市首家为农村服务的信息网，形成以区教育局成教科及乡镇成人学校为龙头的全区农村网上教育体系。2005 年初，开平区 5 个乡镇成人学校购置微机，全部宽带上网；当年网上点击近 10 万人次。2007－2008 年，全区 6 个镇办成人学校利用信息优势，培训农村劳动力 2.47 万人次、农村干部 801 人、技术人员 836 人，转移农村劳动力 8089 人，使全区农村科技示范户达到 658 户。截至 2008 年，累计培养大、中专人才 1490 人，农民技术员 574 人，初级技术骨干 3426 人，企业管理、技术、财会人员 7641 人。

六、电化信息教学

1980 年 3 月，区文教局始建电教站，负责推广电化教学。是年，筹资 81.3 万元，购置电教设备。部分中、小学和乡镇中心校配备电影放映机、录音机、幻灯机、投影机。80 年代中期，区文教局逐年增加电教器材的购置。至 1987 年，全区中、小学电教设置基本普及，并对各校的实验室进行改、扩、建。1990 年，电教站组织电教优质课、实验课、自制教具评比，四十九中、四十六中、四十八中分获前三名，并代表开平区参加唐山市比赛。1992 年，丁家屯小学制做的幻灯片《雷雨》《太阳灶》《植物呼吸》，在南京举办的全国自制自然幻灯片展映中获一等奖。1994 年，在“普九”达标验收中，开平区 6 所中学和 6 所小学的实验室达到一类标准，60 所小学达到二类标准。1995－1996 年，在河北省电教课、电教论文、实验课论文评比中，四十九中李莉老师的政治课《前沿》获一等奖，四十六中赵淑君老师主讲的《解剖鲤鱼》和开平小学胡惠敏老师主讲的《浮与沉》分获唐山市一等奖和三等奖，并有 26 篇论文获唐山市优秀奖。1996－2000 年，区教育局累计投资 453.6 万元，新建、改造中学实验室 4 个，为 8 所中学装备语言室，18 所学校装备微机室，5 所学校装备多功能教室，为四十六中、四十九中、开平小学建设校园网和闭路电视教学系统。并先后组织实验室管理人员和教师参加的实验室管理和电化信息装备使用培训班，学习贯彻《唐山市中、小学实验室规范管理标准》《实验室教学量化评比标准》，提高实验室管理和计算机课件制作水平。2000 年，教育部召开《关于在中小学开设信息技术必修课的通知》电视电话会议。是年，区教育局投入 39 万元，建立集教育科研、教师培训、学校管理、电子阅览、交流教学为一体的“教师教育网站服务器”，上与中国教育卫星宽带网、河北远程教育网相通，下与各中、小学和乡镇教育总校的校园网相连。2001 年 12 月，区教育局组建信息技术教育中心，成立城域网络中心。实现校校通，开设教材网站，整合区本、校本教材，并对 45 岁以下的教师进行教育信息技术培训。2001

-2005年，为实现电化教学信息化，累计投资476万元，进行微机升级改造。先后购进微机901台，开设微机校园网，建立教育局城域网和远程教育、教学信息中心。信息技术优化了教学过程，提高了教学质量。2005年，税东小学李红梅老师代表唐山市，参加河北省信息技术与学科教学整合优质课评比，获得一等奖。2006-2008年，投资1394万元，购置微机1034台，新建、改建微机室18个、多媒体教室91个、校园网19套。2007年，教育局投资360万元，实施农村学校远程教育二期工程。2008年，教育局信息技术中心组织开发信息技术区本教材，建立区本教材网站，开设"教材下载""作品观摩""本区作品""教学设计""教学研讨""教学评价"等栏目。截至2008年，全区学校拥有微机4083台、微机室72个、多媒体教室178个、校园网35套，微机室普及率100%，多媒体普及率98%，校园网普及率67%，生均8人1台微机；有4所中学和12所小学常规仪器配备达到河北省新标准，二十三中、四十九中、四十六中、开平小学、唐马路小学等75所学校成为省级信息技术实验校，二十三中获评省级电教技术示范校；在全国信息技术与学科教学整合优质课评比中，教师白雪梅、高小健等32人获评一等奖，朱静军、王成亮等26人获评二等奖。

第三节　教师与经费

一、教师队伍

1987年，全区小学共有教师1479人，其中国办教师876人、民办教师603人，另有代课教师72人；全区中学共有国办教师902人、代课教师97人。作为唐山市市辖区，开平区教师的来源主要为师范类大、中专毕业生。同时，每年根据教师自然减员，对省批定额民办教师进行考核，择优转为国办教师；从边远6所中学的代课教师中经考核择优录取6名为国办教师。为提高教师的文化素质，区教育局鼓励教师到省、市大、专院校学习。1989年，有19名中学教师取得唐山矿冶学院大专学历，25名小学教师取得滦县师范学校中师学历。截至1995年，全区有1113名小学教师在开平进校中师班通过脱职、在职学习，取得中等师范学历。1999年，区政府设立区长教师奖励基金，每年对贡献突出的优秀教师每人5000元的奖励。同年，开始组织教师参加河北师范大学在唐山开设的"三沟通"大专进修班，每期2年，先后5期，共有1120名教师取得大专学历。是年，在河北省行业专业技术比赛中，四十九中教师李莉获评"教学能手"称号。2000年，区教育局为青年教师制订"一年入门，二年达标，三年能胜任循环教学，五年成为教学骨干，七年成为学科带头人"的目标。2001年，开平区将103名合格民办教师转为国办教师，至此，全区民办教师成为历史；同时，对代课教师进行有偿辞退。2004年开始，选聘教师一律通过文化考试、说课、口试，在师范类大、中专毕业生中择优聘任。2007年，开平区与东北师范大学信息技术研究院建立合作关系，帮助教师利用信息技术手段提高教学质量，推进新课改。全区有172名教师参加研究生班学习，有162名考试合格取得结业证书，其中10名教师经全国统一考试，被东北师范大学录取为正式研究生。2008年，全区共有教师2983人，其中幼儿教师288人（含民办幼儿教师174人）、小学教师1384人、中学教师1109人、职专教师202人。

附录

1987-2008年开平区获国家级荣誉称号教师名单

1. 全国教育系统先进工作者：郑东秀、常进录。
2. 全国优秀教师：张金荣、王景珍、刘素云。

二、教育经费

1984 年，唐山市财权下发，教育经费由区财政拨发。教育局直属中学、小学、幼儿园以及开平进校、农技中学的经费和工资由区财务科发放，农村小学的经费和工资由所在乡镇财政发放。1987 年，全区教育经费总额 671.46 万元。1987－1999 年，区政府累计投资 3709.6 万元，用于校舍修建和设备购置。进入 21 世纪，区财政加大教育投资力度，2002－2008 年，累计投资 8680 多万元，实施学校基建和修缮工程。教育经费呈现教育拨款占区财政经常性收入比例、生均教育经费和生均公用经费“三个增长”。如 2007 年教育拨款比 2006 年增长 33.1%，而同期财政经常性收入增长 29.76%；2006 年生均教育经费小学生 2715 元，初中生 3028 元，2007 年生均教育经费小学生 3079 元，初中生 3634 元，比 2006 年分别增长 14.05% 和 20%；2007 年公用经费小学生均 227 元，初中生均 331 元，比 2006 年分别增长 47.4% 和 3.4%。2008 年，全区教育经费 2.3 亿元，比 1987 年增长 33 倍多。

1987－2008 年开平区教育经费及大型基建投资情况表

表 22－7　　单位：万元

<table>
<tr><th>年度</th><th>预算内经费</th><th>预算外经费</th><th>合计</th><th>大型基建投资额</th></tr>
<tr><td>1987</td><td>468.6</td><td>202.86</td><td>671.46</td><td rowspan="13">1987 年至 1999 年累计 3709.6</td></tr>
<tr><td>1988</td><td>713.2</td><td>305.7</td><td>1018.9</td></tr>
<tr><td>1989</td><td>761.3</td><td>417.4</td><td>1178.7</td></tr>
<tr><td>1990</td><td>820.8</td><td>533.4</td><td>1354.2</td></tr>
<tr><td>1991</td><td>1001.1</td><td>713.5</td><td>1714.6</td></tr>
<tr><td>1992</td><td>1247.6</td><td>831.2</td><td>2078.8</td></tr>
<tr><td>1993</td><td>1251.8</td><td>655.1</td><td>1906.9</td></tr>
<tr><td>1994</td><td>1566</td><td>957.7</td><td>2523.7</td></tr>
<tr><td>1995</td><td>1555.4</td><td>639.4</td><td>2194.8</td></tr>
<tr><td>1996</td><td>1629.2</td><td>1046.9</td><td>2676.1</td></tr>
<tr><td>1997</td><td>1871.7</td><td>1232.7</td><td>3104.4</td></tr>
<tr><td>1998</td><td>2524.1</td><td>1325.5</td><td>3849.6</td></tr>
<tr><td>1999</td><td>2922.6</td><td>1061.7</td><td>3984.3</td></tr>
<tr><td>2000</td><td>3375.3</td><td>1795</td><td>5170.3</td><td>207</td></tr>
<tr><td>2001</td><td>3921</td><td>1824</td><td>5745</td><td>95</td></tr>
<tr><td>2002</td><td>3922</td><td>1724</td><td>5646</td><td>1124</td></tr>
<tr><td>2003</td><td>5436</td><td>1623</td><td>7059</td><td>1906</td></tr>
<tr><td>2004</td><td>8705</td><td>2348</td><td>11053</td><td>2354</td></tr>
<tr><td>2005</td><td>11562</td><td>2472</td><td>14034</td><td>1324</td></tr>
<tr><td>2006</td><td>9899</td><td>2665</td><td>12564</td><td>1670</td></tr>
<tr><td>2007</td><td>14492</td><td>1931</td><td>16423</td><td>2673</td></tr>
<tr><td>2008</td><td>20851</td><td>2179</td><td>23030</td><td>2164</td></tr>
<tr><td>合计</td><td>100496.7</td><td>28484.06</td><td>128980.76</td><td>17226.6</td></tr>
</table>

三、勤工俭学

1987年，区教育局成立勤工俭学办公室，各校均设脱职教师管理校办企业，并由1名学校领导主抓。1990年，全区有校办企业102个、学农基地151个、商业网点13处。1987－1990年，累计创产值2000多万元，利税250万元，投入改善办学资金65万元，改善师生福利50万元。1994年是开平区勤工俭学发展的鼎盛时期，时年共有校办企业178个、学农基地82个、商业网点148处。校办企业多为当地大企业拾遗补阙，诸如金属加工、机电维修、小陶瓷、小印刷等。礼尚庄小学生产的艺术瓷曾远销欧、美，十八中、四十八中生产的化学瓷，二十三中生产的合酯油，多次参加广州、上海、东北地区的订货会，行销29个省、市。学农基地主要从事农畜产品种植和养殖。商业网点则有汽车维修、汽车配件、水暖、五金、百货、加油站等。

1988－1990年，开平区的勤工俭学工作连续三年获唐山市第一名和河北省第五名。1991－1996年，连续六年取得唐山市创收生均第一名。1991年3月，唐山市教委在开平区礼尚庄小学召开全市勤工俭学创收现场会。1994年，全区学校勤工俭学开展率100%，人均收入居全市第一名，区教委被评为“河北省勤工俭学先进单位”。截至2000年，全区勤工俭学累计创产值1.85亿元，实现利税1800多万元，为改善办学条件和师生福利提供资金940万元。

进入21世纪，开平区勤工俭学企业逐年减少，2001－2008年，累计创产值1316万元，利税199万元，为改善办学条件和师生福利提供资金170万元。

第四节　教学研究

区教育局分设小学教研室和中学教研室，负责全区学校的教材、教研、教改工作的组织和协调，并在市教育局的指导下开展学术研究活动。

一、小学教研

1987年，区小学教研室有教研员3人，2008年6人。主要负责全区幼儿园、小学的教学研究和教学管理，配合开平进校对小学教师进行教材辅导、组织专题讲座。教研员坚持每周下校听课，检查指导学校教研组活动，每月组织公开课及观摩教学，总结、推广、交流教学经验及方法。1988年，在吴家庄小学召开“轻负担、高质量”教学现场观摩会。会后又在各小学组织公开课、观摩优质课，以点带面提高全区小学教学质量。1993年，区制订下发《应试教育向素质教育转轨措施》，要求各小学开设第二课堂，取消一般学科期末考试，不搞题海战术，学生家庭作业控制在半小时左右。同时，要求各校按照国家教委1993年3月24日的指示精神，小学毕业生就近升入初中，本校组织毕业考试，作为初中入学的学科成绩，取消考试成绩排名、张榜公布的办法。各小学还开展“教学开放日”活动，把学生家长、社会贤达请到学校参与教学。1995年，区下发《关于小学、幼儿园教师基本功培训意见》《教师基本功训练纲要》《教师基本功培训细则》和《教师基本功考核标准及办法》。历经3年，经考评小组逐校逐人验收，评选出教师培训先进单位11个、先进个人200名。1997－1999年，先后组织123名教师到开平进校参加“三沟通”培训，组织全体任课教师参加继续教育再培训。2000年，在唐山市小学教学论文评比中，开平区23名教师获市级奖励，其中王彩双获特等奖、肖志颖获一等奖。进入21世纪，采取组织承办讲座、研讨会、交流、评估等多种形式，转变教育理念，提高教学水平。先后承办河北省校本教研现场会、唐山市课程改革现场会、东北师范大学教授指导学校读书交流现场会、唐山市信息技术现场会等大型会议

20多场。2002年，与北京师范大学合作，建立教师发展服务区，确定开平小学、唐马路小学为“教师发展学校”。北师大教授每周一次深入两校课堂、教研组听课、指导，共同进行教育、教学研究。两校的教师每学期至少一次到北师大参加教育、教学论坛活动，进行教研双向交流。2003年，开平区被省教育厅定为课改实验区，并承担省教科所重点课题《自主学习自主发展》任务。开平小学的教研项目《自主探究—合作交流—操作实践》获河北省教育研究成果二等奖，区教育局选送的研究课《江畔独自寻花》获一等奖。2004年开始，区教育局遵照省教委“以校为本”教研制度建设精神，组建校本教研领导小组，筹建教研教改建设基地，形成从下而上与从上而下相结合的教学研究制度。小学以片为单位，开展树典型带全区的校本教研工作。先后出台《创建以校为本教研制度建设基地实施方案》《以校为本教学研究制度建设的指导意见》等十几项文件，推动“以校为本”教研教改的进程。各学校教师尝试探索学生主体地位的教育实践，引导学生端正学习态度，调动学生学习积极性，变被动“要我学”为主动“我要学”。先后实践了讨论式、质疑式、采访式等十多种教学模式。如辩论式：学习新教材出现辩论题（或学生间的不同看法）分组准备两组辩论辩论小结。通过辩论提高学生的科学素养，转变学生的学习方法。截至2008年，全区小学获评省级以上优质课22次，其中第一实验小学赵月华老师的英语课被评为全国优秀课，开平小学刘文静老师代表唐山市参加河北省优质课评比获一等奖。教研论文、案例、教学设计、课题研究等有488人次获省级奖励，其中杨晓林撰写的《教学研究与实践》和《新课题研究》发表在国家级报刊。

二、中学教研

1987年，中学教研室有教研员3名，2008年6名。负责中学语文、数学、英语、物理、化学、历史、地理、政治等主要学科的研究和管理，同时组织领导各中学的教研工作，并在市教育局的指导下，开展语委会、教育学会等学术研究活动。1988年，邀请北京师范大学和唐山一中等院校教育专家和名教师来开平区讲学，700多名教师与会听课。1990年，区下发《中学教学工作条例》，在全区开展教研及教学比武活动。要求每位学校领导抓好“三个一”，即深入一个教研组、带好一门学科、培养一名骨干教师。1993年，教研室从抓提高教师业务素质着手，以每周教研活动日为平台，以骨干教师专题实验为突破口，以三级教研网为保证，开展多种形式的教学研究、优化课题教学。1995年，组织开展全区语文教师教案、讲课、论文三项评比活动。1996年，四十九中教师杨贺艾在全省语文教改辅导会上讲典型示范课，区教育局作经验发言。1997年，区中学教研室被评为“唐山市先进教研室”，四十九中、五十八中教研组被评为“唐山市先进教研组”。1998－1999年，区教育局通过综合评估，确定7所中学为帮扶重点，组织力量逐一蹲点。通过“一查、二听、三座谈”，全方位考察，共同研究制订改进方案，评选学科带头人，在区教研室的指导下，开展说课、评课和教课比武活动，使被帮扶学校的教学水平有较大提高。2000年，结合全区每学期的两次集体备课，进一步落实《唐山市初级中学教学常规》，做到集思广益、资源共享，并指导协助各学校积极探索自己的教学模式，如四十六中的“讲学测练”一体稿模式、四十九中的“五步教学法”模式、十八中的“三段九环节”模式都产生了较好的效果。2003年，开平区实行课程改革，各中学从抓“有效教学”入手，以研促改，以研促教，充分利用学校教研、学区教研、区级教研三个平台，开展课题研究，实施课题带动教研。2004年，开平区被省教科所定为“创建以校为本教研制度基地”，在校本教研制度建设中，坚持从区情出发，健全三级校本教研体系，制订校本教研制度，确立两大研修基地，形成四级教研网络，编写35万字的《开平区校本教研资料汇编》和29万字的《校本教研行动成果集》。截至2008年，各中学共承担国家、省、市教研课题20多项，参与全国教育科学“十五”“十一五”重点课题的研究与实践。张海花和高艳秋的政治课《坚强的意志》和《男孩女孩》分获国家一等奖，刘金辉、刘雪梅的政治课《未成年人保护》和《幸福时代，美好生活》分获河北省一等奖，李志侠、周芳、刘静的物理、化学、地理课分获河北省说课大赛一等奖，其中李志侠的教学实录《重力》一课被编入教科版物理学参考课堂光盘。

第二章　科　技

1987 年后，开平区认真贯彻中共中央《关于科学技术体制改革的决定》，把邓小平关于“科学技术是第一生产力”的重要论断，作为科技事业的指导思想，制订了一系列发展科学技术的配套文件。为创办科技型企业、高新技术企业和民营科研机构，制订出台一系列优惠政策。区设立科技服务中心，配备科技副区长；乡（镇）设立农业技术服务站、科委，配备科技副乡（镇）长；村级有科技副主任和村级服务站，并有农民专业研究会和科技示范户等系列科技服务组织，全区形成专群结合的科技网络。2002 年，开平区成为全市第一个全部乡（镇）被授予市级科技工作先进乡镇的县区。1987－2008 年，取得国家、省、市级科技成果 171 项次。新能源利用效果显著，大中型沼气池建设走在全省前列，2004 年、2005 年连续两年被评为“全国沼气建设示范区”和“河北省沼气建设先进单位”。

第一节　科技体制改革

一、科技贸易和技术承包

1988 年之前，开平区尚未设立技术市场管理机构，技术交易在各行业、各部门之间单独进行。1989 年，结合《技术合同法》和《技术合同法实施条例》的贯彻执行，区科委成立技术市场管理办公室。1990 年，区科委建立科技开发服务中心。从此，开平区的技术市场走向正规的管理轨道。1990－1995 年，“二五”普法期间，区科委 4 名工作人员参加“河北省技术市场管理培训班”并取得结业证书，有 2 人通过省技术市场经纪人资格考试并获得资格证书。积极参与河北省科技厅组建的“河北网技术市场”，注册河北网技术会员 50 名，进一步开拓技术市场。及时发布科技信息及技术市场走势，先后发布《特种养殖业动态》《大棚蔬菜的播种时机》《我省蔬菜产业发展趋势分析》和《科技致富信息》100 条。1994 年，区科委获市科技系统优胜单位奖和技术市场金桥奖。本着“开放、搞活、扶植、引导”方针，指导技术市场发展，组织 11 人参加省科委举办的技术市场管理知识培训班。1990 年，发展技术贸易机构 7 家，2003 年达到 13 家。

1990 年，组织区内有关科技企业参加外地技术交易会 2 次。1994 年，组织有关企业的 25 个技术项目参加北京环渤海交易会和唐山市技术交易会，签订合同 6 份，合同交易额 21.2 万元。1995 年组织区内有关企业，参加河北省第九届技术交易会、第六届专利产品展示会、全国星火博览会等 8 次活动，签订技术合同 66 项，合同金额 550 万元。1996 年，组织区内有关企业参加河北省第九届经济技术交流会、河北省和北京市的经济技术洽谈会以及全国星火 10 年成果博览会，共展出技术项目 11 个，签订技术合同 2 项，成交金额 210 万元。从 1988 年首届唐山中国陶瓷博览会至 2008 年，坚持每年组织区有关科技企业参加。

20 世纪 80 年代末，根据省市“双放”精神（放活科技机构、放活科技人员），区政府制订《关于放活科技人员的暂行规定》。区农牧渔业局积极开展农业技术承包工作，42 名科技人员下乡开展技术承包服务，共签订技术承包服务合同 70 份，承包大田作物 5.02 万亩、蔬菜 2101 亩、林果 2000 亩、养猪 4215 头，为农民购买优种 1.5 万公斤、化肥 300 吨、农药 2500 公斤、薄膜 14 吨、架杆 2000 捆，为农村培训技术骨干4300名。

二、高新技术企业和科技型企业

1992年，开平区成立高新技术企业领导小组和高新技术办公室，颁布发展高新技术企业的7个相关文件。是年，唐山市电子电器控制研究所、唐山利民电器厂、唐山市华微计算机应用研究所、唐山市精诚电子设备厂被河北省科委认定为高新技术企业。1997年，唐山矿山设备厂、唐山凯东玻璃厂、栗园福利耐火厂被认定为河北省高新技术企业。2004年，唐山市国亮特耐公司、河北世创食品机械科技公司被认定为河北省高新技术企业。2005 - 2008年，唐山博亚科技公司、唐山隆达骨质瓷公司、唐山智诚电气公司、唐山凯博星工贸公司被河北省认定为高新技术企业。

1987 - 1990年，区科委引导企业开发创新科技成果和引进、示范、推广科技成果，为鼓励企业向科技型转化，对企业在贷款、税收方面制定优惠政策，使区内有关企业在科技进步、提高企业产品科技含量方面取得显著效果。1991年后，开平区落实发展民营科技企业的各项政策，为创办科技型企业做好各项服务工作。1994年10月，唐山市科委公布首批民营科技企业名单，认定开平区民营科技企业共15家，其中省级4家、市级11家。之后又陆续认定一批省级和市级的科技企业，截至2008年底，开平区有省级科技企业14家、市级科技企业22家。

三、科技经费渠道

科技经费渠道主要包括：区政府投资、建立区科技发展基金、企业自筹与争取上级拨款和银行科技贷款相结合，辅以股份集资、对外交流引入资金等多种方式。区政府投放的科技三项费用（新产品试制费、中间试验费、重大科研项目补助费）不低于当年财政支出的1%。以1992 - 1996年为例，逐年投入科技三项费用分别为：48万元、50万元、51.4万元、53.4万元和65.8万元，所占当年财政支出比例，均高于1%。科技三项经费的拨付逐年增加，2001年和2002年分别拨付289万元和324万元，占当年财政支出的2.09%和2.07%。区政府建立科技发展基金，实行有偿使用，滚动发展。1992 - 1996年累计筹集科技发展基金250万元。

区政府还以科技项目为龙头，积极向上级申请资金。1988 - 1990年，开平区新产品项目，省计划8项、市计划4项、区计划40项，共争取到省扶持资金4万元、市扶持资金25.7万元、区财政投放13.2万元、企业自筹26.4万元，使这些项目能得以顺利进行。其中有1项达到国际先进水平、8项达到国家先进水平、3项达到省先进水平。项目新增工业产值935万元、利税195.5万元。2007年，为唐山隆达骨质瓷公司、唐山国亮特耐公司等5家区内重点企业争取到扶持资金370万元。2008年，获得省级项目支持资金50万元、市级项目支持资金100万元。栗园华丰养殖公司热带鱼种场的三期工程建设，在争取上级财政支持的同时，采取向银行贷款、股份集资等方式，拓宽科研经费渠道。组织对外技术交流，与外商合作引入资金。1996年3月，唐山矿山设备厂与日本输送机有限公司和唐山市进出口服务公司签订科技项目，引入资金70多万美元。

1989 - 2008年开平区技术合同统计表

表22 - 8　　单位：万元

年度	1989	1990	1991	1992	1993	1994	1995	1996	1997	1998	1999	2000	2001	2002	2003	2004	2005	2006	2007	2008
合同份数	55	52	34	18	11	37	38	17	11	9	13	10	11	10	11	12	13	12	12	13
合同交易额	136.8	649	228.5	227	336.4	473	500.8	515.8	507.1	516	525.9	401	340	300	300	312	330	345	350	350

第二节　科技网络

一、区、乡（镇）、村科技组织

1987年，全区12个乡镇都建立了科技组织，有会员680人，会员联系户1436户；乡级建立服务组织16个，有服务人员86人；村级服务站112个，服务人员644人；乡镇企业中设有技术科的有30多家，技术人员103人。全区有206个科技示范户，其中种植业171户、养殖业35户。这些示范户掌握广泛的市场信息，有较高的生产技能和管理水平，取得了较好的经济效益，起到典型示范作用。1989年，全区12个乡（镇）都建立了乡镇科委，配备了科技副乡（镇）长。当年，区内又涌现出果树、蔬菜、蒜黄、西瓜、养鸡等32个农民专业研究会。1990年，开平区配备科技副区长，并在12个乡镇配备科技副乡（镇）长的基础上，186个村配备了科技副主任。区政府对科技网络建设提出“提高区级、强化乡级、充实村级”的实施意见，并强调要充分发挥农民专业技术研究会和科技示范户的带头作用。当年，科技示范户发展到1287户，庭院经济收入2000元以上的有2848户，全区形成专群结合的科技网络。为提高农村干部的企业管理水平，乡、村两级科技组织办起各类学习班、培训班。梁家屯乡刘家过道村办起企业管理夜校，设有化工基础班和机械制图班；岔道乡东八里村办起裁剪缝纫班和服装加工厂，职工达到280多人，使该村成为服装加工专业村。

在区、乡（镇）、村三级科技网络中，科技开发服务组织作用显著。20世纪90年代初期，区级建立农业技术、畜牧水产、农机水电3个技术服务中心；12个乡镇建立13个农业技术服务站，其中果园乡还建立了果蔬技术服务站；村级有214个农业技术服务组。各级科技服务组织以“科技兴农”为中心，不断拓宽服务项目。仅1991年，为农户提供化肥2033吨、农药2.3万公斤、农膜1.7万公斤、种子5.4万公斤、小型农具226件，玉米播种机、小麦收割机各15台。1993年，开平区开展“科技进步年”活动，进一步加强和完善区、乡、村三级科技网络，在年产值百万元以上的企业建立技术开发机构，并设立技术副厂长。2002年，开平区投入26万元，为各乡镇配置新一代微机并全部上网，由区财政担负上网费用。区科技局与唐山市及各县区科技局实行微机联网。2005年，建立区科技信息网。双桥乡技术站利用网络从中国林科院引进冬梨枣果树新品种。该项目列入市科委推广计划，发展到3000亩左右。区科技信息网建立科技信息库和技术难题库，发布各类科技信息200余条，介绍科技成果50余项，为区域科技成果的转化搭建服务平台。

省农村科普带头人讲习班在开平举办

1991年，唐山市政府授予开平区“科技进步红旗奖”，果园乡成为全市第一个科技示范乡。1991－1996年，区科委3次被评为省级科技管理先进单位。1997年，开平区被国家科委评为全国科技工作先进县区。2002年，开平区在全市成为首个全部乡镇为市级科技工作先进乡镇的县区。2001－2008年，连续被评为全国科技进步考核先进县区。

二、民营科研机构

1987 年，开平区成立第一家民营科技机构——唐山市电子电器控制研究所。1988 年，唐山市一些科技人员以调离、停薪留职等形式先后在开平区办起唐山华微计算机研究所、唐山北方环保工程机械研究所、唐山金秋新技术研究所、唐山建联环保机械技术开发公司、唐山市开平区科力新技术应用服务处等科技机构。二十二冶技校也办起技术咨询服务部。1989－2004 年，又陆续成立唐山市石城激光技术研究所、精华新技术研究所（唐山市矿山设备厂所属）、唐山市宏强机械研发中心（唐山市宏强机械厂所属）。唐山华丽陶瓷有限公司是创建于 1973 年我国生产卫生陶瓷的第一家乡镇企业，曾获河北省优质产品、国家农业部优质产品、国家建材局优质产品等多项荣誉。年产卫生陶瓷 140 万件，所生产的产品全部出口销往 30 多个国家和地区。先后获评“河北省著名商标”“河北省名牌产品”“河北省产业集群龙头企业”“中国卫生陶瓷出口基地企业”。公司通过国际质量管理体系认证、中国节水产品认证、韩国 KS 标志产品认证、澳大利亚 AS 标志产品认证、美国 cUPC 标志产品认证、欧洲 CE 安全标志产品认证、马来西亚产品认证、印度尼西亚产品认证等多项国内国际认证。1999 年公司设开发中心，开发并实施专利技术，对卫浴功能性和外观性进行技术研发，开发出一批具有代表性的专利技术，2002 年申请的国家专利陶瓷坐便器（专利号 02330172. 4），2006 年申请的节水型坐便器（专利号 200620127324. 2），2007 年申请的节水型坐便器（专利号 200720138142. X）。截至 2008 年，开平区内被省认定的高新技术企业均设立了科研机构，主要有唐山国亮特种耐火材料公司所属的民间特色研发机构、唐山隆达骨质瓷公司所属的唐山骨质瓷工程技术中心、唐山智诚电气有限公司所属的唐山市智诚矿山自动化技术研发中心以及住友重机械（唐山）公司、唐山博亚科技开发公司、唐山凯博星工贸公司、唐山京华制管公司、唐山鼎晨食品公司设立的科研机构等。唐山三金明盛实业发展有限公司研究所成立于 2004 年，有研发人员 10 人，其中博士后 2 人、博士 2 人、硕士 4 人。公司获得美国石油学会 API 认证及质量管理体系、环境管理体系及职业健康安全管理体系认证。主要从事油井专用高级复合防砂管、管材、接箍、钻井设备、金刚石钻头等油田配套管件、工具和专用设备的生产、加工、制造及销售。与中国石油大学合作研发的“精密复合防砂筛管”，通过河北省高新技术产品认定。中海油、冀东、塔里木、大庆等油田都使用该产品和技术，并出口到苏丹、委内瑞拉等石油生产国。

三、科技队伍

1987 年，开平区恢复职称改革工作，截至 1988 年底，开平区有专业技术人员 2412 人，其中高级职称 45 人，中级职称 417 人、初级职称 1521 人、未聘技术职务 429 人。呈现本、专科以上学历少，中高级职称少，中专学历多，初级职称多“两少两多”的现象。随着职称改革的推行，人才市场上开拓与人才引进以及鼓励专业技术人员继续教育政策的出台，科技人才职称及学历明显提高，并进一步年轻化、专业化。虽经 1992 年区划调整，辖境缩小，人口减少，但截至 2008 年开平区专业技术人员仍达到 3279 人，其中高级职称 333 人、中级职称 1890 人、初级职称 1060 人、未聘技术职务 77 人。2008 年与 1989 年比，专业技术人员数增加 1. 36 倍，高级职称增加 7. 4 倍，中级职称增加 4. 3 倍，初级职称减少 30%。

1988—2008 年开平区专业技术人员行业分布表

表 22 - 9

年度	全区					工业					农业					卫生					教育					其他				
	总计	高级	中级	初级	未聘	合计	高级	中级	初级	未聘	合计	高级	中级	初56级	未聘	合计	高级	中级	初级	未聘	合计	高级	中级	初级	未聘	合计	高级	中级	初级	未聘
1988	2412	45	417	1521	429	193	6	61	99	27	116	6	38	56	16	143	4	20	118	1	1625	28	284	1132	181	335	1	14	116	204
1990	2350	46	389	1592	323	215	7	67	110	31	119	7	37	65	10	137	6	18	106	7	1603	26	248	1109	220	276	–	19	202	55
1991	2804	64	656	1841	243	250	12	83	140	15	124	9	32	70	7	137	8	27	100	2	1981	35	478	1279	189	312	–	30	252	30
1992	2337	60	502	1460	315	279	14	67	134	64	98	4	9	50	12	157	8	22	107	20	1455	27	304	922	202	348	7	77	247	17
1993	2306	52	411	1504	339	244	13	57	108	66	34	3	19	21	1	151	8	20	118	5	1558	22	281	994	261	319	6	44	263	6
1995	2367	59	681	1327	300	208	11	70	85	42	48	3	27	19	7	162	9	37	107	9	1674	34	481	924	235	275	2	74	192	7
1996	2542	55	655	1431	401	217	12	65	90	50	72	3	18	41	1	167	9	40	118	–	1796	30	453	978	335	290	1	70	204	15
1997	2827	54	725	1544	504	201	8	71	84	38	77	3	33	32	24	192	8	45	139	–	2052	35	535	1106	376	305	–	56	183	66
1998	2812	52	787	1643	330	134	5	51	72	6	69	1	31	40	–	164	9	43	104	8	2147	37	604	1216	290	298	–	61	211	26
1999	2851	45	791	1832	183	123	3	50	64	6	75	1	31	38	3	151	7	443	95	6	2223	34	608	1438	143	279	–	57	197	25
2000	2902	52	809	1727	314	142	8	53	68	13	74	1	31	39	3	158	7	21	94	4	2332	36	631	1394	271	195	–	40	132	23
2001	2915	75	915	1652	273	130	7	51	61	11	71	1	31	36	3	150	7	51	87	5	2367	57	743	1339	228	197	3	39	129	26
2002	2984	109	1038	1573	264	122	6	50	57	9	67	1	31	32	3	144	6	52	81	5	2459	89	869	1280	221	192	7	36	123	26
2003	3021	144	1157	1485	235	98	6	39	45	8	66	1	31	32	2	141	6	50	78	7	2532	122	1002	1219	189	184	9	35	111	29
2004	3086	186	1293	1386	221	76	4	34	32	6	60	1	31	26	2	138	6	56	69	7	2645	161	1138	1170	176	167	14	34	89	30
2005	3200	253	1441	1291	215	73	4	33	31	5	55	1	31	21	2	133	5	58	62	8	2771	214	1286	1102	169	168	29	33	75	31
2006	3333	325	1660	1243	164	67	3	31	30	3	52	2	30	18	2	136	5	61	61	9	2914	283	1445	1069	117	164	33	33	65	33
2007	3363	368	1796	1093	106	51	3	29	16	3	44	2	30	10	2	139	5	65	60	9	2965	317	1641	950	57	164	61	31	57	35
2008	3279	333	1809	1060	77	37	4	27	6	–	44	3	30	10		142	4	68	60	10	2990	322	1661	941	66	66	–	23	43	–

1988—2008 年开平区专业技术人员单位分布表

表 22－10

年度	全区					行政单位					事业单位					企业单位					集体企业单位					供销社系统				
	总计	高级	中级	初级	未聘	合计	高级	中级	初级	未聘	合计	高级	中级	初56级	未聘	合计	高级	中级	初级	未聘	合计	高级	中级	初级	未聘	合计	高级	中级	初级	未聘
1988	2412	45	417	1521	429	31	3	53	1	6	1930	36	340	1258	297	30	6	24	–	–	–	–	–	–	–		–	–	–	–
1990	2350	46	389	1592	323	155	3	28	90	34	1934	36	314	1327	257	261	7	47	175	32	–	–	–	–	–		–	–	–	–
1991	2804	64	656	1841	243	236	4	40	192	–	2345	58	589	1486	223	223	2	38	163	20	–	–	–	–	–		–	–	–	–
1992	2337	60	502	1460	315	152	2	30	120	–	1897	50	398	1137	312	202	4	34	161	3	86	4	40	42	–		–	–	–	–
1993	2306	52	411	1504	339	–	–	–	–	–	1960	44	366	1212	338	269	5	38	225	1	77	3	7	67	–		–	–	–	–
1995	2367	59	681	1327	300	–	–	–	–	–	2046	52	605	1091	298	201	6	58	135	2	67	1	11	55	–	53	–	7	46	–
1996	2542	55	655	1431	401	–	–	–	–	–	2231	49	583	1213	386	194	5	56	118	15	81	1	10	70	–	36	–	6	30	–
1997	2827	54	725	1544	504	–	–	–	–	–	2499	51	659	1329	460	196	2	45	105	44	43	–	10	33	–	89	1	11	77	–
1998	2812	52	787	1643	330	–	–	–	–	–	2502	50	718	1416	318	196	2	50	132	12	79	–	13	66	–	35	–	6	29	–
1999	2851	45	791	1832	183	–	–	–	–	–	2589	43	727	1636	183	184	2	50	132		52	–	10	42	–	26	–	4	22	–
2000	2902	52	809	1727	314	–	–	–	–	–	2685	49	754	1571	311	149	3	42	101	3	46	–	10	36	–	22	–	3	19	–
2001	2915	75	915	1652	273	–	–	–	–	–	2780	72	875	1563	270	135	3	40	89	3	–	–	–	–	–	–	–	–	–	–
2002	2984	109	1038	1573	264	–	–	–	–	–	2870	107	1003	1449	261	114	2	35	74	3	–	–	–	–	–	–	–	–	–	–
2003	3021	144	1157	1485	235	–	–	–	–	–	2921	142	1127	1419	233	100	2	30	66	2	–	–	–	–	–	–	–	–	–	–
2004	3086	186	1293	1386	221	–	–	–	–	–	3005	185	1266	1335	219	81	1	27	51	2	–	–	–	–	–	–	–	–	–	–
2005	3200	253	1441	1291	215	–	–	–	–	–	3149	252	1426	1259	212	51	1	15	32	3	–	–	–	–	–	–	–	–	–	–
2006	3333	326	1660	1243	164	–	–	–	–	–	3293	326	1587	1219	161	40		13	24	3 –	–	–	–	–	–	–	–	–	–	
2007	3363	368	1796	1093	106	–	–	–	–	–	3347	368	1794	1082	103	16		2	11	3	–	–	–	–	–	–	–	–	–	–
2008	3279	333	1809	1060	77	–	–	–	–	–	3279	333	1809	1060	77	–	–	–	–	–	–	–	–	–	–					

第三节　科技推广

一、新技术新品种推广

1987 年，果园乡苗圃场引进“早熟桃品种优质高产技术及苗木开发”项目，获唐山市科技成果推广三等奖。早熟桃品种引进后，果园乡苗圃场和开平区科委，建立早熟桃高产示范园 6.13 亩，亩产达到 2079.15 公斤，亩纯增收 1800 元，示范园接待参观学习人员 300 多人次。是年，为区内 6 个乡 19 个村提供早熟桃树苗 9 万多株，提供桃接穗 4 万多株，共繁殖桃树苗 24 万多株。此项科技成果经进一步提高，又逐步推广到唐山各县区及全国 18 个省市。“利用网床培育仔猪”是开平区现代化养猪科技园区 1998 年引进的新技术。网床培育仔猪，使仔猪离开地面，减少冬季传导散热的损失，提高饲养温度，提高饲料转化率和仔猪生长速度。由于网床能将仔猪的排泄物漏入排污沟，使网床床面卫生、干燥，减少仔猪患病概率。1998 年，此项新技术开始在康各庄、冶里兵营、区环卫处、耿家营等中型养猪场推广，当年，产生经济效益 18.9 元。“小尾寒羊饲养技术”1999 年由郑庄子乡科委引进，历时三年，证明小尾寒羊有耐粗饲料、易管理、抗病力强、繁殖力高、成熟早、生长发育快、肉用性能佳等诸多特点，适合在开平区养殖。乡科委将“小尾寒羊饲养技术”推广到全区及周边县区以及承德、秦皇岛等地市，取得了较好的经济效益和社会效益。

二、科技成果与产业结合

“5－10T/H 全价配合饲料微机控制系统”由唐山市电子电器控制研究所研制，为国内先进产品。通过技术市场，采取与用户签订技术合同的方式拓宽成果推广范围。1991 年，签订 34 份技术开发合同，合同总金额 229 万元。该产品销往北京、天津、黑龙江、内蒙古、广东、新疆等 28 个省、市、自治区。唐山市宏泰新型建材公司研制的“系列胶粘剂与抹面胶浆”，2003 年获河北省建设科技一等奖。公司与河北、天津、新疆、宁夏、山西、山东等地多家建筑公司实施节能工程合作，产品的结力强、韧性好、抗冲击强度高、吸水率低，被国家科技部列为重点推广项目。刘庄煤矿的“直接注浆堵水工艺的研究及应用”，1990 年获河北省煤炭厅科技进步三等奖。河南鹤壁矿务局、宁夏灵新矿、淮南矿务局、淮北矿务局、徐州曹台矿和开平区屈庄煤矿多次将该技术用于井巷治水工程，都获得成功。唐山市矿业开发公司、唐山市开荆矿物研究所、唐山发电总厂陡河计算机应用开发部等单位，也通过与用户签订技术合同的方式，实现科技成果的推广转化。

三、企业新产品开发

1988 年，开平耐火材料厂生产的“不烧铝镁盛钢桶衬砖”，获唐山市科技成果二等奖。在唐钢、天津钢厂、天津三轧实验成功，又推广到首钢、宁夏石嘴山钢厂等多个钢铁企业。“THX－1 型多功能矿井提升信号系统”，由唐山利民电器厂生产，达到国内先进水平。该产品经实验基地取得满意成果后，推广到全国 9 个省市 28 个煤矿。1991 年，开平区双桥耐火材料厂生产的“低水泥耐火浇注料预制品”，获唐山市科技成果二等奖。该厂在天津特殊钢厂和天津轧钢一厂、二厂、三厂等四家工厂验证，为企业共节约资金和增加效益 574 万元。进入 21 世纪，唐山市骨质瓷工程技术中心与清华大学工艺美术学院、景德镇陶瓷学院等 6 所高等院校合作，建立产学研联合体，承担多项研发项目。其中“无铅高热稳定性骨质瓷”获河北省科技成果证书，“高耐热震性骨质瓷”达到国内领先水平及美国 FDA 标准要求。上述科技成果先后在唐山多家知名陶瓷企业推广，仅唐山地区的瓷厂，2007 年高耐热震骨质瓷出口就达 3500

万件。唐山市国亮特殊耐火材料公司的唐山民间特色研发机构下设技术研发部，与北京冶建总院、河南洛阳研究院、河北理工大学等科研院校合作，研制的“铁水包用高性能 AS 浇注料”获河北省科技成果证书和科技进步三等奖、省科技领先产品等荣誉。AS 浇注料具有强度高、耐腐蚀、抗剥落和易施工等特点。在津西钢铁公司使用，比砖砌铁水包提高寿命 9 倍多，大幅度降低吨钢成本，减轻工人劳动强度。“环保型中间包干式料”是该研发机构又一科技成果，能有效减少环境污染和节约资源，使用寿命可达 40－50 小时，经津西钢铁公司试用，取得满意效果，已有 11 家钢铁企业使用。

四、科普示范基地

开平区把科普示范工程建设作为推广先进适用新技术、新品种的基地，截至 2008 年，全区共建成栗园镇的淡水养殖基地、蔬菜基地、蓝狐养殖基地，洼里乡的鹏发鸡场、奶牛基地、伍家庄祥龙养殖公司，开平镇的草莓基地、生猪产业基地，郑庄子镇的思萌花卉园艺场、珍稀树种引进推广基地，越河镇康各庄奶牛养殖基地，双桥镇绿源科技开发公司等 12 个科普示范基地。

五、科技成果转化

1988 年，由区农牧渔业局承担推广的“保护地蔬菜栽培技术”获唐山市科技成果二等奖。该项目应用日光温室、塑料大棚、土墙棚栽培早春黄瓜、西红柿、青椒等先进实用技术取得良好效益。在果园乡、傅家屯乡、梁家屯乡、越河乡、栗园乡、郑庄子乡、岔道乡、开平镇等乡镇推广应用后，基本保证了全区城乡居民对淡季细菜的需求，并外销蔬菜 300 多万斤。唐山市博亚科技开发有限公司生产的“农用保水剂系列产品”是全国农业技术重点推广产品。该产品是一种高效的蓄水保水材料，用于改良土壤、抗旱保水、飞播造林、沙地治理等。2004 年 5－12 月，全国农业技术推广服务中心组织河北、辽宁、湖北、甘肃等省完成该产品应用技术集成实验、示范、推广工作。2004 年，该公司销售产品 260 吨，2006 年销售 800 吨。唐山矿山设备厂生产的“GZY 型振动给料机”，1993 年获国家级新产品称号，该机功率大、工作平稳可靠，填补了国家空白，部分技术指标超过国外水平。在开滦钱家营煤矿使用，优于波兰进口的同类产品；在秦皇岛港务局使用，完全替代了日本同类产品。该产品 1993 年由国家煤炭部发文并主持产品成果推广会，向所属行业推荐使用。1994 年，国家科委在鞍山召开 GZY 振动给料机技术成果现场推广会，向全国有关行业推荐使用。仅鞍钢 9 号炉改造项目就订货 90 多台。之后，全国 20 个省市 60 多个厂企陆续使用。

第四节　新能源利用

一、沼气池建设和管理

1987 年，以果园乡八神庄为试点推广沼气池，以后扩展到李官屯、曹家口等 6 个村。1987－1990 年，全区共建沼气池 40 个。2001－2003 年，建沼气池 873 个。2003 年，区政府印发《关于全区推进农村生态家园富民工程建设的意见》，把沼气池建设列为为百姓办的十件实事之一。2004 年，进一步加大建设沼气池力度，共建沼气池 1373 个。完成唐山市下达任务的 1.5 倍，通过省新能源办公室检查验收，走在全省前列。2005 年，开平区获“全国沼气建设示范区”和“河北省沼气建设先进单位”。是年，申报《河北省唐山市开平区农村户用沼气池工程》项目，被国家发改委和农业部批准为全国农村沼气国债项目建设县（区）。获国家沼气池建设基金 108 万元、河北省资金 20 万元。同年又向国家农业部申报《河北省唐山市开平区半壁店养殖场大型沼气池综合利用工程》项目，获国债基金 75 万元、国家支持资金75万元、区政府补助30万元，半壁店村委会投资85万元。2005年，全区建设沼气池1713个，再次被国家农业部和河北省评为“全国沼气建设示范区”“河北省沼气建设先进单位”“河北省生态家园富民工程建设先进单位”。2006年，唐山市财政局下达生态家园“以奖代补”专项资金，用于“一池三改”（建沼气池，改厨、改圈、改厕）模式户灶具及配件和建筑材料的补助。同年，市财政局下达中型沼气池工程建设补助资金，投放到郑庄子乡和开平镇的生态养殖场沼气池补助之用。2006年，开平区建沼气池1550个。2007年，建沼气池821个。2008年初，区科技局成立沼气池服务站，负责经销正规的相关配套设备和试纸。每个乡镇设1名技术人员，负责反馈沼气池运转情况，并为每个沼气池建设村培训2－5名技术员，确保沼气池的安全使用，做到小问题不出村。是年，建沼气池1350个，其中100立方米以上的2个。当年，区科技局又进行了沼肥试验，总结出一套较为完整的沼肥使用技术。

半壁店养殖场大型沼气池综合利用工程

二、太阳能利用

全区有太阳能热水器、太阳灶、塑料大棚、太阳能温室、太阳能畜禽舍等多种太阳能利用方式。1987年，率先在果园乡八神庄推广太阳能热水器279.27平方米。1988年，果园乡苗圃安装太阳能热水器1组、太阳灶2个；年底，全乡累计发展太阳能热水器172个。1989年，全区大力发展塑料大棚和太阳能温室2000平方米。1989年，开展《塑料大棚罗非鱼越冬实验》，利用陡河电厂余热水源辅以太阳能塑料大棚，使罗非鱼种安全越冬，为发展网箱养鱼提供低价鱼苗。此试点由栗园乡养殖场承担，实验获得成功。至1992年共建4座越冬大棚，实际可使用面积达8亩左右。1990年，发展太阳能热水器660平方米，建太阳能温室100亩、太阳能住宅115平方米、太阳能猪圈鸡舍500平方米。1992－1994年推广太阳能热水器1753平方米。1995－1996年，推广节能温室2764亩。至2008年底，家用太阳能热水器基本普及。

第五节　科技成果

一、国家级科技成果

1987－2008年，开平区共有43项次科技成果被国家星火计划、国家新技术新产品博览会、全国发明协会、全国发明展览会、世界华人发明博览会等授予金奖、银奖、国家星火奖等奖励。

1987－2008年开平区国家级科技成果统计表

表22－11

类别	序号	年度	成果名称	完成单位	鉴定及获奖情况
工业类	1	1988	超耐磨刮板清扫器	唐山市新星运输机械配件厂	国际先进
	2	1988	DHX－1型双功电子通讯机	唐山市利民电器厂	国内先进
	3	1989	THX－1型多功能矿井提升信号系统	唐山市利民电器厂	国内先进
	4	1990	利用当地生D石原料生产卫生瓷	唐山市兴华瓷厂	国内先进
	5	1990	微机控制定量包装机	唐山市电子电器控制研究所	国内先进
	6	1990	5－10T/H全价配合饲料微机控制系统	唐山市电子电器控制研究所	国内先进
	7	1990	MDB半自动菜刀磨床	唐山市刀具厂	国内先进
	8	1990	不烧铝镁炭砖	开平耐火材料厂	国内先进
	9	1990	高强度陶粒支撑剂	唐山市西郊工业瓷厂	国内先进
	10	1992	硅酸铝熔融石英匣钵	唐山市栗园乡福利耐火厂	国家新技术新产品博览会金奖
	11	1992	TXH－1型多功能矿井提升信号系统	唐山市利民电器厂	国家星火三等奖
	12	1992	利用当地生D石原料生产卫生瓷	唐山市兴华瓷厂	国家星火四等奖
	13	1993	硅酸铝熔融石英匣钵	唐山市栗园乡福利耐火厂	1993年全国星火成果展金奖
	14	1993	GZY系列振动给料机	唐山市矿山设备厂	国家级新产品
	15	1993	WKDP－1型微机控制动态配料系统	唐山市燕山电器厂	1993年中国新产品、新技术交易会金奖
	16	1993	WKDP－1型微机控制失重秤配料系统	唐山市燕山电器厂	1993年中国新产品、新技术交易会金奖
	17	1994	微晶玻璃装饰板	唐山市微晶玻璃装饰厂	首届中国金榜技术与产品博览会金奖
	18	1995	系列轻量化饮料瓶	唐山市凯东玻璃厂	国家新技术新产品博览会金奖
	19	1995	S519机制钢锨	唐山市制锨厂	国内先进
	20	1996	煤矿地下气化工程	刘庄煤矿	国际领先
	21	1996	系列轻量化饮料瓶	唐山市凯东玻璃厂	国家科技新产品博览会金奖
	22	1996	系列轻量化饮料瓶	唐山市凯东玻璃厂	国家名牌产品

续表 22－11

类别	序号	年度	成果名称	完成单位	鉴定及获奖情况
工业类	23	1998	“博亚”高吸水系列产品	唐山市博亚科技开发公司	第十届国家新技术新产品博览会金奖
	24	1998	高分子吸收体	唐山市博亚科技开发公司	世界华人发明博览会银奖
	25	1998	“博亚”高吸水性树脂	唐山市博亚科技开发公司	全国发明展览会优秀新产品金杯奖
	26	1998	“博亚”高吸水性树脂	唐山市博亚科技开发公司	全国发明协会铜奖
	27	1999	草浆造纸废水处理技术	唐山四维环境研究所	国内领先
	28	1999	高吸水性树脂系列产品	唐山市博亚科技开发公司	1999 年全国专利发明博览会金奖
	29	2001	“博亚牌”保水剂系列产品	唐山市博亚科技开发公司	全国农业技术重点推荐产品
	30	2001	“隆达牌”骨质瓷	唐山隆达骨质瓷公司	2001 年特许上海 APEC 首脑宴会用瓷
	31	2001	“隆达牌”骨质瓷	唐山隆达骨质瓷公司	中华著名商标
	32	2002	“隆达牌”骨质瓷	唐山隆达骨质瓷公司	中国陶瓷协会十强名牌产品
	33	2002	富泰铂金系列产品	唐山隆达骨质瓷公司	第七届全国陶瓷艺术设计优秀奖
	34	2002	富泰铂金系列产品	唐山隆达骨质瓷公司	奥运系列产品三等奖
	35	2007	骨质瓷釉中彩技术	唐山隆达骨质瓷公司	第十七届全国发明展览会银奖
	36	2007	深刻瓷装饰工艺方法	唐山隆达骨质瓷公司	第十七届全国发明展览会银奖
	37	2007	无铅高热稳定性骨质瓷技术	唐山隆达骨质瓷公司	第十七届全国发明展览会铜奖
	38	2008	抽屉式结构防爆变频器及多台变频器输出功率平衡	唐山市智诚电器公司	国内首创
	39	2008	高耐热震性骨质瓷	唐山隆达骨质瓷有限公司	国内领先
	40	2008	连铸中间包高性能内衬材料	唐山国亮特耐材料公司	国内领先
	41	2008	精密复合防砂筛管	唐山市三金明盛实业公司	国家专利产品
医疗卫生	42	1999	加减车舟丸虫草软肝丸治疗肝腹水 100 例	杜豁然	世界肝病学研究会一等奖
	43	1999	加减车舟丸虫草软肝丸治疗肝腹水 100 例	杜豁然	第十一届中国新技术新产品博览会金奖

二、省部级科技成果

1987－2008年，开平区共有65项次的科技成果，被农牧渔业部、农业部、轻工业部、能源部、包装总公司，省科技厅、轻工业厅、建材局、乡企局等单位授予金奖、一等奖、高新技术产品、名牌产品、优秀新产品、北京奥运会特许商品等奖励。

1987－2008年开平区省部级科技成果统计表

表22－12

类别	序号	年度	成果名称	完成单位	鉴定及获奖情况
工业类	1	1987	“开字牌”釉面砖	唐山市开平瓷砖厂	省建筑卫生陶瓷质量第一名
	2	1987	“开平牌”菜刀	唐山市刀具厂	省轻工厅质量评比第一名
	3	1987	“开平牌”不锈钢刀	唐山市刀具厂	省优质产品
	4	1987	豆青大盖杯	开平区周赵庄瓷厂	省陶瓷产品质量评比优胜产品
	5	1987	菩萨酒具	开平区栗园村瓷厂	省陶瓷产品质量评比优胜产品
	6	1988	“华丽牌”卫生洁具	越河陶瓷厂	省星火科技三等奖
	7	1988	“华丽牌”卫生洁具	越河陶瓷厂	农牧渔业部优质产品
	8	1988	“开字牌”釉面砖	唐山市开平瓷砖厂	农牧渔业部优质产品
	9	1988	肠衣膜蛋白粉	开平区农业局畜牧中心	省内先进
	10	1989	“开平王牌”不锈钢刀	唐山市刀具厂	轻工业部部优产品
	11	1989	小型家禽脱毛机	唐山市风井净化环境设备厂	省内先进
	12	1989	双功电子通讯机	唐山市利民电器厂	省科技成果四等奖
	13	1990	低温磷锆釉面砖	唐山市开平墙地砖厂	省建材优质新产品一等奖
	14	1990	低水泥浇注料预制品	唐山市双桥耐火厂	省优秀新产品三等奖
	15	1990	网络十字楞纸板箱	缸窑纸盒印刷厂	全国包装总公司科技成果奖
	16	1990	PXH－1型双功电子通讯机	唐山市利民电器厂	农业部科技进步三等奖
	17	1990	混凝土轨枕橡胶垫板	开平区康华橡胶垫厂	省内先进
	18	1990	直接注浆堵水工艺的研究与应用	刘庄煤矿	省煤炭厅科技进步三等奖
	19	1991	TXH－1型多功能矿井提升信号系统	唐山市利民电器厂	省科技进步三等奖
	20	1991	利用当地生D石原料生产卫生瓷	开平区栗园兴华瓷厂	省科技进步三等奖

续表22-12

类别	序号	年度	成果名称	完成单位	鉴定及获奖情况
工业类	21	1991	低温磷锆釉面砖	唐山市开平墙地砖厂	省星火三等奖
	22	1992	GZY-1530振动给料机	唐山冶金矿山机械厂三分厂	能源部科技进步三等奖
	23	1992	GZY-1530振动给料机	唐山冶金矿山机械厂三分厂	省乡企局科技一等奖
	24	1992	“850型” 立式小便器	唐山市燕山瓷厂	省科技进步四等奖
	25	1993	WKDP-1型微机控制动态配料系统	唐山市燕山电器厂	华北第二届技术交易会金奖
	26	1993	WKDP-1型微机控制失重秤配料系统	唐山市燕山电器厂	华北第二届技术交易会金奖
	27	1993	5-10T/H全价配合饲料微机控制系统	唐山市电子电器控制研究所	省科技进步四等奖
	28	1993	硅酸铝熔融石英匣钵	唐山市栗园乡福利耐火厂	省科技进步四等奖
	29	1993	粉煤灰黏土烧结砖	开平区开平联合砖厂	省科技进步四等奖
	30	1994	GZY型振动给料机	唐山市矿山设备厂	省科技进步二等奖
	31	1994	系列轻量化饮料瓶	唐山市凯东玻璃厂	省优秀新产品二等奖
	32	1995	系列轻量化饮料瓶	唐山市凯东玻璃厂	省轻工厅科技进步一等奖
	33	1995	系列轻量化饮料瓶	唐山市凯东玻璃厂	省科技进步三等奖
	34	1995	彩涂工艺及其制品	唐山市海新技术研究所	省第九届技术交易会金奖
	35	1995	利用流纹岩生产卫生瓷	唐山市开平区冶里保温材料厂	省内先进
	36	1996	利用宣化土生产卫生瓷	唐山市兴华瓷厂	省建材行业优秀新产品一等奖
	37	1996	利用宣化土生产卫生瓷	唐山市兴华瓷厂	省优秀新产品二等奖
	38	1997	石英—堇青石陶瓷窑具	唐山市栗园镇福利耐火厂	省科技进步三等奖
	39	1998	新小型化验槽	河北越河陶瓷厂	省科技产品一等奖
	40	1998	308节水型坐便器	河北越河陶瓷厂	省建材局优秀新产品一等奖
	42	1999	高吸水性树脂系列产品	唐山市博亚科技开发公司	省科技成果证书
	43	2004	铁水包用高性能AS浇注料	唐山市国亮特耐材料公司	省科技成果奖 省科技进步三等奖

续表 22－12

类别	序号	年度	成果名称	完成单位	鉴定及获奖情况
工业类	44	2004	SYBW 系列无菌包装机	河北世创食品机械公司	省高新技术产品
	45	2005	复合型多功能农用保水剂	唐山市博亚科技开发公司	省高新技术产品
	46	2005	华岐牌钢管	唐山华岐制管公司	省名牌产品
	47	2005	系列胶黏剂与抹面胶浆	唐山市宏泰新型建材公司	省建设科技一等奖
	48	2006	无铅高热稳定性骨质瓷的研制	唐山隆达骨质瓷公司	省科技成果证书
	49	2006	日用骨质瓷	唐山隆达骨质瓷公司	省名牌产品
	50	2007	日用骨质瓷	唐山隆达骨质瓷公司	省出口名牌产品
	51	2007	矿用隔爆兼本安型变频器	唐山智诚电器公司	省高新技术产品
	52	2008	高耐热震性骨质瓷	唐山隆达骨质瓷公司 陕西科技大学	省科技进步三等奖
	53	2008	日用骨质瓷	唐山隆达骨质瓷公司	2008 北京奥运会特许商品
	54	2008	新型油井专用管	唐山三金明盛公司	省高新技术产品
	55	2008	铁水包高性能 AS 浇注料	唐山市国亮特耐公司	省科技领先产品
	56	2008	连铸中间包高性能内衬材料	唐山市国亮特耐公司	省科技成果奖 省科技进步三等奖
	57	1989	无公害蔬菜的研究与推广	开平区科委、区农牧渔业局、果园乡	省先进水平
	58	1990	发挥农机作用综合构建节水农业	唐山市开平区农机水电局 主持人蒋洪城	国家农机协会农机科普成果一等奖
	59	1991	改善农机学校培训质量的思考	唐山市开平区农机水电局 主持人蒋洪城	国家农机协会农机科普成果一等奖
	60	2000	农业生态环境与资源可持续利用研究	开平区农委郑君	省农业区划科技成果一等奖
	61	2001	农业生态环境与资源可持续利用研究	开平区农林局 主持人李海梅	省科技成果一等奖
	62	2006	开平区农业资源区划调查	开平区农林局 主持人李海梅	省科技成果二等奖
	63	2006	林业资源区划调查和分析评价	开平区农林局	省农业区划科技三等奖
	64	2007	蔬菜资源区划调查和分析评价	开平区农林局 主持人张雪梅	省科技成果三等奖
医疗卫生	65	2008	颅内血肿微创清除术加头针治疗高血压脑出血临床研究	开平医院、张北县医院 主持人徐宝义	省科技进步三等奖

三、市级科技成果

1987－2008 年，开平区共有 63 项次的科技成果，被唐山市授予科技进步奖、科技成果奖、科技推广奖、优秀新产品奖、技术创新奖等奖励。

1987－2008年开平区市级科技成果统计表

表22－13

类别	序号	年度	成果名称	完成单位	鉴定及获奖情况
工业类	1	1987	黏土陶制釉面砖	越河陶瓷厂	市科技进步二等奖
	2	1987	煤矸石代替原煤烧砖	越河机砖厂	市科技进步二等奖
	3	1987	无机波型防火瓦	女织寨轻质建材厂	市科技成果四等奖
	4	1987	JSF型反射式双色水位计	唐山市玻璃仪器厂	市科技成果四等奖
	5	1988	不烧铝镁盛钢桶衬砖	开平耐火材料厂	市科技成果二等奖
	6	1988	节油添加剂	开平区农机监理站 主持人蒋洪城	市科技推广集体三等奖
	7	1988	注浆成型鱼盘匣钵	双桥乡李家峪瓷厂	市科技推广三等奖
	8	1988	低温釉下图案砖	开平墙地砖厂	市科技成果四等奖
	9	1988	“开字牌”白色陶瓷釉面砖	开平瓷砖厂	市科技成果四等奖
	10	1989	双功电子通讯机	唐山市利民电器厂	市科技成果二等奖
	11	1990	低水泥高铝质耐火浇注料	唐山市双桥耐火材料厂	市优秀新产品奖
	12	1991	低温磷锆釉面砖	开平墙地砖厂	市科技成果二等奖
	13	1991	低水泥高铝质耐火浇注料预制品	唐山市双桥耐火材料厂	市科技成果二等奖
	14	1991	TXH－1型多功能矿井提升信号系统	唐山市利民电器厂	市科技成果二等奖
	15	1991	网络十字瓦楞纸版及制品	缸窑纸盒印刷厂	市科技成果三等奖
	16	1991	76米釉烧隧道微机控制系统	唐山市机械电子研究所	市科技成果三等奖
	17	1991	Q50、Q100型阀门电动装置	唐山市机械电子研究所	市科技成果四等奖
	18	1991	微型机烧油大断面节能隧道窑控制系统	唐山市机械电子研究所	市科技进步四等奖
	19	1991	利用当地生D石原料生产卫生瓷	栗园乡兴华瓷厂	市科技进步二等奖
	20	1992	GZY－1530型振动给料机	唐山冶金矿山机械厂第三分厂	市科技成果一等奖
	21	1992	多元复合高温节能涂料	双桥耐火材料厂	市科技进步二等奖

续表22－13

类别	序号	年度	成果名称	完成单位	鉴定及获奖情况
工业类	22	1992	850型立式小便器	唐山市燕山瓷厂	市科技进步二等奖
	23	1992	DXH－3型矿用斜井信号通信系统	唐山市利民电器厂	市科技进步二等奖
	24	1993	硅酸铝熔融石英匣钵	开平区栗园乡福利耐火材料厂	市科技成果二等奖
	25	1993	粉煤灰黏土烧结砖	开平区联合砖厂	市科技成果二等奖
	26	1993	5－10T/H全价配合饲料微机控制系统	唐山市电子电器控制研究所	市科技成果二等奖
	27	1993	AGS酸二异丁酯	开平区东郊化工厂	市科技成果三等奖
	28	1993	SKT跳汰机控制系统	唐山市精诚电子设备厂	市科技成果三等奖
	29	1994	不烧铝镁盛钢桶衬砖	开平耐火材料厂	市科技进步二等奖
	30	1994	硅石—碳化硅砖	唐山市硅质耐火材料厂	市科技进步二等奖
	31	1994	彩釉大规格墙地砖	唐山市冀东墙地砖厂	市科技进步三等奖
	32	1995	DCS型微机控制定量包装秤	唐山市电子电器控制研究所	市科技进步二等奖
	33	1995	硅线石—堇青石质窑具	洼里耐火材料厂	市科技进步二等奖
	34	1995	GZY系列电磁振动给料机	唐山市燕山电器厂	市科技进步二等奖
	35	1995	高级乳白釉陶瓷浴盆	开平区荆各庄陶瓷厂	市科技进步三等奖
	36	1996	石英堇青石质窑具	开平区栗园镇福利耐火材料厂	市科技进步一等奖
	37	1996	GS型振动给料筛分机	唐山矿山设备厂	市科技进步二等奖
	38	1996	活性炭窑具用蓝晶石特种窑具砖	唐山市新型耐火材料厂	市科技进步二等奖
	39	1996	利用宣化土生产卫生陶瓷	唐山市兴华瓷厂	市优秀新产品
	40	1997	开平区创建全国科技进步工作先进区（论文）	开平区科委	市科技进步一等奖
	41	1997	利用宣化土生产卫生陶瓷	唐山市兴华瓷厂	市科技进步二等奖
	42	1998	二茂铁在C3工业切割链中的应用	唐山市税西工业气体总厂	市科技进步二等奖
	43	1998	利用耐火材料废渣生产卫生瓷	越河陶瓷二厂	市科技进步三等奖

续表 22－13

类别	序号	年度	成果名称	完成单位	鉴定及获奖情况
工业类	44	1998	83B 节水型坐便器	越河陶瓷厂	市优秀新产品成果奖
	45	1999	高吸水树脂系列产品	唐山博亚科技工业公司	市技术创新一等奖
	46	2003	鸿达水煤浆应用推广	唐山市鸿达公司	市科技进步二等奖
	47	2005	系列胶粘剂与抹面胶浆	唐山市宏泰新型建材公司	市科技二等奖
	48	2005	连铸中间包高性能内衬材料	唐山市国亮特耐材料公司	市科技进步二等奖
农业类	49	1988	苹果人工辅助授粉	果园乡果树办公室	市科技推广一等奖
	50	1988	蔬菜保护地栽培	开平区农牧渔业局技术站	市科技推广二等奖
	51	1988	早熟桃的品种引进	开平区果园乡苗圃场	市科技推广三等奖
	52	1988	庭院经济利用	开平区区划办公室	市科技推广三等奖
	53	1997	利用电厂余热繁育罗非和白鲳鱼种技术	开平区农林局 主持人李海梅	市农技成果推广三等奖
	54	1998	小麦联合收割机跨区作业组织与管理	开平区农机水电局蒋洪城	市政府科技二等奖
	55	1998	陡河水库开展网箱养鱼技术	开平区农林局 主持人李海梅	市科技成果推广三等奖
	56	1999	温室微喷工程技术推广	开平区农机水电局张志生	市科技推广二等奖
	57	2000	利用玉米直接生产草酸	开平镇石城化工厂	市科技进步二等奖
	58	2003	冬枣规模化栽培技术	开平区双桥乡科委	市科技进步三等奖
	59	2003	夏玉米免耕覆盖机械播种	开平区水务局蒋洪城	市政府科技推广二等奖
	60	2004	冷却排酸肉生产技术推广	开平区农林局 主持人李海梅	市政府科技推广二等奖
	61	2008	塌陷区绿化技术模式推广	开平区农林局	市农业技术推广一等奖
	62	2008	林下种植技术推广	开平区农林局	市农业技术推广二等奖
	63	2008	新型高标准日光温室在蔬菜生产上的应用	开平区农林局	市农业技术推广二等奖

第二十三编　文　化

1987－2008年，为满足人们日益提高的文化需求，区政府先后投资兴建文化广场和建筑面积2050平方米的文化馆，并加强乡镇文化站（室）的建设，完善三级文化网络。积极挖掘传统民间文化，在河北省“1998年元旦、春节文化活动评选”中，开平镇五街村和马矿新区的秧歌队双双被评为“全省民间花会改革创新典型”。1999年，开平区被省文化厅评为“彩色周末先进单位”。开平老城区的古艺一条街，也成为北京、天津、山东、河南、东北各省，乃至新疆古玩商户的青睐之地。文艺创作持续繁荣，截至2008年，全区有文联所属各协会省及以上会员39人，在省以上报刊、会演、展览，发表、演出、展出作品200多篇次。1996年，开平区完成有线广播向有线电视的过渡。至2008年，全区有线电视用户达2.4万多户，累计播出自采自编稿件4596篇。加强档案馆库建设，1998年，成为河北省第一个区级一级档案馆。2005年，宝业集团档案馆成为全省首个进入国家级标准的民营企业档案馆，档案、方志在服务全区经济社会建设中发挥了重要作用。

第一章　群众文化

1987年后，开平区的文化事业日趋繁荣。以区文化馆为龙头，乡镇文化站为枢纽的群众文化网络形成体系。截至2008年，全区有文化馆1个，镇、街文化站9个，农村、社区文化室139个。2002年新落成的区文化馆功能完备，有专兼职群众文艺辅导人员176人。有830平方米的区图书馆1座，藏书2.56万册。全区有5所学校图书馆被省教育厅评为“河北省一级图书馆”。以“彩色周末”、龙灯花会为代表的群众文化活动丰富多彩，文化下乡、节日演出和文艺赛事十分活跃。

第一节　文化组织

一、区文化馆

区文化馆成立于1951年，始称唐山市第五文化馆，原址坐落于开平北大街南头东侧，为当时开平城区最繁华的地方。1976年唐山大地震，文化馆毁于一旦。1985年10月，迁至开平镇东西大街杨家巷工商银行各自楼。1986年12月，投资21万元、建筑面积1500平方米的文化馆新馆在开平南环道落成。1987年，区文化馆设文艺、创作、美术摄影3个组，有工作人员10人，隶属区文教局。

1996年，区政府机构改革，文化馆划归新成立的区文化体育局。按照开平城建规划，2002年3月，文化馆拆迁至开平影剧院南侧。新馆建筑面积2050平方米，开设书法活动室、美术活动室、综合活动室、展厅和排练厅。2004年，区文化馆被文化部评为二级文化馆。20多年间，区文化馆先后编印《群众文艺》、《石榴河》等文艺报刊近百期，并搜集整理《石城乡土》5册、《开平区文化艺术史料》2册、《开平区民间故事精粹》1册。2008年，区文化馆有工作人员5人。

二、开平影剧院

开平影剧院坐落在普光道西端，普光南里东侧，文化广场一隅。占地7875平方米，建筑面积1860平方米，有座位1182个，1986年交付使用，时有工作人员11人。2002年，投资300万元进行整修，是开平区戏剧演出和电影放映的综合娱乐场所。

三、区图书馆

开平区图书馆原为区文化馆的图书室，1985年独立建馆。时有藏书1.2万册，工作人员2人。后随文化馆几度搬迁，2003年，迁入新建成的文化馆内，使用面积830平方米，设综合阅览室和综合借阅处。2004年，区政府发动机关单位捐书1.6万余册，使其藏书达到2.56万册，可流动图书2.36万册。同年，被评为国家三级图书馆。2008年，区图书馆有工作人员3人。

四、学校图书馆

全区中小学均建有图书馆（室）。2008年，初中学生人均藏书36.8册，高中学生人均藏书32册。唐山市第二十三中学、唐山市第四十九中学、唐山市第四十六中学等5所学校图书馆，被省教育厅评为“河北省一级图书馆”。

五、基层文化站（室）

2008年，全区共有镇、街文化站9个，专职工作人员14人；村和社区文化室139个，专兼职工作人员171人。

越河镇文化站占地1737.6平方米，投资200万元，建于2007年，有专职工作人员2人。文化站建有半场篮球馆1个、羽毛球场2个、乒乓球台2个、台球桌1个、跑步机2台、健身车2台、仰卧起坐机1台、卧推器械1台、综合力量器械2台、划船机1台、哑铃1组（10对）等体育健身器材。该站并设有图书馆和综合文化娱乐中心，图书馆藏书以为农民服务的科技图书为主，共10类，3000余册。综合文化娱乐活动中心配有专业化投影、音响设备，可供球类比赛、知识竞赛和文艺演出之用。在镇文化站的指导下，全镇24个行政村都建成文体综合活动室，有9个村建有业余文艺团体。

半壁店文化中心

半壁店村文化中心于2004年7月建成投入使用，建筑面积6790平方米，投资2700万元。主体结构一层，局部二层，建有1126个座位的大礼堂，并设有老年人活动中心、健身房、舞厅、图书阅览室以及回顾半壁店人创业历程的《小康之路》展览室。

第二节　表演种类

一、花会灯会

开平花会始于明朝永乐年间。到了清朝及民国时期，花会的品种和表演形式更加丰富多彩。解放后，花会表演逐渐融入现实内容。20世纪60－70年代，民间花会几近绝迹。改革开放之后，城乡花会逐渐恢复，20世纪末，民间花会再度红火起来。

1997年2月13日，开平区举办首届“秧歌节”，6个乡镇、3个街道的1000多名演员参加演出。1998年，开平镇五街村和前陡河村两支近百人的秧歌队，代表开平区在市抗震纪念碑广场参加唐山市春节花会表演。在河北省“1998年元旦、春节文化活动评选”中，开平镇五街村和马矿新区秧歌队，双双被评为“河北省民间花会改革创新典型”。1999年，开平区举办民间花会单“出”比赛，来自乡镇、街道7个代表队的11支花会队，共表演单“出”28个。2000年，全区花会队发展到93个。春节期间选调4个乡镇、街道的7支秧歌队，200多位演员共表演传统和自编的90多个节目。2001年，开平区举办“世纪之光”大型灯展。全区共有83个单位的360多盏花灯参展。盏盏花灯形态各异，新颖别致，挂满开平新城主街新苑路两侧，吸引了万余居民涌上街道观灯，盛况空前。2005年，开平区举办正月十五花会调演，观众数千名。2008年秧歌展演，400多位演员共展演8场40多个精彩节目。

二、综艺演唱

20世纪80年代，以区文化馆为阵地的开平区业余合唱队，凝聚一批音乐演唱爱好者。1986年7月28日晚，合唱队的24名成员作为唐山市业余合唱团的成员，赴北京中南海演唱交响大合唱《唐山，烈火中再生的凤凰》。他们还创作了一批群众喜闻乐见的歌曲演唱作品，其中一些厂歌、校歌如《冀东水泥厂厂歌》《马家沟耐火材料厂厂歌》《礼尚庄小学校歌》等还在省、市“音乐之春”活动中获奖。1987年，区文联和文化馆组织创作排练了歌颂改革开放开平区乡镇企业飞跃发展的组歌《腾飞颂》，并在开平区“两会”期间演出。进入90年代，卡拉OK盛行，综艺演唱进一步普及，区每年都举办各种形式的歌咏比赛。其中1997年1月29日举办的“电视卡拉OK歌手比赛”，有34人参赛，经评选择优12名歌手演出专场，由区电视台全程播出。1998年12月10日举办的全区歌咏比赛，以齐唱、合唱为主，全区11支代表队参赛，开平镇、公安分局、教育局获一等奖。进入21世纪，群众歌咏活动更趋活跃。2001年10月5日，区委宣传部和国防办联合举办的“百首歌曲唱国防”歌咏比赛，1000多人参赛，区财政局、劳人局合唱队获一等奖。半壁店村每年春节都举办以综艺演唱为主的大型联欢会，村老年合唱队的节目都是联欢会的压轴戏，他们先后自编自演了《三唱半壁店》《明天更壮丽》《老书记，我们永远怀念您》等歌曲，并于2004年和2006年两次走上中央电视台《乡村大世界》舞台。2004年，半钢集团合唱队以《咱们工人有力量》和《黄河大合唱》两首歌曲赢得开平区合唱比赛一等奖，并代表开平区参加唐山市在抗震纪念碑广场举办的合唱节。开平街道合唱队由退休职工自发组成，在街道的支持下常年坚持排练，多次随区“三下乡”小分队演出，他们自编自演了《古老的开平正年轻》《古镇新城我的家》《社区是我们的大家园》等歌曲。2008年开平区第十二届彩色周末暨社区艺术节上，开平街道合唱队和区老干部局艺术团还分别演出专场。

三、戏剧曲艺

20世纪80－90年代，区文化馆常年举办戏剧曲艺学习辅导班，戏剧以评剧、京剧为主，曲艺以相声、快板、乐亭大鼓、京东大鼓、小品为主。30多名戏剧曲艺爱好者活跃在全区业余舞台上。1987年，小话剧《星期天》入选唐山市小戏调演。1989年，山东快书《小五卖肉》入选唐山市曲艺调演。1992年，小品《找鸡》参加河北电视台笑星选拔赛并获二等奖。2000年，小品《好儿媳》参加河北省妇联与河北电视台联合举办的“巾帼颂歌”文艺会演。2001年，对口剧《问天无愧》入选河北省纪念建党80周年群众戏剧曲艺调演。2005年，小品《装修》、京东大鼓《送女儿上学》、快板书《女乡长醉酒》在唐山市第四届社区文化艺术节上分获三等奖。2006年，快板《夜袭面人》在唐山市第五届社区文化艺术节上获三等奖。2007年，开平区第十一届彩色周末暨社区艺术节期间，东城社区组织演出评剧专场。2008年，区“三下乡”文艺小分队深入前屈庄村、茅草营村、税务庄后街村、孩儿屯村、中新庄村，自编自演了对口快板《十八大精神放光芒》、评剧表演唱《十八大精神谱新篇》等节目。

四、舞蹈

20世纪80年代，区内舞蹈主要为民族舞。进入90年代，交谊舞悄然兴起，从各单位竞相举办周末舞会，发展成晚间公园的消夏娱乐活动。区文化馆举办交谊舞培训班，培训舞蹈骨干。1996年，全区群众性迪斯科、交谊舞、健身舞、大秧歌活动点发展到50多个。进入21世纪，健美操、迪斯科、太极扇逐渐成为人们早晚的健身活动。区老年大学舞蹈队、税务庄街道老年艺术团、东山社区艺术团等竞相成立，他们在民族舞的基础上，又融进了现代舞的元素，在每年举办的市、区舞蹈比赛和节日联欢会上不断展示他们的排练成果。2007年，洪娜少儿舞蹈培训学校、琳凯少年舞蹈培训学校等开始招收学员，小学员们的舞蹈也争相在各级联欢会上亮相，并分别在2008年开平区第十二届彩色周末暨社区艺术节上演出专场。

少儿舞蹈

第三节　活动形式

一、彩色周末

1997年，在喜迎香港回归和党的十五大召开之际，开平区举办大型“文化乐园”开园仪式。文化乐园是以区影剧院和文化馆为中心，文化广场为阵地，集文化、娱乐为一体的多功能活动场所。活动采取群众自娱自乐和组织专场演出相结合。设有戏曲演唱、歌舞演出、象棋、台球、乒乓球、大秧歌、图书阅览、电脑培训、舞会、卡拉OK等各种文体表演形式。因其活动多在周末举行，所以称之为“彩色周末”。每次活动都有数千人参加，深受群众欢迎。1999年，开平区被省文化厅评为“彩色周末先进单位”。2000年，分别举办了康各庄和开平、马家沟、税务庄街道等专场演出。“彩色周末”活动至2008年共举办12届，文艺演出300多场。第十二届彩色周末暨2008年群众文化展演活动，历时一个月，先后有区老干部艺术团、东城区评剧团、开平街道合唱队、小河沿评剧团、洪娜少儿舞蹈团等登台献艺，累计观众数万人次。

二、节日演出

1987年以来的22年，每逢法定节日，尤其是国庆、春节等重大和传统节日，各农村、学校、厂企和一些机关都要举办各种形式的文艺演出和纪念活动。1998年1月22日，全区“庆新春”联欢会在体育馆隆重举行。500余人欢聚一堂，共庆新春佳节的到来。节目内容丰富多彩，有曲艺、歌舞、戏剧、小品等。1999年，在全区迎新春文艺会演上，演出了舞蹈、合唱、独唱、曲艺等20个节目。同年，还举办了国庆50周年文化成果会演。2000年，迎新春文艺会演有合唱、对唱、诗朗诵、京剧清唱、独唱、重唱、舞蹈、曲艺等21个节目，其中5个节目为自创。2001年，举办“世纪情”大型文艺联欢会。2002年，举办“盛世欢歌”迎新春联欢会。同年，为庆贺“开平”得名600年，举办大型系列文艺演出活动。共举办歌舞、杂技、评剧、唐剧演出14场，历时7天，吸引3万余人次观看。2004年，举办大型春节联欢会，还邀请海政歌舞团等专业团的演员同台演出评剧、小品、歌舞等17个节目。2005年，举办《金鸡闹春》迎新春联欢会。2008年春节期间，开平区举办评剧名家名段演唱会，邀请中国评剧院、天津评剧院和营口、唐山的16位评剧名家演唱评剧名段。

国庆联欢会

三、文化下乡

1987年以来，开平区文化队伍由少到多，由小到大，演出水准由低到高，截至2008年，全区拥有文化辅导员220人，文艺骨干3000余人，业余文艺活动队92个，其中歌舞演出队5支、戏曲表演队16支、秧歌队50支、民乐队7支、腰鼓队7支、健身操队7支。不仅活跃了城区居民的文化生活，还经常举办文化下乡和串乡演出。1996年，区委宣传部、统战部和民政局、文体局等联合组织“文化下乡文艺演出队”，为回民聚集的夏庄村民演出音乐、小品、戏剧、曲艺等群众喜闻乐见的节目。1999年，区文体局“文化下乡宣传队”分别到栗园镇栗园村、洼里乡后营村、马家沟集贸市场演出9场，观众5000多人。电影队下乡放映140多场，观众2.4万多人次。新华书店组织下乡136人次，送书1.35万册，捐书320册。2000年，“三下乡”文艺演出30场，培训文艺骨干1380人次。图书下乡12次，深入50个村、40个专业户，走进400多个蔬菜大棚，送书1500多册，送电影58场，观众逾万人。1999－2008年，半壁店村村民自编自演的歌曲、舞蹈、小品等文艺节目，多次被市、区电视台全程录制播出。2000年，郑庄子乡白寺口村举办彩色周末文艺演出活动，前口、中口、北口三个自然村的40余名文艺骨干参加演出。2002年，区文体局、卫生局联合举办“无偿献血”文艺下乡演出宣传活动，其中自编自演了诗朗诵《热血颂》、快板《无偿献血最光荣》等文艺节目。2005年，越河乡在东马各庄村举行大家唱消夏晚会。康各庄村活跃着一支农民文艺演出队，自编、自演20多个节目，多次为本村和周边农村演出。2008年，举办“宝业杯”开平区首届农民文化艺术节，丰富多彩的文化活动，活跃了全区农村文化舞台。

四、文艺赛事

始于1987年的开平区戏剧比赛，经过22年的发展，成为全区的一项传统文艺赛事。1998年10月

22日举办的开平区第六届戏剧比赛为历届参赛人数最多，有39人参赛，胡少峰、李桂霞获评剧组一等奖，李成获京剧组一等奖。1999年，区举办“奋达杯”卡拉OK歌手大赛，37名歌手参赛，年龄最小的12岁；同年，越河乡选送的《跑驴》获唐山市首届民间艺术节花会比赛银奖。2000年，税务庄街道老年艺术团李淑珍等12人演出的舞蹈《秋韵》获全国广场舞蹈比赛二等奖；云瑞芬、王宝魁获河北首届评剧票友大赛一等奖，孙尹凤获二等奖，金立芹等5人获三等奖；民间舞蹈《背杆龙》获唐山市第二届“吉祥药业杯”民间艺术节展演一等奖；柳珊珊获唐山市首届体育舞蹈比赛金奖；区老年舞蹈队演出的傣族舞蹈《月光下的凤尾竹》，在唐山市首届社区文化艺术节社会文化“群星奖”大赛上获金奖，西新苑社区老年合唱队获歌咏比赛第一名。2002年，在唐山市第二届评剧票友大赛上，开平区选手张梦婷获特别奖，张素梅获一等奖，2人还被选定为参加全国评剧票友大赛的参赛选手。2003年，开平区东山艺术团的舞蹈《花儿为什么这样红》，在唐山市第二届社区文化艺术节上获二等奖。2006年，区舞蹈队的《胸鼓舞》《榴花似火》获唐山市第五届社区文化艺术节舞蹈比赛二等奖。2007年，开平区举办“金子杯”第十届评剧票友大赛。2008年，开平区选送的郭泽丰和刘国英，在唐山市第七届社区文化艺术节评剧票友大赛上分获优秀奖。开平镇前屈庄村民创作的村歌《前屈庄赞歌》入选《中国优秀村歌》。

附记

开平区业余合唱团赴中南海演出补记

1986年7月28日，唐山大地震10周年。是日晚7点30分，随着著名指挥家袁方手中的指挥棒在空中有力地一挥，北京中南海怀仁堂里骤然响起由地震中的幸存者创作、演唱的交响大合唱《唐山，烈火中再生的凤凰》。歌声贯长虹，掌声如雷鸣，台上台下激情澎湃，高潮迭起。邓力群、王兆国等时任中央领导观看演出并接见了合唱队全体人员。参加这场演出的唐山市业余合唱团由5个单位的80名歌手组成。其中来自开平区业余合唱团的成员就有24人，占演出人员的四分之一以上。

开平区业余合唱团是20世纪80年代初，由区文化馆组织成立的，初期主要成员为区内中、小学的音乐教师和区内业余歌手，随着合唱团影响的扩大，驻区大厂企的音乐爱好者也纷纷参与排练和演出，使其水平不断提高。1986年4月，时任市音乐家协会主席韩溪慧眼识得，被选为唐山市业余合唱团的成员，随即投入唐山地震10周年赴中南海演出的排练。唐山四十九中学老师张福兴、除了教学之外，还正在准备5月份的成人自学考试，但在3个月的排练中，从没请过一天假。演出前的12个夜晚通宵达旦，用女歌手熊志红的话说：“这哪里是排练，简直是拉练……”开平区业余合唱团的歌手终于以自己的奉献精神和演唱水平，圆满完成了赴中南海演出任务。

第二章　文艺创作

20世纪80年代，开平区文艺园地活跃着一支业余创作队伍，他们来自基层，深入生活，创作了大量文学艺术作品。诗歌和音乐创作曾在唐山市乃至河北省占有一席之地。民间文学创作植根于乡土，创作成果丰硕，在省、市屡屡获奖。进入90年代，美术、书法创作队伍不断壮大。曲艺、舞蹈、摄影等艺术门类也不断创作出群众喜闻乐见的作品。

第一节　文学创作

一、诗歌小说

中共十一届三中全会开启了开平区文学创作的繁荣时期，尤其诗歌创作在唐山市乃至河北省曾占有一席之地。20世纪80年代，以阎炎、刘静远、阎景新、熊火为骨干的开平区诗作者，以区文化馆为阵地，成立“榴花”诗社，创办《榴花》诗报，举办文学讲习班，团结培养了一大批文学作者。他们相继在《诗刊》《北京文学》《河北文学》《河北日报》《中国煤炭报》《唐山文学》《唐山劳动日报》等多家报刊发表诗作200多首，其中阎景新发表在《诗刊》的《乡村酒馆》，刘静远发表在《唐山劳动日报》《河北文学》《北京文学》的系列组诗《昨天的歌》，赵学玲发表在《中国煤炭报》的散文诗《我是煤矿工人的妻子》等，在社会上产生了一定反响，其中《我是煤矿工人的妻子》荣获煤炭部文学作品“乌金奖”。随着开平区文联的成立，开平区文坛进入收获的季节。1992年和2003年，刘静远先后出版诗集《跋涉》（香港新世纪出版社）和诗文集《反刍集》（中国文化艺术出版社）；1994年，孟繁英出版诗集《点燃的香烛》（国际文化出版社）；2004年，李晓天出版小说散文集《李晓天微型作品集》（中国文联出版社）；2007年，阎炎出版诗文集《落叶集》（中国文联出版社）。世纪之交，开平区的散文、小说继诗歌之后，又涌现了一个新的创作高潮。至2008年，先后有近百篇作品见之于各级报刊。其中刘静远的小小说《二叔》和散文《甘为老伴背黑锅》在《唐山文学》和《唐山晚报》刊登后，又分别被《微型小说选刊》和《文摘周报》转载，产生较好的反响。2001年，70后作者刘满秋也相继在北京《伯乐》文学期刊和《唐山文学》发表中篇小说《遭遇红灯》和《永远的秘方》。

二、民间文学

民间文学是植根于开平区沃土上的艳丽花朵，1987－2008年，以王国新、刘福华、刘效来、刘凤芹等人为骨干的民间文学创作队伍，先后在《河北民间文学》《河北法制报》《新笑林》《中华民俗源流丛书》等报刊，发表民间文学作品逾百篇。其中，王国新收集整理的《冀东民俗传说》1989年获河北省第二届民间文艺优秀作品奖，1991年华龄出版社出版的民间故事集《神眼渔郎》1992年获中国北方民间文学作品一等奖，由他编辑的民间故事集《蜘蛛写状子》1990年获河北省第三届民间文艺长城奖。1993年10月，刘效来、刘福华由甘肃民族出版社出版的民间故事集《三色球》，11月获首届中国北方民间文学奖，1995年11月，获河北省民间文艺长城奖。

三、戏剧曲艺

22年间，常更新不仅参加曲艺辅导和演出，而且还创作了一批群众喜闻乐见的戏剧曲艺作品。话剧《星期天》获1987年唐山市小戏调演剧本创作繁荣奖，小品《找鸡》获1992年河北电视台笑星选拔赛创作二等奖，小品《好儿媳》获2000年河北省妇联、河北电视台举办的“巾帼颂歌”文艺会演优秀创作奖，对口剧《问天无愧》获2001年河北省群众戏剧曲艺调演优秀创作奖。

第二节　艺术创作

一、歌曲舞蹈

20世纪80年代，开平区有一支20多人的词曲创作队伍，区文化馆每年都举办歌曲创作班。1982年第五期《河北歌声》在“唐山市郊区（开平区前称）文化馆歌曲创作班作品选”专栏内，发表了刘静远作词，张福兴、张杨作曲的《山里飞出欢乐的歌》、《啊、童年》等歌曲。1993年第三期《音乐教育》发表了刘静远作词、张福兴作曲的少儿歌曲《好同桌》。此外，还有多首区内词作者与区外曲作者合作的歌曲，发表后产生了一定影响。如发表于《河北歌声》阎景新作词、韩溪作曲的《冀东水泥厂厂歌》获首届“河北音乐之春”创作一等奖；刘静远作词、刘振奎作曲的《葫芦秧儿上篱笆》在中央人民广播电台播出后，又发表于1988年10月《广播歌选》；刘静远作词、韩溪作曲的《怀念小雨来》由唐山十中艺术班赴省演出后，被收入河北少年儿童出版社2006年出版的歌曲集《英雄励我快成长》，并获创作三等奖。洪娜少儿舞蹈培训学校创作并演出的舞蹈《群娃闹春》和《为奥运加油》，在河北电视台2008年春节晚会节目评选中，分获二、三等奖。

二、美术书法

22年间，开平区书画创作日趋繁荣。20世纪90年代以来，周祖光的国画在全国多项美展中屡获奖项：1990年，《掘进图》获首届中国煤矿艺术节铜奖；1994年，《采煤交响曲》获全国煤炭系统美展银奖、中国文联优秀作品奖（最高奖）；1999年，《清风颂》获河北省纪委“廉政清风美术书法展”金奖；2002年，《红旗颂》获河北省文化厅“2002年燕赵群星奖”二等奖；同年，《煤海蛟龙》获中国美术家协会“中国职工艺术节”优秀奖；2004年，由中国文联出版社出版《周祖光素描集》；2007年，《矿工系列之一》获中国美术家协会“2007全国中国画展”优秀奖（最高奖）；2008年，《大地深处》入选第五届中国西部大地情中国画、油画作品展；素描《煤海铁汉》获全国首届中国画线描艺术优秀奖（最高奖）。1999年，孙志鸿的油画《春》获河北省检察系统美术作品展二等奖；2006年5月，国画《望平安》获中国书画社举办的《狗年画狗全国中国画大赛》优秀奖；2007年7月，国画《花鸟》获“第二届金鼎杯全国书法美术大赛”银奖；2008年11月，国画《花鸟》获“和平杯”海峡两岸书画交流展优秀奖。以雕塑见长的孙正鹤创作成果颇丰：从开平东游园的石雕《蒸蒸日上》，到开平老城的牌楼，从陡河水库大坝东端的石牛，到大城山公园的石雕……都由他设计并参与建造；1992年，他的木雕《擎》在河北省首届雕塑展上获二等奖；1996年，雕塑《健》在全国城运会美术展上获一等奖。1997年，张大惠的油画《庆丰收》在“97迎香港回归中华书画大展赛”中获三等奖；2003年，国画《红梅赞》在“风光这边独好”全国书画大赛中获一等奖；2004年，油画《立春》在全国政协教文卫体委员会等单位举办的全国诗书画摄影作品征集评选中获二等奖；2005年，国画《雄鸡图》在“纪念抗日战争胜利六十周年书画艺术展”中获二等奖；2007年，国画《山里娃的笑声》在中央电视台（七套）举办的“描绘新农村——全国美术作品巡展”中获三等奖。李伯生以画牡丹见长，2006年，他的国画《大吉图》入选“徐悲鸿燕赵都市怀”画展；2007年，国画《富贵图》入选河北省委组织部举办的“科学发展论”画展；2008年，国画《墨韵》入选河北省纪委举办的“廉政建设”画展，并入编画册。

22年间，彭声奎的书法作品参加全国展览20多次，并入编《当代书法家大辞典》，著有《彭声奎小楷三种》和《彭声奎作品鉴赏》（中国书画艺术出版社出版）。1987年，宋景瑞的小楷在河北省书画比赛中获二等奖。王贺轩，开平书画院院长，青年时涉足书法，1986－1992年先后师从欧阳中石等，作品以正楷、行楷见长，结字点划凝练气清形雅，1993，纪念毛泽东诞辰一百周年书画大赛中，其作品得到毛岸青、邵华夫妇的赞赏和亲笔祝贺，著有《王贺轩大楷》《王贺轩作品集》。1993年10月，韩开桓书法作品入选省书法家协会举办的“河北省纪念毛泽东同志诞辰100周年书法展”；2006年5月，在团省委、省文化厅、省教育厅联合举办的河北省第三届艺术联展中，获青年组一等奖，并被收入联展作品集；同年7月，在第三届中国青年书法美术大赛中，获青年组二等奖。2005年，常丰年完成小楷百米长卷，引人关注。2008年5月29日，开平区在温州商城举办向四川地震灾区献爱心书画义卖活动，书画家乔文科、李良、王志林、张英杰、郑建中、郑瑞章、常作文、刘玉庆、王永兴、李智永、韩瑛、刘文斌、张霖生、李春源等以及齐白石“湖社”画会的梁永学秘书长等参加，此次活动共为灾区筹集善款2.4万元，区民政局为参加此次活动的90多名书画家颁发了荣誉证书。2008年10月，刘晓利在北京举办个人书法展，得到京城书画界的好评。

第三章　文化管理

改革开放以来，随着人民物质生活水平逐步提高，人民群众的文化需求也不断增长，从而催生了文化市场的发展和繁荣。20世纪90年代，开平区不断健全文化市场管理机构，逐渐实现长效管理机制，促进全区文化市场健康有序发展。

第一节　市场结构

一、音像书刊市场

1987年，全区共有图书摊点12个、印刷厂19个（其中集体4个、个体15个）、打字复印部8家。1997年，全区文化市场呈现繁荣发展之势，全区有印刷厂20个（规模较大的3个）、复印部16个、歌舞厅6个、报刊图书零售摊点30个、电子游戏厅30个、台球厅23个、放映厅6个、音像制品零售摊点24个。2008年，全区有书刊零售摊点36个、印刷厂13个、复印部32个、网吧20个、音像制品零售摊点36个、歌舞厅24个。

二、文物古玩市场

开平历史悠久，文化底蕴深厚，古玩爱好者和收藏者众多。2000年，开平区政府对老城实施改造，建成了古香古色的开平温州商城，为发展古玩文化产业创造了条件。经开平区招商办公室请示、开平区政府批准，2004年12月10日，开平古艺一条街首开大集。古艺一条街位于开平温州商城北大街，长约一华里，有各类古艺商店80多家。开集首日，来自北京、天津、山东、河南、东北各省以及唐山各县（市）的近200户古玩经销商，带来

开平古艺一条街开业庆典

古玩、玉器、字画、“文化大革命”遗物、古木家具、古旧书籍和仿古艺术品等10多类近百个品种。至2008年，除每周五开集外，还先后举办了20次规模较大的展销活动。其中2006年4月18日举办的“古玩、奇石大型展销会”上，10多个省的400多家古玩商户齐聚开平，展销品种仅奇石就有辽宁岫岩玉、新疆和田玉、东海水晶、广西树化石、安徽灵璧玉、福建寿山石。展销会举办了20多天，交易额超百万，人流数万之众。古艺一条街还先后邀请原北京博物馆副馆长张宁、国家博物馆研究员雷从云、中国社科院考古研究所研究员方古等专家前往鉴宝。2006年12月下旬，中央电视台鉴宝栏目的3位特约专家也专程到展销会鉴宝。

三、文艺培训市场

1987年，开平区的文艺培训还没有形成市场，多为文艺部门举办的免费或少量收费的各类培训班，也有个人利用业余时间，进行声乐、器乐、美术、书法有偿培训。进入21世纪，文艺培训市场日渐红火。至2008年，全区证照齐全的各类文艺培训学校共有10个，年培训学员逾千名。

洪娜少儿舞蹈培训学校的前身是开平区妇联下属的妇女儿童活动中心。2007年，洪娜在区妇女儿童活动中心的基础上，个人投资兴办开平区第一所专门培训少儿舞蹈的民办学校。时有教职员工10人，学生稳定在200人左右。被指定为北京舞蹈学院中国考级在唐山的承办单位。至2008年，该校先后为唐山十中等学校输送舞蹈特长生11人，另有8人次在省及省以上舞蹈、模特、主持、唱歌比赛中获奖，创作和演出的舞蹈《群娃闹春》和《为奥运加油》在河北电视台2008年春节晚会节目评选中，分获二、三等奖。该校舞蹈队还累计为各级联欢、庆典、公益活动演出近百次。

张佑鸿钢琴艺术培训学校创办于2003年4月，设钢琴、电子琴、手风琴、吉它、古筝、葫芦丝及管乐、民乐和声乐等课目。有专职教师1人、兼职教师4人，学员常年稳定在50人左右。2004年，学员刘云瑶获全国青少年才艺展示金奖，教师张佑鸿获辅导教师二等奖。至2008年，先后有15名学员考取河北师大音乐系、唐山师范学院音乐系、承德师范学院音乐系、内蒙古艺校、北京师大音乐系、浙江传媒学院等艺术院校。

第二节　市场管理

一、管理机构

开平区文化管理委员会是全区文化市场的管理机构，成立于1990年，其管理职能由区文教局文化股兼管。1993年6月机构变动，文化股从文教局分出成立文化科，文化市场办公室划归区委宣传部代管。办公室下设稽查队，队员由文教局、公安分局、物价局、工商局、地税局临时抽调。1996年7月，文化科与体育运动委员会合并成立开平区文化体育局。1997年，局组建专职文化稽查队。至此，开平区的文化市场管理工作步入正轨。

二、文化稽查

1988年8月4日，区委办、政府办下发《关于全区夏季文化市场专项治理的通知》。8月，区文化市场稽查队协同区“扫黄打非”办公室，与工商、公安、广电等部门联合集中检查6次，共收缴非法出版物200余册、赌博机板30块、盗版光碟1054块、录像带546盘，并集中销毁。1989年，在全区文化市场扫黄打非行动中，共查收非法出版物1100多册、录音带74盒，对4个放映厅、12个书报亭、23个印刷单位重新审查发证。1997年，区文化市场稽查队由临时抽调人员转为区文体局的专职队伍，稽查力度不断增强。1999 年，全区聘请 12 名监督员，共接举报 16 次，出动执法检查 260 人次、车辆 67 辆次，共收缴盗版光盘 6300 多张、录音带 520 盒、录像带 180 盘、国家明令禁止的光盘 31 盒，查处无证经营 28 户、超范围经营 25 户，移交公安机关 3 起。是年 8 月，对区文化市场的经营户进行培训，共办班 6 期，参训 580 人，发放资料 1240 份。培训内容为《河北省歌舞厅管理法》《营业性演出管理法》《电子出版物管理条例》等，考核合格取得资格证书后，方可从事文化娱乐经营活动。2004 年 7 月 9 日，对全区 25 家网吧进行拉网式检查，收缴 8 家网吧违反《互联网上网营业所管理条例》的 9 台电脑主机，并对 3 家安全通道不畅的网吧下达《限改通知书》。至 2008 年底，累计出动执法检查 2000 余次。

第四章　广播电视

1966 年底，设立区广播室。1969 年秋，改称区广播站。1987 年，有工作人员 14 人，隶属区委宣传部。1992 年，区广播站改设新闻中心和对外宣传局。1995 年，开平区广播电视局成立，开始筹建有线电视。至 2002 年，已具备网络建设和自制节目的各种要件。之后逐年添置、完善摄、录、编等设备，增加节目传输套数，并与市广播电视实现联网。至 2008 年，有线电视安装已达 2.4 万多户，主次干线遍及城乡，全区有线电视网络基本形成。

1987－2008 年，先后 12 次被市、区评为先进集体，22 人次的 40 余篇稿件获国家、省、市级优秀新闻奖。

第一节　有线广播

一、设施设备

1987 年，已建成较为完善的有线广播网络，全区 12 个乡镇实现全覆盖。

区广播站配备录制编辑机 1 台、扩大机 1 台、便携式新闻录音机 2 台；通往 12 个乡镇的广播主干线杆路总长约 90 公里。各乡镇广播室分别配有扩大机、播出机各 1 台。每村架设高音喇叭 1 至 2 支。

二、节目设置

新闻节目以转播中央、省、市广播电台的新闻节目为主。自办新闻节目分“开平新闻”和“专题新闻”两类。“开平新闻”每周 6 次，每次 5 分钟（遇重大活动或重要新闻，播出时间酌情延长）。“专题新闻”每周 1 次，每次 3 分钟。新闻节目于 1996 年停播。

文艺节目以转播中央、省、市广播电台的文艺节目为主，自办为辅。每周播出 1 次，每次 10 分钟，1992 年停播。

服务节目主要为群众的生产生活提供信息服务，1992 年停播。

三、编辑业务

1987 年广播站设编辑兼采访人员 2 人，1990 年增加到 8 人。各乡镇、区直单位和较大的厂企，设有兼职通讯员。1992 年以后，基层通讯员队伍逐年萎缩，所需稿件基本依靠自采。

播音时段每天播 3 次，即 6 时 25 分至 7 时 10 分，11 时 45 分至 12 时 30 分，17 时 45 分至 18 时 30

分。

第二节　有线电视

一、设施设备

1996 年，建成 1 座高 45 米的电视塔，标志着开平有线电视台成立。之后至 1998 年，先后购置具有接收、传输 90 套节目功能的前端机 1 套、新闻专用摄像机 4 台、M9000 摄像机 2 台，以及编辑机、特技机、字幕机、台标时钟显示器各 1 台；并完成全区 9000 户电视传输线路、杆路信号扩大器的安装和近 100 平方米的演播厅、制作室的建设。2002－2008 年，又陆续更新、添置录、采、编设备 10 台套，增建地下管网 4.2 公里，延长传输线 327.97 公里，新增有线电视用户 1.5 万户，总户数达到 2.4 万多户。

二、节目设置

新闻节目每天 19 时开始，相继转播中央电视台"新闻联播"和唐山电视台"唐山新闻"节目，之后播出"开平新闻"。1996－1998 年，"开平新闻"每周播出 2 次，2008 年，每天播出 1 次。

专题新闻节目其栏目有"热点访谈""先进人物聚焦""先锋颂"等。至 2008 年，专题新闻节目累计报道各类先进典型事迹 241 条、先进个人 112 人、先进集体 100 多个。

服务节目其栏目有"普法知识""农业科技知识讲座""生活健康知识"等。每月播出 1－2 次，每次 5 分钟。

文艺节目以影视剧为主，每晚新闻节目之后播出，每次 1－2 小时。

广告节目建台初期数量很少，且以字幕为主。2004 年以后，随着有线电视入户的增加，广告创意和制作技术的提高，区内的广告节目明显增加，并向区外逐年伸延。

三、编辑业务

区有线电视台设编委会，负责舆论导向、节目审查和制订宣传计划。编委会下设新闻部、专题部、文艺广告部和总编室。由于通联队伍相对弱化，采访任务主要由电视台记者完成。为提高采编水平，1996 年自电视台开播至 2008 年，先后对采编人员进行专职培训 12 次，外出学习、交流百余次。共播出采编稿件 4596 条。

第五章　档案·地方志

1980 年，开平区设立档案馆和档案科。区档案科为区政府行政管理部门，区档案馆为区政府管理档案的职能部门。1996 年，区档案馆更名为区档案局，实行局馆合一体制。22 年间，区档案管理部门认真宣传实施档案法律法规，指导基层档案馆（室）建设，培训档案管理人员。并不断加强档案馆库和档案信息资源建设。1991 年，获评省级先进档案馆。1998 年，经省考评验收，成为河北省第一个区级一级档案馆。第一部《开平区志》编修工作于 1985 年启动，1998 年 12 月出版。

第一节 档案工作

一、工作机构

1980年12月，设立唐山市郊区档案馆和唐山市郊区档案科。1987年6月30日，经河北省档案局批准，开平区档案馆编号为413024号。1987年11月，区档案科定为区政府的档案行政管理部门，主管全区的档案工作，行政编制6人。区档案馆定为区政府管理档案的职能部门，与档案科为一套人员两块牌子。1993年5月，机构改革撤销区档案科，保留档案馆，其行政职能并入区政府办公室。1996年7月，恢复档案科，并更名为唐山市开平区档案局，实行局馆合一体制，一个机构两块牌子，为区委、区政府直属事业单位，列区委序列，设行政编制8人。内部机构有办公室、指导科、保管科。2002年3月，开平区档案局（馆）由区委序列改为区政府直属事业机构，实行局馆合一体制。设事业编制7人，内设办公室和业务指导科，实有10人。2008年，人员构成为干部7人、工人3人，具有本科学历4人、大专学历5人、中专学历1人，其中副研究馆员1人、馆员5人、助理馆员2人。

二、档案馆库建设

1984年10月，开平区档案局（馆）由震后简易房搬到区政府三楼办公室，同时购置铁卷柜、照相机、吸尘器、温度自动记录仪等设备。1985年1月，开平区档案馆编制完成各立档单位的全宗号。2008年，区档案局（区国家档案馆）新馆建成，建筑面积1100平方米，使用面积770平方米，其中库房面积430平方米；库房内有密集架8列32节、组装架2列8节、密集柜21组和铁质5节柜103套。馆藏档案96个全宗74488卷、册。其中案卷64460卷、27787件，资料7890册。1998年11月，经省考评审查验收，成为河北省第一个区级一级档案馆。

1987年开始，区档案局（馆）坚持以接收档案进馆为依托，加强档案信息资源建设，接收规范整理土地延包合同26481件，土地流转、退耕还林合同1588件，累计录入文件级目录13万余条。1991年，区档案馆被评为省级先进馆。2003年5月，被区委、区政府批准为“现行文件查阅中心”。

三、档案法规宣传与实施

区档案局把档案法律法规的宣传作为一项长期任务常抓不懈。2004年2月24日，在开平大集举行以“践行‘三个代表’，档案服务‘三农’”为主题的档案宣传活动。在活动中，展出科普、农业和档案法律法规展牌20多块，发放宣传材料5000份，开平史料20多册，接待咨询50多人次，受众达2000多人。22年间，积极开发馆藏资源，拓宽领域，化无形为有形，为社会发展服务。2006年，与开平电视台联合制作电视专题《话说开平》栏目，展示开平经济、政治、文化发展的历程和风土人情，改革开放取得的成果，开平特有的区位优势和发展前景。截至2008年，共举办档案法律知识培训班8期，861人参训，制作电视节目13期，接受电视采访等8次，在国家、省、市报刊登载档案宣传文章16篇。为了适应社会对档案信息的需求，根据有关规定，对1979年前的档案进行划控，并向社会开放。截至2008年，累计开放档案35个全宗，5569卷。档案局先后编印《开平区大事记》《计划生育文件基础汇编》《中共开平区委历次代表会议文件汇编》《开平区爱国主义教育档案资料和珍贵档案资料汇集》《开平指南》《开平区档案纵览》《一九七六年唐山大地震抗震救灾实录》《震亡名录》《开平区行政权力运行流程图汇编》和《档案志史料》等，共53万字。还编写《开平区档案馆指南》18万字，《档案利用效果选编》（1996－2003年）2万字。1987－2008年，平均年接待档案利用者1200人次，提供利用档案3000

卷次。其中馆藏土地合同档案、知青档案为落实知青政策，解决土地纠纷提供了大量翔实的材料，为利用者解决了实际困难。1999年，档案馆编写的《利用历史档案解决学校闲置土地》获省二等奖、市一等奖。

四、基层档案馆（室）建设

为了做好基层档案馆（室）建设，区档案局除抓好区馆人员的业务学习外，还积极组织区直机关、事业单位和农村档案工作人员的业务培训。1987年以来，参加区级培训的有1.43万多人次，市级培训110多人次，有4人参加档案专业自学考试，并取得毕业证书。2002年，开始举办民营企业档案培训。2004年，半壁店村被评为“河北省档案工作示范村”。2005年，以宝业集团为试点，推动全区民营企业建档工作。是年，宝业集团档案馆通过国家级验收，成为全省首个进入国家二级标准的民营企业档案馆。至2008年底，全区各机关单位，全部建立档案室，其中档案目标管理达到国家二级的1个单位、省一级的2个单位、省二级的22个单位。全区6个镇均达到“四有一能”标准，18个社区全部建档，村级建档率100%。其中开平镇半壁店村档案馆达到省二级标准。还有3600多户建立了家庭档案。

第二节　方志编纂

《开平区志》编纂工作于1985年7月启动。是年，开平区政府成立常务副区长崔雅先为主任的开平区地方志编纂委员会。由于区政府领导变动，至1998年2月《开平区志》完成最后一稿，编纂委员会主任先后由李荣阁、潘起来、邱建华、陈学军、冯振山等常务副区长继任。《开平区志》由时任区政府办公室主任阎景新主审，原区政协副主席李述主编，王明树、李宗纲为副主编。张幸、王明树先后任区地方志办公室主任。1986年9月13日，区编纂委员会主持召开全区48个单位主要领导参加的修志工作动员会议，部署修志的任务和要求，拉开全区修志工作的序幕。经过资料征集、编纂、审核、修改，历时13个春秋，《开平区志》于1998年12月由天津人民出版社出版。该志书为16开本，45印张，约100万字，印行2000册。入志内容上限尽量上溯，下限至1986年（个别章节按需要略有突破）。记述原则为略古详今，略远详近。全书包括概述、大事记及30篇各类内容。2001年，《开平区志》在河北省市、县（区）地方志评比中获三等奖。

2008年7月，《开平区志》续志编纂工作启动，聘任阎景新为执行主编、刘静远、李树生为副主编，开始续志篇目设计。

第二十四编　卫生·体育

1987－2008年，开平区卫生事业长足发展，医疗环境大为改观。累计投资近亿元，新建区医院，改、扩建乡镇卫生院，购置医疗设备。全区医院病床由235张增加到698张，医疗卫生人员由693人增加到1148人。卫生防疫和妇幼保健工作不断加强，农村医疗卫生条件逐年改善，1995年6月，开平区农村初级卫生保健工作通过国家验收。1996年，区医院被卫生部分别命名为“爱婴医院”和“二级甲等”医院。医政药政管理日臻完善，爱国卫生运动深入基层，为全区人民的健康提供安全保障。

1987年开始，开平区认真贯彻《全民健身计划纲要》，掀起推行《国家体育锻炼标准》的群性体育活动热潮。1993年，被评为“全国体育先进县”。截至1994年，果园乡、郑庄子乡、洼里乡先后被评为“全国亿万农民健身活动”先进乡。1996年和1999年，开平区两度荣获河北省实施《国家体育锻炼标准》先进县区称号。2003年，税务庄街道被评为“河北省体育先进社区”。22年间，开平区体育学校培养了一批优秀体育人才，累计为河北省体工队输送12名运动员。

第一章　医疗卫生

1987年后，随着经济实力的增强，开平区不断加大对医疗卫生的投入，改善医疗环境和医疗条件。先后投资8600万元新建区医院，新建、扩建、改建乡镇卫生院5所。医疗病床由235张增加到698张，并开设空调病房、单人病房。救护车由2辆增加到10辆。医疗设备功能更全，更先进，万元以上医疗设备达到149台（件），其中10万元以上医疗设备增加到18件。医疗卫生队伍相应扩大，全区医疗卫生人员由693人增加到1148人。通过加强与大医院的横向联合、业务培训、医疗实践，使医技人员的诊疗水平不断提高，一些高难度手术能独立进行。卫生防疫和妇幼保健工作不断加强，1995年6月，农村初级卫生保健工作通过国家验收。药品管理日臻完善，医药监督和食品安全监督执法有力，为提高全区人民的健康水平提供服务和保障。爱国卫生运动以治理城乡环境为重点，开展卫生创建和健康教育，广大群众的健康意识普遍提高。

第一节　医　疗

一、医疗机构

（一）区医院

开平医院是开平区唯一的全民综合性医院。1987年开设内科、外科、口腔科、眼科、耳鼻喉科、妇产科、手术室、检验科、药剂科、放射科、B超室、心电图室和老干部病房。全院工作人员179人，其中卫生技术人员156人、工勤管理人员23人。年门诊量4.2万人次，年住院病人2937人次。病床使用率92.3%，治愈好转率97.5%，抢救危重病人467人，抢救成功率95.3%。随着医院整体实力不断增强，1995年、1996年分别被卫生部命名为“爱婴医院”“二级甲等医院”。区划调整后，全区人口由32万减少到25万，就诊人数亦相应减少。1993年，全院工作人员162人，其中卫生技术人员136人、工勤管理人员26人。年门诊量3.87万人次，年住院病人2341人次，病床使用率48.28%，抢救危重病人148人，抢救成功率96.30%。2008年，全院工作人员136人，其中卫生技术人员123人、工勤管理人员13人。年门诊量3.6万人次，住院病人1641人次。

开平医院

基础设施建设显著改善。1987年，开平医院主体楼建筑面积5640平方米。2008年，区投资在原址对开平医院进行重新建设。工程按现代化医疗建筑水平进行设计，占地23.6亩，建筑面积1.8万平方米，由三层门诊楼和六层住院楼组成医院综合楼，门诊楼与住院楼之间的中庭为中心，围合布置。设内科、外科、妇产科、急诊科、五官科、泌尿科、中医科、预防保健科、糖尿病门诊、检验科、放射科、超声诊断科、药剂科、手术室、心电图室。

（二）乡镇卫生院

1987年，全区共有乡镇卫生院11所，全部为震后复建，总面积4.32万平方米。各类卫生技术人员150人，年门诊量11.42万人次，病床使用率平均42.40%。1992年区划调整中，乡镇卫生院划出4所，撤并1所，尚有6所。为了改善乡镇卫生院的医疗环境，2005年起，开平区用3年时间对6所乡镇卫生院进行新建和改扩建。是年，双桥乡投资150万元迁址重建卫生院，建筑面积1100平方米。郑庄子乡卫生院实施扩建，建筑面积为711平方米。2006年，栗园镇投资158万元易址新建卫生院，占地6.75亩，建筑面积1300平方米。开平镇卫生院与半壁店医院合作，成立开平镇卫生院半壁店医院；经过资源整合后的卫生院占地5亩，建筑面积2000平方米。洼里乡卫生院投资60万元扩建改造，并新建400平方米二层楼一座，全院建筑面积达到1100平方米。越河乡卫生院投资40万元装修改造，建筑面积达到1020平方米。2008年，6所卫生院共有卫生技术人员77人，年门诊量11.76万人次，住院病人8307人次。

易地新建的栗园镇卫生院

1987年，乡镇卫生院由区卫生局实施行业务管理。1988年，开平区乡镇卫生院“三权”下放，实行条块分割，双线管理。人、财、物归乡镇政府管理，区卫生局负责业务指导。1999年，乡镇卫生院的人员、业务、经费等又划归区卫生局管理，组织关系归乡镇党委管理。乡镇卫生院为卫生局下属的集体性质事业单位，定编、定岗、定人，参加全区社会保障管理。2004 年，全区乡镇卫生院进行布局调整，规定各乡镇只保留一所规模适当、效益较好、人员素质较高的乡镇卫生院。乡镇卫生院设置预防保健科，并配备专职防保人员，防保人员经费由区财政全额拨付。2008 年，区成立卫生党委，全区各乡镇卫生院的党务工作、组织关系划归区卫生党委管理。

部分年度开平区乡镇卫生院基本情况一览表

表 24－1

名称	年度	建筑面积（平方米）	床位	职工人数	其中					收入（万元）
					主治医师	医师	医士	其他技术	工勤管理	
岔道乡卫生院	1987	564.82	15	11	0	3	4	4	0	20
	1997	564.82	15	6	0	2	1	3	0	73
郑庄子镇卫生院	1987	658	20	10	1	5	2	2	0	22
	1997	658	20	8	1	5	0	2	0	32
	2008	711.11	34	9	1	5	3	0	0	289
开平镇卫生院	1987	494.6	25	14	0	7	2	5	0	21
	1997	494.6	25	47	0	13	8	26	0	88
	2008	2000	30	24	2	6	4	12	0	561
栗园镇卫生院	1987	295.2	20	12	0	3	9	0	0	22
	1997	295.2	20	9	0	8	1	0	0	31
	2008	1300	13	7	0	5	1	1	0	283
越河镇卫生院	1987	320	15	13	0	3	8	2	0	15
	1997	1020	15	12	0	5	5	2	0	24
	2008	1020	25	17	0	7	4	6	0	130
洼里镇卫生院	1987	800	20	9	0	2	4	3	0	24
	1997	800	20	9	1	3	2	2	1	31
	2008	1100	25	10	2	5	1	1	1	140
双桥镇卫生院	1987	870.74	20	9	0	2	7	0	0	25
	1997	870.74	20	7	0	1	6	0	0	30
	2008	1100	15	10	0	4	6	0	0	38

注：岔道乡卫生院 2007 年撤并到开平镇卫生院

（三）农村卫生室

1987 年，开平区对农村卫生室进行整顿，恢复和建立卫生室 112 个，有农村医生 356 名。农村卫生室大体有三种方式：村集体垫本，村医经营；村医垫本，村集体给予适当补贴，免收村民出诊费、治疗费；村提供房屋，村医个人经营。在医疗卫生体制改革中，农村卫生室由原来的一村一室，发展成一村多室，村卫生室房屋的使用面积均已达到规定 30 平方米的要求。2008 年，开平区 132 个行政村有卫生室 344 个，卫生技术人员 358 人，其中执业医师 2 人、执业助理医师 21 人。

（四）企事业医务室（卫生所）

从20世纪70年代起，一些有条件的企事业单位陆续建立医务室，每个医务室配备医务人员1－3人。1987年，全区企事业单位共有医务室21个，医务人员31人。在企事业单位体制改革中，一些企事业单位卫生室随之撤销，到2008年仅保留企事业单位医务室3个。其中，唐山市第二十三中学医务室有卫生技术人员2人，服务人数1800人；河北省第一劳教所卫生所有卫生技术人员2人，服务人数200人；陡河发电总厂卫生所有卫生技术人员27人，服务人数8000人。

（五）企业医院

1987年，驻区中央、省、市属企业医院有4家。2001年，因企业改制，马家沟耐火材料厂职工医院改为民营医院，更名为唐山市和平医院。2004年，陡河发电总厂职工医院撤销，建立厂卫生所。2008年，驻区企业医院有3家。开滦荆各庄矿医院，建筑面积6273平方米，卫技和工勤人员83人。开滦马家沟矿医院，建筑面积1.12万平方米，卫生技术和工勤人员183人。唐山市和平医院，建筑面积2.08万平方米，卫技和工勤人员70人。

（六）个体诊所

改革开放以来，个体诊所发展迅速，1987年，全区有个体诊所34个。经营者以卫生医疗单位退休人员为主，收费标准按乡卫生院统一规定收取，药品由医药公司自采。2008年，个体诊所发展到91个，卫生技术人员154名，其中中医18人。个体诊所房屋使用面积均达到50平方米。执业人员凭执业医师资格证书，经区卫生局审核批准，发放“医疗机构执业许可证”方可开业行医。

二、医疗队伍

1987年，全区有卫生技术人员693人、工勤管理人员40人。1993年，全区有卫生技术人员732人、工勤管理人员35人。2008年，全区有卫生技术人员1148人、工勤管理人员52人。

1987年，全区有中医、中药人员63人，西医、西药人员590人。1993年，全区有中医、中药人员46人，西医、西药人员686人。2008年，全区有中医、中药人员69人，西医、西药人员972人。

1987年，区属医疗机构有药剂人员31人，其中药剂员14人、药剂士13人、药剂师4人；有医生122人，其中医士45人、医师56人、主治医师15人、副主任医师6人。1993年，全区有药剂人员22人，其中药剂员10人、药剂士2人、药剂师10人；有医生116人，其中医士36人、医师47人、主治医师25人、副主任医师8人。2008年，全区有药剂人员24人，其中药剂员16人、药剂士1人、药剂师7人；有医生106人，其中医士16人、医师58人、主治医师28人、副主任医师4人。

1987年，区以下医疗单位有卫生技术人员78人，其中医师22人。1993年，有卫生技术人员99人，其中医师37人、主治医师5人。2008年，有卫生技术人员78人，其中医师41人、主治医师5人。

三、医疗设备

1987年，开平区医院医疗设备有显微镜、X光机、超声波心电图机、B型超声波诊断仪、心电监护仪等十几种，区、乡（镇）和厂矿企业医疗单位共有病床近500张。1998年，区投资380万元，购置500MAX光机、光亮血疗仪、美国GE公司产1600C型CT机、心腹两用B超、动态心电图仪、激光仪病理切片机、半自动生化仪、尿10项分析仪、电解质分析仪、胎儿监护仪等较先进的大型设备。1999－2008年，投资580万元，购置多功能呼吸机、心电图分析仪、HTC带多普勒、F99型北京X光机、胃镜、C1600CD洗片机、12导心电图、血流变功能力仪、血球计数仪、麻醉机、心电监护仪、美国1723型除颤仪、脑地型图仪等设备50件。1987年各乡（镇）卫生院，共有30毫安X光机10台、50毫安X光机1台、显微镜11台、心电图机2台。1996－2008年，乡（镇）卫生院累计投资255.6万元，购置血流变多功能仪6台、X光机6台、半自动生化分析仪1台、超声诊断仪1台、血细胞分析仪6台、救护车8辆、全电脑牙科治疗机5台、颈颅多普勒5台、六导心电图机4台以及血凝仪、麻醉机、彩色超声波诊断仪等先进医疗设备。90%的村卫生室都配备医用高压锅和紫外线灯等设备。2008年，境内3所中央、省、市属企业医院主要医疗设备有牙科综合治疗机、无创呼吸机、移动式X光诊断机、血液酸碱气体分析仪、全自动生化分析仪等。2008年全区各医疗单位病床达到698张。

四、医护水平

（一）医疗水平

中医

1987年，区医院中医科以中医传统治疗方法，对脑中风采用针刺加中药治疗，促使脑栓子溶解、扩张脑血管、恢复脑供血，对病人肢体功能恢复有显著疗效。对妇科的子宫内膜移位症采用纯中草药治疗，三个月治愈。用各种针刺疗法、灸法、推拿、按摩疗法、痛点注射、刮痧、挑治、熏洗中药等，治疗内科、妇科、外科各种疾病。对颈、肩、腰、腿痛采用中医针刺、推拿，治愈率达95%。1999年，郑庄子乡卫生院开设药浴门诊，治疗神经衰弱、失眠多梦有特效；对治疗高血压、半身不遂和各种原因引起的腰腿痛、下肢麻木、发凉，以及解除疲劳、恢复体力等具有明显效果。2004年，洼里乡卫生院开展的小针刀和穴位注射治疗风湿骨病效果明显，治疗颈肩腰腿痛别具特色。2005年，栗园镇卫生院利用中药熏蒸治疗常见病、多发病，伏天药物敷贴治疗慢性气管炎、风湿、慢性鼻炎疗效显著。开平区杜豁然中医诊对外感、急慢性胃肠炎、胆囊炎、阑尾炎、带状疱疹、扁桃体炎、腮腺炎、急慢性乳腺炎、丹毒等常见病治愈率99%，有效率100%，治疗痉挛斜颈、迟缓性运动障碍、格林—巴氏综合征、肝硬化腹水、脂肪肝、颈椎增生、腰椎间盘突出症、骨结核、心脑血管病、急慢性肾炎的治疗也较有特长。诊所有中药饮片260余种，年均零售40万元。

22年间，开平区医疗技术人员积极探索传统医学和现代临床医学结合的路子，在采用西医的先进技术，配合对症服用中药，缩短治愈时间，减轻患者的经济负担。开平区医院中医科对慢性肾炎、肾病综合征、高血压肾病、糖尿病肾病采用中草药加西药治疗方法，临床疗效显著。1989年，开平镇卫生院聘请唐山市人民医院中西医结合专家采用中西医结合技术，患者治愈率达到90%。双桥乡卫生院大部分医师都能用中西医结合诊治疾病，理疗科运用针灸、按摩等疗法治疗脑血管疾病效果明显，已成为该卫生院的特色。2003年，郑庄子乡卫生院院长王学森去北京学习传统医学与现代医学理论相结合的临床治疗技术“直肠注入”，为近50名前列腺炎患者解除了痛苦。郑庄子乡卫生院引进电子内窥镜检测仪、视频生物显微镜、温热中低频治疗仪，以现代医学技术明确诊断，采用中医辨证分型治疗。对近百名各种鼻炎患者采用“畅通鼻道、抗菌消炎、活血化瘀、修复黏膜”四大治疗方法；对鼻息肉用“燥湿散结、敛肿开窍”之功，使息肉消除、回缩，免除患者手术之痛；对各种急慢性咽炎采用“活血化瘀、清热解毒、利湿除痹”疗法，效果显著，复发率低。越河乡卫生院中医理疗科利用现代化熏蒸理疗机，配合中药治疗腰腿痛、风湿、腰椎增生、腰椎间盘突出等疾病；利用微波理疗仪、特定电磁波治疗仪，配合中药外用治疗跌打损伤，迅速减轻病人痛苦，降低治疗费用。

附记

名中医杜豁然

杜豁然，主治医师。自幼随父学习中医，已从医40余年，现为杜豁然中医诊所所长，并受聘担任《河北中医》特约编辑、《中华临床医学进展》特约编委，为世界中医研究会会员、世界肝病研究会会员、中国特效医术研究会委员、《健康大世界》高级医师顾问、全国维护消费者权益专家理事会医学执行理事。杜豁然以辨证论治的原则为指导，坚持发挥中医特色，采用中草药、针灸、火罐等纯中医手段，诊治患者约50余万人次。

先后在《中医杂志》《中国针灸》《河北中医》《中国民间疗法》《美国中华医学杂志》等刊物及国内外中医药学术研讨会发表论文37篇，其中6篇获国际优秀论文奖、5篇获国内优秀论文奖，并参加《民间疗法》《中西医综合杂症治要》《中医杂症治要》的编著工作。1999年4月发表的《加减车舟丸与虫草软肝丸治疗肝硬化腹水100例》，获世界肝病学研究会一等奖及第十一届中国新技术新产品博览会金奖，并于1999年11月12日获得中华人民共和国国家专利。2000年1月，被《中华英才》半月刊编辑委员会评为"中华英才"。2001年3月，被评为学习白求恩活动先进代表，并参加纪念白求恩诞辰111周年活动大会。是年5月，获世纪自然医学大会"杰出人才"称号，其论文《加减车舟丸与虫草软肝丸治疗肝硬化腹水100例》获"金牛奖"。2003年，出版《杜豁然医学文集》。2008年，被唐山市卫生局评为"唐山市名中医"。

西医

开平区医疗系统对急慢性呼吸衰竭、肺栓塞、急性心力衰竭、高危血压危象、急性心肌梗死、上消化道出血、急性脑卒中等积累了较丰富的抢救经验。1996年，区医院开展急性心肌梗死、脑梗死、肺动脉栓塞的溶栓治疗，均获较好效果。区医院糖尿病门诊由最初的单一口服药物，发展至多种口服药物、人体胰岛素及人体胰岛素类似物的大量门诊应用，口服药物与胰岛素的联合应用，使糖尿病患者病痛减轻。开展血糖监测、糖化血红蛋白、胰岛素释放、c－肽胰岛素抗体等检验项目，为糖尿病患者的诊断类型提供更好的依据。1998年，越河乡卫生院内科聘请市某"三甲"医院退休副主任医师作为学科带头人，有效治疗各种心脑血管疾病和呼吸、消化、神经、内分泌系统的常见病、多发病及其他疑难杂症，受到患者的欢迎。栗园镇卫生院采用肛门灌注方法，治疗小儿腹泻、高热，疗效显著。洼里乡卫生院引进石家庄中医药研究所的特色糖尿病诊疗系统，为糖尿病患者量情制订科学系统的治疗方案。

1987年开始，区医院外科能进行甲状腺切除术、脾切除术、胆囊切除术、乳腺根治术、胃次全切术、阑尾切除术、传统疝修补术等多种手术；神经外科有各种颅脑外伤的手术、脑内血肿的微创清除引流术；痔瘘疾病有内痔、外痔、混合痔、肛裂、肛瘘的手术治疗；骨科有骨科常见病、多发病、四肢骨折手法复位及切开复位内固定术和膝关节疼痛骨质增生、骨关节炎的关节注射最新疗法；泌尿外科有膀胱肿物切除术、前列腺切除术、包皮切除术等。2007年，区医院聘请唐山市工人医院普外科专家以及市骨科医院骨科专家到开平医院应诊指导手术。2008年，区医院外科与北京大医院联合开展颅内血肿微创髓吸手术。越河镇卫生院、洼里镇卫生院、栗园镇卫生院利用微波技术治疗鸡眼、软疣及皮肤赘生物等。

1987年，区医院妇产科开展人流、取放环以及妇科各种疾病的治疗和子宫肌瘤摘除、剖宫等手术。1993年开展无痛人工流产、全子宫切除、宫外孕手术和药物引流产，增加围产期保健，使病残儿发生率大大降低。2004年，区医院妇产科进一步将无痛分娩法及剖宫产缝合手术进行改进，横纵切口由患者自己选择。剖宫产手术每年达400余例。聘请唐山市妇幼医院专家长期坐诊，孕产妇分娩车接送。各乡镇卫生院购置微波治疗仪、电子阴道镜、臭氧治疗仪、红外线乳腺诊断仪及电频乳腺治疗仪等设备，诊治各种阴道炎、盆腔炎、宫颈糜烂、月经不调、痛经等妇科常见病。各乡镇卫生院都能开展人工流产、药物引产和围产期保健。

1987年，区医院设有口腔科、眼科、耳鼻喉科，诊疗项目逐年增加。至2008年，口腔科共开设拔牙术、龋洞充填、镶牙、洗牙、干髓术、塑化术、牙髓摘除术、根管充填术及常见的黏膜病等诊治项目。眼科开设视力检测、色觉检查、眼道冲洗、眼底检查及结膜裂伤缝合术等项目。成功完成白内障囊外摘除和人工晶体置换手术600余例。耳鼻喉科开设对鼻腔、咽腔、耳部常见病和多发病的诊治项目。各镇卫生院都建立口腔科，开设拔牙、龋洞充填、镶牙等牙齿修复治疗项目。

医技科是一个现代化的新型科室。利用先进的医疗检验、检测设备，配合临床诊断。1987年，区医院仅能开展胸透、拍片、造影、心电、B 超、检验等 20 余项检测项目。2006 年，与北京临检中心合作，开设特殊检查项目 600 余种，为就医提供准确检验数据。2008 年，区医院检验科设有生化、临检、免疫、血凝、微生物、微量元素、血流变等检验室。是年，放射科引进德国西门子数字摄影系统（DR），配备日本柯尼卡 832 型激光相机、北京万东 500 毫安高频遥控胃肠机，实现放射科数字化检查与诊断。1987 年，各乡镇卫生院的医技科室只有简单的检验仪器和 30 毫安 X 光机。至 2008 年，各卫生院医技科室先后添置彩色 B 超等仪器。

（二）护理水平

1987 年，区医院有护理人员 62 人（无大专学历），其中主管护师 2 人、护师 25 人、护士 24 人、护理员 11 人。1993 年，全院护理人员 49 人（大专学历 3 人），其中主管护师 11 人、护师 12 人、护士 26 人。2008 年，全院护理人员 41 人（大专及以上学历 32 人），其中主管护师 12 人、护师 22 人、护士 7 人。

22 年间，区医院不断加强护理工作的管理，建立各项规章制度，制订各种常见病的护理常规 20 余种。1995 年各项护理制度达到 35 项，有药品和物品查对制度、值班交接班制度、分级护理制度、手术室工作制度、抢救工作制度、护理文件书写制度以及物品、药品、器材管理制度和急诊科工作制度、治疗室工作制度、换药室工作制度、急症监护病房护理工作制度、护理管理安全制度、病人入院出院制度、入院宣教制度、探视陪护制度、护士长例会制度、护理查房制度、护理质量管委会工作制度等。2008 年，区医院成立护理质量检查组，每月进行一次护理工作各项制度落实情况的检查，检查结果纳入科室的绩效考核；每半年进行一次护士行为规范、礼仪规范、语言规范培训，参加人员达 80% 以上，合格率 100%。

1987 年开始，区医院在建立健全各项技术操作规范流程基础上，加强业务学习，每月进行一次技术操作考核。1993 年，各科加强专科特点的护理技术。如内科的急性心梗病人溶栓的药物剂量、用法和心脏除颤、监护仪及抢救仪器设备的使用；外科护理必须掌握普外、骨外、颅脑和各种疾病术前术后护理，脑外伤和胃溃疡穿孔、修补、切除术后以及颅内血肿清除术后，四肢骨折、夹板、石膏固定术、牵引术等护理常规；妇产科掌握产程观察、正常分娩护理和剖宫术、子宫切除术前术后护理等。

第二节　卫生防疫

一、防疫机构

1987 年，区设立卫生防疫站，区医院和乡镇卫生院设防保科，村卫生室设防保医生，分别负责本地区或本单位卫生防疫工作。

为利于防疫工作的开展，1987－2008 年，区防疫站先后添置工作用车 4 辆、电脑 23 台，冰柜、冰箱 9 台以及原子吸收分光度计、气相色谱、生物安全柜、离子计、原子荧光分光光度计、一氧化碳测定仪、防护级 X、R 射线剂量仪等设备。2006 年 9 月，撤销区卫生防疫站，组建开平区疾病预防控制中心和开平区卫生监督所，为卫生局所属财政拨款的事业单位。设监督一科、监督二科、监督三科、综合稽查办公室、疫情信息科、防治科、检验科 7 个科室。

二、防疫队伍

1987 年，全区有各类防疫人员 153 人。其中区防疫站有在职人员 28 人，包括副主任管理医师 1 人、主管医师 2 人、医师 4 人、医士 4 人、检验师 3 人、检验士 2 人、其他卫生技术人员 6 人、工勤管理人员6人；其他医院有防疫人员13人、其中医士13人；村卫生室有防疫人员112人。1993年，全区有各类防疫人员179人。其中区防疫站有在职人员34人，包括主管医师9人、主管检验师1人、医师6人、检验师3人、医士2人、其他卫生技术人员5人、工勤管理人员8人；其他医院有防疫人员13人，其中主治医师1人、医师6人、医士6人；各村卫生室有防疫人员132人。2008年，全区有卫生防疫人员187人。其中区疾病预防控制中心和卫生监督所有在职人员42人，包括主管医师16人、主管检验师1人、医师10人、检验师3人、医士2人、检验士2人、工勤管理人员8人；其他医院有防疫人员13人，其中主治医师1人、医师4人、医士8人；各村卫生室有防疫人员132人。

三、防疫工作

（一）传染病防治

随着《传染病防治法》贯彻落实，到20世纪80年代，传染病得到有效控制。实现消灭“脊灰”的目标，各类传染病的发病率也逐年下降。1987年，全区发生乙类传染病979例，发病率287.9/10万。1997年，发生乙类传染病455例，发病率175/10万。2005年，共审核报告法定传染病17种1651例。2008年，共审核报告法定传染病13种1313例。

22年间，开平区计划免疫工作连年保持在较高水平。对辖区各医疗单位的接种、卡证核实、冷链运转进行监督、检查和指导，坚持每月28日基层防疫人员的培训例会制度。按照法定渠道组织疫苗来源，保证疫苗的安全有效。制订冷链运转程序，坚持冷链正常运转，保证预防接种的正常开展。

部分年度开平区计划免疫七种疫苗接种情况表

表24－2

疫苗 接种% 年度	麻疹	卡介苗	脊髓灰质炎减毒活疫苗	百白破	乙肝	流脑	乙脑
1987	96.67	97.40	98.57	97.14	未种	未种	97.54
1997	99.38	97.86	99.67	99.53	99.76	未种	98.14
2007	99.87	100	99.92	99.96	99.97	99.26	98.95

加强对重大传染病的常规监测，对乡以上医疗单位主动监测与督导检查，做到法定传染病基本无漏报。1991年，唐山市第四十九中学、半壁店村出现麻疹疫情。区卫生防疫站立即组织人员深入现场，采取综合性防控措施。同时应急接种麻疹疫苗3765人，使疫情得到控制。霍乱的预防和控制每年都作为重点。全区11所医疗单位每年5月1日全部开设肠道门诊。区防疫站对其进行督导检查。每年4月，对医疗机构在职肠道门诊的有关人员进行业务培训，同时备好预防和控制霍乱的药械。1992年，国家卫生部在开平召开全国疾病监测现场会。1997年，共监督检查16次，覆盖率100%。同时对陡河水库、马矿医院污水等5处进行霍乱检索5次。2006年，检测外环境水30份、市场出售海产品8份，均未发现霍乱弧菌。做好结核病门诊周一应诊的宣传教育工作。1991年，全区共发现活动性肺结核病人44人，痰检率100%。对每一新发现病人，采取全省统一化疗方案，一月内投药率达100%。1996年，结核病控制项目启动，利用世行贷款对可疑结核病症状者实行免费检查，对涂阳肺结核病人给予免费督导化疗。区防疫站开展结核病宣传、培训、监督、检查、发现、转诊和访视工作。1996年、1997年、1998年，分别向市结核病防治所转诊疑似病人40人、132人、111人，发现传染性肺结核病人30人、36人、37人。3年共访视986人。对病人采取“逐级管理，责任到人”的全程督导管理办法，使病人规则服药率达100%，复查率达100%。2006年，发现肺结核病人94例，对结核病控制项目内病人制订相应的督导访

视计划，保证病人全程规范化治疗。2008 年，肺结核报告发病 97 例，比上年下降 14.21%。进一步规范结核病防治工作。利用区、乡（镇）、村三级防疫网，对没到位的结核病人进行及时追踪回访，加强病人的督导管理。开展艾滋病自愿咨询监测工作，全面落实艾滋病综合防治措施。2007 年，投资 6 万元购置设备，建成高标准艾滋病初筛实验室。为贯彻执行《河北省遏制与防治艾滋病行动计划》，大力开展艾滋病防治知识宣传工作。居民、农民工等人群知晓率分别达到 92.3% 和 87.3%。至 2008 年，共完成 460 例自愿咨询检测工作。另外为 160 例拘押人员进行艾滋病初筛检测，发现艾滋病患者 2 例，对病人实施全程服药管理。

2003 年，面对突发的“非典”疫情，开平区及时建立健全防控组织。健全“防非”制度，及时出台《开平区防治非典型肺炎实施方案》。制订疫情报告、疫情调查、预防控制、隔离封锁、救治体系、资源整合、疫情处理等预案。大力开展宣传，使人们对“非典”有正确认识。区外围设 10 个检疫站，配备医护人员 327 名，完成第一阶段防疫救治工作。建立两个发热门诊，设置 20 个留观室。对 850 名医护人员进行 SARS 培训。对发现的 923 名发热病人及时开展流行病学调查，采取隔离监控措施，并对其污染场所进行消毒。通过全区上下共同努力，全区疫情报告为零。开平区成为全市 6 个没有疫情发生的县区之一。

（二）地方病防治

贯彻落实国务院《食盐加碘消除碘缺乏危害管理条例》，坚持月检月报制度。以区盐业批发、零售单位为重点，做好 4 个地方病乡的碘盐监督监测工作，防止非碘盐流入区内。1991 年和 1996 年，分别开展食盐监测采样 1097 份、1000 份，全部合格。对重点人群开展碘丸投服工作。1996 年，对 0－15 岁儿童投服碘丸 60193 人，对地甲病乡的新婚妇女及给二胎生育指标的育龄妇女投服碘丸 648 人，投服率 99.5%。1997 年，全年共投服碘丸 13350 人次，从而保证碘缺乏病的防治效果。1998 年，对小学生甲状腺肿大率进行调查，1000 名学生查出肿大 34 名。广泛开展碘缺乏病的宣传教育活动，增强群众的防病意识。至 2008 年，未新发现克汀病人，开平区已阶段性完成地方病的防治任务。

（三）职业病防治

从开平区工业结构出发，1987 年制订《开平区职业卫生专项调查方案》，确定钢铁、陶瓷、耐火、水泥和使用有机溶剂企业为重点的职业健康监督、检查单位。1991 年初，对 37 个企业进行粉尘测定。其中区属企业 5 个，粉尘点 60 个，合格率 60%；乡镇企业 32 个，粉尘点 321 个，合格率 36.7%。是年，完成全区 84 个重点高温企业工人的健康查体，受查的 2915 人中禁忌征职工 47 人，全部调离工作岗位。1998 年，对 10 个有粉尘作业企业的 78 个粉尘点进行监督检测。对接触粉尘工作 3 年以上的职工进行尘肺病普查，共检查 650 人，拍 X 光片 650 张，确诊 18 人为 I 期尘肺病；对 23 个厂企的 3045 名高温职工进行健康体检，查出各种禁忌征 32 人，均调离工作岗位。2008 年，共监督 197 户次，提出限期改正意见 350 条，对 23 家有粉尘危害企业、5 家有机溶剂企业给予警告行政处罚；对接触有害作业人员开展健康检查，全年共检查 2334 人次，并建立健康档案。

（四）食品卫生执法监督

规范行政执法行为，加大监督力度。1988 年实施监督 2206 户、四小行业 800 个，整顿达标 90%，行政处罚 356 户次。其中警告限期改进 217 户次，销毁不合格食品 4320.5 公斤，罚款 81 户次，金额 1.35 万元，责令停业整顿 40 户次。组织食品从业人员体检 5220 人。1998 年，实施卫生监督 5667 户次，行政处罚 112 户次。其中警告并限期改进 27 户次，责令停业整顿 20 户次，罚款 42 户次，金额 8760 元，销毁不合格食品 720.83 公斤，吊销卫生许可证 1 户，取缔非法经营 6 户。全年共发放卫生许可证 1816 个、健康证 4412 人。检测各类食品 230 份，合格率 75.2%。餐具消毒效果检测 1321 份，合格率 77.9%。2008 年，实施监督 3528 户次，取缔非法加工及无证经营 53 户，收缴非法加工原料 1084.25 公斤、制售工具 48 件，停业整顿 58 户，警告限期改进 104 户，罚款 61 户，金额 3.07 万元，销毁不合格食品260公斤。监测食品样品41份，合格率100%。餐具消毒效果检测619份，合格率87%。办理卫生许可证1293件，不予许可申请11件。农村家宴卫生防疫指导67户次，涉及群众1.64万人，没发生食物中毒事件。

（五）学校卫生监测工作

抓好学校卫生监测工作。1991年，把开平小学、唐马路小学、唐山市第四十九中学3所学校作为监测点，对学生生长、发育、常见病、传染病等进行定期检测，为开展学生疾病的防治提供依据。加强学生健康体检工作。1991年，全区共体检45970人，其中中学生10617人、小学生35353人，并将体检结果存入学生健康档案。1998年，对全区74所中、小学全部建立卫生档案。中、小学生体检26844人，体检率达99%。其中视力低下1637人，患病率6.06%；沙眼2181人，患病率8.1%；龋齿2596人，患病率9.7%；贫血461人，患病率3.1%。对查出的各类疾病，医疗单位给予相应的治疗。强化学校饮食卫生监督工作。1998年，开展3次集中检查，共检查95户次，不符合卫生要求食品13种，887件；对其中8户给予警告处罚。2008年，与区教育局联合开展两次大规模集中整治学校食品卫生工作。共监督68户次，提出改进意见30项次。督促学校建立各项卫生监督制度，预防食源性疾病的发生，确保广大师生的饮食卫生安全。

第三节　妇幼保健

一、保健机构

1984年，开平区建成妇幼保健站办公楼。2001年，开平老城改造，妇幼保健站迁至开平城北，占地2.5亩，建筑面积2000平方米。1987年设办公室、妇女保健科、儿童保健科、婚前保健科、检验科、财会科；2003－2008年设办公室、保健科、综合门诊。

为有利于妇幼保健工作的开展，设备逐年增加。1987－2008年间，先后购置工作用车（3辆）、显微镜（3台）、血红蛋白分析仪、心电图机、婴儿保温箱、电动离心机、氦氖激光治疗仪、乳腺透照仪、血球计数仪、721分光光度计、半自动生化仪等设备。

二、保健队伍

1987年，全区有各类保健人员135人。其中区妇幼保健站有妇幼保健人员8人，包括主治医师1人、医师2人、医士1人、护师2人、工勤管理人员2人；各医院妇幼保健人员15人，其中医师2人、医士13人；各村卫生室有妇幼保健人员112人。1993年，全区有各类保健人员155人。其中区妇幼保健站有妇幼保健人员14人，包括副主任医师1人、主治医师2人、医师2人、护师4人、护士2人、工勤管理人员3人；各医院有妇幼保健人员9人，包括医师2人、医士7人；各村卫生室有妇幼保健人员132人。2008年，全区有各类保健人员153人。其中区妇幼保健站有妇幼保健人员13人，包括主治医师3人、医师1人、医士1人、护师3人、其他医务人员2人、工勤管理人员3人；各医院有妇幼保健人员8人，其中主治医师1人、医师4人、医士3人；各村卫生室有妇幼保健人员132人。

三、保健工作

（一）儿童保健

儿童保健系统管理工作

1987年，全区学龄前儿童26752人，实行保健系统管理10822人，系统管理率40.5%。儿童查体

23334人，检查率87.2%。患病儿童2007人，占查体儿童的8.9%。其中佝偻病432人，占患病儿童的7.8%；贫血306人，占患病儿童的6.1%。1997年，全区共有0－6岁儿童18311人，系统管理率91.5%。查体16568人，查体率90.48%。其中佝偻病98人，患病率明显下降。对筛查出体弱儿425人全部实行专案管理。由于加强儿童保健系统管理，5岁以下儿童中重度营养不良患病率控制在2.03%以下。2008年，全区有6岁以下儿童13568人，保健管理12665人，管理率95.38%。通过访视和体检，查出体弱儿298人，全部进行专案管理。全年活产儿1828人，新生儿访视1744人，新生儿访视率95.44%。

托幼机构卫生保健管理工作

对区托幼机构进行卫生保健指导，建立健全卫生保健制度，制订控制传染病蔓延措施。做好儿童入托体检和健康查体，防止带病入园。1991年，为区第一幼儿园、第二幼儿园、开平托幼园和开平镇内学前班512名儿童进行健康检查，同时建立健康档案。2000年，儿童入托体检207人，其中佝偻病轻中度72人、轻度贫血27人，未发现传染病。是年，托幼园儿童体检681人。2008年，入园体检982人，有效控制儿童带传染病入园。是年，对全区在园儿童进行全面体检，对检出问题的儿童进行指导和治疗。根据《河北省托幼园、所管理条例》，每年与教育局联合，对托幼机构保教人员进行体检。1997年，为17名保教人员体检，其中3名不合格人员调离工作岗位。2008年，幼师体检307人，查出患病教师6人，对经复查治疗仍不适宜从事幼教工作的均下发调离通知单。

预防投药工作

本着“预防为主，防治结合”宗旨，加强对儿童进行预防投药工作。1987年，对1岁内小儿投VD，用以防治佝偻病，投药1738人次，投药率87.2 %；对0－3岁儿童投放铁强化饼干2300公斤，防治缺铁性贫血，用幼儿补血蜜、补血糖浆对贫血患儿进行治疗；在60 %两岁以上的儿童中进行常规驱蛔投药，并进行500多例跟踪观察。1997年，为当年出生的1720名婴儿投放VD药，防治佝偻病，对查出的98名贫血患儿全部投药并指导调剂饮食。做好婴幼儿科学喂养指导，加强母乳喂养宣传，母乳喂养率达75 %。是年，投放碘剂5600人份。2008年，5岁以下儿童预防小儿佝偻病投药率70 %以上。

（二）妇女保健

妇女病普查和乳腺检查工作

1987年，对7724名妇女进行妇科病普查，其中4479人进行防癌刮片。在普查中发现盆腔炎和阴道炎2058例、子宫肌瘤17例、外阴白色病变18例、卵巢囊肿10例，患病率27.2%，治疗率99.10%。1991年，对8000名妇女进行妇科病普查，患病4361人，患病率54%，治疗率100%。同年，为3706名已婚妇女做乳腺检查，其中患病1405名，患病率37.9%，其中乳腺增生1286人、乳腺纤维瘤41人、乳头溢液14人。1993年，对8876名妇女进行妇科病普查，其中患病2162人，患病率24%，患病率明显下降。对查出的各类妇女病全部予以治疗。是年，为1460名女青年进行健康检查，其中139人患各种疾病，患病率9.5%。对患者都提出治疗方案。2008年，为11239名妇女进行了妇女病普查，患病1721人，患病率15.3%。对患病妇女进行指导性治疗。

孕产妇系统管理工作

1987年，制订开平区孕产妇、儿童系统管理办法。规范使用全省统一的《保健手册》，基本做到妇女孕前期、孕期、产时及产褥期保健。1990年，孕产妇管理率58.16%。对孕妇进行“五、三、一”查访，即产前检查5次，产后检查3次，产后42天访视1次。对高危产妇进行专案管理，实行高危评分，建立孕产妇死亡监测点。是年，孕产妇死亡率12/万。1996年，孕产妇总数2371人，系统管理2259人，系统管理率95.3%。筛查出高危产妇135人，分娩的高危产妇75人，均入院分娩，高危住院分娩率100%。是年，孕产妇死亡率为零。2000年，孕产妇保健覆盖率100%，全区孕产妇1407人，系统管理1210人，系统管理率86%。筛查出高危孕产妇121人，检出率10%。高危孕产妇全部专案管理，高危住院分娩率100%。在1407名产妇中，有1397人住院分娩，住院分娩率99.29%。孕产妇死亡率为零。2008年，全区产妇1825人，系统管理1677人，系统管理率91.74%。查出高危产妇238人，均进行专案管理。全区1825名产妇全部住院分娩，产妇死亡率为零。

普及新法接生工作

为了降低孕产妇和围产儿死亡率，1991年，区卫生局制订《开平区农村助产人员管理办法》。对农村助产人员进行考试、考核工作。给54名农村助产人员颁发证书，统一配齐产包，并进行产后出血的防治、产后访视、产科应急等业务培训。对洼里乡孩儿屯非法接生人员张某予以查处。是年，全区共出生4169人，其中新法接生率99.9%。住院分娩3335人，住院分娩率79%。围产儿死亡16人，产妇死亡3人。2000年6月，国家取缔家庭助产人员，年底实现产妇全部住院分娩。

第四节　医疗卫生管理

一、管理机构

1987年，卫生局行政编制10人，事业编制12人，设办公室、医政股、公费医疗办公室、卫生工作者协会、红十字会、计财股、卫校。1993年，行政编制11人，事业编制12人，设办公室、医政科、卫生科、计财科、红十字会、卫校。2008年，行政编制7人，事业编制47人，工勤人员编制1人，设办公室、医政科、卫政科、计财科、新型农村合作医疗管理中心、卫生监督所、疾病预防控制中心、妇幼保健站。

二、医政药政管理

（一）医政管理

医院管理

1987年，区医院实行院长负责制。院长负责人员调配、医疗业务、财务管理等工作。在医疗体制改革中，开平医院重点完善院长与科室之间的二级承包责任制，制订承包方法、承包内容、考核制度、分配制度和科室核算制度以及奖金分配办法。实行院长负责制后，由于目标明确、责任具体，促进了工作的开展。当年完成门诊41938人次，住院2870人次，分别比上年提高16%、14%。各乡镇卫生院实行独立核算、自负盈亏、按劳分配、民主管理的方法。区制订《乡镇卫生院浮动工资制试行方案》。是年5月1日，全区卫生院实行“浮动工资制”，国家补助的经费由区卫生局统一管理，用于卫生院的发展建设、预防保健和智力投资。实行浮动工资制后，扭转了工作无定额、质量无标准、干好干坏一个样的被动局面。1990年，为抓好医疗、护理质量管理，区医院建立病案室，完善质控系统，对医疗质量每月一小查，每季一联查，实行奖优罚劣。病房落实三级查房、会诊、病历讨论制度。护理工作实行总护士长指导下的各科分工负责制。对护理工作每周进行检查，每月进行评比。开展技术操作比赛活动。在市举办的技术比武中，取得静脉输液全市第三名的好成绩。从1994年起，医院管理的重点是完善医院规章制度。实施医疗、护理质量标准，各医院建立医疗质量考评组，医疗、规范护理技术操作，落实医疗、护理质量检查制度。开展一、二级甲等医院的创建。各医院以岗位责任制为依据，建立健全考勤、学习、值班、疫情报告、药品管理、财务管理、奖惩、卫生等各项制度，提高医院管理水平。1996年，开平区医院通过省评审，成为“二级甲等”医院。经区卫生局审核批准，陡河发电总厂职工医院、马家沟耐火材料厂职工医院、开滦荆各庄矿医院为“一级甲等”医院。2000年，贯彻执行《医疗机构管理条例》，向全区7家乡镇卫生院颁发《医疗机构执业许可证》。制订乡镇卫生院人事制度改革方案。实施“双聘制”，即区卫生局聘任乡镇卫生院院长，各乡镇卫生院院长聘任本单位职工。推行“全员招聘、竞争上岗、双向选择、优胜劣汰”的人事制度。改革工资分配制度，各乡镇卫生院全部实行岗位工资加绩效工资。加强卫生院财务管理。卫生经费由区财政拨付，区卫生局统一管理。对各医院实行定额补助，经费包干制。区制订《关于加强乡镇卫生院财务管理工作的决定》。建立院长财务管理责任制，加大对卫生院财务管理检查的力度，使卫生院财务逐步走上规范化管理的轨道。2004年，对竞聘上岗的乡镇卫生院院长的工作进行综合考评，对没有完成目标任务的栗园镇卫生院院长予以解聘，重新选拔任命院长。根据各卫生院人力资源情况，对工作人员进行合理调整，从而平衡各乡镇卫生院的医疗技术水平。2006年，以“功能齐全、环境优美、布局合理、管理规范、服务优良”为目标，推进乡镇卫生院标准化建设，增加卫生院基础设施和医疗设备的投入。同时抓好人才队伍建设。组织各乡镇卫生院院长参加市卫生院院长集中培训，系统学习公共卫生管理知识，组织卫生院业务骨干学习常见病、多发病的诊断、治疗知识，选派学有专长的工作人员到市级综合医院进修学习，以点带面，提高卫生院整体医疗技术水平。2008年，坚持和完善院务公开和医务公示制度。各种医疗收费标准、药品价格及诊疗程序，向社会公示，提高诊疗工作透明度。实行贵重药品及大型检查“双签字”制度，严格执行住院“一日清单”，坚持和完善医疗质量管理制度，建立医疗质量责任追究制，对处方用药和病历医嘱用药的合理性进行评价。在医务人员中建立“诚信档案”制度，把“诚信档案”与本人晋级、晋职、奖金挂钩，以此改善服务态度，提高服务质量。

个体医生管理

根据河北省《关于加强社会办医管理的决定》，1987年开始，要求联合诊所和个体医生做到诊疗有登记，开药有处方，药品有价格，收费有凭据，药品购销有账目。同时理顺购药渠道，杜绝使用伪劣药品。1990年，开展“医疗收费信得过”活动，加强对联合诊所和个体医生的监督检查。1996年，对全区70家诊所进行清理整顿，取缔个体诊所15个、无证行医15个，停业整顿诊所8个，对马矿工房的张某无证行医进行处罚。2000年，区卫生局制订《关于在个体诊所和乡村医生中开展纠正医药购销不正之风工作的实施意见》，卫生局与物价局联合举办个体诊所和乡村医生纠正医药购销不正之风暨药品价格培训班。检查出问题13条，销毁过期失效药品37种，价值2280元。卫生局执法人员对28家个体诊所进行检查，发现2家诊所存在5种问题药品，及时进行处罚。加大卫生监督执法力度，严厉打击非法行医行为。2003年，对10家不符合标准的社会办医机构做出责令限期整改的处理。对经限期整改仍不符合要求的4家社会办医机构予以注销。2006年，以“无证行医、非法性病诊疗、承包租赁医疗科室、扩大诊疗范围”为打击重点，实地检查医疗机构131个，取缔无证诊所2个，查处违规执业行为3起，罚款2300元。2008年，按照唐山市政府《关于加强医疗机构管理的意见》，在开平区94家社会办医机构中，落实“三统一”公示制度和不良执业行为记录制度。即向社会统一规范标牌、公示窗、胸牌内容。对医疗机构从业人员违反医疗卫生法律、法规的行为予以记分。积分结果与年度登记校验工作相结合。

农村卫生所管理

1987年，开平区进行农村卫生所整顿工作，恢复和建立卫生所112个，实行乡医聘任制，共聘乡医356名。村卫生所由村委会领导，业务由乡卫生院和乡卫生工作者协会监督指导。组织乡村医生加入卫生工作者协会和建立乡村医生技术档案。是年，乡村医生入会率96.9%，建档率95.5%。1992年，农村初级卫生保健工作正式纳入发展规划。开平区政府制订《开平区1992－1997年初级卫生保健工作规划》和《开平区1993年初级卫生保健工作实施计划》。区、乡（镇）成立初保委员会。是年8月，缸窑乡实现一村一所，带动全区初保工作的开展。1993年11月6日，唐山市政府在开平区召开全市农村卫生工作现场会，向全市推广开平区初保工作的经验。1994年，开平区132个行政村建立卫生室112个，其中甲级卫生室90个，占已建卫生室的80.36%。1994年6月，开平区初级卫生保健工作通过省评审组的检查验收，并取得全省总分第二名的好成绩，提前三年农村初级卫生保健达标。是年，在市卫生局组织的农村卫生工作检查中，开平区农村卫生工作名列第一。1995年6月，开平区通过卫生部初级卫生保健复核验收。1997年，区政府召开乡村组织一体化办医和合作医疗专题会议。制订《开平区乡村卫生组织一体化办医和合作医疗实施方案》，对进药渠道、收费标准、医疗质量、业务培训、乡医聘任、规章制度等进行一体化管理。是年，一体化办医率达到60%，合作医疗率达到35%。1998年，全区132个行政村，有108个村实现“一体化办医”，一体化办医率上升到90%。建立健全财务管理、双联处方、药品管理、报账、乡村医生工资报酬核算等规章制度。对326名乡医进行中专培训，考试合格率100%。43名乡医通过考试，取得市卫生局颁发的“乡医合格证书”。将区卫校三届中专毕业生充实到村卫生所，优化村医疗队伍。2001年，各乡（镇）卫生院加强对乡村医生的管理，月乡医上站率96%以上。区卫生局举办乡医培训班8期，480余人参训，考试合格率100%。全年完成乡医登记注册466人，发证率100%。2004年，在推进乡村卫生组织一体化基础上，规范乡村医生执业行为，进一步强化卫生院的管理职能，明确卫生院对乡村医生的准入控制，加强农村医疗服务市场的监管，对乡医择优聘用与合理调配，完善乡村医生的考核、培训、药品统一采购等职能。加强村卫生室规范化建设。全区41个文明生态村卫生室通过验收达标。根据《乡村医生管理条例》，制订9项村卫生室工作制度，统一配发到村卫生室。加强乡村医生的职业管理，开展乡村医生执业注册。全区449名乡医参加直接注册，20余名乡医参加注册考试。有157名乡医参加河北省中医药学校举办的中西医结合班，取得中专学历。2006年，对农村卫生室实施监督检查738户次，限期改正198户。447名乡村医生通过年检，71名乡医被吊销“执业许可证”。是年，村卫生室业务用房面积平均达到30平方米，90%的卫生室配备医用高压锅、紫外线灯等设备。2008年，开展全区在岗乡医考核工作。采取理论与实践相结合的方式，重点考核医疗服务质量、依法执业、医德医风及药品使用与管理四个方面的情况，在此基础上启动卫生室重新登记注册工作。358个村卫生室取得新核发的“医疗机构执业许可证”，18个村卫生室被依法予以注销。组织开展执业人员学历教育与培训工作。制订《开平区农村卫生人员培训工作安排意见》，分两期组织全区乡医参加急诊、急救知识培训，全面提高村级医疗机构从业人员对急危重症的识别与应急处置能力，鼓励在岗乡医参加学历教育与医师资格考试。全区在岗乡医中专学历增加到85%。

合作医疗管理

20世纪80年代，村卫生室多由乡村医生承包或个人经营，全区只有10个村实行合作医疗。1992年，缸窑乡实现集体办医和合作医疗制度，但村民看病报销比例较小。1997年，开始探索初级合作医疗制度，确定郑庄子乡、越河乡、洼里乡为试点。是年，实行合作医疗村达到35%。2006年，开平区开展农村合作医疗可行性调研，所调查的864户中，78.9%的村民表示愿意参加新农合。区卫生局广泛开展宣传发动工作，以新型农村合作医疗为内容，编印8万份《致农民朋友一封信》，发放到村民手中。是年，累计收缴资金167.6万元。10月1日，开平区新型农村合作医疗正式运行。截至10月31日，参合农民在各级定点医疗机构门诊就医920人次，住院393人次，门诊补偿12830.36元，住院补偿39949.47元，新农合工作取得良好开局。2007年，是新型农村合作医疗制度第一个实施年。截至9月30日，全区参合农民获得大额补偿的85人次，其中报销1.5万元封顶线6人，累计补偿达289.6万元。门诊基金使用率62.7%，住院基金使用率75.1%。2007年度，对新农合实施时间及参合资金收缴比例进行调整，共计参合3.3万个家庭，8.72万人，筹集资金654万元，参合率76.3%。2008年，按照市政府的部署，新型农村合作医疗补偿方案进行大幅度调整。各级财政补贴每人每年由40元增加到80元，住院补偿比例及年度封顶线有大幅度提高，并增设住院分娩补偿、特殊重大慢性病门诊补偿等。补偿方案于2008年4月1日开始实施。与原补偿方案相比，扩大补偿范围25%，提高补偿30%。有221名参合农民被确定为慢性病患者，另可获得额外补偿。截至10月底，共补偿1.41万人次，补偿金额达528.7万元，万元以上补偿42人。

（二）药政管理

1987年，开平区在卫生局设专职药政管理人员，负责药政管理工作。药品管理工作逐步规范化。

1999年10月，唐山市药品监督管理局开平分局成立，接管药品监管工作。2006年，撤销唐山市药品监督管理局开平分局，其业务收归唐山市药品监督管理局。

药品经营管理

1990年，医药市场进行整顿。对开平中西药店、郑庄子供销社药店、二十二冶商业公司药店进行检查验收，报市卫生局审批，核发“药品经营企业许可证”；并对辖区内的中药市场进行整顿，检查各医疗单位和零售药店的中药经营情况。是年，参加执法人员182人次，查处游医药贩62起，没收各类伪劣药品31种，15公斤，焚毁各种非法宣传广告200余份。1991年，区卫生局与区工商局联合查处深泽、无极县非法经营药品一案，金额达60多万元，并对其进行处罚。1993年，对假冒伪劣药品和虎骨、犀牛角与含其成分的中药进行查封，被查单位220个次，出动执法人员348人次，查封违禁药品10个品种，价值1.6万元。1996年，依据《药品管理法》，打击游医药贩，共查处不法游医17人次，处罚11人次，查处自制蛇油膏56瓶、牙痛水187瓶、非法广告宣传品400余张，当场没收并焚毁。对区内5所医院、7所乡镇卫生院、6个药品经营部、96个自然村、148个乡医和个体开业医、11个厂企医务室进行药品大清查，对不符合《药品管理法》规定的责令限期改正，对清查出的649瓶伪劣药品当场进行处理。1999年，结合对个体诊所和乡医的执业检查，逐户检查药品管理和使用情况，发现有15户保管和使用过期失效药品，涉及76个品种，值价6700余元。对过期失效药品全部没收集中销毁，对责任人处以价格3倍的罚款，累计处罚15人，罚款1.12万元。

医院药剂管理

1989年，开平区卫生局设立专职药品监督员。各医院建立健全药品管理制度和药房、药库工作制度。药品管理坚持“金额管理，数量统计，实耗实销”的办法，药库进药以“少量，多批”为原则，并建立三无药品登记卡制度。1998年，加强对各医院药品的监督、检查工作。各医院采购药品要坚持“择优定点，计划采购，院长审批，药库把关，财务结算，让利归公”的原则。各医院必须从获得“药品经营企业许可证”或“药品生产企业许可证”的经营生产单位采购药品。是年，对各医院的药品进行检查，重点查处假劣药品。洼里乡卫生院的消炎利胆片、郑庄子乡卫生院药品分发点的步长脑心通、开平镇卫生院的复方甘草片，经市药检所检验为假药。根据《药品管理法》有关规定，对3个单位予以行政处罚。为杜绝药品购销中的不正之风，开平区卫生局制订卫生院药品定点采购制度，卫生局与各卫生院院长签订《制止药品购销不正之风责任书》，卫生局与物价局研究制订医疗机构药品零售价格标准，各医疗单位将药品零售价格、收费标准和各项制度公开，接受群众监督，并印发《关于在各医疗单位开展“放心药房”活动的决定》。为遏制药价虚高的问题，从1999年开始推行招标购药，确定136种用量大的常用药品的单价标准。2000年，有10家企业中标。区医院院长与首批7家中标企业经理正式签署药品供销合同。2001年，区医院再次进行药品招标采购，此次发标采购药品149种，中标145种，中标药品价格比政府定价平均下降30%，个别品种下降幅度达50%。郑庄子乡卫生院和栗园镇卫生院对30多种药品零售价格进行下调，平均下调20%。2003年，由区卫生局组织完成乡镇卫生院药品联合招标采购工作。严格按照《招投标法》和《唐山市药品集中招标采购实施方案》进行运作。有5家省内外药品批发企业参加竞标，有3家药品批发企业中标，招标品种397种，中标药品358种，中标药品金额410万元。

麻醉药品管理

1987年，国务院下发《麻醉药品管理办法》，据此，开平区卫生局制订麻醉药品管理制度。规定在设有病床并具备进行手术和规定医疗条件的卫生院以上的医疗单位中，具有医师以上职称，经考核能正确使用麻醉药的医生，方可申请使用麻醉药品。1990年，区卫生局印发麻醉药品和精神药品的品种及其分类的规范性文件，向各乡镇卫生院发放麻醉药品处方笺、麻醉药品标记、瓶签等，从而解决麻醉药品与普通药品同使一种处方笺的问题。各医院基本能做到麻醉药品专用处方，实行双签字，做到麻醉药品专人管理、专立账目、专用药柜、专用处方笺、专册登记。1998 年，对区内 5 所医院、7 所乡镇卫生院的麻醉药品进行检查，开平区和古冶区还进行互查。检查发现个别单位存在麻醉药品保管无专柜现象，区卫生局及时向有关单位提出整改意见。

第五节　爱国卫生运动

一、卫生创建

1987 年开始，开平区的爱国卫生工作贯彻落实“政府组织、地方负责、部门协调、全民动手、科学治理、社会监督、分类指导”的方针，以治理城乡环境卫生为重点，以治理垃圾乱倒、污水乱泼、禽畜乱跑、柴草乱垛、粪土乱堆“五乱”为主要内容，以绿、美、亮、净为目标，增加财政投入，加快基础设施建设，力争达到卫生设施齐全，垃圾日产日清的要求。1997 年，开展“迎香港回归，创洁齐美环境”活动，组织全区 3 万人次、车辆 240 辆次，清除城乡接合部死角 45 处，清运垃圾废墟 4.32 万多吨，粉刷城市入口处墙壁 1.8 万平方米。市领导在唐古路召开现场会，予以表扬。1998－1999 年，在全区开展“卫生红旗单位”创建活动，各乡镇、街道、区直各厂企大搞环境卫生治理，3 年中有 69 个单位被授予卫生红旗单位称号。1999－2002 年，全面推行包秩序、包卫生、包绿化的“门前三包、门内达标”卫生责任制，区爱卫会与各单位签订责任书，并挂牌管理。2004 年成立区创建卫生城指挥部，制订《开平区创建卫生城区工作实施方案》。区创卫指挥部组织相关部门多次开展全区性环境卫生检查、评比、表彰活动，爱国卫生运动逐步向纵深发展。2005－2008 年，在省、市级卫生镇村创建活动中，开平镇半壁店村于 2005 年被授予省级卫生村称号，越河镇于 2006 年被评为市级卫生镇，上村、东越河村、鼓楼庄村、尤各庄村、双桥村、东新庄村等 33 个村被评为市级卫生村。

二、农村厕所改造

1987 年前，全区农村卫生厕所普及率较低。为改善农村环境卫生状况，提高农民生活质量，1992 年，区爱卫会下发《开平区农村卫生厕所改造实施方案》，指导全区农村开展卫生厕所改造。年内投资 8 万元，改造厕所 200 多座。1995 年，农户改厕达到 3.8 万户，占全区农户的 80.14%。至 2008 年，全区农村累计改建卫生厕所 4.52 万座，卫生厕所普及率达 82.5%。

三、除四害

22 年间，区政府每年下发除四害工作实施方案，并召开专门会议安排部署除四害工作，主管区长与区直单位、乡镇、街道、厂企签订灭鼠责任书。全区的灭鼠工作坚持以环境治理为主，药物灭鼠、机械灭鼠、生态灭鼠、生物灭鼠为辅的综合防治方针。对居民小区、农村和城乡接合部的卫生死角进行重点清理，做到无乱搭乱建，无乱堆乱放，无暴露垃圾。同时治理污水、池塘，疏通下水道，清除蚊蝇滋生场所，堵塞鼠洞，清理鼠类、鼠咬痕，清除蟑螂卵鞘及其粪便。1999 年后，采取“三统一”（统一布置、统一时间、统一灭野鼠）、“三集中”（集中人力、集中物力、集中时间）、“三结合”（领导、技术人员与群众相结合、突击灭鼠与经常化灭鼠相结合、药品灭鼠与工具灭鼠相结合）、“五不漏”（不漏单位、不漏村、不漏户、不漏田块、不漏房间）措施，实现灭鼠全面达标。为加强蚊蝇蟑消杀工作，区爱卫会下发通知，于每年 6－9 月组织全区各单位突击消杀，特别是对旅店业、餐饮业、食品加工、窗口单位、公共场所、医院、学校等重点部位的消杀工作予以检查监测。2008 年，农村鼠密度降至 3.5%，特殊行业 3%，城区 1% 以下。

四、健康教育

1987年，区爱卫会组织全区机关、企事业单位开展健康知识普及活动。在公共场所设立卫生橱窗、板报和咨询服务台，在各学校、幼儿园开设心理卫生、生理卫生、个人卫生、饮食卫生等健康教育课程，大力宣传环境治理、卫生防病知识等内容。1992年，全区85%的中小学开设健康教育课；区电视台开设健康教育专题节目；驻区大企业陡河电厂、开滦马家沟矿和马家沟耐火材料厂，也先后组织卫生保健知识学习和竞赛活动。1995年，全区中小学健康教育开课率达到90%，新建卫生科普街4条，新增科普入户800多户，发放科普卫生材料4种计万份。2002年，在乡镇街道举办健康教育培训班9次，4000多人参训和考试，发放教材3000多册，居民卫生知识知晓率达到80%以上。2004－2008年，全区的健康教育工作推出六种模式（社区、机关、学校、医院、厂企、食品公共场所从业人员）和四级网络建设（区、街、社区、单位）。社区的健康教育工作采取定期向居民讲解卫生保健知识，并建立健康教育档案；各机关事业单位采取集中讲课和自学相结合的方式；学校以健康教育课为主；医院以健康教育处方和卫生科普入病房的形式开展健康教育；各大厂企以讲座、宣传册、收听收看广播电视为主。通过实施全民健康教育工程，使广大群众的健康意识全面提高。

第二章　体　育

1987年后，开平区以争创全国体育先进县和推行《国家体育锻炼标准》为契机，开展全区群众性体育活动。1993年，被评为“全国体育先进县”；1996年、1999年两度荣获河北省实施《国家体育锻炼标准》先进县区称号。全区中小学生体育达标率98%。职工体育、农民体育、社区体育蓬蓬勃勃，丰富多彩。每年区体委、文教局、总工会举行区级比赛近20项次。截至2007年，先后举办八届职工运动会。参加体育活动的农民占农业人口的5.17%，有3个乡被评为“全国亿万农民健身活动”先进乡，税务庄街道和税东社区分别荣获“河北省体育先进社区”和“唐山市城市体育先进单位”称号。以开平区业余体校为基地培养了一批竞技体育优秀人才，累计为省体工队输送12名运动员，在市、省、国家和国际重大体育赛事中摘金夺银。

第一节　体育设施与管理机构

一、体育设施

1987年以前，开平区没有大型综合体育场地。1987年，区政府决定利用马家沟耐火材料厂工房地震遗址筹建开平区体育中心。是年，组织机械化施工队平整出场地80亩。1988年，建成高标准400米田径场，中间为有上下水的草坪，可供足球比赛，为河北省县级唯一一处有草坪的田径场。1990年，以争创全国体育先进县为契机，投资400万元，按照国家标准在体育中心建设可容纳3000多人的灯光球场、35米×40米的训练房和25米×50米的标准游泳池。1993年，建成集训练、文化学习、食宿三集中的区体育运动学校。工厂、学校、农村也陆续建起一批体育场地，全区12个乡镇都建有水泥地面灯光篮球场。

据2004年第五次全国体育场地普查结果，辖区内共有体育场地266个，其中标准场地134个，占总场地数的50.38%，非标准场地132个。田径场和篮球、排球等标准体育场地，主要分布于中小学校，乒乓球、羽毛球和健身路径等非标准场地主要分布于机关、乡镇和街道。体育场地占地面积91.33万平方米，人均3.72平方米，体育场地面积39.17万平方米，人均1.6平方米，建筑面积1.7万平方米。体育场地总投资4565.74万元，其中财政拨款771.92万元，单位自筹3481.84万元，其他来自社会捐助、体彩公益金等。全区体育场地利用率为80%左右。截至2008年，全区132个行政村建有篮球场39个、羽毛球场27个、室外乒乓球台23个、室内乒乓球台32个、乒乓球室26个、台球室7个、棋牌室16个、健身房2个、健身路径28套。建于2008年的栗园村健身园，南北长84米，东西长33.5米，健身场地2815平方米。北设篮球场，南设健身器材20组，中间摆有棋桌4组，石桌、石椅24套，乒乓球台1个。园中植有香槐、柔柳99棵。健身园南建有2500平方米石板铺地的露天广场。

二、管理机构

1987年，开平区体育运动委员会为全区体育事业管理机构，下设办公室、群体股、竞训股、体育场，有工作人员16人。1996年，区机构改革撤销区体育运动委员会，成立开平区文化体育局，保留体育股和体育中心，分管体育工作。2008年，有工作人员11人。

第二节　群众体育

一、学校体育

开平区历来重视在校学生的体育锻炼，将学校体育作为增强学生体质，促进身心健康，实施素质教育的重要内容。1987年3月10日，区下发《关于开展全区中、小学生推行〈国家体育锻炼标准〉评比的通知》，要求全区小学三年级以上的学生参加测试。继而，在全区校园掀起体育锻炼热潮。年内，全区中学生参测人数11269人，占应参测人数的99.59%；其中，达标10679人，占93.87%；优秀1635人，占15.31%。小学生参测人数16120人，占应参测人数的99.52%；其中，达标15983人，占99.15%；优秀3285人，占20.55%。“推标”工作带动了“两操、两课、两活动”制度的实行，确保学生每天至少有1小时的体育锻炼时间。1988年，郑各庄小学教师杨洪山被评为1987－1988年度河北省中、小学推行“国家体育锻炼标准”优秀工作者。1989年3月5日，区下发《关于为迎接亚运会在全区开展儿童田径“雏鹰起飞”通讯赛活动的通知》，至7月底，先后举办了全区小学生田径选拔赛、小学生运动会和中、小学生田径对抗赛。是年5月29日，下发《新少儿操联查评比的通知》，着力推动国家新编第七套儿童广播体操（韵律操）和第五套少年广播体操在校园普及。12月21日，下发《关于开展中、小学生冬季体育锻炼和加强学校冬训工作的通知》，要求小学三、四年级学生每天跑步800米；五、六年级1000米；中学男1500米，女1200米。1991年2月26日，下发《关于中小学每周开展三次体育锻炼的通知》，再次强调确保学生的体育锻炼时间。1993年，唐山四十九中被评为1992－1993年度河北省“推标”工作先进学校，该校教师甘彩云被评为先进个人。1994年，屈庄小学刘海涛等7名小学生被市体育局命名为1993－1994年度“雏鹰起飞”体育小能手。1996年，开平区被评为1995－1996年度河北省实施《国家体育锻炼标准》先进县区，荆各庄小学被评为先进学校，陆晓强被评为先进个人。1997年，水库小学荣获全国推行《国家体育锻炼标准》先进集体称号，该校教师王建国荣获河北省全民健身“十佳”体育教师。1999年，开平区再度荣获河北省实施《国家体育锻炼标准》先进县区称号，唐山四十九中学教师王永春被评为先进工作者。是年，全区中、小学生参测率99.3%，达标率98%。

每年4月和10月，全区各中、小学分别举办春季和秋季运动会，以检阅学生的身体素质和锻炼成果。

二、职工体育

随着农村工业化的推进，乡镇工业的崛起，至1987年，全区职工总数增加至近3万人，占全区劳动力总数的37.5%。职工体育成了开平区群众体育的重要组成部分。区体委和各级工会把开展职工体育作为贯彻《全民健身计划纲要》的重要内容，先后成立了乒乓球协会等群众体育组织，开展丰富多彩的职工体育活动。

1986年，举办开平区第一届职工运动会，近千名职工参加。至2008年，共举办8次。1987年，重要职工体育赛事有4月份的开平区教工春季运动会和11月30日至12月4日的开平区职工篮球赛。1988年，举办开平区首届乡镇职工田径运动会，全区12个乡镇的近600名运动员，参加12个项目的角逐。6月5日，在屈庄养鱼坑举办1988年度职工钓鱼比赛。12月27日，举办开平区第一届“保险杯”元旦长跑比赛；自此，每年举办一次，至2008年，共举办21届，累计参赛选手4000多人，最年长的参赛者69岁。1989年，区总工会按市总工会唐工字〔1989〕28号文件《关于在全市厂矿企业中试行〈全国职工健身七项锻炼标准（草案）〉的通知》精神，在全区厂矿职工中开展长跑活动，号召男职工每天不少于1000米，女职工每天不少于500米。是年10月21日举行的职工田径运动会，全区有400多名选手参赛。年内重要体育赛事有5月17日至20日的区职工乒乓球赛和6月28日至7月1日的区职工中国象棋赛。9月30日举办的开平区第一届机关干部田径运动会，有运动员860人。1991年7月28日，区委办、政府办、体委、总工会联合下发开平办〔1991〕53号文件《关于在我区开展“迎城运”进一步推广第七套广播操的通知》。1991－1992年，分别举办了“迎城运”职工游泳比赛、羽毛球比赛和职工田径、七项达标运动会。1994年6－7月，分别举办开平区“乒协杯”暨、“胜陶杯”职工乒乓球赛和“唐越杯”职工乒乓球赛，共有27个队100名选手参加角逐，文教局代表队和二十三中教师孙熊分获两次比赛的团体冠军和个人第一。9月26－30日举办的“燕水杯”篮球邀请赛，有9支球队参加。7月28日和10月13日，还分别举办第四届财贸系统职工象棋比赛和田径运动会。1997年，区体委先后举办2期第八套广播体操领操员培训班，培训领操员65人。在全市职工广播操比赛中，开平区获三等奖。是年，由半壁店钢铁集团赞助举办首届“半钢杯”乒乓球赛，至2008年，每年举办1次，共举办了12届。2007年4月29日，举办的开平区第八届职工运动会，共有57支代表队，1300多名运动员，分别参加了6个组别12个项目的比赛，银水集团代表队获团体总分第一名。

三、农民体育

1987年，开平区农业人口23.93万人，参加体育活动的有1.24万人，占5.17%。全区乡镇有农民体育协会12个，专兼工作人员12人；有村级体育领导小组99个。主要体育项目有田径、篮球、乒乓球、武术和中国象棋，其中李家峪多武术高手，袁家庄象棋最普及。是年2月，举办开平区武术表演赛。3月9－11日举办的中国象棋比赛，12个乡镇的30多名选手参加角逐。4月，举办开平区第一届农民田径运动会，全区12个乡镇600多名运动员参加30多项比赛，这是唐山市第一次县（区）级农民体育盛会，省、市电视台均予以报道。11月6－7日，在唐山四十九中举办农民篮球邀请赛。1988年，果园乡乡长尚怡相继被评为全国农村体育积极分子和河北省农村体育积极分子；果园乡被评为河北省体育先进乡。是年，该乡成立中国象棋协会。年内，全区农民体育赛事频繁，主要有3月9－11日区体委举办的开平区农民中国象棋比赛，9月24日区体委与果园乡体育协会联合举办的“中秋杯”中国象棋邀请赛，双桥乡主办的“少林杯”武术邀请赛。12月23日，区下发《关于开展春节期间群众体育活动评比的通知》。1989年春节期间，全区农村群众体育活动丰富多彩，计有3.23万人参加了60多项次活动。果园乡农民郭金来个人出资2000元举办的“迎春杯”中国象棋邀请赛，开启了开平区个人举办体育赛事的先例。1991年，区体委举办开平区乡镇迎城运“效益杯”篮球赛。是年，果园乡、郑庄子乡被评为

“全国亿万农民健身活动”先进乡，中央电视台“新闻联播”对两乡农村体育运动进行报道。同年，梁家屯乡、双桥乡双双被评为省、市体育先进乡。1992 年，郑庄子乡、果园乡被评为唐山市春节农村体育活动先进乡。1994 年，开平区继 1993 年被评为全国体育先进县，又被评为全国群众体育先进单位，区长尚幸全被评为全国群众体育先进工作者，区体委主任谭春明被评为河北省十佳县（区）体委主任，郑庄子乡、洼里乡先后被评为“全国亿万农民健身活动”先进乡和唐山市体育先进乡，齐秀玲被国家体委和全国农民体协评为全国农民体育积极分子，并在同年召开的全国农村体育工作会议上介绍经验。为贯彻《全民健身计划纲要》，各乡镇积极引导文化站和农民体协，开展以大秧歌为主，门球、武术、交谊舞、迪斯科为辅的群众文体活动。至 1998 年，全区 132 个行政村中有群众锻炼点 400 多个，能够参加比赛的队 48 个，其中栗园镇 10 个、越河乡 12 个、郑庄子乡 10 个、开平镇 10 个、双桥乡 6 个。由夏庄村主办的“民族团结杯”篮球邀请赛，至 2008 年共举办 5 届。其中 2008 年 9 月 21－23 日举办的第五届邀请赛，共有 12 支代表队近百名选手参赛，经过 3 天 44 场比赛，唐山球友联队夺冠，夏庄猛龙一队获亚军。

四、社区体育

开平区社区始建于 2002 年，随着社区建设的逐步完善，形式多样的群体活动也日趋活跃。2003 年，首先为开平、马家沟、税务庄等 3 个街道的社区居民锻炼点设置 35 套健身路径。同年，在唐山市首届社区星光老年文体艺术节上，开平区选手表演的木兰、太极系列双双夺冠。在全国城市社区健身球比赛中，税东社区代表队获一等奖。2003 年，税务庄街道荣获“河北省体育先进社区”称号。2004 年，举办开平区第一届社区迎春中国象棋比赛，至 2008 年，已举办 5 届。一年一度的迎春门球赛，由老年体协等单位与社区联办。2006 年，在新工村社区举办的第三届迎春门球赛，来自 8 个社区的 80 多名选手参加比赛，为历届人数最多。开平区首届“永和食府杯”三对三篮球赛，于 2006 年在东新苑社区健身场举行，共有 7 支球队参赛。2007 年，参赛球队增加到 10 支、40 人。是年，税东社区被评为“唐山市城市体育先进单位”。2008 年，开平区举办第一届“于浩沃特杯”三对三篮球赛，来自全区 15 个代表队的近 60 名运动员参赛。

第三节　竞技体育

一、业余训练

（一）专项体育训练

22 年间，全区广大体育爱好者为了切磋技艺，提高水平，纷纷成立各类体育协会。1987 年，区成立田径协会、武术协会、钓鱼协会；果园乡成立中国象棋协会，该乡农民郭金来在自家成立棋社，吸引了众多象棋爱好者；双桥乡武术协会以李家峪村为基地，广招武林高手前来习武健身。90 年代之后，区内陆续成立了乒乓球协会、羽毛球协会、篮球协会、门球协会等群众体育团体。他们利用农闲工余坚持训练，并先后举办了“中秋杯”象棋邀请赛、“少林杯”武术邀请赛、“民族团结杯”篮球邀请赛、“迎春杯”门球赛、职工羽毛球比赛、“半钢杯”乒乓球比赛、钓鱼比赛等。通过赛事检验训练水平，有些赛事已成为全区多年坚持的体育比赛。重点学校都有田径队和篮球、足球、乒乓球等球队，利用课余时间在老师的指导下进行训练。

（二）传统项目训练

1987 年 6 月，区下发《关于命名小学田径业余训练点的通知》，将王千庄小学、陡河小学、唐马路小学、孩儿屯小学、于家店小学、礼尚庄小学、白寺口小学、开平小学、龙王庙小学、水库小学、贾庵子小学命名为田径业余训练点。同年，命名将军坨小学为体育传统项目（篮球）学校。1994年5月，水库小学、荆各庄小学、唐山四十九中学、唐山二十中学被市体委和市教委命名为市级传统体育项目（田径）学校；11月，唐山十八中学、水库小学被省体委和省教委命名为省级体育传统项目（田径）学校。1999年，小学业余训练点增加到14个，参训学生756人，比区划变动前的1987年增长20%。2000年，唐山四十九中学和水库小学，双双被命名为省级体育传统项目（田径）学校。2004年，唐山二十三中学、唐山二十中学、荆各庄小学、王千庄小学、开平小学被命名为市级体育传统项目（田径）学校。至2008年，全区共有省级体育传统项目（田径）学校2所，市级体育传统项目（田径）学校5所，小学田径业余训练点14个。这些学校的学生，利用课余时间，接受老师的系统训练，有很多人被输送到各级体校，成为优秀运动员。2004年，水库小学获评省级“输送人才”先进单位，王永春、张伟春获评省级先进个人；唐山二十三中学、唐山二十中学、荆各庄小学、王千庄小学、开平小学获评市级“输送人才”先进单位；张伟松、张春荣、王永科、张兴荣获评市级先进个人。截至2008年，开平区累计向省体工队输送优秀运动员12名。

二、竞技成果

（一）市级竞技成果

在市级赛事中，共获第一名（含金牌、冠军）35次、第二名（含银牌、亚军）8次、第三名（含铜牌、季军）4次。

1987－2008年参加市级赛事获奖情况表

表24－3

运动会名称	项目	获奖名次	获奖时间	获奖人			备注
				姓名	性别	单位	
唐山市小足球赛	男子组	第一名	1988		男	郑各庄小学	
唐山市小学生运动会	4×100米	第一名	1989		女	开平区	破乙组市纪录
唐山市业余体校田径赛	团体总分	第一名	1993			开平区体育学校	
唐山市第四届青少年运动会	团体总分	第一名	1995			开平区	
唐山市中学生运动会	800米	第一名	1997.4	李春来	男	唐山四十九中学	破市纪录
唐山市少年柔道比赛	团体总分	第一名	1997.6			开平区	
唐山市少年举重比赛	团体总分	第一名	1997.7		男	开平区	
唐山市少年举重比赛	团体总分	第一名	1997.7		女	开平区	
唐山市青少年射击比赛	团体总分	第一名	1997.8			唐山市二十中学	代表开平区
唐山市农民象棋比赛	棋王象棋比赛	第一名	1998.7	庞宝顺	男	开平区	棋王称号
唐山市中学生田径运动会	初中组团体总分	第一名	1998.4			开平区	
唐山市小学生田径运动会	团体总分	第一名	1998.5			开平区	
唐山市中学生篮球比赛	初中组	第一名	1998.7		男	开平区	
唐山市业余体校田径比赛	团体总分	第一名	1998.10			开平区体育学校	
唐山市少年柔道比赛	团体总分	第一名	1998.11		女	开平区	

续表 24－3

运动会名称	项目	获奖名次	获奖时间	获奖人			备注
				姓名	性别	单位	
唐山市第五届青少年运动会	团体总分	第一名	1999			开平区	
唐山市中学生篮球比赛	男子组	第一名	1999		男	开平区	
唐山市青少年举重比赛	团体总分	第一名	2000.8		男	开平区	
唐山市青少年举重比赛	团体总分	第一名	2000.8		女	开平区	
唐山市青少年柔道比赛	团体总分	第一名	2001		男	开平区	
唐山市青少年柔道比赛	团体总分	第一名	2001		女	开平区	
唐山市青少年举重比赛	团体总分	第二名	2001		男	开平区	
唐山市青少年举重比赛	团体总分	第一名	2001		女	开平区	
唐山市中学生运动会	初中组团体	第一名	2001.8			开平区	
唐山市中学生运动会	初中组 800 米	金牌	2001.8	云树成	男	开平区	
唐山市中学生运动会	初中组 1500 米	金牌	2001.8	云树成	男	开平区	
唐山市中学生运动会	初中组 3000 米	金牌	2001.8	云树成	男	开平区	
唐山市中学生运动会	团体总分	第二名	2002			开平区	
唐山市小学生男子篮球赛	篮球	冠军	2002		男	开平区	
唐山市少年柔道比赛	团体总分	第一名	2002			开平区	
唐山市第六届青少年运动会	团体总分	第二名	2003			开平区	
唐山市门球比赛	门球	第二名	2003.3		男	开平区	
唐山市中学生田径运动会	团体总分	第三名	2004			开平区	
唐山市小学生田径运动会	团体总分	第一名	2004			开平区	
唐山市柔道比赛	团体总分	第一名	2004			开平区	
唐山市摔跤比赛	团体总分	第一名	2004			开平区	
唐山市太极拳比赛	团体总分	第一名	2004.10			开平区	
唐山市太极拳比赛	42 拳	银牌	2004.10	李丽娟	女	开平区	
唐山市太极拳比赛	42 剑	铜牌	2004.10	李丽娟	女	开平区	
唐山市太极拳比赛	42 拳	金牌	2004.10	赵玉兰	女	开平区	
唐山市太极拳比赛	42 剑	银牌	2004.10	赵玉兰	女	开平区	
唐山市中小学生田径运动会	初中组团体总分	第一名	2005			开平区	
唐山市小学生篮球比赛	男子组	亚军	2005		男	开平区	
唐山市小学生篮球比赛	女子组	季军	2005		女	开平区	
唐山市中学生田径运动会	团体总分	第一名	2006			开平区	
唐山市小学生乒乓球比赛	团体总分	第三名	2006			开平区	
唐山市小学生乒乓球比赛	丙组单打	冠军	2006	王乙婷	女	开平区	

（二）省级竞技成果

在省级赛事中，共获第一名（含金牌、冠军）31次、第二名（含银牌、亚军）7次、第三名7次、第四名1次。

1987－2008年参加省级赛事获奖情况表

表24－4

运动会名称	项目	获奖名次	获奖时间	获奖人			备注
				姓名	性别	单位	
河北省青少年竞走比赛	乙组5000米	第一名	1989.3	郝丽娟	女	开平区	
河北省青少年竞走比赛	乙组3000米	第一名	1989.3	张艳静	女	开平区	
河北省青少年竞走比赛	乙组5000米	第一名	1989.3	何铁锋	男	开平区	
河北省农民象棋比赛	团体总分	第一名	1989			开平区	
河北省农民象棋比赛	个人总分	第一名	1989	梁亚琼	男		
河北省农民象棋比赛	个人总分	第三名	1989	蒋凤山	男	开平区	
河北省重点项目运动会	100米	第一名	1990	张丽梅	女	开平区	
河北省重点项目运动会	400米	第二名	1990	张丽梅	女	开平区	
河北省重点项目运动会	400米栏	第二名	1990	张丽梅	女	开平区	
河北省重点项目运动会	个人全能	第一名	1990	刘春英	女	开平区	
河北省重点项目运动会	标枪	第二名	1990	张文会	男	开平区	
河北省重点项目运动会	标枪	第三名	1990	崔金芝	女	开平区	
河北省重点项目运动会	1500米	第一名	1990	陈影	女	开平区	
河北省重点项目运动会	3000米	第一名	1990	陈影	女	开平区	
河北省传统项目比赛	团体总分	第一名	1991			开平区	代表唐山市
河北省少年篮球锦标赛	乙组总分	冠军	1995		女	开平区体育学校	
河北省“龙福杯”举重锦标赛	59公斤级	第一名	1997.7	佟磊功	男	开平区	
河北省“龙福杯”举重锦标赛	83公斤级	第一名	1997.7	郑满亮	男	开平区	
河北省“龙福杯”举重锦标赛	108公斤以上级	第一名	1997.7	王双喜	男	开平区	
河北省“龙福杯”举重锦标赛	54公斤级	第二名	1997.7	沈伟	男	开平区	
河北省中学生篮球赛	男子组	第三名	1999		男	开平区	代表唐山市
河北省体育传统学校篮球赛	男子组	冠军	2000.8		男	开平区体校	代表唐山市
河北省第十届运动会	团体总分	第二名	2000.9		女	开平区	代表唐山市
河北省体育传统学校篮球赛	小学组	亚军	2002		男	开平区	
河北省太极拳比赛	大极32剑	金牌	2002	薄洪	男	开平区	
河北省“露露杯”乒乓球邀请赛	团体总分	第三名	2002		男	开平区	

续表24－4

运动会名称	项目	获奖名次	获奖时间	获奖人			备注
				姓名	性别	单位	
河北省“露露杯”乒乓球邀请赛	老年组单打	第四名	2002	孙熊	男	开平区	获国家业余一级运动员称号
河北省“中房建星杯”老年乒乓球邀请赛	团体总分	第二名	2002		男	开平区	
河北省“中房建星杯”老年乒乓球邀请赛	单打	冠军	2002	孙熊	男	开平区	
河北省第十一届运动会	柔道78公斤级	第一名	2004	赵丽	女	开平区	
河北省第十一届运动会	柔道无差别级	第一名	2004	孟颖	女	开平区	
河北省第十一届运动会	柔道无差别级	第一名	2004	朱敬龙	男	开平区	
河北省第十一届运动会	举重58公斤级	第一名	2004	蒋青青	女	开平区	
河北省第十一届运动会	自由式摔跤	第一名	2004	云宁	女	开平区	
河北省武术比赛	威龄强身健骨操	第一名	2004.10	李文琴等12人	女	开平区	
河北省青少年田径锦标赛	乙组5000米竞走	第二名	2005	张明伟	女	开平区	
河北省青少年田径锦标赛	乙组3000米竞走	第三名	2005	张明伟	女	开平区	
河北省柔道锦标赛	甲组无差别级	第一名	2005	孟颖	女	开平区	
河北省摔跤锦标赛	自由式无差别级	第一名	2005	钱蕊	女	开平区	
河北省摔跤锦标赛	54公斤组	第一名	2005	云丹丹	女	开平区	
河北省青少年举重锦标赛	甲组85公斤级	第一名	2005	李长春	男	开平区	
河北省第十二届运动会	柔道甲组66公斤级	第一名	2007	杨林	男	开平区	
河北省第十二届运动会	摔跤甲组54公斤级	第一名	2007	云丹丹	女	开平区	
河北省第十二届运动会	举重63公斤级	第一名	2007	付静	女	开平区	
河北省第十二届运动会	举重85公斤级	第一名	2007	李长春	男	开平区	
河北省第十二届运动会	乙组3000米竞走	第一名	2007	张明伟	女	开平区	
河北省第十二届运动会	柔道甲组无差别级	第三名	2007	朱敬龙	男	开平区	
河北省第十二届运动会	柔道无差别级	第三名	2007	孟颖	女	开平区	

（三）国家级竞技成果

在国家、国际级赛事中，开平区及区体校培养输送到省体工队的运动员，获第一名9次、第二名6次、第三名3次。

1987－2008 年参加国家、国际级赛事获奖情况表

表 24－5

运动会名称	项目	获奖名次	获奖时间	获奖人		
				姓名	性别	单位
全国第一届青少年运动会	5000 米竞走	第一名	1989.9	郝丽娟	女	开平区
全国竞走邀请赛	50 公里竞走	第一名	1990	张爱顺	男	省体工队
亚洲青年田径锦标赛	400 米	第一名	1995	蒋兰英	女	省体工队
全国田径锦标赛	800 米	第一名	1997	张晓兰	女	省体工队
全国田径锦标赛	3000 米障碍	第一名	2000	袁小康	男	省体工队
全国青少年举重锦标赛	69 公斤级	第一名	2000	高保来	男	省体工队
全国青少年举重锦标赛	59 公斤级	第一名	2001	沈伟	男	省体工队
全国青少年举重锦标赛	76 公斤级	第一名	2001	张帅	男	省体工队
全国青少年举重锦标赛	69 公斤级	第一名	2002	沈伟	男	省体工队
全国青少年举重锦标赛	77 公斤级	第二名	2002	张帅	男	省体工队
全国青少年举重锦标赛	84 公斤级	第二名	2002	郑满亮	男	省体工队
全国青年举重锦标赛	83 公斤级	第二名	2004	张帅	男	省体工队
全国青年举重锦标赛	63 公斤级	第三名	2004	马丽	女	省体工队
全国太极拳比赛	陈氏太极拳	第二名	2004.10	薄洪	男	开平区
全国举重锦标赛	69 公斤级	第二名	2005	马丽	女	省体工队
全国田径锦标赛	5000 米	第二名	2005	张明伟	女	省体工队
全国田径锦标赛	1 万米	第三名	2005	张明伟	女	省体工队

附记

开平区体育运动学校

开平区体育运动学校的前身为开平区少年业余体育学校，始建于 1958 年，1960 年解体，1979 年恢复，并更名为开平区体育运动学校。1992 年，区政府投资 90 余万元，在开平区体育中心建成集学习、训练、住宿三集中的体育运动学校。是河北省设施、条件最完备的县级体育学校。体校场地设施齐全，有 400 米标准田径场 1 个，场内草坪可承担足球比赛；灯光篮球场可容 3000 名观众；另有占地 1500 平方米的篮球场 2 个、室外 50 米标准游泳池 1 个。体育馆建筑面积 684 平方米，540 个座位。2003 年，为扩大学

校规模，学校迁至马家沟街道新工村小区南侧。2009 年，投资 600 万元建成总建筑面积 6000 平方米的教学楼、宿舍楼和训练馆，将体校办成集训练、学习、住宿为一体的全日制封闭式学校。2008 年，有教职工 54 人，其中文化教师 20 人、教练员 15 人。有学生 120 人。学制从小学五年级到初中三年级，白天

上文化课，傍晚3小时进行体育训练。学校开设田径、篮球、柔道、举重、足球等奥运项目。至2008年，区体校累计为省、市体工队，大专院校输送队员和体育特长生380多人，其中向省体工队输送优秀运动员12人。并多次代表开平区参加各类体育比赛。1992年，时任国家体委主任伍绍祖为体校题词“体坛苗圃”。1992年和1993年，连续两次获评“全国群众体育工作先进单位”称号。1999年4月，河北省业余体校训练工作现场会在开平区召开，区体校作典型发言。

三、承办赛事

（一）区内赛事

开平区历年体育赛事较多，而且有些项目比赛形成了传统，至1995年，每年都有20多项次的比赛。坚持多年并形成惯例的有区职工田径运动会、区机关干部田径运动会、“半钢杯”乒乓球赛、“保险杯”元旦长跑比赛、“民族团结杯”篮球邀请赛和区中、小学生运动会等。

开平区职工田径运动会始于1986年，至2008年，共举办了8届。1989年，举办开平区第一届机关干部田径运动会，至2008年共举办了11次。2004年，两个运动会合并举办。2007年4月29日，举办的开平区第十一届机关干部暨第八届职工田径运动会，有来自区直各单位、乡镇、街道和厂企的57支代表队参赛。始于1988年的“保险杯”元旦长跑比赛，每年举办1次，至2008年，共举办了21届，累计参赛选手4000多人次。启动于1997年的“半钢杯”乒乓球邀请赛，至2008年，共举办了12届。由夏庄村承办的“民族团结杯”篮球邀请赛，至2008年，共举办了5届。全区中学生运动和小学生运动会，每年春季和秋季各举办1次。

（二）区外赛事

1989年和1990年，开平区先后承办河北省城市小学生男子小足球比赛和河北省少年女子足球锦标赛。1992年9月26－28日，承办河北“半钢杯”全国女篮四强邀请赛，前卫、北京、沈阳、河北等全国一流的女子篮球队应邀参加比赛。1993年和1994年，还先后承办河北省第八期和第九期篮球“苗子”集训。

开平区最高田径记录

表24－6

组别 记录 项目	男子组					女子组					备注
	成绩	姓名	单位	比赛名称	时间	成绩	姓名	单位	比赛名称	时间	
100米	11”	蔚海滨	46中	开平区中学生运动会	1998	12”3	刘春英	49中	唐山市中学生运动会	1990	
200米	22”9	蔚海滨	46中	唐山市中学生运动会	1997	26”3	刘春英	49中	唐山市中学生运动会	1990	
400米	50”1	李春来	49中	唐山市中学生运动会	1997	58”5	张晓兰	49中	唐山市中学生运动会	1995	
800米	2’0”9	李春来	49中	唐山市中学生运动会	1997	2’11”9	张晓兰	49中	唐山市中学生运动会	1994	
1500米	4’7”1	冯卫忠	18中	河北省中学生运动会	1990	4’32”3	张晓兰	49中	唐山市中学生运动会	1994	
3000米	9’11”2	顾玉军	66中	唐山市中学生运动会	1987	9’54”4	张晓兰	49中	唐山市中学生运动会	1994	
5000米	15’56”	闫小康	23中	开平区中学生运动会	1998						
100m栏						15”9	丁亚娟	59中	唐山市中学生运动会	1994	
110m栏	16”6	陈贵林	46中	开平区中学生运动会	1997						
4×100米	45”	岳金山、蒋玉蕊 蔚海滨、马少丰		唐山市中学生运动会	1997	50”1	尚国伟、董林娣 杨　丽、闫海玲		唐山市中学生运动会	1997	区队
跳高	1.85米	柳久占	66中	唐山市中学生运动会	1998	1.65米	赵爱红	18中	唐山市中学生运动会	1983	
跳远	6.61米	蒋玉蕊	49中	开平区中学生运动会	1997	5.54米	董林娣	49中	唐山市中学生运动会	1997	

续表 24－6

组别/记录/项目	男子组					女子组					备注
	成绩	姓名	单位	比赛名称	时间	成绩	姓名	单位	比赛名称	时间	
三级跳远	13.92 米	蒋玉蕊	49 中	开平区中学生运动会	1998	11.86 米	董林娣	49 中	唐山市中学生运动会	1997	
铅球	14.83 米	吕文	49 中	开平区中学生运动会	1998	12.74 米	罗灵焕	58 中	开平区中学生运动会	1997	男:6 公斤 女:4 公斤
铁饼	43.00 米	田俊强	58 中	开平区中学生运动会	2000	37.18 米	田磊	49 中	唐山市中学生运动会	1996	男:1.5 公斤 女:1 公斤
标枪	64.41 米	窦建静	59 中	开平区中学生运动会	1995	44.00 米	王素霞	18 中	唐山市中学生运动会	1986	男:700 克 女:600 克

附记

开平区争创全国体育先进县纪实

改革开放 10 年，随着全区经济社会的快速发展，为了满足人民群众日益增长的文化需求，1987 年，区政府决定利用 80 亩原马家沟耐火材料厂工房地震遗址筹建开平区体育中心。为了将这片堆积了大量废墟而且南北落差近 4 米的土地建成高标准体育场，区政府协调陡河发电总厂、荆各庄矿、马家沟矿、马家沟耐火材料厂、冀东化工厂等中央、省、市属企业出动推土机，装载机、翻斗车组成一支机械化施工队伍，奋战了一个月对场地进行平整。

1988 年，按照国家田径比赛规则，在市体委专业人员及清华大学国内田径界知名人士夏翔教授的指导下，开始建设标准 400 米田径场。于年底建成河北省县级唯一一处中间有草坪和上下水的 400 米煤渣跑道田径场。

1990 年，区政府将争创全国体育先进县写进政府工作报告，在区十届人大一次会议上通过。之后，成立了争创全国体育先进县领导小组，下设学校、职工、农村三个争创工作小组。各乡镇政府、厂矿、企业、学校也相应成立组织机构，为争创工作提供组织保证。

1991 年，区人大常委会专门听取了区政府关于争创全国体育先进县工作汇报，并作出决议，要求全区各行各业积极投入到争创活动中，同时组织部分人大代表视察场地建设和体育活动的开展情况。是年，区政协也组织部分政协委员视察争创活动开展情况，并以建议案的形式向区政府提出建设性意见。

按照全国体育先进县（区）标准，必须建有“两场、一池、一房”的硬件设施。即标准 400 米田径场、能容纳 2000 人看台的灯光篮球场、标准游泳池、30 米×25 米的训练房。区政府常务会议专题研究场地设施的设计施工问题，批准了区体委提出的场地建设方案，即灯光篮球场要建能容纳 3000－3500 个座位，训练房要 35 米×40 米，游泳池要建 25 米×50 米，粘贴瓷砖铺设泳道线，其标准超过了体育先进县国家规定。为了尽快将场地建设好，区政府在成立工程组的同时，采取区财政投资与各单位赞助相结合的筹资办法，各乡镇各企业为建体育场踊跃捐款捐物，仅半壁店村就提供了 50 吨钢材。到 1992 年体育中心落成时，除田径场外区财政投入了 300 余万元，各单位赞助近 100 万元。为了更好地利用和发展体育中心的功能，又在训练房西侧建了一栋三层体校楼，办成了一所集训练、文化、吃、住为一体的体校。1993 年 9 月 1 日体校开学，省体委领导亲自剪彩，国家体委发了贺电，国家体委主任伍绍祖为体校题词：“体坛苗圃”。

全国体育先进县除体育设施硬件要求外，还对群众体育的开展及体育人口的比例，职工、农民、学校的比赛次数，参加业余训练的人数及输送省体工队人数等都有具体要求。区政府从开平区作为城市近郊，即有厂矿、企业又有农村，更有近百所中小学校的实际出发，结合验收标准，加强薄弱环节，实行重点突破。农村体育以果园乡为样板，先后两次在果园乡召开现场观摩汇报会。全区每年都组织农民田径、篮球、乒乓球、武术、中国象棋等比赛，促进了农村体育活动的开展。果园乡、郑庄子乡先后被评为全国亿万农民体育运动先进单位，中央台新闻联播播放了两个乡的活动情况。以推广体育锻炼标准为契机开展学校体育。通过开展活动，体育锻炼标准及格率高出验收标准5个百分点，达到百分之九十以上，各校“两课两操”活动坚持经常，田径长跑作为开平区传统项目，出成绩、出人才，向省体工队输送了戴俊江、戴俊海、郝英辉3名运动员，郝英辉还在全运会获男子1500米第5名。以推广广播体操为突破口，开展职工体育。以刘庄煤矿和唐山市床单厂为典型，在工矿企业开展工前操和工间操，同时组织开展趣味项目的体育比赛。区每年都组织职工田径、篮球、乒乓球、中国象棋、元旦环城跑等比赛，以此促进职工体育运动的开展。作为争创全国体育先进县的薄弱环节之一，按验收标准从区到乡镇政府、厂矿、企业、学校都下大力量建立和完善各种资料档案。特别需查看区体委5年以来的档案资料。在区档案馆的帮助指导下，区体委组织人力对1979年以来的各种资料分别归档，共装订80多卷档案，通过了河北省档案三级验收。得到了国家体委验收组的高度评价，并作为一条经验进行推广，列入先进县的验收标准。经过四年多的精心准备，1991年、1992年，河北省争创全国体育先进县现场会两次在开平区召开。

1992年5月，国家体委验收组在唐山市副市长陈秀芳和省市体委领导陪同下，利用3天时间，听取区长尚幸全的汇报，观看争创全国体育先进县活动的录像片《红红火火的追求》和体育活动图片展览及档案资料。验收组还抽签验收了两个厂矿企业：开平玻璃纤维厂、唐山市床单厂，两个乡镇：果园乡、双桥乡，两个学校：唐山市第四十九中学、水库小学。通过看、查、问、座谈，顺利通过验收。

1993年全国体育工作会议在北京举行，并在人民大会堂为获评的全国体育先进县颁奖，区长尚幸全代表河北省到主席台从萧克将军手里接过奖牌，开创了开平体育史上的新篇章！

（谭春明撰稿）

第二十五编　人　物

本编辑录开平籍及曾在开平工作并有重大贡献和影响的客籍限内逝世人物9名（以卒年先后为序）；人物名表载录革命烈士8名，省部级以上劳动模范12名。

第一章　人物传

陈济生

陈济生（1904－1987），男，原名陈恩普，号济生，郑庄子镇郑庄子村人。8岁起跟父亲和伯父学习少林门功夫，尔后又相继师从陈子素、李鸣宾、申万林、赵庆长、薄凯等武术名家，20岁时已学成“少林”“形意”“八卦”“太极”多门功夫。之后，相继在济南、上海、无锡等地开办武馆。1953年受聘到南京医学院任教，1955年当选为南京市武术协会副主席。1958年出任江苏省武术代表队教练，赴京参加全国武术大赛。1964年调山东省济南市体委，任武术教练，并当选济南市武术协会副主席和济南市政协委员。1972年应聘担任全国武术比赛裁判。1973年退休后，仍受聘担任山东省委党校和济南市委党校武术教练。陈济生精通多门类武术，特别是他“游身八卦掌”和“形意八板拳”，深受习武者的喜爱。陈济生在散打、长短兵器等实用性武术方面也有较深的造诣。1982年，中国新闻社专门录制了他的“大杆子”记录片。晚年，他在山西人民出版社出版《静功缠丝和太极拳一百零八式》两本著作，并整理了《八卦掌》《形象八极拳》《简易太极拳》《保健养生功法》等资料。1982年12月，应邀参加全国武术工作会议。同年，任济南市武术馆馆长。1986年，受山西大学聘请，任该校武术教授。1987年冬在山东省济南市逝世，享年83岁。

巴连阁

巴连阁（1931－1993），男，玉田县西草盘村人。1947年4月至1949年3月，在冀东铁川部队任签号员。1948年6月加入中国共产党。1949年3月至6月，在冀东区委党训班学习。1949年6月至1950年7月，在北京中央公安干校学习。1950年7月至1952年10月，任唐山市公安局二科侦察员。1952年10月至1956年5月，任唐山市委组织部组织员。1956年5月至1958年5月，在唐山市干部补习学校学习。1958年5月至1963年3月，任唐山市郊区区委组织部副部长。1963年3月至1964年3月，任唐山市委组织部组织科科长。1964年3月至1966年，任唐山市郊区区委组织部代部长。1966年至1976年3月，干校劳动2年，后任唐山市郊区政治处办事组组长。1976年3月至1979年3月，任唐山市柳赞副食品基地政治处主任。1979年3月至1980年6月，在唐山市委落实政策办公室工作。1980年6月至1982

年7月，任陡河水库管理处党委书记。1982年7月至1983年12月，任唐山市委农村工作部副部长。1983年12月至1989年12月，任唐山市开平区区委书记。曾当选唐山市第九届人民代表大会代表，中共唐山市第四次代表大会代表、市委委员，中共河北省第三次代表大会代表。1991年9月离休，1993年1月31日因病去世。

巴连阁是开平区乡镇企业的开拓者，城郊型经济的奠基人。在他就任开平区委书记的6年间，从本区实际出发，深入贯彻中共十一届三中全会以来的路线、方针、政策。1984年上任伊始，巴连阁就把发展乡镇企业作为农村致富的突破口，主持制订“以乡镇企业为主体，种植、养殖为两翼，依托城市、服务城市、富裕农村”发展城郊型经济的发展战略。1985年他又组织制订《关于发展乡镇企业若干规定》，提出“四轮驱动”，乡、村、联户、个体一齐上。1984－1989年，开平区乡镇企业总产值以年均28.7%的速度递增。1989年，全区乡镇企业总产值6.9亿多元。

在发展乡镇企业过程中，巴连阁以超前的胆识，不拘一格，招贤纳士，广聚人才。在他的倡导下，几年间，开平区不仅启用一大批土生土长的能人，还从北京、天津、唐山的20多所大专院校引进工程技术人员近千人。为了留住人才，巴连阁以心换心，对他们“政治上关心，生活上照顾”。许多人在开平入了党，有的担任了企业厂长；还有20多人被选为区人大代表和区政协委员。对引进的工程技术人员，优先安排住房，年事已高的安排通勤车。1986年夏天，来自全国的知名教授、学者，在北戴河举行化工专业研讨会。巴连阁闻讯，派区经委和区乡企局负责人，到会上诚邀专家到开平做客。对于开平区热情邀请和对科技的渴望，感动了专家，会后专程到开平，为该区发展煤化工产业出谋划策。正是有了专家们的科技支持，5个月后便完成了煤化工厂的总体建厂设计方案。

郑冠武

郑冠武（1936－1997），男，开平镇西八里庄人，1949年就读于河北省立唐山中学，1955年8月毕业于河北水利土木学校。1987年晋升为高级工程师，1992年被水利部评定为全国首批水利监理工程师。

20世纪50年代，郑冠武在省水利厅勘测设计院测量队工程管理处任技术员。期间主持设计完成了团泊洼扬水站1/500地形图、滦河下游柏各庄灌区1/1000地形图、王快和西大洋水库库区地形图等10余项测量工作。60年代郑冠武在天津地区水利局工作期间，先后参与潮白河关村枢纽赶水坝节制闸、子牙河姚马渡分洪、赵王新渠右堤、独流减河右堤、南运河二十五孔桥堵口、蓟运河茶淀拦河坝、于桥水库临时溢洪道的设计施工，受到上级表扬。70年代郑冠武调入廊坊地区水利局任基建处负责人。先后参与了大清河、潮白河、北运河、蓟运河及龙河的治理。期间他主持的水利工程，全部验收合格，为表彰他对水利事业做出的贡献，上级单位专门出版一本画册，记录了他参与的所有工程，在业界有很高知名度。80年代郑冠武调入水利部海河水利委员会，先后从事科技情报管理和水利工程基本建设。1986年1月至1987年10月，在官厅水库指挥部担任副总指挥，负责工程建设施工管理，率先引入工程招投标模式，被邀请在全国水利施工组织设计情报会议上作专题发言，并在全国水利工程建设中推广。

图为安葬郑冠武环境优美的墓地及墓碑

20世纪70年代，中国和索马里民主共和国在北京签订两国经济技术合作议定书，由中国援助索马里建设一处水稻农场，任务交由河北省承担。1978年9月，60名施工人员陆续到达巴洛温，郑冠武任工程师，负责全线建筑物设计审查及施工管理工作。他克服恶劣环境和身体的极度不适，经常高烧40°以上，但仍始终坚持在施工第一线，亲自参与场区除草，渠道建筑物定线定点测量，四级排灌渠道开挖、填筑施工，扬水站干、支、斗、闸、涵的施工及田面平整300多公顷。项目提前半年验收合格，于1980年9月移交索马里。1996年10月郑冠武到了退休年龄，却收到了中国成套设备进出口公司邀请，希望他作为水利监理工程师赴几内亚。郑冠武不顾家人反对，于1996年11月1日再赴非洲。郑冠武参加援建的巴芬多洛平原炎热潮湿，年平均气温高达30℃。他克服高温高湿带来的皮肤病，蚊虫叮咬带来的疟疾，高血压、心脏病带来的各种身体不适，参与编制了监理实施细则，审查承包方提交的施工组织设计等计划，并撰写施工监理总结报告。工程于1997年12月20日竣工，被水利部非洲司验收组评为优质工程。但就在竣工之日，郑冠武因积劳成疾，当天下午心脏病突发去世，永远长眠于广袤的非洲大陆。

几内亚政府为郑冠武建立了陵墓，墓碑上刻着“郑冠武同志之墓（1936－1997）。河北唐山人，1996年11月任援几内亚巴芬多洛平原整治项目监理工程师，1997年12月20日不幸因病去世”的碑文。

张治民

张治民（1926－1999），男，栗园镇栗园村人。1946年参加革命，在边区政府做财务管理工作。1949年随军南下，被分配在湖南开展地方商业工作。解放初期，百废待兴，张治民面对复杂的政治、经济形势，殚精竭虑，赴上海、下广州，为地方商业流通经济的恢复建设废寝忘食，尽职尽责，由他经手的资金分毫不差。在“三反五反”斗争中，他所分管的商业工作账目一清如水，受到上级的信任和好评。不久被调到衡阳市，先后出任市花纱布公司总经理、商业局长、税务局长等职，并于1960年被选送到中央党校学习。“文化大革命”初，张治民参加省委“四清”工作队，期间曾受到残酷迫害，“文化大革命”结束后恢复工作。1987年离休，享受地市级待遇。1999年末，因心脏病去世，享年73岁。

唐景胜

唐景胜（1942－1999），男，笔名尚游、越笙、宏欣、石榴河，越河镇康各庄人。幼少聪颖，勤奋好学。1968年河北大学毕业后，被分配到邢台市隆尧县白家寨村插队。1970年任隆尧县文化馆创作组长，创办该县第一份文艺刊物《滏阳河》，主编《滏阳朝霞》《滏阳春歌》两本文艺作品选。为该县培养了一支文艺创作队伍，曾在省、地（市）介绍经验。多年来，笔耕不辍，坚持业余创作，先后在中央、省级报刊发表诗文、曲艺、戏剧等作品300余篇。歌词《台湾同胞，他们在想些什么》，获河北省独唱独奏音乐会优秀作品创作奖；诗歌《周总理，望见青松想念您》在省广播电台播出后，被收录在人民文学出版社出版的诗集；梨花大鼓《广场情思》发表于《曲艺》杂志，并赴京会演，其演唱录音在中央广播电台播放，作品荣获全国优秀短篇曲艺作品创作三等奖。连年被评为市、县先进工作者。曾先后当选为邢台地区剧协副主席、邢台地区曲协副主席、河北省曲协理事、河北省美学学会副秘书长、中国群众文化学会会员。1981年，赴京出席新中国成立以来首次农村文化工作盛会——全国农村文化艺术先进集体、先进工作者表彰大会，被文化部授予“全国农村文化艺术先进工作者”称号。1981年当选为县政协常委。1984年后，任隆尧县政协第四届、五届副主席，河北省政协委员。其间撰写了大量文史资料，创办《文史资料》内部刊物，主编出版《隆尧文史资料选辑》一、二、三辑，获省政协文史成果奖。1990年后，当选为隆尧县第十届、十一届人大常委会副主任，长期分管计划生育工作，为该县计划生育工作跨入全省先进行列呕心沥血，被评为计划生育市级劳动模范。1999年5月16日，因劳成疾，医治无效在邢台逝世，享年57岁。

胡振民

胡振民（1932 - 2001），男，栗园镇栗园村人。幼好学，1952 年，在滦县中学读书时加入中国共产党。1955 年，于保定市卫校毕业，留校任团委书记。1959 - 1980 年，任保定八中、保定四中团委书记、校长。1981 年，任保定第十四中学校长。当时，学校 800 名学生只有几十间平房。面对初、高中女生"升学难、参军难、就业难"，在社会竞争中处于劣势的实际，胡振民决心成立一所女子专业学校。为此，他数次往返于省、市之间，报项目，融资金，拉赞助，终于 1985 年经省教委批准，改保定十四中为保定市女子职业中等专业学校。办校伊始，一贯坚持"女性"与"职业"的特点，所开设课程紧密契合经济社会发展的需要。艺术专业实行"学生选老师"和"小课制"；英语课实行分层教学，聘请外教教授口语。同时，开设音乐欣赏、茶艺表演等 20 余门选修课。学校把艺术教育作为素质教育重要抓手，要求学生"练一手好书法、讲一口普通话、会一种外国语、会两种民族舞"。学校先后成立民乐队、管乐队，礼仪、舞蹈、模特队，每年都举办校艺术节和比赛。学校加入保定市企业家协会，先后与移动通信、北京市金源集团、文信旅行社、申银大厦、保百集团等联合办学，实施订单培养，其幼师、财会、文秘等专业毕业生供不应求。1992 年该校作为省窗口学校，曾接待了来自美国、俄罗斯、英国等几十个国家和地区代表团的参观访问，并与日本米子市商业高等专科学校、新西兰璜家雷女子高中结成友好学校。自 1985 年建校至 1994 年 9 年间，培养了近万名优秀女性专业人才，就业率达 98% 以上。由于办学成绩突出，先后被评为省重点职业学校、全国职业指导工作先进单位和国家级重点中等职业示范学校。

作为校长胡振民先后被授予保定市"抗洪模范""优秀园丁""优秀共产党员"等荣誉称号。2001 年 4 月，因病去世，终年 69 岁。

张　择

张择（1919 - 2002），男，栗园镇栗园村人。1941 年初参军，成为冀东军区 12 团战士，同年 10 月被编入特务连。由于作战勇敢，从敌人手中夺得一挺机枪，11 月加入中国共产党。翌年 1 月被提升为班长。1945 年 8 月，张择随李运昌部挺进东北，编入西满护路队独立二团二连任排长。后随郭维城司令员转战哈尔滨铁路线上。10 月，郭部三个连被土匪围困在白城子一带，张择率战士坚守在郭司令的车厢里，并掩护警卫员冲出包围求援，终于瓦解了敌人的包围。解放战争时期，张择随第四野战军解放东北三省，入关后率部抢修滦河铁路大桥，为南下部队铺平道路。1951 年，张择从海南岛奔赴抗美援朝战场，任铁道兵 24 团后勤处主任。1954 年部队开赴湛江修建黎湛铁路，1956 年参加修建南京长江大桥。1958 年 4 月，加入开发北大荒队伍，任黑龙江省密山农垦局五分场副场长。张择一生转战南北，1979 年离休，享受副处级待遇。2002 年去世，长眠于黑龙江林口县的高山松林下。

韩振国

韩振国（1933 - 2003），男，唐山市丰润区西佑国寺人。1956 年到开平区加入半壁店村农业生产合作社。1960 年加入中国共产党，1961 年任村党支部副书记兼生产大队长，1971 年任村党支部书记。随着半壁店的发展和村党组织的壮大，1984 年和 1994 年，韩振国先后任村党总支书记和村党委书记。

艰苦创业作为半壁店的村魂，是韩振国留给人们的宝贵精神财富。1963 年，半壁店搬迁后，旧村址遍布瓦砾。韩振国带领群众"向废墟要粮"。历经了 3 个冬春，清除废墟 7 万多立方米，开荒造地 250 亩。1976 年，唐山大地震，韩振国带领半壁店人大灾之年夺得大丰收。1976 年全村农副业总收入比

1975年增长了20%。1981年半壁店在开平区率先消灭了简易房。1979年在韩振国主持下，办起半壁店第一个企业——机械厂，之后又相继兴办起8家小型企业。开启了半壁店村农村工业化的进程。

十一届三中全会以后，韩振国以改革者的胆识正确决策。1986年利用毗邻唐山钢铁公司的优势，办起了半壁店钢铁厂。并“打开村门求发展”，与唐山钢铁公司联营。1992年全村工农业总产值超双亿。市委、市政府和为半壁店村党总支、村委会荣记“振兴唐山”集体二等功，为韩振国荣记“振兴唐山”个人一等功。面对1994年钢铁市场急转直下的严峻形势。韩振国审时度势，做出成立半壁店钢铁集团公司的决策。1999年10月10日，半壁店村与滦河集团签订联营协议，成立鸿达热轧有限公司，并于2000年4月，对半壁店集团公司进行产权制度改革，实现了村集体企业引进民营资本的突破。

韩振国带领半壁店人建设社会主义新农村30多年，始终坚持走共同富裕的道路。1984年12月，实行“村民退休劳保制”。1990年村民实行公费医疗制。1997年1月10日，全村500户村民全部搬进了每户150平方米的二层别墅楼，半壁店村成为中国农村改革开放的缩影为世人瞩目。

30多年来，韩振国曾受到江泽民、李鹏、胡锦涛等党和国家领导人的亲切接见。1993－1998年，当选唐山市第七届政协委员；1993－2002年，连续当选全国人大第八、九届代表；先后被评为全国农业劳动模范、全国优秀乡镇企业家、河北省优秀共产党员、河北省廉政公仆、河北省任职30年以上实绩突出的优秀村党支部书记。2003年8月29日，韩振国因劳致疾，心脏病突发，不幸逝世。是年9月，韩振国又被评为具有改革理念的中国农村改革人物；2004年1月，被《燕赵都市报》评为感动河北年度人物。

安 平

安平（1921－2006），男，原名张继志，曾用名张志继。玉田县人。1939年2月入党，6月参加革命。抗日战争时期，历任谷云亭保卫队队员、平西晋察冀党校学员、唐山新明瓷厂地下工作者、丰滦迁联合县二总区组委和第一区区委书记。解放战争时期，历任冀东十五分区抗联会工会主任，冀东行署印刷厂党分总支副书记、总务科科长。新中国成立后，历任德盛瓷厂、启新瓷厂书记、厂长，唐山市基本建设工程局第二工程处书记、主任，华北干部文化补习学校学员，陡河水库党委副书记，市委书记处书记，市委组织部部长、农工部部长，开平区委书记（期间在秦皇岛、唐山郊区区直机关搞“四清”），唐山郊区革委会副主任、主任、党的核心小组组长、区委书记，唐山市革委会生产指挥部农办副主任，唐山市革委会副主任、市委农工部长。1982年5月离休，享受副省级待遇，2006年因病逝世。

安平一贯坚持实事求是原则，注重调查研究。20世纪70年代，在郊区大搞农田基本建设的同时，大力发展冬小麦生产，1974－1976年，全区小麦播种面积均超过20万亩，占农作物播种面积的35%以上。在农业学大寨运动中，抵制毁坏果园改种粮田的错误做法。安平从城市郊区的区位特点出发，积极倡导发展商品经济。早在农业合作化时期，郊区就确定了一批蔬菜专业队，到1978年有蔬菜专业队72个，占全区生产大队的37%。为城市居民一年四季都能吃上新鲜蔬菜和农民富裕做出了贡献。

安平始终保持艰苦奋斗精神。20世纪50年代到80年代，他曾先后4次主持开平区委、郊区委工作，一直是办公室兼宿舍。生活俭朴不搞特殊，“睡的木板床，吃饭大食堂”，经常骑自行车下乡，甚至到距机关20多公里的水峪公社无水庄蹲点，也是骑自行车驮着行李。

安平具有实干精神，多年来，每天下班不回家，仍在机关阅批文件，安排工作，并养成了积累资料的习惯，从50年代中期开始，积累了20多年的统计资料。日常听汇报，也总是详细记录。

安平在“文化大革命”中蒙受不白之冤，运动初期即受到冲击，1968年区革委整风时，错误地开展揭批郊区“安武李”反党集团，免去郊区核心组组长，立专案审查，一年多后恢复职务。十一届三中全会后，郊区在拨乱反正中再次为安平恢复名誉。

第二章　人物表

开平区烈士英名录

表25－1

姓名	性别	民族	出生时间	政治面貌	籍贯	参加革命时间	牺牲时间、地点	牺牲所在单位职务	批准时间
吴春春	男	汉	1947	群众	傅家屯乡吴家庄	1968.4	1987.10.3，唐山市吉祥路14号污水井	唐山市政工程处四公司工人	1987.10.22
胡胜林	男	汉	1904.3	群众	栗园镇大佛头	1944	1947.5，开平镇耿家营	冀东行署公安局飞行大队情报侦察员	1988.12.30
史润池	男	汉	1921	党员	洼里镇伍家庄	1943	1947.6.19，开平	村党支部组织委员	1990.3.15
石庭宝	男	汉	1924	党员	洼里镇伍家庄	1942	1947.6.19，开平	村党支部书记	1990.3.15
史云宪	男	汉	1918	党员	洼里镇伍家庄	1944	1947.6.19，开平	村农会主席	1990.3.15
张友高	男	汉	1920.2	党员	越河镇大史马庄	1943.5	1944秋，女织寨乡曹庄子	办事员	1990.7.12
刘长存	男	汉	1975.11.5	群众	栗园镇于庄村		1994.8.10日，唐山	唐山市商业学校学生	1998.9.17
张子清	男	汉	1950.5.25	群众	天津蓟县	1969	2002.12.18，开平	开平派出所保安	2005.4.15

1987－2008年开平区省部级及以上劳动模范名录

表25－2

姓名	性别	工作单位	职务	奖励名称	授奖单位	授获时间
夏凤芹	女	开平区东山粮站	工人	省劳动模范	河北省委、省政府	1986－1989
贺广祥	男	唐山汇源公司	总经理	省劳动模范	河北省委、省政府	1989、1992
张金荣	女	唐山市第五十九中学	教师	省劳动模范	河北省委、省政府	1995
刘凤桐	男	开平区栗园镇栗园村	支部书记	省劳动模范	河北省委、省政府	1995
韩振国	男	开平镇半壁店村	党委书记	全国农业劳动模范	农业部	1998
田凤东	男	唐山市开平区工业总公司	干部	省劳动模范	河北省委、省政府	1999
甘彩云	女	唐山四十九中学	教师	省劳动模范	河北省委、省政府	1999
纪国臣	男	开平镇统计站	站长	省劳动模范	河北省委、省政府	2000
李盛	男	开平区房管局	副局长	省劳动模范	河北省委、省政府	2004
夏彦成	男	唐山市第二十三中学	校长	省劳动模范	河北省委、省政府	2004
韩文臣	男	开平镇半壁店村	党委书记	省劳动模范	河北省委、省政府	2004
				全国劳动模范	国务院	2005
赵本成	男	唐山市施尔得瓦业有限公司	董事长	全国建材系统劳动模范	建材部	2007

附 录

限外辑要

2009 年

开平区辖6个镇、5个街道，132个行政村，18个社区。总面积251.3平方公里，耕地9403公顷。总人口24.8万，人口出生率7.3‰，人口自然增长率1.4‰。2009年，全区地区生产总值126亿元，比上年增长18.3%；其中一、二、三产增加值分别完成4.13亿元、80.93亿元、35.9亿元。全部财政收入14.1亿元，其中地方一般预算收入3.2亿元，分别比上年增长17.4%和20.7%；财政支出8.1亿元，比上年增长17.9%。城镇居民人均可支配收入16005元、农民人均纯收入7500元、职工年平均工资30916元，分别比上年增长17.8%、12.5%和3.6%。年末城乡居民存款余额达到61.26亿元，比上年末增加6亿元。完成全社会固定资产投资45.7亿元，比上年增长42.1%；规模以上工业企业完成增加值73.6亿元，实现利税12亿元，分别比上年增长21.9%和11.2%。全社会消费品零售总额达到35.8亿元，比上年增长17.3%。

项目建设 全年谋划实施千万元以上项目161个，计划项目投资规模达到297亿元，其中，亿元项目51个、千万元项目110个。新兴产业项目99个，占项目总数的58%，有9个项目列入省重点、5个项目列入市重点，有43个项目竣工投产，51个项目正在抓紧建设。

结构调整 实施农业产业化项目11项，鼎晨食品农产品物流及检验检测中心项目投入使用，新建、扩建规模化养殖小区5个，牧渔业产值占大农业比重达到65%，居全市首位。新兴产业增加值占全部工业增加值的比重达到53%，比上年提高28个百分点，新型现代工业体系正在加速形成。和凌雷克萨斯汽车4S店等一批汽贸品牌店建成开业，中运（国际）金属物流园、宏忠钢铁物流园等生产性物流项目相继开工，市中心环线两侧现代物流产业带初现雏形。

园区建设 唐山现代装备制造工业区各种配套设施日臻完善，形成“三横三纵”路网格局，完成110KV变电站等综合配电工程。全年共安排重点项目16个，已完成投资15亿元，其中，日本住友重机、建机项目顺利投产，中絮工业水处理、天兴环保设备制造等6个项目正式完工，拓普生物工程、力必拓渣浆泵等7个在建项目进展顺利。北湖生态产业区开始起步，马北路全线贯通，北湖路以及水、电、暖、讯等配套设施正在抓紧建设。北湖生态产业区先导区——马北路中小企业园一期工程已有12个项目开工建设。开平镇二街工业小区有5个项目进场施工。

节能减排 累计投入治理资金7587万元，全面完成兴业工贸高炉煤气综合利用、国亮特耐燃煤隧道窑天然气改造等28项节能减排重点项目，取缔拆除6座水泥机立窑、3座高炉，淘汰落后水泥产能60万吨、钢铁产能77万吨，实现节能48万吨标准煤，减排二氧化硫3469吨、烟（粉）尘1864吨。全区单位GDP能耗和万元工业增加值能耗为4.17吨标煤和5.55吨标煤，比上年分别降低6%和9%，二氧化硫净削减率19.8%，超额完成省、市下达的节能减排任务指标。全区环境质量得到有效改善，城市环境空气质量二级及二级以上天数达到333天。

对外开放 积极对接世界500强企业和大公司、大集团，先后有德国西门子公司、法国法鲁克公司、日本东京制钢株式会社等国外知名企业到区考察洽谈，全年共接待外商考察团组500余人次，是开平历史上最多的一年。有7个项目正在积极洽谈，2个外资项目已经落地，全年实际利用外资5862万美元，占市达任务的102%，完成出口创汇6500万美元。

城乡建设 全年谋划实施城乡建设项目70项，总投资141亿元。河联工房等片区震后危旧平房改造相继展开，开平公园落成开园。以建华东道立交桥、中兴道为重点的城市路网建设加速推进，中兴道西段竣工通车。完成陡电二期供热热网改造，结束了城区燃煤供热的历史。高标准实施了市外环路、建华东道、唐古路等主要道路绿化改造及节点建设，新增绿地面积2万亩，建成区绿化覆盖率达到43.9%，超过国家园林城市标准。完成拆违拆迁27.3万平方米，进一步拓展城市发展空间。贾庵子、小戴庄、张庄子新村全面入住，李家峪旧民居改造、小屈庄平改二期工程完工，小佛头、东越河等村新民居建设启动实施。农村公共设施进一步完善，新建、改建、翻修农村公路9.2公里，新修村庄道路20公里；新建村民中心15个、完善提高20个，尤各庄等9个村的农村社区试点建设全面完成。投资1032万元，解决了16个村、2.1万人饮水安全问题。

民生改善 投资1.5亿元的廉租房和经济适用住房建设全面启动，高标准建成和完善了普光南里等7个社区市民中心。认真落实各项惠农政策，及时足额发放粮食直补、农资综合直补和家电下乡补贴1270万元。健全完善社会保障体系，城乡居民养老保险参保率达到40%，新型农村合作医疗参合率达到90%。全年发放社保补贴、失业救济、救灾救助款1090万元。严格落实城镇最低生活保障制度，共发放低保资金1631万元，实现了应保尽保。大力推进就业再就业，新增就业岗位3600个，安置下岗失业人员2305人，城镇登记失业率控制在4%以下。

社会事业 加强土地资源管理，严厉打击非法盗采国家矿产资源行为，深入开展安全隐患排查治理行动，累计查处各类事故隐患1450项，落实整改资金1900万元。全年开发、引进新技术、新产品25项，推广市级科技成果6项，高新技术产业实现产值4.2亿元。投资3200万元改造D级陈旧校舍，投资8600万元的开平医院改扩建工程全面完工投入使用。新建省级综合文化站2个、市级综合文化站1个，建成全民健身路径10条。区数字电视播控中心竣工投入使用，实现了开平城区有线电视信号由模拟向数字化转换。

开平区主要领导：

中共开平区委书记　白春明

开平区人大常委会主任　王克先

开平区人民政府区长　常庆久

政协开平区委员会主席　杨清波

2010年

全区辖6个镇、5个街道，132个行政村、18个社区。总面积241.3平方公里，总人口23.7万，人口出生率7.33‰，人口自然增长率1.41‰。2010年，全区实现地区生产总值142亿元，比上年增长

13%，其中一、二、三产业分别增长0.5%、13.3%和13.1%；全部财政收入15.5亿元，其中一般预算收入4亿元，分别比上年增长12.6%和25.2%；全社会固定资产投资59.5亿元，比上年增长30.3%。

项目建设　全年安排千万元以上项目59项，总投资142.9亿元。有11个项目被列为省重点项目，36个项目被列为市重点项目。按照国家投资支持的方向和重点，共申报中央投资建设项目9个，争取中央预算内资金1960万元。一批重点项目取得积极进展，其中，拓普生物工程一期、中运华北国际金属物流交易中心一期工程等29个项目竣工投产；欧伦特高压输变电成套设备、中进国际汽车产业园等66个项目正在抓紧建设，百万吨不锈钢精制基地等35个项目正在积极开展前期工作。

结构调整　按照“一产抓龙头，二产抓园区，三产抓物流”的思路，产业结构呈现出传统产业比重下降、现代装备制造和高新技术产业比重上升、现代物流业全面提速的良好态势。全年实施农业产业化项目10项，投资1.4亿元的凤凰花卉科技示范园一期工程建成开园，成功承办了唐山首届国际兰花博览会，全区农业产业化经营率达到63%。大力发展新兴工业，改造提升传统产业，重点培育装备制造、精品钢材、高新技术等六大新兴产业，全年实施六大产业集群项目116项，总投资301亿元，完成投资36.7亿元，占全区产业项目总数、投资总额、累计完成投资的79.5%、84.6%和90.6%，新兴产业完成增加值54亿元，占全部工业增加值的比重达到61%，比上年增加8个百分点。三产服务业规模不断扩大，共谋划实施16个三产服务业重点项目，其中，中运金属物流交易中心等生产性物流项目投入运营，唐百银河物流中心等生活性物流项目正在抓紧建设，现代物流产业隆起带初具规模。全年完成三产服务业增加值43.6亿元，占全区生产总值的比重达到30.7%，比上年提高1.02个百分点。一、二、三产业之间的比例由2009年的3.42:66.9:29.68调整到2010年的2.87：66.5：30.7。

城乡面貌　2010年，建成区面积达到13.4平方公里，城镇化率达到62%。开平区控制性详细规划以及城市设计、城乡统筹等专项规划编制完成；东城绿庭、小屈庄平改、小戴庄张庄子搬迁、贾庵子新农村等项目竣工入住；新华东道、建华东道立交桥、开平公园等项目全面完成；东港龙城、五六街、新风楼、矾土矿工房等项目正在建设；投资5.9亿元，新建、翻修城乡道路66条，新增道路里程118公里；组织实施集中供热改造、燃气管网扩供、复兴路22万伏变电站等基础设施建设工程，供水、供暖、供气及污水处理等与市区并网；高标准实施绿化攻坚行动，建成区绿化覆盖率43.9%、森林覆盖率25.3%；全面推行城区道路、小区保洁市场化运作，深入开展农村垃圾集中清运行动，城乡环境面貌显著改善。

园区建设　按照“大项目、产业链、产业集群、产业基地”的思路，举全区之力加快园区开发建设，2010年，唐山现代装备制造工业区完工、在建、前期谋划项目共计31项，总投资72.4亿元，其中，唐山丰石汽车配件有限公司年产470万件汽车零部件项目、唐山中絮工业水处理有限公司年产6650吨环保药剂工程、唐山天兴环保设备制造、唐山拓普生物一期年产10万吨啤酒废酵母综合利用项目、河北中名太阳能电池板项目、日皮胶原蛋白、挖掘机控制箱等7个项目相继完工投产或试生产，预计年可增加产值22.7亿元；住友重机二期工程、中德合资欧伦特高压输变电设备、鸿升科技超细分级机、力必拓渣浆泵、拓普生物二期、伟业数控精密加工、三金科技园、开平区创业孵化基地8个项目正在建设之中；住友建机二期工程、新型回转式水泥包装机、开滦广汇矿井设备制造等5个项目正在办理立项、环评等各项前期手续；美纳污水处理设备、特种电磁线、等离子节能光源设备、东京制钢钢索等11个项目正在积极推进。全力抓好道路、供电、管网等各项配套实施建设，路网、水、电、气等基础设施投资达到5.2亿元，建成区面积达到5平方公里，入园企业达到31家，被确定为首批省级工业聚集区，2010年完成销售收入65亿元，实现利税2.1亿元，提供就业岗位4000多个；北湖生态产业园区完成基础设施投资3.6亿元，马北路和北湖一号路竣工通车、自来水厂投入运营、10KV开闭站主体完工，先导区已有40家企业入园，并全部开工建设，起步区配套日臻完善，已具备全面承接项目的条件。

对外开放　加大招商引资力度，引进了一批具有代表性的重点外资项目，其中，投资1.86亿美元的住友建机、重机项目全面达产达效，投资1800万美元的丰石汽车配件、投资22亿日元的日皮胶原蛋白项目完工投产；住友重机增资9800万美元的二期工程建设，住友建机增资2.4亿美元的二期工程即将开工建设。全年新增外资企业5家，实际利用外资5033万美元，完成市达计划的100.7%，完成出口创汇1.56亿美元，比上年增长111.2%，完成市达计划的195.4%。

节能减排　严格按照省、市各项节能减排工作要求，围绕结构性、技术性和管理性节能减排，全面推动重点行业、重点企业的节能技术改造和污染物治理。全年共实施节能减排项目14项，完成投资1.58亿元，淘汰高炉5座、水泥机立窑9座、水泥磨12台，淘汰落后钢铁产能104万吨、水泥和熟料产能210万吨。全区万元工业增加值能耗由上年的5.55吨标准煤降低到4.69吨标准煤，下降10%；减排二氧化硫2190吨，排放量净削减率1.29%。全区二级及二级以上天数达到335天，空气质量好于国家二级标准，圆满完成2010年市达节能减排目标和省“双三十”节能减排目标任务。

社会事业　2010年，城镇居民人均可支配收入和农民人均纯收入达到17854元和8175元。累计新增就业岗位3332个，安置下岗失业人员1878人次，转移农村富余劳动力2096人，城镇登记失业率控制在4%以下，实现了“零就业家庭”动态归零。深入实施实事工程，为群众办实事10余件，解决了一系列事关群众切身利益的问题。社会保障体系不断完善，新型农村合作医疗和城乡居民养老保险试点工作全面展开，参保率分别达到了95.9%和42%。城乡低保标准不断提高，累计发放低保金2280余万元，各类救济、扶助、补贴资金160余万元。城乡义务教育实现全免费，高质量通过省义务教育阶段教学评估、省政府教育督导评估工作；全年累计投资7285万元，实施了东关小学、大柳树小学等5所学校迁建和改造工程，新建校舍2.88万平方米，消除危旧校舍1.06万平方米。深入开展“健康开平、幸福人民”行动，群众性文体活动深入开展，人口计生工作积极有序，数字电视转换全面完成，社区建设管理不断加强。

开平区主要领导：

中共开平区委书记　白春明

开平区人大常委会主任　王克先

开平区人民政府区长　常庆久

政协开平区委员会主席　杨清波

2011年

全区辖6个镇、5个街道，123个行政村、18个社区。总面积241.3平方公里，总人口23.7万，人口出生率7.3‰，人口自然增长率1.4‰。2011年，全区实现地区生产总值146.6亿元，同比增长8%；完成全社会固定资产投资67亿元，比上年增长25%；完成全部财政收入18.8亿元、地方一般预算收入4.8亿元，分别增长20.7%和19.9%；城镇居民人均可支配收入19827元、农民人均纯收入9070元，分别增长11%。

产业结构　2011年农业产业化经营率达到64%。新兴产业增加值占全部工业增加值比重达到65%。以生产性和生活性物流业为主的现代服务业加快发展，2011年实现全社会消费品零售总额47亿元，三产服务业增加值占GDP比重达到32%。

项目建设　2011年共谋划实施千万元以上项目154项，计划总投资620亿元，有6个项目列为省重点项目，53个项目列为市重点项目，住友重机扩建、唐山欧伦特高压输变电成套设备一期等24个项目完工投产，住友建机扩建、创元方大电气成套装备制造、盛世国际汽车产业园等50个项目正在建设，唐钢非钢产业园、华北圣宸农产品物流交易中心等5个项目具备进场条件，东京制钢纲索、米娜株式会社污水处理设备等75个项目正在积极推进。

园区建设 唐山现代装备制造工业区建成区面积达到5.3平方公里，实现了“八通一平”，入园企业已达73家，投资1.38亿元完善基础设施建设，住友北路东段等4条道路竣工通车，住友10千伏专线改造、创元方大高压线改迁等5个电力设施改建工程投入使用，三金路、住友西路、住友北路天然气管道铺设完成，对工业区水厂进行扩建，日供水能力达到4000吨。北湖生态产业区配套日臻完善，先导区已有总投资13亿元的40多个项目正在建设，起步区已具备全面承接项目的条件。

城乡建设 2011年，建成区面积13.4平方公里。以加快主城区扩容、中心镇扩张、中心村扩大为重点，统筹推进城乡规划、建设、产业、公共服务、社会管理和目标考核一体化。全年共谋划实施重点城建项目49项，已有13项完工，23项在建，累计完成投资26.8亿元。河联片区改造和五六街城中村改造居民已回迁入住，新风楼、矾土矿、五六街和东城绿庭、东港龙城、东城景苑等工程正在抓紧建设，保障性住房项目和东越河城中村改造项目进场施工，东西马各庄、王盼庄和西八里等区域的改造建设工程全面启动；市民广场和越河公园建成开放，住友北路东延、住友西路北延、矿西路与外环路连接线等工程竣工通车，园区二期路西延东扩、中兴道东通、东城路南延等工程正在建设，陡河综合治理、动物园搬迁、环城水系屈庄公园及周边区域改造建设等市级重点工程全面实施。

节能减排 年初安排的26项节能减排项目全部完工，已拆除5家水泥企业的12台水泥磨，淘汰落后水泥产能130万吨；拆除4家钢铁、焦化企业的6座转炉、4座焦炉，淘汰落后炼钢能力219万吨、落后焦炭产能50万吨。全年实现节能3.42万吨标准煤，减排化学需氧量324吨、氨氮26吨、二氧化硫2127吨、氮氧化物475吨，超额完成省、市下达的目标任务。按照省政府〔2011〕45号文件精神，对列入首批关闭范围的19家煤矿组织实施关闭，剩余4家煤矿企业的整合工作正在扎实推进。

社会事业 全年新增城镇就业岗位4237个，安置下岗失业人员2079人，转移农村富余劳动力2635人，保持了“零就业家庭”动态为零。农村小学整合改造工程进展顺利，贾庵子小学新建和大丰谷小学、西尚庄小学翻建等工程完工并投入使用，第一实验小学幼儿园主体完工建设，圆满承办了第九届全国初中信息技术与课程整合优质课大赛，中考、高考总体成绩创历史最好水平。镇卫生院综合改革基本完成，村卫生室标准化建设扎实推进，五小行业经营管理日益规范。6个镇的综合文化站和43家农村书屋建设全面完成，区、镇、村三级公共文化服务网络初步形成。进一步提高城乡低保标准，投资1800万元的民政事业服务中心主体完工即将投入使用。大力开展食品添加剂、问题乳粉、瘦肉精、地沟油等专项整治行动，切实保障了食品安全和群众健康。

开平区主要领导：

中共开平区委书记 和春军

开平区人大常委会主任 王克先

开平区人民政府区长 常庆久

政协开平区委员会主席 杨清波

2012年

全区辖6个镇、5个街道，123个行政村、18个社区。总面积240.5平方公里，总人口24.27万，人口出生率3.7‰，人口自然增长率0.34‰。2012年全区实现地区生产总值162.5亿元，同比增长15.7%；完成全社会固定资产投资83.4亿元，比上年增长25.1%；规模以上工业增加值96.8亿元，比上年增长20.3%；实际利用外资7001万美元，比上年增长16.3%。完成全部财政收入21.6亿元、公共财政预算收入6.2亿元，分别增长15%和28.7%。城镇居民人均可支配收入22393元，比上年增长

12.9%，农民人均纯收入10282元，比上年增长13.4%。

项目建设 实施千万元以上项目142个，其中亿元以上项目87个，全年完成投资81.5亿元。住友建机扩建、创元方大电气等18个项目完工投产。在全部项目中，以装备制造、高新技术、生物工程等为主导的新兴产业项目达98个，完成投资50.1亿元，分别占全部项目的79.9%和86.6%。

产业结构 深入实施“一产抓特色、二产抓提升、三产抓拓展”战略，现代都市农业加快推进，伊盛屠宰示范园、凤凰花卉二期等8个重点项目完成投资5亿元，农业产业化经营率达到66%。实施传统产业技改项目22个，完成投资30.8亿元；引导民营企业二次创业，完成民营资本转移19亿元。现代服务业发展规模不断扩大，组织实施三产项目25个，完成投资24.3亿元。圣宸农产品物流交易中心全面完工，保时捷、陆虎等汽车4S店开业运营，洲盛国际商贸城、力拓国际工程机械市场等项目正在建设。

园区建设 唐山现代装备制造工业区被省政府确定为省级高新技术产业开发区，建成面积达到6平方公里。智能电子等6个项目竣工投产，联从选煤等11个项目正在建设，全年完成固定资产投资24.4亿元，增长47.8%，实现主营业务收入72亿元，增长20%。北湖产业区、先导区一期已有42家企业入园、28家企业建成投产，二期已有17个项目具备进场条件。以钢铁物流、汽车交易等十大专业特色市场为主体的现代商贸物流园区扎实起步，华北国贸城、盛大粮油果品市场等项目顺利实施。

城乡建设 全年谋划实施重点城建项目43项，完成投资30亿元。大力推进城乡改造建设，全年各类住房改造建设项目开工53.6万平方米，竣工73.8万平方米。小佛头、东越河、政府周边、开滦零散片区等改造项目开工建设，东港龙城、东城绿庭等高档小区已成规模。不断完善基础设施功能，南新东道东延、南二十道等5条新建道路竣工通车，北环道北移、东城路南延等工程正在建设，古冶西220KV和双桥110KV变电站相继开工。持续开展环境卫生综合整治行动，重点实施205国道沿线综合整治工程，巩固完善农村垃圾集中清运管理机制，开展土地例行督察整改工作，顺利通过全国文明城市复检验收。

对外开放 组织开展“招商月”活动，成功举办了“走进开平·相识工业区”经贸洽谈会，与长三角、珠三角、京津地区的合作进一步深化，巩固提升钢铁、陶瓷等主导产业的出口规模，充分发挥日本事务所等招商平台的作用，先后引进了浅上物流有限公司、日翔建材科技有限公司等一批外资项目。

生态环保 切实加强重点企业能耗监测，严把新上企业污染物排放标准，大力推进既有建筑供热及节能改造，组织实施了振华轧钢加热炉改造等16个节能减排工程项目，全年单位GDP能耗和单位工业增加值能耗分别降低6.56%和10.2%，减排二氧化硫683.7吨、氮氧化物133吨、化学需氧量34吨、氨氮16吨，圆满完成省、市下达的任务指标。组织实施北部荒山、村镇家园、城区道路等绿化工程，全年新增造林面积6200亩。

社会事业 全年组织申报省、市级科技计划项目25项，推广市级以上成果9项，组建市级以上创新平台6个，开发引进新技术、新产品30项。中考、高考再创佳绩，被教育部确定为“全国教育信息化区域综合试点”。完成104个村卫生室标准化建设，实现了镇级卫生院药品“零差率”，提高了新农合财政补助标准和报销比例，新建农家书屋60个、农民健身工程25套，群众性文体活动丰富多彩。健全计生利益导向机制，发放各类奖励扶助救助资金509万元，加大政策外生育专项治理力度，征收社会抚养费263万元，稳定保持了低生育水平。

民生工作 全年新增城镇就业人员4769人，新增转移农村劳动力1696人，创业带动就业816人，“零就业家庭”动态为零。全面启动城乡居民养老保险，积极推进城中村居民参加城镇职工基本养老保险工作，顺利完成首批239套廉租房分配工作，进一步提高城乡低保标准，全面发放低保金3795万元。改善农村基础条件，唐古路至马大寨等4项农村路桥工程竣工通车，后于家店等5所农村幼儿园投入使用，深入实施社会管理创新工程，加快推进电子政务中心建设，搭建区、镇（街）、村（社区）三级社会管理新平台。

开平区主要领导：
中共开平区委书记　和春军
开平区人大常委会主任　王克先
开平区人民政府区长　常庆久
政协开平区委员会主席　周立权

2013 年

全区辖6个镇、5个街道，134个行政村、29个社区居委会。总面积257.4平方公里，总人口25.21万，人口出生率7.12‰，人口自然增长率1.16‰。2013年实现地区生产总值153.7亿元，完成调整计划的100.4%；公共财政预算收入9.3亿元，完成调整计划的100.3%；固定资产投资99.5亿元，增长19.3%；城镇居民人均可支配收入24655元、农民人均纯收入11506元，分别增长10.1%和11.9%。

园区经济　以“三大园区”为依托，以“项目建设加速年”活动为载体，统筹推进三次产业提档升级。现代装备制造工业区，规划面积拓展到60平方公里，被列入全市园区经济“五大板块”之一，道路、供水、供电等基础设施进一步完善，实现主营业务收入125.6亿元。现代商贸物流园区加快发展，力拓工程机械、盛达物流等项目进展顺利，实现三产增加值53.9亿元，占GDP比重显著提高。城郊型现代都市农业园区扎实推进，农耕乐园、四季生态园等“都市农庄”项目进展顺利，以伊盛屠宰示范园为代表的一批农业龙头项目竣工运营。全年实施千万元以上项目160个，其中亿元以上项目91个、10亿元以上项目18个，国科科技复合模板等总投资57亿元的38个项目完工投产，唐钢高强度汽车板等总投资280亿元的39个项目正在建设。银水轻型钢制车轮等一批民营企业二次创业项目进展顺利，实现民营资本战略转移18亿元，投入技改资金41.2亿元，完成技改项目12个。

城乡建设　深入开展“城市建设攻坚年”活动，城建项目开工建设37个，完成投资22.5亿元。唐马路翻修、荣阳道一期、马大寨至夏庄村等道路工程完工，古冶西220KV和双桥110KV变电站相继建成，城区道路、绿化、供暖等基础设施与市区一体化进程持续加快。五六街、政府周边、东城景苑、东城绿庭等住房改造建设工程稳步实施，四街小区改造工程全面启动，小佛头、东越河等城中村改造工程进展顺利。扎实开展全国文明城市创建活动，大力实施城区环境整治和农村面貌改造提升行动，强力落实“门前三包”，全面推行“四清”“四化”，改建农村厕所600座，硬化村庄道路6万平方米。

开放创新　组织开展了“开放招商月”和承接北京产业转移专项招商活动，吸引北控水务、上海天地汇等客商来区商务考察30多家次，亚洲生态、中购云仓等一批项目达成合作意向，唐钢创元方大电气有限公司与韩国浦项钢铁公司合作的LED项目顺利落地。全年实际利用外资5915万美元，引进市外资金近20亿元。编制完成了科技创新服务体系发展规划，与中科院、中国石油大学等20多家知名院校建立了合作关系，新增国家级高新技术企业4家，申报市级以上科技计划项目30项，兴园科技企业孵化器被认定为省级科技企业孵化器。

治污减排　强力推进大气环境综合防治工作，全面完成了市达三批严重污染企业治理任务，深入开展了工业企业环境综合整治专项行动，拆除小石灰窑148座，取缔非法小企业111家，完成限期治理89家，停产治理38家，投入治理资金1.2亿元。唐银烧结机脱硫等22项节能减排工程全部投入运行，全年单位GDP能耗降低率及二氧化硫等主要污染物排放量削减率均完成市达目标。按照市政府要求，对陡河水库库区围网养鱼进行了全面清理。利用上级专项资金2645万元，启动实施了石榴河聂各庄至西王盼庄段综合治理工程。持续开展生态绿化攻坚行动，新增城区绿地面积9.4公顷，植树造林5700亩，森林覆盖率达到32.9%。

改善民生　全年新增城镇就业4893人，下岗失业人员再就业2037人，转移农村劳动力1350人，城镇登记失业率3.87%。开平医院由唐山市人民医院托管，镇卫生院综合改革和集体产权村卫生室建设全面完成，新农合保障水平进一步提高。新建、改造中小学校舍1.9万平方米，顺利通过了省义务教育均衡发展督导评估，成为河北省首家“全国数字化学习先行区”。进一步完善社会保障救助体系，提高了城乡低保标准，完成了首批廉租住房实物配租，有效解决了2.6万人的饮水安全问题。

廉政建设　深入开展“正风肃纪创优环境”和“双减双提”两项活动，全面落实中央“八项规定”，大力压减“三公”经费，清理公务用车101台，腾退办公用房2787平方米，清理“吃空饷”人员240人，“四风”问题得到遏制。取消“三类事项”7项，办理各类行政服务事项14484件，按时办结率达到100%。公共资源交易中心建成并投入使用，办理工程招标36项。组织实施政府采购项目456个，节约财政资金195万元。

开平区主要领导：

中共开平区委书记　　和春军

开平区人大常委会主任　王克先

开平区人民政府区长　　杜庆勇

政协开平区委员会主席　周立权

2014年

全区辖6个镇、5个街道，134个行政村、29个社区居委会。总面积257.4平方公里，总人口25.38万，人口出生率11.22‰，人口自然增长率5.11‰。2014年全区实现地区生产总值123.3亿元，下降15.7%，完成计划的102.8%；公共财政预算收入9.1亿元，下降4.3%，完成计划的100.1%；固定资产投资116.4亿元，增长16.8%，完成计划的103.9%；城乡居民人均可支配收入分别达到26735元和12293元，分别增长7.7%和9.6%。

项目建设　全年谋划实施千万元以上项目142个，其中亿元以上项目85个、10亿元以上项目15个。投资45亿元的中国北部五金机电博览集散中心一期等24个项目竣工运营，投资12亿元的金土地文化商业中心等37个项目正在建设，投资32亿元的北郊热电等82个项目进展顺利。在全市重点项目观摩中，综合排名列16个县（市）区第4位，唐钢高强度汽车板项目在全市48个观摩项目中排名第一，取得了历史最好成绩。加强与唐钢、开滦等国有大型企业的对接，唐钢高科技产业园启动实施，开滦产业园扎实推进。

园区建设　工业区被确定为省级经济开发区和省级高新技术产业开发区，组织开展了扩区后的总体规划和控制性详细规划编制工作；全年完成主营业务收入155亿元，增长25%，以占全区7.7%的土地，实现了全区35.1%的地区生产总值、38.8%的固定资产投资、26.4%的公共财政预算收入和33%的工业增加值。现代商贸物流园区已有60家企业入园，兴瑭机动车交易市场等项目进展顺利，全年实现销售收入180亿元。城郊型现代都市农业园区加快推进，新建都市农庄、家庭农场10家，创建标准化畜禽养殖示范场3个、标准化设施蔬菜园2个。

结构调整　全年实现规模以上工业增加值48亿元、利税4.6亿元，完成工业技改投资49.9亿元。兴业、众业集团公司关停后转型工作有序推进，新型环保石灰窑已有17座完工，京华镀锌管深加工项目一期投产运营。三产服务业不断壮大。全年实现三产增加值56.7亿元，占GDP的比重达到46%；完成三产投资65.1亿元，增长40.9%。现代农业加快发展。凤凰花卉组培研发中心等农业产业化项目完工，新培育农民专业合作社4家，核桃、中草药、香菇等特色种植基地初具规模。扶持民营企业做大做强。

民营经济完成增加值101.2亿元，新培育规模以上工业企业4家、限额以上贸易企业7家，鼎晨食品荣获全国驰名商标，京华制管荣获省名牌产品，华庭陶瓷荣获省优质产品，金坤陶瓷、东方装饰材料、金科瑞生物荣获省著名商标，银水实业集团被评为省百强民营企业，成立了全省首家省级耐火（保温）材料产品质量监督检验中心。

城乡建设 组织开展6个镇的总体规划、东湖风景名胜区总体规划、老城区改造规划的编制工作。实施城建项目41个，完成投资13.6亿元。四街小区及周边城市棚户区改造项目2.7万平方米回迁房进场，东越河393套、五六街364套回迁房分配入住，小佛头468套回迁房具备入住条件，东城绿庭、东港龙城等开发项目进展顺利，全年新开工建筑面积30万平方米。东城路南延、中兴道东段等8条道路竣工通车，住友路北延、南五道等4条道路正在建设。开发区第二水厂建成投入使用，普光南里加压泵站改造等工程全面完成。顺利通过了文明城复检验收，组建了数字化城管指挥中心，实现了清扫保洁和园林绿化养护市场化运作；采取合同能源管理（EMC）模式，对城区和开发区1197基、1.1万盏路灯实施节能改造，节电率达到65.2%以上。

深入推进农村面貌改造提升行动，进一步完善了农村环境卫生检查考评机制，硬化道路7.57万平方米，全面完成市达改厕任务和陈庄等13个省级重点村建设任务，双桥村被评为市级示范精品村。组织实施了陡河水库围网养鱼清理取缔工作和石榴河聂各庄至西王盼庄段综合治理工程，恢复改善灌溉面积5080亩，治理水土流失2315亩。

生态环保 组织实施节能减排项目33个，全年削减二氧化硫3188.62吨、氮氧化物527.63吨、化学需氧量408.21吨、氨氮39.62吨，单位生产总值能耗下降5.57%。深入开展治理扬尘、餐饮、石粉加工、燃煤设施“四大攻坚战”和工业企业污染治理，淘汰黄标车1759辆，治理各类企业319家，为企业争取环保奖补资金2874万元，立案处罚29家。广泛开展植树造林活动，市外环路（开平段）和东出口、新苑路等绿化提升工程全面完成，城区新增绿化面积6.7万平方米、造林绿化面积6140亩。环境空气质量综合指数下降17.42%，PM2.5下降14.79%，分别优于唐山市区平均值1.61个百分点和2.61个百分点，在全市环境质量综合考核中排名第九。

改革开放 全面推行项目服务全程代理制度和“四证合一”并联审批模式，承接上级下放行政审批事项26项，削减行政许可和非行政许可事项40项，削减率达到17.5%；组建了金融办，兴园投资有限公司与东华实业集团合作建立的担保中心获得省政府批准，利生源精密制造股份有限公司成功上市，实现了区内上市企业零的突破。组建了土委会，建立了土地收储中心，大幅缩短了工业用地招拍挂时限。全年实际利用外资6584万美元增长11.3%，引进市外资金30亿元增长50%，进出口总额4亿美元增长49.6%，均超额完成市达目标任务。组建了招商局，配备了专业招商队伍，落实了全员招商责任。组织参加经贸洽谈活动13次，开展小团组招商活动32批次，接待来访客商61批次，成功承办了亚太五金机电产业峰会。

科技创新 认定省级科技型中小企业46家，申报市级以上科技项目35个，申报企业科技创新平台6家，完成授权专利46个。与中科院等25所国内高校和科研机构建立了长期合作关系，力必拓陶瓷平板超滤膜项目进行中试生产，国亮特殊耐火材料有限公司荣获全市十大创新企业称号，并获得全市重大科技专项资金支持。

民生工作 全年新增城镇就业人员4596人，农村劳动力转移就业1235人，就业再就业培训8500人次。进一步提高了城乡低保标准，着力推行“阳光低保”，全年发放低保金4122.63万元。扩大社会保险覆盖面，养老、失业、工伤保险参保人数分别达到13.5万人、1.8万人和2.6万人，税西村顺利纳入城镇职工基本养老保险。一街保障房和马庄廉租房二期945套保障性住房基本竣工。切实解决了35个村3.3万人的饮水安全问题。顺利通过国家义务教育均衡区达标验收和省政府教育督导评估，高考成绩再创新高，二本以上上线148人。开平医院综合改革成效显著，床位使用率提高20%，业务收入增加

56%；新农合筹资标准和参合率进一步提升，累计为2.9万人发放补偿金3803万元。镇级综合文化站全部达到市级标准，农家书屋实现了全覆盖。全面落实“单独两孩”政策，积极开展计生惠民行动，累计发放计生奖励救助资金1057万元。

开平区主要领导：

中共开平区委书记　　和春军

开平区人大常委会主任　王克先

开平区人民政府区长　杜庆勇

政协开平区委员会主席　周立权

文史补遗

周恩来在开平的15天

1917年1月19日至2月4日（农历腊月二十六至正月十二），正在天津南开中学读书的周恩来随同窗好友常策欧回乡过年，在开平耿家营村度过了难忘的15天。

1913年，15岁的常策欧以优异成绩考取了天津南开中学，与周恩来分配在同班、同宿舍，成了朝夕相处的好朋友。1917年寒假，常策欧邀请周恩来到家乡耿家营过年。腊月二十六，他们从天津站乘坐上午11点的火车东行，下午4点到达开平火车站，步行两华里回到耿家营村。

常策欧的母亲和姐姐见到策欧回来了，还带来一位同学，喜出望外，立刻让他们进屋里暖和。常策欧向母亲和姐姐介绍了周恩来。周恩来很有礼貌地道了一声“伯母、大姐好。”常母看着站在自己面前英俊潇洒的年轻人，非常高兴，让他们休息，自己和女儿去准备晚饭。

常策欧家在耿家营村中街的一个四合院。前后两层住房。前院是一幢二层小楼，周恩来和常策欧就住在小楼的二层。在与村民的接触中，周恩来了解到耿家营村的境况：村子不大有百余户人家，土地不多，有不少村民在开滦马家沟矿和唐山矿下煤窑，也有在启新细棉土厂做工的，多数人衣食困难。年节常家事多，常策欧和周恩来帮着家里扫院子、担水，做些杂活。有时策欧陪着周恩来在家南门口外的大国槐树旁晒太阳，或在村里转一转。周恩来发现，大部分农户房舍破旧，秫篱低护。正月初一上午，策欧陪恩来到街上看小孩放鞭炮。忽然，他们看到一位衣服破旧、满身油污、疲惫不堪的工人走来，策欧认识是本村人姓陈。恩来有意识地向他提问些事情。工人告诉他们，他是马家沟矿的机械匠，年节井下停工，他去做年工检修机械，每班干12小时，挣3毛5分钱，恩来点点头记在心里。初三下午，他们在街上看见一位来村走亲的中年妇女，领着个五六岁的小女孩，女孩侧棱着脚走路，步履蹒跚。恩来问策欧啥原因，策欧说可能女孩缠了足，恩来鼓足勇气上前指着女孩的脚对妇女说：“是天足好，还是不天足好哇！民国提倡天足！”妇女愣了，听不懂恩来的话。策欧将恩来讲的意思告诉妇女，后来，这位妇女真的放开了女孩的脚。

正月初十是开平大集。开平城以商业繁盛著称。正月集又表演花会（秧歌），姐姐找了两个伴，打发策欧和恩来赶集看热闹。策欧和同伴一起带领恩来步行3华里，来到开平城。春节期间，开平城内外赶集的、做买卖的人熙熙攘攘，很热闹。他们从南关进城，在观音阁前看了阵子踩高跷的，又到东西大街转了一圈。在阁西恩来进了一家粮店，打听了粮价。当他得知玉米每斗7毛2分时，对策欧说：“煤矿一个技术工人一天才挣5升玉米，够干啥的?”恩来对开平古城及庙宇很欣赏，但残破的城垣和到处是年久失修的建筑，使他心头蒙上一层阴影，忧心忡忡地说：“这残垣破壁的古老城池，多像我们的国家呀!”

策欧本想带恩来到唐山镇去看看，但因为市面不安定，母亲和姐姐没允许。正月十二日晨，姐姐派一辆大马车送他们去唐山火车站回了天津。

周恩来的开平之行，使他看到了经济破败的中国北方农村，也了解到在英国资本家奴役下煤矿工人的悲惨生活，他更加迫切地寻求救国的道路。

（摘编自《开平区志》附书作者李述）

开平武备学堂

清廷自甲午战争后开始创办新军，李鸿章深知清朝军事设制和教育远远落后于西方，要开展近代化军事改革，必须从人才的培养入手。于是创办天津武备学堂，由淮军及北洋各军中选调百余名及文员愿意习武者，入堂学习“西洋行军新法”，聘请德国军官充当教习，“于西洋后膛各种枪炮、土本营垒及行军布阵，分合攻守法，必能通晓”。开平北门外五里处的北山山坡上，就曾设立“天津武备学堂开平班”。由直隶提督聂士成于清光绪二十一年（1895年）创办，总办为道台李竞成。第一期招收学员200名，由武毅军的步兵、炮兵中考选，学制三年。1898年第一届学员毕业，有12名优秀学员留校任教，其余均编入芦台新军各营任教习，候补哨长等职。

1900年，震惊中外的义和团运动爆发。这一年的6月中旬，八国联军攻陷北方重镇天津的门户——大沽口，随即占领天津。侵略者在残酷镇压义和团的同时，放火烧毁了武备学堂的校舍，学堂只得关门。天津北洋武备学堂从开办到停办尽管只经过了5年的时间，但却开创了中国近代军事教育的先河。

后来袁世凯将开平武备学堂迁到保定，改为保定“北洋武备学堂”，并规定开平武备学堂的教官和毕业生一律到北洋武备学堂当教官或队长；在开平武备学堂的学员凡是没有毕业的，可以直接去北洋武备学堂学习，但要从头学起。就是说，开平武备学堂是保定北洋武备学堂的名副其实的前身。

（摘编自《人民政协报》作者任庆海、李权兴）

唐廷枢与开平矿务局

唐廷枢，一个被载入中国近代史的著名人物，开平煤矿的创始人。

唐廷枢1832年生于广东省香山县唐家村一个农民家庭，自幼聪敏好学，学就一口流利的英语，他16岁开始创业，40岁左右已经成为出色的实业家。并受清政府委托，兴办了47家大小企业，其中居“中国第一”的企业就有6家，在这6家企业中，创办最艰难、成就最辉煌的就是开平煤矿。

1876年11月，四十四岁的唐廷枢，受北洋大臣、直隶总督李鸿章的委派来开平筹建开平煤矿。唐廷枢到开平后，在周围区域勘察矿脉，发现开平以西二十华里的乔屯一带煤炭储量丰富，品位高，遂写出详细勘察报告，并提出开采和经费筹措等意见，上报李鸿章。1877年9月，李鸿章批准开矿，实行官督商办的办法筹办开平矿务局。1878年7月24日，开平矿务局正式在开平镇挂牌成立。之后，开矿工作紧锣密鼓地进行，在乔屯的西南方向凿出第一口矿井（即唐山矿1号井）。几个月后，矿区内井架矿房、办公用房、供外国工程技术人员住的洋房等纷纷拔地而起。唐廷枢为这座煤矿定名为“唐山矿”。1881年秋，唐山矿开始出煤，令中国采煤业界为之一震。因为这是中国采矿史上第一座机械化矿井，带来了中国采矿方式的重大变革。然而，对于这样一件成功引进西方先进技术的好事，却遭到朝廷顽固派的强烈抵制。把当时现代化的采煤方法说成“奇技淫巧”，把大量使用矿工诬为“有聚众谋反危险”，煤矿距清东陵百多里地，竟胡说“矿地所掘深坑，通过地脉作用，对于陵墓危害匪浅”。并向皇上奏本，加以阻挠，使兴建中的唐山矿许多工作曾被迫停顿。本来开矿过程就有诸多困难，还得花心思与朝廷的干扰周旋，其中甘苦可想而知，但唐廷枢硬是顶着压力，以顽强的毅力成功地把当时中国的第一座“现代化”煤矿建成。

随着煤炭产量不断提高，运输成为急需解决的难题。唐廷枢在勘察开平煤田时就提出修铁路计划，出于清政府顽固派的排斥态度，唐廷枢只好放弃想从矿地至北塘修一条百里长的铁路计划，改由矿地至芦台挖一条运煤河。当运煤河从芦台至胥各庄时，因为地势越来越高，再向唐山方向挖掘已不可能，唐廷枢征得李鸿章同意，以胥各庄至唐山矿地势升高，运煤河不能直抵唐山为由，还是实现了他修铁路的梦想。铁路于1881年打着“建快车马路”的旗号，秘密动工，终于建成唐山至胥各庄长十五华里的中国第一条标准轨距铁路。同年，在开平矿务局修车厂内，利用废旧材料，秘密制造出一台“龙号”机车。1881年9月6日，一台两侧镶嵌着飞龙，漆得黑亮的火车头，从胥各庄向唐山驶去。“龙号”机车一声长鸣，向世界宣告，中国有了火车和铁路。在那个年代，火车象征着工业发展的翅膀，毫不夸张地说中国工业文明的发轫始于唐山。开平煤矿修通铁路，造出火车的消息，惊动了朝廷，朝廷下令禁驶，只好改由骡马拉着车厢运煤，这一马拉车皮的怪象，已成为铁路史上的笑柄。后几经波折，才被允许火车正式行驶。唐胥铁路除运煤外，还搞客运经营，唐山人是在中国大地上最早坐上火车的旅客。以唐胥铁路为开端，唐廷枢决心完成他扩展铁路的宏图。到1888年，唐胥铁路向西延伸到天津，向东延伸到山海关。

在唐廷枢的出色经营下，开平矿的煤产量1885年达到28万吨，1898年达到80万吨，在全国首屈一指。从初创时的开平煤矿到后来的开滦煤矿，一直享有“中国煤炭工业源头”“中国北方民族工业摇篮”的美誉，创造了中国乃至亚洲的许多个第一。因积劳成疾，1892年10月唐廷枢不幸病逝，年仅60岁。至此，一代中国近代工业巨子，走完了他辉煌的人生。从40多岁到60岁谢世，唐廷枢把一生中最宝贵的年华献给了开平煤矿，献给了中国民族工业。

（节选自《南湖故事》作者唐向群）

开平矿务局的“留美幼童”

19世纪六七十年代，“师夷长技以自强”的洋务运动开始，在创办军事工业和民用工业的同时，清王朝从1872年到1875年先后选派了4批共120名10岁至15岁的幼童赴美留学。这是中国近代史上的第一批官派留学生，当时被称作“留美幼童”。

1881年8月，94名留美幼童（其他26名有的病殁他乡、有的拒不回国）被召回国，有8个人被分配到了开平矿务局，占留美海归的8.5%。他们是：第一批幼童吴仰曾，就读于哥伦比亚大学；邝荣光，就读于拉法叶学院；陈荣贵，就读于哈特福德高中；第二批幼童陆锡贵，就读于哈特福德高中；唐国安，就读于耶鲁大学；梁普照，就读于北安普顿高中；第三批幼童邝景扬，就读于麻省理工学院；邝贤俦，就读于麻省理工学院。

吴仰曾来到开平矿务局后很快在技术岗位上显露才华，1886年由李鸿章亲自安排送往英国伦敦皇家矿冶学院深造。完成学业后吴仰曾再次回到开平矿务局，任该局帮办和主任验矿师。由于清廷的腐败，开平煤矿1900年被英资收购。然而，无论开平矿务局性质如何更改，吴仰曾在矿务局中的技术地位却始终未变，即便是沦为英资公司，即便是后来曾任美国总统的胡佛来到开平担任了“总经理”，吴仰曾在工程管理和技术岗位上的地位一直不可动摇，由此可见各方对他的重视程度。

邝荣光在开平矿务局工作一段时间后任直隶省（今河北省）各煤矿工程师，后升任直隶省矿政调查局

吴仰曾

唐国安

陆锡贵

总勘矿师，在任上他绘制了《直隶地质图》《直隶矿产图》和《直隶石层古迹图》，其中《直隶地质图》是中国人自制的第一幅地质图。邝景杨来到开平矿务局后成为金达助手，是运煤河勘测、开凿的主要参与者。

梁普照主要是负责管理船务，在开平矿务局建设沿海港口和运输方面多有建树。

唐国安是开平矿务局总办唐廷枢的族侄，来到开平矿务局后在唐廷枢身边工作，经历了开平矿务局从草创到鼎盛的全过程并贡献了自己的力量。后来，唐国安成为今天清华大学的第一任校长。

纵观中国近代留学的历史，留学生对中国近代工业化做出了不可磨灭的贡献。而中国第一代留学生的诸多贡献中，对中国交通和矿业做出突出贡献的，无一不是从开平矿务局起步的，在这个中国人自己经营管理的近代大型企业中，中国的第一代海归是主要技术核心。正如广州《时代周报》的文章中所说：“在拥有当时中国最大煤矿的开平矿务局，1900 年前全为中国人所管理，其技术核心为七名（按：应为八名）留美学生：吴仰曾、邝荣光、陈荣贵、陆锡贵、唐国安、梁普照及邝景杨（按：还有邝贤俦）。正是他们主持开发了东自东北地区，西到甘肃各省的矿产宝藏。八国联军之乱后，列强介入矿务，但开平矿务局的工程及管理等重要职务，仍由留美学生所掌控。”

（摘编自《唐山劳动日报》，作者任荣会、王振良）

美国第三十一任总统胡佛曾参与骗占中国开平煤矿

赫伯特·克拉克·胡佛，1874 年 8 月 10 日生于美国衣阿华州西布兰奇一个虔诚的公谊会教徒家庭。1894 年，胡佛从斯坦福大学地质系毕业，但并没有很快找到理想工作。为了生存，他不得已在加利福尼亚州当了两年矿工。1897 年，英国经营矿业的最大商行组织毕威克——墨林采矿公司招聘具有长期工作经验的地质学家，并要求应征者为 35 岁以上。当年只有 23 岁的胡佛在应聘时，用虚报年龄的办法获得了这份工作。

英国墨林公司是一个专门在亚非拉澳等地区掠夺矿产资源的企业。胡佛成为墨林公司的雇员后，当过工程师，做过管理人员。他的精明、圆滑、耐心和洞察力，深得业主墨林的赏识。

1899 年，墨林公司通过勾结开平矿务局督办张翼的顾问德璀琳（德国人，天津海关税务司），在向开平矿务局借款的同时，有意识地从澳大利亚将 25 岁的矿师胡佛调派到中国。到中国不久，胡佛就担任了开平矿务局督办张翼的技术顾问，但他另一个身份则是英国墨林公司驻天津的代理人。

1900 年，胡佛以张翼技术顾问身份，以找金矿为由，带着张翼为其配备的大规模考察队伍走遍了中国的山东、东北、戈壁滩和陕西等地，考察矿产资源。在调查资源的过程中，胡佛发现开平煤矿是一座规模宏大、具有很大发展潜力的矿山，他对开平煤矿的开采历史、地理位置、煤田面积以及采矿权、地质、煤质、采煤成本、煤的产量、运输部门、铁路、运河、港口、轮船、运费、煤价、市场等各个方面都进行了详细的了解，掌握了比较准确的数据，得出了“这项产业肯定值得投资一百万镑；这个企业绝不是一种投机事业，而是一个会产生非常高的盈利的实业企业”的结论。为此，胡佛于1900年6月1日正式写出了《开平矿务局报告》。墨林、胡佛等人正是根据这份报告所提供的材料来估算开平矿务局产业的价值，并筹划和进行阴谋活动。

1900年，义和团运动爆发，八国联军对中国进行武力干涉。6月24日，八国联军占领天津后，胡佛并没有急于离开天津，他与德璀琳两人经过一系列策划，定下了一个盗卖开平矿务局产业的大阴谋。义和团运动期间，侵华英军拘捕了藏匿在英租界的张翼。在其被捕的第二天，德璀琳先以“战争危机，矿山难保”等危言恫吓，进而迫使张翼签署了一份“授权书”，授予其开平督办的法律代理人职位，并向外国寻求对矿山的“保护”。1900年7月30日，德璀琳便以开平督办代理人的身份与墨林代理人胡佛私下签订“卖约”，将开平矿务局的所有产业和权益卖给墨林。墨林又转手将开平煤矿卖给由英商组成的国际财团“东方辛迪加”，合伙成立了开平矿务有限公司并在伦敦注册。

“胡佛在这场骗局中先是代表墨林公司签卖约，然后又以‘外国军队将占据矿山’威胁张翼在‘移交书’上签字。”通过积极参与骗占开平矿的行动，胡佛不仅获得了8000股（共100万股股本，每股1英镑）的股份，还于1901年2月被委任为开平矿务有限公司总办（总经理）。

尽管胡佛在开平任职非常短暂（1901年9月，胡佛辞去总办职务前往伦敦），却是骗占开平矿的罪魁祸首之一。

（摘编自《书刊报》作者闫漪）

冀东南下工作团从开平走出

1948年9月，中共中央在西柏坡召开政治局会议，研究今后一个时期各项任务。10月10日，中共中央《关于九月会议的通知》指出：“夺取全国政权的任务要求全党迅速地有计划地训练大批能够管理军事、政治、经济、党务、文化教育等项工作的干部。……这些干部能够随军前进，能够有秩序地管理大约五千万至一万万人口的新开辟的解放区。”10月28日，中共中央在《关于准备夺取全国政权所需要的全部干部的决议》中，决定从老解放区调动五万三千名干部支援解放区，并分配华北一万七千人。要求分两期为新解放区党委、地委、县委、区委准备整套机构，大量吸收工人、知识分子到新解放区工作，所有南下干部家属一律按军属待遇。

12月12日，唐山市解放。1949年1月下旬，中共冀东区委由遵化迁入唐山市开平镇马家沟。1949年2月3日，中共中央在《关于调度准备随军渡江南进干部的指示》中，要求华北局所抽调的干部须于3月底集中训练完毕。冀东区委根据党中央的指示，先后通过几次全市群众集会庆祝活动进行南下教育动员，许多人踊跃报名。2月26日，冀东划归华北区管理。华北局指示：“冀东区必须抽调一半在职干部参加南下工作团，其余的则由冀东建国学院、冀东党校、公安干部、兵站和唐山、秦榆、塘大3市抽调，并注意招收知识分子、工矿与专门技术人员参加”，“抽调条件是：年龄在40岁以下，有一定文化基础，身体好，能坚持长途行军。不准带家属，夫妇都是干部的可以同去，但不准带小孩。采取个人自愿报名，组织审查批准。”冀东区响应号召，报名人数超出分配数量，开始向冀东区委驻地开平镇集中。分别驻扎在津榆公路两侧东起周家桥、后营、帅甲河、岔道、聂各庄，西至礼尚庄、石庄、赵庄等十几个村庄，进行编队和短期培训。

冀东南下工作团按总队、大队、中队建制组建，总队为南下区党委、行署、军区建制；大队为所属各地委、专署和分区建制；中队为县委、县政府和区委建制。先后组成1个总队、6个大队、38个中队。在开平镇集训的为第六大队，共3410人，集训一个月。主要学习《目前形势和我们的任务》《将革命进行到底》和南下形势、城乡政策、组织纪律、军管条例等。4月21日，冀东区开始按中央指示调配南下干部，决定分三批随军南下，规定每人携带生活用品不许超过20市斤。4月25日，冀东南下工作团第一批启程。5月25日，冀东南下干部总队第六大队从开平火车站乘车南下，在河南郑州同冀南、胶东等南下工作团汇合，编为第四野战军第105部队第四支队，于当年10月到达湖南省邵阳地区，开展清匪反霸，建立新政权的工作。

（撰文李树生）

开平十八座庙宇故址

古时开平城内外庙宇林立，闻名遐迩，素有十八庙之称。然而由于历代战乱、“文化大革命”和地震的破坏，现已荡然无存。古时庙宇故址何方，现今又称何地名，就连许多老开平人也说不清楚。根据原载于1898年版本《滦州志》上的开平镇轮廓图按图索骥，尚可理出十八座庙宇的大概位置。

观音阁　始建于明成化四年（1468年）的观音阁，坐落在开平城内十字街口、南北大街中轴线北端，坐北朝南。底层基座为青砖砌筑的券洞式建筑，拱门状如城门洞，与南北大街相通。观音阁建筑在券洞之上，券门上方镶嵌横额石匾，竖着镌刻“观音阁”三个遒劲大字。故人们通常称此地为“阁儿上”。观音阁毁于战火，券洞于20世纪50年代初拆除。现今为“温州商贸城”标志牌北侧。

兴福寺　始建于金大定年间（1161－1190年）的兴福寺，坐落在开平二街四眼井街西段，坐北朝南。民国元年（1912年）改建为“开平高等小学堂”，后改为开平小学、开平中心小学，1996年搬迁到开平新城区，故址成为二十三中校园。

白衣庵　白衣庵坐落在开平三街二条西头城墙根下，坐北朝南。20世纪30年代末改建为开平西关小学，80年代改为开平区文教局，现为西城路72号商业楼的后院。

精忠庙　精忠庙坐落在开平三街四条西头城墙根下，坐北朝南，先于城墙被拆除。20世纪60年代末在故址西侧、城墙基础之上建成了开平玻璃厂。

胡三太爷庙　胡三太爷庙随着明成化四年（1468年）开平城墙的建设而建，其实并没有庙宇，只是在位于开平北大街终点的北大楼底层，有一个3尺高的小洞穴，穴口朝南，穴深1尺多，在朝南的穴洞墙壁上，画有人形狐像，像前面摆放香炉供人烧香。解放初期，随着北大楼的拆除而消失。21世纪初修建的开平北门就在故址之上。

药王庙　药王庙位于开平二街东北角城墙根内，坐北朝南，庙宇北边有一赵家亭子，人们通常称这里为药王庙后头。庙宇早于城墙和亭子被拆除，解放初期城墙及亭子被拆毁，现为二街居民区。

魁星楼　始建于明成化四年（1468年）的魁星楼，坐落在开平东城门之上，早年拆毁。解放初期东城门及城墙亦被拆毁，20世纪末期修建的东门牌楼就在故址之上。

碧霞元君祠　始建于辽金时代的碧霞元君祠，坐落在开平东门外大街100多米处，坐北朝南，俗称娘娘庙。解放初期改建为东关小学，21世纪初期闲置。

三官庙　始建于清代的三官庙坐落在碧霞元君祠东350米处，今开平一街大夏庄子西头，坐东朝西。解放初期改为三官庙小学，21世纪初期改为东关幼儿园。

老母庙　始建于清代的老母庙坐落在三官庙的西南方向，坐南朝北，两庙成犄角之势。解放后为国有土地，地震后由房管部门建设了居民住宅平房区。

鲁班庙　鲁班庙坐落在碧霞元君祠的西南方向，坐南朝北，两庙成犄角之势。解放后故址一直是东关粮站，现为个体粮站。

龙王庙　龙王庙坐落在南城墙外西南方向，坐南朝北，现为普光道商业街的一门市。

关帝庙　关帝庙坐落在开平六街忠义胡同中段路北，坐北朝南。解放后改为南关小学，20 世纪 70－80 年代曾为文教局，后又改为南关小学，21 世纪初闲置。

文昌宫　始建于元代至元五年（1269 年）的文昌宫，坐落在开平六街忠义胡同东段，坐北朝南。解放后改为南关小学，21 世纪初期闲置。

观音堂　观音堂坐落在开平六街陆家胡同东头第一家，坐南朝北，倒坐观音。解放后虽然庙宇没有开放，但一直保持到“文化大革命”时期才被拆除，是开平最后拆除的庙宇。故址曾为六街四队的饲养处，20 世纪 80 年代初期，这一带建成农贸市场，成为牛羊肉门市部。

火神庙　火神庙坐落于西门外大街 150 米处路北，坐北向南，拆毁较早。西侧是玉清观，佛像虽拆除较早，但建筑物未被拆毁，20 世纪 60－70 年代曾作为开平区卫生局的办公用房。地震后曾建干休所，现为西大街工房。

灶君庙　灶君庙坐落在西门外大街 500 米处路北，坐西朝东，早年被拆毁。

（摘编自《唐山文史大全》作者李树生）

刘氏宗族先祖墓碑发现记

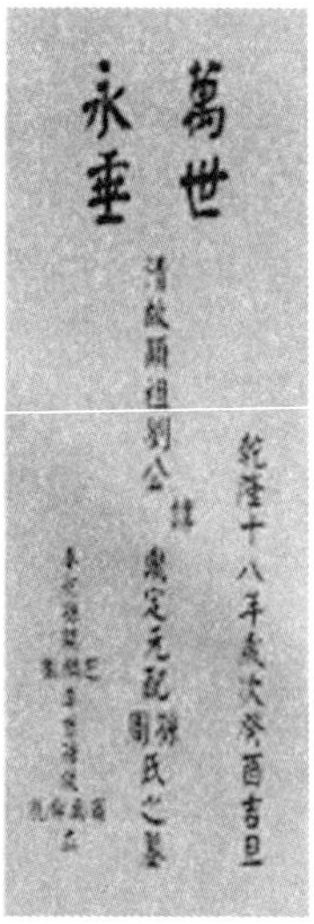

2006 年 8 月 25 日，栗园镇刘官屯村民刘忠仁、刘汉廷、刘开生在整修排水沟时发现一方完整墓碑，后经辨认为该村刘氏宗族第七世祖刘鼎定与两位妻室之墓碑，为其孙率子奉祀而立。经与刘氏家谱相对照，距今已 250 余年。

据市文物管理处专业人员考证，此碑为乾隆十八年该村被封为“朝义大夫”的四品官刘鼎定的墓碑。自明永乐二年（1401 年），刘氏先祖“武略将军”（从五品官衔）刘敏落户于此，故该村得名刘官屯。迄今 600 余年来，子孙已延续到第 20 世，目前，全村 600 户村民有 500 余户为刘氏后人。原本在刘官屯大桥北侧是刘氏历代祖辈坟茔所在地，但由于“文化大革命”期间和学大寨两次“平坟”，坟墓相继迁址，墓碑亦被做它用。30 年多后，能有幸挖出第七世祖宗的墓碑，堪称难能可贵。

走近墓碑可清晰看到如下碑文：清故显祖刘公（讳）鼎定元配（周孙）氏之墓——乾隆十八年岁次癸酉吉旦。虽然其中“定”字因年久风化不太明晰，但仔细辨认仍依稀可看出它的笔画。

（摘编自《唐山劳动日报》）

开平兴福寺残碑

1998 年夏，位于开平镇二街的唐山第二十三中学扩建操场时，在原兴福寺的遗址出土了几块残碑，其中有一块断碑，只有碑头，没有下一半；碑石为石灰岩，腐蚀得很严重。碑头石面两侧形状似二龙戏珠，下面镌刻着六个篆字："重建兴福寺碑"，字体虽不清晰，但可辨认。因为没有下半截，无法确定刻石的年代。如按碑文"重建"二字分析，说明原来此处有寺庙，或已经全部毁坏或已不存在只剩遗址，不然怎么能称重建呢？只能称"重修"或"修缮"，按碑石腐蚀的程度，专家估计刻石最少也得有八、九百年。

考证《永平府志》，1810、1898、1937年三个版本的《滦州（县）志》，均称兴福寺在开平镇，金大定年（1161－1189年）敕建，是由金国皇帝颜雍下诏建筑的，但没有表明是重建还是新建。听老人们传说：兴福寺始建于唐朝，是当时石城县的三大寺庙之一，992年4月21日，契丹国天皇帝耶律阿保机攻打石城县城时给烧毁了。200多年后由金国重建。其他二寺，一是兴国寺，旧址在路北区凤凰山和大城山；另一是兴唐寺，旧址在女织寨乡礼尚庄小学。经过考证，兴唐寺、兴国寺确实存在，均始建于唐代，史、志书籍有记载。只是兴福寺建于唐代，查不到根据。但是，如果按当时的历史背景来分析，传说也有一定道理。因为今天开平镇在唐朝时是石城县治所，为县城重地，存在五百年间，而且唐朝又是各教派盛行时代，不可能没有一处庙宇。然而，事实是在史、志书籍记载中，古代开平城内外庙宇众多，竟无一处是唐代所建，这个现象令人十分费解。如果根据上述考证和分析，这块新出土的残碑应该是金大定年间重建兴福寺留下的金石。那么，兴福寺始建的年代不是金国时期，而应在以前，建于唐代的传说，也有可能成立。兴福寺于1921年4月改建为"开平高等小学堂"（即今开平小学的前身）。

（摘编自《开平区志》附书作者李述）

开平的胡同

始建于唐代的开平古城，是一座正东正西、正南正北的方城，方位性很强。长度均为750米的东西、南北两条大街相交于十字街口，把城区分割为四个方块。而沟通东、南、西、北大街的，便是胡同，从而使全城形成棋盘式格局。紧紧围绕在古城周围的村落，其建设形态有正方的，也有长方的。

开平的胡同很多，真正有名称的号称18条胡同，既有在城内的，也有在城外的。开平胡同名字的成因，大体有四种。为数最多的是以大户姓氏命名，有两种情况。一是人口多的家族，又聚集在同一条胡同，便命名为韩家胡同、陆家胡同、霍家胡同、高家胡同、李家胡同等；另一个是达官显宦、名门望族，如谢家胡同。以地形地位命名的，从街道中间走进去，向两边分岔，形如古时的钱岔子，便命名为钱岔子胡同；还有状如从井里汲水用的辘轳，便命名为辘轳把胡同；位于东大街北侧第二条巷的，叫二道胡同。一般这类胡同都比较狭小，偶尔也有不通的，叫死胡同。以官府机构命名的，明清时代．开平为北方军事重镇，驻军屯扎。清代绿营兵（汉军）营以下为汛，设把总分领。开平汛衙门所在的街巷，便命名为衙门胡同。有的胡同名称还表露出人们的美好愿望，如忠义胡同、信义胡同。开平的胡同从形成和发展角度看，其名称上也留下了历史变迁的痕迹，并反映出社会风情。

开平的胡同虽多，而没有名称的也不少，这里有三种情况。一是省略了"胡同"二字，三街二条、三条、四条和二街四眼井实际是胡同，但免掉了。二是冠以其他名称，因胡同也是小巷、小街道，故没称胡同，如杨家巷、王家窝。三是未冠名，一些两端通向其他街道、连接大街与胡同、胡同与胡同的狭长小巷均没名称，谓无名胡同。

胡同与井关系密切，从胡同的形成看，都是因井而成巷。开平的多数胡同内都有井，如霍家胡同、衙门胡同等。在没有自来水的年代，居住在胡同里的居民饮用水就是靠公用井，一般百姓家没有私家专用水井。

胡同里有的房屋建筑很讲究。在宽胡同里，有的人家高院墙、大门口，在两扇黑漆大门上分别雕刻精美的大字"物华天宝"和"人杰地灵"，门前左右相对摆放两只大石头狮子。在中等胡同里的，有人家是两扇红漆门，门扇转轴处有石门墩相托，门上顶着门钹，门前有拴马桩、上马石，打开大门，迎面是月亮门、影壁墙。这些都记述着名门府第往日的繁华。1976年大地震，毁掉了这些精美的建筑，胡同里昔日的风采也已荡然无存。

（摘编自《唐山文史大全》作者李树生）

开平村庄地名趣谈

水有源、木有本，村庄的名字也并非凭空臆造、信手拈来，而是有其源头。

有的村名冠以该村创建者的姓氏。如傅家屯乡杨家口村，最早落户的是杨姓夫妇，当时取名杨家口沿用至今。开平镇的石家庄、聂各庄，傅家屯乡的吴家庄、甄家庄、张各庄的村名也都是这类起因。明永乐三年（1405年）张姓移民由山东枣林庄迁来，开始在现在的村址东南、东北、西南、西北各建一小村，统称张四庄。后合并为一大庄，为思念原四个小村，改称张思庄。

有的村庄以早期迁入定居的望族大户命名。开平镇的国各庄、傅家屯的马家屯分别由于当时的国、马两姓人丁众多而取名。1960年由河北省蓟县搬来的马家涯，因原村马姓居多又南临蓟运河，沿用了简名马家涯（涯意水边）。明永乐元年（1403年）董、李、石、周诸姓随开平中屯卫由真定府迁来落户，取“定府”谐音称“定福庄”怀念故土。

有的为了铭志该地当年某些特征而得名。明永乐年间开平镇石泉庄建村时，因当时村四周围有10个泉流，终年泉涌水溢。村民用石砖将泉围垒起来，以便饮用，得今名。

有的为了缅怀当地历史杰出人物而命名。开平镇的耿家营就道出本村群众对耿氏三兄妹的仰慕之情。明时，有耿、常、陈三姓先后迁居于此，组成一个小村。因耿家先到，取名耿家庄。耿龙、耿虎、耿菜花都练得一身好武艺。因参加农民起义反抗明王朝统治者，战死疆场。后人为纪念三兄妹杀官兵助百姓之功，在此处设营，故将耿家庄改名耿家营。

有的借喻当地古迹或依地势地理位置而得名。相传清咸丰年间（1851－1861年）始建贾庵子村时有一座庵寺坐落此地；越河镇郭坨是因村东的大土坨加以郭姓是大户；八里庄距开平镇8华里。

带有传奇色彩的村名也非止一个。傅家屯乡娘娘庙村名来源是300年前该村有个塑有“娘娘”佛身的大庙，至于是“女娲”还是“送子娘娘”不详。傅家屯乡的龙王庙村原名赵庄。据传唐太宗李世民征东时路过此地安营下寨，并在此建了一座庙宇，名圣泉寺。清嘉庆二年（1797年）该寺僧人发起募捐，重修庙宇，再塑金身，同时增塑了四海龙王的神像，称龙王庙。从此龙王庙取代了赵庄村的名。相传唐朝薛礼征东时，有一个元帅路过现在东西帅甲河村间的石榴河。因当时没有桥，只有涉水过河。盔甲被河水浸湿，到岸后晾晒盔甲，因而起名帅甲河。据传燕王扫北时被困于今王盼庄，安营扎寨御敌，形势危急，急盼救兵来援，后来取名王盼庄。又传朱棣曾被围困于陡河东岸，危险时刻提战马一跃跨过陡河，突围得救，所以陡河两岸的东、西越河村得名。朱棣也曾在现在的越河镇史马庄试马选优为军旅之用，后试马二字讹传为史马。

（摘编自《开平纵览》）

索 引

A

B

C

D

F

G

H

J

K

L

M

N

P

Q

R

S

T

W

X

Y

Z

其他

编 后 记

“7·28”是唐山人刻骨铭心的日子，也是与我们编纂《开平区志》有着不解之缘的时间节点。2008年7月28日，区政府聘请三位老同志出任《开平区志》执行主编、副主编，着手谋划续志篇目设计。2013年“7·28”，《开平区志》征求意见稿完成，打印后在区内广泛征求意见并报市方志办审阅。2014年“7·28”，按照市方志办的审查意见，经过半年多夙兴夜寐，调整篇目、增删内容、规范文字，完成评审稿的纂修。

与全市兄弟县区比，《开平区志》是在启动最晚，编修人员最少、年龄最大（3个人均已年逾古稀）的情况下完成的。尽管聘用的三位老同志都曾担任过领导职务，是开平区改革开放的亲历者，并有多年从事文字工作的历练，然而志书编纂毕竟不同于文学创作、新闻报道和公文写作，而是博大精深、自成体系的一门学问，转而编纂续志，还需边学边干。而《开平区志》能在人手少、时间紧、业务生、基础差的情况下完成并且不落后，其关键一是各级领导的重视与支持；二是方志办全体同仁不甘人后的精神和忘我工作的热情。从续志启动之初，市方志办领导就对开平区高看一眼，厚爱一层，多次来我区检查指导工作，为我们培训资料员，帮我们修改篇目设计，使我区续志工作顺利铺开。《开平区志》初稿完成后，市方志办果爱民主任，刘德山、赵鹤鸣副主任亲自把关，认真审阅，为评审稿的完善倾注了大量心血，提出了十分宝贵的修改意见。正是这次评议，为评审稿的修改与提升，发挥了关键性的作用。我区二轮续志铺开之后，省方志办领导两次来开平检查指导工作。2010年7月19日，省政府督查室会同省方志办王广才副主任等对我区二轮修志工作进行督查，提出了具体意见和时间要求，对我区二轮修志起到了很大的促进作用。区领导对二轮续志也十分重视，在健全组织机构，认真落实“一纳入五到位”的同时，为加快工作进度，切实强化督导检查。常务副区长戚永和认真倾听编辑部三位老同志的意见，并表示只要工作需要，要物给物，要人给人。同时，亲自主持二轮修志工作调度会，对后进单位提出具体时限要求。区政府办主任赵希强电话约谈后进单位领导，以政府办公室名义再次印发《实施方案》和关于加快二轮修志进度的通知，并实行地方志工作督查通报制度，由区政府督查室对修志单位特别是后进单位进行督查通报全区。由于领导重视，措施得力，有效促进了二轮修志工作的进度。为了使方志办有一个好的办公条件和环境，编辑部随着区档案馆迁入新建的办公大楼。

我区二轮修志恰逢区档案馆拆迁易地重建，档案资料打包封存，为资料查阅搜集带来实际困难。开始各单位上报的资料员大多为年轻人，不仅专业知识缺乏，而且对本单位乃至全区20多年来改革开放经济社会巨大变革知之甚少。同时，从20世纪末以来机构变动频繁，致使一些单位档案资料散失，保存不全，给资料搜集带来重重困难。面对“开头难”的情况，我们首先从选聘资料员入手，将一批熟悉区情、曾担任过部门领导并有一定文字功底的老同志请出山，打破了工作僵局。区教育局聘请已退休的局人事科长和三位原中、小学领导，负责资料搜集和撰稿，不仅圆满完成了区志供稿，而且还编纂了《开平区教育志》。区工信局是机构改革中新组建的单位，他们承担着续志中工业经济和乡镇企业两篇内容的重头戏，约占续志撰写总量的十六分之一。特别是对以乡镇企业兴区的开平区来讲，其内容的分量和质量在续志纂修中举足轻重。而新单位新领导对乡镇企业发展史所知寥寥，因而资料搜集工作迟迟没有动手。为此，编辑部主动把已退休的区经委原主任推荐给他们，使这局资料搜集工作后来居上。据统计，全区 80 多个区志供稿单位，有近半数资料员为聘请的退休老同志。根据这一特点，我们从方志办做起，要求充分发挥受聘退休老同志的工作热情和潜能，工作上支持，生活上关怀，放手发挥他们的工作积极性。这些老同志虽大多初次涉此领域，但他们虚心好学，甘于寂寞，乐于奉献，在实践中摸索，边学边干，以科学认真的态度和精益求精的作风，搜集整理开平区新的历史时期的基本素材和资料，成为开平区志纂修工作的中坚力量。区志编辑部的三位老同志，在主持编纂工作中，主动与各供稿单位资料员沟通关系，积极发挥引导、咨询、服务作用，与基层资料员一起分解、细化篇目，为他们提供参考资料，向他们推荐可借鉴的经验，并积极帮他们出主意、想办法，团结大家心无旁骛地开展工作。对于一些资料过于单薄的单位，编辑部的同志亲自到档案馆查阅，为一个数字、一个文件，常常在浩如烟海的档案资料中搜寻查找核实。在编纂城乡建设篇供水设施一节时，供稿单位提供的资料寥寥数语，为将开平区自来水几经变换隶属关系写清楚，编辑部的同志们不仅翻阅了相关档案资料，而且拜访了 20 世纪 80 年代曾担任过开平自来水公司党支部书记的老同志，终于弄清开平自来水公司的隶属变迁和供水设施。由于供稿单位资料员水平参差不齐，因而反复修改、完善、充实的任务量非常大，在编纂人手少的情况下，分工合作，反复推敲，为志书的完成倾注了大量心血，特别是 2014 年 11 月 11 日专家评审会之后，编辑部的几位同志细心领会张英聘、王广才、王蕾、孙进柱、武铁良、果爱民、赵鹤鸣、刘德山等领导和专家的真知灼见（在此我们向各位领导和专家表示深深的敬意），力求吃透各位领导和专家的意见和建议。在此基础上，调整篇目，充实内容，精练文字，半年时间里埋头笔耕。篇目由原来 29 编，合并压缩为 25 编，并将“河北第一村半壁店”专辟一编作为升格处理，为落实省领导打造一部精品市属区志的期望，竭尽全力。2015 年 9 月末，将志稿送省方志办终审。至此，距 2009 年 4 月，召开全区二轮修志动员会已历时 6 载有余。值此志书即将面世之际，在如释重负之余又难免心存忐忑，由于时间跨度较长，资料保存不全，加之我们水平有限，难免有缺失、遗漏、记述不全、把握不准之处，有待读者批评指正。

编　者